Internationale Politik und Sicherheit

herausgegeben von der
Stiftung Wissenschaft und Politik, Ebenhausen
Redaktion: Dr. Albrecht Zunker

Band 32

Wolfgang Heydrich/Joachim Krause/Uwe Nerlich/
Jürgen Nötzold/Reinhardt Rummel (Hrsg.)

Sicherheitspolitik Deutschlands: Neue Konstellationen, Risiken, Instrumente

Nomos Verlagsgesellschaft
Baden-Baden

Die Deutsche Bibliothek – CIP-Einheitsaufnahme

Sicherheitspolitik Deutschlands: Neue Konstellationen, Risiken, Instrumente / Wolfgang Heydrich ... (Hrsg.). – 1. Aufl. – Baden-Baden: Nomos Verl.-Ges., 1992
(Internationale Politik und Sicherheit; Bd. 32)
ISBN 3-7890-2785-5
NE: Heydrich, Wolfgang [Hrsg.]; GT

1. Auflage 1992

Inhalt | Seite

Vorwort

Der Zusammenbruch der Nachkriegsordnung und die daraus resultierenden beispiellosen Aufgaben einer Neuordnung der internationalen und in großen Teilen der Welt auch nationalen Verhältnisse stellen die doppelte Aufgabe, die neuen Tendenzen und Entwicklungsmöglichkeiten in ihrer langfristigen Wirkung zu erfassen und kurzfristig zu stabilisieren, wo sonst "neue Unordnung" in gewalterfülltes Chaos übergehen kann. Zwischen diesen beiden Herausforderungen besteht für gestaltende Politik eine schwer auflösbare Spannung. Sie stellt auch die Analyse internationaler Politik und insbesondere die Beratung von Entscheidungsträgern vor neuartige Probleme, und zwar nicht nur in konzeptioneller und methodischer Hinsicht, sondern auch in ihrer praktischen Funktion: Internationale Politik wird entweder regressiv alte Formen nationalstaatlicher Konkurrenz reaktivieren oder auf fortschreitende Ausbildung kooperativer, souveränitätsbeschränkender und integrativer Strukturen hinwirken. Im ersten Fall wird Politikberatung wenig retten. Im zweiten wird sie eine kontinuierliche Aufgabe sein: In viel breiterer Weise als unter konfrontativen Bedingungen wird internationale politische Gestaltungsarbeit theorie- und analyseabhängig sein. Zugleich wird die analytische Arbeit der praktischen Entwicklung hinterherzulaufen drohen: Sie ist noch auf der Suche nach neuen Paradigmen, Konzeptionen und Methoden, ja sogar einer der neuen Situation gemäßen Sprache.

In dieser Situation hat die SWP die Herausforderung angenommen, in mehreren Schritten neue Grundlagen insbesondere auf dem Gebiet internationaler Sicherheit zu erarbeiten. Sie hat dies vor allem im Rahmen von Sonderforschungsvorhaben für das Bundesministerium der Verteidigung unternommen, das diese Sonderforschungsvorhaben auch gefördert hat. Den Beginn machte eine Untersuchung des neuen sicherheitspolitischen Analysebedarfs der Entscheidungsträger in der Bundesrepublik. In der Zeit zwischen August und November 1991 wurde dann eine umfassende Untersuchung der neuen sicherheitspolitischen Rahmenbedingungen und Konstellationen, Risiken und Konfliktformen sowie der verfügbaren Instrumente internationaler Sicherheitspolitik, vor allem der multinationalen Institutionen und deren Reformerfordernissen, vorgenommen. Auf dieser Grundlage sollten in erster Annäherung die Sicherheitsinteressen des vereinigten Deutschland bestimmt werden.

Im vorliegenden Band wird ein Teil der Ergebnisse dieses zweiten Sonderforschungsvorhabens zusammengefaßt und veröffentlicht, und zwar zu vier Problembereichen internationaler Sicherheit: der Analyse künftiger sicherheitsrelevanter Konstellationen, der Risikoanalyse unter postkonfrontativen Bedingungen, der Untersuchung der Instrumentarien künftiger Sicherheitspolitik sowie der Analyse sicherheitspolitischer Interessen der Bundesrepublik Deutschland. In diesen vier

Teilen wird jeweils versucht, zunächst konzeptionell und methodisch einen neuen Analyserahmen, eine Heuristik, zu entwickeln. In diesem Rahmen folgen dann erste Einzeluntersuchungen. In nachfolgenden Untersuchungen, die in Vorbereitung sind, wird die Weiterentwicklung und Anwendung des neuen heuristischen Instrumentariums noch stärker zum Tragen kommen.

Für die Durchführung des Sonderforschungsvorhabens bestand innerhalb der SWP eine Lenkungsgruppe, der außer dem Projektleiter Wolfgang Heydrich, Joachim Krause, Jürgen Nötzold und Reinhardt Rummel angehörten, unterstützt vor allem durch Joachim Rohde und Helga Schubert als Projektassistenten und durch Christoph Baron und Gisela Helms als Lektoren. Die Lenkungsgruppe hat auch die Herausgeberschaft für den vorliegenden Band übernommen. Dabei war bis auf Ausnahmen die Leitlinie, die Beiträge für das Sonderforschungsvorhaben in der Substanz unverändert zu belassen. Vielfältige weiterführende Überlegungen, die unter anderem während der Präsentationsphase des Projekts aufgekommen sind, werden Folgeuntersuchungen vorbehalten - außer dort, wo in der vorliegenden Veröffentlichung Stringenz und Klarheit der Beiträge ihre Berücksichtigung geraten erscheinen ließen.

Die Herausgeber danken dem Informationsstab des Bundesministeriums der Verteidigung für seine Förderung dieser Veröffentlichung.

Ebenhausen, August 1992

Uwe Nerlich
Projektleiter

Einleitung der Herausgeber

I. Der sicherheitspolitische Umbruch als Herausforderung

Nach der grundlegenden Veränderung der politischen Landkarten vor allem seit dem Jahr 1989 stehen alle Staaten vor einer doppelten sicherheitspolitischen Aufgabe: Sie müssen zum einen ihre nationalen Interessenlagen in einer weitgehend fließenden internationalen Umgebung zumindest mittelfristig abschätzen und zum anderen aus eigener Perspektive sowie im Zusammenwirken mit Partnern die künftigen internationalen Strukturen und deren Sicherheitsrelevanz neu konzipieren. Diese doppelte Aufgabe stellt die Bundesrepublik Deutschland vor singuläre Schwierigkeiten:

- Die Bundesrepublik Deutschland muß im Inneren eine soziale, ökonomische und politische Vereinigung vollziehen, für die es kein historisches Modell gibt.
- Sie rückt aus dem Schutz der Regionalorganisationen, in dem sich sowohl die alte Bundesrepublik wie die DDR über mehrere Jahrzehnte befunden haben, in die Rolle einer eigenständigen Gestaltungsmacht.
- Beide deutsche Teilstaaten befanden sich im Zentrum einer beispiellosen militärischen Konfrontation, ohne in Fragen von Krieg und Frieden frei entscheiden zu können, und sehen sich nun als souveräner Staat in eine geopolitische Mittellage versetzt, um die herum die Verhältnisse in Europa neu zu ordnen sind.
- Die Position der beiden deutschen Teilstaaten im Ost-West-Verhältnis war der Kern der jahrzehntelangen politischen Konkurrenz an der Trennlinie Europas; heute findet sich die neue Bundesrepublik Deutschland mit potentiell weitreichender ordnungspolitischer Handlungsfähigkeit an der Grenze zum ökonomisch fragilen und politisch instabilen Teil des Kontinents wieder.
- Das vereinte Deutschland sucht, um seine Größenordnung zu relativieren, die Integration der europäischen Demokratien voranzutreiben und weiß, daß gerade das Unbehagen hinsichtlich der deutschen Dominanz in einer Politischen Union Vorbehalte gegenüber solcher Integration weckt.
- Die Bundesrepublik versucht dem gegenwärtigen Trend zur Renationalisierung durch Internationalisierung und durch wechselseitigen Souveränitätsverzicht der Staaten gegenzusteuern und muß doch mit der Möglichkeit rechnen, daß die Verweigerung der Partner am Ende nur den Weg in eigene Nationalisierung lassen könnte.
- Sie hat für die Verwirklichung internationaler Gestaltungsziele nicht so viel Zeit wie ihre Partner, da unsicher ist, wie lange der politische Konsens im Inneren in einer verstärkt national organisierten Umgebung und bei strapazierenden Folgen internationalen Engagements trägt.

- Sie hat trotz erlangter Souveränität nicht die Option, ein "gewöhnlicher" Nationalstaat zu werden, sondern hat die Möglichkeit zur Eigenentwicklung und Akzeptanz nur als eine sich international selbst einbindende Gestaltungsmacht.
- Sie ist so zwar als Ordnungsmacht *neuen* Typs auf die Möglichkeiten politischer Evolution besser und aufgeklärter vorbereitet als andere Staaten, bleibt aber von möglichen Fehlschlägen politischer Evolution stärker betroffen als jene, die in ihrem Selbstverständnis noch nationalstaatlich orientiert sind.

Bei diesem Zusammentreffen schwieriger Bedingungen muß das vereinigte Deutschland seine sicherheitspolitischen Interessen und seine ordnungspolitischen Vorstellungen konzipieren und für sie werben. Es muß dies in einer Umgebung tun, in der zwar apokalyptische Gefahren gebannt scheinen und bisher nicht gekannte Chancen der Kooperation bestehen, in der zugleich aber zahlreiche Ausbrüche militärischer Gewalt schon in den politischen Alltag des Europa nach dem Ende des Ost-West-Konflikts gehören. Die veränderte politisch-strategische Lage wird nicht nur durch eine Reihe unkontrollierter Kleinkriege, sondern ebenso durch die "Weltgefahr" (Schewardnadse) charakterisiert, die bis auf weiteres mit dem Zerfall des sowjetischen Imperiums und der Erneuerung der Herrschaftsstrukturen in diesem Raum verbunden sein wird.

In einer noch zu ordnenden internationalen Umgebung steht somit die Sicherheitspolitik der Bundesrepublik und ihrer Partner in West und Ost unvermittelt vor ungewohnten Aufgaben: Diese betreffen nicht mehr das Management der Kriegsvermeidung als einer Methode zum Zeitgewinn für die politische Transformation des Ost-West-Gegensatzes, sondern den Umgang mit tatsächlichen militärischen Auseinandersetzungen und konkreten Gefahren des Rückfalls in aggressive Diktatur und exzessiven Nationalismus. Gegenüber dieser Lageverschiebung befindet sich gerade das vereinigte Deutschland in einer beispiellosen Situation. Von ihm wird eine Handlungsbereitschaft, ja selbst eine Führungsfähigkeit erwartet, von der deutsche Politik in der Nachkriegszeit bisher annehmen konnte, daß sie mehr als alle anderen Bedrohungen die Umgebung verunsichert. Es versucht sich solchem Erwartungsdruck zu entziehen, indem es mehr auf die historischen deutschen Belastungen als auf die demokratische Zuverlässigkeit der Bundesrepublik nach 1945 verweist. Gegenwärtig spielt Deutschland seine Rolle in der Regelung anstehender Konflikte und sicherheitspolitischer Strukturfragen eher wider Willen. Es nimmt Sicherheitsaufgaben wahr, aber nicht an: Das vereinigte Deutschland ist darauf nicht vorbereitet.

Dies soll nicht heißen, daß die Bundesrepublik in jüngster Zeit in ihren internationalen Rollen keinerlei Innovation gezeigt hätte. Sie hat erkannt, daß das atlantische Bündnis nicht mehr der alleinige Rahmen für die deutsche Sicherheitspolitik und Verteidigungsplanung sein kann, und hat deshalb an vorderster Stelle mitgewirkt, zusätzliche multilaterale Handlungsrahmen zu aktivieren beziehungsweise neu zu schaffen. Es fällt ihr aber schwer zu akzeptieren, daß sie in der jetzt notwendigen Sicherheitspolitik nur dann bündnis-, solidaritäts- und verantwortungsfähig sein kann, wenn durch nationale Interessendefinition für Orientierungsklarheit, durch Innovation der politisch-rechtlichen Basis für Legitimationsbedarf und durch nationale Anpassungsinvestition für Handlungskapazität gesorgt wird. Gerade in der Verfolgung kooperativer und integrativer Ziele, die auch für künftige deutsche Sicherheitspolitik Vorrang haben, ist eine hinreichend eigene Planungs-, Entscheidungs-, Umsetzungs- und Führungsfähigkeit erforderlich. Nur durch bewußte Nationalisierung, die mit Blick auf neue multilaterale Aufgabenwahrnehmung erfolgt, wird deutsche Sicherheitspolitik künftig nach innen akzeptierbar und von außen kalkulierbar sein können. Dabei werden die Möglichkeit des politischen Mißbrauchs nationaler Eigenständigkeit und die besorgte Perzeption Dritter mit Augenmaß zu beachten sein. Befürchtungen dieser Art wären dann berechtigter, wenn sich die Bundesrepublik, von einer externen Extremsituation überrascht, zum überstürzten Auf- und Umbau nationaler Krisenmanagementfähigkeiten gezwungen sähe. Noch sind insofern die Voraussetzungen für einen rechtzeitigen und damit dosierbaren Nationalisierungsprozeß günstig.

Die Fähigkeit, sich auf die neue sicherheitspolitische Sachlage einzustellen, ist aber nicht nur durch strukturelle Deformationen aus der Nachkriegsordnung eingeschränkt. Eine ebenso nachhaltige Bremswirkung für sicherheitspolitische Innovation geht von dem aktuellen Umstand aus, daß Deutschland durch seine Vereinigung auf absehbare Zeit übermäßig beansprucht wird. Zur Unzeit wird damit das Hauptinteresse auf eine innere Herausforderung gelenkt: das Zusammenwachsen von West- und Ostdeutschland. Was im Inland noch als Stabilitätsinvestition für die Mitte Europas interpretiert werden kann, wird im Ausland zum Teil als rücksichtsloser nationaler Egoismus gewertet. Der deutschen Bevölkerung in Ost und West fällt es in dieser Phase heimischen Solidaritätsbedarfs schwer, neben den nationalen auch noch internationale Stabilitätslasten zu akzeptieren, zumal die Erkenntnis, daß Deutschland nur in einer stabilen Umgebung stabil bleiben kann, erst noch erfahren sein will. Wenn es angesichts des internationalen Gestaltungsbedarfs ein schwacher Trost ist, daß Deutschlands Ablenkung durch die innere Konsolidierungsaufgabe nur von begrenzter Dauer sein wird, so bleibt doch noch die Befürchtung, daß die Binnenorientierung beibehalten und das Sichheraushalten aus internationaler Verantwortung zum sicherheitspolitischen Credo erhoben wird - dies auch als Ausflucht gegenüber der Last und den Unwägbarkeiten grundlegender Reformen.

Insgesamt läßt die politische Kultur Deutschlands gegenwärtig noch zu wenig Ressourcen erkennen, aus denen sich eine zeitgemäße ordnungspolitische Steuerungskapazität bilden könnte. Unter anderem beschränkt die Bundesrepublik ihre internationale Rolle als Ordnungsmacht durch überholte (verfassungspolitische)

Selbstbindungen aus der Nachkriegszeit. Entsprechend bleiben auch die konzeptionellen, institutionellen und organisatorischen Reformen aus, die am Beginn einer Phase ordnungspolitischer Gestaltung und vielfältiger neuer Gefährdungen gerade in der Bundesrepublik notwendig wären. Deutschland kann sich nach getaner Arbeit in der Periode der Ost-West-Konfrontation nicht aus der internationalen Sicherheitspolitik verabschieden. Auf neuen Grundlagen und in ungewohnter Umgebung Stellung zu beziehen ist ebenso anspruchsvoll wie unvermeidlich. Erst wenn die neuen Gegebenheiten der Sicherheitspolitik verstanden sind, ist aber die Voraussetzung geschaffen und die Berechtigung erworben, zwischen Handlungsoptionen wählen zu können.

II. Neue sicherheitspolitische Analyse: Begriffe, Methodik, Studienarchitektur

Als Teil des politischen Diskurses und der konzeptionellen Studienarbeit werden eine Begrifflichkeit und eine Analysemethodik für die künftige Sicherheitspolitik zu entwickeln sein, die nicht nur als Mittel der Verständigung über einen neuen Sachverhalt taugen, sondern diesen Sachverhalt selbst mitgestalten können. In diesem Sinne sind in der vorliegenden Untersuchung eine Reihe von Begriffen in analytische Schlüsselpositionen gerückt, ohne daß sich schon endgültig abschätzen läßt, welche prägende Wertigkeit ihnen im Prozeß der weiteren Verfeinerung deutscher und internationaler Sicherheitspolitik unter den neuen Gegebenheiten zukommen wird.

Während sich Sicherheitspolitik in der Nachkriegszeit überwiegend innerhalb der Ost-West-Formation vollzog, unterliegt sie heute wandelbaren internationalen *Konstellationen*. Der Analyse konstellativer Entwicklungsvarianten des strategischen Umfeldes fällt damit zentrale sicherheitspolitische Bedeutung zu, und zwar sowohl für das Entstehen wie für das Vermeiden und Beseitigen von Gefahren. Zwar hat die nördliche Hemisphäre erstmals die Möglichkeit, zu einer Zone der Kooperation zu werden, noch aber sind die Rahmenbedingungen dafür in Bewegung: das internationale System und sein Wertekodex, die hauptsächlichen Akteure, ihre interne Konstitution und in Wechselwirkung damit ihre externe Verhaltensorientierung. Je nachdem, in welchem evolutionsdynamischen Umfeld (von kooperativ bis konfrontativ) ein Konflikt auftritt, wird seine sicherheitspolitische Brisanz unterschiedlich zu bewerten sein.

Politische *Konflikte* werden hier nicht per se als negativ betrachtet, sondern als Ausdruck politischer Evolution, solange sie im Rahmen akzeptierter Regeln ausgetragen werden. Entsprechend ist *Stabilität* nicht als Abwesenheit von Konflikten zu verstehen (dies war sowjetisches Verständnis von Stabilität unter repressiven Bedingungen), sondern als Zustand und Prozeß friedlicher, zuweilen kontroverser Interessenverfolgung. Wenn Konflikte in politische *Krisen*, also in Situationen fehlender Regelbarkeit von Kontroversen, übergehen, werden sie zum ordnungspolitischen, wenn sie potentiell oder tatsächlich zum Einsatz militärischer Gewalt führen, darüber hinaus auch zum sicherheitspolitischen Problem. In diesem Fall bleiben auch Formen der Bedrohung und der Abschreckung weiterhin gültige Instrumente der Sicherheitspolitik, wenngleich ihre Reichweite dann eingeschränkt und ihr Anwendungsbereich verändert sein werden.

Ein sicherheitspolitischer Konflikt gilt dann als *Risiko*, wenn er durch die Art der Aggression *und* die politischen Festlegungen der Teilnehmer unakzeptable Gefährdungen für die bestehenden Sicherheitsstrukturen heraufbeschwört und insofern Obligationen Dritter ins Spiel bringt. Nicht die Bedrohung durch die potentiell aggressiven Absichten eines fixierten Gegners ist dann die Hauptgefahr, sondern die Glaubwürdigkeit eben des Systems steht auf dem Spiel, das an die Stelle des bisherigen Abschreckungssystems getreten ist beziehungsweise treten soll. Bedrohungsanalyse wird insofern durch Risikoanalyse abgelöst, die sich weniger auf die militärischen Fähigkeiten eines Aggressors konzentriert, als vielmehr auf die residualen Gefahren, die mit einem kooperativen Sicherheitssystem verbunden sind. Dabei wird konsequenterweise auch die Bewertung der eigenen Maßnahmen mit einzuschließen sein.

In der vorliegenden Studie, in der die hier vorweggenommenen Begriffsklärungen im praktischen Analysekontext illustriert werden, sind in der Regel nur solche Konflikte, Krisen und Risiken angesprochen, die sicherheitspolitisch relevant sind. *Sicherheitspolitik* wird gegenüber den herkömmlichen Vorstellungen in diesem Zusammenhang teils enger, teils weiter gefaßt:

- Der Begriff ist *enger*, weil Sicherheitspolitik nicht mehr per se Ordnungspolitik ist: Stabilität und Gleichgewicht als Elemente internationaler Ordnung werden nur noch begrenzt durch Sicherheitspolitik bestimmt. Zugleich resultieren militärisch relevante Instabilitäten und Risiken vor allem aus nichtmilitärischen Rahmenbedingungen. Insoweit sind Ordnungs- und Stabilitätspolitik auf neue Art Grundlagen und Voraussetzungen der Sicherheitspolitik, aber von dieser verschieden.
- Der Begriff ist *breiter* zu fassen, weil das Spektrum der Instabilitäten und Risiken, auf das Sicherheitspolitik gerichtet ist, zwar weniger apokalyptisch ist als in den vergangenen Jahrzehnten, aber eine weit größere Vielfalt möglicher Konflikte umfaßt. Dabei entsteht häufig eine Situation, die ein Krisenmanagement unter Einschluß militärischer Mittel erfordern könnte. Wir schlagen deshalb vor, Sicherheitspolitik zwar auf militärisch relevante Gefahren einzuschränken, ihnen aber unter Einbezug des nichtmilitärischen Umfelds zu begegnen. Zudem gibt es neue transnationale und globale Gefährdungen (unter anderem Umweltschäden und internationalen Terrorismus), deren Bewältigung dem Umgang mit militärischen Risiken vergleichbar ist. Dafür wird häu-

fig der Begriff der "umfassenden Sicherheit" vorgeschlagen. In der vorliegenden Untersuchung bleibt Sicherheitspolitik indessen auf militärisch relevante Instabilitäten und Risiken eingegrenzt.

- Sicherheitspolitik besteht somit in der Hauptsache darin, Krisen und Konflikten durch entsprechende Vorsorge vorzubeugen, den Normenrahmen für das Zusammenleben der Staaten weiterzuentwickeln und zu kontrollieren sowie entsprechende Strukturen zu bilden. Für den Fall, daß dennoch Krisen und militante Konflikte entstehen, muß eine Managementkapazität bereitstehen, um Risiken eingrenzen zu können. Diese Art der Sicherheitsvorsorge erfordert die Bestimmung gemeinsamer sicherheitspolitischer Zielsetzungen und Instrumente, die sich in ordnungs- und stabilitätspolitische Zusammenhänge einfügen müssen und insoweit Bestandteile internationaler Ordnung und Beiträge zu internationaler Stabilität werden können. Vor allem können sicherheitspolitische Regelungen (wie zum Beispiel Nichtverbreitungsregime) wichtige ordnungspolitische Implikationen haben. Insofern geht heutige Sicherheitspolitik hinsichtlich der Aufgabenschwerpunkte, des konzeptionellen Ansatzes und der instrumentalen Ausstattung weit über den traditionellen staatlichen Verantwortungsbereich der territorialen *Verteidigung* hinaus. Klassische Landesverteidigung, auch die innerhalb der Bündnisse, ist auf dem Wege, zu einer Restgröße zu werden. Neue Sicherheitspolitik und neue Verteidigungspolitik sind miteinander zu verbinden.

Mit der Diversifizierung des Aufgabenfeldes nimmt auch das Repertoire an *Instrumenten* zu, mit denen sicherheitspolitische Systemelemente verfeinert und militärisch relevante Gefahren gebannt werden sollen. Die bisherigen Mittel der Verteidigungspolitik sind nur zum Teil auch für die Wahrnehmung der neuen sicherheitspolitischen Aufgaben geeignet. Internationales Recht, multinationale Regime und Institutionen werden wichtiger und damit auch die komplementären nationalen und internationalen Mechanismen der Kooperation. Die Fertigkeiten und Arsenale des Krisen- und Konfliktmanagements im nichtkonfrontativen Umfeld sind neu zu entwickeln. Militäreinsätze für friedenserhaltende und -schaffende Maßnahmen verlangen eine entsprechende Legitimation (Mandatierung). Die Akteure künftiger Verteidigungs- und Sicherheitspolitik werden nur in wenigen Fällen die klassischen Bündnisse sein können, eher Ad-hoc-Koalitionen und multinationale Verbände. Nichtmilitärische und militärische Akteure werden sich in der Aufgabenwahrnehmung ergänzen müssen. Die gesamte instrumentelle Vorsorge muß auf die grundsätzlich variablen Rahmenbedingungen und die Vielfalt der Konflikte abgestimmt sein.

Eine Sicherheits- und Verteidigungspolitik, die auf mittel- und langfristige Stabilität politischer Entwicklung gerichtet und entsprechend von struktureller Offenheit gekennzeichnet ist, wird aus Gründen eigener Festlegung wie entsprechender

Berechenbarkeit für andere unter den künftigen politisch-strategischen Verhältnissen weit grundlegender als in den vergangenen Jahrzehnten auf geeignete Formen der *Analyse* angewiesen sein, um nicht ständig improvisieren und korrigieren zu müssen. Sie wird in diesem Sinne - die Untersuchungen in diesem Band sind dafür ein Indikator - zunehmend theorieabhängig werden. Es geht darum, ein Analyseinstrumentarium zu entwickeln, das neben dem Management des Übergangs Entscheidungen für die Zukunft erlaubt. Dazu sind zwei sich ergänzende Arten von Analysen erforderlich. Analysen, die grundsätzlich für alle Akteure und alle Bereiche sicherheitspolitischer Planung und Entscheidung nutzbar gemacht werden können (Sockelanalysen), und Analysen, die sich auf die spezifischen Präferenzen und Umstände beispielsweise in der Bundesrepublik Deutschland richten (akteurspezifische Analysen).

Der vorliegende Band widmet sich vorwiegend den *Sockelanalysen*, und zwar in erster Linie der Konstellations-, der Risiko- und der Instrumentalanalyse (Teile I bis III). Die Interessenanalyse (Teil IV) enthält lediglich einige erste Überlegungen zur deutschen Interessenlage nach dem epochalen Wandel im Umfeld deutscher Sicherheitspolitik; für diesen Analysebereich wird noch kein konzeptionell-methodisches Werkzeug entwickelt. Eine solche Anreicherung bleibt, ebenso wie die systematische Ausdehnung der *akteurspezifischen Analyse*, etwa auf die Bereiche Konzeption, Implementierung und Organisation, Nachfolgestudien vorbehalten. In den drei Teilen Konstellations-, Risiko- und Instrumentalanalyse, die inhaltlich aufeinander bezogen sind, ist jeweils der erste Beitrag der Entwicklung von Konzeption und Methodik gewidmet, alle weiteren Beiträge sind als Anwendung des damit bereitgestellten analytischen Instrumentariums zu verstehen, wenngleich auch sie der Weiterentwicklung der Heuristik dienen.

III. Bewährungsprobe wissenschaftlicher Politikberatung

Insgesamt ist der Band als ein erster Versuch systematischer sicherheitspolitischer Politikberatung in einer für Deutschland kritischen Zeit der Transformation gedacht. Er ist mit der Expertise eines Forschungsinstituts und seines wissenschaftlichen Umfeldes in der Erkenntnis erarbeitet worden, daß offizielle Stellen ebenso wie die politische Öffentlichkeit einer Handhabe zur Einschätzung neuer Grundbefindlichkeiten bedürfen. Der sicherheitspolitische Umbruch ist für alle Teile unserer Gesellschaft eine erstrangige Herausforderung. Es gilt, die hier entworfenen Analysemethoden und die damit erzielten Ergebnisse einem Anwendungstest zu unterziehen. In der Sicherheits- und Verteidigungspolitik stehen Wissenschaft und Politik vor einer Bewährungsprobe ihrer funktionalen Symbiose. Dabei werden Hauptschwierigkeiten kommender Jahre darin bestehen, daß methodische Innovationen großen Ausmaßes zugleich für Theorie *und* Praxis erforderlich sind, daß sich die Forschung auf die neuen Bedingungen aber tendenziell langsamer einstellen wird als die politische Praxis und daß insbesondere die Organisation politischer Beratung dieser neuen Situation nicht angemessen sein dürfte.

Diese Überlegungen sind speziell für das Handlungsfeld Sicherheitspolitik der Bundesrepublik Deutschland von Bedeutung. Noch fehlen hier der neuen Lage angemessene Einschätzungskriterien und Erfahrungen, Organisationen und Instrumente sowie vor allem ein entsprechender Gestaltungswille. Die Fortschreibung institutioneller und materieller Besitzstände sowie traditioneller Denkmuster wäre der sicherste Weg zu unkontrollierbarem Verfall der gegenwärtigen deutschen Sicherheitsstrukturen - gleich, ob die Sicherheitspolitik als "erledigte" oder als im wesentlichen neue Aufgabe betrachtet wird. Es geht um mehr als eine der gelegentlichen sicherheitspolitischen Kurskorrekturen vergangener Jahre. Der früher hilfreiche Seitenblick auf die Verhaltensmuster der Bündnispartner scheint in der jetzigen Situation kein hinreichendes Erfolgsrezept. Zum einen ist die sicherheitspolitische Konzepterneuerung in den Partnerländern sehr unterschiedlich entwickelt, zum anderen ist die deutsche Ausgangslage, wie oben bereits angesprochen, in verschiedener Hinsicht singulär. Beides wird zum gegebenen Zeitpunkt Anlaß für multilaterale Studientätigkeit und internationalen Diskurs sein müssen, zunächst muß aber das nationale Defizit abgearbeitet werden.

Weil sicherheitspolitische Erfahrungen und bisherige Modelle auf die jetzigen Herausforderungen kaum übertragbar sind, kommt konzeptionellen Überlegungen und Studien ein hoher Stellenwert zu. Dies auch dann, wenn ungewiß ist, inwieweit sie zur Reorientierung deutscher Sicherheits- und Verteidigungspolitik unmittelbar beitragen werden. Zunächst geht es darum, das Ausmaß und die Implikationen der sicherheitspolitischen Zäsur zu verdeutlichen und an der Ingangsetzung eines innovativen Diskurses in Deutschland mitzuwirken, der nicht zuletzt jenseits gegenwärtiger politischer Positionen und im Vorgriff auf Aufgaben künftiger deutscher Sicherheitspolitik notwendig ist. Ohne einen solchen Diskurs wird eine Reform der bundesdeutschen Sicherheitspolitik weder problemadäquat noch tragfähig sein.

I.

KONSTELLATIONSANALYSE

I. Konstellationsanalyse: Leitfaden

In den vergangenen Jahrzehnten gab es eine paradigmatische Grundstruktur internationaler Politik, die unter dem Primat der Sicherheit stand. Die künftige Entwicklung wird vor allem durch variable Rahmenbedingungen charakterisiert sein. Zudem werden die vorrangig wichtigen sicherheitspolitischen Handlungsräume nicht durch konfrontative Strukturen, internationale Strukturen, geopolitische Gegebenheiten und ähnliches bestimmt, sondern durch die Dichte politischer, ökonomischer, sozialer und sicherheitspolitischer Interaktionen.

In Teil I wird der Raum Nordamerika, Nordostasien (mit Japan als dominanter Macht), ehemalige Sowjetunion und Westeuropa als ein Handlungsraum mit besonderen und potentiell zunehmenden sicherheitspolitischen Gemeinsamkeiten zugrunde gelegt. Im Verhältnis vor allem der dominanten Akteure in diesem Raum, den USA, Japans, der GUS (bzw. Rußland) und Westeuropas (vor allem Deutschlands), wurden als Ergebnis unterschiedlicher internationaler Entwicklungszustände fünf verschiedene sicherheitspolitisch relevante Konstellationen herausgearbeitet, mit denen sich in erster Annäherung die künftige Variabilität der Rahmenbedingungen internationaler Sicherheit erfassen läßt (Kap. 1).

In diesem Rahmen werden in nachfolgenden Kapiteln die Optionen untersucht, die den dominanten Akteuren in der weiteren internationalen und nationalen Entwicklung mehr oder weniger offenstehen: zunächst Westeuropa (Kap. 2), dann die USA (Kap. 3 und 4), Japan (Kap. 5) sowie USA und Westeuropa als ökonomische Akteure (Kap. 6), sodann die GUS (Kap. 7) und die sozialökonomischen Stabilitätsbedingungen in der früheren Sowjetunion und in Osteuropa (Kap. 8 und 9).

Mit diesen Akteursanalysen sind erste Grundlagen für eine weiterführende Analyse künftiger sicherheitspolitischer Konstellationen gegeben, wobei unterschiedliche Entwicklungen bei einzelnen Akteuren entsprechend unterschiedliche Interaktionsketten auslösen können: So würde ein Rückzug der USA aus Europa unmittelbare Folgen für das Verhältnis der großen westeuropäischen Mächte und damit für die Integrationsfähigkeit Westeuropas, aber auch für die Stabilisierbarkeit Gesamteuropas haben, während umgekehrt die sicherheitspolitische Vorbereitung Westeuropas auf eine solche Entwicklung eben diesen Rückzug beschleunigen würde. Je nach Entwicklungsgrad, der sich in den Konstellationen ausdrückt, wird die Bedeutung nichtmilitärischer bzw. militärischer Rahmenbedingungen zu- oder abnehmen: Bei hohem Integrationsniveau werden nichtmilitärische Bedingungen dominieren. Entsprechend wird man künftig, wie in Kapitel 10 ausgeführt wird, Begriffe wie Stabilität und Gleichgewicht in ihrer Konstellationsabhängigkeit verstehen müssen, wobei Stabilität in ihrer wichtigsten Bedeutung mit der Stabilisierung des Prozesses fortschreitender politischer Evolution gegeben ist. In diesem

Sinne wird denn auch Teil I mit einer grundsätzlichen Betrachtung des neuen Verhältnisses von Strukturwandel und Stabilität abgeschlossen (Kap. 11).

Mit Konstellationsanalysen solcher oder ähnlicher Art entsteht eine neue Grundlage für die Untersuchung sicherheitspolitischer Risiken und Instrumentarien, deren Konstellationsabhängigkeit nicht mehr zu übersehen ist.

1. Möglichkeiten und Probleme einer Konstellationsanalyse als Grundlage künftiger sicherheitspolitischer Planung

Uwe Nerlich

I. Probleme der Analyse unter variablen Rahmenbedingungen

Sicherheitspolitische Planung steht gegenwärtig vor einzigartigen Schwierigkeiten:

- Es hat eine gleichzeitige Veränderung aller wesentlichen Handlungsbedingungen stattgefunden.
- Begriffe, Aufgaben, Konzeptionen, Mittel, Institutionen und Erwartungen der Sicherheitspolitik bedürfen neuer Bestimmung mit dem Ziel tragfähiger Grundlagen für anstehende Entscheidungen mit langfristigen Auswirkungen.
- Der fortschreitende Wandel der Verhältnisse hat seit dem Frühjahr 1989 (d.h. seit der grundsätzlichen Einigung über das VKSE-Konzept) immer wieder die Agenda für Reformen verändert - zuletzt die Moskauer Ereignisse vom August 1991.
- Damit sind bis jetzt auch alle Versuche gescheitert, institutionelle bzw. konzeptionelle Annahmen so festzuschreiben, daß sich darauf neue Planungen aufbauen lassen. Die Auswirkungen der Moskauer Veränderungen vom August 1991 auf Vorbereitung und Resultate des NATO-Gipfels in Rom haben dies überdeutlich gezeigt.
- In diesem Wandel gibt es plausible Bestandserhaltungsinteressen mit dem Ziel, Strukturentwicklungen vom Übergang in den freien Fall zu bewahren, sowie auch das Erfordernis, die politischen und militärischen Strukturen zu nutzen, die einen Rahmen für die Neuordnung sicherheitspolitischer Verhältnisse bieten könnten. In diesem Sinne ist zum Beispiel das VKSE-Abkommen als nützlich betrachtet worden, auch nachdem das ursprüngliche Paritätsziel gegenstandslos geworden ist.
- Da der politisch-strategische Hauptzweck der Sicherheitspolitik entfallen ist, stellt die Sicherheitspolitik auch nicht mehr wie in der Vergangenheit einen eigenständigen Primärbereich der Politik dar: Die internationale Ordnung wird nicht mehr vorrangig durch militärische Gegebenheiten bestimmt und das Entstehen künftiger militärisch relevanter Konflikte wird vor allem von sozioökonomischen Bedingungen abhängen, die nicht in die Kompetenz der Sicherheitspolitik fallen und auch nicht durch einen erweiterten Sicherheitsbegriff zu erfassen sind.[1]

---

1 Konflikte werden hier durchgängig als ein Medium politischer Konkurrenz und insoweit als potentiell positiv betrachtet. Konflikt*verhütung* hat insofern ihren Sinn darin, Konflikte in Grenzen

- Zugleich wird es, wie die Erfahrungen mit dem Irak oder Jugoslawien zeigen, militärische Herausforderungen geben, die spezifische politische und strategische Reaktionsmöglichkeiten erfordern. Das heißt, Sicherheitspolitik kann sich nicht mehr auf die kollektiven Stabilitätsdefizite der Abschreckung und Rüstungskontrolle beschränken, sondern muß auf real mögliche militärische Konflikte vorbereiten.
- Dies ist insbesondere auch eine Frage der politischen Vermittlung: Während des zweiten Golfkonflikts war die deutsche Politik darauf völlig unvorbereitet.[2]

Für die Sicherheitspolitik (und vor allem die sicherheitspolitische Planung) ist also alles anders geworden. Sie braucht stabile neue Grundlagen und sie ist gegenwärtig zu kaum mehr in der Lage als zu Improvisationen, die ihrerseits vielfach längerfristige strukturelle Entwicklungen erschweren und sogar antizyklische Auswirkungen haben. Daraus resultiert die Tendenz, die Planung nur an *präferierten* Zielsetzungen und weniger an möglichen Gefährdungen und Fehlentwicklungen zu orientieren. Gerade auf deutscher Seite ist die Neigung zu beobachten, die politische Gesamtentwicklung im Sinne kooperativer Zielsetzungen nur positiv zu sehen, was für Erfordernisse militärischer Sicherheit kaum Raum läßt, und dann unvermittelt, also ohne Bestimmung eines möglichen politischen Kontextes und der Eintrittsbedingungen für Konflikte, künftige Gefährdungen zu kategorisieren.[3] Zwischen politisch-strategischen Rahmenbedingungen und militärisch relevanten Risiken entsteht so eine Diskontinuität, welche die sicherheitspolitischen Zielsetzungen im unklaren läßt und gravierende Begründungs- und Rechtfertigungsnöte im politischen Raum auslösen muß, die sich in Deutschland gegenwärtig in der Tendenz zeigen, den politischen "best case" zu unterstellen und gleichzeitig neue Sicherheitsziele und Streitkräftestrukturen entwickeln zu müssen.

Die Schwierigkeiten sicherheitspolitischer Planung sind in diesem Zusammenhang für die Bundesrepublik ohne Beispiel. Einerseits ist kein anderer Staat aus eigenem Interesse so stark an fortschreitender Integration, an der Erhaltung lebensfähiger atlantischer Beziehungen sowie an der Stabilisierung der Reformen in Zwischeneuropa und in der ehemaligen UdSSR interessiert und auf diese angewiesen. Die optimalen politisch-strategischen Rahmenbedingungen sind also, wenn

---

der Regelbarkeit zu halten und (vor allem militärische) Gewalt als Mittel zu beschränken. Dabei ist nicht zu übersehen, daß sogar eruptive und gewaltsame Konflikte vielfach positive Folgen haben. Siehe dazu vor allem Thomas C. *Schelling*, Arms and Influence, New Haven/London 1966. Bemerkenswerte Einsichten enthält dazu auch Karl Otto *Hondrich*, Lehrmeister Krieg, Reinbek bei Hamburg 1992.

2 Vgl. Michael *Inacker*, Unter Ausschluß der Öffentlichkeit? Die Deutschen in der Golfallianz, Bonn 1991.

3 Vgl. Interview mit dem Generalinspekteur der Bundeswehr, General Naumann, in: Welt am Sonntag, 6.10.1991, S. 25f.

überhaupt, nur über *kooptive Macht*,[4] also durch kooperative Einbindung Dritter in Strukturentwicklungen im Interesse aller Betroffenen herzustellen und in diesem Sinne entwicklungsoffen. Mit den Rahmenbedingungen verändern sich aber eben auch Natur und Eintrittswahrscheinlichkeiten der Konflikte. Andererseits gibt es keinen vergleichbaren Staat, für den in bezug auf mögliche Konflikte die Voraussetzungen für kollektives politisch-militärisches Handeln so problematisch sind:

- Das Grundgesetz wird zur Zeit politisch so ausgelegt, als würde die Bestimmung über die Einordnung in kollektive Sicherheitssysteme (Art. 24.2 GG) auf die NATO beschränkt sein, obwohl dies schon verfassungsgeschichtlich keine Grundlage hat.
- Der Vertrag von Washington wird nicht nur quasi als GG-Bestandteil betrachtet, sondern so ausgelegt, als würde er militärische Einsätze außerhalb des Vertragsgebiets verbieten. Tatsächlich betreffen die geographischen Beschränkungen nur die Auslösung der Verpflichtung zu kollektivem Handeln.
- Nach der gegenwärtigen strategischen Entflechtung gibt es außer in Nordnorwegen und Anatolien aus geostrategischen Gründen keine Möglichkeit direkter Landinvasion auf NATO-Territorium, die den NATO-Fall im Sinne von Artikel V und VI des Washington-Vertrags auslösen würde. Das heißt, ein NATO-Fall kann in herkömmlicher Weise nach strategischer Entflechtung gar nicht mehr eintreten. Die Bundesrepublik müßte die Besetzung von Transitstaaten wie Polen abwarten, bevor der NATO-Fall eintritt.
- Nach vorherrschender verfassungspolitischer Auffassung im Bundestag gibt es also gegenwärtig praktisch überhaupt keinen Fall mehr, der einen Einsatz militärischer Mittel zuläßt.[5]
- Künftige Handlungsfähigkeit wird damit an die Notwendigkeit entsprechender GG-Änderungen geknüpft, obwohl die politische Auslegung des GG gerade am Anfang dieser besonderen Art von Selbstbeschränkung gestanden hat.
- Für die Bundesrepublik ist also ihre grundsätzliche Handlungs- und Integrationsfähigkeit gerade in einem Augenblick umstritten, in dem es um die Gestaltung *der* internationalen Strukturen geht, an denen vor allem eben die Bundesrepublik interessiert ist.
- Dabei geht es nicht nur um die Fähigkeit zu gemeinsamer Sicherheitspolitik, sondern um den Umgang mit Konflikten, bei denen Deutschland zunehmend unter Zugzwang geraten wird, und um ordnungspolitische Entwicklungen, die

4 Als "kooptive" oder "weiche" Macht gilt die Fähigkeit, über Agenda- und Strukturbildung Präferenzen und Entscheidungen Dritter im eigenen Interesse zu lenken. Vgl. den grundlegenden Beitrag von Joseph S. *Nye, Jr.*, American Power and a Post-Cold War World, in: Facing the Future. American Strategy in the 1990. An Aspen Strategy Group Report, Lanham, Md. 1991 (Appendix 1).

5 Vgl. auch: *Unabhängige Kommission für die künftigen Aufgaben der Bundeswehr*, Die künftigen Aufgaben der Bundeswehr, Abschlußbericht und Empfehlungen, Bonn, 24.9.1991, S. 8.

letztlich - namentlich auch im Sinne der Zielsetzungen des wichtigsten Integrationspartners, nämlich Frankreichs - gerade bei fortschreitender Integration auch neue Statusdifferenzierungen zuungunsten Deutschlands hervorbringen dürften.[6]

- Die Bundesrepublik hat wie kein anderer Staat und aus komplexen Gründen (in Westeuropa als Ausweg aus den konkurrierenden Interessen Frankreichs und der USA, in Gesamteuropa als Rahmen für die Überwindung der europäischen Teilung bei gleichzeitiger Erhaltung atlantischer Bindungen) auf ein Netzwerk überlappender multinationaler Institutionen hingewirkt, um *direkte* Verantwortung zu vermeiden. Häufig werden jedoch hinter dieser Ausübung kooptiver Macht - durch die Umstände der deutschen Vereinigung bekräftigt - versteckte nationale Interessen Deutschlands vermutet, die wirklicher Partnerschaft im Wege stehen. Tatsächlich erfordert gerade die Instrumentierung dieser Vielzahl von Institutionen zu nationalen wie gemeinsamen Zielen *nationale* Strategien - im Falle gemeinsamer Ziele abgestimmt mit denen Dritter. Das heißt, ohne klare Zielsetzungen und das Entstehen eines funktional geordneten Netzwerks komplementärer Institutionen werden nationale wie gemeinsame Politiken zunehmend ineffektiv, sprunghaft und verwirrend.

Für alle Staaten gilt gegenwärtig, daß es für Sicherheitspolitik keine stabilen Rahmenbedingungen mehr gibt und daß optimale Sicherheit vor allem unter sozioökonomischen Stabilitätsbedingungen gegeben sein wird, wobei Fragen militärischer Sicherheit nur eine untergeordnete Bedeutung zukommt. Das heißt, der Zweck der Sicherheitspolitik und ihrer Mittel ist eine Frage künftiger politischer Evolution und bleibt insoweit ungewiß.

Das Besondere der *deutschen* Situation ist, daß die Bundesrepublik mehr als andere an der *Gestaltung* der Rahmenbedingungen interessiert sein muß, weil sie mehr als andere von Variationen der Rahmenbedingungen betroffen wäre, daß sie aber auch weniger als andere darauf vorbereitet ist, mit der zu erwartenden Variabilität gerade institutioneller Rahmenbedingungen umzugehen. Die politische Grunderwartung in Deutschland ist, daß die politische Evolution ähnlich wie zu

---

6 Die fast gleichzeitigen Initiativen Präsident Mitterrands für Verhandlungen der vier in Europa engagierten Nuklearwaffenstaaten und (mit Bundeskanzler Kohl) für die Bildung eines deutsch-französischen Kerns eines WEU-Korps lassen keinen Zweifel daran, daß sich die französischen Zielsetzungen seit den Zeiten der EVG in diesem Punkt nur in Nuancen verändert haben: Deutschland konventionell so einzubinden, daß die direkte deutsch-amerikanische Zusammenarbeit möglichst weitgehend unterbunden wird, und als Nuklearmacht und Ständiges Mitglied des Sicherheitsrates zugleich als der kontinentale Vertreter Westeuropas zum eigentlichen Sicherheitspartner der USA zu werden, und zwar bei minimaler Präsenz und damit vermindertem Gewicht der USA in Europa. Diese französischen Prioritäten werden vollends deutlich angesichts der doppelten Tatsache, daß Deutschland als einziger Staat einseitig sowohl auf Nuklearwaffen verzichtet wie eine obere Begrenzung seiner konventionellen Streitkräfte auf 370 000 Mann festgelegt hat. Es geht Frankreich also gerade um die *ordnungspolitischen* Implikationen.

Zeiten der Entspannungspolitik in kleinen Schritten in die richtige Richtung führen werde. Der Golfkrieg wie der Konflikt in Jugoslawien haben gezeigt, daß dieses Bild der Normalität politischer Evolution die deutsche Politik paralysieren oder zu Fehlreaktionen veranlassen kann, und zwar so, daß gerade in deutscher Sicht die internationale politische Evolution selbst gefährdet wird, die Deutschland mehr als andere braucht.

Sicherheitspolitische Planung für die Bundesrepublik Deutschland sieht sich daher vor beispiellosen Schwierigkeiten. Sie werden durch die allgemeine internationale Entwicklung kompliziert. Die Rahmenbedingungen sicherheitspolitischer Planung können sich in absehbarer Zukunft *grundlegend* verändern. Das gilt für die Rolle und Präsenz der USA in Europa, die Evolution multinationaler Institutionen, die Entwicklung in den osteuropäischen Reformländern, die Zukunft der ehemaligen UdSSR, die fortschreitende Proliferation von Massenvernichtungswaffen und anderen kritischen Waffensystemen und nicht zuletzt die künftige politische Unterstützung für Sicherheitszwecke, was wiederum maßgeblich von deren Formulierung und Präsentation abhängen wird.

Sicherheitspolitische Planungen und Entscheidungen werden künftig also so konzipiert werden müssen, daß sie der Variabilität politisch-strategischer und sozialökonomischer Rahmenbedingungen Rechnung tragen. Positive politische Rahmenbedingungen sind nicht einfach *gegeben*, sie sind vorrangige Aufgabe und Zielsetzung der Politik unter Bedingungen erheblicher Ungewißheit. Sowohl in bezug auf variable politisch-strategische Rahmenbedingungen wie auf militärisch relevante Krisen- und Konfliktannahmen entstehen so völlig neuartige Analyse- und Planungsaufgaben, für die ausreichende Methoden bisher fehlen: Es ist eine *neuartige Heuristik* erforderlich, um einen Planungsrahmen zu schaffen, der künftigen politischen Entwicklungsmöglichkeiten wie militärischen Risiken Rechnung trägt und politisch zu vermitteln ist.

Sicherheitspolitische Planung wird in Zukunft durch eine *zunehmende Analyseabhängigkeit künftiger sicherheitspolitischer Planung und Entscheidungen* bei tendenziell konservativen institutionellen und politischen Verhaltensweisen bestimmt sein. Unter diesen Umständen gilt es, *langfristige Entwicklungsalternativen* so zu analysieren, daß Resultate in *kurzfristigen Entscheidungen* Eingang finden können.[7] Es lassen sich einige *Leitlinien* hervorheben:

- Militärische (konfrontative wie kooperative) Strukturen werden künftige politische Ordnung weit weniger prägen als in den letzten Jahrzehnten.
- Nichtmilitärische (politische, ökonomische und soziale) Bedingungen der Sicherheit werden künftig weit mehr als in der Vergangenheit das Eintreten von Konfliktlagen bestimmen.

7 In mancher Hinsicht entspricht dies der Lage, in der sich sicherheitspolitische Planung der USA als einer Weltmacht mit Handlungsalternativen auch in den vergangenen Jahrzehnten vollzog.

- Seit dem Ende der Konfrontationsordnung und der entsprechenden Deblockierung struktureller Optionen gibt es eine ordnungsbildende Grundtendenz: Es geht nicht mehr primär um Systemerhaltung mit sekundären Transformationsprozessen, sondern um die Stabilisierung politischer Evolution.
- Pari passu mit dieser Grundtendenz hat auch die Konfliktwahrscheinlichkeit zugenommen: Mit dem Ende des Kalten Krieges sind spezifisch neue, begrenzte Konflikte (Irak und Jugoslawien) und reale Proliferationsgefahren entstanden.
- Kein künftiger sicherheitspolitischer Akteur wird so dominant sein wie die USA unter Bedingungen der Bipolarität.
- Die Kontinuität von Rahmenbedingungen ist einseitig weit weniger zu kontrollieren als in der Ordnung der letzten Jahrzehnte.
- Zwischen begrenzten Konflikten und extremen Eskalationsrisiken findet eine strategische Entkoppelung statt.
- Zugleich können begrenzte Konflikte (siehe die potentiellen Gefährdungen im Irak) neuartige chemische und nukleare Dimensionen erhalten.
- In dieser neuen Lage nimmt der Einfluß der Bundesrepublik auf die internationale Strukturentwicklung zu, und zwar auch dann, wenn sie sich einseitig auf beschränkte Handlungsfähigkeit festlegt (in diesem Fall mit zunehmend problematischen Rückkoppelungen).
- Die internationale Gestaltungsfähigkeit der Bundesrepublik wächst im Maße ihres kontinuierlichen Engagements, da dies zur Stabilisierung neuer Rahmenbedingungen beiträgt. Umgekehrt ist zu erwarten, daß die internationale Steuerkapazität der Bundesrepublik (absolut und in bezug auf die Zunahme internationaler Aufgaben) nachläßt, und zwar weitgehend unabhängig von innenpolitischen Konstellationen.
- Es kommt hinzu, daß die fortschreitend integrativen Langzeittendenzen deutsche Interessen am meisten begünstigen, die Bundesrepublik also nur mit Vorsicht als Schrittmacher auftreten kann.[8] Andererseits gibt es weniger Grund zur innenpolitischen Rücksichtnahme in internationalen Fragen als zu Zeiten der Konfrontationsordnung, da die internationale Polarisierung als Anlaß innenpolitischer Polarisierung relativ unwirksam geworden ist.

8 Für die Entwicklung zur EPU liegt dies auf der Hand. Für die Reform der NATO ist die Interessenlage komplizierter: Es liegt im deutschen Interesse, mit der militärischen Selbsteinbindung Deutschlands in der NATO eine Rückversicherung aller anderen Staaten (inzwischen auch der GUS und der Länder Mittelosteuropas) zu erreichen, um Handlungsfreiheit in anderen Bereichen zu erlangen. Der Ausbau der KSZE verstärkt dies tendenziell, insbesondere da er den tatsächlichen Einsatz militärischer Mittel unter zusätzliche Bedingungen stellt. Allerdings kann der Nutzen dieser Selbsteinbindung schwinden, wenn wichtige Staaten der Umgebung ihr Interesse im Lichte deutscher Vorteile und verbleibender militärisch neutralisierender Potentiale (z.B. sowjetisches und französisches Nuklearpotential) neu definieren und die Paradoxie offenbar wird, daß die Bundesrepublik als Demandeur in der Frage der militärischen Selbsteinbindung auftritt.

- Angesichts der Variabilität der Rahmenbedingungen für die internationale Rolle der Bundesrepublik ist es essentiell, langfristige deutsche Interessen als Präferenzen zu beschreiben, die sowohl Zielsetzung wie mögliches Resultat internationaler Prozesse sein können und der politischen Praxis aktuelle Alternativen eröffnen.
- Umgekehrt steht die Evolution politischer Strukturen (und damit politischer Kulturen wie der KSZE-Kultur) auf dem Spiel, wenn Entscheidungen in aktuellen Situationen nicht im Bewußtsein struktureller Langzeitwirkungen erfolgen. Der europäische Umgang mit dem serbisch-kroatischen Konflikt hat offenkundig gemacht, daß die eingesetzten Institutionen, also vor allem EG und KSZE, nach diesem Konflikt in Gefahr sind, zu degenerieren, weil sie einen negativen Präzedenzfall zugelassen haben, oder so ausgebaut werden müssen, daß dies die verletzten europäischen Regeln neu stärkt und neuen Konfliktinteressen entgegenwirkt.

Gegenüber der Konfrontationsordnung der letzten Jahrzehnte steht sicherheitspolitische Planung so vor grundlegend *neuartigen Aufgaben:*

- Bisher bildeten zwar gerade die Rahmenbedingungen den Kern politischer Kontroverse und Konkurrenz, aber für die Zwecke der Planung - und im Rückblick bis 1989 auch tatsächlich - waren sie hinreichend stabil. Jetzt gibt es nur die Alternative zwischen Ad-hoc-Management und einer Planung unter verschiedenen Sätzen von Rahmenbedingungen.
- Bisher bestand Sicherheitspolitik auch darin, daß strategisches Handeln im Schatten latenter Katastrophen zu sehen war, was letztlich - wie man bis 1989 wiederum im Rückblick bestätigt findet - auch begrenzte Konflikte in und um Europa verhindert hat. Heute ist der lange Schatten nuklearer Abschreckung zwar weitgehend gewichen, aber die Sicherheitspolitik hat es mit realen militärischen Konflikten und mit realen Proliferationsgefahren zu tun.
- Bisher stand internationale Politik im Zeichen des Primats militärischer Sicherheit, was letztlich auch der Logik internationaler Strukturentwicklung der letzten Jahrzehnte entsprach. Heute geht es vor allem um nichtmilitärische Bedingungen der Sicherheit, im Blick auf die realen Gefahren aber auch um militärische Reaktionsfähigkeiten, für die in der dynamischen politischen Gesamtentwicklung keine selbstverständlichen Grundlagen mehr bestehen.
- In den vergangenen Jahrzehnten konnten militärische Risiken im Kontext stabiler Rahmenbedingungen und unter dem Gesichtspunkt extremer Konfliktmöglichkeiten betrachtet und insoweit entpolitisiert werden. Künftig werden reale Konfliktmöglichkeiten (bei durchweg reduzierter angenommener Konfliktintensität) nur in einem politischen Kontext plausibel, der unter variablen Rahmenbedingungen nicht mehr im Sinne konsensfähiger apriorischer Annahmen zu erwarten ist.

Künftige sicherheitspolitische Planung bedarf also *bei geringerer Priorität militärischer Sicherheit, aber realeren militärischen Gefahren und Aufgaben* als in den vergangenen Jahrzehnten neuer Grundlagen und Instrumente, wenn sie über nur reaktives Krisenmanagement hinausgelangen will.

In der gegenwärtigen Diskussion über künftige Rahmenbedingungen internationaler Strukturbildung und Sicherheit gibt es eine Reihe von konzeptionellen und methodischen Vorschlägen. Hier sollen vor allem sechs Betrachtungsweisen hervorgehoben werden:

- die geostrategische,
- der Institutionalismus,
- die multipolare Betrachtungsweise,
- der Ökonomismus,
- der Regionalismus,
- Methoden der Zukunftsprojektion,

deren Leistungsfähigkeit und Defizite sich kurz charakterisieren lassen:

(1) Die *geostrategische* Betrachtungsweise hebt sicherheitsrelevante Gegebenheiten des geographischen Raumes hervor. Sofern sie sich nicht mit einem ausdrücklichen Machtverständnis verbindet (was mit spezifischen Problemen verknüpft ist), blendet sie jedoch zeitliche und politische Strukturen aus. Ihr Blickfeld ist statisch und strukturlos und entspricht einer politischen Methode, die auf das bloße Management kleiner Veränderungen in einem gegebenen politisch-institutionellen Rahmen beschränkt bleibt. Sie ist unfähig, die Dynamik von Veränderungen, die entsprechende Variabilität von Rahmenbedingungen und damit den politischen Gestaltungsrahmen zu erfassen.

Dies ist mit Einschränkung gerade in der augenblicklichen Übergangsphase ein möglicher Ansatz für die Vereinigten Staaten. Ähnliche Versuche für die Bundesrepublik, etwa durch Abschätzen potentieller Risikoträger innerhalb konzentrischer Kreise um Deutschland herum, mögen dazu beitragen, die Fixierung auf Mitteleuropa zu überwinden. Sie sind aber beim gegenwärtigen sicherheitspolitischen Selbstverständnis der Bundesrepublik nicht auf absehbar relevante politisch-strategische Wirkungszusammenhänge bezogen, zumal in dieser Betrachtungsweise ohnehin nur einzelne Staaten bzw. Regionen ohne Ansehung politisch-institutioneller Zusammenhänge ins Blickfeld gelangen.

(2) Die *institutionelle* Betrachtungsweise stellt multinationale Institutionen nicht als Mittel und Medium, sondern als Akteur vor, über den sich Wirkungszusammenhänge, Zuständigkeiten und Aufgaben vermitteln. Damit eröffnet sie eine prismatische Sicht der Dinge, die nützlich ist, solange internationale Aufgaben den Rollen der Institutionen entsprechen und diese Institutionen selbst einen stabilen Rahmen darstellen (was nicht bedeuten muß, daß nationale In-

teressen auf diesem Wege optimal wahrgenommen werden). Der Vorteil liegt in der Vorgabe von Regeln und dem (wenngleich gefilterten) Wahrnehmen internationaler Wirkungszusammenhänge. Die Nachteile angesichts der postkonfrontativen, entwicklungsoffenen Dynamik internationaler Politik lassen sich am Beispiel des deutschen Institutionalismus illustrieren: Gerade die schwindende Wirksamkeit bzw. Gestaltungsbedürftigkeit multinationaler Institutionen in Verbindung mit der zunehmend zentralen Rolle der Bundesrepublik als strukturbestimmendem internationalem Akteur macht offenkundig, daß diese Betrachtungsweise unzureichend ist.

Sie findet sich namentlich in Staaten, die nicht über eigene Optionen verfügen oder, wie tendenziell im Fall der Bundesrepublik, verfügen wollen. Politisch-strategische Wirkungszusammenhänge sind dann durch institutionelle bzw. organisatorische Zuständigkeiten und Grenzen bzw. deren Interpretation (wie im Fall der vorherrschenden deutschen Interpretation des Artikels VI des Vertrags von Washington) vorgegeben. Die "Selektion von Risiken ist eine Frage sozialer Organisation, das Management von Risiken ist ein organisatorisches Problem".[9]

Da wo, wie im Fall der Bundesrepublik, multinationale Organisationen weniger als Mittel denn als Akteur gesehen werden, führt dies in der heutigen Lage auf die doppelte Schwierigkeit, daß es zunehmend einen multiplen Multilateralismus, also ein mehr oder weniger orchestriertes Nebeneinanderwirken von Institutionen gibt und daß die Relevanz dieser Institutionen, wie bei der NATO, gerade in bezug auf jene Handlungsgrenzen problematisch wird, auf die sich die Sicherheitspolitik der Bundesrepublik gegenwärtig mehr denn je fixiert. An die Stelle des Institutionalismus müßte darum gerade aus deutscher Sicht ein Verständnis multinationaler Organisationen als Mittel und Medium treten, sofern es nicht wie im Falle der EG eine institutionelle Finalität gibt. Die künftige Aufgabe eines proaktiven und orchestrierbaren multiinstitutionellen Krisenmanagements ist gerade nicht im Sinne des Institutionalismus zu bewältigen.

(3) Die *multipolare* Betrachtungsweise geht nicht von Institutionen, sondern von Machtträgern aus, das heißt von der Schwächung der bipolaren Struktur und der Annahme einer entsprechenden Umverteilung internationaler Macht. In

9 Mary *Douglas*/Aaron *Wildavsky*, Risk and Culture. An Essay on the Selection of Technical and Environmental Dangers, Berkeley/Los Angeles 1982, S. 198. Eine Vielzahl von Studien bestätigt, daß "the most powerful factor for predicting risk perceptions is trust in institutions or ideology, which is largely about which institution can be trusted. Such findings show that, however conceptualized - whether as political ideology or cultural bias - worldviews best account for patterns of risk perception"; Aaron *Wildavsky*/Karl *Dake*, Theories of Risk Perception: Who Fears What and Why?, in: Daedalus, Journal of the American Academy of Arts and Sciences, Herbst 1990, S. 56.

diesem Sinne ist seit den späten 60er Jahren von multipolaren Ordnungen die Rede. Die Vorteile dieser Betrachtungsweise liegen darin, daß sie reale Machtträger und deren Beziehungen erfaßt. Die Mängel sind jedoch nicht minder offensichtlich: Mit der Umverteilung von Macht ändert sich deren Charakter und diese Umverteilung vollzieht sich für verschiedene Machtträger in sehr unterschiedlichen Zeitmaßen. Diese Betrachtungsweise bietet weder eine Machtwährung an, die bipolare und multipolare Strukturen vergleichbar macht, worauf die multipolare Vorstellung ja gerade aufbaut, noch bietet sie Möglichkeiten, die ungleichen Entwicklungsstadien zu vergleichen. Damit vermag sie auch nur willkürlich einen dominanten Interaktionsraum mit seiner gegebenen Dynamik zu erfassen (was durch ihren nichtuniversalistischen Globalismus verstärkt wird).

Der Multipolarismus geht davon aus, daß an die Stelle der lange prägenden amerikanisch-sowjetischen Bipolarität eine gewisse Vielzahl an Machtzentren getreten ist. Seit Präsident Nixons Kansas-City-Rede im Sommer 1971 gibt es vor allem die Vorstellung einer kommenden pentagonalen Weltstruktur mit den USA, der UdSSR, China, Japan und Westeuropa als Machtzentren.[10]

Dabei wird meist übersehen, daß "die Bipolarität des internationalen Systems selbst, die Dominanz der Beziehungen zwischen den Vereinigten Staaten und der Sowjetunion, aus dem historischen Primat militärischer Fragen resultiert. Diese waren vorrangig, weil politische Fragen einer Lösung nicht zugänglich waren. Wenn die Beziehungen anderer Staaten zu Moskau weniger mit militärischen Potentialen und mehr mit Fragen zu tun haben, die zur Rüstung den Anlaß gegeben haben, wird die amerikanische Rolle abnehmen".[11] Das heißt, mit der Bipolarität schwindet unter den gegenwärtigen Bedingungen auch die Dominanz des militärischen Faktors und damit die Möglichkeit, das Verhältnis von Mächten vor allem unter dem Gesichtspunkt extremer Krisen und Optionen zu betrachten. Der Einfluß der USA und der Sowjetunion wird nicht deshalb geringer, weil die bipolare Struktur schwächer geworden ist, sondern die Bipolarität schwand, weil der Einfluß der beiden Weltmächte geringer wurde. Mehr noch, die bipolare Weltstruktur war selbst Ausdruck der Unlösbarkeit der politischen Probleme dieser Struktur und damit des begrenzten Einflusses der beiden Weltmächte von Anfang an.

Insofern lassen sich die Kategorien der Bipolarität nicht auf die Ebene der Multipolarität übertragen, es sei denn, daß sich im Verhältnis mehrerer Mächte eine vergleichbare Konstellation unter Bedingungen blockierter politischer Strukturfragen und eines Primats militärischer Angelegenheiten ein-

10 Vgl. James *Chace*, A World Elsewhere. The New American Foreign Policy, New York 1973, S. 26f.

11 Seweryn *Bialer*/Michael *Mandelbaum*, The Global Rivals, New York 1988, S. 199.

stellt, wofür es zur Zeit keinerlei Anzeichen gibt. Die Konzeption der Multipolarität leidet also an der doppelten Schwäche, daß keine Machtwährung zu definieren ist und die Machtträger in der pentagonalen Struktur sich in äußerst ungleichen Entwicklungsstadien befinden. Dies gilt verstärkt, wenn weitere Staaten wie Indien (oder Staatengruppen) hinzugezogen werden. Die Entwicklung seit 1971, also seit Nixons Kansas-City-Rede, hat im Verhältnis der fünf Machtträger - vor allem im amerikanisch-sowjetischen Verhältnis - einschneidende Veränderungen erbracht. Aber die Natur dieser Veränderungen ist durch das Konzept des Multipolarismus gerade *nicht* zu erfassen.

Ein differenzierterer Versuch, diese Konzeption zu nutzen, ist kürzlich unternommen worden. Innerhalb der pentagonalen Weltstruktur werden hier vier trigonale Teilstrukturen unterschieden:

- eine weltstrategische im Verhältnis USA, Sowjetunion und China,
- eine weltwirtschaftliche im Verhältnis USA, Westeuropa und Japan,
- eine nordatlantisch-eurasische im Verhältnis USA, Westeuropa und Sowjetunion, sowie
- eine pazifische im Verhältnis USA, Japan und China.[12]

Dieser Ansatz bietet in der Tat mehr Strukturreichtum als die herkömmliche Vorstellung. Er weist aber auch grundlegende Schwächen auf:

- China ist weit davon entfernt, strategischer Akteur zu sein, womit sich das strategische Dreieck wieder auf die alte Bipolarität reduziert, die gerade ihr Ende gefunden hat.
- Das weltwirtschaftliche Dreieck, das seit Anfang der 70er Jahre im Trilateralismus seinen Ausdruck gefunden hat, beginnt gerade eine Sicherheitsdimension zu gewinnen.[13] Hingegen ist mit der politischen Entwicklung in Osteuropa und in der Sowjetunion gerade klar geworden, daß das wirtschaftliche Schicksal Westeuropas, absehbar aber auch der USA und Japans, von den Entwicklungen in Osteuropa und in der Sowjetunion nicht mehr abzuschirmen ist: Dies ist die paradoxe Folge der überwundenen politisch-militärischen Teilung Europas.
- Damit ist schwer zu bestimmen, was den besonderen Charakter des atlantisch-eurasischen bzw. des pazifischen Dreiecks ausmacht: Die G-7-Gipfel von Houston und London haben eher die Einsicht vermittelt, daß sich hier eine andere Struktur abzeichnet, die Eduard Schewardnadse als die

---

12 Werner *Link*, Handlungsmaximen deutscher Außenpolitik im neuen internationalen System, in: Jahrbuch für Politik, hrsg. von Werner *Link*/Eberhard *Schütt-Wetschky*/Gesine *Schwan*, Baden-Baden 1991, S. 84-88.

13 Zum Beispiel mit der Annäherung zwischen der NATO und Japan. Siehe den erstmaligen Besuch eines NATO-Generalsekretärs in Tokio vom 15. bis 20.9.1991 und die wahrscheinliche Einbeziehung Japans in das Liaisonkonzept der NATO.

"große Seidenstraße" bezeichnet hat: einen einheitlichen europäisch-nord-amerikanisch-asiatischen Gürtel spezifischer Interaktionsdichte.[14]

Mit anderen Worten, gerade *die* Strukturprobleme, deren vorrangige Lösungsbedürftigkeit von allen Beteiligten in London anerkannt worden ist, lassen sich im Rahmen auch dieser neuen Version des Multipolarismus nicht erfassen. Diese Struktur besteht aus Akteuren ohne Ansehung der inneren Konstitution und aus Beziehungen ohne Ansehung der strukturellen Dynamik im Verhältnis der Mächte.

Für die Bundesrepublik kommt dazu, daß diese Konzeption eine Definition ihrer Sicherheitsinteressen einzig im westeuropäischen Integrationsverbund und somit letztlich unter der Bedingung des schließlichen Gelingens der Europäischen Politischen Union (EPU) zuläßt.

(4) Der *Ökonomismus* geht davon aus, daß an die Stelle des Primats internationaler Sicherheitsstrukturen ein Primat internationaler Wirtschaftsstrukturen tritt. So ist der *homogene Wirtschaftsraum der OECD* als dominante Konstellation internationaler Politik charakterisiert worden.[15] Das internationale Wirtschaftsgeschehen wird hier unter dem Gesichtspunkt des wirtschaftlichen Entwicklungsstandes aufgegliedert.

Diese dominante Konstellation läßt sich in ihrer Struktur und Begrenzung darstellen und man kann - ähnlich wie im Falle des Primats von Sicherheitsstrukturen - ihre eigene Dynamik erfassen. Die Logik der ökonomischen Zusammenarbeit erlaubt keine disruptive Konkurrenz (insbesondere keine militärischen Konflikte). Insoweit gibt es im Blickfeld dieser Betrachtungsweise auch keine spezifischen Sicherheitsprobleme.[16]

Diese Konzeption ermöglicht, einige gegenwärtig und auf absehbare Zeit dominante reale Entwicklungen besser als der Multipolarismus wiederzugeben. Militärische Macht hat ihre international prägende Kraft eingebüßt, und die Dynamik ökonomischer Zusammenarbeit vergleichbarer Wirtschaftsmächte bestimmt auf absehbare Zeit vorrangig die internationale Strukturbildung. Aber sie unterstellt, daß soziale und kulturelle Dynamik innerhalb dieser Konstellation ebenfalls der "unerbittlichen Logik von Handelsstaaten" folgen,[17] daß der insulare Charakter dieser Wohlstandsgruppierung sich gegenüber den Reformländern abschirmen läßt bzw. die Relationen zu diesen ohne negative Rückkoppelungen zu regeln sind, daß sicherheitspolitische Teilung

---

14 Eduard *Schewardnadse*, Die Zukunft gehört der Freiheit, Reinbek bei Hamburg 1991, S. 285.

15 Vgl. Dieter *Senghaas*, Internationale Politik jenseits des Ost-West-Konflikts, unveröffentlichtes Manuskript, Stiftung Wissenschaft und Politik, Ebenhausen, September 1991.

16 Ebd., S. 24.

17 Vgl. die brillante Analyse von Pierre *Hassner*, Culture and Society, in: The International Spectator, 26 (Januar/März 1991) 1, S. 136-153.

Europas in bezug auf die zunehmenden Konfliktpotentiale im Osten und Südosten Europas beständig sein wird, daß die externen Gefährdungen, etwa an den südlichen Peripherien, keine strukturellen Störungen hervorrufen und daß die politischen Ordnungsvorstellungen der verschiedenen Mächte innerhalb der OECD nicht in Konkurrenzsituationen führen, bei denen militärische Disparitäten wieder ins Gewicht fallen würden. Die Verselbständigung ökonomischer Logik blendet so zentrale internationale Strukturprobleme ebenso aus wie vorher die Logik des militärischen Primats.

Vor allem vier Aspekte sind hervorzuheben: (1) Die internationalen Gestaltungsaufgaben gehen weit über die Strukturen des Welthandels hinaus, und zwar in bezug auf politische Ordnung, internationale Sicherheit und neue Aufgaben. (2) Die Konkurrenz innerhalb des OECD-Blocks kann sehr wohl aus nichtökonomischen Gründen disruptive Formen annehmen, die in der Konsequenz als fundamentale Sicherheitsprobleme zu betrachten sind. (3) Die internationalen Gestaltungsaufgaben richten sich vor allem auf jene Räume, die präventive Kooperation zum Zweck der Absicherung von Wohlstand erfordern. Im Regelfall sind dies (wie im Falle der osteuropäischen Reformländer und der GUS) Räume, in denen auch kulturelle, historische, politische und soziale Gründe für Kooperation sprechen, und zwar mit Folgen für die innere Struktur des OECD-Blocks. (4) Gerade nach dem Ende des Primats internationaler Sicherheit treten militärische Gefahren auf (als begrenzte Konflikte und als Resultat von Proliferation), die in der vergangenen Konfrontationsordnung nicht auftraten. Diese Betrachtungsweise hat gegenüber den vorab beschriebenen also den Vorteil, die Gestaltungsträger in der Dynamik künftiger internationaler Politik zu charakterisieren. Aber sie erfaßt weder die Agenda internationaler Ordnungsaufgaben noch die militärisch relevanten Konfliktmöglichkeiten.

(5) Der *Regionalismus* sucht innerhalb einer geographischen Begrenzung Entwicklungen auf mehreren Ebenen zielgerichtet zu verbinden, wobei je nach der Zielorientierung die Begrenzung, die dominante Ebene und die entsprechende Institutionalisierung unterschiedlich sein kann. In Europa hat der Regionalismus in seiner heutigen Bedeutung in der zweiten Hälfte der 60er Jahre seine ersten Darstellungen gefunden auf der Suche nach einer "europäischen Friedensordnung".[18] Er ist in sehr unterschiedlicher Weise vor allem in der deutschen, französischen und sowjetischen Politik zur Ausprägung gekommen und hat in dieser Weise stets auch zur *Ausgrenzung Dritter* gedient.

Im gesamteuropäischen Rahmen dominieren politische und sicherheitsrelevante Entwicklungen, im westeuropäischen politische, ökonomische und si-

18 Als eine der grundlegenden Arbeiten vgl. Gerda *Zellentin*, Europa 1985. Gesellschaftliche und politische Entwicklungen in Gesamteuropa, Bonn 1972.

cherheitsrelevante. Die Vorteile dieser Sichtweise liegen darin, daß sie aufgrund ihrer Zielorientierung die Dynamik der Entwicklung zu erfassen erlaubt und aufgrund ihrer multisektoralen Sichtweise eine Verstärkung der Zielorientierung ermöglicht. Zugleich blendet sie größere Wirkungszusammenhänge aus (außer im Falle einer defensiven Grundorientierung), die auf die Region entscheidend einwirken können, und läßt insoweit die Begrenzung und die entsprechende Zielorientierung als willkürlich erscheinen. Der Regionalismus läßt sich aber im Sinne veränderter Zielsetzungen in weitere Konzeptionen integrieren.

(6) In verschiedenen Versionen werden *Zukunftsprojektionen* (future-approach) benutzt, die nicht von Zielorientierungen ausgehen, sondern von möglichen Kombinationen von Extrapolationen möglicher Teilentwicklungen, die dann als *Modelle* dargestellt werden. Ähnlich wie Ende der 60er Jahre ist diese heuristische Methode gegenwärtig verbreitet. Sie erlaubt es, alternative Entwicklungsoptionen zu beschreiben, und zwar so, daß jeweils die Dominanz einzelner Mächte, Kooperationsgrade, Aggregationen, Handlungsebenen, Risiken oder Aktionsräume im Vordergrund stehen können.

Als heuristische Methode zur Identifikation plausibler Alternativen ist dies gegenwärtig ein nützliches Verfahren, was durch viele Beispiele belegt ist.[19] Der Vorteil liegt darin, daß alternative strukturelle Kontexte beschrieben werden, die aus (tatsächlichen) Erwartungen oder heuristischen Ansätzen hergeleitet werden. Sie können mögliche Lagen komplex wiedergeben und erlauben entsprechende Interessendefinitionen. Der Nachteil liegt in der methodischen Beliebigkeit, dem Ausblenden der Dynamik, aus der derartige Zustände resultieren, sowie in der typisch fehlenden Vergleichsbasis für alternative Zustände (was nicht realitätsfern sein muß, aber die analytische Reichweite stark begrenzt).

Diese sechs Methoden finden sich in der Praxis wie in der Forschung. Künftige sicherheitspolitische Planung läßt sich auf keinem dieser Wege langfristig orientieren und begründen. Sofern es dazu überhaupt Möglichkeiten gibt, müssen jedenfalls die folgenden Elemente gegeben sein:

- ein nach bestimmten Kriterien beschreibbarer homogener Interaktionsraum (Beispiel: OECD-Raum) mit einer spezifischen Begrenzung;
- multisektorale Entwicklungen mit charakteristischen Wechselwirkungen;

19 Nützliche Beispiele sind etwa die folgenden: Roberto *Aliboni*/Gianni *Bonvicini*/Cesare *Merlini*/ Stefano *Silvestri*, Three Scenarios for the Future of Europe, in: The International Spectator, 26 (Januar/März 1991) 1, S. 4-27; Anatoly *Utkin*, Europe and the Superpowers: Five Scenarios, in: Europe and the World, Moskau, Mai/Juni 1991, S. 104-112; Takashi *Inoguchi*, Four Japanese Scenarios for the Future, in: International Affairs, London, 65 (Winter 1988/89) 1, S. 15-28.

- dominante Akteure, die in der Lage sind, internationale Ordnung einseitig zu verändern;
- strukturelle Optionen (innere Konstitution und externe Verhaltensoptionen) der gegebenen bzw. potentieller Akteure (Wertigkeiten);
- eine beschreibbare Dynamik politischer Evolution (Langzeittrends);
- alternative Entwicklungsmöglichkeiten einer gegebenen Konstellation (Modelle bzw. "futures").

In der politischen Praxis kommen solche Denkweisen intuitiv, partiell und nicht reproduzierbar vor. Die Frage ist, ob heuristische Verfahren so zu entwickeln sind, daß sie diese Denkweisen disziplinierter verbinden und die Resultate praxisgerecht vereinfacht werden.

II. Konstellationsanalyse: Vorschlag einer neuen Heuristik

Im folgenden wird eine heuristische Methode - die *Konstellationsanalyse* - vorgeschlagen, die darauf abzielt, die konzeptionellen Möglichkeiten der geschilderten sechs Methoden zu nutzen, dabei aber die charakterisierten Defizite zu vermeiden (vgl. Schaubild 1). In diesem Zusammenhang sind folgende Überlegungen leitend:

- Konstellationen bzw. Teilkonstellationen stellen einen *Satz von Rahmenbedingungen* dar, unter denen mögliche Konflikte zu sehen sind.
- Konstellationen sind als Wirkungszusammenhang von internationalen Langzeittrends und Binnenentwicklungen von Staaten bzw. Aggregaten zu verstehen.
- Sie stellen das Resultat politischer Evolution angesichts *gegenläufiger* (integrativer bzw. dissoziativer) *Grundtendenzen* dar.
- Sie können ineinander übergehen (*Transformation*), so wie die Konfrontationsordnung in den gegenwärtigen Zustand übergegangen ist.
- In bezug auf unterschiedliche Konstellationsmodelle lassen sich *kritische Beziehungen* zwischen dominanten Akteuren sowie die Funktionalität internationaler Institutionen darstellen.
- Die Alternativen müssen in bezug auf spezifische *Kriterien* vergleichbar sein.
- Es muß die Möglichkeit einer *Gewichtung* von Alternativen und damit der Rangordnung von Kriterien geben.

Für die Analyse politisch-strategischen Handelns ist unter postkonfrontativen Bedingungen eine *Zone erweiterter Interaktion* (nach Dimensionen und geographischer Begrenzung) festzulegen. Gegenüber den Formeln der letzten zwei Jahre (z.B. "von Vancouver bis Wladiwostok") wird hier folgender Ansatz vorgeschlagen:

- Als primärer *Interaktionsraum* gilt Nordamerika-Europa-GUS-Nordostasien.

Schaubild 1 - Elemente zukünftiger sicherheitspolitischer Planung

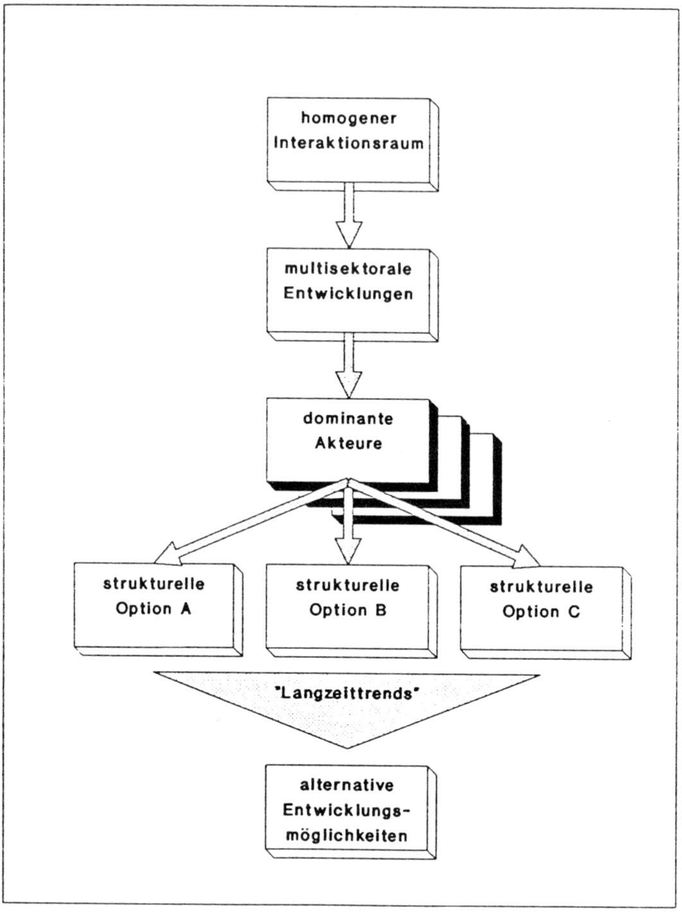

- Als dominante *Akteure* (Staaten bzw. Aggregate) innerhalb dieses Raumes sind die USA, die EG (bzw. deren Hauptakteure), die GUS (bzw. deren Hauptrepubliken) und Japan zu betrachten.[20]
- Die ihnen gemeinsame Struktur (*Konstellation*) resultiert aus Langzeittendenzen.
- Die *Grenzen* dieses Interaktionsraums können sich verändern. So ist ein Zerfall der GUS oder ein Hineinwachsen Chinas möglich.

20 Auf absehbare Zeit lassen sich die mittel- und südosteuropäischen Reformstaaten (vor allem die Troika) gleichsam als negativer Akteur verstehen: Ein Scheitern politischer und ökonomischer Reformen hätte Auswirkungen auf die Gesamtkonstellation.

- Für diese Konstellation gibt es *kritische Peripherien* mit kritischen Akteuren, an denen Krisen mit Folgen für die Konstellation möglich sind: für Europa die mediterrane Peripherie, für die GUS die islamische, für Japan Nordkorea und für die USA Mexiko. Die Golfregion mit ihren Verflechtungen betrifft unmittelbar die Gesamtkonstellation.
- Im Interaktionsraum gibt es *Probleminseln*, von denen mit relativ großer Wahrscheinlichkeit disruptive Tendenzen ausgehen (z.B. Balkan) und die ein gemeinsames Gestaltungsinteresse der Akteure begründen.
- Es können *Präokkupationen* der Akteure entstehen, zum Beispiel regional erweiterte Integrationsmöglichkeiten oder politische Gravitationszentren, die innerhalb der Konstellation zentrifugale Kräfte auslösen können: für Europa der südliche Mittelmeerraum, für die GUS die angrenzenden islamischen Staaten, für Japan China und für die USA Mittel- und Südamerika.
- Für alle dominanten Akteure gilt, daß starke *Binnentendenzen* existieren (EG und GUS) bzw. absehbar sind (USA und Japan).

Für die nördliche Konstellation ist eine Reihe tendenziell *gemeinsamer Merkmale* konstitutiv, die ihre derzeitige Ausschließlichkeit begründen:

- Tendenz zur konstitutionellen Homogenität (Demokratisierung, Rechtsstaatlichkeit, Menschenrechte),
- zunehmende Bereitschaft zu begrenztem Souveränitätsverzicht,
- föderative Zustände bzw. Prozesse (Evolution bzw. Devolution),
- integrative Entwicklungsziele,
- Ausgleichsinteressen bei Entwicklungsdisparitäten,
- strategische Verhaltensweisen (Selbstbeschränkung, Krieg als politische Option innerhalb der Konstellation praktisch ausgeschlossen),
- entsprechend zunehmend gemeinsame Konfliktkultur (akzeptierte Regeln usw.),
- konstellationsweiter Erwartungshorizont,
- Systemerhaltungsinteressen (community of fate),
- Fähigkeit zu einseitiger Störung/Veränderung der Konstellation,
- multisektorale Interaktionsdichte,
- wechselseitige ökonomische Verwundbarkeit,
- Tendenz zur Arbeitsteilung,
- kein gemeinsamer Herausforderer, der die Konstellation insgesamt gefährden kann,
- kein externer Konflikt, der Mächte der Konstellation antagonistisch verwickeln kann,
- Außeninteressen (z.B. gegenüber Rechtsbrechern wie dem Irak),
- Rollen für globale Verantwortung,
- institutionelle Vernetzung,

- kommunikative Vernetzung,
- soziale Interaktionen,
- interdependente Interessendefinitionen.

Dieser Interaktionsraum und die darin gegebene Konstellation bestehen seit den Veränderungen der Jahre 1989 bis 1991. Die Konstellation tritt an die Stelle der Konfrontationsordnung. Sie stellt die Anfangsphase einer neuen Ära politischer Evolution in der internationalen Politik dar und kann entsprechend nicht stabil sein. Der *Konstellationswandel* ist in seiner Dynamik *nicht als bloßer Übergang von einer statischen in eine dynamische Konstellation* zu verstehen. Die Alternativen künftiger Entwicklungen werden durch die politische Evolution begrenzt, aus der die gegenwärtige Konstellation hervorgegangen ist.

III. Langfristige Tendenzen politischer Evolution innerhalb der dominanten Konstellation

Es geht gegenwärtig also nicht einfach um einen Übergang aus einer statischen in eine dynamische Situation, sondern um eine Kombination aus fortwirkenden Langzeittendenzen, der Deblockierung seit langem angelegter Möglichkeiten und dem Auslösen neuer Entwicklungen.[21]

In der Wahrnehmung des gegenwärtigen Übergangs verbindet sich die Abkehr von überwundenen Ordnungsstrukturen mit der Wiederkehr universaler wie nationalistischer Vorstellungen und entsprechender klassischer Vorschläge. Dies hat seine tieferen Gründe. Sie machen eine Reinterpretation der Entwicklung seit 1945 nötig, die nach dem Zusammenbruch der Konfrontationsordnung möglich wird. Sie kann hier nur angedeutet werden.

Das Scheitern der europäischen Staatenordnung 1945 führte zu einem ersten Durchbruch der *universalen* Grundtendenz, die auf kollektive Sicherheit *souveräner* Staaten in kooperativer Umgebung auf allen Ebenen gerichtet ist. Dies betrifft die sozialen und ökonomischen Ebenen ebenso wie die der Sicherheit und politischen Ordnung.

Diese Grundtendenz hatte Langzeitwirkungen. Sie zeigten sich im Aufbau des VN-Systems, insbesondere aber in der Ausbildung eines liberalen Weltwirtschaftssystems, das so auch ohne Entstehen der Konfrontation mit der Sowjetunion im Interesse aller Beteiligten lag. Diese Tendenz resultierte vor allem in der OECD, die einer eigenen Entwicklungslogik folgte, deren Regelungsbedarf aber unter dem Primat internationaler Sicherheit begrenzt blieb: Unter diesem Primat gab es verstärkte Anreize zur Regulierung internationaler Handelskonflikte (was Richard

21 Zu einem Ende kommt genau die Entwicklung und deren begleitende Politik, die bisher im Zentrum der Transformation stand, nämlich die *Rüstungskontrolle* - zumindest in ihrem bisherigen Verständnis und ihrer Zentralität. Die Bush-Initiative vom 27.9.1991 hat dies nachdrücklich vor Augen geführt.

Cooper als "two-track system" beschrieben hat).[22] Entsprechend gibt es unter dem Primat ökonomischer Zusammenarbeit verstärkte Anreize zur Einhegung sicherheitsrelevanter Konflikte.

Diese Grundtendenz war indessen politisch zu schwach, um eine ausreichende Homogenität der Staaten herbeizuführen, ohne die das VN-System funktionsarm bleiben mußte: Die *Binnendynamik* heterogener Staaten manifestierte sich in ideologischen Gegensätzen, die in der historischen Tatsache der deutschen und europäischen Teilung ihre Möglichkeit zur internationalen Strukturbildung mit entsprechender Globalisierungstendenz fanden.

In dieser Konfliktlage war beides möglich: ein Durchsetzen der universalen Tendenz wie eine Konfliktentscheidung traditioneller Art. Das gleichzeitige Eintreten *nuklearer Waffen* in die Weltpolitik überlagerte beide Tendenzen[23] und hatte die doppelte Wirkung, eine gewaltsame Lösung dauerhaft auszuschließen und den politischen Gegensatz im Sinne fortschreitender militärischer Konfrontation manifest, also politische Lösungen unmöglich zu machen.[24]

Es resultierte eine Konfliktordnung, die durch eine doppelte Blockade konkurrierender Zielsetzungen charakterisiert war: Nukleare Abschreckung blockierte strategische Optionen, durch die resultierende Konfrontationsordnung blockierte sie aber auch politische Zielsetzungen. Mit dieser doppelten Blockierung im Ost-West-Verhältnis verband sich eine neue Möglichkeit politischer Evolution: Im Blick auf eine gemeinsame Herausforderung der UdSSR, die Unentbehrlichkeit des ehemaligen Gegners Deutschland und gemeinsame Wohlstandsziele (Wiederaufbau Westeuropas) setzte eine Tendenz zu fortschreitender *Integration*, also zu Souveränitätsverzichten ein, die der ursprünglichen universalen Tendenz entgegenstand und das System wechselseitiger Blockaden politisch weiter ausprägte.

Paradoxerweise waren es vor allem die Mittel der nuklearen Abschreckung, die das System wechselseitiger Blockaden erst ermöglicht hatten und nun dem Fortschreiten der Integration vor allem im Wege standen: Nuklearwaffen hatten nicht

---

22 Richard N. *Cooper*, Trade Policy is Foreign Policy, in: *ders.* (Hrsg.), A Reordered World, Washington 1973, S. 46ff.

23 Truman formulierte: "Die Menschheit hat einen Wendepunkt erreicht." Rede am 4.1.1950, PPP 1950, S. 3.

24 Diese Globalisierung des ideologischen und politischen Konflikts in Gestalt der Rüstungskonkurrenz hat eine Konsequenz mit langfristigen Folgen: Militärische Sicherheit bildet, wie Samuel P. *Huntington* klassisch beschrieben hat, stets auf einzigartige Weise eine Schnittfläche von Innenpolitik und internationaler Politik (The Common Defense, Strategic Programs in National Politics, New York/London 1961, S. 1). Mit der Globalisierung der Rüstungskonkurrenz als Form politischer Konkurrenz ist *internationale Sicherheit systematisch zur Schnittfläche der Innenpolitik aller engagierten Staaten und der Entwicklung internationaler Politik* geworden. Seither läßt sich in grober Annäherung zwischen konformen Binnenentwicklungen und internationalen Entwicklungen unterscheiden, was wiederum der Rüstungskonkurrenz als politischer Konkurrenz ihre politische Tiefe gab: Sie konnte sich zumindest in Demokratien in die Innenpolitik fortsetzen.

nur den Ost-West-Konflikt pazifiziert, sie wurden zwischen Partnern zur Manifestation der Souveränität von Staaten, wenngleich der Ausgleich mit Integrationsinteressen auch hier Auslöser für die Bildung neuer Kooperationsformen wurde.

Die Blockade strategischer Ziele resultierte so in fortschreitend *internalisierter Selbstbeschränkung*, die Blockade politischer Zielsetzungen ließ nur den Weg indirekter politischer Strategien offen, was die Tendenz zur Integration im Sinne erneuerter Gemeinsamkeit (siehe Harmel-Bericht) wiederum verstärkte. Das Resultat war das Einsetzen eines *langfristigen Transformationsprozesses*. Mitte der 60er Jahre brachte einer der führenden westlichen Denker, Thomas C. Schelling, dies auf die Formel: "In den vergangenen 15 Jahren war die NATO damit befaßt, die Situation in Europa zu stabilisieren. Die nächsten 15 Jahre könnten sehr wohl damit zugebracht werden, diese Situation zu verändern."[25]

Eine grundlegende Stabilisierung der europäischen Situation wie des amerikanisch-sowjetischen Verhältnisses fand ihren Ausdruck in den Bewertungen beider Seiten.[26] Der Gegensatz reduzierte sich damit auf konkurrierende Ziele im Zuge des Transformationsprozesses: Beide Seiten suchten den Status quo prozessural zu verändern - die sowjetische durch westliche Anerkennung der Gegebenheiten, die westliche durch damit einhergehende zunehmende Interaktion mit den Warschauer-Pakt(WP)-Ländern. Dieser Prozeß war langfristig - wie Pierre Hassner formuliert hat: "eine Anstrengung, die um nichts weniger mühsam ist als der Wiederaufbau und die Stabilisierung Europas"[27] - und er bot als primäre Verhandlungsebene genau diejenige an, auf der die Stabilisierung erfolgt war, nämlich die der militärischen Beziehungen. Rüstungskontrolle wurde zu dem Bereich, in dem die indirekten Strategien der Transformationsphase am ausdrücklichsten die Veränderung der Konfliktordnung anstrebten.

Damit entstand eine *politische Dynamik der Rüstungskonkurrenz*. Um einen langfristigen politischen Prozeß zu stabilisieren, war die Erhaltung eines Rahmens militärischer Sicherheit erforderlich, der mit dem Ziel ausreichenden Gleichgewichts, aber mit der Gefahr überschießender Eigendynamik eine fortdauernde Rüstungskonkurrenz erforderte. Zugleich sollten fortschreitende Vereinbarungen über die Beschränkung dieser Konkurrenz gerade die langfristige Regelbarkeit auch politischer Ordnungskonflikte ermöglichen. Das heißt, die Rüstungskonkurrenz durfte nicht die Situation destabilisieren, deren Stabilisierung der Ausgangspunkt für den

25 The Atlantic Alliance. Hearings before the Subcommittee on National Security and International Operations of the Committee on Government Operations. U.S. Senate, 89th Congress, Second Session, Washington, D.C., 19.5.1966, S. 99.

26 So geht MC 14/3 von residualen Gefahren, der Harmel-Bericht von noch zu lösenden politischen Fragen aus, die einem Entspannungsprozeß überantwortet werden.

27 Pierre *Hassner*, Change and Security in Europe, Part I: The Background, London, Februar 1968 (IISS, Adelphi Papers, No. 45), S. 45.

Transformationsprozeß war.[28] Hier liegt die eigentliche politische Bedeutung der Rüstungskontrolle als der Ebene für politische Regelungen, auf der zugleich die Dynamik der Konkurrenz gedämpft zu werden verlangte, um die Voraussetzungen des Prozesses nicht zu gefährden.

Wiederum war das Resultat paradox: Die Rüstungskontrolle vermochte - unabhängig von tatsächlich erreichten Vereinbarungen - die Rüstungskonkurrenz zu kanalisieren und damit eine Ebene zu erhalten, auf der zugleich die ordnungspolitischen Gegensätze ersatzweise zum Austrag kamen und politisch wirksame Konsensbildung möglich wurde. Aber sie erlaubte zugleich einen so massiven fortschreitenden Aufwuchs militärischer Fähigkeiten, daß die Blockierung strategischer Optionen sich trotz schwindender Instrumentalität nuklearer Waffen verstärkte. Mit dem in den 80er Jahren entstehenden sowjetisch-westlichen Konsens über die Notwendigkeit militärischer Stabilität hörte die Rüstungskontrolle auf, als Ebene für den Austrag politischer Ersatzkonkurrenz zu dienen. Damit war die Regelbarkeit des politischen Ordnungskonflikts nur noch durch die politischen Erhaltungsinteressen der Sowjetunion und der von ihr gestützten Regime begrenzt.

Der zunehmende Konsens über die politische Zwecklosigkeit militärischer Konkurrenz beschränkte zugleich die Bereitschaft zu militärischer Intervention auf östlicher Seite. Entscheidend war wiederum die Synchronizität von Entwicklungen: Mit diesem Transformationsprozeß verband sich auf östlicher Seite die Einsicht in die Unlösbarkeit der ökonomischen Strukturprobleme, die gerade in der ideologischen Konkurrenz ihren Ursprung hatten, was - abgesichert durch den KSZE-Prozeß - Tendenzen zur sozialen und nationalen Selbstbehauptung Auftrieb gab. Auf westlicher Seite trat das Gegenteil ein: eine verstärkte Tendenz zur Stabilisierung

28 Der Begriff der *Stabilität* hatte also auch und gerade auf militärischer Ebene eine primär politische Bedeutung: Er drückte die Notwendigkeit aus, auf militärischer Ebene die Möglichkeit politischer Transformation zu erhalten und diese selbst zu fördern. Für diesen zentralen Begriff gilt so, was Reinhart Koselleck für Begriffe wie "Fortschritt" und "Entwicklung" im Kontext des 19. Jahrhunderts festgestellt hat: Diese Begriffe "zielen auf einen zeitlich irreversiblen Prozeß, der den Handelnden Verantwortung aufbürdet und sie zugleich davon entlastet, weil die Selbsterzeugung der avisierten Zukunft einbegriffen wird. Dadurch gewinnen diese Begriffe ihre diachrone Schubkraft ... Alle ... Bewegungsbegriffe ... enthalten also zeitliche Veränderungskoeffizienten ... Die Begriffe haben wie die geschichtlichen Sachverhalte, die sie erfassen sollen, selber eine zeitliche Binnenstruktur ... [Sie] werden zu *Steuerungsinstrumenten* der geschichtlichen Bewegung. Sie sind nicht nur Indikatoren, sondern ebenso Faktoren all jener Veränderungen". Reinhart *Koselleck*, Vergangene Zukunft. Zur Semantik geschichtlicher Zeiten, Frankfurt a.M. 1979, S. 343f.

Während der Grundbegriff des europäischen Staatensystems, der des (aus der Mechanik übernommen) *Gleichgewichts*, sich in der Entwicklung seit den 50er Jahren auf militärisches Gleichgewicht als Erhaltungsbedingung für politische Stabilität verengte (verstärkt durch die rigorose Beschränkung der Koalitionsfreiheit), wurde der (vor allem der Ökonomie entnommene) Anfang der 50er Jahre eingeführte Begriff der *Stabilität* gerade in seiner Anwendung auf militärische Verhältnisse zu einem Grundbegriff zur Erfassung internationaler politischer Strukturen. Das fundamentale Interesse an der Erhaltung von Stabilität unter nuklearen Bedingungen übertrug sich auf das Rüstungsverhalten auf innenpolitischer Ebene.

ökonomischer Zusammenarbeit und darüber hinaus zu fortschreitendem Souveränitätsverzicht mit der Möglichkeit auch fortschreitender politischer Integration.

Die Synchronizität dieser drei Entwicklungen führte zum interventionsfreien Wandel der Konfrontationsordnung. Er läßt sich als fortschreitende Dekomposition dieser Ordnung verstehen, die mit dem Umbruch vom 19. bis 21. August 1991 ihren Abschluß fand. Aber das Resultat der Dekomposition ist keine Wiederherstellung des Zustands vor Beginn der Konfrontationsordnung. Die politische Evolution der Nachkriegszeit ist irreversibel und die Ausbildung der Konfrontationsordnung wie deren Transformation und schließliche Überwindung gehören essentiell zu dieser Evolution. Das heißt, die Lernprozesse der letzten Jahrzehnte und deren Institutionalisierung wirken über den Umbruch hinaus. Zugleich kommen im Maße fortschreitender Dekomposition der Konfrontationsordnung konzeptionelle Optionen für Strukturentwicklungen wieder zutage, die zum Zeitpunkt ihres Vortrags blockiert bleiben mußten.[29]

Blickt man auf die strukturellen Entwicklungen der vergangenen 45 Jahre zurück, so kommt eine, wie es Friedrich Meinecke formuliert hat, "allgemeine Bewegung des geschichtlichen Lebens" ins Blickfeld, "die die Entfaltungen der Staatsraison hervorruft und rechtfertigt".[30] Es *gibt* eine politische Evolution, die in vielen Teilentwicklungen viele Staaten erfaßt hat, in ihrer Gesamtheit aber für die oben beschriebene Grundkonstellation bestimmend ist. In ihr wirken mehrere Tendenzen, vor allem die folgenden (vgl. Schaubild 2):

- die *universale Tendenz*, wie sie in den Vereinten Nationen verkörpert ist, und zwar vor allem deshalb, weil sich die politische Normalisierung der Beziehungen der Sowjetunion zum Westen fast unverzüglich in strategischer Kooperation im Golfkrieg bewähren mußte und dies auch tat, aber wiederum als Folge des Golfkriegs mit der neuen Entwicklung in Richtung auf eine Einschränkung der Souveränität der Staaten verbunden war, die das VN-System ursprünglich allein sichern sollte;[31]
- eine *liberale weltwirtschaftliche Tendenz* mit dem Resultat der OECD, die allerdings nach dem Wegfall des disziplinierenden Primats internationaler Sicherheit und bei zunehmend konkurrierenden globalen und regionalen Ordnungsvorstellungen mehr und mehr gedämpft werden könnte;

---

29 Beispiele dafür mehren sich ständig. Das erste und eklatanteste war der Herter-Plan von 1959, der die Wiedervereinigungslösung von 1990 weitgehend vorwegnahm. Es ist abzusehen, daß Pläne wie der Baruch-Plan für das Management nuklearer Waffen oder der Sorin-McCloy-Plan für konventionelle Abrüstung wiederentdeckt werden.

30 Friedrich *Meinecke*, Die Idee der Staatsraison, München 1960, S. 459.

31 Dies bahnte sich erstmals mit der SR-Resolution zum Schutz der Kurden (SR-Resolution 688) an und findet gegenwärtig rasch breitere Unterstützung.

Schaubild 2

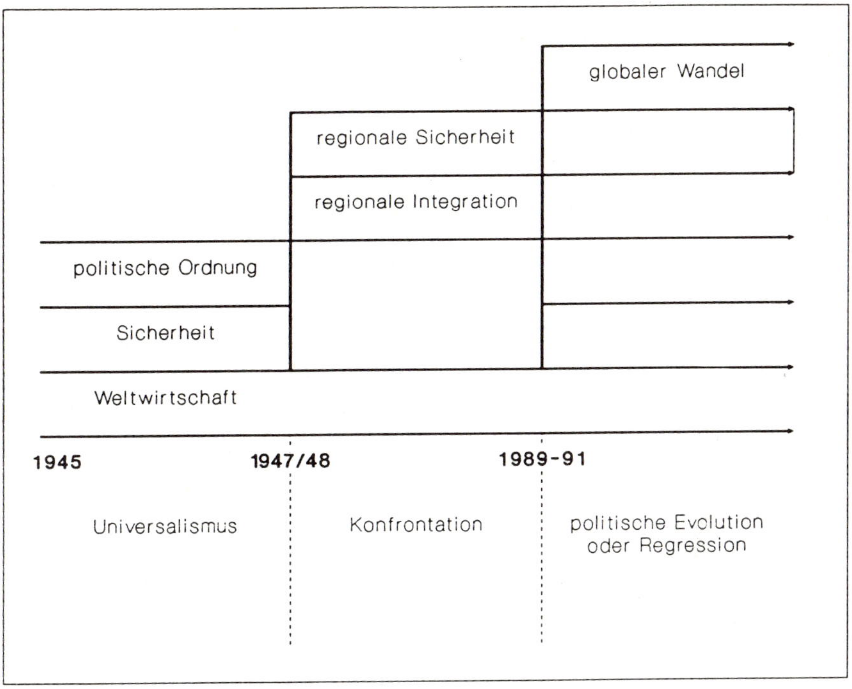

- die *integrative Tendenz*, die (mit Modellcharakter für andere Regionen) innerhalb der EG im Sinne fortschreitender Souveränitätsverzichte fortwirkt, und zwar gerade auch nach der deutschen Vereinigung;
- die *Gravitationskraft*, die von industriell und sozial hochentwickelten Staaten und Gemeinschaften (vor allem der EG) auf weniger entwickelte Umfelder ausgeht;
- die entsprechende Tendenz (vor allem innerhalb der GUS und der osteuropäischen Reformländer), die Lösung innerer Strukturprobleme in *internationaler Kooperation* statt in konfrontativer Abgrenzung zum Zwecke interner Stabilisierung zu suchen (was dominante Politik der Sowjetunion mit dem Resultat des Ost-West-Konflikts war);
- die zunehmende Bedeutung nichtstaatlicher Handlungsebenen (z.B. Finanzmärkte), die in Richtung zunehmender *Interdependenz* wirken;

- das Fortwirken *internalisierter Selbstbeschränkung*, die zugleich dem Gewaltverzicht im Sinne der VN-Charta wie einem freiwilligen Souveränitätsverzicht entspricht;
- die *Dekompartmentalisierung* und *Vernetzung* regionaler Sicherheitsstrukturen;[32]
- die Strukturbildungen im Zuge der zunehmend institutionalisierten internationalen Zusammenarbeit im Umgang mit den Problemen globaler Lebensbedingungen (global change).

Diese internationale Evolutionstendenz wird gegenwärtig vor allem durch die folgerichtige *Sequenz der Ereignisse* gestärkt, die zwar die Gefahr der Gewöhnung an Evolution als neue Normalität mit sich bringt, aber auch deren *fortschreitende Institutionalisierung* begünstigt.[33] Sogar ein Skeptiker wie Henry Kissinger hat etwa die Moskauer Ereignisse vom August als "eine Stufe auf dem Weg in eine Welt" charakterisiert, "die friedlicher und in größerem Umfange von Zusammenarbeit geprägt ist, als dies jemals der Fall war - eine Welt, die noch vor gerade fünf Jahren als reine Utopie gegolten hätte".[34]

Zugleich enthält diese Evolution entscheidende Impulse aus *sozialen Bewegungen* und der fortschreitenden *Demokratisierung*. Die Revolutionen von 1990 haben dies nur besonders augenfällig gemacht. Je weiter die Demokratisierung fortschreitet und damit konstitutionelle Homogenität entsteht, um so mehr vermindern sich die politischen Konfliktstoffe in internationalen Beziehungen.

---

32 Diese führt nicht nur zur Vernetzung ehemaliger WP-Staaten mit der NATO (Liaisonkonzept), sondern verknüpft beispielsweise auch das ursprünglich aus eigener und amerikanischer Wahl ganz in den bilateralen Sicherheitsvertrag eingebundene Japan auf der Ebene internationaler Sicherheit mit Westeuropa und sogar der NATO. Dabei spielen offenkundig ähnlich wie schon beim bilateralen Vertrag mit den USA nichtmilitärische Interessen die ausschlaggebende Rolle. Zum bilateralen Vertrag siehe David *Halberstam*, The Next Century, New York 1991, S. 79ff.

Für die Grundtendenz besonders bezeichnend ist, daß der erste Besuch eines NATO-Generalsekretärs in Tokio besonders von sowjetischer Seite gewürdigt wurde, und zwar in der Erwartung institutionalisierter Japan-NATO-Beziehungen, denen sogar positiver Modellcharakter auch für Asien zugeschrieben wird; vgl. Izvestjia, 19.9.1991.

33 Dazu gehört auch, daß weitere Entwicklungen vielfach dort *vertraglich* geregelt sind, wo noch Ende der 80er Jahre nicht einmal Negotiabilität gegeben war (Beispiel: sowjetische Truppenabzüge aus Deutschland und den mittelosteuropäischen Ländern), daß *Kooperation* dort in Aussicht genommen wird, wo dies noch vor einigen Monaten auf ein Minimum beschränkt worden war (Beispiel: Beziehungen der ehemaligen WP-Länder zur NATO), daß *regionale Gruppierungen* entstehen, wo dies noch vor kurzem auf Symbolismus beschränkt schien (Beispiel: mittelosteuropäische Troika), daß *Stufenpläne* und deren *Verknüpfung* eine neuartige Dringlichkeit erhalten (Beispiel: die beiden intergouvernementalen Konferenzen [IGCs] vor Maastricht) oder daß *kalendarisch fixierte Ereignisse* durch die gegenwärtige Dynamik eine neue Bedeutung gewinnen (Beispiele: Helsinki II 1992 oder die NV-Überprüfungskonferenz 1995). In vielen Fällen und durchaus typisch gehen *tatsächliche* Entwicklungen weiter bzw. vollziehen sich rascher, als dies nach formalen Verpflichtungen nötig gewesen wäre (Beispiele: Truppenreduzierungen oder START-Implementierung).

34 Zit. in: Welt am Sonntag, 15.9.1991, S. 26.

Unter Bedingungen klassischer Souveränität, wie sie bis zum Ende des Zweiten Weltkriegs bestanden haben, bildete die *Sicherheitspolitik* für individuelle Staaten die *Schnittfläche zwischen Innenpolitik und internationaler Politik*.[35] In der Tradition der Nationalstaaten wurde "die Binnenstruktur als gegeben betrachtet; die Außenpolitik begann dort, wo die Innenpolitik endete".[36] Zwischenstaatliche Strukturen waren auf Interessen, Koalitionen, Gleichgewichte und entsprechende Diplomatie begrenzt. In diesem Sinne wurde das internationale System als *anarchisch* verstanden.[37]

Diese Sicht ist in manchen nationalen Perspektiven noch heute zu finden. In der Zeit der Konfrontationsordnung ist aber gerade auf seiten der mächtigsten Staaten ein neues Element hinzugekommen: Die Wahl zwischen Selbstbeschränkung und nuklearem Holocaust hat in bis dahin ungekannter Weise gemeinsame Aufgaben, eine vergleichbare Rationalität und insoweit auch eine gemeinsame politische Kultur entstehen lassen.[38] Sie hat in der Abschreckung wie der Rüstungskontrolle - und zwar unabhängig von deren operativen Zwecken und Zielen - als Formen der Politik ihre augenfälligste Ausprägung erhalten.

Zu den bemerkenswertesten Aspekten des gegenwärtigen Wandels gehört, daß diese politische Kultur ihn mitbewirkt hat und daß der Wandel in völlig neuen Dimensionen den Blick für *gemeinsame* Aufgaben öffnet. Eine Paradoxie mag dies erläutern: Bis Ende der 80er Jahre wurde der Zweck sowjetischer Nuklearwaffenarsenale - zunehmend gemäßigt durch eben die Zwänge zur Selbstbeschränkung und Kooperation - in der militärischen Konkurrenz mit den USA und dem Westen und insoweit im Schutz der Sowjetunion gesehen. Nach dem Zusammenbruch der UdSSR ist es umgekehrt ein gemeinsames Interesse geworden - darauf vor allem war die Bush-Initiative vom 27. September 1991 gerichtet -, zentrale Unionsstrukturen zu erhalten, um so eine ausreichende politische Kontrolle über das sowjetische nukleare Arsenal zu gewährleisten.

In diesem Sinne werden Binnenentwicklungen zunehmend aus der Funktionsweise internationaler Strukturen - ökonomischer Interdependenz, Zwängen zu militärischer Selbstbeschränkung und fortschreitenden Herausforderungen des globalen Wandels - bestimmt und sind insoweit *gleichförmig*. Dies reduziert Abgrenzungstendenzen moderner Gesellschaften und begünstigt damit Tendenzen zu

35 Vgl. *Huntington*, The Common Defense, S. 1.

36 Henry A. *Kissinger*, American Foreign Policy, New York 1969, S. 11. Diese Grenze konnte sich in die internationale Politik verschieben, wo außenpolitische Aktivitäten zu innenpolitischer Stabilisierung genutzt wurden. Unter den asymmetrischen Bedingungen der Konfrontationsordnung konnte sie sich einseitig weit in die Innenpolitik westlicher Staaten verschieben. Bei weitgehender Akzeptanz internationaler Spielregeln war die Schnittfläche im herkömmlichen Sinne am klarsten; vgl. ebd.

37 Vgl. die grundlegende Untersuchung von Hedley *Bull*, The Anarchical Society. A Study of Order in World Politics, New York 1977.

38 Vgl. *Kissinger*, American Foreign Policy, S. 44ff.

konstitutioneller Homogenität, vor allem zur Demokratisierung. Die Entwicklungen seit dem Golfkrieg zeigen, daß sich über den Schutz individueller Menschenrechte hinaus eine eingeschränkte Definition "innerer Angelegenheiten" abzuzeichnen beginnt, die Binnenentwicklungen extremer Art internationalen Normen und Eingriffsmöglichkeiten unterwerfen würde.[39]

Politische Evolution - vor allem innerhalb der dominanten Konstellation - *resultiert so primär aus der fortschreitenden Wechselwirkung zwischen internationaler Strukturbildung und zunehmend gleichförmigen und damit weniger abschließenden Binnentendenzen.*[40] Wie in der Vergangenheit der letzten Jahrzehnte wird sie zwar nicht nur aus positiven, kooperationsorientierten Grundtendenzen bestimmt, wie sie vor allem in veränderten Begriffen, Strukturen und Mitteln nationaler Macht abzulesen sind: Statt hegemonialer kooptive oder dissipative Macht, die auf Kooperationsbereitschaft angewiesen ist bzw. im Fall des Mißbrauchs zerfällt. Vielmehr gibt es auch weiter eine *Gegenläufigkeit* von ordnungsbildenden und dissoziativen Grundtendenzen. Aber politische Evolution zeigt sich eben auch darin, daß bis 1945 die dissoziativen Tendenzen überwogen, in der Nachkriegszeit bei zunehmender Kooperationstendenz ein schwankendes Gleichgewicht zwischen beiden bestand[41] und mit dem Wandel der letzten Jahre die dissoziativen Tendenzen in schwindendem Maße nationale Interessen individueller Staaten begünstigen. Damit trat eine in Grenzen gleichförmige Beschränkung von Souveränität und Abgrenzung mit einer zunehmend *gleichförmigen Öffnung für internationale Kooperation* ein.

Politische Evolution resultiert also aus der Gegenläufigkeit ordnungsbildender und dissoziativer Tendenzen, aber es gibt eine *Dynamik und Richtung der Evolu-*

39 Vgl. Alan K. *Hendrikson*, Defining a New World Order, The Fletcher School of Law and Diplomacy, Medford, MA 1991.

40 Innerstaatliche Determinanten sind selbstverständlich unter allen Umständen wichtige Faktoren der Außen- und Sicherheitspolitik; sie können in bestimmten Konstellationen und Lagen sogar konsolidierende Wirkung haben - auch dann, wenn sie gegenüber internationalen Tendenzen und Einflüssen deutlich überwiegen, wenngleich dies unter modernen Bedingungen in der Regel eher eine Bedingung für Friktionen ist. In der vorgeschlagenen Heuristik sollen Binnentendenzen solche innerstaatlichen Tendenzen und Kräfte bezeichnen, die im Wechselspiel mit internationalen Strukturentwicklungen die Abschließung staatlicher Handlungseinheiten fördern und in diesem Sinne international entwicklungshemmend und abträglich sind.

41 Stanley *Hoffmann* hat schon 1978 registriert: "Die gegenwärtigen globalen Angelegenheiten könnten anfangen, unserer Vorstellung von Innenpolitik zu entsprechen aufgrund eben des Ausmaßes und der Natur der Probleme, der schwindenden Unterscheidbarkeit von innen- und außenpolitischen Angelegenheiten, der Logik ökonomischer Interdependenz, der Kooperationsweisen, welche die materielle Solidarität, auf der jene basiert, erfordert, des relativen Verzichts auf Gewalt und des Wachstums globaler Institutionen ... Der Prozeß der Weltordnung muß evolutiv sein ... Er ist keine Formel für das Management des Status quo, zumal der Status quo die Samen seiner eigenen internationalen und [vielfach] inneren Zerstörung in sich trägt ... Er ist eine Formel für eine grundlegende, graduelle, jedoch kontrollierte Transformation der Weltpolitik und damit zugleich der Innenpolitik." Stanley *Hoffmann*, Primacy or World Order. American Foreign Policy since the Cold War, New York 1978, S. 182, 189.

tion, die fortschreitend zu Souveränitätsverzicht, Selbstbeschränkung und Kooperation tendiert und nationale Alternativen zunehmend begrenzt bzw. in jeder Hinsicht kostspielig macht. Genau hier liegt heute die *neue Schnittfläche zwischen internationalen Entwicklungen und der Binnendynamik moderner Staaten und Aggregate:* Sie liegt nicht mehr primär zwischen der Innen- und Sicherheitspolitik *individueller* Staaten. Staaten bzw. Aggregate, die nach dem Subsidiaritätsprinzip aus Staaten hervorgehen, bleiben deshalb - entgegen verbreiteten Ansichten - *unersetzliche Handlungseinheiten internationaler Entwicklung*. Aber sie können ohne Wohlstands- und Sicherheitsverlust nur überleben als Konstituanten internationaler Strukturen, die ihre Souveränität fortschreitend beschränken. *Stabilität im internationalen Geschehen* und vor allem innerhalb der dominanten Konstellation ist also *nicht* wie in den letzten Jahrzehnten *als Stabilität des internationalen Systems, sondern als Stabilität der politischen Evolution des internationalen Systems zu verstehen*.[42]

Dies hat grundlegende Folgen für die Außen- und Sicherheitspolitik. Aber solche Stabilisierung bleibt auch in Zukunft eine zentrale Aufgabe: Die gegenwärtig vorherrschende politische Evolution vollzieht sich nicht unter stabilen Strukturen bzw. Rahmenbedingungen. Vielmehr richtet sich deren Stabilisierung vor allem auf eben die Rahmenbedingungen. Sie schließt auch keineswegs nationale Interessen und internationale Konflikte aus. Was sich ändert, ist die *Natur* nationaler Interessen, internationaler Konflikte und entsprechender Konfliktlösungen: Nationale Interessen lassen sich sogar für die Vereinigten Staaten nur noch mit kooptiver Macht, also im Interessenverbund mit Dritten, oder aber subregional bei ausreichender Abkapselung des Konflikts vom internationalen Umfeld durchsetzen.

Politische Evolution kann vor allem bei hinreichend gleichförmigen Tendenzen auf seiten der dominanten Akteure zu neuen *Entwicklungsplateaus* führen,[43] auf denen Strukturen längerfristig stabilisiert sind und die Dynamik der Veränderung nachläßt: Dies ist dann - so wenig wie das Konfrontationssystem - kein statischer, sondern ein stationärer Zustand. Auf absehbare Zeit ist mit einem derartigen Plateau nicht zu rechnen, da alle *dominanten Akteure* und damit die Strukturen zwischen ihnen im Wandel begriffen sind:

- Die *EG* tendiert *progressiv* in Richtung einer handlungsfähigen Union und damit zu einer internationalen Ordnungsmacht.

---

42 Vgl. dazu den Beitrag des Autors über Stabilität und Gleichgewicht als Kategorie, Rahmenbedingung, Zielsetzung und Planungsgrundlage in diesem Band (Teil I, Kap. 10).

43 Vgl. Carl Friedrich *von Weizsäcker*, Wege in der Gefahr. Eine Studie über Wirtschaft, Gesellschaft und Kriegsverhütung, München/Wien 1976, S. 238. In der biologischen Evolutionstheorie ist ein derartiges Entwicklungsplateau als markiertes Gleichgewicht (punctuated equilibrium) bezeichnet worden, bei dem molekulare, organische und übergeordnete Charakteristika von Gruppen und Organismen zusammenkommen; vgl. Niles *Eldredge*, Time Frames. The Rethinking of Darwinian Evolution and the Theory of Punctuated Equilibria, New York 1985, S. 14f, 92ff, 185ff.

- Die *Vereinigten Staaten* haben sich gerade in der gegenwärtigen Umbruchphase als Ordnungsmacht erwiesen, aber die Dynamik gegenwärtiger Evolution in Verbindung mit inneren sozialen und wirtschaftlichen Modernisierungsprioritäten lassen es auch offen erscheinen, ob eine für die amerikanische Politik typische *zyklische* Bewegung einsetzt und ob die USA diese Rolle künftig im gleichen Umfang beibehalten oder ihre Ordnungsfunktionen - auch im atlantischen Rahmen - reduzieren.
- *Japan* steht erst am Beginn einer Entwicklung zur internationalen Ordnungsmacht und sucht sich selbst in internationales Management einzuklinken: Es verfügt über ein zunehmendes Ordnungs- und Störungspotential und ist weniger als die USA und Westeuropa durch den Internationalismus der letzten Jahrzehnte geprägt. Aber es entspricht dem Interesse Japans, in kooperative Strukturen *hineinzuwachsen* (so wie es innen- und außenpolitisch und weitgehend unabhängig von Fragen militärischen Schutzes im japanischen Interesse lag, in den Sicherheitsvertrag mit den USA eingebunden zu bleiben). Umgekehrt ist deutlich geworden, daß Japan als Ordnungspartner gesucht wird (siehe vor allem die G-7-Gipfel von Houston und London).
- Die *GUS* bzw. die politische Gruppierung, die an die Stelle der UdSSR treten wird, kann sich in vielerlei Weise entwickeln, aber ihre Lebensfähigkeit wird maßgeblich vom Ausmaß der *Einbeziehung* in internationale Kooperationsstrukturen abhängen: So wie man Japans Einbeziehung als Ordnungsmacht sucht, liegt es im Interesse aller, die GUS (oder was immer an die Stelle der UdSSR tritt) in internationale Kooperationsstrukturen einzubeziehen, um kurzfristig das ihr innewohnende Störpotential abzubauen und langfristig eine Ordnungsmacht entstehen zu lassen, die nach ähnlichen Prinzipien verfährt wie die USA und Westeuropa.

Stagnation politischer Evolution würde also auf absehbare Zeit instabile Situationen hervorrufen und sogar Rückschläge für die gesamte Konstellation und darüber hinaus auslösen können. Deshalb ist für die politische Praxis sowohl ein Verständnis der Dynamik politischer Evolution wie ein Augenmaß für die gegenläufigen Tendenzen und verbleibenden Risiken erforderlich. In den Worten von Präsident Bush:

> "Das Gestalten einer Sicherheitsstrategie für eine neue Ära erfordert ein Verständnis der außergewöhnlichen Trends, die gegenwärtig wirksam sind - ein klares Bild davon, was sich verändert hat und was nicht, ein ausgeprägter Sinn für die Gelegenheiten, die die Geschichte uns offeriert hat, und eine nüchterne Bewertung der Gefahren, die fortbestehen."[44]

44 National Security Strategy of the United States, Washington, D.C., August 1991, S. 1.

Gegenläufige Tendenzen können vor allem als *Binnentendenzen* auftreten, unter denen die folgenden dominieren:

- In kritischen Bereichen wie der GUS und den Ländern Mittelost- und Südosteuropas wird ein *Scheitern* der entscheidenden innenpolitischen Vorhaben - der politischen und ökonomischen *Reformen* - den Fortgang internationaler Evolution entscheidend und negativ verändern.[45]
- Die Entsowjetisierung löst starke Tendenzen zu *nationaler Selbstbehauptung* aus,[46] was in manchen Fällen auf neugewonnene Souveränität im Verbund beschränkt bleibt, in vielen aber disruptive Formen des Nationalismus und Chauvinismus zum Ergebnis hat.
- Umgekehrt kann Nationalismus auch als Reaktion auf fortschreitende Integration bzw. auf die Erwartung von Folgen solcher Integration eintreten, wie das (etwa in der Agrarbevölkerung einiger EG-Staaten) in Westeuropa zu beobachten ist. Die weitere Entwicklung wird zeigen, ob ein solcher Nationalismus nur aus dem Interesse der Bestandserhaltung resultiert oder tiefere kulturelle und politische Gründe haben kann.
- Aufgrund innerer Entwicklungen kann die *internationale Handlungsfähigkeit* von Akteuren oder überhaupt deren Konstitution verlorengehen.

Neben solchen und anderen Binnentendenzen kann es aber auch *internationale Vorgänge* geben, die gegenläufige, das heißt dissoziative Tendenzen auslösen:

- Strukturelle Entwicklungen können ohne ausreichende *Synchronizität* stattfinden, so daß wichtige Konsequenzen ausbleiben.[47]
- Es kann *negative Rückkoppelungen* geben, etwa als Folge einer Renationalisierung der Politik Dritter oder eines mangelnden Krisenmanagements, durch das internationale Institutionen oder Regeln diskreditiert werden.
- Es kann einfach eine *Vielfalt von Ereignissen* eintreten, auf die die internationale Politik nicht vorbereitet ist.

Die internationale *politische Evolution resultiert auch aus der Wirksamkeit solcher gegenläufiger Tendenzen*. Ihre *Stabilisierung* erfordert vor allem, durch internationale Politik zu gewährleisten, daß *negative Binnentendenzen hinreichend gedämpft*

---

45 So weisen besorgte Beobachter darauf hin, daß die Erhaltung von Demokratien in Osteuropa noch schwieriger sein könnte als deren Errichtung. So habe es Anfang der 20er Jahre in Europa 28 demokratische Regime gegeben einschließlich der osteuropäischen, während es 1938 nur noch 12, darunter keines in Osteuropa, und 1941 insgesamt nur noch 5 waren. Siehe Robert G. *Kaufman*, A Paradigm for a Post-war Order, in: Naval War College Review, Winter 1991, S. 90; zum Hintergrund vgl. Stephen J. *Lee*, The European Dictatorships 1918-1945, London/New York 1987.

46 So wie die Entkolonialisierung "nation-building" als neue Form der Selbstbehauptung nach sich gezogen hat.

47 Vgl. dazu Stanley *Hoffmann*, Gulliver's Troubles or the Setting of American Foreign Policy, New York 1969; dt. Gulliver's Troubles oder die Zukunft des internationalen Systems, Gütersloh 1970, S. 491.

werden und vor allem nicht die positiven Grundtendenzen überlagern. In einer dynamischen Situation wie der gegenwärtigen gibt es *keinen Status quo* von Dauer, sondern die *Evolution sucht sich Wege oder macht regressiven Entwicklungen Platz.*

Für die wichtigen Staaten bzw. Aggregate innerhalb der Konstellation ist zu betrachten, welche Binnentendenzen deren inneren Zustand und deren externe Verhaltensformen bestimmen. Aus den Zuständen und Verhaltensformen ergibt sich hauptsächlich, welchen Verlauf internationale politische Evolution als Resultat gegenläufiger internationalistischer und hemmender Tendenzen nehmen wird.[48]

IV. Strukturelle Optionen und Verhaltensoptionen dominanter Akteure ("Wertigkeiten")

Die internationale Rolle und Gestaltungsmacht der USA, der EG und ihrer Hauptmitgliedsländer, der GUS bzw. ihrer wichtigsten Republiken und Japans können sich aufgrund innerer Entwicklungen mittel- und längerfristig sehr unterschiedlich darstellen. Für Zwecke der Analyse sollen Alternativen in bezug auf die innere Konstitution wie die externen Verhaltensoptionen für die vier Akteure unterschieden werden. Insbesondere gibt es für die EG und die GUS eine Optionsbreite, die von der Unionsbildung im Sinne voller Staatlichkeit bis zur Renationalisierung der Komponenten reicht. Den konstitutionellen Bedingungen lassen sich die Verhaltensoptionen zuordnen.

Mit dem inneren Zustand ändert sich die Struktur der Beziehungen der Akteure innerhalb der Konstellation. Dies sagt jedoch nichts über Präferenzbeziehungen bzw. Strukturen in der Sicht der Akteure aus. Für heuristische Zwecke werden die folgenden Zustände und Verhaltensoptionen unterschieden:

Konstitution	**Externe Verhaltensoption**
Megastaat	Hegemon
Aggregat	Ordnungsmacht
Koalition	Situationsmanagement
beschränkter Akteur	Kontraktion
binnendeterminierter Akteur	Regression

48 Kaum ein Staat ist aufgrund seiner Lage, Geschichte, Exportabhängigkeit und seines dominanten Interesses an einer Stabilisierung politischer Evolution innerhalb der gegenwärtig bestimmenden Konstellation so unmittelbar vom Ausgang solcher Entwicklungen betroffen wie die Bundesrepublik Deutschland.

Diese Unterscheidungen bedürfen der Erläuterung: Sie können

- tatsächliche Entwicklungszustände,
- ein Status- und Rollenverständnis der betroffenen Staaten oder
- Interpretationen Dritter

betreffen. Insoweit geht es bei diesen Unterscheidungen auch um den Kern künftiger internationaler Ordnungsfragen. Dies gilt für Westeuropa, die USA, die GUS und Japan.

Im folgenden soll so weit vereinfacht werden, daß hauptsächlich Entwicklungszustände charakterisiert werden und weniger eigenes Rollenverständnis (z.B. USA als "Weltpolizist" oder EG und Japan als "Zivilmacht") oder gar die Interpretationsbreite im politischen Diskurs. In diesem Sinne werden die vier dominanten Akteure betrachtet

- als *Megastaat*, wenn die volle Staatlichkeit ohne wesentliche innere Beschränkungen externer Handlungsfreiheit gegeben ist, was zur *Hegemonie* im internationalen Raum tendiert;
- als *Aggregat*, wenn keine volle Staatlichkeit gegeben ist (Beispiel EPU) bzw. eine interne Konsensbildung erforderlich und erwartbar ist und externes Handeln in Richtung reziproke Selbstbeschränkung tendiert, das heißt *Ordnungsmacht* repräsentiert;
- als *Koalition*, wenn externe Handlungsfähigkeit aus dem Zustandekommen interner Koalitionen (z.B. GUS plus RSFR oder innerhalb der EG Deutschland, Frankreich und Großbritannien) resultiert, was Gestaltungsfähigkeit weitgehend auf *Situationsmanagement* reduziert;
- als *beschränkter Akteur*, wenn innenpolitische Prioritäten oder Konflikte die externe Handlungsfähigkeit mit der Folge des Abbaus internationaler Verpflichtungen und Rollen, also einer *Kontraktion*, dominieren;
- als übermäßig bzw. *binnendeterminierter Akteur*, wenn außenpolitische Rücksichtnahmen und Verpflichtungen in politischen Entscheidungen eine geringe oder gar keine Rolle spielen und international eine entsprechende *Regression* einsetzt.

In diesem Sinne lassen sich den vier Akteuren *Wertigkeiten* in bezug auf *Konstitution* und externe *Verhaltensoptionen* zuschreiben. Vergleicht man die Wertigkeiten der vier Akteure (siehe Schaubild 3), dann fällt auf, daß sowohl dominantes Außenverhalten (erste Spalte) wie dominante Binnenorientierung (letzte Spalte) einer politischen Evolution internationaler Politik innerhalb der Konstellation nicht förderlich sind. In Grenzen gilt dies auch für die vorletzte Spalte. Die gegenwärtig vorherrschenden Muster sind Koalition und Situationsmanagement. Die ordnungspolitisch sinnvollsten Zielsetzungen sind durch die Wertigkeiten Aggregat und Ordnungsmacht umschrieben.

Für alle Akteure ist erkennbar, daß innere Konstitution und Dynamik die internationale Gestaltungsfähigkeit wesentlich bestimmen, aber der Unterschied liegt gerade in der unterschiedlichen *Wechselwirkung zwischen inneren und äußeren Vorgängen:* Im Zustand größter internationaler Ordnung, das heißt gleichförmiger Evolution des Systems, gibt es ein Maximum gleichförmig positiver Interaktionen, im Fall der Megastaaten gibt es sehr begrenzte Rückwirkungen auf die innere Entwicklung (außer regressiv), im Fall der binnengerichteten Staaten sind umgekehrt Rückwirkungen auf das internationale System gering (außer regressiv). Dieser Akteurbegriff hat für die Analyse eine Reihe von Vorteilen:

- Er betrifft Handlungseinheiten, die auf mehreren Ebenen internationaler Politik agieren können, also nicht sektoral beschränkt sind. In diesem Sinne ist die EG zunehmend Akteur, die NATO oder WEU oder KSZE nicht.

Schaubild 3

Akteur / Wertigkeit	US	Japan	EG	(MOE)	GUS
Megastaat	Hegemon	Hegemon	kompletter Bundesstaat	/	restaurative Union (bzw. imperiale RSFR
Aggregat	Ordnungs-macht	Ordnungs-macht	Ordnungs-macht (EPU)	westlich integriert	Ordnungs-macht (GUS)
Koalition	Manager	Manager	Manager (D,F,GB)	assoziiert+ regional gruppiert	lose Föderation
beschränkt. Akteur	Kontraktion	Isolation	Paralyse	fragmentiertes Zwischen-europa	Paralyse
binnen-dominiert	Instabilität	Instabilität	Renationalisierung	Reform-unfähigkeit	militantes Chaos

- Akteure sind also von multinationalen Organisationen unterschieden, die instrumentalen Charakter haben.
- Der Begriff umfaßt Staaten, wie die USA und Japan, und staatenähnliche Gruppierungen, wie die GUS oder die EG.

- Er ist nicht an perzeptionsbestimmten Machtattributen orientiert, die zu Bestimmungen wie "Supermacht" oder "Großmacht" einladen, er erlaubt aber Unterscheidungen in bezug auf die internationale Rolle.
- Er erfaßt einen Zusammenhang zwischen innerer Konstitution und internationaler Rolle und Verhaltensweise.
- Er ermöglicht die Unterscheidung struktureller (positiver wie negativer) Entwicklungsoptionen.
- Er unterliegt Kriterien der Handlungsfähigkeit und Gestaltungsmacht.
- Er erlaubt, staatenähnliche Gruppierungen in bezug auf die innere Konstitution je nach Art der Verbindung der konstitutiven Teile zu unterscheiden: im Falle der EG vor allem die führenden Mitgliedstaaten, im Falle der GUS die für das Zusammenwirken wichtigen Republiken. Je nach der inneren Konstitution werden solche Gruppierungen als einheitlicher Akteur oder durch dominante Teile wirken.
- Der Akteurbegriff läßt entsprechend eine Selektion von dominanten Akteuren in bezug auf unterschiedliche Rahmenbedingungen (Konstellationen) zu.

Akteure sind also sowohl durch innere Bedingungen bestimmt, die entwicklungsfähig, aber nicht austauschbar sind, wie auch in ein internationales Interaktionsfeld eingebunden, das ihre Entwicklung im Maße der inneren Dynamik determiniert. Dies gilt besonders für dominante Akteure, für die nicht nur die gegebenen Entwicklungsbedingungen bestimmend sind: Sie sind auch in besonderem Maße auf die übrigen dominanten Akteure bezogen. Dies macht die konstellative Struktur innerhalb der Zone erweiterter Interaktion aus.

Dominanz heißt in diesem Zusammenhang das Potential eines Akteurs zu weitreichender Einwirkung auf ordnungsrelevanten Ebenen, also zumindest potentiell auf allen wichtigen Handlungsebenen, und zwar im Verhältnis zu anderen dominanten Akteuren, innerhalb der gesamten Zone erweiterter Interaktion sowie jenseits der Peripherien. Dominante Akteure haben unter den neuen Bedingungen zumindest potentiell, aber um den Preis entsprechend verminderter Ordnungsmacht die Option zur Durchsetzung zu Lasten anderer. Aber es kennzeichnet gerade die neue Situation, daß diese traditionell verstandene Dominanz sogar für die Vereinigten Staaten weniger statt mehr Handlungsfreiheit eröffnet. Der Begriff des dominanten Akteurs umfaßt eben das Spektrum externer Verhaltensoptionen, unter denen die hegemoniale Option ein Extremfall ist und Interessen der Akteure tendenziell zuwiderläuft. Das Schicksal der UdSSR zeigt im übrigen, daß dies in Grenzen auch unter Konfrontationsbedingungen galt. Die relativ statische Natur jener Konstellation hat dies eben nur langfristig wirken lassen.

So verstanden hat der Begriff des dominanten Akteurs heuristisch und konzeptionell eine Bedeutung in bezug auf das Ordnungspotential innerhalb der gegebenen Interaktionszone. Auch nichtdominante Akteure sind zunehmend in das Interaktionsfeld einbezogen, und je mehr sich die internationale Evolution in Richtung dichter Interaktion und resultierender Interdependenz vollzieht, um so *mehr* kommt die gegebene Eigenart der Akteure zum Tragen, das heißt um so mehr wird auch die innere Entwicklungsdynamik der Akteure bestimmend. In diesem Sinne ist Gestaltungsmacht bzw. kooptive Macht, wie sie vor allem dominante Akteure innehaben, tatsächliche Macht, aber sie hat nur Wirkung im Maße der kooperativen Einbeziehung möglichst vieler Akteure. In diesem Sinne gilt in der neuen Konstellation, was Michael E. Porter für das Verhalten von Firmen und Nationen in der Handelskonkurrenz formuliert hat: "Fortschritt resultiert aus Wandel, nicht aus der Fixierung auf Stabilität, die den Wandel verhindert."[49]

Dieser Akteurbegriff ist schematisch. Er hat gleichwohl weitreichende praktische Bedeutung. Dies wird deutlich, wenn man betrachtet, wie die internationale Wirklichkeit der vergangenen Jahrzehnte in Praxis und Theorie konzeptionalisiert worden ist.[50] Der vorherrschende Akteurbegriff war ein grundlegend anderer:

- Dominanz wurde für die USA enger definiert, als es ihrer tatsächlichen Macht entsprach, mit dem Resultat, daß die UdSSR eben aufgrund dieser engen Definition und trotz aller heute dramatisch offengelegten Defizite als zweite "Supermacht" erschien, obwohl sie nicht einmal den elementarsten inneren und äußeren Anforderungen genügen konnte.
- Mit dieser Vorstellung von Supermacht verband sich (am stärksten auf deutscher Seite) die zweite Vorstellung, daß multinationale Organisationen im Zeichen einer gemeinsamen Bedrohung aller Mitglieder selbst Akteur sind.
- In dieser Konstellation dominierten entsprechende Erhaltungsinteressen, die gerade über die Rolle von Organisationen als Akteuren verstärkt wurden.
- Da dies die vorherrschende Sicht der Dinge war und keine aussichtsreichen Alternativen gegeben waren, hat sie das internationale Verhalten bestimmt: Die so wahrgenommenen Strukturen internationaler Verhältnisse verfestigten sich zum *System*, das primär in jenen Begriffen verstanden wurde, die solche Sy-

---

49 Michael E. *Porter*, The Competitive Advantage of Nations, New York 1990, S. 733. Entsprechend hat auch die weitere Beobachtung Porters grundsätzliche Relevanz, daß nationale Unterschiede bei fortschreitender Kooperation positiver und wirksamer ins Gewicht fallen als im Falle nationaler Abgrenzungen. Dies werde gerade bei dominanten Nationen deutlich: "Dominant nations at a point in time tend to export their culture and character to other nations, as Britain once did through the Empire and America has done in this century via its media, its political and military power, and its companies ... Yet the British and American examples illustrate that the national characters of other nations remain intact, and that the power to export culture is no guarantee of sustained economic success." Ebd., S. 736.

50 Vgl. dazu John *van Oudenaren*, Bipolarität als Struktur und politischer Handlungsrahmen, in: Uwe *Nerlich*/Trutz *Rendtorff* (Hrsg.), Nukleare Abschreckung - Politische und ethische Interpretationen einer neuen Realität, Baden-Baden 1989, S. 379-400.

stembildung eingeleitet haben, das heißt solchen, die die Fähigkeiten und das Verhalten in extremen internationalen Krisenlagen betreffen.[51]

- Innerhalb dieses Systems gab es zwar Raum für eine abstrakte Wertordnung und -konkurrenz, aber das System wurde letztlich indifferent gegenüber inneren Zuständen einzelner nationaler Akteure gesehen.[52] Dies galt auch und zunehmend in bezug auf die Sowjetunion und den Warschauer Pakt: Zwar wurde das Ziel der Liberalisierung nicht aufgegeben, aber es blieb in der politischen Praxis völlig im Sinne der Logik des Systems (weil für diese der Imperativ des Überlebens galt) dem Ziel der Stabilisierung und Erhaltung von Stabilität untergeordnet.
- Entsprechend wurde auch die politische Natur der Konfrontation und Konkurrenz zunehmend durch das Prisma jener Kategorien gesehen, die für das System bestimmend waren.

Für die Konfrontationsordnung der vergangenen Jahrzehnte lag also in bezug auf die genannten Definitionsmerkmale ein völlig anderer Akteurbegriff und damit ein ebenso anderer Begriff von internationaler Ordnung zugrunde. Dafür gab es tiefliegende Gründe und entsprechend wenig Spielraum für Alternativen. Aber man wird die gegenwärtige Konstellation in ihren ordnungspolitischen Möglichkeiten nicht verstehen, wenn man diesen Unterschied nicht sieht.

Für den nördlichen Interaktionsraum sind gegenwärtig zwei Staaten (die USA und Japan) und zwei staatliche Gruppierungen (die EG und die GUS) die dominanten Akteure. Mit Veränderungen der Gesamtkonstellation können andere wie China dazukommen, die nach den gewählten Kriterien noch ausscheiden.

Allen vier dominanten Akteuren lassen sich die genannten fünf Wertigkeiten zuordnen. Für zwei, die USA und Japan, ist die Konstitution innerhalb gegebener staatlicher Strukturen zu sehen. Den inneren Zuständen entsprechen so externe Verhaltensoptionen bzw. Rollen. Für beide gibt es die hegemoniale Rolle nur bei innenpolitischer Degeneration und gleichzeitiger Schwäche aller anderen sowie bei dominanten Handlungsebenen: im Falle der USA vor allem militärische Dominanz, im Falle Japans in erster Linie technologisch-ökonomische Dominanz. Das heißt, weder die USA noch Japan könnten aus eigener Macht zu einer hegemonialen Rolle kommen. Diese Möglichkeit ist auf absehbare Zeit extrem unwahrscheinlich.

Das gleiche gilt am anderen Extrem: Im Falle der USA schwächt sich zwar die internationale Grundorientierung der Nachkriegszeit zugunsten innerer Prioritä-

51 Wie Stanley *Hoffmann* es formuliert hat: "Jede Version der Bipolarität verwendet die Gewalt als Maßstab"; *Hoffmann*, Gulliver's Troubles, S. 326.

52 Vgl. Uwe *Nerlich*, Washington und Bonn: Entwicklungsstrukturen im deutsch-amerikanischen Verhältnis, in: Karl *Kaiser*/Hans-Peter *Schwarz*, Amerika und Westeuropa. Gegenwarts- und Zukunftsprobleme, Stuttgart/Zürich 1977, S. 330, 352.

ten ab, aber ein Isolationismus ist auf absehbare Zeit unwahrscheinlich, zumal er die inneren Probleme eher schwieriger werden läßt. Im Falle Japans ist der Internationalismus noch in einer frühen Aufschwungphase, aber es gibt jedenfalls kaum ein erkennbares Interesse an einer regressiven Entwicklung.

Praktisch sind also vor allem die drei mittleren Optionen bedeutsam (siehe Schaubild 3): In den USA gibt es Tendenzen zur Kontraktion, aber die USA sind gerade aus den Entwicklungen der vergangenen zwei Jahre wiederum als ordnungspolitische Führungsmacht hervorgegangen, wenngleich die zunehmenden inneren Anforderungen und äußeren Abhängigkeiten der USA Tendenzen auslösen, die von der Rolle als Ordnungsmacht zu der eines Situationsmanagers zurückführen. In Japan verlaufen die Tendenzen zur Zeit eher umgekehrt in Richtung Expansion: Gerade um internationaler Isolierung zu entgehen, ist Japan zunehmend im Situationsmanagement engagiert. Es gibt darüber hinaus Tendenzen wie Aufforderungen in Richtung zunehmenden ordnungspolitischen Engagements, von dem sich noch nicht absehen läßt, ob es letztlich auch einer hegemonialen Rolle Japans dienen könnte. In den USA wie in Japan zeichnen sich innere Entwicklungen ab, die den Konsens für eine starke außenpolitische Rolle eher beschränken dürften.

In Westeuropa wie in der ehemaligen Sowjetunion geht es in der weiteren Entwicklung vor allem um die innere Struktur: im sowjetischen Fall darum, ob sich Unionsstrukturen bzw. ein interrepublikanischer horizontaler Verbund erhalten lassen oder die Republiken noch weiter auseinanderfallen, im westeuropäischen Fall darum, ob Unionsstrukturen entstehen bzw. sektorale Integration ohne Unionsbildung oder eine Renationalisierung resultieren.

Für beide - und dies gilt wohl auch für die RSFR - ist eine Entwicklung zum Megastaat auf absehbare Zeit auszuschließen. Die EG hat während der Veränderungen der letzten zwei Jahre begonnen, als Ordnungsmacht zu wirken, obwohl ihr dazu noch konstitutionelle Voraussetzungen fehlen. Die GUS sucht eine Rolle als Situationsmanager zu erhalten. Wie im Falle Westeuropas wäre ein Aggregatzustand, also ein gemischtes zentral-dezentrales System für die internationale Ordnungsbildung am vorteilhaftesten. Die kontraktiven und regressiven Entwicklungen innerhalb der ehemaligen Sowjetunion lassen dies jedoch als unwahrscheinlich erscheinen. Die Kooperationspolitik der EG und im Rahmen der G-7 könnte allerdings Strukturen herausbilden, in denen ein Aggregat oder zumindest eine Koalition der wichtigen Republiken mit horizontalen Strukturen international zumindest partiell fähig bleibt, am Situationsmanagement oder sogar an ordnungsbildenden Prozessen (siehe Madrid-Konferenz) beteiligt zu bleiben.

Für alle dominanten Akteure gibt es die Möglichkeit positiver wie negativer Grundtendenzen: *positiv* im Sinne zunehmender Ordnungsmacht und *negativ* in Richtung schwindender Fähigkeit (Konstitution) bzw. Disposition (externe Verhaltensoption) zu kooptiver Machtausübung, das heißt bei zunehmender Dominanz von Binnentendenzen, die sich kontraktiv bzw. regressiv zeigen können, oder umgekehrt in zunehmend hegemonialer Machtausübung, also bei fehlenden inneren Bedingungen äußerer Selbstbeschränkung.

Gegenwärtig läßt sich für alle dominanten Akteure eine positive Disposition beobachten. Die Frage ist, inwieweit die innere Konstitution das auch gewährleistet. Im Falle der GUS ist dies äußerst fraglich, kann aber, wie gesagt, in Grenzen unter Umständen von außen stabilisiert werden: Dies ist der Zweck westlicher Unterstützungspolitik. Für die USA kann sich diese Disposition aufgrund innerer Anforderungen und außenpolitischer Kontraktion verändern. Westeuropa befindet sich im Prozeß der inneren Konstituierung, der vor allem davon bestimmt sein wird, inwieweit solche Konstitution einem als gemeinsame Aufgabe verstandenen Zweck der externen Neuordnung dient (vor allem im gesamteuropäischen Rahmen wie in den triangulären amerikanisch-europäisch-japanischen Beziehungen). Japans Disposition wird vor dem entscheidenden Test stehen, wenn es darum geht, sich international weit mehr als bisher an gemeinsamer Verantwortung zu orientieren.[53]

Politische Evolution läßt sich also auch im Maße der Gleichförmigkeit positiver Grundtendenzen auf seiten dominanter Akteure ablesen. Die Tatsache, daß gegenwärtig ein relativ hohes Maß derartiger Gleichförmigkeit zu beobachten ist, erscheint als Ausnahmesituation. Auf dem Hintergrund der in der Nachkriegszeit registrierbaren Langzeittendenzen läßt sich dies jedoch eher als ein Stadium beschreiben, das die Möglichkeit weiterer Stabilisierung positiver Tendenzen bietet.

Für jeden der vier dominanten Akteure lassen sich aber auch unschwer mögliche Veränderungen absehen, die solche Gleichförmigkeit einschränken und Interaktionsketten auslösen können, die das Verhalten, wenn nicht die Konstitution aller anderen und damit die Struktur der Gesamtkonstellation verändern. Dies kann aus Binnentendenzen oder aus verändertem internationalem Engagement resultieren. So könnten die USA zwar an ihrer ordnungspolitischen Orientierung festhalten wollen, aber aufgrund innerer Schwäche zunehmend unfähig dazu werden, oder sie könnten trotz ausreichender Fähigkeit ihre Beziehungen zu Westeuropa und/oder Japan negativ verändern, was entweder aus politischer Friktion resultieren (bashing) oder durch einen weitgehenden Rückzug hervorgerufen werden kann, der in Japan Tendenzen zu innenpolitischer Polarisierung, in Westeuropa eine Reaktivierung nationaler Rivalitäten auslösen könnte.[54]

---

53 Vgl. dazu den Zwischenbericht einer japanisch-amerikanischen Kommission: Jimmy *Carter*/Yasuhiro *Nakasone*, Ensuring Alliance in an Unsure World. The U.S.-Japan Global Partnership in the 1990s. Executive Summary and Highlights of Proposals, Center for Strategic and International Studies, Washington, and International Institute for Global Peace, Tokyo, September 1991.

54 Die Konstellation kann auch durch weitere Faktoren verändert werden, vor allem durch transnationale soziale Bewegungen, durch externe Akteure bzw. Ereignisse, durch zu ausschließliche

Aus der Zahl der dominanten Akteure und Wertigkeiten läßt sich abstrakt eine Zahl der möglichen Kombinationen ableiten (4^5), die durch weitere Faktoren in schematischer Betrachtung erhöht wird. Tatsächlich reduziert sich die Anzahl plausibler Kombinationen angesichts der Wahrscheinlichkeit von Wertigkeiten und der beschränkenden Wirkung von Interaktionsketten in den Verhältnissen der dominanten Akteure auf einen relativ kleinen Wert.

Die Selektion solcher plausibler Möglichkeiten wird immer noch erheblich das übersteigen, was politische Vorstellungskraft erfaßt: Politische Wahrnehmung ist stets selektiv auf Indikatoren im Kontext nicht systematisch beschreibbarer "cluster" von Informationen über internationale Entwicklungen gerichtet. In dieser selektiven Wahrnehmung erhalten plausible strukturelle Möglichkeiten erst ihre politische Relevanz. Insofern läuft die Modellbildung, die auf künftige Lagen vorbereiten soll, typisch der realen Entwicklung hinterher. Allerdings resultiert diese Erfahrung aus der als anarchisch verstandenen vornuklearen Vorstellung des Zusammenwirkens innerhalb der Staatenwelt sowie aus der relativ statischen Situation der Konfrontationsordnung, die die Möglichkeit der Opposition, nicht aber praktikable Alternativen zuließ.[55]

Gegenwärtig verbindet sich hier sogar vielfach eine Kontinuität statischer Betrachtungsweise mit der Erwartung einer Wiederkehr nationalistischer Politik und somit anarchischer internationaler Verhältnisse. In einer Situation, die durch positive Tendenzen im Sinne politischer Evolution, wenngleich in einer noch instabilen und entwicklungsoffenen Grundsituation, charakterisiert ist, führen solche Betrachtungsweisen zum Verzicht auf politische Gestaltung internationaler Strukturen und zur Beschränkung auf reaktives Krisenmanagement.

Das Neue der postkonfrontativen Konstellation ist indessen, daß Zukunft, also längerfristige Aufgaben, Zielsetzungen und Entwicklungen, zu einer Dimension aktueller Politik geworden ist, die auch in der Politik selbst zunehmend, aber intuitiv und selektiv wahrgenommen wird. Die praktische Sicherheitspolitik geht von künftigen Ereignissen wie dem vollständigen sowjetischen Truppenabzug als Tatsache aus, obwohl dies vor zwei Jahren noch undenkbar gewesen wäre. Sie verlegt Verknüpfungen grundlegender Entscheidungen zum Teil weit in die Zukunft, nicht um sie einem Prozeß zu überlassen, sondern um Entwicklungen zu erlauben und zu steuern, die einen vorweggenommenen Kompromiß mit bindenden Wirkungen ermöglichen (z.B. WWU/EPU). Sie richtet sich auf unterschiedliche Entwicklungsmöglichkeiten ein und sucht als Resultante konkurrierender Interessen mitt-

---

Präokkupation dominanter Akteure mit regionalen Herausforderungen (USA in Mexiko, GUS an der islamischen Peripherie, Japan in China oder Korea und Westeuropa bzw. mit Osteuropa bzw. dem südlichen Mittelmeerraum).

55 Zu einer Zeit, als der Harmel-Bericht verabschiedet wurde, faßte Stanley Hoffmann dies auf der Suche nach konzeptioneller Flexibilität in die Formulierung: "Träume sind also die Opfer dieses Systems." *Hoffmann*, Gulliver's Troubles, S. 67.

lere evolutionäre Richtungen zu finden. In diesem Sinne ist die Außen- und Sicherheitspolitik selbst im Begriff, der Dynamik internationaler Evolution dadurch zu entsprechen, daß sie von einem zunehmend anderen Verständnis zeitlicher Strukturen internationaler Politik ausgeht: Das Verhältnis kurz-, mittel- und langfristiger Probleme und Entscheidungen verändert sich gegenwärtig grundlegend. Dies wiederum macht ein konzeptionelles Denken in Entwicklungsalternativen für die Praxis zunehmend zur Selbstverständlichkeit.

Der Modellbildung fällt damit eine neue Funktion zu: Sie soll ermöglichen, in einer Konstellation angesichts einer beschreibbaren Evolutionsdynamik die Alternativen zu identifizieren (und sie Kriterien zu unterwerfen, zu gewichten und zu interpretieren), die in einer gegebenen Situation den Handlungsraum bestimmen. In diesem Sinne wird Modellbildung auch künftig hinter der tatsächlichen Entwicklung hinterherlaufen, da sie keine Prognose erlaubt und im voraus ja gerade nicht zu sagen ist, welche der identifizierten Alternativen eintreten wird. Aber Modellbildung kann anstreben, die plausiblen Alternativen möglichst vollständig zu erfassen, und zwar so, daß Urteile über Relevanz und Präferenz möglich werden. In dieser Sicht soll eine Konstellationsanalyse zunächst innerhalb der gesamten Interaktionszone in bezug auf die beschriebenen Elemente - Dynamik der Evolution, Akteure, Wertigkeiten - mögliche Strukturmodelle für die Beziehungen der dominanten Akteure und insoweit die gesamte Konstellation charakterisieren.

V. Konstellationsmodelle

In schematischer Betrachtung lassen sich die vier dominanten Akteure als A1-4, deren Wertigkeiten als W1-5 bzw. bei Unterscheidung von Konstitution und Verhaltensoption als Wk1-5 und Wv1-5 kennzeichnen. Je nach der vorherrschenden politischen Evolutionsdynamik wird es im Verhältnis der dominanten Akteure, das heißt innerhalb der Konstellation, mögliche Tendenzen zu mehr oder weniger Stabilität geben. Der optimale Zustand herrscht, wenn alle vier Akteure gleichzeitig als Aggregate bzw. Ordnungsmacht wirken (Wk2 bzw. Wv2). Daraus ist auch ersichtlich, daß die Fähigkeit, als Ordnungsmacht zu agieren, nicht nur mit der Wertigkeit des jeweiligen Akteurs gegeben ist, sondern eine ausreichende Gleichförmigkeit politischer Evolutionsdynamik erfordert. Relativ stabil, aber weniger dynamisch ist ein Zustand, bei dem alle vier gleichzeitig als Koalition bzw. Situationsmanager agieren. Hier sind Tendenzen zu mehr, vor allem aber zu weniger Stabilität erwartbar. Als hochgradig instabil sind Lagen anzusehen, in denen alle vier Akteure gleichzeitig Megastaat bzw. Hegemon oder in einem Maße binnendeterminiert sind, daß daraus im internationalen Verhalten eruptiv aufbrechende Folgen resultieren.

In diesem Schema läßt sich plausibel auswählen, welche Kombinationen oder welche resultierenden dominanten Beziehungen besonders sicherheitsrelevant sind. Dies wird vor allem dann der Fall sein, wenn ein Akteur zur Hegemonie tendiert und die übrigen international beschränkt handlungsfähig oder weitgehend binnendeterminiert sind, wobei die hauptsächliche Ebene der Dominanz von Akteur zu Akteur anders aussehen kann. Bewegen sich Akteure aus der mittleren Zone (2. und 3. Spalte von Schaubild 3) heraus, so ergeben sich aufgrund der Rückwirkungen auf andere Akteure und der Rückkoppelungen jeweils *charakteristische Interaktionsketten*. Diese sind potentiell um so stärker, je mehr Akteure aus der mittleren Stabilitätszone heraustreten. So wäre eine Interaktionskette A1W1, A2W1, A3W4, A4W5 offensichtlich ein Zustand hochgradiger europäischer Unsicherheit. Dasselbe gilt beispielsweise für A1W4, A2W1, A3W4, A4W1. Die politische Anschauung läßt sich durch Bilden solcher Interaktionsketten vielfältig anreichern, wobei intuitiv Kombinationen ausgewählt werden, die als sicherheitsrelevant angesehen werden. Sie lassen sich durch neue Akteure oder externe Einwirkungen komplizieren. Verschiebungen der Wertigkeiten mit dem Resultat größerer oder schwindender Stabilität können als *positive* bzw. *negative Transformationen von Rahmenbedingungen* verstanden werden.

Für einen gegebenen Zustand der Konstellation läßt sich beschreiben, welche Akteure besonders sicherheitsrelevante Interaktionsketten auslösen können, wobei es sich um positive wie negative Transformationen handeln kann. Ordnungs- wie sicherheitspolitisch sind primäre Zielsetzungen im Sinne verstärkter Tendenzen in Richtung gleichförmiger Evolution und entsprechenden Verhaltens der Akteure zu charakterisieren, das hier als das einer Ordnungsmacht beschrieben worden ist. Die Aufgaben der Sicherheitspolitik verringern sich bei positiver und erweitern sich zunehmend kritisch bei negativer Transformation der Rahmenbedingungen.

Für solche Transformationen ist die *zeitliche Struktur* politischer Prozesse essentiell. Im Rahmen einer Konstellationsanalyse geht es aber nicht um vorhersagbare zeitliche Verläufe von Teilentwicklungen, sondern um zwei Dinge:

- ein ausreichendes *Zeitbudget* für dominante Akteure, das strukturelle Entwicklungsmöglichkeiten nicht mit kurzfristigen Anforderungen belastet, und
- eine relative *Gleichzeitigkeit* von Teilvorgängen bzw. eine beschreibbare Asynchronizität solcher Teilentwicklungen.

Wenn eine ausreichende Langfristigkeit und Annahmen über mögliche Gleichzeitigkeit bzw. Ungleichzeitigkeit von Ereignisketten möglich sind, reicht dies, um kritische Wechselwirkungen und Abhängigkeiten insoweit zu erfassen, wie dies für eine Konstellationsanalyse erforderlich wäre. Es geht, um auf die Formulierung von Daniel Bell zurückzugreifen, nicht um die Prognose von Ereignissen, sondern um die Identifikation von strukturellen Kontexten möglicher Probleme.

Dies hat weitreichende Implikationen. Die Politik wird gegenwärtig in internationalen Zusammenhängen von einer Entwicklung eingeholt, die in anderen zivilisatorisch-kulturellen Bereichen seit längerem bewußt wird:[56] Die *temporalen Strukturen politischen Handelns und insbesondere politischer Konkurrenz beginnen sich zu verändern.* Man kann dies aus der verbreiteten Feststellung ablesen, daß die Politische Union Europas komme und daß nur offen sei, ob sie - entsprechend nationalen Dispositionen - in zehn, fünfundzwanzig oder hundert Jahren komme. Dies ist - abgesehen von nationalen Stilen und Vorbehalten - keine Frage unterschiedlicher Prognosen, sondern unterschiedlicher Vorstellungen von struktureller Verträglichkeit von Teilvorgängen und entsprechend unterschiedlichen Zielvorstellungen. Das heißt, es geht um unterschiedliche Vorstellungen präferierter Gleichzeitigkeit. Entsprechend geht es auch nicht mehr einfach um mögliche Stufenkonzepte im Sinne eines herkömmlichen Fortschrittsmodells für eine relativ statische Konstellation, sondern politische Lösungen werden in Modellen wie dem unterschiedlicher Geschwindigkeiten oder umgekehrt dem des optimalen zeitlichen Zusammentreffens von Bedingungen gesucht, also in einer Art dynamischen Junktims.

Darin ist kein Determinismus begründet. Es bleibt vielmehr richtig, daß "die Geschichte [uns] lehrt, daß Machtkonstellationen von begrenzter Dauer sind: Sie können die Dynamik neuer Kräfte, neuer Ideen und neuer Staatslenker nicht auf-

---

56 Dieses veränderte Verständnis zeitlicher Strukturen von Entwicklungen hat sich seit längerem in der Evolutionstheorie (s. Anm. 42), in der Kulturgeschichte (vgl. z.B. die bahnbrechende Arbeit von Stephen *Kerr*, The Culture of Time and Space, 1880-1914, Cambridge, MA 1983), in der Sozial- und Geschichtsphilosophie (vgl. etwa die Arbeiten von Hermann *Lübbe*) sowie in der Sozialpolitik abgezeichnet, in der Auseinandersetzungen im weiten Sinne zunehmend über zeitliche Strukturen geführt werden (vgl. dazu vor allem Jeremy *Rifkin*, Time Wars. The Primary Conflict in Human History, New York 1987. Rifkin legt vor allem dar, daß sich mit einem Wandel zeitlicher Strukturen politischen Handelns auch das Verständnis von *Konzeptionen* und *Zielsetzungen* bzw. allgemeiner Teleologien verändert).

Für die praktische Politik tut sich hier ein neues Dilemma auf: Sie sucht zunehmend unter Konsenserfordernissen die Gleichzeitigkeit des Gegebenen zu berücksichtigen, was zum Verzicht auf Perspektive um der Erneuerbarkeit politischer Mandate willen führt, und sie kann politische Gestaltungsmacht und damit gerade Perspektive und Stabilität von Erwartungshorizonten zunehmend nur über Vorstellungen von langfristiger Strukturentwicklung in Verbindung mit präferierten Zielen vermitteln.

Wilhelm *Cornides* hat schon frühzeitig auf die darin angelegte unaufhebbare Antithese von Entscheidungsnotwendigkeit und Konstellation hingewiesen (Wilhelm *Cornides*, Das amerikanische Sicherheitsdenken und die Friedenspolitik der freien Welt, in: Uwe *Nerlich* [Hrsg.], Strategie der Abrüstung, Gütersloh 1962, S. 471). Aber anders als vor rund 30 Jahren sind politische Entscheidungen vor allem solche über künftige Konstellationen. Diese sind, wie Lübbe dargelegt hat, zwar nicht das Produkt politischen Handelns, sondern in ihren Voraussetzungen als geschichtliche Lagen irreversibel, aber im Rahmen möglichen Handelns muß Politik sich zunehmend auf die Gestaltung solcher Konstellationen einstellen; vgl. Hermann *Lübbe*, Nukleare Abschreckung: Handeln, geschichtliche Lage und die Frage der moralischen Akzeptanz, in: *Nerlich/Rendtorff*, Nukleare Abschreckung, S. 221ff.

halten".[57] Aber wenn Helmut Schmidt am Beispiel der Begründer der Nachkriegsordnung erläutert, "daß das Wagnis einer neuen Vorstellung von der Zukunft Europas nicht unnütz ist",[58] so macht der Rückblick darüber hinaus erkennbar, daß in Zeiten dynamischer internationaler Entwicklung *ordnungspolitische Vorstellungen* nicht nur als Visionen jenseits praktischer Politik zu sehen sind ("the vision thing", wie es Präsident Bush genannt hat), sondern *eine regulative Funktion* innerhalb der politischen Praxis haben.

Dies gilt in der postkonfrontativen Konstellation in besonderem Maße: Zwar wird Politik in ihren zukunftsorientierten Bereichen unter Konsenserfordernissen immer mehr auf Mediatisierung und Management reduziert, aber ihre gesellschaftlichen, ökonomischen, ökologischen wie ihre ordnungs- und sicherheitspolitischen Dimensionen machen zugleich *langfristige Entwicklungen* zunehmend zu *Gegenständen aktueller Entscheidung.* Dabei gilt weiter, was Helmut Schmidt formuliert hat: "Wer über die fernere Zukunft Europas spricht, der betritt unvermeidlich ein Feld, auf dem er weitgehend auf seine Intuition angewiesen ist."[59] Aber Intuition ist ein Resultat von Erfahrung, und so wie politische Intuition in der politischen Praxis auch in aktuellen Zusammenhängen und beliebig durch Expertise angereichert bei der Auswahl relevanter Alternativen und der Wahl zwischen diesen nicht zu ersetzen war und ist, gilt dies auch für das Handeln in veränderten zeitlichen Strukturen: Politik wird zunehmend im Festschreiben langfristiger Ziele und im Management der Folgen in bezug auf konkurrierende Akteure bestehen. Dies gilt auch und gerade für die internationale Ordnungs- und Sicherheitspolitik.

Wenn also die Möglichkeiten zu untersuchen sind, unterschiedliche Konstellationen zu betrachten, statt von einer Normalkonstellation und möglichen Destabilisierungen oder möglicher Degeneration auszugehen, dann betrifft dies die Quintessenz internationalen politischen Handelns: Der Gestaltungsraum internationalen Handelns wird maßgeblich davon mitbestimmt, inwieweit Zielsetzungen auf gleichförmige politische Evolution gerichtet sind, also auf das möglichst gleichzeitige Eintreten struktureller Entwicklungen im Interesse aller relevanten Akteure hinwirken.

Dies wird ablesbar am veränderten Verständnis multinationaler Institutionen. Zwar bleibt richtig, daß internationales Handeln "durch allgemein verpflichtende Institutionen einen stabilen Hintergrund erhält",[60] aber multinationale Institutionen treten zunehmend in ihrem instrumentalen Charakter und als Korrelat nationalstaatlicher Politik hervor. Die offene Frage für die künftige internationale Ordnung und Sicherheit ist gerade, wie eine den neuen Bedingungen angemessene In-

---

57 Helmut *Schmidt*, Menschen und Mächte, Berlin 1987, S. 456.

58 Helmut *Schmidt*, Die Deutschen und ihre Nachbarn, Berlin 1990, S. 562.

59 Ebd.

60 *Comides*, Das amerikanische Sicherheitsdenken, S. 471.

strumentalität multinationaler Institutionen wie NATO, KSZE oder Vereinte Nationen hergestellt wird, was funktionalen Wandel erfordert bzw. wie politische Evolution durch Institutionalisierung gemeinschaftlichen Handelns erreichbar wird, was gegenwärtig in der EG oder der GUS angestrebt wird. Mit anderen Worten, in der offenen Entwicklungsdynamik innerhalb der nördlichen Konstellation wird politische Evolution gerade nicht durch "allgemein verpflichtende Institutionen" stabilisiert, sondern in der künftigen Ordnungspolitik geht es um die optimale Art der Institutionalisierung künftiger Kooperation unter der Zielsetzung möglichst gleichförmiger Evolution. In diesem Sinne hat das Prinzip der *Selbstorganisation* zentrale Bedeutung.[61] Nichts verdeutlicht dies mehr als die Frage der demokratischen Verfassung einer künftigen Politischen Union in Europa (bzw. mutatis mutandis der entstehenden GUS).

Dies hat Folgen für die Möglichkeit und den Nutzen von Konstellationsanalysen: Sie werden zwar tendenziell hinter pragmatischer Politik zurückbleiben, aber pragmatische Politik im Sinne reaktiven Managements wird den tatsächlichen konstellativen Entwicklungen nachhinken oder aber die internationale politische Evolution so verlangsamen, daß diese ihrem Rollenverständnis entspricht. Ausschließlich pragmatische Politik wird also in diesem Sinne im Maße ihres Versagens ausreichend. Je mehr umgekehrt internationales Handeln an konstellativen Entwicklungsmöglichkeiten orientiert ist, um so mehr wird sie die Bedingungen ihres Erfolges kontrollieren können.

Ihrem Zweck nach betrifft Konstellationsanalyse also das, was den eigentlichen Gegenstand internationalen ordnungs- und sicherheitspolitischen Handelns ausmacht. Sie muß zu einer möglichst kleinen Auswahl plausibler struktureller Alternativen führen.[62] Diese sollten vor allem unter ordnungspolitischen Gesichtspunk-

---

61 So sehr die Ausgangslage durch die Geschichte ihres Zustandekommens geprägt ist, so wenig bietet sie für künftige Gestaltungsmacht brauchbare Modelle: "The new simulated vision of the future incorporates the Promethean appetites of the former age while rejecting the restraints that have shackled it to historical consciousness. History barely exists in the new image of the future. The future is no longer viewed as something that unfolds in strict linear fashion along a historical plane. Rather, it is something that is continually being reprogrammed to suit the transitory needs of each emergent reality. Historical terms like 'fate' and 'inevitability', which so dominated the thinking of the age of progress, are being replaced with psychological terms like 'choices' and 'scenarios' as we make the transition. The new future image conceives of reality as a vast reservoir of information to be fashioned into simulated experiences." *Rifkin*, Time Wars, S. 148.

62 Die Analogie zur Theorie industrieller Entscheidungen ist insofern hilfreich, als es dort um kurzfristige Entscheidungen mit langfristigen Auswirkungen bei einer Vielzahl von Alternativen und Kriterien für die Wahl zwischen Alternativen bei realen und unausweichlichen Konsequenzen geht. Für diese Problemsituation ist folgendes formalisiertes Entscheidungsverfahren vorgeschlagen worden:

- Identifikation von Alternativen,
- Auswahl von Kriterien für die Wahl zwischen Alternativen,
- eine Gewichtung der Kriterien,

ten unterscheidbar sein. Das Durchspielen möglichst vieler Interaktionsketten unter dem Gesichtspunkt ihrer Sicherheitsrelevanz würde zusätzliche Auswahlmöglichkeiten bieten.

Angesichts der Vielzahl möglicher Kombinationen bietet sich die *relative Gleichzeitigkeit* bzw. *Ungleichzeitigkeit struktureller Entwicklungen als ein Kriterium* an, das die Konstruktion einer überschaubaren Zahl von Konstellationsmodellen erlaubt. Dabei werden für die Interaktionszone, die vier dominanten Akteure und die Struktur der Beziehungen zwischen diesen positive Langzeittendenzen, ausreichende Synchronizität von Strukturentwicklungen und gegenläufige (vor allem binnendeterminierte) Tendenzen angenommen. Für heuristische Zwecke sollen hier fünf Konstellationsmodelle unterschieden werden:

- *Konstellation 1 (K1)* ist der Fall gleichförmig positiver Evolution mit fortschreitender, wechselseitig anerkannter internationaler Strukturbildung (Ordnung), also einem gleichzeitigen Aufwachsen von Strukturen (*Konkreszenzmodell*). In diesem Modell verlieren militärische Fähigkeiten ihre ordnungspolitischen Funktionen, während sich ihre sicherheitspolitischen Funktionen auf Rückversicherung (insurance) mit entsprechend verringertem Bedarf reduzieren. Im K1-Modell sind relativ stabile sozioökonomische und politische (demokratische) Bedingungen mit hoher sozialer Interaktivität gegeben. Vor allem darin unterscheidet sich das Modell von der Konfrontationsordnung, in der militärische Fähigkeiten das primäre Vehikel internationaler Ordnungspolitik waren und die Konfrontationsgrenze politische, ökonomische und soziale Interaktionen weitgehend unterband.

  Es ist keine dauerhaft stabile Konstellation vorstellbar. Das heißt, sogar eine derartige Konkreszenzkonstellation kann zu Strukturen führen, die neuartiges Konfliktpotential hervorrufen oder zumindest nicht verhindern können. Die Binnentendenzen auf seiten der dominanten Akteure werden zudem nie völlig in der internationalen Evolution aufgehen, so daß neue gegenläufige Tendenzen auftreten können. Drittens schließlich können von Störungen außerhalb der Konstellation negative Veränderungen innerhalb dieser ausgelöst werden (z.B. von den bevölkerungsreichen Staaten wie China und Indien). Aber der Fall gleichförmig positiver Evolution ist die relativ stabilste Konstellation. Daraus folgt im übrigen, daß *internationale Stabilität letztlich keine Frage von Institutionen als Selbstzweck, sondern der Dynamik internationaler Evolution ist.*

- Festlegung eines Verfahrens für die Aggregation von Daten.

Arrow stellt in diesem Zusammenhang als Erfahrung fest, daß aus der großen Zahl möglicher Alternativen und Kriterien nicht mehr als jeweils vier eine noch traktable Komplexität ausmachen. Kenneth J. *Arrow*/Hervé *Raynaud*, Social Choice and Multicriterion Decision-making, Cambridge, MA/London 1986, S. 12.

- *Konstellation 2 (K2)* ist der Fall selektiver Konkreszenz, also teilweise gleichförmig positiver Evolution bei Hemmungen in anderen Bereichen der Konstellation, jedoch ohne Abgrenzung zu Zwecken politischer Konkurrenz (Blockbildung). Das heißt, es gibt Linien geringer Interaktivität und insoweit eine Disjunktion struktureller Entwicklungen, die sich als Situation ungleicher, das heißt nicht hinreichend synchroner Entwicklungen verstehen läßt. Dieses *Disjunktionsmodell* muß nicht aus politischen Absichten (z.B. Regionalismus) resultieren, sondern ist vor allem zu erwarten, wenn zum Beispiel innere Reformen in der GUS zu langsam vor sich gehen, um internationaler Kooperationsbereitschaft zu entsprechen.

  Dieses Modell ist weniger stabil als K1. Die Zielsetzung gleichförmiger Evolution besteht im wesentlichen fort, das heißt, es gibt eine Tendenz zu positiver Transformation, aber die strukturellen Schwächen, die Disjunktion hervorrufen, können leicht Abgrenzungen im Sinne neuer Blockbildung zu Konkurrenzzwecken hervorrufen. In diesem Modell gilt entsprechend für militärische Fähigkeiten das gleiche wie für K1, aber das Umschlagen in instabile Lagen kann rascher erfolgen und der Bedarf für militärische Rückversicherung ist entsprechend größer.
- *Konstellation 3 (K3)* ist der Fall solcher Abgrenzung bzw. Blockbildung zu Konkurrenzzwecken: In diesem Modell kommt es zu beabsichtigten Blockaden internationaler Evolutionsmöglichkeiten (*Blockademodell*). Wie innerhalb der Konfrontationsordnung kann es zwar selektive Evolution geben, aber wie dort wird diese tendenziell in den Dienst der Konkurrenz gestellt. In diesem Modell wird die Gegenläufigkeit positiver internationaler Evolution und negativer Transformationstendenzen (vor allem als Resultat binnendeterminierten Verhaltens dominanter Akteure) besonders stark sein, was sich in der Intensität der Konkurrenz zeigt. Diese Konstellation ist insofern nicht statisch, sondern stationär, das heißt, trotz erheblicher Dynamik tendieren die Strukturen der Abgrenzung dahin, sich selbst zu stabilisieren.

  Solche Abgrenzung kann auf verschiedenen Primärebenen stattfinden, beispielsweise auf politisch-kultureller, politisch-ökonomischer oder (wie im Fall des Ost-West-Konflikts) auf politisch-militärischer. In jedem Fall spielen politische Zielsetzungen eine entscheidende Rolle. In diesem Modell bleiben internationale Strukturen wichtig, aber ihre Relevanz wird sich im Maße der Intensität der Konkurrenz an deren Erfordernissen orientieren und insoweit die Intensität der Konkurrenz selbst weiter steigern, sie unter Umständen aber auch kanalisieren helfen.

  Ob eine Blockbildung vor allem auf militärischer Ebene erfolgt, hängt von der politischen Instrumentalität militärischer Macht in einer gegebenen Konkurrenz ab. Im Falle des Ost-West-Konflikts war diese Instrumentalität für beide

Seiten gegeben: für die UdSSR als Mittel der politischen Abgrenzung, der Repression innerhalb des Herrschaftsbereichs und als Hebel europäischer und globaler Ordnungspolitik, für den Westen als Mittel in dieser aufgezwungenen Konkurrenz, als Gelegenheit zur doppelten Eindämmung (also der Kontrolle Deutschlands) und als Medium der Integration.

In künftigen Varianten des Blockademodells kann militärische Konkurrenz unter Umständen sekundär bleiben und zum Beispiel auf der Ebene technologisch-ökonomischer Abhängigkeiten eintreten. Im Maße zunehmender Blockbildung werden jedoch die Erfordernisse militärischer Rückversicherung wachsen, was tendenziell die Konkurrenz auch dann auf die Ebene militärisch-strategischer Verhältnisse ausweiten wird, wenn sie auf anderen Ebenen ihren Ursprung hat.

In diesem Falle könnte eine Rüstungskonkurrenz (Wettrüsten) neue Formen annehmen, da sie sekundär wäre, aber von technologisch besonders fortgeschrittenen Akteuren geführt würde. Diese Konstellation kann sich ähnlich wie die Konfrontationsordnung der Nachkriegszeit als relativ stabil erweisen, falls die dominanten Parteien von gemeinsamen militärischen oder ökonomischen Überlebensinteressen geleitet sind. Anders als in der Konfrontationsordnung wäre aber der Raum für partielle Evolution (Westintegration) gering. Aus der gegebenen Lage würde das Eintreten einer solchen Konstellation eher als Resultat internationaler Regression erscheinen.

- *Konstellation 4 (K4)* ist der Fall der Abgrenzung nicht in Blöcken, sondern aller Akteure bzw. deren konstitutiver Teile. Internationale Evolution wäre hier im wesentlichen durch gleichzeitige Dominanz von Binnenentwicklungen mit dem Resultat einer Desintegration internationaler Strukturen, zunehmender Renationalisierung und schwindender internationaler Handlungs- und Initiativfähigkeit absorbiert. Nationalstaaten würden vermutlich nicht wieder im traditionellen Sinne funktionieren, aber ihre Abgrenzungen würden in der Summe wie eine viskose Oberfläche wirken (*Viskositätsmodell*). Dieses Modell ist der extremste Fall der Disjunktion bei völligem Versiegen internationaler Evolution und Strukturbildung.

  Militärische Fähigkeiten würden in diesem Modell eo ipso nicht Mittel internationaler Strukturbildung sein. Sie könnten aber bei schwindender Wirksamkeit internationaler Regime der Selbstbeschränkung zu einem wichtigen Element abträglicher binnendeterminierter Entwicklungen werden.

  Für Staaten, denen entgegen eigener politischer Disposition aufgrund des Verhaltens anderer nur der Weg in die Renationalisierung geblieben ist, würde militärischer Schutz in dieser Lage eine traditionelle Funktion werden, wenngleich mit veränderten Mitteln. Aber selbst dies würde ungeregelte Rüstungskonkurrenzen auslösen, die die Abgrenzung verstärken, die positive Veränderung konstitutioneller Wertigkeiten der Akteure erschweren und den anarchischen internationalen Zustand wahrscheinlicher machen, auf den die absichtsvolle Selbstabgrenzung anderer Akteure ausdrücklich hinwirkt.

Diese Konstellation ist nicht die Wiederherstellung der traditionellen nationalstaatlich bestimmten Ordnung, in der Staaten unter den gegebenen Bedingungen die relativ optimalste Handlungseinheit darstellten. Sie ist das Resultat politischer Regression bei fortdauernder Interdependenz in vielen Bereichen und entsprechender Anfälligkeit für externe Einwirkungen.[63]

Entsprechend ist diese Konstellation besonders instabil. Sie wird entweder zu internationaler Koalitionsbildung zum Zweck erweiterter Abgrenzung, also zu K3 tendieren, oder "überschießende Binnentendenzen" (Arnold Gehlen) hervorrufen, die sich mit erheblichem, zumindest horizontalem Eskalationspotential eruptiv in internationale Verhältnisse fortpflanzen können. Zumindest die Erfahrungen mit klassischem nationalstaatlichem Verhalten würden erwarten lassen, daß militärische Machtmittel in solchen Eruptionen kritische Bedeutung haben.

- Die *Konstellation 5 (K5)* stellt denn auch den Fall dar, in dem solche potentiell militärischen überschießenden Innentendenzen auf seiten der meisten oder aller Akteure zu erwarten sind (*Konfliktmodell*). In diesem Modell nehmen Binnentendenzen zumindest bei einigen dominanten Akteuren aggressiven Charakter an, was betroffenen Dritten nur die Wahl entsprechenden Abwehrverhaltens läßt, und zwar mit relativ chaotischen internationalen Wirkungen.

  In diesem Modell ist das Eskalationspotential eher dem der beiden Weltkriege als dem unter nuklearen postkonfrontativen Bedingungen vergleichbar. Aber es wird unter den modernen Informations-, Kommunikations- und militärischen Wirkungsmöglichkeiten zugleich von 1914 und 1939 verschieden sein. Militärische Fähigkeiten haben in diesem Modell ihre geringsten internationalen Ordnungsfunktionen (außer im Sinne bloßer Abwehr in aufgezwungenen Konflikten) und die Dimensionen ihres möglichen Einsatzes sind zugleich größer als in allen anderen Konstellationen.

  Dies gilt besonders dann, wenn man die zweite der beiden möglichen Ausgangslagen für dieses Modell betrachtet: Das Modell kann aus gleichzeitigem innerem Krisenzustand oder aber aus gleichzeitiger Schwäche demokratischer Kontrolle im Zustand des Megastaates resultieren. Im ersten Fall ist rasche Erschöpfung oder ein unkontrollierter Verlauf möglicher Konflikte zu erwar-

63 Es ist eine Paradoxie der gegebenen internationalen Situation, daß Nationalstaaten gerade in der Konstellation, in der sie die klar dominierende politische Handlungseinheit darstellen, die geringste Handlungsfähigkeit besitzen, während sie in Konstellationen mit höherer internationaler Strukturbildung ein unersetzliches Element größerer Handlungseinheiten und legitimer Interessenträger sind.

ten, was angesichts der verfügbaren Machtmittel auch globale Auswirkungen haben kann. Im zweiten ist von vornherein mit globalen Auswirkungen zu rechnen.

Keines der fünf Modelle ist als internationales Harmoniemodell zu verstehen. In allen fünf Modellen bleiben Konfliktmöglichkeiten bestehen. Dies bedarf der Erläuterung und Illustration.

Auch im Modell K1 wird nur eine allgemeine Tendenz zu fortschreitendem Souveränitätsverzicht, zur Selbstbeschränkung und zur Institutionalisierung kooperativer Beziehungen unterstellt, nicht aber eine konsolidierte politische Ordnung, also eine wechselseitig anerkannte Struktur internationaler Beziehungen. Es beschreibt eine Dynamik internationaler Entwicklung, die insoweit auch das Verhalten der Akteure bestimmt, nicht aber einen institutionellen Zustand.

Das K2-Modell unterstellt, daß es in erheblichem Maße eine Gegenläufigkeit internationaler Entwicklungen gibt. Beispielsweise könnte die Gemeinschaftsbildung in Westeuropa mit stabilisierenden Wirkungen in Osteuropa fortschreiten, aber sie könnte von amerikanischer Kontraktion und/oder einer chaotischen Entwicklung innerhalb der GUS begleitet sein. Oder die USA könnten ihre Rolle als Ordnungsmacht weiter wahrnehmen, aber eine Stabilisierung Osteuropas und der GUS mißlingt mit der Folge zunehmender Renationalisierung innerhalb Westeuropas und fortschreitender wirtschaftlicher Dominanz Japans. Dieses Modell ist ordnungspolitisch in besonderem Maße kritisch, weil partiell positive ordnungspolitische Tendenzen fortwirken, aber positive wie negative Transformationen von Rahmenbedingungen akut sind.

Das K3-Modell hat in vieler Hinsicht seinen Vorläufer in der Konfrontationsordnung der Nachkriegszeit. Es ließ im Westen Tendenzen in Richtung des Disjunktionsmodells zu und stärkte innerhalb des sowjetischen Herrschaftsbereichs Tendenzen zu negativer Transformation, wie die Entwicklung gezeigt hat. Aber es war durch defensive Abgrenzung und Blockierung internationaler möglicher Strukturentwicklungen in zentralen internationalen Beziehungen bestimmt.

Vergleichbare Blockaden mit strukturellen Auswirkungen für die gesamte Konstellation können auch in Zukunft eintreten. Sie werden wie in der Nachkriegszeit auch zu Koalitionen führen können. So ist eine amerikanisch-japanische Koalition zu Lasten der übrigen ebenso möglich wie eine westeuropäische Fixierung auf "Gesamteuropa" bei zunehmender Ausgrenzung der USA und Indifferenz gegenüber Japan. Am unwahrscheinlichsten ist eine Rekonstitution der Nachkriegsordnung mit zwei Blöcken, deren einer die jetzige GUS zusammen mit ihrem osteuropäischen Vorfeld umfaßt. Das heißt, der historische Fall dürfte sich kaum wiederholen (was einen russischen Versuch zur Rekonstitution einer internationalen Machtposition nicht ausschließt). Aber innerhalb des K3-Modells bleiben etliche Variationen plausibel. Allerdings werden die Dauerhaftigkeit von Blockaden und die Lösungsfähigkeit von Konflikten sich in künftigen Variationen absehbar deutlich von den Gegebenheiten der Konfrontationsordnung unterscheiden.

Das K4-Modell unterstellt in relativ gleichförmiger Weise, daß die internationale Handlungsfähigkeit der dominanten Akteure aufgrund innerer Prozesse bzw. Anforderungen beschränkt ist und die Dynamik internationaler Evolution entsprechend abgeschwächt bzw. durch innenpolitische Dynamik absorbiert wird: Die Schnittflächen zwischen inneren und internationalen Entwicklungen werden viskos.

Dies kann aus inneren Krisen und/oder externer Kontraktion resultieren. So ist eine mögliche Variante in diesem Konstellationsmodell ein weitgehender Rückzug der USA aus weltpolitischer Verantwortung (z.B. Rückzug aus Westeuropa), eine Stagnation europäischer Integration, ein Zerfall der GUS und eine Isolation Japans etwa aufgrund innenpolitisch bedingter fehlender internationaler Kooperationsbereitschaft.

In diesem Modell geht der globale Zusammenhang der Politik dominanter Akteure zunehmend verloren. Sie agieren begrenzt oder gar nicht im Sinne ihrer internationalen Möglichkeiten. Dies hat Folgen sowohl für internationale Institutionen wie für die Rollen potentiell neuer dominanter Akteure. Es ist ein verstärktes Disjunktionsmodell, in dem die Fähigkeit zur Kooperation wie zur Blockbildung weitgehend verlorengeht. Es gibt aber auch Variationen dieses Modells, in denen ähnliche strukturelle Folgen eher gleichförmig aus inneren Krisen resultieren.

In extremen Situationen kann dies zum K5-Modell führen, also zu einer Lage, in der innere Krisen auf seiten mehrerer dominanter Akteure in internationale Krisen umschlagen. Eine mögliche Variation dieses Modells wäre, daß in den USA ein nationalistischer Unilateralismus einsetzt, die Integration Westeuropas mit dem Resultat rivalisierender Renationalisierung scheitert, innerhalb einer zerfallenden GUS Konflikte zwischen und innerhalb der großen Republiken ausbrechen, zum Beispiel zwischen der RSFR und der Ukraine, und Japan als Resultat innenpolitischer Polarisierung eine aggressive Politik der Dominanz verfolgt.

Innerhalb dieses Modells sind großräumige Konflikte plausibel, die sich auch zu militärischen Konflikten ausweiten können. Innerhalb dieses Modells sind vor allem Rekonstitutionsfälle zu betrachten, also Lagen, in denen ein potenter Akteur (z.B. die RSFR) mit politischer Zielsetzung einen massiven Wiederaufbau militärischer Offensivfähigkeit anstrebt.

Das K5-Modell kann, wie gesagt, eruptiv aus inneren Krisen resultieren. Es kann auch aus zunehmender gleichzeitiger Dominanz, also einer Kombination aus externer Macht und demokratischer Schwäche resultieren. In dieser Lage sind rationalere Möglichkeiten wechselseitiger Abschreckung gegeben als im Falle intensiver innerer Krisen mit internationalen Wirkungen, aber falls Konflikte in diesem

Modell zu militärischen Konflikten werden, sind die Eskalationsgefahren auch größer als im ersten Fall.

Veränderungen dieser Modelle sind vor allem durch die Veränderung der Wertigkeit eines oder mehrerer Akteure in einer gegebenen Situation zu charakterisieren. Man kann die fünf Modelle im Sinne zunehmender Ordnung innerhalb der Konstellation beschreiben. Veränderungen der konstellativen Rahmenbedingungen würden so positive, im umgekehrten Falle negative Transformationen darstellen. Der Zustand größter Stabilität wäre im Falle K1, der Zustand größter Instabilität im Falle K5 gegeben.

Die fünf Modelle lassen sich abstrakt jeweils als Gesamtheit aller Interaktionsketten verstehen, die die Rahmenbedingungen einer gegebenen Konstellation nicht verändern. Veränderungen der Wertigkeiten können Interaktionsketten auslösen, die zur positiven oder negativen Transformation von Modellen führen.

Aus der Sicht einzelner Akteure lassen sich Konstellationen unter Gesichtspunkten zum Beispiel regionaler Begrenzung oder der Wirkung von Transformationen so als *Teilkonstellationen* darstellen, daß zwischen konstellativen und regionalspezifischen Rahmenbedingungen unterschieden bzw. das Verhalten eines Akteurs unter konstellativen Rahmenbedingungen und in bezug auf eigene Zielsetzungen oder Erwartungen im Sinne einer positiven oder negativen Transformation gesehen wird.

Man kann diese Schematisierung der Konstellationsanalyse als einen heuristischen Weg für den Umgang mit Rahmenbedingungen internationaler Sicherheit in einer Weltlage sehen, die eine große Vielfalt möglicher relevanter Rahmenbedingungen zuläßt und Zielsetzungen erfordert, die auf positive Veränderung gerichtet sind. Im Rahmen eines solchen Schemas lassen sich relevante Beziehungen untersuchen, zum Beispiel

- durch Zuordnung von Konstellationsmodellen und Wertigkeiten,
- durch Zuordnung von Konstellationsmodellen und individuellen Akteuren (vgl. Schaubild 4),
- durch Zuordnung von Konstellationsmodellen und Wertigkeiten individueller Akteure,
- durch Charakterisierung dominanter Beziehungen aufgrund der Zuordnung von Konstellationsmodellen und den Wertigkeiten individueller Akteure.

Bei jeder derartigen Zuordnung ergibt sich die Frage der *Gewichtung,* also der möglichst reproduzierbaren Begründung für intuitiv faßbare Zusammenhänge.

In dieser schematischen Darstellung kann man internationale Konstellationsanalyse als einen Weg zur Selektion und Gewichtung von komplexen "Wenn-dann"-Beziehungen in den Verhältnissen innerhalb der Konstellation sehen. Folgerungen lassen sich (außer auf der Ebene eben solcher Schematisierung) nur dann ziehen, wenn die Beschreibung der Interaktionszone, der Akteure, der Dynamik und der Wertigkeiten der Akteure so möglich ist, daß sie sich im Rahmen einer solchen Schematik reproduzieren läßt. Aber auch nur dann sind die Abhängigkeiten und Veränderungen von Rahmenbedingungen anders als deskriptiv oder im Sinne einer nur sektoral anwendbaren Theorie zu erfassen.

Schaubild 4

Konstellation / indiv. Akteure	K - 1	K - 2	K - 3	K - 4	K - 5
USA	Ordnungsmacht	Ordnungsmacht	Situationsmanager	Kontraktion	Hegemon (nationalist. Unilateralismus)
EG	Ordnungsmacht	Manager	D,F,GB - Koalition	Paralyse	Renationalisierung
Japan	Ordnungsmacht	Manager	Manager	isoliert	Hegemon
GUS	Union	Föderation	lose Föderation	Zerfall	militante Restauration

In dieser Perspektive ist es für künftige sicherheitspolitische Analyse grundlegend wichtig, im Rahmen einer Konstellationsanalyse sicherheitsrelevante Lagen zu erfassen. Unter den gegenwärtig absehbaren Bedingungen ist internationale Sicherheit vor allem vom Fortgang positiver Transformationen abhängig. Ordnungspolitisch ist solche Evolution das überragende Ziel. Die Aufgaben der Sicherheitspolitik ergeben sich aus dem Erfolg oder Mißerfolg positiver Transformation bzw. der erreichten Stabilität relativ geordneter Konstellationen. In jedem der fünf Konstellationsmodelle können, wie gesagt, Konflikte auftreten. Das gilt sogar für das sogenannte Konkreszenzmodell (K1): Es bleiben Möglichkeiten lokaler Konflikte oder externer militärischer Einwirkungen oder Verwicklungen. Aber die Wahrscheinlichkeit, Begrenzbarkeit und Lösbarkeit von Konflikten wird entscheidend dadurch bestimmt, innerhalb welchen Konstellationsmodells diese angenommen werden. Das heißt, sie hängen von Rahmenbedingungen ab, die mit der Konstellation und der entsprechenden Teilkonstellationen gegeben sind.

Sicherheitspolitisch ist das Konfliktmodell (K5) das Modell mit den größten Herausforderungen, aber es ist gegenwärtig auch das am wenigsten wahrscheinliche. Das heißt, Sicherheitspolitik muß vor allem der Ordnungspolitik folgen, die auf positive Transformation oder zumindest auf Verhinderung negativer Transformation in Richtung dieses Modells gerichtet ist. In diesem Rahmen muß sie Vorsorge im Sinne einer Rekonstitutionsfähigkeit schaffen, die mit ordnungspolitischen Zielsetzungen vereinbar ist.

Militärische Konfliktmöglichkeiten mit erheblicher Steigerungstendenz sind auch im Blockademodell (K3) plausibel. Dieses Modell enthält begrenzteres Konfliktpotential als das Modell K5, aber das Eintreten einer solchen Konstellation ist politisch wahrscheinlicher als das einer allgemeinen Konfliktlage und stellt insoweit höhere Anforderungen an militärische und sicherheitspolitische Vorsorge.

Innerhalb einer Konstellation gibt es in der Regel eine dominante Handlungsebene, auf der die Struktur der Beziehungen innerhalb der Konstellation geprägt wird, wenngleich diese Strukturbildung sich gerade darin zeigt, daß sie auf andere Ebenen durchschlägt. Dies kann, wie gesagt, beispielsweise die politisch-militärische oder politisch-ökonomische Ebene sein. *Im Maße fortschreitender Evolution wird die politisch-ökonomische Ebene die maßgebende sein.* Stabile sozioökonomische Bedingungen sind vor allem für die Modelle K2 und besonders K1 charakteristisch. Positive Transformationen sind also solche, die in zunehmendem Maße sozioökonomische Stabilitätsbedingungen schaffen und entsprechend die Funktion militärischer Potentiale auf bloße Versicherung (insurance) reduzieren. Negative Transformationen sind umgekehrt solche, in denen die Wirkung sozioökonomischer Stabilitätsbedingungen abnimmt und tendenziell die politisch-militärische Ebene zur dominanten Ebene wird. Allerdings ist dies anders zu beurteilen als im Fall der Nachkriegsordnung. Dort war Integration auf militärischer Ebene ein Fortschritt. Aus der heutigen Lage wäre sie dies nur, wenn vorher negative Transformationen über das K3-Modell hinaus zurückgegangen wären. Das heißt, sie wäre ein begrenzter Fortschritt nach einem signifikanten Rückschritt.

Für eine langfristige sicherheitspolitische Planung ist das Modell K1 optimal, weil es die stabilsten Rahmenbedingungen impliziert, aber es ist zugleich das unwichtigste, weil der militärische Vorsorgebedarf am geringsten ist. Unter militärischen Planungsaspekten ist das Modell K3 optimal, weil es Planung in relativ stabilen multinationalen Strukturen (z.B. der NATO) ermöglicht. Aber die Rahmenbedingungen dieser Konstellation dürften kaum je wieder so stabil sein wie in der Konfrontationsordnung der Nachkriegszeit, und ordnungspolitisch würden diese Strukturen in einem künftigen K3-Modell eher sekundär bleiben.

Diese vorläufigen Gewichtungen lassen im übrigen schon erkennen, daß der Nutzen einer Konstellationsanalyse für die Sicherheitsforschung sich vor allem aus der Analyse unterschiedlicher militärischer Konfliktmöglichkeiten ergibt. Diese ist jedoch unter den postkonfrontativen Bedingungen nicht mehr im traditionellen Sinne möglich. In der gegenwärtigen Konstellation (außer im Falle negativer Transformation von Rahmenbedingungen) gilt nicht mehr, was bisher Grundlage des Verständnisses internationaler Politik sein konnte. Wie es ein Klassiker wie Raymond Aron formuliert hat, ermöglichte "die Alternative von Frieden und Krieg, die Grundbegriffe der internationalen Beziehungen herauszuarbeiten".[64]

Unter vornuklearen wie unter nuklearen Bedingungen wurde das Verhältnis der Staaten letztlich unter Bedingungen möglichen extremen Konfliktverhaltens verstanden. In der traditionellen "anarchischen" Situation der Staaten war die Möglichkeit militärischer Konflikte Teil des außenpolitischen Kalküls, wenngleich die Kausalität militärischer Konflikte auch unter vornuklearen Bedingungen keineswegs für Theorie und Praxis internationaler Politik erfaßt war.[65]

Unter nuklearen Bedingungen gewann das Verhältnis von Frieden und Krieg eine noch zentralere Rolle, aber zugleich änderte sich der Charakter militärischer Macht aufgrund des dominierenden nuklearen Elements zunehmend in Richtung einer Mäßigung und Selbstbeschränkung im Konfliktverhalten. Nukleare Waffen sind kein "Entscheidungsinstrument": Sie eignen sich "zu einer Übereinkunft zwischen Feinden, die sich nicht gegenseitig zerstören, sondern sich gegenseitig die Mäßigung aufzwingen wollen".[66] Militärische Macht wurde so vom entscheidenden Mittel im zwischenstaatlichen Verhalten zu einer politischen Leitwährung.[67]

Der Übergang aus der konfrontativen in die postkonfrontative Konstellation ist noch unzureichend verstanden, aber neben sozioökonomischen Faktoren hat das Funktionieren dieser politischen Leitwährung sicher eine zentrale Bedeutung gehabt. In der neuen Konstellation sind nukleare Waffen nur noch ein "letztes Mittel" und als solches in allen praktischen Bezügen von der derzeitigen Lage abgekoppelt.

Die grundlegende Frage ist, ob die konditionierenden Wirkungen, die schon unter nuklearen Bedingungen in bezug auf für möglich gehaltene lokale oder regionale Konflikte ein Problem der Glaubwürdigkeit der Abschreckung aufwarfen, unter postkonfrontativen Bedingungen erhalten bleiben. Unter diesen neuen Bedin-

---

64 Raymond *Aron*, Frieden und Krieg. Eine Theorie der Staatenwelt, Frankfurt a.M. 1963, S. 28.

65 Vgl. das bis heute grundlegende Monumentalwerk von Quincy *Wright*, A Study of War, 2 Bde., Chicago 1942. Es ist eine besondere Ironie, daß diese 1926 begonnene Untersuchung nach Ausbruch des Zweiten Weltkriegs veröffentlicht wurde.

66 Raymond *Aron*, Clausewitz. Den Krieg denken, Frankfurt a.M. 1980, S. 485. Siehe auch Uwe *Nerlich*, Kapitel 9 und 13, in: *Nerlich/Rendtorff*, Nukleare Abschreckung, S. 325-352 und S. 451-474.

67 *Aron*, Clausewitz, S. 455ff.

gungen sind traditionelle Konfliktpotentiale deblockiert worden, wie der Jugoslawienkonflikt demonstriert. Aber entsprechend sind solche Konflikte auch bisher auf ihre auslösenden Kausalitäten beschränkt und begrenzt.

Unter künftigen Bedingungen sind so zwei eng zusammenhängende Fragen offen: ob die Bedingungen der Mäßigung, die unter konfrontativen Bedingungen entstanden sind, die politische Evolution bzw. das Verhalten im Falle negativer Transformationen auch in Zukunft hinreichend bestimmen werden und ob sich die Natur militärischer Konflikte gegenüber vornuklearen und konfrontativen Bedingungen grundlegend verändert. Es ist eine neue Art der Risikoanalyse erforderlich, die ohne Berücksichtigung variabler Rahmenbedingungen, also ohne Konstellationsanalyse, nicht möglich ist.

2. Entwicklungsvarianten Westeuropas und ihre Verknüpfung mit gesamteuropäischen Aufgabenstellungen

Reinhardt Rummel

I. Ausgangslage

Die westeuropäischen Staaten sind seit den 50er Jahren in einem Prozeß regionaler Integration engagiert, der durch schubweise Phasen der Vertiefung und der Erweiterung gekennzeichnet ist. Im Verlauf dieses Prozesses ist es zu einer Interessenannäherung bei gleichzeitiger Betonung nationaler Eigenheiten in fast allen Bereichen der Politik gekommen. In den meisten Politikbereichen ist Stück für Stück eine Mischform aus nationalen, koordinierten und gemeinschaftlichen Handlungsinstrumenten entstanden, wobei gegenwärtig die Gemeinschaftsbereiche ständig zunehmen. Die grundlegenden Veränderungen nach dem Kalten Krieg haben diesen Prozeß vorerst nicht unterbunden, sondern eher bestärkt.

Dagegen ist in den transatlantischen und in den gesamteuropäischen Beziehungen die Kontinuität in beträchtlichem Ausmaß gebrochen. Nordamerika bleibt zwar ein wesentlicher Sicherheitspartner Westeuropas für bestimmte Aufgaben, die gemeinsame Verteidigung gegen den Warschauer Pakt ist jedoch entfallen. Die USA sind dabei, ihre Beziehungen zum europäischen Kontinent neu zu ordnen, sie aufzufächern. Das bezieht neben der EG und der NATO auch Osteuropa, die frühere Sowjetunion und die KSZE ein. Die osteuropäischen Staaten befinden sich in einer aktiven Neuorientierungsphase, sowohl intern als auch extern, mit starker Hinwendung nach Westen. Der Bundesstaat Jugoslawien zerfällt, seine künftige Form und Orientierung sind noch offen. Die bisherige Sowjetunion steckt in einer Phase der Reorganisation der konföderalen Verbindung von Union und Republiken. Die Beschaffenheit des sicherheitspolitischen Akteurs GUS (Gemeinschaft Unabhängiger Staaten) ist noch ungeklärt. Die Außen- und Sicherheitspolitiken der Republiken sind im Entstehen begriffen.

Westeuropa hat begonnen, ergänzend zu NATO und KSZE die WEU und die EG mit neuen Sicherheitsaufgaben zu betrauen. Die neutralen Staaten lehnen sich an die EG, die ehemaligen Warschauer-Pakt-Staaten an die NATO an. Die GUS-Teilstaaten, insbesondere Rußland, bleiben in begrenztem Maß ein Koakteur der USA in strategischen und globalen Fragen. Die Westeuropäer haben in Osteuropa ein eigenes Aufgabenfeld und in den Nachfolgestaaten der Sowjetunion neue Kooperationspartner erhalten. Der Europarat wird sich bald auf alle europäischen Staaten ausdehnen. Die KSZE erfährt gleichzeitig eine weitere Institutionalisierung und eine Anpassung ihrer Handlungsgrundlagen an die neuen Stabilitätsbedürfnisse in Europa.

Japan ist über die Arbeit des Weltwirtschaftsgipfels (G-7), der OECD (G-24) sowie des IWF und der Weltbank an den Entscheidungen zur wirtschaftlichen Stabilisierung in Europa beteiligt und verfolgt Eigeninteressen im bilateralen Verhältnis zu Rußland. Darüber hinaus ist Japan zur Zeit kein sicherheitspolitischer Akteur im atlantisch-gesamteuropäischen Sicherheitsgefüge. Die USA bleiben vorerst der exklusive Sicherheitspartner der Japaner.

Diese Ausgangslage kann stabil sein, sie birgt aber gegenwärtig noch ein hohes Potential für Veränderungen. Die Transformationen im Anschluß an den Kalten Krieg sind keineswegs abgeschlossen. Gegenwärtig zu beobachtende Trends können sich rapide beschleunigen oder aber umkehren. Das bisher integrationsstabile Westeuropa könnte in den Sog solcher Konstellationsverschiebungen hineingezogen werden oder sich eigens hineinbegeben bzw. versuchen, sich herauszuhalten. Gleichzeitig ist nicht auszuschließen, daß es innerhalb der EG zu Neuorientierungen aufgrund machtpolitischer, nationalistischer und wirtschaftlich-sozialer Veränderungen kommt. Mittelfristig sind daher signifikant unterschiedliche Entwicklungen in Westeuropa anzunehmen, wobei auch der Status und die Interessen der EG-Mitgliedstaaten erheblich betroffen wären.

In dieser Situation stellt sich in erster Linie das Problem, wie das Umfeld der Veränderungsprozesse in einigen Teilen Europas stabil zu halten bzw. wie zu verhindern ist, daß Transformationsprozesse unkontrolliert ablaufen, dennoch aber Dynamik und Anpassung möglich bleiben. Zweitens besteht die Aufgabe, Normen des Zusammenlebens im KSZE-Raum durchzusetzen, und zwar bei gleichzeitiger Vermeidung von hegemonialen Strukturen. Schließlich ist zu entscheiden, wie sich die Akteure dieses Raumes in die Abwehr von Gefahren einschalten, die außerhalb Europas entstehen.

II. Varianten westeuropäischer Konstellationsentwicklung

Auf absehbare Zeit scheint Westeuropa in Form der EG und ihrer Nebenorganisationen eine der bestimmenden Größen beim Aufbau einer europäischen Ordnungsstruktur zu sein. Wie die EG sich weiterentwickelt, ob sie erweitert oder vertieft wird, ob sie eine Sicherheitskomponente einbezieht und ob sie sich eine voll ausgeformte außen- und sicherheitspolitische Exekutive zulegt, wird entscheidenden Einfluß auf die anderen Akteure in Europa haben. Umgekehrt bleibt die EG von den Veränderungen im übrigen Europa und insbesondere der bisherigen Sowjetunion nicht unberührt, was die interne Ausgestaltung der EG und ihr externes Profil betrifft. Schließlich wird die Leistungsfähigkeit der Europäischen Union auch durch die Fortschritte ihrer internen Ausgestaltung bestimmt. Insofern führen alternative Entwicklungswege der EG zu alternativen Lösungsmöglichkeiten für die oben angesprochenen Hauptaufgaben. Es steht also nicht a priori fest, daß ein hochintegriertes Westeuropa die beste Antwort auf die mittelfristig zu bewältigenden Probleme ist. Vielmehr muß nach dem Kriterium differenziert werden, mit welcher Art von westeuropäischem Akteur welche Handlungsfähigkeit erzielt wird.

1. EG-Erweiterungsvarianten

a. Vertiefung ohne nennenswerte Erweiterung: Notwendige Voraussetzung der EG zur Wahrnehmung der gesamteuropäischen Aufgaben

Der Vertrag von Maastricht wird ratifiziert, und anschließend erweitert sich die EG um einige EFTA-Länder, bleibt aber unter 20 Mitgliedstaaten. Die EG (oder zumindest eine Mehrheit ihrer Mitgliedstaaten) bildet zunehmend eine eigene Staatlichkeit (Union) in allen politischen Bereichen, auch in der Sicherheitspolitik, und entwickelt eine eigenständige Exekutive mit parlamentarischer Grundlage. Die Union ist Teil des Europäischen Wirtschaftsraums (EWR), der auch die EFTA-Staaten einschließt. Dagegen werden die osteuropäischen Staaten und ehemals sowjetische Republiken dem EWR allenfalls assoziiert. Die Stabilisierung Europas wird über eine ökonomisch und politisch leistungsstarke sowie sicherheitspolitisch eigenständige Union der Westeuropäer angestrebt. Wirtschaftlich-politisch hat die Europäische Union eine dominante Stellung in Europa, sicherheitspolitisch ist sie entscheidender Koakteur. Müßten sich mit dieser Konstellation nicht die anstehenden Hauptaufgaben innerhalb und außerhalb Europas recht gut wahrnehmen lassen?

b. Erweiterung ohne nennenswerte Vertiefung: Notwendiger Schritt der EG zur Solidarisierung mit den übrigen europäischen Ländern

Maastricht scheitert in dem Sinne, daß die mit dem Vertrag für die Europäische Union angestrebten Integrationsfortschritte vorerst nicht zustande kommen, weil die Parlamente den kühnen Schritt ihrer Regierungen nur mit vielen Einschränkungen gebilligt haben. Hingegen wird dem Drängen der EFTA-Staaten und einiger osteuropäischer Staaten auf eine Mitgliedschaft nachgegeben, die auch Zypern und Malta zuerkannt wird. Die Übergangsfristen der osteuropäischen Länder sind zwar lang, erfordern aber dennoch rigorose Anpassungsleistungen mit massiven wirtschaftlich-sozialen Schwierigkeiten. Die EG wird finanziell stark belastet, was auch zu entsprechenden disruptiven Prozessen unter den Altmitgliedern führt (Stichwort: Import von Nationalismus). Der sicherheitspolitische Konsens in dieser auf über 20 Staaten erweiterten EG hat abgenommen, weil die Kongruenz von Wirtschafts- und Sicherheitsintegration verlorengegangen ist. Läßt sich dennoch in dieser europäischen Konföderation ein Mindestmaß an Stabilität erzielen, auch wenn die Möglichkeiten zur Aufgabenwahrnehmung außerhalb dieses Raumes kaum noch gegeben sein werden?

c. Substantielle Vertiefung und weitreichende Erweiterung: Kraftakt der EG zur Schaffung einer europäischen Supermacht

Maastricht wird zügig umgesetzt, und gleich danach, wie von Jacques Delors bereits vorgeschlagen, findet eine dritte Regierungskonferenz über die Erweiterung der EG statt. Dabei wird ein Prioritätenkatalog aufzustellen sein, wonach Schweden, Finnland und Österreich schon bis Mitte der 90er Jahre aufgenommen werden können - die übrigen EFTA-Länder sind ohnehin Mitglied des EWR - und osteuropäische Länder durch Assoziationsbeziehungen weiter gestärkt werden sollen. Die ökonomischen Teilmitglieder werden aber ab Mitte der 90er Jahre bereits außen- und sicherheitspolitische Vollmitglieder der Europäischen Union. Die Europäische Union wird auf dem Kontinent zur ökonomisch-politischen Vormacht, die sich mit den USA, Rußland und der Ukraine über die sicherheitspolitischen Kernfragen verständigt. Europarat, NATO und KSZE wirken als zusätzliche Ordnungselemente, vor allem um jene Staaten einzubinden, die nicht der Europäischen Union angehören. Schafft diese Konstellation genügend Stabilität in Europa? Kann sie auch Gestaltungskräfte für außereuropäisches Management freisetzen?

d. Geringe Vertiefung und hinausgeschobene Erweiterung: Die EG stagniert ebenso wie gesamteuropäische Entwicklungspläne

Das Maastricht-Paket wird in einigen EG-Mitgliedstaaten nicht ratifiziert; die Erweiterung der EG um Mitgliedstaaten des EWR erscheint nicht als dringend bzw. soll verhindert werden, daß die EG durch frühe Erweiterung die Option der Vertiefung vergibt. Es bildet sich eine im wirtschaftlichen und politischen Bereich deutlich abgestufte Europäische Union heraus, in der es intern zu einer deutsch-französischen Dominanz kommt, während extern die Bundesrepublik Deutschland faktisch eine Mittlerstelle in Europa zwischen der EG und den übrigen Akteuren einnimmt und in dieser Rolle auch von den USA sowie von Rußland und der Ukraine anerkannt wird. Kann während dieser Entwicklung genügend Potential für eine Stabilisierung der Umwandlungsprozesse in Osteuropa und der GUS aufgebracht werden, ohne den Mittelmeerraum zu vernachlässigen? Wie werden die Normen im KSZE-Raum durchgesetzt? Wie wird diese stagnierende EG den globalen Gefahren gerecht?

e. Fortsetzung der EG bei wachsender Renationalisierung: Konföderalisierung der EG und Europas

Nachdem die Parlamente zweier Mitgliedstaaten den Vertrag zur Europäischen Union abgelehnt haben - das eine, weil ihm der Vertrag zu weit, das andere, weil er ihm nicht weit genug geht -, entwickelt sich eine wachsende Tendenz zum Handeln auf eigene Faust. Zwar verbleibt die EG auf dem nominellen und institutionellen Entwicklungsstand von 1991, sie gleitet jedoch zunehmend auf das Niveau eines bloßen Binnenmarkts ab. Der EWR wird der eigentliche Akteur der Westeuropäer und öffnet sich schließlich auch für die osteuropäischen Staaten. Er hat nur wenig außen- und fast kein sicherheitspolitisches Profil. Die WEU bleibt unbedeutend, während die NATO sich in der Weise europäisiert, daß weitere europäische Staaten Mitglieder werden. Die west- und osteuropäischen Einzelstaaten treten stärker in den Vordergrund. Sie suchen auf überregionaler (nicht supranationaler) Ebene (EWR, Europarat, NATO und KSZE) nach Abstimmungs- und Durchsetzungsmöglichkeiten ihrer Interessenpolitik. Deutschland und Rußland setzen sich als Führungsmächte in Europa durch, ergänzt um Frankreich und die Ukraine. Läßt sich in dieser Konstellation eine stabile, normenfeste Entwicklung in Europa erreichen? Und welche Gestaltungsmacht läßt sich für Probleme außerhalb Europas einbringen?

2. Varianten sicherheitspolitischer EG-Entwicklung

a. Multiinstitutionelle Sicherheitsorganisation für Westeuropa

Westeuropa kommt noch nicht zu einer Entscheidung für eine eigenständige Sicherheitspolitik. Der Vermittlungsversuch der EG in Jugoslawien gelingt nur teilweise und bleibt abschreckende Ausnahme von eigenständiger EG-Sicherheitspolitik in einem europäischen Krisenfall. Die Leistungsbilanz der Westeuropäer im Golfkrieg von 1991 wird positiv bewertet. Auch keiner der übrigen sicherheitsrelevanten Akteure in Europa kann eine dominante Stellung erreichen. Die allseitige Schlußfolgerung ist, daß im akuten Fall nur eine Abstimmung unter den jeweils leistungsfähigen Akteuren möglich ist ("principal actors"-Konzept). Vorbeugende Konfliktkontrolle wird ebenfalls eher lückenhaft organisiert. Die EG versucht zusammen mit diesen Akteuren und weiteren internationalen Partnern (NATO, KSZE, OECD, Wirtschaftsgipfel) immer neue Koalitionen für Vorbeugungs- und Akutfälle zu schmieden. Dies verschafft hohe Flexibilität in der Reaktion und erlaubt ein in sehr unterschiedlicher Weise verfaßtes Westeuropa. Können die EG und ihre Mitgliedstaaten in diesem System einen optimalen Beitrag zur Stabilisierung ihres Umfeldes leisten?

b. Europäische Union mit eigener integrierter Sicherheitspolitik

Die EG entwickelt eine breit, aber zielorientiert angelegte Sicherheitspolitik, in der alle erforderlichen Instrumente zukunftsorientierter Krisenbewältigung enthalten sind, also sowohl vorbeugende Maßnahmen als auch militärische Interventionsmittel. Zwar nehmen nicht alle Mitgliedstaaten an diesem Unionssicherheitsrat teil, die Nichtteilnehmer behindern aber auch die Arbeit des Rates nicht, sondern beteiligen sich im eigenen Namen weiterhin an multinationalen Organisationen wie der NATO und der KSZE. Die sicherheitspolitisch ausgewiesene Europäische Union macht sich die Stabilisierung der Veränderungsprozesse im KSZE-Raum sowie die Umsetzung europaweit vereinbarter Grundsätze entsprechend der Pariser Charta zu eigen. Schaffen es die Westeuropäer, auf diesem Weg einen maximalen Stabilitätsbeitrag für Europa und darüber hinaus zu leisten?

c. EG ohne eigene militärische Sicherheitspolitik

In der EG ist es, insbesondere nach der erfolgreichen Umsetzung der EWR-Pläne, nicht zur Entwicklung einer eigenständigen Militärkomponente gekommen, auch nicht in der WEU. Statt dessen werden solche Aufgaben weiterhin ausschließlich national bzw. von der NATO wahrgenommen. Dort leisten die westeuropäischen Staaten ihre individuellen Beiträge. Dagegen sieht sich die EG durch Erweiterung des EWR um osteuropäische Staaten als Organisation an der Stabilisierung in Europa substantiell beteiligt, wenngleich nur bei bestimmten Teilaufgaben: vorbeugende Stabilisierung, nichtmilitärische Durchsetzung von Normen. Haben die Westeuropäer auf diese Weise ihre optimale Beteiligung an der Stabilisierung der Sicherheitslage inner- und außerhalb Europas gefunden?

d. Renationalisierung der Sicherheitspolitik

Die überraschende Initiative zur Entwicklung eines deutsch-französischen Korps hat alle Pläne einer gemeinsamen westeuropäischen Sicherheitspolitik zunichte gemacht. Selbst der italienisch-britische Vorschlag einer Aktivierung der WEU als "Out-of-area"-Instrument der NATO ist damit hinfällig geworden. Es ist ziemlich klar: Deutsche und Franzosen wollen von ihren jeweiligen Amerika- bzw. Europaversessenen Positionen nicht abrücken. So kann keine europäische Eigenständigkeit entstehen. Im übrigen ist es auch für die anderen EG-Mitgliedstaaten objektiv schwierig, bei der gegebenen diffusen Risikolage eine eindeutige bündnisorientierte Sicherheitspolitik zu betreiben. Als plausible Haltung ergibt sich daher eine möglichst national bestimmte Sicherheitspolitik, die sich nur begrenzt auf feste Verpflichtungen zu ökonomischem und militärischem Beistand in Europa und der Welt einläßt. Andererseits ist der Wille, grundsätzlich zur Gestaltung eines stabilen Umfeldes in Europa beizutragen, durchaus gegeben und entsprechend der jeweiligen nationalen Gefahren- und Interessenlage ausgeprägt. Ist dies der Königsweg zu möglichst stabilen Anpassungen in Europa nach dem Kalten Krieg? Lassen sich aus dieser Konstellation Handlungsreserven für außereuropäische Aufgaben ableiten?

3. Varianten der EG-Entwicklung unter Einbezug ihrer außen- und sicherheitspolitischen Handlungsfähigkeit

a. Konsensuale Außen- und Sicherheitspolitik (Veto-Möglichkeit)

Rein konsensuale externe Beziehungen bedeuten einen Rückschritt gegenüber dem Status quo, denn die EG praktiziert in ihrer Handels- und Kooperationspolitik mit Drittstaaten schon längst ein Verfahren der Mehrheitsentscheidungen. Aber eine Renationalisierungswelle in einer erheblich erweiterten EG kann dazu führen, daß im Bereich der Außenwirtschaftsbeziehungen nicht weiter vergemeinschaftet wird. Insbesondere werden neue Bereiche der Wirtschaftspolitik wie die monetären Fragen, die Umweltpolitik, die Konversionspolitik, die Politik wirtschaftlicher Stützung Dritter konsensual gestaltet. Zwar beruht eine solche Politik durchaus auf einer gemeinsamen Analyse und läßt auch geschlossenes Handeln zu; dafür ist dann aber zumeist ein langwieriger Prozeß der Vorabentscheidung notwendig, wobei noch offenbleibt, ob nicht einige Mitgliedstaaten ohnehin eigene Wege gehen. Die westeuropäische Exekutive in der Außen- und Sicherheitspolitik ist in diesem Fall wenig entwickelt, ohne nennenswerte parlamentarische Stützung und auch von außen nicht als geschlossene Handlungseinheit kalkulierbar. Läßt sich mit einer solchen Exekutive eine angemessene Außen- und Sicherheitspolitik für Westeuropa gestalten?

b. Mehrheitsentscheidungen (kein individuelles Veto)

Kernländer der Europäischen Union haben sich zum Prinzip der Mehrheitsentscheidungen durchgerungen, allerdings mit einigen Ausnahmen für Fragen militärischer Sicherheitspolitik sowie der außenpolitischen und außenwirtschaftlichen Kooperation. Auch gilt das im EG-Bereich bereits praktizierte Prinzip der *vital interests* (Luxemburger Kompromiß). In der Regel aber folgt einer umfassenden, frühzeitigen und handlungsorientierten Analyse der intenationalen Politik die Festlegung von Position und Aktion der Europäischen Union. Dritte Staaten wissen, woran sie sind. Der außen- und sicherheitspolitische Apparat in Brüssel ist erheblich verstärkt worden. Das Europäische Parlament ist Mit-Entscheidungsorgan geworden. Nachteil dieser Entwicklung ist, daß die Geschlossenheit der Union auf Bereiche begrenzt ist, die unter Umständen nicht die primären sind (z.B. Zusammenarbeit in den VN, aber nicht im VN-Sicherheitsrat), und daß die national verbliebenen Handlungsfelder (quasi zum Ausgleich) kaum kooperativ bearbeitet werden. Läßt sich mit diesem partiell unitarischen Akteur der regionale und internationale Aufgabenhaushalt Westeuropas optimal wahrnehmen?

c. Konsensual-majoritäre Variante (gebietsweise, instrumentbezogen, institutionenabhängig)

Die Westeuropäer haben sich entschieden, daß die Außen- und Sicherheitspolitik nicht, auch nicht langfristig, vergemeinschaftet werden soll. In diesem Bereich soll beides zum Tragen kommen, die nationalen und die Unionsinteressen. Es gibt Bereiche, wie die Handels- und internationale Geldpolitik, in denen unitarische Regeln herrschen. In anderen Feldern, wie der Entwicklungshilfepolitik und der multilateralen Sicherheitspolitik bei den VN und in der KSZE, wird eine Mischform nationaler und gemeinschaftlicher Politikprozesse praktiziert. In der Militärpolitik von NATO und WEU herrscht ein nationaler Ansatz. Mit diesem Mischverfahren wird die westeuropäische Außen- und Sicherheitspolitik zwar der Grundvorstellung der EG-Bevölkerung gerecht, ob sich damit jedoch eine optimale Gestaltung der auf Gesamteuropa gerichteten Stabilitätspolitik erreichen läßt, ist fraglich.

III. Aufgaben und Leistungsfähigkeit

Inwieweit entsprechen die gekennzeichneten EG-Entwicklungsvarianten den drei oben genannten außen- und sicherheitspolitischen Hauptaufgaben: östliche Transformationsprozesse fördern, Normen des Zusammenlebens in Europa durchsetzen, Gefahren außerhalb Europas abwehren?

1. Förderung der Transformationsprozesse in Europa

Die Transformationsaufgabe umfaßt den Übergang aus einer stark militärisch bestimmten zu einer überwiegend ökonomisch-politischen Ordnung in Osteuropa und dem ehemals sowjetischen Raum. Mithilfe beim Aufbau rechtsstaatlicher Demokratien und sozialer Marktwirtschaften wird am ehesten ein Westeuropa leisten können, das möglichst bald eine Mitwirkung osteuropäischer und ehemals sowjetischer Gesellschaften in den "westlichen" Netzwerken und Organisationen erlaubt. Dies ist für alle EG-Erweiterungsvarianten und die Konföderalisierung der EG anzunehmen, wobei die besten Ergebnisse durch den Kraftakt der Schaffung einer EG-Supermacht (substantielle Vertiefung plus weitreichende Erweiterung) zu erzielen sind. Diese Variante wäre vor allem dann zu bevorzugen, wenn sie eine eigene Außen- und Sicherheitspolitik mit einem konsensualen Entscheidungsprozeß enthielte. Ein Handlungsrahmen mit außen- und sicherheitspolitischen Mehrheitsentscheidungen hätte eher abstoßende Wirkungen, da bereits die wirtschaftlich-politische "Gleichschaltung" der östlichen Länder an Grenzen des ihnen Erträglichen stößt. Soweit es um militärische Transformationsaufgaben geht, sind diese von der Art der EG-Entwicklung weitgehend unabhängig; entscheidend kann hier lediglich die Beteiligung der USA werden.

2. Durchsetzung von Normen in Europa

Bei dieser Aufgabe geht es um die gemeinsame Absprache und individuelle Einhaltung eines breiten Verhaltenskodex für das Zusammenleben und die Behandlung der Konflikte von gesellschaftlichen Gruppen, Nationen und Staaten in Europa. Das Einhalten solcher Normen setzt eine an einem kooperativen Verdichtungsraum orientierte politische Kultur sowie die Bereitschaft aller Beteiligten im KSZE-Raum voraus, sich Sanktionen einschließlich militärischer Druckmittel zu unterwerfen. Dieser Entwicklungsaufgabe ist am besten eine vertiefte EG gewachsen, da sie sowohl bei sich selbst einen hohen Normenstand durchsetzen als auch Potential freimachen kann, um Partnerstaaten in Europa zur Befolgung der Hausregeln zu bringen. Eine Europäische Union mit eigener Außen- und Sicherheitspolitik wäre zu glaubwürdiger Proliferation des Verhaltenskodex besonders dann in der Lage, wenn sie Mehrheitsentscheidungen im "eigenen Stall" zuließe.

3. Gefahrenabwehr außerhalb Europas

Diese Aufgabe richtet sich auf ein Spektrum eskalationsfähiger Konflikte an den Grenzen Europas (Süd-Nord-Migration) über die Eindämmung regionaler Aggressionen bis zur weltweiten Verbreitung von Technologie für Massenvernichtungswaffen. Dem Aufgabenfeld wird eine EG gerecht, die entweder vertieft ist (vor allem im außen- und sicherheitspolitischen Bereich) oder der die nationalen Verantwortungen deutlich überlassen werden. Eine stark erweiterte bzw. lediglich teilvertiefte EG würde nur wenig zur Aufgabenbewältigung beitragen, da sie bei der gegebenen Heterogenität der Interessen europäischer Staaten nur zu einem sehr konservativen Verhalten in der Lage wäre. Hier handelt es sich zumeist um Aufgaben, die Risikobereitschaft und Aktionsfähigkeit erfordern, die am ehesten von einem westeuropäischen Akteur zu erwarten sind, der je nach Aufgabe mit einer Mischung von konsensualer und majoritärer Entscheidungsstruktur operiert.

IV. Deutscher Anteil an Aufgaben und Leistungen

Welche Präferenzen hat Deutschland innerhalb der beschriebenen Entwicklungsvarianten und sicherheitspolitischen Aufgabenfelder? Der größte Sicherheitsgewinn liegt für Deutschland in einem erfolgreichen Transformationsprozeß in Europa, da er die Grundlagen für ein stabiles Umfeld legt. Erst in zweiter Linie zahlen sich europäische Normendurchsetzung und weltweite Aufgabenwahrnehmung für Deutschland aus. Insofern liegt es in deutschem Interesse, in erster Linie eine erweiterte bzw. konföderalisierte EG zu fördern. Sie wird mit der Transformationsaufgabe und den Aufgaben außerhalb Europas am besten fertig. Dafür ist eine eigenständige Außen- und Sicherheitspolitik der EG zwar hilfreich, aber nur wenn sie nicht auf einem strengen Mehrheitsprinzip beruht. Deutschland könnte sich auf diese Kombination von Aufgabenwahrnehmung und EG-Entwicklung konzentrieren und dabei in Kauf nehmen, daß es Abstriche in der europäischen Normendurchsetzung machen muß, aber damit auch nicht zu einer weitgehenden Einbindung über Mehrheitsentscheidungen gezwungen werden kann. Deutschland gewinnt Handlungsoptionen, ohne Solidarität aufzugeben.

3. Die USA im Übergang zur postkonfrontativen Weltordnung

Klaus-Dieter Schwarz

I. "Grand strategy" im Rückblick

Nachdem die Vereinigten Staaten Ende des Zweiten Weltkrieges eher "widerwillig" ihre Weltmachtrolle akzeptiert hatten, entwickelten sie eine "grand strategy": politische Eindämmung und militärische Abschreckung der Sowjetunion, Stärkung der Demokratie und der freien Marktwirtschaften sowie Aufbau eines offenen Weltwirtschaftssystems. Diese Strategie kombinierte mehrere Interessen der amerikanischen Weltpolitik und schuf die politischen, militärischen und wirtschaftlichen Instrumente, mit denen der Ost-West-Konflikt ausgetragen werden sollte: Militärallianzen und Stützpunkte rund um den eurasischen Machtblock, Militärstrategien und Streitkräfte zur Verteidigung gegenüber, später auch Rüstungskontrollabkommen mit der Sowjetunion, schließlich Organisationen für wirtschaftliche Zusammenarbeit und Handelsregime. Dieses Instrumentarium hielt den Gegner in Schach und belastete seine Optionen, die Nachkriegsordnung einseitig zu verändern, mit extrem hohen Kosten und Risiken. Es bot zugleich den Verbündeten in Europa Sicherheit, auch Sicherheit vor den Deutschen und für den westlichen Teil Deutschlands. Darüber hinaus schuf es die wirtschaftlichen Grundlagen zur Eindämmung des Kommunismus und zur Integration Westeuropas und Japans in die Weltwirtschaft, was zugleich dem Hauptinteresse der USA diente, ihre dominierende Position in der Welt der westlichen Industriestaaten zu sichern. Diese "grand strategy" war in sich schlüssig und ermöglichte in der Kombination der einzelnen Teilstrategien die konstruktive Verknüpfung der Ziele und Mittel der amerikanischen Weltmachtpolitik.

Das Prinzip der westlichen Strategie blieb fast ein halbes Jahrhundert unverändert. Geändert haben sich lediglich die Mittel und Methoden, wobei die militärische Macht, die Gegenstand vieler Strategiedebatten war, in allen Phasen der amerikanischen Nachkriegspolitik eine bedeutende Rolle spielte. George F. Kennan, der als Urheber der "containment"-Strategie gilt, sah sich später mißverstanden und beklagte die "over-militarization of our policies".[1] Besonders in der Atlantischen Gemeinschaft kam es immer wieder zu Streitigkeiten über das "Wie" und das "Womit" der westlichen Strategie: über konfrontatives oder kooperatives Verhalten gegenüber der Sowjetunion, über "burdensharing" und die Rolle atomarer Kräfte, über Handel zwischen West und Ost und in den transatlantischen Bezie-

---

1 George F. *Kennan*, On Dealing with the Communist World, in: The Illusion of American Omnipotence. Essays in American Diplomacy, New York 1967, S. 312-331.

hungen. Der Erfolg der amerikanischen Eindämmungspolitik und ihrer Leistungen für die Sicherheit der Verbündeten schuf somit gleichzeitig Probleme, die Vormacht und Führungsrolle der USA in Frage stellten.

Gleichwohl verfehlte die westliche Strategie nicht ihre Wirkung und erwies sich letztendlich als unwiderstehlich. Das Kalkül, das Kennan in seinem "X"-Artikel in Foreign Affairs 1947 beschrieb, ging auf: "that Soviet power, like the capitalist world of its conception, bears within it the seeds of its own decay" und daß daher die Aufgabe der USA darin liege, "to increase enormously the strains under which the Soviet policy must operate ... and in this way to promote tendencies which must eventually find their outlet in either the break-up or the gradual mellowing of Soviet power".[2]

Die westliche Strategie erreichte ihr Ziel durch Herstellung und Bewahrung eines stabilen militärischen Gleichgewichts zwischen NATO und Warschauer Pakt. Das Resultat war die Abschreckung der Sowjetunion oder die Stabilität des Ost-West-Konflikts. Dieses Ziel war ohne den Bündnisbeitrag der Bundesrepublik Deutschland nicht erreichbar, so daß die westdeutsche Position im Ost-West-Verhältnis jahrzehntelang eine entscheidende Rolle spielte. Die Herstellung des Gleichgewichts in Europa begann mit der deutschen Westintegration und Wiederbewaffnung Mitte der 50er Jahre; die Bewahrung des Gleichgewichts war das Thema der Nachrüstungsdebatte Anfang der 80er Jahre. In beiden Fällen ist der Kalte Krieg letztlich im Bereich der deutschen Innenpolitik entschieden worden. Die letzte Auseinandersetzung war zugleich der Beginn des sowjetischen Rückzuges aus der alten Konfrontationsordnung.

II. Ende der Sowjetunion

Die Revolutionen in Osteuropa 1989, die Vereinigung Deutschlands 1990, der Zusammenbruch der Sowjetunion nach dem gescheiterten Putsch in Moskau 1991 - diese drei Jahre beendeten ein Zeitalter, das 1917 mit dem Eintritt der USA in den Ersten Weltkrieg und der bolschewistischen Revolution begonnen hatte. Die Struktur des Ost-West-Konflikts, der seit Ende des Zweiten Weltkrieges die Abläufe der internationalen Politik beherrscht hatte, ist ebenso zusammengebrochen wie die Sowjetunion. Rußland und die Nachfolgerepubliken der UdSSR stehen vor einem neuen Anfang und haben zum zweiten Mal die Chance einer liberaldemokratischen Entwicklung. Offen bleibt, ob die Umwälzung der Gesellschaft, die Regelung der Nationalitätenprobleme und vor allem die Stabilisierung der wirtschaftlichen Verhältnisse gelingt. Offen bleibt auch, was mit der machtpolitischen Hinterlassenschaft der einstmaligen Weltmacht Sowjetunion geschieht. Abgesehen

2 *X*, The Sources of Soviet Conduct, in: Foreign Affairs, (Juli 1947), hier zitiert aus: Robert A. *Goldwin* (Hrsg.), Readings in American Foreign Policy, New York 1971, S. 353 und 355.

vom Vorrang der innenpolitischen Probleme und von der Erfüllung der vereinbarten Abrüstungsverträge hängt diese Frage im wesentlichen von der weiteren Entwicklung der GUS und der Rolle ab, die Rußland darin spielen wird. Die Unabhängigkeit der Republiken dürfte allein wegen ihrer wechselseitigen Rivalität dafür sorgen, daß von dieser Staatengemeinschaft kaum noch die Gefahr expansiver Machtpolitik ausgehen wird. Allerdings ist durchaus mit hegemonialen Ambitionen Rußlands zu rechnen, das als Rechtsnachfolger der Sowjetunion dessen nuklearstrategisches Erbe angetreten hat und sich mit diesem Attribut einer "Supermacht" ein wenn auch reduziertes weltpolitisches Gewicht erhalten kann.

Mit dem Ende des Ost-West-Konflikts hat die "grand strategy" ihren Zweck erfüllt, den Kalten Krieg zu bestehen. Der Untergang des Sowjetreichs geht nicht auf einen Sieg der westlichen Waffen zurück, obwohl sie zur Verhinderung einer militärischen Konfrontation wichtig waren, sondern auf einen "Sieg" der westlichen Werte und ihrer Verwirklichung in Demokratie und Marktwirtschaft. Die Prinzipien der westlichen Gesellschaft befinden sich weltweit im Vormarsch. Zwar wird es wie bisher auch Rückschläge geben, aber es scheint nur eine Frage der Zeit, wann die übrigen kommunistischen Regime das Schicksal der Sowjetunion ereilt.

III. Gewinn und Verlust der USA

Übriggeblieben sind als einzige Weltmacht die Vereinigten Staaten. Ihre Ideale genießen weltweite Attraktivität, der amerikanische Einfluß in Weltpolitik und Weltwirtschaft ist weiterhin dominant, und die USA sind der einzige Staat, der militärische Macht global einsetzen kann. Wie bereits der erste größere internationale Konflikt nach dem Ende des Kalten Krieges gezeigt hat, sind sie auch willens, ihre Verantwortung als Weltmacht wahrzunehmen. Der rasche Truppenaufmarsch gegen den Irak, die geschickte Krisendiplomatie im Weltsicherheitsrat, das Zustandebringen und Zusammenhalten einer multinationalen Koalition, schließlich der Sieg der amerikanischen "smart weapons" bei nur geringen eigenen Verlusten - kein anderes Land wäre dazu in der Lage gewesen. Fast scheint es, als sei die Welt "unipolar" geworden und die USA das Gravitationszentrum, das keine alternativen Kräfte zuläßt.[3]

Dennoch täuscht das Bild. Das internationale System hat sich nach dem Ende des Kalten Krieges verändert und so auch die Rolle der USA als Weltmacht. Die militärische Bedrohung durch die Sowjetunion, die früher wesentlich zur Stärkung der Gemeinsamkeit westlicher Interessen im Bündnis und zum Konsens mit der

3 Präsident *Bush* betrachtet sein Land "as the undisputed leader of the age". Vgl. State of the Union Message vom 28.1.1992, in: United States Policy Information and Texts (USPIT), No. 12, 29.1.1992. Einer der bekanntesten Vertreter der Vorstellung eines unipolaren Weltbildes ist Charles *Krauthammer*, The Unipolar Moment, in: Foreign Affairs, 70 (1991) 1, S. 23-33. Seine Ansicht findet offensichtlich im Pentagon starken Zuspruch.

amerikanischen Führungsmacht beigetragen hat, existiert nicht mehr. Daher spielen nach der Befreiung der Staaten von den Zwängen der bipolaren Ordnung Weltmacht und Allianzen nicht mehr die vorherige Rolle. Während sich die Staaten im Westen Europas zu einer Union vereinigen, fallen jene im Osten und auf dem Balkan in kleinere nationale Einheiten auseinander. Die übergreifende Macht der Supermächte, die früher die Staaten zusammengehalten und diszipliniert hat, wirkt nicht mehr. Regionale Mächte kämpfen um die Führung in den Weltregionen. Beispielsweise hätte es der Irak zur Zeit des Kalten Krieges kaum gewagt, Kuwait zu überfallen. Lokale traditionelle Konflikte, die unter den Bedingungen des Kalten Krieges eingefroren waren, erfordern neue und eigenwillige Lösungen, die den Kräfteverhältnissen vor Ort entsprechen und ein Eingreifen von außen extrem erschweren, weil die Konflikte moralisch und politisch so verwickelt sind, daß eine eindeutige Parteinahme unmöglich ist. Der Zerfall Jugoslawiens demonstriert die Hilflosigkeit europäischer Macht, dem dortigen Bürgerkrieg Einhalt zu gebieten.

Erst recht gilt die Befreiung von den Zwängen des alten Systems für die beiden wirklichen Gewinner des Kalten Krieges und wichtigsten "Aufsteiger" in der Weltpolitik. "Der Aufstieg Japans und Deutschlands als ökonomische und politische Führungsmächte" gehört neben dem Niedergang der Sowjetunion "zu den bedeutsamsten und weitreichenden strategischen Entwicklungen der neuen Zeit" - so sieht es Präsident Bush aus der Weltmachtperspektive.[4] Beide Staaten, deren Macht früher durch sicherheitspolitische Abhängigkeiten beschränkt war, sind heute viel freier, ihre eigenen Interessen zu bestimmen und zu verfolgen, was sie im jüngsten Golfkonflikt auch getan haben. Gewiß ist die verbreitete These, daß militärische Macht an Kurswert in der internationalen Politik verloren habe und wirtschaftliche Potenz die neue Quelle für Weltmacht geworden sei, zu einfach. Der Golfkrieg belegt, daß militärische Macht keineswegs wertlos geworden ist. Aber in einer Welt, deren Sicherheitsprobleme sich nicht mehr vorrangig militärisch definieren und in der die USA mit gleichrangigen Wirtschaftsmächten wie der Europäischen Gemeinschaft und Japan zusammenleben, hat die Supermacht an Führungskraft eingebüßt. Man ist Partner, ist aufeinander angewiesen und man ist zugleich "in der ökonomischen Arena bitterer Rivale",[5] und wann das eine oder das andere dominiert, entscheiden vorrangig die wirtschaftlichen Interessen.

Die USA befürchten, daß zwischen den drei Wirtschaftsblöcken - Nordamerika (NAFTA), Westeuropa (EG) und Japan einschließlich der "vier Tiger" Hongkong, Taiwan, Südkorea und Singapur - die Wirtschaftskonflikte zunehmen werden, weil sie nicht mehr über die Instrumentarien der Sicherheitspolitik gemäßigt werden können. Um so mehr gewinnen die Regeln des liberalen Welthandels (GATT) an

4 National Security Strategy of the United States. The White House, August 1991, S. 6.

5 Ebd.

Bedeutung, die durch Beseitigung einzelstaatlicher oder regionaler Handelshemmnisse den Freihandel garantieren sollen. Die GATT-Verhandlungen erhalten für die Amerikaner vergleichsweise jene "strategische Bedeutung, die wir früher den Rüstungskontrollgesprächen mit der Sowjetunion zugeordnet haben."[6] An der wirtschaftlichen Front sehen die USA die künftig entscheidenden Herausforderungen. Und da ihr Hauptinteresse stets der Wirtschaft gegolten hat, ist damit zu rechnen, daß sie ihr Gewicht als Weltmacht auch weiterhin für die Liberalisierung des Welthandels einsetzen werden. Gelingt dies nicht, dürfte der Protektionismus in Amerika an Einfluß gewinnen.

Aus der Perspektive der USA entbehrt der Erfolg im Ost-West-Konflikt nicht einer gewissen Ironie. Sie sind zugleich Gewinner und Verlierer des weltpolitischen Umbruchs. Gewonnen haben sie nach dem Ausscheiden der Sowjetunion aus der Weltmachtkonkurrenz das Prädikat, einzige Weltmacht zu sein. Verloren haben sie insofern, als die Nachfrage nach amerikanischer Führungs- und Militärmacht in der Welt geringer geworden ist. Und verloren haben sie an Macht und Einfluß, weil sie inzwischen nur noch *eine* unter gleichrangigen und weiter aufstrebenden Wirtschaftsmächten sind.

Der relative amerikanische Machtverlust kann sich fortsetzen, da die Anstrengungen des Kalten Krieges in den USA eine lange Agenda ungelöster Probleme hinterlassen haben. Die in den 80er Jahren rasant gestiegene Staatsschuld[7] belastet die künftigen Haushalte mit hohen Zinszahlungen und eingeschränkten Handlungsspielräumen für öffentliche Investitionen. Seit Anfang der 70er Jahre kämpfen die jeweiligen Administrationen vergeblich gegen ein wachsendes Handelsbilanzdefizit. In einzelnen Schlüsselindustrien wie Automobil- und Maschinenbau, Luftfahrt und Halbleiterproduktion haben die USA gegenüber der Europäischen Gemeinschaft und Japan stark an Boden verloren. Versäumte bzw. selektive Industriepolitik (in den 80er Jahren dienten rund 70% der staatlichen Forschungsmittel allein militärischen Zwecken)[8] und mangelndes Industriemanagement lähmen die amerikanische Wettbewerbsfähigkeit auf dem Weltmarkt beträchtlich. Hinzu kommen soziale Probleme: die wachsende Kluft zwischen farbigen und weißen Amerikanern, zwischen Arm und Reich, der Niedergang der amerikanischen Mittelklasse, die Mittelmäßigkeit des öffentlichen Erziehungswesens, Gewalt- und Drogenkriminalität am Rande der amerikanischen Gesellschaft und der Verfall öffentlicher Infrastrukturen und großer Städte. Die allgemeine Unzufriedenheit im Lande

---

6 Ebd.

7 Die Schulden des US-Staatshaushalts sind von 34% 1980 auf gegenwärtig 60% des Bruttosozialprodukts gestiegen. Quelle: Budget of the U.S. Government, 1992, Table 7.1, Part Seven - 71.

8 Vgl. The New York Times, 5.2.1992, S. A1/A12.

verschärft sich, je länger die seit Beginn der Bush-Administration anhaltende Talfahrt der amerikanischen Wirtschaft andauert.[9]

IV. Außenpolitische Debatte

Vor diesem Hintergrund findet in den USA seit Ende der 80er Jahre eine Debatte über den Niedergang der amerikanischen Weltmacht statt.[10] Solche Debatten sind in den USA nicht neu und haben seit dem "Sputnik-Schock" stets eine bedeutende Rolle in Krisensituationen der amerikanischen Politik gespielt. Neu ist aber, daß diese Debatte im Kontext einer grundlegenden Veränderung der internationalen Rahmenbedingungen stattfindet, die auch Auswirkungen auf die künftige Rolle der USA in der Welt haben wird. In dieser Debatte geht es erneut um das alte Thema, das die Pole des amerikanischen Verhältnisses zur Außenwelt beschreibt: um Isolationismus oder Internationalismus.

Die gegenwärtige Niedergangsdebatte ist maßgeblich von der historischen Betrachtung des Themas "The Rise and Fall of the Great Powers" (Paul Kennedy) angeregt worden.[11] Diagnose und Therapie der "decline"-Schule sind daher auch aus den "Lehren" der Geschichte abgeleitet. Sie lauten knapp und einfach: Amerika leide ähnlich wie andere Großmächte in der Vergangenheit am "imperial overstretch", weil die globalen Verpflichtungen die wirtschaftliche Leistungsfähigkeit des Landes überforderten. Es müsse sich daher aus der Weltpolitik zurückziehen, den Verteidigungshaushalt drastisch kürzen und die "peace dividend" dazu nutzen, das eigene Haus in Ordnung zu bringen.

Vertreter dieses Neo-Isolationismus befinden sich an den Flügeln beider Kongreßparteien, bei den Rechtsrepublikanern und Linksliberalen. Hinter ihnen versammeln sich jene Amerikaner, die von Amerikas Rückkehr in die Vergangenheit die Lösung der innenpolitischen Probleme erwarten. Ihnen nahe stehen die wirtschaftlichen Nationalisten, die behaupten, daß nach der Bedrohung des Kalten Krieges jetzt die neue Bedrohung des ökonomischen Wettbewerbs ins Haus stehe, und die von der Regierung protektionistische Maßnahmen fordern, weil sich das Land - wie die extremen Vertreter dieser Richtung meinen - auf den neuen "Feind", nämlich auf Japan und die übrigen Wirtschaftsrivalen zu konzentrieren

---

9 Vgl. die gesellschaftskritischen Analysen von John K. *Galbraith*, The Culture of Containment, Boston/New York/London 1992; David P. *Calleo*, The Bankrupting of America. How The Federal Budget Is Impoverishing the Nation, New York 1992.

10 Zur Decline-Debatte mit weiteren Literaturhinweisen vgl. Catherine *McArdle Kelleher*, The Future Nature of US Influence in Western Europe and North-East Asia, in: America's Role in a Changing World, London, Winter 1990/91 (IISS, Adelphi Papers, No. 256), S. 23-36; Joseph S. *Nye*, Die Debatte über den Niedergang der Vereinigten Staaten, in: Europa-Archiv, 45 (1990) 13/14, S. 421-427.

11 Paul *Kennedy*, Aufstieg und Fall der großen Mächte. Ökonomischer Wandel und militärischer Konflikt von 1500 bis 2000, Frankfurt a.M. 1989.

habe. Beide Gruppen vertritt gegenwärtig am radikalsten der konservative Präsidentschaftskandidat Buchanan mit seinem Programm "America first". Er vermochte dem Amtsinhaber in den ersten Vorwahlen immerhin ein Drittel der Stimmen zu entreißen. Es wäre also verfehlt, den Einfluß nationalistischer Tendenzen auf die öffentliche Meinung zu unterschätzen. Allerdings weiß der aufgeklärte Amerikaner, daß Protektionismus zu noch stärkerer internationaler Rezession führt. Immerhin bringen Isolationisten wie Protektionisten das Problem des Innenaspekts der amerikanischen Weltmachtrolle deutlich zur Sprache. Dies muß auch von der Regierung ernst genommen werden - zumal in einem Wahljahr, in dem der Präsident gegen seine Herausforderer, die ihm vorhalten, er habe sich zu wenig um die Probleme im eigenen Lande gekümmert, um die Bestätigung in seinem Amt kämpfen muß.

Es ist allerdings kaum vorstellbar, daß ein Rückzug der Amerikaner aus der Weltpolitik ihre wirtschaftlichen Probleme lösen könnte. Die Internationalisierung der Volkswirtschaften läßt hierfür wenig Spielraum. Florierende Wirtschaftsbeziehungen bedürfen stabiler internationaler Verhältnisse und daher auch entsprechender Machtmittel, um sie zu sichern. Zwar können die Kosten des amerikanischen Engagements in der Welt verringert werden - ein Ziel, das die Bush-Administration auf mehrfache Weise verfolgt. Aber eine Verringerung etwa der Verteidigungsausgaben kann nur wenig zur Lösung der wirtschaftlichen Probleme beitragen, denn entscheidend für die gegenwärtigen Schwierigkeiten ist nicht, daß die USA für die Verteidigung bisher etwa 5 bis 6% des Bruttosozialprodukts aufgewendet haben, sondern daß mit den übrigen rund 94 bis 95% schlecht gewirtschaftet worden ist. Tatsächlich beruhten die Erfolge der Wirtschaftspolitik Ronald Reagans auf einem "Wirtschaftswunder auf Pump", das die USA innerhalb von wenigen Jahren vom größten Geldverleiher zum größten Schuldner der Welt hat werden lassen, ohne dem Land zu einer Verbesserung der wirtschaftlichen Infrastruktur zu verhelfen. Und da sich die gegenwärtige wie die alte Regierung auf eine verbraucherfreundliche Steuerpolitik festgelegt hat, vermehrt sich die Besorgnis, daß die USA ihre künftige Prosperität und Wirtschaftsmacht zugunsten des Privatkonsums vernachlässigen oder sogar ernsthaft gefährden könnten.

Die Kritiker der Niedergangsthese bestreiten nicht, daß sich die USA wirtschaftlich und sozial in einer schwierigen Lage befinden. Aber sie betonen, daß die USA nach wie vor das größte *nationale* Bruttosozialprodukt in der Welt (25,4% gegenüber der Europäischen Gemeinschaft 28,4 und Japan 13,9%)[12] erwirtschaften, wieder den höchsten Anteil am Weltexport haben[13] und auch auf den Märkten

---

12 *OECD*, Main Economic Indicators, July 1991, S. 174; *Weltbank*, Weltentwicklungsbericht 1991, S. 204-205.

13 Weltexport 1991: USA 422 Mrd. US-Dollar (12%), Deutschland 403 (11,4%), Japan 315 (8,9%); Quelle: *GATT-Sekretariat* in: Neue Zürcher Zeitung, 19.3.1992.

für technologieintensive Produkte führend sind. Außerdem seien die USA den anderen großen Staaten in allen Ressourcen herkömmlicher Macht überlegen: den Nachfolgestaaten des Sowjetimperiums und China fehle es an wirtschaftlicher Kraft, Europa an politischer Einheit und Japan an militärischer und kultureller Macht. Deshalb seien die USA in der Weltpolitik "bound to lead".[14] Im übrigen beruhe Führungsmacht nicht nur auf militärischer Macht (command power), vielmehr stütze sie sich in einer Welt, die mehr als früher von wirtschaftlicher Interdependenz bestimmt werde, auf "co-optive power", also auf die Fähigkeit, die anderen Staaten zu freiwilliger Kooperation zu veranlassen. Und dazu seien die USA besser befähigt als alle anderen Staaten.

V. Internationalismus der Bush-Administration

Die Bush-Administration vertritt in dieser außenpolitischen Debatte ganz eindeutig die internationalistische Position. Sie betont die unverzichtbare Führungsrolle der USA und hält eine bedeutende militärische Macht weiterhin für notwendig. Im Gegensatz zu den Isolationisten geht die Regierung davon aus, daß eine aktive Außen- und Sicherheitspolitik immer noch mehrheitsfähig ist.[15] Rund zwei Drittel der amerikanischen Öffentlichkeit unterstützten noch im Frühjahr 1991 eine starke Rolle der USA in der Weltpolitik. Gleichzeitig waren aber die Amerikaner und insbesondere ihre Führungskräfte der Meinung, daß ihr Land aufgrund der Unfähigkeit, die eigenen wirtschaftlichen Probleme zu lösen, an Bedeutung als Weltmacht verloren habe. Diese Ansicht hat in jüngster Zeit an Boden gewonnen.[16] Die Regierung ist sich dessen zwar bewußt, unternimmt aber wenig, um die Wirtschaft wieder in Gang zu bringen. Man bleibt dem Laisser-faire republikanischer Wirtschaftspolitik treu, setzt auf das Innovationspotential im eigenen Land, auf kurzfristige Konjunkturprogramme und hofft auf den Wirtschaftsaufschwung durch den freien Welthandel.

Trotz der Abwertung der militärischen "Machtwährung" und trotz des Verlusts der wirtschaftlichen Überlegenheit hat sich der politische Wille Amerikas, die Welt zu führen, nicht verändert, wohl aber die politische Methode. Die USA begreifen sich weniger als Hegemonialmacht, sondern vornehmlich als Koalitionsmacht insbesondere der im Kalten Krieg so erfolgreichen Allianz mit Westeuropa

---

14 So die inzwischen gängige These von Joseph *Nye*, Bound to Lead: The Changing Nature of American Power, New York 1990; *ders.*, The American Power and a Post-Cold War World, in: Facing the Future. American Strategy in the 1990s. An Aspen Strategy Group Report 1991, S. 33-54.

15 John E. *Rielly*, Öffentliche Meinung und Außenpolitik - die Vereinigten Staaten in den neunziger Jahren, in: Europa-Archiv, 46 (1991) 6, S. 180-189.

16 Vgl. Anthony *News*, He Leads the World - But Voters Don't Care, in: International Herald Tribune, 21.2.1992.

und Japan. Ziel ist das kollektive Management der "Neuen Weltordnung" bei gleichzeitiger Reduzierung der Kosten der amerikanischen Weltmachtrolle. Daher sind der Präsident und sein Außenminister darum bemüht, den "neuen Machtzentren"[17] Deutschland und Japan als "partner in leadership" mehr weltpolitische Mitverantwortung zu übertragen, und falls sich beide - wie im Golfkonflikt - entziehen, sie wenigstens an der Kostenerstattung für die amerikanischen Kriegsaufwendungen zu beteiligen. Ebenso hat die Bush-Administration die Zusammenarbeit mit der ehemaligen Sowjetunion gefördert, indem sie nicht etwa deren innere Schwäche ausnutzte, sondern ihr "eine echte Partnerschaft"[18] anbot, wodurch diese ihren Status als Weltmacht im Zusammenwirken mit den USA zu bewahren suchte und die amerikanische Politik ihren weltweiten Einfluß noch steigern konnte.

Zweifellos hat die Bush-Administration wichtige Schritte unternommen, um die amerikanische Weltpolitik einer neuen Zeit anzupassen, "die über die Eindämmung hinausgeht" - wie Präsident Bush es 1990 in seinem Bericht über die neue "National Security Strategy" formuliert hat - "und die uns in das nächste Jahrhundert bringen wird".[19] Zu den Schwerpunkten der neuen Strategie gehören: die Vereinigung Deutschlands; der Ausbau der euro-amerikanischen Allianz unter Beteiligung der ehemaligen Sowjetunion; die konventionelle und nukleare Abrüstung; die Reform der NATO; die Intensivierung der regionalen Zusammenarbeit mit den Nachfolgern der früheren Sowjetunion und das Bemühen, deren Zerfall in geordneten Bahnen zu halten; die stärkere Einbindung Japans als Weltwirtschaftsmacht in globale und regionale Führungsaufgaben; schließlich die multinationale Militäraktion gegen den Irak und die Einleitung des Friedensprozesses von Madrid. In fast allen Bereichen der sich auflösenden alten Konfrontationsordnung hat die amerikanische Politik maßgeblich die eingeschlagene Richtung beeinflußt und die globale Führungsmacht der USA insgesamt erfolgreich demonstriert. Dabei hat es sich als besonders hilfreich erwiesen, daß mit George Bush ein Präsident im Amt ist, der in seiner politischen Laufbahn ungewöhnlich gut auf die neuen Führungsaufgaben der USA in der Welt vorbereitet wurde und der gemeinsam mit seinem Außenminister James Baker ein hohes diplomatisches Geschick entwickelt hat, die Kooperationsbereitschaft der wichtigsten Staaten zu gewinnen. Diese Fähigkeit hat sich insbesondere in den Verhandlungen über die deutsche Vereinigung und im Zustandebringen der Anti-Irak-Koalition bewährt.

Trotz unbestreitbarer Erfolge der amerikanischen Ordnungspolitik hat man keineswegs den Eindruck, daß die USA stets eine durch Initiative und Weitblick ausgezeichnete Führungsrolle in der Weltpolitik einnehmen. Statt den Prozeß der internationalen Veränderungen zu bestimmen, *reagierte* die Bush-Administration

---

17 National Security Strategy, August 1991, S. 2.

18 Außenminister *Baker* in: USPIT, No. 145, 22.10.1990.

19 National Security Strategy of the United States 1990-1991, Brassey's (US), INC. 1990, S. XVII.

meist nur auf die rasch aufeinanderfolgenden Ereignisse. Anfangs traute sie dem Frieden, dem Ende des Kalten Krieges, noch nicht und war mehr Beobachter als Gestalter. Erst nach dem amerikanisch-sowjetischen Gipfeltreffen im Dezember 1989 in Malta und während der Zwei-plus-Vier-Gespräche begannen der Präsident und sein Außenminister aktiv in das Geschehen in Europa einzugreifen und in Verbindung mit der uneingeschränkten Unterstützung der Vereinigung Deutschlands den Aufbau einer neuen europäischen Ordnung zu betreiben. Aber bei der wohl wichtigsten Aufgabe der neuen Weltordnung, der Demokratisierung und - als deren Voraussetzung - der wirtschaftlichen Sanierung Osteuropas und der ehemaligen Sowjetunion, halten sich die USA bescheiden im Hintergrund. Und während sich der serbische Eroberungskrieg ausbreitete und die Europäer hilflos die Hände rangen, betrachtete Washington den Konfliktfall zunächst als europäische Angelegenheit, ehe es sich bereit fand, eine internationale Sanktionsfront gegen Serbien zu mobilisieren. Bereits unter dem Eindruck des beherrschenden Wahlkampfthemas Wirtschaftspolitik stehend, geriet dem Präsidenten bei seinem Besuch in Tokio die Klärung der amerikanisch-japanischen Wirtschaftsprobleme zu einem Fiasko.

Anders als nach dem Zweiten Weltkrieg, als sich die USA innerhalb von knapp zwei Jahren auf die sowjetische Herausforderung mittels der Eindämmungsstrategie eingestellt hatten, vollzog sich die Anpassung der amerikanischen Politik an die Zeit "beyond containment" in einem iterativen Prozeß. Das ist durchaus nicht verwunderlich, denn einerseits verlief diese Anpassung parallel zum stufenweisen Zerfall der sowjetischen Weltmacht und andererseits ist nach Ansicht des Präsidenten die entstehende "post-Cold War world ... more complicated, more volatile and less predictable".[20] Diese diffuse Weltlage erzeugt zwangsläufig Orientierungsprobleme. Jedenfalls hat Amerika noch keine endgültige Klarheit über seine künftige Rolle gewonnen. Die Vision von der "Neuen Weltordnung" wird vom US-Präsidenten zwar häufig genug beschworen, aber sie beantwortet nicht die Frage, für welche Ziele und Zwecke die USA ihre Macht und Mittel künftig einsetzen wollen und welche Prioritäten für die Politik der Regierung gelten sollen. Die Bush-Administration hat darüber bislang keine klare Auskunft gegeben; sie reagierte statt dessen auf die internationalen Entwicklungen je nach den eigenen Interessen und verfügbaren Mitteln. Dabei handelte sie besonders entschlossen und energisch, sobald sie unter dem Eindruck stand, daß die Veränderungen vor allem im Osten ein "window of opportunity" öffneten, das sich bald wieder schließen könne.[21] Hingegen stehen die USA für Krisen auf dem Balkan oder im Osten Europas nicht zur

---

20 National Security Strategy, August 1991, S. 2.

21 In der National Security Strategy von 1990 nennt Präsident *Bush* den Umbruch einen "moment of historic opportunity".

Verfügung - es sei denn, es sind Nuklearwaffen im Spiel oder es entsteht eine neue ernsthafte militärische Bedrohung.

Die USA sind also selektiver und behutsamer geworden, wenn es um die Frage geht, wofür sie sich interessieren und engagieren. Das ist zum Teil ein Resultat der wirtschaftlichen und innenpolitischen Probleme, die Amerikas Weltmacht beschränken, zum Teil aber auch ein Ausdruck amerikanischer Stärke, denn die USA können es sich leisten, aufstrebenden "neuen Machtzentren" Rollen zuzuweisen, die sie selber nicht wahrnehmen können oder wollen. Sie können entweder die Führung ergreifen, wenn strategische Interessen auf dem Spiel stehen, oder die Rolle des Schiedsrichters spielen, wenn es gilt, mit entscheidender Autorität zu internationalen Angelegenheiten Stellung zu nehmen.

Der Anspruch der USA als globale Führungsmacht ist aus Sicht des Präsidenten nicht neu und ebenso selbstverständlich wie zur Zeit des Kalten Krieges: "In the 1990s, as for much of this century, there is no substitute for American leadership. Our responsibility even in a new era, is privotal and inescapable".[22] Geändert haben sich lediglich die Umstände und die Kosten der Weltmachtrolle, da sich die neue Ordnungspolitik mit geringerem militärischem Aufwand betreiben läßt.

Pragmatische Weltordnungspolitik also, so kollektiv wie möglich und mit Rücksicht auf die amerikanische Innenpolitik so akzeptabel und kostengünstig wie nötig - das ist der konkrete Beitrag der USA zur "Neuen Weltordnung". Krisenmanagement dort und dann, wenn vitale Interessen bedroht sind. Nicht jeder Konflikt ist also gleich ein Fall für die amerikanische Weltpolitik, die in einer Welt ohne sowjetische Bedrohung besondere Chancen hat: enge Zusammenarbeit der Großmächte und Staaten zur Regelung regionaler Konflikte, notfalls auch die Anwendung der Mittel des Krieges gegenüber internationalen Störenfrieden - ansonsten die Eindämmung von Instabilität, wo immer sie erklärte amerikanische Interessen tangiert. Damit ist klassische Weltmachtpolitik nach amerikanischem Muster beschrieben - nicht im Sinne bloßer Vermehrung politischer Macht, sondern "by contributing to an international environment of peace, freedom, and progress within which our democracy - and other free nations - can flourish".[23]

VI. Statt "grand strategy" pragmatisches Management

Präsident Bush verwendet den Begriff "grand strategy" in seinem Bericht über die nationale Sicherheitsstrategie nur einmal, und zwar mit Blick auf die Vergangenheit der "American grand strategy of containment".[24] Eine neue "grand strategy"

22 National Security Strategy, August 1991, S. 2.

23 National Security Strategy, 1990, S. 3.

24 National Security Strategy, August 1991, S. 5.

wird nicht entwickelt, wohl aber Orientierungen für den Übergang in eine "Neue Weltordnung":

> "Trotz der Ungewißheiten, die bleiben, sehen wir eine fundamentale Transformation des globalen strategischen Umfeldes in verschiedenen Regionen. Unsere Politik und Strategie für das nächste Jahrzehnt müssen sich an diese Veränderungen anpassen und sie so bearbeiten, daß sie den USA und ihren Freunden und Verbündeten von Nutzen sind".[25]

Das globale Management des internationalen Wandels - darin sieht die Bush-Administration die Hauptaufgabe der Vereinigten Staaten und ihrer "partner in leadership".

Betrachtet man Mittel und Methoden der amerikanischen Weltmachtpolitik, scheint die Bush-Administration nach der Devise zu verfahren: soviel Multilateralismus unter amerikanischer Führung wie möglich. Das bedeutet nicht zwangsläufig amerikanische Vorherrschaft, sondern eine Art kollektiver Hegemonie, zu der sich die Starken in der Weltpolitik zusammentun sollen: die USA, die großen Staaten Westeuropas und Japan. Daher steht für die Administration das weitere Engagement der USA in Europa und Ostasien auch ohne sowjetische Bedrohung außer Frage, allerdings mit verringerter militärischer Präsenz. Entsprechend bleibt die NATO ein zentrales Forum der amerikanischen Europapolitik, wenn auch in gewandelter Form. Deutschland ist als künftig stärkste Macht in Europa nach wie vor der Wunschpartner der Amerikaner auf dem Kontinent, fest eingefügt in NATO und Europäische Gemeinschaft, womit die traditionelle "containment"-Politik gegenüber Gesamtdeutschland fortgesetzt wird und so Besorgnissen Rechnung trägt, daß ein mächtigeres Deutschland wieder zu einem Störfaktor im europäischen Staatensystem werden könnte.

In dieser Perspektive war auch die weltpolitische Partnerschaft mit der ehemaligen Sowjetunion für die USA wichtig, obwohl sie wegen ihrer militärischen Potentiale ein latenter Gegner blieb. Nicht zuletzt deshalb hat Gorbatschow nicht erhalten, was die Amerikaner der Sowjetunion fast ein halbes Jahrhundert verwehrt haben: gleiches Recht auf weltpolitischen Einfluß. Zwar boten die USA Kooperation an, aber keine Anerkennung als gleichwertige Weltführungsmacht. Gorbatschow sollte der amerikanischen Politik bei der Lösung der Deutschlandfrage, bei der Koalitions- und Kriegführung im Golf und der Diplomatie im Nahost-Friedensprozeß helfen, durfte sie jedenfalls nicht stören. Umgekehrt hielten es die USA aber für falsch, Gorbatschow zu helfen - nicht nur, weil ihnen die Mittel dazu fehlten. Und obwohl die ehemalige Sowjetunion bzw. ihre Nachfolgestaaten keine militärische Bedrohung mehr darstellen, hält die amerikanische Regierung an einem Verteidigungshaushalt fest, dessen Ausgaben für 1992 diejenigen von 1980 - zu Beginn

25 Ebd., S. 1.

des Zweiten Kalten Krieges - immerhin noch um rund ein Sechstel übertreffen.[26] Zwar hat der Kongreß dem Pentagon für die Haushaltsjahre 1990 bis 1995 eine Kürzung des Etats von 25% verordnet und die Regierung zu Beginn des Jahres 1992 beschlossen, die Verteidigungsausgaben bis 1997 um weitere 5% zu kürzen, aber sie bleibt entschlossen, weiterhin auf militärische Stärke als wichtigste Grundlage der amerikanischen Weltmachtpolitik zu setzen. Daran ändern auch die nuklearen Abrüstungsinitiativen des Präsidenten wenig, die nicht zuletzt der Einsicht entsprachen, daß der Widerspruch zwischen der Aufhebung des Ost-West-Konflikts und der Beibehaltung umfangreicher und ständig fortentwickelter Nuklearpotentiale politisch nicht mehr zu rechtfertigen war und daher unilaterales Vorgehen geboten schien, um den Abrüstungsprozeß zu beschleunigen.

Innenpolitisch hat sich die Bush-Administration indessen bisher zu keiner überzeugenden Politik der Erneuerung von Wirtschaft und Gesellschaft durchringen können. Hier steht Präsident Bush noch stark in der Tradition seines Vorgängers, dem es ebenfalls nicht gelungen war, die notwendige Verbindung zwischen wirtschaftspolitischen Bedürfnissen und außenpolitischen Interessen und damit den für die USA eigentlich charakteristischen Primat der Innenpolitik wiederherzustellen. Gerade auf den Gebieten Wirtschaft und Gesellschaft entscheidet sich aber langfristig, welche Rolle die Amerikaner in der Welt spielen werden. Und ohne eine solide innenpolitische Basis ist eine "grand strategy" für die künftige Außenpolitik der USA ebensowenig denkbar wie die Realisierung einer "Neuen Weltordnung". Die durch den Zerfall des Kommunismus freigesetzten Demokratisierungschancen im Osten bleiben ungenutzt, wenn sich die Führungsmacht im Westen nicht imstande zeigt, wie nach dem Zweiten Weltkrieg eine politisch-ökonomische Strategie zur Bewältigung der Hinterlassenschaften des Kalten Krieges zu entwickeln.

VII. Die "Neue Weltordnung"

Präsident Bush hat, wie fast alle seine Vorgänger, seine Politik in eine rhetorische Formel gekleidet. Sie soll das Leitmotiv der amerikanischen Führungsmacht in einer Welt bezeichnen, die sich in raschen Schritten von der alten Konfrontationsordnung entfernt. Zunächst lautete die Formel "Stabilität", wodurch der Politik die Aufgabe zugewiesen wurde, die Risiken, die mit der Auflösung der alten Weltordnung verbunden sind, unter Kontrolle zu halten. "The enemy is instability and unpredictability" - so die Kurzformel der neuen Bedrohung in den Worten von George Bush.[27] Stabilität ist jedoch ähnlich wie Gleichgewicht ein wertneutraler

26 Fiscal Year (FY) 1980 243 Mrd. US-Dollar, FY 1992 283 Mrd. US-Dollar (Budget Authorities). Der langsame Streitkräfteabbau hat auch wirtschaftliche und soziale Gründe.

27 Präsident *Bushs* Antwort auf die Frage, ob es das Ziel amerikanischer Politik sei, Deutschland unter Kontrolle zu halten: "No. The enemy is unpredictability. The enemy is instability"; zit. in: USPIT, 26.2.1990, S. 11.

Begriff und für die Amerikaner im allgemeinen kein kongeniales Motiv für weltpolitisches Engagement. Nach der Selbstbefreiung Osteuropas vom Kommunismus erklärte Außenminister Baker daher im Sinne der alten amerikanischen Werte: "Jenseits der Eindämmung liegt die Demokratie ..., deshalb hat Präsident Bush als unsere neue Aufgabe die Förderung und Konsolidierung der Demokratie bestimmt".[28] Dieses Axiom hat auch weiterhin Gültigkeit. In der Praxis stößt eine daraus abgeleitete Politik indessen auf Probleme, die zu selektiver Anwendung zwingen. So gilt dieses Ziel zwar für die ehemaligen kommunistischen Staaten, bei den amerikanischen Verbündeten in der Golfregion wie Kuwait und Saudi-Arabien hält man sich jedoch mit öffentlichen Äußerungen über deren autokratische Herrschaftssysteme deutlich zurück.

Wenig später wurde die Formel der amerikanischen Weltpolitik noch weiter gefaßt. Einige Tage nach dem Überfall des Irak auf Kuwait sprach der amerikanische Präsident in einer Rede vor dem Kongreß von der Notwendigkeit, der Aggression Saddam Husseins entgegenzutreten, und von der Aufgabe, "a new world order" zu schaffen, "in which the nations of the world, East and West, North and South, can prosper and live in harmony".[29] In einer Rede nach Beendigung des Golfkriegs hat Bush das Ziel dieser Ordnung so beschrieben: "It refers to new ways of working with other nations to deter aggression, to achieve stability, to achieve prosperity and, above all, to achieve peace".[30] Seither hat er seine Vision bei vielen Anlässen wiederholt aufgegriffen und mit ähnlichen Worten umschrieben.

Vergleiche zwischen George Bush und den Präsidenten Roosevelt und Wilson drängen sich auf. Tatsächlich stellt sich Bush bewußt in die Tradition dieser Vorbilder. Wilsons Idee eines kollektiven Sicherheitssystems (Völkerbund) wurde nach 1919 von europäischem "appeasement" und amerikanischem Isolationismus zunichte gemacht. Roosevelts erneuter Versuch, "One World" auf der Grundlage der VN zu schaffen, scheiterte nach 1945 an dem Supermachtkonflikt, der den Kalten Krieg hervorbrachte. Vielleicht besteht jetzt eine dritte Chance, dieser Idee näher zu kommen; ob allerdings die Instrumente der kollektiven Sicherheit dafür taugen, die Vision der "Neuen Weltordnung" Realität werden zu lassen, vermag auch der Realist George Bush nicht zu ermessen, weswegen in seinen Reden zu diesem Thema die Vereinten Nationen kaum erwähnt werden. Gleichwohl bieten sich nach dem Ende des Kalten Krieges neue Möglichkeiten, die VN zur Wahrung des internationalen Rechts einzuschalten, wie nach dem Überfall Iraks auf Kuwait geschehen, und sie bei entsprechender Weiterentwicklung ihrer Organe zu einem

28 James *Baker*, Democracy and American Diplomacy, World Affairs Council, Dallas, Texas, am 30.3.1990, in: United States Department of State Bulletin, No. 1266.

29 George *Bush*, Address to Congress am 11.9.1990, "Iraqi Aggression Will not Stand", in: USPIT, No. 211, 12.9.1990, S. 17.

30 George *Bush* on "New World Order" am 13.4.1991. Rede vor der Air University at Maxwell Air Force Base, in: USPIT, No. 58, 15.4.1991, S. 12.

schlagkräftigen Instrument einer Weltfriedenspolitik zu machen: "zur vorbeugenden Diplomatie, für Friedensstiftung und Friedensbewahrung" - wie die Staats- und Regierungschefs der Mitgliedsländer des Sicherheitsrates erklärt haben.[31]

Auf amerikanischer Seite sind allerdings bisher noch keine ernsthaften Bemühungen erkennbar, das Potential der VN-Charta für zwischenstaatliche und auch innerstaatliche Konfliktlösungen auszubauen. Vielmehr scheinen die USA den Sicherheitsrat als eine Agentur zu betrachten, mit deren Hilfe amerikanische Ordnungs- und Interessenpolitik in weltpolitische und völkerrechtlich legitimierte Entscheidungen umgesetzt werden können. Eine VN-Organisation, die nach der Vorstellung Roosevelts kollektive Weltordnungspolitik betreibt - nicht nur definiert, sondern auch organisiert -, ist in George Bushs Entwurf einer "Neuen Weltordnung" nicht vorgesehen. Diese Rolle wollen die USA selbst übernehmen, genauer gesagt, im Sinne einer Hegemonie der westlichen Welt kollegial mit den übrigen Führungsmächten teilen. Das Direktorium ist nicht der Weltsicherheitsrat, sondern die Gruppe der Sieben (G 7), die sich für das Management der Weltpolitik besser als andere Institutionen eignet, da in ihr jene Staaten versammelt (künftig auch Rußland) sind, die eine gemeinsame Weltpolitik gestalten können. Dies ist auch ihre in London erklärte Absicht: "We seek to build world partnership, based on common values, and to strengthen the international order."[32] Die Konferenzpolitik der Sieben erinnert an das "Europäische Konzert" nach dem Wiener Kongreß, das einen Modellfall in der Geschichte der internationalen Beziehungen darstellt. Künftig könnte die G-7+1 eine starke Rolle im VN-Sicherheitsrat spielen. Zudem erscheint eine Stärkung ihrer wirtschaftlichen Zusammenarbeit durch Bildung eines Sekretariats und enge Verknüpfung mit der OECD denkbar.

In dieser - bislang gewiß noch wenig strukturierten - Hegemonie der westlichen Welt wollen die Vereinigten Staaten die entscheidende Rolle spielen, denn "the United States remains the only state with truly global strength, reach and influence in every dimension - political, economic and military."[33] Dadurch könnte die einzige Welt- und stärkste Militärmacht dazu verleitet werden, in der "Neuen Weltordnung" schließlich doch als "Weltpolizist" zu fungieren. Die große Mehrheit der amerikanischen Bevölkerung lehnt dies zwar ab,[34] der Präsident hingegen schließt eine vergleichbare Aufgabe, so unpopulär sie auch sein mag, nicht grundsätzlich

---

31 Zitiert aus: Frankfurter Allgemeine Zeitung, 3.2.1992, S. 3.

32 London Summit, Economic Declaration: Building World Partnership, in: USPIT, No. 98, 22.7.1991, S. 37.

33 National Security Strategy, August 1991, S. 2.

34 Eine Meinungsumfrage des Time Magazine im März 1991 ergab, daß 75% der Befragten die Rolle der USA als "Weltpolizisten" ablehnen. Vgl. David *Gergen*, America's Missed Opportunities, in: Foreign Affairs, 71 (1992) 1, S. 16. Auf die Frage, ob die USA erneut militärisch gegen den Irak vorgehen sollten, antworteten in einer Umfrage im Juli 1991 71% mit nein. Vgl. American Opinion. Evaluating the Persian Golf one Year Later, in: USPIT, No. 106, 7.8.1991, S. 12.

aus: "We cannot be the world's policeman ..., but we remain the country to whom others turn when in distress."[35] Die Interventionen in Libyen, Grenada und Panama haben gezeigt, daß die USA bereit sind, ihre Macht auch einzusetzen. Das militärische Vorgehen der USA gegen den Irak unterscheidet sich jedoch in mehrfacher Hinsicht von den typischen Einsätzen militärischer Machtpolitik der USA während des Kalten Krieges. Die Militäraktion gegen Panama beispielsweise entsprach noch dem alten Typ unilateraler Politik, während ein aktueller Fall (Haiti) zeigt, daß die USA nicht interessiert sind, stets mit Waffengewalt einzugreifen, auch nicht, um eine Demokratie wiederherzustellen.

Fast exemplarisch hat der zweite Golfkonflikt die Rolle militärischer Macht in der "Neuen Weltordnung" verdeutlicht. Kriegsgrund für die USA war das strategische Interesse an der Sicherung der Ölquellen, aus denen die Industriestaaten einen bedeutenden Teil ihrer Energie beziehen. Der Irak hatte dieses Interesse mißachtet und mit der Invasion in Kuwait gegen ein zentrales Prinzip des Völkerrechts verstoßen, was durch den Einsatz militärischer Mittel geahndet wurde. Erstmals seit Vietnam sind die Amerikaner also nicht "für die Demokratie" in den Krieg gezogen. Anders als in Vietnam wurde der Krieg diesmal nicht strikt begrenzt geführt, sondern mit vollem Einsatz sämtlicher konventioneller Kriegsmittel. Die Kriegsziele dagegen waren auf das Notwendigste beschränkt: Wiederherstellung der Souveränität Kuwaits und Wiedereinsetzung seines Emirs, Schonung der Zivilbevölkerung des Gegners, frühzeitiger Abbruch der Kampfhandlungen, schneller Abzug der amerikanischen Truppen aus dem Kriegsgebiet. Darüber hinaus grenzten die USA auch ihre eigenen Interessen ein, denn die Herstellung der Anti-Saddam-Koalition verlangte die Berücksichtigung der Interessen aller Verbündeten. Daher haben sich die USA davor gehütet, die Vernichtung des irakischen Tyrannen zum Kriegsziel aufzuwerten. Die wichtigste Ausgangsbasis in diesem Krieg war aber nicht die Gemeinsamkeit der Interessen, so legitim sie auch waren (Sicherheit der Energieversorgung und Schutz der pro-westlichen Staaten in der Region), sondern die Weltmeinung. Um sie zu gewinnen, war das allgemeine Interesse an der Respektierung des Völkerrechts überzeugend genug.

Es war gewiß kein Zufall, daß der amerikanische Präsident die Formel von der "Neuen Weltordnung" während des Golfkonflikts prägte, denn aus der Art und Weise, wie die USA auf den Überfall des Irak auf Kuwait reagiert haben, lassen sich deren Kernelemente ableiten. Sie stützt sich auf das Völkerrecht, insbesondere auf die Grundprinzipien der nationalen Selbstbestimmung und des Gewaltverbots. Die "Neue Weltordnung" kennt weniger Gebote als Verbote, deren vorsätzliche und schwerwiegende Durchbrechung nicht hingenommen werden darf, sondern mit den Mitteln des Völkerrechts zu ahnden ist, und zwar so abschreckend,

---

35 National Security Strategy, August 1991, S. 2.

daß potentielle "Ausreißerstaaten" daraus ihre Lehren ziehen. Als Grundlage dient folglich das Prinzip der legitimen Zwangsgewalt, die abweichendes Verhalten nach den Regeln des Kapitels VII der VN-Charta in die Schranken weist. Dies ist vor allem Aufgabe der einzigen Weltmacht, aber auch ihrer "partner in leadership", die politisch und moralisch verpflichtet sind, Recht und Ordnung zu verteidigen.[36] Die USA können und wollen die Rolle des globalen Ordnungsstifters nicht mehr allein spielen. Andere Staaten haben sich daher auch an den Kosten militärischen Eingreifens zu beteiligen. Beides, die militärische bzw. finanzielle Unterstützung der amerikanischen Intervention gegen Friedensbrecher, soll in dieser Sicht die Legitimität der Zwangsgewalt untermauern.

Nach Meinung der Planer im Pentagon kommt ein weiteres Element hinzu: die Bewahrung des Monopols der amerikanischen Führungsmacht. Daher müssen die USA mögliche Konkurrenten davon überzeugen, "daß sie keine größere Rolle anstreben oder eine aggressivere Haltung verfolgen müssen, um ihre legitimen Interessen zu schützen". Offensichtlich aus Sorge vor weiteren Kürzungen des Verteidigungshaushalts beschwört das Pentagon die Gefahr eines "Wiederauftauchen[s] eines neuen Rivalen auf dem Gebiet der früheren Sowjetunion oder anderswo"[37] - gemeint sind Deutschland und Japan - herauf. Auch wenn man dies nicht für bare Münze nehmen muß, zeigt es doch, daß innerhalb der Administration die Selbsteinschätzung der Rolle der USA in der Weltpolitik zwischen *kollektivem und hegemonialem Internationalismus* schwankt. Zweifellos ernster zu nehmen ist die wichtige Aufgabe der Monopolisierung der Massenvernichtungsmittel. Die Proliferationsgefahr könnte die Durchsetzung der "Neuen Weltordnung" erheblich erschweren und dem Entstehen regionaler Vormächte und Konflikte Auftrieb geben.

Die "Neue Weltordnung" beruht indessen nicht allein auf Sanktionen, sie hat der Staatengemeinschaft auch positive Anreize zu bieten: "peaceful settlements of disputes, solidarity against aggression, reduced and controlled arsenals, and just treatment of all peoples."[38] Daher stützt sich der Ordnungsentwurf auf den Anspruch globaler Akzeptanz der kollektiven Hegemonie der westlichen Welt, die ihre friedensstiftende Wirkung durch freiwillige Zusammenarbeit in internationalen

---

36 "To do the hard work of freedom", wie es George *Bush* in der State of the Union Address vom 29.1.1991 nannte, zitiert aus: Washington Post, 30.1.1991, S. 14; deutsch in: Europa-Archiv, 46 (1991) 5, S. D120.

37 U.S. Strategy Plan Calls for Insuring No Rivals Develop. A One-Superpower World, in: New York Times, 8.3.1992, S. 1 und 14. Dieser Entwurf der klassifizierten Defense Planning Guidance (DPG) wurde nach der Veröffentlichung von Sprechern des Weißen Hauses und des State Department als ein "dumb report" scharf kritisiert. Vgl. International Herald Tribune, 12.3.1992, S. 4. Über die Neufassung der DPG berichtet die Washington Post am 24.5.1992, S. 1 und 23, daß die umstrittenen Aussagen des Entwurfs entfernt bzw. abgemildert worden sind und insgesamt der kollektive Strategieansatz der USA stärker herausgearbeitet wurde, ohne allerdings ein unilaterales Vorgehen auszuschließen.

38 George *Bush* on "New World Order", zit. in: USPIT, No. 58, 15.4.1991, S. 12.

Organisationen, regionalen Kooperationen und multilateralen Regimen entfalten und den beteiligten Staaten eine gleichberechtigte und friedliche Form der Konfliktbewältigung ermöglichen soll. An die Stelle der weitgehenden - teilweise gewaltsamen - Fremdbestimmung in der Konfrontationsordnung des Kalten Krieges rückt das Prinzip der kollektiven Selbstbestimmung. Dieses Prinzip zur Geltung zu bringen und in entsprechende Organisationsformen umzusetzen ist die entscheidende Führungsaufgabe der westlichen Welt, die dafür kraft ihrer demokratischen Kultur und wirtschaftlichen Leistungsfähigkeit die Kompetenz hat. Grundlage der "Neuen Weltordnung" ist "die Integration Deutschlands und Japans in ein von den Vereinigten Staaten geführtes System kollektiver Sicherheit und das Entstehen einer 'demokratischen Friedenszone'",[39] die von "Vancouver bis Wladiwostok" reicht (und Japan einschließt). Diese "Friedenszone" bietet den aus dem ehemaligen Ostblock herausbrechenden Staaten die Möglichkeit, Konfliktlösung und Kriegsvermeidung durch Demokratie zu erlernen. Auf diesem Wege sollen insbesondere KSZE und NATO-Kooperationsrat das Ordnungsdefizit beheben helfen, das nach dem Ende des Ost-West-Konflikts entstanden ist.

Der Entwurf der "Neuen Weltordnung" entspricht zweifellos angelsächsischer Tradition und erinnert an das amerikanische Vorhaben unmittelbar nach Beendigung des Zweiten Weltkriegs, Weltführungspolitik in und mit internationalen Organisationen zu betreiben. Dennoch ist die Vision der "Neuen Weltordnung" nicht einfach eine Rückkehr zur Idee der "One World" nach dem Vorbild der "New World", die sich die Amerikaner auf der Grundlage ihrer demokratischen Ideale selbst geschaffen haben. Gewisse Anklänge an diese optimistische Perspektive sind zwar in manchen Äußerungen des Präsidenten wiederzufinden, so daß gelegentlich auch von einer "New World Order" die Rede war.[40] Gleichwohl sieht George Bush die Zukunft nüchtern, ohne jedoch den im Vietnamkrieg erschütterten und im Irakkrieg wiedergewonnenen Glauben an die Fähigkeit der USA in Frage zu stellen, in der Welt als "leuchtendes Beispiel für Freiheit und Demokratie"[41] zu wirken. Er bezweifelt allerdings, daß die USA für die gesamte Welt Vorbildfunktion hat, was etwa in der Zurückhaltung gegenüber dem islamischen Traditionalismus der Saudis, der Diktatur Syriens und dem iranischen Fundamentalismus während und nach der Golfkrise sichtbar wird. Bushs Erwartungen und Ziele sind bescheidener: Die "Neue Weltordnung" soll die Staatengemeinschaft nach dem Kalten Krieg in die Lage versetzen, die weltpolitischen Folgen des Zusammenbruchs des Sowjetimperiums unter Kontrolle zu halten. Daher betrachtet der Präsident die

---

39 National Security Strategy, August 1991, S. 2.

40 Siehe Gebhard *Schweigler*, Die USA und die Neue Weltordnung, unveröffentlichtes Manuskript, Stiftung Wissenschaft und Politik, Ebenhausen, Mai 1991.

41 Präsident *Bushs* Botschaft zur Lage der Nation am 29.1.1991, in: Europa-Archiv, 46 (1991) 5, S. D120.

"Neue Weltordnung" als eine Chance "to keep the dangers of disorder at bay"[42] - folglich nicht als ein statisches Modell, sondern als einen Prozeß, der die internationale Unordnung eindämmen und die Neuordnung stabilisieren soll.

Und in der Tat: Hinter der Rhetorik von der "Neuen Weltordnung" verbirgt sich die Erkenntnis der Realität eines internationalen Systems, das unabsehbare Konflikte enthält, wenn die Krise im Osten im Chaos endet, die religiösen Spannungen im Süden sich verschärfen, die Bevölkerung in der Dritten Welt weiter bedrohlich anwächst, der Zerstörung der Umwelt und der Erwärmung des Klimas nicht Einhalt geboten werden kann. Nach der Beseitigung des Ost-West-Konflikts entwickeln sich neuartige globale Bedrohungen der Sicherheit. Die alte Weltordnung war nicht mehr in der Lage, mit den veränderten Bedrohungen fertigzuwerden. Auch deswegen hatte sie ihren Sinn verloren. In der Politik des US-Präsidenten sucht man allerdings vergeblich nach globalen Konzepten etwa zur Sicherheit kerntechnischer Anlagen, zu den Problemen von Ökologie und Energie oder zur Bewältigung der Unterentwicklung der Dritten Welt. Insbesondere für die armen Staaten im Süden, die eindeutig zu den Verlierern der neuen Kräftekonstellation zählen, ist anscheinend in der "Neuen Weltordnung" wenig Platz.

Aller Unordnung zum Trotz sind einzelne Elemente der neuen Weltordnung bereits Realität geworden. Die nunmehr unbestreitbare Dominanz des Westens könnte die notwendigen Voraussetzungen dafür schaffen, daß die Weltgemeinschaft den neuen Herausforderungen erfolgreich begegnen kann. Ohne internationale Stabilität ist die sicherheitspolitische Agenda der Zukunft nicht zu bewältigen. Ob allerdings eine dauerhafte Verständigung über die "Neue Weltordnung" unter den westlichen Führungsmächten - und zwar über den eindeutigen Fall einer Aggression wie in der Golfkrise hinaus - möglich ist, muß trotz der sichtbaren Fortschritte der westlichen Politik bei der Bewältigung der aus der Auflösung des Ost-West-Konflikts erwachsenen Unordnung offenbleiben. Ob die USA wirklich in der Lage sein werden, angesichts ihrer inneren Probleme und Schwächen mit den notwendigen, insbesondere wirtschaftlichen Mitteln die Rolle als Weltführungsmacht wahrzunehmen, bleibt ebenfalls offen. Die "Neue Weltordnung" ist ohne Ordnung im eigenen Lande kaum tragfähig. Der "freie Fall" der Popularität des Präsidenten von den Höhen des Triumphes im Golfkrieg in die Tiefen der amerikanischen Wirtschaftsmisere und in die verbreiteten Zweifel an seinen innenpolitischen und ökonomischen Fähigkeiten zeigen das Dilemma.

VIII. Ausblick

Insgesamt sind viele neue Ansätze, Akzente und Anpassungen an die veränderte Weltlage, aber noch keine grundlegende Veränderung der amerikanischen Welt-

42 George *Bush* on "New World Order", in: USPIT, No. 58, 15.4.1991, S. 12.

politik erkennbar. Sie ist auch kurzfristig nicht zu erwarten, solange der Auflösungsprozeß der alten Strukturen fortdauert und die Politik sich somit noch in einem Übergangsstadium mit vielen Ungewißheiten befindet. Große Mächte neigen ohnehin nicht dazu, ihren Kurs trotz dramatisch veränderter internationaler Verhältnisse abrupt zu verlassen. Obwohl die Vereinigten Staaten sich heute in einer Welt wiederfinden, in der ihr Gewicht als Supermacht weiter sinkt und noch abnehmen wird und in der sie politisch, wirtschaftlich, aber auch militärisch auf die Unterstützung anderer Staaten angewiesen sind, erhalten sie ihren Anspruch als Führer der freien Welt aufrecht und versuchen, ihrer erklärten Rolle als Architekt einer "Neuen Weltordnung" gerecht zu werden.

Langfristig werden die USA einsehen müssen, daß ihre Möglichkeiten begrenzt sind, die internationalen Angelegenheiten in einer Welt, die sich zunehmend regionalisiert und fragmentiert, in ihrem Sinne zu beeinflussen. Viele Amerikaner sind bereits auf dem Wege, dies zu erkennen, denn die für George Bush unbefriedigenden Ergebnisse der Vorwahlen machen deutlich, daß die amerikanische Öffentlichkeit nach den Anstrengungen des Kalten Krieges und nach erfolgreicher Beseitigung seiner Altlasten eine stärkere Hinwendung der Regierung zur Innenpolitik fordert. Die selbstzerstörerischen Folgen der Schuldenkrise, die Schäden jahrzehntelanger wirtschaftlicher Selbstzufriedenheit der Wohlhabenden auf der einen und sozialer Stagnation auf der anderen Seite der amerikanischen Gesellschaft müssen dringend beseitigt werden. Der erneute Ausbruch des gewaltsamen Rassenkonflikts in Los Angeles und anderen Großstädten zeigt, daß die Zeit für eine Selbstkorrektur der amerikanischen Demokratie reif ist.

Die Bewältigung dieser schwierigen Aufgabe scheinen selbst viele republikanische Wähler dem gegenwärtigen Präsidenten nicht zuzutrauen. Es ist daher denkbar, daß George Bush als Präsident des Übergangs sein Amt verliert und seinem demokratischen Herausforderer, Bill Clinton, Platz macht, der sich seinen Wählern als "sozialdemokratischer" Kandidat empfiehlt. Jedenfalls befürwortet er eine aktive Rolle des Staates bei der Gestaltung des Wirtschaftsprozesses und einer sozial gerechteren Gesellschaftsordnung. Seine Anhänger sind überzeugt, daß die USA eine strukturelle Reform des Wirtschafts- und Gesellschaftssystems benötigen, um das Vertrauen in Amerikas Zukunft wiederherzustellen. Ob Clinton jedoch als Kandidat des Wandels glaubwürdig ist, erscheint ungewiß. Angesichts der politischen Alternativen sehen sich viele Amerikaner in der Verlegenheit, einem absoluten Außenseiter des Establishments wie Ross Perot die Stimme zu geben, der seinen Wählern direkte Demokratie und effizientes Management der amerikanischen Wirtschaft verspricht. Wie er diese Versprechen einlösen will, bleibt fraglich. Aber seine unabhängige Kandidatur sowie ihre starke und wachsende öffentliche Beachtung zeigen, in welch fließendem Zustand sich die USA derzeit befinden. Perots "grass-roots campaign" lebt von den Schwächen der beiden Spitzenkandidaten und der öffentlichen Kritik an den gespaltenen Machtverhältnissen in Washington, die den Regierungsprozeß lähmen und die Veränderung der amerikanischen Politik blockieren. Ross Perot präsentiert sich seinen Wählern als der Anführer und Macher des radikalen Wandels.

Sollte George Bush trotz seiner verfahrenen Wirtschaftspolitik die Wiederwahl am 3. November 1992 gelingen, scheint dennoch der Erfolg einer Umorientierung seiner Politik auf die inneren Probleme fraglich, die er in seiner Jahresbotschaft vom 28. Januar 1992 in einem Neun-Punkte-Programm zu einem "langfristigen Plan zur Sicherung unserer Zukunft" zusammengefaßt hat.[43] Der ausgeprägte Interessenpluralismus im Lande und die Fragmentierung der Macht zwischen Kongreß und Präsident würden seinen innenpolitischen Handlungsspielraum stark einschränken. Wird der Präsident jedoch in seinem Amt bestätigt, dürften seine außenpolitischen Erfahrungen und Erfolge, nicht zuletzt aber auch die Vormachtstellung seines Amtes in der Außenpolitik dafür sorgen, daß sich bis Mitte der 90er Jahre an der amerikanischen Ambition, die Welt zu führen, wenig ändert.

Die kommenden Jahre werden entscheidend für die künftige Ordnung in der Welt sein. Wie Europa sich weiterentwickelt, ob die Sowjetunion die demokratischen und wirtschaftlichen Reformen bewältigt, ob der Friedensprozeß im Nahen Osten gelingt oder wie der Ferne Osten sich künftig organisiert: Die Antworten auf diese Fragen werden nicht zuletzt davon abhängen, welche Rolle die USA als einzige Weltmacht bei der Gestaltung der künftigen Weltordnung spielen. Gleichgültig wer der nächste amerikanische Präsident sein wird: Es wird auch in Zukunft einen beträchtlichen Bedarf an Ordnung und Sicherheit geben, der ohne Amerika nicht abzudecken ist. Darauf scheinen sich die Demokraten mit einem gemäßigten, aufgeschlossenen Internationalismus einzustellen.

---

43 State of the Union Address vom 28.1.1992, in: USPIT, No. 14, 31.1.1992, S. 9-12.

4. Amerikas Große Strategie nach dem Kalten Krieg

Josef Joffe

I. Einleitung: Definitorisches und Historisches

Während europäische Kontinentalmächte wie Frankreich und die Bundesrepublik noch weit davon entfernt sind, eine Sicherheits- und Außenpolitik für die Zeit nach dem Kaltem Krieg und der Bipolarität in Europa zu definieren, hat sich eine neue "Große Strategie" der Vereinigten Staaten längst herausgeschält.

Die *grand strategy* hat, um definitorischen Mißverständnissen vorzubeugen, mit der "Kunst des Generals" (von griechisch *strategos*, "General") allenfalls als Unterabteilung zu tun. Vielmehr umschließt dieser Terminus die nationale Sicherheitspolitik in ihren großen Zügen, Prämissen und Prioritäten. Die Fragen der Großen Strategie sind die der nationalen Interessen und der internationalen Bedrohung: Was soll die Nation, was kann sie tun - und zu welchem Zweck? Dann: Welche Mittel sind dafür aufzubringen? Schließlich: Wie verhalten sich Diplomatie, Rüstung, Wirtschaft und innere Befindlichkeit zueinander?

Amerika, das derlei Dinge gerne in Doktrinen kleidet, bietet in seiner Geschichte viele Beispiele für die feierliche Artikulation einer "Großen Strategie". Das erste und berühmteste Beispiel ist natürlich die *Farewell Address* des Präsidenten George Washington, in der er die Abkehr von Europa und die Abwehr "permanenter Allianzen" predigte.[1] Eine fast ebenso berühmte Prinzipienerklärung ist die "Monroe-Doktrin". War die Devise der *Farewell Address* die Abkehr von Europa, so galt nun eine "raumgreifendere" Definition der amerikanischen Interessen, etwa "Amerika den Amerikanern", weshalb es ein feindlicher Akt sei, wenn Europa versuche, in der westlichen Hemisphäre wieder Fuß zu fassen.[2] Amerikas "Gro-

1 "The Great rule of conduct for us, in regard to foreign Nations is, in extending our commercial relations, to have with then as little political connection as possible ... Europe has a set of primary interests, which to us have none, or a very remote relation ... 'Tis our true policy to steer clear of permanent Alliances, with any portion of the foreign world [although] we may safely trust to temporary alliances for extraordinary emergencies." George *Washington*, "Farewell Address," 17. September 1796, in: John C. *Fitzgerald* (Hrsg.), The Writings of George Washington, Washington, 1931-1944, Bd. 35, S. 219ff.

2 "In the wars of the European powers in matters relating to themselves we have never taken any part, nor does it comport with our policy to do so ... We owe it, therefore, to candor and to the amicable relations existing between the United States and those [European] powers to declare that *we should consider any attempt on their part to extend their system to any portion of this hemisphere as dangerous to our peace and safety*." James *Monroe*, "State of the Union Address," 2. Dezember 1823, in: James D. *Richardson* (Hrsg.), A Compilation of the Messages and Papers of the Presidents, 1789-1897, Washington, 1896-1899, Bd. 2, S. 207-220.

ße Strategie" wird endgültig zur Global-Strategie in den Worten der "Truman-Doktrin", in der 1947 die Eindämmungspolitik der USA vorgezeichnet wurde:

> "I believe that it must be the policy of the United States to support free peoples who are resisting attempted subjugation by outside minorities or by outside pressures ... If we falter in our leadership, we may endanger the peace of the world - and we shall surely endanger the welfare of our own nation."[3]

Kurz, aber bündig spiegelt sie die den Kalten Krieg bestimmende Strategie wider. Die Prämisse ist, daß Amerikas Sicherheit von der demokratischen Entwicklung seines Umfeldes abhänge, seine Aufgabe "leadership" sei. Das Verhältnis Innenpolitik/Außenpolitik wird so definiert, daß diese äußere Strategie gleichzeitig die innere Wohlfahrt garantiere. Die Bedrohung durch die Sowjetunion ist nicht beim Namen genannt; sie findet sich in dem noch berühmteren "Langen Telegramm" des Chefideologen des Containment, George F. Kennan. Ein Satz aus diesem Telegramm artikuliert das Leitmotiv der amerikanischen *grand strategy* bis zum Zusammenbruch sowjetischer Macht etwa 1990: "The main element of any United States policy towards the Soviet Union must be that of a longterm, patient but firm and vigilant containment of Russian expansionist tendencies."[4] Die Mittel sind bekannt: rapide Aufrüstung ab 1947, ein weltumspannendes Netz von Allianzen, Stützpunkte und Truppenstationierung rund um die Sowjetunion, die größte Flotte der Welt, ein strategisches Bomberkommando, atomare Raketen von interkontinentaler und regionaler Reichweite, die Kernland und Verbündete zugleich schützen.

Diese Phase - sie dauerte immerhin fast ein halbes Jahrhundert - ist nun vorbei, muß vorbei sein, weil Sinn und Ziel der klassischen Containment-Politik - "entweder der Zusammenbruch oder die Mäßigung sowjetischer Macht" (Kennan) - erreicht sind. Anders aber als im 19. Jahrhundert, anders als nach den beiden Weltkriegen, wo gleich nach dem Sieg die klassischen Reflexe des Rückzugs und der Abkehr überhandnahmen, läßt sich die Neuformulierung der amerikanischen Strategie zu Beginn der 90er Jahre *nicht* auf einige wenige Prämissen und Prinzipien reduzieren. Das entscheidende Dokument ist der *Report of the President on U.S. Strategy* vom August 1991 - und dieser Text umfaßt immerhin 34 großformatige Druckseiten.[5]

Im nächsten Abschnitt (II) soll dieses Bündel von Konzepten - also die offizielle Artikulation - analysiert werden. Im darauffolgenden Abschnitt (III) soll eine noch

3 Harry S. *Truman* vor dem Kongreß am 12. März 1947, zitiert nach Walter *LaFeber* (Hrsg.), The Origins of the Cold War, 1941-1947: A Historical Interpretation with Documents, New York 1971, S. 154-156.

4 George F. *Kennan* (unter dem Pseudonym x), The Sources of Soviet Conduct, in: Foreign Affairs, (Juli 1947), S. 580.

5 George *Bush*, Report of the President on U.S. Strategy, August 1991.

relevantere Frage beantwortet werden: Wie verhält sich die Rhetorik zur Realität, welche "Große Strategie" schält sich im Blick auf die konkrete amerikanische Politik seit 1989 heraus? Dabei werden insbesondere die amerikanische Deutschlandpolitik auf dem Weg zur Wiedervereinigung, die Koalitions- und Kriegführung im Golf und die Diplomatie im Nahost-Friedensprozeß als exemplarische Beispiele hervorgehoben. Abschließend (IV) sollen vor dieser Folie die Implikationen für die deutsche Politik in den 90er Jahren untersucht werden.

II. George Bush und die "Neue Weltordnung"

Interessant ist, daß George Bush in seinem *Report* zum einen den Begriff der "grand strategy" gleich an den Anfang seiner Überlegungen stellt und zum zweiten die Konzeption des Containment der Vergangenheit anheimfallen läßt.[6] Die Prämissen werden wie folgt artikuliert:

(1) Die *Sowjetunion bleibt ein entscheidender Faktor im amerikanischen Kalkül*: "Die Sowjetunion bleibt der einzige Staat, der mit seinen militärischen Mitteln die amerikanische Gesellschaft mit einem allesvernichtenden Schlag zerstören kann." Überdies werde dieses Gebilde überragende "konventionelle Mittel" besitzen.[7] Freilich gilt es hier eine hervorragende Ambivalenz zu registrieren, bei der sich die Gewichte rasch verschieben können (und schon verschoben haben). Nach dem Zusammenbruch der Sowjetunion Ende 1991 neigte sich die Einschätzung Rußlands innerhalb des Spektrums "Antagonismus-Allianz" deutlich in Richtung "Partnerschaft". Die Zusammenarbeit wurde zumal auf dem Sektor Rüstungskontrolle und -vernichtung intensiviert (wobei der Kongreß 400 Millionen US-Dollar für die Sicherung bzw. Zerstörung ehemals sowjetischer Atomwaffen bewilligte). Im Frühjahr 1992 rang sich die Bush-Administration zu einer größeren Finanz-Infusion durch, die der GUS im Rahmen eines 24-Milliarden-Dollar-Unterstützungsprogrammes des gesamten Westens gewährt werden sollte.

(2) *Bündnisbeziehungen werden schwieriger aufgrund einer "verringerten sowjetischen Bedrohung"*: "Differenzen zwischen Verbündeten werden in dem Maße mehr hervortreten, in dem die herkömmlichen Sicherheitssorgen, die sie seinerzeit zusammengeschweißt haben, an Intensität verlieren."

(3) Die *Bedrohung wird diffuser und zweideutiger*, und das wirft folgende Fragen auf: "Welche Art und Struktur von Streitkräften werden gebraucht, um nicht einem spezifischen, in Stellung gegangenen Feind zu begegnen, sondern der wachsenden Gefahr von Machtvakuen und regionalen Labilitäten?" Weiter:

---

6 Ebd., S. 1.

7 Es ist anzunehmen, daß seit dem 25. Dezember 1991, als die UdSSR offiziell ihr Ende fand, mutatis mutandi für "Sowjetunion" "Rußland" oder "GUS" eingesetzt werden könnte.

Wie sind konventionelle Kräfte so zu reduzieren, daß sie schneller wieder aufgebaut werden können, als es der [ungenannte] Gegner könnte?

(4) *Amerika als "Nummer eins"*: Grundsätzlich sei die Welt "komplizierter, labiler und weniger berechenbar" geworden. Nur - und dies ist entscheidend: Auch wenn überall neue "Machtzentren" entstehen, bleiben doch die USA "der einzige Staat mit wirklich globalem Potential, Projektionsfähigkeit und Einfluß, und dies in jeder Beziehung: politisch, wirtschaftlich und militärisch". Zwar können die Vereinigten Staaten nicht den "Weltpolizisten" spielen, aber ein anderer ist auch nicht in Sicht, woraus folge: "Wir bleiben das Land, an das sich alle anderen in Zeiten der Belastung wenden."

(5) *Amerikas Agenda ist vielfältiger geworden*: Zu den neuen Bedrohungen gehören die Verbreitung von Massenvernichtungswaffen, Drogen und Umweltkollaps, aber auch - und hier wird ein direkter Bezug zur Innenpolitik hergestellt - "fiskalische Verantwortungslosigkeit", welche die Wirtschaftskraft und somit die außenpolitische Durchsetzungsfähigkeit des Landes untergraben könnte.

(6) *Gegner und Freunde, Partner und Rivalen*: Den Nachfolgestaaten der Sowjetunion (GUS) ist auf dem Wege zur Demokratie und Marktwirtschaft zu helfen, aber: Nach wie vor werden Teilbereiche des Verhältnisses durch "Konkurrenz" geprägt, und die "Konfrontation könnte jederzeit wieder ausbrechen." Deutschland und Japan sind neue Machtzentren - befreundet zwar, aber manchmal auch "bittere Rivalen in der wirtschaftlichen Arena". Die NATO wie auch Europa bleiben zentrale Angelpunkte aller amerikanischen Politik, und "wir werden eine größere europäische Verantwortung für die europäische Verteidigung ermutigen." Allerdings: "Solcherlei Anstrengungen werden nur unsere volle Unterstützung genießen, solange sie das Bündnis stärken."

Außerdem: Wie wichtig Europa auch bleibt, die konkreten Gefahren drohen vorläufig anderswo. "Wie wir im Golf gesehen haben," so Bush, "geht die Gefahr von regional vorherrschenden Mächten aus, die mit modernen Waffen und alten Ambitionen gerüstet sind." Daraus folgt eine zentrale Aufgabe der USA: "das Aufrechterhalten regionaler Kräftegleichgewichte".

(7) *Regionalspezifische Interessen*: Im asiatisch-pazifischen Raum gedenken die USA mehr denn je, mit Hilfe eines "Gewebes bilateraler Beziehungen" eine "Scharnier-Rolle" zu spielen. Hier wird schemenhaft erkennbar, was im folgenden Abschnitt noch näher analysiert werden soll: Amerika als Global-Manager regionaler Balancen - in diesem Fall als zentrales Gewicht im Zusammenspiel zwischen der Sowjetunion, China, Japan und den kleineren Mächten wie Vietnam und den Philippinen.

Ähnliches gilt für den Nahen Osten und Südwestasien. Der Irak, der jüngste Herausforderer, bleibt unter Kuratel. Iran aber, einem latenten Faktor der

Bedrohung, wird eine "verbesserte Beziehung" angeboten. Libyen bleibt unter wachsamer Aufsicht. Ein Hauptkonflikt - der israelisch-arabische - soll einem gerechten Frieden zugeführt werden, indem sich Amerika als Mittler, Makler und Macher zwischen die Fronten schiebt - also seine Bindung an Israel in dem Maße lockert, wie es die zu den Arabern festigt. Insgesamt streben die Vereinigten Staaten - wieder einmal in der Rolle des globalen Regional-Managers - "regionale Sicherheits-Arrangements" an, die das gesamte Gebiet stabilisieren sollen.

(8) *Bleibende "Vorwärts-Präsenz"*: Läßt das vorhergehende vermuten, daß die USA ihre Interessen sowohl *indirekter* als auch aus größerer Distanz zu verwirklichen gedenken, so schließt derlei Strategie doch nicht die bleibende regionale Verankerung amerikanischer Machtmittel aus. Dazu gehört "die bedachte Vorwärts-Stationierung von Truppen und die Einlagerung von militärischem Gerät," was zumal dem "Zusammenhalt wichtiger Bündnisbeziehungen" dienen soll. In der Tat, so heißt es wörtlich: "An manche Regionen - etwa Europa und Ostasien - binden uns solche zwingenden Interessen, daß sie die permanente Präsenz von gewissen amerikanischen Kräften erfordern."
Doch ist dieses Gelübde an Bedingungen geknüpft. Einmal gilt die Voraussetzung: "solange [diese Kräfte] dort gebraucht werden und erwünscht sind." Zweitens: Selbst in Europa und Ostasien kann die Vorwärts-Präsenz "in dem Maße verringert werden, wie die Bedrohung sinkt und unsere Verbündeten ihre eigenen Kräfte verstärken." Drittens - in bezug auf die "erweiterte Abschreckung" - gilt die Risiko- und Lastenteilung: Einerseits sollen "nicht-strategische Nuklearkräfte", hauptsächlich Flugzeuge "mit modernen Waffen", im amerikanischen Arsenal bleiben. Anderseits: "Diese Flugzeuge und ihre Ladungen müssen in Europa stationiert sein", und zwar als Zeichen dafür, daß die "Bündnismitglieder die nuklearen Risiken und Lasten teilen." Mit anderen Worten: Eine "erweiterte Abschreckung" durch die USA zum Nulltarif wird es nicht geben (etwa durch seestationierte Atomwaffen).

Fazit: Amerika zieht sich etwas zurück - und bleibt präsent. Die USA verstehen sich als globaler Sicherheitsmanager (als "einziges Land mit wirklich globalem Potential"), werden diese Rolle aber regional differenzieren - und dazu unter vielen Partnern auswählen. Bündnisverpflichtungen bleiben heilig, aber deren herkömmliche Strukturen sind nicht in Stein gemeißelt; Management ist wichtiger als tradierte Institutionen. Washington ist bereit, die Hauptverantwortung für die internationale Sicherheit zu übernehmen, aber daraus möge niemand schließen, daß der Genuß dieses Gutes billig oder gar kostenfrei sein werde. Deshalb auch der Verweis auf die ökonomischen Rivalitäten mit Deutschland und Japan; deshalb auch die nicht einmal subtil vorgetragene Forderung, wonach Wohlverhalten von seiten Washingtons nur im Quid-pro-quo-Verfahren zu haben ist; deshalb schließlich die Mahnung an Freunde und Verbündete, die sich salopp so formulieren läßt: "Wenn ihr uns haben wollt, müßt ihr es zeigen - durch Worte und Wohlverhalten; und wer Service will, muß zahlen."

III. Rhetorik und Realität: Die neue Strategie in Praxis und Politik

Besser noch als an den Proklamationen des Präsidenten läßt sich die Große Strategie der 90er Jahre an drei Beispielen exemplarisch darstellen: der amerikanischen Deutschlandpolitik vor dem 3. Oktober 1990, der Koalitions- und Kriegspolitik im Golf 1989/90 und dem Friedensprozeß in Nahost.

1. Deutschlandpolitik 1989/90

Anders als Großbritannien und Frankreich, die noch bis zum Frühjahr 1990 den Bremser zu spielen versuchten, sprangen die USA sehr schnell auf den Zug der deutschen Einheit auf. Schon am 24. Oktober 1989 vertraute George Bush der New York Times an: "Im Blick auf ein wiedervereinigtes Deutschland teile ich nicht die Besorgnisse mancher europäischer Staaten. Denn ich glaube, daß Deutschlands Bindung an das Atlantische Bündnis und sein Wissen um dessen wichtige Rolle unerschütterlich ist." Hinter dem schnellen Aufsprung stand nicht die traditionelle Wiedervereinigungs-Rhetorik, sondern vor allem kühles realpolitisches Kalkül - nämlich die Überzeugung, daß

- Deutschland so oder so wiedervereinigt würde, nachdem Moskau ganz offenkundig beschlossen hatte, sein osteuropäisches Imperium nicht zu retten, sondern zu räumen;
- das vereinigte Deutschland zur stärksten Macht auf dem Kontinent avancieren würde, und
- es in Amerikas wohlverstandenem Interesse liege, mit dieser Macht die freundschaftlichsten Beziehungen zu pflegen.

Fazit: Es galt nicht zu bremsen, sondern zu lenken - nicht in melancholische Gedanken über das "Vierte Reich" zu verfallen, sondern alles zu tun, damit die Vereinigung unter westlichen Vorzeichen vollzogen werde. Und so räumte Washington bis zum Sommer 1990 manchen Brocken auf dem Weg zur deutschen Einheit ebenso diskret wie zügig beiseite - vornehmlich in Moskau, aber auch in Paris und London.

Freilich sollte die Trasse nach amerikanischen Plänen gebaut werden - oder in den Worten von Bush auf dem NATO-Gipfel in Brüssel im Dezember 1990: Er heiße die Wiedervereinigung gut, so diese denn "im Kontext der NATO- und EG-Bindung stattfinden" würde. Es beginnt eine schier endlose Reihe von zwei- und mehrseitigen Verhandlungen: mit Mitterrand, Thatcher und immer wieder mit Gorbatschow und Schewardnadse. Diese bauen fast täglich neue Auffangstellungen nach dem Motto auf: "Deutschland nicht in der NATO, die NATO nicht in Deutschland." Und die amerikanische Antwort lautet höflich, aber beharrlich: Wiedervereinigung *im Westen* und ohne irgendwelche Vier-Mächte-Kontrollen. Um Moskau die bittere Pille zu versüßen, bieten die USA ein ganzes Bündel von "Kompensation" an - von der konventionellen und atomaren Abrüstung über einen neuerlichen deutschen Atomwaffen-Verzicht bis hin zu einer "Neuen NATO".

Ende gut, alles gut - aber auch ohne Offenlegung der Akten läßt sich schon heute vermuten: Angesichts des Zögerns von Briten und Franzosen, angesichts der hartnäckigen Aufhaltegefechte der Sowjetunion wäre das Ganze ohne das ebenso kluge wie beharrliche Engagement der USA kaum so wohltuend abgelaufen. Es war ein Meisterstück multilateraler und bilateraler Diplomatie - hart in der Sache, aber geschmeidig im Stil -, das zu einer nachgeholten Friedenskonferenz des Zweiten Weltkrieges geriet.

Die Moral von der Geschichte ist die geschickte Verknüpfung von nationalem Eigennutz und regionaler Architektur für die Nach-Nachkriegszeit. Die entscheidenden Fäden liefen fast alle durch Washington; was Bonn erhielt und Moskau gab, wäre wohl ohne den amerikanischen Makler so reibungslos nicht eingetroffen. Indem der "ehrliche Makler" aber nicht nur vermittelte, sondern auch seine eigene "Blaupause" für das neue Europa verwirklichte,

- demonstrierte er seine Unverzichtbarkeit,
- festigte er seine künftige Position in Europa und
- band den Verbündeten wie auch den Gegner an sich.

2. Krieg und Koalition im Golf

In der 2+4-Phase unterstrich Amerika seine Rolle als unverzichtbarer Mittler und Manager. Im Golf schälte sich eine verwandte und zugleich ehrgeizigere Große Strategie heraus: Amerika als "Weltpolizist", aber (vgl. den jugoslawischen Krieg) nur in strategisch entscheidenden Regionen; Amerika als "unipolarer" Machthaber, aber innerhalb einer selbstgesponnenen Ad-hoc-Koalition, deren Fäden nicht in den VN, sondern in Washington zusammenliefen; Amerika als Anführer, der aber nicht umsonst arbeitet, sondern den anderen "Gebühren" abfordert; George Bush als Machtpolitiker, der aber Sorge dafür trägt, daß klassische Gleichgewichtspolitik sowohl für das Heim- als auch das Auswärtspublikum in den Mantel internationaler Legitimation (durch die VN) gehüllt bleibt.

Wenn man so will, ist das die *britische Politik im 18. und 19. Jahrhundert unter den Umständen des 20.* Wie England zu jener Zeit besitzen - und nutzen - die Vereinigten Staaten zwei weltpolitische Monopolvorteile. Der eine ist die Fähigkeit, Macht rund um den Globus zu projizieren - analog zur britischen Flotte, die überall präsent war und militärische Aktionen in weiter Entfernung vom eigenen Kerngebiet austragen konnte.

Der zweite Vorteil ist die relative Unverwundbarkeit einer von Meeren geschützten Seemacht - eine Art existentieller Sicherheit, die im Falle des heutigen Amerikas durch weitreichende Atomwaffen potenziert wird. Im 20. Jahrhundert sind Atomraketen und -bomber das Äquivalent der britischen Flotte, die im 19. Jahrhundert den Atlantik patrouillierte und so den isolationistischen Impuls mit (geborgten) Zähnen versah. Der Atlantik war somit Barriere und Abschreckungsfaktor zugleich, weshalb man auch sehr gut auf "verstrickende Allianzen" verzichten konnte. Heute schaffen Atomwaffen eine analoge Form von existientieller Sicherheit. Denn die Fähigkeit, jeglichen Herausforderer allein mit eigener Kraft abzuschrecken oder zu vernichten, hängt weder von Verbündeten noch von Stützpunkten ab.

Unverwundbarkeit und Projektionsfähigkeit schaffen Optionen, über die heute keine andere Macht der Erde verfügt. Der Vorteil der Unverwundbarkeit schafft Gelassenheit und Unabhängigkeit; die Fähigkeit zur Projektion (siehe eine halbe Million Mann im Golf) ergab bislang die Möglichkeit, überall in der Welt zu intervenieren, ohne hier oder dort schon vorher mit Waffen und Truppen präsent zu sein. *Freilich gilt es, das Wörtchen "bislang" zu* betonen. Denn die derzeitigen Abrüstungspläne sowie der wahrscheinliche Abzug der meisten Truppen aus Europa lassen annehmen, daß Amerika eine Golf-Operation wie anno 1990/91 am Ende dieses Jahrtausends nicht mehr wird ausführen können.[8] Zieht man von diesen beiden Vorteilen also das Negativum scheinbar unreduzierbarer Budgetzwänge ab, so summiert sich das Ganze zu einer "britischen Großen Strategie", wie sie im Kontrast zwischen dem Golf- und Jugoslawienkrieg sichtbar geworden ist. Diese Strategie ist weltumfassend, aber wählerisch. Zu den Interventionsauslösern gehören offenbar:

- ein strategisch wichtiger Rohstoff (Öl);
- eine strategisch wichtige Region (der Schnittpunkt dreier Kontinente);
- eine transregionale Bedrohung (irakische Massenvernichtungs- und Raketenwaffen);
- ein Terrain (hier: baum- und berglose Wüste), das amerikanischen Waffen den größten Vorteil verspricht;
- angrenzendes freundliches Territorium, auf dem der Truppenaufmarsch vollzogen werden kann;
- Legitimation durch die Weltgemeinschaft;

---

8 Die Streitkräfte sollen von 2,1 auf 1,6 Millionen reduziert werden, während das Budget in den kommenden fünf Jahren um je 10 Milliarden Dollar gekürzt werden soll. Vgl. Patrick *Tyler*, Pentagon Imagines New Enemies To Fight in Post-Cold-War Era, in: New York Times, 17.2.1992, S. A1/A8.

- Unterstützung durch Partner, sei es in militärischer oder finanzieller Form.

Diese Liste suggeriert immerhin, daß die Golf-Operation nicht unbedingt auf routinemäßigen Interventionismus schließen läßt - die Bedingungen im Golfkrieg waren schlechthin ideal und sind in dieser Bündelung wohl kaum ein zweites Mal anzutreffen. Weiterhin läßt sich aus der Nichtintervention im Jugoslawien-Fall folgern, welche Bedingungen nicht ausreichen. Auf dem Balkan waren allenfalls moralische, nicht aber strategische oder wirtschaftliche Interessen tangiert. Der Konflikt schien in den Grenzen des eigentlichen Schlachtfeldes zu bleiben. Es gab nirgendwo - weder in Europa noch in den VN - Unterstützung für eine echte Intervention; die verbot allein die Erinnerung an diverse Balkankriege seit Ende des 19. Jahrhunderts, die zum Schluß in den Ersten Weltkrieg einmündeten. Nur auf Friedenstruppen vermochte sich die Weltgemeinschaft, sprich: der VN-Sicherheitsrat, zu einigen.[9]

Fazit: Wie einst Großbritannien kann es sich Amerika leisten, zu intervenieren und nicht zu intervenieren, weil nicht jede Krise - wie in den Zeiten der Bipolarität - von nationalem Belang ist oder zu sein scheint. Für einen Eingriff brauchen die USA keine Verbündeten, aber idealerweise eine Ad-hoc-Koalition. Deren Zweck ist nicht die Verstärkung des eigenen Potentials, sondern die innere wie die äußere Legitimation. Hier liegt übrigens ein entscheidender Unterschied zur britischen Strategie: Marlborough *brauchte* eine Koalitionsarmee, um Ludwig XIV. zu schlagen; desgleichen Wellington in Waterloo, als der Gegner Napoleon hieß. Alleine hätte England auch weder im Ersten noch im Zweiten Weltkrieg bestanden. Ganz anders Amerika: Im Golfkrieg hätte es sehr bequem ohne Briten und Franzosen siegen können, von den Saudis, Ägyptern und Syrern ganz zu schweigen.

Die andere Frage ist, ob Amerika den Krieg auch hätte *bezahlen* können, ob seine Macht nicht buchstäblich eine geborgte gewesen wäre. Die Antwort ist so eindeutig nicht, wie sie in Europa und Japan dargestellt wird. Wer mit dem Hut in der Hand durch die Hauptstädte der Welt reist, mag zwar wie ein Bettler aussehen. Doch bei genauerem Hinsehen wird eine entgegengesetzte Lektion über Einfluß und Macht erkennbar: Mächtig ist, wer mit dem Hut in der Hand anklopft - und nicht mit Almosen zurückkehrt, sondern mit zweistelligen Milliardensummen. Macht hat, wer bekommt, was er will - so die klassische Definition dieses Begriffs.

3. "Bismarck in Madrid": Der Nahost-Friedensprozeß

Erinnert die Politik im Golf an die klassische britische Strategie - das Zusammenschirren einer Ad-hoc-Koalition plus Intervention zugunsten des regionalen Kräf-

9 Erst als sich der Konflikt tatsächlich ausweitete, also serbische Truppen in Bosnien-Herzegowina eindrangen, modifizierten die USA ihre "hands-off"-Politik, indem sie die Serben mit scharfen Worten vor "politischer und wirtschaftlicher Isolierung" warnten. Vgl. hierzu USA warnen erstmals Serbien und die Armee, in: Süddeutsche Zeitung, 16./17.4.1992, S. 1.

tegleichgewichts unbeschadet früherer Loyalitäten[10] -, so läßt der "Madrid-Prozeß" eher auf eine *Bismarcksche Politik* schließen. Welchen explanatorischen Wert hat eine solche Analogie angesichts so massiver Unterschiede des Raumes, der Zeit und der weltpolitischen Stellung Amerikas?

Wie das Bismarck-Reich anno 1871 befindet sich Amerika seit 1991 in einer Position der "Fast-Hegemonie". Das Zweite Reich begann sehr rasch, alle Nachbarn an demographischer und wirtschaftlicher Potenz zu überragen. Amerika ist heute in einer "Bismarck-plus"-Position. Zwar lebt es in einer Welt, in der die Rest-Sowjetunion (Rußland), China, Japan und Bundesrepublik/EG auf manchen Ebenen der Macht - etwa im Handel oder bei der Bevölkerung - gleichwertig oder gar überlegen sind. Aber im Blick auf das *Gesamttableau* zeigt sich doch, daß die USA nicht nur an *jedem* Spieltisch präsent sind, sondern auch überall über die meisten Chips verfügen.

Die USA kontrollieren noch immer das größte Wirtschaftspotential der Welt. Sie besitzen die qualitativ beste Atomstreitmacht, und obwohl sie nicht unbedingt die *meisten* Truppen haben, so überragen diese doch alle anderen an Qualität und Projektionsfähigkeit. Auf der diplomatischen Ebene läßt sich derzeit niemand ausmachen, der über mehr Einfluß im Weltmaßstab verfügt. Und auf kulturell-ideologischem Gebiet findet sich nach dem Zusammenbruch des Sowjetkommunismus kein Modell, das dem demokratisch-kapitalistischen Konkurrenz machen könnte.

Diese Zustandsbeschreibung erlaubt es, tatsächlich von einer "unipolaren Welt" zu sprechen. Wenn dieses Bild stimmt, dann folgt daraus ein theoretisches "Aber": Konzentrierte Macht fordert im Sinne der Gleichgewichtslogik konterkarierendes Gebaren der vielen Schwächeren heraus. Dies war auch genau das Grundproblem der Bismarckschen Konstruktion: zu verhindern, daß sich die abgeschlagenen Rivalen gegen den Stärksten zusammenrotten. Bismarcks Alptraum war die "Kaunitzsche Politik", die "Nachtmahr der Koalitionen" - und daher das Grundprinzip seiner Großen Strategie, wie es sich im "Kissinger Diktat" von 1877 niederschlug: Eine politische Situation zu schaffen, in der "alle Mächte außer Frankreich unser bedürfen" und diese zugleich daran gehindert werden, "Koalitionen gegen uns" zu formieren. Es galt, wie Bismarck anderswo formulierte, das "Bleigewicht am Stehaufmännchen Europas" zu sein.

Das beste Beispiel dieser Politik ist der Berliner Kongreß von 1878, wo Bismarck als "ehrlicher Makler" auftrat, aber in Wahrheit zu demonstrieren versuchte, daß ein jeder zur Durchsetzung seiner Ziele gute Beziehungen zu Berlin unterhalten müsse. Ein verwandtes Beispiel ist das komplizierte Geflecht der Bündnisse, das Bismarck nach dem Berliner Kongreß über Europa ausbreitete. Viel ist an diesem System kritisiert worden, weil dessen Verpflichtungen ebenso un-

---

10 Bis etwa 1988 war der Irak ein Quasi-Verbündeter der USA, weil Iran als höchste Bedrohung der Balance eingestuft worden war.

durchsichtig waren, wie sie sich zum Teil gegenseitig aufhoben. Doch war die Logik glasklar: Alle wichtigen bilateralen Beziehungen sollten in Berlin zusammenlaufen; ein jeder sollte Deutschland mehr brauchen als irgendeinen anderen Staat.

Gewiß muß Amerika nicht den *cauchemar des coalitions* gegenwärtigen; gewiß kann es sich anders als die "Halb-Hegemonialmacht" Deutschland (Ludwig Dehio) ohne Hilfe von Dritten verteidigen. Aber mutatis mutandi bietet sich die Logik des "Kissinger Diktats" in einer halb-unipolaren, halb-multipolaren Welt nachgerade automatisch an. Angesichts diverser Machtzentren in statu nascendi (ein deutsches oder deutsch-französisches Europa und Japan) oder im Wartestand (Rußland, China), angesichts gefährlicher Regionalkonflikte mit Weiterungen (Nahost) gilt es, Macht zu binden oder zu neutralisieren und Konflikte zu lösen oder zu sterilisieren. Aber welches Ziel auch gerade vorherrschen mag, gebietet es die realpolitische Logik, die Position der "Nabe im Speichenrad" einzunehmen.

Anders ausgedrückt: Die Beziehung Washingtons zum Staate X muß für X wichtiger sein als die zu Y und Z. Konkreter: In Umrissen wird in Fernost eine Regionalbalance sichtbar, in der die USA versuchen, zu Japan, China und der Rest-Sowjetunion bzw. Rußland bessere Beziehungen zu unterhalten als diese untereinander. Noch deutlicher wird diese Strategie in Nahost.

Hier sind die USA tatsächlich die "Nabe", um die sich alle "Speichen" gruppieren. Der Irak steht unter amerikanischer Kuratel, Iran kann seiner Isolierung nur über den Umweg durch Washington entgehen. Syrien, Saudi-Arabien, Ägypten und Jordanien blicken zuallererst auf die USA und allenfalls in zweiter Linie aufeinander - von Jerusalem ganz zu schweigen. Daß der Madrider Friedensprozeß überhaupt zustande gekommen ist, hat nicht mit der überwältigenden Friedenssehnsucht der Kombattanten zu tun, sondern mit ihrem Wunsch, Washington nicht zu verärgern. Die Bush-Administration ist hier Makler und Macher zugleich, indem sie sorgfältig Konzessionen verteilt oder zurückhält, Finanzhilfe und Waffen liefert oder nicht, Sicherheitsgarantien anbietet oder vorenthält. Geboren wurde diese Politik während der Golfkrise 1990/91, als die USA sämtliche "Karten" ihrer neuen Strategie vorzeigten:

- Verlaß ist nur auf die USA - nicht auf Regionalverbündete oder die Sowjetunion oder Europa;
- wer etwas von seinem Rivalen/Gegner will, bekommt es nur über uns;
- wer Sicherheit will, braucht uns als Manager, Lieferanten und Garanten;
- wer die Regeln mißachtet (Iran, Irak, Libyen), wird isoliert oder gezüchtigt.

Derlei Strategie erinnert tatsächlich an die Bismarcksche Politik auf dem Berliner Kongreß und danach - mit dem gravierenden Unterschied, daß die USA in der jetzigen Konstellation (Rußland ist nicht mehr - und Europa noch nicht - Akteur auf der Weltbühne) stärker und weniger verwundbar ist als das Zweite Reich und deshalb das "Bleigewicht" nicht nur am regionalen, sondern am globalen "Stehaufmännchen" spielen kann.

Die vom Pentagon verfaßte *Defense Planning Guidance*, die im Frühjahr 1992 an die Öffentlichkeit gelangte, zeigt die Logik dieser "Großen Strategie" in ihrer extremen Fortführung auf. Es ist dies die Logik einer "Nummer 1", die sich diese olympische Stellung bewahren will - freilich nicht mit einer kruden Hegemonial-, sondern mit einer sorgfältig austarierten Mischung aus Gleichgewichts-, Interventions- und Kooperationspolitik.

Leitmotiv ist eine Welt, in der potentielle Rivalen - insbesondere Deutschland und Japan - erst gar nicht auf den Gedanken kommen, "sich gegen unsere Führung aufzulehnen oder die politische und wirtschaftliche Ordnung umzustoßen". Das heißt, daß eine vorausschauende amerikanische Politik die "Interessen der entwickelten Industrieländer" so mitträgt, daß Rebellionsgelüste keinen Aufhängepunkt finden. Deshalb müsse der amerikanische Schutzschirm über Japan und Westeuropa (mitsamt einer nicht nur symbolischen Militärpräsenz) aufrechterhalten werden. Nur so sei zu verhindern, daß etwa Japan und Deutschland irgendwann damit beginnen, ihre wirtschaftliche in militärische Stärke umzumünzen - bis hin zur atomaren Bewaffnung.[11]

Die allermeisten amerikanischen Kommentatoren bedachten dieses Konzept mit scharfer Kritik - auch im Blick auf das offenkundige Interesse des Pentagons, soviel wie möglich von seinem Kalten-Krieg-Budget in die Zukunft hinüberzuretten. Freilich ändert dies wenig an der Tatsache, daß dieser Entwurf der *Defense Planning Guidance* die gar nicht so geheime strategische Logik eines Staates widerspiegelt, der sich plötzlich an der Spitze der Völker-Hierarchie findet und dort bleiben will. Das Ziel ist nicht die Pax Americana (also Stabilität durch Herrschaft), sondern der diplomatische, militärische und handelspolitische Status quo. Die Mittel sind eine Diplomatie, welche die wichtigsten Fäden der Weltpolitik in Washington verknüpft: Intervention, wo Gewalt bzw. potentielle Gewalt (durch Erwerb von Massenvernichtungsmitteln) amerikanische Interessen oder die des gesamten Westens bedroht - wenn möglich im Konzert der Mächte, sonst im Alleingang -, schließlich die Beibehaltung klassischer Sicherheitszonen (Westeuropa, Ostasien), um so das Aufkommen militärischer Ambitionen von Partner-Rivalen wie Deutschland und Japan schon im vorhinein zu verhindern. Das ist zumindest der (natürliche) Wunsch. Dessen Verwirklichung hängt von vielen Imponderabilien ab - im Inneren vom Placet des Wahlvolkes sowie vom wirtschaftlichen Unterfutter, im Äußeren von der Zustimmung jener Staaten, die den amerikanischen Führungsanspruch honorieren sollen. Das Bismarcksche Bündnisgeflecht - es hat allenfalls 20 Jahre lang gehalten.

---

11 Vgl. Patrick *Tyler*, Pentagon's New World Order: US to Reign Supreme, in: International Herald Tribune, 9.3.1992, S. 1f.

IV. Abschließendes: Implikationen für die deutsche Außenpolitik

Grosso modo läßt sich feststellen, daß die Bundesrepublik in der Rolle des Juniorpartners der Vereinigten Staaten in der Vergangenheit nicht schlecht gefahren ist. In der Hochphase des Kalten Krieges konnte sie dergestalt ein hohes Maß an geborgtem Einfluß erwerben; in der Entspannungsphase bot Washington das unabdingbare Sicherheitsnetz; in der Abbruchsphase des Kalten Krieges gelang es Bonn, mit Hilfe der USA die Wiedervereinigung zu den bestmöglichen Bedingungen zu erringen.

Freilich haben sich auch hier die Rahmenbedingungen verändert: Beide brauchen einander weniger als je zuvor. Denn die Bundesrepublik hat ihre wichtigsten Ziele erreicht - in dieser Reihenfolge: Sicherheit, Teil-Souveränität, Wiedereingliederung in die Gemeinschaft der europäischen Staaten, kooperative Beziehungen zum Osten, Voll-Souveränität und Wiedervereinigung. Für die USA ist mit dem "Zusammenbruch oder der Mäßigung sowjetischer Macht" (Kennan) ebenfalls das wichtigste Ziel der Nachkriegszeit erreicht, die strategische Bindung an die Bundesrepublik und Westeuropa hat somit an Gewicht verloren.

Zwar ist nun jeder weniger auf den anderen angewiesen, aber hier hört die Symmetrie auf. Denn als Regionalmacht hat die Bundesrepublik weniger Optionen als die Globalmacht USA, zumal Washington - wie die vorhergehende Analyse zeigen sollte - seine Optionen längst systematisch verbreitert hat. Außerdem gehört es zum Wesen einer Weltmacht, mit *globalen* Herausforderungen und Verlockungen konfrontiert zu werden; auf jeden Fall definiert sie ihre Interessen multi-regional.

Anders die zwar emanzipierte, aber allenfalls regionale Großmacht Bundesrepublik. Ein französisch-deutsches Europa *könnte* eine neue Option sein, aber dies ist mit vielerlei "Wenns" versehen. Denn auf den wichtigsten Gebieten - Handelspolitik (protektionistisch oder offen), EG (abschotten oder erweitern) und Sicherheit (atlantisch oder kontinental) - streben Bonn und Paris eher auseinander. Inzwischen ist auf jeden Fall *eine* Option weggefallen - sofern man die Bewertung teilt, daß Moskau in der Vergangenheit ein wichtiger Hebel für die Bonner Außenpolitik gewesen ist (etwa um den zentraleuropäischen Entspannungsraum einzuzäunen oder der amerikanischen Neo-Containment-Politik in den 80er Jahren den Stachel zu nehmen). Mit dem Zerfall der Sowjetunion sind jedenfalls Hebel, die in Moskau ansetzen, rar geworden.

Demgegenüber steht eine amerikanische "Einladung" an Bonn, auch weiterhin den "partner in leadership" (Bush) zu spielen. Diese Einladung ist wohlgemerkt eine konditionierte. Einmal läge die Mehrheit in dieser "Kommanditgesellschaft" bei den USA; zum zweiten wären die "Geschäftsbedingungen" wie folgt:

(1) militärische Sicherheit nach dem Kalten Krieg muß weiter von einer atlantischen "Firma" produziert werden;

(2) wirtschaftliche Sicherheit heißt nach wie vor Freihandel und nicht Protektionismus; die EG muß für die USA grundsätzlich offenbleiben;
(3) politische Partnerschaft erfordert eine deutsche Politik, die sich anti-atlantischen Kombinationen (wie sie Frankreich scheinbar oder wirklich im Sinn hat) verschließt.

Aus Bonner Sicht entsprechen die ersten beiden Geschäftsbedingungen mehr oder minder dem Eigeninteresse. Beim dritten Punkt sollten die deutschen Interessen zumindest ambivalent sein. Obwohl ein deutsch-französischer "Kern" als Motor der europäischen Einigung funktionieren könnte, birgt eine derartige Kontinental-Kombination so manches Risiko. Das schlimmste Szenario könnte so aussehen: Während sich Deutsche und Franzosen im untergründigen Tauziehen um den Modus des neuen Europas verfangen, würden die Osteuropäer ohne Heimstatt, Auffangnetz und Markt bleiben, die Briten den Prozeß konterkarieren, die USA den vollständigen Rückzug einleiten und die kleineren Staaten aus Furcht vor den Großen in Gegenstellung gehen. Statt der Einigung käme dabei die *Renationalisierung* Europas heraus, die sich seit dem Maastricht-Gipfel (November 1991) ohnehin schon nicht mehr als absurdes Theater abqualifizieren läßt. Dagegen bietet die bleibende Verankerung Amerikas aus Bonner Sicht gleich zwei Vorteile:
(1) als effektive Versicherungspolice im Falle der Rekonstituierung russischer Macht bzw. der Macht der GUS;[12]
(2) als implizites Gegengewicht zu Deutschland, das aber zum Vorteil deutscher Politik gereicht, weil so der Furcht der europäischen Partner vor einem zu starken Deutschland der Stachel genommen wird.

Die Belastungen sind freilich nicht minder offenkundig. "Partners in leadership" heißt auch, daß die Bundesrepublik
- gastfreundliches Territorium für die verbliebenen amerikanischen Truppen sein muß (obwohl solche Kräfte auch in Italien und England stationiert sind, bleibt die Bundesrepublik wohl oder übel Hauptstationierungsort);
- bei künftigen "out-of-area"-Konflikten deutlicher und weniger zögerlich als im Falle des Golfkriegs die amerikanische Politik unterstützen müßte[13] - bis hin zur Teilnahme an kollektiven militärischen Aktionen;
- nicht auf die totale Entnuklearisierung der NATO drängen dürfte;

---

12 Ob sich das Gebilde zwischen Ostsee und Pazifik zu einem demokratisch-marktwirtschaftlichen System mausern wird, muß dahingestellt sein. Daß es in kriegführende Bestandteile zerfällt, ist nicht auszuschließen. Auf jeden Fall bleibt Rußland eine atomare Supermacht, und in der Vergangenheit hat dieses Land gezeigt, daß es nach Zeiten der Wirrnisse (Anfang des 17. Jahrhunderts und nach der Revolution) sehr rasch wieder zum Machtfaktor werden kann.

13 Das hat die Bundesrepublik im Falle Libyens getan, als der Sicherheitsrat am 15. April 1992 Sanktionen verhängte, weil sich Tripolis bis dato geweigert hatte, zwei mutmaßliche Drahtzieher des "Lockerbie-Anschlags" (270 Tote) auszuliefern. Die Bundesrepublik brach daraufhin prompt den Flugverkehr mit Tripolis ab, wie es die Sanktions-Resolution gefordert hatte.

- der französischen Versuchung einer "Festung Europa" widerstehen müßte.

Derlei Politik sollte indes nicht nur als Belastung gesehen werden - eher als "Mitgliedschaftsbeitrag" für einen immer noch nützlichen Klub. Ein solcher Beitrag muß auch unter dem Aspekt der amerikanischen Innenpolitik gesehen werden, die auch dem wohlwollendsten Präsidenten das außenpolitische Geschäft verderben könnte. Der eingangs beschriebene (historische) Hang zur Abkehr von Europa würde sich zwar so nicht reproduzieren, weil Amerika sich nicht wirklich ungestraft hinter einen "Atlantikwall" zurückziehen kann. Aber es droht eine Art "Sozialisolationismus" - getragen von dem Wunsch, die äußere Bürde zugunsten der inneren Erholung abzuschütteln. Daß der Impuls inzwischen - typischerweise nach Ende des Kalten Krieges - neuen Auftrieb erhalten hat, zeigten die beachtlichen Anfangserfolge des Patrick Buchanan, der mit sozialisolationistischen Parolen in den Vorwahlen von 1992 gegen Bush ins Feld zog und dabei bis zu 30% der Republikanerstimmen erhielt. In dem Maße, wie Europa, zumal Deutschland, "gastfreundlich" bliebe, flösse weit weniger Wasser auf die isolationistischen Mühlen.

Überhaupt wirft die Verbindung zu den USA im Sinne der vorhergehenden Bewertung mehr Vor- als Nachteile auf. Erstens: Auch wenn die Klammern der Nachkriegszeit gefallen sind, zeigt sich, daß die USA und die Bundesrepublik - grundsätzlich - mehr Interessen zusammenführen, als sie trennen. Zweitens verfügt Amerika über mehr Optionen als Deutschland, was vermuten läßt, daß Washington beim Aushandeln der neuen Geschäftsbedingungen mehr Spielraum hat als Bonn. Drittens sind die USA in der neuen uni-multipolaren Welt die einzig effektive Ordnungsmacht, ohne die in den großen Fragen der Weltpolitik nichts geht. In einer solchen Konstellation auf seiten der stärksten Bataillone zu stehen, dürfte die dümmste Politik nicht sein.

Schließlich aus historischer Sicht: Seit Bismarck haben deutsche Staatsführer - letztlich auch Hitler - vergeblich versucht, eine freundschaftliche Beziehung mit der außereuropäischen Seemacht herzustellen, ob in der Gestalt Englands oder Amerikas. Ein Grund für den dauernden Fehlschlag war die Unterschätzung, wenn nicht Verachtung britischer bzw. amerikanischer Macht (und demokratischer Kultur), die das Zweite und Dritte Reich erst in die Überhebung und dann in den Ruin getrieben hat. Umgekehrt geriet die enge Bindung seit Adenauer zum historischen Segen - von der Teilung bis zur Vereinigung. Diese Doppellehre in einem Zeitalter zu beherzigen, da allenthalben in Europa die Geschichte wiederkehrt, wäre nicht der schlechteste Rat für die künftige "Große Strategie" der Bundesrepublik Deutschland.

5. Die globale Rolle Japans

Masamori Sase

I. Ein unbewegliches Japan?

"Diplomatie und Politik Japans scheinen wie durch einen Zauber erstarrt zu sein." Dieser Satz, im Sommer 1991 geschrieben, klingt, als hätte ein außenstehender Beobachter den Zustand Japans geschildert. Tatsächlich aber steht er am Anfang einer Arbeit des Research Institute for Peace and Security, in der Japans Verhalten während des Golfkrieges analysiert wird.[1] Die Entwicklung des Dramas vom Herbst 1989 bis ins Jahr 1990, die Entsowjetisierung der osteuropäischen Staaten, den Zusammenbruch des Warschauer Paktes und die Beendigung des Kalten Krieges zwischen Ost und West beobachtete auch Japan mit angehaltenem Atem. Da mit dieser Entwicklung eine Verminderung der militärischen Bedrohung durch die Sowjetunion verbunden war, bot sie Tokio zunächst einmal eine Chance.

Die Bühne, auf der sich das dramatische Geschehen abspielte, war aber Europa, bzw. es stand mit den auf Europa bezogenen amerikanisch-sowjetischen Beziehungen in Zusammenhang. Japan empfand deshalb keine dringende Notwendigkeit, darauf sofort und aktiv zu reagieren. Es genügte, wenn Japan ein "sehr interessierter Beobachter" blieb. Die Tatsache, daß die kommunistischen Länder Asiens - China, Nordkorea und Vietnam - nicht ebenso zusammengebrochen sind wie die osteuropäischen Staaten, rechtfertigte die japanische Auffassung, daß die Zeit für eine grundlegende Überprüfung der Außen- und Sicherheitspolitik Japans noch nicht in dem Maße gekommen sei wie für die westeuropäischen Staaten.

Bis zu diesem Zeitpunkt war die internationale Unzufriedenheit gegenüber der mangelnden Aktivität der japanischen Außenpolitik noch nicht stark zu spüren. Die Lage änderte sich aber im Sommer 1990. Von da an wurde die "unbeweglich gewordene japanische Diplomatie und Politik" international als Problem betrachtet. Dafür gab es zwei Anlässe: die Golfkrise bzw. den Golfkrieg seit August 1990 und die fortschreitende Auflösung in der Sowjetunion, die etwa zur gleichen Zeit begann. Besonders der Golfkrieg war ein Ereignis, das Japan eigentlich nicht mehr erlaubte, weiterhin nur ein "sehr interessierter Beobachter" zu bleiben. Denn Japan war unter allen Industriestaaten besonders abhängig vom Rohöl aus der Golfregion. Deshalb hätte es - theoretisch gesprochen - angesichts der Auseinandersetzung im Golf irgendwie aktiv werden müssen. Auf diesen neuen Typ von Krise, die fast zeitgleich mit der Beendigung des Kalten Krieges in der Dritten Welt aus-

---

1 *Heiwa anzenhosho kenkyusho* (Research Institute for Peace and Security, Tokyo), Die Sicherheit Asiens 1991-1992, Tokio 1991, S. 148.

brach, war Japan weder psychologisch noch administrativ genügend vorbereitet, um aktiv darauf reagieren zu können. Deshalb hinkten die Maßnahmen Tokios dem Geschehen stets hinterher.

Es ist allerdings nicht so, daß deshalb die "japanische Diplomatie und die Politik unbeweglich geworden" sind. Die japanische Finanzhilfe für die multinationalen Streitkräfte und für die umliegenden Golfstaaten in Höhe von 13 Mrd. US-Dollar war die größte Hilfe aus der Gruppe der G-7-Staaten. Ohne diese Hilfe wäre die Finanzierung der Kriegskosten für die USA schwierig gewesen. Über die Notwendigkeit eines Beitrags in Form von Personal wurde in Japan heftig diskutiert. Ein Gesetzentwurf über die Teilnahme an friedenserhaltenden Operationen im Rahmen der VN wurde dem Parlament vorgelegt. Obwohl der Entwurf aus innenpolitischen Gründen scheiterte, trug er doch dazu bei, das Bewußtsein der Bevölkerung in dem Sinne zu schärfen, daß Japan nicht nur Geld zur Verfügung stellen, sondern auch bereit sein müsse, Schweiß und notfalls sogar das eigene Blut zu opfern. Die japanische Reaktion war zu langsam - das war eigentlich das Problem.

Es war nicht nur Japan, dessen Schwerfälligkeit angesichts des Golfkrieges kritisiert wurde, sondern auch Deutschland. Die Schwerfälligkeit der beiden Staaten in ihrer Reaktion auf den Golfkieg hat zum Teil ähnliche Gründe: Erstens ist beiden Staaten eine militärische Aktion wegen der verfassungsmäßigen Beschränkungen und der auf der Verfassung basierenden sicherheitspolitischen Beschränkungen außerhalb eines definierten Territoriums nicht erlaubt - im Falle Deutschlands außerhalb des Bündnisbereichs, im Falle Japans außerhalb seines eigenen Territoriums, Luftraumes und Seegebietes. Zweitens hätten ihre Handlungen, auch wenn Deutschland bzw. Japan neue rechtliche Maßnahmen zur Überwindung dieser Beschränkungen getroffen hätten, mit Rücksicht auf das Mißtrauen der benachbarten Staaten aufgrund der militäristischen Vergangenheit beider Staaten doch eingeschränkt bleiben müssen.

Unterschiedlich waren folgende Gründe: Im Fall Deutschlands spielte der Gedanke eine große Rolle, daß das Land seine ganze Kraft auf die gigantische Aufgabe der deutschen Einheit konzentrieren müsse. Nach dem Verständnis Bonns bildete ferner die großangelegte Hilfe für die Sowjetunion, die mit der Wirtschaftsreform bzw. dem Übergang zur Marktwirtschaft hart zu kämpfen hatte, eine von der Vollendung der deutschen Einheit untrennbare Aufgabe. Diese Gründe trafen für Japan nicht zu.

Bezüglich des letzten Punktes vertrat Tokio einen fast diametral entgegengesetzten Standpunkt. Nachdem Moskau die stalinistische Politik des Kalten Krieges aufgegeben und die deutsche Wiedervereinigung akzeptiert hatte, fühlte sich Bonn als größter Nutznießer der Diplomatie des "Neuen Denkens" der Regierung Gorbatschows dazu verpflichtet, sich mit der Organisation einer großangelegten internationalen Hilfe für die Sowjetunion dankbar zu erweisen. Tokio konnte jedoch angesichts der Unentschlossenheit und der ausweichenden Haltung der Regierung Gorbatschows in der zwischen beiden Staaten ungeklärten Territorialfrage schwerlich zu dem Schluß kommen, Moskau habe seine stalinistische Außenpolitik aufgegeben. So war es erforderlich, zuerst die Anwendung des "Neuen Denkens" in allen Richtungen zu fordern. Im Gegensatz zu Bonn vertrat Japan deshalb die Ansicht, daß es so lange für eine umfassende Sowjethilfe nicht aktiv werden könne, bis das "Neue Denken" Moskaus aufhöre, nur ein an die Wand gemaltes Bild zu sein, und auch gegenüber Japan praktiziert werde.

Die japanische Reaktion auf den Golfkrieg war zögernd und ließ Aktivität vermissen. In der Frage der Sowjethilfe wollte Japan aus seinem spezifischen Grund nicht über humanitäre Hilfe hinausgehen. Abgesehen davon war die japanische Reaktion in beiden Fällen gleichermaßen schwerfällig. Da Deutschland, dessen passive Haltung im Golfkrieg international kritisiert wurde, sich bei der Hilfe für die Sowjetunion unter den G-7-Staaten am positivsten und aktivsten artikulierte, mußte Japans Passivität besonders auffallen. Deutschland nahm ferner die internationale Kritik an seiner Haltung zum Anlaß, zu erklären, daß es nach Vollendung der Wiedervereinigung bereit sein werde, größere Verantwortung zu tragen, und deutete an, die erwähnte verfassungsmäßige Beschränkung zu vermindern. Auch hinsichtlich der Frage des europäischen Sicherheitssystems nach dem Kalten Krieg und des jugoslawischen Bürgerkriegs zeigte die Bonner Außenpolitik starke Aktivität. Japan erwies sich zwar in der Entwicklung auf der koreanischen Halbinsel und in der Kambodscha-Frage bemerkenswert aktiv. Die Tatsache aber, daß diese Bewegung nicht so kräftig war wie die deutsche und daß Japan in der Verfassungsfrage unverändert die Hände völlig gebunden waren, verstärkte international den Eindruck, von Japan sei eine ähnliche Aktivierung seiner Außenpolitik wie im Falle Deutschlands in Zukunft nicht zu erwarten.

Die Schwerfälligkeit der japanischen Diplomatie, die im Golfkrieg und bei der Hilfe für die Sowjetunion sichtbar geworden war, wurde nicht von allen Seiten gleichermaßen kritisiert. Diejenigen, die die Langsamkeit und die Schwerfälligkeit der japanischen Reaktion auf den Golfkrieg am heftigsten kritisierten, waren die USA, insbesondere der Kongreß. Diejenigen, die auf die Passivität Japans bei der Hilfe für die Sowjetunion am ungeduldigsten reagierten, waren die westeuropäischen Staaten, allen voraus Deutschland. In dieser Frage zeigte die US-Administration sogar durchaus ein gewisses Verständnis. Das ging schon aus der Äußerung des amerikanischen Außenministers, James Baker, hervor, der im Herbst 1991 in einem Papier zum Frieden in Kambodscha, zur Normalisierung staatlicher Beziehungen in Indochina und zur koreanischen Wiedervereinigung erklärte: "Erst ... wenn die nördlichen Territorien zu Japan zurückgekehrt sind, können wir endgültig eine neue Seite in der Geschichte der asiatisch-pazifischen Region aufschlagen", und somit den Standpunkt der japanischen Regierung unterstützte.[2] Gerade deshalb ist die Kritik der europäischen politischen Kräfte an der Passivität der japanischen Politik gegenüber Moskau kein so wirksamer Anstoß zum Nachdenken geworden. Dagegen hatte die massive Kritik der USA an Japan zur Zeit der Golfkrise bzw. des Golfkrieges ernste Bedeutung für Tokio, da sie eine Schwäche traf, deren sich Japan bewußt war.

II. Gegenseitige Abhängigkeit und gegenseitige Unzufriedenheit - Japan und die USA

Am 8. Dezember 1991 war der 50. Jahrestag des japanischen Angriffs auf Pearl Harbour. Keine andere bilaterale Beziehung hat eine derart große Veränderung in den letzten 50 Jahren erlebt wie die japanisch-amerikanische. Die beiden Staaten kämpften bis August 1945 im Pazifik dreieinhalb Jahre lang einen Krieg auf Leben und Tod. Nach dem Abwurf der ersten Atombomben der Menschheit auf Hiroshima und Nagasaki durch die amerikanische Armee kapitulierte Japan; der Kampf war beendet. Der spätere Kalte Krieg zwischen den USA und der Sowjetunion wandelte die Beziehungen zwischen Japan und den USA von einem feindlichen zu einem Verhältnis zwischen Schützling und Beschützer. Da Japan im Unterschied zur Bundesrepublik aus Rücksicht auf die verfassungsmäßige Beschränkung und wegen seiner schwachen Wirtschaft auf eine reguläre Wiederaufrüstung verzichtet hatte, wurde es sicherheitspolitisch einseitig von Washington abhängig. Selbst nach der Revidierung des japanisch-amerikanischen Sicherheitsvertrages von 1961 wurde die einseitige Beziehung fortgesetzt: Die USA übernahmen weiterhin die Verpflichtung der Verteidigung Japans, während Japan sich lediglich dazu verpflichtete, Stützpunkte zur Verfügung zu stellen.

Das war ein großer Unterschied zum NATO-Vertrag von 1949, dem die Bundesrepublik 1955 beigetreten ist; mindestens formell legt er eine gegenseitige Verteidigungspflicht zwischen den USA und der NATO fest. Die USA waren für Japan nahezu in jeder Hinsicht unentbehrlich. Für die amerikanische Außenpolitik hingegen war Japan weniger wichtig.

Mike Mansfield - einst demokratischer Führer des amerikanischen Senats und von 1977 bis 1988 amerikanischer Botschafter in Japan - begann während seiner Amtszeit in Tokio die japanisch-amerikanische Beziehung als "die wichtigste bilaterale Beziehung in der Welt" zu bezeichnen. Japan, das sich unter der sicherheitspolitischen Abhängigkeit von den USA ausschließlich mit dem Export von Fertigwaren befaßte, war Mitte der 70er Jahre nicht nur politisch zu einem stabilen Staat geworden, der die grundlegenden Werte der Freiheit und der Demokratie mit den USA teilte, es hatte sich auch wirtschaftlich zu einem der wenigen starken Staaten

---

2 James A. *Baker*, America in Asia: Emerging Architecture for a Pacific Community, in: Foreign Affairs, (Winter 1991/92), S. 18.

entwickelt. Daß Japan von Anfang an am Weltwirtschaftsgipfel beteiligt war - der 1976 in Frankreich erstmals stattfand; damals gehörten nur sechs Staaten dazu -, bewies, daß man sich auf beiden Seiten des Atlantiks darüber einig war, Japan bei der Beratung weltweiter Währungs-, Handels- und Wirtschaftsfragen nicht ausschließen zu können. Die USA benötigten Japan nicht nur auf dem militärischen Sektor. Die japanisch-amerikanischen Beziehungen haben sich in ein Verhältnis gegenseitiger Abhängigkeit verwandelt. Während die wirtschaftliche Entwicklung Japans atemberaubend war, zeigte die amerikanische Wirtschaft bei unverändert gigantischen Dimensionen Abnutzungserscheinungen.

Infolgedessen fand zwischen der Wirtschaftskraft Japans und derjenigen der USA in den 80er Jahren eine Art Umkehrung statt. Das Pro-Kopf-Bruttosozialprodukt der USA betrug im Jahre 1981, zu Beginn der Reagan-Administration, 12 317 US-Dollar, das Japans im gleichen Jahr 9 250 US-Dollar. Zehn Jahre später, im Jahre 1990, hatte sich das Verhältnis von 21 880 Dollar der USA zu 22 518 Dollar Japans umgekehrt. Die USA haben eine etwa doppelt so große Bevölkerung wie Japan, so daß der Umfang der amerikanischen Wirtschaft an sich nach wie vor größer ist als der der japanischen Wirtschaft. Der Anteil der USA am Bruttosozialprodukt der Welt betrug im Jahre 1981 23%, der Japans 10%. 1990 waren es 21% bzw. 13%. Die Differenz ist erheblich kleiner geworden. Die USA fielen in ihrer Außenhandelsbilanz auf den Rang des Schuldnerstaates zurück. Inzwischen ist eine Lage entstanden, in der Japan angesichts des amerikanischen Haushaltsdefizits amerikanische Staatsanleihen aufkaufen muß.

Dank der Aufrüstungspolitik der Reagan-Administration konnte die Bush-Administration im Golfkrieg beweisen, daß allein die USA über die Fähigkeit zum militärischen Krisenmanagement verfügen. Es ist aber zugleich offensichtlich geworden, daß sie sich in bezug auf die Finanzierung der Kriegskosten stark auf Japan verlassen mußten. Japan seinerseits errang zwar den Status einer Wirtschaftsgroßmacht, erwies sich aber als deformiert, indem ihm nichts anderes übrig bleibt, als sich auf eine "Scheckbuchdiplomatie" zu verlassen, wenn die internationale Ordnung, die Japan seine wirtschaftliche Prosperität garantiert, in eine militärische Krise gerät.

Daß Japan eine solche deformierte Existenz aufweist, war bekannt. Es war aber bedeutungsvoll, daß diese Tatsache anläßlich des Golfkrieges so klar sichtbar wurde. Die Golfkrise machte nicht nur die gegenseitige Abhängigkeit von Japan und den USA deutlich, sondern auch deren extreme Ausprägung. Wechselseitige Abhängigkeit entsteht an sich eher zwischen Staaten mit unterschiedlicher als solchen mit ähnlicher Struktur. Denn jeder versucht, fehlende Elemente mit Hilfe des anderen zu ergänzen. Doch ist das eine graduelle Frage. Wenn beide ihre strukturellen und wesensbedingten Unterschiede als allzu extrem erkennen, können unter Umständen Konflikte in der gegenseitigen Abhängigkeitsbeziehung entstehen. Die

Unzufriedenheit miteinander, die anläßlich des Golfkrieges zwischen Japan und den USA entstand, ist dafür ein treffendes Beispiel.

Die zum Teil in den USA aufgekommene Unzufriedenheit beruhte auf der Erkenntnis, daß die mangelnde Fähigkeit Japans, gewisse militärische Maßnahmen gegen die Krise außerhalb des japanischen Territoriums zu ergreifen und einen nichtmilitärischen physischen Beitrag zu leisten, hauptsächlich auf dem Mangel an Willen und Entschlossenheit basiert. Der Mangel Japans an Rohöl ist naturbedingt und deshalb unaufhebbar. Japan bleibt nichts anderes übrig, als sich auf die Rohöllieferung der anderen Staaten zu verlassen. Aber die Fähigkeit, mit bestimmten militärischen Maßnahmen und physisch durch den Einsatz von Menschen zur Überwindung einer Krise außerhalb seines Territoriums beizutragen, wäre für ein Land wie Japan mit seinem Wirtschaftspotential, seinem wissenschaftlich-technologischen Niveau und Bildungsstandard nicht unmöglich. Daß es Japan trotzdem an dieser Fähigkeit mangelt, ist ein Ergebnis der Gleichgültigkeit. Die japanischen Bemühungen, diesen Mangel durch "Scheckbuchdiplomatie" zu ersetzen, wurde von amerikanischen Kritikern als "zu spät, zu wenig" weggewischt.

Andererseits entstand auch in Japan Unzufriedenheit mit den USA. Daß die zum Teil in den USA geäußerte Kritik eine ganze Menge Wahrheit enthält, wird von japanischer Seite vorbehaltlos anerkannt. So legte das Kabinett Kaifu, wenn auch verspätet, dem Parlament einen Gesetzentwurf über die Zusammenarbeit mit den VN vor und zeigte damit eine wenn auch unzureichende Bereitschaft, der amerikanischen Erwartung in gewisser Weise zu entsprechen. Der Gesetzentwurf endete zwar mit einer Fehlgeburt - dem Beschluß, an der bisherigen japanischen Haltung festzuhalten und gegenüber den USA möglichst entgegenkommend sein zu wollen. Nun aber entstand innerhalb der Regierungspartei auch die Meinung, daß man zu der als unbescheiden empfundenen Forderung der USA an Japan deutlich "Nein" sagen solle. Die Theorie über das "Japan, das Nein sagen kann" setzte sich durch.[3]

Traditionell waren antiamerikanische Äußerungen fast ein Monopol der sozialistischen[4] und der kommunistischen Partei. Sie wurden hauptsächlich in Form von Protesten gegen den japanisch-amerikanischen Sicherheitsvertrag zum Ausdruck gebracht. Als der Kalte Krieg mit der Selbstauflösung des Ostblocks endete, verlor diese Art von linksradikalem Antiamerikanismus ihre Überzeugungskraft.

Die neue Amerika-Kritik - von der Gruppe um den nationalistischen Politiker Shintaro Ishihara vorgetragen - bezog sich nicht direkt auf den Sicherheitsvertrag.

---

3 Vgl. das Buch von Shintaro *Ishihara*, Japan, das "Nein" sagen kann, Tokio 1989; deutsch erschienen unter dem Titel: Wir sind die Weltmacht - Warum Japan die Zukunft gehört, Bergisch Gladbach 1992.

4 Shakaito; die englische Bezeichnung lautete bis 1990 Japan Socialist Party; heute nennt sie sich Japan Social Democratic Party.

Als problematisch galt die Tatsache, daß die japanisch-amerikanischen Beziehungen auf Dauer entstellt würden, wenn Washington langfristig einseitig seine Position als Beschützer Japans aufrechterhalte. Laut Ishihara ist es nicht mehr notwendig, daß Japan, das heute auf einigen Gebieten der Spitzentechnologie die USA überflügelt hat, sich sicherheitspolitisch einseitig auf die USA als Beschützer verläßt. Denn ohne die japanische Spitzentechnologie, die auf Halbleitern basiert, gibt es keine ferngesteuerten Präzisionswaffen, auf die sich die USA abstützen. Wenn man den spitzentechnologischen Sektor einbezieht, dann befinden sich Japan und die USA sicherheitspolitisch bereits in umgekehrter Abhängigkeit voneinander. Wenn die Vereinigten Staaten diese Situation nicht erkennen wollen und an Japan einseitige, selbstsüchtige Forderungen wie die Erhöhung der finanziellen Lasten stellen, dann sollte Japan entschlossen "Nein" sagen und den Vereinigten Staaten klarmachen, daß für seine Außen- und Sicherheitspolitik eine Alternative denkbar sei.

III. Außen- und sicherheitspolitische Optionen

Daß die zweitgrößte Wirtschaftsmacht einen Vertrag aufrechterhält, demzufolge sie sich in ihrer militärischen Sicherheit fast einseitig auf die größte Wirtschaftsmacht der Welt verläßt, ist - etwas übertrieben ausgedrückt - ein einmaliger Fall in der Weltgeschichte. Es gibt Prognosen, daß sich die wirtschaftliche Größe beider Staaten etwa bis zum Jahr 2010 umgekehrt haben wird. Ist die Fortsetzung der heute einseitigen sicherheitspolitischen Beziehung dann noch möglich? So gesehen lohnt es sich, die Frage zu prüfen, welche sicherheitspolitischen Optionen Japan in Zukunft hat, nachdem es zu einer Wirtschaftsgroßmacht geworden ist und sich gezwungenermaßen für die globale Sicherheit interessieren muß.

In dieser Perspektive gibt es mehrere denkbare Optionen, die im folgenden auf ihre Wahrscheinlichkeit unter Berücksichtigung der real gegebenen Bedingungen zu prüfen sind.

(1) Auflösung des japanisch-amerikanischen Sicherheitsvertrages und eine selbständige japanische Verteidigung

Das erste Szenario wäre die Auflösung des japanisch-amerikanischen Sicherheitsvertrages, wobei man sich zwei Varianten vorstellen kann. Im ersten Fall ergreifen die USA die Initiative zur Auflösung des Vertrags, im zweiten Fall Japan. Wer als erster die Initiative zur Auflösung des Vertrages ergreift, könnte in der Auswirkung für die späteren japanisch-amerikanischen Beziehungen und für die internationale Politik einen großen Unterschied machen. Hier soll aber dieser Aspekt außer acht bleiben und eine Situation vorausgesetzt werden, in der Japan und die USA ohne Sicherheitsvertrag leben.

In diesem Fall erlischt die amerikanische Verpflichtung zur Verteidigung Japans. Infolgedessen muß sich die japanische Verteidigungspolitik ändern. Um Vorsorge für eine selbständige Verteidigung zu treffen, müßte Japan eine reguläre Aufrüstung erwägen und den geringen Umfang der gegenwärtigen Selbstverteidigungsstreitkräfte aufstocken. International herrschen verschiedene Meinungen darüber, wie das gegenwärtige militärische Potential Japans zu bewerten ist.

Im internationalen Vergleich der Verteidigungsausgaben steht Japan nach der Definition der NATO auf dem sechsten Platz der Weltrangliste. Unter den westlichen Staaten rangiert es auf dem fünften Platz hinter den USA, Frankreich, Großbritannien und Deutschland. Deshalb vertreten einige die Ansicht, daß Japan bereits ein Staat mit hohem Verteidigungsetat sei. Bezogen auf die Zahl der Truppenmitglieder sind die Selbstverteidigungsstreitkräfte mit ihrem gegenwärtigen (uniformierten) Personalbestand von 274 652 Mann weitaus kleiner als beispielsweise die ca. 750 000 Mann starke reguläre Armee des benachbarten Korea, dessen Einwohnerzahl nur ein Drittel der japanischen beträgt; sie sind im Fernen Osten überhaupt zahlenmäßig die kleinste Armee. Auch im Vergleich zu der vom wiedervereinigten Deutschland (ca. 80 Mio. Einwohner) selbst gesetzten Obergrenze seiner Truppenstärke von 375 000 Mann sind sie extrem klein. Es ist schwierig zu beurteilen, welche Truppenstärke für die selbständige Verteidigungsbereitschaft Japans mit seinen 120 Mio. Einwohnern angemessen ist. Es soll einmal angenommen werden, daß Tokio 400 000 bis 450 000 Mann als neues Niveau der Stärke seiner Streitkräfte wählen wird.

Noch wichtigere Probleme sind Niveau und Qualität der Rüstung. Zwar erfährt die gegenwärtige Verteidigungskraft Japans auch eine besondere Bewertung, wie man dem koreanischen Verteidigungsweißbuch von 1991 entnehmen kann, in dem die Ansicht vertreten wird, daß sich die japanische Verteidigungskraft "allmählich zu einer Verteidigungskraft für die Vorneverteidigung mit aggressivem Charakter entwickelt".

Nach allgemeiner internationaler Beurteilung gilt sie aber als ausschließlich defensiv ohne aggressiven Charakter. Wenn indessen nach einer Auflösung des Sicherheitsvertrags die amerikanischen Stützpunkte geschlossen würden, ergibt sich die Frage, wie Japan die dort konzentrierte Angriffsfähigkeit der amerikanischen Luft- und Seestreitkräfte - bisher für die japanische Verteidigung als unentbehrlich betrachtet - durch neues Potential ersetzen will. Da die Verteidigung Japans nicht die einzige Aufgabe der auf japanischem Boden stationierten amerikanischen See- und Luftstreitkräfte ist, wäre es nicht angemessen, selbst wenn wir eine extreme Option voraussetzen, daß Japan die gesamte Fähigkeit, über die die amerikanischen Streitkräfte bisher verfügten, selbst ersetzen würde. Nach einer Auflösung des japanisch-amerikanischen Sicherheitsvertrags wäre es im Zusammenhang mit dem Aufbau einer selbständigen japanischen Verteidigungsfähigkeit denkbar, daß

Japan ein Drittel oder die Hälfte der im Lande stationierten amerikanischen Marines (23 400 Mann), der 5. Air Force (ca. 220 Kampfflugzeuge zusammen mit der in Korea stationierten 7. Air Force) und der 7. Flotte, die in der Verteidigung Japans einen Teil ihrer Aufgabe sieht (60 Schiffe einschließlich zwei Flugzeugträger und ca. 170 Flugzeuge), durch eigene Kräfte ersetzt.

Im Zusammenhang mit diesem Szenario wird sich schließlich auch die Frage nach einer atomaren Rüstung Japans stellen. Die Sicherheit Japans war unter dem atomaren Schirm der USA garantiert. Die Auflösung des japanisch-amerikanischen Sicherheitsvertrages bedeutet zugleich das Verschwinden dieses atomaren Schirms. Sollten künftige strategische Planungen der Vereinigten Staaten das Schwergewicht von den aggressiven Atomwaffen hin zur (atomaren) Raketenabwehr verlegen, würde die Auflösung des japanisch-amerikanischen Sicherheitsvertrages bedeuten, daß das Netz der amerikanischen Raketenabwehr Japan nicht mehr zur Verfügung steht.

Im Fall des Übergangs zu einer selbständigen Verteidigung kann man deshalb die theoretische Option nicht ausschließen, daß Japan die Verteidigungsfähigkeit, die dem bisherigen amerikanischen Atomschirm und einer künftigen Raketenabwehrfähigkeit entspricht, selbst besitzt. Auch in einem solchen Fall muß man aber nicht davon ausgehen, daß Japan sich mit ganzer Kraft um den Erwerb der beiden Fähigkeiten bemühen würde. Denn als theoretische Option ist es zum Beispiel auch denkbar, daß Japan auf eine eigene atomare Rüstung verzichtet und sich auf die Raketenabwehrfähigkeit konzentriert.

(2) Die Auflösung des japanisch-amerikanischen Sicherheitsvertrages und die Wahl eines anderen Bündnisses

Man kann nicht definitiv sagen, daß die japanische Sicherheitspolitik nach der Auflösung des japanisch-amerikanischen Sicherheitsvertrags zwangsläufig zur isolierten, selbständigen Verteidigungsanstrengung Japans führen würde. Theoretisch wäre ein Szenario denkbar, daß Japan die USA durch einen neuen Bündnispartner ersetzt. In dem obengenannten Buch deutet Ishihara die Idee an, daß Japan mit seiner zivil wie militärisch einsetzbaren Spitzentechnologie als Verhandlungsmittel statt der bisherigen Bündnisbeziehungen zu den USA ein Bündnis mit der Sowjetunion anstreben könnte. Nachdem sich die Sowjetunion aufgelöst hat, besteht die theoretische Option eines japanisch-sowjetischen Bündnisses nicht mehr, aber die eines japanisch-russischen Bündnisses wäre immerhin noch denkbar - oder aber ein Bündnis von Japan und China, Japan und Korea (wahrscheinlich dem vereinigten Korea) oder Japan, China und den jetzigen ASEAN-Staaten. Diese Gruppierungen sind als theoretische Option nicht auszuschließen. Je nach der neuen Bündnisoption würden im Fernen Osten neue Kooperations- oder Konfliktverhältnisse entstehen. Ihre Auswirkungen auf die japanisch-amerikanische Beziehung ließen ein sehr kompliziertes Bild entstehen. Ginge Tokio anstelle des japanisch-amerikanischen Bündnisses ein Bündnis mit Rußland ein, könnte in den Beziehungen zwischen Japan und China eine dauerhafte Spannung entstehen. Je nachdem, wie die amerikanisch-russischen oder die amerikanisch-chinesischen Beziehungen zum Zeitpunkt der Wahrnehmung einer solchen Option aussehen, könnten nicht nur die Beziehungen zwischen Japan und den USA in ein Konfliktstadium geraten, sondern auch das Bündnis Japans mit Rußland einerseits und den USA andererseits oder die Beziehungen Japans mit China einerseits und den USA andererseits.

Wenn Japan sein Bündnis mit den USA beendet und sich für andere Bündnisbeziehungen entscheidet, würde es einen anderen Atomschirm als den amerikanischen benötigen. Im Fall eines japanisch-russischen Bündnisses wäre der russische, im Fall eines japanisch-chinesischen Bündnisses der chinesische Atomschirm denkbar. Gegen welche atomare Bedrohung dieser Atomschirm jeweils gerichtet wäre, ist eine sehr komplizierte Frage.

Es ist theoretisch nicht besonders sinnvoll, sich alle erdenklichen Fallmöglichkeiten vorzustellen. Auch bei diesem Szenario sollte wie bei Szenario 1 unterstellt werden, daß Japan seine selbständigen Verteidigungsbemühungen verstärkt. Denn es wäre unvorstellbar, daß ein neuer Bündnispartner - wie heute die USA im Rahmen des japanisch-amerikanischen Sicherheitsvertrages - einseitig eine Verteidigungsverpflichtung gegenüber Japan übernimmt und Japan zugleich nach dem Besitz eigener Atomwaffen bzw. eines eigenen Atomraketenabwehrsystems strebt. Szenario 2 bedeutet mit anderen Worten ein Konzept, wonach Japan nach Lösung von den USA neben der eigenen atomaren Aufrüstung einen neuen Bündnispartner im Fernen Osten oder im Westpazifik sucht.

(3) Grundlegender Wandel der japanischen Außen- und Sicherheitspolitik unter Fortsetzung des japanisch-amerikanischen Sicherheitssystems

Theoretisch ist ein grundlegender Wandel der japanischen Außen- und Sicherheitspolitik unter Fortsetzung des bestehenden Sicherheitssystems denkbar. Bei diesem Szenario sind zwei Möglichkeiten zu unterscheiden: erstens die unveränderte Fortsetzung des gegenwärtigen Sicherheitsvertrags; zweitens die Revision des einseitigen Vertrags in Richtung auf einen Vertrag mit stärkerer gegenseitiger Verpflichtungen und mehr Gleichberechtigung.

Da das Hauptaugenmerk der Überlegungen in diesem Beitrag nicht auf die Struktur des japanisch-amerikanischen Sicherheitsvertrags gerichtet ist, sondern auf die Frage, wie sich Außenpolitik und außenpolitische Aktivitäten Japans künftig ändern könnten, genügt es, das Szenario ohne die Differenzierung der Frage, ob der japanisch-amerikanische Sicherheitsvertrag revidiert wird oder nicht, als Fortsetzung des japanisch-amerikanischen Sicherheitssystems zusammenzufassen.

Die bisherige japanische Außen- und Sicherheitspolitik hat sich untrennbar von dem ersten japanisch-amerikanischen Sicherheitsvertrag von 1951 und dem revidierten Vertrag von 1960 gestaltet und entwickelt. Die Bundesrepublik Deutschland, die 1955 dem NATO-Vertrag beigetreten ist und sich nach der Wiedervereinigung und der Beendigung des Kalten Krieges zur Übernahme größerer Verantwortung für die Weltpolitik entschlossen hat, ohne etwas an ihrer Zugehörigkeit zur NATO zu ändern, hat tatsächlich damit begonnen, ihren Weg in diese Richtung zu suchen. Wie ihr Beispiel zeigt, könnte auch Japan nach Übernahme größerer Verantwortung und erweiterter Aufgaben in globalem Umfang bei gleichzeitiger Fortsetzung des japanisch-amerikanischen Bündnisses streben.

Bei diesem Szenario ist die Wahrscheinlichkeit, daß Japan den Weg zur atomaren Aufrüstung wählen wird, nahezu Null. Die Fortsetzung des japanisch-amerikanischen Sicherheitsvertrages bedeutet nichts anderes als die Beibehaltung des amerikanischen atomaren Schirms. Gerade in diesem Punkt unterscheidet sich das Szenario (3) am deutlichsten von den Szenarien (1) und (2). In Szenario (3) würde damit *eine* der Grundstrukturen der japanisch-amerikanischen Beziehungen, die während des Kalten Krieges aufgebaut wurden, in die Zeit nach dessen Ende hinübergerettet.

Abgesehen davon bekäme die japanische Diplomatie/Sicherheitspolitik ein neues Gesicht und würde aktiver. Zum Beispiel würde Tokio einen Platz im ständigen Sicherheitsrat der VN anstreben - die Regierung Miyazawa äußerte bereits offiziell diesen außenpolitischen Wunsch -, und zwar mit der Begründung, daß Japan nach den USA die zweitgrößte Wirtschaftsmacht sei und ebenfalls nach den USA die meisten Finanzlasten der VN trage. Tokio übernähme dann alle Pflichten, die gemäß den in der VN-Charta festgelegten Bestimmungen und den in der Geschichte der VN entstandenen Gepflogenheiten den ständigen Mitgliedern des Sicherheitsrates auferlegt worden sind. Konkret würde Japan die gleichen diplomatischen und militärischen Aktionen durchführen wie Großbritannien und Frankreich beim Golfkrieg von 1990/91; Japan könnte zudem die militärische Rolle als Mitglied der von den VN anerkannten "multinationalen Streitkräfte" nicht ablehnen. Das heißt, daß Japan nicht nur aktiv an den Blauhelm-Missionen teilnehmen würde, sondern auch an der Bildung militärischer "Allianzen" gegen Störer des Weltfriedens.

Die Besonderheit der japanischen Rolle in Szenario (3) würde darin bestehen, daß Japan unter den ständigen Mitgliedern das einzige Land ohne Atomwaffen wäre. Um die Übernahme dieser Rolle zu ermöglichen, ist einerseits eine Umstrukturierung des VN-Sicherheitsrates erforderlich, andererseits müßten innenpolitische und juristische Maßnahmen ergriffen werden, damit der Einsatz japanischer Streitkräfte außerhalb des japanischen Territoriums zulässig wird. Neben der Überprüfung - das heißt Revision oder Änderung der Interpretation - der Verteidigungsgesetzgebung und des japanisch-amerikanischen Sicherheitsvertrages bedarf es neuer Gesetze. Politisch würde die Umstellung der bisher nach innen gerichteten "Verteidigungspolitik" ("ausschließliche Verteidigung") auf eine "aktive Sicherheitspolitik" zur Aufrechterhaltung des internationalen Friedens und der Sicherheit unvermeidbar.

Die "Aktivierung" der japanischen Außen- und Sicherheitspolitik würde nicht nur die japanische Anerkennung der militärischen Rolle als neues ständiges Mitglied des Sicherheitsrates einschließen. Außenpolitisch würde Japan sich auch aktiv für die Schlichtung internationaler Konflikte einsetzen und auf militärischem Gebiet kooperativ die Initiative für Abrüstung und Rüstungskontrolle ergreifen - der erste Ansatz hierzu ist in der japanischen Schlichtungsdiplomatie bei der Kambodscha-Frage sichtbar geworden. Dies alles wäre die neue japanische Aufgabe unter Szenario (3). Da es sich aber um Aktionen unter der Voraussetzung des Fortbestandes des japanisch-amerikanischen Sicherheitssystems handeln würde, wäre ein Alleingang Japans nicht denkbar. Japanische Interessen könnten mit denen der Vereinigten Staaten koordiniert werden. Es wäre auch denkbar, daß Japan die Interessen der anderen Nicht-Atomstaaten mitvertritt oder daß es als Sprecher der Staaten der asiatischen Region gegenüber der Außenwelt auftritt. Jedenfalls wäre die aktivierte Außen- und Sicherheitspolitik Japans von kollektiver oder kooperativer Natur.

(4) Die Fortsetzung der bisherigen Konstellation

Theoretisch ist auch denkbar, daß der japanisch-amerikanische Sicherheitsvertrag wie bisher fortbesteht und Japan in der Außen- und Sicherheitspolitik seine während des Kalten Krieges gepflegte passive Haltung beibehält. Das wäre das Szenario der Fortsetzung des bisherigen Zustands. Es ist wohl überflüssig, die japanische Außen- und Sicherheitspolitik in diesem Szenario zu erläutern. Dennoch sei darauf hingewiesen, daß die bei Szenario (3) erwähnten möglichen japanischen Aktivitäten - etwa die Absicht, ständiges Mitglied des Sicherheitsrates zu werden, die Intention, eine über die "ausschließliche Verteidigung" hinausgehende "aktive Sicherheitspolitik" zu verfolgen, sowie die Bereitschaft zur aktiven Schlichtung internationaler Konflikte und das Tätigwerden in Fragen der Abrüstung und Rüstungskontrolle - in Szenario (4) kaum stattfinden können.

IV. Die denkbare Entwicklung

Welches von den vier Szenarien ist am wahrscheinlichsten? Die Szenarien (1) und (2) setzen die Auflösung des gegenwärtigen japanisch-amerikanischen Sicherheitsvertrages voraus, während bei den Szenarien (3) und (4) die Fortsetzung dieses Vertrages eine Grundvoraussetzung darstellt. Es wäre also angemessen, zuerst zu prüfen, ob die Fortsetzung oder die Auflösung des Vertrages wahrscheinlicher ist.

In den nächsten 15 bis 20 Jahren ist die Auflösung des japanisch-amerikanischen Sicherheitsvertrages kaum vorstellbar. Der erste Grund dafür ist, daß sowohl Japan als auch die USA die Fortsetzung des Vertrages - jeweils aus unterschiedlichen Motiven - weiterhin als im eigenen Interesse liegend betrachten werden. Aus der Sicht Washingtons wird dieser Vertrag nach wie vor als Hebel dienen, um Japan zur Zustimmung oder Befolgung eigener Außenpolitik zu bewegen oder auf wirtschaftlichem Gebiet unter Druck zu setzen. Wenn die USA sich zur Auflösung des Vertrages entscheiden würden, könnten sie zwar Japan in große Verlegenheit bringen, müßten sich aber selbst darauf gefaßt machen, diesen wirksamen Hebel zu verlieren. Es ist eine Tatsache, daß fast zeitgleich mit dem Ende des Kalten Krieges die gegenseitige Unzufriedenheit zwischen Japan und den USA entstanden ist. Aber das Gefühl der Japaner gegenüber den USA bleibt - selbst im negativsten Fall - auf dem Niveau von "kenbei" (Abneigung gegen die USA) oder "bubei" (Verachtung der USA). Der linksgerichtete "Antiamerikanismus" (hanbei) hat, wie schon gesagt, seine vor 30 Jahren vorhandene Einflußmacht fast ganz verloren. Sollten die USA ohne den japanischen Wunsch die Auflösung des Sicherheitsvertrages vorschlagen, würde das japanische Gefühl gegenüber den USA die Grenze von "kenbei" und "bubei" überschreiten und möglicherweise die Färbung von "zobei" (Haß gegen die USA) annehmen. Das widerspräche den langfristigen Interessen der USA. Auch wenn die Unzufriedenheit gegenüber Japan in den Vereinigten Staaten groß würde und teilweise die Voten für eine Auflösung des Sicherheitsvertrages überhandnähmen, ließe sich die US-Regierung wohl kaum zu einer Handlungsweise verleiten, bei der die kühle Interessenberechnung außer acht gelassen wird.

Japan weiß genau, daß der Sicherheitsvertrag einen Hebel der Japan-Politik Washingtons darstellt. Viele Japaner haben den Eindruck, daß Washington diesen Hebel häufig ausnutzte, um Japan zur Lösung wirtschaftlicher Friktionen unter Druck zu setzen, was zuweilen wie eine Einmischung in die inneren Angelegenheiten wirkte. Dennoch haben die Japaner nicht vergessen, daß sie die Tatsache, daß die USA der wichtigste Exportmarkt Japans geblieben sind,[5] diesem japanisch-amerikanischen Sicherheitsvertrag zu verdanken haben. Dieser Vertrag ist heute nicht nur ein Dokument, mit dem die militärische Großmacht USA die Sicherheit Japans garantiert, das aufgrund der verfassungsmäßigen Beschränkungen nur

5 Seit Beginn der 80er Jahre stieg der Anteil des südostasiatischen Markts, so daß die überwältigende Bedeutung des amerikanischen Marktes relativiert wurde; aber es gibt keinen Zweifel daran, daß die USA für Japan weiterhin einen wichtigen, ja unentbehrlichen Markt darstellen werden.

leicht bewaffnet ist, er garantiert prinzipiell auch die freundschaftlichen Beziehungen beider Staaten. Seine Aufhebung bzw. Auflösung bedeutet nicht nur den Verlust des militärischen Schutzes der USA, sondern auch die allseitige und wesentliche Verschlechterung der Beziehungen zu den Vereinigten Staaten, die sowohl militärisch als auch wirtschaftlich die größte Macht der Welt bleiben werden. Schon allein der bilateralen Beziehungen wegen ist es unwahrscheinlich, daß Japan eine politische Option wählen würde, mit der die prinzipielle Freundschaft zu den USA geopfert wird.

Außerdem stellt der japanisch-amerikanische Sicherheitsvertrag heute - über den Rahmen eines bilateralen Vertrages hinaus - einen der Grundpfeiler dar, auf die sich die internationalen Beziehungen in der asiatischen und pazifischen Region stützen. Es gibt wohl kein Land in dieser Region, das die Auflösung des japanisch-amerikanischen Sicherheitsvertrages begrüßen würde. Die Sowjetunion protestierte einst sehr heftig gegen die Revision dieses Vertrages von 1961, tolerierte ihn aber - wenn auch nicht offiziell - dann doch stillschweigend seit Beginn der 80er Jahre. Das heutige Rußland würde sich wahrscheinlich gegen die Auflösung des Vertrages aussprechen. Auch China, das den Vertrag einst feindselig betrachtete, wünscht vermutlich im stillen seine Fortsetzung, was wohl auch für Nordkorea gilt. Südkorea und die ASEAN-Staaten standen diesem Vertrag von Anfang an positiv gegenüber, woran sich bis heute nichs geändert hat. Die Staaten der asiatischen und pazifischen Region akzeptierten den japanisch-amerikanischen Sicherheitsvertrag und wünschten dessen Fortsetzung deshalb, weil sie die japanische Außenpolitik nur unter diesem Vertrag für berechenbar hielten. Wie ein Alleingang des wiedervereinigten Deutschlands in Europa von den benachbarten Staaten abgelehnt würde, so würde auch ein japanischer Alleingang in dieser Region beargwöhnt. Der japanisch-amerikanische Sicherheitsvertrag erscheint als beste Garantie gegen einen unberechenbaren Alleingang Japans. Das wissen sowohl Washington als auch Tokio, die diese Beurteilung der Länder in der Region nicht ignorieren können. Daher ist auch die Wahrscheinlichkeit des Szenarios einer Auflösung des Vertrags gering.

Japan würde nur dann die Auflösung des Sicherheitsvertrages wählen, wenn die politische und wirtschaftliche Bedeutung der USA für Japan extrem abnähme. Eine solche Situation dürfte in den nächsten 15 bis 20 Jahren nicht entstehen. Sollte dies aber doch der Fall sein, würden die USA mit aller Kraft zu verhindern versuchen, daß Japan in der nordostasiatischen Region ein Bündnis - zwischen Japan und Rußland, Japan und China oder zwischen Japan, China und Rußland? - gegen die USA schließt. Ob sich China oder Rußland für ein Bündnis mit Japan entscheiden würden oder nicht, hinge davon ab, ob Japan oder die USA als attraktiverer Partner erscheint. Es ist wenig wahrscheinlich, daß Rußland, das auf die enge Verbindung mit den USA und Europa Gewicht legt, allein von der Lage in Nordostasien absorbiert wird und sich voreilig auf ein solches Bündnis einläßt. Wahrscheinlicher ist eher der Bildung eines japanisch-chinesischen Bündnisses. In einem solchen Fall würden die zu tragenden Lasten für Japan sowohl militärisch als auch wirtschaftlich unweigerlich größer werden als unter dem japanisch-amerikanischen Sicherheitsvertrag. Am wahrscheinlichsten dürfte es daher sein, daß Rußland und China zusammen mit den USA die Einkreisung Japans anstreben, sobald Japan sich für die Auflösung des japanisch-amerikanischen Sicherheitssystems entscheidet.

Im Fall einer japanischen Kündigung des Sicherheitsvertrages wäre es also für Japan sehr schwierig, einen Bündnispartner anstelle der USA zu gewinnen. Tokio würde sich isolieren und keine Unterstützung bekommen. Das kann also keine vernünftige Option für Japan sein.

Die umgekehrte Frage ist, ob die USA ihrerseits zuerst die Auflösung des Sicherheitsvertrages vorschlagen, was jedoch aus schon genannten Gründen ebenfalls sehr unwahrscheinlich sein dürfte. Die USA würden sich auch im Falle großer Unzufriedenheit mit Japan nicht zur Auflösung des Sicherheitsvertrages entschließen und eher den Vertrag aufrechterhalten, ihn als Hebel benutzen, um Tokio ihre politischen und wirtschaftlichen Forderungen zu stellen.

Welches der beiden Szenarien (3) und (4) ist in diesem Fall wahrscheinlicher? Szenario (4) ist bereits faktisch widerlegt: Als Folge sichtbaren und unsichtbaren internationalen Drucks entsandte die japanische Regierung im Sommer 1991 Minenräumschiffe der japanischen Selbstverteidigungsstreitkräfte in den Golf und beteiligte sich mit der Marine der anderen Staaten an der Beseitigung der Minen. Die juristische Grundlage für diese Aktion fand sich in einem Sonderteil des Gesetzes der Selbstverteidigungsstreitkräfte (jieitai hô).[6] Die gewählte innenpolitische Rechtfertigung der Aktion war insofern doch erheblich palliativ.

Mitte Juni 1992 gelang es der Regierung Miyazawa, mit Hilfe von zwei kleinen Oppositionsparteien das Gesetz über die Zusammenarbeit für friedenserhaltende Operationen der VN im Parlament durchzusetzen. Damit ebnete die Regierung den Weg für eine Teilnahme der Selbstverteidigungsstreitkräfte an friedenserhaltenden Missionen der VN unter bestimmten Voraussetzungen. Die drei wichtigsten Voraussetzungen sind, daß zwischen den Konfliktparteien ein Waffenstillstand vereinbart ist, daß sie mit einem japanischen Kontingent der Friedenstruppe einverstanden sind und daß die japanischen Kräfte zurückgezogen werden können, wenn diese Voraussetzungen nicht mehr gegeben sind. Die Beteiligung an den friedenserhaltenden Streitkräften beschränkt sich aber vorläufig auf die Unterstützungsdienste Transport, Nachrichten und medizinische Versorgung; die Teilnahme an der Beobachtung eines Waffenstillstandes oder die Stationierung innerhalb

---

6 Bestimmung über die "Beseitigung der Minen etc." in Artikel 99 des Selbstverteidigungsgesetzes, Kapitel 8: Verschiedene Regelungen.

einer Pufferzone sind nicht erlaubt. Dennoch bedeutet das Zustandekommen dieses Gesetzes, daß Japan sich von dem seit dem Ende des Zweiten Weltkrieges seine Politik beherrschenden "Pazifismus nur für das eigene Land" befreit hat.

Besteht dann Aussicht, daß Szenario (3) zur Wirklichkeit wird? Die Antwort lautet nein. In der Realität wird Japan einen Mittelweg zwischen Szenario (3) und (4) wählen, das heißt, es wird einerseits das japanisch-amerikanische Sicherheitssystem aufrechterhalten, andererseits vorsichtig, manchmal sogar ängstlich begrenzte Beiträge und Verpflichtungen für den globalen Frieden und die Sicherheit übernehmen. Von einer mutigen Richtungsänderung in Form einer entschlossenen Abwendung von der Passivität japanischer Außenpolitik kann keine Rede sein.

V. Gründe für die Passivität der japanischen Außen- und Sicherheitspolitik

Warum wird die japanische Außenpolitik nie grundlegend aktiv? Hierfür können vier Gründe genannt werden. Der erste Grund ist die Verfassungslage. Die Regierungspartei LDP behauptet im Gegensatz zur Opposition, daß die Selbstverteidigungsstreitkräfte deshalb rechtmäßig seien, weil die Verfassung das Recht auf Selbstverteidigung nicht ablehnt, und daß deshalb die Teilnahme der Selbstverteidigungsstreitkräfte an den friedenserhaltenden Operationen der VN verfassungskonform sei. Für die größten Oppositionsparteien, die sozialistische und die kommunistische Partei, sind die Selbstverteidigungsstreitkräfte als solche verfassungswidrig. Nach ihrer Auffassung kann die Entsendung von Streitkräften ins Ausland selbst im Rahmen von friedenserhaltenden VN-Missionen nach der Verfassung niemals erlaubt werden. Gegen die Annahme des genannten Gesetzes leisteten sie deshalb konsequent Widerstand. Wie verschiedene Meinungsumfragen in der Vergangenheit zeigen, akzeptiert die überwältigende Mehrheit der Bevölkerung die Existenz der Selbstverteidigungsstreitkräfte. Sie lehnt aber die Änderung des Artikels 9 der Verfassung ab, in dem der Verzicht auf Krieg und auf Streitkräfte als Mittel zur Lösung internationaler Konflikte erklärt wird. Die gegenwärtige Verfassung und die Teilnahme der Selbstverteidigungsstreitkräfte an friedenserhaltenden Aktionen der VN könnten miteinander, milde ausgedrückt, in ein hartes Spannungsverhältnis geraten. Das heißt, letztere wird weiterhin große Einschränkungen erfahren. Außerdem ist eine Verfassungsänderung, die die LDP beabsichtigen soll, aus Gründen des politischen Kalküls kaum möglich.

Zweitens muß auf die schicksalhafte Tendenz zur politischen Introvertiertheit Japans hingewiesen werden. Diese Tendenz steht insbesondere mit dem Wahlsystem des Unterhauses in engem Zusammenhang. Unter dem geltenden System mittelgroßer Wahlkreise, wonach maximal fünf Abgeordnete aus einem Wahlkreis ins Parlament gewählt werden können (nach der Reihenfolge der gewonnenen Stimmenzahl), müssen Parteien, die nach der absoluten Mehrheit streben, mehrere Kandidaten - unter Umständen die erlaubte Höchstzahl - aufstellen und miteinander konkurrieren lassen. Das zwingt die Abgeordneten unweigerlich dazu, ihre politischen Interessen hauptsächlich an den Angelegenheiten des eigenen Wahlkreises auszurichten. Im allgemeinen gibt es ein großes Gefälle zwischen den Interessen der Abgeordneten für innenpolitische und denen für außenpolitische Fragen. Schon häufig war die Kritik zu hören, daß das Interesse der japanischen Politik für außenpolitische Fragen nur unter dem Druck von außen geweckt werden könne; das wird auch in Zukunft prinzipiell so bleiben.

Drittens neigt Japan dazu, auf frontale Kritik von außen ratlos zu reagieren. Bei der Golfkrise von 1990 wurde der Mangel an internationalem Engagement Japans insbesondere von den USA kritisiert. Letztlich leistete Japan einen bemerkenswerten Beitrag zur Deckung der Kriegskosten in Höhe von 13 Mrd. US-Dollar. Nach dem Ende des Krieges entschloß es sich zur Entsendung von Minenräumbooten in den Persischen Golf. Bezüglich der Entsendung der Selbstverteidigungsstreitkräfte ins Ausland gibt es viele Warnungen und kritische Bemerkungen von benachbarten Staaten wie Korea, China und Singapur, die den alten japanischen Militarismus nicht vergessen haben. Auch anläßlich der Verabschiedung des Gesetzes über die Zusammenarbeit für friedenserhaltende Aktionen der VN vom Juni 1992 litt Japan sehr darunter, daß es in die Klemme zwischen amerikanischen Erwartungen - ebenso der der wichtigen westlichen Staaten - und Skepsis und Mißtrauen der asiatischen Nachbarstaaten geraten war. Die internationalen Beiträge Japans, etwa in From einer Entsendung der Selbstverteidigungsstreitkräfte, werden deshalb immer inkonsequent und uneindeutig bleiben. Die in den asiatischen Nachbarstaaten potentiell und wirklich vorhandene Skepsis und der Argwohn gegenüber Japan werden kurzfristig nicht abgebaut werden und den japanischen Willen beschneiden, eine globale Rolle zu übernehmen.

Als vierter Grund muß genannt werden, daß in Japan, das rasch zu einer wohlhabenden Nation emporgestiegen ist, das Bewußtsein internationaler Verpflichtung sehr schwach ausgeprägt ist. Japan wird auch weiterhin die "Scheckbuchdiplomatie" pflegen, sofern dies für den Frieden und die Sicherheit der Welt verlangt wird und seine Finanzlage es erlaubt. Der Wille, unter Umständen auch harte und schmutzige Arbeit unter Einsatz des Lebens zu übernehmen, ist in der Bevölkerung schwächer geworden. Es gibt zwar auch die Überzeugung, daß man einer solchen Aufgabe nicht ausweichen solle, und es gibt auch junge Menschen wie die Mitglieder der Jugendtruppe für Auslandszusammenarbeit (seinen kaigai kyoryoku tai), die zu entsprechenden, einfachen Arbeiten bereit sind. Aber die Idee des "Dienens" ist nicht populär. Die Überwindung dieser Tendenz ist nicht leicht. Für eine mögliche Vergrößerung der internationalen globalen Beiträge Japans stellt die psychologische Situation der Bevölkerung einen gewichtigen einschränkenden Faktor dar.

Inwiefern kann dann die Haltung Japans, das seine internationale Rolle in einem zwischen den Szenarien (3) und (4) anzusiedelnden politischen Kontext spielen will, aktiviert werden? Diese Frage angemessen zu beantworten ist schwierig. Im Februar 1992 wurde ein Dokument veröffentlicht, das einen willkommenen Anhaltspunkt liefert. Es handelt sich um den Bericht[7] des von der Regierungspartei gegründeten Sonderuntersuchungsausschusses über die "japanische Rolle in der internationalen Gemeinschaft". Dieser Untersuchungsausschuß legte nach etwa achtmonatiger Beratung unter Vorsitz des ehemaligen Generalsekretärs der LDP, Ichiro Ozawa, einem der aussichtsreichsten Kandidaten der kommenden Generation für die politische Führung, einen epochalen Bericht als Dokument der Regierungspartei vor. Darin wird folgender Absatz aus der Präambel der japanischen Verfassung zitiert:

> "Kein Staat darf sich ausschließlich mit sich selbst befassen und die anderen Staaten ignorieren. Das Gesetz der politischen Moral ist allgemeingültig. Diesem Gesetz zu folgen ist nach unserer Überzeugung eine Pflicht aller Staaten, die die eigene Souveränität bewahren und ein gleichberechtigtes Verhältnis zu anderen Staaten pflegen wollen."

Der Interpretation des Berichts zufolge verlangt dieser Abschnitt von Japan, "sich auf den Standpunkt des aktiven und positiven Pazifismus, der sich ganz vom passiven Pazifismus oder dem Pazifismus nur für den eigenen Staat unterscheidet, zu stellen." Daraus wird die Behauptung abgeleitet, daß "die Gewaltanwendung für die Aufrechterhaltung und die Wiederherstellung des internationalen Friedens unter internationaler Zusammenarbeit [auch] nicht [von Japan] abgelehnt werden darf." Notwendig sei also eine aktive Teilnahme an den "friedenserhaltenden Operationen der Welt".

In dem Dokument wird vorgeschlagen: 1. einen Beitrag zur internationalen Abrüstung und Rüstungskontrolle zu leisten, vor allem auf die Atommächte mit dem Ziel einzuwirken, die atomare Abrüstung fortzusetzen und das internationale Registrierungssystem bezüglich der internationalen Proliferation konventioneller Waffen weiterzuentwickeln; 2. Zusammenarbeit bei den friedenserhaltenden Operationen der VN; 3. Stärkung der japanischen Position innerhalb der VN und Stärkung der VN-Struktur. Es betont 4. die Notwendigkeit der Diskussion über die Beteiligung an einer "internationalen Sicherheitsgarantie" - ein spezifischer Begriff des Untersuchungsausschusses, der in etwa dem international bekannten Begriff *kollektive Sicherheitsgarantie* entspricht. (Der Ausschuß vermied den letzteren Ausdruck wegen möglicher Verwechslung mit dem *kollektiven Selbstverteidigungsrecht*, das nach der japanischen Verfassung [im Sinne der bisherigen Interpretation] nicht besteht.) Konkret heißt es im Dokument, daß man darüber diskutieren müsse,

---

7 Der Gesamttext wurde in der Zeitschrift "Bungei Shunju" im April 1992, S. 132-145 ungekürzt veröffentlicht.

"welche Art von Zusammenarbeit Japan mit solchen multinationalen Streitkräften, die wie beim Golfkrieg zusammengestellt werden und unter der Autorität der VN, aber nicht unter dem Kommando der VN stehen, durchführen" könne.

Die Besonderheit des Sonderausschußberichts liegt in der Behauptung, daß Japan vom Standpunkt der neuen Interpretation der Präambel der Verfassung aus - diese verlange von Japan den aktiven und positiven Pazifismus - die "grundachsebildenden Beziehungen zwischen Japan und den USA" erhalten und eine größere Verpflichtung für die Aufrechterhaltung der Friedensordnung der Welt übernehmen solle. Zumindest in diesem Bericht wird die Notwendigkeit der Verfassungsänderung nicht direkt erwähnt, wohl aus der Erkenntnis heraus, daß eine solche Änderung aus politischen Gründen nicht möglich sei. Ferner wird angedeutet, daß der Beteiligung an einer "internationalen Sicherheitsgarantie" Grenzen gesetzt sind ("finanzielle und materielle Hilfe" für die unter die Autorität der VN gestellten multinationalen Streitkräfte und die "Zusammenarbeit auf dem Gebiet der medizinischen Versorgung, des Transports und des Umweltschutzes" dürften die möglichen Grenzen darstellen). Innerhalb der Regierungspartei wurden vor allem die "faktische Änderung der Verfassung durch die neue Interpretation" und der Vorschlag zur Beteiligung an der "internationalen Sicherheitsgarantie" als zu weit gehend heftig kritisiert. Insofern ist es fraglich, ob das Dokument ohne Revision zur Politik der Regierungspartei werden könnte. Wichtig ist aber die Tatsache, daß Ozawa, der als ein einflußreicher Politiker der nächsten Generation gilt, diesen Bericht verfaßt hat.

Wenn künftig über die japanische Rolle bei der Aufrechterhaltung von Frieden und Sicherheit in der Welt diskutiert wird, dürfte es - zumindest auf der Ebene der Regierung und der Regierungspartei - darum gehen, wo man innerhalb des im Gesetz über die Zusammenarbeit für die friedenserhaltenden Operationen der VN aufgezeichneten und im Bericht des Ozawa-Ausschusses skizzierten Rahmen die Grenzlinie ziehen sollte.

6. USA und EG als ökonomische Akteure: Strukturelle Optionen im atlantischen und trilateralen Verhältnis

Elke Thiel

In einer Phase radikaler Umwälzungen in den West-Ost-Beziehungen und auch in den westlichen Bündnisbeziehungen sind wirtschaftliche Strukturbildungen ein zentrales Element bei der Gestaltung des Wandels ebenso wie für die Wahrung von Kontinuität. Das Ende militärischer Konfrontation eröffnet neue Möglichkeiten der Friedenssicherung durch wirtschaftliche Instrumente. Was nach 1945 von den USA angestrebt wurde - ein offenes, weltweites Wirtschaftssystem als Beitrag zu einer internationalen Friedensordnung -, ist eine Chance, die heute wieder besteht. Für das atlantische Bündnis ist die Breite und Tiefe wirtschaftlicher Verflechtung zwischen Europa und Nordamerika eine starke Klammer, vorausgesetzt die Konflikte, die aus wirtschaftlicher Interdependenz erwachsen, werden gut bewältigt.

Atlantische Wirtschaftsbeziehungen sind Teil der globalen Interdependenz. Kooperation findet in weiten Bereichen im multilateralen Rahmen internationaler Wirtschaftsorganisationen statt sowie zusammen mit Japan in der Gruppe der sieben großen westlichen Industrieländer (G-7).[1] In der Dreierkonstellation USA-EG-Japan zeichnet sich eine wirtschaftliche Kräfteangleichung ab, die man als Ablösung einer von den USA dominierten Kooperationsbeziehung durch eine "gleichgewichtigere" Partnerschaft bezeichnen kann. Dieser qualitative Wandel resultiert aus dem Zusammenwirken folgender Faktoren:

- einer Handlungsschwäche auf amerikanischer Seite in Verbindung mit dem außenwirtschaftlichen Ungleichgewicht und den wirtschaftlichen Anpassungsproblemen des Landes,
- der sich verstärkenden Dynamik in der wirtschaftlichen und politischen Integration in der EG,
- dem Aufstieg Japans als internationale Wirtschafts- und Finanzmacht.

Die USA haben durch ihre Abhängigkeit von Kapitalzufluß aus dem Ausland zur Finanzierung des Defizits in Leistungsbilanz und Bundeshaushalt wirtschaftspolitische Autonomie eingebüßt und sind mehr als früher auf internationale Kooperation angewiesen. Die Europäische Gemeinschaft gewinnt durch die Vertiefung der wirtschaftlichen Integration Handlungsspielräume für einen autonomeren wirtschaftspolitischen Kurs und kann dadurch auch ihre Interessen in der Kooperation mit den USA und Japan besser durchsetzen. Im Falle Japans schränken die

1 Mitglieder der G-7 sind die USA und Kanada, die Bundesrepublik Deutschland, Frankreich, Großbritannien, Italien und Japan. Die EG ist in der G-7 durch die jeweilige Präsidentschaft im Rat und den Präsidenten der Kommission vertreten.

Abhängigkeit vom amerikanischen Markt und die Schuldner/Gläubiger-Beziehung mit den USA die Handlungsspielräume für einen "eigenständigeren" Kurs im Augenblick noch ein. Eine stärkere Diversifizierung der Außenwirtschaftsbeziehungen, etwa in Richtung Europa und Ostasien, würde auch Japan einen von den USA unabhängigeren wirtschaftspolitischen Kurs erlauben.

Alle drei Akteure habe mehrere Optionen, um ihre außenwirtschaftlichen und politischen Interessen im Kontext internationaler Wirtschaftsbeziehungen zu verfolgen. Dabei kommen insbesondere die folgenden Orientierungen in Betracht: global bzw. multilateral, regional und bilateral. Diese Reihenfolge enthält zugleich eine Bewertung. Die globale, multilaterale Option bietet die größten Vorteile der Arbeitsteilung, entspricht dem hohen Grad globaler, struktureller Interdependenz, aus der sich alle Beteiligten nur mit hohen Kosten zurückziehen können, und den erklärten politischen Interessen.

Bei regionaler Orientierung gibt es eine starke und eine schwache Variante. Der Zusammenschluß zu regionalen Märkten liegt an sich in der Logik gegenwärtiger Deregulierungsbestrebungen. Er bietet zusätzliche Liberalisierungsvorteile durch größere Skalenerträge. Verbindet sich Marktintegration mit gemeinsamen Politiken, wie zum Beispiel in der Europäischen Gemeinschaft, können die Akteure außerdem Handlungsspielräume im internationalen System gewinnen. Regionale Wirtschaftsintegration ist aber für die weltweit orientierten Industriewirtschaften in Nordamerika, Europa und Ostasien kein Ersatz für einen multilateralen Welthandel. Die starke regionale Option liegt daher in der Verbindung von regionaler Integrationsverdichtung und globaler, multilateraler Ausrichtung, das heißt in einem offenen Regionalismus. Multilateralität und offener Regionalismus stellen die größeren Anforderungen an die innenpolitische Bereitschaft zur wirtschaftlichen Strukturanpassung. Wird der internationale Wettbewerbsdruck für einzelne Branchen oder Regionen zu stark, besteht die Tendenz, sich partiell durch die Einführung handelspolitischer Schutzmaßnahmen aus der internationalen Interdependenz zurückzuziehen. Die schwache Variante regionaler Integration besteht in einer Abschottung der Region nach außen: das Konfliktszenario, das man als Blockbildung bezeichnet.

Auch die bilaterale Option ist mit einem insgesamt stärkeren Protektionismus verbunden. Die Akteure versuchen, sich durch bilaterale Absprachen, etwa über "freiwillige" Exportbeschränkungen oder eine Verbesserung des Marktzugangs, Handelsvorteile zu sichern, die Dritten nicht gewährt werden. Die Anwendung bilateraler Strategien verstärkt die Gefahr gegenseitiger Marktabschottung.

Genaugenommen verfolgen alle Akteure eine Kombination von multilateralen, regionalen und bilateralen Handlungsstrategien. Sie treten grundsätzlich für die Stärkung des multilateralen Weltwirtschaftssystems und einen offenen Regionalismus ein, greifen jedoch, jedenfalls partiell, auf bilaterale Regelungen und regionalen Außenschutz zurück. Beispiele hierfür sind die EG-Agrarpolitik oder bilaterale Vereinbarungen der USA oder der EG mit Japan über Exportbeschränkung und Marktzugang. Auch verschiedene Formen nationaler Handelsbeschränkung werden sich nicht vermeiden lassen. Gleichwohl können Grundorientierungen im Sinne von überwiegend multilateral und offen oder bilateral und geschlossen unterschieden werden.

Die Optionen, die die USA, die Europäische Gemeinschaft bzw. ihre Mitgliedstaaten und Japan im internationalen System haben, sind im Kontext ihrer jeweils eigenen wirtschaftlichen und politischen Zielsetzungen und in den Interaktionsmöglichkeiten mit den jeweils anderen Akteuren zu bewerten. Ohne sich auf eine Erörterung von Zieldefinitionen einzulassen, kann man die Zielsetzungen der Akteure etwa so formulieren:

- Durchsetzung vorteilhafter Außenwirtschaftsbeziehungen im weitesten Sinne und Gestaltung des äußeren Umfeldes in einer den eigenen wirtschaftlichen Interessen förderlichen Weise,
- Strukturierung von Wirtschaftsbeziehungen im Hinblick auf außen- und ordnungspolitische Zielsetzungen.

I. Handlungsspielräume und Optionen

1. Die Vereinigten Staaten

a. Kooptive Macht

Die Vereinigten Staaten verfügen über eine Kombination von miltärischer, politischer und wirtschaftlicher Macht, die weder die EG noch Japan aufzuweisen haben; zudem besitzen sie große wirtschaftliche Ressourcen. Sie sind insofern nach wie vor eine herausragende Macht, aber - so könnte man hinzufügen - wirtschaftlich sind ihnen die "Hände gebunden".

Autoren wie Joseph Nye weisen darauf hin, daß die amerikanische Führungsrolle in einem überaus komplexen und interdependenten internationalen System nicht mehr in den traditionellen Formen der Dominanz oder Hegemonie wahrgenommen werden kann, sondern kooptiv ausgeübt wird. Kooptive Macht besteht für Nye in der Fähigkeit, eine Situation auf eine Weise zu strukturieren, daß andere ihre Präferenzen so entwickeln und ihre Interessen so definieren, daß sie mit den eigenen konsistent sind.[2]

Die Befreiung Kuwaits mit dem Mandat der Vereinten Nationen unter Führung der USA, mit amerikanischen und alliierten Truppenverbänden und einer Lastenteilung zwischen den Bündnispartnern zeigt sowohl die Stärke kooptiver Macht,

---

2 Joseph S. *Nye, Jr.*, Bound to Lead. The Changing Nature of American Power, New York 1990, S. 191.

aber auch, daß die USA in höherem Maße als früher auf internationale Kooperation angewiesen sind. Ohne die Allianz und ohne Lastenteilung wäre es der amerikanischen Regierung vermutlich sehr viel schwerer gefallen, für den Truppeneinsatz gegen den Irak die Unterstützung vom Kongreß zu erhalten.

Wenn die USA in der internationalen Wirtschaftskooperation bisher mehr kooptive Macht hatten als andere, so ist dies insbesondere zurückzuführen auf:

- die herausragende Größe des im großen und ganzen offenen amerikanischen Marktes, die es den Vereinigten Staaten mehr als anderen erlaubt, mit der Gewährung oder Verweigerung des Marktzugangs handelspolitisches Wohlverhalten durchzusetzen; und
- eine wirtschaftspolitische "Dominanz", die darauf beruht, daß die Auswirkungen von Entscheidungen in den USA auf das Ausland wesentlich stärker sind als die Auswirkungen internationaler Interdependenz auf die amerikanische Wirtschaft.

Rücksichtnahme auf den wichtigsten militärischen Bündnispartner kommt als ein weiterer Faktor hinzu, obwohl insbesondere in den europäisch-amerikanischen Beziehungen die wirtschaftspolitischen Koordinierungsprozesse eine eigene Dynamik entwickelt haben.

Diese "strukturelle" Asymmetrie zugunsten der USA relativiert sich in zunehmendem Maße. Die Gründe hierfür liegen teilweise auf amerikanischer Seite: Die USA sind in den 80er Jahren vom größten Gläubiger zum Land mit der höchsten Auslandsverschuldung geworden. Sie werden wahrscheinlich bis in die zweite Hälfte der 90er Jahre hinein einen Kapitalzufluß aus dem Ausland brauchen, um ein Defizit im Bundeshaushalt zu finanzieren, das aufgrund der niedrigen Sparquote nicht aus Ersparnissen im Inland gedeckt wird. Die Aufgabe, diesen Kapitalzufluß durch attraktive Zinsen und Anlagemöglichkeiten auf dem amerikanischen Geld- und Kapitalmarkt zu sichern, engt den Handlungsspielraum für eine autonome Geldpolitik ein, im Augenblick zum Beispiel für die von der Regierung mit Blick auf die schwache Konjunkturentwicklung angestrebte Zinssenkung. Eine Abwertungsstrategie für den Dollar zur Verbesserung der internationalen Wettbewerbsfähigkeit wäre mit dem Risiko, daß Auslandskapital in größerem Umfang abgezogen wird, und mit einem verstärkten Preisauftrieb im Inland verbunden.

Nach einer Phase binnenwirtschaftlicher Orientierung haben die USA ab 1985 wieder eine größere Kooperationsbereitschaft in der G-7 gezeigt, um dort Unterstützung für die Rückführung und spätere Stabilisierung des Dollarkurses und für eine außenwirtschaftliche Anpassung (Abbau der internationalen Leistungsbilanzungleichgewichte) zu erreichen. Die Überbewertung des Dollars hatte zu dieser Zeit ein Defizit in der amerikanischen Handelsbilanz von 120 Mrd. US-Dollar entstehen lassen. Die amerikanische Industrie hatte auf den Auslandsmärkten an Wettbewerbsfähigkeit eingebüßt. Im Kongreß wurden protektionistische Forderungen lauter und die Regierung wurde aufgefordert, etwas gegen die Überbewertung des Dollars zu unternehmen.[3]

Die G-7-Kooperation der 80er Jahre illustriert die kooptive Macht der USA. Da alle anderen Staaten von den Instabilitäten, die vom Dollarkurs und dem amerikanischen Handels- und Leistungsbilanzdefizit ausgingen, mindestens genauso oder eher noch stärker betroffen waren, konnten sich die USA der Kooperationsbereitschaft der G-7 versichern, indem sie ihrerseits Kooperation in Aussicht stellten. Die Gefahr eines plötzlichen Kursverfalls des Dollars und einer internationalen Finanzkrise (Oktober 1987) sowie ein wachsender Protektionismus im amerikanischen Kongreß waren zugleich Hebel, um Kooperation durchzusetzen.

In der G-7 der 90er Jahre wird diese kooptive Macht der USA schwächer. Dies hängt zum einen damit zusammen, daß die USA ihren "Kooperationsbeitrag", nämlich die Rückführung des Budgetdefizits, nicht erbracht haben, und zum anderen damit, daß sich insbesondere für die europäischen G-7-Mitglieder durch die fortschreitende Integration in der EG währungspolitische Alternativen auftun.

b. Die "interne" Agenda

Die Vereinigten Staaten befinden sich zum ersten Mal in einer Situation, in der sich die Binnenwirtschaft an außenwirtschaftliche Anforderungen anpassen muß. Wesentliche Elemente der Anpassung sind:

- eine Dämpfung des Konsums im Inland und der Importnachfrage, was im ungünstigen Fall Rezession bedeuten kann;
- eine Steigerung der Exporte, was angesichts der Risiken einer Dollarabwertungsstrategie vorzugsweise durch eine Verbesserung und Modernisierung der Wirtschaftsstrukturen geleistet werden muß;
- eine Erhöhung der gesamtwirtschaftlichen Sparquote, was am ehesten durch die Rückführung des Budgetdefizits zu erreichen ist, da man privates Sparen außer durch Steuererhöhungen nicht verordnen kann.

Auf diese interne wirtschaftspolitische Agenda müssen sich die Vereinigten Staaten konzentrieren, wenn sie international Handlungsspielräume zurückgewinnen wollen.

In der Diskussion über die amerikanische Führungsrolle, die sich in den USA an Paul Kennedys Buch "The Rise and Fall of the Great Powers"[4] entzündet hat, besteht weitgehend Übereinstimmung darüber, daß sich das Land wieder auf jene

---

3 Vgl. Barbara A. *Fliess*, Die Vereinigten Staaten zwischen Protektionismus und Liberalisierung. Handelsdiplomatie im Vorfeld der Uruguay-Runde, unveröffentlichtes Manuskript, Stiftung Wissenschaft und Politik, Ebenhausen, Januar 1991, S. 208 sowie I. M. *Destler*/C. Randall *Henning*, Dollar Politics: Exchange Rate Policymaking in the United States, Institute for International Economics, Washington, D.C. 1989.

4 Paul *Kennedy*, The Rise and Fall of the Great Powers, New York 1988.

Werte besinnen muß, denen es seine Führungsrolle verdankt, und daß "Amerika" diese Wahl immer noch hat:

> "America's decline is a myth. It ignores the convergence of purposes in the world today against which American power is applied. And it ignores the choices that America still has to reaffirm its own purposes and rejuvenate its own power."[5]

Die "Wahl", die "Amerika" hat, ist die Zurückgewinnung von Handlungsspielräumen durch eine fortschreitende Haushaltskonsolidierung, interne Strukturanpassung und das Eintreten für liberale internationale Handelspraktiken. Man kann diese "Wahl" auch als "progressive" Anpassungsstrategie bezeichnen: Bewältigung der internen Agenda in Verbindung mit einer Hinwendung zum internationalen System. Sie ist progressiv sowohl im Sinne einer Forcierung interner Strukturanpassung durch den Druck des internationalen Wettbewerbs als auch im Sinne der Wahrnehmung internationaler Ordnungsfunktionen.

Die Alternative wäre eine "defensive" Anpassungsstrategie, die die Lasten der Anpassung durch einen höheren Außenschutz und eine Abwertungsstrategie für den Dollar zu mildern sucht. Ihre Merkmale wären etwa ein größerer Außenschutz durch Importbeschränkungen und eventuell Restriktionen im Kapitalverkehr, um eine mögliche Kapitalflucht zu unterbinden, oder eine bewußt betriebene bzw. tolerierte Abwertung des Dollars. Eine solche Abschottungsstrategie würde im Grunde amerikanischen liberalen Prinzipien zuwiderlaufen und wäre letztlich auch mit erheblichen Wohlstandsverlusten für die Bevölkerung verbunden. Sie ließe insbesondere die Aufgaben der "internen Agenda", Wiederherstellung wirtschaftlicher Stärke durch eine Modernisierung der Strukturen, unbewältigt.

Die amerikanische Politik bewegt sich im Augenblick zwischen diesen beiden Bahnen. Die internen Anpassungsprozesse kommen nur zögernd in Gang. Regierung und Kongreß ist es bisher nicht gelungen, die mittelfristige Planung für einen ausgeglichenen Haushalt einzuhalten. Das Budgetdefizit steigt wieder an, unter anderem durch rezessionsbedingte Rückgänge bei den Steuereinnahmen und durch höhere Zinsen. Die Feststellung, daß sich die amerikanische Wirtschaft in einer Rezession befindet, könnte dazu verleiten, aus konjunkturpolitischen Erwägungen die Konsolidierung des Bundeshaushaltes weiter "zu vertagen". Nach außen verfolgt die Regierung einen offensiven Kurs, der sich insbesondere äußert in:

- einer Handelspolitik, die nicht auf Importprotektionismus, sondern auf Marktöffnung für amerikanische Unternehmen setzt, und zwar alternativ sowohl regional und bilateral als auch multilateral im Rahmen der GATT-Verhandlungen der Uruguay-Runde, die 1986 auf amerikanische Initiative zustande gekommen sind;

---

5 Henry R. *Nau*, The Myth of America's Decline. Leading the World Economy into the 1990's, New York 1990, S. 370.

- Forderungen nach einer globalen Lastenteilung, die im Golfkrieg so effektiv durchgesetzt wurden, daß der amerikanische Truppeneinsatz ohne eine Belastung des Bundeshaushaltes finanziert werden konnte;
- Vorstellungen über eine "neue Weltordnung", in der die USA nur führen, wenn andere mitmachen.

c. Optionen

Sieht man die zentralen Herausforderungen amerikanischer Politik darin, die amerikanische Rolle als internationale Ordnungsmacht zu stärken und die interne Agenda gut zu bewältigen, so läßt sich eine Rangordnung von Optionen aufstellen, die alle in der gegenwärtigen Politik angelegt, aber nicht entschieden sind.

Option 1: "Neue Weltordnung"

Diese vom amerikanischen Präsidenten vorgeschlagene Option schlägt eine Brükke zwischen dem amerikanischen Führungsanspruch und den wirtschaftlichen Möglichkeiten. Im Zusammenhang dieser Analyse sind folgende Elemente von Bedeutung:
- die Abfederung einer kooptiven Führungsrolle der USA durch Lastenteilung und gemeinsame Verantwortung, nicht zuletzt im Rahmen internationaler Organisationen mit der Möglichkeit einer "breiten" Lastenstreuung, und
- die Stärkung der multilateralen Handelsordnung des GATT (Uruguay-Runde), insbesondere in den Bereichen, in denen die USA ihre zukünftigen Handelschancen sehen.

Option 2: (Nord-)Amerikanische Freihandelszone

Nachdem am 1. Januar 1989 das amerikanisch-kanadische Freihandelsabkommen in Kraft getreten ist, haben 1990 Verhandlungen über die Einbeziehung Mexikos in eine nordamerikanische Freihandelszone begonnen. Auf amerikanischer Seite ist allerdings stets betont worden, daß Freihandelsabkommen nicht alternativ zu einer Stärkung des globalen Handelssystems angestrebt werden, sondern als Vorreiter für eine weltweite Handelsliberalisierung anzusehen sind. Vorstellbar wäre eine Ausdehnung der Freihandelsbeziehungen auf Lateinamerika. Aber auch eine große amerikanische Freihandelszone wäre angesichts des Entwicklungsstandes und der Verschuldungsprobleme lateinamerikanischer Länder für die USA keine Alternative zu den Industrieländermärkten in Europa und Ostasien. Die größeren

Vorteile internationaler Arbeitsteilung werden zwischen Ländern mit einem ähnlich hohen Entwicklungsniveau erzielt.[6]

Anders als in der von Beginn an auf ein politisches Integrationsziel hin konzipierten Europäischen Gemeinschaft sind die Strukturen für eine gemeinsame Politik in Freihandelszonen kaum angelegt. Unter Führung der USA könnte jedoch eine engere politische Zusammenarbeit in der Region entstehen. Der Dollar wäre in einer amerikanischen Freihandelszone die maßgebliche Währung, was gewisse Vorteile für die USA hätte. Der Zugewinn an internationalem Handlungsspielraum durch regionale Integration wäre für die sehr viel größeren USA allerdings geringer als für die einzelnen europäischen Staaten.

Option 3: Bilateralismus

Die bilaterale Option ist wie die regionale Option im amerikanischen Handelsgesetz angelegt, das den Präsidenten ermächtigt, Verhandlungen sowohl über eine Handelsliberalisierung im GATT als auch über Freihandelsabkommen auf regionaler und bilateraler Basis zu führen. Sie ergibt sich insbesondere aus Artikel 301 des amerikanischen Handelsgesetzes, der die Regierung verpflichtet, bei der Feststellung "unfairer Handelspraktiken" bilaterale Verhandlungen zur Herstellung der Gegenseitigkeit von Marktzugangsbedingungen zu führen.[7] Dieser Bilateralismus in der amerikanischen Handelspolitik würde zunehmen, wenn die Uruguay-Verhandlungen scheitern.

Die USA könnten insbesondere versuchen, gegenüber Japan die bilaterale Option zu instrumentieren. Fred Bergsten hat 1987 eine amerikanisch-japanische "bigemony" angeregt und dabei auf die Notwendigkeit eines gemeinsamen Managements der Dollar-Yen-Beziehung angespielt.[8] Einen ähnlichen Vorschlag hatte Bergsten 1974 mit Blick auf die Bundesrepublik gemacht, später jedoch gefolgert, daß die deutsche Politik mit dem Europäischen Währungssystem eine andere Option gewählt habe.[9]

---

6 So kommt eine Studie des Congressional Research Service zu dem Ergebnis, daß die gesamtwirtschaftlichen Auswirkungen einer Freihandelszone mit Mexiko "positive and small" sein werden. Alfred *Reifman*, A North American Free Trade Area? A Brief Review of the Major Issues, Washington, 17.5.1991 (CRS [Congressional Research Service] Report for the Congress, No. 91-418 RCO).

7 Der 1988 verschärfte Artikel 301 (der sogenannte Super 301) gehört zu den protektionistischen Bestimmungen des amerikanischen Handelsgesetzes. Er gibt die Handhabe, gegen aus amerikanischer Sicht "unfaire" Handelspraktiken des Auslandes vorzugehen. Super 301 wurde zunächst gegenüber Japan, Brasilien und Indien angewandt; die Verfahren dann jedoch mit Rücksicht auf die laufenden GATT-Verhandlungen ausgesetzt. Vgl. Neue Zürcher Zeitung, 3.5.1989, S. 17 und 28.5.1989, S. 13f.

8 C. Fred *Bergsten*, Economic Imbalances and World Politics, in: Foreign Affairs, 65 (Frühjahr 1987) 4, S. 790. Siehe hierzu auch unten, Abschnitt 3a.

9 C. Fred *Bergsten*, Toward a New International Economic Order, Lexington, MA 1975, S. 48.

Option 4: Die atlantische und/oder pazifische Freihandelszone

Als Anrainer des atlantischen und des pazifischen Raumes wären eine atlantische und eine pazifische Freihandelszone, die dann auch Kanada einbeziehen würden, für die USA fast schon eine "globale" Lösung. Sie würde den Zugang zu den wichtigen Industriemärkten sichern. Das Problem liegt darin, daß diese Option eben nicht multilateral, sondern bilateral wahrgenommen wird und somit den jeweils dritten Partner, nämlich die EG oder Japan, ausschließt.

2. Die Europäische Gemeinschaft

a. Integrationsvertiefung

Die EG-Mitgliedstaaten können durch Integrationsvertiefung gemeinsam Handlungsspielräume zurückgewinnen, die sie national nicht mehr haben. Auch wenn die Verständigung auf ein gemeinsames Vorgehen in vielen Bereichen noch größere Schwierigkeiten bereitet, gibt es zumindest einen Kern von Mitgliedsländern, die in diese Richtung weitergehen wollen.

Nach Unterzeichnung der Einheitlichen Europäischen Akte (EEA) im Februar 1986 hat die EG eine Integrationsdynamik entwickelt, die ihr viele Beobachter zum damaligen Zeitpunkt nicht mehr zugetraut hatten. Die EEA wurde allgemein als das vorläufige Ende eines Reformprozesses angesehen, für den die EG mehr als zehn Jahre gebraucht hatte. Die Ergebnisse blieben für viele Beobachter weit hinter dem zurück, was zur Stärkung der Handlungsfähigkeit der Gemeinschaft notwendig gewesen wäre. Nur knapp fünf Jahre später wurden in Rom die beiden Regierungskonferenzen über die Europäische Wirtschafts- und Währungsunion (WWU) und die Politische Union (PU) eröffnet. Nach verschiedenen Zeitvorgaben in den bisher vorliegenden Vertragstexten könnte 1996 eine dritte Verhandlungsrunde über eine Vertiefung der Integration beginnen.

Diese "neue" Dynamik, die sich höchstens mit den Gründungsjahren der Europäischen Gemeinschaften vergleichen läßt, beruht auf einem außerordentlich günstigen Zusammentreffen wirtschaftlicher und politischer Entwicklungen, die hier nicht im einzelnen ausgeführt werden können. Nicht zu übersehen ist jedoch, daß die Mitgliedstaaten mit der Vertiefung der Integration auf Herausforderungen von außen reagieren, die sie gemeinsam besser zu bewältigen hoffen.

Vom europäischen Binnenmarkt und dem noch größeren Europäischen Wirtschaftsraum erwarten die Mitglieder ein höheres wirtschaftliches Wachstum und eine Stärkung der internationalen Wettbewerbsfähigkeit, insbesondere mit Blick auf die Konkurrenz aus Japan und Ostasien. Mit 340 Millionen Einwohnern ist der Gemeinsame Markt der größte Industrieländermarkt vor der amerikanisch-kanadischen Freihandelszone mit 270 Millionen und Japan mit 120 Millionen Einwohnern. Es entsteht ein europäischer Finanzmarkt, der in seiner Größe und Diversifizierung dem amerikanischen Finanzmarkt vergleichbar ist. Europa gewinnt mit anderen Worten Standortqualitäten.

Möglich wurde das Binnenmarktprogramm, als sich nach den keynesianischen und industriepolitischen Konzepten der 70er Jahre in den Mitgliedstaaten eine stärkere Hinwendung zu marktwirtschaftlichen Konzeptionen abzeichnete. Die Deregulierung der Märkte "im großen Stil" verspricht die größeren Skalenerträge. Die auf politische Integration und die Bildung einer Solidargemeinschaft ausgerichteten Strukturen und Ziele der EG erlauben es zugleich, mit der Integration über die Herstellung von Freihandelsbeziehungen hinauszugehen.

Die Gründung des Europäischen Währungssystems war 1979 eine Reaktion auf die Instabilitäten des internationalen Systems, die insbesondere vom Dollar ausgingen. Hinzu kam eine gewisse "Enttäuschung" darüber, daß auch unter den Bedingungen floatender Wechselkurse die Spielräume für eine nationale Konjunktur- und Beschäftigungspolitik eng begrenzt waren. Mitgliedsländer, die versucht hatten, einen autonomeren wirtschaftspolitischen Kurs einzuschlagen, sahen sich mit steigender Arbeitslosigkeit, Abwertung und Inflation konfrontiert (z.B. Italien und Frankreich).

Im Dezember 1991 haben die Staats- und Regierungschefs der EG-Mitgliedstaaten dem Vertrag über die Europäische Union zugestimmt. Er schafft die rechtlichen und institutionellen Voraussetzungen für die Vollendung der Europäischen Wirtschafts- und Währungsunion und die Einführung einer einheitlichen Währung. Die Endphase der WWU soll spätestens am 1. Januar 1999 zunächst mit jenen Mitgliedstaaten beginnen, die die im Vertrag festgelegten stabilitätspolitischen Voraussetzungen erfüllen.

b. Die "atlantische" Dimension

Mit fortschreitender Integration wird die EG zu einer Handlungsebene, auf der die Mitglieder internationale Interessen gemeinsam wirkungsvoller vertreten können als im Rahmen nationaler Politik. Die EG wächst damit für die USA - ebenso wie für Japan - in die Rolle eines Kooperationspartners hinein, die bisher noch in weiten Bereichen bei den nationalen Hauptstädten lag. Der amerikanische Außenminister hatte diese Entwicklung im Auge, als er in seiner Rede in Berlin im Dezember 1989 dazu aufforderte, "gemeinsam auf ein neues Europa und [einen] neuen Atlantizismus hinzuarbeiten" und dafür Sorge zu tragen, daß die "transatlantische Zusammenarbeit mit der europäischen Integration und den institutionellen Reformen Schritt hält".[10] Versteht man unter "neuem Atlantismus" die Evolution

10 Rede von Außenminister Baker vor dem Berliner Presseclub am 13.12.1989, abgedr. in: Amerika-Dienst, Dokumente, No. 45, S. 1-10 (3, 5).

transatlantischer Kooperation im Sinne einer "gleichgewichtigen" Partnerschaft, so ist die internationale Wirtschaftspolitik das erste Feld, auf dem sich diese Partnerschaft entwickelt.

Ein Aktionsfeld, auf dem sich die Konturen einer "gleichen" Partnerschaft bereits abzeichnen, ist die Handelspolitik. Durch den europäischen Binnenmarkt verfügt die EG über ein ähnliches Potential wie die USA, um in internationalen Verhandlungen vorteilhafte Handelsbeziehungen durchzusetzen. Dies gilt besonders für die "neuen" Deregulierungsbereiche im Binnenmarktprogramm, wie Dienstleistungen und Investitionen, die zugleich ein zentrales Anliegen amerikanischer Marktöffungsstrategien sind.

Eine Formulierung im Weißbuch der EG-Kommission, die Gemeinschaft sollte die Vorteile des größeren Marktes anderen Handelspartnern nur gewähren, wenn diese ihrerseits Zugeständnisse machten,[11] und amerikanische Verlautbarungen, man werde den Zugang zum europäischen Binnenmarkt gegebenenfalls mit den Instrumenten von Artikel 301 des gerade verabschiedeten Handelsgesetzes erzwingen, deuteten 1988 auf eine Zuspitzung europäisch-amerikanischer Handelskonflikte hin. Diese Eskalation ist zunächst nicht eingetreten. Beide Seiten haben sich zurückgehalten und Einlenken signalisiert, wohl nicht zuletzt mit Rücksicht auf die laufenden GATT-Verhandlungen der Uruguay-Runde.[12]

In den USA ist *Europa 1992* zunächst als Gefahr einer "Fortress Europe" wahrgenommen worden, sehr bald jedoch als große Marktchance, die es wahrzunehmen gilt, und wird heute als Herausforderung verstanden, die eigenen Wirtschaftsprobleme entschlossener anzugehen.[13] Dies gilt nicht zuletzt auch mit Blick auf eine Europäische Wirtschafts- und Währungsunion, die der Gemeinschaft mehr Handlungsspielraum geben würde, ihre Interessen in den makroökonomischen Koordinierungsprozessen mit den USA und Japan besser durchzusetzen.[14]

---

11 Die Formulierung lautet: "Die handelspolitische Identität der Gemeinschaft muß konsolidiert werden, damit anderen Handelspartnern nicht die Vorteile des größeren Gemeinschaftsmarktes geboten werden, ohne daß sie selbst Zugeständnisse machen" (*Amt für amtliche Veröffentlichungen der EG*, Vollendung des Binnenmarktes, Weißbuch der Kommission an den Rat, Luxemburg 1985, Ziff. 19, S. 7).

12 So wurden weder die EG noch einzelne Mitgliedstaaten im Mai 1989 auf die Liste für eine Anwendung von "Super 301" gesetzt. Umgekehrt hat die EG-Kommission im April 1989 den Entwurf der zweiten Bankenrichtlinie über die Neuzulassung von Auslandsbanken auf den europäischen Binnenmarkt modifiziert, um amerikanische Befürchtungen über eine "Festung Europa" auszuräumen.

13 Vgl. z.B. Manfred *Knapp*, EG 1992 und die USA: Transatlantische Beziehungen zwischen Wirtschaftskonkurrenz und Sicherheitspartnerschaft, in: Manfred *Knapp* (Hrsg.), Transatlantische Beziehungen, Stuttgart 1990 (Internationale Beziehungen, Veröffentlichung des Studienkreises Internationale Beziehungen, Bd. 3), S. 119-150.

14 So z.B. C. Randall *Henning*, Wake Up America! European Monetary Union Could Reshuffle the Cards of International Power and Finance, in: The International Economy, (März/April 1991), S. 63-66.

Während für die USA die Auswirkungen internationaler Interdependenz spürbarer geworden sind, hat der engere währungspolitische Zusammenschluß in Europa die europäischen Volkswirtschaften weniger "verwundbar" gemacht. Schocks, die von außen kommen, können besser absorbiert werden. Die Gemeinschaft gewinnt einen mit den USA vergleichbaren Grad wirtschaftspolitischer Autonomie. Fluktuationen des Dollarkurses können eher als früher toleriert werden. Der "Dollar-Hebel", durch den die USA in der G-7 der 80er Jahre die makroökonomische Koordinierung auf die eigenen Präferenzen hin orientieren konnten, wird dadurch schwächer und der Zwang zur binnenwirtschaftlichen Anpassung größer.

c. Optionen

Die Mitgliedstaaten der Europäischen Gemeinschaft entscheiden sich mit der Vertiefung der Integration für eine regionale Option, die zwar Souveränitätsverzichte abverlangt, jedoch durch den Verbund größere Handlungsspielräume eröffnet. Auch im Fall einer unvollständigen Verwirklichung der Politischen Union wird der europäische Binnenmarkt bestehen bleiben. Der zunächst mit den EFTA-Staaten entstehende Europäische Wirtschaftsraum dürfte sich nach Osten ausdehnen. Die Wirtschafts- und Währungsunion käme ohne deutliche Fortschritte in Richtung Politische Union möglicherweise nicht zustande. Das Europäische Währungssystem würde aber vermutlich beibehalten und könnte sich mit dem Beitritt anderer europäischer Staaten zu einem regionalen Festkurssystem in einem gesamteuropäischen Wirtschaftsraum entwickeln.

Option 1: Offener Regionalismus

Die stärkste Option der EG bzw. ihrer Mitgliedstaaten ist die eines offenen Regionalismus, der europäische Integrationsvertiefung mit einer nach außen kooperationsbereiten Gemeinschaft verbindet. Die EG hat sich - auch wenn sie sich nicht immer so verhielt - stets für diese Option ausgesprochen, etwa in der Erklärung des Europäischen Rates in Rhodos vom Dezember 1988 zur außenwirtschaftlichen Dimension des europäischen Binnenmarktes, die den Verdacht einer "Festung Europa" ausräumen sollte.[15] Die Liberalisierung des Kapitalverkehrs, ein zentrales Element von Binnenmarkt und WWU, ist erga omnes beschlossen worden, das heißt, sie schließt die Liberalisierung gegenüber Drittländern ein. Ein weiteres Anzeichen dafür, daß die EG sich nicht auf die "europäische" Agenda zurückziehen will, ist die Gründung der Europäischen Bank für Wiederaufbau und Entwicklung im Mai 1990, an der sich neben den EG-Mitgliedstaaten, der EG-Kommission und

15 Europäischer Rat in Rhodos, Tagung der Staats- und Regierungschefs der EG am 2. und 3. Dezember 1988, in: *Presse- und Informationsamt der Bundesregierung*, Bulletin, No. 170, 6.12.1988, S. 1509-1512 (1511).

der Europäischen Investitionsbank weitere 27 Länder beteiligen, darunter die USA, Kanada und Japan.

Option 2: Kooptive Macht und neuer Atlantismus

Diese Option ist die politische Ausformulierung eines offenen Regionalismus, durch den die Gemeinschaft im internationalen System kooptive Ordnungsmacht gewinnt, insbesondere in der Handelspolitik. Anzumerken ist, daß die EG - wie auch die USA - internationale Gestaltungsaufgaben nur wahrnehmen kann, wenn sie nach außen offen bleibt.

Der "neue" Atlantismus ist die Option, Ordnungsmacht zusammen mit den USA und nicht etwa "gegen" die USA auszuüben. Das bedeutet übrigens nicht, daß die Beziehungen konfliktfrei werden. Die bekannten Konfliktfelder: Handelspolitik, makroökonomische Koordinierung und Lastenteilung bleiben. Es sind zugleich die Felder, auf denen sich Kooperation im Sinne der Wahrnehmung gemeinsamer Verantwortung für die internationale Ordnung bewähren und beweisen muß. Die politische Chance, die atlantische Partnerschaft in dieser Richtung weiterzuentwikkeln, liegt darin, daß beide Seiten andernfalls wirtschaftlichen Wohlstand und Einfluß einbüßen würden.

Vor dem Hintergrund weltweiter ökonomischer Interessen sowohl der USA als auch der Europäischen Gemeinschaft ist die kooptive, atlantische Option im Sinne einer offenen Zusammenarbeit mit anderen Staaten zu verstehen. Daß Atlantismus nicht alternativ zu anderen Beziehungen, sondern konstruktiv mit diesen gestaltet werden soll, zeigen die gleichzeitig mit der Erklärung zu den Beziehungen zwischen der EG und den Vereinigten Staaten vom 23. November 1990[16] abgegebene europäisch-kanadische Erklärung[17] sowie die europäisch-japanische Erklärung vom Juli 1991.[18]

Option 3: Rückzug auf die europäische Einflußzone

Als "Rückfallposition" ist die europäische Option für die EG bzw. ihre Mitgliedstaaten in mancher Hinsicht vorteilhafter als die nordamerikanische Option für die USA. Bei einer Fragmentierung des globalen Systems würden die arbeitsteiligen Vorteile aus dem engeren Zusammenschluß der hochentwickelten europäischen Volkswirtschaften um so höher bewertet werden. Europäische Nachbarstaaten

---

16 Erklärung zu den Beziehungen zwischen der EG und den USA vom 23.11.1990, ebd., No. 139, 30.11.1990, S. 1476-1477.

17 Erklärung zu den Beziehungen zwischen der EG und Kanada vom 22.11.1990, ebd., S. 1477-1479.

18 Joint Declaration on Relations between the European Community and Japan, in: Agence Europe, No. 1729, 2.8.1991, S. 1-4.

würden ihre Zukunft noch mehr als heute in einer engen Bindung an die EG sehen und suchen. Ein Rückzug auf ein Europa, das die USA in gewissem Grade ausschließen würde, liefe allerdings den erklärten politischen Interessen an engen atlantischen Bindungen zuwider. Die ordnungspolitischen Aufgaben in Europa würden sich vermutlich schwieriger gestalten, insbesondere mit Blick auf die Integration der Gemeinschaft Unabhängiger Staaten (GUS) in das europäische und internationale System.

Option 4: Bilateralismus

Bei einem Scheitern der Uruguay-Runde müßte die EG mit einzelnen Drittländern über den Zugang zum Binnenmarkt verhandeln, insbesondere für die Bereiche Dienstleistungen und Investitionen, die im GATT nicht geregelt sind. Sie könnte dabei (wie die USA) ihr Marktpotential einsetzen, um andere Märkte zu öffnen, zum Beispiel den für europäische Unternehmen immer noch sehr geschlossenen japanischen Markt sowie Zukunftsmärkte im Osten, insbesondere das Gebiet der GUS. Die Anwendung bilateraler Marktöffnungsstrategien gegenüber dritten Märkten könnte zu einer Belastung für das europäisch-amerikanische Verhältnis werden, da sie Präferenzbeziehungen schafft, die den jeweils anderen Partner ausschließen. Auch die bilateralen Handelskonflikte zwischen der EG und den USA könnten häufiger werden.

3. Japan

a. Bindungen an die USA

Japan ist in mancher Hinsicht für die USA und die EG ein kritischer Kooperationspartner. Das Vordringen japanischer Exporte und Investitionen in Nordamerika und Europa wird häufig als "wirtschaftliche Bedrohung" empfunden. Dagegen gilt der japanische Markt trotz verschiedener Liberalisierungsschritte immer noch als schwer zugänglich. Wie Japan die Rolle ausüben wird, die es als internationale Wirtschafts- und Finanzmacht hat, ist noch nicht deutlich zu erkennen. Das hängt möglicherweise auch damit zusammen, daß Japan durch die Abhängigkeit vom amerikanischen Markt und vom amerikanischen Sicherheitspartner weniger Handlungsspielräume hat als die EG bzw. die europäischen G-7-Mitglieder.

Auch wenn zwischen Japan und der Bundesrepublik gewisse Ähnlichkeiten bestehen, insbesondere was die Ausgangslage für ihre Integration in das internationale System anbelangt, so konnte doch die Bundesrepublik durch die westeuropäische Integration und eine insgesamt stärkere Diversifizierung der Außenwirtschaftsbeziehungen gegenüber der amerikanischen Schutzmacht eine größere wirtschaftliche und später auch politische Eigenständigkeit entwickeln als Japan.

Zwischen den USA und Japan besteht eine enge, aber für beide Seiten "unbequeme" Partnerschaft. Für Japan ist der amerikanische Markt der größte Exportmarkt. Für die USA entstehen die größten Handelsbilanzdefizite im Handel mit Japan. Japan ist in den 80er Jahren zum größten einzelnen Gläubiger der USA geworden. Abwehrende Reaktionen auf spektakuläre Firmenaufkäufe japanischer Unternehmen in den USA und amerikanische Befürchtungen, japanische Anleger könnten Kapital aus dem amerikanischen Markt abziehen oder jedenfalls nicht mehr im gleichen Umfang wie bisher amerikanische Schatzanweisungen erwerben, signalisieren, welche Spannungen in dieser Beziehung bestehen. Die Möglichkeit, daß japanisches Kapital statt in den USA in Europa und Ostasien investiert wird, verstärkt zugleich den Anpassungsdruck auf die USA.

Während sich die USA als internationale Ordnungsmacht verstehen und die EG insbesondere in Europa in eine solche Rolle hineingewachsen ist, hat Japan bisher vorwiegend reagiert, vor allem auf amerikanische Forderungen nach Marktöffnung und makroökonomischer Anpassung (Abbau des Leistungsbilanzüberschusses durch Stärkung der Binnennachfrage).

b. Regionale und globale Diversifizierung

Japan könnte durch eine regionale und globale Diversifizierung der Außenhandelsbeziehungen Handlungsspielräume für ein vom amerikanischen Wirtschafts- und Bündnispartner unabhängigeres "Profil" im internationalen System gewinnen. Eine solche Entwicklung wäre kein Konfliktszenario, solange Japan die ihm zukommende internationale Rolle im Sinne einer "verantwortungsvollen" Kooperation ausübt.

Eine Diversifizierung der Außenwirtschaftsbeziehungen könnte insbesondere durch eine Verstärkung der Wirtschaftsbeziehungen mit Europa und den asiatischen Nachbarländern erfolgen. Beides hat sich in den letzten Jahren angebahnt. Die Aussicht auf den Binnenmarkt 1992 hat eine größere Investitionstätigkeit japanischer Unternehmen in der EG ausgelöst - nicht zuletzt um in diesem Markt vertreten zu sein, sollte sich die EG nach außen protektionistisch verhalten. Japan wird sich damit aber auch umgekehrt europäischen Forderungen nach einem besseren Zugang zum japanischen Markt mehr als bisher stellen müssen. Dies ist auch eine Entwicklung, die darauf hinwirkt, daß das bislang weitgehend vom amerikanischen Einfluß geprägte Dreieck Europa-Nordamerika-Japan ausgewogener wird.

Im Zuge der Aufwertung des Yen in der zweiten Hälfte der 80er Jahre hat sich die Marktverflechtung in Ostasien verstärkt, insbesondere durch Produktionsauslagerung japanischer Firmen in die Nachbarländer. Käme es zu einer weiteren Integrationsverdichtung im asiatischen Raum, könnte der Yen als Handels- und Anlagewährung in der Region größere Verwendung finden. Japanische Beobachter schließen die Möglichkeit nicht aus, daß einzelne Nachbarländer den Wechselkurs an den Yen binden. Dies könnte - wie die Währungsintegration in Europa - eine Reaktion auf die Instabilitäten im internationalen Währungssystem sein, die vom Dollar und der amerikanischen Wirtschaftspolitik ausgehen. Der Hintergrund eines Yen-Raumes würde Japan zugleich ein vom Dollar unabhängigeres Gewicht in den internationalen Währungsbeziehungen geben.[19]

Zur Zeit sind die USA neben Japan die für die asiatische Region wichtigste Wirtschaftsmacht. So verwundert es nicht, daß Bestrebungen, die wirtschaftliche Kooperation in der Region zum Beispiel im Rahmen der im Herbst 1989 gegründeten Asian Pacific Economic Cooperation (APEC) zu verstärken, auch die USA und Kanada einbeziehen.[20]

c. Optionen

Als Land mit wenig natürlichen Ressourcen ist Japan auf Außenhandel angewiesen und hat in besonderem Maße vom freien Welthandel profitiert. Japan läuft andererseits Gefahr, aufgrund seiner Handelspraktiken als Störfaktor des Systems und Ursache für den Protektionismus anderer Länder angesehen zu werden.

Option 1: Globale Orientierung

Die Zusammenarbeit mit den USA und der EG bei der Stärkung und Weiterentwicklung der multilateralen, internationalen Wirtschaftsordnung ist die Option, mit der Japan eine Isolierung vermeiden kann. Scheitern die Uruguay-Verhandlungen, wäre vor allem Japan einem starken bilateralen Druck auf Marktöffnung seitens der USA und der EG ausgesetzt. Japan hat bisher auf solche Forderungen eher defensiv reagiert. Diese Verhaltensweise schränkt die Möglichkeit ein, die Liberalisierung des japanischen Binnenmarktes, die an sich in den letzten Jahren eingeleitet worden ist, im Sinne kooptiver Ordnungsmacht zu instrumentieren. Daß Japan eine globale Orientierung verfolgt, zeigen im übrigen japanische Initiativen in Verbindung mit Umschuldungsstrategien für Länder der Dritten Welt[21] und die Beteiligung an Lastenteilungsregelungen, zum Beispiel in Verbindung mit dem Golfkrieg.

---

19 Vgl. hierzu "Dollar-EMS-Yen". An Evolving Partnership. Symposium, Japanisch-Deutsches Zentrum Berlin, 12.-14.6.1990, Berlin 1991 (Publications of the Japanese German Center, Bd. 3).

20 Mitglieder der APEC sind Japan, Südkorea, die sechs ASEAN-Staaten, Australien, Neuseeland, die USA und Kanada.

21 Japan hat auf der Jahrestagung von IWF und Weltbank in Berlin im September 1988 ein größeres Maßnahmenpaket für Umschuldungen im Zusammenhang mit den Programmen des IWF vorgelegt.

Option 2: Integration mit der Region

Der Begriff "offener Regionalismus" wird besonders häufig von japanischer Seite gebraucht. Er wäre eine Option, die Japan in Ostasien wahrnehmen könnte, ohne auf die globale Option verzichten zu müssen. Allerdings gibt es zur Zeit in der Region kaum Anzeichen für eine Entwicklung von Integrationsstrukturen, wie sie in Europa mit der EG entstanden sind. Eine gewisse Ausnahme bildet die ASEAN-Gruppe, an der Japan jedoch nicht beteiligt ist. Nicht zu verkennen sind auch politische Empfindlichkeiten gegenüber einer japanischen Vormachtstellung in der Region.

Option 3: Bilateralismus

Bilateralismus ist für Japan in gewisser Hinsicht keine Option, sondern das Konfliktszenario für einen besonders großen Druck von außen. Eine amerikanisch-japanische "bigemony" würde japanischen Interessen entgegenlaufen, durch eine Diversifizierung der Außenwirtschaftsbeziehungen Handlungsspielräume zu gewinnen.

Option 4: Pazifische Freihandelszone

Bei einem Verlust der Multilateralität wäre die Gründung einer pazifischen Freihandelszone mit den USA und Kanada eine Option, die den bisherigen Schwerpunkten japanischer Außenwirtschaftsbeziehungen und der Orientierung in der Region am ehesten entspräche, allerdings nicht dem Interesse an einer verstärkten Hinwendung nach Europa.

II. Interaktionen und Alternativszenarien

Multilateralität und offener Regionalismus sind grundsätzlich für alle drei Akteure die vorteilhaftesten Optionen. Dies gilt nicht nur mit Blick auf ihre weltweiten wirtschaftlichen Interessen und eine strukturelle wirtschaftliche Interdependenz, aus der sich die Akteure nur mit Verlust zurückziehen können, sondern auch unter dem Aspekt politischer Strukturbildung. Wirtschaftliche Blockbildung und Bilateralismus würden vermutlich eine stärkere Fragmentierung des internationalen politischen Systems nach sich ziehen.

Die USA, die EG und Japan können gemeinsam ihr weltwirtschaftliches Gewicht im Sinne einer Stärkung des multilateralen internationalen Wirtschaftssystems nutzen. Sie verfügen aber auch über eine "Störungsmacht". Sie können durch die Art, wie sie ihre Konflikte austragen, dem internationalen System erheblichen Schaden zufügen, was dann allerdings auf sie selbst zurückschlagen würde.

Multilateralität und regionale Offenheit sind keine "konfliktfreien" Optionen. Sie müssen von den Akteuren im Spannungsverhältnis von innenpolitischen Anforderungen und außenpolitischen Zielsetzungen und in der Interaktion miteinander realisiert werden. Das Auftreten von Konflikten ist in einer interdependenten Welt kaum zu vermeiden. Mechanismen der Konfliktbeilegung sind daher auch zum Beispiel Teil der internationalen Handelsordnung des GATT. Wenn im folgenden zwischen Konfliktszenarien und einem Kooperationsszenario unterschieden wird, so geht es im Grunde um unterschiedliche Szenarien der Konfliktaustragung bzw. Konfliktbewältigung.

1. Konfliktszenarien

Befürchtungen, daß wirtschaftliche Interessenkonflikte in Zukunft in einer härteren Gangart ausgetragen werden könnten, werden meist mit zwei Entwicklungen in Verbindung gebracht:

- dem Nachlassen der militärischen Bedrohung, und damit einer geringeren Bereitschaft, aus sicherheitspolitischen Erwägungen auf den (amerikanischen) Bündnispartner Rücksicht zu nehmen;
- einer "neuen" trilateralen Konstellation, in der es keine unbestrittene (amerikanische) Führungsrolle mehr gibt, die Kooperation durchsetzt.[22]

Daß solche Sorgen vor allem auf amerikanischer Seite geäußert werden, verwundert nicht: beide Entwicklungen signalisieren einen Einflußverlust der USA. Sie können weniger als bisher darauf rechnen, Kooperation auf amerikanische Bedürfnisse zuzuschneiden. Die europäischen Partner und Japan werden mehr als früher darauf bestehen, daß ihre eigenen Belange in der Kooperation ausreichend berücksichtigt werden, in Fragen der Lastenteilung oder in den makroökonomischen Koordinierungsprozessen im Rahmen der G-7. Da alle Akteure in etwa gleiche Optionen und Instrumente der Interessendurchsetzung haben, ist nicht auszuschließen, daß sie diese soweit wie möglich "austesten" und dabei eine Konfliktzuspitzung (zunächst) in Kauf nehmen, zum Beispiel bei handelspolitischen Auseinandersetzungen.

Die größte Gefahr, die in einem Konfliktszenario droht, ist eine nachlassende innenpolitische Akzeptanz für ein offenes Weltwirtschaftssystem, wenn die "Belastungen" binnenwirtschaftlicher Anpassung als zu hoch empfunden werden. Dies gilt nicht nur, aber im Augenblick vor allem für die USA mit ihren besonders großen strukturellen Anpassungsproblemen. Doch auch in der EG könnten sich mit dem Wegfall nationaler Schutzmaßnahmen auf dem europäischen Binnenmarkt

---

22 Solche Befürchtungen werden insbesondere auf amerikanischer Seite geäußert, siehe z.B. C. Fred *Bergsten*, From Cold War to Trade War?, in: International Economic Insights, 1 (Juli/August 1990) 1, S. 2-6 sowie C. Michael *Aho*/Bruce *Stokes*, The Year the World Economy Turned, in: Foreign Affairs, 70 (1991) 1, S. 160-178.

und einem wachsenden Wettbewerbsdruck für schwache Industriezweige und Problemregionen Forderungen nach einem höheren Außenschutz verstärken, nicht zuletzt zur Abwehr japanischer Konkurrenz. In Japan könnte die Öffnung des Systems an die Grenzen innenpolitischer Akzeptanz stoßen.

In den USA ist die Unterstützung für eine liberale amerikanische Handelspolitik auch bei den traditionell freihandelsorientierten Interessengruppen schwächer geworden.[23] Die Regierung konnte bisher mit Hinweis auf die Uruguay-Verhandlungen die Anwendung der protektionistischen Instrumente des 1988 verabschiedeten Handelsgesetzes unterbinden; sie braucht einen Erfolg der Verhandlungen. Um überhaupt eine innenpolitische Koalition für ein neues GATT-Abkommen zu mobilisieren, wurde ein umfangreiches Verhandlungspaket für die Uruguay-Runde geschnürt, in dem die Liberalisierung des Weltagrarhandels der "Angelpunkt" ist.[24]

Der für Dezember 1990 geplante Abschluß der Uruguay-Runde kam nicht zustande, da sich die EG und die USA in der Frage des Abbaus von Agrarsubventionen nicht einigen konnten. Inzwischen scheint sich eine gewisse Annäherung abzuzeichnen, was die Aussichten für eine Stärkung der internationalen Handelsordnung verbessert. Ein Scheitern der Uruguay-Verhandlungen könnte der Auslöser für Konfliktszenarien sein, die zu einer Dissoziierung der großen Akteure und einer Fragmentierung des internationalen Systems führen.

Szenario 1: Konflikte mit wechselnden Koalitionen

Merkmal dieses Szenarios ist ein zunehmender Bilateralismus in der Handelspolitik. Die Konflikte könnten häufiger und härter werden, mit der Drohung gegenseitiger Marktverschließung. Genaugenommen wäre dies das Szenario für eine Eskalation der Konflikte, die latent zwischen den Akteuren angelegt sind, aber im Hinblick auf die GATT-Verhandlungen zurückgehalten werden.

In diesem Szenario könnten sich wechselnde Koalitionen nach den jeweiligen handelspolitischen Interessenlagen formieren, zum Beispiel zwischen den USA und der EG, wenn es um die Öffnung des japanischen Marktes oder das "Zurückdrängen" japanischer Konkurrenz geht, aber auch zwischen den USA und Japan bei der Sicherung des Zugangs zum europäischen Binnenmarkt oder eventuell zwischen der Europäischen Gemeinschaft und Japan zur Abwehr einer offensiven amerikanischen Handelspolitik.

Möglicherweise könnten sich die USA und die EG mit relativ freizügigen Märkten und einem im großen und ganzen ausgewogenen Handelsaustausch auf der Ba-

---

23 Zum Spannungsverhältnis von Innen- und Außenpolitik in der amerikanischen Handelsdiplomatie vgl. *Fliess*, Die Vereinigten Staaten zwischen Protektionismus und Liberalisierung.

24 Vgl. Andreas *Falke*, Veränderte amerikanische Einstellungen zur EG. Der Binnenmarkt und die GATT-Verhandlungen, in: Europa-Archiv, 46 (25.3.1991) 6, S. 190-200 (195).

sis der Gegenseitigkeit arrangieren. Das Ziel handelspolitischer Offensiven könnte dann Japan sein, vielleicht auch die "neuen" Industrieländer in Ostasien. Japan könnte auf amerikanische handelspolitische Vergeltungsmaßnahmen mit einem Kapitalabzug aus den USA antworten.

Mit diesem Szenario wäre die Gefahr einer Selbstverstärkung der Tendenz zur Dissoziierung verknüpft. Der Handelsprotektionismus würde zunehmen. Die internationalen Finanzmärkte könnten auf Konfliktzuspitzungen mit Kapitalumschichtungen reagieren. Die Spannungen im internationalen Währungsgefüge würden größer. Der Dollar könnte zum Beispiel unter Druck geraten oder mit der Aussicht auf "kurzfristige" Wettbewerbsvorteile "heruntergeredet" werden. Die europäischen G-7-Mitglieder und Japan wären dann vielleicht nicht bereit, das "Netz" für eine "weiche Landung" des Dollars zu spannen. Die Kooperationsbereitschaft könnte insgesamt nachlassen. Bilaterale Verhaltensweisen könnten sich auch in anderen Bereichen verstärken, etwa in den für alle drei Akteure wichtigen Beziehungen zur GUS oder in den Nord-Süd-Beziehungen.

Der Verlust an Multilateralität ginge vor allem auch zu Lasten kleinerer Staaten, die vermutlich versuchen würden, sich enger an einen größeren Handelspartner anzulehnen. Dies würde Tendenzen zu einer Regionalisierung der Weltwirtschaft verstärken.

Szenario 2: Regionale Blockbildungen

Regionale Blockbildungen könnten eine Folgeentwicklung von Szenario 1 sein. Wenn sich die großen Akteure ihre Märkte gegenseitig verschließen, würden sie wahrscheinlich "Ersatz" in der Sicherung regionaler Märkte suchen, die sich im Konfliktfall ihrerseits gegeneinander abschotten würden.

In Europa würde sich die regionale Integration fortsetzen, aber mit einer stärkeren Abgrenzung nach außen. Die Europäische Gemeinschaft könnte sich in Richtung auf die Wirtschafts- und Währungsunion und die Politische Union weiterentwickeln und eventuell neue Mitglieder aufnehmen. Der Europäische Wirtschaftsraum würde sich wahrscheinlich nach Osten ausdehnen und könnte in irgendeiner Form auch die GUS einbeziehen. Die USA und Japan hätten zum Europäischen Wirtschaftsraum aufgrund höherer Außenbarrieren nur schwer Zutritt.

Die Entwicklung einer nordamerikanischen Freihandelszone ist - wie der Europäische Wirtschaftsraum - bereits angelegt. Lateinamerikanische Staaten würden sich bei einer Desintegration der Weltwirtschaft wohl dieser Freihandelszone anschließen. Die USA wären die führende Macht in dieser Region. Daß sie sich wirtschaftlich und politisch auf diese Einflußzone zurückziehen, ist allerdings auch in einem Konfliktszenario zunächst weniger wahrscheinlich. Die USA würden aber vermutlich in einem solchen Szenario ihre internationalen Präferenzen anders definieren, nicht zuletzt gegenüber Europa.

Wenn von den Gefahren wirtschaftlicher Blockbildung gesprochen wird, geht man meist von einer Dreierkonstellation aus. Der dritte "Block" läge dann in Ostasien, mit Japan als der dominierenden Wirtschaft. Ein wachsender Protektionismus in Amerika und Europa könnte die Integrationsbestrebungen in der Region verstärken. Angesichts der starken wirtschaftlichen Orientierung der Länder dieser Region auf die USA könnten die Bestrebungen aber auch in Richtung auf die Schaffung einer pazifischen Freihandelszone gehen, die die USA und Kanada einschließen würde. Möglich wäre auch, daß weder das eine noch das andere zustande kommt und Japan in eine gewisse Isolierung geriete.

Die pazifische Freihandelszone läge zugleich auch auf der Linie amerikanischer Marktöffnungpolitik. Die USA könnten dadurch eine Liberalisierung gerade der Märkte erreichen, in denen sie besonders schwer Fuß fassen können. Als Nicht-Anrainer des Pazifik würde eine solche Entwicklung die EG isolieren. Die USA könnten schließlich auch eine atlantische Freihandelszone anstreben, um den Zugang zum europäischen Markt zu sichern, was zugleich dem Interesse an einer amerikanischen politischen Präsenz in Europa entspräche. Würde sich in einem Konfliktszenario Japan - vor allem japanisches Kapital - nach Ostasien zurückziehen, wäre das für die USA jedoch eine sehr riskante Entwicklung.

Daß beide Freihandelszonen gleichzeitig zustande kommen, ist für ein Konfliktszenario keine besonders plausible Entwicklung. Könnten sich nämlich sowohl die USA und Japan als auch die USA und die EG auf Freihandelsbeziehungen einigen, wäre das bereits eher wieder ein Schritt, der multilaterale Regelungen möglich macht.

Es gibt in diesen Konfliktszenarien gewisse "Stabilisatoren". Da die Kosten eines Abbruchs der Beziehungen hoch sind, würden die Akteure möglicherweise einlenken. Sie würden sich eine regionale Option sichern, aber zugleich die Beziehungen zu den anderen beiden großen Akteuren aufrechtzuerhalten versuchen. Insgesamt würden die Beziehungen jedoch konfliktreicher werden.

2. Kooperationsszenario

Auch dieses Szenario ist nicht konfliktfrei. Es impliziert jedoch ein auf Konfliktbegrenzung gerichtetes Verhalten. Wichtige Aufgaben sind:

- Abschluß der Uruguay-Verhandlungen: Damit wäre der europäisch-amerikanische Agrarkonflikt zunächst einmal beigelegt. Multilaterale Regelungen für den Marktzugang bei Dienstleistungen und Investitionen würden die Gefahr einer Anwendung der protektionistischen Instrumente des amerikanischen Handelsgesetzes und das Zustandekommen einer "Fortress Europe" vermindern. Für die EG böten multilaterale Regelungen zugleich eine gewisse Gewähr dafür, daß die Liberalisierung des japanischen Marktes nicht nur mit Blick auf amerikanische Handelsinteressen erfolgt. Eine Weiterentwicklung der GATT-Verfahren zur Streitschlichtung würde ebenfalls zu einer Konfliktbegrenzung beitragen.

- Bewältigung der internen Agenda: Ursache für Handelskonflikte sind unbewältigte interne Anpassungsprozesse. Zu den wichtigen wirtschaftspolitischen Aufgaben der internen Agenda gehören: für die USA die Rückführung des Budgetdefizits und Maßnahmen zur Modernisierung der industriellen Infrastrukturen; für die EG die Reform der Agrarpolitik und die Stärkung der wirtschaftlichen Konvergenz; für Japan die fortschreitende Marktderegulierung und Öffnung nach außen.
- Währungspolitische Zusammenarbeit, um die Risiken internationaler Finanzkrisen zu vermindern: Ein zentrales Anliegen ist im Augenblick die fortschreitende Budgetkonsolidierung in den USA. Aber auch die öffentlichen Defizite in der Bundesrepublik, die durch die deutsche Einheit entstanden sind, müssen wieder zurückgeführt werden. Währungskooperation besteht insofern vor allem darin, daß die Akteure "das eigene Haus in Ordnung halten". Anzustreben wäre eine währungspolitische Zusammenarbeit, die sich am Ziel der Preisstabilität ausrichtet. Auch dies würde eine "gute" Bewältigung der internen Anpassungsprozesse voraussetzen. Eine Rückkehr zu festen Wechselkursen im internationalen System dürfte in naher Zukunft wenig wahrscheinlich sein. Floatende Wechselkurse können divergierende wirtschaftliche Entwicklungen und Politiken besser "ausgleichen". Im Interesse der Stabilität des internationalen Systems und der Wahrung der Kooperationsbereitschaft dürfen die Divergenzen jedoch nicht zu groß werden.
- Gemeinsame Wahrnehmung von Verantwortung für Friedenssicherung: Dies impliziert auch ein gewisses Übereinkommen über Lastenteilung. Sicherheit ist heute vor allem eine Frage wirtschaftlicher Stabilität. Die größte Bedrohung westlicher Sicherheit wird im Augenblick darin gesehen, daß die Demokratisierungsprozesse im östlichen Teil Europas scheitern könnten, wenn wirtschaftliche Reformen fehlschlagen. Auch in anderen Konfliktregionen sind wirtschaftliche Entwicklung und Wiederaufbau zumindestens ein Instrument der Friedenssicherung. Die Frage europäisch-amerikanischer Lastenteilung, die bislang vornehmlich im Kontext der Verteidigungsleistungen der NATO-Bündnispartner gesehen wurde, stellt sich damit in einer sehr viel globaleren Weise. Der Bedarf an "westlicher" Hilfeleistung stellt hohe Anforderungen an die eigenen wirtschaftlichen Kapazitäten. Um möglichst viele "Geberländer" einzubeziehen, sollten diese Aufgaben vorzugsweise im Rahmen internationaler Aktionen und Organisationen angegangen werden.

- Stärkung internationaler Institutionen: In einer trilateralen Beziehung, in der die Akteure ähnliche Handlungsspielräume haben - was von vielen Beobachtern als eine konfliktträchtige Konstellation betrachtet wird -, können institutionelle Regelungen die Kontinuität der Zusammenarbeit fördern. Die Stärkung der Institutionen und des multilateralen Ordnungsrahmens des internationalen Systems ist zugleich ein Weg, andere Akteure einzubeziehen. Dies gilt nicht zuletzt mit Blick auf die weltwirtschaftliche Integration der GUS.

Geht man davon aus, daß die Optionen "globale, multilaterale Orientierung" und "offener Regionalismus" für alle Akteure die stärksten Optionen sind - wofür die in dieser Arbeit angeführten Argumente sprechen -, so ist dies das Szenario, auf das die Politik hinwirken muß.

7. Die Nachfolger der Sowjetunion als internationale Akteure: Optionen für künftige politische Strukturen

Harry Gelman

Der schrittweise Zusammenbruch, der sich 1991 in der Sowjetunion vollzog, hat am Ende die meisten sicherheitspolitischen Sorgen zerstreut, die das westliche Denken in den viereinhalb Jahrzehnten nach dem Ende des Zweiten Weltkriegs beherrschten. Allerdings hat derselbe historische Mechanismus, der dieses Ergebnis bewirkte, insofern neue potentielle Gefahren für alle externen Akteure geschaffen, die Beziehungen zu den Erben der früheren Sowjetunion unterhalten, als er jene Kohärenz und Kontinuität im innen- und außenpolitischen Handeln der Nachfolger dieses Staates untergräbt, die die Grundlage für alle Vereinbarungen mit Moskau bildeten.

Der in der ehemaligen Sowjetunion ablaufende Prozeß, der mit der Zeit dazu führte, die lange von der Sowjetunion ausgehende militärische Bedrohung zunichte zu machen - die mächtige, durch das wirtschaftliche Desaster verstärkte zentrifugale Strömung -, hat gleichzeitig die Gefahr einer Proliferation der Kontrolle über Nuklearwaffen an die abtrünnigen Republiken erhöht. Diese Gefahr wird dadurch verstärkt, daß sich die rudimentären Bindungen zwischen den Mitgliedern der neuen Gemeinschaft Unabhängiger Staaten (GUS) in den Monaten seit dem Ende der UdSSR (Dezember 1991) weiter lockerten. In der Zwischenzeit entstand auch die Aussicht, daß es in einer nicht sehr fernen Zukunft zu einer Massenauswanderung aus den Nachfolgestaaten der Sowjetunion über den europäischen Kontinent nach Westen kommen wird. Über diese relativ unmittelbaren und konkreten Gefahren hinaus besteht schließlich die noch ungewisse, aber nichtsdestoweniger immer wahrscheinlicher werdende Möglichkeit, daß das unvermeidliche Elend, mit dem Rußland als größte europäische Nation konfrontiert ist, dort früher oder später Kräften Auftrieb geben wird, die dem Westen feindlich gesonnen sind.

Das Schicksal Rußlands könnte sich ohne weiteres in diese Richtung entwikkeln, wenn der mittlerweile im neuen russischen Staat eingeleitete Reformprozeß fehlschlagen sollte, wenn es den in Moskau eingesetzten, noch schwach entwickelten demokratischen Institutionen nicht gelingen sollte, Wurzeln zu schlagen, wenn sich die Russische Föderation selbst als unfähig erweisen sollte, die desintegrierenden Zentrifugalkräfte geschlossen abzuwehren und wenn infolgedessen unter den organisierten gesellschaftlichen Kräften Rußlands die latent vorhandenen extremistischen Tendenzen anwachsen.

Mit all diesen neuen Gefahren wird es auch immer schwieriger, Entwicklungsprognosen für die Region zu stellen - für die dahinsiechende Sowjetunion ebenso wie für ihre Nachfolgestaaten. Angesichts der Wahrscheinlichkeit anhaltender radikaler Umwälzungen sind die internationalen Partner der Erben der Sowjetunion gut beraten, die ganze Skala der sich bisher abzeichnenden und sich ihnen in Zukunft eventuell noch bietenden Alternativen in Betracht zu ziehen.

Im folgenden werden diese Alternativen in einem Spektrum durchgespielt, das von größtmöglicher Integration bis hin zu größtmöglicher Desintegration reicht. Begonnen wird mit einem Überblick über die (glücklicherweise im Frühjahr 1992 noch nicht gegebenen) Voraussetzungen, die für die Wiederherstellung eines "Megastaates" auf dem Staatsgebiet der früheren Sowjetunion erforderlich wären, sowie mit der Erörterung derjenigen Merkmale eines solchen Staates, die für seine Bürger und Nachbarn wahrscheinlich von Bedeutung wären. Im anschließenden Kapitel werden dann schrittweise vier Stadien der Desintegration behandelt, in denen sich der zentrifugale Prozeß zunehmend beschleunigt. Diese vier Stadien sind in der Entwicklung der ehemaligen Sowjetunion und ihrer Nachfolgestaaten in der zweiten Jahreshälfte 1991 und den ersten Monaten des Jahres 1992 insgesamt ziemlich genau zu erkennen.

Die Erörterung schließt mit dem Fall ab, den wir zur Zeit erleben: Das Zentrum ist fast völlig verschwunden (das einzige Relikt ist die sich zunehmend auflösende GUS), und die ungleichen Bestandteile der früheren Sowjetunion haben begonnen, untereinander ein von Konkurrenz und Konflikt geprägtes Verhältnis zu entwickeln. In die Erörterung dieses letzten, sich zuspitzenden Szenarios werden nicht nur jene Merkmale eines "gelähmten Staates" einbezogen, die zum Zeitpunkt der Abfassung dieses Artikels (Frühjahr 1992) sichtbar waren, sondern auch die weiteren Merkmale, die sich in den kommenden Jahren aus der Logik der Entwicklung ergeben könnten.

I. Der "Megastaat"

Wenn sich auf dem Gebiet der früheren Sowjetunion letztendlich wieder ein "Megastaat" herausbilden sollte, wird er sein Entstehen höchstwahrscheinlich, im Gegensatz zu den Zeiten des alten leninistischen Systems, einem virulenteren und unverhohleneren russischen Nationalismus zu verdanken haben und weniger vom Anspruch auf eine internationalistische Ideologie gebremst sein. Ein solcher Nationalismus würde, wie in anderen Ländern zu anderen Zeiten auch, seine wachsende Stärke im wesentlichen aus der anhaltenden Katastrophe ableiten. Und wie in jenen früheren Fällen wird dieser nationalistische Impuls voraussichtlich hochgradig autoritär, ja sogar mit einiger Wahrscheinlichkeit neofaschistisch sein.

Auch wenn der Virus des Faschismus bisher noch unter Kontrolle gehalten wird, ist er, wie der überraschend hohe Erfolg eines unbekannten und wenig überzeugenden Kandidaten der extremen Rechten bei den russischen Präsidentschaftswahlen im Juni 1991 zeigte, in Staat und Gesellschaft Rußlands doch sehr lebendig. Die neue Welle des Elends, die unweigerlich mit dem russischen Versuch des Übergangs zur Marktwirtschaft verbunden ist, könnte diesen politischen Virus sehr wohl weiter nähren. Und wenn sich Jelzin, wie es durchaus denkbar ist, in den nächsten Jahren als unfähig erweist, dem anhaltenden Zerfall der russischen Wirtschafts- und Sozialordnung Einhalt zu gebieten, wird sich aus dem daraus resultierenden Elend im Volk das Potential zur Zerstörung der politischen Basis des Präsidenten entwickeln und so ein massiver extremistischer Ruck ausgelöst werden.

Ein triumphierender rechtsextremistischer russischer Nationalismus wird wahrscheinlich, wiederum wie bei früheren Beispielen in anderen Ländern, seine Rechtfertigung in archaischem Gedankengut finden - etwa im Begriff *Rus* und in der früheren Vereinigung und Ausdehnung des russischen Staates. Mit der Verherrlichung des vom russischen Reich hinterlassenen Erbes würden eine heftige Ablehnung des Zentrifugalprozesses, der die derzeitige Form des Reiches gesprengt hat, sowie anhaltende und entschlossene Wiedervereinigungsbemühungen einhergehen. Diese würden vermutlich in Gewaltmaßnahmen gipfeln. Es bestehen in Rußland - und nicht nur unter den traditionell Rechten - insbesondere sehr starke und weitverbreitete Ressentiments wegen des Verlustes der Ukraine, da die Verbindung mit Kiew im nationalen Rus-Gefühl stark verwurzelt ist. Die slawischen Teile des auseinanderfallenden Reiches - die Ukraine, Weißrußland, Nordkasachstan - würden daher als erste den von Rußland ausgehenden Druck in Richtung Wiedervereinigung zu spüren bekommen. Die Rückkehr zum Megastaat ist, wenn überhaupt, nur durch die Anwendung von Gewalt und wahrscheinlich nach beträchtlichem Blutvergießen möglich.

Ein neuer von Rußland beherrschter Megastaat wäre aus verschiedenen Gründen voraussichtlich auch sehr fremdenfeindlich. Die Vertreter des neuen russischen Nationalismus würden zuallererst auf eine extreme Form der traditionellen slawischen Verachtung westlicher Werte zurückgreifen, gepaart mit dem damit verbundenen Selbstwertgefühl russischer Besonderheit. Außerdem würden sie mit großer Wahrscheinlichkeit feindliche Einstellungen gegenüber Ausländern und insbesondere gegen den Westen schüren, der als Ursache für den Zerfall des Reiches hingestellt würde. Die Führer des neuen ultranationalistischen russischen Megastaats würden darüber hinaus den Westen, wie hoch auch immer dessen Hilfsleistungen für das Gebiet der vormaligen Sowjetunion sein mögen, zusammen mit der Kommunistischen Partei als Sündenbock für das derzeitige Elend in Rußland ausmachen. Solche Einstellungen sind unter Teilen der russischen "patriotischen Rechten" bereits weitverbreitet.

Der Außenwelt gegenüber würde dieser Megastaat ein noch problematischeres Verhalten an den Tag legen. Ein großer Teil der slawophilen Rhetorik enthält isolationistische Anklänge, die als Impuls gedeutet werden könnten, formelle Vereinbarungen und Interaktionen mit möglichen Quellen schädlicher externer Einflüsse in gleicher Weise zu begrenzen, wie es für das Verhalten des gegenwärtigen Militärregimes in Burma, für Iran während der ersten Jahre der Chomeini-Revolution oder für Stalins Megastaat während des größten Teils seiner Existenz typisch war.

Wie die zwei letzten Beispiele zeigen, müssen Bemühungen, sich im Innern gegen westliche Einflüsse abzuschotten, jedoch keineswegs aggressive eigene Bemühungen ausschließen, nach außen seinen Einfluß auf Kosten des Westens geltend zu machen. Ein neuer russischer Megastaat von ultranationalistischem, autoritärem und möglicherweise quasi-faschistischem Charakter würde unter anderem wahrscheinlich mit Vehemenz traditionelle russische Interessen auf dem Balkan und gegenüber Iran verfolgen. Genauso wäre das Entstehen eines solchen Staates für alle seine osteuropäischen Nachbarn höchst alarmierend. Der vielfältige Nachhall seines Entstehungsprozesses hätte für jeden der drei anderen dominanten globalen Akteure negative Konsequenzen unterschiedlicher Art und unterschiedlichen Ausmaßes.

Von diesen wäre Japan wegen seines traditionellen Verhaltensmusters der Selbstisolierung und eines relativen Disengagements vielleicht am wenigsten betroffen. Die USA wären zweifellos über die Wiedergeburt ihres alten Rivalen in neuer Gestalt beunruhigt. Das würde sich besonders auf die Implikationen für die existierenden nuklearen Abrüstungs- und Rüstungskontrollvereinbarungen sowie für das strategische Machtgleichgewicht beziehen. Die EG/EPZ wäre mit größter Sicherheit allein schon aus geographischen Gründen von allen am direktesten und unmittelbarsten betroffen. Das wichtigste Einzelproblem wäre wahrscheinlich die Frage nach der Entwicklung der künftigen Beziehungen zwischen einem solchen neuen Rußland und Deutschland als dem dominanten Faktor in Mitteleuropa. Die angedeutete Entwicklung könnte möglicherweise auch eine erneute Überprüfung der europäischen Beziehungen zu den Vereinigten Staaten zur Folge haben.

II. Der sowjetische "Gesamtstaat"

Das Entstehen und die Konsolidierung eines sowjetischen "Gesamtstaates", wie er hier definiert wird, würde nicht nur ein Anhalten des zentrifugalen Prozesses in der früheren Sowjetunion implizieren, sondern auch eine definitive, allerdings begrenzte Umkehr in eine zentripetale Richtung. In diesem Szenario hätten die schrittweise Erosion der Position Gorbatschows und der Zentralmacht 1991 ein Ende gefunden. Diese Position wäre innerhalb klar definierter und allgemein akzeptierter Grenzen legitimiert und gestärkt worden. Zum dadurch bestimmten Kompetenzbereich hätten wahrscheinlich die Koordinierung und Oberaufsicht über die wesentlichsten Bereiche der Verteidigungspolitik, die Koordinierung der unionsweiten Wirtschaftspolitik und die Bewahrung der führenden außenpolitischen Rolle der Zentralmacht gehört. Die Gesamtheit dieser Kompetenzen ließe sich als eine zentrale "kooptive Macht" charakterisieren.

Im Verteidigungsbereich hätte dieses Szenario unter anderem bedeutet, daß der ehemalige sowjetische Verteidigungsminister, Schaposchnikow, oder seine Nachfolger letztlich eine Reihe jener Auseinandersetzungen gewonnen hätten, die sie in der Realität verloren haben. Das hätte nicht nur die Aufrechterhaltung der zentralen Kontrolle über die Nuklearwaffen beinhaltet, sondern auch den Verzicht der Republiken auf ihre Drohungen, auf Kosten der bisher vom Generalstab kontrollierten Streitkräfte eigene konventionelle Streitkräfte größeren Umfangs aufzustellen. Von größerer Bedeutung wäre jedoch gewesen, daß jene Aktionen der Republiken eingestellt worden wären, die in der Summe Schaposchnikows Hoffnungen untergruben, fürs erste eine große sowjetische Armee unter zentraler Kontrolle aufrechterhalten zu können und sie nur langsam und geordnet zu reduzieren (dazu gehörte insbesondere die Weigerung einiger Schlüsselrepubliken, Einberufungen durchzuführen oder sich an der Finanzierung des sowjetischen Militärhaushalts zu beteiligen). Die Konsolidierung eines politischen "Gesamtregimes" hätte auch die Einrichtung einer neuen Institution für den zentralen sicherheitspolitischen Entscheidungsprozeß vorausgesetzt, die den nicht mehr existenten Verteidigungsrat ersetzt hätte. Sie hätte in irgendeiner Form die Teilhabe von Vertretern der Republiken mit dem Erfordernis einer dauerhaften wirksamen zentralen Führung in Einklang bringen müssen.

Im wirtschaftlichen Bereich hätte das Entstehen eines "Gesamtstaates" die Einwilligung der Republiken zu - und ihre Legitimation - einer erneuerten zentralen Instanz für die Gestaltung und Durchführung der Wirtschaftspolitik bedeutet - wiederum allerdings in genau definierten Grenzen. Bezogen auf die Binnenwirtschaft hätte das die Akzeptierung eines Zentralbanksystems zur Kontrolle der Geldmenge und Inflation bedeutet; ferner die Akzeptierung der Beibehaltung einer gemeinsamen, ausschließlich von der Zentrale emittierten Währung; die Übernahme und Erfüllung der Verpflichtung, den zentralen Haushalt durch Steuern zu finanzieren, die von den einzelnen Republiken erhoben werden; und ganz allgemein die Anerkennung der Notwendigkeit, ein wirkliches Zentrum beizubehalten, das nicht nur die gemeinsame Politik koordiniert, sondern auch selbst durchsetzt. In außenwirtschaftlicher Hinsicht hätte dies bedeutet, das Zentrum als beauftragten Akteur aller Republiken für die Gestaltung des Außenhandels, die Zuteilung der Deviseneinnahmen und die Bedienung der Auslandsschulden zu akzeptieren. Das hätte wiederum bedeutet, daß das Zentrum auch weiterhin die führende Rolle bei der Verhandlung und Verteilung der internationalen Wirtschaftshilfe an die ehemalige Sowjetunion gespielt hätte.

Die erwähnten wirtschaftlichen Vorkehrungen unterstellen die optimistischste aller möglichen Vorhersagen über die Zukunft des mehrdeutigen und unvollständigen Wirtschaftsvertrages, den einige der Republiken im Oktober 1991 unterzeichnet haben. In der Praxis haben die Ereignisse einen solchen Optimismus nicht gerechtfertigt.

Im Bereich der Außenpolitik schließlich bedeutet dieses Szenario, daß die Republiken weiterhin die Vorrangstellung des Außenministeriums der Union bei der äußeren Repräsentation und bei internationalen Verhandlungen akzeptiert hätten. Dies hätte für die Vereinigten Staaten, Deutschland und auch alle anderen größeren internationalen Verhandlungspartner der früheren Sowjetunion Kontinuität und ein willkommenes Maß an Stabilität bedeutet. Es hätte dazu beigetragen, die Ratifizierung und Durchführung der verschiedenen von der Sowjetunion geschlossenen Rüstungskontrollabkommen zu garantieren. Dasselbe würde ebenfalls für die wesentlichen vertraglichen Verpflichtungen der Sowjetunion zum Truppenabzug aus Deutschland gegolten haben. Darüber hinaus hätten sich die anderen drei Hauptakteure des "nordamerikanisch-asiatisch-europäischen Gürtels" in der angenehmen Situation befunden, ein Gegenüber zu haben, das mit einer Stimme spricht und in der Lage ist, internationale Verpflichtungen einzugehen, bei denen die Aussicht besteht, daß die Annahme und Durchsetzung dieser Verpflichtungen durch die einzelnen Republiken gewährleistet ist.

III. Der sowjetische "Koalitionsstaat"

In diesem Fall wären die zentrifugalen Tendenzen der vormaligen Sowjetunion, anstatt völlig zum Stillstand zu kommen, ein Stück jenseits des im August 1991 nach dem fehlgeschlagenen Staatsstreich erreichten Zustandes zum Halt gekommen. Zwar hätte es immer noch ein Zentrum gegeben, aber es wäre in seiner Funktionsweise und seinem Verhalten zunehmend den unterschiedlichen Ansprüchen der verschiedenen Republiken als immer unabhängigeren Akteuren ausgesetzt gewesen, deren separaten und oft divergierenden innen- und außenpolitischen Initiativen es ständig hätte nachgeben und Folge leisten müssen. In einem solchen "Koalitionsstaat" hätte sich das Zentrum in einem ständigen Ad-hoc-Management befunden, was in der Praxis darauf hinausgelaufen wäre, fortlaufend unklare Kompromisse zu schließen, die sich aufgrund der unversöhnlichen gegensätzlichen Interessen häufig als kurzlebig erwiesen hätten.

Obwohl der Generalstab noch in der Lage gewesen wäre, Kommando und Kontrolle über die traditionsgemäß in den verschiedenen Republiken stationierten Streitkräfte auszuüben, wäre der Umfang dieser Truppen in einem von der Zentralmacht nicht zu planenden Maße stetig geschrumpft. Wegen der starrsinnigen Haltung der Republiken hätte sich die Zahl der bei den halbjährlichen Musterungen eingezogenen Soldaten immer weniger mit der Zahl der entlassenen Wehrpflichtigen gedeckt, und in Anbetracht der herrschenden politischen Situation hätten es die zentralen militärischen Behörden nicht gewagt, Soldaten über das Ende ihres Wehrdienstes hinaus zu verpflichten. Infolgedessen wäre der allgemeine Bereitschaftsgrad immer schneller gesunken, das nominelle Organisationsschema der Streitkräfte wäre immer fiktiver und fragmentarischer geworden. Obwohl der Generalstab weiterhin effektiv die Kontrolle über alle Nuklearwaffen in der gesamten vormaligen UdSSR ausgeübt hätte, wären vor allem in der Ukraine und in Aserbaidschan konventionell ausgerüstete, von den Republiken selbständig kontrollierte Truppenverbände entstanden. Unter Nutzung des Einberufungsmechanismus, der der Zentralmacht immer massiver verweigert worden wäre, hätten die Republiken diese Streitkräfte nach bescheidenen Anfängen schrittweise ausgebaut.

Obwohl im wirtschaftlichen Bereich die zentralen Mechanismen zur Wirtschaftskoordinierung und -lenkung, die im Oktober 1991 im Republiken-Vertrag in Aussicht genommen wurden, tatsächlich entstanden wären, hätten sie nur sehr stockend und mit vielen internen Widersprüchen funktioniert. Die Republiken würden zwar Steuern erheben und einige Zahlungen an den zentralen Staatshaushalt leisten, aber viele würden damit häufig in Rückstand geraten - entweder unabsichtlich (aufgrund eigener wirtschaftlicher Schwierigkeiten) oder absichtlich (weil sie mit den gemeinsam vereinbarten haushaltspolitischen Prioritäten nicht einverstanden wären). Obwohl der zentrale Rubel noch für viele Transaktionen in der gesamten früheren Sowjetunion verwendet würde, wären bereits parallel zur Moskauer Währung in einigen Republiken eigene Währungen im Umlauf - zum Schaden beider.

Zwar bestünden nominell zentrale Richtlinien, doch wären Ausmaß und Art der in den verschiedenen Republiken tatsächlich unternommenen Wirtschaftsreformen immer unverhohlener von lokalen Erwägungen bestimmt worden, die Unterschiede wären in dieser Hinsicht immer größer geworden. Einige Republiken hätten konkrete Maßnahmen ergriffen, um sich in Richtung auf ein marktwirtschaftliches System zu bewegen, das heißt um versuchsweise mit der Aufhebung von Staatsmonopolen in der Industrie und der Privatisierung von örtlichen Fabriken und Bauernhöfen zu beginnen und die schmerzlichen Auswirkungen der Abschaffung subventionierter Preise zu akzeptieren. Andere hätten versucht, einen großen Teil der alten Kommandowirtschaft und kollektiven Landwirtschaft beizubehalten, während sie marktwirtschaftliche Lippenbekenntnisse abgegeben hätten.

In einigen Republiken hätten demokratische Praktiken einschließlich regulärer, fairer Wahlen an Boden gewonnen, während in anderen autoritäre Regime an der Macht geblieben wären. An deren Spitze hätten entweder verbliebene Vertreter der alten kommunistischen Elite gestanden, die die feudalen Traditionen (wie in Teilen Zentralasiens) nutzten, oder ehemalige Gegner der Kommunisten, die um jeden Preis ihre eigene Herrschaft (wie in Georgien) festigen wollten. Die zunehmende Heterogenität des politischen Systems hätte die wachsende Vielfalt wirtschaftlichen Agierens in der ehemaligen Union und damit auch die zunehmende Schwäche der Zentralmacht bei ihren Bemühungen um Koordinierung gesteigert.

Im Umgang der neuen Union mit der Außenwelt hätte das zentrale Außenministerium immer noch eine bedeutende Rolle gespielt, aber keine ausschließliche oder dominante mehr. Dieses Ministerium würde jetzt einen großen Teil seiner Aktivitäten darauf verwenden, die zunehmend rührigen und gelegentlich unvorhergesehenen außenpolitischen Initiativen diverser Republiken, manchmal im Vorfeld und manchmal auch nur ex post, zu harmonisieren. Der wichtigste Ausgangspunkt solcher Initiativen wäre natürlich das Außenministerium Rußlands, das sich bereits im Frühherbst 1991 für alle ausländischen Partner der vormaligen Sowjetunion zu einem zunehmend selbstbewußten und selbständigen Gesprächspartner entwickelt hatte. Damit wüchse natürlich das Risiko von Doppelverhandlungen und widersprüchlichen Vereinbarungen.

In einigen wenigen Fällen würde dieses Problem vermieden, wenn das zentrale Außenministerium seinem russischen Pendant ausdrücklich die Verhandlungskompetenz für eine bestimmte Thematik übertrüge, wie es im Herbst 1991 hinsichtlich Japans und der nördlichen Territorien der Fall war. Alternativ würde häufiger eine aus Russen und All-Unions-Diplomaten bestehende gemeinsame Delegation gebildet. Obwohl er nominell der Ranghöchste wäre, würde sich in diesen Fällen der Vertreter des zentralen Außenministeriums nach politischen Linien richten, die in Moskau in einem Koordinierungsprozeß festgelegt würden, in dem das russische Außenministerium und seine führenden Persönlichkeiten im allgemeinen die Oberhand hätten. Dieses Übergewicht würde in regelmäßigen Abständen durch Wiederholen (jedoch nicht Verwirklichen) der von Jelzin und dem russischen Außenminister Kosyrev im Oktober 1991 deutlich ausgesprochenen Drohung verstärkt, die Finanzierung des zentralen Außenministeriums vollständig einzustellen.

In dieser Situation bestünde der wesentliche Hemmschuh für die kaum verbrämte Beherrschung des außenpolitischen Prozesses durch die Russische Föderation in der Notwendigkeit, dem Druck der wichtigsten anderen Republiken, insbesondere der Ukraine und Kasachstans, Rechnung zu tragen. Das zentrale Außenministerium wäre so tatsächlich weiterhin ein relativ unverfängliches Instrument für Jelzins Bemühungen, bei Verhandlungen mit Drittländern die russischen Interessen mit denjenigen anderer Republiken zu harmonisieren und zu koordinieren. Es entbehrt nicht einer gewissen Ironie, daß seine Nützlichkeit für die Russen jedoch davon abhängen würde, wie weit die vorherrschende Rolle Rußlands in diesem Prozeß verschleiert und abgeschwächt werden könnte und den anderen Republiken daher weniger bedrohlich erschiene.

Mittlerweile würden selbst bei diesem Szenario viele außenpolitische Aktivitäten mancher Republik der bisherigen Sowjetunion nicht mehr nach dem Muster einer gemeinsamen Außenpolitik verlaufen; sie wären mit der Zentralmacht in keiner Weise koordiniert wie etwa die Verhandlungen zwischen Usbekistan und Saudi-Arabien oder jene zwischen Aserbaidschan und Iran. Insgesamt würde im "Koalitionsstaat" aber immer noch ein relativ hohes Maß an Zusammenhalt bei seinen Interaktionen mit der Außenwelt herrschen; die Hauptverpflichtungen und -verträge der vormaligen Sowjetunion würden weiterhin eingehalten.

IV. Der "begrenzt handlungsfähige" Staat

Dieses Szenario entspricht in vielerlei, ja vielleicht sogar in jeglicher Hinsicht der Situation, die Anfang Dezember 1991 erreicht war, kurz bevor die GUS gegründet wurde. Mittlerweile ist der Zentrifugalprozeß in der früheren Sowjetunion noch einen Schritt weiter gegangen: Die Rolle des Zentrums ist derart geschwächt, daß die Fähigkeit des Staates zur Gestaltung kohärenter Politiken gegenüber den wichtigsten anderen internationalen Akteuren stark eingeschränkt ist. Inzwischen ist die "sowjetische" Außenpolitik weitgehend durch die der Republiken ersetzt worden, aber aufgrund der wachsenden internen Belastungen fällt es sogar Rußland schwer, den Platz der Sowjetunion auf der Weltbühne mehr als nur teilweise auszufüllen. In Rußland und auch in den meisten anderen Republiken besteht generell die Tendenz, Aufmerksamkeit und Energie auf die internen Belange zu konzentrieren, um der grassierenden Misere Herr zu werden.

Im Verteidigungsbereich sind nur einige Russen, Weißrussen, und wenige Zentralasiaten noch zum Wehrdienst in den der Zentralmacht unterstellten Streitkräften bereit. Diese zentralen Streitkräfte, die schnell dahinschmelzen, werden allgemein als die Armee Rußlands empfunden; der Generalstab ist inzwischen mit Vertrauten Jelzins durchsetzt, die auf ihrem Posten ordnungsgemäß von einer zur Marionette verkommenen Zentralregierung bestätigt worden sind. Viele der Republiken haben mittlerweile mit dem Aufbau eigener konventioneller Streitkräfte begonnen, deren Größenordnung von der in den meisten Fällen kleinen, eher symbolischen Nationalgarde bis zur größeren und sich weiter vergrößernden Streitmacht wie in der Ukraine reicht. Die Ausrüstung dieser und jener Truppen, die immer noch dem zentralen Kommando unterstehen, beruht in hohem Maße auf den angesammelten Beständen aus dem Erbe der aufgeblähten Streitkräfte der früheren Sowjetunion. Es ist jetzt unwahrscheinlich, daß das Zentrum oder die Republiken angesichts ihrer zunehmenden Unfähigkeit, Militärausrüstung im früher praktizierten Umfang zu finanzieren, zur Auffüllung dieser Bestände in der Lage sein werden. Außerdem nehmen auch die von den Republiken gesetzten Schranken zwischen den einzelnen, auf gegenseitige Lieferungen angewiesenen Unternehmen im weitgespannten militärischen Produktionsnetz zu, das früher von der mittlerweile aufgehobenen Militärischen Industriekommission kontrolliert wurde.

Inzwischen hat der Generalstab die Ende August 1991 in aller Stille begonnene beschleunigte Zurückverlegung aller nuklearen Sprengköpfe nach Rußland, die für die in anderen Republiken stationierten taktischen Trägersysteme bestimmt waren, zum großen Teil abgeschlossen. Die Verlegung der Trägersysteme selbst wird insgesamt jedoch wesentlich länger dauern, und die in der Ukraine, in Weißrußland und Kasachstan stationierten strategischen Nuklearraketen sind ein noch schwierigeres Problem. Selbst wenn mit der Zerstörung einiger dieser strategischen Waffen gemäß dem START-Vertrag begonnen wurde, sind die noch verbleibenden Potentiale, die von russischen Streitkräften in großen, von mittlerweile zunehmend fremdem Gebiet umgebenen isolierten Enklaven bewacht werden, sowohl innerhalb wie außerhalb der früheren Sowjetunion eine Quelle wachsender Spannungen.

Im wirtschaftlichen Bereich sind die Versuche, die Politik der Republiken zentral zu koordinieren, größtenteils gescheitert. Viele Republiken haben mittlerweile mit der Schaffung eines eigenen Bankensystems und einer eigenen Währung begonnen. Obwohl der Tauschhandel zwischen den Republiken zum großen Teil auf der Grundlage bilateraler Abkommen fortgesetzt wird, hat die Unterbrechung vieler Verbindungen in dem ehemals hochintegrierten ökonomischen Organismus zu zahlreichen Dislozierungen und zu einer allgemeinen Tendenz zur lokalen Autarkie geführt. Die Inflation ist immer noch nicht unter Kontrolle, die Arbeitslosigkeit steigt spürbar. Sie wird verstärkt durch die Versorgungsschwierigkeiten vieler Fabriken, die sinkende Zahl der Einberufenen und die zwangsweise beschleunigte Entlassung Tausender von Offizieren als Ergebnis des unkontrollierten und planlosen Schrumpfungsprozesses der Armee.

Nur die Republik Rußland und einige zentralasiatische Republiken leisten noch Zahlungen, um die Reste der Zentralregierung am Leben zu erhalten. Der sowjetische Präsident wurde dadurch zu einem besseren Gefolgsmann des russischen Präsidenten degradiert, in gewisser Hinsicht vergleichbar mit dem Status des japanischen Kaisers während der Schogun-Herrschaft. Das Außenministerium der Union besteht immer noch. Hinter den Kulissen wird es inzwischen völlig von der russischen Führung beherrscht, ist aber immer weniger in der Lage, die russische Position mit denjenigen der anderen nichtrussischen Republiken zu harmonisieren oder sich der Welt als Sachwalter der Interessen dieser Republiken zu präsentieren. Insbesondere der Ukraine, die schon eine gewisse Zeit nominell unabhängig war, ist es dank anhaltender Bemühungen gelungen, den westlichen Widerstand zu überwinden und schließlich international anerkannt zu werden. Obwohl die wichtigsten internationalen Akteure lange Zeit gezögert hatten, die Konsequenzen des Zerstückelungsprozesses der Sowjetunion zu akzeptieren, sind sie jetzt de facto mehr und mehr gezwungen, diplomatische Beziehungen mit den diversen verbliebenen Teilen der ehemaligen Sowjetunion einzugehen.

V. Der "gelähmte Akteur"

Nur ein kurzer Schritt führt von hier zum letzten Szenario, in dem die Bestandteile der ehemaligen Sowjetunion, nachdem sie sich im Zuge der Lösung ihrer gegenseitigen Bindungen immer stärker auf ihre interne Entwicklung konzentrierten, zunehmend miteinander in Konflikt geraten. Dieses Szenario entspricht in mancherlei Hinsicht der Situation, wie sie die ehemalige Sowjetunion im Frühjahr 1991 erlebt hat. Zu diesem Zeitpunkt hatten sich allerdings dessen radikalere Aspekte noch nicht abgezeichnet.

Auch die letzten Spuren der früheren Zentralregierung sind nunmehr verschwunden, jede Republik übt effektiv die Kontrolle über das Wirtschaftsleben innerhalb ihrer Grenzen aus. Die Ukraine hat überdies die Kontrolle über den größten Teil der auf ihrem Boden stationierten ehemaligen sowjetischen Truppenteile ohne Sonderstatus übernommen. Der Anschein einer GUS-Kontrolle über die verbleibenden sowjetischen Militärstrukturen ist schließlich aufgegeben worden. Rußland bekennt sich jetzt auch formell zur Kontrolle über diese Strukturen, die einem russischen Verteidigungsministerium und einem russischen Sicherheitsrat unterstehen. Der Umfang der russischen Truppen ist jedoch auf unter eine Million Mann zusammengeschrumpft, von denen die meisten, jedoch nicht alle, auf russischem Boden stationiert sind. Rußland hat mit denjenigen Republiken, die den Verbleib der russischen Truppen wünschen, Verhandlungen begonnen, um Abkommen über den Status dieser Truppen abzuschließen. Es gibt nicht einmal mehr eine Marionette auf dem Posten des Staatspräsidenten, aber Rußland, der wahrscheinliche Haupterbe der Funktionen der ehemaligen Sowjetunion, ist vollkommen von den internen Auseinandersetzungen absorbiert. Die Kämpfe finden nunmehr an zwei Fronten statt: zum einen zwischen den Republiken und zum anderen innerhalb der Russischen Föderation selbst.

Mit dem Dahinschwinden des Zentrums ist die Feindseligkeit zwischen einigen Republiken gewachsen, und wie zu einem früheren Zeitpunkt in Jugoslawien sind lange Zeit zurückgehaltene Differenzen zwischen den Republiken an die Oberfläche gekommen. Sie wurden infolge der Erlangung der völligen Unabhängigkeit der einzelnen Republiken akut. Nach dem Verschwinden Moskaus als politischer Faktor und dem Rückzug der letzten russischen Truppen eskalierte zum Beispiel der schon lange schwelende Streit zwischen Aserbaidschan und Armenien zur offenen Feindseligkeit, die erbitterter denn je ist. Rußland selbst wird allerdings noch wesentlich ernsthafter und nachhaltiger von diesen Entwicklungen betroffen.

Durch den abgeschlossenen Zerfallsprozeß der Union ist die russische Führung sehr viel stärker dem Druck ausgesetzt, auf die zunehmend emotionalen irredentistischen Forderungen der größten außerhalb Rußlands lebenden russischen Gruppierungen zu reagieren. Zwei frühe, aus solchen Forderungen resultierende Konfliktfälle betreffen die in den baltischen Republiken lebenden Russen sowie den

Versuch der russischen Minderheit in Moldawien, sich mit Unterstützung russischer Freiwilliger von Moldawien abzuspalten. Längerfristig gesehen sind die beiden wichtigsten Krisenregionen jedoch die Krim, die zur Ukraine gehört, und Nordkasachstan. In diesem Szenario wachsen die Bemühungen der russischen Mehrheit auf der Krim um eine Rückkehr nach Rußland überproportional mit dem Tempo, mit dem die Ukraine sich als unabhängiger Staat festigt und allgemeine internationale Anerkennung findet. Gleichzeitig waren entsprechende Forderungen der bisher ruhigen großen russischen Mehrheit in Nordkasachstan zu vernehmen. Diese gleichlaufenden Kampagnen werden durch Leidenschaften angeheizt, die in Moskau von Rechtsnationalisten geschürt werden. Die vormals gemäßigte russische Führung sieht sich durch politische Zwänge immer mehr genötigt, diesem Druck nachzugeben und gegenüber Kiew und Alma-Ata einen harten Kurs einzuschlagen. Die sich verschlechternden Beziehungen zwischen Russen und Ukrainern bzw. Kasachen geraten durch separatistische Initiativen der russischen Bewegungen auf der Krim und in Nordkasachstan, die heftige lokale Gegenreaktionen auslösen, an einen Tiefpunkt. Diese Reaktionen haben ihrerseits sporadische militärische Zusammenstöße zwischen Moskau und seinen beiden Nachbarn zur Folge.

Der unter anderen Umständen bei diesen Zusammenstößen gegebene deutliche russische Vorteil wird durch die schwerwiegenden Schwächen in Frage gestellt, die auf Rußlands eigenen Zentrifugalprozeß zurückzuführen sind. Dieser Prozeß nahm bereits im Herbst 1991 durch die erfolgreiche Revolte der Tschetschenen gegen die russische Herrschaft im Nordkaukasus dramatische Züge an. Die Entscheidung der Tataren - einer ansehnlichen Minderheit, die einen erheblichen Teil des Gebietes der Russischen Föderation bewohnt -, sich endgültig abzuspalten, stellt mittlerweile jedoch eine wesentlich größere Herausforderung dar. Der Entschluß Rußlands, die Sezessionsentscheidung der Tataren zurückzuweisen, und der Versuch, diese Bewegung gewaltsam zu unterdrücken, bringen keinerlei schnelles und entscheidendes Ergebnis, sondern führen vielmehr zu einer anhaltenden und besorgniserregenden Belastung der russischen Ressourcen.

In der Zwischenzeit haben die Ereignisse in Kasachstan und der Tatarischen Autonomen Republik zum allgemeinen Zusammenbruch der Beziehungen Rußlands zu Zentralasien geführt. Dieser Prozeß wurde durch die verspätete Erkenntnis in Zentralasien beschleunigt, daß die russische Wirtschaftshilfe, um derentwillen es sich so lange um die Bewahrung der Überreste des Reichs bemüht hatte, endgültig der Vergangenheit angehört. Die Abwanderung der Russen aus diesem Gebiet beschleunigt sich. Es kommt zu einer eskalierenden Auseinandersetzung zwischen einerseits einheimischen Nationalisten und Demokraten in bestimmten zentralasiatischen Republiken, wie etwa Kirgisien, und andererseits einer wachsenden und über die Grenzen in Zentralasien ausgreifenden fundamentalistischen islamischen Bewegung. Die letztgenannte Tendenz wird zunehmend durch den Zorn der Moslems speziell über das Verhalten der Russen und über die westliche christliche Welt im allgemeinen verschärft.

In Rußland selbst schließlich kommt zur weitverbreiteten wirtschaftlichen Angst die Verärgerung über das, was als massive allseitige Erniedrigung des Mutterlandes empfunden wird. Damit werden die ultranationalistischen, neofaschistischen autoritären Strömungen in der Gesellschaft zu Lasten gemäßigter und demokratischer Kräfte gestärkt. Diese Entwicklung führt wiederum in Richtung des ersten Modells und zur eventuellen Rückkehr des Megastaates.

VI. Schlußfolgerungen

Das Kontinuum der erörterten Möglichkeiten könnte also letzten Endes nicht linear, sondern zirkular sein. Mit anderen Worten, das letztgenannte Szenario eines unkontrollierten internen Kampfes könnte eventuell selbst die derzeit fehlende Grundlage für das erste Szenario schaffen, das heißt die Rückkehr des Megastaates in seiner bösartigen Form.

Jedenfalls ist eindeutig, daß diese beiden Alternativen, seien sie nun kausal miteinander verbunden oder nicht, für die ausländischen Partner der früheren Sowjetunion Gefahren mit sich bringen, die weit über diejenigen der anderen drei beschriebenen Szenarien hinausgehen. Einerseits weist das fünfte Szenario auf die Möglichkeit des Überschwappens einer in ihren Dimensionen potenzierten Katastrophe vom jugoslawischen Typ hin, während andererseits das erste Szenario die konzentrierte Bedrohung durch einen neuen, destruktiven und anmaßenden russischen Nationalismus beschreibt. Aus westlicher Sicht sind dies sicherlich die unattraktivsten Alternativen für die sowjetische Zukunft.

Es wird schnell ersichtlich, daß der Umgang mit den anderen Alternativen, unabhängig von ihren Implikationen für die Demokratie in der ehemaligen Sowjetunion, für die Außenwelt grundsätzlich wesentlich einfacher gewesen wäre. Das zweite beschriebene Szenario, der sowjetische "Gesamtstaat", wäre bei alleiniger Berücksichtigung des von ihm zu erwartenden Maßes an Stabilität, Kontinuität und Vorhersagbarkeit für die internationale Gemeinschaft wahrscheinlich bei weitem das günstigste gewesen. Im Hinblick auf diese Kriterien wären der dritte und der vierte Fall - der "Koalitionsstaat" und der "begrenzt handlungsfähige Staat" - für die ausländischen Partner der ehemaligen Sowjetunion weniger erstrebenswert gewesen. Auf jeden Fall schieden diese Zwischenoptionen jedoch aufgrund der sich überstürzenden Ereignisse sehr schnell aus.

Im Frühjahr 1992 hatte der Gang der Geschichte die Erben der ehemaligen Sowjetunion bereits in eine Reihe von Ereignissen hineingestellt, die - wenn auch die dort beschriebenen extremen Konsequenzen noch nicht eingetreten sind - dem fünften Szenario entspricht. Der Westen sollte anerkennen, daß dieser unaufhaltsame Strom schnellen Wandels angesichts der stark ausgeprägten nationalistischen Bestrebungen und Leidenschaften, die während der Existenz der Sowjetunion unter der Oberfläche gehalten wurden, wahrscheinlich unvermeidbar war, auch wenn er sich für die Außenwelt als sehr unbequem erwies. Wir müssen uns außerdem im klaren sein, daß die zugegebenermaßen düsteren Aussichten, derzeit in den Nachfolgerepubliken eine "Zivilgesellschaft" zu schaffen, vielleicht sogar noch schlechter gewesen wären, wenn der Zentrifugalprozeß beim zweiten, dritten oder vierten Szenario zum Stillstand gekommen wäre. Die Aussichten auf grundlegende und dauerhafte Systemveränderungen in den Republiken - so ungewiß sie heute auch scheinen mögen - wären wahrscheinlich so lange nicht zum Tragen gekommen, wie die Sowjetunion und ihr gesamter historischer Ballast weiterhin existiert hätten und wie die vollständige Lösung der nationalen Frage durch den Versuch, einen Teil des sterbenden Zentrums zu bewahren, hinausgezögert worden wäre.

Dieser langandauernde Versuch, irgendein trans- oder interrepublikanisches Restzentrum beizubehalten - ein Thema, das als roter Faden in allen Szenarien zu finden ist -, wurde durch den Zentrifugalprozeß nun endgültig zunichte gemacht. Der letzte Überrest dieser Bemühungen, die GUS, wird wahrscheinlich nicht mehr lange überleben. Der Kampf um die Kontrolle und Veränderung des fünften Szenarios - und darum, sein Umschlagen in das erste Szenario zu verhindern - wurde seit Dezember 1991 für die Erben der Sowjetunion sowie für ihre Partner im Ausland zur Realität der praktischen Politik. Was auch immer geschehen mag: Der entscheidende Kampf in der ehemaligen Sowjetunion geht nunmehr um das Streben nach Reform und Stabilisierung in den Republiken bei gleichzeitiger Abwehr einer katastrophalen Entwicklung in den Beziehungen zwischen den unabhängigen, jedoch immer noch voneinander abhängigen, gegeneinander Mißtrauen hegenden nationalen Einheiten, die vormals dem jetzt verschwundenen Zentrum unterstellt waren.

8. Sozialökonomische Stabilitätsbedingungen im Gebiet der früheren Sowjetunion: Der Wirtschaftsraum zwischen Einheit und Zerfall

Jürgen Nötzold

Die Umwälzungen auf dem Gebiet der früheren Sowjetunion richten sich nicht nur gegen die sieben Jahrzehnte währende Herrschaft des kommunistischen Systems, sondern auch gegen die im Laufe der Jahrhunderte ausgebildete russische Vorherrschaft auf dem eurasischen Kontinent. Nach der Oktoberrevolution wurden diese Zentrifugalkräfte schon einmal wirksam, als die Ukraine, Weißrußland, die transkaukasischen Staaten (Georgien, Armenien und Aserbaidschan) und Mittelasien (Turkistan) eine kurze und stürmische Zeit der Autonomie erlebten und die baltischen Staaten sowie das frühere Großfürstentum Finnland von Rußland unabhängig wurden.

Nicht erst die Sowjetunion bildete einen einheitlichen Wirtschaftsraum. Schon vor dem Ende des Russischen Kaiserreiches gab es auf seinem Territorium keine wirtschaftlichen Grenzen. Das eurasische Kontinentalimperium entstand im Verlauf von mehr als drei Jahrzehnten in verschiedenen Expansionsschritten vom Moskauer Großfürstentum aus, verbunden mit Integration und Assimilation der nichtrussischen Ethnien. Ökonomisch war die Expansion Rußlands ein Prozeß der Einbeziehung riesiger, unerschlossener Gebiete und zum großen Teil wirtschaftlich unterentwickelter Völkerschaften, die oft noch auf der Stufe von Nomaden standen. Den Kernterritorien fiel dadurch die wirtschaftliche Erschließung dieser Räume zu.

Deshalb hat das Ende der politischen Einheit auf dem Gebiet der ehemaligen Sowjetunion auch wirtschaftliche Auswirkungen. Produktionsmöglichkeiten und -standorte, Handelsströme und die regionale Einkommensverteilung werden davon berührt. Die Effekte können sowohl negativ als auch positiv sein. Zunächst führt die Zerstörung eines einheitlichen Wirtschaftsraumes mit einer gemeinsamen Währung und gemeinsamen Regeln des Wirtschaftens, dem "acquis communautaire" der Europäischen Gemeinschaft vergleichbar, natürlich zu Produktions- und Einkommensverlusten und verstärkt die sozialökonomische Destabilisierung, die sich aus dem Zusammenbruch der Planwirtschaft ergibt. Andererseits könnte die Auflösung des Wirtschaftsraumes der früheren Sowjetunion dann, wenn ein gemeinsamer Übergang zur Marktwirtschaft nicht erfolgt, eine Wirtschaftspolitik ermöglichen, die auf die spezifischen regionalen Probleme zugeschnitten ist und dort zu einer besseren Nutzung der Produktionsfaktoren und der Wahrnehmung komparativer Kostenvorteile führen kann. Derartig positive Auswirkungen der Neugliederung des Wirtschaftsraumes treten allerdings nicht unmittelbar, sondern erst längerfristig ein. Es könnte durchaus sein, daß im Verlauf eines solchen Prozesses der erkennbare ökonomische Nutzen von Zusammenarbeit die politisch souveränen Republiken früher oder später wieder mehr zusammenführt, ein Staatenverbund auf dem Gebiet der früheren Sowjetunion also bestehenbleibt.

I. Führt die "Entkolonialisierung" zur Zerstörung des wirtschaftlichen Zusammenhalts?

Mit zwei Vereinbarungen wurde versucht, der Auflösung des einheitlichen Wirtschaftsraumes entgegenzuwirken. Am 18. Oktober 1991 unterzeichneten die Republiken Armenien, Weißrußland (Belarus), Kasachstan, Kyrgysstan, Rußland, Tadschikistan, Turkmenistan und Usbekistan einen "Vertrag über eine Wirtschaftsgemeinschaft," dem später noch die Ukraine und Moldova zustimmten. Es ist nicht zu übersehen, daß die Erfahrungen mit den Institutionen der Europäischen Gemeinschaft als Vorbild für den Aufbau der Wirtschaftsgemeinschaft von Republiken im Rahmen eines neuen Unionsvertrages dienen sollten. Die Mechanismen der Beschlußfassung, die Durchsetzung vorgesehener Maßnahmen, die Kompetenzverteilung zwischen einzelnen Institutionen sowie zwischen supranationalen und nationalen Organen waren an das Vertragswerk der Europäischen Gemeinschaft angelehnt. Der einheitliche Wirtschaftsraum sollte auf folgenden Grundlagen aufbauen: auf freiem Unternehmertum (Artikel 9 des Vertrages), freier Bewegung von Gütern, Dienstleistungen und Arbeitskräften (Artikel 12, 28), einheitlichen Regeln der Wirtschaftstätigkeit (Artikel 10, 41) und gemeinsamer Währung (Artikel 16). Vorgesehen waren ein Etat der Gemeinschaft (Artikel 24), Regionalfonds (Artikel 26), ein Ministerrat und eine Kommission (Artikel 44-46). Die politisch souveränen Republiken wollten den Systemwechsel zur Marktwirtschaft in gegenseitiger Abstimmung vollziehen und einen "Gemeinsamen Markt" bilden.

Der in dem (gescheiterten) Unionsvertrag beabsichtigte schrittweise und abgestimmte Übergang zur Marktwirtschaft wäre sicher besser gewesen als der Zerfall der Union mit der anschließenden Suche nach einem neuen Zusammenschluß. Dieser erfolgte durch das Abkommen von Minsk, mit dem am 8. Dezember 1991 Rußland, die Ukraine und Weißrußland eine "Gemeinschaft Unabhängiger Staaten" (GUS) bildeten, die durch das Abkommen von Alma Ata am 21. Dezember 1991 um alle anderen Republiken der früheren Sowjetunion mit Ausnahme der baltischen Staaten und Georgiens erweitert wurde. Gemäß Gründungserklärung der GUS sollen dem Bereich gemeinsamer Tätigkeiten neben der außenpolitischen Koordination auch die Bildung und Entwicklung eines gemeinsamen Wirtschaftsraumes zugeordnet werden.

Um den festen politischen Willen und das politische Durchsetzungsvermögen zur Gestaltung eines gemeinsamen Wirtschaftsraumes steht es jedoch nicht gut. Die Europäische Gemeinschaft wurde auf den Prinzipien zunehmender wirtschaftlicher Verflechtung mit multilateraler Abstimmung und Entscheidung bei nationalstaatlicher Souveränität errichtet. Von dieser Grundlage aus wird der äußerst schwierige und nicht unumstrittene Schritt zu sektoraler Supranationalität unternommen. Die GUS sollte von Anfang an Supranationalität in bezug auf Sicherheitspolitik und gemeinsame Währung aufweisen - obwohl die Mitglieder ihre nationalstaatliche Souveränität und Unabhängigkeit von Rußland erst erreichen wollen. Dadurch wird der politische Wille zur Errichtung eines gemeinsamen Wirtschaftsraumes geschwächt. Der Abstieg von dem ohnehin niedrigen Lebensniveau, den der Wechsel zur Marktwirtschaft für die Bevölkerung mit sich bringt - ausgenommen der rasch steigende Lebensstandard einer kleinen Minderheit -, birgt gefährlichen politischen Sprengstoff. Er würde sich in den einzelnen Republiken gegen die GUS richten, wenn die Ursachen auf Entscheidungen der "Moskauer Zentrale" zurückzuführen wären. Auch die Europäische Gemeinschaft verlöre bei vergleichbaren Einkommens- und Wohlstandsverlusten ihre Legitimität. Wenn einzelne Republiken den Übergang zur Marktwirtschaft aber nicht im Geleitzug der GUS oder im Schlepptau Rußlands vornehmen wollen, müssen sie zu eigener Geld-, Finanz-, Währungs- und Zollpolitik übergehen.

II. Die überkommene wirtschaftliche Verflechtung

Die Eigenart der Situation besteht darin, daß einerseits das Souveränitätsstreben der einzelnen Republiken der Notwendigkeit wirtschaftlichen Zusammengehens entgegensteht und andererseits die Herauslösung des wirtschaftlichen Potentials aus einem gemeinsamen Verbund den wirtschaftlichen Niedergang verstärkt, der ohnehin durch den Zusammenbruch des planwirtschaftlichen Systems hervorgerufen wird. Die Tatsache, daß der bisherige Güteraustausch eine Folge der zentralwirtschaftlichen Planung war, ist in diesem Zusammenhang kaum von Belang. Die im Verlauf von Jahrzehnten aufgebaute wirtschaftliche Verflechtung kann nicht einfach ignoriert werden.

Ohne den vor allem in den 90er Jahren des vorigen Jahrhunderts betriebenen Eisenbahnbau, durch den die industriellen Ballungsgebiete Mittel- und Nordwestrußlands sowie der Südukraine mit dem Kaukasus, Sibirien und Mittelasien verbunden wurden, wäre der eurasische Wirtschaftsraum in eine Reihe wirtschaftlich abgeschlossener Einheiten aufgeteilt geblieben. Weitere Beispiele, ebenfalls aus der noch vorsowjetischen Zeit, sind die Erschließung des kaukasischen Erdölgebiets und der Baumwollanbaugebiete Mittelasiens sowie die schwerindustrielle Entwicklung der Südukraine.

Die Daten über die bestehenden wirtschaftlichen Verflechtungen stehen auch allen Beteiligten vor Augen. Es fragt sich nur, ob daraus die entsprechenden Schlußfolgerungen gezogen werden können. Wenn die Nachfolgestaaten der Sowjetunion erst über den Umweg der Abspaltung zu einer neuen horizontalen Integration gelangen, kann das möglicherweise Jahrzehnte in Anspruch nehmen.

Es wird geschätzt, daß etwa 25% des Sozialproduktes der früheren Sowjetunion in den Grenzen von Anfang 1991 aufgrund des interrepublikanischen Handels entstanden sind.[1] In der Europäischen Gemeinschaft sind es nur 16%, bei der besonders stark auf den EG-Binnenhandel orientierten Bundesrepublik Deutschland 17 bis 18%. Man kann sich vorstellen, welche Produktions- und Beschäftigungseinbrüche auf die Bundesrepublik bei einem Zusammenbruch der Wirtschaftsbeziehungen mit den EG-Partnern zukommen würden. Der Vergleich zu den Handelsbeziehungen der Nachfolgestaaten der ehemaligen Sowjetunion hinkt jedoch insofern, als es sich bei den Beziehungen Deutschlands zu den EG-Partnern um substitutiven Güteraustausch handelt, während der Handel auf dem Gebiet der ehemaligen Sowjetunion als Folge der im Rahmen der Planwirtschaft angestrebten Arbeitsteilung komplementär ist.

Vom Wirtschaftspotential her sind nur Rußland und, mit Einschränkungen, die Ukraine und Kasachstan zu selbständiger Existenz fähig. Beide Länder sind aber wirtschaftlich deutlich stärker mit anderen Regionen der früheren Union verflochten als Rußland. Rußland lieferte nur 18% seines Sozialproduktes in die Union - also etwa soviel wie die Bundesrepublik Deutschland in die Europäische Gemeinschaft -, Kasachstan jedoch 31%, die Ukraine 39%. Noch abhängiger von den Lieferungen und Bezügen aus dem Wirtschaftsraum der Union waren alle anderen Republiken, besonders die baltischen: Weißrußland zu fast 70% seines Nettomaterialprodukts, die baltischen Staaten und die transkaukasischen Republiken zu ungefähr 60%, die zentralasiatischen Republiken zu 40 bis 50%. Beim Zerfall des einheitlichen Wirtschaftsraumes werden die transkaukasischen und mittelasiatischen Republiken zu Regionen anhaltender Instabilität und damit zu Konfliktherden. Nationale Alleingänge der Führungen jener Republiken, die sich als souverän erklärten, dürften dann bei der Bevölkerung an die Grenze der Zustimmung stoßen. Hinzu kommt, daß die meisten Republiken keine ethnisch homogenen Natio-

---

1 Die folgenden Angaben über Produktionswerte, Produktionsanteile, Einkommenshöhe sowie über Lieferungen und Bezüge inner- und außerhalb des ehemaligen Unionsgebietes beziehen sich auf den Stand vor zwei Jahren und das Nettomaterialprodukt zu Inlandspreisen. Dienstleistungen sind im Nettomaterialprodukt nicht enthalten. Das Nettomaterialprodukt konnte bei diesen Angaben noch nicht auf der Grundlage von Marktpreisen festgestellt werden. Bei freien Preisen werden sich die Salden der Nachfolgestaaten der Sowjetunion im Wirtschaftsverkehr untereinander deutlich verändern. Denn Roh- und Brennstoffe sowie Nahrungsmittel wurden in der Planwirtschaft im Verhältnis zu Fertigerzeugnissen zu niedrig gewertet, sie werden sich deshalb erheblich verteuern. Vgl. *International Monetary Fund/International Bank for Reconstruction and Development/Organization for Economic Co-operation and Development/European Bank for Reconstruction and Development*, The Economy of the USSR, Washington 1990; SSSR v cifrach v 1989 godu (Die UdSSR in Zahlen im Jahre 1989), Moskau 1990; Narodnoe chozjajstvo SSSR v 1989 godu (v 1990 godu) - (Die Volkswirtschaft der UdSSR im Jahre 1989 [1990]), Moskau 1990 (1991).

nalstaaten bilden und fast überall einen beträchtlichen russischen Bevölkerungsanteil aufweisen. Wirtschaftlicher Verfall würde innerethnische Spannungen verschärfen und zur Desintegration auch innerhalb der Republiken führen.

Die Russische Föderation, am wenigsten vom Markt der früheren Union abhängig, ist gleichzeitig am stärksten auf Auslandsmärkte orientiert. Sie lieferte mehr als 8% ihrer Produktion ins Ausland. Der Anteil am Export der Union betrug über 70%. Auch die Ukraine und die baltischen Staaten weisen - gemessen am Sozialprodukt - eine geringere Orientierung auf Auslandsmärkte auf. Sie betrug 6 bis 7% des Produktionswertes. Für die von allen gewünschte "Öffnung zum Weltmarkt" verfügt eigentlich nur die Russische Föderation über ein nennenswertes Potential an weltmarktfähigen Erzeugnissen. Ihr Produktionsanteil innerhalb der früheren Union betrug bei Erdöl über 90%, bei Erdgas 75%; hinzu kommen seltene Metalle. Trotz Erschöpfung von Lagerstätten, Verschleiß der Förder- und Transporteinrichtungen sowie unzureichender Suche nach neuen Lagerstätten bleiben in diesen Bereichen weiterhin Exportmöglichkeiten, die sich längerfristig wieder verbessern lassen, wenn ausländischen Unternehmen annehmbare Wirkungsmöglichkeiten zugestanden worden sind.

Zu den quantitativen Verflechtungen der Republiken untereinander kommen vielfältige qualitative Abhängigkeiten etwa bei den Verkehrsnetzen, der Telekommunikation, der Wasserwirtschaft sowie der Forschung und Entwicklung. Bekanntlich erfolgte die Industrialisierung in der Sowjetunion vorrangig unter militärstrategischen Gesichtspunkten und durch Großprojekte mit hochgradiger Zusammenballung von Produktionskapazitäten einerseits und langen, aufwendigen Transportwegen andererseits. Es fehlt ein erweiterter Unterbau kleiner und mittlerer Betriebe, der die Basis für die Entwicklung des Zulieferergewerbes der Großbetriebe bilden könnte. Die einzelnen Republiken verfügen deshalb nicht über komplexe eigenständige Wirtschaftsstrukturen. Der größte Teil des Forschungs- und Entwicklungspotentials befindet sich in Rußland. Ein derart dominanter Status kann sich auch in kultureller Führerschaft auswirken.

III. Auswirkungen der Marktwirtschaft

Wenn sich Preise frei bilden, wird es zu erheblichen Veränderungen in den Wertvolumina des Handels innerhalb der früheren Union zugunsten der Russischen Föderation und zu Lasten der anderen Republiken kommen. Denn dann erzielen Brenn- und andere Rohstoffe sowie Nahrungsmittel, die in der Planwirtschaft niedrig bewertet wurden, erheblich höhere Preise. Dagegen werden die Preise für industrielle Verbrauchs- und für Investitionsgüter, die in der Planwirtschaft hoch bewertet wurden, zurückgehen. Die Benachteiligung der Rohstofflieferanten in der Planwirtschaft betraf vor allem die russischen Standorte. Die Angleichung der

Rohstoffpreise an Weltmarktpreise sowie Handelskurse für die Umrechnung des Rubels in konvertierbare Währung würden bereits bei einem (völlig unrealistischen) Wechselkurs von 1,8 Rubel je US-Dollar für die Mehrzahl der Republiken zu schweren Belastungen führen.

In diesem Fall würde sich der russische Überschuß von 200 Mio. Rubel auf fast 34 Mrd. Rubel erhöhen. Im einzelnen würden sich folgende Veränderungen der Salden gegenüber anderen Republiken zugunsten Rußlands ergeben (in Mrd. Rubel): Ukraine von 1,13 auf 11,3; Weißrußland von 1,8 auf 9,5; Kasachstan von -0,8 auf -0,35; Estland von -0,24 auf 0,4; Lettland von -0,02 auf 0,65; Litauen von 0,17 auf 3,6; Moldova von 0,46 auf 0,8; Georgien von -0,03 auf 0,8; Armenien von 1,2 auf 1,3; Aserbaidschan von -0,8 auf 1,4; Usbekistan von -1,6 auf 2,4; Turkmenistan von -0,6 auf 0,6; Tadschikistan von -0,21 auf 0,4; Kyrgysstan von 0,7 auf 0,91.[2]

Wenn man rein rechnerisch andere Rubelkurse zugrunde legt - 1992 gilt in Rußland ein Handelskurs von 55 Rubel je US-Dollar, an den russischen Börsen wurde der US-Dollar sogar bis zu 230 Rubel gehandelt -, entstünden unvorstellbar hohe Defizite. Aber selbst bei Anwendung eines günstigeren Kurses für den Rubel ist durch die Veränderung der Rohstoffpreise die Wirtschaftlichkeit vieler Betriebe und ganzer Produktionsstandorte nicht mehr gesichert. Nimmt man noch die Preisveränderungen im Austausch zwischen den anderen Nachfolgestaaten der Sowjetunion hinzu, so läßt sich feststellen, daß insbesondere die baltischen Staaten, Weißrußland, Moldova, Georgien und die mittelasiatischen Republiken Tadschikistan, Kyrgysstan und Usbekistan in eine sehr kritische Lage geraten. Kritisch wird die Lage auch für die Ukraine. Etwas besser sind die Aussichten für die Rohstofflieferanten Aserbaidschan (Erdöl) und Turkmenistan (Erdgas). Wer sich außerhalb eines gemeinsamen Wirtschaftsraumes bewegen will, der stellt die Beziehungen zu den anderen Nachfolgestaaten der Sowjetunion praktisch den Außenwirtschaftsbeziehungen zu anderen Ländern gleich. Solche Nachfolgestaaten würden ihre Außenwirtschaftsbeziehungen gleichsam unter Umgehung eines gemeinsamen Marktes auf dem Weltmarkt gestalten. Die Konsequenzen wären: Abrechnung in frei konvertierbarer Währung vor dem Hintergrund chronischen Devisenmangels und hoher Außenverschuldung nach Aufteilung der Auslandsverbindlichkeiten der früheren Sowjetunion sowie unter Umständen Zollbelastungen.

Es ist allerdings fraglich, ob die Russische Föderation ihre Vorteile, die sie durch freie Preisbildung bei Brenn- und Rohstoffen gegenüber den anderen Staaten der ehemaligen Sowjetunion erzielen würde, unter wirtschaftlichen und politischen Gesichtspunkten auch wirklich nutzen kann. Rußland ist seinerseits auf die Aufrechterhaltung des zwischenstaatlichen Handels angewiesen. Die wirtschaftli-

---

2 Vgl. Ekonomiki i Žizn (Moskau), (Oktober 1991) 44, S. 5-6 (predprinimatel'! Krepče deržis "v sedle"; vperedi ogromnyj rost cen!; Unternehmer! fest im Sattel halten - es kommen gewaltige Preissteigerungen!).

chen Interessen der anderen Republiken müssen ebenfalls berücksichtigt werden. Denn sonst könnten sich zum Beispiel die ohnehin schon vorhandenen Differenzen zwischen Rußland und der Ukraine weiter verschärfen. Immerhin führen alle Öl- und Gasleitungen in den Westen durch die Ukraine.

Die wirtschaftliche Verflechtung in der ehemaligen Sowjetunion bietet gewiß keinen brauchbaren Maßstab für den künftigen Nutzen eines gemeinsamen Wirtschaftsraumes. Die Verteilung der Produktionskapazitäten erfolgte nicht auf der Grundlage komparativer Standortvorteile, sondern nach politischen bzw. entwicklungspolitischen Zielsetzungen, wobei Überlegungen hinsichtlich der relativen Produktionskosten außer acht gelassen wurden. Der Übergang zu Marktwirtschaft und freier Preisbildung wird zur Wahrnehmung komparativer Vorteile und damit zu neuer Regionalisierung führen. Bestehende regionale Wohlstandsunterschiede würden vertieft, wenn nicht weiterhin die Möglichkeit administrativer Einwirkung auf die Kapitalverwendung zum Ausgleich größerer regionaler Entwicklungsunterschiede vorhanden wäre. Trotz jahrzehntelanger Investitionslenkung und Einkommensumverteilung in der Planwirtschaft bestehen immer noch erhebliche Wohlstandsunterschiede vor allem zuungunsten der auf industrielle und agrarische Rohstoffe spezialisierten mittelasiatischen Republiken.

Im übrigen ist die Ausbildung komparativer Vorteile bei marktwirtschaftlicher Allokation der Produktionsfaktoren mit hohen Umstellungskosten verbunden. Deshalb steht auch in der ehemaligen Sowjetunion die eigentliche Transformationskrise noch bevor, die zu einem erheblichen Rückgang des Sozialproduktes führen wird. Der Prozeß der regionalen Neuverteilung der Produktionskapazitäten unter Berücksichtigung der Wirtschaftlichkeitsrechnung benötigt also viel Zeit. Auszugehen ist von der Tatsache der überkommenen wirtschaftlichen Verflechtung und den Folgen ihrer Zerstörung.

Die Vielfalt der Probleme bei Einführung der Marktwirtschaft unter den Bedingungen des eurasischen Wirtschaftsraumes wird im Urteil Außenstehender häufig übersehen. Die Grundlagen marktwirtschaftlicher Ordnung sind größtenteils sehr viel schwächer ausgeprägt als zum Beispiel in Ungarn und in der Tschechoslowakei. Das sich jetzt ausbildende soziale Milieu legt Vergleiche mit der zweiten Hälfte des 19. Jahrhunderts in Rußland nahe, als sich im Zarenreich die frühkapitalistische Entwicklung anbahnte. Die in Rußland und anderen Mitgliedsstaaten der GUS freigegebenen Preise können keine oder kaum eine marktwirtschaftliche Steuerungsfunktion erfüllen, weil es in vielen Bereichen gar keine Märkte gibt. Es gab keinen Vorlauf bei der Entstehung privatwirtschaftlicher Klein- und Mittelbetriebe, so daß nicht einmal Konsumgütermärkte existieren. Der Handel ist noch überwiegend in staatlicher Hand, die Produktion in sehr hohem Maße monopolisiert. Ein Abbau der Monopolisierung wird aufgrund der fehlenden Mittel zur Schaffung neuer Produktionsstrukturen noch lange auf sich warten lassen. Keine

Region hat bereits eine komplexe Produktionsstruktur. Sie muß erst entwickelt werden, denn sonst sind die Transportkosten auf dem eurasischen Kontinent so hoch, daß eine marktwirtschaftliche Kalkulation vielfach nicht möglich ist.

Für die Ausbildung marktwirtschaftlicher Mentalität über einen kleinen Teil der Bevölkerung hinaus muß aufgrund der langen antiliberalen Tradition ein anderer Zeitraum angesetzt werden als in Mittelosteuropa. Für Entwurf und Durchsetzung der Rahmenbedingungen einer funktionierenden Marktwirtschaft fehlt es an fähigen Beamten. Selbst in der Russischen Föderation, die über die fähigste Administration verfügt, ist diese Schicht sehr schmal. Immer noch trifft zu, was Nikolai Schmeljow bereits vor zwei Jahren feststellte: "Ein Graf Witte ist bei uns vorerst leider nicht in Sicht."[3]

Von der angestrebten Umwandlung der Agrarstruktur in eine bäuerliche werden wichtige Anstöße für die Marktwirtschaft erwartet. Seit Jahrzehnten wird die Agrarverfassung jedoch von staatlichen und kollektiven Großbetrieben bestimmt. 1916 gab es im europäischen Rußland mehr als 15 Millionen individuelle Bauernwirtschaften, 1940 bestanden noch über 3 Millionen, seit einiger Zeit sind es wieder etwas über 60 000. Das Umrüsten der großbetrieblichen Investitionen und das Umlernen der Kolchosniki auf einzelbäuerliches Wirtschaften erfordert entsprechende finanzielle Mittel und geschultes Personal und ist deshalb in kürzeren Zeiträumen undenkbar. Die anschließende Differenzierung der Bauernwirtschaften aufgrund unterschiedlicher Inventarausstattung, Marktlage usw. ist ein langwieriger Prozeß. Rentabilitätsbedingungen für marktwirtschaftliches Bauerntum bestehen nur in einigen Zonen, in denen ein ausreichendes Verteilungssystem mit Lagerungs- und Transportmöglichkeiten vorhanden ist.

Außerdem wird die bäuerliche Betriebsweise durch die Boden- und Klimaverhältnisse in einem großen Teil des eurasischen Landwirtschaftsgebietes nicht begünstigt. Viehzucht für den Markt in intensiver Wirtschaftsweise würde durch den Einfluß des atlantischen Klimas in den baltischen Staaten und der westlichen Randzone der GUS (Weißrußland, Moldova) gefördert. Die schwarzerdige Steppenregion eignet sich dagegen wegen ihrer kontinentalen Lage für intensive Bewirtschaftung wenig. Der dort vorherrschende extensive Getreideanbau erfordert größere Betriebseinheiten, die als Bauernwirtschaften mit einer Kapitalausstattung im Stil der Getreidefarmen des amerikanischen Mittelwestens versehen sein müßten. Würde Landwirtschaft nur nach Rentabilität betrieben, dann würden klimatisch begünstigte Regionen, im wesentlichen westlich der Wolga und entlang der sibirischen Hauptverkehrslinie, vielleicht intensiver als bislang genutzt, größere

---

3 Nikolai *Schmeljow*, Gewalt oder Rubel. Essays zur Perestrojka in der Wirtschaft, Göttingen 1990, S. 103. Graf S. Ju. Witte war als Finanzminister zweifelsohne der weitsichtigste und entschlußfähigste Wirtschaftspolitiker des Russischen Kaiserreiches; er setzte in den 90er Jahren des vergangenen Jahrhunderts eine eindrucksvolle industrielle Entwicklung in Gang.

Gebiete mit extensiver Nutzungsmöglichkeit im Ackerbau in den zentralasiatischen Getreidesteppen aber aufgegeben werden.

Der private Handel könnte sich als Vorreiter bei der Einführung der Marktwirtschaft erweisen und die Starrheit und Initiativlosigkeit der staatlichen Verteilungsorganisationen überwinden, ohne daß es eines großen Startkapitals bedürfte. In der Zeit der Neuen Ökonomischen Politik (NEP) - der Phase der Wiederherstellung privater Initiative in Handel, Landwirtschaft und Kleingewerbe in der ersten Hälfte der 20er Jahre - war die private Handelstätigkeit des sogenannten Nepman das wichtigste Element der wirtschaftlichen Wiederbelebung. Ungefähr ein Drittel des gesamten Handelsumsatzes entfiel damals auf den Privathandel. Allerdings konnte im Unterschied zur gegenwärtigen Situation auf Fachkräfte des privaten Handels und der Verbrauchsgenossenschaften aus der Vorkriegszeit zurückgegriffen werden.

Wenn die staatliche Industrialisierungspolitik des administrativen Sozialismus durch eine von Marktkräften und privatem Unternehmertum getragene Veränderung der Produktionsstruktur und Standortentwicklung abgelöst werden soll, dann müssen auch staatliche Kapitalbildung und Investitionsfinanzierung durch private und unternehmerische Kapitalbildung ersetzt werden. Es wird aber für lange Zeit nicht mehr gelingen, die Kapitalbildungsrate auf einen ausreichenden Stand zu bringen, wenn nicht zur nationalen Nettokapitalbildung entsprechend hohe Auslandsbeiträge kommen. Ein Beispiel bietet die Erdölindustrie, die wegen ihrer Bedeutung für die russische Außenhandelsfähigkeit besondere Aufmerksamkeit erhält. Ohne neue Investitionen in Exploration, Förderung und Transport wird die Produktion weiter zurückgehen. Diese Investitionen werden nach einer Umwandlung der staatlichen Produktionsorganisationen in Ölgesellschaften nicht allein aus eigenen Gewinnen aufgebracht werden können. Eine Investitionsbeteiligung ausländischer Ölgesellschaften wird notwendig sein, die natürlich erst nach Jahren zur Belebung der Produktion beitragen kann.

Die russische Geschichte zeigt eindrucksvoll, wie ausländische Unternehmer zur Ausbildung einer marktwirtschaftlichen Umwelt beigetragen haben. Erst mit den Befreiungsgesetzen von 1861 bis 1866 konnte die Abschaffung des aus Grundherren und hörigen Bauern bestehenden Agrarsystems beginnen; beendet wurde sie durch die Agrarreform Stolypins von 1906. Der Eintritt des Russischen Kaiserreiches in die Phase der liberalen Industrialisierung, mit der das Aufschließen zu Westeuropa nachgeholt werden sollte, erforderte die Lösung von der Mentalität der Feudalgesellschaft und eine ansteigende Kapitalbildung. Daß seit Mitte der 80er Jahre des 19. Jahrhunderts in Rußland tatsächlich eine rasche marktwirtschaftliche Entfaltung stattfand, ist auch auf die starke Beteiligung ausländischen Kapitals und ausländischer Unternehmen zurückzuführen. In welchem Maße die Entwicklung von Auslandsinvestitionen abhängig war, zeigen die Anteile des Auslandskapitals am Aktienkapital verschiedener Wirtschaftsbereiche Rußlands vor dem Ende des Zarenreiches. Sie betrugen im Bergbau, in der Hüttenindustrie, der Metallverarbeitung und im Maschinenbau 54%, in der Textilindustrie 21%, in der Chemieindustrie 45%, bei den Banken 34% und im Bauwesen sowie in kommunalen Unternehmen 62%.[4] Ungefähr 20% der Kapitalbildung erfolgten aus ausländischen Mitteln.[5] Mit der Konzessionspolitik der 20er Jahre wurde wiederum versucht, Auslandskapital zu gewinnen. Das in den Konzessionen investierte ausländische Kapital erreichte jedoch - wegen der Einschränkung freier unternehmerischer Tätigkeit und wegen des politischen Risikos, aber auch wegen des allgemeinen Kapitalmangels jener Zeit - nur einen Anteil am Investitionsvolumen der sowjetischen Industrie von jährlich 0,6 bis nicht ganz 1%.[6]

Aus der näheren Befassung mit diesen Zeitabschnitten der Wirtschaftsgeschichte des Zarenreiches bzw. der Sowjetunion lassen sich auch für die heutige Situation Erkenntnisse gewinnen. Abhängigkeit vom Auslandskapital schreibt eine Wirtschafts-, Geld- und Währungspolitik vor, die im Standortwettbewerb um privatwirtschaftliche Investitionen bestehen kann. Sind von dieser Seite her geeignete Bedingungen gegeben, dann würden Auslandsinvestitionen im eurasischen Wirtschaftsraum in exportgünstigen Rohstoffbereichen und in anderen Wirtschaftsbereichen erfolgen, die aufgrund niedriger Arbeitskosten in transportgünstigen und marktnahen Gebieten rentabel sind. Man kann sich vorstellen, daß bei Standorten mit weniger günstigen Bedingungen ein mehr oder weniger großer staatlicher Einfluß erhalten bleiben muß. Nicht nur in der Übergangsphase zur Wettbewerbswirtschaft, sondern auch wegen der Grenzen für privatwirtschaftlich rentable Tätigkeit im eurasischen Wirtschaftsraum wird der Staat weiterhin eine wichtige Rolle spielen müssen. Zu Recht hat Axel Lebahn, früher für das Sowjetunion-Geschäft der Deutschen Bank zuständig, festgestellt: "Auf die russische Erde muß ein russisches, maßgeschneidertes marktwirtschaftliches System - sonst wird es im Sumpf der Realitäten versinken."[7]

IV. Die Schlüsselstellung der Russischen Föderation

Die Nachfolgestaaten der Sowjetunion sind in unterschiedlicher Weise imstande, die Transformationsprozesse zu bewältigen - also den Wechsel des Wirtschaftssystems, die Veränderung der Produktionsstruktur und der regionalen Ausrichtung

---

4 Ja. I. *Livšin,* Monopolii v ekonomike Rossii (Monopole in der Wirtschaft Rußlands), Moskau 1961, S. 141.

5 S. *Strumilin,* Statistiko-ekonomičeskie ocerk (Wirtschaftsstatistischer Abriß), Moskau 1955, S. 52.

6 O. *Deutsch,* Die Technik des Rußlandgeschäftes, Wien/Berlin 1928, S. 97; vgl. auch A. *Jugow,* Die Volkswirtschaft der Sowjetunion und ihre Probleme, Dresden 1929, S. 222-236.

7 Wirtschafts-Woche, (28.2.1992) 10, S. 37.

arbeitsteiliger Wirtschaftsprozesse. Daraus ergeben sich Schlußfolgerungen für die Gestaltung der Beziehungen im Wirtschaftsraum der früheren Sowjetunion. Die herausragende Position der Russischen Föderation - sie ist bei weitem ausgeprägter als die deutsche Position in der Europäischen Gemeinschaft - ist ein wesentliches Charakteristikum der Gesamtsituation. Sie hat Folgen für die Neuordnung der wirtschaftlichen Kooperation in der früheren Sowjetunion und bringt Rußland selbst in einen Zielkonflikt.

Selbst wenn es gelänge, großrussische Ambitionen zurückzudrängen, behinderte das politische, wirtschaftliche und militärische Übergewicht Rußlands das Zusammenwirken der Gemeinschaft Unabhängiger Staaten. Dazu trägt auch die Tatsache bei, daß über 25 Millionen Russen, also mehr als 17% der russischen Bevölkerung, in anderen Republiken leben. Davon entfallen auf die Ukraine an die 11 Millionen, was 22% der Bevölkerung entspricht, sowie fast 6 Millionen auf Kasachstan - das sind nahezu 40% der Bevölkerung. Durch seine herausragende Position kommt auf Rußland eine besondere Verantwortung oder auch Inpflichtnahme durch die anderen Republiken zu. Im Interesse Rußlands müßte es jedoch liegen, daß es den Systemwechsel ohne Rücksichtnahme auf andere Teile der ehemaligen Sowjetunion, insbesondere den "mittelasiatischen Bauch", vornehmen und die Integration in den europäischen Wirtschaftsraum betreiben kann, anstatt die Sanierung des früheren sowjetischen Wirtschaftsraumes übernehmen zu müssen.

Eine allgemein anerkannte Währung würde die Aufrechterhaltung der interrepublikanischen Wirtschaftsbeziehungen ermöglichen. Aufgrund des extremen Übergewichts des russischen Potentials könnte dies nur die russische Währung sein. Ob der Rubel wieder eine allgemein anerkannte Währung wird, hängt von mehreren Voraussetzungen ab. Dagegen spricht die bereits von einigen Republiken erklärte Absicht, als Zeichen ihrer Souveränität auch über eine eigene Währung verfügen zu wollen. Diese Absicht ließe sich allerdings kaum verwirklichen, wenn es einen stabilen Rubel mit der Perspektive seiner Konvertierbarkeit gäbe.

Gegenwärtig gibt es dafür keine Anzeichen. Der Verfall der Kaufkraft des Rubels läßt sich sowohl an der inländischen Inflation als auch an den Wechselkursen gegenüber Hartwährungen ablesen. Notwendig wäre ein radikaler Abbau des Haushaltsdefizits. Auch in der ersten marktwirtschaftlichen Ära Rußlands - im Russischen Kaiserreich - stand man vor dieser Aufgabe. Eine Stabilisierungspolitik, die vor großen Opfern nicht zurückscheute, führte in der Amtszeit der Finanzminister von Bunge, Wyšnegrádskij und Graf Witte schließlich zur Konvertierbarkeit des Rubels und in der Folge zu einem starken Zustrom von Auslandskapital, der zu einem raschen wirtschaftlichen Aufschwung beitrug. Nicht zu vernachlässigen ist, daß die damalige Stabilisierung des Rubels im Rahmen einer autokratischen politischen Ordnung stattfand, welche die sozialpolitischen Konsequenzen der Stabilisierungspolitik eher durchstehen konnte als eine Demokratie.

Selbst wenn künftig eine "patriotische" russische Administration auf die Opferbereitschaft der Bevölkerung zählen könnte, wäre ihre Aufgabe ungleich schwieriger, weil große Teile der Wirtschaft zusammengebrochen sind bzw. noch auf längere Zeit an der Lebensader des Staatshaushalts hängen werden. Der Staatshaushalt muß defizitär bleiben, wenn die früheren Gewinnabführungen der Unternehmen nicht durch das Aufkommen aus Einkommens- und Verbrauchssteuern beziehungsweise durch Defizitfinanzierung auf einem funktionierenden Kapitalmarkt ersetzt werden können. Zusätzlich erschwert der politische Zerfall der früheren Union die Rubelstabilisierung. Zwar besteht noch eine gemeinsame Währung, aber die einzelnen Nachfolgestaaten betreiben ihre Haushaltspolitik ohne Rücksicht aufeinander.[8] Damit tragen die souveränen Republiken zur Zerstörung der Währung bei und verhindern dadurch die Möglichkeit, die gegenseitigen Wirtschaftsbeziehungen zu erhalten.

Wenn Rußland tragfähiges Vertrauen schaffen könnte, daß die Transformation der politischen und wirtschaftlichen Ordnung erfolgreich durchgeführt werden kann, läge die wirtschaftspolitische Anlehnung der anderen Republiken an Rußland eher nahe. In der Russischen Föderation machen sich jedoch ebenfalls Separationsbestrebungen bemerkbar. Bislang haben die meisten der sechzehn Autonomen Republiken, die sich auf russischem Staatsgebiet befinden, ihre Unabhängigkeit erklärt und neben anderen Souveränitätsrechten auch wirtschaftliche Hoheitsrechte beansprucht. Die Konflikte zwischen der russischen Zentrale mit diesen Republiken konzentrierten sich bislang auf Tatarstan und Tschetscheno-Inguschetien. Separationsbestrebungen finden sich darüber hinaus aber auch in russischen Kerngebieten, so in Sibirien. Historische Vergleiche zeigen immer wieder, daß Rußland ohne starke Zentralgewalt zerfällt. Weder ein starker russischer Zentralismus noch die Zersplitterung Rußlands dürften für die anderen Nachfolgestaaten der Sowjetunion wünschenswert sein.

Auch ist nicht sicher, ob die in Rußland begonnene Schocktherapie eines möglichst raschen Übergangs zur Marktwirtschaft erfolgreich durchgeführt werden kann. Gelingt die Währungsstabilisierung nicht, wird die Wirtschaft in der Depression verharren, wenn die Schocktherapie nur auf die plötzliche Freigabe der Preise gerichtet ist und die Voraussetzungen für funktionierende Märkte - wie Infrastruktur und Kommunikationswesen, Handel und Wettbewerb zwischen den Anbietern von Gütern und Dienstleistungen - noch fehlen. Die Wirtschaft gerät in einen Zustand, in dem sie nicht mehr durch staatliche Dirigismen, aber auch noch nicht durch Märkte gelenkt wird. Die Absicht zur Schaffung eigener Währungen läßt sich vordergründig mit dem Streben nach nationaler Souveränität erklären. Der

8 Die Europäische Gemeinschaft könnte beim Übergang zur Währungsunion mit demselben Problem konfrontiert sein.

Wunsch, nicht in etwaige wirtschafts- und staatspolitische Turbulenzen der Russischen Föderation hineingezogen zu werden, mag jedoch auch eine Rolle spielen.

Dennoch fragt sich, ob der Rubel im interrepublikanischen Handel durch andere Währungen verdrängt werden kann. Wirtschaftsbeziehungen auf der Basis von Hartwährungen, vorrangig des US-Dollars, sind nicht möglich, weil niemand über ausreichende Mengen verfügt. Eine starke Kontraktion des interrepublikanischen Handels wäre die Folge, die sich wegen der damit verbundenen Produktionseinbrüche und sozialen Erschütterungen keine Führung der souveränen Republiken leisten kann. Dadurch ist, den Bestand der Russischen Föderation zumindest im wesentlichen vorausgesetzt, der Erhalt des Rubels als einheitliche Währung garantiert. Die Ausdehnung der Rubelzone hängt dann davon ab, wie stabil andere Währungen von GUS-Staaten sind. Es wird stärkere und schwächere Währungen geben, und die stärkere Währung wird sich durchsetzen. Rußland wird deshalb über die vergleichsweise stärkste Währung verfügen, weil es der Gewinner des interrepublikanischen Austausches auf der Grundlage von Marktpreisen sein wird. Nachzutragen wäre, daß die souveränen Republiken in Außenhandelsfragen größere Mitbestimmungsmöglichkeiten hätten, wenn sie anstelle der Dominanz der russischen Geldpolitik durch den Rubel im Rahmen einer Währungsunion wahrgenommen würden, wie im Unionsvertrag vom Oktober 1991 vorgesehen.

Für den Fall, daß einzelne Nachfolgestaaten der Sowjetunion, die zwar weiterhin auf Wirtschaftsbeziehungen miteinander angewiesen sind, außerhalb einer Rubelzone bleiben, werden sie zumindest eine gemeinsame Geldpolitik anstreben müssen. Bei den gegebenen Verflechtungen, bestehenden Unsicherheiten, flexiblen Wechselkursen und dem Fehlen von Reserven zur Stützung des Wechselkurses wird es erhebliche Kursschwankungen zwischen den einzelnen Währungen geben, die den Aufbau der Wirtschaft lähmen. Mit einer gemeinsamen Geldpolitik könnte es zu einigermaßen stabilen Wechselkursen kommen, vergleichbar dem Europäischen Währungssystem (EWS).

V. Die Lage der baltischen Staaten

Diejenigen Nachfolgestaaten der Sowjetunion, die Aussicht auf Verbindungen mit dem westeuropäischen Wirtschaftsraum haben, werden nicht an Verbindungen mit den ärmeren Nachbarn der früheren Sowjetunion interessiert sein. Die baltischen Staaten haben vor allem die Möglichkeit, sich arbeitsteilig auf ihre Nachbarn Finnland und Schweden zu orientieren, die Mitglieder des Europäischen Wirtschaftsraumes (EWR) sind und vermutlich künftig auch der Europäischen Gemeinschaft sein werden. Wegen traditioneller Verbindungen und ihrer geringen Größe können die baltischen Staaten, allen voran Estland, wohl auch auf eine bevorzugte

Unterstützung durch Westeuropa und Nordamerika hoffen. Ihre Assoziierung an die Europäische Gemeinschaft ist nicht unwahrscheinlich.

Dennoch wird Westeuropa eine rasche wirtschaftliche Abwendung der baltischen Staaten von der GUS materiell nicht ausgleichen können und wollen. Die Veränderungen der "terms of trade" im Handel mit den anderen Republiken der früheren Sowjetunion, insbesondere im Handel mit Rußland, werden die baltischen Staaten stark belasten. Zwar wäre für sie der Bezug von Brenn- und Rohstoffen aus der GUS nach dem Übergang zu Weltmarktpreisen nicht mehr lukrativ, für die Erschließung anderer Bezugsquellen müssen aber erst Devisen verdient werden; die baltischen Staaten müßten über Exportgüter verfügen, die auf dem Weltmarkt gefragt und wettbewerbsfähig sind.

Baltische Erzeugnisse werden aber weiterhin auf den Markt der GUS als Absatzgebiet angewiesen bleiben. Schon in den 20er Jahren wurden baltische Industrieerzeugnisse in die Sowjetunion exportiert, für Lieferungen nach Westeuropa bestand eine hochspezialisierte Agrarproduktion. Die baltischen Republiken verfügen über gute agroklimatische Voraussetzungen für die Viehzucht und liefern große Mengen Fleisch und Milch in die Ballungsgebiete von St. Petersburg und Moskau. Zusammen liefern sie deutlich mehr Milch und fast soviel Fleisch in das Gebiet der früheren Sowjetunion wie die Ukraine. Häfen und die geplanten Ost-West-Verkehrsverbindungen würden eine Umlenkung der Exporte nach Westeuropa erleichtern. Wenn in Westeuropa die Tendenz zur Marktabschottung gegenüber Agrarlieferungen aus Drittländern vorherrschend bleibt, dürfte das außenwirtschaftliche Muster der 20er Jahre jedoch nicht wiederholbar sein.

Infolge der bisherigen Verteilung der Produktionsstandorte verfügen nunmehr selbst die kleinen baltischen Staaten, die in der Zeit ihrer Unabhängigkeit zwischen den beiden Weltkriegen vorwiegend agrarisch strukturiert waren, über Industrieproduktionen, die einen bedeutenden Anteil an der entsprechenden Gesamtproduktion der ehemaligen Sowjetunion haben und auf diesen Absatzmarkt ausgerichtet sind. Ein kooperatives Verhältnis zu Rußland empfiehlt sich auch aus einem anderen Grund. Wenn die national bestimmte Absetzbewegung von der GUS nicht von attraktiveren Lebensbedingungen als in Rußland begleitet wird, könnte der Konsens mit den starken russischen Minderheiten zerbrechen. 34% der Einwohner Lettlands und 30% der Einwohner Estlands sind Russen.

Die Alternative, entweder wirtschaftliche Integration in eine im Prinzip marktwirtschaftlich verfaßte GUS oder wirtschaftlicher Anschluß an Westeuropa, besteht so nicht. Die baltischen Staaten sind bis auf weiteres auf Verbindungen mit den Nachfolgestaaten der Sowjetunion angewiesen, weil die wirtschaftlichen Verluste andernfalls unerträglich würden. Das muß zwar nicht gleichbedeutend mit der Zugehörigkeit zu einer Wirtschafts- und Währungsunion ohne Grenzkontrollen und mit der freien Bewegung von Arbeitskräften sein. Assoziationsabkommen mit Rußland sind jedoch unumgänglich.

VI. Die Lage der anderen slawischen Republiken

1. Weißrußland

Weißrußland muß eine andere Antwort auf die Frage nach kooperationsgeeigneten Nachbarn finden als die baltischen Staaten. Zwar ist es in ähnlich enger Weise wie die baltischen Staaten mit dem Wirtschaftsraum der ehemaligen Union verbunden, kann aber nicht so wie sie ausländische Hilfe oder Auslandsinvestitionen erwarten. Nahezu 70% des Nettomaterialprodukts wurden zuletzt im interrepublikanischen Handel erwirtschaftet, davon über 60% mit der Russischen Föderation. Das Übereinkommen mit Rußland zur Bildung eines gemeinsamen Wirtschaftsraumes vom 27. Januar 1992 war daher folgerichtig. Weißrußland ist stark industrialisiert und verfügt mit Metallverarbeitung, Maschinenbau und Chemieindustrie über ressourcenintensive Branchen, aber nicht über Rohstoffe und ist deshalb in starkem Maße von Energie- und Rohstoffbezügen aus Rußland abhängig. Für eine Reihe von Fertigerzeugnissen hat es eine Monopolstellung auf dem GUS-Markt. Boden und Klima sind nur für Milchwirtschaft günstig. Weißrußland ist nach den baltischen Staaten und noch vor der Ukraine der zweitgrößte Milchlieferant in der ehemaligen Sowjetunion.

Bei der Bewertung der interrepublikanischen Austauschbeziehungen zu Marktpreisen hätte Weißrußland eine stark negative Bilanz mit Rußland und Überschüsse mit den anderen Republiken zu verzeichnen. Kommt es zur Bildung des gemeinsamen Wirtschaftsraumes mit Rußland und damit zur gegenseitigen Bevorzugung im Handel und zu Vorzugspreisen für die von Rußland gelieferten Roh- und Brennstoffe, würde sich die Situation im Verhältnis zu Rußland günstiger darstellen. Der russische Markt bliebe auch für die industriellen Fertigerzeugnisse und Agrarexporte Weißrußlands offen.

2. Die Ukraine

Das Verhältnis zwischen der Ukraine und der Russischen Föderation entscheidet die Zukunft der GUS - nicht nur unter politischen, sondern auch unter wirtschaftlichen Gesichtspunkten. Von der Industrieproduktion der ehemaligen Sowjetunion entfielen zuletzt auf Rußland über 60% und auf die Ukraine über 18%. Die beiden im Rang folgenden Republiken, Weißrußland und Kasachstan, hatten jeweils Anteile von ungefähr 4%. Die Größenordnungen bei der Agrarproduktion betrugen: Rußland über 45%, die Ukraine über 22%, Weißrußland und Kasachstan je ungefähr 6%. In der Ukraine gibt es jedoch eine starke politische Strömung, die dem Weg der baltischen Staaten in die völlige politische Souveränität folgen will und die Mitgliedschaft in der GUS nur als vorübergehende Notwendigkeit ansieht. Durch den Abbau der Beziehungen zu anderen GUS-Staaten und die Orientierung auf Partner außerhalb der ehemaligen Union soll größere wirtschaftliche Unabhängigkeit erreicht werden.

Diese Zielsetzung ist jedoch mit erheblich größeren Schwierigkeiten verbunden, als es offiziell von ukrainischer Seite zum Ausdruck gebracht wird. Im Fall der Ukraine gäbe es viele berechtigte Gründe für einen gemeinsamen Wirtschaftsraum mit den wichtigsten Nachfolgestaaten der Sowjetunion. Auf der Grundlage ihrer Lagerstätten von Kohle und Eisenerz entwickelte sich die Ukraine zum schwerindustriellen Zentrum des Zarenreiches und der frühen Sowjetunion. Nunmehr sind jedoch die rentableren Energieträger Erdöl und Erdgas entscheidend, über welche die Ukraine nur in sehr geringem Maße verfügt. Es besteht eine deutliche Energieabhängigkeit von Rußland, die sich noch verstärken würde, wenn Kernkraftwerke geschlossen werden sollten. Wenn für die Energiebezüge aus Rußland Weltmarktpreise gezahlt werden müssen, läge eine Umorientierung auf andere Bezugsquellen etwa im Mittleren und Nahen Osten nahe. Dafür würden Devisen oder im Tauschgeschäft gewünschte Güter gebraucht.

Mit welchen Gütern könnte die Ukraine auf dem Weltmarkt auftreten? Die Konzentration der Stahlindustrie in der Ukraine ist eher eine ökonomische Belastung als ein Gewinn. Bei Eisen- und Stahlerzeugnissen, Steinkohle und Erzeugnissen des industriellen Anlagenbaus bestehen hohe Lieferüberschüsse in die ehemalige Union. Große Teile der Rüstungswirtschaft der früheren Sowjetunion sind in der Ukraine konzentriert. Für alle diese Erzeugnisse können neue Partner, vorrangig im Nahen und Mittleren Osten, die Abnehmer in der früheren Sowjetunion nur teilweise ersetzen. Lieferungen militärischer Ausrüstungsgegenstände könnten insbesondere zu Konflikten mit den USA führen.

Nahrungsmittellieferungen gehen nach wie vor in die GUS, nicht auf den Weltmarkt wie in der Zeit vor dem Ersten Weltkrieg. Bei Agrarerzeugnissen bestehen hohe Lieferüberschüsse im Gebiet der ehemaligen Union. Die Ukraine ist ein wichtiger Getreidelieferant; bei der Versorgung der Union mit Erzeugnissen der Viehzucht stand sie zusammen mit den baltischen Staaten an der Spitze. Ungleich stärker als vor 1914 hätte die Ukraine bei Weltmarktausfuhren von Getreide und Fleischerzeugnissen heute mit Nordamerika, der Europäischen Gemeinschaft, Argentinien, Australien und Osteuropa zu konkurrieren. Die ukrainischen Nahrungsmittelausfuhren gingen vor dem Ersten Weltkrieg nach Mittel- und Westeuropa. Die notwendige Öffnung der EG-Agrarmärkte würde auf scharfen Widerstand vor allem Frankreichs stoßen. Fazit: Die Ukraine verfügt unter den gegebenen Umständen nicht über ein ausreichendes Potential, mit dem sie auf dem Weltmarkt auftreten bzw. ihre Verhandlungsmacht gegenüber Rußland stärken könnte.

Die Abwicklung der Austauschbeziehungen mit den Nachfolgestaaten der Sowjetunion auf der Grundlage von Marktpreisen würde zu hohen Verlusten der Ukraine führen. Die Ukraine geriete in eine schwierige Lage, wenn sie auch von Rußland Energie zu Weltmarktpreisen und - bei Austritt aus einer Rubelzone - für konvertierbare Währung beziehen müßte. Denn Rußland wird an die Ukraine keine Energierohstoffe liefern, wenn es dafür schwache, inkonvertible nationale Währung oder - im Umtausch - keine erwünschten Güter erhält. Der Ukraine böten sich bessere außenwirtschaftliche Gelegenheiten, wenn die osteuropäischen Nachbarn Ungarn, Tschechoslowakei und Polen in den nächsten fünf bis zehn Jahren deutliche Wachstumserfolge aufweisen könnten. Wenn die Ukraine den "baltischen Weg" des Zusammenwachsens mit Westeuropa gehen will, muß sie ihre viel ungünstigere Ausgangslage in Rechnung stellen. Die wirtschaftliche und politische Annäherung an das westliche Europa im Zusammenwirken mit der Russischen Föderation wäre einfacher, aber nur dann vollziehbar, wenn russisches Vormachtstreben ausgeschlossen ist.

VII. Die Lage der mittelasiatischen Republiken

Die mittelasiatischen Republiken weisen das geringste Leistungsniveau aller Nachfolgestaaten auf. Die Pro-Kopf-Einkommen sind weit vom Durchschnitt der früheren Union entfernt. Sie betrugen bei Tadschikistan lediglich 43%, Usbekistan 48%, Kyrgysstan 53% und Turkmenistan 61% des Durchschnittseinkommens. Nur Kasachstan lag mit 74% des Unionsdurchschnitts etwas höher als Aserbeidschan und fast so hoch wie Armenien.[9] Nimmt man die zentralasiatischen Republiken und Aserbeidschan zusammen, so entfielen zuletzt auf nahezu 20% der Bevölkerung der ehemaligen Sowjetunion nur 11% des Produktionswertes. Außer in Kasachstan und Turkmenistan, das über große Erdgasvorkommen verfügt - der Anteil an der Produktion der Sowjetunion betrug 12% -, ist die ökonomische Basis schwach. Die landwirtschaftliche Nutzfläche ist gering. Mehr als die Hälfte der bewässerten Fläche wird für den Baumwollanbau genutzt.

Das rasche Bevölkerungswachstum erschwert die Verbesserung der Wirtschaftslage. Die Wachstumsrate der islamischen Bevölkerung betrug das Zwei- bis Sechsfache der slawischen Bevölkerung. Im Zeitraum von 1979 bis 1989 nahm die Bevölkerung Tadschikistans um 45%, Turkmenistans um 35%, Usbekistans um 34%, Kyrgysstans um 33%, Aserbeidschans und Kasachstans um 24% zu.[10] Auch die zentralasiatischen Republiken weisen keine homogene Bevölkerung auf. Der Be-

---

9 *International Monetary Fund u.a.,* The Economy of the USSR, S. 4.

10 Ekonomiki i Žizn, (August 1991) 35, S. 12 (Skol'ko russkich v Rossii, ukraincev- na Ukraine...; Wie viele Russen in Rußland, Ukrainer in der Ukraine...).

völkerungsanteil der Titularnation beträgt 50 bis 70%, bei Kasachstan nur 41%.[11] Nicht vergessen werden sollte, daß auf der Grundlage des traditionellen extensiven Wachstums vom Beginn der Amtsperiode Chruschtschows bis in die 80er Jahre ein ansteigender Lebensstandard und ein beachtlicher Urbanisierungsschub zu verzeichnen waren. Zuschüsse aus dem Unionshaushalt für den eigenen Etat waren üblich; sie betrugen ungefähr 10% des Nettomaterialprodukts der Empfänger.

Die Chance, daß Rußland die Rolle der Geberrepubliken im Haushalt der früheren Union spielen wird, ist gering. Die mittelasiatischen Republiken übernehmen aus der sowjetischen Zeit somit nicht nur das Problem der russischen Minoritäten in ihrem Staatsgebiet, sondern auch die wahrscheinliche Erschöpfung der materiellen Reserven, über die von der Sowjetunion verfügt wurde. Sie müssen neue Partner suchen oder sich in den Kreis der offiziellen Entwicklungshilfeempfänger aufnehmen lassen. In dem Vakuum, das durch den Zerfall der Sowjetunion entstand, ist kein Kristallisationspunkt für Mittelasien in Sicht. Wirtschaftlich ist es nach wie vor auf die GUS, vor allem auf Rußland, angewiesen. Zwischen 30 und 60% des Nettomaterialproduktes entstanden auf der Grundlage von Lieferungen in die ehemalige Sowjetunion. Die Werte reichten von 30% bei Kasachstan über 40% bei Tadschikistan und Usbekistan, 50% bei Kyrgysstan und Turkmenistan bis zu 60% bei Aserbeidschan.

Mit Ausnahme der Tadschiken, einem mit den Persern verwandten Volk, sind die islamischen Völker in der GUS Turkvölker. Unter der Annahme, daß der historische Pantürkismus eine Chance zur Neubelebung in den Beziehungen der Türkei mit den ex-sowjetischen Turkvölkern hat, wird der Türkei bereits die Rolle eines neuen Partners zugewiesen. Durch den Untergang des Osmanischen Reiches und die Sowjetisierung Mittelasiens war der Pantürkismus lediglich Idee geblieben. Er war in den intellektuellen Kreisen der Turkvölker des zaristischen Rußlands entstanden, und seine Anhänger hatten mit dem Sturz des Zarenreiches auf die Gelegenheit zu seiner Realisierung gehofft. Doch konnte die Türkei nach dem Ende des Osmanischen Reiches weder das politische Zentrum noch die militärische Führung zur Verwirklichung des pantürkischen Ideals bieten. Die Kemalisten führten die Resttürkei entschlossen vom Islam weg und der Europäisierung zu, was dem Pantürkismus zuwiderlief. Der Einfluß der Russifizierung bei den sowjetischen Turkvölkern und die kemalistische Sprachreform in der Türkei entfernten die Turksprachen voneinander, so daß eine übergreifende Kommunikation unmöglich wurde. Die Turkvölker verfügen über mehr als 20 selbständige Literatursprachen, und wenn das Russische seine Rolle als Lingua franca verlieren sollte, kann nicht mehr miteinander kommuniziert werden. Die Ersetzung des Russischen durch das Türkische als Einheitssprache ist eine Illusion.

---

11 Ebd.

In Iran hat die Türkei einen Konkurrenten um Einfluß in Mittelasien. Weil sich die ex-sowjetischen Turkvölker im Unterschied zu einer muslimischen Gruppierung in Tadschikistan im großen und ganzen nicht so am islamischen Fundamentalismus "berauschen" wie die Iraner, bietet sich die Türkei als der am meisten säkularisierte islamische Staat eher als Partner an. Eine Rolle der Türkei als Schutz- oder Dominationsmacht ist jedoch nicht in Sicht, denn politische Lösungen für die Gestaltung ihres Miteinander wollen die mittelasiatischen Republiken selbst suchen. Erwünscht sind wirtschaftliche und kulturelle Zusammenarbeit mit der Türkei. Ein erfolgversprechender Ausbau der Wirtschaftsbeziehungen ist aber wenig wahrscheinlich, da er keine traditionelle Grundlage hat, wie sie eher die Beziehungen zwischen der Türkei und der Ukraine bzw. Rußland aufweisen.

Trotz ihres wirtschaftlichen Aufschwungs im letzten Jahrzehnt verfügt die Türkei nicht über das Kapital, mit dem das Leistungsniveau der Turkrepubliken der GUS verbessert werden könnte. Wenn andere Länder oder Institutionen bereit wären, die mittelasiatischen Republiken finanziell zu unterstützen, könnte die Türkei als Vermittler auftreten. Es sind jedoch Zweifel angebracht, ob potentielle Kapitalgeber der Türkei diese Rolle überlassen werden. Ein anderes außenpolitisches Ziel der Türkei ist die Schwarzmeerkooperation, vor allem mit der Ukraine und Rußland. Wenn es zu Konfliktsituationen zwischen Rußland und den Turkvölkern in der GUS oder zu einer slawisch-turksprachigen Konfrontation kommen sollte, könnte die Türkei inneren Auseinandersetzungen zwischen Vertretern eines neuen Pantürkismus und Befürwortern der Schwarzmeerkooperation ausgesetzt sein.

Nach Wegfall der zaristischen und sowjetischen Herrschaftsordnungen könnte die politische Entwicklung in Mittelasien wieder in Richtung einer eigenständigen Regionalisierung verlaufen. Turkistan könnte wieder als politische Einheit entstehen. Die politischen Führungen der mittelasiatischen Republiken haben unter Einschluß Aserbeidschans verschiedene Initiativen zur Zusammenarbeit ergriffen. Nach zwei oder drei demokratischen Wahlperioden würden sich neue Eliten ausbilden, die für alle Turkvölker akzeptabel sind. Für eine Annäherung der Türkei und Turkistans böten sich dann weitere Möglichkeiten, wenn ein neues Turkistan nicht nur wirtschaftliche und kulturelle, sondern auch engere politische Beziehungen zur Türkei suchen würde. Es gibt aber auch zentrifugale Kräfte. Iran will gleichermaßen Rußlands Vormacht in der Region zurückdrängen und eine türkische Dominanz verhindern. Wenn Iran größeren Einfluß auf die Region gewinnen sollte, gäbe es keinen einheitlichen Staat Turkistan. Eine Sonderrolle spielt auch Kasachstan. Wegen seiner großen russischen Bevölkerungsgruppe ist die Anlehnung an ein westlich orientiertes, liberales Rußland für den Bestand der Republik existenznotwendig.

Die wichtigste politische Stabilisierungsaufgabe besteht in der Ersetzung der aufgelösten Sowjetunion durch eine neue Ordnung im eurasischen Raum. Sie muß in erster Linie von den Nachfolgestaaten der Sowjetunion, insbesondere von Rußland, gelöst werden. Die westliche Staatengemeinschaft kann diese Aufgabe durch Einbeziehung der Nachfolgestaaten in bereits bestehende oder noch zu schaffende Stabilitätszonen und -strukturen erleichtern. Die KSZE, die NATO und der Internationale Währungsfonds haben damit begonnen. Die Einfügung in die internationale Wirtschaftskooperation steht noch aus. Durch Aufnahme der beiden bedeutendsten Nachfolgestaaten, Rußlands und der Ukraine, in ihre Gruppierung könnten die sieben führenden Weltwirtschaftsmächte (G-7) ihr Interesse an Konsolidation der Veränderungen auf dem Gebiet der früheren Sowjetunion unterstreichen und gleichzeitig einen Beitrag zur Einhegung des Konfliktpotentials zwischen Rußland und der Ukraine leisten.

Der Russischen Föderation gebührt die vorrangige Aufmerksamkeit der westlichen Staatengemeinschaft. Denn Rußland ist für die Stabilität im eurasischen Raum von zentraler Bedeutung. Es muß von allen Nachfolgestaaten die meisten Kooperationsbeziehungen beachten. Mit dem alten Unionsraum, dem europäischen und dem pazifischen Wirtschaftsraum hat es die Beziehungen zu drei Wirtschaftsregionen zu gestalten. Die Chancen für Stabilität im Gebiet der früheren Sowjetunion werden letztlich davon abhängen, ob Rußland selbst politisch und wirtschaftlich stabil ist und sein Verhältnis zu den anderen Nachfolgestaaten nicht von Vormachtstreben geprägt wird. Über den endgültigen Status der anderen Republiken läßt sich nicht urteilen, solange die Verfaßtheit Rußlands unklar ist, mit dem sie zusammenwirken sollen. Falls die wirtschaftlichen Probleme Rußlands nicht gelöst werden, könnten autoritäre und nationalistische Strömungen die Oberhand gewinnen. Sowohl die Aussicht auf Frieden und Stabilität im Gebiet der früheren Sowjetunion als auch die Einfügung Rußlands in internationale Sicherheits- und Kooperationsstrukturen wären dadurch gefährdet.

Das Verhältnis der Nachfolgestaaten der Sowjetunion ist durch das labile Zusammenspiel von Rivalität und Kooperation gekennzeichnet. Die Stärkung der kooperativen Elemente müßte im Interesse der westlichen Staatengemeinschaft liegen. Dafür bedarf es übereinstimmender Vorstellungen über die innere und äußere Neuordnung der ehemaligen Sowjetunion und großer Ausdauer bei der Umsetzung dieser Vorstellungen. Denn eine solche politische und wirtschaftliche Neuordnung ist ein Prozeß, der sich in langen Zeiträumen und nicht ohne Rückschläge vollziehen wird. Organisationsformen, ob sie nun GUS oder anders heißen, müssen bewahrt werden, damit Krisenmanagement möglich bleibt. Die Aussichten dafür sind sehr viel besser, wenn die wirtschaftliche Integration auf dem Gebiet der früheren Sowjetunion bestehenbleibt.

Ließen sich eine gemeinsame Währung und gemeinsame Institutionen nicht aufrechterhalten, sollte es in Anbetracht der untragbaren wirtschaftlichen und sozialen Kosten dennoch nicht zur Aufsplitterung des Wirtschaftsraumes kommen. An die Stelle der Wirtschaftsintegration könnten Formen treten, die von der Freihandelszone über die Zollunion bis zum gemeinsamen Markt als Zollunion mit der freien Bewegung von Gütern, Kapital und Personen sowie einem Währungsverbund reichen. Sie müßten nicht alle Nachfolgestaaten der Sowjetunion in gleicher Weise umfassen. Aufgrund der besonders hohen Verflechtung zwischen Weißrußland, der Ukraine und Rußland war die Bildung des kurzlebigen "Slawischen Dreibundes" von Minsk folgerichtig. Der Beitritt von Georgien, Armenien und Kasachstan sowie eine besondere Übereinkunft mit den baltischen Staaten wäre vernünftig gewesen. Dagegen steht nach wie vor das historisch begründete Streben der Ukraine nach Selbständigkeit. Mit der Vereinbarung vom Januar 1992 über die Bildung eines einheitlichen Wirtschaftsraumes mit gemeinsamer Währung haben Weißrußland und Rußland die Idee des "Slawischen Dreibundes" zunächst aufgegeben. Aserbeidschan und die mittelasiatischen Republiken, mit der möglichen Ausnahme Kasachstans, könnten zu engerer regionaler Zusammenarbeit gelangen. Das Wiedererstehen Turkistans ist nicht auszuschließen. Neue Beziehungen zur Türkei und zu Iran zeichnen sich ab, die zur Lockerung der wirtschaftlichen Verflechtung mit den nichtislamischen GUS-Mitgliedern führen, aber keinen wirklichen Ersatz bieten können.

Soll das Streben der Nachfolgestaaten der Sowjetunion nach wirtschaftlicher Neuorientierung verwirklicht werden, ergäben sich Folgen für die potentiellen Partner. Die zentralasiatischen Republiken befinden sich mit einer Ausrichtung auf die Türkei und Iran, vielleicht auch auf Pakistan, in einer weit weniger günstigen Lage als die baltischen Staaten, die an den leistungsfähigen westeuropäischen Wirtschaftsraum angrenzen. Auf den westeuropäischen Wirtschaftsraum sind aber auch die Erwartungen der übrigen westlichen Zone der früheren Sowjetunion gerichtet. Westeuropas besonderer Beitrag zur sozialökonomischen Stabilisierung in der ehemaligen Sowjetunion besteht in der Inaussichtstellung gesamteuropäischer Zusammenarbeit. Dazu gehört die Einbeziehung in einen gemeinsamen europäischen Wirtschaftsraum, die neue Strukturen der Arbeitsteilung entstehen ließe. Nur Rußland als vorrangiger Exporteur von Roh- und Brennstoffen kann sich, bei Aufrechterhaltung seiner Lieferfähigkeit, ohne Schwierigkeiten in diesem Wirtschaftsraum einen Platz sichern. Andere Nachfolgestaaten, seien es nun die baltischen Staaten oder die Ukraine, werden sich auf die Ausfuhr von gewerblichen Erzeugnissen und Agrarprodukten stützen müssen, die zu Marktumverteilungen im europäischen Wirtschaftsraum führen werden.

9. Sozialökonomische Stabilitätsbedingungen im östlichen Teil Europas und ihre Abhängigkeit vom Verhalten Westeuropas

Jürgen Nötzold

Der Ost-West-Konflikt hatte Europa nicht nur im politischen, kulturellen und ideologischen Sinn geteilt, er zerbrach auch enge Wirtschaftsbeziehungen, die bis zum Beginn des Zweiten Weltkrieges zwischen Westeuropa und Osteuropa bestanden hatten. 1928 gingen 36% aller westeuropäischen Ausfuhren nach Osteuropa und weit über die Hälfte der osteuropäischen Einfuhren kamen aus Westeuropa. Dabei war Deutschland der überragende Wirtschaftspartner jedes mittelost- und südosteuropäischen Landes. Nach der Überwindung der Weltwirtschaftskrise wurde die Verflechtung noch enger. 1938 gingen über 40% der westeuropäischen Exporte nach Osteuropa und 60% aller osteuropäischen Importe stammten aus Westeuropa. Westeuropa war aber nicht nur der bedeutendste Lieferant Osteuropas, auch für die Ausfuhren Osteuropas waren die westeuropäischen Märkte am wichtigsten. 1928 nahm Westeuropa 52% aller Exporte der mittelost- und südosteuropäischen Länder auf, 1938 sogar 61%. Polen, Ungarn, Rumänien und Bulgarien waren die Agrarlieferanten Mitteleuropas. Beide Regionen Europas - Westen wie Osten - waren zudem durch Kapitalströme verbunden. Großbritannien, Frankreich, Deutschland und Österreich waren die größten Kapitalgeber der mittelost- und südosteuropäischen Länder.

Nach dem Zweiten Weltkrieg, mit besonderer Beschleunigung in den 50er Jahren, hatte die Sowjetunion den Staaten Mittelost- und Südosteuropas, einschließlich der ehemaligen DDR, ihr wirtschaftliches und politisches System auferlegt und die Wirtschaften dieser Länder eng an ihre Volkswirtschaft gebunden. Das Ende der Ost-West-Konfrontation, die Aufgabe der sowjetischen Vorherrschaft über Osteuropa und dessen Liberalisierung sowie die Herstellung der deutschen Einheit ermöglichten auch die regionale Reorientierung der mittelost- und südosteuropäischen Wirtschaftsbeziehungen auf Westeuropa, wobei Deutschland wieder seinen alten Rang erhält. In absehbarer Zeit wird die Bundesrepublik Deutschland für die Außenwirtschaftsbeziehungen des östlichen Teils Europas eine Bedeutung erlangt haben, die bis Ende der 80er Jahre die Sowjetunion besaß.

Mit dem Systemwechsel vom administrativen Sozialismus zur Marktwirtschaft stehen der wirtschaftlichen Wiederannäherung an Westeuropa keine ordnungspolitischen Hindernisse mehr im Wege. Die materielle Grundlage für die Wiederannäherung ist jedoch schwach. Die Produktion, vor allem die Investitionsgüterherstellung, war jahrzehntelang auf den Markt der früheren Sowjetunion ausgerichtet. Besonders deutlich ist das dort, wo die Industrialisierung vorwiegend erst nach dem Zweiten Weltkrieg durchgeführt wurde (Rumänien, Bulgarien, Slowakei, östliches Polen). Aber auch die schon vorher entwickelten Regionen (Böhmen, Mähren, Westungarn) haben ihre ehemalige Konkurrenzfähigkeit auf dem Weltmarkt bei Industrieerzeugnissen mehr oder weniger eingebüßt. Mit einer marktwirtschaftlichen Ordnung und der Ausbildung einer neuen Produktionsstruktur soll die Konkurrenzfähigkeit, die Voraussetzung für die wirtschaftliche Wiederannäherung an Westeuropa ist, mittel- und längerfristig wiederhergestellt werden.

I. Krisenursachen im östlichen Teil Europas

1. Ausmaß und Ziel der Transformationsprozesse

Die Länder Mittelost- und Südosteuropas stehen vor einer außerordentlichen wirtschaftspolitischen Aufgabe. Es geht darum, daß sich der wirtschaftliche Abstand zu den Ländern der Europäischen Gemeinschaft und der EFTA nicht noch vergrößert und später ein wirtschaftlicher Aufholprozeß eingeleitet werden kann. Die Wahrnehmung der Vorteile internationaler Arbeitsteilung ist dafür eine grundlegende Voraussetzung. Folgende drei Transformationsprozesse sind erforderlich:

1. der Wechsel zu einer funktionierenden Wettbewerbsordung,
2. die Umgestaltung der Produktionsgrundlagen unter dem Gesichtspunkt weltmarktorientierter Strukturpolitik (was erhebliche Investitionen notwendig macht) und
3. die Ausrichtung der Außenwirtschaftsbeziehungen auf einen dynamischen Wirtschaftsraum.

Gemessen an den Merkmalen der Außenhandelsaktivität wird der beträchtliche Rückstand Osteuropas bei der Teilnahme an der internationalen Arbeitsteilung sichtbar. Die Exportquote, das heißt der Anteil der Auslandsnachfrage an der Entstehung des Sozialproduktes, beträgt bei Ungarn 37%, der Tschechoslowakei 25% und Polen 19%. Die Bundesrepublik Deutschland mit ihrem sehr viel größeren und kaufkräftigeren Binnenmarkt hat immerhin eine Exportquote von ungefähr 35%. Volkswirtschaften, mit denen sich die mittelosteuropäischen Länder eher vergleichen lassen, verfügen jedoch über eine weit höhere Exportquote. Sie liegt bei den Niederlanden, Belgien, Schweden und Österreich über 40%. Nur die ungarische Exportquote ist annähernd so hoch wie in den kleineren und vom Außenhandel entsprechend abhängigen westeuropäischen Ländern.

Aber auch in Ungarn bleibt der Exportwert pro Kopf weit hinter diesen Vergleichsländern zurück. Die Ausfuhren pro Kopf der Bevölkerung betragen in Ungarn und der Tschechoslowakei zwischen 900 und 1 000 US-Dollar, in Polen liegen sie bei ungefähr 350 US-Dollar. In den Niederlanden und in Belgien sind sie dagegen ungefähr sechs- bzw. achtmal höher als in Ungarn. Um diesem Stand näherzukommen, müßte in Ungarn, Polen und der Tschechoslowakei ein kräftiges Wirtschaftswachstum einsetzen, wobei die Zuwachsraten der Ausfuhr über dem

Wachstum der Binnenwirtschaft liegen müßten. Zudem ist zu beachten, daß der Handel mit Gütern und Dienstleistungen, ausgedrückt in Export- und Importquoten, kein ausreichendes Merkmal internationaler wirtschaftlicher Verflechtung ist. Die Volkswirtschaften sind nicht nur durch den Handel mit Gütern und Dienstleistungen, sondern auch durch ausländische Direktinvestitionen verbunden. In den 80er Jahren nahmen die internationalen Direktinvestitionen ungefähr viermal schneller zu als der Welthandel mit Gütern und Dienstleistungen. Osteuropa hat an dieser Entwicklung mit der Ausnahme Ungarns und neuerdings der Tschechoslowakei bislang kaum teilgenommen.

Die Länder Mittelost- und Südosteuropas haben Nutzen von der Einordnung in die Weltwirtschaft, wenn sie komparative Vorteile wahrnehmen können. Komparative Kostenvorteile lassen sich aber nur feststellen, wenn sich die Preise weitgehend frei auf Märkten bilden können. In diesem Bereich muß also eine Transformation der Wirtschaftsordnung erfolgt sein. Die Wahrnehmung komparativer Vorteile der internationalen Arbeitsteilung setzt eine entsprechende materielle Grundlage voraus. Deshalb muß die Produktionsstruktur verändert werden; denn sie ist genauso verzerrt, wie es die Preisstruktur war. Die Investitionsquoten der genannten Länder gehörten lange Zeit zu den höchsten der Welt. Sie waren ungefähr so hoch wie in Japan. Damit lagen sie deutlich über denjenigen der Bundesrepublik Deutschland und waren weit höher als die Investitionsquoten in den USA und in Großbritannien. Dennoch waren die Wachstumsraten des Sozialproduktes niedrig, mitunter sogar negativ. Der Energieverbrauch pro Einheit des Sozialproduktes war nahezu dreimal höher als in den OECD-Ländern.

Produktionsstruktur und Außenwirtschaftsbeziehungen waren überwiegend auf die Mitgliedsländer des ehemaligen Rates für Gegenseitige Wirtschaftshilfe und dabei besonders auf die frühere Sowjetunion ausgerichtet. Die Weltmarktöffnung wäre ohnehin mit einer regionalen Neuorientierung der Außenwirtschaftsbeziehungen verbunden, dem dritten Element der erforderlichen Transformationsprozesse. Der unvorhersehbare und rasche Zerfall des ehemaligen Haupthandelspartners, bei dessen Nachfolgeorganisation, der Gemeinschaft Unabhängiger Staaten (GUS), eher unwahrscheinlich ist, daß ein neuer Wirtschaftsraum mit gemeinsamen Institutionen geschaffen werden kann, macht die Ausrichtung auf neue Wirtschaftspartner aber sehr schnell erforderlich. Alle drei Elemente des Transformationsprozesses - die Veränderungen der Wirtschaftsordnung, der Produktionsstruktur und der regionalen Ausrichtung der Außenwirtschaftsbeziehungen - bedingen, zumindest in einer Übergangsphase, schwere wirtschaftliche Instabilitäten.

Dabei geraten die Länder Osteuropas wirtschaftlich in eine europäische Randlage. Sollten sie dort verbleiben, wäre ihre Verbindung mit Westeuropa gefährdet. Denn man wird davon ausgehen müssen, daß nur jenen Ländern Mittelost- bzw. Südosteuropas die Beitrittsfähigkeit zur Europäischen Gemeinschaft zugesprochen wird, die mindestens das Niveau der ärmeren EG-Mitgliedsländer besitzen. Dabei bedeutet die Eingliederung der Länder Osteuropas in die Weltwirtschaft in erster Linie Verbindung mit dem westeuropäischen Wirtschaftsraum. Denn eine ähnlich weltweite Präsenz wie bei den führenden Industrieländern und den neuen Industrieländern Ostasiens liegt außerhalb der absehbaren Möglichkeiten.

2. Die Verarmung Osteuropas

Die Pro-Kopf-Einkommen als Ausdruck des Lebensstandards waren 1938 in Osteuropa, vor allem in den böhmisch-mährischen Landesteilen der Tschechoslowakei, aber auch in Ungarn, höher als in den westlichen und südlichen Randregionen Europas, das heißt in Irland, Griechenland, Portugal und Spanien. Die Einkommen in der Tschechoslowakei waren sogar deutlich höher als in Italien, auf dessen Niveau Ungarn lag. Das Pro-Kopf-Einkommen der baltischen Staaten entsprachen demjenigen Finnlands. Durch die viel raschere wirtschaftliche Entwicklung und Produktivitätssteigerung, die in den letzten Jahrzehnten in Westeuropa stattgefunden hat, haben sich erhebliche Verschiebungen zuungunsten Osteuropas ergeben. Vor dem Übergang zu Demokratie und Marktwirtschaft waren die Pro-Kopf-Einkommen in Osteuropa nur noch mit denjenigen der westeuropäischen Randregionen vergleichbar: Rumänien mit Portugal; Polen und Bulgarien mit Griechenland; Ungarn und die Tschechoslowakei mit Irland. In Spanien lagen die Einkommen schon deutlich höher als in Ungarn und der Tschechoslowakei. Und in Italien war das Pro-Kopf-Einkommen schon mehr als doppelt so hoch wie in Ungarn und der CSFR, in Finnland nahezu dreimal so hoch wie in den baltischen Staaten.

Die wirtschaftlichen Umstellungsprobleme, welche die planwirtschaftliche Periode hinterlassen hat, haben zur Folge, daß Osteuropa zu einer Region mit niedrigen bzw. extrem niedrigen Pro-Kopf-Einkommen sowie erheblichen Produktionseinbußen geworden ist. Rumänien bewegt sich hinsichtlich des Pro-Kopf-Einkommens auf das Niveau der Türkei zu. Polen und Bulgarien rangieren knapp hinter Portugal. Die Einkommen in der Tschechoslowakei und in Ungarn entsprechen ungefähr denjenigen Griechenlands. In Irland, und vor allem in Spanien, sind die Einkommen bereits wesentlich höher als in jedem osteuropäischen Land. Mit dem Rückgang des Sozialprodukts ist auch ein Rückgang der Anlageinvestitionen verbunden.

Das Ende der Produktionsrückgänge, die von Land zu Land unterschiedlich drastisch sind und im Durchschnitt bereits über 25% betragen, wird in den nächsten Jahren erwartet. Dann wird einerseits der Abstand zu den Ländern der EG-Peripherie noch größer, andererseits aber auch das Ende der Strukturkrise und der Aufstieg auf der Grundlage eines bis dahin verbreiteten marktmäßigen Verhaltens und einer allmählich erneuerten Produktionsstruktur möglich geworden sein. Mit den deutlichen Steigerungen der ungarischen, tschechoslowakischen und polnischen Ausfuhren nach Westeuropa und der Zunahme der ausländischen Direktinvestitionen in Ungarn und in der Tschechoslowakei zeichnen sich bereits die ersten Erfolge ab. Ungarn dürfte schon vor dem Wendepunkt stehen, also der Rückgang des Sozialproduktes im wesentlichen überstanden und Voraussetzungen für ein allmählich steigendes Wachstum geschaffen worden sein. In der Tschechoslowakei können die Wende und neu einsetzendes Wachstum zu Mitte der 90er Jahre erwartet werden. Bulgarien dürfte den beträchtlichen Produktionseinbruch früher überwunden haben, als bis unlängst noch zu erwarten war. Kritisch wird die Situation auch Mitte der 90er Jahre noch in Rumänien, Polen, der Slowakei und dem früheren Jugoslawien, mit Ausnahme Sloweniens, sein. Insgesamt dürften Polen, Rumänien und Bulgarien das Produktionsniveau von 1989 in diesem Jahrzehnt nicht wieder erreichen.

3. Zeitdauer und Folgen des Aufholprozesses gegenüber Westeuropa

Das Aufholen oder zumindest das Verringern des Rückstandes von Osteuropa gegenüber dem westeuropäischen Durchschnitt wird also ein langwieriger Prozeß sein. In den west- und südeuropäischen Randregionen der EG, so in Spanien, Irland und Portugal, vollziehen sich seit Jahren Aufholprozesse in Richtung auf das westeuropäische Durchschnittsniveau. In diesen Ländern liegen seit den 70er Jahren das Wachstum der Außenwirtschaftsbeziehungen und der Produktivität, und damit die Zunahme des Lebensstandards, deutlich über dem EG-Durchschnitt. Besonders eindrucksvoll ist dieser Aufholprozeß in Spanien, das bei Fortführung des bisherigen Entwicklungstempos gegen Ende der 90er Jahre an das Pro-Kopf-Einkommen Großbritanniens herangekommen sein dürfte. Das Aufholen war vor allem von der Einbeziehung in die westeuropäische Integration, dem schnellen Anwachsen ausländischer Privatinvestitionen und den Zuschüssen der reicheren EG-Mitgliedsländer getragen.

Aus den Erfahrungen mit den west- und südeuropäischen Randregionen der EG lassen sich folgende Bedingungen für die Angleichung an westeuropäische Standards ableiten: erfolgreiche Transformation der Wirtschaftsordnung, Bereitstellung der Investitionsmittel für eine exportorientierte Strukturpolitik und die Möglichkeit, die Effekte der internationalen Arbeitsteilung nutzen zu können. Auch wenn diese Bedingungen erfüllt sind, ist nach Überwindung der Instabilitäten der Transformationsperiode noch mit einer langen Zeitdauer des Aufholens gegenüber dem westeuropäischen Durchschnittsniveau zu rechnen. Erfolgreich werden dabei voraussichtlich folgende Länder in der angegebenen Reihenfolge sein: Ungarn, Tschechoslowakei, Bulgarien, Polen, Rumänien. Eine wirkliche Chance können sich allerdings nur Ungarn und die Tschechoslowakei ausrechnen.

Strukturwandel ist Voraussetzung des Aufholprozesses, er führt aber auch zu hoher Arbeitslosigkeit, weil erst neue Arbeitsplätze geschaffen werden müssen. Die Beschäftigungsstruktur der meisten Länder Osteuropas entspricht etwa derjenigen Südeuropas in den 60er und 70er Jahren: einen hohen Beschäftigtenanteil in der Landwirtschaft und in zahlreichen nicht-wettbewerbsfähigen Industriezweigen. Spanien holte am schnellsten auf, hat aber auch den raschesten Anstieg der Erwerbslosenzahl zu verzeichnen. Obwohl Spanien (und Irland) zeigt, daß ökonomisch motivierte Wanderungsbewegungen größeren Stils nicht zwingend auftreten müssen, ist davon auszugehen, daß zu den Wanderungsbewegungen in die reicheren Länder Europas aus Südeuropa und den nordafrikanischen Mittelmeeranrainern solche aus Osteuropa hinzukommen. Deshalb werden

(a) multilaterale Vereinbarungen auf den Ebenen EG, Europarat und KSZE für die Ausarbeitung von Regeln und für Hilfsprogramme und
(b) die Steuerung von Wanderungsbewegungen (Einwanderung) notwendig.

Auch in Mittelost- und Südosteuropa (und innerhalb der einzelnen Staaten) besteht ein erhebliches Wohlstandsgefälle, das zusammen mit nationalen Unterschieden zu beträchtlichen staatspolitischen Spannungen führen kann. Die Entwertung des Produktionsvermögens bei der Weltmarktöffnung der Wirtschaft - und damit der Rückgang von Sozialprodukt und Beschäftigung - betrifft besonders diejenigen Regionen Osteuropas, in denen die Industrialisierung erst unter der Ägide des administrativen Sozialismus erfolgte. Hier wurden schwerindustrielle Produktionszweige aufgebaut, deren Erzeugnisse zum großen Teil in die Sowjetunion gingen. In Anbetracht des nunmehr fehlenden Kapitals werden die Dimensionen des in der Zeit des administrativen Sozialismus vorgenommenen regionalen Ausgleichs nicht mehr erreicht werden können.

4. Probleme der Systemtransformation

Der Übergang zur Marktwirtschaft ist eine schwierige Aufgabe, die von den neuen Führungen und der Bevölkerung enorme Geduld und Standhaftigkeit verlangt. Für die Eingliederung in die internationale Wirtschaft ist der nahezu komplette Austausch des planwirtschaftlichen durch ein dezentrales, marktwirtschaftliches Allokationssystem notwendig. Dafür gibt es keinen Königsweg. Erfahrungen mit den Reaktionsweisen funktionierender Wettbewerbswirtschaften sind nicht übertragbar. Ob eine funktionierende Wettbewerbswirtschaft hergestellt werden kann, ist von der konkreten Situation eines Landes, der zur Verfügung stehenden Zeit und dem internationalen Umfeld abhängig. Nur einige wenige Leitlinien können helfen, den Kurs zu bewahren.

Die wichtigste Aufgabe der Politik ist Erwartungssicherheit in bezug auf die Herstellung einer Wettbewerbswirtschaft. In- und ausländische Investoren werden warten, bis die Unsicherheit hinsichtlich des weiteren Reformprozesses weitgehend verschwunden ist. Wichtiges Element eines funktionsfähigen Wettbewerbes ist die private, das heißt nichtstaatliche Verfügung über das Produktionsvermögen. Deshalb muß die Eigentumsstruktur verändert werden. Die Privatisierung der größeren Industriebetriebe ist wegen des einheimischen Kapitalmangels und der Entwertung ihres Anlagevermögens bei der Weltmarktöffnung schwierig. Die Privatisierung des Produktionsvermögens hat bei den einzelnen Ländern Mittelost- und Südosteuropas einen sehr unterschiedlichen Stand erreicht. Wichtig ist der zügige Ausbau effizienter Klein- und Mittelbetriebe, von denen die regionale Umorientierung der Außenwirtschaftsbeziehungen kräftige Unterstützung erhalten könnte. Das zeigt sich bei Ungarn, wo die Zunahme der Ausfuhren nach Westeuropa vor allem auf solche Unternehmen zurückgeht.

Zur Entstehung von Erwartungssicherheit und zur Entwicklung eines wirksamen Anreizsystems könnte die Stabilität des Preisniveaus maßgeblich beitragen. Zur Herstellung von Knappheitspreisen muß ein großer Teil der Preissubventionen, die zwischen 10 bis 18% des Bruttoinlandsproduktes betrugen, abgebaut werden. Es besteht aber die Gefahr, daß die Herstellung von Knappheitspreisen im Nebel der Inflation untergeht, die nur sehr kurzfristige, hochspekulative Investitionsprojekte begünstigt und die Einkommen zu Lasten der unteren Einkommensgruppen umverteilt. Die Folgen sind Demotivierungsprozesse. Nur in Ungarn und in der Tschechoslowakei ist es bis jetzt gelungen, Preissteigerungen unter Kontrolle zu bekommen.

Die Heranführung der Unternehmen an die Preisrelationen der Weltmärkte und die Nutzung ihrer komparativen Vorteile hängt mit der Konvertibilität der Währung zusammen. Sie ist die sicherste Verankerung der Marktwirtschaft. Natürlich muß die Konvertibilität mit der Außenhandelsfreiheit verbunden sein, sonst würde sie ihren Sinn verlieren. Die Liberalisierung des Außenhandels bezieht sich nicht nur auf den Export, sondern auch auf möglichst weitgehende Importfreiheit. Die Importliberalisierung kann aber nur sukzessive erfolgen, sonst wirkt der Zwang zu raschem Strukturwandel so stark, daß große Einbrüche der Produktion erfolgen. Erst durch eine längere interne Vorbereitungszeit hat Ungarn eine fast vollständige Einfuhrliberalisierung durchstehen können, ohne daß die Volkswirtschaft zusammengebrochen wäre. Bei Polen dürfte dieses Ausmaß der Einfuhrliberalisierung keinesfalls möglich sein.

Die Konvertibilität kann nur dann glaubhaft angekündigt werden, wenn möglicherweise entstehende Liquiditätskrisen bewältigt werden können, das heißt, es darf keine Leistungsbilanzdefizite und keine Bereitschaft der Bevölkerung zur Flucht aus der eigenen Währung geben. Geld- und Währungspolitik können schwerlich erfolgreich sein, wenn die öffentlichen Haushalte fortwährend hohe Defizite aufweisen. Zwar werden die Haushalte durch die Kürzung der Subventionen entlastet, andererseits aber durch die Aufhebung der bisherigen Vorschriften zur Abführung der betrieblichen Gewinne an den Staat belastet. Notwendig ist deshalb ein neues Steuersystem, das aus Einkommens-, Mehrwert- und Körperschaftssteuer besteht.

Während die Maßnahmen des Systemwandels möglichst gleichzeitig vorgenommen werden müssen, würde die unvorbereitete Öffnung zum Weltmarkt und die rasche Einführung der Währungskonvertibilität ähnliche Produktions- und Beschäftigungseinbrüche wie im östlichen Teil Deutschlands zur Folge haben, die keine osteuropäische Regierung durchstehen könnte. Auch die Anpassung an die Marktwirtschaft erfordert eine längere Zeit bis zu einem allgemeinen gesellschaftlichen Einvernehmen. Nach der Theorie des "Paradigmenwechsels" von Thomas S. Kuhn würde eine solche Anpassungszeit 12 bis 20 Jahre beanspruchen. Gegensätze, die im Inneren der westlichen liberal-demokratischen Gesellschaften erwachsen, werden dabei jedoch unmittelbar übertragen.

Die Länder Mittelost- und Südosteuropas weisen große ordnungs- und wirtschaftspolitische Unterschiede auf; unterschiedlich sind auch die Aussichten für eine einigermaßen stabile Entwicklung. Es ist nicht gerechtfertigt, Ungarn, Polen und die Tschechoslowakei unter wirtschaftspolitischen Gesichtspunkten in einer Gruppe zusammenzufassen. Die Tschechoslowakei ist - sieht man vom Entwicklungsunterschied Böhmens zur katholischen Slowakei ab - höher entwickelt als Polen. Ungarn, das in Osteuropa immer Vorreiter der Bemühungen um Systemwandel und Ausrichtung der Wirtschaft auf den internationalen Wettbewerb war, dürfte als erstes osteuropäisches Land zur Annäherung an die Position der weniger entwickelten EG-Länder imstande sein. Die Menschen werden durch einen zu raschen Systemwandel, der keine klaren Linien erkennen läßt, überfordert. Ungarn wurde mehr als allen anderen osteuropäischen Ländern die Chance politisch-psychologischer Vorbereitung des Systemwechsels zuteil, weil es sich seit Mitte der 60er Jahre schrittweise einer Wettbewerbswirtschaft annäherte. Im Unterschied zur sogenannten Schocktherapie Polens wurde Ungarns Übergang zur Marktwirtschaft durch den vorausgegangenen Aufbau kleiner und mittlerer privatwirtschaftlicher Unternehmen erleichtert. Daß alle anderen Länder Osteuropas im Verhältnis zu Ungarn Modernisierungsrückstände in der Wirtschaft aufweisen, wird daraus ersichtlich, daß von ihnen bislang einzig Ungarn im Handel mit den westlichen Industrieländern höhere Zuwachsraten der Ausfuhr als der Einfuhr erzielt.

II. Stabilitätsbedingungen im östlichen Teil Europas

1. Die neue europäische Sicherheitsaufgabe

Durch das Ende des Ost-West-Konfliktes gibt es in Europa keine vorrangig militärische Sicherheitsordnung mehr. In einem umfassenderen sicherheitspolitischen

Sinn wird die Angleichung der politischen und wirtschaftlichen Existenzbedingungen in Europa zur zentralen Aufgabe. Wenn 3 bis 4% der Bevölkerung Osteuropas und der westlichen Regionen der ehemaligen Sowjetunion nach Westeuropa emigrieren wollen - wobei Westeuropa in diesem Sinne auch schon Polen, Ungarn und die Tschechoslowakei umfaßt -, würden die wirtschaftlich-sozialen Grundlagen der westeuropäischen Gesellschaften, insbesondere ihre Offenheit, aufs schwerste erschüttert. Zusammen mit der Verhinderung von Nationalitätenkonflikten und dem Schutz der Menschenrechte wird die sozialökonomische Stabilisierung Osteuropas (und darüber hinaus der ehemaligen Sowjetunion) zur wichtigsten und schwierigsten Aufgabe einer europäischen Friedensordnung. Der multipolare Frieden in Europa kann teurer werden als der bipolare des Ost-West-Konflikts; das heißt, die "Friedensdividende" wird für die erforderlichen Aufgaben nicht ausreichen. Werden diese aber nicht gelöst, wird die sozialökonomische Destabilisierung des östlichen Europa zum neuen europäischen Sicherheitsproblem.

Die Europäische Gemeinschaft und die um sie gruppierten EFTA-Länder bilden eine sozialökonomische Stabilitätszone. Durch den bereits erreichten Grad der Integration wird unabhängiges, konfliktträchtiges Handeln sehr viel schwerer, in der EG nahezu unmöglich. Kommt es zu einer Vertiefung und Ausbreitung der westeuropäischen Integrationsidee in ganz Europa, wenngleich in abgestufter Form, so dürfte sich in Europa eine stabile Entwicklung anbahnen. Die vielen wieder sichtbar gewordenen, zum Teil kleinen Nationalitäten, deren staatliche Ausbildung nicht zu verhindern ist, könnten durch Einbindung in oder Anlehnung an die westeuropäische Stabilitätszone ihre nationalen Interessen bündeln und wieder größere Aggregate bilden. Wird aber die Durchsetzungskraft der westeuropäischen Integrationsidee geschwächt, weil nationalstaatliche Ziele in Westeuropa nicht zurückgestellt werden, dann könnte Europa eine rückwärtsorientierte, weniger stabile Entwicklung nehmen.

2. Die Stabilisierungsaufgabe in Osteuropa

Auch subregionale Gruppierungen können zur Konfliktverhütung durch Integration beitragen, wenn sie zur Aufstellung von Regeln und ihrer materiellen Absicherung fähig sind. Die "Zentraleuropäische Kooperation" von Italien, Slowenien, Kroatien, Ungarn, Österreich, der Tschechoslowakei und Polen, möglicherweise auch der Ukraine, findet ihre Grenze darin, daß für die meisten ihrer Mitglieder die "Führungsmacht" Italien nicht von vorrangiger wirtschaftlicher Bedeutung ist. Vorschläge aus den USA und Westeuropa betonen immer wieder die Notwendigkeit mittelosteuropäischer Regionalkooperation. Im Rahmen der "Troika von Vysegrad" funktioniert sie außenpolitisch einigermaßen zufriedenstellend in Abstimmung der Interessen gegenüber NATO und EG. Als eigenständige Gruppierung wäre die Troika aber nicht tragfähig genug, weil die gegenseitigen Wirtschaftsbeziehungen nur geringe Bedeutung haben. Das schließt nicht aus, daß die mittelosteuropäischen Staaten bei der Verbesserung der Infrastruktur zusammenarbeiten. Wichtig ist auch die Bildung einer Freihandelszone, durch die der regionale Handel mit marktwirtschaftlichen Mitteln gefördert wird und in der vergleichbare Bedingungen wie bei der Handelsliberalisierung mit EG und EFTA gewährt werden.

Der sozialökonomische Aufholprozeß Osteuropas macht die Anbindung an einen Wirtschaftsraum erforderlich, der sich in dynamischer Entwicklung befindet und die entsprechenden Impulse für die erforderlichen Veränderungen geben kann - durch Hilfe bei der Aufbringung und Verwendung des Kapitals für den Strukturwandel und durch Absatzmöglichkeiten für die Produkte Osteuropas. Das war in vergleichbarer Weise schon bei der Einbeziehung Irlands, Griechenlands, Spaniens und Portugals in die Europäische Gemeinschaft der Fall. Weder aus eigener Kraft noch durch Regionalkooperation sind die Staaten Mittelost- und Südosteuropas hinreichend entwicklungsfähig. Zur Wahrnehmung einer Stabilisierungsaufgabe in Osteuropa gehört eine dominierende Wirtschaft. Bislang beruhte die wirtschaftliche Entwicklung stets - mit der Ausnahme Böhmens, das sich gleichzeitig mit den west- und mitteleuropäischen Industriegebieten entwickelt hatte - auf der engen Verbindung mit einem Wirtschaftsraum, der den Absatz osteuropäischer Produkte sicherte und dort die Kapitalbildung förderte (Österreichisch-Ungarische Zollunion, Anlehnung der Staaten Südosteuropas an den deutschen Wirtschaftsraum in den 30er Jahren). Die EG entwickelt sich nunmehr zum wichtigsten Wirtschaftspartner Osteuropas, wobei die Bundesrepublik Deutschland unter den EG-Mitgliedsstaaten eine besondere Bedeutung erhält, die aus der Nachbarschaft zu Osteuropa und den Modernisierungsimpulsen resultiert, welche die deutsche Volkswirtschaft geben kann. Die Bundesrepublik Deutschland ist aber so stark in die EG integriert und ihre Wirtschaftsbeziehungen sind in einer Weise auf den Binnenmarkt der EG ausgerichtet, daß für sie ein mittelosteuropäischer Wirtschaftsraum, der sich um ihre Wirtschaft gruppiert, keine Alternative mehr sein kann.

3. Die Verantwortung der EG für die Stabilisierung Osteuropas

Weil die EG zum wichtigsten Wirtschaftspartner Osteuropas wird, kommt auf sie nolens volens die Aufgabe einer dominanten Wirtschaft für Osteuropa zu, die dieser Region ausreichende Absatzmöglichkeiten ihrer Produkte bietet und dort die Aufbringung und Verwendung des Kapitals mitbeeinflußt. Die EG müßte aber nicht nur wirtschaftlichen Stabilisierungserfordernissen, sondern auch den Erwartungen auf politische Sicherheit entsprechen können. Die Rolle Europas, die durch die bipolare Weltmachtstruktur verdeckt wurde, wird jetzt sichtbar. Die

USA sind nicht mehr bereit, im selben Maße wie früher Verantwortung für die Beilegung europäischer Konflikte zu übernehmen. Der EG stellt sich die Aufgabe, auch im östlichen Teil Europas Regeln der Gemeinschaft als europäischen Gestaltungsprinzipien zum Durchbruch zu verhelfen. Es geht darum, daß das Recht auf Selbstbestimmung mit wirtschaftlicher Entfaltung, innerem friedlichem Zusammenleben und äußerem Frieden in Europa vereint wird. Die Übereinstimmung der Außen- und Sicherheitspolitik, die einmal das Attribut einer Europäischen Union sein soll, wird der EG - bzw. einer Gruppierung wichtiger EG-Länder - bereits jetzt von außen abgefordert. Sollte die EG dieser Aufgabe nicht gewachsen sein, dürften ihre Glaubwürdigkeit und Entwicklungsfähigkeit Schaden nehmen. Wie der geringe Einfluß der EG bei den Bemühungen um die Lösung von Konflikten im früheren Jugoslawien zeigt, fehlen nicht nur formale Grundlagen einer gemeinsamen Außenpolitik, sondern auch übereinstimmende Interessen ihrer Mitgliedsstaaten.

4. Die Perspektive: Stufenweiser Aufbau eines größeren europäischen Wirtschaftsraumes

Westliche Interventionen, die zur Stabilisierung im östlichen Teil Europas beitragen sollen, sind nur vertretbar, wenn Osteuropa eine Perspektive für einen Ordnungsprozeß gegeben wird. Die Einbeziehung Osteuropas in die westeuropäische Stabilitätszone heißt in erster Linie, daß ein über den EG-Binnenmarkt der zwölf Mitgliedsstaaten hinausreichender größerer europäischer Wirtschaftsraum gebildet werden muß. Der Weg dahin läßt sich folgendermaßen skizzieren: Den Anfang bildete die Assoziation von Ungarn, der Tschechoslowakei und Polen mit der Europäischen Gemeinschaft. Mit Bulgarien und Rumänien werden Verhandlungen über die Assoziation aufgenommen. Auch mit diesen beiden Staaten wird dann innerhalb von 10 Jahren eine Freihandelszone für Industrieerzeugnisse gebildet werden. Verträge der Europäischen Gemeinschaft mit den unabhängigen Staaten in den Gebieten der früheren Sowjetunion und Jugoslawiens werden eine Form innerhalb des Spektrums zwischen den traditionellen Kooperations- und den Assoziationsabkommen annehmen, ohne daß es dafür ein einheitliches Modell geben wird. Die traditionellen Handels- und Kooperationsabkommen der EG sind nichtpräferentiell, sie sehen also keine Zollvergünstigungen, wohl aber den gestaffelten Abbau mengenmäßiger Einfuhrbeschränkungen vor. Es käme also darauf an, daß wenigstens für die baltischen Staaten, Slowenien und Kroatien Verträge ausgehandelt werden, die eher in Richtung einer Assoziation (Europa-Verträge) weisen.

Bei den drei mittelosteuropäischen Ländern soll die Assoziation die Vorstufe zur EG-Vollmitgliedschaft sein. Natürlich können sinnvolle Beitrittsverhandlungen mit mittelosteuropäischen Staaten erst begonnen werden, wenn sie über funktionierende Marktwirtschaften verfügen und auf dem Wege der Assoziation zur Gleichwertigkeit mit den weniger entwickelten Ländern der Europäischen Gemeinschaft aufschließen konnten. Beitrittskandidaten wäre nicht gedient, wenn sie verfrüht einer Gemeinschaft beitreten, deren Wettbewerbsdruck sie nicht gewachsen sind. Dabei wird allerdings, dem Entwicklungsniveau entsprechend, ebenso von Übergangsregeln auszugehen sein, wie sie den südeuropäischen Ländern bei ihrem EG-Beitritt eingeräumt wurden.

Die "Europäischen Verträge" können zur maßgeblichen Kraft für die Festigung der marktwirtschaftlichen und demokratischen Ordnung in Osteuropa und für Osteuropas wirtschaftliche Heranführung an Westeuropa gemacht werden, wenn die EG entsprechende Bedingungen stellt und bei ihrer Durchsetzung hilft. Für die osteuropäischen Partner würde die Assoziation die Einhaltung eines Zeitplanes zur Herstellung einer stabilen marktwirtschaftlichen Ordnung erforderlich machen. Sie sollten dabei nicht unter einen unangemessenen Zeitdruck gesetzt werden, sondern ein schrittweises Vorgehen wählen können, wie es Ungarn mit Erfolg getan hat. Für die Europäische Gemeinschaft könnte die Assoziation Verpflichtung sein, die Verwirklichung dieses Zeitplanes zu unterstützen. Der möglichst freie Handel, die Förderung von Investitionen in Osteuropa, die Entwicklung einer europäischen Infrastruktur, die Zusammenarbeit in Wissenschaft, Technik, Ausbildung und Umweltschutz, die Eingliederung in das Europäische Währungssystem sowie die künftige Liberalisierung des Personen-, Dienstleistungs- und Kapitalverkehrs sollten Gegenstände kontinuierlicher Zusammenarbeit in dafür zu schaffenden Institutionen sein.

Die politische Trennung von EG und EFTA ist überholt. Sie entsprach ebenfalls den politischen und militärischen Strukturen des Ost-West-Konflikts, insbesondere der Rücksichtnahme auf die Neutralität der EFTA-Länder und hat, wie diese Strukturen, ihren Sinn verloren. Während die Vergrößerung der Europäischen Gemeinschaft um osteuropäische Länder im allgemeinen noch viel Zeit braucht, trifft das auf die EFTA-Staaten, die höher entwickelt sind als viele EG-Mitglieder, nicht zu. Das Produktivitätsniveau Österreichs und der Schweiz ist höher als das aller EG-Länder mit der Ausnahme Westdeutschlands. Der EG-Anteil am Außenhandel von EFTA-Ländern ist bereits sehr hoch. Er beträgt bei der Schweiz ungefähr 62%, bei Österreich ungefähr 66%: Beide Länder sind wirtschaftlich also bereits mehr mit der EG verbunden als einige EG-Mitgliedsländer.

Eine möglichst rasche Erweiterung der EG um integrationswillige und -fähige EFTA-Staaten würde die Fähigkeit Westeuropas zur Einbeziehung Osteuropas in eine gemeinsame sozialökonomische Stabilitätszone verbessern. So ist beispielsweise Österreich nach der Bundesrepublik Deutschland der wichtigste Partner Ungarns und der Tschechoslowakei. Die skandinavischen Staaten könnten von besonderer Bedeutung für Polen und die baltischen Staaten werden. Es würden neue

Regionen enger Zusammenarbeit entstehen, die über die bisherigen Grenzen der EG hinausreichen. Allerdings ist ein grundsätzlicher Widerstand einiger EG-Partner gegen die Erweiterung der Gemeinschaft nicht zu übersehen. Ein Aufnahmeantrag bedarf der einstimmigen Befürwortung des Rates und der Zustimmung des Europäischen Parlamentes mit der Mehrheit seiner Mitglieder. Ein Abkommen über die Aufnahme muß von allen Vertragsstaaten ratifiziert werden. In Maastricht hat die Gemeinschaft zudem beschlossen, daß Verhandlungen mit neuen Beitrittskandidaten erst eingeleitet werden sollen, wenn die EG-internen Verhandlungen über Finanztransfers zum Ausgleich der Wohlstandsunterschiede zwischen den Mitgliedsstaaten erfolgreich abgeschlossen wurden. Insoweit könnte sich die EG-Aufnahme von EFTA-Staaten allzu lange hinziehen.

Durch den "Europäischen Wirtschaftsraum" (EWR) der 19 Mitgliedsstaaten von EG und EFTA soll zusätzlich zu dem schon seit Ende der 70er Jahre bestehenden Freihandel für Industriegüter und parallel zur Entwicklung des EG-Binnenmarktes ein eng verbundener gemeinsamer Wirtschaftsraum geschaffen werden, in dem neben der Freizügigkeit für Waren (außer solchen des Agrarsektors) auch die Freizügigkeit für Dienstleistungen, Kapital und Personen hergestellt wird. Technische Handelshemmnisse werden eliminiert. Ein Produkt, das in einem EWR-Land zugelassen ist, hat also gleichzeitig seine Zulassung für den gesamten EWR. Hinzu kommen gemeinsame Aktivitäten in Forschung und Entwicklung, Bildung, Umweltschutz und Gesellschaftsrecht, Konsumentenpolitik, Sozialpolitik, Maßnahmen zur Verringerung des regionalen Wohlstandsgefälles im EWR. Das EG-Binnenmarkt-, Sozial- und Gesellschaftsrecht wird auf die EFTA-Länder ausgedehnt.

Während für die EFTA-Länder der EWR-Vertrag wahrscheinlich nur die Zwischenstufe auf dem Weg zur EG-Vollmitgliedschaft ist, könnten die EG-assoziierten osteuropäischen Staaten die Teilnahme am EWR als den nächsten Schritt zur Eingliederung in den europäischen Markt anstreben. Der Anfang wird mit dem Abschluß von Freihandelsabkommen mit der EFTA gemacht. Mit der Tschechoslowakei unterzeichnete die EFTA bereits ein solches Abkommen, das zum 1. Juli 1992 in Kraft treten soll. Verträge mit Ungarn und Polen sollen folgen. Weil der EWR keine Zollunion ist, lassen sich die Assoziationsabkommen der EG und der EFTA mit osteuropäischen Ländern nicht auf den EWR übertragen. Die EFTA-assoziierten osteuropäischen Staaten müßten erst Vollmitglied der EFTA geworden sein, was allerdings aufgrund der leichter zu erfüllenden Bedingungen eher zu erreichen ist als die EG-Mitgliedschaft.

5. Gemeinsame Vorteile eines größeren Wirtschaftsraumes

Es ist nicht richtig, die Aufgabe der Heranführung Osteuropas an Westeuropa nur mit den dadurch entstehenden Belastungen in Verbindung zu bringen. Dabei wird übersehen, daß der wirtschaftliche Aufbau Osteuropas langfristig ganz Europa zusätzliche Entwicklungsmöglichkeiten bietet. Beispiel dafür ist die Süderweiterung der EG. Auch die Aufnahme Spaniens in die EG war weniger eine ökonomische als eine politische Entscheidung, weil sein Entwicklungsstand erheblich unter dem westeuropäischen Durchschnitt lag. Der Beitrittsantrag wurde im Anschluß an den demokratischen Wandel in Spanien nach dem Ende der Franco-Diktatur gestellt und durch die EG positiv beschieden, denn durch die Einbeziehung Spaniens in die EG-Stabilitätszone sollte die Demokratisierung gesichert werden. Inzwischen hat Spaniens schneller wirtschaftlicher Aufbauprozeß die EG insgesamt gestärkt.

Kostengünstige Produktionsstandorte in Südeuropa, in denen Unternehmen aus der Europäischen Gemeinschaft investieren, Arbeitsplätze schaffen und zur wirtschaftlichen Entwicklung beitragen, reichen aber nicht aus, damit die Unternehmen der Gemeinschaft im Wettbewerb mit Ostasien - und auch mit Nordamerika - bestehen können. Japan und die USA sind auf der Suche nach neuen, kostengünstigen Produktionsstandorten: Japan beispielsweise in Malaysia, Singapur, Thailand und Indonesien; die USA etwa in Mexiko, mit dem als drittem Land neben Kanada und den USA eine nordamerikanische Freihandelszone gebildet werden soll. Unternehmen aus Mitgliedsländern der Europäischen Gemeinschaft können sich auf kostengünstige Produktionsstandorte in Irland, Portugal und Spanien stützen. Diese reichen aber nicht aus. Es müssen Schritt für Schritt neue Standorte in Osteuropa erschlossen werden, wobei Ungarn und die Tschechoslowakei gewiß keine schlechteren Standorte sind als Mexiko. Würden sich diese Möglichkeiten nicht bieten, dann verlöre Europa Anteile auf den Weltmärkten, Arbeitsplätze und Kapital, das in andere Regionen der Weltwirtschaft fließt.

6. Die Übernahme von Stabilisierungsaufgaben durch andere Institutionen

Für die Sicherung einer inneren und äußeren Rechtsordnung im östlichen Teil Europas können zusätzlich zur EG auch andere Institutionen eine Rolle spielen. Die gemeinsame Lösung bestimmter Probleme durch Übertragung und Bündelung von nationalen Souveränitätsrechten kann sich auf neu zu schaffende Organisationen zur Zusammenarbeit etwa in den Bereichen Energieversorgung, Verkehr, Telekommunikation und Umweltschutz beziehen. Der Europarat als "Raum europäischer Demokratien" kann den Demokratisierungsprozeß in Osteuropa unterstützen und die gesamteuropäische politisch-kulturelle Identität stärken. Andererseits kann der Europarat keine Alternative zur EG sein, denn Grundlage einer funktionierenden Demokratie in Osteuropa ist die sozialökonomische Stabilisierung. Schwierigkeiten des Systemwechsels, die natürlich in den weniger entwickelten Regionen Osteuropas größer sind als in seinen bessergestellten Regionen, könnten zu autoritären Willensbildungs- und Entscheidungsprozessen führen.

Für den Bestand der westeuropäischen Stabilitätszone und ihre Ausweitung auf Osteuropa ist auch die NATO wichtig. Die USA haben für die westeuropäische Integration eine Balance-Funktion gehabt, die weiterhin wichtig ist, um den Interessenausgleich zwischen Deutschland, Frankreich und Großbritannien zu erleichtern. Die USA müssen darüber hinaus in der Verantwortung für die Stabilität in ganz Europa gehalten werden. Dafür ist die Veränderung der Aufgaben der NATO, ihre Zusammenarbeit mit der EG und den G-7 - also die Einbeziehung Japans - sowie mit den Staaten Osteuropas und den Staaten auf dem Gebiet der ehemaligen Sowjetunion notwendig, wie sie mit der Errichtung des Nordatlantischen Kooperationsrates zum Ausdruck kommt.

III. Aussichten für die Ausweitung der westeuropäischen Stabilitätszone

1. Auswirkungen auf die Ziele der EG-Integration

Die Perspektive für Osteuropa ist in der Europäischen Gemeinschaft umstritten. Die Frage, wie die unterschiedlichen Interessen ihrer Mitglieder an westeuropäischer und an gesamteuropäischer Stabilität in Übereinstimmung gebracht werden können, wird weiterhin für Kontroversen sorgen. In den Texten des Gipfels von Maastricht findet sich kein einziges Wort über einen Plan der Europäischen Gemeinschaft zur Einbeziehung des östlichen Teils Europas in die westeuropäische Stabilitätszone. Insofern hat das Maastrichter Gipfeltreffen deutlich gemacht, daß Fragen gesamteuropäischer Stabilität nicht zu den herausragenden Anliegen aller Mitgliedsstaaten der Gemeinschaft gehören. Neue Handlungsmöglichkeiten wurden in erster Linie im Innenverhältnis der Europäischen Gemeinschaft gesucht.

Zwar könnte die Fortführung der Integration bis hin zu einer föderalen Ordnung mit gemeinsamer Währungs-, Außen- und Sicherheitspolitik die Aktionsfähigkeit der Europäischen Gemeinschaft in bezug auf Gesamteuropa stärken, die Aufnahme weiterer Mitglieder aber erschweren. Denn die notwendigen Voraussetzungen werden dann noch auf längere Zeit nur wenige europäische Staaten aufweisen. Beitrittsanträge könnten mit der entsprechenden Begründung zurückgestellt werden. Folglich wäre der Beitrag der Europäischen Gemeinschaft zur politischen und ökonomischen Stabilisierung Osteuropas Gegenstand ihrer Außenpolitik - wie im Verhältnis zu jeder anderen Region der Welt -, nicht jedoch Mittel der gesamteuropäischen Integration.

Zu Recht wird darauf hingewiesen, daß die feste Organisation der Europäischen Gemeinschaft Voraussetzung dafür ist, daß auch bei Erhöhung ihrer Mitgliederzahl gemeinsame Lösungen in wichtigen Fragen zustande zu bringen sind. Ein eindeutiges Kriterium dafür, wo die zahlenmäßige Höchstgrenze liegt, gibt es jedoch nicht. Wenn man vom gegenwärtigen Bestand an Regeln und Normen der Gemeinschaft ausgeht, gäbe es keinen Grund, die Aufnahme Österreichs noch zu verzögern. Es ist auch nicht auszuschließen, daß Ungarn mit Übergangsfristen und Transferleistungen, wie sie beispielsweise Portugal zugestanden wurden, in der zweiten Hälfte der 90er Jahre EG-beitrittsfähig sein wird. Nicht sicher ist, ob die Entwicklung der Gemeinschaft zur Union so verläuft, wie es die Bundesrepublik Deutschland vor den Regierungskonferenzen in Maastricht für erforderlich hielt. Großbritannien und Dänemark streben eher in Richtung des EWR. Dabei könnten sie nur vordergründig von der Einstellung der anderen Mitgliedsstaaten abgewichen sein. Denn innerhalb kurzer Zeit nach den Beschlüssen von Maastricht waren auch in fast allen anderen EG-Ländern immer mehr Vorbehalte gegen die Währungsunion und die Politische Union festzustellen.

Das Konzept der abgestuften Integration - gedacht als Übergangsphase und nicht als Endzustand - gewinnt an Bedeutung. Frans Andriessen, Vizepräsident der EG-Kommission und zuständig für die auswärtigen Beziehungen der Gemeinschaft, hatte schon 1991 eine "affiliated membership" als Vorstufe zur vollen Mitgliedschaft mit der Übernahme des gesamten acquis communautaire vorgeschlagen. Die künftige EG kann - entsprechend der bei ihrer Erweiterung noch zunehmenden Unterschiede - für eine mehr oder weniger lange Übergangszeit ein differenziertes Gebilde verschiedener Integrationsdichte sein. Das würde bedeuten:

- Die Notwendigkeit gleichartiger Regelungen besteht in erster Linie für die Wirtschaft, um Wohlstandsverluste zu verhindern, die unter demokratischen Bedingungen nicht mehr tragbar sind. Der Binnenmarkt der EG bezieht sich auf alle 12 Mitgliedsstaaten. Er wird mit den EFTA-Staaten zum EWR erweitert, in den im Laufe der Zeit die osteuropäischen Staaten über Assoziationsabkommen mit EG und EFTA einbezogen werden.
- Die außenpolitische Zusammenarbeit der EG-Mitgliedsstaaten wird um jene osteuropäischen und EFTA-Staaten erweitert, die dazu bereit sind.
- In der Währungspolitik wird die Entwicklung in Richtung eines Stabilitätskerns gehen, dem nicht einmal alle 12 EG-Mitglieder angehören können oder wollen, wohl aber das eine oder andere Land der EFTA. Österreich könnte als EG-Mitglied bei der Entwicklung einer Wirtschafts- und Währungsunion (WWU) eher mithalten als bereits früher in die EG eingetretene Mitglieder.

Gleichartige Regelungen für Integrationsprozesse werden durch eine Vielfalt dezentraler Regelungen ergänzt. Je tiefer die Integration in der EG und/oder je größer ihr Integrationsraum, desto notwendiger wird die dezentrale Wahrnehmung von Aufgaben. Die Idee der europäischen Regionen ist die notwendige Reaktion auf die zunehmende Zentralisierung von Entscheidungen in der Europäischen Gemeinschaft. Davon sind die Mitglieder der EG in sehr unterschiedlicher Weise betroffen. Frankreich und Großbritannien, diese beiden für die EG wichtigen Staaten, sind als zentralistische Nationalstaaten organisiert. Schon Spanien und Italien weisen eine erheblich höhere Regionalisierung auf. In Deutschland wurde nach dem Zweiten Weltkrieg eine Sonderentwicklung eingeschlagen, der Aufbau einer föderalen Struktur mit Ausbildung mehrerer Zentren, die miteinander in Konkurrenz stehen.

2. Auswirkungen auf das europäische Gleichgewicht

Die Bundesrepublik Deutschland würde Entwicklungsimpulse aus ihrer Nachbarschaft zu Osteuropa erhalten, wenn diese Region wirtschaftlich und politisch stabil wäre. Die Ausweitung der westeuropäischen Stabilitätszone auf ganz Europa liegt deshalb im vorrangigen Interesse Deutschlands und einiger anderer europäischer Staaten, die gemeinsam an einem west-östlichen "Wohlstandsgraben" in Europa liegen würden. Die Verfolgung dieses Ziels birgt Differenzen mit EG-Partnern. Die Entwicklung der EG beruhte auf dem einigermaßen ausgeglichenen Verhältnis ihrer größeren Mächte, insbesondere des Tandems Frankreich/Bundesrepublik. Die Ausdehnung der westeuropäischen Stabilitätszone, vor allem in der Form der EG-Erweiterung um EFTA- und mittelosteuropäische Staaten, zu denen Deutschland von allen EG-Mitgliedern die engsten wirtschaftlichen Beziehungen haben wird, hebt die bisherige Gleichgewichtslage auf.

Wichtige EG-Partner werden einen zu großen deutschen Einfluß in Osteuropa verhindern wollen, haben aber nicht die wirtschaftlichen Möglichkeiten Deutschlands und/oder hinreichend starke Interessen (mit der Ausnahme Italiens, vor allem im Hinblick auf Südosteuropa). Besonders Frankreichs bisherige Position würde von einer Gewichtsverlagerung der EG nach Osten (und nach Deutschland) betroffen sein, zumal das Ziel eines mit Deutschland vergleichbaren wirtschaftlichen Potentials vollkommen unrealistisch geworden ist. Wenn Veränderungen des bisherigen Gleichgewichts von den Betroffenen als Beeinträchtigung bzw. Stärkung ihrer Position empfunden werden (nach Jahrzehnten westeuropäischer Integration unter Umständen stärker emotional als rational), spiegeln sich in diesen Empfindungen nationalstaatliche Kategorien. Europa könnte ein neues Gleichgewicht finden, wenn sich die Nationalstaaten intern dezentralisieren, das heißt wenn ihre Regionen eine sehr viel größere Bedeutung erhalten.

Deutschland gerät als wichtigster Wirtschaftspartner "Zwischeneuropas", der Region zwischen Deutschland und Rußland, in ein neues Sonderverhältnis zu Rußland, dem weitaus bedeutendsten Teilstaat auf dem Gebiet der ehemaligen Sowjetunion. Noch bestimmen die hochgesteckten Erwartungen auf einen deutschen Beitrag zur sozialökonomischen Stabilisierung und Entwicklung Rußlands die gegenseitigen Beziehungen. Längerfristig könnte aber auch Konkurrenz in "Zwischeneuropa" wirksam werden. Rußland verfügt über Nuklearwaffen und bleibt trotz der notwendigen und zu erwartenden starken Reduzierung seines militärischen Potentials die regional dominierende militärische Macht. Die möglichst weitgehende Einbeziehung Rußlands in ein gesamteuropäisches Kooperationsgeflecht, wodurch Konflikten entgegengewirkt werden könnte, ist deshalb ein wichtiges Ziel der deutschen Außenpolitik.

3. Bedenken in der Europäischen Gemeinschaft

Nicht nur die drei mittelosteuropäischen Länder betrachten die Assoziation als Beitrittsvorbereitung, zu gegebener Zeit dürfte dieses Anliegen auch bei anderen Staaten auftauchen. Verschiedene EG-Mitglieder gehen davon aus, daß selbst der Beitritt von EFTA-Staaten in die zweite Hälfte der 90er Jahre verschoben werden soll. Noch umstrittener ist die Tragweite der Einbeziehung Osteuropas in die westeuropäische Integration. Nach dem Umbruch in Osteuropa Ende 1989 hatte es seitens der EG pointierte Erklärungen gegeben, daß Osteuropa zurück nach Europa geholt werden müsse. Diese Haltung ist inzwischen sehr unklar geworden.

Beitrittserwartungen lösen bei Frankreich und den übrigen Mitgliedern des "club méditerranée" der EG Abwehrreaktionen aus. Bei Frankreich beruhen sie auf der befürchteten Gewichtsverlagerung der EG in die Mitte Europas, die weniger entwickelten Südregionen der EG befürchten einen neuen europäischen Lastenausgleich zu ihren Ungunsten. Auch die handelspolitischen Vorteile für Osteuropa sollen begrenzt werden. Dabei spielt nicht nur die eigene wirtschaftliche Wettbewerbsposition eine Rolle, sondern auch die Absicht, die Position der südlichen Mittelmeeranrainer im System der EG-Außenwirtschaftsbeziehungen nicht zu verschlechtern. Die südlichen EG-Mitglieder sehen die wichtigsten Herausforderungen in den Regionen am südlichen und östlichen Rand des Mittelmeeres, während die primären Interessen Deutschlands kontinentaleuropäische sind. Es wird großer politischer Überzeugungskraft und tatkräftigen Einsatzes der Bundesrepublik Deutschland bedürfen, bis die deutliche Mehrheit ihrer jetzigen EG-Partner die Wiedereingliederung Osteuropas in den europäischen Wirtschaftsraum für ebenso wichtig hält.

Die Erfahrungen mit der EG-Süderweiterung waren nicht durchweg positiv. Während in Portugal und Spanien funktionsfähige politische und wirtschaftliche Institutionen entstanden und eine eindrucksvolle wirtschaftliche Entwicklung einsetzte, versickerten die EG-Finanztransfers in Griechenland und Auslandsinvestitionen blieben weitgehend aus. Negative Erfahrungen werden undifferenziert auf Osteuropa übertragen. Ungarn würde die geringsten Probleme für eine EG-Mitgliedschaft aufwerfen. Mit 10 Millionen Einwohnern wäre seine Mitgliedschaft zu verkraften, auch unter dem Gesichtspunkt der finanziellen Aufwendungen Westeuropas. Polen hat dagegen eine andere Dimension. Für dieses Land würde ein ungleich größerer finanzieller Lastenausgleich nötig werden. Die Bundesrepublik Deutschland wird der Stabilisierung Polens besondere Aufmerksamkeit widmen müssen, weil sie in hervorragender Weise von der Entwicklung ihres östlichen Nachbarn betroffen ist.

4. Die Marktöffnung der Europäischen Gemeinschaft

Die Ausweitung der westeuropäischen Stabilitätszone ist erst durch osteuropäische Vorleistungen, nämlich die Einführung von Demokratie und Marktwirtschaft, möglich geworden. Die wichtigste Leistung der Europäischen Gemeinschaft ist ihre Marktöffnung für osteuropäische Produkte. Mit der im Dezember 1991 vereinbarten Assoziierung Ungarns, der Tschechoslowakei und Polens, den sogenannten Europa-Verträgen, werden die Märkte der EG-Mitgliedsstaaten - und ab 1993 der Gemeinsame Binnenmarkt - für osteuropäische Erzeugnisse leichter zugänglich. Das längerfristige Ziel der Assoziation ist eine Freihandelszone im gewerblichen Bereich. Zum Wegfall der Mengenbeschränkungen tritt die Zollfreiheit der Lieferungen, die innerhalb von 10 Jahren erreicht sein soll. Bei der Handelsliberalisierung macht die EG zugunsten der osteuropäischen Partner einen Schritt nach vorne und bietet unmittelbar Zollfreiheit für einen großen Teil der industriellen Erzeugnisse. Bei Eisen- und Stahlerzeugnissen, Textilien und Kohle soll die EG-Marktöffnung allerdings erst im Verlauf von 5 bis 7 Jahren erfolgen.

Für die Landwirtschaft wird es keinen freien Handel geben, es sind lediglich einige Erleichterungen vorgesehen. Dabei darf nicht übersehen werden, daß Mitteleuropa das traditionelle Absatzgebiet für ungarische, bulgarische und polnische Agrarexporte war. Die EG-Agrarmarktordnungen, welche die mittelost- und südosteuropäischen Erzeugnisse besonders betreffen, haben zu einem starken Rückgang des Anteils landwirtschaftlicher Güter an den Ausfuhren in die EG geführt. Zu Anfang der 60er Jahre, bevor die meisten Marktordnungen für die Landwirtschaft der EG in Kraft gesetzt worden waren, lag beispielsweise der Anteil landwirtschaftlicher Güter an der Gesamteinfuhr der Bundesrepublik Deutschland aus Polen, Ungarn und Bulgarien zwischen 50 und 70%. Nunmehr ist er auf 20 bis 25% zurückgegangen.

Kritisch ist zu vermerken, daß die Konzessionen der EG in den Bereichen, in denen die osteuropäischen Länder ihre komparativen Vorteile wahrnehmen könnten, erst in 5 bis 7 Jahren zu wirken beginnen. Auch ohne EG-Mitgliedschaft könnte es zu einer erheblichen Handelsausweitung und damit wirtschaftlichen Anbindung Osteuropas an den Markt der Europäischen Gemeinschaft kommen, wenn tarifäre und nichttarifäre Hemmnisse auch bei Eisen- und Stahlerzeugnissen, Bekleidung und Textilien sowie landwirtschaftlichen Produkten beseitigt würden. Vor allem bei Agrargütern wären für die osteuropäischen Länder Exportsteigerungen ohne große Investitionen und längere Vorbereitungszeiten möglich. Die französische Initiative einer Subventionierung osteuropäischer Agrarexporte in die frühere

Sowjetunion durch die Europäische Gemeinschaft stellt nur eine vordergründige Hilfe dar. Denn auf diese Weise sollen osteuropäische Agrarerzeugnisse vom EG-Markt ferngehalten werden.

5. Kapitalmangel als Hindernis wirtschaftlicher Verflechtung

Kurz- und mittelfristig könnten also gewisse industrielle Massengüter und Agrarerzeugnisse zu einer wirtschaftlichen Anbindung Osteuropas an Westeuropa beitragen. Eine industrielle Verflechtung mit einem darüber hinausreichenden Exportpotential läßt sich nur durch eine neue Spezialisierungsstruktur erreichen. Denn die bestehende Produktionsstruktur ist für einen anhaltenden Erfolg der Assoziation nicht günstig. Der Aufbau wettbewerbsfähiger Industrien macht einen hohen Kapitaleinsatz erforderlich. In der Zeit des administrativen Sozialismus hatte Osteuropa eine hohe Investitionsquote, in der auch der Versuch zum Ausdruck kam, das traditionelle Nordwest-Südost- und West-Ost-Gefälle des europäischen Kontinents zu überwinden. Diese Investitionen waren allerdings mit einer geringen Effizienz und der Entwicklung von Produktionszweigen verbunden, die unter dem Gesichtspunkt komparativer Vorteile im internationalen Wettbewerb ineffektiv sind.

Auch wenn die hohen Investitionsquoten des administrativen Sozialismus nicht mehr erreicht werden können, könnte eine niedrigere Investitionsquote in der Wettbewerbswirtschaft zu einem besseren Ergebnis führen. Der Investitionsbedarf würde sich näher bestimmen lassen, wenn man davon ausgeht, daß die Kapitalausstattung pro Arbeitskraft ähnlich sein soll wie in vergleichbaren Volkswirtschaften der Europäischen Gemeinschaft, also in ihren weniger entwickelten Mitgliedsländern. Eine angemessene Investitionsquote aus eigener Kapitalbildung kann in absehbarer Zeit jedoch nicht erreicht werden, denn sie ist von einem wieder einsetzenden, kräftigen Wirtschaftswachstum abhängig. Außerdem müßten die Rückstände aufgeholt werden, die sich aus dem massiven Einbruch der Investitionstätigkeit seit 1990 ergeben haben.

Länder der Europäischen Gemeinschaft wie Portugal, Griechenland, Irland und Spanien, die nunmehr über höhere Pro-Kopf-Einkommen als die Länder Osteuropas verfügen, sind in ihrer Entwicklung sehr stark von ausländischen Privatinvestitionen und von öffentlichen Zuschüssen der wohlhabenderen EG-Mitglieder abhängig. Gemessen am Bruttoinlandsprodukt der jeweiligen Länder erreichen die EG-Tranfers durchaus beachtliche Summen. Der Kapitaltransfer durch EG-Mechanismen beträgt ca. 1 bis 5% des Sozialproduktes (in der Reihenfolge Spanien, Portugal, Griechenland, Irland). So wichtig Transfers aus dem EG-Haushalt sind, noch bedeutsamer sind private Direktinvestitionen. In Spanien wurden in den letzten Jahren ca. 35% aller Investitionen im verarbeitenden Gewerbe von ausländischen Unternehmen getätigt. Es käme deshalb darauf an, daß ein vergleichbarer

Kapitalzufluß nach Osteuropa zustande kommt, der sich aus privaten Direktinvestitionen und öffentlicher Hilfe zusammensetzt. Noch bestehen gewaltige Unterschiede zwischen den weniger entwickelten Gebieten der EG und Osteuropa.

6. Bedingungen nichtöffentlicher Kapitalübertragung

Damit Unternehmen zur wirtschaftlichen Angleichung Osteuropas an Westeuropa beitragen können, brauchen sie Rahmenbedingungen, welche die Politik schaffen muß. Unternehmen investieren in anderen Ländern bei guten Standortbedingungen, vorzüglich beim Vorhandensein eines größeren Wirtschaftsraumes sowie finanzieller und politischer Stabilität. Auf Osteuropa bezogen heißt das: Möglichst weitgehende Verbindungen mit EG und EFTA sowie Erwartungssicherheit in bezug auf die Errichtung einer funktionierenden Marktwirtschaft. Ungarn und der tschechische Teil der CSFR befinden sich in der vergleichsweise besten Ausgangslage, während die Qualität des Standortes Polen noch sehr zu wünschen übrigläßt. Ungarn wurde die Gunst der längsten marktwirtschaftlichen Vorbereitungszeit zuteil: 95% der Einfuhr sind mittlerweile liberalisiert, beinahe alle Preise bilden sich auf Märkten. Dennoch konnte die Inflation unter Kontrolle gehalten werden. Die volle Konvertibilität des Forint kann zu Ende 1993 erwartet werden. Bislang investierten ausländische Unternehmen fast 3 Mrd. US-Dollar. Seit Ende 1991 holt die Tschechoslowakei gegenüber Ungarn sowohl bei der Durchsetzung einer Marktwirtschaftsordnung als auch bei ausländischen Direktinvestitionen stark auf. Allein die Investitionspläne einiger großer deutscher Unternehmen addieren sich auf ungefähr 10 Mrd. D-Mark, was mehr ist als der Bestand an deutschen Direktinvestitionen in Spanien oder Österreich.

Das Auslandskapital wird Osteuropa um so stärker als Produktionsstandort nutzen, je mehr die Schranken des Güter-, Kapital- und Personenverkehrs zwischen Westeuropa und Osteuropa beseitigt werden. Es würde sich eine Verlagerung von arbeitskostenintensiven Produktionen vollziehen, wie sie bislang bereits in die weniger entwickelten Regionen der Europäischen Gemeinschaft erfolgte. In Osteuropa besteht ein großer Abstand zum mittel- und nordeuropäischen Kostenniveau bei zum beträchtlichen Teil gut ausgebildeten und industriell erfahrenen Facharbeitern. Teilweise sind die Arbeitskosten sogar niedriger als in Portugal. In einigen Produktionsbereichen Ungarns und der Tschechoslowakei ist der Abstand zum Weltniveau relativ gering. Bei technischer Modernisierung der Produktionsanlagen läßt sich ein ähnlich hohes Produktivitätsniveau wie in Mitteleuropa erwarten. So ist auch anzunehmen, daß Ungarn und die Tschechoslowakei rascher als Portugal und Griechenland bzw. bestimmte Regionen Spaniens und Italiens zu EG-Standards aufschließen würden, wenn sie über die Möglichkeiten verfügten, die sich aus der EG-Mitgliedschaft ergeben.

7. Kommt ein europäischer Lastenausgleich zustande?

Die öffentliche Hilfe des Westens für Osteuropa war schon bislang weitgehend eine Angelegenheit der Mitgliedsstaaten von EG und EFTA. Osteuropa wird auch weiterhin vorrangig eine westeuropäische Entwicklungsaufgabe bleiben. Bislang hat Osteuropa nur einen Bruchteil der Beträge erhalten, die in die EG-Peripherie fließen. Wenn man Osteuropa in einen europäischen Lastenausgleich einbezieht, wird insgesamt ein Einkommenstransfer von West- nach Osteuropa stattfinden müssen, weil selbst in den ärmeren EG-Ländern die Pro-Kopf-Einkommen inzwischen höher sind als in Osteuropa. Notwendig ist zumindest ein gewisser Standard eines europäischen Finanzausgleichs, ohne den es keine Stabilität in Osteuropa geben würde, die wiederum Voraussetzung für ausländische Investitionen ist.

Die Erhöhung der öffentlichen Hilfe für Osteuropa wird die EG auf einen harten Prüfstand stellen. Auf der einen Seite stehen die Erwartungen einiger EG-Mitglieder auf vermehrte Zuschüsse der wohlhabenderen Staaten. Bereits der Erfolg der Verhandlungen über die Bildung des EWR war an Zuschüsse von EFTA-Staaten zugunsten ärmerer EG-Mitglieder gebunden worden. Und Spanien hatte das Scheitern des Maastrichter Gipfels angedroht, wenn die Finanzleistungen der höher entwickelten EG-Länder nicht verstärkt würden. Auf der anderen Seite wird die Hilfe für Osteuropa, und darüber hinaus für Staaten auf dem Gebiet der früheren Sowjetunion, in der restlichen Zeit der 90er Jahre von außerordentlicher politischer Bedeutung sein. Für Deutschland kommt der wirtschaftliche Neuaufbau in seinen östlichen Landesteilen hinzu, der eine langfristige Aufgabe bleibt, weil das gesamte Gebiet der früheren DDR auf absehbare Zeit mehr oder weniger weit hinter der allgemeinen Entwicklung in den alten Bundesländern zurückbleiben wird. Die Kohäsionspolitik der EG, die eine frühe Teilnahme ihrer weniger entwickelten Mitglieder an der Währungsunion ermöglichen soll, wird vor allem die deutschen Finanzierungsmöglichkeiten für Osteuropa einengen und damit die Sicherung des dortigen politischen und wirtschaftlichen Systemwechsels erschweren.

8. Schlußfolgerungen

Die Zukunft Osteuropas hängt in hohem Maße vom Verhalten Westeuropas ab. Denn Voraussetzung für die Reduzierung des Wohlstandsgefälles und einen Ausgleich der Lebensbedingungen in Europa ist die gesamteuropäische Integration. Die Aussichten für die Ausweitung der westeuropäischen Integration auf Osteuropa sind aber noch unklar. Eine Konzeption muß sich im Widerstreit der Interessen erst ausbilden. Am ehesten werden wohl die Tschechoslowakei und Ungarn in einen größeren europäischen Stabilitätsraum einbezogen werden, weil sie für Westeuropa die geringsten Belastungen bringen. Hilfreich wird die Verlagerung des europäischen Wachstumszentrums nach Mitteleuropa sein, die sich aus der Errichtung des EWR, dem EG-Beitritt Österreichs, Schwedens und Finnlands, der EG-Assoziation Osteuropas sowie aus der in der zweiten Hälfte der 90er Jahre zu erwartenden Dynamik in Teilen der ostdeutschen Wirtschaft ergeben könnte.

Eine gesamteuropäische Stabilitätsordnung hat Erfolgsaussichten, wenn die Handelnden, also die Staaten im Westen und Osten Europas, gleiche Grundvorstellungen haben. Das Interesse Westeuropas ist auf die Übereinstimmung des Werte- und Normensystems in ganz Europa durch die Begründung demokratischer politischer Ordnungen und sozialer Marktwirtschaften im östlichen Teil Europas gerichtet. Dieses Vorhaben wird nur dann gesichert sein, wenn die Teilhabe Osteuropas an der (west-)europäischen Integration folgt. Dem westlichen Europa bietet sich dieselbe politische Chance, wie sie die Sowjetunion nach dem Zweiten Weltkrieg hatte und durch die Übertragung ihres politischen und wirtschaftlichen Systems und die Einbeziehung Osteuropas in seinen Wirtschaftsraum nutzte. Zwar nimmt die Europäische Gemeinschaft insoweit Einfluß auf die Entwicklung im östlichen Teil Europas, als ihr an einer gewissen Stabilität und Prosperität in der Region gelegen ist. Ein politischer Gestaltungswille, der mit dem der Sowjetunion nach dem Ende des Zweiten Weltkrieges vergleichbar wäre und dieses Mal mit der Zustimmung der Menschen im östlichen Teil Europas rechnen könnte, ist noch nicht sichtbar. Seit zwei Jahren wird verschiedentlich ein Plan für Osteuropa erörtert, der dem Wiederaufbauprogramm der USA für Westeuropa nach dem Zweiten Weltkrieg entsprechen würde; vorgelegt wurde er noch nicht.

Sollte die Europäische Gemeinschaft die Ausdehnung ihrer Stabilitätszone auf Osteuropa nicht zustande bringen, könnte die Entwicklung in den meisten Ländern Osteuropas einen ähnlichen Verlauf nehmen wie in den 20er Jahren. Sie wäre gekennzeichnet durch unzureichende Kapitalbildung und niedrige Pro-Kopf-Einkommen, was nicht ohne Auswirkungen auf die gesellschaftlichen und politischen Strukturen bleiben könnte. Von einer solchen Entwicklung könnte sich die Europäische Gemeinschaft nicht abschirmen. Ihre in erster Linie betroffenen Mitglieder müßten versuchen, die in Osteuropa bestehenden Entwicklungsprobleme in besonderen Interessengemeinschaften zu lösen.

10. Stabilität und Gleichgewicht als Kategorie, Rahmenbedingung, Zielsetzung und Planungsgrundlage

Uwe Nerlich

I. Politische Kategorien für den Zusammenhalt des Staatensystems

In historischen Weltlagen der Neuzeit, in denen sich die Struktur internationaler Beziehungen an der Frage von Frieden und Krieg entschied und insofern letztlich anarchisch war, gewannen der Begriff des Gleichgewichts und, seit der Zwischenkriegszeit, auch der Begriff der Stabilität vor allem die Bedeutung, Bedingungen für das Nichteintreten von Krieg zu bestimmen. Dies ist in solchen Weltlagen und in der Perspektive betroffener Staaten auch im existentiellen Interesse gewesen. Gleichwohl geht darin die tiefere Einsicht unter, daß in diesen Begriffen unter anarchischen Bedingungen ein entstehendes Interesse am Zusammenhalt des damals europäischen Staatensystems zum Ausdruck kam.[1]

Die Vorstellungen des Zusammenhalts und Zusammenwirkens der Staatenwelt bilden sich natürlich im Umgang mit den jeweils dominierenden Formen des historischen Umbruchs, vor allem also kriegerischer Entscheidungen. Insofern ist Gleichgewicht als Kategorie des europäischen Staatensystems unter spezifischen historischen Bedingungen entstanden. Leopold von Ranke hat dies vor rund 160 Jahren - in einer Ära restaurativer Stabilität - klassisch formuliert: "Nicht ein solch zufälliges Durcheinanderstürmen, Übereinanderherfallen, Nacheinanderfolgen der Staaten und Völker bietet die Weltgeschichte dar, wie es beim ersten Blicke wohl aussieht ... Es sind Kräfte, und zwar geistige, Leben hervorbringende, schöpferische Kräfte, selber Leben, es sind moralische Energien, die wir in ihrer Entwicklung erblicken. Zu definieren, unter Abstraktionen zu bringen sind sie nicht; aber anschauen, wahrnehmen kann man sie."[2]

Mit der weiteren Formation der Staatenwelt im 19. Jahrhundert und vor allem im Zeichen der Industrialisierung nahmen auch die Formen des vor allem gewaltsamen Wandels zu. Der Erste Weltkrieg war ebenso Manifestation der entstehenden neuen Struktur der Staatenwelt als eines ordnungsfähigen Systems wie der damit einhergehenden disruptiven Potentiale. Er "enttäuschte", wie André Glucksmann formuliert hat, "auf eine so unerbittliche Weise die gesittete Überzeugung des Europäers, daß sein geistiges Debakel den Boden für die Revolutionen und

---

1 Dieses Verständnis von Gleichgewicht hat sich vor allem in Rankes Interpretation der "großen Mächte" entwickelt. Vgl. auch Friedrich *Meinecke*, Die Idee der Staatsräson, München 1960, S. 458f.

2 Leopold *von Ranke*, Die Großen Mächte. Politisches Gespräch, Göttingen 1958, S. 41.

Tragödien des Jahrhunderts vorbereitete und einen zweiten Konflikt einläutete, der ebenso weltumfassend und noch enttäuschender wurde als der erste".[3]

War Gleichgewicht noch eine Kategorie, die Zustände des Staatensystems aus der Sicht betroffener Staaten, also im Sinne nationaler Interessendefinitionen, erfaßbar machte, so ging der in den 30er Jahren und vor allem dann unter nuklearen Bedingungen seit den 50er Jahren eingeführte Begriff der Stabilität schon vom System der Staaten aus. Er bezeichnete Eigenschaften dieses Systems oder seiner dominanten strategischen Beziehungen, die im Interesse aller sind und insoweit auch nationale Interessen leiten sollten.[4]

Die internationale Staatenwelt hat sich nach den Erfahrungen der beiden Weltkriege in historisch beispielloser Weise organisiert, aber wiederum nahmen mit der fortschreitenden Formation des nun nicht mehr europäischen, sondern in Grenzen globalen Systems die Möglichkeiten katastrophalen Wandels zu. Es war das Zusammenwirken der politischen Strukturen auch im Verhältnis von Antagonisten und der mäßigenden Wirkungen der modernen Zerstörungsmittel, das zur Ausbildung der Konfrontationsordnung der letzten vier Jahrzehnte führte. In diesem Sinne wurde Stabilität zunehmend nicht nur ein politischer Imperativ in einer nicht mehr anarchischen internationalen Welt, sondern auch eine Möglichkeit, und zwar weil sie die Konfrontationsordnung gerade aufgrund der extremsten Möglichkeiten zwischenstaatlichen Handelns, etwa eines nuklearen Konflikts, in ihrer Ordnungsfähigkeit steigerte.

Stabilität hat in dieser Phase als politische Kategorie für den Umgang mit militärischer Macht und mit der Möglichkeit von Kriegen ihre Bedeutung im Maße zunehmender wechselseitiger Zerstörungsfähigkeit und entsprechend zunehmender wechselseitiger Kooperationsnotwendigkeit kontinuierlich gewandelt. Es ging in diesem Sinne um "adaptive" Stabilität.[5] Da die Stabilität des internationalen Systems und seiner dominanten Beziehungen in bezug auf die mit ihr gegebenen extremsten Zerstörungsmittel definiert wurde, hatte sie durchgängig auch einen ambivalenten Charakter: Sie betraf immer zugleich den Grad der politischen Ordnungsfähigkeit in der Perspektive der betroffenen Akteure wie das Ausmaß des ex-

3 André *Glucksmann*, Philosophie der Abschreckung, Stuttgart 1984, S. 280; vgl. dort das an Aronsche Einsichten anschließende Kapitel "Eine Reform des Begriffsvermögens", S. 274-302.

4 Einen frühen Versuch, Theorien des historischen Wandels im Sinne unterschiedlicher Stabilitätsvorstellungen - statische, dynamische, oszillierende und adaptive Stabilität - zu systematisieren, hat Quincy Wright schon in seinem Monumentalwerk "The Study of War" unternommen, das vor allem in den 30er Jahren in Chicago entstand: Quincy *Wright*, A Study of War, Vol. I, Chicago 1942, S. 387-405.

5 Empirische Untersuchungen über die Art, in der Entscheidungsträger und Meinungsführer im Umgang mit der neuen Realität nuklearer Waffen gerade dank der Ambivalenz von Kategorien wie Stabilität Orientierungen gesucht und zu vermitteln versucht haben, zeigen, daß diese Ambivalenz letztlich auch immer "in den Individuen selbst" anzutreffen war; vgl. Steven *Kull*, Minds at War. Nuclear Reality and the Inner Conflicts of Defense Policy Makers, New York 1988, S. 5.

tremen Risikos. Aber der Bedeutungswandel - und mit ihm die tatsächlichen Veränderungen - waren evolutionär: Zwar hätte es zur Katastrophe kommen können,[6] aber der historische Wandel der Jahre 1989/90 lag in der Logik dieser politischen Evolution. Es gibt kein historisches Beispiel für die Revolutionen der Jahre 1989/90, also für tektonische politische Veränderungen solchen Ausmaßes in so kurzer Zeit unter Bedingungen extremer militärischer Konfrontation, aber praktisch ohne jegliche militärische Intervention. Darin hat sich sowohl die gewachsene internationale Struktur in ihrer Ordnungsfähigkeit wie das nukleare Zerstörungspotential in seiner mäßigenden Wirkung manifestiert.

Der Primat militärischer Zusammenarbeit innerhalb der Allianzen und der militärischen Stabilisierung zwischen den Antagonisten hatte zur Folge, daß der Begriff der Stabilität vor allem in seinen militärischen Dimensionen verstanden wurde: Die politische Ordnungsfähigkeit der Konfrontationsordnung und die politischen Wirkungen nuklearer Abschreckung wurden bei der Definition von Stabilität meist ausgeblendet. Je mehr Stabilität zum Imperativ wurde, und zwar im allseitigen Verhalten bei Fortdauer gegensätzlicher Zielsetzungen, um so mehr wurde er im Sinne von Stabilitätserfordernissen gebraucht. Unter dem Aspekt möglicher politischer Zielsetzungen waren Stabilitätserfordernisse, wie Präsident Eisenhower frühzeitig erkannte, nur eine Frage politischer Instrumentalität.[7] Für extreme strategische Situationen konnten unterschiedliche Dispositive zu unterschiedlichen Auswirkungen führen, die unter Bedingungen politischer Konkurrenz auch politisch nicht ignoriert werden konnten. Aber es ging um (wie es Albert Wohlstetter genannt hat) "virtuelle Kriege", denen keine politischen Ziele mit der Erwartung einer vorteilhaften Veränderung entsprechen konnten. Strategische Stabilitätserfordernisse erhielten ihre zentrale Bedeutung nicht aus politischer Zielsetzung, sondern aus der unvermeidlich verengten Betrachtung der Formationsweise des internationalen Systems.

Je mehr sich die strategischen Kräfteverhältnisse in Richtung wechselseitiger Zerstörungsfähigkeiten entwickelten, um so stabiler wurden sie im Sinne der Logik nuklearer Abschreckung, wie sie sich seit den 50er Jahren herausgebildet hat. Die

---

6 In seiner umfassenden Untersuchung über den Umgang von Regierungen mit der nuklearen Realität hat McGeorge Bundy im übrigen den Schluß gezogen, daß nach 1945 keine Regierung jemals einer Einsatzentscheidung nahe gekommen, sondern eher eine "Tradition des Nichtgebrauchs entstanden ist, die die wichtigste Folge des nuklearen Zeitalter darstelle"; McGeorge *Bundy*, Danger and Survival. Choices about the Bomb in the First Fifty Years, New York 1988, S. 586ff.

7 "War implies a contest ... when you get to the point that contest is no longer involved and the outlook comes close to destruction of the enemy and suicide for ourselves ... then arguments as to the exact amount of available strength as compared to somebody else's are no longer the vital issue." Daraus folgert der erste SACEUR, daß es keine Rechtfertigung gibt "for adding additional ... weapons just for the purpose of trying to match in numbers those of the Soviets"; zit. nach John *Gaddis*, Strategies of Containment, Oxford 1983, S. 192, 187.

Paradoxie dieser Entwicklung ist, daß Krieg als Option zurücktrat, zugleich aber die bipolare strategische Ordnung seit Ende der 50er/Anfang der 60er Jahre als dominant angesehen wurde. Das Maß dieser Ordnung wurden eben die Kräfteverhältnisse, deren Robustheit eine zunächst stillschweigende, dann zunehmend durch Rüstungskontrolle kodifizierte strategische Kooperation der Antagonisten ermöglichte, was gerade den politischen Ordnungscharakter der Beziehung und die begrenzte Ordnungsfähigkeit in anderen Bereichen deutlich macht.

Mit dieser fortschreitenden Politisierung militärischer Verhältnisse wurde ein *Gleichgewicht der Kräfte* mit dem normativen Ziel der *Parität* zunehmend zum Maß strategischer und angesichts der Instrumentalität militärischer Kräfte auch politischer Stabilität. Das vollzog sich mehr und mehr auf der Ebene der Rüstungskontrolle, und zwar mit dem Resultat, daß die strategische Streitkräfteentwicklung damit zusätzlichen Kriterien der Stabilität unterworfen wurde, was der politischen Logik dieser Entwicklung genau entsprach. Die faktische politische Stabilität, die auf der Ebene strategischer Kräfteverhältnisse festgemacht worden war, ließ sich so nach ihren eigenen Maßstäben als "Gleichgewicht der Symbole" (Paul Valéry) verstehen.

Dies bestätigt sich auch darin, daß Gleichgewichtserfordernisse nicht nur immer wieder adaptiv geändert wurden, sondern für das Verhältnis der Gesamtdispositive - trotz der rüstungskontrollpolitischen Kodifizierungsversuche - auch nie näher definiert wurden. Zudem wurden durchweg strategische Asymmetrien in Kauf genommen, die bisweilen mit Begriffen wie "Gleichgewicht der Ungleichgewichte" (James King) oder "grobe Äquivalenz" (James Schlesinger) erfaßt wurden.[8]

Im Maße zunehmender strategischer Stabilität bei Verbreiterung der politischen Kooperation und angesichts der faktischen strategischen Asymmetrien im Ost-West-Verhältnis wurde Stabilität zunehmend auch auf *regionalen* Ebenen gesucht, vor allem in Mitteleuropa. Es wiederholte sich hier im wesentlichen die gleiche Logik wie im strategischen Verhältnis der beiden antagonistischen Nuklearmächte. In dem Maße, in dem die Auswirkung wechselseitiger Zerstörungsfähigkeit auf dieser Ebene in Zweifel gezogen wurde - verstärkt durch sowjetische Anstrengungen, eine konventionelle Option zurückzugewinnen -, wurden konventionelle Ausgleichsmaßnahmen erforderlich, die seit Ende der 70er Jahre vor allem wiederum auf der Ebene der Rüstungskontrolle angestrebt wurden.

Das Resultat war, daß diejenige Seite, die auf der Ebene militärischer Konkurrenz in der Streitkräfteentwicklung letztlich die politische Systementscheidung suchte, nämlich die Sowjetunion, schließlich aus der Einsicht in die Ausweglosigkeit dieser Konkurrenz Stabilität vollständig als Zielsetzung und im Sinne der Sicherheitspartnerschaft akzeptierte und auf Gleichgewichtserfordernisse der bis da-

---

8 Vgl. dazu auch die Beobachtungen von *Kull*, Minds at War, S. 39.

hin gekannten Art in den weiten Grenzen des VKSE-Abkommens völlig verzichtete. Der Abzug sowjetischer Truppen hinter eigene Grenzen hat den in Jahrzehnten entstandenen Zusammenhang zwischen politisch-strategischer Stabilität und derivativem Gleichgewicht aufgelöst: Stabilität ist nicht mehr in erster Linie eine Frage strategischer Beziehungen oder gar eines militärischen Gleichgewichts, sondern wird vor allem davon abhängen, ob sozioökonomische und politische Bedingungen in den Ländern des ehemaligen Warschauer Pakts geschaffen werden können.

Militärisches Gleichgewicht oder gar numerische Parität sind damit - auch weil Rüstungskontrolle ihre bisherigen politischen Funktionen verloren hat - unter den gegebenen Umständen keine politischen Zielkategorien mehr. Das Paradoxe ist, daß militärisches Gleichgewicht als ausgeglichenes Verhältnis von Streitkräften seine politische Funktion im wesentlichen verloren hat, obwohl militärische Konflikte zunehmend häufiger werden.

Aus dieser Genesis der Begriffe Stabilität und Gleichgewicht in den vergangenen Jahrzehnten ist die Einsicht abzuleiten, daß politische Prozesse wie die Transformation der Konfrontationsordnung nur möglich sind durch die Existenz konfliktübergreifender, relativ bedeutungsoffener politischer *Kategorien*. Sogar bei gegensätzlichen politischen Zielsetzungen war Stabilität ein von beiden Antagonisten verfolgtes Ziel, das von beiden sogar noch politisch offensiv instrumentierbar war.

Es ist vielfach versucht worden, den Begriff der Stabilität in bezug auf die Entwicklung der Ost-West-Verhältnisse zu definieren. Je anspruchsvoller diese Versuche waren, um so deutlicher sind sie gescheitert.[9] Dafür gibt es tiefe Gründe. "Man glaubt, daß man davon ausgehen muß, die wahre Bedeutung von [solchen Begriffen] zu erforschen und daß man dann, sobald die wahre Bedeutung entdeckt sei, beurteilen könne, ob [eine Sache] preisenswert oder verdammenswert ist. Derartige Untersuchungen bleiben unfruchtbar, weil Worte ... bloß *Gebrauchsweisen* haben. Der beste - und häufigste - Grund für das Verschwinden eines Wortes oder für das Auftauchen einer neuen Wortbedeutung ist wohl das Entdecken neuer Tatsachen betreffend die Beschaffenheit der Welt."[10]

Nicht zufällig hatte der Begriff der Stabilität im Umgang mit diesen Tatsachen seinen Ursprung in den Vereinigten Staaten.[11] Das Besondere an diesem internationalen Gebrauch politischer Kategorien wie Stabilität ist aber, daß sie nicht nur bedeutungsoffen sind, wie es Nominalisten wie Weldon von politischen Begriffen generell behaupten, sondern daß die politische Evolution in ihnen ihre Leitplanken hat. Dabei ist bemerkenswert, daß die politische Evolution während der Nachkriegsjahrzehnte gerade im Begriff der Stabilität einen ihrer Schlüsselbegriffe

9 Dies gilt z.B. für die nie veröffentlichte Summa der Abschreckungstheorie von James King.

10 T. D. *Weldon*, Kritik der politischen Sprache, Neuwied 1962, S. 38, 43.

11 Vgl. dazu die Untersuchungen von Marc *Trachtenberg*, vor allem: History and Strategy, Princeton, N.J. 1991.

fand: Er gestattete nicht nur, neue Sachverhalte zu erfassen, er war auch jenseits amerikanischer, europäischer oder sowjetischer Perspektiven ein *akzeptierter Steuerungsbegriff*, der für alle Seiten ausdrückte, daß es nicht nur um nationale Interessen, sondern um das System der modernen Staatenwelt mit ihren gewachsenen Strukturen ging.[12]

Als politische Kategorie der Konfrontationsordnung war Stabilität nicht nur hinreichend indifferent gegenüber spezifischen Zielsetzungen und damit ein Begriff, der politische Bewegungen zu steuern gestattete. Stabilität war auch ein Begriff, der eine Differenzierung und damit die Unterscheidung von Zielrichtungen zuließ.[13] In diesem Sinne hat die Kategorie der Stabilität nicht nur erlaubt, systemübergreifend bei fortdauernder Konkurrenz gemeinsame Zielsetzungen für das gesamte System zumindest der Industriestaaten - angesichts der möglichen Folgen nuklearer Konflikte aber auch für die Menschheit - zu verfolgen und zu artikulieren, sondern auch nationale Sicherheitspolitik, die in der Vergangenheit besonders markant an nationalen Interessen orientiert war, gemeinsamen multinationalen Zwecken unterzuordnen. Insofern war Stabilität nicht zufällig gerade für die deutsche Sicherheitspolitik seit Anfang der 60er Jahre eine besonders geeignete Kategorie, da die internationalen ordnungspolitischen Ziele nicht mehr unmittelbar zu verfolgen waren und nationale sicherheitspolitische Ziele nur im Schutz der Multilateralität erreichbar schienen.

II. Stabilität und Gleichgewicht unter evolutionären Bedingungen

Aus dem Gleichgewicht der Mächte, das den Zusammenhalt des Staatensystems unter relativ anarchischen Bedingungen zu erfassen und zu bilden suchte, war so unter Bedingungen apokalyptischer Risiken die Stabilität der strategischen Beziehungen als Form der Stabilität des internationalen Systems, das heißt der Konfrontationsordnung, geworden, und militärisches Gleichgewicht bzw. dessen quantitative Version, die Parität, wurde zur abgeleiteten Größe und zugleich zum symboli-

---

12 Vgl. Reinhart *Koselleck*, Vergangene Zukunft. Zur Semantik geschichtlicher Zeiten, Frankfurt a.M. 1979, S. 343f.

13 Insofern gilt hier für eine politische Systemkategorie wie Stabilität, was Arnold Wolfers in einer klassischen Abhandlung zu Beginn der Konfrontationsordnung zum Begriff der nationalen Sicherheit ausgeführt hat: "When political formulas such as 'national interest' or 'national security' gain popularity they ... may not mean the same thing to different people. They may not have any precise meaning at all. Thus while appearing to offer guidance and a broad basis for consensus, they may be permitting everyone to label whatever policy he favors with an attractive and possibly deceptive name. In a vague and general way 'national interest' does suggest a direction of policy which can be distinguished from several others presenting themselves as alternatives. It indicates that the policy is designed to promote demands that are ascribed to the nation ... It emphasizes that the policy subordinates other interests to those of the nation. Beyond this, it has very little meaning"; National Security as an Ambiguous Symbol, in: Arnold *Wolfers*, Discord and Collaboration, Baltimore/London 1962, S. 147.

schen Maß solcher Stabilität. Stabilität war in diesem Sinne eine Eigenschaft der Struktur, die politische Evolution ohne strategische Entscheidung ermöglichen sollte. Die Revolutionen von 1989/90 haben Stabilität als Zielsetzung in diesem Sinne zugleich als Triumph instrumenteller Vernunft bestätigt *und* gegenstandslos gemacht.

Die grundlegende ordnungspolitische Aufgabe der neuen Weltlage besteht also nicht mehr darin, einen Rahmen zu stabilisieren, der politische Evolution gestattet, sondern eine *politische Evolution zu stabilisieren*, und zwar so, daß sie zur Selbstorganisation des internationalen Systems mit dem Resultat neuer Strukturen zwischen Staaten bzw. Aggregaten befähigt. Im Sinne der vorgetragenen Konstellationsanalyse[14] geht es darum, Stabilität im Prozeß und als Resultat positiver Transformation zu schaffen.

Anders als in der Konfrontationsordnung, in der der politische Nutzen militärischer Vorteile gerade auf ein Minimum reduziert werden sollte und Verschiebungen durch Koalitionswechsel nur marginal politische Optionen waren, gewinnt mit der größeren Dynamik politischer Evolution und der Aufgabe einer Stabilisierung dieser Evolution auch das *Gleichgewicht der Mächte* neue Bedeutung, wenngleich nicht in seiner traditionellen, vornuklearen Rolle. Dies resultiert aus zwei Sachverhalten:

- Politische *Evolution* kann durch politische Koalitionen und Abgrenzungen *gestört* werden, wo in zwischenstaatlichen Beziehungen auch bei fortschreitender Strukturbildung eine *Dominanz regionaler oder globaler Mächte* befürchtet wird. So würde eine deutsch-amerikanische Friktion vermutlich rasch zu einer Annäherung nicht nur Großbritanniens (wie im Golfkrieg), sondern auch Frankreichs an die USA mit dem Resultat einer Isolierung Deutschlands im Westen führen. Umgekehrt ist ein amerikanisches Engagement in Europa mit einer engeren deutsch-amerikanischen Bindung auch eine Rückversicherung nicht nur für Deutschlands östliche Nachbarn, sondern auch für westeuropäische Länder und paradoxerweise vor allem Frankreich: Ohne den mit der deutsch-amerikanischen Bindung gegebenen Bündnisrahmen könnte Frankreich seine Sonderrolle nicht mehr spielen und würde nach der Ostpolitik, der Berlin-Regelung, der Erlangung der deutschen Souveränität und der Wiedervereinigung seinen letzten Vorteil gegenüber Deutschland in der Logik französischer Nachkriegspolitik verlieren. Zugleich würde eine deutsche Selbstisolierung auch bei einer französischen Hinwendung zu den USA Frankreich keine neuen Vorteile bieten und gegenüber Deutschland die Abhängigkeit von den USA vergrößern. Eine solche Entwicklung würde Deutschland schaden und Frankreich nicht nützen.

---

14 Vgl. den Beitrag des Autors über Möglichkeiten und Probleme einer Konstellationsanalyse in diesem Band (Teil I, Kap. 1).

Aus solchen Gleichgewichtsüberlegungen resultiert nicht zuletzt der Immobilismus in der europäischen wie der atlantischen Politik Frankreichs - mit dem möglichen Ergebnis, daß die Zeit gegen die französischen und insoweit die europäischen Interessen arbeitet. Mit anderen Worten, aus Gründen des wiederkehrenden europäischen politischen Gleichgewichtsproblems wird keine zusätzliche Strukturbildung wichtig, sondern bleiben die Vereinigten Staaten als Balancemacht in Europa essentiell. In dem Maße, in dem Akteure zwischen strukturellen Optionen wählen können und in ihrer Wahl unsicher sind, gibt es also in den potentiell enger werdenden Grenzen internationaler Strukturen Probleme eines Gleichgewichts der Mächte.[15] Da es hier um die Auswirkung auf politische Evolution und internationale Strukturbildung geht, kann man diese Art von Gleichgewicht als *evolutionäres Gleichgewicht* bezeichnen.

- Da es keine internationale Strukturbildung mit dem Resultat kompletter und megastaatlicher Integration geben dürfte - außer im Falle extremer allgemeiner Renationalisierung -, also für gemeinsame Herausforderungen von Akteuren (Staaten bzw. Aggregaten) ein orchestriertes Zusammenwirken mehrerer multinationaler Institutionen wichtig wird, entsteht zunehmend auch ein neuartiges Problem des Gleichgewichts in bezug auf die Art, wie verschiedene Akteure die relativen Stärken und Schwächen multinationaler Institutionen (gerade wegen deren Instrumentalität) gegen Interessen Dritter nutzbar machen können. Auch wenn es letztlich um Interessen von Akteuren geht, läßt sich diese neue Art von Gleichgewicht als *interinstitutionelles Gleichgewicht* charakterisieren.

Je weiter positive Transformation in Richtung einer K2- oder gar K1-Konstellation[16] fortschreitet, um so stabiler wird die Konstellation und um so geringer wird das Problem des evolutionären Gleichgewichts, während Probleme des interinstitutionellen Gleichgewichts auch dann denkbar sind. Umgekehrt, je weiter eine negative Transformation in Richtung Zerfall internationaler Strukturen, Renationalisierung und Konfliktpotential führt, um so geringer wird Stabilität, während das Gleichgewicht der Mächte im evolutionären und im traditionellen Sinne relevanter wird. Probleme des interinstitutionellen Gleichgewichts würden mit der abnehmenden Instrumentalität multinationaler Institutionen schwinden. *Militärisches Gleichgewicht* würde als Komponente im Gleichgewicht der Mächte wichtiger werden, ohne dabei vermutlich seine politischen Funktionen, wie sie während der Konfrontationsordnung gegeben waren, wiederzuerlangen. Mit anderen Worten,

---

15 Da es zwischen betroffenen Mächten kaum um militärische Gefährdungen geht, bedeutet diese Renaissance der "balance of power" nicht, daß militärische Kräftegleichgewichte in *diesem* Zusammenhang wichtig sind.

16 Vgl. zu diesen Termini den Beitrag des Autors über Möglichkeiten und Probleme einer Konstellationsanalyse in diesem Band (Teil I, Kap. 1).

militärische Gleichgewichtserfordernisse würden in solchen Situationen in den Vordergrund treten, aber nicht im Sinne des *internalisierten Gleichgewichts*, also als Mittel politischer Prozeßführung.

Stabilität wie Gleichgewicht sind also in ihrer Bedeutung wie in ihrer Relevanz von Konstellationsbedingungen abhängig. Dies bestätigt die Zweckmäßigkeit der Ausgangsdefinitionen, wonach Stabilität eine Eigenschaft internationaler Strukturen, Gleichgewicht eine Eigenschaft zwischenstaatlicher Verhältnisse ist.

III. Krisenstabilität und virtuelles militärisches Gleichgewicht

Stabilität ist in der neuen Lage aber auch in einer weiteren Bedeutung zentral. Wie die Beiträge zur Risikoanalyse dargelegt haben, sind Risiken in allen Konstellationen möglich, aber ihre Natur und ihre Wahrscheinlichkeit hängen von der Art der Konstellation ab. Risiken können zum Auslöser für Evolutionsstörungen oder Rückschläge im Sinne negativer Transformation werden. Je weiter regressive Tendenzen treiben, um so mehr nehmen die Konfliktpotentiale zu.

Neben der Stabilität politischer Evolution gibt es also auf einer tieferen Analyseebene das Problem der *Krisenstabilität*. Anders als unter konfrontativen Bedingungen ist Krisenstabilität hier nicht in zeitlichen Dimensionen zu sehen, also in bezug auf fehlende Entscheidungszeit oder präemptive Gefahren. Sie ist je nach der Konstellation mit einer *wirksamen Zuordnung von Risiken und sicherheitspolitischen Instrumenten* gegeben.

Krisenstabilität beschreibt unter den derzeitigen Bedingungen keinen Zustand wie in Zeiten nuklearer Bipolarität, sondern das *Ausmaß erwartbarer Kongruenz vielfältiger Mittel und vielfältiger Risiken*. Für Krisenstabilität wird interinstitutionelles Gleichgewicht essentiell sein. Militärisches Kräftegleichgewicht wird unter den neuen strategischen Bedingungen nicht bestimmbar sein im Sinne vergleichbarer einsatzfähiger Gesamtdispositive, da es in diesem Sinne keine zugrundeliegenden strategischen Beziehungen gibt. Angesichts der möglichen Steigerungen von Konflikten in bezug auf Raum, Zeit und Mittel gibt es jedoch eine neue Art *virtuellen militärischen Gleichgewichts*, das darin besteht, ohne Fixierung auf potentielle Aggressoren über eine Fähigkeit zu verfügen, Gefährdungen, die sich über größere Zeiträume und/oder durch Einführung von Massenvernichtungswaffen und/oder durch horizontale Verknüpfung von Konflikten auszuweiten drohen, zeitgerecht und angemessen begegnen zu können. Es geht also um

- ein wirksames und unter Umständen flächendeckendes *Krisen- und Konfliktmanagement*,
- eine ausreichende militärische und industrielle *Rekonstitutionsfähigkeit* und

- ein System der wirksamen *Kontrolle* von Massenvernichtungswaffen verbunden mit einem *Teilhabesystem für die Rückversicherung* gegenüber nuklearen, chemischen und anderen Risiken durch Massenvernichtungswaffen.

Virtuelle militärische Gleichgewichtsforderungen haben unmittelbare Relevanz für die sicherheitspolitische und vor allem die militärische Planung (Streitkräfteplanung, Erhaltung einer ausreichenden industriellen Basis u.a.). Sie sind aber von traditionellen militärischen Gleichgewichtsforderungen verschieden, weil sie die Vorkehrungen betreffen, die erforderlich sind, im Falle entstehender Steigerungskonflikte aufgrund entsprechender Maßnahmen vor Ausbruch eines offenen Konflikts rechtzeitig, am Orte und ausreichend militärisch handlungsfähig sein zu können. In vieler Hinsicht liefert Operation Desert Shield ein Modell, wenn man davon absieht, daß in den kommenden Jahren viele Voraussetzungen, wie sie für Operation Desert Shield bestanden, nicht mehr gegeben und entsprechende Vorkehrungen erforderlich sein werden.

Keine Instrumentalanalyse im vorgeschlagenen Sinne könnte einen Zustand beschreiben, in dem Konflikte ähnlich wirksam wie unter den früheren Konfrontationsbedingungen ausgeschlossen werden können. Aber es gibt markante Unterschiede möglicher Kongruenz von Risiken und Instrumenten. Krisenstabilität in dem Sinne, daß es für jede absehbare Zeit verfügbare Instrumente gibt, auch wenn das Resultat ungewiß bleibt, sollte und kann weiterhin das Ziel der Sicherheitspolitik sein. Das schließt auch ausreichende Kongruenz von Rollen und Mitteln multinationaler Institutionen ein.

11. Strukturwandel und Stabilität

Stefan Rossbach

Die Wichtigkeit des Begriffs "Stabilität" ist eines der Ergebnisse und eine der Besonderheiten der politischen Wirklichkeit der vergangenen drei Jahrzehnte. Dem Wunsch nach Stabilität entsprach vor allem der Wunsch, an bestimmten Aspekten dieser Wirklichkeit festzuhalten.[1] Für unterschiedliche Akteure standen unterschiedliche Aspekte im Vordergrund. Indem der Begriff "Stabilität" diese Unterschiede subsumierte, mag er zu einem gewissen Zeitpunkt einen Konsens der maßgeblichen Akteure - der Vereinigten Staaten und der Sowjetunion - vorgetäuscht, aber im Laufe der politischen Evolution gerade dadurch auch zu einem solchen Konsens beigetragen haben.

Mit der Aufhebung der politischen Wirklichkeit des Ost-West-Konfliktes muß man sowohl die Wichtigkeit als auch den Sinn des Begriffs neu erörtern. Nicht nur sind Aspekte dieser Wirklichkeit entfallen, die vor wenigen Monaten noch als wichtig galten; man muß sich auch fragen, ob auf lange Sicht die Existenz starrer Sicherheitsstrukturen und konstanter Rahmenbedingungen eine wahrscheinliche Begleiterscheinung politischer Evolution ist. Wenn aber "Stabilität" in der Vergangenheit vor allem mit starren Strukturen in Verbindung gebracht wurde, dann läßt sich die Bedeutung dieses Begriffs nicht einfach für die Zukunft fortschreiben.

Man mag an dieser Stelle einwenden, daß sich der Begriff "Stabilität" zumindest aus westlicher Sicht schon immer auf die Möglichkeit politischer Evolution in und zwischen den westlichen Demokratien bezogen hat - und damit nicht auf eine relativ starre Sicherheitsstruktur. Indirekt ist das auch richtig. Es ergab sich indessen aus der speziellen Form des Ost-West-Konfliktes, daß diese Möglichkeit politischer und wirtschaftlicher Entwicklung auf westlicher Seite dauerhafte und vorhersehbare Beziehungen zur Sowjetunion voraussetzte. Insofern war lokale politische Evolution an die Existenz "stabiler" globaler Rahmenbedingungen geknüpft. Veränderung auf einer Ebene setzte eine relative Statik auf anderer Ebene voraus.

Mit dem Ende des Kalten Krieges ist die Existenz konstanter Rahmenbedingungen keine notwendige Rahmenbedingung mehr für politische Evolution. Der Begriff "Stabilität" sollte sich daher in Zukunft unmittelbar auf die stattfindende politische Evolution beziehen. Das Problem, dem dieser Aufsatz gewidmet ist, ergibt sich daraus, daß - im traditionellen Verständnis - der Begriff "Stabilität" zu dem der "Evolution" in einem Spannungsverhältnis steht. Ähnliches gilt für die Begriffspaare "System" und "Evolution" sowie "Struktur" und "Prozeß".

---

1 Dieser Gedanke berücksichtigt Konzepte von "Krisenstabilität" insofern, als "Krisen" Situationen oder Prozesse sind, die die Gefahr einer drastischen Entfernung von einem gegebenen Status quo in sich bergen.

Grundsätzliche Überlegungen zu den semantischen und logischen Beziehungen zwischen diesen Begriffen sind nicht ohne Bezug zur politischen Praxis. Auf die politische Dimension des Begriffs "Stabilität" wurde zu Anfang kurz hingewiesen. Indem er unterschiedliche Sichtweisen subsumierte, hat er zu einer Generalisierung von Interessen beigetragen. Die Frage, ob und in welcher Version der Begriff in Zukunft eine ähnliche Rolle spielen kann, ist von politischer Relevanz und erfordert - *dennoch* - sehr abstrakte Überlegungen.

Es sollte an dieser Stelle aber auch darauf hingewiesen werden, daß letztlich jeder Ansatz zur Analyse und Planung politischen Handelns von Konzepten geleitet wird, die weit abstrakter sind als die jeweilige Ebene der Analyse selbst. Und gerade weil sich die abstrakten Leitkategorien, die politisches Denken ordnen, als eine *Synthese* von Erfahrungen nur über Jahre hinweg etablieren, besteht die Gefahr, daß man in seinem Denken über die Zukunft die Konzepte der Vergangenheit einfach fortschreibt. Und gerade weil sich das *Paradigma* des Kalten Krieges in Begriffen wie "System" und "Stabilität" widerspiegelt, ist die Erörterung dieser Begriffe eine angemessene Begleitung des tatsächlich stattfindenden Strukturwandels.

I.

Um politische Strukturen als "stabil" oder "instabil" charakterisieren zu können, muß man sich zunächst klarmachen, was unter der "Struktur" eines Systems verstanden werden soll. Kenneth Waltz betont in seiner einflußreichen Studie aus dem Jahre 1979, daß man die Ebene der Struktur eines Systems unbedingt von der Ebene der Einheiten und Akteure trennen muß, um beschreiben zu können, wie die Struktur den Prozeß und der Prozeß die Struktur beeinflußt.[2] Die Definition von "Struktur" darf sich nach Waltz nicht auf Charakteristika, Verhalten oder Interaktionen der Akteure beziehen, um genau unterscheiden zu können, ob Prozeßergebnisse strukturelle Ursachen haben oder allein mit dem Verhalten der Akteure zu begründen sind. Für Waltz ist die strukturelle Information eines Systems zum einen gegeben durch die - wenn man so will: *geometrische* - Position und Ordnung der Einheiten zueinander und zum anderen durch die Verteilung von Fähigkeiten und Möglichkeiten unter den Einheiten. Die Struktur eines Systems ist, so Waltz, genau das, was es ermöglicht, das System als eine *Ganzheit* zu betrachten.

Die strikte Trennung zwischen Struktur und Prozeß war in dem theoretischen und politischen Kontext, in dem Waltz' Studie erschien, gerechtfertigt. Waltz sah in der Vermischung der beiden Ebenen den Hauptgrund für die seiner Ansicht nach bis dahin unbefriedigenden Ergebnisse der Suche nach einer Theorie internationaler Beziehungen. Durch die Trennung von Struktur und Prozeß wurde es möglich, strukturelle Ursachen von Prozeßergebnissen zu konzeptualisieren - eines

2 Vgl. Kenneth N. *Waltz*, Theory of International Politics, New York: Random House, 1979.

der Hauptanliegen der Studie von Waltz.[3] Insbesondere entsprach dieser Ansatz einer möglichen Interpretation der damaligen politischen Wirklichkeit: Politische Strukturen überdauerten die wechselnden Persönlichkeiten und Verhaltensweisen der Akteure und schienen daher in einem gewissen Maße *unabhängig* von der Ebene des Prozesses zu existieren.

Mit der Trennung von Struktur und Prozeß wurde deren Unabhängigkeit nicht erklärt, sondern vielmehr als Ausgangspunkt für Theoriebildung *vorausgesetzt*. Dabei wurden Strukturen nur insoweit als *dynamisch* aufgefaßt, als sie das Verhalten von Akteuren und die Ergebnisse ihrer Interaktionen beeinflussen.[4] Die umgekehrte Dynamik - Strukturbildung und Evolution aufgrund der Aktivität der Akteure - sah Waltz zwar,[5] er konnte sie indessen mit seinem Ansatz nicht hinreichend begründen. Um die Evolution von Strukturen zu erklären, müssen die Begriffe "Struktur" und "Prozeß" einander angenähert werden. Ihre Trennung betont implizit Konstanz und Statik.

Im folgenden werden die Begriffe "System", "Struktur", "Prozeß" und schließlich "Stabilität" in einen Zusammenhang gesetzt: Die Existenz eines internationalen Systems - oder eines sozialen Systems schlechthin - ist *untrennbar* mit der Existenz der Teile verwoben, aus denen es besteht. Ohne diesen Zusammenhang würde das System gar nicht existieren, und - mehr noch - je enger dieser Zusammenhang ist, desto "stabiler" ist das System. Indem die Akteure auf die Sicherung der eigenen Existenz bedacht sind, müssen sie unter Umständen in ihren Handlungen auf die Aktivitäten anderer Akteure Bezug nehmen. Gerade dadurch entsteht ein Netzwerk von Kommunikationen und Aktivitäten, das insgesamt die Existenz seiner Komponenten ermöglicht. Deren Existenz und insbesondere deren Aktivität definieren wiederum genau das Netzwerk, das die Fortsetzung ihrer Existenz erlaubt. Beginnt sich ein solches Netzwerk als Teil der Aktivitäten, aus denen es besteht, von seiner Umwelt abzugrenzen, können weitere Aktivitäten auf diese *neue* Ganzheit bezogen werden. Das Netzwerk wird dadurch zu einem *System*. Ein System ist also unter anderem ein sich von seiner Umwelt abgrenzender Prozeß.[6]

---

3 Vgl. Kenneth N. *Waltz*, Reflections on Theory of International Politics: A Response to My Critics, in: Robert *Keohane* (Hrsg.), Neo-Realism and Its Critics, New York: Columbia University Press, 1986, S. 322-345.

4 Vgl. *Waltz*, Theory of International Politics, S. 69.

5 Ebd., S. 88-93.

6 Die Charakterisierung eines Netzwerks als System wird nach funktionalen Kriterien von dem Netzwerk selbst oder extern vorgenommen. Mit "Umwelt" ist hier insbesondere keine geographische oder physische, sondern eine Umwelt von Kommunikationen gemeint. Der Vorgang der Systemabgrenzung ist komplizierter, als ich es hier darstellen kann oder möchte. Es gibt eine umfangreiche Literatur dazu. Einen Einblick in die Problematik gibt Niklas *Luhmann*, The Autopoiesis of Social Systems, in: Felix *Geyer*/Johannes *van der Zouwen* (Hrsg.), Sociocybernetic Paradoxes, London/Beverly Hills 1986, S. 172-191. Siehe auch grundsätzlich Niklas *Luhmann*, Soziale Systeme, 4. Auflage, Frankfurt a.M.: Suhrkamp, 1991.

Die Beziehung zwischen dem Ganzen - dem System - und seinen Teilen ist hier keine "enthalten in"-Beziehung, denn ohne das Ganze würden auch die Teile nicht existieren.[7] Insbesondere ist die Existenz des Systems selbst auch eine Ursache für die Fortsetzung seiner Existenz, das heißt, es ist Ursache und Wirkung zugleich. Systeme sind somit nicht Zustände, sondern *autokatalytische* Prozesse. Die Organisation oder Ordnung, die die Akteure bilden, um den Prozeßablauf zu initiieren und zu garantieren, ist die *Struktur* des Systems.[8] Die Struktur ist demnach nur eine geometrische Interpretation jener Aktivitäten, die zusammen das System ausmachen. Die Begriffe "System", "Struktur" und "Prozeß" beziehen sich hier insbesondere auf verschiedene Aspekte des *gleichen* Phänomens. Strukturen sind nicht statisch, sondern *kinetisch*. Strukturbildung ist Teil der Autokatalyse des Systems.

Die *Stabilität* eines Systems ergibt sich aus dem Grad der Perfektion der Autokatalyse. Ein System ist um so stabiler, je mehr Gründe es selbst für seine Existenz bereitstellt. Wenn das System selbst *hinreichende* Gründe für seine Existenz enthält, hängt diese nicht mehr von *äußeren* Einflüssen ab. Diese Art von vollständiger Geschlossenheit kommt indessen in sozialen Systemen nicht vor. Das liegt nicht nur daran, daß sie sich *praktisch* nicht verwirklichen läßt. Vielmehr würde ein soziales System, dessen Existenz nur von sich selbst abhängt, überhaupt keinen Sinn haben. Ein solches System wäre ungefähr so (un-)interessant wie der Satz: Eine Rose ist eine Rose, ist eine Rose, ist eine Rose, ist eine Rose. Für soziale Systeme ist Autokatalyse nur sinnvoll und ergiebig, wenn sie *informiert* ist, das heißt, wenn sie sich von bestimmten Bedingungen abhängig macht.[9] In *offenen* sozialen Systemen gibt es indessen keine perfekte Autokatalyse, das heißt, es gibt kein System, dessen Existenz nur von sich selbst abhängt.

Die Stabilität des Kalten Krieges war das Ergebnis einer zwar nicht perfekten, aber dennoch überraschend erfolgreichen Autokatalyse. Der Wunsch nach Stabilität, der sich im Laufe der Jahre als Ergebnis der politischen Evolution immer stärker äußerte, bringt genau das zum Ausdruck: Das internationale System enthielt

---

7 Diese Zusammenhänge lassen sich gut anhand ökologischer Zyklen wie etwa dem Nitratzyklus verdeutlichen. Pflanzen nehmen Nitrat aus dem Boden auf und wandeln es in verschiedene andere chemische Stoffe um. In einer Kette von weiteren chemischen Umwandlungen werden diese Stoffe von verschiedenen Bakterienarten unter anderem auch zu Nitrit verarbeitet. Letzteres wird dann von Nitrobacter-Bakterien wieder zu Nitrat verarbeitet, wodurch sich der Zyklus schließt. Obwohl in diesem Zyklus jede Bakterienart durch Stoffumwandlungen Energie für sich selbst, das heißt für das eigene Überleben und die Reproduktion der eigenen Art gewinnt, ist es doch der Zyklus, also ein *System*, zu dem sie alle beitragen. Umgekehrt ist es eben dieses System, das die evolutionären Nischen bereitstellt und damit die Existenz der Bakterienarten erst ermöglicht. Vgl. Jeffrey S. *Wicken*, Evolution, Thermodynamics, and Information, New York: Oxford University Press, 1987.

8 Im Falle des Nitratzyklus ist dies ein Kreis.

9 Siehe auch *Luhmann*, Soziale Systeme, S. 95.

selbst die Gründe, die einer Systemveränderung im Wege standen. Für die *wenigen* Akteure, die das System einseitig hätten verändern können, waren alle politischen und militärischen Optionen dazu mit extrem hohen Kosten verbunden. Und es war das System selbst, das die Kosten - etwa durch Militärbündnisse, Kernwaffen oder Wirtschaftsbeziehungen - vorgab. Es gehörte zur Funktionsweise des Systems, daß Stabilität vor allem als *militärische* Stabilität verstanden wurde. Die Kosten, die mit einer Veränderung des Systems durch militärische Mittel verbunden gewesen wären, waren besonders hoch. Ohnehin besaß nur die Sowjetunion eine entsprechende strategische Handlungsfähigkeit. Für die anderen beiden Akteure, die das System einseitig hätten beenden können - die USA und die Bundesrepublik -, schieden die *politischen* Optionen - Rückzug aus Europa beziehungsweise Austritt aus der NATO - aus, weil sie die Kosten der militärischen Optionen anderer gesenkt hätten. So ergaben sich politische Strukturen als Antwort auf militärische Kräfteverhältnisse.

Die Sowjetunion hatte eine weitere politische Option, die zu einseitiger Systemveränderung hätte führen können: Rückzug aus der ehemaligen DDR. Eine solche Entscheidung hätte sich indessen nur entweder mit dem Erfolg oder mit dem Mißerfolg des eigenen sozialistischen Gesellschaftssystems rechtfertigen lassen. Die letztgenannte Möglichkeit wurde schließlich Wirklichkeit. Das Ende des Systems wurde damit auch gleichzeitig zum Ende des Warschauer Paktes und der UdSSR. Alle drei Akteure, denen einseitige Handlungsmöglichkeiten gegeben waren, mußten die eigene Existenz unmittelbar mit der Existenz des Systems verknüpfen.

II.

Die Stabilität zukünftiger politischer Systeme und Sicherheitsstrukturen wird wie bisher davon abhängen, inwieweit die Systeme und die zugehörigen Strukturen dem Prinzip der Autokatalyse entsprechen. Jedoch werden sie sich in einigen wesentlichen Aspekten von den Strukturen der Vergangenheit unterscheiden - aus zwei verschiedenen Arten von Gründen. Zum einen ergeben sich Unterschiede aus den Bedingungen, die mit einem System- und Strukturwandel im allgemeinen verbunden sind. Diese Bedingungen des Strukturwandels gelten vorübergehend. Zum anderen ergeben sich aus dem speziellen Verlauf der letzten Jahrzehnte und insbesondere aus der Dynamik, die zum Ende des Kalten Krieges führte und die bis in die Gegenwart hineinreicht, Veränderungen, die politische Strukturen dauerhaft prägen werden.

Zunächst zu den Bedingungen des Strukturwandels. Die Aussage, daß nach dem Ende des Kalten Krieges zunächst eine strukturarme Lage folgt - in der sich Systeme noch nicht abgegrenzt haben -, die letztlich in eine strukturdominante Situation einmündet, in der die Handlungsspielräume der Akteure durch politische Systeme eingeschränkt werden, ist nicht prognostisch, sondern eine logische Folgerung aus den Bedingungen politischer Praxis. Es wird - früher oder später - eine Lage geben, die als *Normalfall* angesehen wird. Das hängt nicht von der tatsächlichen politischen Evolution ab, sondern liegt vielmehr daran, daß sich die politische Praxis immer nur an den *generischen* Fällen orientieren kann. Selbst wenn der sich einpendelnde Normalfall keine expliziten Verhaltensnormen beinhaltet und dementsprechend unberechenbar ist, wird *gerade dies* politische Handlungsspielräume einschränken. Der neue Normalfall muß sich nicht unbedingt in einer neuen, äußerlich starren Struktur manifestieren. Er wird dann eingetreten sein, wenn sich die Akteure in ihren Handlungen nicht mehr von der Möglichkeit einer Richtungsänderung der politischen Evolution leiten lassen.

Demnach wird die Übergangsphase dadurch gekennzeichnet sein, daß die Richtung politischer Evolution noch nicht deutlich erkennbar ist und die Akteure zögern, die wahrgenommene Richtung ihren Planungen zugrunde zu legen. In dieser Situation *müssen* sich die Akteure in ihren Entscheidungen an ihrer jeweiligen nationalen Agenda orientieren, weil die neuen Maßstäbe politischen Handelns noch im Entstehen begriffen sind. Das ist dann kein Ausdruck einer Renationalisierung von Außenpolitik, sondern eine zwangsläufige Begleiterscheinung des Strukturwandels. Die Dauer der Übergangsphase hängt von der logischen *Konsistenz* künftiger Ereignisfolgen ab. Evolutionäres Lernen setzt diese Konsistenz voraus. Daraus ergibt sich auch die Empfindlichkeit strukturarmer Situationen. Während der Suche nach neuen Verhaltensmustern wird jede Aktion entweder zum Präzedenzfall, also zum *Modell* für spätere Aktionen, oder zu einem Sonderfall, der evolutionäres Lernen erschwert. Die Wahrscheinlichkeit ungewollter *chaotischer* Entwicklungen, in deren Verlauf lokale Ereignisse eine Dynamik provozieren, die letztlich alle Akteure betrifft und die politische Evolution *prägt*, ist in dieser Phase hoch.

Die Suche nach neuen Strukturen und das Wissen, *daß* strukturbildende evolutionäre Prozesse stattfinden, führt dazu, daß die *Selbstreferenz* der Ereignisfolgen besonders hoch ist. Solange Prioritäten fehlen, die einzelne Ereignisse in einen Gesamtzusammenhang stellen, muß prinzipiell *jedem* Ereignis eine Bedeutung zugewiesen werden. Jedes Ereignis kann Teil eines neuen Musters sein oder ein solches Muster provozieren. Die Evolution hängt somit in besonderem Maße von dem bereits zurückgelegten Weg ab. Die hohe Selbstreferenz politischer Evolution ist nicht so selbstverständlich, wie es auf den ersten Blick erscheinen mag. Insbesondere die vergangenen drei Jahrzehnte zeichnete eine erstaunlich *geringe* Selbstreferenz aus, die wiederum gerade die Resistenz des Systems gegenüber Störungen bedingte. Die maßgeblichen Akteure - die USA und die Sowjetunion - reagierten selten *direkt* auf die Aktivitäten der anderen Seite.[10] Das lag nicht daran, daß Stö-

10 Es ist auch im Rückblick nicht leicht zu entscheiden, an welchen Ereignissen sich die Resistenz des Systems am deutlichsten bewies. Das System überstand zwar Turbulenzen wie den Viet-

rungen nicht wahrgenommen wurden, sondern vielmehr an der *strategischen Rückkoppelung* innerhalb des Systems. Die Bedeutung einzelner Ereignisse ergab sich aus ihrem Bezug zum West-Ost-Konflikt und damit auch aus ihrem Bezug zur Erhaltung des Gesamtsystems. Im strategischen Zusammenhang rechtfertigte jedoch keine der Störungen und Turbulenzen Maßnahmen von systemgefährdender Bedeutung.

Auf absehbare Zeit wird es keine automatische strategische Rückkoppelung mehr geben. Bedeutungen werden auf der Basis nationaler Agenden definiert, die sich kaum an der Möglichkeit eines nuklearen Weltuntergangs, sondern in der Regel an weit prosaischeren Szenarien orientieren werden.[11] Der höhere Grad an Selbstreferenz ist indessen nicht nur eine vorübergehende Folge des Strukturwandels, sondern auch aus anderen Gründen ein wahrscheinlich dauerhaftes Merkmal zukünftiger Sicherheitsstrukturen. Damit komme ich nun zu der zweiten Art von Faktoren, die die politische Evolution in Zukunft prägen können. Sie sind Konsequenzen der Besonderheiten des Kalten Krieges und der Umstände, die zu seinem Ende führten.

III.

Das Ende des Kalten Krieges hat die Tatsache wieder in das Bewußtsein der Akteure gerückt, daß es *eine politische Evolution gibt*. Sie hat nicht mit dem Kalten Krieg begonnen oder aufgehört, sondern wird nur bei einer longitudinalen historischen Betrachtung über Jahrhunderte hinweg sichtbar. In longitudinaler Betrachtung läßt sich diese Evolution als *gerichtet* erkennen. Die Art und Weise, wie der Kalte Krieg endete, gibt ihr einen weiteren, deutlich sichtbaren Schub in Richtung auf *Kooperation* und *Integration* in einer Zone erweiterter politischer Interaktion.

---

namkrieg oder das gewaltsame Ende des Prager Frühlings; beide Ereignisse forderten indessen das System auch nicht heraus. Im Gegenteil: Man mag darüber streiten, ob nicht insbesondere der Vietnamkrieg sogar vom System *provoziert* wurde. Jedenfalls schienen die Ereignisse aus Sicht der Akteure die Konstellation geradezu zu bestätigen. Die Resistenz eines Systems muß sich aber erst dann beweisen, wenn es auf Ereignisse reagiert, die *nicht* von ihm gesteuert sind und eben nicht mit ihm in Einklang stehen. Die Sicherheitsstrukturen der Vergangenheit erwiesen ihre Resistenz daher vielleicht eher darin, daß sie Stalins Tod überdauerten oder daß die Entspannungsbemühungen der 70er Jahre in einen "zweiten" Kalten Krieg Anfang der 80er Jahre mündeten; oder noch deutlicher in der Seltenheit von Ereignissen, die nicht mit dem System in Einklang standen.

11 Die - vor allem *während* des Kalten Krieges - oft geäußerte Hoffnung, die Dritte Welt werde vom Ende des Kalten Krieges profitieren, ist vor diesem Hintergrund zumindest zweifelhaft. Ohne strategische Rückkoppelung stellt sich vielmehr die Frage, was die Dritte Welt in Zukunft für die Akteure *interessant* machen wird. Eine Marginalisierung einzelner Akteure stünde nicht im Widerspruch zu der These, daß die Selbstreferenz des Systems größer wird. Eine größere Selbstreferenz bedeutet hier nur, daß Ereignisfolgen - an denen *irgendwelche* Akteure beteiligt sind - stärker auf sich selbst bezogen sind. *Welche* Akteure die Evolution prägen, ist eine andere Frage.

Gerade darin liegt die Bedeutung des Endes der politischen Realität der vergangenen Jahrzehnte: Indem die Existenz einer Evolution sichtbar wird, hat sie sich von ihrer politischen Umwelt *abgegrenzt*. Sie ist selbst zum System geworden. Die Aktivität der Akteure kann sich nun explizit auf dieses System beziehen; die Evolution wird selbst Gegenstand der Politik. Man kann nun unter anderem folgende Überlegungen anstellen: Was gefährdet diese Evolution? Wie kann man auf Gefahren reagieren? Was nützt dieser Evolution? Oder mit anderen - abstrakteren - Worten: Die Evolution kann sich nun in ihrem weiteren Verlauf deutlicher als bisher auf sich selbst beziehen. Sie kann sich zu einem System mit einem Interesse an Selbsterhaltung ausdifferenzieren.

Was macht die Richtung dieser Evolution aus? Sie ergibt sich nicht aus der Vorgabe eines statischen, teleologischen Endziels, sondern basiert vielmehr auf einem sich verbreitenden Konsens, der sich vorrangig auf die politischen Verhaltensweisen der Kooperation und politischen Interaktion bezieht.[12] Die Richtung politischer Evolution wird also Konfliktausgänge *indirekt* nur insofern beeinflussen, als sie die Modi der Konfliktaustragung direkt beeinflußt. Insbesondere macht die Kenntnis der evolutionären Richtung Konflikte und ihren Ausgang ebensowenig vorhersehbar wie Strukturbildung im allgemeinen. Auch schließt eine Evolution nicht aus, daß lokal und temporär Ereignisse stattfinden und sich Strukturen bilden, die dem Gesamttrend zu widersprechen scheinen. Resistenz gegenüber evolutionären Trends ist einer der Aspekte, unter denen man die Geschichte internationaler Beziehungen kategorisieren kann.

Wenn sich der evolutionäre Trend in Richtung auf stärker kooperative Systeme in der näheren Zukunft fortsetzt und stabilisiert, das heißt Fehlentwicklungen nicht über einen längeren Zeitraum in den Vordergrund rücken, werden die entstehenden politischen Strukturen vor der doppelten Aufgabe stehen, *erstens* die eigene Existenz nicht von mikroskopischen Einflüssen abhängig zu machen, also bis zu einem gewissen Grade resistent zu sein, und *zweitens* Funktionen zu übernehmen, die der *internationalen* Gemeinschaft durch den kooperationsbedingten Souveränitätsverzicht einzelner Akteure neu zufallen. Die Unterscheidung zwischen Einflüssen von mikro- und makroskopischer Bedeutung bezieht sich hier natürlich noch auf die alten Strukturen. Wie diese Unterscheidung in Zukunft aussehen wird, hängt auch davon ab, *welche* Funktionen die Systeme als Folge des Souveränitätsverzichts übernehmen sollen. Wenn etwa die Wahrung der Rechte von Minderheiten dazu gehören soll, dann bedeutet das für die politischen Strukturen, daß sie einerseits resistent, andererseits aber auch offen für jetzt noch als mikroskopisch geltende Einflüsse sein müssen, um solchen Funktionen gerecht zu werden.

---

12 Die Existenz dieser Evolution läßt sich nicht nur beobachten, sondern auch theoretisch begründen - wenngleich auf komplizierte Weise. Robert *Axelrod*, The Evolution of Cooperation, New York: Basic Books, 1984, liefert dazu einen Ansatzpunkt.

Wenn sich Art und Umfang internationaler Aufgaben verändern, dann ist die Resistenz der politischen Strukturen *nur* mit einem höheren Maß an Selbstreferenz zu gewährleisten. Tatsächlich werden sich die Akteure nur dann in neue Strukturen einbinden lassen, wenn die Strukturen sich den Interessen der Akteure öffnen - also eine möglichst hohe Zahl von Akteuren aktiv an der evolutionären Gestaltung beteiligt ist. Ließ sich die Stabilität des alten Systems nur durch Verweigerung einer Öffnung erzielen, so können die neuen Strukturen nur dann stabil sein, wenn sie die Möglichkeit zur Öffnung besitzen. Insbesondere müssen die neuen Strukturen mehr bieten als ein Netz von Beziehungen. Sie müssen vielerlei Prozesse und Instrumente bereitstellen, auf die zurückgegriffen werden kann, wenn es erforderlich ist. In Eventualfällen müssen diese Instrumente die Beibehaltung der evolutionären Gesamtrichtung garantieren. Die Festlegung des Spektrums solcher Eventualfälle sowie die Bereitstellung an gemessener Instrumente, um ihnen zu begegnen, sind die Schlüssel zu einer erfolgreichen autokatalytischen Evolution.

Die Möglichkeit chaotischer Dynamik, in der kleinere Ursachen überproportional große Konsequenzen haben, ist somit *beides*: eine Gefahr und zugleich eine Voraussetzung für Stabilität. Dieses Dilemma ist nicht aus sich selbst heraus logisch aufzulösen, sondern nur auf der Basis von *Wertentscheidungen*, die selektieren, welchen Einflüssen sich das System aussetzt und welchen nicht. Die politischen Strukturen der Zukunft werden also in diesem Sinne wertorientiert sein. Das ist sogar eine Voraussetzung für ihre Resistenz und Stabilität. Anders formuliert, die neuen Strukturen sind *zielgerichtete* Prozesse, die sich auf der Basis von Erfahrungen oder im Zuge noch zu bewältigender Krisen bestimmte Organisationsformen wählen, um ihren Ablauf als Teil der Gesamtevolution zu garantieren. Damit unterscheidet sich die neue Situation grundlegend von der alten, in der sich politische Strukturen nur dann etablieren konnten, wenn sie Wertentscheidungen ausdrücklich vermieden. Der Kalte Krieg war letztlich genau das: eine auf Dauer vermiedene Wertentscheidung.

Die Tatsache, daß Strukturen, die politische Akteure zur Kooperation und Selbstmäßigung verpflichten sollen, aufgrund nationaler Entscheidungen entstehen müssen, weist auf zwei mögliche Konfliktlagen hin. Es gibt erstens die Möglichkeit, daß sich lokal einzelne Akteure den getroffenen Wertentscheidungen widersetzen. Zweitens ergeben sich Reibungsmöglichkeiten aus den unterschiedlichen Geschwindigkeiten, mit denen sich die Akteure der evolutionären Richtung anpassen. Man mag die evolutionäre Tendenz in Richtung auf kooperative Strukturen als den generischen Fall betrachten - das wird in der Tat bereits heute getan -, dennoch können Fehlentwicklungen den Prozeß zerstören und Wertentscheidungen aufheben. Während sich die Strukturen herausbilden, ist das Risiko für Fehlentwicklungen besonders groß.

Der Begriff "Stabilität" muß in diesem Zusammenhang vor allem die Stabilität einer evolutionären *Richtung* bezeichnen. Stabilität bedeutet, daß die autokatalytischen Prozesse in sich selbst die eigene Richtung zunehmend normativ festschreiben. In der Formationsphase wird es wichtig sein, daß evolutionäre Prozesse deutlich *sichtbar* stattfinden, so daß Ungleichgewichte als temporär und nicht als prägend verstanden und vorübergehend akzeptiert werden können. Für die Beibehaltung der evolutionären Richtung ergibt sich eine Reihe von Problemen dadurch, daß ohne strategische Rückkoppelung auch die Anwendung militärischer Gewalt mehr als vorher dem nationalen Kalkül einzelner Akteure unterliegt. Es ist daher wichtig, daß die den Prozeß mittragenden Akteure auch in der Darstellung ihrer Politik das *Ziel* nicht mit dem *Weg* verwechseln. Um Störungen begegnen zu können, muß sich der Prozeß die Nutzung von Mitteln offenhalten - etwa die Anwendung von Gewalt -, die seiner Richtung zu widersprechen scheinen. Daraus ergibt sich die Bedeutung der bestehenden Sicherheitsstrukturen als Begleitumstände für gerichtete politische Evolution. Dies bedeutet auch, daß die USA ihre Weltmachtrolle zunächst beibehalten müssen.

Das Offenhalten von Reaktionsmöglichkeiten ist einerseits eine Aufgabe politischer Kommunikation, andererseits eine Aufgabe der Streitkräfteplanung. Eine der wichtigsten Aufgaben der Streitkräfteplanung wird darin liegen, die Möglichkeit der Kriegführung mit der Gesamtrichtung des politischen Prozesses in Einklang zu bringen. Demokratien müssen militärisch handlungsfähig bleiben. Diese Bedingung stellt aus *politischen* Gründen Anforderungen an Beweglichkeit, Schnelligkeit, Effektivität, Genauigkeit, Variabilität, aber auch an die Quantität von Streitkräften. Die Bedeutung von Nichtverbreitungsregimen ergibt sich auch aus der Tatsache, daß die Alternative zur Vermeidung nuklearer Proliferation - nukleare Abschreckung - *erfahrungsgemäß* mit der Richtung der politischen Evolution schwer in Einklang zu bringen ist. Das aus westlicher Sicht erfreuliche Ende des Kalten Krieges darf nicht darüber hinwegtäuschen, daß sich die westlichen Demokratien mit der politischen Notwendigkeit nuklearer Abschreckung außerordentlich schwertaten.

Darin liegt in der Tat das Kernproblem des politischen Prozesses. Im Rückblick hat die Betonung der militärischen Konkurrenz in Friedenszeiten eine politische, soziale und ökonomische, das heißt *nicht*militärische Evolution ermöglicht, die letztlich zur Auflösung des Systems führte. Dieser Zusammenhang ist nicht paradox, sondern kausal. Der Erfolg einer - mehr oder weniger *bewußt* geplanten - politischen Strategie, die stark auf militärische Macht abhob, liegt gerade darin, daß die Bedeutung militärischer Macht *heute* neu bestimmt werden muß. Wenn *ein* Ziel der zukünftigen politischen Evolution nun darin liegen soll, sich zunehmend von einem Zustand zu entfernen, in dem Mäßigung und Kooperation vornehmlich durch militärische Macht erzwungen wurden, dann ist diese Evolution insofern *pre-*

kär, als sie sich selbst eines Mittels berauben könnte, das zu ihrer Stabilisierung notwendig ist - militärischer Macht. Selbst bei fortschreitender politischer Evolution wird sich dieses Dilemma nicht auflösen, sondern nur zuspitzen. Variabilität und Anzahl möglicher Störungen werden geringer; gleichzeitig kann das System verwundbarer werden für den Fall, *daß* Störungen eintreten. Das Dilemma liegt darin, daß mit dem Erfolg der Idee politischer Kooperation deren Verwundbarkeit größer wird.

IV.

Die Autokatalyse des Sicherheitssystems wurde in den letzten drei Jahrzehnten vor allem dadurch gewährleistet, daß die Kosten der Systemveränderung über militärische Macht definiert wurden. Das hatte sowohl in der Theorie als auch in der Praxis der internationalen Beziehungen seine Entsprechungen. In der Theorie gewannen seit den 60er Jahren mathematische Modelle an Bedeutung, in denen militärische Bestände implizit als Quantifizierung von Politik gehandelt wurden. Die Praxis der Rüstungskontrollverhandlungen entsprach (zum Teil) diesem Gedanken.

Eine Frage, die hier nur angeschnitten werden kann, lautet: Wie wird (oder soll) sich die Theorie internationaler Beziehungen den politischen Veränderungen anpassen? Wenn seit dem Ende des Kalten Krieges eine gerichtete politische Evolution (wieder) sichtbar wird und sich Systeme als Antwort auf ihre eigene Entwicklung und als Teil der Gesamtevolution *organisieren*, das heißt Strukturen bilden, dann werden die Konzepte, die man unter dem Stichwort "Selbstorganisation" zusammenfaßt, dieser Evolution am ehesten gerecht. Implizit wurde dieser Gedanke bereits auf den vorausgegangenen Seiten erwähnt: Selbstorganisation ist Strukturbildung im Rahmen gerichteter, selbstbezüglicher Autokatalyse. In erster Linie ist die Verwendung der Sprache der Selbstorganisation Ausdruck einer veränderten Perspektive. Es ist nicht mehr der Beobachter, der eine Struktur identifiziert und dann in seiner Analyse der Interaktionen von Akteuren *voraussetzt*. Vielmehr ist es der Prozeß selbst, der *permanent* Strukturen bildet. Daher kann die Gültigkeit einer Struktur nicht als konstante Rahmenbedingung vorausgesetzt werden.

Man mag an dieser Stelle einwenden, daß die veränderte Perspektive zwar dem aktuellen politischen Strukturwandel entspricht, gleichzeitig aber damit auch die Möglichkeit verlorengeht, die *Dauerhaftigkeit* von Strukturen zu beschreiben und zu begründen. So wie der Ansatz von Waltz einer bestimmten historischen Situation entsprach, scheint der Gedanke der Selbstorganisation einer *anderen* Phase internationaler Politik zu entsprechen. So wie die Trennung von Struktur und Prozeß implizit Statik betont, scheint die Gleichsetzung beider Begriffe implizit Wandel zu betonen. Es mag daher der Eindruck entstehen, als sei der Übergang von dem einen Konzept zum anderen nur ein Übergang von einem Vorurteil zu einem anderen. Dieser Eindruck täuscht. Er hängt mit der begrenzten Zielsetzung dieses Aufsatzes zusammen, Theorie mit der jetzt gültigen Realität des Strukturwandels in eine Verbindung zu bringen. Konzepte von Evolution - wie das der Selbstorganisation - behandeln nicht nur Strukturbildung, sondern auch Strukturerhaltung. In der Tat sind Evolution und Resistenz gegenüber Veränderung nicht gegensätzliche, sondern *komplementäre* Konzepte: Das eine wäre ohne das andere nicht sichtbar und nicht von Bedeutung. Der Erfahrung, daß kinetische Strukturen überdauern können, obwohl die sie bildenden Akteure wechseln, entspricht auf theoretischer Ebene die Erkenntnis, daß die Evolution nicht einzelne Akteure selektiert, sondern Muster autokatalytischer Organisation.[13] Eine ausführliche Erörterung solcher Überlegungen würde indessen den Rahmen dieses Aufsatzes sprengen. Es ist jedoch wichtig, darauf hinzuweisen, daß die Konzepte, die sich um die Begriffe "Evolution" und "Selbstorganisation" kristallisiert haben, überaus vielfältig sind.[14]

Man mag ferner kritisch fragen, wie evolutionäre Theorien von Selbstorganisation in den Kontext der Theorieentwicklung im Bereich der internationalen Beziehungen einzuordnen sind. Worin besteht genau ihr innovativer Wert - nicht nur im Vergleich zu Kenneth Waltz' Neorealismus? In der Tat stehen viele klassische Ansätze - übrigens in Teilaspekten ebenfalls der von Waltz, aber auch Aspekte der Regime- und Integrationstheorie - nicht im Widerspruch zu Konzepten der Selbstorganisation. Das spricht aber nicht gegen diese Konzepte. Ihr spezifischer Wert liegt gerade darin, daß sie klassische Konzepte *ergänzen*. Sie ermöglichen eine Generalisierung von Klassikern.

Der Gedanke der Selbstorganisation ist Teil eines Trends in der Systemtheorie, der Systemeigenschaften weitgehend nicht als gegeben annimmt, sondern als Prozeßergebnisse zu verstehen versucht. Mit diesem Ansatz sind einige erkenntnistheoretische Probleme verbunden, die hier nur angedeutet werden sollen. Wenn Systeme sich ihre eigenen Strukturen bilden und selbst ihre Einheiten differenzieren, dann darf eine Theorie solcher Systeme deren Einheiten und Strukturen nicht von vornherein festschreiben. Eine Sprache, die solche Systeme beschreiben soll, *muß* daher logischerweise sehr abstrakt sein. Die Paradoxie liegt darin, daß die Notwendigkeit, Systeme als *kreativ* zu begreifen, ein Ergebnis der Beobachtung der konkreten politischen Praxis ist - daß sich die theoretische Umsetzung dieses Ergebnisses aber gerade durch Abstraktheit auszeichnet. Die komplizierte Sprache, der sich Theoretiker selbstorganisierender Systeme bedienen, ist (oft) nicht Selbstzweck, sondern eine Konsequenz dieser Paradoxie.

---

13 Ähnlich wie biologische Evolution nicht einzelne Organismen, sondern aktive Keimbahn-Replikatoren selektiert. Vgl. Richard *Dawkins*, Auf welche Einheiten richtet sich die natürliche Selektion?, in: Heinrich *Meier* (Hrsg.), Die Herausforderung der Evolutionsbiologie, München: Piper, 1988, S. 53-78.

14 Überlegungen besonderer Art sind zum Beispiel auch nötig, um auf theoretischer Ebene zu beschreiben, wie die *Komplexität* von Strukturen im Laufe der Evolution zunehmen kann.

Die Konzepte der Selbstorganisation mögen also zur Beschreibung der künftigen politischen Evolution angemessen sein. Eine andere Frage ist, ob sie auch zur Bestimmung *konkreter* Stabilitätsbedingungen nutzbringend operationalisiert werden können. Diese Frage ist offen. Sie ist genauso offen wie die Frage, ob die *bisher*, in den vergangenen Jahrzehnten, verwendeten Konzepte in Zukunft nutzbringend angewendet werden können. Beide Fragen lassen sich nur auf der Basis weiterer Untersuchungen beantworten. Einen Ansatzpunkt für die Formalisierung von Konzepten der Selbstorganisation bietet die Theorie *zellularer Automaten*, die speziell zum Studium von Strukturbildung entwickelt wurde.

Völlig neue Themen und Methoden politischer Analyse warten darauf, definiert und untersucht zu werden. Manche dieser Themen mögen auf den ersten Blick befremden - aber auch das ist Teil des Strukturwandels. Hätte man die Entscheidungsträger, die 1945/46 "present at the creation" waren, mit den Modellen der Systemtheorie konfrontiert, mit denen man in den 60er und 70er Jahren den Ost-West-Konflikt zu analysieren versuchte, so hätten die Herren wahrscheinlich - und Harry Truman mit Sicherheit - verständnislos den Kopf geschüttelt.

II.

RISIKOANALYSE

II. Risikoanalyse: Leitfaden

In den vergangenen Jahrzehnten gab es im Ost-West-Zusammenhang keine begrenzten Konflikte ohne das Risiko katastrophaler Ausweitung. Darin lag die prekäre Stabilität des Systems begründet: Regionale und subregionale Konflikte waren auf der nördlichen Halbkugel weitgehend ausgeschlossen, allerdings um den Preis des nuklearen Risikos. Dies gab der militärischen Bedrohungsanalyse besonderen Rang, da sie im Resultat vor allem die Bedingungen militärischer Stabilität zu definieren hatte. Unter postkonfrontativen Bedingungen dauert diese Stabilität nicht fort: Es entsteht eine neue Vielfalt von Konfliktmöglichkeiten, die nicht mehr von katastrophalen Eskalationsmöglichkeiten begleitet werden, dafür aber in anderer Weise auch die zwischenstaatlichen Sicherheitsstrukturen in Friedenszeiten und vor allem in Krisenlagen mitbestimmen: Es gibt Konflikte wie im ehemaligen Jugoslawien, bei denen die in vierzig Jahren unter Bedingungen nuklearer Abschreckung gewachsene europäische Sicherheitskultur mit ihren Elementen des Souveränitätsverzichts und der Selbstbeschränkung auf dem Spiel steht. Wiederum ist das Verständnis von Konflikten mit weitreichenden internationalen Implikationen zentral, wenngleich eine Tendenz vorzuherrschen beginnt, auch militärischen Konflikten in vornuklearen traditionellen Interessenperspektiven und ohne Bewußtsein der Auswirkungen auf die europäische Sicherheitskultur zu begegnen.

Eine derart verstandene Risikoanalyse enthält somit verschiedene Elemente, die miteinander kombiniert werden müssen: 1. die Feststellung regionaler und regionenübergreifender Konfliktpotentiale; 2. die Analyse möglicher, den Konflikt verschärfender oder abschwächender Faktoren (wie Fehlperzeptionen, Proliferation von Kernwaffen etc.); 3. die Erstellung von Konfliktszenarien unter Einbeziehung unterschiedlicher Annahmen über die weitere weltpolitische Entwicklung und das Wirksamwerden der unter 2 genannten Faktoren; 4. die Analyse der Konsequenzen unterschiedlicher Konfliktverläufe für die weitere Entwicklung der internationalen Konstellation (z.B. die negativen Folgen ungelöster Regionalkonflikte für eine Politik, die auf die Schaffung internationaler Kooperations- und Integrationsstrukturen abzielt).

In dieser Perspektive wird in Teil II zunächst der Versuch unternommen, angesichts der großen Vielfalt erwartbarer Konflikte auf der nördlichen Halbkugel diejenigen bestimmbar zu machen, bei denen Implikationen für europäische Sicherheit im ganzen drohen. *Risiken* werden in diesem Sinne als Konfliktmöglichkeiten mit potentiellen Implikationen für den Bestand europäischer Sicherheit verstanden. Dabei ist hervorzuheben, daß Risiken insbesondere konstellationsabhängig, also durch politische Rahmenbedingungen bestimmt sind. Eine entsprechende Heuristik für die Risikoanalyse wird in Kapitel 1 vorgeschlagen. Sie wird ergänzt durch eine Fallstudie zum serbo-kroatischen Konflikt, die typische Züge einer Krisendynamik beschreibt (Kap. 2). Auf dieser Grundlage folgen Risikoanalysen zu Regionen, in denen Konflikte mit besonderer Auswirkung auf europäische Sicherheit im ganzen auftreten können oder schon eingetreten sind: zum Gebiet der GUS (Kap. 3), zu Mittelosteuropa (Kap. 4 und 5), dem Ostseeraum (Kap. 6), Südosteuropa (Kap. 7), dem Umfeld der Türkei (Kap. 8) sowie dem Nahen Osten und der Golfregion (Kap. 9). Die regionalspezifischen Risikoanalysen werden ergänzt durch einen Ausblick auf Konfliktlagen in anderen südlichen Regionen (Kap. 10), die Betrachtung von Proliferationsrisiken als konfliktverschärfenden Gefährdungen (Kap. 11) sowie am Beispiel des Energiesektors durch eine Analyse von Risiken als Resultat strategischer Abhängigkeit (Kap. 12) und der Konfliktfelder, die aus grenzüberschreitenden Umweltproblemen entstehen können (Kap. 13).

Eine weiterführende Risikoanalyse muß die verschiedenen Risikotypen, die Vielfalt regionalspezifischer Risikolagen und die Kriterien für die Auswahl von Konflikten mit internationalen Implikationen in Zusammenhang bringen, damit eine Orientierung sicherheitspolitischen Handelns und allgemeiner Entwicklung und Reform des Instrumentariums internationaler Sicherheit nicht nur an der Krisenprävention, sondern auch an Erfordernissen des Konfliktmanagements, also europäische Sicherheitspolitik, auch unter künftigen Bedingungen kooperativ möglich wird.

1. Militärisch relevante Gefahren in künftigen Konstellationen

Uwe Nerlich

I. Konzeptionelle Probleme einer künftigen Risikoanalyse

In den Jahrzehnten bis zum Ende der Ost-West-Konfrontation haben sich vier Betrachtungsweisen entwickelt:

- Die *Bedrohungsanalyse* als Einschätzung militärisch-strategischer *Fähigkeiten* und Optionen der Sowjetunion bzw. des Warschauer Pakts (WP), und zwar unabhängig von der Frage möglicher politischer Zielsetzungen;
- die *Risikoanalyse* als Einschätzung der *Nachteile*, die die Sowjetunion aufgrund westlicher Abschreckung im Fall einer Aggressionsentscheidung in Kauf nehmen würde (mit anderen Worten, Annahmen über den sowjetischen Risikokalkül, aber ohne Analyse sowjetischer Entscheidungsstrukturen);[1]
- die *Stabilitätsanalyse* als Bewertung der Auswirkungen vor allem *eigener* militärisch relevanter Maßnahmen (z.B. Beschaffungsprogramme) auf Entscheidungen und Erwartungen der Gegenseite und somit indirekt auf die Stabilität der strategischen Beziehungen;
- die Analyse *kooperativer Sicherheit*, die über eine Stabilität strategischer Beziehungen hinaus auf Möglichkeiten der Kommunikation, des Austausches, der Rückversicherung (Vertrauensbildung) und entsprechende Strukturen abzielt.

Im Kontext der Sicherheitspolitik des Atlantischen Bündnisses gehörten diese vier Betrachtungsweisen zunehmend zusammen. Die erste diente der Streitkräfteplanung, die zweite der Abschreckungsstrategie, die dritte dem Ziel stabilitätsorientierter Sicherheitspolitik (vor allem der Rüstungskontrolle) und die vierte der Ausbildung übergreifender Strukturen.

Es gab jedoch kein integriertes Analysesystem. Die bürokratische und politische Separierung der vier Ansätze war Praxis und deren Verabsolutierung diente oft politischen Zwecken. Es gab zwar Versuche, die Bedrohungsanalyse unter Berücksichtigung von politischen Kontextbedingungen durchzuführen (Nettoanalyse bzw. "net assessment"), so wie es umgekehrt Versuche gab, mit Annahmen über strategische Stabilität und kooperative Sicherheit eine Analyse kompetitiver Aspekte

---

1 Das Ausmaß akzeptabler Nachteile für die UdSSR wurde nach westlichen Vorstellungen definiert und blieb entsprechend kontrovers (z.B. in bezug auf die gesicherte wechselseitige Zerstörungsfähigkeit). Soweit die Kosten einer Aggression als ausreichend hoch angenommen wurden, reduzierte sich die Risikoanalyse auf die Einschätzung der Gefahren unbeabsichtigter Konflikte (als Resultat von Versehen, Fehleinschätzung usw.). - Als exemplarische Darstellung der Risikoanalyse (mit weitreichendem Einfluß auf die Praxis) vgl. Thomas C. *Schelling*, Arms and Influence, New Haven/London 1966, vor allem Kap. 3: The Manipulation of Risk.

militärischer Fähigkeiten zu verbinden. Aber es existierte weder im einen noch im anderen Fall eine akzeptierte Methodik.[2]

Im übrigen haben sich in bezug auf die vier Betrachtungsweisen die Prioritäten im Laufe der Zeit verschoben. Die Bedrohungsanalyse bildete den Anfang. Sie stand zunehmend unter dem Abschreckungsvorbehalt, wie er aus der entstehenden Risikoanalyse resultierte. Ende der 50er/Anfang der 60er Jahre begann sich die Stabilitätsanalyse auszubilden, die im Ergebnis die Bedrohungsanalyse weiter relativierte, und in den 70er Jahren kam in verstreuten Ansätzen die Analyse kooperativer Sicherheit hinzu.

Diese Analyseformen erfüllten eine Reihe von zentralen planerischen und konsenserhaltenden Funktionen im Bündnis, die sich zunehmend mit den politischen Funktionen der Rüstungskontrolle in der langsamen Transformation des Ost-West-Verhältnisses verbanden. Das faktische Ausklammern politischer Zielsetzungen aus der Bedrohungsanalyse wie der Rüstungskontrollplanung machte so paradoxerweise die robuste Natur des bestehenden Sicherheitssystems deutlich. Die Entpolitisierung militärischer Faktoren diente zudem der Entmilitarisierung des politischen Konflikts im Ost-West-Verhältnis, was wiederum die Robustheit des Systems steigerte. Allein diese Robustheit konnte eine solche Methode rechtfertigen. Mit dem Ende der Konfrontation hat dieser vierfache Ansatz seine Bedeutung verloren:

- Kooperative Sicherheit ist nicht mehr eine Frage möglicher kleiner Schritte (z.B. Vertrauensbildung), sondern *es gibt sie*, und es geht darum, ihr eine zweckmäßige politisch-institutionelle Struktur zu verleihen (siehe z.B. die Bildung des Nordatlantischen Kooperationsrats).
- Strategische Stabilität (und mit ihr Rüstungskontrolle) hat ihre zentrale Rolle verloren, wie sie seit den 70er Jahren entstanden ist. Die gegenwärtige Lage ist angemessener mit der Bush-Initiative vom 27. September 1991 charakterisiert, die nach fast zwanzigjährigen Verhandlungen über begrenzte nukleare Abrüstungsziele *einseitige* Maßnahmen weit größeren Umfangs bekanntmachte bzw.

---

2 Wie einer der Pioniere der amerikanischen Nuklearstrategie kürzlich formulierte, hat "Stabilität im Kontext nuklearer Strategie eine höchst begrenzte Bedeutung angenommen, ohne ausdrückliche Beziehung zu plausiblen Konfliktannahmen oder anderen Aspekten unseres militärischen Dispositivs, von politischen Zielsetzungen ganz zu schweigen. Eine solche Isolierung ist nur in einer Periode ohne Wandel haltbar, obwohl sogar dann nur zu einem hohen Preis auf Kosten unserer Strategie, sofern diese durch Ereignisse auf die Probe gestellt würde"; Fred S. *Hoffman*, Deterrence, Stability and Reassurance: U.S. Nuclear Strategy after the Fall of the Soviet Empire, in: Andrew W. *Marshall*/J. J. *Martin*/Henry S. *Rowen* (Hrsg.), On Not Confusing Ourselves. Essays on National Security Strategy in Honor of Albert and Roberta Wohlstetter, Boulder, Col. 1991, S. 211. - Die vor allem in den Vereinigten Staaten seit Anfang der 70er Jahre intensivierten Bemühungen um neue Formen der Nettoanalyse militärischer Gefährdungen zielten genau auf diese Defizite und die entsprechenden Planungsmängel. Vgl. George E. *Pickett*/James G. *Roche*/Barry D. *Watts*, Net Assessment: A Historical Review, in: *Marshall*/*Martin*/*Rowen*, On Not Confusing Ourselves, S. 159-185.

anbot, um der Gegenseite eine ausreichende politische Kontrolle über ihr eigenes Arsenal zu ermöglichen - was ein gemeinsames Sicherheitsinteresse neuer Art darstellt.

- Risikoanalyse mit dem Ziel der Beeinflussung eines gegnerischen Risikokalküls ist im herkömmlichen Sinne derzeit gegenstandslos. Die politischen Veränderungen in der ehemaligen UdSSR, die strategische Entflechtung in Europa und die strategische Entkoppelung von begrenzten Konflikten und massiven Zerstörungspotentialen haben die strategischen Handlungsmöglichkeiten eliminiert, auf die sich Risikoanalyse konzentriert hat. Vergleichbare Risiken könnten nur bei langfristiger *Rekonstitution von Angriffsoptionen* resultieren, die vor allem einen Ausbruch aus einem komplexen System von Verträgen und Regimen - also zusätzliche Kosten - erfordert, oder sie entstehen mit *neuen strategischen Akteuren* als kombiniertes Resultat regionaler Konfliktpotentiale, machtpolitischer Ziele und gelungener Proliferation.
- Bedrohungsanalyse schließlich hat in der Form, die sie in den letzten Jahrzehnten angenommen hat, ihre hauptsächliche Voraussetzung verloren: Eine politische Entscheidung zur Aggression ist (falls überhaupt) nur noch in einem langwierigen und komplexen Vorgang der Vorbereitung umzusetzen. Es gibt also nicht mehr die Möglichkeit, daß sich mit einem verfügbaren Angriffspotential kurzfristig politische Intentionen im Sinne einer akuten Bedrohung verbinden. Vorhandene und aufwuchsfähige, potentiell feindliche militärische Fähigkeiten erfordern entweder eine lange Konfliktvorlaufzeit (was völlig unzureichend mit der Vorstellung längerer Vorbereitungszeit erfaßt ist), oder ihr Einsatz kommt nur begrenzt in Frage, das heißt, es geht nicht um das Verhältnis von Gesamtstreitkräften, sondern um die *Art* eines Einsatzes selektiver Mittel.[3]

Für die Analyse militärisch relevanter Gefahren und Herausforderungen gibt es sechs neuartige Problembereiche:

---

3 Auf der Suche nach Begründungen für Streitkräfteplanung gibt es verschiedene Formen, die Funktionen der bisherigen Bedrohungsanalyse auszufüllen: (1) Es gibt die Tendenz, *Ersatzbedrohungen* an die Stelle der bisherigen treten zu lassen, vor allem in Form undifferenzierter Annahmen über Polarisierungen im Nord-Süd-Verhältnis. Darin offenbart sich vor allem eine politische Orientierung, die selbst entscheidend zu solcher Polarisierung beitragen könnte. (2) Ähnlich besteht die Neigung zur *Typisierung*, das heißt, die tatsächlichen Konflikte am Golf und in Jugoslawien werden als die *typischen Konflikte* der Zukunft gesehen, obwohl gerade diese beiden Konflikte unter ganz spezifischen Bedingungen entstanden und verlaufen sind. (3) Es existiert eine *modifizierte* Form der *Bedrohungsanalyse*, die nicht mehr auf *einen* militärischen Konkurrenten, die Sowjetunion, fixiert ist, sondern für weite Kategorien von Staaten mit militärischen Fähigkeiten die *Möglichkeit* feindseliger politischer Absichten und entsprechender Risiken verbindet ("multidirektionale" Analyse). (4) Es gibt den ausdrücklichen Verzicht auf Bedrohungsanalyse als Grundlage für sicherheitspolitische Planung durch einseitige Festlegung auf Kriterien der Hinlänglichkeit bzw. auf gegebene Streitkräfteniveaus, etwa im Fall der 370 000 Mann für die Bundeswehr in bezug auf ein VKSE-IA-Abkommen (benchmark approach).

- Es kann *negative Transformationen* der politisch-strategischen Rahmenbedingungen geben, unter denen sich die gegenwärtig vorherrschenden Trends so verändern, daß ein *größeres* Spektrum möglicher Konflikte mit zunehmender Wahrscheinlichkeit entsteht. Dieser Schwierigkeit soll die vorgeschlagene Heuristik der Konstellationsanalyse Rechnung tragen.
- Künftige Konflikte werden in der Regel nicht aus militärischen Ungleichgewichten hervorgehen, sondern aus *sozioökonomischen Bedingungen*, die man vor allem durch präventive (z.B. ökonomische) Kooperation zu verändern suchen muß, also durch Maßnahmen, die nicht in den Rahmen der eigentlichen Sicherheitspolitik fallen. Anders als zu Zeiten der vorherrschenden Abschreckungskonstellation wird damit die Analyse möglicher Kriegs- und Konfliktursachen wieder relevant.
- Dabei wird es jedoch nicht um historisch bekannte Konfliktarten unter vornuklearen Bedingungen gehen, sondern um Situationen, in denen sich traditionelle Konfliktanalyse mit zwei Dingen verbindet: mit den Auswirkungen der internalisierten Selbstbeschränkung potenter Staaten, wie sie unter nuklearen Bedingungen entstanden ist, und mit den Auswirkungen und Rückkoppelungen, wie sie unter heutigen Kommunikationsbedingungen eintreten. Es gibt in dieser Hinsicht nur noch *mediatisierte Konflikte*: Die Konfliktdynamik wird durch Medien verändert.
- Sogar bei insgesamt positiver Entwicklung der politisch-strategischen Rahmenbedingungen werden *begrenzte Konflikte* in Räumen auftreten, in denen sie unter Konfrontationsbedingungen arretiert waren: Man wird mit realen Konfliktgefahren zu rechnen haben, die sich weder durch eine Konzeption verallgemeinerter Feindschaft noch durch tatsächliche Mechanismen der Konfliktausweitung, noch durch die Selektionskriterien bestehender Institutionen wie der NATO erfassen lassen: Es gibt bisher keine Methodik für eine systematische und kontinuierliche Analyse künftig möglicher militärisch relevanter Konflikte. So zeigt gerade die zur Zeit in der NATO vorherrschende Betrachtungsweise, nach der erwartbare Krisen und Konflikte zunehmend an und jenseits der Peripherie des Bündnisses auftreten werden, gerade die systematische Schwierigkeit. Entweder man begrenzt die Aufgaben der NATO auf das Vertragsgebiet: dann sind periphere Konflikte keine NATO-Angelegenheit. Oder man sieht sie im weiteren Rahmen (etwa im Kontext des vorgeschlagenen Kooperationsrates): dann verändern sich die Peripherien so, daß Krisen- und Konfliktmöglichkeiten gerade auch diesseits der Peripherien auftreten können. Im ersten Fall würde es praktisch keine Bündnisfälle mehr geben, im zweiten sind die Verpflichtungen nicht mehr ausreichend aus dem Vertrag von Washington abzuleiten, sondern bedürfen zusätzlicher Begründungen und Festlegungen.

- Analoges gilt für die Proliferation vor allem nuklearer Waffen: Proliferation ist nicht mehr in einer bipolaren Struktur zu erwarten, in der beide Seiten ein Interesse an Kontrolle haben und deshalb die Ausbreitung nuklearer Verfügungsgewalt gemeinsam zu verhindern suchen (latente Ausnahmen waren Indien in sowjetischer und Israel in amerikanischer Interessenperspektive). Zwar existiert weiter ein gemeinsames Interesse an Nichtverbreitung, aber nach dem Ende der Konfrontation wird gerade das Argument der zentralen Kontrollierbarkeit in der Perspektive möglicher Proliferanten unwirksam oder kontraproduktiv. Die politische Konzeption, wie sie dem NV-Vertrag zugrunde lag (und sich vor allem in den Artikeln I, II und VI manifestiert hat), wird also unter Bedingungen möglicher künftiger Konstellationen in jedem Fall neu zu bestimmen sein.
- In einem Augenblick, da ein möglicher Einsatz hauptsächlich im Sinne kollektiver Sicherheitsmaßnahmen der VN gesehen wird, bahnt sich die Legitimation militärischer Einsätze im Rahmen kollektiver Sicherheit an, die nicht mehr am Schutz nationalstaatlicher Souveränität und dem entsprechenden Einmischungsverbot als oberstem Wert orientiert sind.[4]
- Zugleich gibt es eine zunehmende Tendenz, staatliche militärische Macht in nationaler Verantwortung gegenüber *nichtstaatlichen* Herausforderungen einzusetzen. Das Beispiel der Bekämpfung des Drogenhandels steht hier obenan (siehe die Praxis der USA und potentiell - in Surinam - der Niederlande), zeigt aber auch die Zweischneidigkeit solcher Maßnahmen (Gefahr der Korruption innerhalb der Streitkräfte).

Daraus folgt, daß Verteidigungsmaßnahmen nicht mehr allein gegenüber Aggressionen anderer Staaten vorzubereiten sind und daß es bisher für begrenzte Konflikte, die auf vielerlei Weise zu erwarten sind, keine politische, strategische oder institutionelle Systematik gibt, an der Sicherheits- und Verteidigungsplanung orientiert werden kann.

Die gegenwärtigen Probleme im Umgang mit begrenzten Konflikten (wie mit Proliferation) sind verständlicher, wenn man in Erinnerung ruft, wie die Praxis der letzten Jahrzehnte in diesem zentralen Punkt aussah. Unter Konfrontationsbedingungen war im Prinzip jeder potentielle begrenzte Konflikt in Europa bzw. zwischen den USA und der UdSSR ein Ost-West-Konflikt, also politisch *gleichförmig strukturiert* (tendenziell galt dies auch für andere Regionen wie den Nahen Osten), und entsprechend war jeder potentielle Konflikt eo ipso *unbegrenzt*. Ausnahmen waren Konflikte innerhalb der beiden Blocksysteme, die hinreichend abzuschirmen waren (DDR, Ungarn, CSSR und Polen bzw. Zypern) oder (wie im Fall der

4 Vgl. die Sicherheitsresolutionen 688 und 716.

zweiten Kuba-Krise) eine direkte Konfrontation der USA und der UdSSR zur unmittelbaren Folge gehabt hätten.

Die Entwicklung seit den 50er Jahren ist aber gerade daran abzulesen, wie sich die Bedeutung dieser beiden Kriterien für "begrenzte" Konflikte bis zum Ende der Konfrontationsordnung verändert hat. In MC 14/2 gab es grundsätzlich keine Möglichkeit eines begrenzten Konflikts zwischen der NATO und der UdSSR.[5] Sogar für "örtliche feindliche Aktionen" wurde der Einsatz nuklearer Waffen, wenn erforderlich, vorgesehen. Damit sollte sichergestellt werden, daß *kein Bündnispartner* durch die UdSSR *strategisch isoliert* werden konnte, was vor allem deutschen Befürchtungen Rechnung trug, und daß kein begrenzter Konflikt konventionell zu verlieren war. Es gab in dieser Phase keine eigenständige herkömmliche Verteidigung. Es gab auch noch kein Problem der Glaubwürdigkeit nuklearer Abschreckung. Es gab nur *eine* Institution, die multilateralen Schutz bot: die NATO. Aber genau dieser Rahmen rückte folgerichtig ins Zentrum des politischen Konflikts mit dem Ziel, die Institution, die Glaubwürdigkeit des nuklearen Schutzes und damit die Abdeckung begrenzter Konfliktgefahren zu unterminieren.

Der Wendepunkt war die beginnende strategische Verwundbarkeit der USA. Seitdem gab es das Kernproblem, daß begrenzte Konflikte in Europa nicht konfrontationsneutral sein konnten, eine strategische Isolierbarkeit von Mitgliedern der NATO und ein durch die UdSSR begrenzbarer Konflikt aber nicht mehr auszuschließen waren. Genau in dieser Hinsicht ging es um Lückenlosigkeit und Glaubwürdigkeit der Abschreckung, obwohl diese allein durch Abschwächung des Abschreckungsschutzes, das heißt Flexibilität, zu erreichen waren.

Die Lösung war schließlich gerade aus der Sicht der Hauptbetroffenen, der Bundesrepublik wie der USA, die strategischen Beziehungen in Richtung eines stabilen Systems zu transformieren und die bis dahin singuläre NATO zu ergänzen - erst durch den Nichtverbreitungsvertrag, der die strategische Stabilität absichern sollte,[6] dann durch die KSZE, die auf die Überwindung der europäischen Teilung gerichtet war, und schließlich durch die immer neu beschworene westeuropäische Verteidigungsidentität, die zwischen dem schwindenden strategischen Schutz durch die NATO und der heranwachsenden politischen Gemeinschaft Westeuropas einen Ausgleich darstellen sollte. Wären die politischen Rahmenbedingungen

5 "Für keinen Fall gibt es ein NATO-Konzept für einen begrenzten Krieg mit den Sowjets."

6 Es hat tiefere Gründe, daß die beiden Hauptträger des Bündnisses, die Vereinigten Staaten und die Bundesrepublik, unterschiedliche Transformationsstrategien entwickelten: Für die USA hatte der NV-Vertrag als Manifestation eines gemeinsamen Interesses mit dem Hauptkontrahenten eine ähnlich grundlegende Bedeutung wie die europäische Friedensordnung als Rahmen zur Überwindung der europäischen Teilung für die Bundesrepublik. Das Zustandekommen des NV-Vertrages wurde indessen von der Bundesrepublik ähnlich als Gefährdung des NATO-Konsenses beargwöhnt wie das Zustandekommen der KSZE durch die USA; vgl. dazu Pierre *Hassner*, Change and Security in Europe, Part I: The Background, London, Februar 1968 (IISS, Adelphi Papers, No. 45), S. 24.

innerhalb der Sowjetunion und in Osteuropa anders gewesen, hätte die politische und strategische Isolierung etwa der Bundesrepublik aus sowjetischer Sicht schließlich gelingen können. Die strategischen Kompromisse des MC-14/3-Konzepts hatten nur deshalb noch Bestand, weil das europäische System insgesamt hinreichend robust war. Das Resultat des Umbruchs ist auch in diesem Punkt überraschend:

- Die NATO erscheint nach dem Wandel funktionsfähig und politisch reformfähig, obwohl sie nur noch eine unter mehreren Institutionen und noch nicht abzusehen ist, welchen strategischen Zwecken sie künftig dienen könnte.
- Sie sollte vor allem begrenzte Kriege in Europa vermeiden; im Augenblick ihres politischen Triumphes werden begrenzte Konflikte möglich, ohne daß in den meisten absehbaren Fällen überhaupt eine Rolle für die NATO zu erwarten ist.
- Das wichtigste Mittel, um strategische Isolierung von Mitgliedern und konventionelle Entscheidbarkeit begrenzter Konflikte zu verhindern, war die nukleare Eskalationsdrohung. In der gegenwärtigen Lage wird man jedoch gerade dann, wenn die Wirkungsmöglichkeiten der NATO über die Beistandsverpflichtungen im Sinne der Artikel V und VI des Washingtoner Vertrages hinaus erweitert werden sollten, klarstellen müssen, daß die NATO zur Beherrschbarkeit gegebener Krisen beiträgt, ohne diesen eine nukleare Dimension zu geben. In diesem Sinne ist die im neuen strategischen Konzept beibehaltene Formel (§§ 39, 55) zur nuklearen Abschreckung aus der Londoner Erklärung - kein Konfliktfall, bei dem ein Gegner ein nukleares Risiko ausschließen kann - der neuen politisch-strategischen Lage völlig unangemessen: Die meisten absehbaren Konflikte sind ohne nukleare Dimension, und die NATO wird nur dann eine Rolle im Krisenmanagement spielen, wenn sie eine klare Trennlinie findet zwischen Konfliktarten, die zur Eskalation tendieren, und solchen, die sich abkapseln lassen.

Begrenzt auftretende Konflikte haben also nicht mehr eine *vorgegebene* internationale Struktur wie unter bipolaren Bedingungen und sind entsprechend auch nicht mehr über institutionelle Zuständigkeiten zu definieren. Aus eben diesen Gründen werden sie auch wahrscheinlicher, da die bisherigen Bedingungen ihrer Eindämmung entfallen. Aber es wäre ein entscheidender politischer Denkfehler, hierin einfach eine Rückkehr zu vornuklearen und vorkonfrontativen Bedingungen zu sehen: Diese Konflikte treten unter den politisch-strategischen Bedingungen kooperativer Sicherheit auf. Sie sind damit zwar nicht mehr absichtlich mit extremen Eskalationsrisiken gekoppelt, aber mit jedem derartigen Konflikt steht die Glaubwürdigkeit eben *des* Systems auf dem Spiel, das an die Stelle des bisherigen Abschreckungssystems getreten und aus diesem hervorgegangen ist.

In diesem Sinne gibt es auch unter den neuen politisch-strategischen Bedingungen keine begrenzten Konflikte im traditionellen Sinne mehr, sondern bei jedem Konflikt steht mit der Wirksamkeit kooperativer Sicherheitsstrukturen auch die politische Evolution in Europa und letztlich innerhalb der gesamten Grundkonstellation auf dem Spiel, und je weiter die politische Evolution fortschreitet, um so gravierender werden die Auswirkungen von Rückschlägen (mit dem Risiko negativer Transformation politisch-strategischer Rahmenbedingungen). Die heutigen Kommunikationsbedingungen und vor allem die Rückkoppelungen über Medien verstärken dies im Sinne einer qualitativen Veränderung.

Aus dem gleichen Grunde wird mit fortschreitender politischer Evolution allerdings auch nicht nur das Risiko regressiver Folgen zu-, sondern die Wahrscheinlichkeit solcher Konflikte abnehmen: Unter Bedingungen kooperativer Sicherheit wirkt Abschreckung internalisiert in dem Sinne weiter, daß es ein gemeinsames Interesse an der Vermeidung der Folgen gescheiterter Konfliktbeherrschung gibt. Es kann somit bei Staaten, die an der neuen internationalen Ordnung und ihrer Evolution interessiert sind, keine Indifferenz gegenüber begrenzten Konflikten geben; eine Wiederholung fehlgeschlagener Konfliktkontrolle wie in Jugoslawien würde eben diese Ordnung gefährden und die Wahrscheinlichkeit ähnlicher Konflikte erhöhen. Sie würde damit eine "Logik des Zerfalls" (Friedrich Meinecke) begründen. Nur in dieser Perspektive ist es sinnvoll und zweckmäßig, unter den neuen politisch-strategischen Bedingungen militärisch relevante Gefahren als *Risiken* zu charakterisieren.

Seit 1991 ist es national wie in der NATO Praxis geworden, die traditionelle Bedrohungsanalyse (threat assessment), die potentielle aggressive Absichten mit einem fixierten Gegner verband und unter diesen Annahmen die militärischen Fähigkeiten analysierte, durch *Risikoanalyse* zu ersetzen. Dies geschah in Anlehnung an die Analyse potentieller zivilisationsbedingter Katastrophen (z.B. Reaktorunfälle), für die residuale Risiken zu ermitteln sind. Darin sind drei Elemente enthalten: Es gibt keinen Gegner, es handelt sich um residuale Risiken und die Risiken sind als Folge eigener Maßnahmen zu verstehen (z.B. Reaktorbau), das heißt, man geht sie ein, wenngleich unter Umständen ohne gleichwertige Alternative. In diesem Sinne schließt der Begriff des Risikos stets auch eine Bewertung eigener Maßnahmen ein.

Die englische Sprache erlaubt hier eine klarere Differenzierung: "Danger" ist allgemein eine Gefährdung, "threat" eine von jemandem explizit angedrohte Gefährdung, "peril" eine unmittelbar drohende Gefahr, "jeopardy" eine Gefahr, der man ausgesetzt ist, "hazard" die Möglichkeit einer Gefährdung und "risk" eine Gefahr, die man in Kauf nimmt.[7]

---

7 Vgl. Webster's New World Dictionary, Cleveland/New York 1966, S. 372.

Die Begriffsgeschichte ist ebenfalls aufschlußreich. Der Begriff geht auf die Glücksspielpraxis im 17. Jahrhundert zurück, fand im 18. Jahrhundert Eingang in das Versicherungswesen (vor allem in bezug auf Schiffahrtsunglücke) und nahm im 19. Jahrhundert in der Ökonomie allgemein die Bedeutung der möglichen Nachteile an, die bei einem bestimmten ökonomischen Verhalten in Kauf zu nehmen sind. Das "Risiko" wurde damit zentral für die Entwicklung von Wahrscheinlichkeitstheorien.

Erst in den letzten Jahrzehnten hat der Begriff in zivilisatorisch bestimmten Gesellschaften eine neue Bedeutung angenommen, folgerichtig zunächst in den USA. In ihm verbanden sich Gefahr, Entscheidung (choice) und kollektives Bewerten.[8] "Das neutrale Vokabular des Risikos ist alles, was wir haben, um zwischen gewußten Tatsachen und der Schaffung einer moralischen Gemeinschaft eine Brücke zu schlagen".[9] Das heißt, im modernen Risikobegriff verbindet sich eine reale (oder als real behauptete) Gefahr mit einem negativ bewerteten Verhalten, wobei die Gefahr im Sinne bewahrenswerter (weil das Individuum schützender) Institutionen kodiert wird. In dieser Weise gehen in den Begriff kulturelle Bedingungen gegebener Gesellschaften, politischer Moralismus und Opportunität ein. Nicht zufällig ist der gegenwärtige sicherheitspolitische Gebrauch des Begriffs nicht nur negativ durch den Wegfall von Gegnern, sondern durch die Tschernobyl-Erfahrung auch positiv geprägt geworden, wo sich Gefahr und Wertung in eben diesem Sinne verbunden haben.[10]

Wenn "Risiko" zu einem Grundbegriff militärischer Sicherheit gemacht wird, so liegen die Gründe auf der Hand. Es ist aber auch abzusehen, daß sich die Logik dieses Begriffs gegen die sicherheitspolitischen Zwecke kehren kann, wenn er entweder auf Wahrscheinlichkeit von Zivilisationsrestgefahren reduziert wird oder Risiken als Folge eigenen moralisch bewertbaren Tuns verstanden werden. Diese Schwierigkeiten werden spätestens in dem Augenblick politisch relevant, wo militärische Risiken einer politischen Öffentlichkeit mit dem Ziel des Legitimationsgewinns erklärt werden müssen.

Es geht also bei einer künftigen Risikoanalyse nicht einfach darum, etwa durch "multidirektionale" Risikoanalyse nur die *direkte* Bezeichnung militärischer Risikofaktoren zu umgehen. Vielmehr wird man künftige militärische Risiken gerade und vor allem in dem *politisch-strategischen Kontext* untersuchen müssen, in dem sie auftreten können. Entsprechend reicht es also auch nicht, eine grundsätzliche Tendenz zur Kooperation zu konstatieren und durch die abstrakte Annahme zu ergänzen, daß die politische Situation sich so ändern kann, daß erneut reale Bedro-

8 In diesem Sinne hat der Begriff in säkularisierten westlichen Industriegesellschaften Funktionen des Begriffs "Sünde" übernommen.

9 Mary *Douglas*, Risk as a Forensic Resource, in: Daedalus, (Herst 1990), S. 5.

10 Vgl. ebd., S. 8f.

hungen entstehen: Eine solche Risikoannahme ist unabhängig von jedem Fortgang der internationalen Entwicklung möglich und insofern sicherheitspolitisch haltlos. Es geht vielmehr gerade darum, die möglichen Zusammenhänge zwischen dem Eintreten eines politisch-strategischen Kontextes und einem möglichen militärischen Risiko zu erfassen und auch als Konsequenz eigenen Handelns (z.B. präventiver Kooperation) zu verstehen.[11]

Risiko im Sinne einer militärisch relevanten Gefahr ist also zu verstehen als das *Risiko kooperativer Sicherheit bei fortschreitender politischer Evolution*, das alle Beteiligten und mittragenden Akteure eingehen angesichts anhaltender Konflikt- und Proliferationsgefahren, und zwar vor allem dann, wenn die Möglichkeit negativer Transformationen gegeben ist. In dieser Perspektive kann man illustrativ sagen, daß trotz aller diplomatischen Fehler und Fehlschläge der serbo-kroatische Konflikt in genau diesem Sinne als Risiko verstanden worden ist. In diesem neuen Sinne haben militärisch relevante Gefahren und insbesondere *regionale und subregionale Konflikte* wiederum eine *vorgegebene internationale Struktur*, aus der sich zugleich die *Natur der Begrenzbarkeit des Konflikts* ergibt.

Mit anderen Worten, eine Krisen- oder Konfliktmöglichkeit läßt sich in historischer oder subregionaler Perspektive betrachten, und zwar auch so, daß beispielsweise Folgen für Dritte oder Pressionsmöglichkeiten Dritter ins Bild kommen. Dies ist eine verbreitete Sicht, in der Konfliktparteien aus ihrem historisch (und oft nationalistisch) geprägten Selbstverständnis charakterisiert werden - eine rückwärtsgewandte Betrachtungsweise, die zu regressiven politischen Entwicklungen einlädt. Zum *Risiko* werden solche Krisen- und Konfliktmöglichkeiten dann, wenn sie im Kontext politischer Evolution und einer darauf gerichteten Entwicklung kooperativer Sicherheit verstanden und damit Anlaß für entsprechende Gegenmaßnahmen werden.

Hier liegt die Entsprechung zu den generellen Strukturen begrenzter Konflikte unter Konfrontationsbedingungen. Der Unterschied ist, daß die Konfrontationsordnung aufgrund ihrer Mechanismen praktisch keine andere Sichtweise zuließ, während zumindest gegenwärtig die Definition einer Konfliktmöglichkeit als Risiko Resultat einer Zielsetzung und Sichtweise ist, die durch eben derartige Konflikte auch selbst in Frage gestellt werden kann. Bei fortschreitender Evolution gewinnt Risikoanalyse in diesem Sinne an Bedeutung und die entsprechenden Me-

11 In diesem Zusammenhang wird die Unterscheidung Daniel Bells zwischen der Vorhersage einzelner Ereignisse (prediction) und der Identifikation von strukturellen Kontexten wichtig, aus denen Probleme entstehen (forecasting); Daniel *Bell*, The Cultural Contradictions of Capitalism, New York 1976, S. 205. Bell weist weiter darauf hin, daß die Ungewißheiten der "Kontextidentifikation" gerade aus denen der Ereignisvorhersage resultieren: "A set of events - which in what one seeks to predict - is often the conjunction of structural trends with particular contingencies. Since such contingencies are not forecastable, one can [not] invoke any ... social science methodology in making predictions. One can deal with conditions, but not precipitating factors; with structures, not contingencies."

chanismen entwickeln sich pari passu. *Nicht jede Krisen- und Konfliktmöglichkeit in und um Europa ist also ein Risiko.* Vielmehr muß eine Risikoanalyse in bezug auf eine *Typologie* erwartbarer Krisen und Konflikte gerade *Kriterien* anbieten, um die relevanten Risiken bestimmen zu können.[12]

Die Folgerungen aus dieser neuartigen politisch-strategischen Lage sind noch nicht ausreichend erkannt oder gar umgesetzt worden. Begrenzte Konflikte treten als Risiken auf, wenn ein europäisches Normensystem verletzt wird, das sich auf die VN-Charta, die Helsinki-Schlußakte, die Paris-Charta und ergänzende Grundlagen stützt. Dieses Normensystem wird weiterzuentwickeln sein, wofür sich im Rahmen der Helsinki-II-Konferenz eine Gelegenheit bietet. Es existiert jedoch *bisher keine Institution*, der dieses Normensystem als direkte Grundlage dient. Der KSZE-Prozeß könnte zu einem derartigen System fortentwickelt werden, aber erstens ist dies noch ein langer Weg, zweitens wird sich damit ein Spannungsverhältnis zu den Vereinten Nationen bilden und drittens liegen in der geographischen Begrenzung eines solchen Systems politisch-strategische Begrenzungen, die es von vornherein ergänzungsbedürftig machen.

In diesem Kontext ist die *bisherige Form der Beistandsverpflichtungen* grundsätzlich in Frage gestellt. Risiken stellen nur als extreme Ausnahme NATO-Fälle dar. Es wird bei Risiken unmittelbar um *einzelne* Staaten und mittelbar um *alle* Staaten und Staatengruppierungen gehen, die an der Erhaltung eines gemeinsamen Normensystems in bezug auf den Gebrauch von Machtmitteln vital interessiert sind. Daraus folgt, daß es *keine Hierarchie institutioneller Zuständigkeiten* gibt: Es gibt nur kollektive Ad-hoc-Entscheidungen darüber, innerhalb welcher Strukturen wie auf eine Krise bzw. einen Konflikt zu reagieren ist. (Dies wird im Grundsatz in der Rom-Erklärung über Frieden und Zusammenarbeit vom 8.11.1991 anerkannt [§ 35]). Entsprechend werden antizipierende Risikoanalyse und eine mögliche weitere Institutionalisierung des Krisen- und Konfliktmanagements vor allem an fortschreitender Normenbildung im Umgang mit Krisen und Konflikten orientiert sein müssen: Sie können sich nicht mehr auf institutionelle Vorgaben oder gar organisatorische oder eskalatorische Mechanismen abstützen.[13]

In ein entstehendes Sicherheitssystem sind bestehende Beistandsverpflichtungen einzuordnen und für spezifische Fälle, etwa zur Verstärkung des Normensystems, zu erhalten. Aber sie definieren nicht mehr die Risiken, auf die sich gerade

---

12 So wie sich unter Bedingungen der Konfrontationsordnung die Bedeutung begrenzter Konflikte bei fortschreitender militärischer Stabilisierung und politischer Détente verändert hat, wird dies auch bei fortschreitender politischer Evolution innerhalb der nördlichen Konstellation der Fall sein.

13 Die suggestive Formel der KSZE-Krisen*mechanismen* macht (nicht nur im Lichte der Jugoslawien-Erfahrungen) überdeutlich, daß es im Unterschied zur Konfrontationsordnung gerade *dieses* nicht mehr gibt: Mechanismen.

auch Institutionen wie die NATO und eine EG-zugeordnete WEU einrichten müssen, wenn sie Funktionsträger bleiben wollen.

Das kurdische Problem illustriert die Schwierigkeiten, mit denen künftige Sicherheitspolitik umzugehen haben wird: Mit der Resolution SR 688 ist ein Präzedenzfall für die Einschränkung der Souveränität und des Nichteinmischungsverbots zustande gekommen, der (ergänzt durch die SR-Resolution 716) neue Grundlagen der Sicherheitspolitik bildet, wie sie für künftige Krisenbeherrschung erforderlich sind. Dies ermöglichte unter anderem "Operation Provide Comfort". Zugleich unternimmt mit der Türkei ein Mitgliedstaat der NATO und ein Teilhaber am europäischen Normensystem militärische Angriffe, die durch kurdische Übergriffe begründet werden, aber die Logik von SR 688 ebenso unterminieren wie den Konsens im Bündnis. Die Türkei wird aber für Krisen und Konflikte in der Region ein unverzichtbarer Partner sein, wenn die mit SR 688 eingeleitete Sicherheitspolitik dort eine Perspektive haben soll, und ohne Einbindung der Türkei wird diese potentiell selbst zunehmend Teil des Problems statt der Lösung.

Vollends deutlich wird die Komplexität eines künftigen Krisen- und Konfliktmanagements, wenn man es einerseits im Kontext der deutschen Politik sieht, wo die politisch-rechtlichen Grundlagen strategischer Handlungsfähigkeit zunehmend beschränkt werden, und andererseits in der Perspektive der Vereinigten Staaten, in der eine Einschränkung einseitiger Interventionsfähigkeit im Sinne gemeinsamer Normenbildung, wie sie sich gerade im Irak bewährt hat, als grundsätzliche Beschränkung nicht akzeptiert ist (wie die ersten Reaktionen auf den Umsturz in Haiti gezeigt haben), sondern als unverträglich mit dem Selbstverständnis der USA empfunden wird, ohne das wiederum der Aufbau internationaler Ordnung kaum denkbar ist.

Diese Fragen bilden den Hintergrund für jede Definition von Risiken als Auslöser für kollektives Handeln.

II. Risikoanalyse: Vorschlag einer neuen Methodik

Ausgangsüberlegung ist, daß unter künftigen politisch-strategischen Bedingungen

- die Wahrscheinlichkeit potentiell militärischer Krisen und Konflikte zunimmt,
- diese sich von Fall zu Fall und aus dem Selbstverständnis der betroffenen Parteien - oder unter dem Kriterium ihrer Relevanz für die politische Evolution in Europa und innerhalb der nördlichen Konstellation, und damit der Wirksamkeit und Entwicklungsfähigkeit kooperativer Sicherheitsstrukturen - betrachten lassen,
- Risiken solche Krisen- und Konfliktmöglichkeiten sind, die nicht nur begrenzt, sondern im Kontext einer vorgegebenen internationalen Struktur und entsprechend erforderlicher Reaktionen und Instrumente gesehen werden müssen.

Risikoanalyse in diesem Sinne setzt eine *Heuristik* für den Umgang mit variablen Rahmenbedingungen voraus. Dafür ist der Vorschlag einer *Konstellationsanalyse* gemacht worden. In bezug auf spezielle Probleme einer Risikoanalyse lassen sich bestimmte Teilkonstellationen bzw. bestimmte Präferenzannahmen über Rahmenbedingungen zugrunde legen, die sich aber im Rahmen der Konstellationsanalyse gewichten und begründen lassen. Auf dieser Grundlage erfordert eine Risikoanalyse vier weitere Elemente:

- eine Konflikttypologie,
- Kriterien für die Auswahl und Bewertung möglicher Konflikte, vor allem für die Bestimmung von Risiken,
- eine Zuordnung verfügbarer bzw. erforderlicher Instrumentarien für mögliche Reaktionen,
- Kriterien für die Bewertung von Risiken aus der spezifischen Interessenlage der Bundesrepublik Deutschland.

Die Risikoanalyse geht also nicht von institutionellen Selektionskriterien aus, sondern von Krisen- und Konfliktmöglichkeiten *in Regionen und an Peripherien*, die für die Dynamik der Konfliktauslösung bestimmend sind. Vor allem die folgenden kommen in Betracht:

- die GUS bzw. das entsprechende Territorium,
- das Baltikum (einschließlich Kaliningrad),
- Zwischeneuropa (bzw. Mittelosteuropa),
- Balkan,
- das Umfeld der Türkei,
- Nahost/Golfregion,
- südliche Mittelmeeranrainer,
- südliche Peripherie der GUS.

Es gibt weitere, die für die Konstellation weitreichende Wirkungen auslösen können, zum Beispiel Korea für Japan oder Mexiko für die USA, die an dieser Stelle außer Betracht bleiben. Das gleiche gilt für "Probleminseln" innerhalb des NATO- bzw. EG-Territoriums.

Für diese Regionen und Peripherien ist die Unterscheidung zwischen geographisch *begrenzten Konflikten* und *Steigerungskonflikten* grundlegend. Begrenzte Konflikte können auch ausdehnungsfähig sein und sind insbesondere dann Risiken. Sie sind aber der Natur der auslösenden Dynamik nach begrenzbar. Steigerungskonflikte sind umgekehrt begrenzbar, aber aufgrund der Konfliktdynamik tendenziell erst nach einer Steigerung der Konfliktintensität. Eine solche Steigerung ist nur in extremen Ausnahmen als Eskalation im Sinne der bisherigen NATO-Strategie zu verstehen. Steigerung kann drei primäre Dimensionen haben: Raum, Zeit und Mittel. Entsprechend lassen sich drei Arten der Konfliktdynamik unterscheiden:

- Im Unterschied zu begrenzten Konflikten kann es eine Dynamik der Konfliktauslösung geben, die eine *horizontale Verknüpfung* mit anderen Konfliktpotentialen bzw. mit Interessen Dritter sehr wahrscheinlich macht. Der Konflikt hat dann eine Tendenz, flächendeckend zu werden.
- Die Konfliktdynamik kann eine *ausgedehnte Vorlaufphase* mit einem entsprechenden *Aufwuchs* und einer Rekonstitution von Fähigkeiten für größere Invasionen haben. In Verbindung mit den räumlichen Dimensionen (z.B. Zuführung von Streitkräften aus Gebieten außerhalb der ATTU-Zone) muß es hier eine typische zeitliche Konfliktstruktur geben.
- Die Konfliktdynamik kann durch die *Verfügbarkeit über Massenvernichtungswaffen* (MVW), vor allem nukleare und chemische Waffen, oder auch über potentiell kriegsentscheidende kritische Technologien und Unterstützungssysteme charakterisiert sein, was einen Konflikt, sofern er nicht genau aus diesem Grund eine rasche Entscheidung herbeiführt, schwer begrenzbar macht. Ein solcher Konflikt kann seiner politischen Dynamik nach ein begrenzter oder ein Steigerungskonflikt sein: Aufgrund der Natur verfügbarer Mittel ist unabhängig vom Steigerungsverlauf eine spezifische Dimension gegeben. Diese Dimension würde sich auf absehbare Zeit stets mit Rekonstitutionsgefahren auf seiten der GUS oder ihrer Nachfolgestaaten verbinden. Sie ist aber auch ohne Rekonstitution und entsprechende Invasionsfähigkeit möglich, vor allem auf seiten potentieller neuer politisch-strategischer Akteure, wie sie durch Proliferation bzw. Desintegration politischer Kontrolle über MVW entstehen können.

Es bieten sich *drei Kategorien von Risiken* im beschriebenen Sinne an:

- *begrenzte Konflikte*, das heißt geographisch begrenzte Konflikte bzw. Steigerungskonflikte ohne die Dimensionen der Rekonstitution und/oder der Verfügung über MVW,
- *Rekonstitutionsfälle*,
- Konflikte mit *neuen strategischen Akteuren* (MVW-Fälle).

Vier weitere Kategorien von Konflikten kommen hinzu:

- *logistische Konflikte*, bei denen es um die Störung oder Unterbindung von Versorgung über größere Entfernungen geht, vor allem dort, wo kritische Abhängigkeiten und/oder verwundbare Versorgungswege gegeben sind,
- *nichtstaatliche Herausforderungen* (z.B. Terrorismus, massive soziale Drogengefährdung, ökologische Sabotage), die militärische Maßnahmen erfordern können,
- Anlässe für *qualifizierte Interventionen*, für die eine völkerrechtliche Grundlage existiert oder zu erwarten ist und ein entsprechendes Mandat besteht,

- Anlässe für Einsätze zu *friedenserhaltenden Zwecken* (vor allem im Rahmen der VN), etwa zum Schutz von Hilfsprogrammen und vergleichbare (z.B. Völkermord) Anlässe ohne militärischen Kampfzweck.[14]

Die drei letzten Risikotypen werfen vor allem institutionelle und politische Legitimationsfragen auf. Dies gilt namentlich im Kontext der deutschen Sicherheitspolitik. In Verbindung mit militärischer Spezialisierung auf die entsprechenden Aufgaben geht es hauptsächlich um die politisch-rechtlichen Einsatzbedingungen.

Logistische Konflikte außerhalb eines allgemeineren kriegerischen Zusammenhangs können mit militärischen Mitteln ausgelöst werden, sind aber eher durch Unterbrechung von Versorgungssystemen zu erwarten, etwa in der Energieversorgung europäischer oder in der Wasserversorgung nahöstlicher Staaten. In diesen Fällen sind die politisch-rechtlichen Einsatzbedingungen ebenfalls potentiell strittig, ein Einsatz militärischer Mittel aber auch ohne Alternative.

Für die sicherheitspolitische Planung sind alle sieben Risikotypen relevant. Dies gilt auch für die Bundesrepublik. Die militärische Vorsorgeplanung muß sich aber vor allem auf die drei ersten richten. Alle drei sind in besonderem Maße und auf neue Weise mit internationalen Implikationen verknüpft, und gerade diese Verknüpfungen unterscheiden sie von herkömmlichen Risikovorstellungen.

- Für regionale Konflikte ist vor allem die Begrenzung aus der Perspektive der Konfliktparteien in Verbindung mit einem allgemeinen institutionalisierten Gewaltverzicht und entsprechenden Festlegungen aller Sicherheitspartner auf die Unteilbarkeit europäischer Sicherheit kritisch. Gegenüber der Konfrontationsordnung treten einzelne Krisenregionen auseinander; regionale oder lokale Akteure entscheiden über Krieg und Frieden, wo unter konfrontativen Bedingungen sogar ein Nuklearwaffenstaat wie Frankreich besorgt war, nicht über das eigene nationale Schicksal verfügen zu können.
- Für Rekonstitutionsfälle ist das zeitliche Auseinandertreten entscheidender vorbereitender Schritte mit internationalen Auswirkungen (z.B. Ausbruch aus einem multilateralen Vertragssystem) und dem eigentlichen militärischen Konfliktbeginn charakteristisch.
- In Fällen möglichen Einsatzes von Massenvernichtungswaffen, vor allem nuklearer Waffen, treten gegenüber der Praxis wechselseitiger Abschreckung unter konfrontativen Bedingungen konventionelle und nukleare Fähigkeiten (bzw. andere MVW) auseinander: Unter konfrontativen Bedingungen bestand die mögliche Bedrohung gerade in der Kombination starker konventioneller Invasionsfähigkeiten mit einem nuklearen Potential zum Niederhalten bzw. Abschrecken nuklearer Reaktionen, und entsprechend mußte die NATO im Maße der eigenen nuklearen Verwundbarkeit und der resultierenden Glaub-

14 Zur Frage des Einsatzes zu humanitären Zwecken vgl. Thomas G. *Weiss*/Kurt M. *Campbell*, Military Humanitarianism, in: Survival, 33 (September/Oktober 1991) 5, S. 451-465.

würdigkeitslücke eine möglichst enge Kombination konventioneller und nuklearer Reaktionen anstreben. Dies ist selbst in einem massiven Rekonstitutionsfall so nicht mehr gegeben. Daraus folgt aber auch, daß bei künftigen Bedrohungen mit nuklearen oder anderen MVW konventionelle Reaktionen in den meisten Eventualfällen nicht ausreichen, also die Möglichkeit direkter nichtkonventioneller Reaktionen in Aussicht genommen werden muß.

In allen drei Fällen muß die sicherheitspolitische *Lösung in der Stabilisierung solcher Trennung* liegen, also in der *Abkapselung* begrenzter Konflikte, in der Schaffung möglichst *hoher Entscheidungs- und Risikoschwellen* für die Vorbereitung einer Rekonstitution von Offensivfähigkeit und in der *Beschränkung* nuklearer Reaktionen auf Fälle direkter Bedrohung mit nuklearen oder anderen Massenvernichtungswaffen.[15] In allen drei Fällen sind aber auch besondere sicherheits- und auch ordnungspolitische Implikationen gegeben:

- Eine Abkapselung begrenzter Konflikte kann durch Indifferenz bzw. Handlungsverzicht oder durch internationalen Druck mit einem Risiko horizontaler Ausbreitung erfolgen. Im ersten Fall kann das auf Gewaltverzicht und Unteilbarkeit europäischer Sicherheit gegründete System kollektiver Sicherheit rascher politischer Zerstörung entgegengehen, im zweiten kann statt Abkapselung eine Eskalation eintreten, und zwar unter Umständen mit ähnlichen politisch destruktiven Folgen.

  Wirksames sicherheitspolitisches und insbesondere militärisches Handeln ist jedoch nicht über kollektive Beistandsverpflichtungen oder gar Garantien zu erreichen, sondern nur auf dem Wege konsensualer Mandatserteilung, sofern für diese die Voraussetzungen geschaffen werden. Wie der Jugoslawienkonflikt zeigt, wird gerade dies aber - zumindest in Abwesenheit ausreichender Krisenvorsorge - zwischen den Ordnungsträgern politisch strittig sein können.
- Eine Einhegung von Rekonstitutionspotentialen durch ein Vertragssystem, das im potentiellen Aggressionsfall einen Ausbruch aus diesem System erfordert, kann auch für die betroffene Seite neue Entscheidungsschwellen errichten und

15 Die Frage eines ausdrücklichen Verzichts auf den nuklearen Ersteinsatz verliert in diesem Kontext ihre Bedeutung. Ein solcher Verzicht dient unter heutigen Umständen nicht mehr der Rückversicherung für Sicherheitspartner. Im Falle einer nuklearen Bedrohung in einer akuten Krise wäre ein Verzicht auf eine präemptive Option schon aus Abschreckungsgründen nicht zweckmäßig. In einem extremen Rekonstitutionsfall wäre ein solcher förmlicher Verzicht ohnehin gegenstandslos, da ihm in typischen Szenarien ein Ausbruch aus einem komplexen Vertragssystem vorausgehen müßte. Das heißt, ein Ersteinsatzverzicht würde hier besagen, daß man einem potentiellen Aggressor die förmliche Zusicherung gibt, auch dann auf einen Ersteinsatz zu verzichten, wenn dieser in aggressiver Absicht zum mehrfachen Vertragsbrecher geworden und eine militärisch bedrohliche Lage entstanden ist. Da dieser Fall aber auch besonders unwahrscheinlich ist, sollte dieses Thema als erledigt betrachtet oder aber im Sinne eines bedingten Ersteinsatzverzichtes gegenüber konventionellen Gefährdungen geregelt werden. Das heißt, ein solcher Verzicht gilt, sofern ein potentieller Aggressor seinerseits geltende Verträge und Vereinbarungen einhält, die einer Rekonstitution im Wege stehen.

erforderliche reaktive Vorbereitungen hemmen. Die Vorbereitung eines Kräfteaufbaus mit aggressiver Absicht kann zumindest teilweise verdeckt erfolgen. Die Absichten können unklar bleiben. Westliche stereotype Krisenperzeptionen werden durch die Existenz zu brechender Verträge und Vereinbarungen verschärft. Das heißt, lange vor Ausbruch eines militärischen Konflikts müßten Regierungen die politische Entscheidung treffen, ob ein massiver Vertragsbruch vorliegt, der eine Aggressionsabsicht signalisiert. Mit anderen Worten, solche Einhegung wird nur wirksam, wenn sie mit ausreichenden Möglichkeiten der Aufklärung, Informationsanalyse, des Krisenmanagements und kollektiver Entscheidungsbereitschaft verbunden ist.

- Eine Isolierung nuklearer Optionen schließlich kann gerade im Umgang mit neuen strategischen Akteuren auch die mäßigenden Wirkungen wechselseitiger nuklearer Abschreckung gefährden. Angesichts möglicher Proliferation durch Verlust zentraler Kontrolle über das ehemalige sowjetische Nuklearwaffenarsenal oder als Resultat eigener Anstrengungen Dritter wird ein verschärftes Nichtverbreitungsregime notwendig, dessen Wirksamkeit gleichwohl fraglich bleiben würde: Der Irak ist Signatarstaat des NV-Vertrages, die GUS als Nachfolgestaat der UdSSR sogar Depositarstaat. Andererseits würden die schwindende Funktion nuklearer Abschreckung als eines Systems reziproker Mäßigung und die Isolierung nuklearer Optionen ein solches Regime verstärkt als Festschreibung einer auch ordnungspolitischen internationalen Statusdifferenz zwischen den Nuklearwaffenstaaten im Sinne von Artikel IX des NV-Vertrages und den entsprechenden Nichtnuklearwaffenstaaten erscheinen lassen und so zusätzlichen Widerstand gegen das NV-Regime bzw. zusätzliche Antriebe zur Proliferation erzeugen. Dies gilt vor allem im Blick auf die für 1995 anstehende Konferenz über die unbegrenzte Fortgeltung des NV-Vertrages und die in Artikel X.2 vorgesehene Mehrheitsentscheidung in dieser Frage.[16]

Unter den gegebenen Bedingungen sind militärische Risiken in der Entstehungsphase also nur als begrenzte Konfliktmöglichkeiten zu sehen, wenngleich es die drei genannten Steigerungsmöglichkeiten gibt. In diesem Zusammenhang sind im übrigen auch mögliche Kombinationen von Steigerungsprozessen vorstellbar:

- Regional begrenzte Konflikte können wegen des Gewichts der Konfliktparteien oder aufgrund des Zusammentreffens mehrerer Konflikte oder einfach durch horizontale Ausweitung eine Situation entstehen lassen, in der inmitten einer unüberschaubaren Lage Rekonstitutionsprozesse mit weiterreichenden potentiellen Zielsetzungen oder nur zum Vorbeugen, aber ähnlichen Folgewirkungen in Gang gesetzt werden.

---

16 Dieser kritische Zusammenhang zwischen sicherheits- und ordnungspolitischen Fragen ist so nur für nukleare Waffen, nicht für andere, ebenfalls beunruhigende Massenvernichtungswaffen gegeben.

- Regional begrenzte Konflikte können in einigen Fällen Massenvernichtungswaffen ins Spiel bringen, was sowohl auf dem Territorium der ehemaligen UdSSR wie im Nahen Osten denkbar ist.[17]
- Im Falle einer Rekonstitution seitens der RSFSR oder eines neuen restaurativen Unionsgebildes wäre ohnehin eine Kombination konventioneller Fähigkeiten mit Massenvernichtungswaffen, vor allem Nuklearwaffen gegeben.

Diese Risikotypologien sind unter verschiedenen Rahmenbedingungen zu gewichten. So sind Rekonstitutionsgefahren eo ipso nicht im Rahmen des K1-Modells und kaum im Rahmen des K2-Modells zu erwarten, während sie im K3-Modell plausibel sein könnten.[18] Im K5-Modell hat sich die militärische Ausgangslage unter Umständen so verändert, daß wieder mit kürzeren Vorbereitungszeiten zu rechnen ist und die Risikoschwellen ihre Funktion weitgehend eingebüßt haben.

Ähnlich wird in einem K1-Modell von einem zunehmend wirksamen NV-Regime auszugehen sein, zumindest innerhalb der nördlichen Konstellation und zumindest für nukleare Waffen. In einem K5-Modell ist Proliferation unter Umständen sogar einer der Auslöser für das Eintreten dieser Konstellation gewesen. Eine Verfügung über MVW einschließlich nuklearer Waffen durch neue strategische Akteure ist in diesem Modell anzunehmen, wenngleich sogar ohne MVW chaotische Wirkungen eintreten können.

Am schwierigsten sind begrenzte Konflikte in bezug auf unterschiedliche Konstellationsmodelle zu gewichten. Im K1- und weitgehend im K2-Modell ist ein Engagement aller internationalen Ordnungsträger unumgänglich, wenn keine negativen Transformationen in Gang gesetzt werden sollen, aber in diesen Fällen ist auch die wirksamste Kooperation der Ordnungsträger im Sinne vorbereiteter Reaktionsmöglichkeiten sehr begrenzt. Umgekehrt würde ein Scheitern kollektiven Krisenmanagements besonders gravierende Rückwirkungen auf den Bestand dieser konstellativen Struktur haben. Es wäre am ehesten bei Konflikten mit externen Akteuren wie Iran oder China denkbar.

Im K5-Modell wären die hemmenden Faktoren besonders schwach und die Eskalationsrisiken besonders groß. Der schwierigste Fall dürfte mit dem K3-Modell vorliegen: Blockbildung könnte wie während der Konfrontationsordnung in vielen

---

17 Vgl. dazu Kurt M. *Campbell*/Ashton B. *Carter*/Steven E. *Miller*/Charles A. *Zraket*, Soviet Nuclear Fission. Control of the Nuclear Arsenal in a Disintegrating Soviet Union, Cambridge, MA 1991 (CSIA Studies in International Security Studies No. 1); ferner Douglas I. *Clark*, Soviet Military Reform - A Moving Target, in: Report on the USSR, 2 (22.11.1991) 47, S. 14; ferner Roman *Solchanyk*, Ukraine, the Kremlin, and the Russian White House, in: Report on the USSR, 3 (1.11.1991) 44, S. 15f. - In den USA werden gegenwärtig offene Planspiele durchgeführt, die von einem Scheitern der Verhandlungen zwischen den Republiken RSFSR, Ukraine, Weißrußland und Kasachstan über die Kontrolle nuklearer Waffen und einem anschließenden Konfliktszenario ausgehen.

18 Siehe den Beitrag des Autors über Möglichkeiten und Probleme einer Konstellationsanalyse in Teil I (Kap. 1).

Fällen zur Dämpfung begrenzter Konfliktmöglichkeiten führen, aber solche Risiken könnten auch eine Auslöserfunktion erhalten, die zu außerordentlich dynamischen Steigerungen möglicher Konflikte führt. Die Wahl zwischen Engagement der Ordnungsträger und Indifferenz angesichts möglicher Polarisierung und Eskalation ist hier besonders folgenreich.

Bei begrenzten Konflikten sind periphere bzw. konstellationsexterne ("südliche") Konflikte gesondert zu betrachten. Ihr Auftreten wie ihre Lösbarkeit können, wie die Entwicklung seit Ende des Ost-West-Konflikts (oder ähnlich schon für kurze Zeit die amerikanisch-sowjetische Entspannung nach dem Moskauer Gipfel im Mai 1972) gezeigt hat, erheblich von den vorherrschenden Strukturen innerhalb der Konstellation abhängen. Zugleich wird ihre Sicherheitsrelevanz sich je nach den konstellativen Bedingungen verändern. In K1- oder K2-Modellen werden Staaten der nördlichen Konstellation im Regelfall nur als Mandatsträger eingreifen, was Konsens zwischen Akteuren innerhalb der Konstellation voraussetzt und Konfliktträgern geringe Möglichkeiten zur Manipulation bietet. In K3- und vor allem K5-Modellen können hingegen strategische Wechselwirkungen eintreten, die sich in Friktionen oder Konflikten innerhalb der Konstellation fortsetzen. Die vier zusätzlichen Risikotypen (siehe oben) stellen ebenfalls spezielle Fälle dar:

- Für logistische Konflikte ist entscheidend, ob sie innerhalb der Konstellation auftreten oder über die Peripherie hereingetragen werden oder aber außerhalb der Konstellation und mit bzw. ohne massive Rückwirkungen (z.B. Erdölversorgung) stattfinden. Im ersten Fall sind sie nur in K3- und K5-Modellen zu erwarten, im dritten gilt, was oben für periphere Konflikte gesagt worden ist. Der zweite Fall ist wohl nur im Kontext größerer Konfliktlagen möglich, bei dem potentiell MVW ins Spiel kommen und zumindest ein strategischer Interessenkonflikt zwischen dominanten Akteuren entstehen könnte.
- Nichtstaatliche Herausforderungen können in allen Konstellationsmodellen aufkommen, obwohl ihre Wahrscheinlichkeit, Wirkung und Kontrollierbarkeit von Konstellationsbedingungen beeinflußt wird. Soweit sie großflächige Möglichkeiten der Bekämpfung erfordern, bieten die K2- und K1-Modelle die besten Aussichten, aber in diesen Fällen könnten zumindest für einige dieser Herausforderungen wie organisiertes Verbrechen auch die besten Voraussetzungen für großflächiges Agieren gegeben sein.
- Die beiden übrigen Risikotypen sind in besonderer Weise konstellationsabhängig. Die potentiell auslösenden Konfliktmöglichkeiten sind zwar eher weitgehend indifferent, aber zum Risiko im Sinne der hier vorgeschlagenen Typologie werden sie erst aufgrund gegebener Rahmenbedingungen: im Falle qualifizierter Interventionen nur bei Konsens der dominanten Akteure, also im wesentlichen für K1- und K2-Modelle, im Falle etwa von Einsätzen zu friedenserhaltenden Einsätzen, sofern die Voraussetzungen für die Anwendung der VN-

Bestimmungen und -Prozeduren möglich sind (im ersten Fall sind zusätzliche Voraussetzungen nötig).

Unter den gegebenen politisch-strategischen Bedingungen läßt sich zusammenfassend sagen, daß

- eine Risikotypologie mit sieben Risikoarten sinnvoll erscheint,
- nur begrenzte Konflikte zu erwarten sind,
- umfassende Konflikte nur nach extrem negativer Transformation (K5) oder durch Steigerung gegebener Konflikte möglich sind,
- damit viele Anforderungen der bisherigen Sicherheitsvorsorge entfallen, aber neue hinzukommen,
- Risiken eo ipso sicherheitspolitische Implikationen für dominante Akteure haben,
- bei Risiken entsprechend die Wirksamkeit und der Bestand internationaler Strukturen (Institutionen, Normen, Regime u.a.) auf dem Spiel stehen.

III. Begrenzte Risiken: Typologie, Kriterien und Gewichtung

Die Sicherheitsvorsorge muß sich auf alle sieben Risikotypen einrichten, und zwar in bezug auf gegebene oder erwartete politisch-strategische Rahmenbedingungen. Da unter den gegebenen Bedingungen jeder Konflikt zumindest ursprünglich begrenzter Natur sein wird, muß Sicherheitsvorsorge sich an den entsprechenden Erfordernissen orientieren. Unter konfrontativen Bedingungen gab es generische Konfliktfälle, die in bezug auf mögliche kollektive Beistandspflichten definiert waren. Damit erhielten detaillierte Szenarien eine Planungsrelevanz. Künftige Sicherheitsvorsorge steht vor der Frage, ob sich aus der großen Vielzahl möglicher und erwartbarer militärisch relevanter Konfliktarten generische Konfliktarten bestimmen lassen, die im Sinne des oben definierten Risikobegriffs eine Bestimmung der Aufgaben der Sicherheitsvorsorge ermöglichen.[19]

Für eine sicherheitspolitisch relevante Analyse möglicher Konflikte, das heißt die Auswahl und Bewertung generischer Konflikte als Risiken, sollen hier sechs Arten von Kriterien vorgeschlagen werden, die unter Berücksichtigung konstellativer Bedingungen anzuwenden sind:

- Ursprungskriterien,
- Auslöserkriterien,
- Intensitätskriterien,
- normative Kriterien,

19 Für einen Versuch, Kriterien für die Auswahl und Bewertung von Eventualfällen unter den Bedingungen der strategischen Übergangsphase und insoweit vor allem aus NATO-Sicht zu entwickeln, vgl. Uwe *Nerlich*, Die Reform der NATO-Strategie unter Bedingungen strategischer Entflechtung in Europa, unveröffentlichtes Manuskript, Stiftung Wissenschaft und Politik, Ebenhausen, Mai 1991, S. 71-76.

- Internationalisierungskriterien,
- Kriterien für Lösungszugänglichkeit.

In einem zweiten Schritt sind dann spezielle Kriterien für die Bewertung von Risiken in bezug auf ihre möglichen Auswirkungen auf die Sicherheit und den Reaktionsbedarf der Bundesrepublik Deutschland zu entwickeln. Dies war bisher im wesentlichen über die Bündnisverpflichtungen vorgegeben und bildet, soweit es um die Definition neuer kollektiver Verpflichtungen geht, den Kern künftiger Sicherheitspolitik des vereinigten Deutschland.[20]

Ursprungskriterien betreffen die Bedingungen, unter denen ein Konflikt ausbrechen kann. Es ist zweckmäßig, zwischen vier Arten von Ursprungskriterien zu unterscheiden, je nach der Anfangssituation eines Konflikts:

- Konflikte können als *interne* Konflikte ausgelöst werden, das heißt als
    - Minderheitenkonflikt,
    - Konflikt zwischen Teilstaaten,
    - Konflikt zwischen Zentralgewalt und Teilstaaten,
    - als Machtkampf.
- Sie können *transnationalen* Charakter haben, vor allem als
    - Grenzkonflikt,
    - Minderheitenkonflikt,
    - Terrorismus, organisiertes Verbrechen u.a.
- Die klassische Konfliktform ist natürlich der *zwischenstaatliche* Konflikt,[21] der gegenwärtig vor allem in drei Formen zu sehen ist:

20 Für Entscheidungen ist zweifellos eine Vereinfachung, das heißt eine Zusammenfassung von Kriterien erforderlich, zumal das Problem der Entscheidung unter multiplen Kriterien vor schwierige Fragen stellt; vgl. Kenneth J. *Arrow*/Hervé *Raynaud*, Social Choice and Multicriterion Decision-making, Cambridge, MA/London 1986.
Gegenwärtig werden bisweilen drei Kriterien hervorgehoben bzw. benutzt: 1. die Konfliktwahrscheinlichkeit, 2. die Auswirkungen eines Konflikts und 3. die Einbeziehbarkeit deutscher Streitkräfte. Tatsächlich handelt es sich hier um mögliche Analyseziele, aber nicht um Kriterien für die *Auswahl* von Risiken oder die *Bildung generischer Konfliktmöglichkeiten:* Es gibt kein Verfahren, aus der Vielfalt möglicher Konflikte nach Graden der Wahrscheinlichkeit auszuwählen: Gerade dafür sind Kriterien und komplexe Analysen erforderlich, und selbst dann bleiben Ungewißheiten, die es erfordern, für *gegebene* Risiken intuitive Bewertungen oder darauf basierende Gewichtungen vorzunehmen. Ebenso sind die Auswirkungen gerade das Analyseproblem, nicht das Auswahlkriterium: Man kann Risiken höchstens intuitiv nach der Vermutung auswählen, daß sie relevante Wirkungen haben. Die Einbeziehbarkeit deutscher Streitkräfte schließlich läßt sich nur im Sinne vorgegebener bzw. normativer Kriterien oder aufgrund komplexer Analyse bestimmen. Mit anderen Worten, die beiden ersten dieser "Kriterien" setzen Resultate einer Risikoanalyse bereits voraus, das dritte erfordert darüber hinaus weitreichende sicherheitspolitische Festlegungen.

21 Innerhalb der nördlichen Konstellation ist der traditionelle zwischenstaatliche Konflikt, nämlich zwischen individuellen und autonomen Staaten, die Ausnahme, für die es in der gegebenen Situation nur nach dramatischen negativen Transformationen noch mögliche politische Zielsetzungen gibt.

- als Konflikt zwischen *individuellen* Staaten (Aggression, Präventivkrieg),
- als *Koalitionskrieg* unter Bedingungen beschränkter Souveränität und bestehender kollektiver Beistandsverpflichtungen,
- als Krieg zwischen individuellen Aggressorstaaten und einer Ad-hoc-Koalition als *Mandatsträger.*

- Neben konstitutionellen Merkmalen sind geostrategische Merkmale als Ursprungskriterien wichtig:
  - Unversehrtheit eigenen Territoriums, das heißt, ob eine direkte Aggression vorliegt oder nicht,
  - Kontiguität, das heißt, ob ein Konflikt in angrenzenden Territorien ausbricht oder Zwischenzonen bzw. größere Distanzen bestehen,
  - ob Konflikte innerhalb oder außerhalb von Vertragssystemen mit geographisch definierten Beistandsverpflichtungen ausgelöst werden,
  - ob Konflikte innerhalb oder außerhalb der nördlichen Interaktionszone stattfinden.

Auslöserkriterien beziehen sich auf die Art der auslösenden Aktivitäten. Hier sind die Veränderungen gegenüber der Konfrontationsordnung besonders auffallend: Während es dort angesichts der Gefahren vor allem um unbeabsichtigte Konflikte und Stellvertreterkriege ging, sind für derzeit absehbare Konflikte folgende Auslöserkriterien zu beachten:

- Deblockierung von Konfliktursachen (vor allem in der Folge nationalistischer Entwicklungen in ehemaligen WP-Ländern),
- situationsbedingte Konfliktziele (z.B. Erzwingen von Transit),
- spontane Konflikte (z.B. aufgrund von Massenunruhen),
- epidemische Konflikte (z.B. sukzessiver Zerfall von multinationalen Staaten),
- opportunistische Konflikte mit dem Ziel, momentane Vorteile zu nutzen,
- simultane Konflikte, also Doppelkrisen wie Golf/Baltikum.

Dieser Katalog ist vorläufig und unvollständig, aber der internationale Kontext und die Begrenzbarkeit bzw. Lösbarkeit eines Konflikts hängen offenkundig auch von Auslöserkriterien ab. Das gleiche gilt natürlich auch für Möglichkeiten der vorbeugenden Konflikttherapie.

Intensitätskriterien sind vor allem für die Frage der Begrenzung von Konflikten maßgebend. Hier sind vor allem zu nennen:

- Potenz der Konfliktparteien,
- die eingesetzten und zurückgehaltenen Kräfte,
- die mögliche Ausweitung politischer Ziele,
- die Möglichkeiten eines Eintritts Dritter,
- mögliche Rollen für MVW,

- mögliche Ausweitung auf Bevölkerungszentren.[22]

Insoweit sind Intensitätskriterien auch Schadenskriterien.

Normative Kriterien werden unter künftigen Bedingungen besondere Bedeutung haben, und zwar vor allem, weil einerseits konstitutionelle Eigenschaften gerade den Kern des Konfliktes ausmachen können (z.B. Sezession, Minderheitenkonflikte), andererseits der Verlauf, die Internationalisierung und die Lösbarkeit eines Konflikts entscheidend von der Natur kollektiver Verpflichtungen, Mandate, Regime usw. bestimmt werden kann. Allgemein lassen sich eine Reihe von normativen Kriterien hervorheben:

- ob eine klare Verletzung internationalen Rechts vorliegt,
- ob es sich um einen institutionell verpflichtenden Fall handelt,
- ob es die Möglichkeit internationaler Legitimation (Mandatserteilung) gibt,
- ob eine Einschränkung des Gebots der Nichteinmischung in innere Angelegenheiten möglich ist,
- ob ein akuter Bedarf einer Normenbildung gegeben ist (wie im Irak-Fall).

Für künftiges Krisen- und Konfliktmanagement werden die normativen Kriterien zunehmend kritische Bedeutung erlangen: Die Normenentwicklung wird im KSZE-Rahmen, für NV-Regime usw. zur zentralen Aufgabe werden.

Internationalisierungskriterien können normativen Charakter haben. Sie können wie unter Konfrontationsbedingungen mutatis mutandis auch materielle bzw. politische Grundlagen haben. Diese Kriterien betreffen die möglichen Gründe für eine mögliche internationale Ausweitung von Konflikten. Unter anderem sind die folgenden zu nennen:

- Grad der Westbindung von Konfliktparteien,
- Risikoschwellen im Sinne erforderlicher Vertragsausbrüche und Umgehungen von Inspektionen im Falle einer Aggressionsentscheidung,
- Stand der internationalen/europäischen Normenbildung,
- Effektivität von kollektiven Sicherheitssystemen,
- Interessen einer möglichen Führungsmacht (vor allem der USA),
- materielle Interessen und Abhängigkeiten (z.B. Störung der Energieversorgung),
- Medienwirksamkeit.

Ein letztes Kriterium ist der *Spielraum für Konfliktlösungen*, vor allem

- die Verfügbarkeit nichtmilitärischer Zwangsmittel,
- Konsensaussichten möglicher Mandatsträger,
- Durchhaltefähigkeit von Aggressionsopfern,
- bestehende Interdependenzen.

---

22 Im Zusammenhang vor allem mit Intensitätskriterien sind mögliche Wirkungen der Mediatisierung zu sehen, und zwar sowohl konfliktdämpfende wie konfliktverschärfende Wirkungen.

Diese sechs Arten von Kriterien für die Auswahl und Bewertung von Konfliktmöglichkeiten sowie für die Bildung von generischen Eventualfällen gelten ohne geographische Beschränkung, zumindest soweit es um die nördliche Interaktionszone geht. Sie reichen aber nicht, um für begrenzte Risiken eine spezifische Typologie zu entwickeln. Dafür sind zusätzliche *regionalspezifische* Gesichtspunkte zu berücksichtigen. Dies gilt sowohl für potentiell krisenhafte Regionen innerhalb des nördlichen Interaktionsraumes wie für Peripherien und südliche Regionen, von denen sicherheitsrelevante krisenhafte Entwicklungen ausgehen können.

Im Blick auf die künftige europäische Sicherheit sind einige Regionen und Peripherien hervorgehoben worden. Diese Abgrenzung möglicher Krisenzonen ist selbst schon von Bedeutung für das Erfassen einer Krisendynamik und die Möglichkeiten der Ausweitung und Verknüpfung mit anderen Krisen. Im Rahmen des Projekts sind einige dieser Krisenzonen näher untersucht worden, und zwar die ehemalige UdSSR (ohne Baltikum), Zwischeneuropa (Mittelosteuropa), die überlappende Zone mit den westlichen Republiken der ehemaligen UdSSR und Zwischeneuropa, das Baltikum, Südosteuropa, das Umfeld der Türkei, der Nahe Osten und die Golfregion sowie im weiteren Sinne der "Süden".

Selbstverständlich ist eine abstrakte Typologie begrenzter Krisen und Konflikte möglich, die man auf gegebene Regionen anwendet. Aber für Zwecke vorbeugender Maßnahmen und Konfliktlösungsstrategien muß sie letztlich aus den Gegebenheiten der Region abgeleitet werden. Auf dieser Grundlage sind dann in Grenzen Verallgemeinerungen sinnvoll.

So lassen sich für das Gebiet der ehemaligen UdSSR zum Beispiel ohne Berücksichtung internationaler Konfliktlagen (z.B. Aggression der Ukraine oder der RSFSR gegen Dritte) folgende Krisen- und Konflikttypen unterscheiden:[23] 1. Machtkampf im Staate, 2. Konflikt zwischen neuer Union und Republiken, 3. interrepublikanische Konflikte, 4. Minderheitenkonflikte, 5. Sezessionskonflikte, 6. Schutzmachtkonflikte, 7. Identitätskonflikte, 8. Religionskonflikte, 9. Territorialkonflikte, 10. Ressourcenkonflikte, 11. Verteilungskonflikte.

Für andere Regionen ergeben sich teilweise die gleichen, teilweise andere Typen. Vor allem aber ist ihre Ausprägung, Dynamik und Gewichtung von Region zu Region verschieden. In kaum einer anderen internationalen Verhaltensform werden regionale Besonderheiten so intensiv Interessen prägen wie bei begrenzten gewaltsamen Konflikten.

Wenn als Risiken solche militärischen Krisen- und Konfliktmöglichkeiten gelten sollen, bei denen europäische bzw. internationale Strukturen auf dem Spiel stehen können, so ergibt sich für die Sicherheitspolitik die praktische Notwendig-

23 Siehe dazu den Beitrag von Falk *Bomsdorf* in diesem Band (Teil II, Kap. 3).

keit, die Risiken zu selektieren, die proaktives oder reaktives Handeln erfordern könnten. Aus der bisherigen Analyse haben sich dafür folgende Schritte ergeben:

- Die Rahmenbedingungen, das heißt hier die Konstellationsmodelle (K1 bis K5) sind zu klären.
- Je nach der Konstellation sind Krisen- und Konfliktmöglichkeiten im Rahmen der allgemeinen Risikotypologie zu betrachten: Vor allem verändern begrenzte Konfliktmöglichkeiten je nach den Rahmenbedingungen Charakter und Eintrittswahrscheinlichkeit.
- Für die gegebene Konstellation gibt es nur begrenzte Konflikte, wenngleich mit Steigerungsmöglichkeiten.
- Begrenzte Konflikte sind in bezug auf die Rahmenbedingungen, die sechs Arten von Kriterien und die regionalspezifischen Gesichtspunkte zu betrachten.
- Bei der Gewichtung regionaler Risiken lassen sich quasi durch Vergrößerung Teilkonstellationen bilden, die sich ihrerseits in bezug auf die allgemeinen Rahmenbedingungen gewichten lassen.

Angesichts der möglichen Vielfalt und Konstellationsabhängigkeit begrenzter Konflikte stellen sich für die Sicherheitspolitik zwei neuartige Aufgaben:

- Sie muß möglichst früh die Konfliktmöglichkeiten selektieren, deren internationale Implikationen (je nach Konstellation und nationalen Zielsetzungen) ein kollektives Krisen- und Konfliktmanagement erfordern: In der hier vorgeschlagenen Terminologie muß sie aus den Krisen- und Konfliktmöglichkeiten die militärisch und sicherheitspolitisch relevanten, also die Risiken, auswählen.
- Sie muß unter den Risiken wiederum möglichst früh diejenigen selektieren, bei denen es die Möglichkeit der Steigerung gibt, die also völlig andere Reaktionen erfordern als relativ stabil begrenzbare Krisen und Konflikte.

Diese Unterscheidung ist grundlegend für das Krisen- und Konfliktmanagement. Die Sicherheitsvorsorge muß beiden Möglichkeiten, denen der Begrenzbarkeit und der Steigerung, Rechnung tragen, und sie muß damit über mehrere Strategien verfügen, zwischen denen im Verlauf der Frühphase eines Konflikts zu wählen ist: Eine zu frühe Reaktion mit dem Ziel, der Kanalisierung eines Konflikts auf eine Extremlage hin (horizontale Ausweitung, Rekonstitution oder möglicher Einsatz von MVW) entgegenzuwirken, kann eine eigentlich begrenzbare Konfliktlage eskalieren. Umgekehrt kann der Versuch, einen Konflikt abzukapseln, dessen Dynamik verkennen und Reaktionen auf Steigerungen so verzögern, daß diesen nicht wirksam begegnet werden kann. Diese Unterscheidung zwischen Begrenzbarkeit und Steigerung von Konflikten ist abhängig von konstellativen Bedingungen:

- In K2- und noch mehr in K1-Modellen sind steigerungsfähige Konflikte höchstens an oder jenseits der Peripherie zu erwarten. Wenn sie aber eintreten, ist zwar der Konsens der Sicherheitspartner absehbar groß, der Grad der Vorbereitung kann jedoch auch sehr niedrig sein. So wird die Gefahr einer russischen

Rekonstitution mit aggressiver Absicht in diesen Modellen gering sein, aber die USA dürften ihre Präsenz in Europa auch erheblich unter die für 1994 vorgesehenen 92 200 Mann Bodentruppen in Europa abgesenkt haben. Die Reaktionsfähigkeit wird entsprechend davon abhängen, inwieweit konventionelle und nukleare Kräfte kollektiv rechtzeitig verfügbar gemacht werden können.

- Im K5-Modell werden umgekehrt viele Konflikte als steigerungsfähiger als in der gegenwärtigen Lage anzusehen sein, aber deshalb wohl auch häufiger abgeschreckt werden können. In dieser Lage wären vor allem Reaktionsmöglichkeiten erforderlich, die Steigerungen oder in dieser Lage auch möglichen umfassenden Aggressionen wirksam zu begegnen gestatten.
- Besonders schwierig ist die Entscheidung in einer Lage wie der gegebenen, die man als Übergang von einer K3- in eine K2-Situation beschreiben kann. Einerseits ist noch keine stabile K2-Lage eingetreten, das heißt, es kann schwerwiegende Rückschläge bei gleichzeitig weitreichender Reduzierung der Reaktionsmöglichkeiten geben. Andererseits würde eine sicherheitspolitische Fixierung auf solche Risiken ordnungspolitischen Erfordernissen, also dem Ziel des Übergangs in eine politisch stabilere Lage, im Wege stehen können. Sicherheit und politische Evolution sind unter diesen Umständen nicht einfach vereinbar.

IV. Implikationen für die Bundesrepublik Deutschland

Die Erfahrungen aus der Gleichzeitigkeit von Vereinigung und Golfkrise sowie der Gleichzeitigkeit der Maastricht-Vorbereitung und des serbo-kroatischen Krieges haben vor allem der Bundesrepublik vor Augen geführt, daß internationale Ordnungs- und Sicherheitspolitik unter den neuen Bedingungen nicht mehr weitgehend identisch sind, sondern gerade bei insgesamt positiver konstellativer Entwicklung zunehmend auseinandertreten und so konzipiert sein müssen, daß Zielkonflikte sich begrenzen lassen und ein politisch wirksamer Umgang mit ihnen möglich wird:

- Die Vereinigung gab ordnungspolitischen Gesichtspunkten in deutscher Perspektive unbedingten Vorrang, was zum sicherheitspolitischen Dissens in der Golf-Politik führen mußte.
- Der EG-Gipfel hätte der gemeinsamen Sicherheitspolitik höchstens längerfristig (Bericht bis 1996) eine Rolle eingeräumt, aber durch den serbo-kroatischen Konflikt ist die EG vorzeitig zum sicherheitspolitischen Akteur geworden, ohne daß dies die Integration auf dieser Ebene erkennbar beschleunigt, und die Bundesrepublik als Motor der Integration fand sich im jugoslawischen Konfliktmanagement sogar im historisch-kulturell bedingten Gegensatz zu wichtigen EG-Partnern.

Für die Bundesrepublik gilt mehr als für ihre Partner der Vorrang ordnungspolitischer Zielsetzungen in Richtung positiver Transformation der Rahmenbedingungen. Zugleich hat die Sicherheitspolitik der Bundesrepublik empfindlichere Implikationen als die vergleichbarer Staaten: Die Bundesrepublik darf sich nicht kollektiver Verantwortung entziehen, aber sie muß gerade angesichts ihrer ordnungspolitischen Dominanz nationale Zurückhaltung wahren. Das heißt, die Schere zwischen ordnungs- und sicherheitspolitischen Zielsetzungen kann sich für die Bundesrepublik besonders weit öffnen. Gerade weil die Bundesrepublik auf europäische Strukturbildung, beispielsweise eine Institutionalisierung der KSZE drängt, steht für sie besonders viel auf dem Spiel, wenn Konflikte wie der serbokroatische eintreten, die mit dem institutionalisierten Gewaltverzicht in Europa völlig unvereinbar sind.

Die neue Erkenntnis für die Bundesrepublik ist also, daß es Konflikte geben wird und gibt, mit denen kollektive Sicherheitssysteme getestet werden, und daß die Bundesrepublik ihre Rolle als ordnungspolitische Führungsmacht auf längere Sicht nur dann wird wahrnehmen können, wenn sie sich am Management solcher Krisen und Konflikte wirksam wird beteiligen können. Hinzu kommt, daß die Bundesrepublik den Regionen Europas, in denen Konflikte am wahrscheinlichsten sind, näher liegt als ihre wichtigsten Partner.

Im politischen Diskurs der Bundesrepublik herrschen gegenwärtig weder ordnungs- noch sicherheitspolitische Kriterien vor, sondern innenpolitisch bestimmte Interpretationen der Verfassungswirklichkeit, die die Handlungsfähigkeit der Bundesrepublik auf beiden Ebenen gravierend beschränken und zunehmend beschränken würden. Diese Kriterien - die im übrigen weder dem Text des Grundgesetzes noch dem Wortlaut des Washingtoner Vertrages oder der VN-Charta zu entnehmen sind, was solchen Legalismus besonders vordergründig erscheinen läßt - würden einer Außen- und Sicherheitspolitik entsprechen, die vorrangig an nationalen und innenpolitischen Zielsetzungen orientiert ist. Sie setzten, mit anderen Worten, gerade die Renationalisierung deutscher Politik voraus, die man erklärtermaßen zu vermeiden sucht.

Wäre Sicherheitspolitik nach der Vereinigung eine im wesentlichen erledigte Sache, ließe sich diesem Dilemma manipulativ vielleicht noch begegnen. Aber die Bundesrepublik steht vor der Realität auch militärischer Konflikte. Die Bundesrepublik ist also sowohl sicherheits- wie ordnungspolitisch in einer Situation, in der sie sogar der Renationalisierung der Partner entgegenwirken muß. Dies ist doppelt schwierig, weil der Umgang mit Konflikten tendenziell nationale Gesichtspunkte stärkt und weil internationales Engagement der Bundesrepublik gerade in solchen Lagen auch mit Argwohn betrachtet wird.

Die Bundesrepublik hat also keinen einfachen Ausweg aus dem Dilemma internationaler Risiken, die Versagung internationalen Engagements wäre jedoch die schlechteste Wahl, da sie die Handlungsfähigkeit mit dem Resultat nahezu unvermeidlicher Renationalisierung reduzieren und damit nicht nur die internationale Rolle, sondern zunehmend auch den innenpolitischen Zustand der Bundesrepublik negativ verändern würde: Mit der Renationalisierung würde die Polarisierung einherkommen.

Angesichts realer militärischer und sicherheitspolitischer Risiken kommt ein weiterer Gesichtspunkt hinzu. Es läge im Interesse der Bundesrepublik, die atlantischen Sicherheitsstrukturen rascher und tiefgreifender zu reformieren und die Einbeziehung militärischer Strukturen in die europäische Integration zeitlich auf den Fortgang politischer Gemeinschaftsbildung abzustimmen, also langsam voranzubringen: Je später die NATO reformiert wird, um so schwieriger wird es, jetzt festgeschriebene Strukturen auf veränderte Verhältnisse vor allem *innerhalb* des Atlantischen Bündnisses umzustellen,[24] was den Bestand der NATO insgesamt gefährdet, und je früher die Bundesrepublik militärisch in Westeuropa integriert wird, um so mehr wird dies vor allem in politischer Einbindung der Bundesrepublik resultieren. Sie ist aufgrund ihrer internationalen Orientierung in beiden Prozessen sogar Motor, wenn nicht Demandeur; zugleich hat sie sich aber in beiden Prozessen unnötig früh festgelegt, in der NATO auf britische Bestandserhaltungsziele, in Westeuropa auf französische militärische Integrationsziele.

In dieser Lage geht es bei deutschen Entscheidungen über künftige politisch-strategische Handlungsfähigkeit nicht nur um die Bündnisfähigkeit der Bundesrepublik, obwohl auch dies zutrifft. Es geht auf den beiden Integrationsebenen - der europäischen und atlantischen - darum, die künftigen Bündnisstrukturen aufeinander abgestimmt so zu gestalten, daß sie auch längerfristig Bestand haben und der Bundesrepublik erweiterte Handlungsfähigkeit bei Einbettung in kollektive Sicherheitsstrukturen ermöglichen. Auf dieser Grundlage aber muß es vor allem gerade im deutschen Interesse sein, europäische und internationale Strukturen zu bilden, die die Schere zwischen ordnungs- und sicherheitspolitischen Zielen schließen helfen, das heißt, möglichst stabile Rahmenbedingungen entstehen lassen, aber für residuale Risiken ein wirksames Krisen- und Konfliktmanagement möglich machen. Mehr noch, ohne eine solche Entwicklung würde selbst bei formalen Integrationsstrukturen im Westen das internationale Engagement der Bundesrepublik schwinden und das doppelte Problem der Renationalisierung und inneren Polarisierung mit den entsprechenden negativen Rückkoppelungen aufkommen.

Vor diesem Hintergrund wird klar, welche besondere Bedeutung die Frage der Kriterien in deutscher Perspektive für die Selektion von Risiken ist, auf die eine

---

24 So sind die bisher festgelegten Kommando- und Streitkräftestrukturen in der NATO mit den bis 1994 vorgesehenen Reduzierungen amerikanischer Streitkräfte auf 92 200 Mann selbst dann nicht zu vereinbaren, wenn aufgrund der Reduzierungen europäischer Streitkräfte die von SACEUR herangezogene Proportionalität erhalten bliebe.

Reaktion unausweichlich ist oder die jedenfalls nicht ohne politischen Schaden für die Bundesrepublik vermieden werden können. Es gibt zwei mögliche Wege, an diese Frage heranzugehen:

- Man kann Kriterien *von innen nach außen staffeln*, das heißt, von den starken zu den schwächeren Kriterien fortschreiten. Man wird also bei nationalen Gefährdungen, Beschränkungen und Interessen ansetzen, dann mittelbare Gefährdungen hinzufügen, die sich aus Folgen von Risiken unabhängig von der Frage deutscher Beteiligung ergeben, und schließlich die Rückwirkungen der Reaktionen Dritter berücksichtigen.
- Man kann umgekehrt davon ausgehen, daß das Interesse der Bundesrepublik gerade in der Gestaltung einer kooperativen internationalen Ordnung liegt, was dann auch die Möglichkeit eines wirksamen Krisen- und Konfliktmanagements einschließen muß. In diesem Fall würde man bei allgemeinen europäischen oder globalen Normen ansetzen, von den Erfordernissen eines wirksamen kollektiven Sicherheitssystems und den damit gegebenen allgemeinen Kriterien für Sicherheitsrelevanz von Krisen und Konflikten ausgehen, regionale Besonderheiten begrenzter Konfliktmöglichkeiten ebenso wie Steigerungsmöglichkeiten von Konflikten in Rechnung stellen, um dann Folgerungen für die deutschen Sicherheitsinteressen zu ziehen und diese objektiven Interessen unter dem Gesichtspunkt bestehender oder selbstauferlegter Beschränkungen und dem der erforderlichen Korrekturen solcher Beschränkungen zu bewerten. Dies ist offensichtlich der Weg, der sich aus der voraufgegangenen Konstellations- und Risikoanalyse ergibt.

Der erste Weg tendiert dahin, innerstaatliche Selbstbeschränkung mit einem harmonischen Internationalismus zu verbinden, was, wie gesagt, Entwicklungen in Richtung einer Renationalisierung und Polarisierung begünstigen würde. Überdies ist dieser Weg nicht nur ordnungspolitisch kontraproduktiv, er läßt auch Krisen und Konflikte aufgrund der entsprechend schwächeren internationalen Strukturen wahrscheinlicher werden, und zwar auch solche, die direkte Gefährdungen der Bundesrepublik auslösen könnten und bei denen sie geringeren Schutz seitens Dritter bzw. durch ein kollektives Sicherheitssystem erwarten könnte. Der Vorteil dieses Weges liegt darin, daß er kurzfristig politisch einfacher erscheint.

Der zweite Weg ist nicht mit bloßer Kontinuität gegenwärtiger Außen- und Sicherheitspolitik gegeben. Aber er verspricht vor allem auf längere Sicht stabilere internationale wie innere Strukturen. Die Grenzen kooptiver Macht liegen immer auch in der Kooperationsbereitschaft Dritter. Es gibt also auch hier keinen Königsweg. Aber es gibt eine politische Perspektive, die der Bundesrepublik gerade deshalb dient, weil sie nicht nur auf deren Interessen abgestellt ist.

Dies führt zu der Frage, welche Instrumentarien für den Umgang mit sicherheitsrelevanten Risiken verfügbar bzw. erforderlich sind. Einmal mehr sieht sich die Bundesrepublik hier vor besonderen Herausforderungen: Für kein vergleichbares Land hat sicherheitspolitisches Instrumentarium ähnlich empfindliche ordnungs- wie sicherheitspolitische Implikationen. Aber auch hier gilt es, zunächst die *Kongruenz von möglichen Risiken und anzustrebenden Mitteln* festzustellen. Eine solche Instrumentalanalyse muß zwar im deutschen Fall von der Tatsache ausgehen, daß in der Nachkriegszeit Sicherheitsstrukturen immer auch politische Ordnungen waren. Aber sie muß für künftige Entwicklungen zunächst die Wirksamkeit der Instrumentarien bewerten und dann die ordnungspolitischen Rückwirkungen in Rechnung stellen. Für eine solche Instrumentalanalyse ist als Resultat der Risikoanalyse der Ansatz vor allem in drei Arten von Risiken zu sehen:

- begrenzten Konfliktmöglichkeiten mit internationalen (systemischen) Implikationen,
- Rekonstitutionsrisiken,
- Konflikten, in denen MVW zum Einsatz kommen können.

Dies gilt unter den gegenwärtigen Bedingungen. Ein Instrumentarium wird darüber hinaus ordnungspolitisch die Möglichkeit positiver, sicherheitspolitisch die Möglichkeit negativer Transformationen in Rechnung stellen müssen.

2. Signale zur Früherkennung von krisenhaften Entwicklungen am Beispiel der Entwicklung zur Jugoslawienkrise

Heinz Vetschera/Andrea Smutek-Riemer

Die krisenhafte Entwicklung in Jugoslawien hat zum bisher umfangreichsten Einsatz militärischer Gewalt in Europa seit der Niederschlagung der ungarischen Unabhängigkeitsbestrebungen im Jahre 1956 geführt und deutlich gemacht, daß das Ende der Blockkonfrontation nicht zwangsweise zu einer Periode erhöhter Stabilität übergeleitet hat. Sie scheint zumindest im Ansatz die Erwartungen zu bestätigen, daß an die Stelle einer Situation starker Bedrohung und hoher Stabilität eine Situation schwacher Bedrohung und geringer Stabilität getreten ist.[1] Zwar scheint es überzogen, für das Europa nach dem Kalten Krieg einen Rückfall in die Anarchie des 19. Jahrhunderts und eine "Balkanisierung" zu erwarten.[2] Umgekehrt kann aber nicht davon ausgegangen werden, daß die Jugoslawienkrise einen einmaligen, isolierten Vorgang darstellt, der ohne Bedeutung für die zukünftigen Probleme europäischer Sicherheitspolitik wäre.

Die Jugoslawienkrise erscheint damit in zweifacher Hinsicht von Relevanz für die europäische Sicherheitspolitik: einerseits hinsichtlich der Erkennbarkeit eines Typs von sicherheitspolitischer Herausforderung, der sich maßgeblich von bisher dominierenden Bedrohungsvorstellungen aus der Zeit der Ost-West-Konfrontation unterscheidet;[3] andererseits aber auch hinsichtlich der Reaktionen der europäischen[4] Staaten auf diese Krise. Diese Staaten schienen mit wenigen Ausnahmen vom Ausbruch der Krise und von der Intensität der Gewaltanwendung überrascht worden zu sein. Ihre Aktionen und Reaktionen im Vorfeld der krisenhaften Entwicklung wie auch in der nachfolgenden Eskalation scheinen den auftauchenden Herausforderungen nicht immer adäquat gewesen zu sein. Dabei stellte die Anwendung militärischer Gewalt im Verlauf der Jugoslawienkrise nicht den Anfang, sondern den bisherigen Höhepunkt einer krisenhaften Entwicklung dar, de-

1 Diese Erwartung wurde vom früheren Secretary of Defense Frank Carlucci vor dem Senate Armed Forces Committee am 22. Februar 1990 geäußert.

2 John *Mearsheimer*, Back to the Future: Instability in Europe after the Cold War, in: International Security, 15 (Sommer 1990) 1, S. 5-56 (31f).

3 Hier nimmt die Jugoslawienkrise eine eigenartige Zwischenposition ein: einerseits enthält sie noch Elemente der vorherigen Konfrontation zwischen Sozialismus und Kapitalismus, insbesondere in den Feindbildern der Streitkräfte der Zentralgewalt (s.u.); die Gewaltanwendung seitens der Zentralregierung könnte daher teilweise als "Breschnew-Doktrin en miniature" gesehen werden; andererseits enthält sie Elemente eines Nationalitätenkonflikts jenseits dieser ideologischen Ausrichtung, wie er auch in der Kaukasus-Region oder (ansatzweise) in Moldavien festzustellen ist.

4 "Europäisch" umfaßt in diesem Zusammenhang auch die USA als Akteur in der europäischen Sicherheitspolitik.

ren weitere Eskalation man zu jedem gegebenen Zeitpunkt aus erkennbaren Krisenindikatoren hätte ableiten können.

Die nachfolgende Analyse will insbesondere die Signale darstellen, die im Vorlauf der schließlich allgemein erkennbaren Krise ausgesendet wurden. Zu diesem Zweck werden (1) zunächst die Grundlagen des Signal-Begriffs erarbeitet, dann (2) einerseits die krisenhafte Entwicklung in ihrem Ablauf dargestellt, (3) andererseits die darin erkennbaren Warnsignale weiterer Eskalation sowie (4) jene Faktoren identifiziert, die vermutlich zur Nichtbeachtung bzw. zur Fehlinterpretation der erkennbaren Warnsignale führten. Schließlich wird (5) versucht, aus dem Fall Jugoslawien unter Beurteilung der als typisch oder atypisch erkannten Abläufe allgemein verwertbare Kriterien für Signale künftiger ähnlicher krisenhafter Erscheinungen abzuleiten, die zur Früherkennung herangezogen werden könnten.

Dies erscheint deshalb von unmittelbarer Bedeutung, als die Jugoslawienkrise fortdauert. Einerseits ist inzwischen auch in Bosnien-Herzegovina ein blutiger Konflikt ausgebrochen; andererseits birgt insbesondere die Konfrontation im Kosovo noch immer das Potential für weitere Eskalationen bis hin zum zwischenstaatlichen Konflikt. Die Analyse will darüber hinaus jedoch auch Hilfestellung bei der Vorbeugung ähnlich gelagerter Krisenentwicklungen außerhalb des früheren Jugoslawien geben.

I. Die Frühwarnung durch schwache und andere Signale

1. Grundlagen

Die Fragestellung einer Warnung durch Signale ist nicht vollständig neu. Sie wurde im Bereich der Sicherheitspolitik bisher vor allem unter dem Gesichtspunkt der nationalen Sicherheit behandelt.[5] Strukturelle Ähnlichkeiten in der Problematik der Abwehr von Überraschungsangriffen und der Früherkennung von krisenhaften Entwicklungen können durchaus angenommen werden, stellt doch der Überraschungsangriff einen speziellen Fall von krisenhaften Entwicklungen dar. Andererseits dürfen gerade diese strukturellen Ähnlichkeiten nicht zu dem vorschnellen Schluß verleiten, die Erkenntnisse über die Rolle von Warnungssignalen vor Überraschungsangriffen könnten linear auf Signale anderer krisenhafter Erscheinungen übertragen werden, da dieser spezielle Fall nicht ohne weiteres generalisiert werden darf.

---

5 Als Klassiker gilt hier insbesondere die Analyse von Robert *Wohlstetter*, Pearl Harbour: Warning and Decision, Stanford 1962. Vgl. auch Thomas C. *Schelling*, Arms and Influence, New Haven/London 1966 (insbes. S. 221-259: The Dynamics of Mutual Alarm). Aus neuerer Zeit: Julian *Critchley*, Warning and Response, London 1978; Richard *Betts*, Surprise Attack, Washington 1982 (insbes. S. 87-118: Why Surprise Succeeds, I: Operational Causes, und S. 119-149: Why Surprise Succeeds, II: The Fog of Peace).

Es erscheint daher sinnvoller, Signale krisenhafter Erscheinungen nicht aus dem Sonderfall des Überraschungsangriffes *induktiv zu extrapolieren*, sondern aus einem allgemeinen Begriff der Signale, der in den Sozial- und Wirtschaftswissenschaften entwickelt wurde, *deduktiv abzuleiten*. Krisen, Konflikte und Auseinandersetzungen sind in jedem Gesellschaftsbereich ebenso zu finden wie die Suche nach Methoden ihrer Vorhersage bzw. zur Abschätzung von krisenhaften Entwicklungen.

Der in der Folge präsentierte Ansatz beruht teilweise auf dem Ansatz der schwachen Signale (weak signals). Er versucht, die Schwächen anderer Ansätze zu vermeiden und deren Stärken besser nutzbar zu machen. Dabei beschränkt er sich auf den "Erkennungsteil", der "Aktionsteil"[6] bleibt ausgespart. Er beschränkt sich des weiteren auf die Darstellung der Rahmenbedingungen und Schlüsselbegriffe und erstellt die zugrunde gelegten Thesen. Der Ansatz wird phasenweise entwickelt. Ausgehend von den Rahmenbedingungen werden die relevanten Problemfelder festgelegt und die Kategorien an Signalen zur Früherkennung von Krisen erarbeitet. Diese werden dann im Kontext der Jugoslawienkrise erläutert.

2. Früherkennung durch extensive Signale (extended signal approach)

a. Prämissen

Jede Gesellschaft kann aus systemtheoretischer Sicht als "offenes, dynamisches System" interpretiert werden. Kleine Teilsysteme "leben" in größeren Systemen. Aktionen bewirken Re-Aktionen und umgekehrt, wobei sich Zeitpunkt und Ausmaß oftmals nur schwer prognostizieren lassen. Die Systemzustände ändern sich permanent, oftmals auf lange Sicht klar und deutlich erkennbar, gelegentlich aber auch überraschend. Es ist offenbar, daß es Zeiten gibt, in denen sich der Wandel in Organisationen und Systemen besonders rasch und tiefgreifend vollzieht.[7] Derartige Erscheinungen entsprechen nichtlinearen Entwicklungen, das heißt nicht mit herkömmlichen Erkennungsinstrumenten und Prognosemethoden abschätzbaren Situationen. Solche Entwicklungsphasen werden als Ära der Diskontinuitäten (age of discontinuity) bezeichnet.[8] Überraschungen sind an der Tagesordnung, Handlungskonsequenzen nicht mehr berechenbar, Prognosen nahezu unmöglich. Daraus ergeben sich folgende relevante Rahmenbedingungen für diskontinuierliche Entwicklungen:

- hohe Umweltdynamik (Chaos im herkömmlichen Sinn; ungeordnete Verhältnisse);

6 Also die insbesondere im ökonomischen Bereich oftmals geforderte Handlungsanleitung.

7 Als augenfälliges Beispiel für einen solchen Wandel kann der Zusammenbruch der Sowjetunion im Jahre 1991 gelten.

8 E. *Zahn* in: K. *Macharzina* (Hrsg.), Diskontinuitätsmanagment, Berlin 1984, S. 21; unter Bezugnahme auf P. Drucker, einen der Begründer der Managementlehre.

- komplexe, nichtlineare Beziehungen zwischen den Teilnehmern in den einzelnen Systemen (Strukturen und Entwicklungslinien sind mit dem klassischen Wahrnehmungsinstrumentarium nicht erkennbar und daher auch nicht in ihren Konsequenzen einschätzbar);
- multikausale Entwicklungen und Beziehungen;
- kleine Ursachen haben große Wirkungen - oft mit zeitlicher Verzögerung;
- Prozesse schaukeln sich positiv und negativ auf (Rückkoppelungen in Systementwicklungen);
- radikale Trendbrüche in der Gesellschaftsentwicklung (Diskontinuitäten oder Bifurkationen[9]);
- Informationen sind zumeist nur vage, das heißt unscharf.

Die Konsequenz von Diskontinuitäten sind im Regelfall Krisen[10] bzw. Konflikte, wobei jede Krise auch als eine Chance zur Weiterentwicklung zu sehen ist.[11] Eine frühzeitige Erkennung der beschriebenen Situation ist erforderlich, um eine strategische Antwort zu ermöglichen. Nur dann bleibt die Chance für eine adäquate Aktion gegeben. Der Begriff Strategie wird hier verstanden als:

- Potentialorientierung - Chance und Risiko (im Sinne einer Krise);
- langfristiger Zeithorizont (im Gegensatz zur Operation, die als mittel- bis kurzfristig gesehen wird).

Eine strategische Früherkennung bedarf daher eines Erfassungsinstrumentariums mit einem im erforderlichen Maß "kleinmaschigen Netz", mit dem sich auch die genannten vagen Informationen erfassen lassen und das die genannten Rahmenbedingungen berücksichtigt.

b. Schlüsselbegriffe der Methode der extensiven Signale

Für die nachfolgende Ableitung des Ansatzes werden folgende Schlüsselbegriffe verwendet: (a) Diskontinuität/Problemfall/Krise/Konflikt; (b) Daten/Information/Informationssuche; (c) Signal; (d) schwaches Signal.

---

9 Bifurkationen sind Ereignisse in der Entwicklung von Organisationen, die eine Trendwende einleiten und ein System in eine "neue Bahn treiben". Eine Bifurkation kann bildlich als Weiche (Verzweigung) auf einer Bahnlinie dargestellt werden: Der bisherige Schienenstrang kann verlassen oder aber weiter befahren werden.

10 Krise, abgeleitet von griechisch "kritein" = entscheiden, bedeutet in diesem Zusammenhang Zwang zur Entscheidung unter Ungewißheit; vgl. H. *Vetschera*, Völkerrecht, Realität und Sicherheit, in: Österreichische Militärische Zeitschrift (ÖMZ), 18 (1980) 1, S. 17-23 (S. 21: Regelmäßigkeit und Krise).

11 R. *Gareis*, Tagungsunterlagen zum Internationalen Workshop Krisenmanagement, Wien, 29.11.1991.

(a) Diskontinuität/Problemfall/Krise/Konflikt

- *Diskontinuitäten* sind Ereignisse, die schwer vorhersehbar sind, beim Eintritt einschneidende Adaptionsmaßnahmen im System erfordern und dieses häufig in seiner Existenz gefährden.[12] Diejenigen Trends und Ereignisse, die zu Brüchen in der Entwicklung führen, bilden sich aus der Gesellschaft und werden als strategischer Problemfall (strategic issue) bezeichnet.

- *Problemfall (issue)*. Ein deutschsprachiges Äquivalent zu "issue" läßt sich nur annähernd finden. Die gebräuchliche Definition lautet:

  "An issue is a condition or pressure, either internal or external to an organization, that if it continuous, will have a significant effect on the functioning of the organization or its future interests."[13]

  Dabei stellt "issue" einen wertneutralen Begriff dar. "Issues" können etwa sein:
  - Wertewandel in der Gesellschaft (etwa das Umweltbewußtsein, das Ende der 70er Jahre aufkam);
  - Ideologien oder Ideen wie auch religiös-geistige Strömungen, die in einer Gesellschaft entstehen (etwa die Bewegungen der Grünen, religiöser Fundamentalismus etc.), aber auch
  - bewußte politische Entscheidungen auf nationaler oder internationaler Ebene (etwa die Entscheidung zum Beitritt zu Wirtschaftsgemeinschaften, Erklärung der Unabhängigkeit etc.).

  Die Einbeziehung von "issues" in den dargestellten Ansatz verfolgt das Ziel, die Entwicklung einer Krise in Teilschritte zu zerlegen und damit ihre Betrachtung (und somit auch Erfassung) zu erleichtern. Dadurch wird eine bewußte Reduktion der Komplexität angestrebt.[14]

  Basis für eine entsprechende Reaktion auf "issues" und Diskontinuitäten ist eine umfassende Beobachtung der Vorgänge in der Gesellschaft als ganzer und der Teilsysteme im besonderen. Anstrebenswert ist im Zuge der Entwicklung dieses Ansatzes die Erarbeitung eines Diskontinuitätenkatalogs,[15] der durch Ex-post-Analysen von Krisen und Konflikten erstellt werden könnte.[16]

---

12 In Anlehnung an I. *Ansoff*, Managing Surprise and Discontinuity - Strategic Response to Weak Signals, in: Zeitschrift für betriebswirtschaftliche Forschung, 28 (1976), S. 129.

13 J. K. *Brown*, The Business of Issues. Coping with the Company's Environment, New York 1979 (Conference Board Report, No. 758), S. 1.

14 In diesem Sinne auch die "Unterteilung des Ungewissen" bei Daniel *Frei*, Sicherheit. Grundfragen der Weltpolitik, Stuttgart/Berlin/Köln/Mainz 1977, S. 89ff.

15 Vgl. etwa *Macharzina*, Diskontinuitätsmanagement, S. 5.

16 Wenngleich die vorliegende Analyse der Jugoslawienkrise in diese Richtung deutet, wird eine solch weitreichende Aufgabe hier nicht unternommen.

- *Krise* ist ein Systemzustand, bei dem der Ausgang ambivalent und das System in seiner Existenz gefährdet ist.[17]

- *Konflikt* ist ein Systemzustand, bei dem zwar ebenfalls der Ausgang ambivalent, das System in seiner Existenz jedoch *nicht* gefährdet ist.[18]

  Krise und Konflikt erscheinen bezüglich der Ambivalenz vergleichbar, doch ist die Krise in bezug auf das mögliche Resultat für das System bedrohlicher.

(b) Daten/Informationen/Informationssuche

Eine wesentliche Rolle im Rahmen des Ansatzes spielen die Begriffe Daten und Information. Aus ihnen wird der relevante Signalbegriff erarbeitet.

- *Daten* sind unbewertete, neutrale Zeichen.[19]

- *Informationen* sind um die Bewertungskomponente erweiterte Daten. Die Information reflektiert die Einschätzung des Bewertenden.[20] Der Informationsbegriff hängt ursächlich mit dem zentralen Begriff des Signals zusammen. *Wann eine Information zum Signal mutiert, ist eine Schlüsselfrage für den vorliegenden Ansatz.*

- Für die *Informationssuche* ergeben sich mehrere Zugänge. Die beiden primären Informationssuchformen sind:
  - *Ungerichtete Beobachtung (scanning)* von Umweltbereichen, die bislang noch nicht relevant waren, aber durch strategische Trends an Bedeutung gewinnen bzw. das Aufspüren neuer Trends in bereits beobachteten Umweltfeldern[21] und
  - *Gerichete Suche (monitoring)* nach Informationen über festgestellte Entwicklungslinien.[22]

  Da die Fokussierung im Monitoring konzentrierter ist, ist es auch zielgerichteter und systematischer als Scanning. Scanning bezieht sich auf unspezifizierte Quellen, wobei versucht wird, trotz eines hohen "Hintergrundge-

---

17 Vgl. *Gareis*, Tagungsunterlagen, S. 4.

18 Ebd.

19 Vgl. in Anlehnung an A. S. *Huff*, Strategic Intelligence Systems, in: Information & Management, (1979) 2, S. 187.

20 Ebd.

21 Vgl. etwa I. *Wilson*, The Benefits of Environmental Analysis, in: K. J. *Albert* (Hrsg.), The Strategic Management Handbook, New York 1983, S. 9-1-9-19.

22 Vgl. I. *Ansoff*, Strategic Issue Management, in: Strategic Management Journal, 1 (1976) 2, S. 131-148.

räusch"-Pegels Informationen zu filtern. Es setzt aber immer noch zumindest eine hypothetische Aussage darüber voraus, wonach zu suchen ist.[23]

Die Suche nach relevanten Informationen ist von der Annahme abhängig, was als relevant eingestuft wird. Die Relevanz der Informationen wird häufig auf der Grundlage von subjektiven Erfahrungen mit ähnlichen Situationen (Analogiebildung) beurteilt. Dies erscheint aber nicht unproblematisch: Signale betreffen Abweichungen vom normalen Verhalten. Extrapolationen von früherem Verhalten und von inkrementalen Veränderungen ergeben eine schwache Basis für die Möglichkeit, dramatische Veränderungen vorauszusehen.[24]

(c) Signale

Unter *Signalen* werden allgemein Anzeichen, Gegebenheiten, absehbare Trends etc. verstanden, die Entwicklungsrichtungen einer Situation andeuten. Der Signalbegriff wird wertneutral verwendet. Es sind sowohl positive, das heißt nicht krisenhafte Ausgänge im Sinne eines Fortschritts, als auch negative, das heißt krisenhafte Entwicklungen möglich.

(d) Schwache Signale

Schwache Signale sind jene "Risse" in einer Gesellschaft, die auf mögliche Diskontinuitäten hinweisen.[25] Es handelt sich dabei um Informationen, die fragmentarisch und schlecht strukturiert sind. Sie schlagen sich in "soft facts" und intuitiven Urteilen nieder und betreffen vor allem schleichende Veränderungen. Eine eindeutige Interpretation der Information ist (noch) unmöglich. "Informationsschichten" überlagern einander - eine klare Zuordnung von Ursachen und Wirkungen kann nicht stattfinden.

c. Thesen zur Früherkennung durch Signale

Für den in der Folge vorgestellten Ansatz zur Früherkennung durch Signale gelten fünf Thesen, wobei jede für sich steht (Modulcharakter):

---

23 "To discriminate significant sounds against this background of noise, one has to be listening for something or for one of several things ... one needs not only an ear, but a variety of hypotheses that guide observation"; *Wohlstetter*, Pearl Harbour, S. 56.

24 *Betts*, Surprise Attack, S. 96, unter Zitierung einer Aussage von E. *Weizman* zum Oktober-Krieg 1973: "There are two popular folk-sayings that are as fatal to military concepts as they are to political ones: 'There is no wisdom like experience', and 'History repeats itself' ... for the man of experience who relies on the stability of history, wisdom becomes a broken reed."

25 Vgl. I. *Ansoff*, Managing Surprise and Discontinuity - Strategic Response to Weak Signals, in: Zeitschrift für betriebswirtschaftliche Forschung, 28 (1976), S. 129.

These 1: Jede krisenhafte Entwicklung in einer Gesellschaft sendet bereits frühzeitig Signale aus (eine Krise kommt für den Beobachter mit Vorkenntnissen der Situation nicht überraschend). Diskontinuitäten ereignen sich nicht über Nacht, sondern kündigen sich durch Vorläuferereignisse an.[26]

These 2: Die Wahrnehmung eines Signals ist abhängig von einem Mindestwissensstand auf der Seite des Perzipierenden (z.B. Kenntnis über Zusammenhänge zwischen gesellschaftlichen Gruppen, historische Hintergründe, Machtpolitik, charismatische Führer etc.). Je höher der Wissensstand, desto früher wird ein noch so schwaches Signal als solches erkannt. *Der Wissensstand ist damit direkt ursächlich für die Mutation einer Information zum Signal.*

These 3: Auch die Stärke der Perzeption eines Signals hängt direkt vom Wissensstand des Wahrnehmenden ab. Je höher der Wissensstand, desto früher wird ein Signal inhaltlich erkannt und richtig interpretiert.

These 4: Je näher sich ein Signal am Umschlagspunkt der Entwicklung zur Krise befindet, desto konkreter ist es. Desto geringer ist aber auch das Zeitbudget für eine Reaktion.

These 5: Damit wird die Reaktionszeit vom konkreten Signal bis zum Krisenausbruch zum Engpaß eines Früherkennungssystems.

d. Kategorien von Signalen

Für den Ansatz wurde, wie bereits angeführt, die Metapher der schwachen Signale herangezogen. Allerdings erscheint die Beschränkung auf lediglich eine Kategorie von schwachen Signalen als ein zu "großmaschiges Netz" zur systematischen Klassifizierung der Information; sie dürfte nicht ausreichen, inhaltlich schwache Informationen und Informationsströme auch tatsächlich zu erfassen. Gerade solche Informationen sind aber die Basis, um "issues"/Diskontinuitäten zu erkennen; sie sollten daher zur Früherkennung krisenhafter Erscheinungen erfaßt werden, so daß entsprechendes Handeln möglich wird.

Der Begriff der schwachen Signale wird daher zunächst inhaltlich sowohl nach "unten" als auch nach "oben" erweitert. Daraus ergeben sich vier Kategorien von Signalen, die folgendermaßen abgestuft werden können:

- Schwindende, schwache, starke und überstarke Signale (fade, weak, strong, hyper signals)

Durch diese vier Kategorien werden sowohl latente (= schwindende und schwache Signale) als auch manifeste (= starke und überstarke Signale) Entwicklungen erfaßt. Während die Einbeziehung der schwindenden Signale die Möglichkeit gibt, auch solche Signale zu berücksichtigen, die schwächer als schwach sind, erscheint

26 Vgl. F. *Liebl*, Schwache Signale und Künstliche Intelligenz im strategischen Issue Management, München 1991, S. 6.

die Einbeziehung der Kategorie manifester Entwicklungen deshalb relevant, weil auch in dieser Entwicklungsphase einer Krise noch die Möglichkeit besteht, aktiv zu handeln und die Krise abzuwenden. Die vier Kategorien decken des weiteren die Zeitspanne zwischen den ersten schemenhaften Anzeichen für eine Krise bis zum Zeitpunkt unmittelbar vor ihrem Ausbruch ab.

Die vier Kategorien von Signalen werden damit durch drei Merkmale mit jeweils drei Ausprägungen determiniert (vgl. die folgende Tabelle). Diese Differenzierung ermöglicht gegenüber einem eindimensionalen Ansatz eine umfassendere zeitliche und informationsbezogene Abdeckung.

Merkmal	Reaktionszeit			Strukturierung			Vollständigkeit		
Signalstufe/Ausprägung	1	2	3	1	2	3	1	2	3
Schwindende Signale	X			X			X		
Schwache Signale		X			X		X		
Starke Signale		X			X			X	
Überstarke Signale			X			X			X

REAKTIONSZEIT:

1 = lange (5 bis 10 Jahre)
2 = mittel (2 bis 4 Jahre)
3 = kurz (1 Jahr und weniger)

STRUKTURIERUNG:

1 = unstrukturiert und unzusammenhängend
2 = mäßig strukturiert, Tendenzen in Ansätzen erkennbar (für Fachleute)
3 = nahezu strukturiert, Tendenzen klar erkennbar; Entwicklungen deutlich absehbar

VOLLSTÄNDIGKEIT:

1 = unvollständig, fragmentarisch, Puzzlestücke
2 = mäßig vollständig, Bild in Ansätzen erkennbar
3 = nahezu vollständig, Entwicklung aufgrund von Erfahrungen klar absehbar

- *Schwindende Signale* (fade signals) weisen eine lange Reaktionszeit auf, sind unstrukturiert, in höchstem Maße unvollständig und diffus. Tendenzen in der Entwicklung sind nur für einen Fachmann mit umfassendem Spezialwissen ablesbar.[27] Die Reaktionszeit wäre langfristig, das Aktionspotential ist in hohem Maße vorhanden, jedoch schwierig zu nutzen.

- *Schwache Signale* (weak signals) sind fragmentarisch vorhandene, diffuse, mäßig eindeutige Informationen mit einer immer noch langen Reaktionszeit und

27 Wie etwa ein langjähriger Korrespondent einer Zeitung, Zeitschrift oder einer TV-/Radiostation, aber auch ein Länderreferent eines Nachrichtendienstes.

relativ großem Aktionspotential. Konsequenzen sind nur für einen Fachmann mit spezialisiertem Vorwissen erkennbar.

- *Starke Signale* (strong signals) sind deutlicher ausgeprägt und bereits allgemein erkennbar. Generell Informierte mit politisch-historischem Grundwissen erkennen das Potential einer Krise. Noch gibt es Reaktionszeit, das Aktionspotential ist in ausreichendem Maß vorhanden.

- *Überstarke Signale* (hyper signals) sind Signale, die unmittelbar vor dem Ausbruch der Krise auftreten. Die Reaktionszeit ist kurz bzw. kaum mehr vorhanden, das Aktionspotential daher äußerst beschränkt. Die Informationen sind nahezu vollständig, strukturiert und eindeutig. Sie sind in der Regel auch für den Nichtfachmann klar ersichtlich, die Konsequenzen deutlich ablesbar.[28]

II. Die Anwendung des Ansatzes auf die Jugoslawienkrise

1. Der Vorlauf zur krisenhaften Entwicklung[29]

a. Die Wurzeln der Krise

Die Wurzeln der Krise Jugoslawiens reichen weit in die Geschichte zurück,[30] sollen hier aber weitgehend außer acht gelassen werden. Die Unterschiede in den politischen Traditionen im jugoslawischen Nordwesten (Slowenien, Kroatien und Vojvodina) und im Südosten (Serbien, Montenegro, Makedonien, Kosovo) sowie die spezifische Tradition von Bosnien-Herzegovina spielen unzweifelhaft im mangelnden Verständnis für die politische Position der jeweils anderen Seite eine beachtenswerte Rolle. In diesem Zusammenhang soll die Frage ausgeklammert werden, ob der "Staat der Südslawen" im Sinne romantischer großnationalistischer Zu-

28 Überstarke Signale entsprechen daher der bahntechnischen Einrichtung der Hauptsignale. Steht das Hauptsignal auf Rot, so bildet es die letzte Warnung vor einer unfallträchtigen Situation. Wird es überfahren, erfolgt mit hoher Wahrscheinlichkeit ein Zusammenstoß. Als überstarke Signale oder *Hauptsignale* können in einer krisenhaften Entwicklung solche Ereignisse bezeichnet werden, die ohne entsprechende Gegensteuerung fast zwangsläufig eine *Eskalation zur krisenhaften Entwicklung herbeiführen* müssen.

29 Die nachfolgende Darstellung beruht, soweit nicht ausdrücklich anders angeführt, auf der Berichterstattung der Tagespresse sowie zum Teil der Länderberichte von Radio Free Europe; ferner auf der laufenden Berichterstattung insbesondere der Österreichischen Militärischen Zeitschrift (ÖMZ). Einbezogen wurden auch W. *Libal*, Das Ende Jugoslawiens, Wien 1991; M. *Wimmer*/St. *Braun*/J. *Spring*, Brennpunkt Jugoslawien, München 1991; F. St. *Larrabee*, Long Memories and Short Fuses: Change and Instability in the Balkans, in: International Security, 15 (Winter 1990/91) 3, S. 58-91; A. *Bebler*, Jugoslawiens Zukunft, in: Südosteuropa, 40 (1991) 1, S. 1-10; C. *Cviic*, Implications of the Crisis in South Eastern Europe, London, Winter 1991/92 (IISS, New Dimensions in International Security, Adelphi Papers, No. 265), S. 82-92.

30 Umfassend hierzu: C.-G. *Ströhm*, Ohne Tito - Kann Jugoslawien überleben?, Graz 1976; A. Graf *Rasumovsky*, Ein Kampf um Belgrad, Frankfurt/Berlin 1980; *Libal*, Das Ende Jugoslawiens.

sammengehörigkeitsideologien des 19. Jahrhunderts ("Blutsverwandtschaft" unter Ignorieren unterschiedlicher kultureller Zugehörigkeit) bereits seit 1918 eine "historische Fehlkonstruktion" war oder auf der Grundlage einer föderalen Verfassung grundsätzlich lebensfähig gewesen wäre. Es bleibt die Tatsache, daß Jugoslawien auch nach 72 Jahren staatlicher Existenz kein einheitliches Land im sozialen, kulturellen, wirtschaftlichen und politischen Sinne geworden ist.[31] Damit lebten auch die historisch gewachsenen nationalen Stereotype (Serben als Schöpfer Jugoslawiens beanspruchen Führungsrolle; Kroaten sehen sich als ständig Unterdrückte; Slowenen halten sich für "die Tüchtigsten") weiter fort.

b. Der jugoslawische Föderalismus und die Formalverfassung von 1974

Nach dem Experiment eines zentralisierten jugoslawischen Einheitsstaates schuf Tito 1946 zunächst einen Bundesstaat nach sowjetischem Muster.[32] Damit konnten einerseits nationalistische Tendenzen durch die föderale Struktur abgefangen werden. So gaben sich etwa die makedonischen Nationalisten mit dem Republikstatus zufrieden. Auch eröffnete die Selbstregierung den einzelnen Republiken Handlungsspielräume, die zum Abbau nationalistischen Potentials beitragen konnten. Andererseits konnte sich aber gerade im Rahmen der einzelnen Republiken ein nationalistisches Potential aufbauen, das seine Rückendeckung innerhalb der bestehenden Strukturen der Einheitspartei fand und daher nicht frühzeitig als "staatsgefährdend" eliminiert werden konnte. Dies ermöglichte das Aufleben liberal-nationalistischer Tendenzen im Laufe der Jahre 1968-1970 (Unruhen im Kosovo, "kroatischer Frühling" 1970, liberale Tendenzen in Serbien), aufgrund derer es zur Säuberung der gesamten kroatischen Parteiführung kam (in der Folge wurde zum Ausgleich auch die serbische Parteiführung gesäubert).[33]

Die jugoslawische Bundesverfassung von 1974 entstand als Reaktion auf diese Tendenzen. Sie sah eine weitgehende Dezentralisierung Jugoslawiens bei gleichzeitigem Erhalt des Gesamtstaates unter der Kontrolle der Einheitspartei (Bund der Kommunisten Jugoslawiens, BdKJ) vor. Die Verfassung brachte die Gleichberechtigung der sechs Republiken (Serbien, Kroatien, Bosnien-Herzegovina, Makedonien, Montenegro, Slowenien) sowie die De-facto-Gleichstellung der beiden formal der Republik Serbien zugehörigen autonomen Regionen Kosovo und Vojvodina und sollte damit der Einhegung des Nationalismus und Partikularismus dienen. In der Verfassung findet sich eine Mischung aus Zentralismus, Föderalismus und Konföderalismus.[34]

31 *Bebler*, Jugoslawiens Zukunft, S. 5.

32 Ebd., S. 6.

33 *Razumovsky*, Ein Kampf um Belgrad, S. 288ff.

34 *Bebler*, Jugoslawiens Zukunft, S. 6.

c. Die Realverfassung: Pluralistisch, aber nicht demokratisch - Die zentralistische Rolle der Armee

Die Komplexität der jugoslawischen Realverfassung kommt in folgendem, in Jugoslawien weitverbreiteten Sprichwort zum Ausdruck:

> "Jugoslawien hat sieben Nachbarn, sechs Republiken, fünf Minderheiten, vier Sprachen, drei Religionen, zwei Alphabete und eine Armee."

Die inhärenten Widersprüche zwischen der Formal- und der Realverfassung wurden zunächst zugunsten der Einheit Jugoslawiens so lange verdeckt, wie der zentralistische Bund der Kommunisten als einzige Partei existierte und dafür sorgte, daß die föderativen Elemente nicht zum Tragen kamen. Dies setzte jedoch eine starke Zentralgewalt voraus, die gegenüber den Landesorganisationen die höhere Kompetenz hatte.

Eine solche Zentralgewalt existierte seit dem Ableben Titos im Jahre 1980 und dem Legitimitätsverlust der Bundespartei, der seitdem erfolgte, nicht mehr im erforderlichen Ausmaß. Die Verfassung von 1974 ermöglichte damit das Aufwachsen eines systemsprengenden Nationalismus innerhalb des verfassungsgesetzlichen Rahmens: Die Einheitspartei entwickelte sich *de facto* zu einem Konglomerat von Parteiorganisationen der jeweiligen Republiken und autonomen Regionen mit partikularistischen Prioritäten, insbesondere auf wirtschaftlichem Gebiet. Jugoslawien wurde *pluralistisch, aber nicht demokratisch*.

Gegenüber diesen partikularistischen Tendenzen bildeten - insbesondere nach dem Autoritätsverlust der Einheitspartei - die Streitkräfte die einzige "übernationale" Einrichtung in Jugoslawien, die überdies nicht dem Selbstverwaltungssystem[35] unterlag und auch daher zum Zentralismus neigte. Die Streitkräfte leiteten ihren Auftrag zur Bewahrung der Einheit Jugoslawiens aus dem Auftrag Titos vom 22. Dezember 1977 ab, "nicht nur bereit zu sein, die Grenzen zu beachten, sondern auch innerhalb des Landes bereit zu sein".[36] Dieser Auftrag wurde mit der Zunahme nationalistischer Tendenzen in Jugoslawien immer stärker betont.

2. Das Anwachsen nationalistischer Tendenzen bis zur Mitte der 80er Jahre[37]

Das Anwachsen nationalistischer Tendenzen, das zuletzt zur Krise in Jugoslawien führte, hängt unmittelbar mit dem Zerfall der Zentralmacht einerseits und einer rapiden Verschlechterung der Wirtschaftslage infolge der zweiten Erdölkrise von 1979 andererseits zusammen. Obwohl sich nationalistische Tendenzen bereits frü-

---

35 Das durch seinen dezentralen Anspruch ebenfalls den Partikularismus förderte.

36 Vjesnik, 23.12.1977.

37 Die nachfolgenden Ausführungen beruhen auf: H. *Vetschera*, Die mögliche Entwicklung einer krisenhaften Lage in Jugoslawien, unveröffentlichtes Manuskript, Institut für Strategische Grundlagenforschung, Wien 1986.

her manifestiert hatten (etwa 1968-1971 im "Zagreber Frühling" oder bei Albaner-Unruhen im Kosovo), ist die Entstehung des "neuen Nationalismus" zeitlich im Umfeld des Ablebens von Marschall Tito anzusetzen. Entgegen damals weitverbreiteten Spekulationen löste dieses Ereignis nämlich keine Intervention der UdSSR aus, die auf den inneren Zusammenhalt Jugoslawiens einen stabilisierenden Einfluß hätte haben sollen; vielmehr machte es einen Mangel an Kohäsion sichtbar, der bis dahin durch die im In- und Ausland im wesentlichen akzeptierte Führungsrolle Titos verdeckt worden war.

a. Die Entwicklung im Kosovo als Ausgangspunkt - Das Wiedererwachen des albanischen Nationalismus

Die Welle des "neuen Nationalismus" nach dem Tode Titos setzte zuerst in der mehrheitlich (zu fast 90%) von Albanern bewohnten, zu Serbien gehörenden autonomen Provinz Kosovo ein. Während der früheren nationalistischen Unruhen der Jahre 1968/69 war es bereits zu Spannungen zwischen der albanischen Bevölkerungsmehrheit und der Republiksregierung von Serbien gekommen, wobei in der Folge versucht wurde, den albanischen Nationalismus "weich" abzufangen, unter anderem durch ein großangelegtes Investitionsprogramm und die Schaffung einer albanischen Universität in der Provinzhauptstadt Prishtina. Diese Universität brachte Akademiker ohne Aussicht auf geeignete Arbeitsplätze in der Provinz hervor, wo die wirtschaftliche Entwicklung nicht Schritt hielt.

Im Frühjahr 1981 führte eine Studentendemonstration gegen zu hohe Mensapreise zu Auseinandersetzungen mit der (serbisch dominierten) Polizei, wobei auch (auf beiden Seiten?) Schußwaffen eingesetzt und mehrere Menschen getötet wurden. An diesem Ereignis entzündete sich der albanische Nationalismus; seine Anhänger erhoben die (latent auch schon früher vorhandene) Forderung nach dem Status einer eigenen Republik für Kosovo. Der Einsatz von Sicherheitskräften gegen die ersten Unruhen wurde als Einschreiten der Serben empfunden und führte zu einer seither fortdauernden Eskalation der Spannungen und Gewalttätigkeiten zwischen den Volksgruppen.

Auf serbischer wie albanischer Seite standen und stehen in der Kosovo-Frage rationale wie irrationale Argumente einander gegenüber. So schien einerseits die albanische Forderung rational, für Kosovo den Status einer Republik zu beanspruchen, da es auch schon Republiken mit geringerer Bevölkerungszahl gab. Ebenso schien das machtpolitische Argument der serbischen Seite rational, auf die Zugehörigkeit von Kosovo zur Republik Serbien nicht verzichten zu wollen, da sonst die Republik Serbien die Vormachtstellung verlieren müßte, die ihr als der größten Republik zukam. Daneben waren aber auch weniger rationale Motive wirksam, wie etwa auf albanischer Seite die Negation einer Zugehörigkeit zum Staat der

Südslawen (= Jugoslawien), wie ihn die serbische Seite definierte, die die Existenz einer nichtslawischen Republik nicht zulassen konnte und Kosovo in einer historisierenden Betrachtungsweise als "historisch unveräußerlichen Bestandteil" Serbiens perzipierte, der nicht abgegeben werden dürfte.

In der Folge kam es zu einer Welle der Repression. Von 1981 bis 1985 wurden als Folge der Unruhen etwa 3 500 Personen im Kosovo wegen "politischer Verbrechen" angeklagt, wovon nach offiziellen Angaben 668 rechtskräftig verurteilt worden sind.[38] Von den insgesamt 1 872 in ganz Jugoslawien wegen politischer Delikte verurteilten Angeklagten stammten 1 087 aus dem Kosovo.[39]

b. Die Reaktion - Das Wiedererwachen des serbischen Nationalismus

Im Gefolge wiedererwachten albanischen Nationalismus kam es verstärkt zu Auswanderungstendenzen von Nichtalbanern aus Kosovo, vor allem von Serben und Montenegrinern. Solche Tendenzen hatten bereits seit der Einführung der Provinzverfassung von Kosovo im Jahre 1974 bestanden, die die Beherrschung sowohl des Albanischen als auch des Serbokroatischen für die meisten Arbeitsplätze verlangte. Da eher die Albaner Serbokroatisch als die Serben Albanisch lernten, führte dies *de facto* zu einer Bevorzugung der Albaner und in der Folge zu einer beständigen, wenngleich noch geringen Abwanderungsbewegung. Nach lokalen Angaben stieg die Zahl der Schulkinder im Kosovo von 1971 bis 1982 von 251 301 auf 325 929, wogegen die Zahl der serbischen bzw. montenegrinischen Schulkinder um 15 713 fiel.[40] Für 1982 wurde das Nationalitätenverhältnis mit 230 000 Serben und Montenegrinern bei einer Gesamtbevölkerung von 1,6 Millionen angegeben. In den ersten acht Monaten des Jahres 1982 wanderten bereits 3 410 Serben oder Montenegriner aus Kosovo aus.[41] Zwischen 1981 und 1986 verließen rund 40 000 Serben und Montenegriner die Provinz,[42] womit ihr Anteil an der Gesamtbevölkerung auf unter 10% sank.

Von serbischer Seite wurde zunehmend "albanischer Terror" als Ursache für die Tendenz zur Auswanderung genannt, der von den lokalen, meist albanisch dominierten Behörden geduldet werde.[43] Eine Petition von Serben und Montenegrinern an das Bundesparlament (Petition 2011) zum Schutz vor dem "albanischen Terror", das von 212 serbischen Intellektuellen unterstützt wurde, wies das Bundesparlament wegen ihres Inhaltes als "nationalistisch" zurück.[44] Die serbischen

38 Neue Zürcher Zeitung (NZZ), 3.8.1986.
39 *Libal*, Das Ende Jugoslawiens, S. 112.
40 Rilindja (Prishtina), 27.10.1982.
41 Ebd., 23.10.1982.
42 NZZ, 13.4.1986.
43 FAZ, 14.4.1986.
44 NZZ, 13.4.1986.

(und montenegrinischen) Flüchtlinge aus dem Kosovo wurden etwa Mitte der 80er Jahre zu einem Thema der serbischen Presse und zu einem politisch auszuschlachtenden Faktor.

c. Der makedonische Nationalismus

Der makedonische Nationalismus, der sich in der Zwischenkriegszeit vor allem gegen die Vorherrschaft der Serben gerichtet hatte, war mit der Gründung einer eigenständigen makedonischen Republik zunächst grundlegend zufriedengestellt. Er ging am Anfang des "neuen Nationalismus" mit dem serbischen Nationalismus in der Abwehr des albanischen Nationalismus konform. Dessen Entstehen wurde als Bedrohung für Makedonien empfunden, da die Albaner die größte Minderheit in der Republik bildeten (von den 1,9 Millionen Einwohnern sind heute 380 000 Albaner). Der albanischen Minderheit wurde vorgeworfen, ähnlich wie im Kosovo auch im gemischtsprachigen Westmakedonien die slawische Bevölkerung zu vertreiben und das Gebiet zu "albanisieren".[45] Es gab jedoch auch eine Bevölkerungsbewegung von Albanern aus Makedonien nach Kosovo, die vor dem Druck der makedonischen Behörden auswanderten.[46] Der makedonische Nationalismus sah (und sieht) in einer harten Haltung gegenüber den Forderungen nach einer albanischen Republik eine Existenzfrage, da eine alle Albaner umfassende Teilrepublik möglicherweise die Existenz der Republik Makedonien in Frage stellen würde.

d. Der slowenische Nationalismus

Der slowenische Nationalismus war zunächst stark ökonomisch motiviert; er nahm Anstoß an der Verteilung der in der Republik erwirtschafteten Devisenvorräte an die anderen Republiken.[47] Slowenien produzierte Mitte der 80er Jahre mit einem Anteil von 11,5% an der jugoslawischen Gesamtbevölkerung 16% des Sozialproduktes, erwirtschaftete 26% des Gesamtexports und 32% des Exports in Länder mit konvertiblen Währungen.[48] Hinzu kam ein Abwehrreflex gegen serbische Hegemonietendenzen, die sich aus der Unterdrückung der Unruhen im Kosovo entwickelt hatten, wie auch gegen zentralistische Tendenzen innerhalb der Partei. Von der Zentrale wurde Slowenien oftmals beschuldigt, zu "westlich" zu sein. Anlaß für solche Beschuldigungen, die auch auf dem 13. Parteikongreß 1985 und auf dem Kongreß der Parteijugend erhoben wurden, waren etwa die Forderung der slowenischen Parteijugend nach Einführung des Zivildienstes, nach Abschaffung

45 NZZ, 26.8.1986.

46 Ebd.

47 FAZ, 16.4.1986.

48 FAZ, 21.8.1986.

der Todesstrafe[49] oder die Forderung nach slowenischer Beschriftung von Kasernen[50] sowie der - gemessen an anderen Republiken - insgesamt höhere Stand der Demokratisierung in Slowenien. Nach einer 1986 geäußerten Ansicht werden "die Interessen Sloweniens und anderer Republiken wahrscheinlich auch in Zukunft miteinander in Konflikt geraten, sowohl aus politischen als auch aus wirtschaftlichen Gründen. Slowenen werden immer die Dezentralisierung bevorzugen, weil dies der Weg ist, auf welchem sie sich gegen jeden Versuch der Assimilierung durch numerisch stärkere Nationen wehren können ... in der gegenwärtigen Situation sollte die nationale Politik der Slowenen, wie auch der Serben, Kroaten und anderer Nationen, nicht auf Routinepropagandasprüchen und ritualisierten Zusammentreffen beruhen, sondern eher auf dem offenen Wettbewerb der verschiedenartigen Meinungen, Interessen und Vorschläge, aus deren Synthese sich eine allgemeine politische und wirtschaftliche Linie ergeben könnte."[51] Bemerkenswert erschien zu diesem Zeitpunkt eine Tendenz in Slowenien, Verständnis für den albanischen Nationalismus zu entwickeln, da auch dieser eine deutlich antiserbische Stoßrichtung habe.

e. Der bosnische Nationalismus

Der bosnische Nationalismus stellte zunächst keinen Nationalismus im eigentlichen Sinne dar, sondern war und ist mit der islamischen Identität der gemäß der jugoslawischen Verfassung als "Nation" definierten Muslime in Bosnien-Herzegovina verbunden, die mit vier Millionen den stärksten Volksteil dieser Republik bilden. Die islamische Identität wurde einerseits durch die islamische Rennaissance im Nahen Osten bestärkt, zum anderen aber durch den Umstand, daß auch der albanische Nationalismus eine starke islamische Komponente enthält. Diese Identität wurde durch bundesstaatliche bzw. spezifisch serbische Angriffe auf "Studenten, die aus islamischen Ländern vom Studium zurückkommen und versuchen, den Fundamentalismus in Jugoslawien zu praktizieren",[52] bestärkt. Daraus resultierten umgekehrt Abwehrreflexe gegenüber dem serbischen Nationalismus, die durch die offizielle Ablehnung der damals relativ liberalen Linie in der serbischen Partei noch verstärkt wurden. Wer etwa in Bosnien bestimmte serbische Bücher kaufen wollte, mußte damit rechnen, von der Polizei wegen "feindlicher Propaganda" angezeigt zu werden.[53]

---

49 NZZ, 3.8.1986.

50 FAZ, 21.8.1986.

51 A. *Novak*, in: TELEKS (Ljubljana), 10.7.1986.

52 Vecernje Novosti, 2.7.1986.

53 FAZ, 16.4.1986.

f. Der kroatische Nationalismus

Der kroatische Nationalismus hatte vor 1974 zunächst seinen Rahmen in der kroatischen Partei gefunden, was in durchaus dezentralen und tendenziell sogar separatistischen Strömungen innerhalb der kroatischen Parteiführung zum Ausdruck kam.[54] Diese Tendenzen wurden mit der Säuberungswelle des Jahres 1970/71 beseitigt. Der kroatische Nationalismus trat in der Folge zweigeteilt auf, wobei auf der Seite der offiziellen Regierungs- und Parteiseite eine eher orthodox-kommunistische Linie vertreten wurde, die zwar die Belange der Republik gegenüber der Zentralregierung wahrnahm, aber nicht eigentlich als "nationalistisch" bezeichnet werden konnte. Demgegenüber schien sich die katholische Kirche zunehmend als Kristallisationspunkt des kroatischen Nationalismus im eigentlichen Sinne zu entwickeln, worauf bestimmte übernervöse Reaktionen der regionalen Staatsorgane gegenüber der Kirche schließen ließen. Der kroatische Nationalismus war zu diesem Zeitpunkt eher latent vorhanden.[55] Allerdings wurde bereits damals die Ansicht geäußert, daß die serbischen Vorstöße gegen den slowenischen Nationalismus als Ersatzhandlung für Vorstöße gegen den kroatischen Nationalismus zu verstehen seien, der sich (noch) nicht manifestiert habe.[56]

g. Die Gegenbewegung in den Streitkräften

Als Reaktion wurden in Armeekreisen schon um die Jahreswende 1985/86 warnende Stimmen gegen den wachsenden Nationalismus laut. General Metodije Stefanovski forderte, die Armee müsse "geeint sein, unabhängig von den Nationalitäten ... dies bedeutet mehr als bloß den Nationalismus zu bekämpfen, obwohl die Bekämpfung des Nationalismus immer notwendig ist. Nationalismus ist eine häßliche Krankheit die - so wie Krebs - den gesamten Organismus nicht nur eines Individuums, sondern auch ganzer Organisationen und sozialer Sphären verzehrt."[57] Ähnlich forderte General Milan Daljevic, es "sei Zeit, mit den Befürwortern des Nationalismus und der Desintegration des Landes abzurechnen"; die innere Kohäsion des geeinten Jugoslawien müsse gewahrt bleiben. Jugoslawien sei "keine Gemeinschaft, die auf der Grundlage eines Abkommens geschaffen wäre, das auf bloße Abmachungen zwischen einzelnen Teilen, Republiken oder Provinzen reduziert werden könne"; Jugoslawien sei "keine lose Föderation, in der jeder Teil berechtigt

---

54 *Razumovsky*, Ein Kampf um Belgrad, S. 388ff, weist darauf hin, daß diese Bewegung zwar national, aber durchaus nicht demokratisch orientiert war; zum Ablauf auch: *Ströhm*, Ohne Tito, S. 189-204.

55 Bereits 1986 wurde aber die Vermutung geäußert, "daß er sich demnächst manifestieren könnte"; *Vetschera*, Die mögliche Entwicklung.

56 FAZ, 16.4.1986.

57 Borba, 18.12.1985.

wäre, für seine Interessen zu kämpfen und die Interessen des Gesamtstaates zu vernachlässigen".[58]

Anläßlich des Tages der Streitkräfte kritisierte die Armeezeitung Narodna Armija all jene, die den "Jugoslawismus" ablehnten, wobei bemerkt wurde, daß sich bei der letzten Volkszählung nur 5,4% als "Jugoslawen" bezeichnet hätten, der Rest hätte eine Nationalität genannt. Die Armee wäre dagegen der Schmelztiegel der Nationalitäten; es gebe "bestimmte Dinge, die einen (allumfassenden) jugoslawischen Charakter hätten", auch die Wirtschaft müsse vereinheitlicht werden und einen jugoslawischen Charakter haben.[59] Es gab auch ominöse Anspielungen, daß "geplante feindselige national-chauvinistische Angriffe auf Angehörige der Streitkräfte erfolgt" seien.[60] In der Summe entstand der Eindruck, daß sich die Streitkräfte als Wahrer der Einheit Jugoslawiens und als von Tito ermächtigt sahen, zur Erhaltung der Einheit gegen jegliche nationalistische Manifestation vorzugehen, wenn dies erforderlich scheinen sollte. Gerüchte über einen möglichen Putsch der Streitkräfte erreichten im Sommer 1986 eine solche Intensität, daß das Verteidigungsministerium sich gezwungen sah, sie ausdrücklich zu dementieren.[61]

3. Wirtschaftliche und soziale Krisenerscheinungen

Das Aufwachsen der verschiedenen Nationalismen erfolgte nicht in einem Vakuum, sondern vor dem Hintergrund sich ständig verschärfender wirtschaftlicher und sozialer Spannungen, *die bereits Mitte der 80er Jahre manifest wurden*. Die Wirtschaft Jugoslawiens war einerseits durch strukturelle Schwächen des "Selbstverwaltungssystems", andererseits aber auch durch die Entwicklung der Weltwirtschaftslage beeinträchtigt, die nach dem zweiten Ölschock im Jahre 1979 voll durchschlug und nicht nur Jugoslawien, sondern auch andere Schuldnerländer der Dritten Welt betraf. Jugoslawien wies 1986 eine Auslandsverschuldung von ca. 45 Mrd. DM bei den Gläubigerländern und -banken auf.[62] Strukturschwächen und die allgemeine Wirtschaftsrezession hatten zu einem Anwachsen der Zahl der Arbeitslosen auf etwa. 1,1 Mio. geführt.[63]

Die sozialen Konsequenzen dieser Lage wurden auf dem Jahreskongreß der Soziologen Jugoslawiens in Portoroz (4.-8.8.1985) eingehend und offen erörtert, wobei vor allem das wirtschaftliche Stabilisierungsprogramm der Regierung kritisiert wurde. Die Stabilisierungspolitik würde die bereits bestehenden sozialen Un-

---

58 Borba, 26.12.1985.
59 Narodna Armija, 19.12.1985.
60 Politika, 19.12.1985.
61 Rheinischer Merkur, 1.8.1986.
62 Austria Presse Agentur (apa), 19.6.1986.
63 Ebd.

gleichheiten zusätzlich verschärfen,[64] die Arbeitslosigkeit würde voraussichtlich noch weiter steigen,[65] eine Fortdauer der sozialen Unterschiede müßte zur Erhöhung sozialer Spannungen führen, die wiederum auf das politische System zurückwirkten. Offen wurde die Fähigkeit des Selbstverwaltungssystems in Frage gestellt, die wirtschaftliche und soziale Krise bereinigen zu können.[66] Bereits im Oktober 1985 wurden daher Warnungen laut, Jugoslawien könnte ein "zweiter Libanon" werden.[67] Die Rolle der Partei in der Wirtschaftsführung wurde kritisiert und die Ansicht geäußert, das Volk habe das Vertrauen in die Führung verloren.[68] Wirtschaftsthemen standen dann auch auf dem 13. Parteikongreß (25.-28.6.1986) im Zentrum. Bereits vor dem Parteikongreß wurden Mahnungen ausgesprochen:

> "Es ist keine Zeit für akademische Debatten, die nicht von praktischen Maßnahmen begleitet werden ... Die gegenwärtige Situation kann nicht mehr andauern, ohne ein Risiko für die wirtschaftliche und soziale Stabilität des Landes herbeizuführen. Es mag zwar sein, daß die generelle Weltlage unsere Krise beeinflußt hat, aber im allgemeinen hat die Krise ihren Ursprung in Jugoslawien selbst ... wir sollten darüber besorgt sein, daß bereits 42% der Bevölkerung glaubt, nur der 'starke Mann' könne die Angelegenheit noch regeln."[69]

Auf dem Parteitag wurde die Kluft zwischen Theorie und Praxis offen diskutiert, aber keine Lösung angeboten. Zwar erteilte man jeglichem Dogmatismus eine Absage,[70] doch blieb es bei formalen Aufforderungen zur "Erhöhung der Produktion und Exporte und Schaffung von Arbeitsplätzen". Der Parteikongreß ließ auch Divergenzen innerhalb der Partei erkennen, wobei liberale und dogmatische Strömungen manifest wurden. Zeigte sich überwiegend eine liberale Tendenz, so schienen dogmatische Strömungen dennoch nicht vollständig überwunden, die auf dem Parteitag insbesondere vom damaligen Verteidigungsminister Branko Mamula[71] repräsentiert wurden.[72] Ihren Niederschlag fand die dogmatische Richtung in dem Wirtschaftskurs, den die Regierung unter Branko Mikulic einschlug.[73]

Insgesamt zeigte sich zu diesem Zeitpunkt in der Zentrale eine Machtverschiebung von der Parteiführung zur Regierung.[74] Während sich in der Parteistruktur

---

64 D. *Sekulic* in: Vecernje Novosti, 8.4.1985.

65 S. *Balcic*, ebd.

66 M. *Zivkovic*, zitiert in: Vecernje Novosti, 16.4.1985.

67 Prof. Dusan *Ivecic*, in: Intervju, 11.10.1985.

68 R. *Marinkovic*, in: Intervju, 27.9.1985.

69 START, 14.6.1986.

70 So durch den neuen Präsidenten des Zentralkomitees, M. *Renovica*, in: Tanjug, 28.6.1986.

71 Zu seiner Position als "hardliner" vgl. A. *Bebler*, Politischer Pluralismus und die jugoslawischen Berufsmilitärs, in: Österreichische Zeitschrift für Politikwissenschaft, 20 (1991) 3, S. 257-273 (268).

72 FAZ, 16.7.1986.

73 FAZ, 25.8.1986.

74 FAZ, 27.8.1986.

die Bundesführung durch Meinungsunterschiede als nahezu vollständig gespalten und jedenfalls handlungsunfähig präsentierte, schien die Regierung zu versuchen, einen machtpolitisch orientierten Kurs zu steuern. Innerhalb der Partei schien sich das Gewicht von der Bundesebene auf die Ebene der "Landesfürsten" zu verlagern, die ihrerseits damals teils einen eher dogmatischen Kurs steuerten, wie etwa in Kroatien oder Bosnien-Herzegovina, oder aber einen eher liberalen, wie vor allem in Slowenien und zunächst auch in Serbien. Es zeigte sich, daß das Ansehen der Bundesparteiführung zugunsten der Landesführungen deutlich gesunken war. Einige Republiken schienen das Bundespräsidium der Partei als ehrenvollen Abschiebeplatz für solche Politiker anzusehen, die auf Landesebene störten.[75] Auch die Gleichgültigkeit, mit der die (wenngleich nicht umwälzenden) Ergebnisse des Parteikongresses aufgenommen wurden, deutete auf die zunehmende Irrelevanz der Bundespartei. In Jugoslawien wurde die Systemkrise bereits zu diesem Zeitpunkt erkannt und offen angesprochen. "Die Krise wird nicht gelöst, sondern verschärft sich, und das Ansehen Jugoslawiens und seines Systems in der Welt sinken."[76] Meinungsumfragen bestätigten den Legitimitätsverlust der Partei. Eine Befragung von 4 500 Personen brachte 1986 folgende Ergebnisse:[77]

59,14% beschuldigten die Parteiführung, an der gegenwärtigen Krise schuld zu sein, wogegen nur
2,19% die Schuld "ausländischen Ursachen" zuwiesen;
49,0% meinten, daß das "System gut sei, aber schlecht vollzogen werde";
41,0% meinten, daß "irgend etwas in der Verfassung oder den Gesetzen geändert werden müsse" (keine Meinung: 10%).

Dabei ergab sich eine regionale Aufteilung, nach der die Mehrheit der in Kroatien Befragten die Praxis ändern wollte, wogegen die Mehrheit der in Slowenien Befragten für eine Verfassungsänderung eintrat. In Serbien kritisierten normale Parteimitglieder vor allem die Praxis, wogegen Parteiführer eher für eine Verfassungsänderung eintraten. Hinsichtlich der Rolle der Partei zeigte die Umfrage folgende Ergebnisse:

73% der Befragten meinten, daß die Partei ihre "Führerrolle in der Gesellschaft" "ungenügend", "teilweise" oder "überhaupt nicht" wahrgenommen habe;
72% meinten, das Ansehen der Partei sei "durchschnittlich" oder "unbedeutend";
64,93% bezeichneten "Inkompetenz, Verantwortungslosigkeit und Mangel an Disziplin" als Hauptursachen der Probleme.

75 Ebd.
76 So der frühere Außenminister J. *Vrhovec*, zitiert in: FAZ, 27.8.1986.
77 Nach NIN, 25.5.1986.

Zudem wurde die Partei mit 11,11% und die Staatsverwaltung mit 8,79% als Ursache bezeichnet (weitere Verteilung: "Unterentwicklung" mit 7,56%, "schlechte Führer" mit 6,72%, "Fehlen von langfristigen Programmen" mit 4,54%, "ungünstige internationale Beziehungen" mit 2,97%, "sonstige Faktoren" mit 1,25%, "keine Meinung" mit 4,24%). Hinsichtlich der Bedrohungsvorstellungen ergaben sich folgende Werte:

31% "besorgt und verängstigt";
19% "zugleich besorgt und hoffnungsvoll";
14% "alles wird sehr bald bereinigt werden";
10% "indifferent und passiv", aber nur
19% "bereit, der Regierung bei ihren Anstrengungen zu helfen".

In bezug auf die existenzbedrohenden Faktoren ergab sich folgendes Bild:

82% der Befragten meinten, "verschiedene Spannungen" in Jugoslawien würden das Land bedrohen; davon bezeichneten
- 41% Streitigkeiten zwischen den Nationalitäten;
- 16% Uneinigkeit der Parteiführer;
- 14% die wirtschaftliche Isolation der einzelnen Republiken und Provinzen

als Haupthindernis für die Einigkeit des Landes.[78]

In der Summe konnte bereits im Jahre 1986, also zur "Halbzeit" der Entwicklung zwischen den ersten nationalistischen Manifestationen nach dem Ableben Titos (Kosovo-Unruhen 1981) und dem Ausbruch der bewaffneten Auseinandersetzungen 1991, eine tiefgreifende Krise konstatiert werden. Die wirtschaftliche, soziale und nationale Lage in Jugoslawien hatte einen Zustand erreicht, in dem eine handlungsunfähige politische Führung einer Bevölkerung gegenüberstand, deren Lage sich zunehmend verschlechterte. Darüber hinaus wurde die politische Führung von einer deutlichen Mehrheit der Bevölkerung als schuldig bis mitschuldig am bestehenden Zustand angesehen. Durchgreifende Maßnahmen hatten wenig Erfolg gebracht und eher zu weiteren Verschlechterungen geführt, was eine zukünftige Unterstützung des Kurses der Bundesregierung durch die Bevölkerung wenig wahrscheinlich machte.[79]

Die Entwicklung ließ bereits zu diesem Zeitpunkt tendenziell eine weitere Verschlechterung der Lage und ein Anwachsen der Spannungen erwarten, wobei der

---

78 Bei der Befragung wurden keine Arbeitslosen (die etwa 20% ausmachten) sowie keine Pensionäre und Studenten herangezogen, was zu möglicherweise noch kritischeren Ergebnissen geführt hätte.

79 Nach T. R. *Gurr*, Rebellion - eine Motivationsanalyse von Aufruhr, Konspiration und innerem Krieg, Düsseldorf/Wien 1972, S. 21ff, werden langfristig solche Verhältnisse, die die Erwartungen erhöhen, ohne sie befriedigen zu können, die Unzufriedenheit noch steigern. Wenn Unzufriedenheit politisiert wird, steigt das Gewaltpotential.

Zentralregierung praktisch nur die Exekutivorgane sowie die Streitkräfte zur Verfügung standen, um die Einheit aufrechtzuerhalten.[80]

4. Die Eskalation in der weiteren Entwicklung

Das Potential für eine krisenhafte Eskalation der Lage in Jugoslawien war damit bereits Mitte der 80er Jahre gegeben und für den regelmäßigen Beobachter relativ klar erkennbar. Zu diesem Zeitpunkt überraschte der Umstand, daß die erwartete Krise trotz einer sich ständig verschlechternden Lage *nicht* eingetreten war. Es bedurfte weiterer Faktoren in der Entwicklung Jugoslawiens wie auch des internationalen Umfelds, die schließlich den akuten Ausbruch der Krise herbeiführten.

a. Die Richtungsänderung im serbischen Nationalismus

Der wiederentstandene serbische Nationalismus hatte zunächst eine *defensive* Grundtendenz (Schutz der serbischen Minderheit im Kosovo) und eine stark *liberale* Komponente. Teile der großstädtischen Intelligenz veranlaßte er zur Kritik an der Bundesverfassung von 1974, die die Serben benachteilige, und damit auch zur Kritik an Tito (der als Kroate verdächtigt wurde, Serbien bewußt geschädigt zu haben) und am kommunistischen System. So ließ sich innerhalb der serbischen nationalen Bewegung ein starker Druck für mehr individuelle Freiheiten feststellen. Serbische Journalisten standen damals an der vordersten Front derjenigen, die für freie Diskussion in Jugoslawien eintraten.[81] Andererseits wurde der Nationalismus von Teilen der Partei mitgetragen bzw. in den Rivalitäten innerhalb der serbischen Partei zwischen der Führung unter Ivan Stambolic und den "Herausforderern" unter Draza Markovic ausgenützt.[82]

Der serbische Nationalismus erhielt aber bald eine *offensive* Komponente zur Herstellung einer serbischen Dominanz über Jugoslawien. Von besonderer Bedeutung für die weitere Entwicklung war das "Memorandum der serbischen Akademie der Wissenschaften", das die Belgrader Zeitung Vecernije Novosti am 24. und 25. September 1986 in Auszügen veröffentlichte.[83] Es erhob folgende Vorwürfe gegen den Titoismus:

- wirtschaftliche Diskriminierung Serbiens;
- Zerstückelung Serbiens durch die Gewährung der Autonomie an die autonomen Regionen Kosovo und Vojvodina;

80 So die Schlußfolgerung in: *Vetschera*, Die mögliche Entwicklung.

81 FAZ, 21.8.1986.

82 FAZ, 16.4.1986.

83 Die Zitierung und die nachfolgenden Auszüge folgen *Libal*, Das Ende Jugoslawiens, S. 122ff und *Cviic*, Implications, S. 84f.

- Verfolgung antiserbischer Politik durch die (damals noch überwiegend albanisch besetzten) Behörden im Kosovo ("Vertreibung der serbischen Bevölkerung") und in Kroatien ("Assimilierungsdruck auf die serbische Minderheit"). In diesem Zusammenhang wurde der Begriff des "stillen Genozids an den Serben" verwendet, der an das Pavelic-Regime der Kriegszeit erinnere.

(1) Die Folgen der Richtungsänderung im serbischen Nationalismus: Zentralistische Tendenzen und Verstärkung der nichtserbischen Nationalismen

Das Memorandum der serbischen Akademie wurde von den jugoslawisch-zentralistischen Kräften ebenso wie von Kommunisten und Nichtkommunisten in den anderen Republiken kritisiert.[84] Parallel dazu rief der serbische Nationalismus - insbesondere in den Streitkräften - aber auch dogmatische, antiliberale Tendenzen mit zentralistischer Ausrichtung unter serbischer Dominanz hervor. Die *dogmatisch-kommunistischen* Kräfte sahen im serbischen Nationalismus eine ideologische Herausforderung, insbesondere in seiner liberalen Ausprägung. Die *zentralistisch* orientierten Kräfte standen dem serbischen Nationalismus dort negativ gegenüber, wo er den Bestand des Gesamtstaates zu sprengen drohte; sie sahen aber in großserbischen Tendenzen parallele Interessen zu ihren eigenen Vorstellungen von einem starken Zentralstaat.

Daraus ergab sich auf der Seite der Zentralmacht zunächst eine ambivalente Haltung gegenüber dem serbischen Nationalismus, die aber mit dem Abnehmen des liberalen Elements im serbischen Nationalismus zunehmend positiv wurde. Die nunmehr offensivere Ausrichtung des serbischen Nationalismus wie auch die Zunahme zentralistischer Tendenzen stärkten die Abwehrhaltung sowohl in Slowenien als auch in Kroatien und lösten eine Orientierungsänderung im makedonischen Nationalismus aus. Letzterer hatte zunächst eine stark antialbanische Komponente gehabt und ging daher tendenziell mit dem serbischen Nationalismus konform, sah sich nunmehr aber vom serbischen Dominanzstreben bedroht. In den genannten Republiken entstand ab Mitte der 80er Jahre eine Tendenz, den zunehmend zentralistischeren Bestrebungen in Belgrad mit einer verstärkten Betonung der Autonomie zu begegnen, wobei Sezession zwar theoretisch, wohl aber zunächst noch nicht als pragmatische politische Option zur Debatte stand. Diese Tendenzen wurden durch die Verschlechterung der Wirtschaftslage verstärkt, die den wirtschaftlich entwickelteren nordwestlichen Landesteilen zusätzliche Opfer zugunsten der schwächeren Teile im Südosten abverlangte.

---

84 *Libal*, Das Ende Jugoslawiens, S. 122.

(2) Die Machtergreifung durch Slobodan Milosevic: Das Zweckbündnis zwischen Kommunismus, Zentralismus und serbischem Nationalismus

Vor diesem Hintergrund ging 1986 die Macht innerhalb der Spitze der kommunistischen Parteiführung in Serbien an Slobodan Milosevic über. Er kombinierte die Aufrechterhaltung des alleinigen Machtanspruchs der kommunistischen Partei mit serbisch-nationalistischer Rhetorik und setzte für seine Machterweiterung insbesondere die aus dem Kosovo geflüchteten Serben ein, die mit Straßendemonstrationen eine breite Volksfront aus Parteimitgliedern und parteifernen serbischen Nationalisten herbeiführten. Mit dieser Machtbasis und dem Vorwurf, sie sei in der Kosovo-Frage "zu schwach" gewesen, konnte Milosevic 1987 die serbische Parteiführung von verbliebenen Resten des liberalen Flügels säubern[85] und einen reaktionär-dogmatischen Kurs steuern. Dasselbe Rezept wurde 1988 angewandt, um im Herbst die bis dahin unabhängige Parteiführung der ethnisch komplex zusammengesetzten Vojvodina (mit einer starken ungarischen sowie Teilen einer slowakischen, ukrainischen und rumänischen Minderheit) zu stürzen und durch Parteigänger von Milosevic zu ersetzen. Damit wurde diese nach der Verfassung von 1974 autonome Provinz völlig unter die zentrale serbische Kontrolle gebracht.

In ähnlicher Weise wurde die Republik Montenegro gleichgeschaltet. Nach erfolglosen Demonstrationen im Oktober 1988 erfolgte im Januar 1989 durch den Druck der Straße der Rücktritt der bisherigen Parteiführung, die durch Gefolgsleute Milosevic' ersetzt wurde.[86]

Am 23. Februar 1989 beschloß das serbische Republiksparlament die Einschränkung der Autonomie des Kosovo. Politische Manifestationen und Streiks der Albaner wurden gewaltsam gebrochen, am 27. Februar wurde de facto der Ausnahmezustand verhängt. Die albanische Führung der Parteiorganisation wurde abgesetzt und teilweise verhaftet. Unter dem Druck der angedrohten Einführung einer Militärverwaltung stimmte das Provinzparlament diesen Einschränkungen schließlich im März zu. Lokale Sicherheitskräfte wurden entmachtet, Polizei, Gerichtsbarkeit und Territorialverteidigung direkt den serbischen Behörden unterstellt.[87] Bei weiteren Unruhen wurden nach offiziellen Angaben 24, nach inoffiziellen Angaben etwa 200 Menschen getötet.[88]

Am 28. Juni 1989 wurde ostentativ der 600. Jahrestag der Schlacht auf dem Amselfeld (= Kosovo Polje) gefeiert, wobei sich die serbische Führung als "Verteidiger des Abendlandes gegen die moslemischen Horden" präsentierte. Auch wenn

85 *Cviic*, Implications, S. 85.

86 Dabei ist allerdings nicht geklärt, ob der Aufruhr in Montenegro von Serbien aus initiiert worden oder tatsächlich innerhalb der Republik entstanden ist. Tatsache bleibt, daß die neue Parteiführung in Montenegro seither die Positionen der serbischen Führung mittrug; vgl. *Libal*, Das Ende Jugoslawiens, S. 138.

87 *Cviic*, Implications, S. 85.

88 *Libal*, Das Ende Jugoslawiens, S. 132.

damit die historische Rolle der Türken angesprochen wurde, waren die Anspielungen auf die heutige albanische Bevölkerung doch unverkennbar. Das Bündnis von kommunistischer Staatsmacht und serbischem Nationalismus (einschließlich der serbisch-orthodoxen Kirche) wurde durch gemeinsame Auftritte ihrer jeweiligen Vertreter demonstrativ hervorgehoben.

Im Winter 1989/90 kam es wieder zu gewaltsamen Auseinandersetzungen, die 34 Tote forderten. Als Ende Juni 1990 das serbische Republiksparlament die Autonomie des Kosovo weiter beschränkte, erklärten die Abgeordneten albanischer Nationalität zur Provinzversammlung eine Woche später auf den Stufen des Parlamentsgebäudes, zu dem sie keinen Zutritt erhalten hatten, mit der erforderlichen Mehrheit die Souveränität der Provinz. Im Gegenzug löste die serbische Regierung schließlich Provinzparlament und Provinzregierung des Kosovo auf. Damit war die vollständige Eingliederung des Kosovo in die Republik Serbien vollzogen. In der Folge erklärten die albanischen Abgeordneten in einer am 7. September 1990 im Untergrund erstellten Verfassung erneut ihre Souveränität als jugoslawische Teilrepublik. Kurze Zeit später, am 28. September 1990, erließ das Belgrader Republiksparlament eine neue Verfassung für Serbien, die zwar ein Autonomiestatut vorsah, aber de facto eine Annexion des Kosovo durch Serbien bedeutete.[89]

Die Gleichschaltung der beiden autonomen Provinzen und Montenegros ermöglichte es der serbischen Führung, das kollektive Bundespräsidium zu kontrollieren, das damit keine Entscheidung gegen den so geschaffenen "serbischen Block" treffen konnte.[90]

b. Der Einfluß des außenpolitischen Umfelds

Die Verschärfung der Gangart auf der Seite der serbischen Führung sowie bei Teilen der Zentralgewalt erfolgte zeitlich parallel, sachlich aber gegenläufig zur Liberalisierung in Osteuropa seit dem Amtsantritt von M. Gorbatschow im Jahre 1985. Die Entwicklung in Osteuropa wurde insbesondere bei der serbischen Intelligenz und in den nordwestlichen Landesteilen positiv gesehen. Politische Gruppierungen - zumeist noch innerhalb der offiziellen Organisationen, wie etwa der Jugendverbände - stellten die Grenzen möglicher Opposition oder einer denkbaren Alternative zum autoritär-kommunistischen System,[91] aber auch zur Zentralgewalt auf die

89 Ebd., S. 134.

90 Dabei ergab sich eine verfassungsrechtlich paradoxe Situation: einerseits demontierte die serbische Führung die Autonomie des Kosovo zwar verfassungswidrig, aber effektiv; andererseits hielt sie die Fiktion der Autonomie des Kosovo nach der alten Verfassung dort aufrecht, wo sie im Bundespräsidium Sitz und Stimme des Kosovo für sich instrumentalisieren konnte.

91 *Libal*, Das Ende Jugoslawiens, S. 137, weist ausdrücklich darauf hin, daß zwar die Entwicklung in Slowenien am schnellsten fortschritt, daß aber liberale, antidogmatische Positionen in Serbien ebenfalls anzutreffen waren; sie bekam allerdings bald einen serbisch-nationalen Anstrich.

Probe. Hier war insbesondere der slowenische Jugendverband führend, dessen Zeitschrift Mladina laufend die Zentralgewalt provozierte. Als sie im Sommer 1988 über angebliche Staatsstreichpläne der Armee berichtete, führte dies zu einem Militärgerichtsverfahren gegen einige Redaktionsmitglieder und einen Armeeangehörigen, das in Ljubljana stattfinden sollte. Die Forderung nach Zulassung der slowenischen Sprache bei diesem Verfahren wurde von der Zentralgewalt abgelehnt; es kam zu umfangreichen Demonstrationen, die schließlich zu Manifestationen des slowenischen Nationalismus wurden. Die jugoslawische Armee wurde als "Besatzungsmacht" bezeichnet und aufgefordert, das Land zu verlassen. Der slowenische Parteiführer Kucan sprach sich 1989 für "politischen Pluralismus" (wenngleich noch nicht in Gestalt eines Mehrparteiensystems) aus, wogegen der serbische Schriftstellerverband bereits ein Mehrparteiensystem forderte.

Demgegenüber reagierten die zentralistisch orientierten Kräfte, insbesondere in der Armee, zunehmend reaktionär auf die sich anbahnende Liberalisierung in Osteuropa.[92] Verteidigungsminister Kadijevic wandte sich 1989 scharf gegen jede Idee eines Parteienpluralismus, die Armee stelle sich gegen "antisozialistische, prokapitalistische und dogmatische Kräfte". Als sich im Gefolge ähnlicher Entwicklungen in anderen kommunistischen Staaten im Februar 1990 der Bund der Kommunisten Jugoslawiens (BdKJ) auflöste, wurde dieser Schritt von der Führung der Streitkräfte kritisiert. Der BdKJ wurde daraufhin innerhalb der Streitkräfte neu gegründet.[93] Der Zerfall des sozialistischen Systems in Osteuropa wurde zunehmend negativ gesehen und in eine Bedrohung durch den Westen uminterpretiert.[94]

c. Die Eskalation bis zum Krieg

Die weitere Eskalation war unmittelbar mit der Revolution von 1989 in Osteuropa verbunden. Im Gefolge dieser Revolution wurden in allen bis dahin kommunistisch regierten Staaten freie Wahlen abgehalten, bei denen in der DDR, in der Tschechoslowakei und in Ungarn die bürgerlichen Parteien gewannen, wogegen sich in Rumänien und Bulgarien die Nachfolgeparteien der früheren Kommunisten behaupten konnten.[95] Im Januar 1990 hielt die Einheitspartei BdKJ ihren 14. Parteitag ab, der vorgezogen und deshalb als "außerordentlich" bezeichnet worden war. Es kam zu heftigen Auseinandersetzungen insbesondere zwischen der slowenischen und der serbischen Parteiorganisation. Die slowenische Fraktion forderte

92 Hierzu eingehend *Bebler*, Politischer Pluralismus.

93 S.u.

94 So führte die Operationsplanung Bedem, die als Grundlage des Slowenien-Feldzuges diente, folgendes Szenario an: "USA und NATO greifen Jugoslawien an, um den Kapitalismus einzuführen" (Eigenübersetzung aus dem Original).

95 Die Wahlen in Polen 1989 waren noch nach einem Quotensystem abgehalten worden, das den Kommunisten die Macht sichern sollte.

die Umwandlung der Einheitspartei in einen Verband unabhängiger Parteien der Republiken und autonomen Provinzen, die Aufhebung des Prinzips des "demokratischen Zentralismus", eine konföderative Staatsform für Jugoslawien und allgemeine, freie und geheime Wahlen in ganz Jugoslawien für April 1990. Die serbische Seite warf ihr daraufhin Separatismus vor, forderte demgegenüber die Beibehaltung "einer Partei in einem Staat" und konnte sich damit durchsetzen. Lediglich die Forderung nach Parteipluralismus hatte Erfolg. Daraufhin verließ die slowenische Delegation den Kongreß. Als die serbische Fraktion den Kongreß ohne slowenische Beteiligung fortsetzen wollte, verließen nach mehreren Kontroversen auch die Delegierten aus Kroatien, Bosnien-Herzegovina, Makedonien und Montenegro die Sitzung. Die verschiedenen Parteifraktionen - einschließlich der serbischen - gründeten in der Folge eigene Organisationen. Damit war die Existenz der Einheitspartei beendet.

d. Polarisierung als Folge der Wahlen

Die Beschlüsse des Parteitages hatten zur Folge, daß zwar im Rahmen des nunmehr möglichen Parteipluralismus im Laufe des Jahres 1990 erstmals freie Wahlen abgehalten werden konnten, aber *nicht auf Bundesebene, sondern nur jeweils in den Republiken*. Die Wahlergebnisse trugen zur weiteren Polarisierung bei: In den nordwestlichen Republiken, die bereits im Frühjahr 1990 wählten, gewannen bürgerliche Gruppierungen[96] mit teilweise stark ausgeprägter nationalistischer Komponente, die insbesondere im kroatischen Wahlkampf mit teils unverblümt antizentralistischen und antiserbischen Parolen hervortrat.[97] In Makedonien (November 1990) verbuchten zunächst die Reformkommunisten und die gesamtjugoslawisch-reformistische Partei der Reformkräfte Gewinne, die aber durch Gewinne der nationalistisch orientierten Inneren Makedonischen Revolutionären Organisation bei Nachwahlen im Dezember kompensiert wurden. In Bosnien-Herzegovina (November/Dezember 1990) erreichte die Moslemische Union für demokratische Aktion die relative Mehrheit vor den Parteien der serbischen und kroatischen Volksruppen, den Reformkommunisten und der Partei der Reformkräfte. In Serbien und Montenegro gewannen bei den Wahlen im Dezember 1990 die Nachfolgegruppen des früheren Bundes der Kommunisten.[98]

---

96 In Slowenien das Bündnis Demos aus Christdemokraten, Sozialdemokraten und Liberalen; in Kroatien die Kroatische Demokratische Union.

97 Hinzu kam die Verwendung alter kroatischer Symbole, die auf serbischer Seite mit dem Pavelic-Staat des Zweiten Weltkrieges assoziiert wurden, und eine betonte Abgrenzung Kroatiens vom "balkanischen" Südosten Jugoslawiens.

98 Alle Angaben nach Gustav E. *Gustenau*, Zur Lage in Jugoslawien, in: ÖMZ, 29 (1991) 1, S. 66-68.

Die Polarisierung zwischen dem Nordwesten und dem Südosten wurde in zweierlei Hinsicht augenfällig: Einerseits waren die beiden nordwestlichen Republiken die ersten, die Wahlen abhielten; Serbien und Montenegro dagegen die letzten (fast ein Jahr später). Andererseits zeigte das Wahlergebnis im Nordwesten klare Parallelen zur DDR, CSFR und zu Ungarn; das Ergebnis im Südosten dagegen zu Bulgarien und Rumänien.

e. Konkurrierende Staatsvorstellungen

Die neugewählten und demokratisch legitimierten Regierungen der nordwestlichen Republiken verfolgten in enger Abstimmung eine Politik der Westorientierung und des Überganges zur Marktwirtschaft sowie der Neuordnung Jugoslawiens auf konföderaler Grundlage. Am 5. Oktober legten sie einen Entwurf für eine Verfassungsänderung vor. Demzufolge sollte Jugoslawien nach dem Vorbild der EG eine Konföderation souveräner Staaten werden, mit einem gemeinsamen Wirtschaftsraum und einer gemeinsamen Sicherheits- und Verteidigungspolitik.[99] *Die Konföderation sollte allen Landesteilen offenstehen und enthielt damit alle Voraussetzungen für einen friedlichen Übergang zur neuen Staatsform (peaceful change).*

Demgegenüber entwickelte Serbien im Herbst ein nominell föderales Modell, das aber den Republiken de facto nur die kulturelle Autonomie beließ, alle tatsächlich relevanten Angelegenheiten jedoch der Zentrale zuwies.[100] Im serbischen Konzept war auch kein Platz mehr für die bis dahin formal immer noch autonomen Regionen Vojvodina und Kosovo. Die serbische Seite sah das Ausscheiden aus dem Staatsverband und die Gründung eines eigenen Staates vor, falls die beiden nordwestlichen Republiken an ihrem Konföderationsmodell festhielten.[101] Dieser Staat sollte jedoch durch "Grenzkorrekturen" zu Lasten der Nachbarrepubliken erweitert werden.[102]

f. Konfrontationskurs Serbiens und Tendenzen zur Abspaltung der nordwestlichen Republiken

Als sich die Unvereinbarkeit beider Modelle klar abzeichnete, wurden durch neue Wirtschaftsgesetze die Verbindungen Serbiens zu den anderen Republiken abgebrochen. Auf Importe aus Slowenien und Kroatien wurden Zölle erhoben, das Vermögen der beiden Republiken in Serbien wurde beschlagnahmt. Im Dezember

99 *Bebler*, Jugoslawiens Zukunft, S. 7f.

100 Ebd.

101 *Gustenau*, Zur Lage in Jugoslawien, S. 68.

102 *Bebler*, Jugoslawiens Zukunft.

1990 ließ Serbien illegal Banknoten über 18,2 Mrd. Dinar drucken und unterlief damit die Bundesfinanzhoheit der jugoslawischen Nationalbank.[103]

Die nordwestlichen Republiken strebten als Reaktion auf die Ablehnung ihres Konföderationsmodells und die konfrontativen Schritte Serbiens nach weiterer Autonomie. Slowenien beschloß im September 1990, alle der slowenischen Verfassung widersprechenden Bestimmungen der Bundesverfassung aufzuheben. Hinzu traten immer konkretere Schritte in Richtung auf eine mögliche Sezession. In einer Volksabstimmung am 23. Dezember 1990 stimmten 88% für die Unabhängigkeit Sloweniens. Ein Gesetz vom 26. Dezember 1990 erklärte Slowenien für unabhängig und gab der Regierung sechs Monate Zeit, die Beziehungen zu Jugoslawien durch Verhandlungen zu regeln. Dies bedeutete aber keinen automatischen Ausstieg aus dem jugoslawischen Gesamtstaat.[104]

In Kroatien verabschiedete das Parlament am 22. Dezember 1990 eine neue Verfassung, die Kroatien als "einheitlichen, unteilbaren demokratischen und sozialen Staat"[105] definiert, der die volle Souveränität in Anspruch nimmt. Auch die Annahme dieser Verfassung sollte keinen automatischen Ausstieg aus der Föderation bedeuten, sondern zu Verhandlungen über die Zukunft Jugoslawiens führen.

Als die Situation weiter eskalierte, erklärte der slowenische Regierungschef am 5. Februar 1991, Slowenien sei fest entschlossen, bis zum Juni 1991 den Staatsverband zu verlassen. Kroatien erklärte, dann ebenfalls den Staatsverband verlassen zu wollen. In Bosnien-Herzegovina wurde für diesen Fall eine Volksabstimmung angekündigt. Am 19. Mai 1991 wurde schließlich in Kroatien eine Volksabstimmung über die Trennung von Jugoslawien durchgeführt. Dabei votierten bei einer Beteiligung von 86,15% insgesamt 94,3% der abgegebenen Stimmen zugunsten der Loslösung von Jugoslawien. Dies bedeutet, daß auch Angehörige der serbischen Minderheit in Kroatien *für* die Loslösung gestimmt hatten.[106]

g. Beginnende Konflikte mit der Bundesarmee

Beide Republiken nahmen auch die Regelung ihrer Verteidigung in Anspruch, was sie mit der Bundesarmee in Konflikt brachte. Sie unterstellten die Territorialverteidigung der Kommandogewalt der Republiksführungen, worauf die Bundesarmee mit der Forderung nach Entwaffnung der Territorialverteidigung antwortete. Dies gelang ihr zwar in Kroatien, nicht aber in Slowenien. Der Konflikt verschärfte sich, als der aufgelöste BdKJ am 19. November 1990 unter dem Namen Bund der Kommunisten - Bewegung für Jugoslawien auf der Grundlage der alten Parteika-

---

103 Der Standard, 1.1.1991.

104 So die ausdrücklichen Aussagen slowenischer Politiker; apa, 24.12.1990.

105 G. E. *Gustenau*, Zur Lage in Jugoslawien, in: ÖMZ, 29 (1991) 2, S. 167-170 (168).

106 Alle Angaben nach *Gustenau*, Zur Lage in Jugoslawien.

der innerhalb der Streitkräfte neu gegründet wurde.[107] Die neue Parteiorganisation sprach sich für den Erhalt Jugoslawiens als "föderativer Staat aller jugoslawischen Nationen"[108] und gegen jeden "Druck auf Jugoslawien von nationalistisch-separatistischen Kräften im Inland und von außen" aus. Propagandistische Publikationen, die Slowenien den Schutz durch die Jugoslawische Volksarmee (Jugoslavenska Narodna Armija; JNA) empfahlen, operierten im Umfeld der deutschen Vereinigung mit dem Schreckgespenst eines drohenden Pangermanismus, der auch Österreich einschließe und Jugoslawien bedrohe.[109] Als die kroatische Regierung die Entpolitisierung der Streitkräfte (und damit die Beendigung von deren kommunistischer Kontrolle) forderte, wies die militärische Führung in Belgrad diese Forderung mit der Begründung zurück, daß die Armee die Verfassung von 1974 zu schützen habe, nicht jedoch die "kürzlich erfolgten" (demokratischen) Veränderungen.[110] Ein weiterer Konflikt entstand über die Einberufung der Wehrpflichtigen, die nach slowenischer Ansicht nur noch in Slowenien Dienst zu leisten hätten.[111]

Im Dezember 1990 stellte der Generalstab nach Angabe des slowenischen Vertreters im Staatspräsidium einen Antrag auf Einmarsch in die nordwestlichen Republiken, der aber vom Staatspräsidium abgelehnt wurde. Im Januar 1991 forderte die Armeeführung die Entwaffnung der Polizei- und Reservekräfte der beiden Republiken sowie die Verhaftung des kroatischen Verteidigungsministers, dem die Vorbereitung eines bewaffneten Aufstandes und der illegale Import von Waffen aus Ungarn vorgeworfen wurde.

h. Der bewaffnete Aufstand der serbischen Minderheit in Kroatien

Bereits im Sommer 1989 kam es in den serbisch besiedelten Gebieten Kroatiens zu Massenkundgebungen der Serben aus Anlaß des 600. Jahrestages der Schlacht auf dem Amselfeld, aber auch als Protest gegen die (damals noch kommunistische) Führung der Republik Kroatien.[112]

Die Spannungen eskalierten mit dem Wahlsieg der nationalistischen Kroatischen Union. In den serbisch besiedelten Gebieten Kroatiens[113] formierten sich Widerstandsgruppen, die mit Straßenblockaden und Sprengstoffanschlägen die

---

107 Der Organisation gehörten als führende Mitglieder u.a. die Expräsidenten Raif Dizdarevic und Lazar Mojsov, Innenminister General Petar Gracanin, Verteidigungsminister Veljko Kadijevic und der ehemalige Generalstabschef Stevan Mirkovic an; apa, 19.11.1990.

108 Zu denen *nicht* die Minderheiten wie Albaner oder Ungarn zählen.

109 So wurde die Vision von einem "geeinten Deutschland mit - nach potentiellem Anschluß Österreichs - hundert Millionen Germanen" beschworen; Borba, 18.10.1990.

110 *Bebler*, Politischer Pluralismus, S. 270.

111 *Gustenau*, Zur Lage in Jugoslawien, S. 170.

112 *Libal*, Das Ende Jugoslawiens, S. 150.

113 Insbesondere in der Krajina zwischen der Stadt Knin und den Plitvicer Seen, entlang der Republiksgrenze zu Bosnien.

Verbindung zum kroatischen Küstenland blockierten und damit den Fremdenverkehr als eine der Haupteinkommensquellen Kroatiens schädigten. Diese Gruppen forderten im Vorfeld der Verabschiedung der neuen kroatischen Verfassung, die sie als diskriminierend bezeichneten, am 10. November 1990 die Schaffung einer unabhängigen Krajina für die in Kroatien lebenden Serben.[114] Im Falle des Verbleibens Kroatiens im Staatsverband wurde ein autonomer Status gefordert, im Falle der Loslösung dagegen ein eigener Staat. Als die Führung dieser Gruppen, die sich vor allem aus den serbischen Bürgermeistern dieses Gebiets zusammensetzt, die kroatische Verfassung zurückwies, wurden ihnen Geldmittel gesperrt.

Im Gegenzug erklärten sie die Krajina für unabhängig und begannen, eigene Polizeitruppen aufzustellen. Daraufhin wurden kroatische Polizeireserven mobilisiert.[115] Im Januar 1991 ermächtigte das Staatspräsidium die Armee zur Entwaffnung "illegaler paramilitärischer Verbände", da sie die Gefahr eines Bürgerkrieges beschworen. Dabei blieb unklar, ob damit nur die serbischen Polizeikräfte der Krajina oder auch die Territorialmilizen Sloweniens und Kroatiens gemeint waren. Beide Republiken ignorierten den Beschluß, da er illegal zustande gekommen sei. Erst nach Alarmierung von Verbänden der Bundesarmee im (nördlichen) 5. Militärbezirk wurde die Mobilisierung der kroatischen Polizeireserve aufgehoben.[116]

In der Folge kam es immer häufiger zu Sprengstoffanschlägen und bewaffneten Zusammenstößen zwischen irregulären serbischen Gruppierungen und kroatischen Polizeikräften, die im Zeitraum vom 18. August 1990 bis zum 2. Mai 1991 zwei Tote und etwa 30 Verwundete forderten. Am 2. Mai 1991 wurden in Borovo Selo bei Vukovar in Ostkroatien 13 kroatische Polizisten in einem Hinterhalt überfallen und massakriert. Das jugoslawische Staatspräsidium beschloß daraufhin den Einsatz der Bundesarmee bei weiteren bewaffneten Auseinandersetzungen zwischen den Volksgruppen. Am 6. Mai wurde in Split ein Angehöriger der Bundesarmee von einem Kroaten erschossen, die Armee antwortete mit einem begrenzten Schießbefehl.

Die serbische Bevölkerung der Krajina hielt am 12. Mai ein Referendum über den allfälligen Anschluß an die Republik Serbien ab, wobei sich weit über 90% für diesen Anschluß ausgesprochen haben sollen.[117] Allerdings lehnte die serbische Republiksführung die Annahme des Anschlusses ab.[118] In der Folge wurden die bis dahin frei agierenden serbischen Milizen paramilitärisch organisiert; Anfang Juni führten sie erste Manöver in Bataillonsstärke durch. Die Bundesarmee, die *de jure*

---

114 apa, 10.11.1990.

115 apa, 7.1.1991.

116 *Gustenau*, Zur Lage in Jugoslawien, S. 170.

117 Da das Referendum von den kroatischen Behörden für illegal erklärt wurde, liegen keine autorisierten Daten vor.

118 *Libal*, Das Ende Jugoslawiens, S. 162.

einen "peace-keeping"-Auftrag hatte, begann offensichtlich, die serbischen Milizen mit Waffen und Geräten zu versorgen und geriet in eine zunehmend parteilichere Rolle. Sie gab vor, die Serben in Kroatien "vor einem Genozid zu schützen".

Die wachsende Gewalttätigkeit der Auseinandersetzungen wurde durch eine entsprechende Rhetorik aufgeschaukelt. Bezeichnete die serbische Seite die kroatische Seite regelmäßig als "Ustaschi" und "Faschisten", so wurden die serbischen Milizen von der kroatischen Seite regelmäßig als "Terroristen" verunglimpft.

i. Die serbische Regierung im Zugzwang

Die serbische politische Elite war sich zwar in einigen Grundsatzfragen einig (keine Konzession im Kosovo, Schutz serbischer Bevölkerungsgruppen außerhalb der Republik Serbien, allenfalls Inkorporation serbisch besiedelter und anderer Teile von anderen Republiken in ein "Großserbien"), stand aber auch in Konkurrenz zueinander. Zwar hatten die Reformkommunisten die Wahlen gewonnen, doch die nichtkommunistischen nationalistischen Gruppen gewannen zunehmend an Attraktivität. Protestaktionen dieser Gruppen am 9. März 1991 wurden von der Regierung mit dem Einsatz der Armee und dem Aufmarsch von Panzern in Belgrad beantwortet, "weil sich die Polizeikräfte Serbiens im Kosovo befinden".[119] Die serbische Regierung mußte sich daher mehr und mehr großserbische Zielsetzungen zu eigen machen, um nicht innerhalb Serbiens an Boden gegenüber der nationalistischen Opposition zu verlieren. Die Politik der serbischen Regierung wurde somit von der Abwehr der Sezession der nordwestlichen Republiken ebenso wie von der Abwehr der nichtkommunistischen Opposition im eigenen Land bestimmt, wobei sich ein härteres Vorgehen gegen Kroatien und Slowenien auch zur Ruhigstellung der Opposition instrumentalisieren ließ.

j. Die letzten Schritte zum Bürgerkrieg

Am 15. Mai 1991 verhinderte der "serbische Block" im Staatspräsidium die Rotation des Vorsitzes an den kroatischen Vertreter Stjepan Mesic, der das erste nichtkommunistische Staatsoberhaupt Jugoslawiens geworden wäre. Dieser Schritt dürfte maßgeblich dazu beigetragen haben, daß Slowenien und Kroatien ihre lange angekündigten Unabhängigkeitserklärungen in die Tat umsetzten. Ende Mai kam es zwischen der Bundesarmee und slowenischen Territorialverteidigungskräften zu einem Zwischenfall, der zur Verhaftung eines slowenischen Kommandanten durch die Bundesarmee und zur Blockade von JNA-Kasernen führte. Dabei wurde ein Mann von einem Schützenpanzer überfahren und getötet.[120] Außerdem setzte

---

119 G. E. *Gustenau*, Zur Lage in Jugoslawien, in: ÖMZ, 29 (1991) 3, S. 258-261 (259, 261).
120 G. E. *Gustenau*, Zur Lage in Jugoslawien, in: ÖMZ, 29 (1991) 4, S. 351-354 (354).

die Bundesarmee für die Zeit vom 30. Mai bis 8. Juni Stabsrahmenübungen in Slowenien an, die als Androhung einer möglichen Intervention bewertet wurden.

Anfang Juni verkündete der slowenische Regierungschef, daß Slowenien am 25. Juni[121] die tatsächliche Macht übernehmen, also seine Vertreter aus den Bundesorganen abziehen und die Grenzkontrolle ausüben werde.

Der letztere Schritt führte nach der Unabhängigkeitserklärung vom 26. Juni zu bewaffneten Auseinandersetzungen zwischen slowenischen Territorialtruppen und der Bundesarmee, die sich rasch zu einem begrenzten konventionellen Konflikt ausweiteten. Nach dem Ende der Kämpfe in Slowenien im Juli 1991 verlagerte sich das Kampfgeschehen nach Kroatien, wo die Bundesarmee ihre unparteiische Rolle endgültig aufgab und seither zusammen mit den serbischen Milizen Krieg gegen die kroatischen Streitkräfte führte.

5. Die Warnsignale

Die Jugoslawienkrise war somit keinesfalls unvorhersehbar. Im Gegenteil lassen sich aus dem voranstehenden Rückblick vielfache Warnsignale ableiten. Sie waren teilweise bereits in der "ersten Halbzeit", dann in der Entwicklung bis zu den Wahlen im Jahre 1990, vor allem aber in der Entwicklung seither zunehmend erkennbar. Nach der oben vorgenommenen Kategorisierung würden folgende Ereignisse als *schwindende, schwache, starke und überstarke Signale* einzuordnen sein:

Allgemein:

- als *schwindende Signale*:
  - die Entstehung des "neuen Nationalismus" trotz des "elastischen" Rahmens der Verfassung von 1974;
  - insgesamt der Zerfall der politischen Macht seit Titos Ableben (Verlagerung des Gewichts in der Partei vom Zentrum zu den "Landesfürsten" in die Republiken, mit zunehmender Krise von dort in die sich autonom erklärenden Gebiete und in noch kleinere regionale Einheiten);
  - die unterschiedlichen Reaktionen auf die Entwicklung in Osteuropa;
  - keine Einigung auf Abhaltung bundesweiter Wahlen;

- als *schwache Signale*:
  - die gewaltsame Niederschlagung der albanischen Studentenproteste und die nachfolgende Repression;
  - die Bestätigung des Zerfalls der politischen Macht und des Verlustes an Vertrauen in die politische Führung durch die Umfrage von 1986;

---

121 Also einen Tag vor dem geplanten Termin und ein halbes Jahr nach der entsprechenden Erklärung.

    - die Warnung vor einem "zweiten Libanon";
    - der Zerfall der Einheitspartei bis zu ihrer Selbstauflösung 1990;
    - die deutlich divergierenden Ergebnisse der Wahlen von 1990 (u.a. Westorientierung von Slowenien und Kroatien; "östliches" Verhalten in Serbien);
    - die besonderen, auch artikulierten Interessen von Gruppen (JNA) und einzelnen Republiken an der Aufrechterhaltung des Einparteiensystems bei gleichzeitiger Ablehnung durch andere Gruppierungen und Republiken;

- als *starke Signale*:
    - der "Wirtschaftskrieg" zwischen Serbien, Slowenien und Kroatien;
    - die abnehmende Dialogfähigkeit und zunehmend gewalttätigere Rhetorik auf allen Seiten;

- als *überstarke Signale*:
    - *die zunehmende Gewalttätigkeit der ethnischen Auseinandersetzungen in Kroatien.*

Auf der Seite verschiedener Interessengruppen:

AUF DER SERBISCHEN SEITE:

- als *schwindende Signale*:
    - die nationalistischen Reaktionen auf die Entwicklungen im Kosovo (Auswanderungsbewegung und Berichterstattung);
    - der Übergang der Parteiführung auf Milosevic;
    - die Säuberung der serbischen KP von liberaleren Elementen nach der Machtergreifung durch Milosevic;
    - die Abnahme des liberalen Elements in der nationalserbischen Opposition;

- als *schwache Signale*:
    - die "Petition 2011" der Auswanderer und ihre Unterstützung in Belgrad;
    - die Richtungsänderung vom "defensiven" zum "offensiven" serbischen Nationalismus;
    - das "Memorandum" der Akademie;
    - Machtausweitung Milosevic' unter Ausnutzung des Drucks der Straße (Kosovo-Flüchtlinge) im eigentlichen Serbien, in der Vojvodina und in Montenegro;
    - die Entmachtung der albanischen Führung im Kosovo, die einsetzende Repression und Gleichschaltung;
    - die wachsende Popularität der Idee vom "großserbischen Reich", insbesondere die Kosovo-Feiern 1989;

  - die Kosovo-Feiern in der Krajina;
  - die wachsende Bezugnahme auf die Furcht vor "Genozid" und deren Benützung als Vorwand für Machtausübung (als Rechtfertigung der Repression im Kosovo; als Rechtfertigung für die Bildung bewaffneter "Selbstschutzgruppen" in Kroatien);
  - insgesamt: Verletzungen der Verfassung von 1974 durch das Milosevic-Regime, insbesondere: die Intensivierung der Repression im Kosovo; der Sturz der Führung und die nachmalige Gleichschaltung der Vojvodina; "Wirtschaftskrieg" mit Slowenien und Kroatien;
  - die Bildung des "serbischen Blocks" im Bundespräsidium;
  - der wachsende Widerstand der nichtkommunistischen Gruppierungen in Serbien gegen die kommunistische Führung (serbischer Nationalismus bleibt als einziger gemeinsamer Nenner); daraus resultierende Zugzwänge des Milosevic-Regimes (Flucht nach vorne);

- als *starke Signale*:
  - Ablehnung des Konföderationsmodells und ausdrückliche Forderung nach "Grenzkorrekturen" im Falle einer Lösung Serbiens vom Staatsverband;
  - *erster Einsatz der Streitkräfte* zur Niederschlagung der Proteste der serbischen Opposition;
  - Ankündigung der Unabhängigkeitserklärung der Krajina;

- als *überstarke Signale*:
  - Aufstellung paramilitärischer Verbände und Beginn des Guerillakrieges in der Krajina;
  - *die Verhinderung der Rotation im Staatspräsidium.*

AUF DER SEITE SLOWENIENS UND KROATIENS:

- als *schwindende Signale*:
  - die wachsende Unzufriedenheit mit der Stagnation der wirtschaftlichen und politischen Entwicklung;
  - die Rolle der Kirche im kroatischen Nationalismus;

- als *schwache Signale*:
  - Forderungen nach slowenischer Beschriftung von Kasernen u.ä.;
  - Tendenzen zur erhöhten Autonomie;
  - Manifestationen des slowenischen Nationalismus im Gefolge der "Mladina"-Affäre 1988;
  - Opposition zur Bundesarmee (Einberufung von Wehrpflichtigen u.a.), besonders in Slowenien;

- als *starke Signale*:
  - manifest antiserbische Aussagen im kroatischen Wahlkampf;
  - mögliche Ansätze der Diskriminierung von Minderheiten durch die Rhetorik der kroatischen Verfassung;
  - die Forderung nach Änderung der Staatsstruktur (Konföderationsmodell);
  - Aufhebung von Bundesgesetzen durch das Landesparlament Sloweniens;
  - die angekündigte Absicht zur Erklärung der Unabhängigkeit (zunächst ohne automatische Sezession) durch Volksabstimmung in Slowenien/Verfassung in Kroatien;
  - die Ablehnung der Entwaffnung von paramilitärischen Verbänden;

- als *überstarke Signale*:
  - *die Ankündigung der Sezession in Slowenien; die entsprechende Volksabstimmung in Kroatien.*

AUF DER SEITE DER STREITKRÄFTE:

- als *schwindende Signale*:
  - die Selbstdefinition als Erhalter der Einheit und des politischen Systems;
  - Sorge um den mangelnden "Jugoslawismus" und den wachsenden Nationalismus;
  - die Vertretung dogmatischer Positionen auf dem 13. Parteitag durch die Armeeführung;

- als *schwache Signale*:
  - die Putschgerüchte 1986 (!);
  - Kritik an Auflösung des BdKJ und seine nachfolgende Neugründung in den Streitkräften;
  - der wachsende Widerstand in der Armeeführung gegen Demokratisierung ("Mladina"-Kontroverse in Slowenien; Neugründung des BdKJ in den Streitkräften);

- als *starke Signale*:
  - Aussagen von Spitzenmilitärs über die Notwendigkeit der "Rettung des sozialistischen Systems";
  - Versuch der Entwaffnung der Territorialmilizen in Slowenien und Kroatien durch die Bundesarmee im Vorfeld der Unabhängigkeitserklärungen (als Vorbereitungshandlung für nachfolgende Intervention);
  - zunehmende Parteiergreifung für serbische paramilitärische Verbände (Duldung von Aktionen, logistische Unterstützung etc.);
  - die gewalttätigen Auseinandersetzungen bei Kasernenblockaden in Slowenien;

- als *überstarke Signale*:
  - mehrfache Aussagen über geplante Verhängung des Ausnahmezustandes/ Staatsstreiche;
  - *"Stabsrahmenübungen" im Vorfeld der Unabhängigkeitserklärungen von Slowenien und Kroatien.*

6. Die Nichtbeachtung der Warnsignale[122]

Es hätte also für die Staatengemeinschaft (und hier insbesondere für die westliche Seite) hinreichend Signale gegeben, deren Wahrnehmung Möglichkeiten eröffnet hätte, die Entstehung einer Krise abzuwehren und noch rechtzeitig eskalationsdämmende Positionen zu entwickeln. Solche hätten etwa betroffen:

- die Unterstützung von konstruktiven Vorschlägen zur Umgestaltung (etwa in der "Konföderalismusdebatte") als mögliches Konsensmodell für friedlichen Wandel (peaceful change);
- die Geltendmachung von Einfluß auf die nichtkommunistischen Kräfte in Slowenien und Kroatien im Wahlkampf (Vermeidung diskriminierender Rhetorik) und danach (Forderung nach Minderheitenschutz für Serben als Voraussetzung für eventuelle wirtschaftliche Hilfe und spätere politische Anerkennung), gleichzeitig
- die unmißverständliche Androhung von Konsequenzen für nichtkooperatives Verhalten gegenüber jeder Seite, die zur Eskalation beiträgt.

Statt dessen reagierte man vielfach offenkundig überrascht auf die Entwicklung, das heißt einerseits allem Anschein nach zu spät im Krisenverlauf und andererseits vielfach kontraproduktiv (stereotype Forderung nach Erhalt der Einheit, als es schon zu spät war). Sosehr die Forderung nach durchgehender Demokratisierung ganz Jugoslawiens unter Erhalt seiner Einheit aus dem Gesichtspunkt der Stabilität ein wünschenswertes Ziel gewesen wäre, war sie zu diesem Zeitpunkt bereits Wunschdenken. Es hätte spätestens nach Ablehnung allgemeiner Wahlen und nach dem divergierenden Ergebnis der Wahlen in den Republiken sowie nach der Ablehnung des Konföderationsmodells klar sein müssen, daß diese Zielsetzung kaum mehr realistisch sein konnte. Das Ergebnis der Wahlen wie auch die Aussichtslosigkeit des Konföderationsmodells stellten deutliche erkennbare Bifurkationen dar, wurden aber offensichtlich nicht zur Kenntnis genommen.

In ähnlicher Weise schienen manche Positionen an einem Status-quo-Denken orientiert, das keinen friedlichen Wandel vorsah; sie setzten damit Prioritäten fest, die wahrscheinlich eher zur Eskalation als zur De-Eskalation beitrugen (Erhalt der Einheit *vor* Kriegsverhütung). So erklärten Präsident Bush und Außenminister Ba-

---

122 Zu dieser Problematik im Kontext der Überraschungsangriffe eingehend *Betts*, Surprise Attack, S. 121ff (Interpretation and Reaction).

ker im Vorfeld der Sezession Sloweniens und Kroatiens unmißverständlich, daß die USA die Unabhängigkeit der beiden Republiken "unter keinen Umständen" anerkennen würden.[123] Auch von westeuropäischer Seite, insbesondere der EG, ergingen deutlich negative Signale an die beiden Republiken. Sie waren immerhin mit der Warnung vor jeder gewaltsamen Lösung gekoppelt, die sich implizit an die Armee und die serbische Führung richtete.[124] *Insgesamt konnten aber die westlichen Erklärungen als Freibrief zum militärischen Einsatz zur Erhaltung der Einheit/Unterbindung der Sezession gedeutet werden.*

Während in Österreich im Jahre 1990 schon frühzeitig auf die aufwachsende Krise in Jugoslawien hingewiesen wurde,[125] wurden die Warnsignale in der Mehrzahl der westlichen Staaten teilweise offensichtlich überhaupt nicht zur Kenntnis genommen, teilweise unrichtig interpretiert.[126]

Es ist derzeit noch nicht möglich, die Beurteilung der Warnsignale im einzelnen nachzuvollziehen.[127] Aus den Umständen wie auch aus den Aussagen, die zur Krise getroffen wurden, lassen sich aber folgende Elemente erschließen.

a. Mangelnde Beachtung der krisenhaften Entwicklung

Die mangelnde Beachtung kann aus mangelnden Kenntnissen der Lage, der Bindung der Aufmerksamkeit durch andere Ereignisse und eine Gewöhnung an eine schleichende Krisenentwicklung in Jugoslawien (Dauerkrise) während des letzten Jahrzehnts resultieren.

(1) Mangelnde Kenntnis der Fakten

- Unkenntnis der Komplexität Jugoslawiens (historische Dimension); damit falsche Parallelen zur Entwicklung in anderen osteuropäischen Ländern (s.u.);
- Unkenntnis der nationalen Stereotype in Jugoslawien;
- Unkenntnis oder allenfalls Teilkenntnis der jeweiligen Schuld- und Angstkomplexe (Ustascha-Komplex in Serbien als Element der Furcht vor "Genozid";

123 *Cviic*, Implications, S. 87.

124 Ebd.

125 Versuche der österreichischen Außenpolitik, auf das Aufwachsen der Krise aufmerksam zu machen, wurden im Westen zunächst gelegentlich als "Sarajevo-Komplex" belächelt.

126 Die weitere denkbare Möglichkeit soll hier ausgeschlossen werden, daß nämlich die Warnsignale voll erkannt wurden, die drohende Gewaltanwendung aus westlicher Sicht jedoch tolerierbar erschienen wäre.

127 Darin unterscheidet sich diese Darstellung von jenen Analysen früherer Krisen, bei denen den Autoren nach einem hinreichenden zeitlichen Abstand genügend Material über die Entscheidungsprozesse der Akteure zur Verfügung stand (wie etwa R. Wohlstetters Analyse der Überraschung von Pearl Harbour 21 Jahre nach dem Ereignis).

Massaker an Kroaten, Moslems und Slowenen im Bürgerkrieg und vor allem bei Kriegsende; die Unterdrückung in der Rankovic-Ära[128] etc.).

(2) Bindung der Aufmerksamkeit

- Bindung der Aufmerksamkeit durch die Entwicklungen in der Sowjetunion und in Osteuropa (daraus allenfalls dann unrichtige Analogieschlüsse, s.u.);
- Bindung der Aufmerksamkeit ab dem Herbst 1990 durch die Krise am Persischen Golf und insbesondere durch den "heißen" Golfkrieg und seine Folgen unmittelbar vor der Unabhängigkeitserklärung durch Slowenien und Kroatien.

(3) Gewöhnung an die Dauerkrise

- Krisenhafte Zustände in Jugoslawien wurden bereits als normal betrachtet, qualitative Veränderungen kaum zur Kenntnis genommen.

b. Fehlinterpretation erkannter Warnsignale

Einiges spricht dafür, daß die krisenhafte Entwicklung nicht völlig unbeachtet blieb, daß die Warnsignale zumindest teilweise erkannt, aber nicht richtig gedeutet wurden.

(1) Fortleben früherer Stereotype

- Der Mangel an Kenntnissen der konkreten Situation von 1991 führte dazu, in Extrapolation früherer Stereotype die Akteure historischen Freund- und Feindbildern zuzuordnen. Hier schien insbesondere die frühere Waffenbrüderschaft mit Serbien eine gewisse Rolle zu spielen (so die Achse Paris/Belgrad im Ersten Weltkrieg; die Beziehung Tito/London im Zweiten Weltkrieg), aber auch die stereotype Gleichsetzung Kroatiens mit dem Pavelic-Staat ("Kroaten sind Faschisten");
- Jugoslawien wurde in Fortschreibung seiner Rolle im Ost-West-Konflikt ungefragt als Aktivposten des Westens gesehen, dessen Bestand in jedem Fall erhalten werden mußte;
- die früher im Vergleich zu anderen osteuropäisch-kommunistischen Staaten relativ liberale Politik Jugoslawiens wurde zur Interpretation herangezogen, ohne die Verschärfung der Gangart in den letzten Jahren zur Kenntnis zu nehmen. Es wurde nicht beachtet, daß diese relative Liberalität einerseits in Jugo-

---

128 Aleksander Rankovic war bis zu seinem Sturz 1966 Innenminister Jugoslawiens und betrieb eine repressiv proserbische Politik, die sich gegen andere Nationalitäten, vor allem aber gegen die Albaner im Kosovo gerichtet hatte. Sein Begräbnis 1983 wurde zu einer frühen Manifestation des serbischen Nationalismus.

slawien selbst verlorengegangen und andererseits durch die osteuropäische Revolution von 1989 überholt worden war;

- ähnliches gilt auch für die Streitkräfte, die lange Zeit als potentielle Verbündete des Westens gesehen worden waren. Die ideologische Ausrichtung der militärischen Eliten zur Erhaltung des "sozialistischen Systems" und ihr grundsätzlich antiwestliches Feindbild wurde nicht beachtet.

(2) Unzutreffende Analogien zur Entwicklung in Osteuropa[129]

- In der Beurteilung der politischen Entwicklungen wurden Analogien zur Demokratisierung in anderen osteuropäischen Staaten gezogen, was nur für die beiden nordwestlichen Republiken zuträfe. Der jugoslawische Gesamtstaat war zu diesem Zeitpunkt - im Gegensatz zu den Gesamtstaaten Osteuropas - noch immer nicht demokratisiert;
- in der Beurteilung der Rolle der JNA wurden unrichtige Analogien zur grundsätzlich unpolitischen Tradition anderer osteuropäischer Streitkräfte gezogen. So zeichnete sich etwa die russische Armee historisch durch weitgehende Abstinenz von der Einmischung in politische Abläufe aus, während die Armee in der Politik Serbiens stets eine aktive Rolle spielte, die bis hin zum Staatsstreich gehen konnte.

(3) Unzutreffende Extrapolation der Folgen

- Schließlich wurden vermutlich unzutreffende Schlußfolgerungen für die Auswirkungen gezogen: Man versuchte offensichtlich, Jugoslawien als Gesamtstaat zu erhalten, um keinen Präzendenzfall
  - für den Zerfall der UdSSR oder der CSFR, aber auch
  - für separatistische Tendenzen in westeuropäischen Staaten mit Minderheitenproblemen (wie Frankreich, Spanien, Großbritannien u.a.)

  zu schaffen. Damit wurde zunächst eine limitierte Gewaltanwendung "zum Erhalt des Gesamtstaates" implizit legitimiert.[130]

---

129 Oberflächliche Analogiebildung wird als eine der Hauptursachen für Fehlinterpretationen identifiziert; *Betts*, Surprise Attack, S. 120 (Analogies, Projections and Inconsistency) führt dazu aus: "Officials, who rely more on impressions from experience, are especially prone to analogical thinking."

130 In diese Richtung deutet z.B. die später einsetzende amerikanische Kritik, die sich zunächst nur gegen den Umfang der militärischen Gewalt und gegen erkennbare Verstöße gegen Normen des humanitären Kriegsrechtes seitens der JNA (etwa aus Anlaß der Bombardierung von Dubrovnik) richtete.

(4) Spiegelbildlichkeit (mirror imaging)

- Man erwartete von den Protagonisten ein Verhalten nach dem eigenen Vorbild, teilweise aus einem Wunschdenken oder der Unkenntnis von Unterschieden,[131] teilweise auch aus der Erwartung einer Rationalität, die nicht zutraf.[132]

(5) Innenpolitische Faktoren

- Innenpolitische Faktoren haben wahrscheinlich bei der angesprochenen Furcht vor einem sezessionistischen Präzedenzfall eine Rolle gespielt, möglicherweise aber auch in der Rücksichtnahme auf politische Gruppierungen im Inneren (für Teile des linken Randes im politischen Spektrum, wie etwa Linkssozialisten, manche jungsozialistische und alternative Gruppen, Europa- und andere Kommunisten, war Tito-Jugoslawien ein erhaltenswertes Symbol; darauf mußte unter Umständen die französische Regierung Rücksicht nehmen).

III. Schlußfolgerungen aus der Jugoslawienkrise

Die Jugoslawienkrise hat sowohl in ihrem Ablauf als auch in den darin erkennbaren Signalen und deren Beachtung durch die Staatenwelt individuelle wie auch typische Züge. Individuell für den Ablauf ist sicherlich die ethnische, kulturelle und historische Komplexität Jugoslawiens zu werten, die historisch bis in die jüngste Geschichte ein hohes Maß an Gewalt aufweist.[133] Typisch erscheinen dagegen die Abläufe beim Zerfall der Autorität des Gesamtstaates, die Stärkung regionaler Autoritäten unter Ausnutzung nationalistischer Stimmungen, der Verlust der Gesprächsbasis zwischen den Protagonisten[134] bei gleichzeitig feindseliger werdender Rhetorik sowie schließlich der Rückgriff auf die Gewalt.

Ähnliche Überlegungen gelten auch hinsichtlich der Signale, die im Vorfeld der Krise erkennbar gewesen wären. Hier sind insbesondere die schwindenden und schwachen Signale eher der individuellen Situation Jugoslawiens zuzuordnen. Es bedurfte eben einer spezialisierten Kenntnis Jugoslawiens, um in diesen Abläufen Indikatoren einer kommenden Krise sehen zu können. Wenn aus ihnen eine Kon-

---

131 "Projection ('mirror imaging') may flow from wishful thinking or unrecognized difference in cultures or perceptions"; *Betts*, Surprise Attack, S. 122.

132 Dieser Fehler unterlief auch dem Verfasser, als er im Januar 1991 den Einsatz der Streitkräfte als schwer möglich bezeichnete, da dies den Zerfall der multinationalen JNA bedeuten müßte. Der Einsatz der JNA gegen Slowenien führte tatsächlich zum Zerfall der bis dahin existierenden JNA und war insofern durch die "logic of craziness" (*Betts*, Surprise Attack, S. 128) bestimmt, er fand aber nichtsdestoweniger statt.

133 Wollte man schon Parallelen ziehen, dann wären sie eher mit der Kaukasus-Region als etwa mit der CSFR gegeben.

134 *Frei*, Sicherheit, S. 82f, definiert Krise als Verlust der Kommunikation, als "Kollaps der Machtsprache".

sequenz zu ziehen war, so bestand sie zu einem frühen Zeitpunkt (bis zur "Halbzeit") wohl vor allem in der Notwendigkeit, erhöhte Aufmerksamkeit auf Jugoslawien zu richten und von einem ungerichteten Beobachten (scanning) zu einem gezielten Suchen (monitoring) überzugehen. Die schwachen Signale, die im späteren Verlauf auftraten, hätten immer noch die erhöhte Aufmerksamkeit auf jene Teilbereiche richten müssen, in denen sie sich ereigneten und eine Entwicklung andeuteten, die sich später in starken und überstarken Signalen deutlicher erkennbar manifestierte und schließlich in der Krise mündete. Demgegenüber erscheinen die starken und überstarken Signale weniger an die individuelle Situation Jugoslawiens gebunden. Dies resultiert zunächst aus der Definition dieser Signalkategorien, die eben auch für nichtspezialisierte Betrachter erkennbar sein müßten. Aus dieser allgemeineren Erkennbarkeit müßte sich dann auch eine gewisse Generalisierung ableiten lassen, die sich im wesentlichen mit den oben als typisch bezeichneten Vorgängen zu decken hätte.

Für die frühe Erkennbarkeit der Signale scheint relevant, daß relativ viele schwache, starke und überstarke Signale aus Rechtsbrüchen resultieren. Insbesondere erscheint die hohe Häufigkeit der Verfassungsbrüche im Vorfeld der Krise symptomatisch. Will man daher eine Generalisierung aus den Signalen in der Jugoslawienkrise ableiten, so bietet sich die Verfassungs- und Rechtsordnung eines Staates als möglicher Referenzrahmen an. Ihre immer häufigere Verletzung kann von der zunächst kaum erkennbaren Mißachtung als "erster Riß" im Grundkonsens (als schwaches Signal) bis zum massiven Verfassungsbruch (als starkes Signal) mit dem Aufwachsen einer Krise korreliert werden, deren Ablauf ohne einen solchen Referenzrahmen möglicherweise nur schwer systematisiert werden kann. Diese Aussage kann auch getroffen werden, ohne den demokratischen Charakter einer solchen Rechtsordnung voraussetzen zu müssen. Wichtig erscheint vielmehr die Funktion einer Rechtsordnung als Instrument der sozialen Kontrolle.[135] Wird die Rechtsordnung ineffektiv, so kann dies als Krisenindikator für die in dieser Rechtsordnung lebenden Gesellschaft gelten, egal ob sie demokratisch oder undemokratisch verfaßt ist.[136]

Krisenindikatoren sind eng mit der Frage der "Regelmäßigkeit"[137] und "Unregelmäßigkeit" verbunden. "Regelmäßigkeit" ist doppeldeutig und bezeichnet so-

---

135 Vgl. T. *Parsons*, The Law and Social Control, in: W. E. *Evan* (Hrsg.), Law and Sociology, Glencoe, Ill. 1962, S. 56-72 (dt.: Recht und Soziale Kontrolle, in: E. E. *Hirsch*/M. *Rehbinder*, Studien und Materialen zur Rechtssoziologie, Köln/Opladen 1967, S. 121-134) sowie N. *Luhmann*, Rechtssoziologie, 2 Bde., Reinbek bei Hamburg 1972.

136 An dieser Stelle sei nochmals ausdrücklich an die Doppelfunktion der Krise als Chance erinnert: Die Krise einer Diktatur *kann* die Chance der Demokratisierung bedeuten - aber eben auch die Verschärfung der Situation bewirken; vgl. die Entwicklung in China 1989.

137 Vgl. den Begriff der "behavioral regularity" bei T. M. *Franck*/E. *Weisband*, World Politics - Verbal Strategies among the Superpowers, zitiert bei *Frei*, Sicherheit, S. 125.

wohl "wiederholt gleichartiges Verhalten" als auch "normengetreues Verhalten".[138] In eben dieser Doppeldeutigkeit stellt sich eine "Unregelmäßigkeit" als Abweichung entweder vom bisherigen (faktischen) oder aber vom vorgeschriebenen Verhalten dar.[139] Beide Arten von "Unregelmäßigkeiten" können als Signale für zukünftige Überraschungen wirken. Im Bereich der Warnung vor militärischen Überraschungsangriffen wird vor allem die Rolle der Unterschiede zwischen vorangegangenem Verhalten und dem Verhalten des Gegners in der konkreten Krisensituation betont.[140] Für die Früherkennung von Krisen noch im Vorfeld einer militärischen Auseinandersetzung würde dagegen die "Unregelmäßigkeit" im Normenbruch Signalwirkung haben.

Auch die Faktoren im mangelnden Krisenmanagement des Westens haben sowohl individuelle als auch typische Züge. Im konkreten Falle war sicherlich die Ablenkung durch andere Ereignisse mit zunächst höherer Priorität (Golfkrieg) ein nicht unwesentlicher Faktor, um das Aufwachsen einer krisenhaften Entwicklung in den entscheidenden Phasen nicht hinreichend wahrzunehmen. Ähnlich scheint die mögliche Furcht vor Präjudizwirkungen auf Bereiche mit höherer sicherheitspolitischer Priorität (Entwicklung in der damaligen Sowjetunion und das Bestreben, die Zentralmacht Gorbatschows nicht zu unterminieren) oder hoher Affinität (Entwicklung in der CSFR und die Sorge vor ihrem Zerfall) vor allem durch die konkreten Umstände der Lage bestimmt worden zu sein.

Gleichzeitig leiten diese individuellen Züge auch zu allgemein anzutreffenden Ursachen von Fehlverhalten gegenüber krisenhaften Entwicklungen über. Hier erscheint das Hauptproblem in der bekannten Fehlleistung der unrichtigen Analogiebildung zu bestehen. Analogien sind erforderlich, um überhaupt generalisieren zu können. Methodisch richtig wäre es, zunächst eine Ähnlichkeit festzustellen, dann die Unterschiede zwischen den zu vergleichenden Fällen aufzulisten und ein Urteil zu treffen, ob diese Unterschiede signifikant genug wären, den Vergleich irreführend werden zu lassen.[141] Beamtetes Denken geht aber selten so systematisch vor.[142] Statt dessen kommt es zu folgenden Fehlleistungen: die einfachsten Formen sind simplistische Analogien,[143] inkonsistente Analogien oder "double

138 Vgl. zur Regelmäßigkeit: *Vetschera*, Völkerrecht, Realität und Sicherheit, S. 20.

139 Auch als Abweichung von der bisherigen Kommunikation, die bis dahin auf einem "Gewebe gleichgerichteter Erwartungen" bestanden hat; *Frei*, Sicherheit, S. 83.

140 *Betts*, Surprise Attack, S. 100, hebt diese Funktion insbesondere als Kriterium der Unterscheidung eines "echten" Alarms von vorangegangenen falschen Alarmen hervor: "To reduce the danger of relaxation induced by wolf-crying, analysts and decision-makers need to focus on the *differences* between previous false alarms and the enemy actions in the crisis at issue."

141 *Betts*, Surprise Attack, S. 120.

142 Ebd.

143 Die unzutreffende Analogie wird im Falle der britischen Furcht vor einem Präjudiz für separatistische Tendenzen in Nordirland auf der Grundlage des Selbstbestimmungsrechts besonders deutlich: Während sich die separatistischen Tendenzen in Slowenien und Kroatien auf eine de-

standard"-Vergleiche sowie Projektionen (wie etwa das "mirror imaging"), die allesamt in den Reaktionen auf die Jugoslawienkrise festgestellt werden konnten.

Analogien werden aber nur dann erforderlich, wenn Wissenslücken geschlossen werden müssen. Sie waren daher durch schieres Unwissen und mangelnde Detailkenntnisse bedingt, die durch retrospektive (alte Stereotype) oder prospektive Analogien (Handlungsanleitung durch Analogien zu nur scheinbar ähnlichen Problemkomplexen) ersetzt wurden. Wissenslücken können auch bei einer weniger verworrenen Ausgangslage wieder zu ähnlichen Fehlleistungen beim Erkennen und Lösen von Krisensituationen führen. Zur Verbesserung der Früherkennung erscheinen daher folgende Maßnahmen erforderlich:

- Eine theoretisch-praktische Fundierung des Früherkennungsinstruments, einschließlich der Erarbeitung möglicher Krisenindikatoren. Dabei ist zu berücksichtigen, daß dies nicht zu starr erfolgen darf, da sich gerade schwache Signale in relativ schwer erkennbaren Abweichungen von bisher berechenbaren Entwicklungen ausdrücken, die zu diesem Zeitpunkt möglicherweise auf der Grundlage der Erfahrung unrichtig gedeutet würden. Das Erkennen schwacher Signale bedarf daher gerade eines feinen Ohrs auf der Grundlage der notwendigen Fachkenntnisse. Detaillierte historische Kenntnisse erscheinen damit einerseits erforderlich, dürfen aber nicht zum alleinigen Maßstab werden, um nicht zu unrichtigen Analogieschlüssen zu verleiten.[144] Die Lagebeurteilung sollte daher nicht einem spezialisierten Einzelgänger überlassen werden, sondern durch eine Mehrzahl von Fachleuten erfolgen.
- Zur Vermeidung von "Uminterpretierungen" der Aussagen auf dem Amtsweg durch weniger Detailkundige, die dann zum Lückenschluß durch Analogiebildung neigen, ist die Verbindung zum Entscheidungsträger kurz zu halten. Personen, die das entsprechende Basiswissen zur Erkennung der Signale aufweisen, sollten daher organisatorisch in der Nähe der Entscheidungsträger verortet werden.
- Kein Früherkennungssystem ist unfehlbar. Mögliche Fehlleistungen insbesondere beim blinden Alarm dürfen nicht zur Disqualifikation führen, sondern haben Anstoß zur weiteren Verfeinerung des Instruments zu geben.

---

mokratische Legitimation stützen konnten, fehlt eine solche bei den nordirischen Separatisten, die daher zum Terrorismus greifen müssen. Die Analogie bezog sich daher auf einen oberflächlichen Teilaspekt, blendete aber das wesentliche Faktum der demokratischen Selbstbestimmung aus, die im Falle Nordirlands *gegen* die Separation ausfiele.

144 "Historical context is of course a necessary and valuable grounding for strategic assessment, but not a reliable guide"; *Betts*, Surprise Attack, S. 96.

3. Krisen- und Konfliktmöglichkeiten in der früheren Sowjetunion

Falk Bomsdorf

Hinterher ist man immer klüger. Diese Redensart, ebenso richtig wie trivial, wird in der Welt der Politik nur zu oft dazu benutzt, Fehlleistungen zu überdecken oder gar zu rechtfertigen. Dabei setzt die Redensart ihrer Logik nach eines voraus: daß man vorher jedenfalls klug gewesen ist. Und genau daran fehlt es vielfach bei denen, die jene Redensart im Munde führen.

Klug sein heißt in der internationalen Politik vor allem vorausschauen. Diese Forderung nach Voraus-Sicht und damit auch nach Vor-Sicht gilt besonders in einer Zeit, in der das letzte Imperium unserer Epoche, das Sowjetreich, zerbrochen ist und Energien freigesetzt hat, die bisher durch ein eisernes Band von Ideologie und Zwang zusammengehalten worden waren. Wohin fließen diese Energien? Wird es zu Eruptionen und Explosionen kommen? Oder umgekehrt zu einer erneuten Bündelung der Energien, zu synergetischen Effekten? Dies sind die entscheidenden Fragen. Die Zukunft Europas und mit ihr die Zukunft Deutschlands hängen von der Antwort ab, welche diese Fragen finden werden.

Deutschlands Sicherheit wird wesentlich von der Entwicklung bestimmt, welche die Nachfolgestaaten der Sowjetunion nehmen. Die Entstehung von Stabilität und Prosperität in jenen Regionen wird, neben dem übrigen Europa, besonders Deutschland zugute kommen. Umgekehrt wird eine Destabilisierung jener Länder neben Zwischeneuropa - die Gebiete zwischen Deutschland und Rußland - vor allem Deutschland treffen.

Dabei ist der Schaden, den Krisen und Konflikte in der früheren Sowjetunion (FSU) dem übrigen Europa zufügen können, im einzelnen noch gar nicht abzusehen. Sicher ist, daß die Gefahren, die aus einer Destabilisierung der FSU und ihrer Bestandteile resultieren können, vielfältig sind: Unterbrechung der Zufuhr von Energieträgern, Wellen von Umwelt- und Hungerflüchtlingen, neue Umweltkatastrophen, unkontrollierte Proliferation von Nuklearwaffen, Machtergreifung irrationaler Akteure, Destabilisierung auch Mittelost- und Südosteuropas - dies ist nur ein Ausschnitt aus dem Spektrum möglicher Gefahren. Niemand jedenfalls kann vor diesem Hintergrund ernsthaft die Frage stellen, was uns Krisen und Konflikte in der FSU angingen.

In dieser Perspektive ist die Interessenlage klar: Deutschland ist daran gelegen, die Instabilität in der FSU, die jeder Transformationsphase unvermeidlich eigen ist, in einem Rahmen zu halten, der beherrschbar ist. Nur unter dieser Voraussetzung kann Schaden abgewendet werden; nur unter dieser Voraussetzung ist es überhaupt denkbar, daß in der FSU ein Übergang in gefestigte Strukturen gelingen kann. Aus dieser Interessenlage folgt eine zweifache Notwendigkeit: Zunächst müssen die Probleme analysiert werden, die einen derartigen Übergang gefährden; danach müssen Wege gesucht werden, um diese Hindernisse zu überwinden. Daraus resultiert eine zweifache Aufgabenstellung: Es müssen die - akuten oder latenten - Krisen- und Konfliktlagen identifiziert werden, deren Gefahren- und Gewaltpotential befürchten läßt, daß der hinnehmbare Grad an Instabilität überschritten und der Transformationsprozeß als solcher gefährdet wird. Darüber hinaus müssen konkrete Maßnahmen der Konfliktprophylaxe und Konfliktbeherrschung entworfen werden.

I. Die Krisen- und Konfliktgeneigtheit der postkommunistischen Gesellschaft

Besonderheiten und Ausmaß der Konfliktlage in der FSU sind nur zu verstehen, wenn man den gesellschaftlichen Hintergrund in die Betrachtung einbezieht, das heißt den Zustand, den die Gesellschaft in der FSU inzwischen angenommen hat. Diesen Zustand kann man als *Anomie* bezeichnen, als ein, kollektives wie individuelles, Leiden, das Gesellschaften befällt, die sich im Übergang befinden.

Die wesentlichen Kennzeichen der Anomie - Wurzellosigkeit, Entfremdung, Konfusion und Demoralisierung der Menschen sowie schwindende soziale Ordnung - finden wir gegenwärtig auch in der FSU. Dabei ist der Eindruck unabweisbar, daß die Anomie nicht zurückgeht, sondern eher noch schlimmer wird. Der Grund für diese Erscheinung dürfte in der Radikalität des Wandels liegen, den die Gesellschaft in der FSU gegenwärtig erlebt.

Die FSU leidet in erster Linie an einem Phänomen, das man als *Staatsverlust* bezeichnen könnte. In der Sowjetunion war der Staat letztlich die Partei: Sie war das eigentliche Steuerungsorgan; sie traf die wesentlichen Exekutivmaßnahmen. Der Parteiapparat, zentral von Moskau aus geführt, stellte das Machtgeflecht dar, das alle Bereiche durchdrang, alle Ausdrucksformen staatlichen wie gesellschaftlichen Lebens erfaßte.

Mit dem Ende der Partei und ihres Zwangsapparates (KGB) ist auch das sowjetische Machtgeflecht abgestorben, wie es bisher das Funktionieren des Staates gewährleistete. Ein Ersatz ist trotz aller Versuche, neue Strukturen zu installieren oder das alte Geflecht mit anderem Inhalt zu füllen, noch nicht zu erkennen. Die Folge ist ein intensiver *Steuerungsverlust* mit einer daraus resultierenden *Entregelung* der Gesellschaft.[1]

Mit dieser Entwicklung einher gehen *Statusverlust* und *Statusunsicherheit* jener Institutionen, die Stützen des bisherigen Staates waren. Der Parteiapparat ist zerstört; seine Mitglieder sehen sich ohne Zukunft. Der Militärisch-Industrielle Komplex ist am Ende und damit der potenteste Teil der Industrie. Die Streitkräfte der

1 Vgl. Klaus *Segbers*, Das schwierige Erbe der Sowjetunion. Ringen um neue Strukturen in einer verworrenen Lage, in: Europa-Archiv, 46 (10.12.1991) 23, S. 671-683.

Union stehen ohne Perspektive da. Die bisherige Nomenklatura löst sich zwar zunehmend aus ihrer Lähmung, die sie nach dem Mißerfolg des August-Putsches befallen hatte, und versucht zögernd, sich aus sich heraus zu reformieren und den neuen Bedürfnissen anzupassen. Dabei gelingt es den Spitzen der alten Nomenklatura immer mehr, in den postkommunistischen Gesellschaftsstrukturen Fuß zu fassen und erneut Führungsfunktionen in Wirtschaft und Politik zu übernehmen. Ein Großteil der alten Kräfte insbesondere in der Provinz beschränkt sich indessen auf den Versuch, trotz der gewandelten Verhältnisse im alten Stil weiterzuleben; im übrigen wird gegenüber der Reformpolitik weitgehend Obstruktion betrieben.

Die Versuche der neuen demokratisch legitimierten Führungseliten, die Gesellschaft auf neue Grundlagen zu stellen, begegnen großen Schwierigkeiten. Es ist kaum ein Nährboden vorhanden, auf dem eine Demokratie wachsen könnte. Hinzu tritt die umfassende, vor allem die großen Städte treffende Versorgungskrise, deren Ende nicht abzusehen ist. Für eine grundlegende Wirtschaftsreform gibt es bisher kaum zureichende Konzepte. Die Notwendigkeiten sind klar; aber die Durchführung der entsprechenden Entscheidungen stößt bisher immer wieder auf unüberwindbar scheinende Hindernisse. Die drei Hauptprobleme - die Sanierung der Landwirtschaft und der industriellen Großbetriebe sowie die Schaffung eines sozialen Netzes - bleiben ungelöst.

Darüber hinaus macht sich in gravierender Weise die Tatsache bemerkbar, daß die politischen Akteure im Machtgefüge der FSU und ihrer Nachfolgestaaten bisher nicht über *Gestaltungsmacht* verfügen, das heißt über die Fähigkeit, Gesellschaft und Wirtschaft auf tragfähige Grundlagen zu stellen, entsprechende Entscheidungen zu konzipieren, zu treffen und durchzusetzen. Dafür besitzen die Akteure *Blockierungsmacht*, das heißt die Fähigkeit, strategische und taktische Vorhaben der politischen Konkurrenten zu vereiteln oder doch wesentlich zu behindern. So ist es in der FSU zur Herausbildung eines in seiner Perfektion grotesken Systems von "checks and balances" gekommen, das sich bisher so ausnahm: Jeder blockierte jeden, alles blockierte sich gegenseitig - und so ging nichts voran.

Mit Beginn der postkommunistischen Ära (August 1991) hat man vor allem in Rußland versucht, dieses System zu überwinden und zu ernsthafter Gestaltung anzusetzen. Dieser Versuch stößt indessen auf neue Blockaden. Die Machtapparate insbesondere in der Provinz sind zum großen Teil in der Hand der bisherigen Nomenklatura; die alten Unionsstrukturen hemmen ein rasches Vorankommen der Reformen; schließlich verfolgen die noch existenten kommunistischen Kräfte eine Doppelstrategie: Auf der einen Seite zielen sie darauf ab, die Lage noch zu verschlimmern; auf der anderen Seite versuchen sie, mit maßgeblicher Unterstützung ihrer publizistischen Hilfstruppen, die wachsende Unzufriedenheit der Bevölkerung für ihre politischen Zwecke zu nutzen.

Zu diesem Mangel an Gestaltungs- und dem Übermaß an Blockierungsmacht tritt als weiterer konfliktfördernder Faktor die Tatsache hinzu, daß in der FSU bzw. ihren Nachfolgestaaten gegenwärtig eine grundsätzlich *negative Motivation* herrscht: Politische Macht erwerben oder erhalten kann man fast nur durch Aufrufe zum Trennen, zum Abgrenzen, zum Zerstören. Wer dagegen konstruktiv vorgeht, läuft stets Gefahr, die Macht zu verlieren oder gar nicht erst zu erreichen. Konkret heißt dies, daß jeder politische Führer in der FSU und ihren Nachfolgestaaten versucht ist, die destruktive Karte zu spielen und konfliktträchtige Probleme zu machtpolitischen Zwecken zu instrumentalisieren.

Die aus diesen Faktoren resultierende Krisen- und Konfliktgeneigtheit der postkommunistischen Gesellschaft wird noch verstärkt durch ihre über 70jährige Prägung durch die *Sowjetmacht*. Die gegenwärtige Gesellschaft in der FSU ist in wesentlichen Aspekten nach wie vor *sowjetisch*. Dies gilt vor allem mit Blick auf die Sozialisierung der Bevölkerung. Der Führung der Sowjetunion ist es in den langen Jahren ihrer Herrschaft gelungen, einen Menschentyp zu schaffen, der für ihre Zwecke besonders geeignet war und zur Grundlage ihrer Macht werden sollte und auch wurde. Gemeint ist der sogenannte *Sowjetmensch*, das heißt eine breite Schicht von Menschen, die durch folgende Merkmale charakterisiert werden:

- durch sozialen Infantilismus, das heißt durch die Überzeugung, daß der Staat für das Wohlergehen des einzelnen verantwortlich ist;
- durch soziale Abstinenz, das heißt durch die Überzeugung, daß man für das Handeln des Staates keinerlei Verantwortung trägt;
- durch einen kollektiven Sozialneid, der jeden, der etwas erreicht hat, wieder auf das gemeinsame niedrige Niveau herabzieht ("Gleichheit der Armen");
- durch Anfälligkeit für Haß und Aggressivität gegenüber all denjenigen, die - in der Sowjetunion oder im Ausland - "anders", und das heißt oft erfolgreicher sind;
- durch soziale Empfindungslosigkeit, das heißt durch das Fehlen gesellschaftsverträglicher Einstellungen wie Rücksicht, Achtung, Höflichkeit, Empathie, Gewaltlosigkeit, Kooperativität.

Der Sowjetmensch ist nicht oder nur sehr wenig *konfliktfähig*. Es fällt ihm ausgesprochen schwer, einen Konflikt als solchen zu erkennen und einzuordnen. Eine Lösung erwartet er in seiner tradierten Autoritätsgläubigkeit am ehesten "von oben", also durch eine Entscheidung der "Obrigkeit". Infolge seiner Konditionierung durch die jahrzehntelange Wahrheitsadministrierung seitens der Partei ist er weithin unfähig zu erkennen, daß es im jeweiligen Konflikt nicht um einseitige Durchsetzung "richtiger" Positionen, sondern um den Ausgleich unterschiedlicher Wirklichkeiten und damit unterschiedlicher Interessen geht. Demgemäß wird kaum je begriffen, daß die andere Konfliktpartei ebenfalls berechtigte Interessen hat, auf die Rücksicht zu nehmen die politische Vernunft gebietet. Schwierigkeiten mit Kompromißlösungen, die bis zur gänzlichen Unfähigkeit zum Kompromiß gehen können, sind damit ein weiteres Charakteristikum des Sowjetmenschen.

II. Krisen- und Konflikttypologie

Jeder Versuch, die potentiellen Krisen und Konflikte in der FSU nach ihrer Art und Ausprägung zu beschreiben und in ein Raster einzuordnen, läuft Gefahr, die staatliche und gesellschaftliche Wirklichkeit zu verzerren und zu vergröbern. Darüber hinaus gibt es keine Konflikte gleichsam in Reinkultur; vielmehr stellen alle Auseinandersetzungen in der Regel Mischformen dar, in denen sich Elemente unterschiedlicher Konflikttypen vereinigen.

Gleichwohl muß ein solcher Versuch der Typisierung unternommen werden. Nur so kann man sich einem zureichenden Verständnis der Entwicklung in der FSU annähern, kann die Umrisse der Gefahren erkennen, wie sie sich immer deutlicher in diesem auseinanderfallenden Imperium abzeichnen. Ziel muß es sein, nach der Grobskizze eine Feinzeichnung zu erstellen, sprich die Konflikte in ihren Details zu erfassen und in ihrer Komplexität darzustellen.

1. Innere Machtkonflikte

Solange die FSU bzw. ihre Nachfolgestaaten noch keine gefestigten Demokratien sind, wird ein geregelter, verfassungskonformer Machtwechsel eher die Ausnahme bleiben. Der Kampf um die politische Macht wird damit auf absehbare Zeit in anderer Weise ausgetragen werden: durch *Machtkonflikte.*

Sie werden vor allem dann auftreten, wenn sich die verfassungsmäßige Regierung - aus welchen Gründen auch immer - als zunehmend weniger imstande zeigt, die anstehenden Probleme zu lösen. Eine solche Konstellation kann sich im Rahmen eines "worst case"-Szenarios ergeben: Wenn die Transformation der postsowjetischen Gesellschaft und Wirtschaft fehlschlägt, weil die Reformen sämtlich *mißlingen* (oder aber zum Teil *gelingen*, was im sozialen Bereich in wichtigen Aspekten, vor allem bei der Beschäftigungslage, dieselben Folgen hätte!), wenn es in der Folge zu Massenarbeitslosigkeit, Unterversorgung, Hungersnöten, kurzum zum gesellschaftlichen Chaos käme, würde sich die Machtfrage stellen.

Machtprätendenten in einem dann möglichen Kampf um die Macht können kommen

- aus dem nationalistischen, reaktionär-chauvinistischen Lager,
- aus spätkommunistischen, stalinistischen Kreisen,
- aus einer Kombination von beidem, also einer Verbindung von Chauvinismus mit Stalinismus zu einem russischen National-Sozialismus.

Alle diese politischen Gruppierungen können ihre Machtbasis allein in den unzufriedenen Massen finden, also in der "Macht der Menge". Voraussetzung dafür ist, daß die Unzufriedenheit eine kritische Masse erreicht und damit eine Grenze überschritten wird, an der der machtpolitische Status quo unsicher zu werden beginnt. Es gilt die Regel: Je schlechter die Lage, desto wahrscheinlicher ein Machtwechsel.

Potentielle Machtprätendenten entsprechen dieser Regel. Für ihre Strategie und Taktik gilt die Devise: Je schlimmer, desto besser. Soll heißen: Je schlechter die Lage, desto besser die Chancen für die Erringung der Macht. Und das heißt auch: Je schlechter die Lage, desto geringer die Notwendigkeit, zur Erreichung der Macht Gewalt anzuwenden. Es kann sogar eine Konstellation eintreten, in der Anomie und Chaos und die damit einhergehende Machtlosigkeit so allumfassend werden, daß die Übernahme der Macht durch noch verbliebene Ordnungskräfte (etwa die Armee) als eine Angelegenheit gesellschaftlicher Notwendigkeit erscheint und vollkommen ohne Gewaltanwendung vonstatten geht. Es geht also nicht um den vielberufenen Putsch: Zu ihm dürfte es allenfalls dann kommen, wenn man den Streitkräften, denen man ohnehin bereits vieles zugemutet hat, auch die letzten noch verbliebenen Positionen und Prärogativen nimmt. Bleibt eine solche Entwicklung aus, entscheidet sich die Frage der Macht in den Wechselbeziehungen zwischen gesellschaftlich-staatlichem Niedergang und den Aspirationen potentieller Machtprätendenten.

Eine besondere Ausprägung des Machtkonfliktes könnte man als *Jugoslawisierung* bezeichnen. Ihr politischer Hintergrund wäre eine völlige Auflösung der Union mit der Konsequenz, daß nur die ehemaligen Republiken als selbständige Staaten übrigblieben. Wenn in diesem Fall die ehemaligen Streitkräfte der Union in ihrem vollen Bestand von den Nachfolgestaaten der FSU als eigene Armeen übernommen werden, dürfte es kaum zu Auseinandersetzungen grundsätzlicher Art kommen. Sähen sich die neuen Staaten - weitaus wahrscheinlicher - aus finanziellen und politischen Gründen zu einer solchen Übernahme außerstande, blieben große Teile der Streitkräfte ohne gesellschaftlich-staatliche Basis. Sie befänden sich in der prekären Lage, sich einen Staat suchen zu müssen, dem sie dienen können und der sie dafür bezahlt und unterhält.

Es leuchtet unmittelbar ein, daß eine solche Entwicklung nicht ohne Gewaltanwendung abgehen kann. Das entsprechende Gewaltpotential dürfte in einer solchen Konstellation vorhanden sein: Es liegt in der verzweifelten Lage einer gesellschaftlichen Großgruppierung, die von einer bevorzugten und privilegierten Existenz auf den Höhen der Macht in das gesellschaftliche Nichts gestoßen wird.

2. Konflikte zwischen einem imperialen Rußland und den neuen Staaten

Wenn sich die russische Führung in den nächsten Jahren als unfähig erweist, dem Chaos Einhalt zu gebieten, und der Zerfall der Gesellschaft einen Höhepunkt erreicht, kann dies zum Machtwechsel führen, also zum Übergang der Macht auf - so die wahrscheinlichste Variante - nationalistisch-chauvinistische Kräfte unterschiedlicher Herkunft. Diese von großrussischem Nationalismus getriebenen neuen Machteliten dürften sich an der "russischen Idee" ausrichten und in ihrem Sendungsbewußtsein zu einem erneuten "Sammeln russischer Erde" ansetzen, das diesmal von noch mehr Gewalt begleitet würde, als dies seinerzeit der Fall war. Zunächst würden die slawischen Staaten bzw. Gebiete (Weißrußland, Ukraine, Teile Kazachstans) "heim ins Reich" geholt; danach würde möglicherweise erneut imperial ausgegriffen: nach Norden in Richtung der baltischen Staaten, nach Süden in Richtung Kaukasus. Es ist nicht ausgeschlossen, daß am Ende eines solchen Prozesses ein neuerlicher Versuch stünde, sich über die Grenzen des früheren russisch-sowjetischen Imperiums hinaus nach Süden und nach Westen auszudehnen.[2]

3. Konflikte zwischen den Nachfolgestaaten

Das Auseinanderfallen der Sowjetunion hat auf der einen Seite alte Konfliktpotentiale wieder freigesetzt, die die Sowjetmacht lediglich verdeckt hatte; auf der anderen Seite sind neue Konflikte geschaffen worden.

Zu den historischen Konfliktlagen gehören jene zwischen Rußland und Ukraine[3] und zwischen Armenien und Azerbaidschan.

Das Verhältnis zwischen *Rußland und Ukraine*[4] ist seit Jahrhunderten belastet. Die Ukrainer haben sich mit ihrer Einverleibung in das Russische Imperium nie wirklich abfinden können; umgekehrt können sich die Russen Ukraine nicht als selbständig, als von Rußland staatsrechtlich getrennt vorstellen. Vielfach herrscht in Rußland - bei den sich selbst so bezeichnenden "Großrussen" - die Vorstellung von einer allgemein-russischen Identität. Sie schließt neben den Weißrussen die Ukrainer ein, die in dieser Sichtweise als Kleinrussen bezeichnet werden. Und in Ukraine gewinnt auch und gerade bei Intellektuellen die Vorstellung immer mehr Anhänger, Rußland habe die ukrainische Kultur bewußt zerstört und Ukraine mit Zwang daran gehindert, sich nach Westen zu orientieren und ein moderner demokratischer Staat zu werden.

Die erneute Staatwerdung von Rußland und Ukraine, wie sie sich gegenwärtig vollzieht, setzt ein umfassendes Konfliktpotential frei. Nahezu alle Konflikttypen können im Verhältnis zwischen beiden Staaten virulent werden. Dabei spielt

2 Vgl. dazu den Beitrag von Harry *Gelman* in diesem Band (Teil I, Kap. 7).

3 Man sollte in Zukunft den Artikel bei der Erwähnung des Staates Ukraine weglassen. Die bisher gewohnte Verwendung des bestimmten Artikels bedeutet letztlich, so ukrainische Kritiker dieser Praxis zu Recht, daß Ukraine als Teil einer größeren Einheit (früher Russisches Reich, danach Sowjetunion) betrachtet wird.

4 Vgl. dazu Roman *Solchanyk*, Ukraine, The (Former) Center, Russia, and "Russia", in: Studies in Comparative Communism, 25 (März 1992) 1, S. 31-45.

machtpolitisch gesehen die gegenseitige Abhängigkeit eine wesentliche Rolle: Rußland ist auf die Zufuhr landwirtschaftlicher Produkte aus Ukraine angewiesen, Ukraine auf die Lieferung von Energieträgern aus Rußland. Diese und andere Abhängigkeiten sowie der besondere geschichtliche und psychologische Hintergrund machen den Ausgleich der Interessen zwischen beiden Staaten zu einer außerordentlich schwierigen Aufgabe. Die Zunahme von Nationalismus und Chauvinismus in Rußland wie Ukraine läßt in dieser Hinsicht wenig Gutes erwarten.

Der zweite, nach dem Ende der Sowjetmacht erneut aufbrechende Konflikt - der zwischen *Armenien und Azerbaidschan* - trägt alle Merkmale einer Erbfeindschaft. Die Herkunft dieser Feindschaft ist kaum noch feststellbar. In jedem Fall erneuert sie sich gleichsam täglich. Ständig sich erneuernde Quelle der Auseinandersetzungen ist das Autonome Gebiet Nagornyj-Karabach, das, mehrheitlich von Armeniern bewohnt, in Azerbaidschan liegt und von Armenien abgeschnitten ist.

Der Konflikt erscheint unlösbar. Dies gilt um so mehr, als er unterdessen zu einem regelrechten, wenn auch noch begrenzten Krieg eskaliert ist. Verhandlungen enden regelmäßig ergebnislos. Kompromißlösungen steht der Druck vor allem der azerbaidschanischen, in geringerem Ausmaß der armenischen Bevölkerung entgegen. Azerbaidschan verfügt machtpolitisch gesehen über die längeren Hebel. Da die Verkehrs- und Gütertransportlinien, die Armenien mit der Außenwelt verbinden, überwiegend durch azerbaidschanisches Gebiet führen, kann Azerbaidschan jederzeit die Zufuhr lebenswichtiger Güter nach Armenien sperren. Das geschieht auch, mit der Konsequenz, daß sich ein umfassender Krieg zwischen beiden Staaten nicht mehr ausschließen läßt.

Die durch das *Auseinanderfallen der Union verursachten Konflikte* tragen vornehmlich den Charakter von *Erbauseinandersetzungen*. Wie in jenen Fällen geht es auch hier um die Frage, wer das Vermögen bekommt und wer die Erblast trägt. Die sowjetische Erbschaft ist allerdings ungleich komplizierter abzuwickeln als selbst die verwickeltste Auseinandersetzung einer Erbengemeinschaft. Vermögen und Belastungen waren in der alten Sowjetunion in einer Weise verteilt, die jede auch nur annähernd gerechte Aufteilung unter den Erben letztlich unmöglich macht. Im einzelnen geht es vor allem um folgende Fragen:

- Wie wird das Unionsvermögen aufgeteilt? Wer erhält die Guthaben?
- Wie werden die Schulden aufgeteilt, insbesondere die Schulden gegenüber ausländischen Gläubigern?
- Was geschieht mit den Streitkräften? Werden Soldaten und Waffenbestände umfassend in nationale Verfügungsgewalt überführt, und wenn ja, in welche? Und wie und nach welchem Verteilungsschlüssel kann das vonstatten gehen? Was geschieht mit der Schwarzmeerflotte, die, zum Schutz der Sowjetunion geschaffen und auch deshalb von Rußland beansprucht, ihre wesentlichen Stütz-

punkte an der ukrainischen Küste hat und deswegen Ansprüchen der Ukrainer ausgesetzt ist?

- Was geschieht mit den Nuklearwaffen?
- Was geschieht mit den Umweltlasten? Wer trägt die Kosten der Beseitigung der oftmals ungeheuren Schäden, die in der Regel auf Handlungen der Unionsbehörden zurückzuführen sind? Wer leistet Schadensersatz?
- Wie kann ein Ausgleich gefunden werden für die vielen Entscheidungen, die, aus politischen und wirtschaftlichen Gründen getroffen, einzelnen Republiken dauerhaften Schaden zugefügt und ihre Lebensfähigkeit in Frage gestellt haben?
- Wie und zu welchen Bedingungen wird die Versorgung der Nachfolgestaaten der FSU mit lebenswichtigen Rohstoffen, insbesondere Energieträgern, gewährleistet?

Um auf diese und andere Fragen eine auch nur annähernd einleuchtende und alle Seiten jedenfalls einigermaßen zufriedenstellende Antwort zu finden, bedarf es zuallererst eines sinnvollen Mechanismus, mit dessen Hilfe die Erbauseinandersetzung geführt werden kann. Was geschaffen werden muß, ist gleichsam ein zwischenstaatliches Erbauseinandersetzungskomitee mit einem entsprechenden Erbgerichtshof. Von entsprechenden Ansätzen ist in der FSU indessen nur wenig zu sehen. Auch die Gründung der Gemeinschaft Unabhängiger Staaten (GUS) im Dezember 1991 hat in dieser Hinsicht kaum Abhilfe bewirkt. Konflikte zwischen den nunmehr selbständigen Staaten, die aus der Zeit ihrer Unselbständigkeit und Abhängigkeit vom Zentrum herrühren, sind in dieser Perspektive unvermeidlich.

4. Minderheitenkonflikte ("Nationalitätenkonflikte")

Diese Art von Konflikten - bei denen es nicht nur um die Rechte von undeutlich definierten "Nationalitäten" oder "Völkerschaften", sondern von *Nationen* geht - ist angesichts von über 100 in der FSU lebenden Völkern der häufigste Konflikttyp. Die *nationale Frage* ist für die Zukunft der Union wie jedes ihrer Nachfolgestaaten entscheidend.

Die Virulenz dieses Konflikttyps liegt in der Tatsache begründet, daß alle Völker der FSU erst jetzt, mit dem Ende der Zwangsherrschaft, die Möglichkeit besitzen, ihre Identität zu finden, auszubilden und zu leben. Die Zarenherrschaft war ein Völkergefängnis; die Zeit der Sowjetmacht - nach einer vorübergehenden Verbesserung der Bedingungen für die großen Völker in den 20er Jahren - hatte ähnlichen Charakter. Sie war gekennzeichnet durch den Versuch, die Unterschiede zwischen den Völkern zu nivellieren und eine einheitliche sowjetische Nation zu schaffen: *die Sowjetmenschen, das Volk der Sowjetunion.*

Vor diesem Hintergrund ist es kein Wunder, daß die Völker der FSU aus ihrer jahrzehnte- und im Grunde jahrhundertelangen Unmündigkeit ausbrechen und mit aller Energie darangehen, zum ersten Mal seit ihrer Vereinnahmung durch den russisch-sowjetischen Staat selbstbestimmt zu leben. Und es ist ebenfalls kein Wunder, daß dabei die Gesetze der politischen wie wirtschaftlichen Logik keine Rolle spielen, daß die Minderheitenrechte, deren Einhaltung man für sich verlangt, gegenüber anderen Völkern häufig außer acht gelasssen werden, daß Identitätsbildung sich nur zu oft in der Abgrenzung gegenüber anderen erschöpft. Die Völker der FSU sind - um diese Analogie zur Individualpsychologie zu verwenden - allesamt retardierte wie reduzierte Persönlichkeiten, die gravierende Entwicklungsstörungen und -hemmungen durchlebt haben.

Genau darin liegt das Problem. Der intensive Wunsch nach Selbstverwirklichung ist zwar nur zu verständlich; er enthält aber - und das Beispiel Deutschlands als einer "verspäteten Nation" zeigt dies deutlich - eine große Gefahr: für die sich befreienden Völker selbst wie für ihre Umwelt. In dieser Tatsache erkennt man den Kern der Minderheitenkonflikte, wie sie in der FSU auftreten.

Die Ziele der sich befreienden Minderheiten sind verschieden und variieren in ihrer Intensität. Im wesentlichen kann man zwei grundsätzliche Zielrichtungen unterscheiden:

- Aufrechterhaltung der nationalen Identität durch Gewährung von politischer und/oder kultureller Autonomie sowie von Minderheitenrechten;
- Selbstbestimmung, mit unterschiedlichen Modalitäten: modifiziertes Verbleiben im Staatsverband; völliges Ausscheiden aus dem Staatsverband und Erlangung der Souveränität; Vereinigung mit anderen Republiken oder Teilrepubliken der FSU; Vereinigung mit einem Nachbarstaat außerhalb des Bestandes der FSU.

5. Sezessionskonflikte

Sezessionskonflikte sind eine besondere Ausprägung von Minderheitenkonflikten; sie tragen den Kern für neue und andere Konflikte, insbesondere von Minderheiten- und Territorialkonflikten, in sich.

Die beabsichtigte Sezession, die den Inhalt dieses Konfliktes ausmacht, kann unterschiedlicher Natur sein:

- völlige Abspaltung vom jeweiligen Staat und Begründung eines eigenen Staates (Beispiel: Tschetscheno-Inguschetien, das sich von Rußland lösen und selbständig werden will);
- Abspaltung von einem und Übergang zu einem anderen, in der Regel, aber nicht notwendigerweise benachbarten Staat (Beispiel: die nördlichen, überwiegend von Russen bewohnten Gebiete Kazachstans im Falle der Auflösung der

GUS; die Absicht der Russen, die in Moldova rechts des Dnestr leben, zur Abspaltung und Vereinigung mit Rußland, von dem sie durch Ukraine getrennt sind);

- Abspaltung von einem und Übergang in den Bestand eines anderen Staates (Beispiel: die Südosseten des bisherigen Südossetischen Autonomen Gebiets im Bestand Georgiens, die sich mit der bisherigen Nordossetischen ASSR im Bestand Rußlands vereinigen wollen);
- völlige Abspaltung und Vereinigung mit einem anderen Staat (Beispiel: ein Anschluß Moldovas an Rumänien).

Sezessionskonflikte sind besonders gewaltträchtig. Dies gilt vor allem mit Blick auf Rußland, das sich derselben Entwicklung gegenübersieht, welche die Sowjetunion genommen hat: dem Zerfall. Ein großer Teil der nationalen Minderheiten, die sich in ihrem Selbstverständnis als "unterdrückte Völker" sehen, bewegt sich in Richtung Sezession. Dies ist besonders für diejenigen russischen Eliten unerträglich, die im Zusammenhalt des russischen imperialen Bestandes auch nach dem Ende der UdSSR ihr Ziel sehen. Ergebnis dieser Haltung kann der Einsatz von Gewalt sein (wie etwa im Falle der Abspaltung Tschetscheno-Inguschetiens ursprünglich angedroht) - was dann zu Gegengewalt führt und darüber hinaus psychologische Folgen hat, die ihrerseits unabsehbare Konsequenzen haben können.

So dreht im Falle Rußlands der Einsatz von Gewalt zur Verhinderung einer Sezession gleichsam die Geschichte zurück. Die sich als unterdrückt begreifenden Völker, die sich von Rußland abspalten wollen, sehen die gewaltsamen Versuche der Russen, dies zu verhindern, als Wiederholung ihrer gewaltsamen Eroberung und Kolonisierung von einst. Auf diese Weise wird ein großes Gewaltpotential freigesetzt; darüber hinaus kommt es zu einer Solidarisierungswelle der einstmals in der Tat eroberten Völker der betreffenden Region oder weit darüber hinaus.

So hat etwa die versuchte Verhängung des Ausnahmezustandes in Tschetscheno-Inguschetien durch die russische Regierung sogleich die nie verblaßte Erinnerung an die Kaukasischen Kriege, also an die Eroberung durch russische Truppen, im Nordkaukasus wachgerufen und zu einer ungeheuren Solidarisierung der nordkaukasischen Völker mit den sich bedroht fühlenden Tschetschenen und Inguschen geführt - mit dem Ergebnis, daß die russische Regierung, veranlaßt durch den Einspruch des Parlamentes, zurückstecken mußte.

Die Sezessionskrise in Tschetscheno-Inguschetien ist in ihren Folgewirkungen kaum zu überschätzen. Zum einen können sich weitere Völker zu entsprechendem Vorgehen ermutigt fühlen. Zum anderen indessen ist keinesfalls ausgemacht, daß Rußland sich weiterhin tolerant verhält. Im Gegenteil können gerade weitere Sezessionsversuche zu einer Verhärtung der russischen Haltung und/oder zum Heraufkommen eines Regimes in Rußland führen, das im gewaltsamen Zusammenhalten der Union sein Ziel sieht.

6. Schutzmachtkonflikte

Diese Konflikte, wie sie regelmäßig im Gefolge von Minderheiten- und Sezessionskonflikten auftreten, haben ihren Grund in der Tatsache, daß etwa 70 Millionen Menschen in der FSU nicht in ihrer ethnischen Heimat leben. Das trifft in erster Linie für die Russen zu: Von ihnen leben 25 Millionen, wie man jetzt formulieren muß, im Ausland.

Diese Erscheinung führt dazu, daß die Titularnationen der jeweiligen Nachfolgestaaten der FSU ihre Schutz- und Fürsorgefunktion nicht auf ihre Angehörigen im eigenen Staat beschränken, sondern auf die im Ausland lebenden Landsleute ausdehnen. Die *russische* Regierung fühlt sich den zahlreichen Russen verpflichtet, die in allen Nachfolgestaaten der Union leben; die ukrainische Regierung sorgt sich um ihre Landsleute, die ebenfalls unionsweit verstreut sind; in Erevan kümmert man sich um das Schicksal der Armenier in Azerbaidschan usw. usf.

Die Ausübung entsprechender Schutz- und Fürsorgefunktionen kann zu tiefgehenden Konflikten mit den Gaststaaten führen, in denen die eigenen Landsleute leben. Dabei ist das Gewaltpotential um so größer, je massiver die nunmehr im Ausland lebenden Schutzbefohlenen dort bedrängt werden. Der Einsatz militärischer Macht ist durchaus wahrscheinlich.

Der soziale Sprengstoff, den Schutzmachtkonflikte enthalten, ist beträchtlich. Es kann zu einer umfassenden Binnenwanderung kommen. Dabei können die Titularstaaten die Heimkehr ihrer Landsleute aus der feindlichen Umwelt ohne schwerste Gefährdung der gesellschaftlichen Stabilität kaum bewältigen. Umgekehrt können die anderen Staaten den Verlust von häufig hochqualifiziertem Personal nicht verkraften. Man denke nur, um das krasseste Beispiel anzuführen, an den Exodus von 25 Millionen Russen aus den verschiedenen Republiken der FSU und an ihre Heimkehr nach Rußland.

Vor diesem Hintergrund wächst der Druck auf Anwendung vorbeugender Maßnahmen, um auf diese Weise eine große Binnenwanderung zu verhindern. Sofern diese Maßnahmen militärischer Art sind, dürfte das Problem allerdings kaum gelöst, sondern nur noch verschlimmert werden: In einem solchen Fall nämlich können die Angehörigen der intervenierenden Nation auf Dauer nicht mehr ohne militärischen Schutz in ihrem Gastland leben.

In dieser Perspektive enthalten Schutzmachtkonflikte ein äußerst destruktives Potential: Sie können das staatliche wie gesellschaftliche System im Schutzstaat wie im Gaststaat zerstören. Sie können insbesondere den Nährboden schaffen, auf dem ein neuer Zentralstaat autoritären Zuschnitts auf russischem Territorium entstehen kann, geprägt von großrussischem Nationalismus, von Chauvinismus und Xenophobie.

7. Identitätskonflikte

Bei diesen Konflikt handelt es sich in seiner hauptsächlichen Erscheinungsform um einen Sonderfall des Minderheitenkonfliktes. Er beruht auf der Konstellation, daß in einer ehemaligen Sowjetrepublik, also einem nunmehr selbständigen Staat, oder einer, in der bisherigen Bezeichnungsweise, Autonomen Republik oder einem Autonomen Gebiet, die jetzt selbständig sein wollen, die jeweilige Titularnation ganz oder teilweise in die Minderheit geraten ist. Dies ist nicht eben selten der Fall: In 13 der 20 bisherigen Autonomen Republiken (ASSR) sind die Titularnationen in der Minderheit, wobei in 9 ASSR die Russen die Mehrheit stellen.[5] Bei den neuen Staaten selbst ist nur die Titularnation Kazachstans, also die Kazachen, in die Minderheit geraten, und zwar gegenüber den dort lebenden Russen und Ukrainern; in Lettland stand (oder steht?) eine solche Konstellation kurz bevor. In Ukraine - eine Modifikation des Identitätskonfliktes an der Grenzlinie zum Minderheitenkonflikt - gibt es insbesondere im Osten geschlossene russische Siedlungsgebiete oder auch Gebiete, die, wie etwa die Krim, nie materiell ukrainisch waren. Dort sehen sich die Russen in ihrer Eigenschaft als bisherige Titularnation dieser Regionen, auf den Gesamtstaat bezogen, nunmehr in der Minderheit gegenüber der Titularnation, den Ukrainern.

Die gleichsam im eigenen Haus in die Minderheit geratenen Titularnationen sehen in dieser Lage eine Bedrohung ihrer Identität, der sie häufig durch besondere Betonung ihrer nationalen Eigenheiten zu widerstehen suchen. Dabei zählen sie, gerade im Falle der bisherigen ASSR, auf die Unterstützung durch die in der ganzen FSU und insbesondere in Rußland in gewissen Konzentrationen lebenden Angehörigen ihres Volkes, eine Unterstützung, die naturgemäß häufig nicht gewaltfrei bleiben dürfte und sogar zu offenem Terror führen könnte. Unausweichliche Folge einer solchen Entwicklung sind Konflikte mit den die Mehrheit bildenden Völkern.

So stoßen Versuche der kazachischen Führung, dem Land ein betont kazachisches und in Zukunft möglicherweise sogar islamisches Gepräge zu geben, auf den heftigen Widerstand der russischen und ukrainischen Mehrheit. Und Ansätze zur Sezession oder zumindest Semi-Sezession zahlreicher bisheriger ASSR insbesondere in Rußland rufen ablehnende Reaktionen der Mehrheitsvölker, in den meisten Fällen also der Russen, hervor. Versuche der ukrainischen Führung schließlich, die Identität der bisher rein russischen Gebiete zu ändern und ukrainisch zu überlagern, treffen auf völliges Unverständnis der dort lebenden Russen (wie natürlich auch der russischen Schutzmacht).

Identitätskonflikte gibt es, auch wenn sie teilweise mit allgemein-politischen Konflikten identisch sind, in den neuen Staaten, in denen es zunehmend zum

5 Rudolf A. *Mark*, Die Völker der Sowjetunion: Ein Lexikon, Opladen 1989, S. 22.

Kampf um die künftige politisch-gesellschaftliche Ausrichtung kommt. Diese Art von Konflikten tritt vor allem in Mittelasien auf, wo die Entscheidung um die künftige Identität - autoritär-nationalistisch, demokratisch, islamistisch - jeweils noch aussteht.[6]

8. Religionskonflikte

Mit Minderheiten- und Identitätskonflikten eng verzahnt sind Religionskonflikte, wie sie sich in der FSU herausbilden. Sie werden virulent weniger wegen der Zugehörigkeit zu unterschiedlichen Religionsgemeinschaften als vielmehr wegen der unterschiedlichen gesellschaftlich-kulturellen Prägung, die damit verbunden ist.

Zu den intensivsten Ausprägungen dieses - latent in vielen Regionen vorhandenen - Konfliktes kommt es dort, wo verschiedene religiös-gesellschaftlich geprägte Grundhaltungen aufeinandertreffen: im Transkaukasus (zwischen Armeniern und Azeris), im Nordkaukasus (zwischen den vielen dort lebenden Völkern untereinander sowie im Verhältnis zu den Russen), in Mittelasien (zwischen den vom Islam geprägten Nationen und den zugewanderten Völkern) sowie in Westukraine (zwischen den von der russischen Orthodoxie und den von der katholisch-unierten Kirche sowie den habsburgischen Wurzeln geprägten Kräften).

Der religiös-gesellschaftliche Faktor ist ein Momentum, das verstärkend und verschärfend auf andere Konflikte einwirken kann und einen Grad von Irrationalismus ins Spiel bringt, der vernünftige Lösungen noch schwieriger macht.

9. Territorialkonflikte

Die Grenzen der 1922 gebildeten Sowjetunion und zahlreiche Grenzen von danach entstandenen Republiken und ASSR sind künstlich: Es sind stalinsche Grenzen, die vor allem aus politischen Gründen gezogen wurden. Die historisch gewachsene Lage spiegeln sie häufig ebensowenig wider wie die ethnischen Konstellationen.

Vor diesem Hintergrund ist es bereits zu Forderungen nach Grenzrevisionen gekommen; im Zuge des weiteren Zerfalls der FSU und der Neubegründung der alten und der Konstitution neuer Staaten dürften weitere derartige Forderungen erhoben werden. Nach von russischer Seite - wenn auch nicht (mehr) von der Regierung - teilweise vertretener Auffassung liegen russische Kerngebiete nunmehr außerhalb der russischen Grenzen. Gemeint sind damit offenbar vor allem Gebiete innerhalb der gegenwärtigen ukrainischen Grenzen sowie in Nordkazachstan. Aber auch zwischen den anderen Nachfolgestaaten der FSU gibt es entsprechende

6 Vgl. Falk *Bomsdorf*/Heinz *Kramer*/Friedemann *Müller*/Johannes *Reissner*, Mittelasien zwischen neuen Fronten, unveröffentlichtes Manuskript, Stiftung Wissenschaft und Politik, Ebenhausen, Mai 1992.

Forderungen und, wenn auch noch verdeckte, Streitigkeiten, über deren Konflikt- und Gewaltpotential man sich keine Illusionen machen darf.

10. Ressourcenkonflikte

Die Ursache dieser Konflikte liegt in der Tatsache, daß die Regionen, in denen für das Funktionieren der Sowjetwirtschaft wie für den Export unerläßliche Rohstoffe gefördert werden, vom Erlös dieser Bodenschätze häufig nichts sehen, wohl aber die Nachteile der Förderung erfahren (zerstörte und vergiftete Umwelt, rapides Sinken der Lebenserwartung, chronische Erkrankungen der Kinder insbesondere dort, wo die verarbeitende Industrie sich in den Fördergebieten niedergelassen hat). Die Neigung, die Erlöse der Bodenschätze für sich zu beanspruchen, wächst. Dies gilt insbesondere für die Fälle, in denen - wie in weiten Teilen Sibiriens - Bodenschätze in - so die bisherige Bezeichnungsweise - Autonomen Republiken, Autonomen Gebieten oder Autonomen Kreisen liegen.

Die jeweiligen Minderheiten verfügen kaum über eine Machtbasis. Indessen ist eine Vereinigung der sich von russischer Ausbeutung betroffen fühlenden Gebiete mit entsprechender kollektiver Verweigerungshaltung nicht ausgeschlossen. Auch terroristische Akte sind in diesem Fall nicht undenkbar: Von der Zerstörung der Fördereinrichtungen bis zur Unterbrechung von Pipelines ist vieles möglich.

Eine besondere Ausprägung des Ressourcenkonfliktes beruht auf der Abhängigkeit fast aller Nachfolgestaaten der FSU von der Lieferung fossiler Energieträger durch Rußland, zum Teil auch Ukraine, Kazachstan und Turkmenistan. Im Rahmen der vielen Konfliktlagen können diese Staaten versucht sein, die Abhängigkeit der anderen Länder für politische Zwecke zu nutzen und die weitere Zufuhr zu stoppen. Die davon betroffenen Staaten dürften mit Retorsion antworten, wobei ihnen zugute kommt, daß in der FSU jeder neue Staat in irgendeiner Weise vom jeweils anderen abhängt.[7] Entsprechendes gilt für die Zufuhr von anderen lebensnotwendigen Ressourcen, im Falle Mittelasiens insbesondere für die Abhängigkeit der dortigen Staaten von der gesicherten Zufuhr von Wasser.

11. Verteilungskonflikte

Diese Art von Konflikten beruht auf der Tatsache, daß zahlreiche Staaten - insbesondere in Mittelasien - bisher Subventionsempfänger waren und nur durch Subventionen überleben konnten. Der durch den Zusammenbruch der Sowjetunion bewirkte weitgehende Wegfall dieser Subventionen hat dementsprechend zu ebenso großen Problemen wie Spannungen geführt. Gerade die mittelasiatischen Sub-

7 So soll Ukraine auf die turkmenische Androhung, Erdgas nur noch gegen Devisen zu liefern, mit der Gegendrohung reagiert haben, in diesem Fall die nach Westeuropa führenden Pipelines für turkmenisches Erdgas zu sperren.

ventionsempfänger glauben Ansprüche auf die bisherige ständige Alimentation zu haben: Sie sehen in ihr einen gewissen Ausgleich für die Ausbeutung des Landes durch die Russen, die ihnen von diesen aufgezwungene Monokultur sowie die umfassende Schädigung ihrer Umwelt, die sie ebenfalls den vielfach als Kolonialherren angesehenen Russen anlasten. Diese führen ihrerseits ihre schlechte Lage auch darauf zurück, daß sie bisher ständig für andere aufkommen mußten, insbesondere für das mittelasiatische Armenhaus, und scheinen keinesfalls bereit, die Folgelasten ihrer Politik zu tragen.

Kritisch wird dieser Konflikt werden, wenn, nach dem Auseinanderfallen der Sowjetunion, auch die GUS zerbrechen und Rußland nach der weitgehenden Streichung der direkten Subventionen auch die indirekte Subventionierung einstellen und etwa keine Rohstoffe und Energieträger zu den bisherigen günstigen Preisen mehr liefern, keine subventionierten Transporttarife mehr gewähren, keine sonstigen Vergünstigungen mehr einräumen sollte. Die Mittelasiaten stünden in diesem Fall vollends ohne ihren Ernährer da, und Ersatz dürfte sich, wenn überhaupt, nicht so schnell finden: Auch der Iran wie die Türkei dürften in dieser Hinsicht bei weitem überfordert sein, ganz abgesehen davon, daß sie beide zwar in der Tat politischen Einfluß in Mittelasien erwerben wollen, aber doch nicht um den Preis einer Rolle, für die sie nur dürftig gerüstet sind.

Bereits jetzt macht sich der Rückgang der Subventionen in den mittelasiatischen Staaten äußerst nachteilig bemerkbar; ihr völliger Wegfall würde zu noch schlimmeren Konsequenzen führen, vor allem zu einem umfassenden wirtschaftlichen Niedergang. Eine solche Entwicklung dürfte auch der einzelne Bürger im ehemals sowjetischen Mittelasien sehr schnell und buchstäblich am eigenen Leibe spüren - mit der absehbaren Folge von Aufruhr in den Straßen der großen Städte. Die Bevölkerung würde, zurückhaltend ausgedrückt, die russische Haltung nicht verstehen; und es ist keinesfalls ausgeschlossen, daß sie, angestachelt möglicherweise durch entsprechende öffiziöse Verlautbarungen, ihrem Unmut freien Lauf ließe. Als erste dürften diesen Unmut die in Mittelasien lebenden Russen spüren - mit der wahrscheinlichen Folge eines Schutzmachtkonfliktes und mit Konsequenzen für die Beziehungen zwischen den mittelasiatischen Staaten und Rußland, die in ihrer Tragweite kaum zu überschätzen sind.

12. Umweltkonflikte

Die ehemalige Sowjetunion könnte die erste Region der Welt sein, in der es zu ernsthaften, die Möglichkeit eines Krieges einschließenden zwischenstaatlichen Umweltkonflikten kommt. Auslöser dürften jeweils neue Umweltkatastrophen oder die Intensivierung der Folgen bereits eingetretener Katastrophen sein. Dabei dürften unterschiedliche Kausalketten wirken: Entweder treten Umweltkatastrophen als unmittelbare oder mittelbare Folge anderer Konflikte ein, oder aber es sind solche Katastrophen, die zu Konflikten mit anderen Staaten führen - in denen dann wiederum weitere derartige Katastrophen durchaus wahrscheinlich sind.

Angesichts der katastrophalen Lage, in der sich die Umwelt in allen Nachfolgestaaten der Sowjetunion befindet, ist der Phantasie keine Grenze gesetzt, wenn es um potentielle Szenarien von zwischenstaatlichen Umweltkonflikten geht. Der wahrscheinlichste Auslöser eines derartigen Konfliktes dürfte die erneute Explosion eines Kernkraftwerkes sein, wie sie jederzeit eintreten kann. Diese Feststellung gilt insbesondere für die jetzige Periode des Übergangs: Ihr wesentliches Kennzeichen ist eine Knappheit an Energie. Sie hat zur Folge, daß die Kernkraftwerke in der FSU mit maximaler Auslastung arbeiten, ja vielfach mit Überlast gefahren werden - und das bei einer Verringerung des Personalbestandes, der Abwanderung der besten Kräfte und des Mangels oder völligen Fehlens von Ersatzteilen.[8] Die ohnehin schon stets reale Gefahr eines neuen Tschernobyl ist vor diesem Hintergrund noch sehr viel bedrohlicher.

Tritt eine solche Katastrophe ein, entsteht ein neues und umfassendes Konfliktpotential zwischen den von ihr betroffenen Staaten. Vielfältige Forderungen - etwa nach Abschaltung aller noch arbeitenden Kernkraftwerke, Schadensersatz und Aufnahme der Umweltflüchtlinge - werden gestellt werden. Ihre Gemeinsamkeit besteht darin, daß der Staat, an den sie gerichtet werden, gar nicht imstande ist, sie zu erfüllen: Er befindet sich selbst im Strudel der Katastrophe. Der Einsatz von Streitkräften zur Durchsetzung wenigstens eines Teils der Forderungen dürfte vor diesem Hintergrund nicht ausgeschlossen sein.

Andere Fälle von Konflikten, die durch grenzüberschreitende Umweltkatastrophen ausgelöst werden, sind wahrscheinlich: Nukleardeponien, die die Umwelt auch der Nachbarstaaten verseuchen; großflächige Vergiftungen von Luft und Wasser durch Industrieemissionen; regionale Klimaveränderungen durch Raubbau an den Wasserressourcen; Vergiftung der Böden und Gewässer durch exorbitante Ausbringung von Pestiziden mit entsprechendem Anstieg der Säuglings- und Kindersterblichkeit sowie einem Zurückgehen der Lebenserwartung - diese und andere real existierende Katastrophen dürften zu Auslösern schwerer Auseinandersetzungen werden.

13. Der allgemeine Aufstand: "bunt"[9]

Weniger einen Konflikt im eigentlichen Sinne, in dem sich genau definierte Parteien mit klaren Zielen gegenüberstehen, als vielmehr eine Erscheinung, die dem Konflikt vorgelagert ist und ihn in vielfältiger Weise in sich birgt, ist der hier als

8 Vgl. den erschreckenden Kommentar von Andrej *Illeš* in: Izvestija, 10.3.1992, S. 2.

9 Das russische Wort "bunt" bedeutet Empörung, Aufstand, Aufruhr.

"bunt" bezeichnete. Er ist eine tiefgehende Empörung des Volkes, die sich in einem allgemeinen Aufstand äußert, bei dem sich wilde Gewalt mehr oder minder ziellos entlädt. Der "russkij bunt", schon von Puschkin als schreckliches Phänomen beschrieben, ist also weniger *Aktion* als vielmehr *Reaktion*; er hat demgemäß keine klare politische Richtung, sondern erschöpft sich in Negation und Destruktion.

Im "bunt" kulminiert gleichsam die Anomie, also die Krankheit der russisch-sowjetischen Gesellschaft der Übergangszeit. Wurzellosigkeit, Entfremdung, Konfusion und Demoralisierung der Menschen, allgemeine geistig-materielle Verelendung der Gesellschaft, rapides Schwinden der sozialen Ordnung - all dies entlädt sich im "bunt".

Im "bunt" oder im Anschluß an ihn können sich einige wesentliche Konflikte entfalten. Das gilt für den Minderheiten- und Schutzmachtkonflikt wie auch für den Religionskonflikt, die alle innerhalb des "bunt" auftreten können. Vor allem aber gilt es für den Machtkonflikt:[10] Im "bunt" stellt sich sehr nachdrücklich die Frage nach der Macht. Dabei leuchtet es unmittelbar ein, daß der "bunt" nicht die Stunde der Demokraten ist, sondern jene der Autokraten. Und auch die Stunde der Demagogen, die den "bunt" - mittels wohlfeiler Versprechen an die Massen - für ihre eigenen Zwecke nutzen wollen und die letztlich die Macht der Menge in ihre eigene Macht verwandeln wollen. Die Frage ist nur, wer die Autokraten und Demagogen sein werden, die innerhalb eines "bunt" an die Macht gelangen. Oder ist dies, sofern sie überhaupt noch als einheitlicher Akteur auf der politischen Bühne zu sehen sind, die Stunde der Streitkräfte?[11]

14. Welche Konflikte wann?

Wie sich zeigt, bilden die Nachfolgestaaten der Sowjetunion eine Region mit einer außerordentlich hohen Dichte an Konflikten. Von diesen Konflikten befinden sich nur wenige im akuten Stadium konkreter Auseinandersetzung. Die meisten sind latent oder schweben zwischen beiden Stadien, wobei die Neigung zu konkreter Austragung der Konflikte offenbar größer wird. Je nach Konflikttyp schwanken die Austragungsmodalitäten: Zwischen politischem Protest und Anwendung von Gewalt gibt es eine große Bandbreite. Eindeutig ist, daß nahezu alle Konfliktherde gewaltträchtig sind.

Die Frage nach den *Auslösungsmechanismen*, das heißt danach, wann und unter welchen Bedingungen latente zu akuten Konflikten werden oder sich - bei akuten Konflikten - die gewaltfreie Austragung in eine gewalttätige verwandelt, ist schwer zu beantworten. Der wesentliche Faktor in dieser Hinsicht dürfte der innere Zustand der neuen Staatengebilde sein, das heißt der Zustand von Staat, Wirtschaft

---

10 Dazu vgl. oben die Ausführungen zur Möglichkeit eines Machtkonfliktes.

11 Ebd.

und Gesellschaft. Auch wenn dies in vielem problematisch ist, kann man vielleicht von einer Faustregel sprechen: Je erfolgreicher der Übergang in eine neue Gesellschaft, desto geringer die Wahrscheinlichkeit, daß die Konflikte gewalttätig ausgetragen werden. Mit Sicherheit gilt die Umkehrung: Je mehr die Transformation der Nachfolgestaaten der Sowjetunion fehlschlägt, desto wahrscheinlicher die Anwendung von Gewalt.

Ob und wie die genannten Konflikte von der künftigen Entwicklung der GUS oder der Nachfolgestaaten der UdSSR beinflußt werden, ob einige je nach Entwicklungsweg gar nicht, andere verstärkt auftreten, ist ebenfalls eine Frage, die nur schwer eindeutig zu beantworten ist. Grundsätzlich gilt, daß die Konflikte Interessengegensätze widerspiegeln, also unabhängig davon existieren, welche politischen Konstellationen[12] sich in der FSU ergeben. Immerhin kann man hier ebenfalls die Regel formulieren: Je schwächer die Strukturen der GUS als eines möglichen Forums für Konfliktregelung und -vorbeugung werden, desto größer die Wahrscheinlichkeit akuter Austragung der Konflikte.

III. Westliche Konfliktprophylaxe?

Konflikte zu erkennen ist eine Sache, ihnen zu begegnen oder sie gar zu lösen eine ganz andere. Aber erst das Erkennen der Konflikte schafft überhaupt die Möglichkeit, auf sie einzugehen. Genau darin liegt gegenwärtig der politische Imperativ. Wenn es nicht gelingt, die im Zerfall der FSU an die Oberfläche kommenden Konflikte zu beherrschen oder jedenfalls zu kanalisieren, wird der politische Schaden unabsehbar sein.

Eine Strategie der Lösung postsowjetischer Zerfallskonflikte zu entwerfen ist eine dringende Aufgabe; sie kann und soll hier nicht versucht werden, sondern muß späteren Untersuchungen vorbehalten bleiben. Immerhin ist es möglich, einige Grundsätze anzudeuten, die für eine solche Strategie von Nutzen sein können.

Grundsätzlich gilt, daß Konflikte ebenso wie die Instabilität, die sie potentiell mit sich führen, nicht als etwas Negatives angesehen werden sollten, sondern als eine Erscheinung, die zum einen objektiv gegebene Interessengegensätze widerspiegelt und die zum andern den Reifeprozeß eines Staates wie eines Volkes begleitet, ja fördert. Diese Konflikte müssen also *ausgetragen*, sie dürfen nicht verschoben, verdeckt oder im Wege einer Scheinlösung beseitigt werden, die nur den Grund für neue und meist noch gefährlichere Konflikte legt.

Dabei sollte man sich stets an die Maxime halten, daß der Konflikt nur von den beteiligten Parteien im eigentlichen Sinne des Wortes gelöst werden kann. Dritte können jede mögliche Hilfestellung geben, und sie sollten dies mitunter auch; aber

12 Dies sind die von Harry Gelman angeführten Szenarien der FSU; vgl. dazu *Gelmans* Beitrag in diesem Band (Teil I, Kap. 7).

die eigentliche Konfliktarbeit müssen die Parteien leisten, weil nur dann die Lösung haltbar und dauerhaft sein kann und weil nur dann die Schritte im politischen Reifeprozeß getan werden können, die dem Konflikt und seiner Lösung einen Sinn geben.

Daraus folgt, daß nicht *Konfliktvermeidung*, sondern *friedliche Austragung des jeweiligen Konfliktes durch die Beteiligten* Ziel jeglicher westlicher Konfliktprophylaxe sein muß. Anders ausgedrückt: Konfliktprophylaxe heißt nicht Vermeidung des Konflikts schlechthin, sondern Verhinderung seiner gewaltsamen Austragung.

Im konkreten Fall der Zerfallskonflikte der FSU muß davon ausgegangen werden, daß die Neigung zu *gewaltsamer* Austragung der Konflikte groß ist. Hier ist Einmischung von außen nicht nur möglich, sondern sogar geboten - im Interesse aller Beteiligten. Und hier beginnt die Prophylaxe als eine der wichtigsten Aufgaben des Westens im Zerfallsprozeß der FSU.

Ihr wesentlicher Inhalt ist es, den potentiellen Konfliktparteien in der FSU deutlich vor Augen zu führen, daß Europa wie der Westen insgesamt ein bestimmtes Konfliktverhalten erwarten. Generell müssen den Nachfolgestaaten der FSU und ihren politischen Institutionen Richtlinien an die Hand gegeben werden, an denen sie sich orientieren können und sollen. Es spricht alles dafür, einen solchen "code of conduct" in der *Charta von Paris* zu sehen.

Genauso deutlich muß gemacht werden, welche Folgen eintreten, wenn dieser "code of conduct" nicht eingehalten wird. Wirtschaftshilfe, private Investitionen, Annäherung an die westlichen und insbesondere europäischen Institutionen - diese und andere politischen Leistungen dürfen dem nicht gewährt werden, der sich nicht an die Regeln hält.

Schließlich muß mit allem Nachdruck, dessen man fähig ist, deutlich gemacht werden, daß gewaltsam erzwungene territoriale Veränderungen keine Anerkennung finden werden und daß politisch Verantwortliche wie militärische Kommandeure, die Gewalt anwenden, zur Rechenschaft gezogen werden, gegebenenfalls auch wegen Verbrechen an der Menschlichkeit.

Konflikt- und Gewaltprophylaxe mit Blick auf den Zerfallsprozeß der FSU und die in ihm auftretenden Konflikte erfordern allerdings eines: daß man sich im Westen darüber klar wird, was man bei der Gestaltung der politischen Beziehungen zu den Nachfolgestaaten der Sowjetunion *erreichen* will, was man unbedingt *verhindern* will und was man bereit ist *einzusetzen*. Nötig ist ein *einheitliches politisches Konzept*. Ein solches Konzept ist nicht nur Vorbedingung für eine sinnvolle Politik gegenüber den neuen Staaten Eurasiens; es ist auch Voraussetzung jeder sinnvollen Konfliktlösungsstrategie.

4. Konfliktmöglichkeiten in Mittelosteuropa

James F. Brown

Südosteuropa tritt gerade den Beweis dafür an, daß sein *Gewalt*potential so groß ist, wie seine Geschichte vermuten läßt.[1] Während der serbisch-kroatische Krieg andauert, könnten sich an den zahlreichen anderen Krisenherden, die über die Region verstreut sind, auch offene Konflikte entzünden. Mittelosteuropa steht dazu in einem gewissen Gegensatz. Die Region trägt ohne Zweifel ein *Krisen*potential in sich, das wahrscheinlich noch wächst. Aber es besteht gegenwärtig nicht die Gefahr, daß sich diese Krisen in Gewalthandlungen entladen. Einige werden sich wahrscheinlich sehr zuspitzen, aber ihre weitere Entwicklung deutet nicht so sehr auf den Ausbruch von Gewalt hin, sondern im allgemeinen eher auf langwierige, vielleicht auch erbitterte Verhandlungen, an deren Ende wahrscheinlich eine endlose Pattsituation steht. Dieses Patt mag Lösungsversuchen unter Einsatz von Gewalt bei weitem vorzuziehen sein, aber es könnte beträchtliche Instabilität und ein Zurückbleiben des wirtschaftlichen Fortschritts bewirken und die postkommunistische Entwicklung der Region ernsthaft hemmen.

Es wird zunehmend schwieriger, die Region Mittelosteuropa zu definieren. Früher bezog sich der Begriff auf die Vierergruppe der "Nördlichen Kette" der sowjetischen Satellitenstaaten: die DDR, Polen, die Tschechoslowakei und Ungarn. Die DDR existiert nicht mehr, aber zu Polen, der Tschechoslowakei und Ungarn müssen nun die Ukraine und vielleicht auch Litauen und Weißrußland als Bestandteile Mittelosteuropas hinzugezählt werden. Alle sechs Länder könnten auf unterschiedliche Art und Weise und in unterschiedlichem Maß in Krisensituationen hineingezogen werden, die Westeuropa wesentlich direkter betreffen als die aktuellen und sich ausweitenden Konflikte in Südosteuropa.

I. Die potentiellen Krisenherde

Die potentiellen Krisenherde werden in der Reihenfolge der Wahrscheinlichkeit ihrer Virulenz dargestellt und analysiert. Wie bei den Konfliktherden in Südosteuropa bestehen wahrscheinlich auch zwischen Konfliktherden in Mittelosteuropa Wechselwirkungen. Sie erschweren die Einschätzung von Größenordnung und Auswirkungen jeder einzelnen Krise außerordentlich. Einige Krisen könnten eine Kettenreaktion auslösen, die - unter Umständen sogar gewaltlos - die Zukunftsperspektive Mittelosteuropas, als verbindendes Element zwischen Westeuropa und den Nachfolgestaaten der Sowjetunion zu fungieren, möglicherweise zunichte macht. Die GUS-Staaten werden in jedem Fall von einer erheblichen Instabilität

1 Siehe dazu den zweiten Beitrag des Autors in diesem Band (Teil II, Kap. 7).

heimgesucht, und wiederum würde sich Instabilität in einer Region wahrscheinlich auf die andere auswirken.

1. Die Tschechische und Slowakische Föderative Republik

Die Wahrscheinlichkeit eines Auseinanderbrechens der Tschechoslowakei nimmt zu. Dies würde zunächst durch eine slowakische Souveränitätserklärung geschehen, gefolgt von einem De-facto-Rückzug aus der Föderation. Der tatsächliche Bruch fände höchstwahrscheinlich nicht in Form einer dramatischen Deklaration statt, sondern ergäbe sich daraus, daß die Regierungstätigkeit dadurch blockiert würde, daß Bratislava auf seiner Souveränität beharrt. Die Konsequenzen stellen sich folgendermaßen dar.

a. Tschechische Landesteile

Für die tschechischen Landesteile könnten kurz- und mittelfristig die *wirtschaftlichen* Konsequenzen erheblich sein. Die Schwierigkeiten, die bereits heute infolge des Übergangs zur Marktwirtschaft, aus Enttäuschung über das nicht ausreichende Engagement des Westens und wegen des faktischen Zusammenbruchs der Handelsbeziehungen mit den Nachfolgestaaten der Sowjetunion bestehen, könnten verstärkt werden. Obwohl die tschechischen Landesteile in wirtschaftlicher Hinsicht immer noch stärker und entwickelter sind als die Slowakei, ist ihre Industrie in der Fertigung und/oder Montage in erheblichem Maße von Zulieferungen an Rohstoffen und Halbwaren aus der Slowakei abhängig. Sie ist außerdem auf Energielieferungen aus der ehemaligen Sowjetunion angewiesen - wenn man unterstellt, daß diese anhalten -, deren Leitungen durch die Slowakei laufen. Die slowakische Elektrizitätsversorgung wiederum hängt weitgehend von den tschechischen Landesteilen ab. Wenn die tschechisch-slowakische Scheidung "zivilisiert" abläuft, ließen sich für ihre wirtschaftlichen Modalitäten Lösungen finden, die vielleicht nicht zur beiderseitigen Befriedigung führen, aber größere Verluste für beide Seiten vermeiden. Andernfalls würden beide Seiten leiden, aber keine könnte der anderen einseitig Schaden zufügen. Aus diesem Grund dürften die Anreize für eine "zivilisierte Scheidung" überwiegen.

Die Auguren sind sich hinsichtlich der wahrscheinlichen *politischen und psychologischen* Auswirkungen der Trennung auf die tschechische Bevölkerung uneinig:

Einige Beobachter sind der Ansicht, daß durch den Bruch die defätistischen und selbstmitleidigen Tendenzen, die in der tschechischen Geschichte so markant zutage getreten sind - 1620, 1938, 1948, 1968 - verstärkt würden. Die Folge könnte eine Schwächung der politischen Mitte und damit der Demokratie und der "civic culture" sein, was wiederum ein entsprechendes Anwachsen von linken und rechten Autoritarismen hervorrufen würde. Die eine Entwicklung würde durch das Sinken des Lebensstandards genährt, während die andere ihren Nährboden in den Folgen der wahrscheinlich wachsenden Immigration aus der Slowakei (vor allem von Roma) und weiter östlich gelegenen Gebieten fände. Eine weitere Konsequenz könnte eine Zunahme separatistischer/autonomer Strömungen in Mähren sein. Die wirtschaftlichen Auswirkungen all dieser Entwicklungen könnten durchaus ernsthafter Natur sein, weil der Westen sich mit Investitionen zurückhalten würde.

Andere Beobachter sind der Ansicht, daß ein genau entgegengesetzter Effekt eintreten könnte: ein zweites nationales Erwachen der Tschechen. Des slowakischen Alpdrucks ledig, würden nationale Entschlossenheit, demokratischer Wille und wirtschaftlicher Unternehmergeist gestärkt. Viel schneller, als es sonst der Fall sein könnte, wären die tschechischen Landesteile "europafähig".

b. Slowakei

Für die Slowakei wären die Konsequenzen eines Bruchs weitreichender und aller Wahrscheinlichkeit nach überwiegend negativ.

In *wirtschaftlicher Hinsicht* wären die großen neuen Industrieanlagen sozialistischen Typs verwundbarer denn je und zum Überleben auf noch höhere staatliche Subventionen angewiesen. Dadurch würden die Chancen für einen wirtschaftlichen Fortschritt auf marktwirtschaftlicher Grundlage noch stärker beeinträchtigt. Andererseits wären Versuche, marktorientierte Reformen durchzuführen, mit sozialen Belastungen verbunden, bei deren Milderung aus eigener Kraft die Regierung in Bratislava erheblich unter Druck geriete. Es käme ferner zu einer beträchtlichen Abwanderung gelernter Arbeitskräfte in die tschechischen Landesteile und in andere Länder. Letztlich wäre die Slowakei, die genau wie die tschechischen Landesteile schon erheblich vom Verlust des Handels mit der früheren Sowjetunion getroffen ist, ökonomisch abhängiger und damit verwundbarer denn je. Wohin könnte sie sich wenden? An die tschechischen Landesteile? (Diese Möglichkeit würde schon aus nationalistischen Gründen zumindest anfänglich ausscheiden.) An die Ukraine? An Rußland? An Polen? (Keines dieser Länder wäre in der Lage, in größerem Umfang Hilfe zu leisten, selbst wenn damit die Aussicht auf politische Einflußnahme verbunden wäre.) Was den Westen angeht, so wären weder die Europäische Gemeinschaft noch einzelne europäische Staaten oder die USA geneigt, der Slowakei eine Vorzugsbehandlung einzuräumen.

Westliches Zögern würde durch die zu erwartenden *politischen Entwicklungen* in einer unabhängigen Slowakei eher noch verstärkt. Weil eine "civic culture" fehlt, würde die Slowakei, trotz aller offiziellen gegenteiligen Beteuerungen und trotz der Existenz formaldemokratischer Institutionen, auf einen autoritär-klerikalen politischen Prozeß zusteuern, der sich nicht sehr vom politischen Zustand in Osteuropa vor und während des Zweiten Weltkriegs unterscheiden dürfte. Einige Krisenerscheinungen könnten auch dazu führen, daß die gegenwärtigen taktischen Allianzen zwischen nationalistischen und extrem linken Kräften andauern.

In einer engen Wechselwirkung mit den bereits erwähnten Prozessen steht der *ethnische Faktor*. Die Slowakei ist in ethnischer Hinsicht heterogener, als oft angenommen wird. Es gibt nicht nur die ungarische Minderheit, sondern auch eine große Gruppe von Roma und kleinere Gemeinschaften von Ruthenen, Ukrainern, Polen und anderen Völkern. Sie alle haben im allgemeinen, wenn auch etwas zurückhaltend, in der Hoffnung auf Schutz auf das Prager Zentrum geblickt (wie das im übrigen auch die protestantischen und jüdischen Gemeinden taten). In einer unabhängigen Slowakei wäre diese Rückversicherung nicht mehr vorhanden.

Die *ungarische Bevölkerungsgruppe* verdient wegen der Verbindung zum benachbarten Ungarn besondere Beachtung. Schließlich war die Slowakei bis 1918 tausend Jahre lang Teil dieses Landes gewesen. Die Stärke der ungarischen Bevölkerungsgruppe wird offiziell auf knapp 600 000 Menschen geschätzt, aber es gibt auch zahlreiche Schätzungen, die von etwa 800 000 ausgehen. Die Unruhe in bestimmten Teilen dieser Gruppe nähme in einer unabhängigen Slowakei zwangsläufig zu. Das gilt besonders in den stark von Ungarn bewohnten Teilen der südlichen Slowakei, die unmittelbar an der ungarischen Grenze liegen. Die Regierung in Budapest war vorsichtig genug, öffentlich jegliche Gebietsansprüche gegenüber der heutigen Tschechoslowakei oder gegenüber einer künftig unabhängigen Slowakei abzustreiten. Diese Erklärungen könnten jedoch durch das Zusammenwirken folgender Entwicklungen unterminiert werden: (a) schwere Gewalttätigkeiten zwischen Ungarn und Slowaken in der Slowakei - hier liegt die größte vorhersehbare Gefahr für den Ausbruch von Gewalttätigkeiten in Mittelosteuropa; (b) zunehmender nationalistischer Druck in Ungarn; (c) Unruhe unter ungarischen Minderheiten an anderen Orten Osteuropas, insbesondere in Transsylvanien (Siebenbürgen) und in der Wojwodina; (d) das allgemeine Gären in ganz Osteuropa und in der früheren Sowjetunion. Es kann nicht ausgeschlossen werden, daß bei Ausbrechen ernster Unruhen unter der ungarischen Minderheit in der Slowakei einige überwiegend ungarische Grenzregionen ihren Anschluß an Ungarn erklären (siehe das Beispiel serbischer Gebiete in Kroatien). Der Bürgermeister von Komarno hat bereits seine Absicht erklärt, diesen Schritt tun zu wollen.

Religionsunterschiede, die oft nur nationale und politische Rivalitäten widerspiegeln, komplizieren schon jetzt das politische Leben der Slowaken; in einer unabhängigen Slowakei wäre das in noch größerem Maße der Fall. Obwohl die überwiegende Mehrzahl der Slowaken römisch-katholischen Glaubens ist, gibt es nun, wie in Polen, nach der Niederlage des Kommunismus Ressentiments gegen den Klerus. Aber immer noch tritt der römische Katholizismus in deutlicher Abgrenzung zu Judentum, Protestantismus, orthodoxem (uniertem) Katholizismus und orthodoxem Glauben als slowakische "Nationalreligion" auf. Die Wiederbelebung der Unierten Kirche hat bereits zu sporadischen gewaltsamen Auseinandersetzungen auf niedrigem Niveau in der Ostslowakei geführt. Sie könnte die Beziehungen zu einer unabhängigen und selbstbewußten Ukraine erheblich komplizieren.

c. Regionale Sicherheit und Stabilität

Einer der vielversprechendsten Aspekte der Entwicklung im ehemaligen Osteuropa nach 1989 waren vermehrte Anzeichen für eine Zusammenarbeit zwischen Polen, der Tschechoslowakei und Ungarn. Die Entstehung einer unabhängigen Slowakei könnte diese Entwicklung gefährden, und zwar um so mehr, je stärker sie mit einigen der erwähnten Probleme belastet wäre. Die wachsende trilaterale Zusammenarbeit könnte wieder durch Mißtrauen, Unsicherheit und eine Zunahme der regionalen Instabilität abgelöst werden, und das zu einer Zeit, in der angesichts der Problemlage in der GUS Stabilität nötiger denn je ist.

2. Polen

Polen, jenes osteuropäische Land, in dem die kommunistische Herrschaft wegen des großen Widerstands der Bevölkerung am wenigsten ausgeprägt war, schien bis Anfang 1991 auf dem Weg zu einem politisch mobilisierten, wirtschaftlich hoffnungsvollen und sozial stabilen postkommunistischen Staat zu sein. Inzwischen hat sich die Situation jedoch dramatisch verändert. Polen bietet jetzt ein Bild der politischen Apathie, Polarisierung, unsicheren Führung und sozialen Spaltung. Darüber hinaus scheint es in wirtschaftlicher Hinsicht zu deutlich weniger Hoffnung Anlaß zu geben als Ungarn oder die tschechischen Teile der CSFR. Die Gründe dafür sind im Kontext dieses Beitrags ziemlich irrelevant, und die aktuellen Prognosen mögen sich als zu düster erweisen. Doch die polnische Lage deutet gegenwärtig auf einige *potentielle* Krisenpunkte hin, die 1991 noch nicht so deutlich erkennbar waren. Polen befindet sich im Augenblick *nicht* in einer akuten Krise von der Art, wie sie zum Beispiel in Rumänien herrscht, aber es gibt aufgrund verschiedener Faktoren keinen Anlaß zur Beruhigung.

a. Internes Krisenpotential

Wirtschaftlich/sozial: Die Wahlen vom Oktober 1991 haben gezeigt, daß die politische Unterstützung und der Konsens, den die "Schocktherapie" von Balcerowicz für ihren Erfolg benötigt, weitgehend geschwunden sind (wenn sie überhaupt jemals existiert haben). Es besteht nun die Gefahr eines alarmierenden Zusammenspiels von wirtschaftlichem Abschwung und sozialer Unruhe. Wie in der Tschechoslowakei spielt sich all dies vor dem Hintergrund des Zusammenbruchs des Osthandels und einer unzureichenden wirtschaftlichen Reaktion des Westens ab.

Die *politische* Lage könnte sich dadurch verschlechtern, daß erstens die politische Apathie bis zu jenem Punkt anwächst, an dem sie in offene Desillusionierung über die demokratischen Institutionen und Prozesse umschlägt; daß sich zweitens die schon bei den Wahlen im Oktober zutage getretene politische Polarisierung weiter vertieft, und daß drittens die autoritären Neigungen Walesas und die illiberalen Tendenzen der katholischen Kirchenführung gestärkt werden.

b. Externes Krisenpotential

Die Gefahr einer Verschlechterung der internen Lage könnte Probleme *ethnischer* Natur anheizen und dadurch die Beziehungen mit einer Reihe von Nachbarländern belasten. Das fast vollständige Verschwinden der ehemals großen jüdischen, deutschen und ukrainischen Minderheiten in Polen während und nach dem Zweiten Weltkrieg hat zu der voreiligen Auffassung geführt, daß das Land in ethnischer Hinsicht nunmehr homogen sei. Doch dem ist eben nicht ganz so. Die verbleibenden, relativ kleinen deutschen und ukrainischen Minderheiten sind infolge der innerpolnischen Situation und der neuen, aus dem Zusammenbruch der Sowjetherrschaft resultierenden internationalen Lage zum Gegenstand von Kontroversen geworden.

Die Angaben über die zahlenmäßige Stärke der *deutschen Minderheit* schwanken je nach Nationalität und Motivationslage des Zählenden. Diese Minderheit ist zwischen Warschau und Bonn durch die Kombination von sechs Faktoren zu einem Problem geworden: (1) die neue Meinungsfreiheit in Polen; (2) berechtigte, wenngleich manchmal übertriebene deutsche Klagen; (3) die wirtschaftliche Lage in Polen; (4) die wirtschaftliche Attraktivität Deutschlands; (5) verstärkte Artikulierung deutscher Interessen (ganz gleich aus welchem Grund); und (6) die allgemeine postkommunistische regionale Unruhe. Die Frage kann in wachsendem Maße zu einem Problem zwischen Polen und Deutschland werden (zumindest was seine Öffentlichkeitswirkung angeht).

Die mit der Existenz der *ukrainischen Minderheit* verbundenen Gefahren sind ernsthafterer Natur. Dafür spricht nicht nur ihre historische und psychologische Grundlage (gegenseitiger Haß und gegenseitige Verachtung), sondern auch das Entstehen eines unabhängigen Staates Ukraine. Jüngste polnische Schätzungen geben die Größe der ukrainischen Minderheit mit 300 000 bis 350 000 Menschen an (im Vergleich zu 3 Millionen vor dem Krieg), aber die Zahl mag zu niedrig sein. Ihre Lage wird wiederum durch nationale und religionsbezogene Faktoren erschwert. Die Ukrainer sind in der Mehrheit entweder unierten oder orthodoxen Glaubens, und diese Unterschiede, die in der Ukraine selbst zwischen den beiden Konfessionen eine besondere Schärfe angenommen haben, sind in einem geringeren Grad auch in Polen zu finden. Da die Polen selbst überwiegend römisch-katholischen Glaubens sind, ist das Potential für eine dreiseitige Auseinandersetzung gegeben. Erste Anzeichen dafür waren (wie auch in der Slowakei und der Ukraine) Auseinandersetzungen über das Eigentum an Kirchengebäuden.

Das Vorhandensein *polnischer Minderheiten in Nachbarländern* ist ein weiterer wichtiger Faktor, der für diese Länder Probleme schafft und Polens Beziehungen zu ihnen belastet. Es gibt nach offiziellen Schätzungen über 300 000 Polen in Litauen, über 400 000 in Weißrußland, wo man in ihnen einen auf Expansion gerichteten polnischen Keil sieht, und über 200 000 Polen in der Ukraine. Außerdem leben noch mehrere hunderttausend Polen, die unter Stalin verschleppt wurden, in der ehemaligen Sowjetunion. Ihre Lage wird Polens Beziehungen mit Rußland und den anderen hier betroffenen Nachfolgestaaten komplizieren. In den drei *angrenzenden* Staaten, Litauen, Weißrußland und Ukraine, kann es jedoch tatsächlich zu Krisenerscheinungen kommen. Im Fall Litauens ist bereits eine relativ geringfügige Krise ausgebrochen. Hier, wie auch in Weißrußland und der Ukraine, können infolge des historischen Nationalitätenhasses und des Wegfallens aller früheren Verhaltenshemmungen Streitfragen in Krisen umschlagen.

Der *Abzug der sowjetischen Truppen* von gegenwärtig noch 45 000 Mann aus Polen ist schon heute eine sensible Angelegenheit zwischen Warschau und Moskau. Er könnte noch weitaus problematischere Dimensionen annehmen, wenn das vereinbarte Abzugsdatum, 1994, näher rückt und wenn die gegenwärtige ungeordnete Situation in den Nachfolgestaaten der Sowjetunion in ein Chaos umschlägt. Viele der gut ausgerüsteten und gereizten sowjetischen Truppen könnten den Anweisungen ihrer Regierung (welcher eigentlich?) einfach nicht Folge leisten.

3. Die Ukraine und Ungarn

Im Beitrag des Autors über Südosteuropa wird auf die Schlüsselrolle hingewiesen, die Ungarn und der Ukraine wahrscheinlich in dieser Region zufällt. Beiden, besonders aber der Ukraine, werden auch in Mittelosteuropa Schlüsselrollen zukommen. Die Ukraine selbst könnte in naher Zukunft sehr wohl vor ernsten inneren Problemen stehen und sich mit wichtigen Fragen hinsichtlich ihrer Beziehungen zu Rußland und zu den anderen Nachfolgestaaten der Sowjetunion konfrontiert sehen. Sie sind jedoch nicht Gegenstand dieses Beitrags. Die Probleme der Ukraine mit den nördlichen und südlichen Teilen Osteuropas sind im vorliegenden Beitrag und in jenem über Südosteuropa angesprochen. Es ist natürlich auch möglich, daß ihre Umwandlung in einen mächtigen, unabhängigen Staat - einen der mächtigsten in Europa überhaupt - sowohl in interner wie externer Hinsicht wesentlich reibungsloser verlaufen wird, als das im Moment viele Beobachter vorhersehen. Ihre offiziellen Beziehungen zu allen osteuropäischen Nachbarn waren bis jetzt gut, ja sogar herzlich. Wenn das anhält, wird sich die Ukraine zu einem wichtigen Stabilitätsfaktor für ganz Europa entwickeln. Aber die Möglichkeit einer jahrelangen Verschlechterung der internen Lage und der Beziehungen zu ihren Nachbarstaaten ist auch gegeben. Die Zahl der zu lösenden Probleme erscheint zu groß, als daß es ohne Schwierigkeiten oder gar Krisen abgehen könnte. Einige Krisen bergen die Gefahr von Gewaltausbrüchen. Sie dürften gegenüber den westlichen Nachbarn eher begrenzt und sporadisch auftreten, könnten gegenüber Rußland und den Russen jedoch wesentlich ernsterer Natur sein.

Was Ungarn angeht, so bietet seine innere Situation in ganz Mittelost- oder Südosteuropa den geringsten Anlaß zu Krisenfurcht. Es hat eine relativ stabile Regierung, die im Rahmen eines funktionierenden parlamentarischen Systems agiert. Seine Wirtschaft funktioniert relativ gut, wie das Vertrauen des Westens in Gestalt von bisher getätigten Investitionen zeigt. Seine Bevölkerung ist zahlenmäßig klein und ethnisch homogener, als das in den anderen Ländern der Region der Fall ist. Die verschiedenen im Lande vertretenen Glaubensrichtungen lassen keine religiös motivierten Auseinandersetzungen befürchten. Unter dieser ruhigen Oberfläche mögen ernsthafte Konflikte im Entstehen begriffen sein. Sie sind bis jetzt aber noch nicht zutage getreten, und wenn das der Fall sein sollte, lassen sie sich möglicherweise lösen oder einhegen. Wie im Südosteuropa-Beitrag erwähnt, liegen die Gefahren für Ungarn in der Existenz eigener Minderheiten im Nachbarland Slowakei. Krisen, die dort virulent werden, könnten mit jeder Art von Verschlechterung der innerungarischen Lage zusammenwirken und einen sich in Selbstbemitleidung ergehenden "Trianon-Komplex" hervorrufen. Dieser könnte wiederum die ohnehin schon prekäre Lage in ganz Osteuropa durch einen weiteren destabilisierenden Faktor verschärfen.

II. Krisentypologie

Im Gegensatz zu Südosteuropa, wo Nationalismus in seinen verschiedenen Spielarten den gemeinsamen Nenner aller Krisenherde bildet, ist die Krisentypologie für Mittelosteuropa weitaus variationsreicher. *Nationalismus* ist zwar auch hier ein Schlüsselfaktor, aber bei weitem nicht der einzige. In manchen Fällen ist er von zweitrangiger oder von untergeordneter Bedeutung. Aber in vielen Fällen schafft das Zusammenwirken von Nationalismus mit anderen Faktoren jenes Maß an Dringlichkeit und Virulenz, das sonst nicht gegeben wäre. Andererseits spielen die *wirtschaftliche Lage und der wirtschaftliche Niedergang* anders als in Südosteuropa in der mittelosteuropäischen Region eine auffallend hervorgehobene Rolle. Sie verschärfen nicht nur die Krisenlage, sondern bewirken sie geradezu, wie im Fall Polens.

(1) In Mittelosteuropas Krisenherd Nummer Eins, bewirkt durch slowakisches Unabhängigkeitsstreben und den Zerfall der Tschechoslowakei, ist der *Natio-*

nalismus der dominante Faktor. Er wird auch in den Beziehungen der Ukraine mit den osteuropäischen Staaten, in Polens Beziehungen mit Litauen und Weißrußland sowie in den Beziehungen einer unabhängigen Slowakei mit allen ihren Nachbarländern eine wichtige Rolle spielen.

(2) Nationalismus verursacht und berührt den gesamten Komplex der Problematik *ethnischer Minderheiten*. Der akuteste Fall ist jener der ungarischen Minderheit in der Slowakei. Aber auch die polnischen Minderheiten in Litauen, Weißrußland und in der Ukraine könnten ernsthafte Probleme schaffen. Das gleiche gilt für die ukrainische Minderheit in Polen. Die deutsche Minderheit in Polen könnte sowohl zwischen Bonn (Berlin) und Warschau Schwierigkeiten hervorrufen als auch in den von ihnen bewohnten polnischen Gebieten. Doch enthielte eine solche Entwicklung kaum das Potential für eine schwerwiegende Krise oder gar einen Konflikt.

(3) *Regionale Unsicherheit und Spannung* sind implizite Bestandteile der allgemeinen Lage, wie sie sich infolge dieser Mischung aus Nationalismen und nationaler Minderheitenproblematik seit 1989 entwickelt hat. Neu entstehende Staaten wie Litauen, Weißrußland, die Ukraine und eventuell die Slowakei tragen zusätzliche Unsicherheitsmomente in eine Region, die bereits mit anderen destabilisierenden Faktoren infiziert ist.

(4) *Gebietsansprüche* werden wahrscheinlich so lange keine Rolle spielen, wie die Rudimente regionaler Sicherheit fortbestehen und zwischenstaatliche Spannungen nicht wider Erwarten akut werden. Doch muß erneut darauf hingewiesen werden, daß dies in einer Situation, in der die internationalen Regelungen und Einschränkungen eines ganzen Jahrhunderts hinfällig werden, durchaus möglich ist. Ungarische Ansprüche auf die angrenzenden slowakischen Regionen mit einem hohen ungarischen Bevölkerungsanteil könnten den wahrscheinlichsten Fall bilden. Doch die Liste möglicher Fälle läßt sich fortsetzen: Polen/Weißrußland, Polen/Ukraine, Polen/Litauen und womöglich sogar Deutschland/Polen (?).

(5) *Religions- und Kirchenfragen* spiegeln, verschleiern oder kennzeichnen oft nationale Unterschiede. Häufig weisen sie jedoch auch eine Eigenart und Eigendynamik auf, die in der Slowakei und in Polen schon sporadisch zu Gewalt geringfügigen Ausmaßes geführt haben.

(6) *Wirtschaftsfragen* stellen einen Schlüsselfaktor für das Krisenpotential in ganz Mittelosteuropa dar. Das ist in *allen* Ländern der Region offenkundig. Der wirtschaftliche Faktor wird den Gang der internen Entwicklung und der internationalen Beziehungen im regionalen, aber auch im europaweiten Kontext tiefgehend beeinflussen.

(7) Der *soziale Umbruch* ist eine Folgeerscheinung des wirtschaftlichen Faktors, insbesondere des ökonomischen Niedergangs und der Konsequenzen der

Wirtschaftsreformen. Auf kurze und mittlere Sicht wird die soziale Frage wahrscheinlich in allen Ländern der Region die innere Entwicklung gravierend beeinflussen. Sie wird aber auch eine indirekte negative Wirkung auf einige zwischenstaatliche Beziehungen haben.

(8) *Politische Polarisierung/Autoritarismus* tritt in Polen (Stichwort: Oktoberwahlen), in den tschechischen Teilen der CSFR und in der Slowakei immer deutlicher zutage. Wahrscheinlich wird das Phänomen auch alle anderen Länder der Region erfassen. Das Schwinden der Unterstützung für die gemäßigte demokratische Mitte ist eine Folge der politischen Apathie und der Desillusionierung über die wirtschaftliche Lage und ihre Aussichten. Die "Verzögerungen" beim demokratischen Aufbau und ein allgemein niedriges Niveau der politischen Kultur spielen ebenfalls eine Rolle. Daraus könnten sich schwerwiegende innere und internationale Konsequenzen, vor allem in bezug auf die "Europafähigkeit", das heißt die Teilhabe an einer europäischen Kooperationszone ergeben: zum einen das Aufkommen autoritärer, ja sogar diktatorischer Regierungen in einigen Ländern, zum anderen das Anwachsen von Chauvinismus und Ungeduld mit auf Ausgleich gerichteten Verfahren bei zwischenstaatlichen Streitigkeiten. Ein Schlüsselland wie die Ukraine könnte die Zukunft der gesamten Region in Gefahr bringen, wenn sie ein Opfer derartiger Entwicklungen würde. Aber die Ukraine ist bei weitem nicht das einzige Land der Region, das für diese Gefahr anfällig ist.

Tabelle 1 - Mittelosteuropäische Krisenfaktoren: Nationalismus[a]

Ethnische Minderheiten	Regionale Unsicherheit/Spannung	Territoriale Streitfragen	Religiöse	Migration
Ungarn in der Slowakei; Polen in Litauen, Weißrußland, Ukraine; Ukrainer in Polen; Deutsche in Polen.	Entstehung vier neuer Nationalstaaten (Ukraine, Litauen, Weißrußland, wahrscheinlich Slowakei) in einer bereits destabilisierten internationalen Situation. Eine unabhängige Slowakei würde besonders spaltend wirken. Frage der sowjetischen Truppen in Polen - und Ostdeutschland.	(möglicherweise) Ungarn/Slowakei; Polen/Weißrußland; Polen/Ukraine; Polen/Litauen; Deutschland/Polen (?).	Römisch-katholische, Unierte, Orthodoxe in Polen, Ukraine und Slowakei. Römisch-katholische, Orthodoxe in Weißrußland.	Slowakische Zigeuner in Tschechei; Ungarische Zigeuner westwärts.

a Slowakische gegenüber tschechischen Regionen, Ungarn; Ukraine gegenüber allen Nachbarn; Polen gegenüber Litauen, Weißrußland, Ukraine, Deutschland; Ungarn gegenüber Slowakei.

Tabelle 2 - Mittelosteuropäische Krisenfaktoren: Ökonomische[a]

Internationale Beziehungen	Sozialer Umbruch	Politische Polarisierung/ Autoritarismus	Migration
Ökonomische Schwierigkeiten und verstärkte Nationalismen, die sie hervorbringen könnten, könnten zur regionalen Instabilität hinzukommen und sich kontinental verzweigen.	Alle Länder - beginnend, vielleicht, mit Polen und der Slowakei.	Alle Länder - beginnend, vielleicht, mit Polen und Ukraine.	Alle Länder in Richtung Westen.

a Alle Länder der Region.

5. Potentielle Konfliktkonstellationen zwischen den Ländern Mittelosteuropas und den benachbarten Nachfolgestaaten der UdSSR

Christoph Royen

Vorbemerkung

Der vorliegende Beitrag unternimmt einen Überblick über potentielle politische Konflikte, die sich zu bewaffneten Konfrontationen entwickeln können, zwischen den Ländern Mittelosteuropas einerseits und den angrenzenden Teilen der Sowjetunion, also Osteuropa im engeren Sinne, andererseits. Mittelosteuropa (MOE) umfaßt zunächst *Polen*, die *Tschechoslowakei* und *Ungarn*, also die Mitglieder des Visegráder "Dreiecks".[1] Darüber hinaus erscheint es angebracht, als Konsequenz ihrer jüngst wiedererlangten Unabhängigkeit auch die drei baltischen Staaten, *Litauen*, *Lettland* und *Estland*, als mittelosteuropäische Länder zu behandeln. (Allerdings sind Lettland und Estland auch als neue Mitglieder der Nordeuropäischen Region vorstellbar. Doch nähme das eine Trennung der drei Staaten vorweg, die erst in einem späteren Stadium möglicherweise unvermeidbar werden wird.) Die angrenzenden benachbarten Teile der früheren UdSSR (im Dezember 1991 durch die Konföderation der "Gemeinschaft Unabhängiger Staaten" [GUS] ersetzt), mit welchen sich der Beitrag befaßt, sind: die *Ukraine*, *Weißrußland* und *Rußland*. Hingegen werden potentielle Konflikte *zwischen* den MOE-Staaten nicht in dieser Analyse behandelt.

Bis zum 21. August 1991 wurden Gefahren für den Frieden und die Sicherheit in MOE nahezu ausschließlich durch die Sorge der westlichen Nachbarn der Sowjetunion definiert, die sowjetischen Führer könnten - trotz der offiziellen Verkündung eines "Neuen Denkens" und der "Wahlfreiheit" - versuchen, die Hegemonie über MOE wiederherzustellen. Die zunehmend schärferen Angriffe auf die Außenpolitik Schewardnadses und Gorbatschows, die beschuldigt wurden, "Osteuropa verloren zu haben",[2] schienen zu Beginn des Jahres 1991 in bedrohlich klingende Verlautbarungen der Internationalen Abteilung des Sekretariats der KPdSU zu eskalieren[3] und in die Entwürfe für neue bilaterale Verträge einzumünden, mit denen das sowjetische Außenministerium nach dem Rücktritt Scheward-

1 Zu dieser Dreiergruppe vgl. Rudolf L. *Tőkés*, Die neuen Demokratien in Mitteleuropa: Kooperation, Konkurrenz und Koexistenz, unveröffentlichtes Manuskript, Stiftung Wissenschaft und Politik, Ebenhausen, Oktober 1991. Dort im Anhang auch die beiden auf dem Gipfeltreffen von Visegrád am 15. Februar 1991 verabschiedeten Erklärungen.

2 Eine Übersicht über diese Debatte gibt Suzanne *Crow*, Who Lost Eastern Europe?, in: Report on the USSR, 3 (12.4.1991) 15, S. 1-5.

3 Siehe das entsprechende Dokument in: Izvestija CK KPSS, (März 1991) 3, S. 12-17.

nadses die Freiheit der Mittelosteuropäer, neue Sicherheitsgarantien bei westlichen Partnern zu suchen, zu beschränken trachtete.[4]

Indessen haben das Scheitern des August-Putsches der konservativen Kräfte und das anschließende Betätigungsverbot für die KPdSU derartigen Befürchtungen, zumindest was die Restauration einer Hegemonie mit kommunistischem Vorzeichen anlangt, den Boden entzogen. Das postkommunistische Zeitalter hat schließlich auch die Sowjetunion erreicht.

Freilich bedeutet Postkommunismus, im Gegensatz zu anfänglichen Erwartungen und Illusionen, nicht das Ende von Konflikten und die ungehinderte Ausbreitung friedlicher Kooperation. Vielmehr müssen die postkommunistischen Gesellschaften ebenso wie die Außenwelt lernen, daß die "totalitäre"[5] Herrschaft der Kommunisten und ihre sozialistische Wirtschaft nicht einfach durch eine stabile pluralistische Demokratie und eine funktionierende Marktwirtschaft abgelöst werden können.[6] Nach der Zerstörung der egalitären und internationalistischen Ideologie, die als Legitimationsgrundlage kommunistischer Macht diente, bedienen sich die neuen politischen Führer und ihre Gesellschaften anderer Argumente zur Rechtfertigung ihrer Machtansprüche, indem sie auf autoritäre und nationalistische Politikinhalte zurückgreifen. Nicht wenige ehemalige Opfer kommunistischer Repression zeigen heute, nachdem sie das Kommando in der Regierung oder in den Medien übernommen haben, wenig Respekt für gegenseitige Toleranz und für die Kunst des Kompromisses als Kerntugenden demokratischer politischer Kultur.[7] Unter den Parolen "Selbstbestimmungsrecht" und "Korrektur historischen Unrechts" werden Minderheiten verfolgt und Grenzen in Frage gestellt.[8]

---

4 Der Text des einzigen auf der Grundlage der damaligen sowjetischen Vorstellungen abgeschlossenen Vertrags, und zwar der mit Rumänien, ist abgedruckt in: Vestnik Ministerstva Inostrannych Del SSSR (Bote des Ministeriums für Auswärtige Angelegenheiten der UdSSR), 1991, (15.6.1991) 11, S. 23-28.

5 Dieser nach Auffassung des Autors fragwürdige Begriff zur generellen Charakterisierung der kommunistischen Systeme hatte sich zuletzt auch im offiziellen sowjetischen Sprachgebrauch durchgesetzt.

6 Adam *Michnik* formuliert diesen Sachverhalt wie folgt: "Der Sieg der Freiheit bedeutet jedoch keinen Triumph der Demokratie ... Im Bewußtsein des Sieges spüren wir zugleich, daß wir auf eine seltsame Weise wieder verlieren"; Frankfurter Rundschau, 8.1.1992, S. 14.

7 Fast überall in den ehemaligen sozialistischen Ländern richten sich Diskriminierungstendenzen gegen die Mitglieder der alten kommunistischen Parteien, unabhängig von ihrem individuellen Verhalten. Angesichts der enormen Probleme, die mit dem abrupten Systemwechsel verbunden sind, unterliegen viele der neuen Politiker der Versuchung, nach Sündenböcken zu suchen und eine Art antikommunistischer Hexenjagd einzuleiten. Diejenigen, die wie Václav Havel, Tadeusz Mazowiecki oder neuerdings auch Lech Wałęsa ihre Landsleute dazu ermahnen, sich auf die gemeinsamen Zukunftsaufgaben zu konzentrieren, begegnen deshalb zunehmender Feindseligkeit.

8 Dazu auch kritisch für den GUS-Bereich der neue stellvertretende Vorsitzende der russischen Staatskommission für Nationalitätenfragen, Vladimir *Lysenko*, in einem Interview in: Nezavisimaja Gazeta, 25.6.1992, S. 2; ebenso der Direktor des "Zentrums für ethnopolitische Forschungen" der Außenpolitischen Assoziation in Moskau, Ėmil' *Pain*, Mežnacional'nye konflikty w po-

Insofern ist es nicht länger möglich, allein die Sowjetunion bzw. die GUS als potentielle Quelle von Friedensstörungen anzusehen. In Zukunft können, wie noch zu zeigen sein wird, Konflikte auch von den postkommunistischen Staaten in MOE ausgehen.

Gegenwärtig treten die negativen Folgen des unerwartet raschen Zusammenbruchs des Kommunismus am klarsten in den zerstörerischen Prozessen der Desintegration Jugoslawiens hervor, die die gesamte Region Südosteuropas (SOE) in Mitleidenschaft zu ziehen drohen.[9] MOE und die ehemalige UdSSR bleiben bisher generell, einmal abgesehen von der Reihe chauvinistischer Exzesse in den verschiedenen südlichen Republiken, unterhalb der Schwelle bewaffneter Konflikte. Deshalb ist noch Zeit, darüber nachzudenken, was getan werden kann, um ähnlichen Entwicklungen vorzubeugen, wie wir sie heute in SOE beobachten. Schon jetzt aber dürfte die Feststellung unabweisbar sein, daß die Prinzipien der KSZE-Schlußakte von Helsinki aus dem Jahre 1975, verfaßt in der Epoche der systemaren Zweiteilung Europas, dringend der Revision bedürfen, soll die KSZE auch weiterhin dem Frieden und der Zusammenarbeit in Europa dienen.[10]

Zudem gilt es, sich der Tatsache bewußt zu bleiben, daß wir es hier mit Bestrebungen und Konflikten zu tun haben, die weithin von irrationalen Motiven beherrscht werden. Das erschwert es, die Akteure mit Aufrufen zu beeinflussen, Kosten und Nutzen ihrer Handlungen nüchtern abzuwägen als Voraussetzung für gegenseitig akzeptable Kompromißlösungen.

I. Konfliktkonstellationen: Eine Übersicht

1. Russische Hegemonie über Mittelosteuropa?

Die Initiatoren des Moskauer Staatsstreichversuchs vom August 1991 hofften, das sowjetische Imperium und das Herrschaftsmonopol der KPdSU vor dem fortschreitenden Zerfall retten zu können. Sie haben das Gegenteil erreicht: das faktische Ende der Macht des Zentrums.

Schon kurz darauf, im Herbst 1991, grassierten in Moskau freilich Gerüchte und Voraussagen, daß ein zweiter, besser vorbereiteter Versuch konservativer Kräfte, die Macht zu ergreifen, binnen weniger Monate bevorstehe.[11] Angenommen, der

---

litičeskoj igre (Interethnische Konflikte im politischen Spiel), in: Nezavisimaja Gazeta, 10.7.1992, S. 5.

9 Siehe dazu näher die Beiträge von Jim *Brown* in diesem Band (Teil II, Kap. 4 und 7).

10 Siehe dazu auch Christoph *Royen*, Europäisches Haus und nationale Konflikte: Einmischungsgebot zum Minderheitenschutz, in: Moskau News, (November 1991) 11, S. 8.

11 Dabei könnten sich die Putschanführer inzwischen auf eine "braun-rote" Koalition der Extremisten stützen. Vgl. dazu das Manifest einer sogenannten "Vereinigten Opposition", abgedruckt in: Sovetskaja Rossija, 10.3.1992, S. 1. Eine aktuelle Lagebeurteilung bietet Falk *Bomsdorf*, Ein

nächste Putsch wäre tatsächlich erfolgreicher, was würde das für die ehemaligen Mitglieder der Warschauer Vertragsorganisation in MOE (und in SOE) bedeuten? Könnten die siegreichen Putschisten in Moskau wirklich versuchen, die Vorherrschaft über die ehemaligen Bündnispartner der UdSSR wiederzuerrichten?

Die Antwort ist einfach: Sie würden gerne, aber sie können nicht. Denn erstens werden sie vor ungeheuren Problemen im eigenen Lande stehen: Wie soll die zerrüttete Wirtschaft wieder in Gang gebracht werden? Wie läßt sich die Herrschaft der Zentrale in den verschiedenen, "souverän" gewordenen Republiken wiederherstellen? Und - vorausgesetzt, der erneute Staatsstreich wird von im August 1991 entmachteten konservativen Kommunisten mitgetragen - wie könnte die kommunistische Ideologie wiederbelebt werden, nachdem sie ihre Glaubwürdigkeit so gründlich eingebüßt hat?

Ginge der Putsch hingegen ausschließlich von rechtsextremen, nationalistischen Kräften des russischen Chauvinismus aus, würde den neuen Machthabern in Moskau der Weg nach Mittelosteuropa von ähnlich nationalistischen Regierungen in der Ukraine und in Weißrußland jedenfalls zunächst verlegt.

Wie schwierig, ja im Grunde unmöglich der Versuch wäre, den hegemonialen Status quo zu restaurieren, wird vollends deutlich beim Blick auf die Veränderungen in Mittelosteuropa. Anders als 1945 würden die neosowjetischen Führer keine geeigneten Partner mehr finden, die zum Aufbau des Sozialismus in "Volksdemokratien" bereit wären. Ohne solche Partner aber wären die Invasoren gezwungen, Militärregime einzurichten, die allein mit blankem Terror und brutaler Repression herrschen müßten. Nur ein verrücktes Gehirn ließe sich von einer solchen Perspektive nicht abschrecken.[12]

Deshalb dürfte ein wirklichkeitsgerechtes Szenario für die Außenpolitik siegreicher Putschisten auf eine Politik der Selbstisolierung hinauslaufen. Dies jedoch würde wiederum die voraussichtliche Herrschaftszeit der neuen Diktatoren verkürzen. Lenin und Stalin konnten mit ihrer Politik der Errichtung des "Sozialismus in einem Lande" nur obsiegen, weil sie über die "internationalistische" Unterstützung durch die Kominternparteien und andere Sympathisanten verfügten. Außerdem würde es die heutige postsowjetische Gesellschaft kaum hinnehmen, daß ihr Land in ein einziges riesiges "Gulag" verwandelt wird, das 300 Millionen Menschen zu Armut und Hoffnungslosigkeit verdammt.

---

neuer Putsch? Zur Entwicklung der Machtverhältnisse in Rußland und zur Reaktion des Westens, unveröffentlichtes Manuskript, Stiftung Wissenschaft und Politik, Ebenhausen, Juli 1992.

12 Zu einer ähnlichen Einschätzung gelangt Polens Verteidigungsminister Janusz *Onyszkiewicz*, Kilka uwag o bezpieczeństwie Polski (Einige Bemerkungen zur Sicherheit Polens), in: Polska w Europie, No. 8, April 1992, S. 27-36, sowie in den Interviews in: Rzeczpospolita, 28.7.1992, S. 1/3; Polityka, No. 32, 8.8.1992, S. 3.

2. Minderheiten- und Territorialkonflikte

Nationalismus und Chauvinismus als die beiden stärksten Quellen für Konflikte im Verhältnis zwischen MOE und GUS werden sich, da fortan eine beherrschende Instanz zur Aufrechterhaltung von Ruhe und Stabilität fehlt, wie sie bis 1989 durch die sowjetische Vormacht verkörpert wurde, vor allem auf zwei Themen konzentrieren: das Schicksal ethnischer Minderheiten und die Änderung bestehender Grenzen.

Beide Themen können in Kombination miteinander auftauchen, doch ist das nicht zwangsläufig. Ein typisches Minderheitenproblem beruht auf einer früheren Grenzziehung, die von einer Seite oder auch von beiden Seiten als willkürlich empfunden wird. Da aber die Infragestellung von Grenzen als schwerwiegendere Bedrohung des internationalen Friedens gilt, wird die interessierte Partei normalerweise zuerst die Minderheitenfrage aufwerfen, ehe sie dazu übergeht, den Konflikt durch Eröffnung des territorialen Streits zu eskalieren. Je nach der vorausgegangenen historischen Entwicklung wird die Gegenseite darauf reagieren, indem sie ihrerseits entweder ein ähnliches Problem der eigenen Landsleute jenseits der Grenze hochspielt, falls dort eine entsprechende Minderheit existiert, oder ihre Antwort auf die Verteidigung des territorialen Besitzstands beschränkt.

(a) Der klarste Fall in den zeitgenössischen Beziehungen zwischen MOE und GUS betrifft *Polen* und seine beiden östlichen Nachbarn: die *Ukraine* und *Weißrußland*. Nachdem die Vereinbarungen von Jalta den berüchtigten Handel zwischen Hitler und Stalin, Ostpolen der Sowjetunion zu überlassen, insoweit bestätigt hatten, war Polen jahrzehntelang daran gehindert, Beschwerden über das Schicksal mehrerer Hunderttausend Polen vorzubringen, die in der Ukraine und in Weißrußland leben. Erst vor drei oder vier Jahren begann sich das zu ändern. Die Regierung in Warschau erhielt, zunächst in Verhandlungen mit Moskau, später auch mit Kiew und Minsk, verbesserte Möglichkeiten, den Polen jenseits der sowjetischen Grenze materielle und kulturelle Unterstützung zukommen zu lassen. Jedoch kam es zu Spannungen, als die römisch-katholischen Polen (ebenso wie jene orthodoxen Ukrainer, die seit 1596 mit Rom uniert sind) Kirchen und anderes Eigentum zurückverlangten, die die russisch-orthodoxe Kirche für sich beansprucht. Gewaltsame Zusammenstöße zwischen den Angehörigen beider Glaubensgemeinschaften waren, wenn auch nur in lokalem Maßstab, auf beiden Seiten der Grenze zu verzeichnen. Darüber hinaus veranlaßten aufkommende nationalistische Strömungen in der Ukraine und in Weißrußland vor allem die Regierung in Minsk, Klage über Benachteiligungen zu führen, denen die weißrussische Minderheit in Nordostpolen angeblich ausgesetzt sei.[13]

---

13 Bei dem Besuch des polnischen Außenministers Skubiszewski in Minsk im Oktober 1990 kam es deshalb nicht zur Unterzeichnung der vorgesehenen weißrussisch-polnischen Erklärung.

Gewiß erscheint all dies noch weit von einer politischen Krise oder gar von einer militärischen Konfrontation zwischen den Kontrahenten entfernt. Diejenigen Kräfte in Polen, die das Thema der ehemaligen polnischen Ostgebiete aufgreifen möchten, stellen vorläufig nur eine kleine Fraktion am äußersten rechten Rand des politischen Spektrums dar. Die übrigen politischen Gruppierungen in Polen sind sich völlig darüber im klaren, welche brisanten Folgen ein solcher Schritt für Polens Westgebiete hätte, nachdem diese soeben erst in dem Vertrag mit dem vereinten Deutschland endlich anerkannt worden sind. Die Regierung in Warschau zeigt sich daher bestrebt, freundschaftliche Beziehungen mit der unabhängigen Ukraine zu entwickeln: Polen war der erste ausländische Staat, der die Unabhängigkeit der Ukraine anerkannte.[14]

Die postkommunistischen Politiker in beiden Ländern betonen die Übereinstimmung und bestreiten, daß es Potentiale für Konflikte gebe.[15] Offenbar suchen diejenigen, die ehemals auf beiden Seiten gegen das kommunistische System gearbeitet haben, ihre gegenwärtige Solidarität auf die gemeinsame Sorge vor stärkeren Nachbarn, in erster Linie vor Rußland, zu gründen. Die Unterzeichnung eines neuen Vertrags über "gute Nachbarschaft, freundschaftliche Beziehungen und Zusammenarbeit" während des Besuchs Präsident Krawtschuks in Warschau am 18./19. Mai 1992 bestätigte den veränderten Charakter der Beziehungen.[16]

Die einfachen Menschen scheinen freilich weniger zuversichtlich zu sein. Eine Meinungsumfrage in Polen ergab kürzlich, daß 38% der Befragten die Ukraine als die wahrscheinlichste Gefahrenquelle betrachteten, während 28% Deutschland nannten. Nur 15% waren besorgt wegen Rußland, und knapp jeder zehnte sah Probleme mit Litauen voraus.[17] Gewiß besagen derartige Umfragen nichts über den Grad der Verankerung der bekundeten Ansichten. Binnen weniger Monate schon könnte eine ähnliche Umfrage unter dem Einfluß neuer Schlagzeilen in den Nachrichten ganz andere Ergebnisse zeitigen. Doch sollte man auch die Versicherungen offizieller Sprecher Polens und der Ukrainer nicht zum Nennwert nehmen, in denen sie behaupten, ihre Landsleute jenseits der Grenze hätten keinen Grund zu klagen und nur die Reste der alten "Nomenklatura" suchten Hindernisse für die

---

14 Rzeczpospolita, 3.12.1991, S. 1.

15 Vgl. das Interview mit Myhailo *Horyń*, dem stellvertretenden Vorsitzenden der wichtigsten ukrainischen Oppositionsbewegung "Ruch", in: Rzeczpospolita, 2.1.1992, S. 6; siehe auch den Bericht über ein polnisch-ukrainisches Symposium in Warschau, in: Rzeczpospolita, 11.2.1992, S. 7.

16 Nur vier Tage später unterzeichnete Präsident Wałęsa zusammen mit Präsident Jelzin in Moskau einen polnisch-russischen Vertrag über "freundschaftliche und gutnachbarliche Zusammenarbeit" sowie ein Abkommen über den russischen Truppenabzug aus Polen. Vgl. die Texte in: Rzeczpospolita, 26.5.1992, Beilage Ekonomika i Prawo, S. XII. Die damals noch amtierende Mitte-Rechts-Regierung unter Jan Olszewski zeigte sich freilich mit den getroffenen Vereinbarungen unzufrieden.

17 Gazeta Wyborcza, 14.2.1992, S. 3.

Verständigung zwischen den Nationen zu schaffen.[18] Denn die örtlichen "demokratischen" Politiker betätigen sich durchaus gelegentlich mit ausgesprochen nationalistischem Eifer.[19] Notwendig erscheint daher eine erhebliche Anstrengung, um die Bereitschaft zu selbstkritischer Aufarbeitung der Vergangenheit in beiden Nationen zu fördern. Der Vorsitzende des außenpolitischen Ausschusses im ukrainischen Parlament, Dmytro Pawlytschko, hat diese Aufgabe mit fast denselben Worten beschrieben, die die polnischen Bischöfe 1965 gegenüber ihren deutschen Amtsbrüdern gebrauchten: "Wir müssen den Polen vergeben, und wir bitten die Polen, uns unsere Sünden zu vergeben".[20]

Auch die polnisch-weißrussischen Beziehungen zeigen mittlerweile eine deutliche Verbesserung. Weißrußland stellt nicht mehr eine Bastion des konservativen Kommunismus dar, sondern sucht die praktische Kooperation mit dem westlichen Nachbarn. Am 23. Juni unterzeichneten die Präsidenten beider Länder in Warschau ebenfalls einen Vertrag über "gute Nachbarschaft und freundschaftliche Zusammenarbeit".[21]

Zwei Bedingungen können die gegenwärtige relative Stabilität beeinträchtigen und die Anstrengungen, miteinander eine bessere Zukunft zu schaffen, behindern: Ein nachhaltiger Fehlschlag bei der Sanierung der polnischen Wirtschaft könnte die enttäuschten und verelendeten Polen nicht etwa zurück zum Sozialismus, sondern eher in das Lager radikaler Nationalisten treiben, die - wie Stanisław Tymiński während des Präsidentschaftswahlkampfs im Herbst 1990 - ein rasches Ende aller Frustrationen verheißen. Solche Kräfte würden dann eine Chance sehen, die verkündeten nationalen Ziele zu verfolgen und das Thema der "verlorenen Gebiete" auszuschlachten, sofern sie jenseits der Ostgrenze die Ausbreitung von Chaos und Anarchie wahrnehmen, die aus ähnlichen Mißerfolgen der Regierungen in Kiew und Minsk resultierten.

Allerdings erschiene sogar dann ein Szenario mit umgekehrtem Vorzeichen unwahrscheinlich, in dem ukrainische oder weißrussische Nationalisten von Polen weitere territoriale Zugeständnisse fordern. Für derartige Expansionsansprüche fehlt zumindest Weißrußland jede historische Grundlage. Aber auch die Ukrainer könnten allenfalls Grenzkorrekturen im lokalen Rahmen fordern, beispielsweise

---

18 Siehe Anm. 14.

19 Eine ausgewogene Darstellung bietet Jagienka *Wilczak*, Polacy na Ukrainie: obok siebie - W uścisku historii (Polen in der Ukraine: Nebeneinander - In der Umarmung der Geschichte), in: Polityka, No. 6, 8.2.1992, S. 12.

20 Rzeczpospolita, 14.2.1992, S. 7; Gazeta Wyborcza, 14.2.1992, S. 3.

21 Rzeczpospolita, 24.6.1992, S. 1/7. Generell zur Entwicklung der beiderseitigen Beziehungen: Piotr *Kościński*, in: Rzeczpospolita, 23.6.1992, S. 6; Igor' *Sinjakevič*, in: Nezavisimaja Gazeta, 1.7.1992. - Einen Gesamtüberblick über die außenpolitischen Tendenzen der unabhängigen Ukraine gibt Olga *Alexandrova*, Von einer Sowjetrepublik zu einem europäischen Staat: Anfänge der Außenpolitik der Ukraine, Köln, April 1992 (Berichte des Bundesinstituts für ostwissenschaftliche und internationale Studien, 14-1992).

in der Gegend von Przemyśł in Südostpolen, wo noch zwischen 1944 und 1947 ukrainische Nationalisten der kommunistischen Regierung Polens heftigen Widerstand leisteten.

(b) Der nächste Fall betrifft *Ungarn* und die *Ukraine*. Seit dem Friedensvertrag von Paris 1947 bilden rund 200 000 ethnische Ungarn, die schon 1920 durch den Friedensvertrag von Trianon von Ungarn getrennt und der neu errichteten Tschechoslowakei zugeschlagen worden waren, eine Minderheit im Gebiet "Transkarpatien", das zur Ukraine gehört. Hingegen gibt es keine ukrainische Minderheit innerhalb der Grenzen des heutigen Ungarn.

Bislang hat die Minderheitenthematik die ungarisch-ukrainischen Beziehungen nicht gestört. Insbesondere zwischen den Zentralregierungen in Budapest und Kiew herrscht ein gutes Klima. Auf der lokalen Ebene hingegen fühlt sich die ungarische Minderheit in der Ukraine gerade auch aufgrund des Wirkens der neuen, "demokratischen" Politiker weniger zufrieden.[22] Doch Budapests Hauptaufmerksamkeit geht in eine andere Richtung: Die Ungarn betrachten sich, verglichen mit den meisten anderen Nationen Europas, als besonders hart betroffene Opfer der Geschichte, nachdem sie zwei Drittel ihres ehemaligen Territoriums verloren haben. Hauptgewinner dabei war und ist Rumänien. Radikale ungarische Nationalisten haben damit begonnen, von der Illegitimität des Friedens von Trianon zu reden.[23] Würden innere und äußere Bedingungen es erlauben, eine aktive revisionistische Politik zu verfolgen, so wäre ihre Hauptstoßrichtung folglich gegen den rumänischen Nachbarn gerichtet. Das transkarpatische Gebiet "Ober-Ungarns", wie es die Ungarn früher nannten, würde hier allenfalls einen Nebenaspekt der Hauptfrage bilden, nicht jedoch ein selbständiges Ziel darstellen.

(c) Ein dritter Fall hängt ebenfalls mit der 1945 vorgenommenen Ausdehnung der Sowjet-*Ukraine* in südwestlicher Richtung zusammen, und zwar auf ehemals *tschechoslowakisches* Gebiet Allerdings lebt, im Unterschied zu den Ungarn, keine beachtliche slowakische Minorität in der Ukraine, während rund 50 000 Ukrainer noch immer die ČSFR bevölkern. Die slowakische Regierung hat in letzter Zeit wiederholt betont, keinerlei Ansprüche auf das Gebiet um Užgorod jenseits der Ostgrenze erheben zu wollen, zumal diese Region niemals Bestandteil der Slowakei war, sondern einen dritten Landesteil der Vorkriegs-Tschechoslowakei gebildet hatte. Im Vergleich zu den übrigen slowakischen Beschwerden, die sich vor allem gegen den tschechischen Partner in der tschecho-slowakischen Föderation richten sowie gegen die beträchtliche ungarische Minderheit von 600 000 Men-

---

22 Eine detaillierte Analyse der Lage der ungarischen Minderheit in der Ukraine gibt Alfred A. *Reisch*, Transcarpathia's Hungarian Minority and the Autonomy Issue, in: RFE/RL Research Report, 1 (7.2.1992) 6, S. 15-23.

23 Siehe dazu die kritischen Bemerkungen der ungarischen Historikerin Mária *Ormos* in einem Interview mit der Wochenzeitung "Budapester Rundschau", 23.9.1991, S. 3.

schen und - im Zusammenhang mit dem Streit um den Donau-Staudamm von Gabčikovo-Nagymáros - gegen die Regierung in Budapest, spielt die Frage der Grenze zur Ukraine keine Rolle. Preßburg erscheint eher an freundschaftlichen Beziehungen und intensiver Zusammenarbeit mit dem ukrainischen Nachbarn interessiert. Statt dessen war es lediglich der Führer der rechtsextremen tschechischen Republikanischen Partei, der eine Grenzkorrektur forderte.[24]

(d) Gänzlich anderer Art sind die Ursprünge der Minderheitenkonflikte zwischen *Rußland*[25] und den drei *baltischen* Staaten.[26] Hier wurde, im Gegensatz zu den oben erörterten Konstellationen, die territoriale Frage erst geregelt, nachdem die sowjetische Zentralmacht als Ergebnis des August-Putsches zerfallen war, so daß Litauen, Lettland und Estland nach 51 Jahren ihre Eigenstaatlichkeit wieder zurückerlangten. Fünf Jahrzehnte sowjetischer Herrschaft haben zu einem massiven Zustrom von Russen in die drei Republiken geführt: In Litauen machen sie etwa 10% der 3,7 Millionen Einwohner aus. Hingegen handelt es sich in Lettland und in Estland um je etwa 30% von 2,7 Millionen bzw. 1,6 Millionen Einwohnern, wobei zu beachten ist, daß der Prozentsatz der Russen in den kompakt besiedelten Gebieten im Nordosten Estlands sowie in den beiden Hauptstädten Riga und Tallinn noch höher liegt.[27]

Gegenwärtig werden in allen drei baltischen Staaten rechtliche Regelungen der Staatsangehörigkeit vorbereitet, die vielen Russen den Status von Ausländern aufzwingen.[28] Während Rußlands Präsident Boris Jelzin sich bislang als Fürsprecher der baltischen Unabhängigkeit hervortat, bleibt abzuwarten, wie er und seine Regierung demnächst auf die zu erwartenden Beschwerden über Benachteiligungen oder Rücksiedlungen von baltischen Russen reagieren werden.[29]

---

24 Siehe dazu und zu den Äußerungen von slowakischer Seite die detaillierte Analyse von Alfred A. *Reisch*, Transcarpathia and Its Neighbors, in: RFE/RL Research Report, 1 (14.2.1992) 7, S. 43-47 (45f).

25 Eine kürzliche Meldung einer westlichen Nachrichtenagentur, wonach der weißrussische Außenminister Krawtschanko gegenüber einem hohen EG-Vertreter den Anspruch seines Landes auf die litauische Hauptstadt Vilnius angemeldet habe, wurde von Krawtschanko alsbald dementiert; vgl. Rzeczpospolita, 25.2.1992, S. 7; 26.2.1992, S. 1.

26 Siehe dazu auch den Beitrag von Peer *Lange* in diesem Band (Teil II, Kap. 6).

27 Die Zahlen beruhen auf dem Vergleich verschiedener Quellen; siehe dazu zuletzt die in der Wochenzeitung "Moskovskie Novosti", No. 40, 6.10.1991, S. 9 abgedruckte Karte sowie die bei Klaus *Segbers*, Migration and Refugee Movements from the USSR: Causes and Prospects, in: Report on the USSR, 3 (15.11.1991) 46, S. 6-14 (12) wiedergegebenen Schätzungen.

28 Vgl. dazu für Estland: Riina *Kionka*, Who Should Become a Citizen of Estonia, ebd., (27.9.1991) 39, S. 23-26; für Litauen: Saulius *Girnius*, The Lithuanian Citizenship Law, ebd., S. 21; für Lettland: Dzintra *Bungs*, Latvia Adopts Guidelines for Citizenship, ebd., (1.11.1991) 44, S. 17-19. Das estnische Parlament nahm das neue Gesetz über die Staatsbürgerschaft am 26.2.1992 an; vgl. Izvestija, 27.2.1992.

29 Vladimir *Abarinov* berichtet in Nezavisimaja Gazeta, 7.3.1992, S. 1 über die Kritik, die der russische Außenminister Kosyrew auf der Kopenhagener Konferenz der Außenminister der Ostsee-Anliegerstaaten an der Minderheitenpolitik der baltischen Republiken geübt habe.

Zwar bilden die Entwicklungen im Baltikum nur einen, und keineswegs den brennendsten Teil des generellen Problems, daß insgesamt rund 20 bis 30 Millionen ethnische Russen von einer Welle nationaler Selbstbestätigung in den übrigen ehemaligen Sowjetrepubliken bedroht sind. Doch ist festzustellen, daß gerade auch unter der demokratischen Intelligenz in Moskau die Entlassung der drei baltischen Staaten in die Unabhängigkeit zunehmend auf die Kritik stößt, es sei versäumt worden, zuvor nicht nur ökonomische Fragen der Trennung, sondern auch den Rechtsstatus der eigenen Landsleute befriedigend zu regeln.[30] Die Kritiker sehen darin ein negatives Präjudiz für ähnliche Streitigkeiten unter den verbleibenden Mitgliedern der GUS. Sie scheinen wenig geneigt, die besondere Berechtigung der baltischen Forderungen nach Beseitigung des eindeutigen Völkerrechtsbruchs von 1939/40 anzuerkennen.

Falls daher Jelzin zu irgendeinem künftigen Zeitpunkt genötigt sein sollte, seine Macht den Vertretern chauvinistisch-großrussischer Programme zu überlassen, könnten diese versucht sein, gerade im Baltikum ein Exempel zu statuieren zum Schutz der Russen. Dabei würden sie von der Erwartung ausgehen, dort auf schwächere Widerstandskraft zu stoßen als etwa in Usbekistan oder in Kasachstan.

3. Desintegration von Vielvölkerstaaten und Interventionen der Nachbarn

Im Rahmen des Überblicks über verschiedene Konstellationen, in denen Minderheitenschutz und territoriale Differenzen Zündstoff für Konflikte zwischen MOE-Staaten und ehemaligen Sowjetrepubliken bilden würden, wurden bereits Bürgerkriege und innere Unruhen als Bedingungen erwähnt, unter denen sich Minderheiten und die sie protegierenden Mutterstaaten oder revisionistisch-irredentistische Regierungen ermutigt fühlen könnten, ihre Interessen mit Gewalt durchzusetzen. Doch abgesehen von der Korrektur alten Unrechts könnte aufkommender Nationalismus auch reine Machtambitionen erwecken, denen Minderheitenprobleme

30 Vgl. beispielsweise die Bemerkungen in dem ganzseitigen Artikel von Andranik *Migranjan*, Perspektivy russkogo nacional'nogo dviženija: Byvšaja imperija v posleputčevoj situacii (Perspektiven der russischen nationalen Bewegung: Das ehemalige Imperium in der Nachputsch-Situation), in: Nezavisimaja Gazeta, 14.11.1991, S. 5; *ders.*, Russkie pribaltiki (Die Russen des Baltikums), in: Nezavisimaja Gazeta, 3.1.1992, S. 3. Siehe auch das Interview mit Aleksandr *Cipko*, in: Komsomol'skaja Pravda, 14.1.1992, S. 3, wo Cipko dem russischen Präsidenten Jelzin den Ausverkauf der nationalen Interessen Rußlands vorwirft. Einen Überblick über die gesamte Diskussion geben Vera *Tolz*/Elizabeth *Teague*, Russian Intellectuals Adjust to Loss of Empire, in: RFE/RL Research Report, 1 (21.2.1992) 8, S. 4-8; Valerij *Vyžutovič*, Liberal'nyj ispug - Čto povleklo predstavitelej demokratičeskoj intelligencii pod nacional-patriotičeskie znamena (Der liberale Schreck - Was die Vertreter der demokratischen Intelligenz unter die national-patriotischen Banner getrieben hat), in: Moskovskie Novosti, No. 29, 19.7.1992, S. 6/7. Inzwischen hat Präsident Jelzin die Berechtigung derartiger Kritik anerkannt; siehe das Interview in: Komsomol'skaja Pravda, 29.5.1992, S. 2.

und territoriale Streitigkeiten lediglich als Rechtfertigung dienen, um weiterreichende Zielvorstellungen zu tarnen.

a. Folgen des Zerfalls des sowjetischen Imperiums

Offensichtlich würde der klarste und zugleich schwerwiegendste Fall, in dem der Niedergang einer Macht die Machtausdehnungsgelüste anderer anregt, aus dem Prozeß der Desintegration der Sowjetunion herrühren, sofern größere ehemalige Sowjetrepubliken sich als unfähig erweisen, ihre territoriale Integrität zu behaupten. Wenn etwa Rußland in zahlreiche Konflikte mit anderen Republiken oder mit den vormaligen autonomen Gebieten innerhalb der Russischen Föderation, wie zum Beispiel Tatarstan, Baschkirien und anderen,[31] um den Schutz der ethnischen Russen verwickelt würde, oder wenn die Ukraine zerrissen würde durch russische Sezessionsbestrebungen im Ostteil der Republik oder auf der Krim, während gleichzeitig in der Westukraine religiös motivierte Auseinandersetzungen russisch-orthodoxer und unierter Bevölkerungsteile ausbrechen, dann könnten die polnischen Nachbarn die Zeit für gekommen sehen, alte "sarmatische" Träume von einer Wiederherstellung der ehemaligen Rolle Polens in der Region aufleben zu lassen. Andere, kleinere benachbarte Minderheiten in der Slowakei und in Ungarn könnten sich Polen zugesellen, um ebenfalls ein Stück der Beute zu erhaschen.

Freilich gilt es erneut zu betonen, daß derartige Szenarien nur dann realistische Bedeutung erlangen, wenn die derzeitigen Anstrengungen der mittelosteuropäischen Länder, "nach Europa zurückzukehren" und den Anschluß an die Europäische Gemeinschaft zu finden, vergeblich bleiben sollten und nachdem gleichzeitige Bemühungen, pluralistische Demokratie und ökonomische Effizienz zu verankern, in einem Maße gescheitert sind, daß Extremisten des rechten Flügels als glaubhafte Alternativen zu Zentrismus und Mäßigung hervortreten können. Derzeit ist es nicht einfach, Gesprächspartner in MOE zu finden, die sich zur Diskussion solcher Perspektiven bereitfinden. Meistens ziehen sie es vor, potentielle exogene Gefahren zu diskutieren, die die Existenz der jungen Demokratien bedrohen könnten, und betonen deshalb die Notwendigkeit von Schutzgarantien durch die NATO.

b. Scheidung der tschechoslowakischen Föderation

Der einzige andere Fall, in dem ein Mehrvölkerstaat durch eine Trennung seiner Bestandteile bedroht ist, besteht aufgrund des Ergebnisses der Wahlen vom 5./6. Juni 1992 in der postkommunistischen Tschechoslowakei. Während der tschechi-

31 Auf welche Schwierigkeiten die Regierung Rußlands dabei stößt, wurde im November 1991 erneut deutlich, als Jelzin gegenüber der Regierung der Tschetschenisch-Inguschetischen Republik unter General Dudajew den Ausnahmezustand ausrief, sich jedoch alsbald, auch unter dem Druck des eigenen Parlaments, genötigt sah, diese Maßnahme rückgängig zu machen.

sche Teil der Föderation sogar dann, wenn die Böhmen den Bewohnern Mährens und der an Oberschlesien angrenzenden Gebiete mehr Autonomie zugestehen müßten,[32] weiterhin friedlich mit den übrigen Nachbarn im Norden, Westen und Süden koexistieren könnte, würde allerdings auch die Slowakei kaum expansionistische Bestrebungen ihrer Nachbarn auf sich ziehen. Das einzige Konfliktpotential besteht hier in der Minderheitenfrage, bei der Ungarn als Hauptgegner erscheint. Sollten sich jedoch slowakisch-ungarische Spannungen in einem offenen bewaffneten Konflikt entladen, kann nicht ausgeschlossen werden, daß sich die Ukraine und Rumänien als interessierte Mächte in den Konflikt einschalten, um seinen Ausgang zu beeinflussen. Rumänien würde selbstverständlich die Slowakei unterstützen, während die Haltung der Ukraine von der Politik Budapests im Hinblick auf das vormalige "Ober-Ungarn" in Transkarpatien abhängen wird.

4. Konflikte, die aus massenhaften Flüchtlingsströmen hervorgehen

Im Unterschied zu allen anderen Konstellationen, die in diesem Beitrag bisher erörtert wurden, sind Konflikte, die mit größeren Flüchtlingsbewegungen zusammenhängen, ein völlig neuartiges Phänomen. Die Geschichte liefert hier weder Motive noch Argumente. Vielmehr ist es ausschließlich die Sorge um das gegenwärtige Überleben, die Regierungen in MOE veranlassen könnte, ihre Länder gegen Wellen von Menschen zu sperren, die sinkende Riesenschiffe wie Rußland oder die Ukraine verlassen und verzweifelt kleinere Boote jenseits der Westgrenze zu entern versuchen.[33]

Solange diese defensive Politik in halbwegs zivilisierten, geordneten Formen praktiziert wird, sind ernsthafte Konflikte zwischen den beteiligten Ländern freilich unwahrscheinlich. Sollte jedoch ein sich schützendes Land gegen die Flüchtlinge Zwangsmittel anwenden, die den Verlust an Menschenleben mit sich brächten, oder sollten feindselige Massen gegenüber den unwillkommenen Eindringlingen zu Gewalttaten schreiten, gerieten die politischen Führungen der Ursprungsländer unter wachsenden inneren Druck, mit wirksamen Gegenmitteln zu antworten.

Immerhin erscheinen die Aussichten, Spannungen zu begrenzen und für beide Seiten akzeptable Kompromißlösungen zu finden, nicht schlecht. Denn im Normalfall handelt der Zufluchtsstaat offensichtlich in Selbstverteidigung, und der Ursprungsstaat hat keinen Anlaß, darin eine feindselige Politik zu erblicken. Lediglich dann, wenn der Zufluchtsstaat gezielt Brutalität walten läßt und die Flüchtlinge in ihrer Menschenwürde verletzt, oder wenn umgekehrt der Ursprungsstaat be-

---

32 Siehe dazu näher Jan *Obrman*, The Issue of Autonomy for Moravia and Silesia, in: Report on Eastern Europe, 2 (12.4.1991) 15, S. 13-22.

33 Zur Einschätzung der Wahrscheinlichkeit derartiger Bewegungen vgl. auch den angegebenen (Anm. 27) Aufsatz von Klaus *Segbers*.

wußt Flüchtlingswellen erzeugt, um die innere Stabilität im Nachbarland zu unterminieren, muß mit ernsten Konflikten gerechnet werden. Doch wäre dann das Flüchtlingsproblem nur das Mittel, nicht die Ursache des Konflikts.

5. Ökonomische Konkurrenz als Konfliktquelle?

Traditionell wurde eine Vielzahl bewaffneter Konflikte in der Menschheitsgeschichte ausgetragen wegen konkurrierender Interessen am Besitz von natürlichen Ressourcen oder von wichtigen Verkehrswegen und Knotenpunkten, wie Meerengen, Paßstraßen oder Häfen. Seit dem Ende des Zweiten Weltkriegs sind freilich die hochentwickelten westlichen Industriestaaten dermaßen voneinander abhängig geworden und ihre Wirtschaften haben einen derart hohen Grad intensiver Produktions- und Distributionsformen erreicht, daß jene Stufe primitiver Konkurrenz in ihren Beziehungen als überwunden gelten kann.

Die postkommunistischen Staaten haben die gleiche Entwicklungsstufe noch nicht erreicht. Trotzdem werden auch sie von den generellen Tendenzen der Weltwirtschaft erfaßt. Der bloße Besitz von Naturressourcen bringt selbst ihnen wenig wirtschaftlichen Nutzen, solange ihnen moderne Fördertechnologien, zweckmäßige Verteilungssysteme und gut organisierte Kundenservice-Netze fehlen. Ohne diese Voraussetzungen sind Bodenschätze kaum wettbewerbsfähig auf dem Weltmarkt und bilden höchstens eingefrorene Reserven. Warum sollte beispielsweise jemand die Absicht hegen, die Verfügung über Oberschlesien oder über das Donezk-Becken mit ihren Kohlevorkommen zu erlangen? Die Kohlengruben verursachen ihren gegenwärtigen Eigentümern mehr Kopfschmerzen, als durch sichtbare Gewinne ausgeglichen werden können. Erst recht gehören sogar in der östlichen Hälfte Europas die Zeiten der Vergangenheit an, als ein Zuwachs an menschlicher Arbeitskraft zu Macht und Wohlstand eines Landes beitrug.

Die einzige Region in unserem Beobachtungsfeld, wo konkurrierende wirtschaftliche Interessen, jedoch auch sie nur in Kombination mit politischen und militärischen Erwägungen, zu internationalen Konflikten führen könnten, ist *Nord-Ostpreußen*. Nach der kürzlich erfolgten Trennung vom übrigen Rußland durch das unabhängig gewordene Litauen wird Nord-Ostpreußen zwar zunehmend als Sonderzone für deutsch-russische Kooperationsprojekte diskutiert. Polen und Litauen haben hiergegen jedoch bereits Bedenken angemeldet.[34] Freilich zeigen die deut-

34 Litauens Botschafter in den USA erklärte sogar in einem Interview mit einer litauischen Zeitung, Königsberg könne eines Tages zu Litauen gehören, vgl. Rzeczpospolita, 3.3.1992, S. 7. Offenbar war er jedoch zu einer solchen Aussage durch seine Regierung nicht autorisiert. - Von polnischer Seite wurde deutliche Beunruhigung geäußert auf einem Expertentreffen im "Zentrum für Internationale Studien" des Senats der Republik Polen; vgl. den ausführlichen Bericht: Królewiec 1992 - Próba diagnozy (Königsberg 1992 - Versuch einer Diagnose) in der vom Zentrum herausgegebenen Vierteljahreszeitschrift "Polska w Europie", No. 8, April 1992, S. 67-96.

sche Regierung und die deutsche Wirtschaft nur geringes Interesse an einem größeren Engagement. Falls sich aber schließlich die Deutschen doch zu einem stärkeren Engagement entschließen sollten, so wäre natürlich die beste Lösung im Interesse des Friedens, *alle* Nachbarn einzuladen, sich an der gemeinsamen Entwicklung des Kaliningrader-Königsberger Gebiets zu beteiligen.

II. Formen, Instrumente und Intensität von Konflikten

Im vorangehenden Abschnitt wurden mögliche Konflikte benannt, indem auf latente Feindseligkeiten, konkurrierende Ambitionen und Anliegen hingewiesen wurde, das heißt im wesentlichen durch Hinweise auf die Wurzeln und Motive von Konflikten. Um jedoch die Bedrohung des Friedens zu ermessen, die von einem Zusammenstoß gegensätzlicher Interessen ausgeht, ist es erforderlich, *qualitative* Kriterien einzuführen, die eine ausschlaggebende Rolle bei der Entwicklung von bloßen Spannungen zu tatsächlichem Einsatz bewaffneter Gewalt spielen. Daher müssen mögliche Arten kriegerischer Konflikte ebenso erörtert werden wie die Anwendung nichtmilitärischer Instrumente sowie die Perspektiven einer Ausweitung der Zahl der aktiv am Konflikt Beteiligten.

1. Gebrauch militärischer Gewalt

a. Nukleare Waffen?

Die einzige vorstellbare Gattung von Nuklearwaffen, die für den Einsatz bei Konflikten der hier diskutierten Art in Betracht kämen, wären *taktische* Kernwaffen. Nachdem jedoch die Ukraine und Weißrußland dem Abtransport ihrer entsprechenden Arsenale in die Zerstörungsanlagen Rußlands zugestimmt haben, hat die Frage ihre Brisanz verloren.

Im Verlauf eines bewaffneten Konflikts mit Rußland würde die konventionelle Überlegenheit dieses Staates über jeden potentiellen mittelosteuropäischen Gegner den Einsatz taktischer Nuklearwaffen ohnehin überflüssig machen. Lediglich dann, wenn sich Rußland einer breiten Koalition von anderen GUS-Staaten mit MOE-Staaten gegenübersähe, könnte ein Überschreiten der nuklearen Schwelle nicht ausgeschlossen werden.

b. Konventionelle Streitkräfte

Die klare Überlegenheit russischer, ukrainischer und auch polnischer konventioneller Streitkräfte im Verhältnis zu den Streitkräften anderer, kleinerer Gegner würde letztere wohl davon abhalten, ihrerseits bewaffnete Feindseligkeiten zu eröffnen. Insofern setzt jedenfalls eine länger dauernde, umfangreiche Kriegführung voraus, daß zumindest zwei der drei starken Mächte auf beiden Seiten eines bestimmten Konflikts mitwirken, zum Beispiel die Ukraine und Polen.

c. Partisanenkampfführung

Die Zahl der Länder, die imstande sind, Guerilla-Operationen durchzuführen, schließt, zusätzlich zu den genannten drei konventionell stärksten Vormächten der Region, Weißrußland und wahrscheinlich auch die Slowakei sowie Litauen ein. Diese Länder verfügen ebenfalls über Erfahrungen im Partisanenkampf aus dem Zweiten Weltkrieg und halten entsprechende Erinnerungen lebendig.

2. Nichtmilitärische Instrumente

a. Handelsembargo?

Androhungen, Handelsbeziehungen zu unterbrechen, besitzen kaum relevante Hebelwirkung in dem hier untersuchten Konfliktfeld, da die ehemaligen speziellen Austauschbeziehungen zwischen der UdSSR und ihren mittelosteuropäischen Partnern im Rahmen des Rats für Gegenseitige Wirtschaftshilfe (COMECON) ohnehin bereits weitgehend zusammengebrochen sind. Zur Zeit sind lebenswichtige Lieferbeziehungen, insbesondere die Öllieferungen aus der UdSSR, erheblich zurückgegangen, seit Zahlungen in harter Währung zu Weltmarktpreisen verlangt werden. Andere bisher bestehende Verbindungen fanden ihr Ende, als Lieferanten oder Bezugsunternehmen in Konkurs gingen oder aufgrund der laufenden Umorganisations- und Privatisierungsmaßnahmen ihre Tätigkeit einstellen mußten.

b. Behinderung des Transitverkehrs

Eine Blockade von Transitwegen könnte einem Gegner erheblichen Schaden zufügen, wenn sie etwa, im Hinblick auf seine zentrale geographische Lage, von Polen, bis zu einem gewissen Grade auch von Weißrußland und der Ukraine eingesetzt würde, um den Landtransport von und nach Rußland zu behindern.

c. Internationalisierung von Konflikten

Solange auswärtige Mächte sich weigern, positive Sicherheitsgarantien für irgendeines der Länder der Region zu geben, können die Konfliktparteien nur an die Außenwelt appellieren, ökonomische und politische Sanktionen gegen den "Aggressor" zu verhängen. Fälle, in denen "Aggressor" und "Opfer" eindeutig bestimmt werden können, dürften allerdings die Ausnahme sein. Häufiger wird ein Konflikt auf Fehlverhalten beider Seiten zurückgehen. Insofern wird äußere Einwirkung eher davon abhängen, inwieweit der Konflikt auch über die engere Region hinaus negative Auswirkungen zeitigt.

3. Mögliche Koalitionen

Mangels formalisierter Allianzen unter den ehemaligen Mitgliedern der aufgelösten Warschauer Vertragsorganisation - das "Visegráder Dreieck" hat sich bisher zurückhaltend gezeigt bei der Schaffung gemeinsamer Selbstverteidigungsstrukturen seiner Mitgliedstaaten[35] - werden Koalitionen nur ad hoc entstehen: Sieht eine dritte Partei ihren Widersacher von einem anderen Land attackiert, könnte sie die Gelegenheit ergreifen, sich an Feindseligkeiten zu beteiligen, die sie von sich aus nicht begonnen hätte. So könnte etwa Rußland Polen beistehen in einem Konflikt mit der Ukraine; die Ukraine könnte sich mit der Slowakei gegen Ungarn oder umgekehrt mit Ungarn gegen die Slowakei verbünden. Ähnlich würde die dritte Partei den schwächeren von zwei Kontrahenten unterstützen, um die stärkere Seite daran zu hindern, noch stärker zu werden. So könnte beispielsweise Weißrußland Litauen zu Hilfe kommen in einem Konflikt mit Polen.

All dies wirkt zugegebenermaßen so, als kehre die Region in die Jahrhunderte der ständigen "renversements des alliances" zurück. Anders als in Westeuropa findet freilich in der östlichen Hälfte des Kontinents nach den traumatischen Erfahrungen des 20. Jahrhunderts heute in der Tat eine Wiederbelebung schon längst untergegangen geglaubter politischer Vorstellungen und Werte statt. Da die zeitgenössischen internationalen Beziehungen jedoch Stabilität und Vorhersehbarkeit der Entwicklungen verlangen, werden die verwirrenden Konfliktmuster ebensowenig wie die wechselnden Koalitionen von langer Dauer sein, sondern typische Begleiterscheinungen einer Übergangsperiode bleiben, ehe neue integrative Strukturen die ungehinderte Bewegungsfreiheit der unabhängigen Akteure wieder auf das friedenspolitisch gebotene Maß beschränken.

III. Auswirkungen auf das übrige Europa

Bewaffnete Konflikte, die unmittelbar nur eine begrenzte Zahl von Ländern erfassen, sollten trotzdem auch für jene Staaten, die nicht physisch oder auf andere Weise von den Kämpfen in Mitleidenschaft gezogen werden, Anlaß zur Sorge sein. Denn jeder Krieg stellt zunächst einmal eine Verletzung allgemein anerkannter Prinzipien des Völkerrechts dar, wie sie in der VN-Charta oder in der KSZE-

35 Allerdings gehen die Mitglieder des "Dreiecks" mittlerweile doch schon dazu über, auch Fragen der Sicherheit und der militärischen Zusammenarbeit miteinander zu diskutieren. Vgl. Douglas L. *Clarke*, Central Europe: Military Cooperation in the Triangle, in: RFE/RL Research Report, 1 (10.1.1992) 2, S. 42-45; siehe auch die Berichte über das Treffen der Verteidigungsminister am 6. März 1992 in Budapest, in: Rzeczpospolita, 7./8.3.1992, S. 3; 9.3.1992, S. 7.

Schlußakte verankert sind. Gleichwohl wird die generelle Sorge um die Aufrechterhaltung der Völkerrechtsprinzipien bestenfalls eine begrenzte Bereitschaft hervorrufen, sich zur Unterbindung der Kampfhandlungen aktiv einzuschalten. Das Bild verändert sich erst dann, wenn humane und moralische Betroffenheit einhergehen mit Gefahren, die der bewaffnete Konflikt für greifbare Eigeninteressen dritter Parteien mit sich bringt. Die internationale Bedeutung des Konflikts wird im diesem Falle offensichtlich, und ernsthafte Anstrengungen, den Frieden wiederherzustellen, sind zu erwarten.

Lassen wir spezifische Konstellationen, in denen nur ein einziges drittes Land etwa einen besonders hohen Anteil finanzieller Investitionen in der von dem Konflikt betroffenen Gegend aufweist (Deutschland!) beiseite, so lassen sich breitere Auswirkungen auf den gesamten Kontinent unter den im folgenden erörterten Vorzeichen vermuten.

1. Nukleare Risiken

Ungeachtet der Unwahrscheinlichkeit nuklearer Kriegführung in der hier betrachteten Region existieren dennoch Risiken einer großflächigen nuklearen Verseuchung: Einerseits können nukleare Waffenlager durch Kriegseinwirkungen getroffen werden, oder sie fallen in unautorisierte Hände. Andererseits stellen zivile Anlagen zur Erzeugung von Nuklearenergie, insbesondere soweit sie einer technologisch veralteten Generation zuzurechnen sind, eine Quelle hoher Risiken mit weitreichenden zerstörerischen Wirkungen dar, sobald sie gezielt oder unabsichtlich während der Kampfhandlungen getroffen werden.

2. Export von Feindseligkeiten durch Terroristen

Länger andauernde Kriege, die keine Seite zu ihren Gunsten zu entscheiden in der Lage ist, können den Gedanken nahelegen, den Feind wirksamer durch terroristische Anschläge auf dem Territorium dritter Staaten zu treffen. Das gleiche Szenario kann sich aus einer Situation ergeben, in der die bewaffneten Streitkräfte der schwächeren Seite rasch besiegt sind, so daß die Verlagerung des Krieges in Gestalt terroristischer Aktivitäten auf neutrales Gebiet als letzter Ausweg oder als Ersatz für den regulären Krieg unternommen wird.

Während Europa in den letzten Jahrzehnten nur gelegentlich Ziel von Anschlägen meist nichteuropäischer Terroristen war, haben doch nicht nur die Kommandos der IRA, sondern etwa auch kroatische Exilgruppen immer wieder bewiesen, daß terroristische Traditionen fortbestehen, die auch in anderen Gesellschaften wiederbelebt werden könnten, wenn sie den Eindruck gewinnen, ihre Sache werde von den Nachbarn verworfen oder vernachlässigt.

3. Flüchtlingsströme

Seit dem düsteren Schauspiel der Landung albanischer "boat people" an der italienischen Adriaküste im Sommer 1991 haben die Politiker wie die normalen Bürger Westeuropas das Schreckgespenst weitaus größerer Flüchtlingswellen aus Osteuropa und aus der UdSSR vor Augen. Während die dazu geführten Diskussionen und Beratungen gegenwärtig vor allem von inneren Entwicklungen - sei es wirtschaftliche Verelendung, seien es die Zerstörungswirkungen eines gnadenlos geführten Bürgerkriegs - als den wahrscheinlichsten Ursachen für ein dramatisches Einströmen von Flüchtlingen ausgehen, bedeutet doch ein zwischenstaatlicher Krieg ein noch größeres Potential für massenhafte Flüchtlingsbewegungen. Ob die konkreten Fluchtgründe in der Grausamkeit der Kriegshandlungen liegen oder in den armseligen Lebensverhältnissen oder in der unterschiedslosen Rache der Sieger nach der Einstellung der Kämpfe - die Bedrohung der von den Westeuropäern so geschätzten Ruhe hängt über dem östlichen Horizont.

4. Unterstützungsbedarf nach dem Krieg

Selbst wenn sich herausstellen sollte, daß die Zahl der Menschen, die ihre Heimatländer verlassen wollen, geringer ist als befürchtet, würden doch die Ausmaße der durch einen Krieg verursachten Zerstörungen umfangreiche Nothilfe und Wiederaufbauprogramme erfordern, die nur die westeuropäischen Nachbarn organisieren könnten.

Diese kurze Liste sollte ausreichen, um zu zeigen, daß Suggestionen, sich zurückzulehnen und zuzuschauen, wie die verfeindeten Kontrahenten ihre Konflikte miteinander ausfechten, nicht nur unmoralisch sind, sondern in vielen Fällen einfach unrealistisch. Der übrige Kontinent kann sich nicht gegen alle Erschütterungen isolieren und schützen, die von dem "fernen" Kampfgeschehen ausgehen. Anfangs mag ein bewaffneter Konflikt lediglich geringe, lokale Bedeutung aufweisen, und sein baldiges Ende scheint zu winken. Wird jedoch der Griff zu den Waffen, um einen Interessenkonflikt zu entscheiden, zu einem immer häufigeren Muster im Verhalten der Staaten, so wird ein Tabu gebrochen, und die mühsam angehobene Schwelle zwischen Frieden und Krieg tendiert wieder zur Absenkung.

IV. Schlußbemerkung

Bei der Zusammenfassung und Bewertung der potentiellen Gefahren, die aus gewaltförmigen Konflikten zwischen den Staaten in MOE und den angrenzenden Nachfolgestaaten der UdSSR erwachsen, könnte das Ergebnis auf den ersten Blick etwas unerwartet aussehen: Verglichen mit SOE, wo die jugoslawische Krise die gesamte Subregion zu entflammen droht, wirkt das Konfliktpotential zwischen

MOE und dem eigentlichen Osteuropa eher abstrakt, zumindest vorläufig. Nur wenn verschiedene Voraussetzungen zusammentreffen - allen voran die klare Machtverlagerung von den derzeitigen zentristischen Regierungen zu den rechtsextremen Kräften, die im Augenblick einen Lärm verursachen, der in krassem Gegensatz zu ihrer zahlenmäßigen Stärke steht -, würden wir Zeugen, wie sich abstrakte Möglichkeiten in schlimme Wirklichkeit verwandeln. Doch sogar dann sollte nicht außer acht gelassen werden, daß mehr als einmal in der Vergangenheit Chauvinisten, waren sie an die Macht gelangt, entdecken mußten, über wie wenig Mittel sie verfügten, ihren radikalen, die Massenversammlungen elektrisierenden Visionen gezielte Aktionen folgen zu lassen.

Trotzdem wäre es voreilig anzunehmen, daß wir uns auf die Durchsetzungskraft der Vernunft verlassen können und deshalb das Potential für Konflikte zwischen MOE- und GUS-Staaten bei den Westeuropäern keine ernstliche Sorge hervorzurufen brauche. Von rational handelnden Akteuren auszugehen hat sich für die politischen Prognostiker gerade in letzter Zeit mehrfach als Falle erwiesen, als etwa in Jugoslawien und in der ehemaligen Sowjetunion alle "vernünftigen" evolutionären Modelle von nationalen Leidenschaften beiseite geschoben wurden. Unsere Ergebnisse können nur dazu beitragen, Wege zu finden zwischen komfortabler Selbstzufriedenheit und der Verdrängung von Zweifeln einerseits sowie jeder Überdramatisierung und Panik andererseits.

Zwar gibt es kein allumfassendes Mittel zur Abwendung der Gefahren. Möglich und notwendig ist aber ein System ineinandergreifender Vereinbarungen. Sie würden bilaterale Absprachen, subregionale Integrationsansätze sowie die neuen Kooperationsformen einschließen, die die Europäische Gemeinschaft und die NATO den Staaten Mittelosteuropas und der GUS anbieten.[36] Besondere Bedeutung kommt außerdem der Reform der KSZE-Strukturen zu: Dabei geht es insbesondere um den Ausbau des Konfliktverhütungszentrums in Wien und des Büros für demokratische Institutionen und Menschenrechte in Warschau sowie um die Einrichtung eines KSZE-Kommissars für Minderheitenfragen und um die Effektuierung verbindlicher Formen der friedlichen Streitbeilegung.[37] Anstelle ihres bisherigen Schattendaseins sollen diese KSZE-Institutionen eine aktive Rolle erhalten, indem

---

36 Den drei MOE-Staaten bereitete es freilich eine gewisse Enttäuschung, daß die NATO sie zusammen mit den GUS-Staaten im Dezember 1991 zur Mitarbeit im neugegründeten "North Atlantic Cooperation Council" (NACC) einlud. Sie hatten sich bis dahin wenn nicht die Vollmitgliedschaft, so doch einen assoziierten Sonderstatus erhofft.

37 Vgl. dazu das auf dem Treffen des Rates der Außenminister der KSZE-Staaten angenommene "Prager Dokument über die weitere Entwicklung der KSZE-Institutionen und -Strukturen", abgedruckt in: Bulletin des Presse- und Informationsamts der Bundesregierung, No. 12, 4.2.1992, S. 83-86. Die in Helsinki am 10. Juli 1992 auf dem Abschlußgipfeltreffen der 4. KSZE-Folgekonferenz gebilligten "Beschlüsse von Helsinki" widmen dementsprechend den Strukturreformen besondere Aufmerksamkeit in den Abschnitten I-IV und VI; siehe den deutschen Text, ebd., No. 82, 23.7.1992, S. 781-790, 794-798.

sie frühzeitig Warnsignale registrieren und weitergeben, sobald Furcht und Haß die einvernehmliche Lösung von Interessenkonflikten zu verhindern drohen, so daß die KSZE-Mechanismen zur *Prävention* gewaltsamer Auseinandersetzungen eingeschaltet werden können. Denn hierin, nicht in der Repression bereits ausgebrochener Konflikte, kommt der KSZE nach dem Ende des Ost-West-Gegensatzes neue Bedeutung zu! Zugleich dienen präventiven Zwecken auch die vielfältigen, durchaus praxisnahen Aktivitäten des Europarates.[38]

Daneben verdient auch der Beitrag nichtstaatlicher Organisationen zur Friedenssicherung vermehrte Beachtung. Wie Angehörige unterschiedlicher Nationalitäten und Kulturen sich zusammenfinden, um die Prinzipien der KSZE-Schlußakte über Menschenrechte in praktische Erfahrung zu verwandeln, wurde durch das Wirken der verschiedenen Antikriegsgruppen in Jugoslawien während der Kämpfe zwischen Kroaten und Serben eindrucksvoll sichtbar.[39] Insofern ist zu begrüßen, daß die KSZE derartige Organisationen nunmehr in zunehmendem Maße an der Arbeit der diplomatischen Gremien beteiligen will, um eine ständige Rückkopplung mit den im interethnischen Dialog engagierten und erfahrenen Gruppierungen herzustellen.

---

38 Vgl. dazu das Informationsdokument S/DOCS/SGINF92.2E: "Council of Europe Co-operation with Countries of Central and Eastern Europe" vom 30.4.1992; siehe auch Rudolf *Kern*, Europäische Institutionen und Minderheiten, in: Südosteuropa, 40 (Juli-August 1991) 7-8, S. 398-413. Die KSZE betont deshalb auch die enge Zusammenarbeit gerade mit dem Europarat.

39 Siehe dazu die regelmäßigen Berichte in dem in London herausgegebenen Bulletin "Yugofax". Die Herausgeber sind verbunden mit der "Helsinki Citizens' Assembly", die im Oktober 1990 in Prag durch ehemalige osteuropäische Dissidenten und westeuropäische Aktivisten der Friedensbewegung gegründet wurde, um nach dem Ende des Ost-West-Systemkonflikts Friedensarbeit unter veränderten Rahmenbedingungen zu leisten.

6. Konfliktmöglichkeiten im Ostseeraum

Peer H. Lange

Mögliche Konfliktherde in Osteuropa sollte man mit kritischer Vorsicht erörtern. Nur zu leicht könnten undifferenzierte Perhorreszierungen zu sich selbst erfüllenden Vorhersagen werden. Keinesfalls jede ethnische Problemlage muß internationale Spannungen nach sich ziehen. Angesichts der blutigen und schlagzeilenträchtigen ethnischen Konflikte im Kaukasus und in Jugoslawien wird meist übersehen, daß Westeuropa zwar in weit längeren Zeiträumen unter weit günstigeren Vorbedingungen stabiler Prosperität die ethnischen Konflikte in Nordirland, dem Baskenland oder auf Korsika nicht zu lösen vermocht hat, internationale Risikolagen jedoch weitgehend vermieden wurden. Sogar der internationale Zypernkonflikt zwischen der Türkei und Griechenland hat sich eindämmen lassen.

Risiken im Ostseeraum oder speziell im Baltikum dürfen nicht an den Vorgängen im Kaukasus und in Jugoslawien gemessen werden. Nicht nur sind die jeweiligen regionalen Kulturtraditionen und historischen politischen Verhaltensweisen verschieden. An der Ostsee ändern sich auch politische Rahmenbedingungen auf andere Weise: etwa die jeweils spezifische Qualität der Neutralität Schwedens und Finnlands sowie Status und Position der drei baltischen Republiken. Dieser Wandel vollzieht sich vor dem Hintergrund eines grundsätzlichen strategischen Bedeutungsverlusts dieses Raums nach dem Ende sowjetischer Weltmachtpolitik. Als risikohaltige Rahmenbedingung subregionaler Entwicklung gilt künftig nicht mehr das Streben der Supermacht Sowjetunion nach Weltgeltung, dem früher der Positionskampf im Ostseeraum untergeordnet war, sondern ein eventuelles russisches Streben nach Wiedererlangung verlorener Positionen - wenn es denn zu einer restaurativen Entwicklung im ehedem sowjetischen Raum kommen sollte.

Generell sind demgegenüber konflikthaltige Entwicklungen aufgrund chauvinistischer Bestrebungen der kleinen baltischen Völker weit unwahrscheinlicher: Die Machtpotentiale der Staaten dieser Subregion erlauben dies nicht, zumal die Bereitschaft zur Anpassung an die gegenwärtigen rüstungskontrollpolitischen Rahmenbedingungen in diesem Raum weit höher entwickelt ist als auf dem Balkan, im Kaukasus - oder auch in Kleinasien.

Sozialpolitische Konflikte hingegen, die Gefahr von Umstürzen, Revolutionen und Unruhen, die auch von ethnischen Konflikten motiviert sein können, lassen sich nicht ausschließen, weil die sozialpolitischen Verhältnisse und der erreichte Grad an Demokratisierung in den vom Sowjetregime deformierten Gesellschaften nicht als konsolidiert gelten können. Doch selbst in diesem Fall hat für den Ostseeraum zu gelten, daß derartige Krisen "zivilisierter" verlaufen würden als auf dem Balkan und in orientalischen Subregionen.

I. Konfliktmotiv: Nationalitäten und Ethnien

Wie in ganz Osteuropa bilden auch in dieser Subregion ethnische und Minderheitenfragen die wichtigsten Konfliktherde, nachdem allerorts mit der Behebung der sowjetischen Deformationen auch eine Korrektur der hierdurch bewirkten ethnischen und sozialpolitischen Strukturverwerfungen nötig wird. Der Ostseeraum weist beachtenswerte Beispiele für positive Lösungen der Minderheitenproblematik auf: Die deutsch-dänische Minderheitenregelung, die Rechte der schwedischen Minderheit in Finnland und die Rechte der deutschen Minderheit in Polen ergeben im Zusammenhang mit der insgesamt positiven historischen Entwicklung der Minderheitenbeziehungen in den drei Baltenstaaten während der Phase ihrer Eigenstaatlichkeit grundsätzlich überaus günstige Rahmenbedingungen einer künftigen Entwicklung. Das gegenwärtige Grundproblem besteht in einer starken ethnischen Überfremdung, die aus der Zeit des Sowjetregimes resultiert:

Nichtesten in *Estland*:	1989:	38,5%	gegenüber	11,2%	i.J. 1939
Nichtletten in *Lettland*:	1989:	48,0%	gegenüber	23,5%	i.J. 1939
Nichtlitauer in *Litauen*:	1989:	20,4%	gegenüber	15,9%	i.J. 1939.[1]

Diese Lage zwingt die baltischen Nationen zu scharfen Staatsbürgerschaftsregelungen und einer restriktiven Minderheitenpolitik, die auf den ersten, die Komplexität nicht erfassenden Blick diskriminierend erscheinen können.[2] Hieraus können Spannungen oder Konflikte von internationaler Bedeutung entstehen, wenn:

- auswärtige Schutzmächte mit machtstaatlichen Mitteln für Minderheiten eintreten (z.B. Rußland für Russen, Ukraine für Ukrainer, Weißrußland für Weißrussen, Polen für Wilna-Polen);
- auswärtige Schutzmächte mit subversiven Mitteln agieren (z.B. die sogenannten "Interfronten" im Baltikum im Frühjahr 1991, die Bewaffnung von Minderheiten in Nachbarstaaten);
- die ethnischen Gruppen sich so wirksam als politische Kraft organisieren, daß sie die außenpolitische Orientierung des Staats abändern können (Revolution, außenpolitischer Kurswechsel, Allianzwechsel, Anschluß an anderen Staat);
- lokal umgekehrte Mehrheits-Minderheiten-Verhältnisse zu Abspaltungen vom Staatsgebiet und zum Anschluß an ein anderes führen sollten (Gebiet um Kohta-Järvi in Nordost-Estland, Wilna-Gebiet in Litauen).

---

1 Zahlen nach: The Baltic States. A Reference Book, Tallinn/Riga/Vilnius 1991, S. 16, 92, 178 und Wilfried *Schlau*, Der Wandel der sozialen Struktur in den baltischen Ländern, in: Boris *Meissner* (Hrsg.), Die baltischen Nationen Estland, Lettland, Litauen, 2. Auflage, Köln 1991, S. 357-381 (370-372).

2 Die persönliche Tragik dieser Zwangslage ist bewegend geschildert worden von dem seinerzeit stark in der Souveränitätsbewegung engagierten Tallinner Russen Alexej *Semjonow*, Die verleugnete Geschichte, in: Frankfurter Allgemeine Zeitung, 20.3.1992, S. 33.

Derartigen Fehlentwicklungen steht im Baltikum entgegen,

- daß nach anfänglichen Fehlansätzen in Zukunft mit einer moderaten und problembewußten Minderheiten-Gesetzgebung zu rechnen ist. Sie hat allerdings in Estland und Lettland im Unterschied zu den meisten anderen Nationen zum Ziel, die Gefahr einer Fremdbestimmung und Minorisierung des Staatsvolks zu bannen. Restriktive Staatsbürgerschaftsgesetze, die jedoch den Menschenrechtsnormen folgen werden, sind aufgrund dieser Problemlage zu erwarten und als Korrektur der rigorosen sowjetischen Überfremdungspolitik zu werten.
- daß mit einer baldigen Orientierung auf Westeuropa zu rechnen ist und damit auf dessen menschenrechtsorientierten Umgang mit Minderheiten;
- daß die Einbindung der benachbarten skandinavischen Staaten in die EG den gleichen Trend in den Baltenstaaten begleitet und damit auch die dortige Entwicklung bei den Minderheitenfragen;
- daß mit einer relativ raschen Entschärfung der die ethnischen Probleme vertiefenden sozioökonomischen Nöte zu rechnen ist;
- daß ein traditionelles west-östliches Attraktivitätsgefälle in bezug auf Lebensqualität auch weiterhin bestehenbleibt und somit eine Anlehnung von Minderheiten an ethnische Mutternationen im Osten relativiert wird;
- daß höchstwahrscheinlich eine Intensivierung der gesellschaftlichen Beziehungen innerhalb des Ostseeraums zu erwarten ist, durch die sich ein etwaiger, an den Osten gerichteter Protektionsbedarf gleichfalls relativieren wird;
- daß die ökonomischen Zwänge die Beibehaltung intensiver Wirtschaftsbeziehungen mit dem Osten unausweichlich machen und damit eine ost-westliche Brückenfunktion der Baltenstaaten.

II. Konfliktmotiv: Grenzen

Im Baltikum wie fast überall in Osteuropa folgt dem Zerfall eines Vielvölkerstaats in nationale Partikularstaaten eine Neuregelung der Grenzziehung. Wenn nach Angaben des Geographischen Instituts der Sowjetischen Akademie der Wissenschaften[3] nur 3 von 76 ehedem sowjetischen Binnengrenzen als unumstritten bezeichnet (davon zwei lettische) werden können, so ist das für die Risikoeinschätzung im Baltikum irrelevant. Von Bedeutung ist allein, ob die in der Region anstehenden Grenzprobleme als risikohaltig einzustufen sind. Inwieweit Grenzprobleme als risiko- und konflikthaftig angesehen werden, hängt von der Bedeutung der strittigen Territorien ab und ist zum Teil objektiv, zum Teil subjektiv begründet. Die wegen der Vorkommen an Ölschiefer essentielle volkswirtschaftliche Bedeutung des Gebiets um Kohta-Järvi für Estland spricht für objektive Gründe, der lettische Anspruch auf Gebietsteile um die Stadt *Abrene*, die nach der Annexion auf

3 Vgl. Die Zeit, 6.9.1991, S. 5.

rechtlich fragwürdige Weise zu Weißrußland geschlagen wurden, läßt die überwiegend weißrussische Bevölkerung außer acht, und litauische wie polnische Überlegungen zur Einverleibung Sowjetisch-Ostpreußens entbehren völlig jeglicher Begründung. In ihnen zeichnet sich jedoch die Gefahr chauvinistischer Übersteigerungen und mangelnder Berücksichtigung der Interessenlage anderer Beteiligter in der Behandlung von Grenz- und Territorialproblemen ab.

Konflikte um Grenzen oder Territorien könnten sowohl wegen einer überzogenen Bewertung objektiver Faktoren entstehen als auch durch eine Aufheizung chauvinistischer Emotionen in politisch unkritischen, unentwickelten Gesellschaften mit kompromißunfähigen Führungen.

Wollte die westliche oder westeuropäische Politik dem vorbeugen, wäre sie weniger dazu aufgerufen, Instrumentarien zur Krisensteuerung zu entwickeln, als vielmehr intensiv zur politischen Kultivierung in den sowjetisch deformierten Gesellschaften beizutragen - in diesem Fall durch eine gezielte Bereicherung der politischen Meinungsbildung um rüstungskontrollpolitische Optionen und die Möglichkeiten kooperativer Rüstungssteuerung. Der unabdingbare, ergänzende außenpolitische Nachdruck würde geschaffen, wenn von der westlichen Staatengemeinschaft gleichzeitig und verstärkend völker- und menschenrechtliche Leitvorstellungen zur Neuordnung der Grenz- und Territorialstrukturen in Osteuropa entwickelt und kodifiziert würden. Damit würde zugleich die längst fällige Rechtsgrundlage für Sanktionen im Fall notwendig werdender Konfliktunterdrückung gelegt.

Die in Osteuropa aufbrechenden Grenzfragen erschüttern das während des Kalten Kriegs aufgestellte Postulat der Unveränderbarkeit von Grenzen. Seine Gültigkeit war ohnedies sowohl durch die deutsche Einigung als auch durch den Zerfall Jugoslawiens relativiert worden. Darüber hinaus hatten einvernehmliche Grenzänderungen in Westeuropa seit je ihren festen historischen Platz und hatte auch die Bundesrepublik während der 50er Jahre in einer Vielzahl von Verträgen am Prinzip der friedlichen (qualitativen) Grenzänderung festgehalten. Entscheidend für die Konflikthaltigkeit von Grenzproblemen im Zuge der Neuordnung Osteuropas ist nicht die Grenzänderung als solche, sondern die Anpassung politischer (rechtlicher, sozioökonomischer, kultureller) Gegebenheiten an sich verändernde Bedürfnisse und Interessen der Einwohnerschaft eines spezifischen geographischen Raumes, verbunden mit deren Anrecht auf Selbstbestimmung.

Die drei baltischen Staaten werden voraussichtlich nie über ein militärisches Potential verfügen, das ihnen dessen Einsatz zur Lösung offener Grenz- und Territorialfragen aussichtsreich erscheinen lassen könnte und damit zu Konflikten führen würde. Ihren militärisch potenteren Nachbarn dürften Grenz- und Territorialänderungen nur im Zusammenhang mit dem Schutz ihrer Minderheiten oder sicherheitspolitischer Interessenwahrung wichtig genug erscheinen, um staatliche Gewalt einzusetzen. In jedes diesbezügliche Kalkül würde zudem die zunehmend verstärkte internationale Pönalisierung staatlicher Gewaltanwendung zur Lösung politischer Probleme einfließen. Damit blieben die wenigen minderrangigen Grenzfragen im baltischen Raum (Anschluß Kohta-Järvis an Rußland, kleinere Grenzkorrekturen zwischen Estland und Lettland, weißrussisch-litauische und weißrussisch-lettische Grenzkorrekturen) ohne sicherheitspolitische Bedeutung.

Auch das Problem *Sowjetisch-Ostpreußens* kann nicht unter die Grenzenproblematik subsumiert werden. Es handelt sich um ein staatliches Ordnungsproblem für ein erobertes und bisher nicht integriertes Territorium, das keine andere entwicklungspolitische Bestimmung hatte als die einer heute unzeitgemäßen Militärkolonie. Wegen des Exklavenstatus und fehlender Perspektiven für die Bevölkerung wirft es spezifische Probleme auf: Die stockende Entwicklung der europäischen Integration scheint noch keine transnationalstaatliche Lösung zu ermöglichen. Würde dieses Gebiet zu einem Zankapfel nationalstaatlicher Begehrlichkeiten statt zu einem richtungweisenden entwicklungspolitischen Modellfall, bedeutete das einen Rückschritt für die Geschichte Europas und einen zusätzlichen Konfliktherd.

III. Konfliktmotiv: Militärische und sicherheitspolitische Interessen

Noch Gorbatschow bezeichnete bei seinem Besuch in Vilnius 1991 die militärischen Positionen der Sowjetunion im Baltikum als unverzichtbar.[4] Derartige Behauptungen ließen sich auch in westlichen Publikationen finden.[5]

Spätestens seit der Freigabe des Baltikums ist dieser Standpunkt revisionsbedürftig. Für diesen Raum müssen nach dem Ende der Konfrontationsperiode völlig neue sicherheitspolitische Interessen definiert werden:

- Die Sicherheitsinteressen der drei baltischen Republiken unter den gegenwärtigen und möglichen künftigen Bedingungen, die sich mit denjenigen der Zeit der ersten Selbständigkeit (Zwischenkriegszeit) nicht vergleichen lassen.
- Das veränderte Sicherheitsinteresse einer neustrukturierten und -orientierten konföderativen Gemeinschaft Unabhängiger Staaten (GUS) oder aber ihre Sicherheitsinteressen allein definierenden Republiken als Nachfolger der Sowjetunion - insbesondere die spezifischen Sicherheitsinteressen Rußlands und

4 *Deutsche Welle*, Monitor Dienst, 12.1.1990, S. 1-6.

5 Exemplarisch hierfür ein Artikel eines Journalisten der "Welt": Clemens *Range*, Moskaus militärische Macht im Baltikum. Der Kurs des Kreml folgt strategischem Interesse, in: Europäische Sicherheit, (1991) 3, S. 160-162. Wesentlich differenzierter analysiert eine Studie des schwedischen Verteidigungsministeriums die sowjetischen Interessen, hier beurteilt nach Alexander *Pljuchow*, Kann man die Truppen aus dem Baltikum abziehen und trotzdem keine Sicherheitseinbußen erleiden?, in: Neue Zeit, (1991) 51, S. 22-23. Eine verständnisvolle, doch ebenfalls nicht auf die Veränderungen in der strategischen Konstellation und ihre Konsequenzen eingehende Darstellung westlicher Positionen findet sich in dem Artikel von Hans *Binnendijk*, Strategičeskie aspektiy baltijskoj nezavisimosti, in: Sovetskaja mododez, 24.6.1990, S. 3. Vgl. auch Die militärische Bedeutung der baltischen Staaten für die UdSSR (IAP-Analyse), in: IAP, (1990) 18, S. 4-5.

Weißrußlands als der entscheidenden Nachbarrepubliken der drei baltischen Staaten.

- Das Sicherheitsinteresse Polens gegenüber den obengenannten Faktoren.
- Die neuen Sicherheitsinteressen der anderen Ostseestaaten, insbesondere Schwedens und Finnlands, in diesem strategischen Raum unter den sich verändernden Rahmenbedingungen für Neutralität und Allianzzugehörigkeit.

Die radikale Veränderung der strategischen Konstellation läßt sich zunächst anhand der früheren Zielsetzung für Sowjetarmee und Warschauer Pakt in der Region charakterisieren. Zur See ist die frühere Aufgabe der Ostseeflotte, die dänischen Meerengen für einen Vorstoß in die Nordsee zu öffnen, nach dem Ende der Ost-West-Konfrontation und des Warschauer Pakts gegenstandslos geworden. Eine Verteidigung der russischen Küsten am finnischen Meerbusen von See aus müßte sich am militärischen Bedrohungspotential von Gegnern orientieren, die gegenwärtig niemand zu benennen vermag (im General- und Admiralstab der GUS wird in Bedrohungsanalysen immer noch auf das Potential der NATO verwiesen!). Die Sicherheit der russischen Küsten des finnischen Meerbusens wäre unter den veränderten Rahmenbedingungen im Ostseeraum weitaus besser durch sicherheitspolitische Vereinbarungen über militärische Aktionsbeschränkungen zu gewährleisten als durch das provokationsreiche bisherige maritime Dispositiv. Gleiches gilt für die einzigen wirklich wichtigen Funktionen der bisher besetzt gehaltenen Häfen und Stützpunkte: Ausbildung und Reparatur (in begrenztem Umfang auch Neubau) von Schiffen. Rußland wird keinesfalls auf lange Sicht die globalen Machtaspirationen der Sowjetunion weiterverfolgen können und infolgedessen seinen maritimen Machtaufwand reduzieren müssen. In der Ostsee ist Rußlands Sicherheit vergleichsweise marginal oder gar nicht gefährdet. Daher erscheinen Abstriche an einem bisher fast ausschließlich offensiven Dispositiv unausweichlich - auch in bezug auf die Ausbildungserfordernisse. Sowjetisch-Ostpreußen verliert damit seinen früheren Sinn als Marinebasis, die als solche - nun zum Selbstzweck denaturierend[6] - Änderungen am politischen Status dieses Gebiets blockiert. Die Häfen der baltischen Staaten haben nur begrenzte militärische Bedeutung für Reparatur und Ausbildung, die vor allem an einer völlig veränderten Konfrontationslage zu bemessen ist.

Vergleichbares gilt für die strategische Lage im Luftraum. Die Fernbomberdivisionen in Tartu und Allenstein sowie die Marinefliegerregimenter in Vasalemma, Mitau und Schaulen manifestieren ebenso die frühere offensive Posture wie die starken Massierungen von Luftlandekräften in Viiru, Aluksne, Kaunas (Alitus, Mariampol, Jonava, Taurage) und Tschkalovsk. Die letzteren stellen für die balti-

6 "Kaliningrad wird wahrscheinlich als Hauptgebiet für die Dislozierung der operativen Kräfte der Flotte, Kronstadt aber als deren rückwärtiger Stützpunkt dienen." *Pljuchow*, Kann man die Truppen aus dem Baltikum abziehen?

schen Staaten die bedrohlichste Komponente der "Interventionsfähigkeit" der russischen Armee dar und bilden somit auch den Kern der Besorgnisse bezüglich eines langwierigen, wenn nicht absichtlich verzögerten Abzugsverfahrens.

Unerwarteterweise wurden sowohl in Litauen als auch in Lettland zuerst Luftabwehreinheiten abgezogen. Daß mit dieser in baltischen Augen ungefährlichsten und am wenigsten dringlich abzuziehenden Waffengattung der Anfang gemacht wurde, scheint auf deren strategische Bedeutung für den Aufbau einer neuen Luftverteidigung als des für Rußland wichtigsten Verteidigungselements hinzuweisen. Ob diese Vermutung stimmt, wird sich dann zeigen, wenn in den beiderseitigen Verhandlungen über die Nutzung des modernsten der ehemals sowjetischen Frühwarnsysteme (Phased Array Antenna), das gegenwärtig bei Skrunda in Lettland fertiggestellt wird, entschieden worden ist. Die dortige Basis und die zwischen Pillau, Riga und Paldiski installierten C^3-Anlagen der militärischen Führung des früheren Baltischen Militärbezirks und des Oberkommandos der Baltischen Flotte dürften für die russische militärische Führung wie für die der GUS zu den am schwersten verzichtbaren Bestandteilen ihres militärischen Dispositivs im Baltikum zählen.

Die starken sowjetischen Landstreitkräfte im Baltikum dienten vor allem als Reserve für die erste strategische Angriffsstaffel in der ehemaligen DDR und in Polen sowie zum Schutz der See- und Luftstützpunkte. Beide Zielsetzungen sind heute unter den veränderten strategischen Verhältnissen hinfällig. Die militärische Posture im Baltikum bedarf auch in dieser Hinsicht einer grundlegenden Revision.

Der Umbau des bisher existierenden sowjetischen, nunmehr weitgehend russischen Dispositivs wird völlig neuen verteidigungspolitischen Maßgaben folgen müssen und sollte mit demjenigen der baltischen Staaten und Polens, aber auch Finnlands und Schwedens nicht konfligieren. Andernfalls könnte es zu konkurrierenden oder gar konfligierenden Rüstungsentwicklungen in diesem Raum kommen. Die Voraussetzungen, dies zu vermeiden, sind mit dem Abschluß des KSZE-Prozesses im Rahmen von "Helsinki 2" und der Wiener Verhandlungen gegeben.

Ein neues strategisches Konzept Rußlands wird in erster Linie vom strategischen Anliegen einer Minimierung nuklearer Erpreßbarkeit dominiert sein. Daraus würde für den baltischen Raum ein starkes Interesse an der Beibehaltung moderner und hochwertiger Frühwarneinrichtungen folgen - sofern sie nicht auf der Kolahalbinsel besser plaziert wären.[7] Erst in zweiter Linie würde die Aufrechterhaltung einer globalen Fähigkeit zu weitreichendem und raschem Truppeneinsatz (sogenannte "power projection") mit Hilfe modern ausgerüsteter Luftlandetruppen

---

7 Die Position im Baltikum deckt die Anflugschneisen über die Ostsee zwar besser ab, doch ist technisch das in Skrunda errichtete kombinierte "Phased Array-/Hen House Radar System" in erster Linie für die Abwehr von Interkontinentalraketen und weniger zur Erfassung anfliegender Cruise Missiles oder niedrig fliegender Bomber geeignet.

im strategischen Interesse Moskaus liegen. Damit wäre die strategische Relevanz des Ostseeraums für Rußland deutlich geringer, als es früher im Herrschaftsbereich der Sowjetunion der Fall war.

Unter der Voraussetzung einer gegenwärtig (aufgrund der innenpolitischen Schwäche) restriktiven außen- und sicherheitspolitischen Interessenlage Rußlands müssen bei objektiver Beurteilung auch seine spezifischen strategischen Interessen im baltischen (Ostsee-)Raum niedrig veranschlagt werden - und damit auch die damit verbundenen potentiellen Konfliktgründe. Allerdings ist eine solche Interessendefinierung selbst heute nicht unumstritten; statt dessen sind, vor allem im GUS-Generalstab und auch in Kreisen der sich bildenden russischen Streitkräfte, noch immer andere Vorstellungen virulent. Unter der alternativen Voraussetzung einer Rückwendung Rußlands zur Großmachtpolitik würde sich sein strategisches Interesse im baltischen Raum sofort wieder verstärken und könnte mit dem der anderen Ostseeanrainer und der kleineren Nachbarn konfligieren.

Auf seiten der baltischen Staaten dürften Abwehr und Minimierung einer Interventionsgefahr, ausgehend von luftbeweglichen und rasch mobilisier- und verlegbaren Truppen, im Vordergrund künftiger Sicherheitsinteressen stehen. Erst in diesem Zusammenhang würde die Gefährdung durch die überlegene (nukleare) Feuerkraft einer früheren Supermacht (Erpressungsoption?) verteidigungs- und sicherheitspolitische Konzepte beeinflussen.

Kurzfristig wirken sich diese Interessenlagen auf die operativen Probleme des Truppenabzugs und die Gestaltung der neuen militärischen Dispositive aus. Langfristig würden neuerliche russische Expansionsbestrebungen die nationale Sicherheitsgestaltung der anderen Ostseenationen tendenziell überlagern und einschränken - vorzugsweise mit ("nationalen") waffentechnologischen Mitteln oder aber durch die Erlangung privilegierter Optionen auf dem Feld kooperativer Rüstungssteuerung und -kontrolle. Die Gestaltung des letztgenannten Bereichs wird in diesem Raum von ausschlaggebender Bedeutung sein, um sicherheitspolitische Interessenkonflikte zu vermeiden. Da vergleichbare Probleme in ganz Osteuropa bestehen und die Lösungsmöglichkeiten im Ostseeraum günstiger als in anderen Subregionen erscheinen, bietet er sich dafür an, Musterlösungen kooperativer Sicherheitsgewährleistung zu entwickeln.

Für die gesamte Subregion gilt jedoch, daß bisher die Vorstellung einer Erhöhung der Sicherheit durch Verflechtung und gegenseitige Abhängigkeit, die typisch für die verteidigungspolitische Interaktion im Westen geworden ist, noch kaum Platz gegriffen hat. Für neue, verzahnte und dadurch nicht mehr einseitig mißbrauchbare Verteidigungsstrukturen im baltischen Raum könnte die kanadisch-US-amerikanische Verteidigungskooperation NORAD beispielgebend sein. Statt dessen kündigen sich in den bisher entwickelten militärischen Planungen der baltischen Staaten Verteidigungsstrukturen nach Maßgabe der strategischen Vorstellungen aus der Zwischenkriegszeit an,[8] die mißtrauenerregenden Disparitäten und damit Instabilitäten Vorschub leisten könnten.

Die vielfältige Neuorientierung im baltischen wie im GUS-Raum kann Interessenkonflikte hervorrufen. Beispielsweise könnte eine Massierung von russischen Truppen entlang der neuen Westgrenzen Rußlands und Weißrußlands entsprechend einer "Vorne-Verteidigungsdoktrin" zu einem für die baltischen Kleinstaaten bedrohlichen Übergewicht militärischer Macht führen, dem sie möglicherweise durch eine verstärkte Anlehnung an andere Staaten (Allianzen) zu begegnen versuchen. Dies wiederum könnte als "Brückenkopfbildung" gegen Rußland, Weißrußland oder die GUS mißdeutet werden. Ähnliche Szenarien sind für den Dreiländerzipfel im Wilnagebiet vorstellbar. Ferner würde eine Beibehaltung der russischen militärischen Konzentration in Nord-Ostpreußen unweigerlich Beunruhigungen und entsprechende Gegenmaßnahmen bei allen Ostseeanrainern hervorrufen. Theoretisch sind konfrontative militärische Machtkonzentrationen zu Lande, zu Wasser und in der Luft denkbar. Alles dies könnte jedoch lediglich zu erhöhten Spannungen und allenfalls konkurrierenden Rüstungsentwicklungen führen, kaum jedoch zu bewaffneten Konflikten.

IV. Nationale Streitkräfteplanungen

Die baltischen Staaten sind in ihren Überlegungen zur Wiederbelebung eigener Streitkräfte bisher begrenzten nationalstaatlichen Konzeptionen gefolgt. Estland tendiert bisher dazu, sich für die nächsten Jahre auf eine kleine Nationalgarde von ca. 3 000 und eine Grenztruppe von 1 000 Mann zur Landesverteidigung gegen begrenzte interventionistische Eingriffe zu beschränken. Langfristig zieht es den Aufbau einer Armee zwischen 7 000 und 15 000 Mann (mit voller Mobilisierungsstärke von 120 000 bis 130 000 Mann) in Betracht und hat sein Augenmerk insbesondere auf die Entwicklung personeller, dann auch technischer Komponenten für eine eigene Überwachung des Luft- und Seeraums gerichtet. Lettland entwickelte 1992 Pläne für eine Berufsarmee von 6 000 Mann und eine Heimatschutztruppe, die den Umfang der 29 000 Mann starken Vorkriegsarmee erreichen könnte.[9] Litauen hat demgegenüber früh traditionellere Vorstellungen hinsichtlich des Auf-

8 Siehe hierzu: Litauens Kampf um vollständige Souveränität, in: Neue Zürcher Zeitung, 5.2.1992, S. 5; Eine kleine Armee zur Sicherung der Grenzen ist nötig, in: Frankfurter Allgemeine Zeitung, 18.2.1992, S. 7. Die bisher genaueste Erhebung baltischer Vorstellungen stammt von Phillip A. *Petersen*, Security Policy in the Post-Soviet Baltic States, unveröffentlichtes Manuskript, The Potomac Foundation, 5.1.1992.

9 Vgl. Siegfried *Thielbeer*, Eine kleine Armee zur Sicherung der Grenzen ist nötig, in: Frankfurter Allgemeine Zeitung, 18.2.1992, S. 7; vgl. hiermit den (unveröffentlichten) Vortrag des jetzigen lettischen Verteidigungsministers vor dem Workshop der Dänischen Gesellschaft für Auswärtige Politik auf Bornholm im September 1991: Talavs *Jundzis*, Defence Interests of Latvia Republic during the Period of Independence Resumption.

baus einer eigenen Wehrpflichtarmee von 2 bis 3 Divisionen Landstreitkräfte entwickelt,[10] die etwa eine mit der heutigen vergleichbaren militärische Dichte ergeben würde. In beiden Fällen wäre keine aussichtsreiche Verteidigung gegen eine überlegene, modern ausgerüstete benachbarte Militärmacht möglich, sondern allenfalls zeitweilige - Erwägungen über 2 bis 3 Wochen Widerstand sind skeptisch zu beurteilen -, begrenzte Gegenwehr. Aus russischer Sicht würde jedoch die Möglichkeit entstehen, daß konsequenterweise andere Staaten oder Allianzen in diesem Raum Fuß fassen und möglicherweise Bedrohungspotentiale installieren.

V. Die Problematik des Abzugs der GUS-Truppen

Derartig unbereinigte, strategisch begründete Interessendivergenzen erzeugen die gegenwärtig virulenten politischen Spannungen wegen des *Abzugs der GUS-Armee.* Die russischen konzeptionellen Leitvorstellungen für eine künftige militärische Posture in diesem Raum sind noch wenig entwickelt und lassen widersprüchliche Tendenzen erkennen. Konservative Vorstellungen, vor allem hinsichtlich des Bedarfs der Baltischen Flotte an Stützpunkten und der C^3-Infrastruktur, erscheinen zunehmend suspekt und erregen auf baltischer Seite den Verdacht, daß sich Restpositionen für eine machtbewußtere Nachreformperiode russischer (oder neosowjetischer) Politik sichern will. Dementsprechend versteifen sich die baltischen Abzugsforderungen und scheinen ihrerseits russischem Denken eine feindselige Grundstimmung zu signalisieren.

Es handelt sich um 45 Regimenter/Brigaden und 27 Bataillone/Schwadronen in 40 Standorten. Das schwere Gerät umfaßt 780 Kampfpanzer, 2 355 Kampfschützenpanzer, 520 Geschütze, 445 Starr- und 130 Drehflügler. Die Einschätzung der Truppenstärke klafft weit auseinander: sie reicht von 20 000 (mit Sicherheit falsche Angabe) bis 400 000 Mann und dürfte bei 128 000 liegen.[11] Vom möglichen Risiko her sind vor allem die starken Luftlandeverbände und die gepanzerten Verbände für die baltischen Beunruhigungen bedeutsam. Bisher sind weder die russische noch andere Republiksführungen auf Kompromißvorschläge eingegangen, Truppenreduzierungen nach Maßgabe ihrer Risikobedeutung oder aber nach Mo-

10 Das Wehrpflichtgesetz wurde bereits im Dezember 1990 erlassen! Zakon o sluzbe po ochrane kraja (Gesetz über den Heimatschutz), in: Vedomosti Verchovnogo soveta i pravitel'stva Litovskoj respubliki (Mitteilungsblatt des Obersten Sowjets und der Regierung der Lettischen Republik), No. 36, 31.12.1990, S. 1265-1274.

11 Solange sich die russische Seite aus schwer verständlichen Motiven nicht zu verläßlichen Angaben über ihre stationierten Truppen bereit findet, werden die baltischen/westlichen Schätzungen ungenau bleiben. Eine genaue Bezifferung wird zusätzlich dadurch erschwert, daß sich die Mannschaftsstärke durch den Ausfall der baltischen Wehrpflichtigen und das allgemeine Absinken des Wehrpflichtigenaufkommens (um ca. 100 000 Mann 1990/91) verringert hat. Nach den neuesten Daten des schwedischen Verteidigungsministeriums beziffert sich die russische Truppenstärke wie folgt: Estland - 23 000; Lettland - 48 000; Litauen - 43 000 (Russian Forces in Estonia, Latvia and Lithuania. Överbefälhavaren, Försvarsstaben, Stockholm, 6.7.1992, S. 1).

dalitäten vorzunehmen, die die angeblichen "sozialen Probleme" einer Rückführung nicht berühren würden.[12]

VI. Konfliktmotiv: Waffentechnologische und optionelle Ungleichheit

Die in der Abzugsfrage deutlich werdenden Interessendivergenzen verweisen auf eine weitere Dimension sicherheitspolitisch motivierter Konfliktursachen: die Ungleichheit machtpolitischer Optionen, die auf hochentwickelte Waffentechnologie gestützt sind. Das bisher erkennbare Streben der militärischen Führung der GUS wie derjenigen Rußlands geht dahin, sich die Möglichkeiten hochtechnologischer Waffenentwicklungen und einer damit einhergehenden Optimierung militärischer Fähigkeiten offenzuhalten. Für die baltischen Staaten würde dies bedeuten, in Zukunft nur ein kleines Maß an Sicherheit gegenüber technologisch weit überlegenen Nachbarn mit eigenen Kräften aufrechterhalten zu können. Dies betrifft insbesondere die beiden Optionen der Erpressung durch (qualitative) militärische Überlegenheit (Fähigkeit zur Ausschaltung der Verteidigungsfähigkeit des Gegners durch Blendung und Lähmung seiner Aufklärungs-, Führungs- und Lenkungssysteme) und die Interventionsfähigkeit (überlegene Überraschungsfähigkeit, tiefräumige Eingriffsfähigkeit und die Fähigkeit zur Neutralisierung aufwachsender Verteidigungsfähigkeit des Gegenspielers). Die Konsequenz wäre auch in diesem Fall der Versuch der schwächeren Staaten, ihre mangelnde Schutzfähigkeit durch Inanspruchnahme anderweitiger (hochtechnologischer) Protektion zu kompensieren, das heißt auch subregionales Wettrüsten zu riskieren.

Indessen ist damit zu rechnen, daß die inzwischen erworbenen Fähigkeiten der Rüstungskontrollpolitik eine solche Entwicklung abzuwenden vermögen. Zustand und Zwänge der sicherheitspolitischen Konstellation und ihrer Entwicklungsperspektiven lassen erwarten, daß es im Ostseeraum zu kollektiver Sicherheitsharmonisierung kommt, weil demgegenüber eine herkömmliche militärische Regelung der Sicherheitsanliegen aller beteiligten Seiten weniger Chancen hat.

---

12 Derartige Vorschläge wurden auf mehreren Konferenzen der damals noch sowjetischen bzw. russischen Seite stets erfolglos unterbreitet: auf Bornholm im September 1991, in Kiel am 7. Dezember 1991, in Wilna auf der NATO/baltischen Sicherheitskonferenz im Dezember 1991. Sie beinhalteten: (1) Eine programmatische Erklärung von sowjetischer/russischer Seite über eine grundlegend veränderte Einschätzung der strategischen Interessen in diesem Raum. (2) Den vordringlichen Abzug von interventionsfähigen Einheiten, wie z.B. Fallschirmjägern und Speznac-Einheiten. (3) Den vordringlichen Abzug von Einheiten aus den Haupt- und Regierungsstädten. (4) Die Unterlassung der regulären Zuführung von Wehrpflichtigen und damit eine Absenkung der Stärke stationierter Streitkräfte. (5) Eventuell die getrennte und auch von baltischer Seite kontrollierte Lagerung scharfer Munition sowie eine Einmottung von schweren Waffen, die für Interventionszwecke verwendbar sind. (6) Eine regelmäßige und nachprüfbare Unterrichtung der baltischen Staaten über militärische Aktivitäten und deren Vorbereitung auf baltischem Territorium sowie zu diesem Zweck die Anwesenheit baltischer Verbindungsoffiziere oder Vertrauenspersonen in Kommandobehörden und Hauptquartieren der Sowjetarmee.

7. Aktuelle und potentielle Konfliktmöglichkeiten in Südosteuropa

James F. Brown

Die Revolutionen des Jahres 1989 in Osteuropa zeigten unmißverständlich, daß sich die gesamte internationale Ordnung und diplomatische Regelung der Nachkriegszeit, das heißt die Ost-West-Teilung Europas, die durch den Kalten Krieg bewirkte zerbrechliche internationale Stabilität, das kommunistische Regime in Osteuropa und die sowjetische Herrschaft in dieser Region in einem Auflösungsprozeß befanden. Schon sehr kurze Zeit danach wurde auch der Grundpfeiler dieser Nachkriegsordnung, die deutsche Teilung, beseitigt. Deutschland wurde wiedervereinigt, und die DDR verschwand.

Dies war aber nur die erste Phase in einem noch umfassenderen Auflösungsprozeß, der nicht nur die in Jalta und Potsdam getroffenen Vereinbarungen, sondern auch einige Regelungen aus der Zeit nach dem Ersten Weltkrieg erfaßte. Zwei der bedeutendsten aus dem Ersten Weltkrieg hervorgegangenen Staaten, die Sowjetunion und Jugoslawien,[1] begannen zu zerfallen. In ihrem Gefolge scheint die Tschechoslowakei, ein weiteres aus den Pariser Verträgen entstandenes künstliches Gebilde, denselben Weg einschlagen zu wollen. Diese Entwicklungen waren so weitreichend und gingen so schnell vonstatten, daß die Fundamente, auf denen die östliche Hälfte des Kontinents während praktisch des gesamten 20. Jahrhunderts beruht hatten, dabei zerstört wurden. Westeuropa, die andere Hälfte des Kontinents, blieb infolge seiner umfassenden politischen Ordnung, seines wirtschaftlichen Wohlstands und seiner auf die Europäischen Gemeinschaften gegründeten kollektiven Institutionen stabil. Es konnte von den Umwälzungen im Osten jedoch nicht unberührt bleiben. Die Voraussetzungen, die seinen Plänen für den weiteren Ausbau der europäischen Einigung ursprünglich zugrunde lagen, hatten sich nun radikal geändert, und es wurde für die sich aus der Lage im Osten ergebenden Gefahren zunehmend anfälliger.

Selbst unter Berücksichtigung der eruptiven Entwicklung in der Sowjetunion muß festgestellt werden, daß diese Gefahren nirgendwo deutlicher zutage treten und besorgniserregender sind als in Südosteuropa. Im Sommer 1991 brach in Jugoslawien der Bürgerkrieg aus und drohte sich auf das gesamte Land auszubreiten. Es gibt aber auch noch andere Krisenherde und Streitfragen, die teilweise mit der Krise in Jugoslawien und teilweise mit der Instabilität im gesamten früheren Ostblock zusammenhängen und die nun weitere Desintegration und Zerfall hervorzurufen drohen. Diese Krisenherde sind das Ergebnis der geschichtlichen Entwicklung in der Region.

---

1 Vgl. den Beitrag von Heinz *Vetschera* und Andrea *Smutek-Riemer* in diesem Band.

Sie waren unter dem kommunistischen Regime und/oder der sowjetischen Herrschaft auch nie völlig verschwunden. In Jugoslawien zum Beispiel straften die kroatische Krise von 1971 und wiederkehrende Unruhen im Kosovo die offiziellen Behauptungen Lügen, daß Titos Modell einer Verbindung von Sozialismus und Föderalismus das Nationalitätenproblem gelöst hätte. In Bulgarien nutzte Schiwkoff zur Erreichung eines kurzfristigen Vorteils das "türkische Problem", um bulgarische "Staatsvolk-Ressentiments" zu schüren. In Rumänien war die Frage der ungarischen Minderheit ein konstanter Faktor im politischen und öffentlichen Leben. Im allgemeinen bedeutete die gewaltsame Unterdrückung dieser Streitfragen durch die Kommunisten jedoch, daß die Konflikte eingedämmt und das ihnen innewohnende Gewaltpotential weitgehend kontrolliert werden konnte.

I. Die Krisenherde

Kaum zwei Jahre nach der Revolution in Osteuropa ist in Jugoslawien ein Konflikt ausgebrochen; in diversen anderen Regionen herrschen Ungewißheit und drohen Gewalttaten. Es folgt eine kurze, geographisch geordnete Aufzählung solcher Konflikte, ihrer Hintergründe und Ursachen, beginnend mit dem früheren jugoslawischen Staatsgebiet und den angrenzenden, eventuell in Mitleidenschaft gezogenen Gebieten. Einige dieser Krisenherde sind völlig eigenständig, aber die meisten beeinflussen sich gegenseitig, und alle tragen insgesamt zu einer Instabilität bei, die wahrscheinlich nicht auf Südosteuropa begrenzt werden kann.

1. Jugoslawien und angrenzende Gebiete

(a) Der serbisch-kroatische Krieg wurde durch den Zusammenbruch des jugoslawischen Bundesstaates und angeblich durch die Unabhängigkeitserklärung Kroatiens verursacht. Die serbische Regierung, die in dieser Frage die Zustimmung der Mehrheit aller Serben genießt, weigert sich, die serbische Gemeinschaft in Kroatien (600 000 Menschen bzw. ca. 12% der Bevölkerung Kroatiens) der alleinigen Regierungsgewalt von Zagreb zu unterstellen. Als Rechtfertigung dieser Haltung führt sie die ungeheuren Grausamkeiten an, die während des Zweiten Weltkriegs vom faschistischen kroatischen Staat an Serben begangen wurden. Viele Beobachter hegen jedoch den Verdacht, daß die Milosevic-Führung in Belgrad diese aufrüttelnde und emotionsgeladene Frage als Vorwand für die Schaffung eines Groß-Serbien benutzt. Dieser Krieg destabilisiert nicht nur eine beträchtliche Region in Südosteuropa, sondern droht auch auf ein wesentlich größeres Gebiet überzugreifen. Als erstes könnte die Republik Bosnien-Herzegowina einbezogen werden, die eine Schlüsselrolle spielt.

(b) Bosnien-Herzegowina stellt mit seinem Nationalitätengemisch nicht nur einen Mikrokosmos des früheren Jugoslawien dar; die Bewahrung seiner Einheit

ist auch ein ausschlaggebender Faktor für die Eindämmung des Konflikts zwischen Serbien und Kroatien. Seine Bevölkerung setzt sich zu ca. 42% aus Moslems, zu 32% aus Serben und zu 18% aus Kroaten zusammen. Sowohl Serbien als auch Kroatien erhoben einen historischen Anspruch auf das Gebiet, das nach dem Zweiten Weltkrieg auch deswegen als eigenständige Republik gegründet wurde, um Serbien und Kroatien voneinander zu trennen. In den 60er Jahren erhielten die Moslems in Bosnien-Herzegowina den Status einer Nation (jedoch nicht die albanischen Moslems im Kosovo, die eine Minderheit blieben). Seither ist ihr Selbstbewußtsein stark gestiegen, im wesentlichen weil der Islam im Ausland an Macht gewonnen hatte und ihnen Unterstützung gewährte. Ihre vorherrschende Rolle in der Republikspolitik wird durch den moslemischen Präsidenten, Alija Iszetbegovic, verkörpert, der in der islamischen Welt bereits ein beträchtliches Ansehen erworben hat. Die Moslems würden heutzutage keinerlei Versuch von seiten Serbiens oder Kroatiens tolerieren, den Frieden zwischen ihnen durch die Aufteilung von Bosnien-Herzegowina zu sichern. Vor 25 Jahren hätten sie einen solchen Versuch vielleicht hingenommen. Der serbisch-kroatische Krieg greift aber bereits massiv auf Bosnien-Herzegowina über; die dortigen Serben haben in Gebieten, in denen sie in der Mehrzahl sind, mehrere "autonome Regionen" gegründet. Ein ausgedehnter Konflikt in Bosnien-Herzegowina hätte nicht ausschließlich regionale, sondern auch internationale Auswirkungen.

(c) Kosovo: Einst eine autonome Region innerhalb Serbiens, jedoch mit Rechten ausgestattet, die ihr im jugoslawischen Bundesstaat praktisch den Status einer Republik verliehen, sah Kosovo vor kurzem diese Rechte durch die serbische Zentralregierung in Belgrad beseitigt. De facto ist es inzwischen eine serbische Kolonie. Die Bevölkerung besteht zu ca. 90% aus Albanern und zu 10% aus Serben und Montenegrinern. Als ehemaliges Zentrum des mittelalterlichen serbischen Reiches ist es jene Region Serbiens, an die die meisten Serben nach wie vor eine starke emotionale Bindung haben. Jeder Versuch der albanischen Mehrheit im Kosovo, den früheren Autonomiestatus wiederzuerlangen oder gar die Unabhängigkeit zu erreichen, würde ernsthafte Konflikte heraufbeschwören. Kampflos würden die Serben bestimmte Orte im Kosovo - z.B. die Stätte der Schlacht von 1389 und einige religiöse Zentren - niemals aufgeben. Es sollte auch erwähnt werden, daß eine nicht unerhebliche moslemische Minderheit, ca. 200 000 Menschen, in Serbien selbst, im Sandschak von Novi Pazar, lebt und Berichten zufolge die Autonomie fordert.

(d) Kosovo/Albanien: In Albanien hat sich der Druck seit Beginn des demokratischen Wandels Ende 1990 und Anfang 1991 drastisch verstärkt. Noch bedeutsamer ist die Tatsache, daß man auf beiden Seiten der Grenze immer unmißverständlicher für eine Vereinigung von Kosovo und Albanien eintritt. (Während des Zweiten Weltkrieges bestand unter der Ägide der Achsenmächte schon einmal ein

Groß-Albanien.) Dies könnte nicht nur zu massiven Repressionsversuchen Serbiens im Kosovo selbst führen, wo die Bevölkerung zunehmend Widerstand leistet, sondern letztendlich auch zum Krieg zwischen (einem von Montenegro unterstützten) Serbien und Albanien. In diesem Fall würde Montenegro seinen historischen Anspruch auf das Gebiet um Shkodër in Nordalbanien erneut geltend machen.

(e) Mazedonien: Der moderne mazedonische Nationalismus ist in den vergangenen zwei Jahren vehement wiederaufgelebt. Die wichtigste mazedonische Nationalistengruppierung, die International Macedonian Revolutionary Organization (IMRO), die ursprünglich Ende des vergangenen Jahrhunderts gegründet worden war, ist die stärkste Partei im mazedonischen Parlament. Die Republik Mazedonien erklärte im September 1991 ihre volle Unabhängigkeit und Souveränität. Angesichts des Kriegs zwischen Serbien und Kroatien und der generellen Instabilität in der Region könnte sich der Nationalismus verstärken und fünf verschiedene Konfliktsituationen schaffen:

(1) In Mazedonien selbst, in Form eines Konfliktes zwischen der slawischen Mehrheit und der starken, auf ungefähr 500 000 Personen geschätzten albanisch-moslemischen Minderheit.

(2) Viele albanische Mazedonier leben in der an Albanien angrenzenden Provinz von Tetovo. Hieraus könnte ein ethnischer und eventuell territorialer Konflikt mit Albanien entstehen.

(3) Im Vorkriegsjugoslawien war Mazedonien als Südserbien Bestandteil Serbiens. Viele Serben könnten sich Mazedonien als Teil eines Großserbien vorstellen, dessen Schaffung von manchen jetzt in Erwägung gezogen wird. Viele Mazedonier würden solchen Ambitionen gewaltsam Widerstand leisten. Wie auch bei den bosnischen Moslems ist das Selbstbewußtsein der Mazedonier enorm gestiegen.

(4) Die mazedonischen Nationalisten behaupten, daß in Nordgriechenland eine beträchtliche mazedonische Minderheit lebt. Die Extremisten unter ihnen erheben Ansprüche auf einen großen Teil des griechischen Staatsgebiets. Griechenland weigert sich nicht nur, die Existenz einer mazedonischen Minderheit auf seinem Boden anzuerkennen, es schließt auch die Existenz einer *wo auch immer* ansässigen mazedonischen Nation (inkl. Mazedonien selbst) aus.

(5) Mazedonien war im Mittelalter Teil des bulgarischen Reiches. Bei Erlangung seiner Unabhängigkeit von den Türken im Jahr 1878 wurde es Bulgarien nur durch die Intervention der Westmächte vorenthalten (Berliner Kongreß). In der Folge wurde Mazedonien die Hauptzielscheibe des bulgarischen Irredentismus. Nach dem Zweiten Weltkrieg verzichtete das kommunistische Bulgarien auf jeglichen Anspruch auf mazedonisches Gebiet, weigerte sich jedoch ebenso wie Griechenland, die Existenz einer mazedonischen Nation anzuerkennen. Die derzeitige postkommunistische Regierung verfolgt dieselbe Poli-

tik. Falls Mazedonien als Folge des Zerfalls des jugoslawischen Staates völlig isoliert werden sollte, würden sich *einige* Mazedonier, hätten sie die Wahl zwischen Serbien und Bulgarien, für Bulgarien entscheiden. Wenige würden Serbien den Vorzug geben. Die meisten würden beide Optionen ablehnen. Zur Zeit nehmen einige mazedonische Nationalisten Bulgarien gegenüber jedoch eher eine offensive als eine defensive Haltung ein. Sie verursachen Spannungen mit ihrer Behauptung, es existiere in Bulgarien eine mazedonische Minderheit, für die sie auch die entsprechenden Rechte einfordern. Bulgarien lehnt diese Forderung ab und läßt auf seinem Gebiet auch keine mazedonische Partei zu.

(f) Wojwodina/Ungarn: Die Wojwodina, ehemals eine autonome Region der Republik Serbien und mit denselben Rechten wie Kosovo ausgestattet, sieht sich jetzt auf denselben abhängigen Status wie Kosovo zurückgestuft. Die Situation in den beiden Regionen ist dennoch insofern völlig unterschiedlich, als über 50% der insgesamt 2 Millionen Bewohner der Wojwodina Serben sind, gefolgt von den Ungarn, die als zweitgrößte ethnische Gruppe weniger als 20% ausmachen. Das potentielle Gefahrenmoment liegt hier in der wachsenden Angst und Unzufriedenheit der ungarischen Bevölkerungsgruppe angesichts der jüngsten serbischen Politik ihr gegenüber und ihrer eventuellen Gefährdung im Zuge des Zusammenbruchs des jugoslawischen Systems, in dem sie eine relativ privilegierte Minderheit gewesen war. Durch das Interesse Ungarns am Schicksal der Wojwodina-Ungarn und die Möglichkeit zukünftiger irredentistischer Ansprüche Budapests (bis 1918 gehörte dieses Gebiet zu Ungarn) bekommt die Lage in der Wojwodina zusätzlich eine prekäre internationale Dimension.

2. Andere Gefahrenherde auf dem Balkan

Die Reihenfolge der folgenden Konfliktpunkte entspricht ihrer potentiellen Bedeutung und Gefährlichkeit:

(a) Die türkische Minderheit in Bulgarien stellt ca. 10% der knapp 10 Millionen Menschen umfassenden Gesamtbevölkerung. Brutale Assimilierungsbemühungen des früheren kommunistischen Regimes in den Jahren 1984 und 1985 riefen einen weitverbreiteten Widerstand hervor, der schließlich 1989 zu einem Massenexodus in die Türkei führte und Bulgarien zur Zielscheibe weltweiter Entrüstung machte. Obwohl viele Türken nach dem Sturz des kommunistischen Regimes 1989 zurückkehrten und die offizielle Regierungspolitik gegenüber der türkischen Minderheit jetzt relativ liberal ist, bestehen immer noch beträchtliche Spannungen in jenen Gebieten, in denen eine gemischte türkisch-bulgarische Bevölkerung lebt. Falls die Streitigkeiten einen ernsten Charakter annehmen, könnten sie sich aufgrund der politischen und eventuell sogar militärischen Intervention der benachbarten Tür-

kei zu einem internationalen Konflikt ausweiten. Die bulgarischen Befürchtungen vor einer wirtschaftlichen Durchdringung und eventuell einer militärischen Invasion ("ein weiteres Zypern") der Türkei verstärken sich.

(b) Die türkische Minderheit in Griechisch-Thrakien, die zusammen mit den nichttürkischen Moslems etwa 150 000 Menschen umfaßt, ist genau wie die türkische Volksgruppe in Bulgarien ein Relikt des Osmanischen Reiches. Wenn sie auch nicht offenkundig unterdrückt werden, empfinden sich doch viele griechische Türken als Staatsbürger zweiter Klasse. (Die Griechen bestreiten dies energisch; die wütende Polemik hält weiterhin an.) Wie auch in Bulgarien erwarten einige ihrer Führer Unterstützung von der Türkei - ein weiterer in der langen Reihe von Streitpunkten zwischen der Türkei und Griechenland. Da aber auch hier, wie im Fall Bulgariens (und Zyperns), Angehörige des türkischen Volkes betroffen sind, könnte diese Frage einen überaus heftigen Konflikt auslösen.

(c) Griechisch-albanische Kontroversen wegen Minderheitenfragen, die aufgrund der ungelösten Situation in der Gesamtregion aufflackern könnten, beinhalten kein Gefahrenpotential, das den durch die türkischen Minderheiten auf dem Balkan eventuell verursachten Konflikten vergleichbar wäre. Zwar ist die Frage offiziell geregelt, doch hatte Griechenland einen historischen Anspruch auf Teile Südalbaniens (auf Griechisch: Nordepirus) erhoben. Eine Reihe griechischer Regierungen hat sich mit Zustimmung der öffentlichen Meinung und der orthodoxen Kirche über das Schicksal der dort lebenden griechischen Minderheit (ca. 60 000 Menschen nach albanischen, 300 000 bis 400 000 nach griechischen Angaben) zunehmend besorgt gezeigt. Der jüngste Zusammenbruch der öffentlichen Ordnung in Albanien und die zutage tretende bittere Not, die zu einem Ansturm von griechisch-albanischen Flüchtlingen führte, hat die Griechen alarmiert. Die Albaner haben in ihrem Freiheitstaumel alte Ansprüche auf ihre eigene "Chamer"-Minderheit in einem Teil Nordgriechenlands - "Chameria", wie viele Albaner es jetzt nennen - wiederbelebt.

3. Rumänische Krisenherde

In Rumänien existieren zwei Krisenherde. Aus dem ersten könnte das Land eventuell Vorteile ziehen, während vom zweiten möglicherweise Instabilität und ernsthafte Störungen ausgehen.

(a) Rumänien/Moldawien

Die Unabhängigkeitserklärung Moldawiens sowie die nach 50 Jahren erneuerte Bekräftigung seines vorwiegend rumänischen Charakters (ca. 65% der Bevölkerung sind Rumänen) werfen die Frage einer eventuellen Wiedervereinigung mit Rumänien auf. Der Sprengstoff dieser Situation liegt in der Tatsache, daß sich die meisten nichtrumänischen Moldawier (vorwiegend Ukrainer und Russen) der Unabhängigkeit und einer eventuellen Vereinigung mit Rumänien widersetzen, sowie in der Haltung der ebenfalls unabhängig gewordenen und nationalistisch eingestellten Ukraine. Kiew würde wahrscheinlich zumindest auf einer Teilung Moldawiens bestehen, was Kischinjow zur Zeit jedoch ablehnt. In Rumänien könnte diese Frage dazu führen, daß alle Parteien auf die nationalistisch-irredentistische Karte setzen. Trotz des potentiellen Vorteils für Rumänien besteht daher die Möglichkeit, daß es wegen dieser Frage zu Spannungen im In- und Ausland kommt.

(b) Die ungarische Minderheit und die Beziehungen zu Ungarn

Die ungarische Minderheit in Rumänien (ca. 2 Millionen) lebt überwiegend in Siebenbürgen, das Ungarn nach dem Ersten Weltkrieg im Frieden von Trianon an Rumänien verlor und das seither Gegenstand eines erbitterten Streits zwischen beiden Ländern ist. Obwohl sich die Lage für die Minderheit unter Ceausescus Nachfolgern verbessert hat, besteht immer noch eine Reihe von Benachteiligungen; ihre Hauptforderung nach einem eigenen Rechtsstatus wird abgelehnt. Die Situation wird psychologisch noch dadurch erschwert, daß sich die Ungarn den Rumänen generell überlegen fühlen. Obwohl es im allgemeinen kaum zu Gewalttätigkeiten kommt (mit Ausnahme eines ernsthaften Ausbruchs im März 1990), ist das Potential dafür doch permanent vorhanden. Sowohl in Rumänien als auch in Ungarn können die Parteien aus diesem Problem Kapital schlagen - nationalistische Gruppen tun es bereits. Die Frage, wohin Siebenbürgen denn nun eigentlich gehört, kann im öffentlichen Leben Ungarns jederzeit aktuell werden.

Man sollte hinzufügen, daß die deutsche Minderheit in Rumänien (Siebenbürger Sachsen und Banater Schwaben), die vor dem Zweiten Weltkrieg aus 700 000 Menschen bestand, mittlerweile bis auf nicht einmal 150 000 zusammengeschmolzen ist. Es handelt sich hier letztendlich um einen durch Auswanderung und Bevölkerungsschwund bedingten Auslöschungsprozeß.

II. Krisentypologie

Das gemeinsame Element aller skizzierten Krisenherde ist der *Nationalismus*, der nach über vierzigjähriger kommunistischer Herrschaft wiederaufersteht. Er fußt auf *historischen* Wahrnehmungen und wird durch ein Empfinden historischer Ungerechtigkeiten verstärkt. Nationalismus als Gesamtthema kann in mehrere unterschiedliche, jedoch miteinander verknüpfte Charakteristika oder Aspekte unterteilt werden:

(1) Aggressiver/territorialer/irredentistischer Nationalismus: Der derzeitige gegen Kroatien gerichtete serbische Nationalismus ist hierfür das typischste Bei-

spiel. Eventuelle serbische Absichten auf Mazedonien und Teile von Bosnien-Herzegowina fallen ebenso darunter wie ungarische Bemühungen, das nach dem Ersten Weltkrieg im Frieden von Trianon verlorene Gebiet ganz oder teilweise zurückzuerlangen sowie bulgarische Absichten auf Mazedonien. Damit sind die bedeutendsten gärenden oder unterschwelligen *Irredentismen* genannt; es gibt aber auch weniger bedeutende, die unter bestimmten Bedingungen wiederaufleben könnten, wie zum Beispiel der historische griechische Anspruch auf Nordepirus. Die Bulgaren und die Griechen fürchten den türkischen Irredentismus.

(2) Ein tatsächlich oder potentiell aggressiver Nationalismus ist manchmal, jedoch nicht grundsätzlich mit Fragen verbunden, die mit ethnischen oder *nationalen Minderheiten* zu tun haben. Das aktuelle Beispiel sind die Serben in Kroatien. Die Ungarn in Rumänien, in der Wojwodina, der Slowakei, ja sogar in Ruthenien (der Karpatho-Ukraine) kommen potentiell ebenso in Frage wie die Griechen in Albanien und die Türken in Bulgarien und Thrakien.

(3) Ethnische Minderheiten rufen einen *beschützenden* Nationalismus, die Besorgnis der "verwandten" oder mutterländischen Nation für ihre Landsleute jenseits der Grenzen hervor. Hierfür ist die derzeitige ungarische Politik das beste Beispiel. Auch die serbische Politik in Kroatien beruht eindeutig auf dieser Grundlage. Die türkischen Interessen in Bulgarien und in Griechisch-Thrakien haben ebenfalls hier ihren Ursprung.

(4) *Wiedervereinigung geteilter Nationen.* Beispiele sind die beiden potentiellen Wiedervereinigungen Albaniens mit Kosovo und jene Rumäniens mit Moldawien. Eventuelle bulgarische Absichten auf Mazedonien könnten ebenfalls dieser Kategorie zugeordnet werden. Alle drei Staaten erkennen zwar die Integrität des Staatsgebietes desjenigen Landes an, in dem ihre (tatsächlichen oder angeblichen) Freunde und Verwandten wohnen, weigern sich aber, ihnen den Status von Nationen zuzuerkennen. Tirana, Bukarest und Sofia erkennen die Länder als *Staaten*, jedoch nicht als *Nationalstaaten* an. Im Fall Bulgarien/Mazedonien könnte dieser Unterschied von entscheidender Bedeutung sein.

(5) Völlig oder überwiegend *defensiver Nationalismus*. Die bosnischen Moslems sind in ihrer Angst vor einer Aufteilung ihrer Republik auf Serbien und Kroatien hierfür ein typisches Beispiel. Auch der mazedonische Nationalismus verhält sich zur Zeit gegenüber Serbien und eventuell auch Bulgarien weitgehend defensiv. Gleiches gilt für denjenigen Aspekt des bulgarischen Nationalismus, der auf der Angst vor den Türken beruht. Der albanische Nationalismus im Kosovo ist teilweise defensiv gegenüber der Unterdrückung durch eine kleine serbische Minderheit, die jedoch das Staatsvolk ist.

(6) Auf dem Balkan verdient der *emotionale Nationalismus* besondere Aufmerksamkeit. Emotionen spielen bei jedem Nationalismus eine Rolle, aber im Falle Serbiens sind sie in bezug auf Kosovo im Übermaß vorhanden. Ein serbischer orthodoxer Bischof bezeichnete Kosovo als "unser Jerusalem". Der (frustrierte) bulgarische Nationalismus ist ebenfalls stark emotional geprägt, spielt aber für die Gestaltung der derzeitigen offiziellen Politik eine wesentlich geringere Rolle.

(7) *Religiöser Nationalismus,* oder eine Verbindung von Religion und Nationalismus, könnte für die weitere Entwicklung auf dem Balkan von großer Bedeutung sein. Für die Moslems in Bosnien und Herzegowina trifft dies bereits zu. Es gilt auch für die Moslems im Sandschak von Novi Pazar, in Serbien selbst, in Mazedonien und Bulgarien, wo der türkisch-moslemische Nationalismus stark durch die Nähe zur Türkei beeinflußt wird. In geringerem Maße gilt dies auch für Griechisch-Thrakien. Religiöser Nationalismus, der sowohl bei Moslems wie auch bei Christen anzutreffen ist, könnte auf dem Balkan sogar in unmittelbarer Zukunft ein entscheidender Faktor werden. In diesem Zusammenhang könnte der Türkei eine besondere Bedeutung zukommen.

Mit Ausnahme des noch zu behandelnden Falles von Rumänien spielt der *wirtschaftliche Faktor* kaum eine direkte Rolle. Durch das wirtschaftliche Elend, das in praktisch der gesamten Region herrscht, haben sich die verschiedenen dort anzutreffenden Formen von Nationalismus zweifellos zugespitzt. Es hat sie aber nicht verursacht, und sie wären durch wirtschaftlichen Wohlstand auch nicht beseitigt, sondern nur abgeschwächt worden. Auch wenn sich die Wirtschaft in relativ naher Zukunft generell erholen sollte, was faktisch ausgeschlossen werden kann, würde sich an der Lage nicht viel ändern. Die nationalistischen Leidenschaften haben in dieser Region einen Punkt erreicht, von dem es kein Zurück mehr gibt. Genaugenommen dürfte sich die wirtschaftliche Lage sehr bald wahrscheinlich noch erheblich verschlechtern, und damit wird die Gefahr der weiter zunehmenden Instabilität noch größer.

III. Nähe und Weiterungen der Konflikte

Im Westen scheint sich, wahrscheinlich aus Erbitterung über die anscheinend unabänderbare Situation in Jugoslawien, immer mehr die Meinung zu verbreiten, daß die kriegführenden Parteien sich selbst überlassen werden sollten. Dies wird teilweise damit begründet, daß sie dieses Schicksal verdienen, und teilweise damit, daß ihr Konflikt wenig Auswirkungen auf die Außenwelt haben kann.

Über die erste Begründung ließe sich diskutieren; die zweite dagegen könnte sich als gefährlich kurzsichtig erweisen. Zum einen könnte sich, um nur den naheliegendsten Faktor zu nennen, das europäische Flüchtlingsproblem ernsthaft verschärfen. Einige Beispiele genügen zur Verdeutlichung: Aufgrund des serbisch-kroatischen Kriegs ist es schon zu erheblichen Bevölkerungsbewegungen gekommen; Gewaltakte im Kosovo könnten dazu führen, daß viele Bewohner nach Albanien oder nach Italien ziehen; Gewaltanwendung in Siebenbürgen wäre für viele rumänische Ungarn ein Anlaß, nach Ungarn überzusiedeln; in Bulgarien könnte ein weiterer Exodus in die Türkei ausgelöst werden. Westeuropa wäre gegen dieses Phänomen nicht immun: Italien und Österreich könnten das Ziel vieler Flüchtlinge werden und der "Überschwappeffekt" könnte beträchtliche Ausmaße annehmen. Jede Maßnahme der westeuropäischen Länder zur physischen Abwehr solcher Flüchtlinge würde international verurteilt und die explosive Armut in der Region weiter vergrößern.

Das Flüchtlingsproblem und seine direkten Auswirkungen auf den Westen wären aber nur die Spiegelung oder Verlängerung der eher grundlegenden Probleme in Südosteuropa selbst, die bereits jetzt Spannungen oder Konflikte schaffen. Die meisten dieser Probleme könnten sich jedoch letztendlich indirekt, aber nachhaltig auf die Zukunft Europas auswirken. Dabei wäre Mitteleuropa direkt und der übrige Kontinent indirekt betroffen.

In Mitteleuropa könnte die Stabilität von der Lage der ungarischen Minderheit und den Interaktionen zwischen ihren verschiedenen Gruppierungen abhängen. Beispielsweise würden ernsthafte Spannungen in Siebenbürgen nicht nur Ungarn, sondern auch die ungarischen Minderheiten in der Wojwodina, in Ruthenien (der Karpatho-Ukraine; ca. 150 000 Menschen) und insbesondere in der Slowakei (ca. 600 000 Menschen) berühren. Mit der slowakischen Dimension würde diese Frage direkt nach Mitteleuropa hineingetragen. Ferner würden Spannungen zwischen Slowaken und Ungarn in der Slowakei Unruhe unter den ungarischen Minderheiten in anderen Ländern auslösen. Falls die Tschechoslowakei auseinanderbricht, werden die Aussichten, daß die ungarische Minderheit bereitwillig in einer unabhängigen Slowakei verbleibt, höchstwahrscheinlich äußerst gering sein. Die Auswirkungen ihrer ablehnenden Haltung würden auf anderswo lebende Ungarn überspringen. In diesem Fall wäre eher Mittel- und nicht Südosteuropa der Ausgangspunkt einer destabilisierenden Kettenreaktion.

Hinsichtlich der sowjetischen Nachfolgestaaten ist die Interaktion mit der Ukraine am kritischsten. Die spezifische Verbindung zu Moldawien und Rumänien wurde schon erwähnt, aber ganz allgemein gesehen würde das Entstehen eines großen, dichtbesiedelten und potentiell reichen neuen europäischen Staates zwangsläufig die Entwicklung sowohl in Südost- als auch in Mitteleuropa stark beeinflussen. Der Versuch des sowjetischen Präsidenten Gorbatschow, im serbisch-kroatischen Konflikt zu vermitteln, spiegelte seine Besorgnis über mögliche Auswirkungen eines Zerfalls Jugoslawiens. Er war vielleicht auch als ein Hinweis darauf zu verstehen, daß Rußland ein historisches Interesse am Balkan hat, das auch trotz seiner Konzentration auf die eigenen, inneren Probleme weiterhin besteht.

Wenn man aber die enge Verknüpfung der Faktoren Wahrscheinlichkeit, Reichweite, Unmittelbarkeit und externe *Auswirkungen* berücksichtigt, stellen die verschiedenen Krisen in *Jugoslawien* die größte Gefahr dar.

Am gefährlichsten ist die Situation in *Bosnien-Herzegowina*. Die Wahrscheinlichkeit eines Konflikts ergibt sich dort aus der *Wirklichkeit* des serbisch-kroatischen Krieges in Kroatien. Sie entsteht ferner, weil das Gebiet an das der beiden kriegführenden Republiken angrenzt, weil die Bundesarmee und die irregulären serbischen Truppen es als Durchzugsgebiet benutzen und weil dort große serbische und kroatische Bevölkerungsgruppen leben. Das Memorandum der Regierung über Souveränität und Unabhängigkeit hat die starke serbische Minderheit so sehr befremdet und Belgrad derartig verärgert, daß viele Beobachter die Ausweitung des Krieges auf Bosnien-Herzegowina als unvermeidlich und unmittelbar bevorstehend betrachten.

Ein ernsthafter Konflikt in Bosnien-Herzegowina würde die in dieser Republik lebenden Moslems einbeziehen, wobei es sich (zumindest anfänglich) vorwiegend um Defensivaktionen gegen die einheimischen Serben handeln würde. Damit würde die Wahrscheinlichkeit eines Konflikts im *Kosovo* wachsen und der Zeitpunkt seines Ausbrechens näher rücken (wahrscheinlich gegen Jahresende). Die Kettenreaktion könnte sich dann binnen sehr kurzer Zeit in *Mazedonien* fortsetzen. Hier könnten die Auswirkungen anfangs relativ begrenzt sein und sich auf Tetovo beschränken, dem Gebiet, in dem sich die moslemische Gemeinschaft Mazedoniens konzentriert.

Aber die Kettenreaktion kommt hier vielleicht noch nicht zum Ende. Das bei weitem umfassendste und potentiell gefährlichste Szenario, das von den Krisenherden auf dem Balkan ausgehen könnte, wäre ihr Aufgehen in einer allgemeinen slawisch-moslemischen oder christlich orthodoxen-islamischen Konfrontation. Damit wäre der historische Höhepunkt des jugoslawischen Zerfalls erreicht, der mit der Abspaltung Sloweniens begann und sich zu einem serbisch-kroatischen Krieg entwickelt hat. Allein auf dem früheren jugoslawischen Staatsgebiet leben mindestens 4,5 Mio. Moslems, annähernd 3 Mio. in Albanien, ca. 1 Mio. in Bulgarien und ca. 150 000 in Griechenland - auf dem Balkan insgesamt also ca. 9 Mio. Moslems. Die Beziehungen zwischen Slawen und Moslems waren in der Vergangenheit allgemein gespannt. Während der 500jährigen Herrschaft des Osmanischen Reiches waren es die Moslems, die Privilegien genossen und die Oberhand hatten. Nach der Befreiung während des 19. und zu Beginn des 20. Jahrhunderts wurden die Rollen vertauscht: Überall, mit Ausnahme Albaniens, wurden die Slawen zur Staatsnation und die Moslems zu Untertanen degradiert. Diese Situation hielt auch unter der kommunistischen Herrschaft nach 1945 an. Während der 60er Jahre ließ die Unterdrückung allerdings nach, der Status der Moslems besserte sich, und sie gewannen angesichts des weltweiten Wiederauflebens des Islam immens an Selbstbewußtsein. Das beste Beispiel dafür ist Bosnien-Herzegowina, aber auch im Kosovo fand eine sehr ähnliche Entwicklung statt. Als sich in den 80er Jahren das kommunistische Regime in Bulgarien bemühte, die "türkische Gefahr" durch Zwangsassimilierung abzuwenden, stieß es auf einen ungleich stärkeren Widerstand, als dies zwanzig Jahre zuvor der Fall gewesen wäre. Zudem wuchs während dieser Zeit die moslemische Bevölkerung wesentlich schneller als die slawische.

Als 1989 die früheren kommunistischen Klammern aufbrachen, traten die Spannungen im Verhältnis der beiden Rassen und Religionen in Bosnien-Herzegowina, Kosovo, Serbien selbst und Mazedonien viel deutlicher hervor. Der Druck in Bulgarien ließ nach dem Sturz des kommunistischen Regimes nach, aber dies könnte sich als eine nur vorübergehende Situation erweisen. Mit zunehmender Instabilität, die im wesentlichen auf den Zerfall Jugoslawiens zurückzuführen ist, könnten die Voraussetzungen für eine Konfrontation geschaffen werden.

Diese Konfrontation wird wohl kaum die Form eines umfassenden Flächenbrandes annehmen. Sie dürfte eher in einem langanhaltenden Spannungsverhältnis bestehen, das von Zwischenfällen und Phasen der Gewaltanwendung unterbrochen wird. In diesem Fall könnte Bosnien-Herzegowina die entscheidende Rolle spielen. Wenn die Gewalt dort während des serbisch-kroatischen Krieges eskaliert, könnte diese jugoslawische Republik der Ort sein, an dem die allgemeine slawisch-moslemische Konfrontation sowohl ausgelöst als auch weiterverbreitet wird.

In diese Konfrontation könnte auch die Türkei hineingezogen werden. Falls die ethnischen Spannungen in Bulgarien oder sogar im griechischen Thrakien, das heißt in Gebieten, in denen Menschen türkischer Abstammung betroffen sind, wirklich steigen, wäre die Türkei mit an Sicherheit grenzender Wahrscheinlichkeit bis zu einem gewissen Grad involviert. Aber selbst in den nichttürkischen moslemischen Gebieten könnte der Konflikt ein Ausmaß erreichen, das die Existenz ganzer moslemischer Gemeinschaften gefährden würde. Auch dies wäre wiederum eine Situation, in der es jeder türkischen Regierung schwerfallen dürfte, nichts zu unternehmen. Der Zwang zum Handeln wäre sogar noch größer, wenn diese Entwicklungen auf dem Balkan zeitlich mit einem Wandel in der türkischen Innenpolitik oder in der Art und Weise zusammenfiele, wie eine Vielzahl von Türken das Verhältnis ihres Landes zur Außenwelt wahrnehmen.

Während sich der islamische Einfluß in der Türkei wieder nachhaltig festigt und nicht nur in der Bevölkerung insgesamt, sondern sogar unter den ehemals laizistischen europäischen Eliten zur Auswirkung kommt, greift in diesem Land das Gefühl rasch um sich, von den westlichen Mächten abgelehnt oder an den Rand gedrängt zu werden. Zur Mitgliedschaft in der Europäischen Gemeinschaft wird es vermutlich nie kommen. Das Ende des Kalten Krieges hat die Bedeutung der Türkei für die NATO im allgemeinen und die USA im besonderen verringert. Die Türkei erwies sich zwar während des Golfkrieges als ein wertvoller Verbündeter der USA, aber der Marginalisierungsprozeß wird dadurch längerfristig wohl nur verlangsamt und nicht aufgehalten. Außerdem wird die Türkei nie den ihr ihrer Ansicht nach zustehenden Dank für die türkische Rolle im Golfkrieg erhalten, und sie ist auch nicht dafür gerüstet, als Gegenleistung für entsprechend größere Vergünstigungen die Rolle des Gendarmen Amerikas im Nahen Osten zu übernehmen. Es sieht daher so aus, als ob sich die Türkei auf den Weg zu mehr Selbstbesinnung und innenpolitischer Neubewertung macht, womit eine Verringerung ihres Engagements im Westen verbunden wäre. Das muß nicht den totalen Isolationismus bedeuten. Im Gegenteil: ein verringertes Engagement im Westen könnte durch ein stärkeres Engagement für die Turkvölker und vielleicht auch andere Moslems kompensiert werden, die auf dem Balkan und östlich der Türkei im Kaukasus und in Zentralasien leben.

Die europäisierten türkischen Eliten verwerfen diese Möglichkeit, aber es könnte sein, daß sie in dieser wie auch in manch anderer Hinsicht das Gespür für die Entwicklung der öffentlichen Meinung zunehmend verlieren. Momentan würde zwar auch jede türkische Regierung eine stärkere Verwicklung in die Lage auf dem Balkan zu vermeiden suchen. Das offizielle Interesse an den Entwicklungen in der Region ist aber deutlich gestiegen, und Teile der türkischen Öffentlichkeit haben sich bereits sehr besorgt gezeigt. Dies läßt sich aus Stellungnahmen von Politikern und der Berichterstattung in den Medien ablesen. Türkische Zeitungen beginnen beispielsweise die Notwendigkeit zu betonen, Moslems in Bosnien-Herzegowina und Mazedonien zu "schützen". Frühere Prognosen einer derartigen Entwicklung in der Türkei hatten sich auf einen Zeitpunkt vor der Jahrhundertwende bezogen, während diese Situation jetzt schon in den kommenden zwei bis drei Jahren eintreten könnte.

Außerhalb Jugoslawiens könnte jener Problemkomplex, in dessen Mittelpunkt *Rumänien* steht, eine gefährliche Wechselwirkung zwischen den Faktoren Reichweite, Unmittelbarkeit und Außenwirkung auslösen. Die Spannungen in Siebenbürgen und die den rumänisch-moldawischen Beziehungen eigene Unbeständigkeit könnten in naher Zukunft einen explosiven Zustand hervorbringen, wenn sich die innenpolitische und wirtschaftliche Lage in Rumänien so weit verschlechtert, daß daraus anhaltende schwere Unruhen erwachsen. Das Verhältnis zwischen den rumänischen und ungarischen Bevölkerungsgruppen in Rumänien würde sich dadurch derartig zuspitzen, daß ein schwerer ethnischer Konflikt ausbrechen würde, in dem der beiderseitige Chauvinismus voll zum Tragen käme. Das Ergebnis könnten weltweite Besorgnis, der Bruch zwischen Ungarn und Rumänien, eine eventuelle Intervention Ungarns, ein Überschwappen auf andere ungarische Minderheiten und eine wachsende, sich weiter fortpflanzende Instabilität in Moldawien sein.

IV. Schlüsselländer

Was Südosteuropa - und im Grunde auch Teile Mittelosteuropas - angeht, wäre es interessant, diejenigen Länder herauszugreifen, die in dieser Region eine *entscheidende* oder *Schlüsselrolle* spielen, das heißt Staaten, die in naher Zukunft einen tiefgreifenden Einfluß auf die internationale Entwicklung ausüben könnten. In der bisherigen Analyse haben sich vier Länder herauskristallisiert, die eine solche Schlüsselfunktion innehaben: Ungarn, die Ukraine, Serbien und die Türkei. Ihre Politik wird in folgender Hinsicht von ausschlaggebender Bedeutung sein:

- Die *türkische* Politik könnte die drohende Konfrontation zwischen Slawen und Moslems entweder verschärfen oder eindämmen. Wenn sie konstruktiv eingesetzt wird, könnte sie dazu beitragen, die Konfrontation völlig zu verhindern.
- Die *ungarische* Politik in Mittelost- sowie in Südosteuropa könnte sich stark auf sämtliche Probleme, die mit ethnischen Minderheiten zu tun haben, auswirken - direkt auf die ungarischen Minderheiten, die verstreut in der ganzen Region leben, und indirekt auf andere nationale Minderheiten. In einer Zeit möglicher Umbrüche, in der sich die ungarischen Minderheiten bedroht fühlen und/oder in der die Versuchung des Neubelebens von irredentistischen Positionen in einer Reihe von Ländern groß ist, könnte die Zurückhaltung und das Beispiel Ungarns ein wichtiger stabilisierender Faktor sein. Umgekehrt würde mangelnde Zurückhaltung Budapests andere aufwiegeln.
- Eine *ukrainische* Politik, die sich die innenpolitische Konsolidierung und die Bewältigung der Vergangenheit mit allen vier westlichen Nachbarn zum Ziel setzt, würde in der gesamten Region mehr Zuversicht entstehen lassen. Wie immer sie sich verhalten mag, die Ukraine ist dazu prädestiniert, eine wichtige Macht in Europa und ein Bindeglied zwischen Ost und West zu werden.
- Die *serbische* Politik hat in Anbetracht ihrer bisherigen Rolle im jugoslawischen Desaster totale Isolierung verdient. Aber die Schlüsselrolle Serbiens ist in ganz Jugoslawien (mit Ausnahme Sloweniens) und darüber hinaus (Albanien und Bulgarien) so maßgebend, daß der kroatische Krieg vielleicht nur der Auftakt zu einem wesentlich größeren Konflikt sein könnte. Ein Zurückhaltung übendes Serbien wäre andererseits für die gesamte Region ein wichtiges stabilisierendes Element.

In seinen Bemühungen um die Vermeidung von Konfliktsituationen, die sich eventuell weit über ihren Entstehungsort hinaus auswirken, könnte der Westen seine Aufmerksamkeit auf diese vier Länder konzentrieren.

V. Anmerkungen zur Reaktion des Westens

Die bisherige Reaktion des Westens auf die Feindseligkeiten zwischen Serbien und Kroatien ist kaum ein gutes Omen für eine erfolgreiche Verhinderung oder auch nur Eindämmung der zahlreichen anderen Konflikte, die in Südosteuropa ausbrechen könnten. Der erste ernsthafte europäische Konflikt seit dem Zweiten Weltkrieg (mit Ausnahme der Auseinandersetzungen zwischen der Sowjetunion und ihren nominellen Verbündeten) ist auf eine Art von Reaktion gestoßen, die eher zu weiteren Konflikten ermutigt, als von ihnen abhalten könnte. Darüber hinaus sind die Bemühungen der Europäischen Gemeinschaft um eine Beendigung der Kampfhandlungen bisher effektiv gescheitert, wodurch sie als Institution in ihrem Selbstvertrauen erschüttert wurde. Die KSZE wirkte ihrerseits sogar noch hilfloser. Ohne funktionierende Institutionen und wirkungsvolle Autorität wird sie kaum mehr als eine Intention bleiben. Die beiden anderen großen internationalen Organisationen, die NATO und die VN, haben sich bisher als bedeutungslos erwiesen. Der direkte Einwirkungsbereich der NATO erfaßt (mit Ausnahme Griechenlands und der Türkei) den Balkan nicht. Bei den VN sieht das anders aus, aber sie bräuchte einen ähnlichen Zwang wie im Golfkrieg, um effizient handeln zu können. Die Ernennung von Cyrus Vance zum VN-Vermittler in Jugoslawien ist sowohl ein Schritt in die richtige Richtung als auch ein Indikator für das bisherige Versagen Europas. Wenn die derzeitige Krise in Jugoslawien ein mildes Ende finden und neue, sich bereits abzeichnende Krisen verhindert oder eingedämmt werden sollen, sind jedoch mehr als Vermittlung und persönliche Autorität erforderlich. Dafür braucht es eine Strategie, die durch politische, diplomatische, wirtschaftliche und, als Ultima ratio, durch militärische Sanktionen unterstützt wird.

Der derzeitige serbisch-kroatische Konflikt mag im Sande verlaufen, nicht aufgrund irgendwelcher westlicher Bemühungen, sondern weil beide Seiten eine Atempause brauchen oder weil sie sich von weiteren Feindseligkeiten nichts versprechen, was weitere Opfer wert wäre. Es bestände dann das Risiko, daß sich der Westen in der Annahme, die Krise sei beendet, zurücklehnt, während diese und andere Krisen in naher Zukunft sehr wohl (wieder) ausbrechen könnten.

Die benötigte Strategie würde militärisch nicht nur *aktive*, sondern auch *passive* Friedenstruppen erfordern - sowohl Blauhelme als auch "Blaue Barette". Letztere können relativ leicht aufgeboten werden.

Die Schwierigkeit beim Aufbringen der Blauhelme, deren Aufgabe in der Beendigung der Kampfhandlungen besteht, hat den Schwachpunkt des bisherigen europäischen Einigungsprozesses aufgedeckt: das Fehlen einer militärischen Komponente. Die Westeuropäische Union (WEU) würde am ehesten die Aussicht auf die Ausstattung der Europäischen Gemeinschaft mit einer ihre Glaubwürdigkeit stärkenden schlagkräftigen Streitmacht bieten. Eine effektive WEU-Komponente, die vorzugsweise innerhalb der NATO autonom und mit europäischer Krisenbekämpfung beauftragt wäre, könnte unter diesen Umständen die beste Antwort auf die Instabilität sein, die Osteuropa im kommenden Jahrzehnt möglicherweise erschüttern wird. Wenn eine solche Streitmacht aufgestellt werden könnte, wäre das vielleicht nicht nur ein Beitrag zur Wahrung des Friedens in Osteuropa, auch Westeuropa würde wieder mehr Selbstvertrauen und Entschlußkraft finden.

Die anhaltende Notwendigkeit des Einsatzes militärischer Mittel nicht nur zur Wahrung des Friedens, sondern auch zur Bändigung von kämpfenden Parteien ist am Ende des 20. Jahrhunderts natürlich der stärkste aller Beweise für den Fehlschlag der diplomatischen Lösungen, die im Laufe des Jahrhunderts versucht wurden. Im Idealfall müßte der dritte Versuch einer Gesamtregelung unternommen werden, nachdem die nach den beiden Weltkriegen getroffenen Regelungen hinfällig geworden sind oder versagt haben. Einige Europäer setzen sich bereits nachdringlich für ein solches Vorgehen ein. Regelungen so großen Maßstabs, wie sie jetzt erforderlich wären, sind in der Vergangenheit jedoch immer nur nach kontinentalen oder Weltkriegen ausgehandelt worden. Eine gerechte Regelung würde heutzutage zum Beispiel voraussetzen, daß einige Länder zur Aufgabe von Gebieten bereit wären, auf die sie einen Anspruch erheben und die ihnen auf jeden Fall viele Jahre lang gehört haben. Von den heutigen osteuropäischen und sowjetischen Nachfolgestaaten, die im Rausch der Befreiung und des neu entfachten Nationalismus leben, kann das nicht erwartet werden.

Bemühungen um eine umfassende Regelung würden daher mehr Schaden als Nutzen anrichten. Der östliche Teil Europas stellt ein immenses vielschichtiges Problem dar, das nicht als solches *gelöst* werden kann. Das einzig realistische Verfahren ist der Versuch, Konflikten vorzubeugen, indem man die wesentlichen Teile des Problems rechtzeitig erkennt und unter Kontrolle behält. Werden diese eingedämmt, könnte für die weniger wichtigen Teile leichter eine tatsächliche Lösung gefunden werden.

Die Türkei, Ungarn, die Ukraine und Serbien wurden als Länder mit einer Schlüsselfunktion herausgehoben. Wie könnte der Westen auf diese Länder Einfluß nehmen? Über welche Anreize und Abschreckungsmittel verfügt er in dieser Hinsicht?

- *Türkei*: Hier liegt die Verantwortung bei der Europäischen Gemeinschaft, der NATO und den Vereinigten Staaten. Im Idealfall sollte die Türkei in die Europäische Gemeinschaft aufgenommen werden. Wenn das unmöglich ist, könnte ein Sonderstatus entwickelt werden, der dem wichtigsten türkischen Anliegen entgegenkäme: seinem Selbstachtungsgefühl verbunden mit dem Bedürfnis nach Anerkennung. In ähnlicher Weise könnten die NATO und die Vereinigten Staaten der Türkei eine neue Art von Partnerschaft anbieten, die denselben Effekt hätte. Wenn der Westen eine solche Politik betreiben könnte, würde sie sich auch insofern erheblich auf *innenpolitische* Entwicklungen in der Türkei auswirken, als das Wiedererstarken islamischer Kräfte gebremst und die prowestlichen Kreise gestärkt würden.

- *Ungarn*: Hier müssen die Europäische Gemeinschaft und die NATO eine Rolle spielen - die Gemeinschaft durch die sofortige Einräumung vernünftiger Handelsbeziehungen und die feste Zusage der Mitgliedschaft, die NATO, wenn sie keine Mitgliedschaft anbieten kann, durch eine engere informelle Assoziierung.
- *Ukraine*: Die baldige kollektive oder individuelle diplomatische Anerkennung durch den Westen könnte der materiell greifbarste politische Aspekt sein; vielleicht auch eine baldige Assoziierung mit der Europäischen Gemeinschaft. Die Gefahren einer Sonderbehandlung der Ukraine gegenüber allen anderen Nachfolgestaaten der Sowjetunion - insbesondere die Reaktion Rußlands - sind offensichtlich. Einem Staat den Vorrang einzuräumen bedeutet aber nicht unbedingt, die anderen auf Dauer auszuschließen.
- *Serbien* stellt für die westlichen Entscheidungsträger ein echtes Problem dar. In den vergangenen Monaten hat es nichts unternommen, was etwas anderes als Verurteilung verdienen würde. Wenn aber irgendeine Hoffnung bestehen sollte, daß es seine Haltung in Kroatien ändert und sich im übrigen Jugoslawien etwas verantwortungsbewußter verhält, sollte der Westen akzeptieren, daß ein Teil der serbischen Anliegen (nicht seiner Ambitionen), vor allem in Kroatien und Kosovo, legitim ist. Als Ausgleich für die Anerkennung der kroatischen Unabhängigkeit sollten insbesondere die vorwiegend serbischen Distrikte an Serbien fallen, wenn dies geographisch möglich ist, ohne die bosnische Einheit zu verletzen. In Fällen, wo dies nicht möglich ist, sollte für einige serbische Distrikte ein Sonderstatus ersonnen werden. Es könnte ein begrenzter Bevölkerungstransfer stattfinden.
- Serbien sollte als Gegenleistung für die Unabhängigkeit Kosovos und dessen Recht, sich nach einem zu vereinbarenden Zeitraum mit Albanien wiederzuvereinigen, Enklaven wie Kosovo Polje und bestimmte religiöse und kulturelle Stätten, die unter internationalen Schutz und/oder Garantie gestellt werden, behalten dürfen. Im Gegenzug sollte Serbien nicht nur die Unabhängigkeit Kroatiens und Kosovos, sondern auch diejenige von Bosnien-Herzegowina und Mazedonien anerkennen. Hinsichtlich eines Beitritts zu europäischen Institutionen sollte Serbien in dieselbe Gruppe wie Bulgarien, Rumänien und Albanien aufgenommen werden.

Diese Vorschläge bestehen ausschließlich aus Zuckerbroten. Zuckerbrote bergen natürlich die Gefahr, daß sie den potentiellen Empfänger dazu ermutigen können, in der Erwartung von noch mehr Zuwendungen sein schlechtes Verhalten fortzusetzen und zu verschlimmern. Die Peitschen dagegen könnten das gesamte Spektrum von diplomatisch üblichen Sanktionen abdecken. Sowohl die Europäische Gemeinschaft als auch die NATO verfügen hier über eine Reihe von Möglichkeiten. Die Versagung von Zuckerbrot ist oft die effektivste

Form des Peitschens, und das Bewußtsein dessen, was sich die betroffenen Länder verscherzen könnten, wäre eventuell ausreichend, um in der Region ein gewisses Maß von Stabilität zu schaffen. Diese wäre zwar unbefriedigend, kritikwürdig und gelegentlich gestört, aber immer noch der Alternative eindeutig vorzuziehen. Gegenwärtig ist es jedoch gerade die Alternative der Instabilität, mit der die gesamte Region konfrontiert ist.

Typologie der Konfliktfaktoren

Aggressive/ irredentistische	Ethnische Minderheiten	Schutzbezogene	Wiedervereinigung	Defensive	Emotionale	Religiöse
Serbien (tatsächlich) gegen Kroatien, (potentiell) gegen Mazedonien	**Serben** in Kroatien	**Serben** in Kroatien	**Albanien** mit Kosovo	**Bosnien-Herzegowina** (gegen Serbien und Kroatien)	**Serbien**	**Moslems** in Bosnien-Herzegowina, im Sandschak, in Albanien, in Mazedonien, in Bulgarien, in Griechisch-Thrakien
Ungarn (potentiell) gegen Rumänien	**Ungarn** in Rumänien, der Wojwodina, der Slowakei, in Ruthenien (Karpatho-Ukraine)	**Ungarn** in Rumänien, der Wojwodina, der Slowakei, Ruthenien (Karpatho-Ukraine)	**Rumänien** mit Moldawien (potentiell)	**Mazedonien** gegen Serbien und Bulgarien	**Bulgarien**	
Griechenland (potentiell) gegen Albanien	**Griechen** in Albanien	**Türken** in Bulgarien, in Griechisch-Thrakien	**Bulgarien** mit Mazedonien	**Bulgarien** gegen die Türkei		
	Türken in Bulgarien, in Griechisch-Thrakien					

8. Die sicherheitspolitische Rolle der Türkei nach dem Ende des Ost-West-Konflikts: Ein Anker Out-of-area?

Heinz Kramer

Das Ende des Ost-West-Konflikts hat viele traditionelle sicherheitspolitische Erkenntnisse in Europa hinfällig werden lassen. Das scheint jedoch nicht für die strategische Bedeutung der Türkei zu gelten. Im Gefolge des Golfkriegs und angesichts der inneren Entwicklungen in der Sowjetunion sei ihre militärische und politische Bedeutung vielmehr gestiegen, hat erst kürzlich NATO-Generalsekretär Manfred Wörner erklärt. Auch andere Beobachter sehen die Türkei nach wie vor in einer Rolle als "Eckpfeiler und Brücke des Westens zum Orient" und postulieren, es liege "im unmittelbaren europäischen Sicherheitsinteresse, daß die Türkei weder in ihrer Integrität gefährdet noch in ihrer politischen Stabilität erschüttert wird."[1] Auch die türkische politische Führung wird nicht müde zu betonen, wie wichtig die Funktion des Landes als eine Insel demokratischer Stabilität in einer von Krisen geschüttelten Region sei.

Es erscheint auf den ersten Blick überraschend, daß die historische Zäsur, die ganz Europa getroffen hat, an der strategischen Stellung der Türkei so völlig folgenlos vorbeigegangen sein soll. Ferner weckt die aktuelle Diskussion über die neue sicherheitspolitische Architektur Europas Zweifel an der Ernsthaftigkeit oder/und Stichhaltigkeit der erwähnten Argumentation: ist jene doch durch eine weitgehende Vernachlässigung, zumindest aber hochgradige Unklarheit hinsichtlich der Stellung und Rolle des mittelmeerischen Raums in der neuen sicherheitspolitischen Konstellation Europas gekennzeichnet. Sie steht damit voll in der intellektuellen Tradition der weitgehenden konzeptionellen Entkoppelung der europäischen "theaters" im strategischen Denken der NATO.

Im folgenden Beitrag wird ein Versuch unternommen, diese widersprüchliche Sichtweise näher zu untersuchen. Zu diesem Zweck wird die sicherheitspolitische Lage der Türkei nach dem Ost-West-Konflikt und nach dem Golfkrieg beschrieben und gefragt, welchen Stellenwert sie für die europäische Sicherheit und welchen Stellenwert umgekehrt Europa für die türkische Sicherheit unter den neuen Gegebenheiten hat.

---

1 Lothar *Rühl*, Es wird Zeit für einen Schritt der EG zugunsten der Türkei, in: Die Welt, 26.4.1991, S. 2. Ähnlich äußerte sich Thierry *de Montbrial* in: Le Figaro, 5.6.1991, S. 3, als er feststellte: "Aucune organisation de l'Europe ne sera viable si elle ne tient compte de la Turquie."

Das strategische Gewicht der Türkei verschiebt sich. In den letzten Jahrzehnten wurde es hauptsächlich durch die geographische Lage des Landes bestimmt, deren strategische Bedeutung im Rahmen des globalen Systemkonflikts mit den Stichworten "Kontrolle der Meerengen", "Riegel vor sowjetischem Expansionismus in den Nah-/Mittelostraum" und "südöstlicher Eckpfeiler des Bündnisses" umschrieben wurde. An der Geographie kann sich nichts ändern, wohl aber an ihrer strategischen Bedeutung, wenn sich die Rahmenbedingungen strategischer Beurteilung entscheidend verändern. Nach dem Ende des globalen Systemkonflikts und der Auflösung der Sowjetunion kommt der Kontrolle der Meerengen nur noch ein sehr allgemeiner, potentieller, jedoch kein aktueller strategischer Wert mehr zu, ist ein sowjetischer Drang nach Süden nicht mehr möglich, und es ist weitgehend unklar, welche Pfeiler beim Umbau der Allianz von einem Militärbündnis zu einer primär politischen Organisation noch eine tragende Funktion ausüben müssen.

Von wachsender Bedeutung ist jedoch die allgemeine strategische Position der Türkei in der Region. Das Land entwickelt sich zur stärksten Kraft im Raum des östlichen Mittelmeers, wenn man einmal von Israel absieht, das allerdings einer weitaus größeren Existenzgefährdung ausgesetzt ist. Es verfügt über ein großes Potential an natürlichen Ressourcen, das es ihm, im Gegensatz zu mehreren nah-/mittelöstlichen Nachbarstaaten, erlaubt, die Existenzgrundlage einer rasch wachsenden Bevölkerung von heute ca. 58 Millionen Menschen (im Jahr 2000 ca. 70 Millionen) aus eigener Kraft zu sichern und darüber hinaus zur Nahrungsmittelversorgung der Nachbarregion beizutragen. Mit Ausnahme von Erdöl verfügt die Türkei außerdem über eine Rohstoffbasis, die unter anderem als Grundlage für die fortschreitende Industrialisierung dient. Die wirtschaftliche Entwicklung hat inzwischen einen Stand erreicht, der die zunehmende Integration in die weltwirtschaftliche Arbeitsteilung der westlichen Industrieländer möglich macht.[2] Außerdem verzeichnet das Land einen erheblichen Überschuß an Wasser, das in der Region zunehmend den Status eines strategischen Rohstoffs erlangt.

Der moderne Sektor der türkischen Industrie wächst in vielen Bereichen in die internationale Konkurrenzfähigkeit hinein. Das Industriepotential der Türkei erlaubt heute auch zunehmend den Aufbau einer modernen Rüstungsindustrie. Die Modernisierung der türkischen Streitkräfte stützt sich daher auch bei hochentwickelten Waffensystemen (z.B. F-16-Kampfflugzeug, Stinger-Rakete, MEKO-Fregatte, U-Boote) immer stärker auf Koproduktionen zwischen ausländischen und türkischen Unternehmen und verläßt sich nicht mehr ausschließlich auf den Kauf ausländischer Waffensysteme oder auf Militärhilfe. Diese Entwicklung eröffnet in

2 Vgl. *Statistisches Bundesamt* (Hrsg.), Länderbericht Türkei 1989, Stuttgart 1989. Für eine jüngere Darstellung aus türkischer Feder siehe Sürreya *Hiç*, Türkiye Ekonomisi, Bd. 1 und 2, Istanbul 1988 und 1990.

Verbindung mit der relativ gut entwickelten wissenschaftlich-technischen Basis des Landes in manchen Sektoren der Rüstungsindustrie hinsichtlich ihrer technischen Leistungsfähigkeit wie auch ihrer Größenordnung mittelfristig den Aufbau eines erheblichen Exportpotentials.

Wenn die Türkei von innenpolitischen Stabilitätskrisen verschont bleibt, wird sie sich im Laufe des nächsten Jahrzehnts zur eindeutig stärksten Wirtschaftskraft der Region entwickeln. Ihre Attraktivität als Wirtschaftspartner für die Staaten dieses Raumes, einschließlich der Nachfolgestaaten der Sowjetunion, wird wachsen. Das Land wird außerdem in der Lage sein, seine Sicherheitsbelange weitgehend aus eigener Kraft wahrzunehmen.

Eine wichtige Ausnahme hiervon bleibt jedoch der Schutz vor Bedrohung durch konventionelle und nichtkonventionelle Raketenwaffen. Es kann deshalb nicht ausgeschlossen werden, daß auch die Türkei dem Trend der regionalen Rüstungspolitik folgt und ein eigenes Potential an Massenvernichtungswaffen aufbaut. Das könnte insbesondere dann der Fall sein, wenn die Proliferationspolitik in die nah-/mittelöstliche Region nicht durch ein internationales Proliferationsregime eingedämmt wird und/oder im Prozeß der Neuordnung des Erbes der Sowjetunion einzelne Republiken ihre Verfügungsgewalt über Massenvernichtungsmittel behalten und/oder der generelle militärische Rückzug der USA aus Europa auch die amerikanische "Rückversicherung" der Türkei vor Angriffen mit Waffen dieser Art unwirksam erscheinen läßt. In diesem Zusammenhang bleibt die militärische Abschreckungsfähigkeit und Beistandsverpflichtung der NATO zumindestens für die Türkei noch von erheblicher Bedeutung.

Die politischen Konsequenzen der Herausbildung eines wirtschaftlichen (und militärischen) Subzentrums in der europäischen Peripherie hängen sowohl von der türkischen Politik gegenüber den Nachbarstaaten als auch von den in der Region in den nächsten Jahren stattfindenden politischen Entwicklungen ab. Die Annahme, daß eine Regionalmacht Türkei automatisch eine stabilisierende Funktion wahrnehmen würde, bedarf einer sorgfältigen Prüfung. Das wäre nur dann der Fall, wenn man annehmen könnte, daß zum einen das bisherige Leitbild türkischer Außenpolitik - Selbstbehauptung und Zurückhaltung - auch künftig das Außenverhalten des Landes prägt, und wenn zum zweiten von keinem ihrer Nachbarstaaten sicherheitsgefährdende Herausforderungen an die Türkei gerichtet würden.

Ersteres ist anzunehmen, nachdem bei den jüngsten Wahlen die traditionellen Gruppen der herrschenden Elite erneut an die Macht gekommen sind. Der neue Ministerpräsident Demirel hat, anders als Turgut Özal, eine sehr viel stärker binnenorientierte politische "Weltsicht" und wird die Einzelheiten der Außen- und Sicherheitspolitik weitgehend den dafür zuständigen "Apparaten" überlassen. Diese sind nach wie vor durch eine parochiale Sicht der internationalen Politik und einen westlichen "Sicherheitsreflex" geprägt. Sie haben sich in den letzten Jahren eher gegen Özals diesbezügliche Lockerungsbemühungen gesträubt, als diese konstruktiv unterstützt. Der zweite Komplex, die sicherheitspolitische Entwicklung im internationalen Umfeld der Türkei, wird in den folgenden Abschnitten einer weitergehenden Analyse unterzogen.

II. Stabilitätsprobleme im Innern

Hört man türkische Stimmen, so scheint die Sicherheit des Landes vorrangig von innen heraus bedroht zu sein. Je nach Standort des Betrachters bilden dabei der kurdische Separatismus, antidemokratische sozialistische Gruppen oder islamisch-fundamentalistische Kräfte die Gefahrenquelle für die Existenz der Republik. Für alle drei Phänomene gilt, daß ihnen außer der internen Bedrohungsqualität auch zugeschrieben wird, daß sie von "äußeren Kräften" zur Destabilisierung der Türkei benutzt würden.

Unter den neuen internationalen Konstellationen dürfte die "sozialistische Gefahr" als ernst zu nehmender Faktor ausscheiden. Er wird mit der Zeit entweder völlig verschwinden oder sich auf "normalen" politischen Terrorismus von weitgehend auf sich gestellten Kleingruppen reduzieren, der keine Sicherheitsgefährdung des Landes darstellt.

Anders kann es sich mit den zwei anderen Gefährdungspotentialen verhalten. Insbesondere das Kurdenproblem kann sich zu einem erstrangigen Destabilisierungsfaktor entwickeln, wenn die türkische Führung nicht in der Lage sein sollte, ihre beabsichtigte grundlegende Revision der Kurdenpolitik in die Praxis umzusetzen.[3] Heute herrschen im türkischen Kurdengebiet Zustände wie in einer militärischen Besatzungszone. Sie haben in den letzten Jahren zu einer erheblichen Entfremdung der Bevölkerung vom politischen und gesellschaftlichen System der Republik Türkei geführt. Sollten die - weitgehend erfolglosen - Bemühungen der Staatsmacht, das Problem des gewaltsamen Separatismus einer kleinen Gruppe türkischer Kurden, der Arbeiterpartei Kurdistans (PKK), durch den großdimensionierten und brutalen Einsatz militärischer Machtmittel lösen zu wollen, noch einige Jahre anhalten, dann wird die türkische Staatsgewalt in den südöstlichen Provinzen wohl endgültig die Voraussetzungen für eine - heute noch nicht existente - breite separatistische Strömung unter der kurdischen Bevölkerung geschaffen haben. Die innere Sicherheit nicht nur der kurdischen Gebiete, sondern auch der übrigen Republik könnte dann tatsächlich gefährdet sein.

Die Entwicklung der regionalen politischen Konstellation wird sich hierauf nicht dämpfend auswirken. Das amerikanische Desinteresse am Kurdenproblem wird absehbar wieder die Repression der irakischen Kurden durch den Machtap-

---

3 Vgl. zum generellen Kurdenproblem in der Türkei Michael M. *Gunter*, The Kurds in Turkey. A Political Dilemma, Boulder u.a. 1990.

parat Saddam Husseins ansteigen lassen. Die spätestens dann deutlich werdende Unfähigkeit (und wohl auch Unwilligkeit) der Türkei, für die irakischen Kurden irgendeine Schutzmachtfunktion zu erfüllen, dürfte deren gegenwärtig zu beobachtende vorsichtige Annäherung an Ankara beenden. Das wiederum würde die relative Isolierung der PKK im kurdischen Lager lockern, ihren Aktionsspielraum gegenüber dem türkischen Staat vergrößern und dadurch das türkische Kurdenproblem weiter verschärfen.

Da der Irak als eigenständiger Faktor in der regionalen Machtkonkurrenz mittelfristig wieder an Bedeutung gewinnen wird, werden auch die Regionalmächte ihre Versuche fortsetzen, die verschiedenen Kurdengruppen in ihrem Interesse gegen Nachbarstaaten zu instrumentalisieren. Die Türkei kann sich von diesen Entwicklungen nur dann mit Aussicht auf Erfolg abkoppeln, wenn sie in ihrem Kurdengebiet den Wünschen der Bevölkerung nach kultureller und politischer Autonomie in konstruktiver Weise entgegenkommt.

Weniger deutlich lassen sich die Perspektiven des zweiten, als innere Sicherheitsgefährdung angesehenen Faktors beurteilen: der Entwicklung islamisch-fundamentalistischer Kräfte. Einerseits ist ihr Anteil unter der Wählerschaft, ausweislich des Ergebnisses der jüngsten Parlamentswahlen, nicht über das in Umfragen seit Jahren ermittelte Maß von etwa 15% hinaus gewachsen, andererseits läßt sich aber auch nicht bestreiten, daß in der letzten Zeit die religiöse Durchdringung des öffentlichen Lebens deutlich zugenommen hat.[4] Insbesondere die erheblich gewachsene Rolle des Faktors Religion im gesamten Erziehungswesen wird langfristig dazu führen, daß die forcierte "Verwestlichung" im kemalistischen Sinne zurückgedrängt wird. Das wird sich auch in den Streitkräften auswirken. Die verstärkte "Islamisierung" der Türkei gefährdet also nicht die Sicherheit des Landes, wohl aber die bisher noch - wenn auch manchmal unter Mühen - behauptete Dominanz der kemalistischen Ideologie.[5]

Damit ist aber keineswegs schon der Weg des Landes in Richtung "islamische Republik Türkei" vorgezeichnet. Man kann vielmehr davon ausgehen, daß die türkische Gesellschaft eine islamische Lebensweise herausbilden wird, die mit den Notwendigkeiten einer modernen Industriegesellschaft vereinbar ist. Die Masse der Bevölkerung ist nicht bereit, im Interesse einer puristisch verstandenen Religion die konkret erfahrenen Vorteile des wirtschaftlichen und gesellschaftlichen Modernisierungsprozesses und die damit verbundene Perspektive auf eine Verbesserung der individuellen materiellen Lage aufzugeben.

---

4 Vgl. dazu Ali Yasar *Saribay*, Der Einfluß der Religion auf die türkische Gesellschaft und ihre Rolle im politischen Leben, in: I. Halil *Özak*/Yildirim *Dagyeli* (Hrsg.), Die Türkei im Umbruch, Frankfurt 1989, S. 88-112.

5 Vgl. Heidi *Wedel*, Der türkische Weg zwischen Laizismus und Islam, Opladen 1991.

Wäre somit auch eine stärker islamisch geprägte Türkei stets ein "westliches" Land, so muß das nicht bedeuten, daß die Grundlagen ihrer außen- und sicherheitspolitischen Orientierung unverändert blieben. Die Reaktionen der türkischen Öffentlichkeit und eines Teils der Medien auf den jüngsten Golfkrieg, auf die Ereignisse im Transkaukasus und auf die Unabhängigkeit der früheren asiatischen Sowjetrepubliken haben gezeigt, daß im Lande sowohl das Bewußtsein der Zugehörigkeit zur islamischen Welt als auch der Bedeutung der Existenz eines "türkischen" oder turksprachigen Raumes erheblich gestiegen ist.

Der Trend zu einer "türkisch-islamischen Synthese"[6] im öffentlichen Bewußtsein wird also weniger durch innertürkische Entwicklungen bestimmt. Seine wichtigsten Bewegungsmomente kommen aus den Veränderungen in der außenpolitischen Umwelt des Landes. In diesem Kontext erfahren in der kollektiven politischen Disposition der türkischen Öffentlichkeit angelegte nationalistische und religiöse (islamische) Komponenten eine Verstärkung. Diese Tendenz wird in dem Maße zunehmen, in dem türkische Blutsverwandte und türkische Interessen in Nachbarregionen durch politische Ereignisse gefährdet erscheinen oder tatsächlich gefährdet werden. Den daraus resultierenden öffentlichen Forderungen nach einer Radikalisierung der türkischen Außenpolitik wird sich - selbst wenn sie es wollte -, die Regierung Demirel/Inönü aus Gründen der innenpolitischen Machtarithmetik nicht auf Dauer entziehen können.

Türkische Außen- und Sicherheitspolitik wird deshalb künftig ambivalenter. Einerseits verlangen die Imperative des wirtschaftlichen und gesellschaftlichen Modernisierungsprozesses nach einem Andauern fester Westbindungen, andererseits deuten die erwähnten Tendenzen in der Entwicklung der kollektiven Identitätsbildung darauf hin, daß die türkische Politik in vielen Fällen durch spezifische nationale Interessen und Sichtweisen geprägt sein wird, die nicht mehr zwangsläufig mit den westlichen/europäischen kompatibel sind. Die gerade durch das Özal-Regime gestärkte westliche Perzeption der bedingungslosen "Gefolgschaft" des Landes im Rahmen westlicher Sicherheitspolitik ist so nicht mehr aufrechtzuerhalten und dürfte es künftig noch weniger sein.

III. Die Türkei im Nahen und Mittleren Osten

An den Grundkonstellationen der türkischen Beziehungen zu den Staaten der nah-/mittelöstlichen Nachbarregion hat sich durch den jüngsten Golfkrieg - entgegen den Erwartungen von Staatspräsident Özal - nichts geändert.[7] Die deutliche militärische Schwächung des Irak mindert zwar, allerdings wohl auch nur vorüberge-

---

6 Vgl. dazu Binnaz *Toprak*, Religion als Staatsideologie in einem laizistischen Staat: die türkisch-islamische Synthese, in: Zeitschrift für Türkeistudien, 2 (1989) 1, S. 55-62.

7 Vgl. dazu im einzelnen Philip *Robins*, Turkey and the Middle East, London 1991.

hend, den unmittelbaren Druck auf die türkische Sicherheitslage, die traditionellen potentiellen Konfliktherde zwischen der Türkei und ihren Nachbarn bestehen aber nach wie vor: der ideologische Gegensatz zu Iran, der Streit mit dem Irak und Syrien über die Verteilung des Wassers von Euphrat und Tigris, die regionalen Implikationen der Kurdenfrage, der unterschwellige Territorialdisput mit Syrien über die Provinz Hatay (Sandjak von Alexandretta) und die immer noch nicht überwundenen Folgen der osmanischen Herrschaft für die wechselseitige Perzeption von Türken und Arabern.

Nachdem sich Özals Hoffnung nicht erfüllt hat, der Türkei durch die eindeutig proamerikanische Politik im Golfkrieg eine Schlüsselrolle in der regionalen Mächtekonstellation zu verschaffen,[8] wird sich die türkische Außen- und Sicherheitspolitik in der Region sich künftig wieder dem traditionellen Muster annähern. Nichteinmischung in als innerarabisch angesehene Konflikte, verbunden mit dem Bemühen um "gute Beziehungen" zu allen Staaten der Nachbarregion wird wieder das Leitbild der Politik Ankaras. Diese Orientierung wird sowohl durch die allgemeine "Rückkehr der Tradition" in der Politik der neuen Regierung als auch durch den erwähnten Trend in der Entwicklung des öffentlichen Bewußtseins gestärkt. Damit relativiert sich auch wieder der Wert der türkischen "Schlüsselrolle" für eine westliche Nah-/Mittelostpolitik.

Zwei Entwicklungen können die Wahrscheinlichkeit dieser Projektion einschränken: Die eine ist die erwähnte Entwicklung der Türkei zu einer regionalen (Vor)Macht, die andere ist eine nicht auszuschließende Verschärfung der Kurdenfrage.

Eine wirtschaftlich und militärisch den Nachbarstaaten zunehmend überlegene Türkei wird zumindest vom Irak und von Syrien als Bedrohung empfunden. Mit entsprechenden sicherheitspolitischen Vorkehrungen dieser Länder ist daher zu rechnen, wenn die Türkei den Ausbau ihrer Rüstungsindustrie im Bereich moderner Waffensysteme im vorgesehenen Umfang vorantreibt. Was in Ankara als Nachholen gegenüber der bereits vollzogenen modernen Hochrüstung der arabischen Nachbarländer interpretiert wird, dürfte dort als Gefährdung angesehen werden.

Das Bedrohungsgefühl der Nachbarn wird darüber hinaus in dem Maße zunehmen, wie die Wasserfrage statt ihrer heute noch potentiellen eine aktuelle strategische Bedeutung bekommt.[9] Dieser Zeitpunkt ist jedoch abzusehen. Die Nachbarn wären dann existentiell hochgradig von Ankara abhängig. Ob das Problem allein

8 Vgl. Heinz *Kramer*, Die Türkei und der Golfkrieg, unveröffentlichtes Manuskript, Stiftung Wissenschaft und Politik, Ebenhausen, Februar 1991 sowie Gülistan *Gürbey*, Die Türkei und der Nahe Osten. Die politische Interessenkonstellation der Türkei im Golfkrieg, in: Südosteuropa-Mitteilungen, 31 (1991) 4, S. 209-224.

9 Vgl. dazu Joyce R. *Starr*, Water Wars, in: Foreign Policy, 82 (Frühjahr 1991), S. 17-36.

durch einen Tausch "Wasser gegen Öl" zu lösen ist, muß bezweifelt werden. Auch ist unklar, ob die neue türkische Regierung in dieser Frage die von Özal anvisierte politische Linie weiterverfolgt, das Problem eher funktional anzugehen, indem eine an wirtschaftlichen Nutzenerwägungen orientierte regionale Lösung gesucht wird. Es wäre nicht überraschend, wenn sich unter Demirel eher machtpolitisch-strategische Gesichtspunkte in der "Wasserpolitik" durchsetzen würden, wie sie auch verschiedene Kräfte in der Regierung Özal, insbesondere im Rahmen der politischen Bewertung des Südostanatolienprojektes,[10] vertreten haben.

Sollte es in absehbarer Zeit nicht zu einem "Wasserregime" für die Region kommen, können ernste Verteilungskonflikte, auch militärischer Art, nicht ausgeschlossen werden. Davon wäre auch die Türkei betroffen. Ein möglicher militärischer Konflikt um das Euphrat- und Tigriswasser wäre aber wohl automatisch mit einem türkischen Versuch verbunden, die nordirakische Ölprovinz von Mossul zurückzugewinnen. Ankara muß längerfristig die Vorstellung sehr verlockend erscheinen, mit der Verfügung über Wasser und Öl hinsichtlich dieser strategischen Rohstoffe der Region autonom zu sein. Eine lang anhaltende politische und militärische Schwächung des Irak als Konsequenz einer fortdauernden internationalen "Ächtung" des Landes könnte die Verlockung zur Versuchung werden lassen. Das würde allerdings sofort Syrien und Iran auf den Plan rufen.

Ähnliche, für die regionale politische und sicherheitspolitische Stabilität problematische Folgen können aus möglichen Entwicklungen der Kurdenfrage resultieren. Die unter humanitären und menschenrechtlichen Gesichtspunkten - gemessen etwa am sich entwickelnden diesbezüglichen KSZE-Kanon - äußerst unbefriedigende Situation dieses viertgrößten Volkes der Region wird sich in den kommenden Jahren nicht so einfach von der internationalen Agenda der regionalen Probleme absetzen lassen, wie das in der Vergangenheit immer wieder der Fall war. Ob die USA ihr gegenwärtiges offenkundiges politisches Desinteresse an der Frage werden durchhalten können, wenn sie längerfristig in der Region eine Rolle spielen wollen, bleibt abzuwarten.

Sollte die Türkei ihre jüngste internationale Politik in dieser Frage fortsetzen und danach trachten, für die Kurden im Nordirak eine "Schutzmachtfunktion" zu übernehmen und gleichzeitig die antitürkische kurdische Guerilla grenzüberschreitend militärisch zu verfolgen, dann entstünde ein weiterer ernster Konfliktpunkt mit dem Irak. Eine durch türkische Machtprojektion geschützte autonome Kurdenregion im Nordirak würde den türkischen Einflußbereich bis in das irakische Ölgebiet erweitern. Zusammen mit der Verfügung über das Wasser der beiden zentralen Flüsse sowie der türkischen Kontrolle über die Sperrhähne der iraki-

10 Vgl. zu diesem gigantischen regionalen Entwicklungsprojekt im einzelnen Ihsan *Baris*, The Cradle of Civilization, Istanbul 1990.

schen Ölpipelines entstünde so eine Konstellation, die die Türkei zu einer strategischen Vormacht in der Region werden ließe.

Es ist nicht zu erwarten, daß Syrien und der Irak dieser möglichen Entwicklung tatenlos zusehen werden. Die andauernde direkte und indirekte Unterstützung der antitürkischen kurdischen Guerilla ist ihre beste Gegenwaffe. Solange Ankara durch fortdauernde militärische Repression dem gewaltsamen Widerstand und Separatismus im türkischen Kurdengebiet immer neue politische Rechtfertigungs- und personelle Rekrutierungsmöglichkeiten verschafft, können und werden Bagdad und Damaskus diese Gruppen unterstützen. Sie verhindern dadurch eine zu große Annäherung zwischen der Türkei und den irakischen Kurdenorganisationen und tragen indirekt dazu bei, daß das Negativimage des Landes in Europa erhalten bleibt. Gleichzeitig sorgen sie dafür, daß das türkische Kurdengebiet ein ständiger innerer Unruheherd für die Türkei bleibt, und sie halten das Risiko für eine Politik Ankaras hoch, die auf eine Ausdehnung der türkischen Einflußzone in der Region ausgerichtet wäre.

Für die türkische Regierung ergeben sich aus den hier angedeuteten Perspektiven möglicher Regionalkonflikte in der unmittelbaren Nachbarschaft des Landes ausreichend Rechtfertigungen, um auch künftig auf einer Sonderbehandlung der Türkei bei den europäischen Abrüstungsbemühungen (VKSE Ia und II) zu bestehen. Das Land wird sich dadurch eher von den militärischen Aspekten der wahrscheinlichen sicherheitspolitischen Entwicklung in Europa weiter abkoppeln, als in das entstehende europäische Sicherheitssystem integrieren. Dieser Umstand dürfte auch eine institutionelle Einbeziehung der Türkei in eine neu zu schaffende europäische Sicherheits- und Verteidigungsorganisation zusätzlich erschweren.

IV. Die Türkei und der Zerfall der Sowjetunion

Die Auflösung der Sowjetunion trifft die Türkei in einigen wichtigen Aspekten anders als ihre westeuropäischen Bündnispartner. Für diese hat sich die strategische Situation durch den Rückzug der ehemals sowjetischen Truppen hinter die eigenen Grenzen und durch die Auflösung des früheren sowjetischen Zentrums grundlegend verbessert. Unsicherheit und Gefährdungen, die aus den noch immer nicht vorhersehbaren Entwicklungen in der neuen Gemeinschaft Unabhängiger Staaten (GUS) und ihren einzelnen Mitgliedsrepubliken resultieren, haben nur noch einen indirekten Charakter (was nicht heißt, daß sie in ihren letztmöglichen Konsequenzen weniger bedrohlich sein müssen als die klassische Systembedrohung des Ost-West-Gegensatzes).

Für die Sicherheitslage der Türkei hingegen gilt nach wie vor das Kriterium der direkten geographischen Nachbarschaft zu diesem Raum. Es ist gegenüber der Vergangenheit eher noch komplexer geworden. War die Sicherheitsbedrohung früher relativ klar kalkulierbar und auf mögliche Aktivitäten der sowjetischen Zentralmacht im Rahmen weiträumiger - globaler oder regionaler - Konfliktszenarien begrenzt, so konfrontiert die direkte Nachbarschaft die Türkei heute mit einer Fülle von neuen Akteuren und Konstellationen, die oft auch einen sicherheitspolitisch relevanten Gefährdungsaspekt beinhalten. Die Parameter türkischer Außen- und Sicherheitspolitik haben sich in dieser Hinsicht grundlegend geändert.

Drei Konstellationen kommt dabei eine besondere Bedeutung zu: der möglichen Neuordnung der Beziehungen im Schwarzmeerraum, dem turksprachigen Großraum zwischen Thrakien und Westchina und den akuten sowie latenten Konflikten zwischen und in den unmittelbar an die Türkei grenzenden Nachfolgestaaten der Sowjetunion. Alle drei verlangen von der Türkei die Entwicklung neuer außenpolitischer Konzepte und Leitlinien.

1. Das Projekt der Schwarzmeer-Zusammenarbeit

In der Schwarzmeerregion hat die Türkei bereits unter Turgut Özal eine weitreichende Initiative ergriffen, um die Beziehungen zwischen den Anrainerstaaten in ein System vielfältiger funktionaler Kooperation einzubinden.[11] Die neue Regierung in Ankara hat das Konzept einer "Schwarzmeer-Kooperationszone" zielstrebig weiterverfolgt und dabei Anfang Februar 1992 eine wichtige Etappe abgeschlossen. Die Vertreter der Türkei, Rußlands, Bulgariens, Rumäniens, Georgiens, Armeniens, Aserbeidschans, der Ukraine und der Moldowa paraphierten eine "Erklärung zur Wirtschaftskooperation im Schwarzmeerraum", die im Laufe des Jahres auf einem Gipfeltreffen der Staats- und Regierungschefs feierlich unterzeichnet werden soll. In achtzehn Punkten[12] entwerfen die Staaten ein umfangreiches Programm für wirtschaftliche Zusammenarbeit, das die Bereiche des Handels, der industriellen Kooperation, der Wissenschaft und Technik sowie der Umwelt einschließt. Jährliche Außenministertreffen und funktional orientierte Expertengruppen sollen dem Vorhaben inhaltliche und politische Impulse geben.

Wenn die Konsolidierung der GUS und ihrer einzelnen Mitgliedstaaten sowie die Systemtransformation in Bulgarien und Rumänien ohne fundamentale gewaltsame Brüche verlaufen, könnte in der Region im Laufe des nächsten Jahrzehnts eine Zone weitreichender wirtschaftlicher Zusammenarbeit mit über 200 Millionen Einwohnern und einem "gemeinsamen" Sozialprodukt von über 300 Mrd. US-Dollar (ohne Rußland)[13] entstehen, die für die wirtschaftliche Entwicklung aller

---

11 Vgl. zum Konzept der Schwarzmeer-Kooperation Tansug *Bleda*, Black Sea Economic Cooperation Region, in: Dis Politika/Foreign Policy, 16 (1991) 1/2, S. 58-62; siehe dazu auch Newspot (Ankara), 20.12. und 27.12.1990 sowie 31.3. und 11.7.1991.

12 Vgl. zum (inoffiziellen) englischen Wortlaut "Briefing", Ankara, 10.2.1992, S. 14f.

13 Dieser Größenangabe liegen die nur bedingt aussagefähigen Zahlen der ehemaligen Sowjetunion zugrunde. Die tatsächliche Wirtschaftskraft der neuen Kooperationszone unter Marktbe-

beteiligten Staaten nützlich wäre. Der Einschluß Rußlands, mehr noch aber jener der Ukraine, verhindert, daß die Kooperation durch die türkische wirtschaftliche Macht dominiert würde, und ermöglichte eine eher symmetrische Verteilung von Kooperationsvorteilen - eine wichtige politische Voraussetzung für dauerhafte funktionale Zusammenarbeit.

Die Schwarzmeer-Kooperation eröffnet der Türkei eine regional begrenzte, mittelfristig kalkulierbare Perspektive, in der die Vorteile die möglichen Nachteile klar überwiegen. Das Land würde zu den Hauptakteuren im regionalen System gehören, es würde wirtschaftlich von der Zusammenarbeit profitieren und könnte in einer kritischen Region seine Sicherheitsinteressen im wesentlichen durch nichtmilitärische Mittel befriedigen. Ob sich dieses Konzept verwirklichen läßt, hängt jedoch von den erwähnten Faktoren auf seiten ihrer potentiellen Partnerländer ab, auf die die Türkei wenig Einfluß hat. Ein Erfolg des Konzeptes liegt sicherlich auch im westeuropäischen Interesse, da er die allgemeine Stabilität in einer wichtigen Peripheriezone erhöhen würde und gleichzeitig neue Perspektiven für die wirtschaftliche und politische Verbindung/Einbindung der Türkei in die entstehende europäische Architektur eröffnete.

2. Die Türkei und die neuen zentralasiatischen Republiken

Von potentiell größerer Bedeutung, aber gegenwärtig noch mit ziemlich unklaren Konturen versehen sind die Perspektiven, die sich für die türkische Außenpolitik aus der Entwicklung in den südlichen Republiken der GUS ergeben. Zwar sind diese aus ökonomischen Gründen darauf angewiesen, auch künftig enge Verbindungen mit Rußland und den westlichen Mitgliedern der GUS zu pflegen, doch zeigen sie gleichzeitig Tendenzen, ihr Beziehungsgeflecht zu diversifizieren. Wichtige Adressaten dieses Interesses sind die Länder der islamischen Welt und hier häufig wegen des zusätzlichen Faktors der Sprachgemeinschaft die Türkei. Ankara hat inzwischen alle neuen Staaten auf dem Gebiet der früheren Sowjetunion anerkannt und mit allen turksprachigen umfassende Freundschafts- und Kooperationsvereinbarungen abgeschlossen. Diese sehen neben einem Warenaustausch türkischer Industrieprodukte und Nahrungsmittel gegen Roh- und/oder Brennstoffe der neuen Republiken auch eine intensive Zusammenarbeit im Transport-, Kommunikations- und Bankwesen sowie im kulturellen Bereich vor. Hier sind besonders die Ablösung der kyrillischen durch die lateinische Schrift und die Verbreitung türkischer Massenmedien in den neuen Staaten von Bedeutung. Auf einer ab-

---

dingungen wird sich erst in den kommenden Jahren herausstellen. Die zahlenmäßige Erfassung des russischen Gewichtes in dieser Kooperationszone bereitet ähnliche Abgrenzungsschwierigkeiten, wie sie generell auch bei der Zuordnung Rußlands zum Beispiel zu Europa auftauchen; in jedem Fall müssen die angegebenen Zahlen deutlich nach oben erweitert werden, um das tatsächliche "Gewicht" der Schwarzmeer-Zusammenarbeit zu erfassen.

strakteren politischen Ebene geht es der Türkei - und nach eigenem Bekunden auch einigen der neuen Staaten - um den "Export" des "türkischen Modells", das heißt des Vorbilds eines islamischen Landes mit einem demokratischen und laizistischen Staatswesen.

Die Türkei wird, was die europäische Orientierung des öffentlichen außenpolitischen Bewußtseins angeht, durch die Wiederentdeckung des "turkophonen Raumes" von insgesamt ca. 110 Mio. Menschen (wovon ca. 50% in der Türkei selbst leben) vor eine große Herausforderung gestellt. Ankara muß sich erneut mit dem Phänomen des Pantürkismus auseinandersetzen, das durch die kemalistische Begründung der modernen Republik überwunden werden sollte. Selbst wenn eine Umsetzung dieses Konzeptes in umfassende regionale politische Organisationsformen eher unwahrscheinlich ist, kann es die türkische Perspektive und Interessenlage erheblich beeinflussen. In jedem Fall wird im Bewußtsein der Eliten das Bild ihres Landes um eine neue, wichtige Dimension erweitert.

Mögen die Türken darin eine Steigerung ihrer außenpolitischen Bedeutung sehen, so könnte es sich in der Praxis als ein weiterer Schritt der politischen Entfremdung von Europa herausstellen, weil sich der außenpolitisch relevante Horizont von Ankara und Brüssel immer unähnlicher werden. Denn die Pflege der Beziehungen zu den Republiken des "turkophonen Raumes" stärkt nicht nur das nationale, sondern kann gleichzeitig auch das islamische Element der türkischen Außenpolitik verstärken. Das wird um so wahrscheinlicher, je mehr sich hinsichtlich dieser Beziehungen die Konkurrenzsituation der Türkei zu Iran verschärft, das auch erhebliche Interessen an der Region hat und den Faktor Religion hierbei ganz bewußt ins Spiel bringt.

Gerade dem letzten Punkt kommt in neueren Szenarien, die von einer Fundamentalauseinandersetzung zwischen christlicher und islamischer Welt als dem künftigen regionenübergreifenden Großkonflikt ausgehen, eine besondere Bedeutung zu.[14] In diesem Zusammenhang wird der Türkei die Rolle des modernen, aufgeklärten und moderaten Gegenmodells einer islamischen Gesellschaft zu den rückständigen, fundamentalistischen und aggressiven Vorstellungen des sich im Nahen Osten und Nordafrika ausbreitenden islamischen Fundamentalismus zugewiesen. Akzeptiert man dieses Szenario, dann ist die stärkere Einbindung der Türkei in das westeuropäische System von strategischer Bedeutung. Der Westen müßte alles in seiner Kraft stehende tun, um dem "türkischen Modell" zum Erfolg zu verhelfen, indem jene Kräfte in der innenpolitischen Auseinandersetzung der Türkei gestärkt werden, die sich eine türkisch-islamische Synthese nur auf der Grundlage von westlichen Politik- und Gesellschaftsvorstellungen denken können.

---

14 Vgl. zum Beispiel Graham E. *Fuller*, Turkey in the New International Security Environment, unveröffentlichtes Papier für die Konferenz "Security and Change in South-East Europe", Rhodos, 8.-11. 9.1991 oder Turkey - Star of Islam, in: The Economist, 14.12.1991, S. 57/58.

Dieser Denkansatz hat noch weitere Implikationen. So ist damit zu rechnen, daß eine in diesem Sinn von (West)Europa voll akzeptierte und unterstützte Türkei über die kulturelle und wirtschaftliche Dimension hinaus auch politisch stark in den turksprachigen Raum ausstrahlen wird. Wegen der institutionalisierten Einbindung der Türkei in das (west)europäische System hätten die anderen europäischen Staaten die daraus resultierenden Folgen mitzutragen. Europäische Außen- und Sicherheitspolitik im Rahmen einer Europäischen Union würde sich dann südlich Rußlands tendenziell bis zur chinesischen Grenze erstrecken. Daran könnte jedoch gerade im Zeichen der oben erwähnten Annahme der neuen großen Herausforderung "des Islam" für Westeuropa bei den Westeuropäern durchaus ein Interesse bestehen.

Eine tendenziell "westlich" orientierte und in ihren politischen Prozessen und Institutionen laizistisch geprägte muslimische Großregion zwischen dem östlichen Mittelmeer und China würde ein effektives politisches Gegengewicht zum Vordringen fundamentalistischer islamischer Tendenzen im Nahen und Mittleren Osten bilden. Dazu wäre es notwendig, die Legitimationsgrundlage der eher laizistisch orientierten Kräfte in diesen Ländern bei ihrer innenpolitischen Auseinandersetzung mit eher fundamentalistisch orientierten Kräften zu stärken.

Der Wert der Türkei als komplementärer Faktor für eine in dieser Hinsicht noch zu entwickelnde Politik Westeuropas gegenüber den neuen zentralasiatischen Staaten wäre hoch. Es käme darauf an, mit westeuropäischer Unterstützung ein laizistisches Politik- und Entwicklungsmodell in den in religiöser Hinsicht islamisch geprägten, in politisch-gesellschaftlicher Hinsicht jedoch über Jahrzehnte vom Parteikommunismus der KPdSU beeinflußten Entwicklungsgesellschaften durchzusetzen. Dazu wäre eine entsprechend enge außenpolitische Koordinierung und Zusammenarbeit mit Ankara sinnvoll und notwendig. Sie könnte darüber hinaus ganz allgemein die Durchsetzung westlicher Politikvorstellungen in diesem Raum wesentlich begünstigen, für die durch die Aufnahme aller GUS-Staaten in die KSZE und in den Nordatlantischen Kooperationsrat (NACC) weitere Instrumente bereitstehen. Der Türkei kann insofern eine Schlüsselfunktion für die politische Entwicklung der islamischen Welt zufallen, wenn sie zu einem wirksamen Faktor bei der Orientierung der Republiken in Zentralasien wird.

Es sollte aber nicht übersehen werden, daß derartige Überlegungen allenfalls plausible Hypothesen über zum einen künftige globale strategische Herausforderungen und zum anderen wahrscheinliche politische Entwicklungsprobleme der neuen zentralasiatischen Republiken darstellen. Keinesfalls handelt es sich hier um schon klar erkennbare und eindeutig feststehende Trends. Zu beiden Sachverhalten gibt es - auch in Fachkreisen - andere Ansichten.

So wird bezweifelt, daß sich der islamische Fundamentalismus angesichts seiner eigenen inneren "ideologischen" Vielfalt und angesichts des Fehlens eines allseits akzeptierten politischen Zentrums der islamischen Welt überhaupt zu einer geschlossenen, globalen strategischen Herausforderung der westlichen Welt entwikkeln kann. Wie es heute politisch prowestlich orientierte fundamentalistische islamische Staaten (z.B. Saudi-Arabien) gibt, so müssen sich auch künftig möglicherweise in Zentralasien entstehende fundamentalistische Regime nicht zwangsläufig politisch gegen den Westen stellen, selbst wenn sie eine nicht- oder antiwestliche ideologische Ausrichtung haben. Internationale politische Orientierungen werden auch in fundamentalistischen islamischen Staaten von einer Vielzahl von Faktoren beeinflußt, unter denen der religiöse keineswegs der dominante sein muß.[15]

Vergleichbares läßt sich über die Bedeutung des Islam für die politische Entwicklung der neuen Staaten in Zentralasien und für die Bedeutung dieser Region für die internationale Entwicklung der islamischen Welt sagen. Es kann keineswegs als sicher angenommen werden, daß der Islam der wesentliche Faktor für die nationale, gesellschaftliche und politische Identitätsbildung in den neuen Staaten ist. Ebensowenig kann schon davon ausgegangen werden, daß diese Staaten sich international vorwiegend als Teil der islamischen Welt definieren werden. In beiden Bezugsfeldern - der inneren wie der äußeren Orientierung - gibt es eine Vielzahl von Einflußfaktoren, die das Ergebnis beeinflussen. Deshalb sollten die Westeuropäer sehr genau darauf achten, nicht durch eine vorzeitige entsprechende Ausrichtung ihres internationalen Verhaltens einer Politik der sich selbst erfüllenden Prophezeiung den Weg zu bereiten.[16]

Ein wichtiger Faktor wird ohne Zweifel die Beziehung dieser Staaten zur Türkei sein, doch vermag heute niemand seinen exakten Stellenwert zu bestimmen. Das soll nun keineswegs eine Empfehlung dafür sein, die Türkei bei ihren Bemühungen gegenüber den zentralasiatischen Staaten seitens Westeuropa allein zu lassen oder den Wert dieser Bemühungen für die Wahrung europäischer Interessen geringzuschätzen. Es ist eher ein Plädoyer dafür, die Brüsseler und Bonner Politik gegenüber den Staaten dieser Region so breit anzulegen, daß alle möglicherweise relevanten Faktoren der inneren Entwicklung und äußeren Orientierung der Staaten, einschließlich des türkischen Faktors, berücksichtigt werden, und eine vor-

15 Eine Vorstellung von der Einbettung des Faktors Religion in komplexe nationale und internationale Zusammenhänge der "islamischen Welt" vermitteln zum Beispiel James *Piscatori*, Islam in a World of Nation States, Cambridge u.a. 1986 und Nazih *Ayubi*, Political Islam. Religion and Politics in the Arab World, London/New York 1991. Die "ideologische" Vielfalt zeigen die einschlägigen Beiträge in: Werner *Ende*/Udo *Steinbach* (Hrsg.), Der Islam in der Gegenwart, München 1984.

16 Dazu gehört auch der Sprachgebrauch: Es erscheint voreilig, mit Blick auf die zentralasiatischen GUS-Staaten von "muslimischen" oder "islamischen" Staaten bzw. Republiken zu sprechen, solange das Ergebnis ihrer politischen und gesellschaftlichen Entwicklung so unklar wie gegenwärtig ist.

schnelle Verengung der eigenen Perspektive auf die Problematik "Islam" sowie den scheinbaren Ausweg "türkisches Modell" zu vermeiden.[17]

3. Pulverfaß Transkaukasus

Unter Sicherheitsgesichtspunkten dürfte die dritte der erwähnten Konstellationen, die Entwicklungen im Kaukasus und Transkaukasus, für die Türkei von größter Bedeutung sein. Hier droht der Konflikt zwischen christlichen Armeniern einerseits und islamischen und gleichzeitig turksprachigen Aserbeidschanern (Azeris) andererseits um die überwiegend von Armeniern bewohnte aserbeidschanische Region Nagornyj-Karabach, die bis zum November 1990 ein Autonomes Gebiet in der Republik Aserbeidschan war, jederzeit auf die türkische Innenpolitik überzuschwappen.[18] 1990 konnte die Regierung in Ankara während der akuten Phasen dieses Konflikts öffentlich vorgetragene Forderungen nach aktiver Unterstützung des "Brudervolkes" gegen den "Nationalfeind" Armenien noch mit Rücksicht auf die Involvierung der sowjetischen Zentralmacht weitgehend ignorieren. Das dürfte künftig wesentlich schwerer fallen.

Es gilt jedoch festzuhalten, daß die gegenwärtige Regierung in Ankara keinerlei Interesse an der weiteren Eskalation des militärischen Konfliktes hat. Ebensowenig liegt ihr aus regionalen Stabilitätsgründen daran, aktiv in den Konflikt hineingezogen zu werden. Deshalb bemüht sie sich auch nach Kräften, die KSZE und den NACC zur Konfliktlösung oder -regelung zu veranlassen. Das kann jedoch nur erfolgreich sein, wenn auch bei den direkt Beteiligten die besonnenen, auf Ausgleich gerichteten Kräfte die Oberhand behalten. In dem Maße, in dem in Armenien und Aserbeidschan nationalistische Kräfte die Politik bestimmen, schwinden die Einflußmöglichkeiten von außen und steigt die Wahrscheinlichkeit eines allgemeinen gewaltsamen Konfliktes zwischen den beiden Transkaukasus-Staaten.

Dann wird auch irgendwann der Zeitpunkt kommen, an dem Ankara unter dem konzertierten Druck der eigenen nationalistischen und fundamentalistischen Kräfte seine Zurückhaltung aufgeben wird. Jeder größere militärische Konflikt zwischen Armenien und Aserbeidschan muß jedoch auch einen Keil zwischen die Türkei und ihre westlichen Alliierten treiben. Wird jene - nolens volens - auf der Seite

---

17 Hinsichtlich des "Modellcharakters" der Türkei sollte im übrigen nicht übersehen werden, daß gerade in diesem Land die politische Anfälligkeit für einen übersteigerten Nationalismus und die Vernachlässigung von Minderheitenrechten und anderen elementaren Bestandteilen pluralistischer Demokratie ziemlich hoch ist. Diese Züge der türkischen politischen Realität können den zentralasiatischen GUS-Staaten aus westeuropäischer Sicht kaum als Vorbild empfohlen werden.

18 Vgl. dazu Yvette *Bénusiglio*, La crise transcaucasienne vue de Turquie (Dossier), in: Cahier d'études sur la Méditerranée orientale et le monde turco-iranien (CEMOTI), (1990) 10, S. 55-67 sowie Rainer *Freitag*, Aserbeidschan und die Türkei. Die internationale Dimension des Nationalitätenkonflikts im Transkaukasus, in: Orient, 31 (Dezember 1990) 4, S. 525-556.

der muslimischen Blutsverwandten argumentieren (vielleicht sogar kämpfen), können diese eigentlich nur für das christliche Armenien Partei ergreifen. Diese Konstellation ist schon aus den jeweiligen innenpolitischen Bezugsfeldern in den USA und Westeuropa sowie in der Türkei vorgezeichnet.

Ein zusätzlich komplizierender Faktor ist die Rolle Irans. Teheran beobachtet die Annäherung zwischen Baku und Ankara mit gemischten Gefühlen, was angesichts der großen azerischen Bevölkerungsgruppe in den nördlichen Provinzen Irans nur verständlich ist. Der hauptsächlich ideologisch (religiös) motivierte latente Konflikt zwischen der Türkei und Iran wird dadurch um das Element der Einflußkonkurrenz hinsichtlich der politischen Entwicklung in Aserbeidschan erweitert. Darüber kann auch das rhetorische Herunterspielen des Konkurrenzelementes zwischen den jeweiligen Vermittlungsbemühungen durch Ankara und Teheran im aktuellen Konflikt nicht hinwegtäuschen. Längerfristig wären sogar irredentistische Bestrebungen der in Iran lebenden Azeris nicht auszuschließen, wenn sich zum Beispiel zeigen sollte, daß die Republik Aserbeidschan mit entsprechender türkischer Hilfe eine erfolgreichere wirtschaftliche Entwicklung nähme als die azerischen Gebiete Irans.

So bildet diese Konfliktkonstellation an ihren Landesgrenzen für die Türkei ein weiteres Argument, im Gegensatz zu ihren westeuropäischen Verbündeten aus militärischen Gründen die Notwendigkeit einer Beibehaltung relativ großer und erheblich modernisierter Streitkräfte zu betonen. "Sicherheit durch verstärkte Rüstung" bleibt für die Türkei eine plausible sicherheitspolitische Formel.

V. Die Türkei und die Entwicklung auf dem Balkan

Die politischen Implikationen der Wiederentdeckung des "turksprachigen Raumes" wirken sich auch auf die türkische Außenpolitik in Südosteuropa aus. Ein durch religiöse und sprachliche Faktoren verstärktes Interesse an der Welt der Turkvölker wird natürlicherweise das Interesse der türkischen Öffentlichkeit am Schicksal türkischer Landsleute im Ausland noch weiter anwachsen lassen. Das Problem türkischer Minderheiten und islamischer Völker/Gruppen auf dem Balkan und auf Zypern wird an politischer Bedeutung gewinnen.

Der Ausgang der Bemühungen, das "politische Erbe" Jugoslawiens neu zu ordnen, ist in diesem Zusammenhang von entscheidender Bedeutung. Wenn es nicht gelingt, in und zwischen den Nachfolgestaaten dauerhaft stabile und friedliche Verhältnisse herzustellen, dürfte die Türkei mittelfristig auch in die dann zu erwartenden fortgesetzten, mehr oder weniger intensiven, gewaltsamen Auseinandersetzungen hineingezogen werden. Das ist überall da wahrscheinlich, wo muslimische Bevölkerungsgruppen betroffen sind, also bei Kämpfen in und um Bosnien-Herzegowina sowie bei möglichen Unabhängigkeitsbestrebungen der Albaner in

"Serbien-Montenegro", sei es im Kosovo oder im Sandschak, die auch die Republik Albanien einbeziehen würden. Eine direkte türkische Militärintervention ist in all diesen Fällen nicht vorstellbar, doch kann nicht ausgeschlossen werden, daß Ankara die "muslimische Seite" in diesen Konflikten nicht nur diplomatisch, sondern auch finanziell, möglicherweise sogar mit Waffenlieferungen unterstützt. Das ist um so wahrscheinlicher, falls es auf der "Gegenseite" zu einem wie auch immer gearteten griechischen Engagement kommen sollte, was keineswegs unwahrscheinlich ist. Ob und wie in diesen Fällen noch eine politische Konzertierung zwischen der türkischen Regierung und ihren westeuropäischen Verbündeten in den verschiedenen europäischen "Ordnungsgremien" stattfinden kann, hängt von den konkreten Einzelheiten dieser möglichen Konflikte ab.

Sollte der Konflikt auf dem Balkan seinen Charakter gar in Richtung eines "Religionskrieges" verändern und sich womöglich über Jugoslawien hinaus ausweiten, besteht die Gefahr, daß auch die türkischen Minderheiten in Griechenland und Bulgarien andauernden kollektiven Gewaltakten ausgesetzt wären. In diesem Fall wird eine begrenzte türkische Militärintervention zum Schutz der "Landsleute" sehr wahrscheinlich. Die endgültige Verabschiedung der Türkei aus dem westlichen Sicherheitsbündnis wäre dann kaum zu vermeiden, da nicht vorstellbar ist, daß die Westeuropäer auf seiten Ankaras gegen die Bulgaren und/oder Griechen vorgehen würden.

Kommt es im Laufe des Jahres 1992 jedoch zu einer einvernehmlichen Lösung der "jugoslawischen Frage", die ein starkes, europäisch garantiertes Minderheitenschutz-Regime beinhaltet, dann kann davon eine gewisse Signalwirkung für den ganzen Balkanraum ausgehen. Jede türkische Regierung wäre dann in der Lage, sich wie in der Vergangenheit einer Einmischungspolitik im Interesse von Minderheiten weitgehend zu enthalten. Sie wird jedoch die schon eingeleitete Politik fortsetzen, die wirtschaftlichen und kulturellen Beziehungen zu den neuen Akteuren auf dem Balkan (Albanien, Bosnien, Makedonien, Bulgarien) zu intensivieren.

Dabei dürfte Ankara keine aktive Balkanpolitik im Sinne einer türkisch inspirierten Neuordnung der Region verfolgen, auch wenn das manche seiner Nachbarn (Bulgarien, Griechenland) so perzipieren. Es wird, wie in der Vergangenheit auch schon, eher darum gehen, der in der Türkei einhelligen Auffassung außenpolitisch Ausdruck zu verleihen, daß die Balkanregion "historisches" türkisches Interessengebiet darstellt und eine Neuordnung dieser Region ohne türkische Mitwirkung nicht vorstellbar ist. Eine Nichtbeachtung dieser Interessenlage durch die Westeuropäer würde den Entfremdungsprozeß zwischen ihnen und der Türkei verstärken.

Unabhängig vom jugoslawischen Bürgerkrieg und seinem Ausgang bleiben die traditionellen Reibungspunkte mit Griechenland (Minderheitenproblem, Ägäisstreit, Zypernkonflikt) und Bulgarien (Minderheitenproblem) bestehen. Sie sorgen auch künftig dafür, daß die Türkei ein spezifisches direktes außen- und sicherheitspolitisches Interesse an der Region behält.

Ein Ausgleich mit Bulgarien erscheint unter den sich entwickelnden Verhältnissen der Ära nach dem Kalten Krieg möglich. Er hängt im wesentlichen davon ab, wie das demokratische Bulgarien politisch und wirtschaftlich-sozial mit der Minderheit umgeht. Insbesondere bleibt die konsequente Absage der Regierungskoalition an die nationalistischen Kräfte im Lande ein wichtiger Faktor für eine Politik des langfristigen Ausgleichs mit der türkischen Minderheit. Die Türkei kann ihrerseits eine Lösung im Sinne des sich herausbildenden KSZE-Kanons dadurch begünstigen, daß sie aktive Schritte unternimmt, das bulgarische "Zypern-Syndrom" zum Verschwinden zu bringen. Eine deutliche Reduzierung der Angriffsfähigkeit der in Ostthrakien stationierten türkischen Truppen wäre die richtige Reaktion auf die bisher in der Minderheitenfrage positiv zu beurteilende bulgarische Politik. Die kürzlich beim Besuch des türkischen Generalstabschefs Güres in Sofia vereinbarten bilateralen Maßnahmen zur Umsetzung der VKSE-Beschlüsse sind ein erster Schritt in die richtige Richtung. Jedes übertriebene Festhalten der Türkei hingegen an einer ausschließlich national und militärisch definierten Sicherheitsdoktrin trüge zum Andauern der beiderseitigen Konfliktorientierung bei.

Die Entschärfung oder gar Überwindung des griechisch-türkischen Konfliktsyndroms scheint schwieriger.[19] Selbst wenn die neue "Davos-Initiative" von Demirel und Mitsotakis zum Abschluß eines "Freundschaftsvertrages" führen sollte - was höchst ungewiß ist -, sind auch davon kaum weitgehende Entspannungswirkungen zu erwarten. Dafür ist auf griechischer Seite die kollektive politische Psyche noch viel zu sehr von einem "Türkei-Syndrom" geprägt, das jeden türkischen Schritt, der nicht ein Eingehen auf griechische Forderungen bedeutet, zur existentiellen Bedrohung stilisiert. Die griechische Reaktion auf die Umbrüche auf dem Balkan und dadurch hervorgerufene verstärkte Aktivitäten der Türkei in Nachbarstaaten Griechenlands, die in Athen als "islamische Einkreisungsstrategie" interpretiert werden, sind der jüngste Beleg für diesen Umstand.[20]

In der Vergangenheit von Zeit zu Zeit aufflackernde, bis an den Rand militärischer Maßnahmen gehende Verschärfungen der Situation konnten nicht zuletzt unter dem Einfluß der westlichen Verbündeten unter Kontrolle gehalten werden. Das könnte schwieriger werden, wenn der Zusammenhalt der NATO schwindet. Doch wird man auch künftig davon ausgehen können, daß keine Seite auf eine gewaltsame Austragung des Konflikts drängt. Diese Grundkonstellation könnte sich

---

19 Vgl. dazu im einzelnen Heinz-Jürgen *Axt*/Heinz *Kramer*, Entspannung im Ägäiskonflikt? Griechisch-türkische Beziehungen nach Davos, Baden-Baden 1990 (Stiftung Wissenschaft und Politik, Aktuelle Materialien zur Internationalen Politik, Bd. 22).

20 Vgl. Yannis *Valinakis*, Greece's Balkan Policy and the "Macedonian Issue", unveröffentlichtes Manuskript, Stiftung Wissenschaft und Politik, Ebenhausen, Mai 1992.

allenfalls dann ändern, wenn der vorstehend erwähnte umfassende Balkankonflikt Wirklichkeit würde, der alle in dieser Region bisher gültigen sicherheitspolitischen Annahmen obsolet werden ließe. Eine grundlegende Änderung in der griechisch-türkischen Konfliktkonstellation könnte auch durch bestimmte Entwicklungen im Zuge der Etablierung einer westeuropäischen Sicherheits- und Verteidigungspolitik entstehen, auf die noch näher einzugehen ist.

VI. Sicherheitspolitische Klammern zwischen der Türkei und Europa

Diese skizzenhafte Tour d'horizon der türkischen Sicherheitslage nach dem Ende des Ost-West-Konflikts macht deutlich, daß die bisherigen Verbindungen zu den westlichen Staaten in diesem Politikfeld geschwächt worden sind. Zwar teilen die Westeuropäer mit Ankara fast alle Sorgen über mögliche sicherheitspolitische Risiken, die aus dem Ende des Ost-West-Konflikts erwachsen können, doch haben die vorangehenden Überlegungen auch die zu erwartenden Bruchstellen zwischen Ankara und seinen Verbündeten gezeigt, die zum Vorschein kommen werden, wenn manche dieser Risiken sich verwirklichen sollten.

Die stärkste Klammer, die gemeinsame Abschreckung sowjetischer Militäraktionen im Kontext des Atlantischen Bündnisses, ist weggefallen. Die weiter bestehenden Bindungen beruhen weniger auf sicherheitspolitischen Notwendigkeiten, sondern sind eher ein zwangsläufig anfallendes Nebenprodukt der Fortexistenz der NATO. Diese wird in Westeuropa jedoch nicht gewünscht, um die Türkei "beim Westen zu halten", sondern allein, um die amerikanische Präsenz zu sichern. Längerfristig wird das zu einer sicherheitspolitischen Neubewertung des bündnispolitischen Stellenwertes der Türkei in der westeuropäischen Interessenlage führen. Das Land könnte dann wieder stärker auf die allmählich überwunden geglaubte Sonderbeziehung zu den USA angewiesen sein, um seine sicherheitspolitischen Interessen im Westen abzustützen und eine Isolierung in der Region zu vermeiden.[21]

Neue verbindende sicherheitspolitische Elemente sind kaum entstanden. Die in ihrer Bedeutung gewachsene türkische Rolle in der nah-/mittelöstlichen Region hat sich als vordergründig und ein an den Golfkrieg gebundenes vorübergehendes Phänomen erwiesen. Selbst die USA haben, bei aller Dankbarkeitsrhetorik der Administration über die unschätzbaren Dienste bei der Niederwerfung Saddam Husseins, die Türkei zu keinem Zeitpunkt ernsthaft in ihre Bemühungen um eine Neuordnung der Region einbezogen. Für die Westeuropäer ist die türkische Nah-/Mittelostrolle noch ambivalenter. Zum einen verfolgen sie in der Region im Gegensatz zu den USA bisher keine strategischen Interessen. Zum anderen sehen sie die Gefahr, im Falle einer zu engen sicherheitspolitischen Bindung durch die Tür-

21 Nicht zufällig dürfte den neuen türkischen Ministerpräsidenten, Süleyman Demirel, seine erste größere Auslandsreise im Februar 1992 nach Washington geführt haben.

kei in regionale Konflikte hineingezogen zu werden, die sie - wie die Streitigkeiten im Transkaukasus - letztlich kaum berühren oder - wie im Fall der Kurden - in erhebliche innenpolitische Schwierigkeiten bringen könnten.

Ebensowenig ist zu erkennen, wie eine enge sicherheitspolitische Allianz mit der Türkei neuerdings in die Diskussion gebrachte Szenarien einer Bedrohung Westeuropas mit Massenvernichtungswaffen aus der nah-/mittelöstlichen Region günstiger gestalten könnte. Abwehrmittel gegen eine derartige Bedrohung sind allenfalls in Westeuropa, nicht aber in der Türkei vorhanden. Selbst der Aufbau einer (NATO-gebundenen oder eigenständigen) westeuropäischen Streitmacht zur (präventiven?) Abwehr einer solchen Bedrohung müßte, wie der Aufbau der amerikanischen Interventionsstreitmacht gegen den Irak, unter der Annahme erfolgen, daß sie notfalls auch ohne türkische Unterstützung erfolgreich operieren könnte. Eine Abhängigkeit von türkischer Kooperation würde angesichts der zahlreichen türkischen Sonderinteressen in der Region eine aus militärischer Sicht nicht hinnehmbare Unsicherheit bedeuten oder eine viel weitergehende wirtschaftliche und politische Integration der Türkei in das (west)europäische System voraussetzen.

Für Westeuropa könnte es in dieser Hinsicht von größerer Bedeutung sein, ob und wie das "türkische Modell" für die islamischen Gesellschaften im Nahen und Mittleren Osten sowie in Nordafrika "exportfähig" gemacht werden kann. Wenn es auch dort als Vorbild akzeptiert würde, hätte es eine wirklich strategische Bedeutung für den Westen. Die bisherigen Erfahrungen mit der türkischen Rolle in den internationalen islamischen Organisationen und hinsichtlich der Wirkung auf die Bevölkerung in der Region sprechen eher vom Gegenteil. Anders als für Zentralasien angenommen wird, muß deshalb im Nahen Osten und in Nordafrika auch eher damit gerechnet werden, daß eine noch stärkere "Verwestlichung" oder "Europäisierung" der Türkei - und eine Mitgliedschaft in europäischen Verteidigungsorganisationen oder gar in der EG wäre in arabischen Augen genau das - die Gegensätze zwischen ihr und den anderen islamischen Staaten weiter akzentuieren würde. Das aber liefe dem europäischen Interesse entgegen.

Ohne eine gleichzeitige, strategisch orientierte Neugestaltung der gesamten EG-Mittelmeerbeziehungen[22] wäre die Stärkung des "türkischen Modells" wohl eher ein kostspieliger Fehlschlag denn der "Königsweg" für die Behauptung Europas in der unterstellten neuen strategischen Konfrontation. Nur wenn es den Europäern gelingt, die aus der demographischen Entwicklung und der fortschreitenden wirtschaftlichen Unterentwicklung in der südlichen Mittelmeerregion möglicherweise resultierenden Gefahren durch eine umfassende politische, wirtschaftliche

22 Vgl. dazu *Forschungsgruppe Europa* (unter der Leitung von Werner *Weidenfeld*), Herausforderung Mittelmeer - die europäische Antwort, Strategiepapier zur Konferenz der Bertelsmann-Stiftung "Herausforderung Mittelmeer - die europäische Antwort" in Barcelona, 7./8. Oktober 1991, Gütersloh 1991.

und finanzielle eigenständige Kooperation mit den Ländern dieses Raumes zu begrenzen, könnte das "türkische Modell" hier subsidiär Wirkung entfalten.

VII. Die Position der Türkei in verschiedenen europäischen sicherheitspolitischen Ordnungsvorstellungen

Wie läßt sich die Türkei vor dem Hintergrund der in den vorangehenden Abschnitten angestellten Überlegungen in die Gedankenspiele und Planungen für die künftige sicherheitspolitische Architektur Europas einordnen?

Bleibt die NATO die Hauptstruktur zur Organisation europäischer Sicherheit, dann ergeben sich hinsichtlich der institutionellen Einbeziehung der Türkei keine besonderen Probleme. Inhaltliche Fragen hinsichtlich der politischen und militärischen Bedeutung der türkischen Mitgliedschaft könnten sich allerdings sehr wohl ergeben. Sie würden hauptsächlich aus der möglichen Involvierung der Türkei in militärische Konflikte in ihrem neuen transkaukasischen und zentralasiatischen Umfeld, aber auch solchen in ihrer traditionellen mittelöstlichen Nachbarregion resultieren, die die europäischen Verbündeten nicht direkt betreffen.

Diese weisen der Türkei deklaratorisch zwar zunehmend eine wichtige politische Rolle bei Stabilisierungsaufgaben außerhalb des NATO-Vertragsgebietes ("out-of-area") zu, stellen dabei aber die damit möglicherweise verbundenen militärischen Implikationen kaum in Rechnung. Wer sich jedoch in konfliktreichen und krisenhaften Regionen politisch deutlich engagiert, läuft stets Gefahr, bei einem gewaltsamen Umschlagen der Konflikte auch militärisch direkt oder indirekt involviert zu werden. Davon kann sich auch die Türkei beim Engagement in ihrem näheren und weiteren Umfeld nicht frei machen. Sie dürfte deshalb auf die Solidarität ihrer Verbündeten in Westeuropa und Washington setzen, die sie ja zu ihrem politischen Engagement so nachhaltig ermuntern.

Es ist jedoch fraglich, ob diese Solidarität im Konfliktfall auch gewährt wird, wenn man bedenkt, daß Ankara und seine Verbündeten jenseits des gemeinsamen politischen Grundinteresses an Stabilität in vielen aktuellen und potentiellen Konfliktfeldern - durch spezifische, nationale Interessen ethnischer, politischer oder religiöser Natur bedingt - durchaus auf verschiedenen Seiten stehen. Kann man etwa erwarten, daß die europäischen Alliierten der Türkei Beistand leisten, sollte das Land in einen armenisch-aserbeidschanischen Konflikt hineingezogen werden? Wie würde sich eine wahrscheinliche (und möglicherweise formal korrekte) Weigerung der Europäer auf das türkische Gesamtverhältnis zum Bündnis auswirken?

Ähnliche Fragen und Probleme sind für den Fall vorhersehbar, daß die Türkei in einen der auch in den zentralasiatischen Republiken möglichen Minderheitenkonflikte hineingezogen wird. Auch bei einem Andauern oder gar einer Ausweitung der kurdischen Gewaltaktionen und weiterer türkischer Militärreaktionen auf irakischem Gebiet (oder auch in Syrien?) sind Entwicklungen vorstellbar, die eine Verschärfung der Spannungen mit den mittelöstlichen Nachbarn, bis hin zu militärischen Aktionen, bewirken können. Dasselbe gilt für ein militärisches "Aufheizen" der Wasserfrage. Mögliche Szenarien türkischer militärischer Involvierung in einen größeren gewaltsamen Balkankonflikt sollen hier nur als ein weiteres Feld möglicher bündnisinterner Schwierigkeiten zwischen Westeuropäern und Türken angesprochen werden. Die Allianz hätte in ihren politischen Planungen eigentlich auf derartige "contingencies" einzugehen, die aus den unterschiedlichen nationalen sicherheitspolitischen Interessenlagen ihrer Mitglieder resultieren. Doch ist kaum zu sehen, daß und wie sie dies bewerkstelligen soll, ohne unnötige politische Animositäten zu wecken.

Für jene NATO-Partner, die der Türkei Verteidigungshilfe leisten, könnte sich daher zunehmend die Frage stellen, welchem militärischen Bündniszweck diese Hilfe eigentlich noch dienen kann oder ob sie nicht de facto zu einer "normalen" Militärhilfe an ein Drittland wird. Sie bedürfte dann allerdings auch einer eigenen, nicht-bündnisgebundenen politischen Rechtfertigung. Ob diese in der Bundesrepublik ohne Probleme durchzusetzen wäre, erscheint fraglich.

Die Zu- und Einordnung der Türkei in alle anderen in der Diskussion befindlichen Modelle der Organisation europäischer Sicherheit ist über die sich im NATO-Kontext stellenden Fragen hinaus mit zusätzlichen Problemen konfrontiert. Das gilt besonders für die Bemühungen, im Rahmen des EG-Systems durch die Einbeziehung der Westeuropäischen Union (WEU), wie sie im Maastrichter Vertrag über die Europäische Union vorgesehen ist,[23] eine institutionelle Grundlage für eine eigene (west)europäische Verteidigungsidentität zu schaffen.[24] In diesem Zusammenhang muß irgendwann auch die Frage beantwortet werden, ob die Türkei in diese "Identität" eingeschlossen ist. Eine positive Antwort setzt voraus, daß das Land dann auch in die Europäische Gemeinschaft aufgenommen wird. Hiergegen gibt es in verschiedenen Mitgliedstaaten jedoch immer noch erhebliche Widerstände.

Schließt man die Türkei aus dem Kreis der potentiellen Mitglieder aus, dann wird sie formal zu einem Drittland und würde für die (west)europäische Verteidigungsorganisation zum "out-of-area"-Bereich gehören. Die Schaffung einer Verteidigungsorganisation ohne geographische Bestimmung des zu verteidigenden Ge-

---

23 In Artikel J.4, Absatz 2 dieses Vertrages heißt es: "Die Union ersucht die Westeuropäische Union (WEU), *die integraler Bestandteil der Entwicklung der Europäischen Union ist*, die Entscheidungen und Aktionen der Union, die verteidigungspolitische Bezüge haben, auszuarbeiten und durchzuführen"; Vertrag über die Europäische Union, in: *Presse- und Informationsamt der Bundesregierung* (Hrsg.), Bulletin, No. 16, 12.2.1992, S. 155 (Hervorhebungen vom Autor).

24 Vgl. dazu Peter *Schmidt*, Konkurrenten oder Partner? NATO, WEU, EG und die Bemühungen um eine Reorganisation der Sicherheitspolitik in Westeuropa, unveröffentlichtes Manuskript, Stiftung Wissenschaft und Politik, Ebenhausen, Juni 1991.

bietes ist nur schwer vorstellbar. Griechenland hätte dann sein seit Jahren angestrebtes Ziel erreicht, eine westliche Grenzgarantie gegen die Türkei zu erhalten. In jedem Fall hätte sich das sicherheits- und verteidigungspolitische Zuordnungsverhältnis der Türkei zu Europa gegenüber dem NATO-Zustand verschlechtert.

Würde dann zum Beispiel die automatische Beistandsgarantie der WEU unverändert im neuen institutionellen Kontext weitergelten, wären die EG-Staaten bei einem eventuellen, in den militärischen Bereich übergreifenden griechisch-türkischen Konflikt mit hoher Wahrscheinlichkeit zur Verteidigung der Griechen gegen die Türken verpflichtet. Auch die in Maastricht gefundene und hauptsächlich auf die Türkei und die mittel- und südosteuropäischen Staaten gemünzte Formel einer Assoziierung, die es ermöglicht, "an den Tätigkeiten der WEU voll teilzunehmen",[25] löst das grundsätzliche Dilemma nicht: Griechenland kann und wird Mitglied der WEU werden, die Türkei hat einen anderen Status, solange sie kein EG-Mitglied ist. Und wo, wenn nicht gerade im Zusammenhang mit der Beistandsklausel, soll dieser Unterschied spürbar werden?

Diesem Problem kann auch nur bedingt dadurch begegnet werden, daß eine enge operative Koppelung von NATO und (west)europäischer Verteidigungsorganisation erfolgt. Die bei künftigen EG-Erweiterungen noch wachsende Differenz des jeweiligen Mitgliederkreises und die daraus resultierenden Schwierigkeiten politischer, aber unter Umständen auch militärischer Natur sind damit nicht aus der Welt zu schaffen. Sie würden in dem Maße größer, wie die (west)europäische Verteidigungsorganisation in die Lage versetzt wird, selbständig, das heißt unter Umständen auch ohne Beteiligung der Amerikaner und damit unter Entkoppelung des militärischen Zusammenhangs der NATO, in Europa militärisch auf Sicherheitsbedrohungen oder -gefährdungen zu reagieren.

Gedankenspiele zur europäischen Sicherheitsarchitektur, die unter Auslassung der EG-Komponente direkt an den KSZE-Zusammenhang anknüpfen, können die erwähnten Schwierigkeiten vermeiden, sind jedoch mit Problemen anderer Natur konfrontiert. Die Frage der Zugehörigkeit stellt sich in diesem Zusammenhang für den KSZE-Staat Türkei nicht. Da im Rahmen der KSZE nicht an die Aufstellung einer ständigen Eingreiftruppe mit notwendigerweise klar definiertem Aufgabengebiet gedacht ist, sondern eher an die Nachahmung der multilateralen/kollektiven Friedenssicherungsfunktion der Vereinten Nationen (VN) durch eine regionale Organisation, wären hierbei auch die politischen Probleme kaum größer als jene, die die VN im griechisch-türkischen Verhältnis seit Jahrzehnten kennt. (Alle anderen oben angedeuteten Szenarien einer militärischen Involvierung der Türkei in einen möglichen europäischen Konflikt bleiben hier außer acht.)

---

25 Erklärung der Mitgliedstaaten der Westeuropäischen Union anläßlich der 46. Tagung des Europäischen Rates vom 9. und 10. Dezember 1991 in Maastricht, in: *Presse- und Informationsamt der Bundesregierung* (Hrsg.), Bulletin, Nr. 16, 12.2.1992, S. 184.

Es können sich im KSZE-Kontext jedoch politische und militärische Probleme ergeben, die die VN nicht kennen und die die Rolle und Funktion der Türkei in einer KSZE-spezifischen Sicherheitsarchitektur belasten würden. Zum einen handelt es sich um die bereits angesprochene Problematik des wahrscheinlichen türkischen Strebens nach einer Sonderbehandlung bei weiteren Abrüstungsmaßnahmen im VKSE-Rahmen. Kommt es nicht zu einer generellen und anhaltenden Entspannung der Konfliktregion "Balkan", dürfte das türkische Begehren, für das es ja durchaus plausible nationale Gründe gibt, jeden weiteren Abrüstungsschritt in Südosteuropa blockieren. Nicht nur (traditionellerweise) Griechenland, sondern sicher auch Bulgarien, eventuell auch einige Nachfolgestaaten Jugoslawiens, würden sich ohne entsprechende Verteidigungsgarantien der westeuropäischen "Großmächte" oder der USA dem türkischen Ansinnen entschieden widersetzen. Auf die politischen Folgen derartiger Garantien für die Beziehungen der Türkei zum Westen braucht an dieser Stelle nicht erneut eingegangen zu werden.

Probleme anderer Art können sich aus der Ausdehnung des KSZE-Kreises auf alle GUS-Republiken ergeben. Die KSZE hat damit ihren Charakter als eine "europäische" Organisation endgültig verloren; sie umfaßt nunmehr (außer den nordamerikanischen "Altmitgliedern" USA und Kanada) eine Reihe asiatischer Staaten. Die Antworten auf Fragen, wie durch diese Organisation künftig "europäische" Sicherheit und Sicherheit in Europa gewährleistet werden sollen, wer in dieser Organisation künftig "europäische" sicherheitspolitische Anliegen vertritt etc. müssen neu durchdacht werden, es sei denn, das Konzept der "europäischen" Sicherheit wird zugunsten eines "eurasischen" Sicherheitskonzeptes aufgegeben. Ist das nicht der Fall, könnte sich die Frage der sicherheitspolitischen Zuordnung der Türkei im erweiterten KSZE- (und NACC-)Kontext neu stellen. Dies alles sind gegenwärtig eher abstrakte Überlegungen. Angesichts der Konflikthaftigkeit des neuen sicherheitspolitischen Großraums können sie jedoch möglicherweise schneller zu konkreten Problemen werden, als das manchem heutigen Architekten der neuen Ordnung lieb sein mag.

9. Konfliktmuster und Konfliktmöglichkeiten im Nahen Osten und am Golf

Gudrun Krämer

I. Die Ausgangslage: Der Mittlere Osten nach dem Golfkrieg

Das Ende des Ost-West-Konflikts und die Niederringung des Irak im (zweiten) Golfkrieg haben die regionalen Kräfteverhältnisse neu gestaltet. Auch für die Politik in Nah- und Mittelost hat der Abbau der globalen Systemkonkurrenz weitreichende Folgen: Während die Sowjetunion ihre regionalen Beziehungen durch Ausweitung auf bisherige Kontrahenten wie Israel und Saudi-Arabien normalisierte, nahm sie gleichzeitig ihr Engagement für bisherige Verbündete deutlich zurück; neben dem Irak traf dies insbesondere Syrien und die palästinensische Befreiungsbewegung, und damit die entschiedensten Gegner Israels. Die Vereinigten Staaten behaupteten sich als alleinige Supermacht in der Region. Für ihre arabischen Partner und Verbündeten (Ägypten und die Staaten des Golf-Kooperationsrates, GCC) bedeutete dies eine Aufwertung; Israels strategische Bedeutung in der Region dürfte sich demgegenüber abgeschwächt haben. Auf die Handlungsmöglichkeiten der regionalen Mächte wirkte sich das Ende der Supermachtsrivalität insgesamt widersprüchlich aus: Zwar schränkt es ihre Möglichkeiten ein, die Rivalität der Supermächte so virtuos zur Ressourcenbeschaffung und Durchsetzung eigener Interessen zu nutzen, wie sie das bislang vermocht hatten (Syrien hat aus dieser Erkenntnis bereits praktische Konsequenzen gezogen). Zugleich erweitert es tendenziell aber ihren Freiraum, indem sie zusehends als eigenständige Akteure und nicht als Stellvertreter oder Vasallen einer der Supermächte wahrgenommen werden.[1] Allerdings gilt dies, wie der Irak zuletzt erfahren mußte, nur unter der Voraussetzung, daß sie überregionale Interessen nicht verletzen, die auch die Bundesrepublik berühren: die Ölversorgung unmittelbar auf wirtschaftlicher und sicherheitspolitischer Ebene, die Verbreitung von Massenvernichtungswaffen vor allem mittelbar durch die Erhöhung regionaler Spannung, die Bedrohung der Existenz und Sicherheit Israels primär auf politisch-emotionaler Ebene.

Vor dem Hintergrund der veränderten globalen Machtverhältnisse hat der jüngste Krieg am Golf das regionale Kräfteverhältnis neu geordnet: Der Irak ist daran gehindert worden, die regionale Machtbalance zu sprengen. Militärisch geschlagen, durch die Waffenstillstandsklauseln gebunden und bis zur Erfüllung der Auflagen unter VN-Aufsicht gestellt, bildet er auf absehbare Zeit keine militärische

1 Vgl. Dieter *Senghaas* (Hrsg.), Regionalkonflikte in der Dritten Welt. Autonomie und Fremdbestimmung, Baden-Baden 1989.

Bedrohung für seine Nachbarn. Von der Schwächung des Irak profitieren zunächst seine arabischen Rivalen, Ägypten, Syrien und die GCC-Staaten; der zuvor isolierte Iran ist deutlich aufgewertet. Ambivalent gestaltet sich nach dem Golfkrieg die Lage Israels: Militärisch ist es entlastet, politisch hingegen stärkerem Druck in Richtung auf mehr Kompromißbereitschaft in der Palästinafrage ausgesetzt. Die Ölpreise und Förderquoten der Golfproduzenten vermag der Irak nach seiner Niederlage nicht zu diktieren. Die GCC-Staaten dürften ihre sicherheitspolitische Abhängigkeit von westlichem Schutz und eigene Wirtschaftsinteressen davon abhalten, eine den Interessen der westlichen Industriestaaten zuwiderlaufende Ölpreis- und Förderpolitik zu verfolgen. Eine Gefährdung deutscher Wirtschafts- und Sicherheitsinteressen durch die arabischen OPEC-Mitglieder muß unter dieser Perspektive bis auf weiteres als unwahrscheinlich gelten.

Entgegen mancherlei Erwartungen hat der Golfkrieg die mittelöstliche Staatenordnung nicht zum Einsturz gebracht und die Grenzen nicht verschoben, mögen sie von den Kolonialmächten noch so willkürlich gezogen worden sein.[2] Aber er hat die Frage nach der Stabilität der Staaten und Regime neu gestellt. Fast überall in der arabischen Welt mobilisierte der Protest gegen den alliierten Aufmarsch breitere Bevölkerungskreise als irgendein Ereignis der letzten Jahrzehnte, die iranische Revolution eingeschlossen. Den gemeinsamen Nenner der verschiedenen Kräfte gaben die großen Themen mittelöstlicher (Protest-)Politik ab, die Saddam Husain mit einigem Erfolg aufgriff: arabischer Nationalismus, islamische Solidarität und der Ruf nach sozialer Gerechtigkeit, konkret gesprochen nach Umverteilung des Ölreichtums der Golfstaaten auf die gesamte arabische, wenn nicht gar die islamische Welt. In Staaten, deren Regierungen sich an der Seite der Alliierten gegen den Irak stellten, vertiefte sich der Graben zwischen Regime und Gesellschaft (Syrien, Marokko, in geringerem Umfang Ägypten). Regierungen, die unter dem Druck der wirtschaftlichen Krise und sozialer Unruhe erst kurz zuvor eine Öffnung des politischen Systems eingeleitet hatten (Jordanien, Jemen, Tunesien, Algerien), sahen sich von ihrer Bevölkerung zu einer neutralen, wenn nicht Irak-freundlichen Haltung gedrängt.

Der Krieg zog eine neue, weniger ideologisch als vielmehr machtpolitisch-taktisch begründete Trennlinie durch das sogenannte arabische Lager zwischen denjenigen, die für ihr Engagement auf seiten der Golfstaaten finanziell und politisch belohnt wurden (Ägypten, Syrien, begrenzt Marokko), und jenen, die für ihre Verweigerung finanziell bestraft, politisch isoliert und damit tendenziell destabilisiert wurden (Jordanien, Jemen, die palästinensischen Bewohner der besetzten Gebiete, Tunesien sowie der ohnehin vom Bürgerkrieg zerrissene Sudan). Nach dem Ende des Kriegs erzwingt nun die veränderte Kräftekonstellation bei verschärfter

2 Politisch verhandelte Grenzkorrekturen (etwa auf der Arabischen Halbinsel oder, noch bedeutsamer, im arabisch-israelischen Verhältnis) sind damit natürlich nicht ausgeschlossen.

Wirtschaftskrise diese Staaten bzw. Gruppen zu außenpolitischen Korrekturen (einer Wiederannäherung an die Golfstaaten, verstärkter Verhandlungsbereitschaft gegenüber Israel), die nur gegen den organisierten Widerstand von Teilen der eigenen Öffentlichkeit durchzusetzen sind. Gerade in Staaten, die einen begrenzten Liberalisierungskurs eingeschlagen haben, ist daher mit erhöhter Unruhe zu rechnen, die sich allerdings nicht unbedingt als militärisch relevant darstellen muß. Während negative Auswirkungen auf deutsche Wirtschaftsinteressen nicht auszuschließen sind, erscheinen deutsche Sicherheitsinteressen im engen militärisch-politischen Sinn kaum berührt.

Regionale Konfliktmöglichkeiten sind somit insgesamt zwar zahlreich, direkte Auswirkungen auf deutsche Sicherheits- und Wirtschaftsinteressen jedoch relativ begrenzt:

- Deutsche Wirtschaftsinteressen könnten bei wachsender regionaler Instabilität (ausgelöst durch zugespitzte interne Krisen und/oder die Hegemonialbestrebungen regionaler *weapon states*) oder auch bei Zahlungsunfähigkeit einzelner Regierungen geschädigt werden.
- Große Flüchtlingsströme aus der Nahost- und Golfregion, die das innenpolitische Klima in der Bundesrepublik und bei ihren EG-Partnern belasten würden, sind wenig wahrscheinlich. Anders gestaltet sich die Lage allerdings im Fall besonders krisengefährdeter Maghrebstaaten wie Algerien und Tunesien; auch hier dürften sich die direkten Auswirkungen aber eher auf einzelne EG-Partner der Bundesrepublik erstrecken als auf diese selbst.
- Eine akute militärische Bedrohung Israels ist angesichts der Verhandlungsbereitschaft seiner wichtigsten arabischen Nachbarn derzeit wenig wahrscheinlich.
- Nicht auszuschließen sind hingegen terroristische Aktionen regionaler Akteure, die sich gegen den neubelebten Nahost-Friedensprozeß, die israelische Siedlungs- und Besatzungspolitik, die syrische Kontrolle über Libanon, die militärische Präsenz der USA, Frankreichs und Großbritanniens am Golf oder die Unterdrückung ethnisch-religiöser Minderheiten wie der Kurden richten: Sie könnten auch deutsches Leben und Eigentum gefährden. Mit der möglichen Ausnahme Libyens, Irans und des Irak dürften sie unter den derzeitigen Vorzeichen jedoch keine regionalen "Patrone" finden, die ihre Aktionen fördern oder koordinieren.

II. Konflikthintergründe

Die Probleme des Nahen und Mittleren Ostens sind, wie allgemein bekannt, äußerst vielschichtig. Der Golfkrieg hat erneut gezeigt, wie eng das Ringen um Vorherrschaft am Golf und in der arabischen Welt generell, der klassische Nahostkonflikt, ethnisch-religiöse Gegensätze und die soziale Ungleichheit innerhalb wie zwischen den einzelnen Staaten der Region miteinander verknüpft sind. Die zwischenstaatlichen Grenz- und Hegemonialkonflikte wären nicht so virulent, langlebig und relevant für internationale Politik und Sicherheit, wenn sie nicht auf diesem Geflecht sich überlagernder und gegenseitig verstärkender Spannungen aufbauten, die die einzelnen Regime von innen wie von außen bedrohen und die Gefahr gewaltsamer innen- wie zwischenstaatlicher Auseinandersetzung heraufbeschwören.

1. Sozioökonomische Gegensätze

Mit Ausnahme der bevölkerungsarmen ölproduzierenden Länder am Golf (Saudi-Arabien, Kuwait, Vereinigte Arabische Emirate) weisen alle arabischen Gesellschaften teilweise dramatische, stetig wachsende Unterschiede in Einkommen und Lebensstandard der verschiedenen Bevölkerungsgruppen und -schichten auf.[3]

- Innergesellschaftlich wirken sie besonders brisant im Zusammenhang mit dem raschen und unkontrollierten Bevölkerungswachstum (in Ägypten und den Maghrebstaaten rund 2,7%, in Syrien, Jordanien, dem Irak und den Golfstaaten um 3,5%), das die materiellen und politischen Ansprüche an die herrschenden Regime stetig hochschraubt, deren Legitimationsprobleme verschärft und zugleich den Nährboden für radikal regimekritische Kräfte wie die (bzw. Teile der) islamische(n) Bewegung schafft. Nicht immer bricht sich der Protest in Aufständen ("Brotrevolten") Bahn; mehrheitlich schlägt er sich in Apathie und Zynismus, dem Rückzug auf traditionelle oder klientelistische Bezugsnetze und der Verweigerung gegenüber dem Staat nieder, die wiederum die Erfolgsaussichten wirtschaftlicher und politischer Reformmaßnahmen verringern.
- Zwischenstaatlich verschärfen sie die Verteilungskonflikte zwischen der Minderheit der bevölkerungsarmen Ölmonarchien am Golf und der Mehrheit der bevölkerungsreichen, aber ressourcenarmen Staaten der Region (Ägypten, Jemen, Syrien, Sudan, Tunesien), aber auch den vergleichsweise dicht besiedelten Ölproduzenten Irak und Algerien. Diese klagen im Namen arabischer und islamischer Solidarität eine Beteiligung am Ölreichtum der Golfstaaten ein. Erhebliche Liquiditätsprobleme mindern mittlerweile jedoch deren Bereitschaft zur Hilfeleistung, soweit sie nicht politisch konditioniert ist.[4] Für eine

---

3 Zu den sozioökonomischen und politischen Strukturproblemen der arabischen Welt vgl. Alan *Richards*/John *Waterbury*, A Political Economy of the Middle East. State, Class, and Economic Development, Boulder/San Francisco/Oxford 1990; Giacomo *Luciani* (Hrsg.), The Arab State, London 1990; Maurice *Fleury u.a.* (Hrsg.), Les régimes politiques arabes, Paris 1990.

4 Vgl. Siegfried *Schönherr*/Axel J. *Halbach*, Der Golf nach dem Krieg: Wirtschaft, Politik, Rüstung, München/Köln/London 1991 (ifo-Forschungsberichte der Abteilung Entwicklungsländer, 75).

Milderung der Gegensätze sorgte bis zum Golfkrieg die Arbeitskräftemigration, die sich - anders als im Fall des Maghreb mit seinen engen Bindungen an die europäischen Mittelmeeranrainer Frankreich, Spanien und Italien - vorwiegend auf die Ölstaaten konzentrierte. Eine Ausnahme bildet die Emigration von Palästinensern, Libanesen und Kurden, die gleichermaßen politisch wie wirtschaftlich bedingt ist und in gewissem Umfang auch die Bundesrepublik erfaßt hat. Politische, gegebenenfalls auch terroristische Aktionen aus ihren Reihen, aber auch der Einsatz für ihre legitimen Belange belasten tendenziell die deutsch-türkischen (Kurden) bzw. die deutsch-israelischen Beziehungen (Palästinenser).

- Global gesehen bewirken die sozialen Gegensätze, daß sich breite, politisch besonders bewußte und aktive Teile der arabischen Bevölkerung als Teil des benachteiligten Südens gegen den industrialisierten Norden stellen. Ihre Kritik zielt vorrangig zwar auf die USA, kann sich aber ebenso auf die Bundesrepublik und andere westliche Industrienationen richten, die die Weltwirtschaftsordnung maßgeblich mitgestalten. Eine militärische Gefährdung deutscher Sicherheit ist damit derzeit jedoch nicht verbunden.

2. Ethnisch-religiöse Konflikte

Vor allem in den Staaten des Fruchtbaren Halbmonds (Libanon, Syrien und Irak) verbinden sich soziale Gegensätze mit ethnisch-religiösen Spannungen und den Autonomiebestrebungen unterdrückter Minderheiten. In den Golfstaaten mit ihrem hohen Gastarbeiteranteil gestaltet sich die Problematik für die Regierungen insofern einfacher, als sie politisch mißliebige Gruppen durch weniger problematische ersetzen können (etwa Palästinenser, Jemeniten und Jordanier durch Asiaten). Die Minderheitenproblematik des Mittleren Ostens unterscheidet sich nicht grundsätzlich von der Europas.[5] Auch im Fall der Kurden, Schiiten und Maroniten, die ihre Ansprüche wenn nötig gewaltsam durchzusetzen versuchen (bewaffneter Befreiungskampf, Aufstände, Terrorismus), geht es also in erster Linie um Identität, Autonomie, Selbstverwaltung und die Kontrolle über Land und Ressourcen (Öl, Wasser). Regional- bzw. kulturspezifisch sind nur die Probleme religiöser Minderheiten wie der Baha'is, Ahmadis, Yeziden und potentiell auch der Alawiten, die von der muslimischen Mehrheit als häretisch eingestuft und nach vorherrschender islamischer Rechtsauffassung nicht toleriert werden dürfen. Die politische Struktur gerade der am meisten betroffenen Staaten Irak und Syrien verschärft die Minderheitenproblematik, indem ihre Regime sich auf Minderheiten

5 Vgl. Fuad I. *Khuri*, Imams and Emirs. State, Religion and Sects in Islam, London/Beirut 1990; Laurent *Chabry*/Annie *Chabry*, Politique et minorités au Proche-Orient. Les raisons d'une explosion, Paris 1987; Thomas *Scheffler*, Ethnisch-religiöse Konflikte und gesellschaftliche Integration im Vorderen und Mittleren Orient. Literaturstudie, Berlin 1985.

stützen, zugleich aber ihrer Bevölkerung, und zwar Mehrheit wie Minderheiten, kaum Möglichkeiten zu gewaltfreier Interessenvertretung bieten. Regionale Gremien zum Schutz der Menschen- und Minderheitenrechte - gleichgültig, ob diese islamisch, das heißt gemäß der Scharia, oder entsprechend der VN-Charta definiert werden - sind bislang nicht vorhanden. Regelungen sind, wenn überhaupt, nur auf einzelstaatlicher Ebene versucht worden (Verhandlungen über begrenzte kurdische Autonomie im Irak; im Ta'if-Abkommen vom Oktober 1989 neu definiertes religiöses Proporzsystem in Libanon). Sicherheitsinteressen der Bundesrepublik und ihrer EG- und NATO-Partner sind nur dort berührt, wo Angehörige verschiedener Minderheiten zu Gewalt gegen das Leben und Eigentum ihrer Bürger greifen. Die Kurdenfrage allerdings berührt unmittelbar die Interessen des NATO-Partners Türkei; das türkische Vorgehen gegen Kurden im eigenen Land und auf dem Territorium angrenzender Staaten (namentlich des Irak) belastet latent auch die deutsch-türkischen Beziehungen.[6]

3. Re-Islamisierung

Die ohnehin brisante Verbindung sozialer und ethnisch-religiöser Spannungen innerhalb autoritär verfaßter Systeme ist durch die Rückbesinnung auf die gesellschaftlich-politische Kraft der Religion, die alle Religionsgemeinschaften erfaßt hat, noch problematischer geworden. Breite Aufmerksamkeit hat aber nur das Phänomen der sogenannten Re-Islamisierung im Zeichen eines islamischen "Fundamentalismus" auf sich gezogen.[7] Überall in der arabischen und vielerorts in der islamischen Welt bilden islamische Bewegungen unterschiedlicher Orientierung und sozialer Verankerung mittlerweile das wichtigste Sammelbecken für Kritik, Protest und organisierten Widerstand. Als Ausdruck einer tiefempfundenen Suche nach Identität und Selbstbehauptung in politischer, wirtschaftlicher und ideologisch-kultureller Hinsicht richtet sich der Protest islamischer Aktivisten in erster Linie gegen die eigenen Eliten, denen sie vorwerfen, von den (allerdings unterschiedlich definierbaren) islamischen Normen in Politik, Recht und Gesellschaft abgewichen zu sein. Die von ihnen geforderte Einführung des islamischen Rechts- und Wertesystems (Scharia) wiederum beunruhigt Nicht-Muslime und internationale Wirtschafts- und Geschäftspartner gleichermaßen. Die islamischen Aktivisten wenden sich weiterhin gegen fremde Einmischung im allgemeinen (wirtschaftliche Auflagen im Rahmen der Strukturanpassungsprogramme von Weltbank und Internationalem Währungsfonds, militärische Zusammenarbeit mit nicht-muslimischen

6 Vgl. dazu auch den Beitrag von Heinz *Kramer* in diesem Band (Teil II, Kap. 8).

7 Aus der reichhaltigen Literatur vgl. insbesondere Nazih *Ayubi*, Political Islam. Religion and Politics in the Arab World, London/New York 1991; R. Hrair *Dekmejian*, Islam in Revolution. Fundamentalism in the Arab World, Syracuse, N.Y. 1985; Emmanuel *Sivan*, Radical Islam. Medieval Theology and Modern Politics, New Haven/London 1985.

Staaten) und gegen die Politik, ja die Existenz Israels im besonderen. Die Folgen ihrer religiös-politischen Argumentation liegen auf der Hand: Jede politische Frage kann zur Glaubensfrage erhoben und damit einer politisch ausgehandelten Kompromißlösung entzogen werden.

Die iranische Revolution hat nach 1979 den Blick auf die sicherheitspolitische Relevanz "fundamentalistischer" Politik gelenkt. Unmittelbar belebt wurde schiitischer Aktivismus in Libanon, begrenzt auch im Irak und am Golf (Kuwait, Bahrain); die noch jungen sunnitisch-islamischen Bewegungen im Maghreb erhielten durch das Vorbild der Revolution Auftrieb.[8] Ihre Eindämmung erhielt daher auch für westliche Politik hohe Priorität. Unter enormen Kosten gelang es im Verlauf des irakisch-iranischen Kriegs tatsächlich, einen Revolutionsexport in die zentralen arabischen Staaten oder auch die muslimischen Sowjetrepubliken zu verhindern. Doch wurde, von wenigen schiitischen Gruppen in Libanon abgesehen, der Aktivismus arabischer islamischer Organisationen nie von Iran aus gesteuert. Die Eindämmung der iranischen Revolution bedeutete daher nicht das Ende islamischer Militanz im Nahen und Mittleren Osten. Nach wie vor genießt der Kampf gegen Zionismus und Imperialismus unter den islamischen Bewegungen der an Israel angrenzenden Staaten und Gebiete sowie in Israel selbst (Islamischer Jihad, Hizbullah, Islamische Befreiungspartei oder Muslimbruderschaft) - anders als in Ägypten und im Maghreb - oberste Priorität.[9] Sie versuchen mit allen Mitteln, den angebahnten Verhandlungsprozeß zwischen Arabern und Israelis zu verhindern. Von der Virulenz islamischer Militanz wären deutsche Politik und Sicherheit - von der nie auszuschließenden Möglichkeit terroristischer Einzelaktionen auf deutsche Einrichtungen abgesehen - nur unter der Voraussetzung betroffen, daß einzelne Gruppen in den Besitz von Massenvernichtungswaffen gelangen (dies ist für die muslimischen Republiken der ehemaligen Sowjetunion im einzelnen zu prüfen) und/oder einen erfolgreichen militärischen Schlag gegen Israel unternehmen (dies ist angesichts der militärischen Kräfteverhältnisse und vorherrschenden politischen Tendenzen derzeit unwahrscheinlich).

Die angesprochenen Spannungsmomente sind nicht deckungsgleich, schaffen vielmehr ein verwirrendes Muster möglicher Überschneidungen, Fronten und Allianzen. Sie lassen sich aber, wie Saddam Husain erneut gezeigt hat, über gemeinsame Feindbilder bündeln. Der Ruf nach sozialer Gerechtigkeit, das Streben nach arabischer Einheit und die Suche nach kultureller Eigenständigkeit im Zeichen des Islam lassen sich als Kampf gegen Imperialismus und Zionismus, das heißt die USA und Israel deuten, aber auch gegen die reichen Ölscheichs, die, obgleich ara-

---

8 Vgl. David *Menashri* (Hrsg.), The Iranian Revolution and the Muslim World, Boulder/San Francisco/London 1990.

9 Vgl. z.B. Jean-François *Legrain*, Les voix du soulèvement palestinien 1987-1988, Kairo 1991.

bischen Blutes und muslimischen Glaubens, als Handlanger des Westens gelten, der wiederum Israel stützt.

4. Militarisierung

Die vielfältigen innergesellschaftlichen, noch deutlicher aber die zwischenstaatlichen Konflikte gewinnen durch die hochgradige Militarisierung der Region an Gewicht und Schärfe. Im Hinblick auf die Einfuhr von Rüstungsgütern, militärisch nutzbarem Know-how und entsprechender Technologie, den Anteil von Rüstungsausgaben am Bruttoinlandsprodukt und an den Staatsausgaben stehen die in den Nahost- und den Golfkonflikt involvierten Staaten Israel, Irak, Iran, Saudi-Arabien, Syrien und Ägypten sowie das in diese Konflikte nur mittelbar verwickelte Libyen weltweit an der Spitze.[10] Internationale Kontrollbemühungen konzentrieren sich insbesondere auf die regionale Entwicklung und Verbreitung von Massenvernichtungswaffen - weitreichenden ballistischen Raketen, chemischen und biologischen Kampfstoffen sowie Atom- und Wasserstoffbomben. Die Tatsache, daß Israel über das volle Spektrum konventioneller und nicht-konventioneller Rüstung zu verfügen scheint, seine Nachbarn und Widersacher hingegen nur über Teilelemente, hat zwar - wie zuletzt gegenüber dem Irak - eine gewisse Abschreckungsfunktion erfüllt, zugleich jedoch deren Bestreben befördert, dem vermuteten israelischen Nuklearpotential nicht nur konventionell, sondern auch nicht-konventionell entgegenzutreten, zumindest durch die Entwicklung einsatzfähiger chemischer Kampfstoffe. Das quantitative und qualitative Ungleichgewicht zwischen Israel und seinen arabischen Nachbarn belastet die Bemühungen um eine Begrenzung konventioneller Rüstung, einen Entwicklungs- und Einfuhrstopp nicht-konventioneller Systeme und die Einrichtung einer von nuklearen und sonstigen Massenvernichtungswaffen freien Zone.[11] Die Arsenale der regionalen *weapon states* sind vorrangig gegen die regionalen Gegner und Rivalen (im einzelnen Fall auch gegen Gruppen der eigenen Bevölkerung) gerichtet, nicht gegen europäische Ziele. Das Interesse der Bundesrepublik an einer Reduzierung des regionalen Militärpotentials ist dennoch offenkundig.

---

10 Die Angaben über Wert, Volumen und Qualität der Rüstungseinfuhren und -ausgaben gehen in der Literatur allerdings vielfach auseinander; vgl. die Handbücher von *SIPRI* und *IISS* (The Military Balance und Strategic Survey); die neuesten Jahrgänge von Aharon *Levran* (Hrsg.), The Middle East Military Balance, Boulder, Colo., sowie von Ruth L. *Sivard*, World Military and Social Expenditures, Leesburg, Va.; ferner die faktenreichen Arbeiten von Anthony *Cordesman*.

11 Vgl. hierzu den Beitrag von Joachim *Krause*, Risiken der Rüstungsproliferation, in diesem Band; ferner Anoushiravan *Ehteshami*, Nuclearisation of the Middle East, London 1989 und Mahmoud *Karem*, A Nuclear-Weapon-Free Zone in the Middle East, New York 1988.

5. Möglichkeiten und Grenzen politischer Liberalisierung

Autoritäre Strukturen und Denkmuster, Wirtschaftskrise, Militarisierung, "Re-Islamisierung" und Nahostkonflikt schränken auch die Chancen einer internen Stabilisierung durch wirtschaftliche und politische Liberalisierung ein, die eine Reihe arabischer Regime unterschiedlicher Verfassung, Verankerung und Ausrichtung von Ägypten, Jordanien und Jemen bis Tunesien und Algerien eingeleitet haben. Eine Ausnahme bilden die auf Militär, Sicherheitsdienste und Ba'th-Partei gestützten Regime Syriens und des Irak, die keinerlei Demokratisierungsabsichten erkennen lassen.[12] Überall bringt die politische Öffnung zumindest kurz- und mittelfristig Kräfte nach oben - neben den islamischen Bewegungen vor allem arabische Nationalisten -, die westlicher Einflußnahme sehr kritisch und Israel offen feindselig gegenüberstehen. Jordanien bietet hier das beste Beispiel.[13] Die allseits geforderte Liberalisierung, die langfristig als einzig verläßlicher Weg zu mehr Stabilität der Staaten und Gesellschaften anzusehen ist, verstärkt somit den Druck in Richtung auf wirtschaftliche Entlastung der Regierungen (Schuldenerlaß, Handelserleichterungen u.ä.) und eine Regelung des arabisch-israelischen Konflikts. Die Bundesrepublik kann hierzu im wirtschaftlichen Bereich direkt beitragen, im zentralen arabisch-israelischen Konflikt zumindest durch diplomatische Unterstützung des Verhandlungsprozesses und Beteiligung an den zu erwartenden (hohen) Kosten einer regionalen Friedensordnung.

Anders stellt sich die Problematik in den Ölmonarchien am Golf dar, deren Eliten sich, gestützt auf die enormen Öleinnahmen, weitgehend verselbständigen und Forderungen ihrer Bevölkerung nach politischer Mitsprache bislang abwehren (bzw. regelrecht abkaufen) konnten. Es ist daher weniger der Islam, der die autoritären Golfdynastien an der Macht erhält, als vielmehr die im Golfkrieg verteidigte "Ölrente". Die angestrebte Einbeziehung eigener Bürger in Wirtschaft, Verwaltung und nicht zuletzt Militär könnte freilich über längere Sicht einen Wandel in gesellschaftlicher Struktur und politischem Bewußtsein bewirken, der die Verfügungsgewalt der herrschenden Familien über Ölreichtum und Staatseinnahmen schrittweise einengt. Oman, Qatar und zuletzt auch Saudi-Arabien haben Schritte zur Schaffung repräsentativer Konsultativorgane (majlis ash-shura) eingeleitet, Kuwait könnte sich diesem Trend erneut anschließen.

---

12 Vgl. Gudrun *Krämer*, Liberalization and Democracy in the Arab World, in: Middle East Report, (Januar/Februar 1992) 174, S. 22-25, 35; Volker *Perthes*, Syria's Parliamentary Elections. Remodeling Asad's Political Base, ebd., S. 15-18, 35; Michael C. *Hudson*, After the Gulf War: Prospects for Democratization in the Arab World, in: Middle East Journal, 45 (Sommer 1991) 3, S. 407-426.

13 Vgl. Abla *Amawi*, Democracy Dilemmas in Jordan, in: Middle East Report, (Januar/Februar 1992) 174, S. 26-29; Kamel *Abu Jaber*/Schirin H. *Fathi*, The 1989 Jordanian Parliamentary Elections, in: Orient (Hamburg), 31 (1990) 1, S. 67-86.

III. Die großen Regionalkonflikte

In das Geflecht gesellschaftlich-politischer Spannungen greifen die großen Regionalkonflikte ein, die über die Region hinaus politisch-militärische Bedeutung gewonnen haben: der arabisch-israelische, der arabisch-iranische und die innerarabischen Konflikte, die vielfach ineinander wirken. Die Suche nach einem tragfähigen regionalen Gleichgewicht, nach Ausgleich der legitimen Sicherheitsinteressen aller Akteure, nach globalen Konfliktlösungen und Lösungsmechanismen wird dadurch erheblich erschwert. Das Beispiel Irak, der - mehr als jede andere Regionalmacht - im Schnittpunkt dieser Konfliktlinien steht, also sowohl in der arabisch-israelischen wie in der arabisch-iranischen und der innerarabischen Gleichung zu berücksichtigen ist, beleuchtet die Problematik.

1. Der klassische Nahostkonflikt: Sicherheit und Selbstbestimmung

Der arabisch-israelische Konflikt um Palästina bildet den Kern des sogenannten Nahostkonflikts, der auf die gesamte Region ausstrahlt. Der jüngste Golfkrieg hat einmal mehr bewiesen, wie leicht er sich auf jeden Fall von regionalen Akteuren für ihre jeweiligen Ziele und Interessen benutzen läßt. Für die interne wie die regionale Legitimation der arabischen Regime und politischen Bewegungen ist er nach wie vor von zentraler Bedeutung. Alle müssen sie beweisen, oder zumindest glaubhaft machen, daß sie gegenüber Israel und dessen westlichen Verbündeten die arabisch-islamische Sache mindestens ebensogut wahren und verteidigen wie ihre Konkurrenten. Dies ist in der Vergangenheit in erster Linie in Form militärischer Konfrontation geschehen, kann aber auch die Form politisch-diplomatischer Auseinandersetzung annehmen; unabdingbar sind nur die Wahrung der Eigeninitiative ("Führung") und deren Sichtbarkeit. Während der Nahostkonflikt in gewissem Umfang einigend auf die arabischen Staaten und Regime gewirkt hat, diente und dient er zugleich der Profilierung im Kampf um Selbstbehauptung, Hegemonie und finanzielle Zuwendungen.

Im arabisch-israelischen Verhältnis kommt in militärischer Hinsicht ein Gleichgewichtsdenken zum Tragen, bei dem das israelische gegen die vereinigten arabischen Potentiale aufgerechnet wird. Das tut zumindest die israelische Seite, die daher stets bestrebt gewesen ist, die Bildung einer gesamtarabischen Front zu verhindern, zumindest aber zentrale Staaten wie Ägypten oder Jordanien aus dieser Front herauszulösen (und damit, zumindest unter den noch immer geltenden konfrontativen Vorzeichen, wenig Interesse an einem integrierten arabischen System zeigen dürfte). Demgegenüber vertraten arabische Akteure zumal seit Abschluß des ägyptisch-israelischen Separatfriedens vom März 1979 einen stärker einzelstaatlich orientierten Ansatz, mit dem gegenüber Israel auch bilateral ein militärisch-wirtschaftliches Gleichgewicht erreicht werden sollte. Syrien propagierte in den 80er Jahren das Fernziel einer "strategischen Parität", das angesichts der Rücknahme sowjetischer Unterstützung jedoch nicht verwirklicht werden konnte. Auch der Irak begründete die massive Aufrüstung der 80er Jahre nicht zuletzt mit der Frontstellung gegen Israel. Während die Konfliktszenarien weiterhin von einem *worst* bzw. *best case* der Konfrontation zwischen Israel auf der einen Seite und allen bzw. einer breiten Koalition hochgerüsteter arabischer Staaten auf der anderen ausgehen, bestehen förmliche Verträge oder informelle Absprachen zwischen Israel und arabischen Akteuren bislang nur auf bilateraler Ebene. Bei der Konfliktregelung verweigerte Israel bis zur Eröffnung der Madrider Nahostkonferenz vom November 1991 den kollektiven Ansatz, den es seinen Bedrohungs- und Verteidigungskonzepten zugrunde legt. Die arabische Seite hingegen beharrte bis Madrid auf einem multilateralen Vorgehen unter internationalem Schirm.

Die oben angesprochenen Veränderungen auf globaler und regionaler Ebene bahnten den Weg zu neuen Initiativen im arabisch-israelischen Verhältnis. Mit großer Entschlossenheit setzten die USA einen Verhandlungsprozeß zwischen Israel und seinen arabischen Nachbarn in Gang, in dessen Verlauf die arabische Seite den Wirtschaftsboykott gegen Israel einstellen, Israels Existenz(recht) anerkennen und damit die Voraussetzung für weitergehende Absprachen über Sicherheit, Rüstungskontrolle, Flüchtlingsfragen, Wasserverteilung, Umweltschutz und Wirtschaftskooperation schaffen soll, ohne die auch die Frage der besetzten Gebiete kaum gelöst werden kann. Parallel dazu soll Israel mit den Palästinensern über die Streitpunkte Autonomie bzw. Selbstbestimmung, Land und Wasser verhandeln. Die neue Bewegung wurde möglich, weil Syrien - sowjetischer Rückendeckung beraubt, zugleich jedoch durch die Niederlage des irakischen Rivalen entlastet, der bislang Syrien-feindliche Kräfte protegiert hatte - seine alte Obstruktionspolitik aufgab und damit auch Jordanien und den Palästinensern den Weg an den Verhandlungstisch erleichterte. Die Palästinenser der besetzten Gebiete hatten sich bereits im Zuge der Intifada von arabischen Kontrollansprüchen emanzipiert. Jordanien ist aufgrund wirtschaftlicher Schwäche und äußerer Verwundbarkeit stets gezwungen gewesen, sich an den jeweils stärksten Nachbarn anzulehnen; in den Jahren zwischen den beiden Golfkriegen war das der Irak; seit dessen Niederringung sind es Syrien, Saudi-Arabien und Ägypten, die nunmehr alle eine politische Lösung des Nahostkonflikts befürworten. In seiner exponierten Lage mußte der König versuchen, sich den veränderten Kräfteverhältnissen anzupassen und durch Wohlverhalten die Beziehungen zu den USA und den tonangebenden arabischen Mächten zu verbessern. Die Beteiligung an Verhandlungen ist jedoch nur gegen den Widerstand wichtiger Kräfte innerhalb des erst im November 1989 relativ frei gewählten Parlaments möglich. Nirgendwo in der arabischen Welt tritt der latente Widerspruch zwischen der geforderten wirtschaftlichen und politischen Liberalisierung einerseits und der erwünschten außen- und sicherheitspolitischen Linie andererseits deutlicher hervor als in Jordanien. Ihm kommt zugute, daß gerade Israel und die westlichen Staaten die Pufferfunktion Jordaniens anerkannt und kein Interesse an einem Sturz des Königshauses haben. Dennoch dürfte die interne Situation auf absehbare Zeit kritisch bleiben.

In bezug auf Form und Substanz der Verhandlungen stellen sich die alten Probleme: Die Palästinenser haben sich Mitte der 70er Jahre zur Formel "Land für Frieden" durchgerungen. Die israelische Regierung hingegen lehnt unter Anführung strategischer und/oder historisch-religiöser Argumente territoriale Kompromisse im Westjordanland ab (wo Siedlungs- und Straßenbau, die schrittweise Ausweitung der Stadtgrenzen des annektierten Jerusalem und Eingriffe in das Wassernetz ohnehin kaum revidierbare Fakten geschaffen haben) und erwägt allenfalls abgestufte Formen der Autonomie, namentlich für Gaza. Die Golan-Höhen stellen ein gesondertes, unter Umständen durch Entmilitarisierung lösbares Problem dar. Die Wasserfrage spielt in Westjordanland, Gaza und Südlibanon eine bedeutende Rolle. Ohne Regelung der Palästinafrage aber sind die Aussichten auf eine Bewältigung der langfristigen regionalen Probleme und Herausforderungen gering: Wasserversorgung, Umweltschutz, Wirtschaftskooperation und -integration, Rüstungskontrolle und Abrüstung, auch politische Liberalisierung, Schutz und Selbstbestimmungsrecht ethnisch-religiöser Minderheiten und Wahrung der Menschenrechte generell. Weitgespannte Ansätze der Konfliktregelung (etwa in Anlehnung an Prinzipien und Verfahren der KSZE) können erst ins Auge gefaßt werden, wenn alle regionalen Akteure dem Prinzip des Gewaltverzichts zustimmen und sich gegenseitig als legitime Akteure anerkennen. Die Aussichten hierfür haben sich im Zuge des neu begonnenen Verhandlungsprozesses deutlich verbessert.

2. Die innerarabischen Beziehungen: Konkurrenz und Kooperation

Nahost- und Golfkonflikt haben international zwar stets die größte Aufmerksamkeit gefunden. Sie bilden aber keineswegs die einzigen überregional relevanten Konflikte des Nahen und Mittleren Ostens. Als Unruhefaktor ebenso wichtig sind die innerarabischen Gegensätze, die sich vor allem im Kampf der Regime Ägyptens, Syriens, des Irak und Saudi-Arabiens um Selbstbehauptung und Vorherrschaft niederschlagen, Vorherrschaft zunächst in ihrem regionalen Umfeld, darüber hinaus aber auch in der Region Nah- und Mittelost insgesamt.[14] Ähnlich wie im arabisch-israelischen Verhältnis verlaufen die Konfliktlinien unter immer

---

14 Nicht berücksichtigt sind im folgenden die Maghrebstaaten Marokko, Algerien, Tunesien, Libyen und Mauretanien. Vgl. zum folgenden Bassam *Tibi*, Konfliktregion Naher Osten. Regionale Eigendynamik und Großmachtinteressen, München 1989; Tareq Y. *Ismael*, International Relations in the Contemporary Middle East. A Study in World Politics, Syracuse, N.Y. 1986; Bahgat *Korany*/Ali E. Hillal *Dessouki* (Hrsg.), The Foreign Policies of Arab States, Boulder, Colo. 1984.

neuen politischen Vorzeichen quer durch das sogenannte arabische Lager. Standen in den 50er und 60er Jahren "progressive" Panarabisten (Ägypten, Syrien, Irak) der "arabischen Reaktion" (Saudi-Arabien, Oman, Kuwait) gegenüber, so waren es in den 70er und 80er Jahren "gemäßigte" (Ägypten, tendenziell auch Saudi-Arabien) und "radikale" Kräfte (Syrien, Irak, die PLO), definiert jeweils entsprechend ihrer Verhandlungsbereitschaft gegenüber Israel und ihrem Verhältnis zu den Vereinigten Staaten. Im zweiten Golfkrieg umfaßte das pro- wie das antiirakische Lager Akteure, die keinerlei ideologische Gemeinsamkeit mehr aufwiesen (Jordanien, Jemen, Sudan, PLO versus Ägypten, Syrien, Saudi-Arabien). Als Konstante läßt sich nur die Rivalität der Einzelstaaten bzw. -regime festhalten.

Die innerarabische Rivalität besteht, wie etwa das Verhältnis zwischen Syrien und Irak beweist, prinzipiell unabhängig vom Palästinakonflikt. Sie wird durch diesen jedoch zusätzlich aufgeladen, da jeder Akteur versucht, sich durch seinen Kurs im zentralen Nahostkonflikt gegenüber den Konkurrenten zu profilieren. Nahöstliche Politik beschränkt sich im übrigen nicht auf die zwischenstaatliche Ebene. Vielmehr gibt die Berufung auf gemeinsame Anliegen aller Araber und Muslime jedem Akteur die Möglichkeit, an den rivalisierenden Regimen vorbei deren Bevölkerung - die sogenannten arabischen oder muslimischen Massen - für die eigene Linie zu mobilisieren (Ägypten hat dies unter Nasser ausgiebig praktiziert, der Irak unter Saddam Husain), ja direkt in deren innere Angelegenheiten einzugreifen (Syrien in Libanon, Jordanien und im palästinensischen Umfeld).

Das Streben der einzelnen Staaten und Regime nach Selbstbehauptung und Hegemonie richtet sich zunächst auf ihr unmittelbares Umfeld. *Ägypten* blickt in erster Linie nach Süden, zum Sudan, der die überlebenswichtige Versorgung des Landes mit Nilwasser kontrolliert. Darüber hinaus hat Ägypten seine Hegemonialansprüche traditionell nach Osten projiziert - in den syrisch-palästinensischen Raum und an die Ostküste des Roten Meeres, wo es in Konflikt mit Syrien und Saudi-Arabien geriet -, am Maghreb hingegen, vom unmittelbaren Nachbarn Libyen abgesehen, geringes Interesse gezeigt. *Syrien* sieht seine sicherheitspolitischen Interessen in erster Linie in Libanon berührt, den es seit Mitte der 70er Jahre auch weitgehend militärisch kontrolliert, ohne das Nachbarland jedoch förmlich annektiert zu haben. Seine Rivalen und Gegner, von Israel abgesehen also auch Ägypten, Saudi-Arabien und der Irak, haben daher immer wieder versucht, das syrische Regime durch die Unterstützung feindlicher Kräfte in Libanon zu schwächen. Das Ta'if-Abkommen vom Oktober 1989 und der syrisch-libanesische Freundschaftsvertrag vom Mai 1991 dürften die syrische Hegemonie über Libanon jedoch für einige Zeit abgesichert haben.[15] Darüber hinaus richten sich syrische Kontrollansprüche auf das palästinensisch-jordanische Umfeld, wo sie ein zentrales Anliegen

15 Vgl. Augustus R. *Norton*, Lebanon after Ta'if: Is the Civil War Over?, in: Middle East Journal, 45 (Sommer 1991) 3, S. 457-471.

verfolgen: zu verhindern, daß Jordanien oder die Palästinenser (mit oder ohne die PLO) eigenständige Initiativen entwickeln, die Syrien, wie schon einmal nach Camp David, im regionalen Umfeld isolieren könnten. Hierbei ergeben sich wiederum Friktionen mit dem *Irak*, dessen Vormachtstreben allerdings primär auf den Golf gerichtet ist und dort auf den Widerstand nicht nur Irans, sondern auch Saudi-Arabiens und der kleineren Golfstaaten stößt, die sich in Abwehr irakischer und iranischer Hegemonialbestrebungen 1981 im Golf-Kooperationsrat zusammenschlossen. *Saudi-Arabien* seinerseits ist bestrebt, seine beherrschende Stellung auf der Arabischen Halbinsel gegenüber den kleineren Golfstaaten sowie gegenüber dem 1990 vereinigten Jemen zu wahren. Überschneidungen regionaler Vormachtbestrebungen ergeben sich also vor allem in zwei Bereichen: am Golf, wo - neben dem nicht-arabischen Iran - der Irak und Saudi-Arabien aufeinanderstoßen, und im palästinensisch-jordanischen Umfeld, wo alle Mächte um Kontrolle der palästinensischen Sache und Nationalbewegung rivalisieren.

Im innerarabischen Verhältnis hat sich, zumindest seit der Schwächung Ägyptens und des von Nasser propagierten sozialistischen Panarabismus im Sechs-Tage-Krieg von 1967, ein multipolares System herausgebildet, in dem keine der genannten Mächte dauerhaft dominiert. Das Vormachtstreben eines Staates führt zur taktisch bestimmten Zusammenarbeit der anderen. Die Golfkriegsallianz zwischen Ägypten, Saudi-Arabien und Syrien zur Abwehr irakischer Hegemonialbestrebungen bestätigte das Muster. Gesprengt worden wäre die regionale Machtbalance nur, wenn es dem Irak tatsächlich gelungen wäre, das volle Spektrum militärischer Macht (konventionell, chemisch-biologisch, nuklear) zu entwickeln. Israel wäre damit auf arabischer Seite erstmals ein Gegner erwachsen, der zumindest in militärischer Hinsicht die lang erstrebte Parität erreicht hätte; im innerarabischen Verhältnis wie auch am Golf hätte der Irak erstmals ein eindeutiges Übergewicht erlangt. Die Schwächung des Irak setzt das alte Spiel in Bewegung, in dem die Einzelmächte so lange nach Absicherung, Einflußnahme, ja Vorherrschaft streben, bis sie von ihren Rivalen - wenn nicht anders möglich im Bündnis mit externen Mächten - in die Schranken verwiesen werden. Bislang ist dieses Spiel gleichbedeutend mit Aufrüstung gewesen, und eben diese Aufrüstung ist seit Kriegsende auf allen Seiten erneut zu beobachten.

Die Krise der Jahre 1990/91 hat erneut die Grenzen innerarabischer Konfliktregelung aufgezeigt; das gilt für den irakischen Überfall auf Kuwait ebenso wie für die Neuordnung der Machtbalance am Golf nach dem Ende des Kriegs. Den institutionellen Rahmen für eine "arabische Lösung" der innerarabischen Differenzen hätte die Arabische Liga bieten müssen, die sich jedoch, ausgelöst vor allem durch den Ausschluß und die spätere Wiedereingliederung Ägyptens (1979 bzw. 1989) in einem tiefgreifenden Wandlungsprozeß befindet. Unter dem gesamtarabischen Dach haben sich mit dem Golf-Kooperationsrat (1981) und der Union der Maghrebstaaten (1989) regionale Zusammenschlüsse gebildet, die auf verstärkte wirtschaftliche und politische, im Fall des GCC auch militärische Koordination der Mitgliedstaaten abzielen und nach innen konfliktregelnd wirken sollen. Ihre Bemühungen um wirtschaftliche Integration lassen sich von der Bundesrepublik einzeln oder im Rahmen der EG wirksam unterstützen. Bezeichnenderweise sind diese vergleichsweise erfolgreichen Subsysteme jedoch an der arabischen Peripherie angesiedelt.

Im arabischen Zentrum ist es bislang nicht gelungen, die konkurrierenden Kernmächte dauerhaft aneinander zu binden. Dies gilt nicht nur für die verschiedenen staatlichen Vereinigungsversuche, die an den Partikularinteressen der einzelstaatlichen Eliten scheiterten. Es gilt auch für die regionalen Kooperations- und Integrationsvorhaben, die, ohne breitere ökonomische und soziale Verankerung, in erster Linie politisch begründet waren. Der 1989 von Irak und Ägypten primär als Gegengewicht zu Syrien und dem GCC konzipierte, also politisch angelegte Arabische Kooperationsrat (Ägypten, Irak, Jordanien, damaliger Nordjemen) dürfte sich mit der irakischen Aggression gegen Kuwait aufgelöst haben. Hier zeigt sich zugleich die Problematik aller sicherheitspolitischen Stabilisierungsversuche, die über das begrenzte Krisenmanagement hinausreichen sollen, das im allgemeinen die Eindämmung eines regionalen Akteurs (im aktuellen Fall des Irak) erfordert und damit dazu tendiert, prinzipiell wandelbare Konflikt- und Bündnislinien einzufrieren. Im Sinne der *balance of power* gebildete Allianzen haben sich bislang stets als instabil erwiesen. Eine Überwindung der innerarabischen Gegensätze und Konflikte ist grundsätzlich nur von arabischen Gremien mit politischer und sicherheitspolitischer Kompetenz zur Überwindung akuter Bedrohungen zu erwarten; gerade an diesen Gremien fehlt es jedoch.

3. Der Golfkonflikt: Stabilität und Gleichgewicht

Am Golf besteht ein klassischer Hegemonialkonflikt, angereichert durch Territorial- und Grenzkonflikte (Grenzlinie im Schatt al-'Arab, strategisch gelegene Inseln im Golf, Öl- und Erdgasfelder), der unter verschiedenen ideologischen, ethnisch-nationalen und bedingt auch religiösen Vorzeichen geführt werden kann (progressive, tendenziell laizistische Nationalisten vs. islamische Fundamentalisten; Araber vs. Perser; Sunniten vs. Schiiten). Hier stellen sich die Probleme von Stabilität und Gleichgewicht mit besonderer Schärfe, zumal die innere Ordnung zweier Hauptakteure, Irak und Iran, als gefährdet gelten muß. *Iran* ringt, gut zehn Jahre nach der Revolution und drei Jahre nach dem Tod Ayatollah Khomeinis, um die wirtschaftlich-politische Konsolidierung und eine Korrektur seiner Außenpolitik, die zweierlei erreichen soll: die Annäherung an die westlichen Industrienationen (zu der die Bundesrepublik, ungeachtet ernster Bedenken hinsichtlich der Innen- und Menschenrechtspolitik des Regimes, aktiv beiträgt) und die Neuregelung des Verhältnisses zu den GCC-Staaten. Sein Ziel muß es dabei sein, den Irak dauerhaft einzudämmen und raumfremde Mächte wie die USA, Frankreich und Großbritannien aus der Golfregion fernzuhalten, die eigene Sicherheitsinteressen gefährden oder den Anspruch auf Gestaltung der regionalen Machtbalance schmälern könnten. Eine militärische Bedrohung der Nachbarstaaten zur Durchsetzung von Hegemonial- und Gebietsansprüchen erscheint unter den derzeitigen Vorzeichen als unwahrscheinlich. Allerdings zeichnen sich an anderer Stelle, in den muslimischen Republiken der ehemaligen Sowjetunion nämlich, bereits neue Konfliktmöglichkeiten ab, wo Iran, die Türkei und in geringerem Umfang auch Saudi-Arabien um Kontrolle und Einfluß konkurrieren.

Besonders beunruhigend ist die Lage im *Irak*, der im Verlauf des irakisch-iranischen Kriegs eine zentrale Rolle im regionalen Machtgefüge eingenommen hatte. Alle Regime der Region Nah- und Mittelost hatten ein Interesse an einer systematischen Schwächung seiner militärischen Macht, nicht jedoch an deren völliger Zerstörung, und sei es nur, weil sie davon eine Stärkung ihrer regionalen Widersacher und Konkurrenten erwarteten. Der Irak befindet sich nach verlorenem Krieg wirtschaftlich in einer verzweifelten Situation, die das bis zur vollständigen Erfüllung der Waffenstillstandsbedingungen verhängte VN-Embargo weiter verschärft. Als ebenso verzweifelt ist die Stimmung in weiten Teilen der Bevölkerung einzuschätzen, und zwar nicht nur unter Kurden und Schiiten, sondern auch unter der bislang staatstragenden sunnitischen Minderheit. Ob dies die auf Militär und Sicherheitsdienste abgestützte Herrschaft Saddam Husains ernsthaft gefährden kann, muß offen bleiben. Festzuhalten ist, daß die instabile Lage im Irak die Bedrohungsängste seiner Nachbarn aufrechterhält. Eine akute Bedrohung dieser Nachbarn - und über die mögliche Einschränkung der Ölversorgung zu akzeptablen Preisen mittelbar auch der Bundesrepublik, ihrer EG- und NATO-Partner - muß unter den derzeitigen Umständen jedoch als unwahrscheinlich gelten.

Die GCC-Staaten suchen den Gefahren mit einem Bündel von Maßnahmen vorzubeugen: innenpolitisch durch die gezielte Reduzierung des Ausländeranteils an der eigenen Bevölkerung, die vor allem arabische Arbeitskräfte trifft (Palästinenser, Jemeniten, Jordanier, Maghrebiner); außen- und sicherheitspolitisch durch intensive Aufrüstung, einen engeren Zusammenschluß innerhalb des GCC, sicherheitspolitische Absprachen mit den Allianzpartnern Ägypten und Syrien und eine kaum zu verschleiernde Anbindung an die Schutzmacht USA sowie Frankreich und Großbritannien. Alle diese Maßnahmen sind mit Risiken behaftet: Die massenhafte Ausweisung arabischer Arbeitskräfte belastet das Verhältnis zu deren Heimatländern, verschärft deren interne Probleme und bringt damit weitere Unruhe in das regionale Gefüge. Die Gefahren einer Aufrüstung der arabischen Gegner des Irak, namentlich Saudi-Arabiens, der kleineren Golfstaaten und Ägyptens, begleitet von jener Syriens und Irans - ein Trend, der in der Logik des arabisch-israelischen Gleichgewichts zwangsläufig Israel erfassen muß -, liegen auf der Hand. Hauptlieferant von Rüstungsgütern in den Nahen und Mittleren Osten sind die USA. Die Strategie der Rüstungslieferungen an diese Staaten entspricht dem Muster, mit dem nach 1980 der Irak gegen den damals gefährlicher scheinenden Iran aufgerüstet wurde. Auch wenn zumindest Ägypten und den Golfstaaten unter den augenblicklichen Vorzeichen keine dem Irak vergleichbaren aggressiven Absichten unterstellt werden können, gilt zu beachten, daß die betroffenen Staaten bislang nicht in der Lage waren, die hochkomplizierten Geräte und Anlagen selbständig zu bedienen. Die gelieferten Systeme drohen daher entweder ungenutzt zu bleiben bzw. zu verrotten oder aber die Abhängigkeit von ausländischer Militärhilfe und -beratung zu verstärken. Die Gefahren dieser Abhängigkeit für die Legitimation und damit letztlich die Stabilität der betroffenen Regime sind bekannt.

Die Beistands- und Sicherheitsgarantien, nach denen die GCC-Staaten suchen, müssen ungeachtet der forcierten Aufrüstung von externen Akteuren getragen werden. Im Frühjahr 1991 zeichnete sich zunächst eine "arabische Lösung" ab (Damaskus-Abkommen oder "6+2-Lösung"), mit der Ägypten und Syrien im Tausch gegen Finanzhilfe, Investitionen und Arbeitsplätze einen Beitrag zur militärischen Sicherheit der GCC-Staaten anboten. Die Initiative scheiterte am mangelnden Vertrauen der Golfstaaten in die Verläßlichkeit und Kompetenz ihrer arabischen Partner: Die Tradition regionaler Hegemonialansprüche, verbunden mit der chronischen Finanznot dieser Staaten, ließ sie an deren politischen Absichten zweifeln; konkret fürchteten sie, erpreßbar zu werden. Sie zweifelten aber auch an deren militärischer Kompetenz im Falle einer neuerlichen Aggression des Irak oder auch Irans. Nicht untypisch für militärisch schwache und verwundbare Akteure, die sich von regionalen Mittelmächten bedroht sehen, suchten die Staaten des Golf-Kooperationsrates daher zusätzlichen Schutz bei externen Mächten, an erster Stelle den USA und ihren westlichen Golfkriegsverbündeten Frankreich und Großbritannien. Die Sicherheitsordnung am Golf ist damit weiterhin in der Schwebe; eine direkte Gefährdung deutscher Sicherheitsinteressen ist jedoch nicht zu erkennen.

IV. Risiken externer Einwirkung: Interdependenz und Penetration

Traditionell ist die Region des Nahen und Mittleren Ostens derart eng mit externen Mächten verbunden - den kolonialen Großmächten Frankreich und Großbritannien bis zum Zweiten Weltkrieg, den Supermächten USA und UdSSR bis in die ausgehenden 80er Jahre -, daß sie als "penetriertes System" bezeichnet wurde.[16]

16 Vgl. L. Carl *Brown*, International Politics and the Middle East. Old Rules, Dangerous Game, London 1984; Gudrun *Krämer*, Macht und Allmacht: Die Konfliktlage im Nahen Osten, in: *Senghaas*, Regionalkonflikte, S. 149-166.

Externe Einflußnahme wurde der Region nicht nur von außen aufgezwungen; sie wurde vielmehr von lokalen Akteuren - seien es Vertreter ethnisch-religiöser Minderheiten wie der Kurden und der maronitischen Christen in Libanon, oder aber nationalistische Führer wie Nasser, Sadat und Asad - vielfach gezielt angestrebt, um sich mit Hilfe externer "Patrone" im regionalen Macht- und Überlebenskampf zu behaupten. Ein formalisiertes Bündnis arabischer Staaten mit externen, namentlich westlichen Mächten weckt in der arabischen Welt jedoch unweigerlich Erinnerungen an die anti-kommunistischen Bündnissysteme der 50er Jahre (Bagdad- und CENTO-Pakt). Regierungen, die sich angesichts bestehender Abhängigkeitsverhältnisse diesen Bündnissen anschlossen, sahen sich dem massiven Protest nationalistischer wie islamischer Kräfte ausgesetzt, und zwar nicht nur in der Opposition, sondern auch in Militär und politischer Elite. Die emotional aufgeladene Ablehnung militärischer Bündnissysteme, die im weitesten Sinne amerikanisch-westlichen Interessen dienen, gilt heute unvermindert fort. Daß sich die Bündnisse nicht länger gegen einen nicht-arabischen Gegner richten (Sowjetunion, Iran), sondern zur Sicherung einer neuen regionalen *balance of power* unmittelbar in die innerarabischen Beziehungen eingreifen, dürfte den Widerstand steigern. Die Regierungen der Golfstaaten sind sich der Problematik durchaus bewußt: Während Kuwait und Bahrain als die schwächsten Glieder der Kette im Herbst 1991 förmliche Verteidigungsabkommen mit den Vereinigten Staaten und Frankreich abschlossen, sucht die saudische Führung nach wie vor die sicherheitspolitische Zusammenarbeit mit den USA und die Abhängigkeit von ihrem Schutz zu verschleiern, um Kritikern im In- und Ausland nicht mehr Angriffsflächen zu bieten, als ohnehin gegeben sind.

V. Perspektiven einer neuen Regionalordnung

Noch immer fehlt es im Nahen und Mittleren Osten an allgemein akzeptierten Prinzipien, Verfahren und Institutionen einer friedlichen Konfliktregelung, ja es hat zumindest bis zum Ende des (zweiten) Golfkriegs vielfach an dem grundlegenden Willen gefehlt, die zwischenstaatlichen Konflikte - und dies gilt namentlich für den arabisch-israelischen - dauerhaft beizulegen. Die Lösungsansätze und -mechanismen müssen aber von innen entwickelt werden, wenn sie in der arabisch-islamischen Welt angenommen werden sollen. Eine direkte Übertragung westlicher Modelle wird auf Ablehnung stoßen. Die moralischen Ansprüche der ehemaligen Kolonialmächte sind weithin diskreditiert. Belastet werden die Kontakte und Bemühungen im wirtschaftlichen wie im politischen Bereich durch das Gefühl vieler Araber, dem Westen mit seiner militärisch-technologischen Überlegenheit ausgeliefert zu sein, den Zustand kolonialer Abhängigkeit auch nach Jahrzehnten der politischen Unabhängigkeit noch immer nicht überwunden zu haben. Die kulturelle Kluft zwischen arabisch-islamischer und westlicher Welt hat sich als Folge des Golfkriegs weiter vertieft. Sie findet vor allem in einem neubelebten arabischen Nationalismus Ausdruck, der weniger auf staatlichen Zusammenschluß zielt als vielmehr auf die gemeinsame Abwehr fremder Einflußnahme. Dem steht aber die Notwendigkeit wirtschaftlicher und auch politischer Kooperation gegenüber, die es den arabischen Regierungen nicht erlaubt, die Brücken nach Europa und zu den USA abzubrechen. Nach Saddam Husains vergeblichem Vorstoß dürfte daher der pragmatische Realismus zentraler arabischer Akteure - Ägypten, Syrien, Saudi-Arabien, Jordanien und auch der Palästinenser - erneut zum Zuge kommen.

Insgesamt bleibt die arabische Haltung gegenüber westlicher Einflußnahme ambivalent: Werden westliche Staaten, Organisationen und Persönlichkeiten auf der einen Seite häufig zu energischem Einsatz für regionale Belange gedrängt, so wird westliches Engagement gleich welcher Art (Wirtschaftshilfe, politische Vermittlung, militärische Präsenz) zugleich immer mit großem Mißtrauen betrachtet und vielfach als unzulässige Einmischung abgelehnt, und das nicht nur wegen der engen westlichen Bindungen an Israel. Offene Unterstützung von Regierungen, politischen Bewegungen oder gesellschaftlichen Gruppen droht deren politische Legitimation in Frage zu stellten (Beispiel Ägypten, Saudi-Arabien, libanesische Christen). Die Vorbehalte gegen alle Formen ausländischer Einmischung gelten insbesondere im Hinblick auf die USA. Die Rolle Deutschlands wird demgegenüber auf arabischer und auch iranischer Seite positiver gesehen, ja vielfach knüpfen sich an das vereinigte Deutschland übersteigerte Hoffnungen, es könne als Gegengewicht zu den USA arabischen Anliegen mehr Nachdruck verleihen. Die israelische Öffentlichkeit begegnet deutschen Initiativen hingegen aus bekannten Gründen mit Mißtrauen, wenn nicht offener Ablehnung. Für die Rolle des Vermittlers im arabisch-israelischen Verhältnis dürfte sich gerade die Bundesrepublik daher nur bedingt eignen. Dennoch kann auch sie im Rahmen der VN und der EG zum Abbau regionaler Spannungen beitragen. Mittel- und langfristig geht es dabei um die Förderung arabischer Integrations- und Kooperationsbemühungen, die zugleich auf die Überbrückung der konfliktträchtigen sozialen Gegensätze abzielen, um die (diskrete) Unterstützung der Menschenrechts- und Liberalisierungsbewegungen in den arabischen Staaten, aber auch in der Türkei und den von Israel besetzten Gebieten, sowie um die Beteiligung an den Kosten der angestrebten Regelung im arabisch-israelischen Konflikt.

10. Mögliche Konfliktlagen im Süden nach dem Ende des Ost-West-Konflikts

Winrich Kühne

Vorbemerkung

Das Ende der ideologischen und militärischen Blockkonfrontation zwischen Ost und West hat in der globalen sicherheitspolitischen Landschaft nicht nur Europas, sondern auch des Südens einen rasanten Wandel ausgelöst. Durch die Annäherung Moskaus und Washingtons seit Mitte der 80er Jahre erscheint die Beendigung oder zumindestens Verhandelbarkeit von kriegerischen Konflikten als möglich, die sich teilweise über Jahrzehnte hingezogen haben (Afghanistan, Namibia, Nicaragua, Angola, Kambodscha etc.). Der Ost-West-Konflikt entfällt als Konfliktursache, sowohl was die von ihm ausgehende Interventionsdynamik angeht, als auch was seine Benutzung durch Konfliktparteien im Süden betrifft. Darüber hinaus zeichnet sich jedoch keine Beruhigung der sicherheitspolitischen Lage im Süden ab. Zum einen ist durch den Einmarsch des Iraks in Kuwait und den dadurch provozierten Krieg der "weapons' state" zu einem Hauptgegenstand der sicherheitspolitischen Diskussion geworden. Zum anderen zeichnet sich ab, daß die Zahl von Kriegen und bewaffneten Konflikten "kleinerer und mittlerer Größe" im Süden, ähnlich wie möglicherweise im südöstlichen und östlichen Europa, nachhaltig zunimmt. In Afrika ist diese Tendenz gegenwärtig deutlich sichtbar.[1]

Die Bezeichnung dieser Konflikte als solche "kleinerer und mittlerer Größe" ist allerdings verharmlosend. Sie trifft nur auf ihre globalstrategische Relevanz zu. Denn die Zahl der Toten und Verletzten ist außerordentlich hoch. Sie geht bei einigen in die Millionen und überschreitet damit die des letzten Golfkrieges. Wirtschaftlich sind diese Konflikte für die betreffenden Länder eine Katastrophe, wie die Beispiele Sudan, Äthiopien, Mosambik und Kambodscha mit hinreichender Deutlichkeit zeigen. Jahrzehnte teurer und mühsamer Entwicklungsanstrengungen werden in wenigen Monaten oder Jahren zu Makulatur.

Diese Kriege und Konflikte und die von ihnen ausgehende Herausforderung zur Fortentwicklung globaler Sicherheits- und Konfliktregulierungsstrukturen stehen im Mittelpunkt der nachfolgenden Untersuchung.

---

1 Nach dem Zweiten Weltkrieg haben mehr als 150 Kriege stattgefunden (einige Autoren kommen auf ca. 300), über 90% von ihnen in der Dritten Welt; etwa 50 Millionen Menschen starben in diesen Kriegen. Vgl. hierzu unter anderem Volker *Matthies*, Kriege in der Dritten Welt, in: Dieter *Nohlen*/Franz *Nuscheler* (Hrsg.), Handbuch der Dritten Welt, Bd. 1, Bonn 1992, S. 359-373.

I. Nicht Bipolarität, sondern wenig strukturierte Heterogenität als Grundproblem künftiger Nord-Süd-Sicherheitsbeziehungen

Mit dem Ende der Ost-West-Konfrontation wird eine andere, latent schon länger vorhandene Zweiteilung der Welt zum zentralen Thema: die *wachsende* Kluft zwischen Arm und Reich, genauer: der *Produktivitäts- und Lebensstandard*konflikt zwischen den drei *industriellen Zentren* Nordamerika, Westeuropa und Japan (plus den vier "kleinen Tigern" Südkorea, Taiwan, Hongkong und Singapur) auf der einen und dem *Rest der Welt* - gut zwei Drittel der Menschheit - auf der anderen Seite. Neu an dieser Konstellation ist nicht die Unterscheidung zwischen Arm und Reich, sondern die Annahme, daß sie durch keine der bisher bekannten Entwicklungspolitiken mehr zu beseitigen ist, daß es also keine "nachholende Entwicklung" mehr gibt. Im Gegenteil, der "Rest der Welt" fällt bei gleichzeitig ungebremstem Bevölkerungswachstum immer weiter zurück.[2] (Die kleine Gruppe der NICs,[3] zu der auch die vier "kleinen Tiger" gehören, relativiert diese Kluft zwar, stellt sie aber nicht grundsätzlich in Frage.) Nicht der Abbau, sondern die Ausweitung von Armut, Krankheiten, politischer Instabilität etc. ist unter dieser Bedingung das Wahrscheinliche.

Zumindest bis vor kurzem neigten zahlreiche Militärs und Sicherheitsexperten des Nordens dazu, diese Zweiteilung im Sinne einer *bipolaren* Struktur zu deuten, auf die sich das bipolare Denken in Großkonflikten und konfrontativen Blöcken in gewissem Umfang übertragen läßt. Der Golfkrieg hat dieser Interpretation Nahrung gegeben. Brachte er doch durch die Raketenrüstung des Iraks zumindest im Ansatz erstmals eine militärische Bedrohung des Nordens aus dem Süden mit sich. Die Propagandathese Saddam Husseins, sein Krieg sei ein Krieg der Armen im Süden gegen die Reichen im Norden, fand nicht nur bei den arabischen Massen Gehör. Hussein versuchte, die bipolare sozioökonomische Kluft in eine bipolare militärische Konfliktkonstellation umzudeuten. Sicherheitspolitiker und -experten des Nordens sollten auf diesen Trick nicht hereinfallen. Ähnlich wie die Entwicklungspolitiker vom Paradigma der *nachholenden Entwicklung* werden sich die Sicherheitspolitiker von dem der *Bipolarität* lösen müssen.

Tatsächlich war der Golfkrieg wohl eher ein Ausnahmefall, der sich so schnell nicht wiederholen wird. Großkonflikte in der Dritten Welt, wie erst der irakisch-iranische und später der Golfkrieg, lebten von der unbedenklichen und sich wechselseitig aufschaukelnden Aufrüstungsbereitschaft der Super- und Großmächte in der Zeit des Kalten Krieges, die sich in dieser Weise wohl nicht fortsetzen wird. Theo Sommers Feststellung ist zuzustimmen, daß "der Krieg einer einmaligen

---

2 Ausführlicher hierzu Winrich *Kühne*, Afrika nach dem Ende des Ost-West-Konflikts - Die Notwendigkeit zu einem "Neuen Realismus", in: Afrika Spectrum, 25 (1990) 2, S. 139-165.

3 NIC - Newly Industrializing Country.

Konstellation von Umständen, Interessen und Berechnungen entsprang", die sich so bald nicht wieder einstellen wird.[4]

Wohl aber werden Fragen etwa der Nicht-Verbreitung von Raketen und Massenvernichtungswaffen oder der Beschränkung des Rüstungs- und Rüstungstechnologietransfers[5] zumindest im Hinblick auf regionale Mächte wie Syrien, Pakistan und Indien noch ein wichtiger Punkt des sicherheitspolitischen Dialogs in den Süd-Nord-Beziehungen werden. Die Gefahr einzelner *weapons' states* im Süden ist aber nicht im Sinne eines *Nord-Süd-Konfliktes* mit den entsprechenden Feindbildern zu interpretieren. Die vielfach im Norden gehegte Befürchtung, daß sich Teile der Dritten Welt, insbesondere die arabische Welt, unter dem Banner des islamischen Fundamentalismus zu einer Einheitsfront gegen den Norden zusammenschließen könnten, unterschätzt die gewaltige *Heterogenität* des Südens. Sie und nicht der Zusammenschluß zu monolithischen Blöcken wird der internationalen Ordnungspolitik in den nächsten Jahren großes Kopfzerbrechen machen.

Denn in den 90er Jahren wird, wie eingangs angedeutet, die sicherheitspolitische Situation im Süden *vor allem* durch die *Ausweitung* einer Vielfalt von gewaltsamen Konflikten und *Kriegen kleinerer* und *mittlerer* Größe gekennzeichnet sein. (Danach, im nächsten Jahrtausend, mag aufgrund der Konsolidierung regionaler und globaler Strukturen wieder etwas anderes gelten.) Das gilt zumindest für Afrika, weite Teile des Mittleren und Fernen Ostens sowie das südöstliche Europa und die Gebiete der ehemaligen Sowjetunion. Diese Kriege werden vor allem innerstaatlicher, aber auch grenzüberschreitender Natur sein.[6] Ihr wichtigster Motor sind sozial-revolutionäre und ethno-religiöse Frustrationen. (Nachfolgend werden die aus ihnen resultierenden Konflikte verkürzt unter dem Begriff *ethno-politische* Konflikte zusammengefaßt.)

II. Zur ethno-politischen Grunddynamik von Konflikten im Süden

Im "post-ideologischen Zeitalter" ist es angesichts des Versagens von staatlicher Entwicklung in der Dritten Welt mehr oder weniger zwangsläufig, daß Religion und Ethnizität zum Auffangbecken massiver sozialer und wirtschaftlicher Frustrationen und zu Transporteuren sozial-revolutionärer Tendenzen werden. (Für weite Teile Südosteuropas und der ehemaligen Sowjetunion gilt offensichtlich ähnliches.) Spezifisch in Afrika besteht die Gefahr, daß die dort gegenwärtig zu beob-

4 Theo *Sommer*, Nur die Logik des Krieges?, in: Die Zeit, 25.1.1991.

5 Siehe hierzu die Beiträge von Joachim *Krause* in diesem Band.

6 Vgl. ausführlich zu den Regionalkonflikten Volker *Matthies*, Kriegsschauplatz Dritte Welt, München 1988.

achtende und so begrüßenswerte Demokratisierungswelle diese Dynamik eher entfesselt als überwindet, zumindest kurz- und mittelfristig.[7]

Alarmierend sind die Ergebnisse einer amerikanischen Studie zu den ethno-politischen Konflikten:

> "In the 1990s and beyond we should expect ethnic warfare ... to flare up repeatedly and to become more perplexing and intractable for those managing international security than were the politically motivated guerilla wars of national liberation the last forty-five years ... The global processes of modernization, state building, and population growth have created enormous pressure on communal groups everywhere."[8]

> "In the 1980s one-sixth of the population of the Third World, a total of 174 sizeable groups ... suffered from economic or political discrimination, or were alienated enough from their national government that they sought greater autonomy."[9]

> "Seventy-three of the 98 largest Third World countries have one or more significant minorities at risk, in 14 more than half of the population is at risk. Half of the Third-World minorities - 89 of 179 - have some separatist inclinations."[10]

> "Five others are dominant minorities whose political and economic privileges are subject to violent challenges by less-favoured groups."[11]

Ethno-politische Konflikte sind im Hinblick auf kollektive Interessen-, Motivations- und Identitätsprobleme sehr viel komplexer und deswegen schwieriger zu beenden als andere Konflikttypen. Die Motive der Konfliktparteien lassen sich nicht auf so vergleichsweise einfache Kategorien wie "Nationalismus" oder "Klassenkampf" und "Revolution" oder "Interessenkonflikt um wirtschaftliche Ressourcen" reduzieren, obwohl das alles eine Rolle spielt. Die im Denken gutsituierter liberaler westlicher Demokratien häufig als "irrational" bezeichnete Intensität und Dauerhaftigkeit ethno-politischer Konflikte sind vor allem darauf zurückzuführen, daß *nichtmaterielle* Interessen/Motive ein wesentlicher Bestandteil der Auseinandersetzung sind. Deswegen lassen sich "ethno-nationalistische Akteure in einen Überwertigkeitswahn hineintreiben, der sie unsensibel für ihre Umwelt, insbeson-

7 Vgl. zur Politisierung ethnischer Konflikte in Afrika auch Rainer *Tetzlaff*, Politisierte Ethnizität - eine unterschätzte Realität im nachkolonialen Afrika, in: Afrika Spectrum, 26 (1991) 1, S. 5-28.

8 Ted Robert *Gurr*, Ethnic Warfare and the Changing Priorities of Global Security, in: Mediterranean Quarterly. A Journal of Global Issues, 1 (Winter 1990) 1, S. 83-96 (82/86).

9 Ted Robert *Gurr*, Third World Minorities at Risk since 1945. Background Paper, Prepared for the Conference on Conflict Resolution in the Post-Cold War Third World, U.S. Institute of Peace, Washington, October 3-5, 1990, S. 2-41.

10 *Gurr*, Third World Minorities, S. 12.

11 Ebd., S. 3, Anm.1. Die Weißen in Südafrika, die Tutsi in Burundi, die Alawiten in Syrien, die Sunniten im Irak, die Festland-Chinesen auf Taiwan.

dere auch die Kosten eines Konflikts macht", wie Dieter Senghaas kürzlich geschrieben hat.[12]

Schließlich sei noch erwähnt, daß ein weiteres, in der Vergangenheit weniger relevantes Konfliktpotential der *Streit um Wasser* sein wird. Bereits Mitte der 80er Jahre wies eine Studie der CIA darauf hin, daß an mindestens *zehn* Plätzen in der Welt (vor allem im Nahen Osten und Nordafrika) die Gefahr von Kriegen wegen schwindender Wasservorräte bei gleichzeitig steigendem Bevölkerungswachstum drohe.[13] Im Nahen und Mittleren Osten und in Afrika verdoppelt sich die Bevölkerung bei einer jährlichen Zuwachsrate von ca. 3% alle 22 Jahre. 40% der Weltbevölkerung leben an grenzüberschreitenden Flußsystemen. Im Dritten Jahrtausend, von dem uns nur noch einige Jahre trennen, wird Wasser wahrscheinlich kostbarer als Erdöl sein.

III. Schlußfolgerungen

Insgesamt wird die sicherheitspolitische Situation in der Dritten Welt im nächsten Jahrzehnt außerordentlich heterogen sein und die ganze Spannbreite ethnischer, religiöser, sozial-revolutionärer und zwischenstaatlicher Konflikte umfassen. Konflikte um die Verteilung von Wasser werden hinzukommen. Eindeutige Feindbilder, wie wir sie aus der Zeit des Kalten Krieges zwischen Ost und West kennen, gibt diese Situation nicht her, es sei denn, sie würden herbeigeredet. Der Begriff "weapons' state" zeigt Ansatzpunkte in diese Richtung. "Die Gefahr von Süd-Süd-Kriegen ... ist", wie Franz Nuscheler zutreffend schreibt, "größer als die Gefahr eines Kriegs der 'Weltdörfer' gegen die 'Weltstädte'".[14]

---

12 Dieter *Senghaas*, Therapeutische Konfliktintervention in Europa, Eskalation und Deeskalation ethno-nationalistischer Konflikte, unveröffentlichtes Manuskript, Stiftung Wissenschaft und Politik, Ebenhausen, Juni 1991.

13 Zitiert nach Joyce R. *Starr*, Water Wars, in: Foreign Policy, (Frühjahr 1991) 82, S. 17-36 (17).

14 Franz *Nuscheler*, Der erste Nord-Süd-Krieg?, in: Epd-Entwicklungspolitik, (1991) 7, S. 18-22 (21).

11. Risiken der Rüstungsproliferation

Joachim Krause

Die Ausbreitung der Verfügungsgewalt über moderne Waffen und deren Herstellungsmittel und -methoden (Rüstungsproliferation) gewinnt nach dem Ende des Ost-West-Konflikts neue Relevanz. Im Mittelpunkt steht dabei die Kernwaffenproliferation, verbunden mit der Ausbreitung ballistischer Raketen. Ähnliches gilt aber auch für Chemiewaffen- und Biowaffenproliferation sowie generell für die Verbreitung moderner Kampfmittel der Land-, Luft- und Seestreitkräfte sowie elektronischer und Software-spezifischer Kampfkraftverstärker. Vor allem amerikanische Regierungsvertreter wiesen wiederholt darauf hin, daß zur Jahrtausendwende 50 Staaten in der Lage sein werden, Massenvernichtungswaffen und die dazugehörigen Trägersysteme zu entwickeln und zu bauen, und daß etwa die Hälfte von ihnen tatsächlich Kernwaffen und/oder Chemiewaffen einschließlich Trägersysteme besitzen werden.

Derartige Warnungen sind an sich nicht neu. Was der Problematik der Waffenproliferation jedoch eine neue Qualität verleiht, sind zwei eng aufeinander bezogene Entwicklungen. Zum einen eröffnet das Auseinanderfallen der ehemaligen Sowjetunion die Möglichkeit eines in der Geschichte seit dem Ende des Zweiten Weltkrieges nicht dagewesenen Proliferationsschubes (vornehmlich, aber keinesfalls ausschließlich bei Kernwaffen). Zum zweiten hat die Auflösung der alten bipolaren Weltordnung zur Folge, daß Rüstungsproliferation gravierende strategische Verschiebungen bewirken kann. Neue strategische Akteure können auftauchen bzw. es können sich gänzlich neue strategische Probleme für zentrale Akteure der internationalen Politik stellen, was insbesondere für Deutschland gilt. Dieser Aspekt des Problems ist in der hiesigen Diskussion bislang kaum thematisiert worden. Im Ausland ist er hingegen ein zentraler und häufig überdramatisierter Punkt: So wies ein im März 1992 an die Öffentlichkeit gelangter Entwurf der neuen "Strategischen Richtlinien" der USA darauf hin, daß infolge von Kernwaffenproliferation Veränderungen der internationalen Ordnung denkbar und möglich sind, in denen sich Länder wie Japan und Deutschland veranlaßt sehen könnten, ihren Kernwaffenverzicht in Frage zu stellen.[1]

An der Diskussion über das Proliferationsthema fällt allerdings auf, daß es gewisse Verengungen gibt, die sich zu einem späteren Zeitpunkt angesichts der Sensitivität der Materie als politisch nachteilig erweisen könnten. Hierzu gehört etwa die häufige Fixierung auf die sogenannten *weapons state*s, die oft als zentrale Gefährdung westlicher Sicherheitspolitik in den 90er Jahren hingestellt werden.

---

1 Vgl. U.S. Strategy Plan Calls for Insuring No Rivals Develop, in: New York Times, 8.3.1992, S. 1 und 14.

Es ist zweifellos angemessen, die potentiellen Gefahren, die vom Irak und einzelnen vergleichbaren Staaten (Nordkorea, Libyen, vielleicht auch Iran und Syrien) ausgehen, nicht aus dem Auge zu verlieren. Die jüngsten Erkenntnisse der VN-Sonderkommission über das irakische Kernwaffenprogramm lassen sich dafür als Beleg anführen, denn offenbar stand der Irak kurz vor der Erlangung nuklearer Optionen. Im Sinne einer umfassenderen Einschätzung der mit Rüstungsproliferation verbundenen Risiken ist es jedoch gleichermaßen wichtig, in einer sehr viel komplexeren Weise vorzugehen. Die Konzentration auf die *weapons states* dieser Welt allein hat nicht nur den Nachteil, daß damit Herrscher wie Saddam Hussein und Ghaddafi ohne Not in ihrer Region aufgewertet werden. Ebenso wichtig ist der Hinweis auf die Gefahr, daß andere, gleichfalls zentrale Problembereiche nicht ausreichend berücksichtigt werden und denkbare Gegenstrategien sich zu sehr auf die oben geschilderten Extremfälle konzentrieren.

Eine weitere Verengung besteht darin, daß das Augenmerk zu sehr auf die Kernwaffenproliferation gerichtet wird. Dabei wird oft übersehen, daß andere Waffenkategorien (ballistische Raketen, moderne Flugzeuge, Aufklärungsmittel) in Kombination mit Kernwaffen aber auch für sich alleine ganz erhebliche Bedeutung besitzen. Die vergangenen zwei Jahrzehnte haben zudem James Schlesingers These von 1967 bestätigt, daß der Wert von Nuklearwaffen nur für wenige Proliferationskandidaten in einem angemessenen Verhältnis zu den politischen und ökonomischen Kosten steht. Deshalb sollten die anderen Proliferationsbereiche ebenfalls einbezogen werden, auch wenn sich dort keine ähnlich spektakulären Entwicklungen abzeichnen. Letztlich müßten auch mögliche Wechselbeziehungen zwischen verschiedenen Proliferationsbereichen (einschließlich *trade-offs*) thematisiert werden.

Eine dritte Verengung besteht in der immer wieder zu beobachtenden Tendenz, nach technischen Antworten innerhalb sehr eng definierter Rahmenbedingungen und bei oftmals sehr durchsichtigen Interessenlagen zu suchen. Ein typisches Beispiel ist die gegenwärtige Diskussion um das GPALS-Konzept (Global Protection Against Limited Strikes). Hier drängt sich geradezu der Eindruck auf, daß für existierende bzw. in der Entwicklung befindliche Systeme aus der SDI-Erbmasse neue Verwendungen gefunden werden sollen. Es kann und soll nicht ausgeschlossen werden, daß eine weltraumgestützte Raketenverteidigung des Luftraums ein sinnvolles Instrument sein kann, nur wäre es zum gegenwärtigen Zeitpunkt politisch mehr als leichtsinnig, das Proliferationsproblem einzig von dieser Seite her anzugehen. Vordringlich ist eine Analyse der tatsächlichen Gefährdungsmöglichkeiten.

Alle drei Verengungen beinhalten insbesondere in ihrer Kombination das Risiko, daß eine ernsthafte, den komplexen Bedingungen angemessene Beschäftigung mit der Problemstellung Rüstungsproliferation erschwert wird. Zu groß ist die Gefahr, daß einzelne Risikofaktoren in grotesker Weise überzogen oder Gegenmaßnahmen allzu durchsichtig hauptsächlich deshalb als Rezepte angepriesen werden, weil sie technisch machbar sind oder weil es industrie- und technologiepolitische Interessen gibt, die für ihre Einführung sprechen. Die Proliferationsproblematik ist aber viel zu wichtig, als daß man hier mit jenen Vereinfachungen und Stilisierungen argumentieren kann, die für frühere Phasen der verteidigungspolitischen Diskussion in der Bundesrepublik Deutschland kennzeichnend waren. Es besteht die Möglichkeit, daß anhand falscher Problemstellungen und mit Blick auf falsche Rezepte eine schiefe innen- und allianzpolitische Debatte in Gang kommt, die nichts Gutes verspricht. Derartig unfruchtbare Debatten hat es in den 70er und 80er Jahren zu oft gegeben (wie z.B. zur Neutronenbombe oder zum NATO-Doppelbeschluß), als daß man sie wiederholen müßte.

Der radikale Wandel in der Sowjetunion und die damit verbundenen grundlegenden Veränderungen in der Weltpolitik erfordern eine Neubestimmung dieses Themenbereichs, die gänzlich andere Fragestellungen aufwirft. Von daher geht es erst einmal darum, in einem analytischen Schritt die neue Problemlage zu beschreiben.

Dieser Beitrag versteht sich als ein Versuch, konzeptionelle Überlegungen in dieser Richtung anzustellen. Es geht in den folgenden drei Schritten vor: Im ersten Schritt wird der Rahmen dargestellt, innerhalb dessen sich die (erweiterte) Proliferationsproblematik in den nächsten Jahren stellen wird. Im zweiten Schritt werden mögliche sicherheitspolitische Gefährdungen direkter oder indirekter Art angesprochen. Im dritten Teil wird auf die Bedeutung eingegangen, die Rüstungsproliferation bzw. deren Verhinderung für die Politik der Bundesrepublik Deutschland hat, die wie kein anderer vergleichbarer Staat Europas davon abhängig ist, daß sich ihre internationale Umwelt in kooperativer Weise entwickelt.

Als Ergebnis ist festzuhalten, daß es zwar wenige faßbare Bedrohungen deutscher Sicherheit durch Rüstungsproliferation im Sinne klarer Bedrohungsszenarien gibt, von weitaus größerer Relevanz dürfte jedoch sein, daß Rüstungsproliferation (insbesondere im Bereich von Kernwaffen) die Gefahr mit sich bringt, daß gravierende Veränderungen in der internationalen Konstellation eintreten, die den kooperativen Ansatz der deutschen Außen- und Sicherheitspolitik unmöglich machen können. Die größte Herausforderung deutscher Politik in diesem Bereich liegt daher weniger in der Abwehr konkreter Gefährdungen, als vielmehr darin, im Vorfeld sich abzeichnender Veränderungen internationaler Ordnungsstrukturen rechtzeitig mit politischen Mitteln präventiv einzuwirken.

I. Rahmenbedingungen

Jede Beschäftigung mit Rüstungsproliferation sollte von einer Beschreibung der entsprechenden grundlegenden politischen, technologischen und ökonomischen

Rahmenbedingungen ausgehen. Dabei wird erkennbar, daß es recht unterschiedliche, teilweise relativ konstante Ausgangsbedingungen sowie kurzfristig wirksam werdende Faktoren gibt.

Rüstungsproliferation ist *prima facie* ein Phänomen, das mit der industriellen und technologischen Entwicklung auch und gerade in den sogenannten Entwicklungsländern sowie der weltweiten Handelsliberalisierung einhergeht. Mit der fortschreitenden Fähigkeit einer größer werdenden Zahl von Staaten, komplexe industrielle und technologische Fertigungsprozesse zu beherrschen, ist konsequenterweise die Zunahme von Fähigkeiten verbunden, komplexe und effiziente Waffensysteme herstellen oder bedienen zu können. Ein Welthandel mit einem Volumen in der Größenordnung von 3 Billionen US-Dollar pro Jahr gibt extrem viele Möglichkeiten, militärisch nutzbare Güter und Technologien zu erwerben.

Es gibt allerdings keine Automatik zwischen Handelsliberalismus und technologischen und industriellen Entwicklungsfortschritten auf der einen und dem Drang nach moderner Rüstung (insbesondere Massenvernichtungswaffen) auf der anderen Seite. Im Gegenteil, es ist zum Beispiel wichtig, darauf hinzuweisen, daß von denjenigen Staaten, die heute weltweit in der Lage sind, Kernwaffen, Chemiewaffen, Biowaffen und weitreichende ballistische Trägermittel herzustellen, nur die wenigsten diese auch tatsächlich produzieren. Das gilt nicht nur für die meisten Industriestaaten, sondern auch und gerade für die überwiegende Zahl der Entwicklungsländer. Jede Analyse des Proliferationsproblems sollte die Frage, warum die Proliferation - insbesondere die nukleare - bestimmte Länder *nicht* erreicht hat, ebenfalls einbeziehen. Worauf es ankommt, ist die Beschäftigung mit den politischen Motiven, die zur Waffenproliferation beitragen.

Es gibt auch keinen kontinuierlichen Trend in Richtung Rüstungsproliferation auf allen Ebenen und bei allen Waffensystemen. Insbesondere die letzten fünf Jahre haben erkennbar werden lassen, daß die Rüstungsimporte der Dritten Welt insgesamt abnehmen, weil - von wenigen Großverbrauchern abgesehen - die Zahl der zahlungsfähigen Staaten aufgrund wirtschaftlicher Krisen (einschließlich der Verschuldung im Ausland) drastisch gesunken ist. Einzelne Staaten der Dritten Welt haben deutlich erkennbar ihre Überrüstung reduziert, weil sie die damit verbundene ökonomische Belastung nicht mehr tragen können. Die Ausbreitung von Kernwaffen über die Zahl der fünf Kernwaffenmächte von 1967 hinaus konnte zwar nicht verhindert, aber doch in Grenzen gehalten werden.

Mit dem Ende des Ost-West-Konflikts ist nicht nur eine der wesentlichsten Quellen für Rüstungsproliferation versiegt (die Bereitschaft von Industriestaaten, ihren jeweiligen Drittwelt-Klienten aus übergeordneten strategischen Erwägungen Waffen und Rüstungsgüter zu verschaffen), es ist damit auch eines der größten Hindernisse für Bemühungen entfallen, gemeinsam nach Wegen und Möglichkeiten zu suchen, die Rüstungsproliferation einzudämmen.

Das Ende des Ost-West-Konfliktes ermöglicht es auch, Nord und Süd gleichermaßen einbeziehende Kombinationen aus "horizontaler" und "vertikaler" Proliferationseindämmung erneut ins Auge zu fassen. Dies gilt für Chemiewaffen, die sowohl die USA als auch die GUS im Rahmen einer globalen Abrüstungslösung abzuschaffen bereit sind. Es gilt in gewissem Maße auch für einen Teilbereich der Raketenträgermittel, die Mittelstreckenraketen, wo es sich bald anbieten dürfte, den Verzicht der USA und der ehemaligen Sowjetunion zu globalisieren und auf Kurzstreckensysteme auszuweiten. Es zeichnet sich nach den jüngsten Entwicklungen im Bereich der Kernwaffenabrüstung ebenfalls ab, daß die erwartbaren drastischen Reduzierungen im Arsenal der beiden Supermächte die politische Akzeptanz des bestehenden NV-Regimes erheblich stärken können.

Das Ende des Ost-West-Konfliktes hat auch dazu geführt, daß viele bilaterale Sicherheitsbeziehungen zwischen Washington oder Moskau auf der einen Seite und Staaten in der Dritten Welt auf der anderen Seite in einer Weise verändert werden, daß sich Proliferationsfragen in neuen Zusammenhängen stellen. In manchen Fällen haben sich die Voraussetzungen für regionale Lösungen zur Überwindung jahrzehntealter Konflikte verbessert (Südliches Afrika, Indochina, Mittelamerika, Naher Osten) und damit auch die Aussichten, die Rüstungsproliferation - insbesondere die Proliferation nuklearer Waffen - einzudämmen. In anderen Fällen trägt der Wegfall der sowjetischen oder der amerikanischen Sicherheitsgarantie jedoch eher dazu bei, daß Drittweltstaaten eine eigene nukleare oder chemische Rüstung anstreben (Nordkorea, Irak, Taiwan).

Mit dem Zerfall der Sowjetunion gehen neue Proliferationsgefahren einher. Solange der friedliche Übergang der ehemaligen Sowjetunion in eine Assoziation demokratisch und marktwirtschaftlich organisierter Staaten nicht gesichert ist, besteht die Gefahr, daß Teile des riesigen sowjetischen Kernwaffenarsenals - insbesondere die taktischen Nuklearwaffen - in falsche Hände geraten. Die Erweiterung der Kernwaffenkontrolle auf andere Republiken als Rußland oder gar die Verfügung von möglichen regionalen "warlords" über taktische Kernwaffen der sowjetischen Streitkräfte wären die extremsten Szenarien. Des weiteren muß bei dem voraussichtlichen Ende der bisherigen sowjetischen Nuklearwaffenprogramme oder einer erfolgten Abrüstung in diesem Bereich damit gerechnet werden, daß eine größere Zahl beschäftigungslos gewordener sowjetischer Waffenexperten (insbesondere aus den Bereichen der Nuklear- und Raketenforschung und -produktion) von ambitionierten Staaten in der Dritten Welt angeworben werden und dort die Fähigkeiten zur Eigenherstellung von Massenvernichtungswaffen steigern. Auch ist darauf hinzuweisen, daß mit dem Zusammenbruch des sowjetischen Militärapparates das Problem des Handels (einschließlich des Schwarzhandels) mit sowjetischen Waffen, Waffentechnologien und Ausrüstungsgütern ein Problem von ganz erheblicher Tragweite werden kann.

Die zu erwartenden massiven Abrüstungsleistungen der USA sowie der GUS im Bereich der taktischen und strategischen Kernwaffen werfen darüber hinaus die Frage auf, was mit dem dabei abfallenden spaltbaren Material geschieht. Allein auf 125 t waffengrädigem Plutonium und einer fünf- bis sechsfachen Menge waffengrädigem Uran werden die diesbezüglichen Vorräte der ehemaligen Sowjetunion geschätzt.

Die bisherigen Bemühungen um die Eindämmung nuklearer und chemischer Waffenproliferation (NPT, INFCIRC/153, Londoner Suppliers Club, Australian Group) stehen heute an einer kritischen Schwelle. Gerade jüngste Erfahrungen mit dem Irak legen es nahe, die Rolle von Regelungen, die auf Technologieverweigerung bzw. Steuerung und Überwachung kritischer Materialien und Verfahrenstechniken abzielen, stärker zu relativieren. In dem Maße, in dem der Zugang zu Technologien und kritischen Materialien immer weniger regelbar ist, werden offenbar neue Formen des globalen oder regionalen politischen Konsenses benötigt, um die Proliferationsprobleme in den Griff zu bekommen. Diese Aussage schließt selbstredend nicht aus, daß auch weiterhin die Kontrolle des Zugangs zu kritischen Technologien oder Materialien eine Rolle spielen wird. Nur wird noch mehr als in der Vergangenheit zu überprüfen sein, ob der für derartige Kontrollmaßnahmen erforderliche Aufwand noch in einer vertretbaren Relation zu den erwartbaren Erträgen steht.

Zusammengefaßt lassen diese Überlegungen erkennen, daß es nicht nur alarmierende, sondern auch positive Entwicklungen gibt. Es werden aber auch Trends wirksam, die kaum einer Kontrolle zugänglich sind bzw. nicht kontrolliert werden sollen (technologische Entwicklungen, Liberalisierung des Welthandels). Insgesamt kann man den Schluß ziehen, daß diese Trends dreierlei nahelegen: zum einen eine Fokussierung auf kritische Proliferationskandidaten (nicht nur die *weapons states*) in kritischen Regionen; zweitens die Verknüpfung der Proliferationsproblematik mit den Entwicklungen in der ehemaligen Sowjetunion sowie den Bemühungen des Westens, eine nach Möglichkeit friedvolle und organisierte Transformation des ehemaligen Sowjetimperiums zu bewirken; drittens müssen Proliferationsfragen stärker in internationalen ordnungspolitischen Zusammenhängen gesehen werden.

II. Risiken und Gefährdungspotentiale

Die denkbaren Risiken und Gefahrenpotentiale, die sich mit der gegenwärtigen Rüstungsproliferation verbinden, können im folgenden nur kurz angerissen werden. Jede einzelne Gefährdungskategorie erfordert eine intensivere und weitergehende Beschäftigung, die an dieser Stelle nicht geleistet werden kann. Im einzelnen lassen sich folgende Kategorien unterscheiden:

- *Direkte Bedrohungen deutscher oder westeuropäischer Sicherheit durch einen "weapons state" aus der Dritten Welt oder möglicherweise auch aus Ost- oder Südosteuropa*: Eine solche Bedrohung könnte dann eintreten, wenn, nach dem Beispiel Iraks, ein Staat sich entschließen sollte, Kern- oder Chemiewaffen und weitreichende Trägersysteme herzustellen oder zu erwerben und diese bei Verfolgung regionaler expansionistischer Ziele zu nutzen. Dieser Staat könnte versuchen, Kernwaffen als Bedrohung gegen etwaige Versuche der Einflußnahme von außen zu instrumentalisieren. Um dieses Szenario etwas plastischer werden zu lassen, muß man sich nur vorstellen, was geschehen wäre, wenn der Irak bei der Besetzung Kuwaits über Kernwaffen auf weitreichenden Trägersystemen verfügt hätte. Auch Deutschland wäre dann von einer nuklearen Bedrohung nicht verschont geblieben. Aber auch Staaten in unmittelbarer Nähe zu Deutschland, wie Polen, Serbien oder die Ukraine, könnten unter bestimmten, nicht auszuschließenden Voraussetzungen den Erwerb von Massenvernichtungswaffen anstreben und damit sogar die deutsche Sicherheit sehr direkt gefährden.
- *Indirekte Bedrohungen deutscher oder westeuropäischer Sicherheit durch einen "weapons state"*: Dieser Fall könnte, auch hier sei das Beispiel des Iraks noch einmal erwähnt, etwa dann eintreten, wenn es einem unter normalen Bedingungen strategisch nicht relevanten Akteur gelingt, eine regional begrenzte Aggression (etwa gegen Kuwait) aufgrund seines Nuklearbesitzes nicht nur erfolgreich gegen Reaktionen der Völkergemeinschaft abzusichern, sondern darüber hinaus in einer für die Energieversorgung der westlichen Welt zentralen Region auch eine Dominanz zu etablieren, die es ihm gestattet, militärische ebenso wie ökonomische Macht in einer Weise auszuüben, die existenzbedrohend für unsere Wirtschaft sein kann.
- *Direkte oder indirekte Bedrohungen deutscher oder westeuropäischer Sicherheit infolge des Zerfalls der Sowjetunion*: Wie bereits erwähnt, können nukleare Risiken aus dem Verlust der Kontrolle über taktische, möglicherweise aber auch strategische Kernwaffen der sowjetischen Streitkräfte erwachsen. Diese Risiken wären für Deutschland vermutlich eher von indirekter Art (Fluchtbewegungen aus den Kampfgebieten, ökologische Schäden infolge Strahlenbelastung), könnten in Ausnahmefällen aber auch zu direkten Risiken aufwachsen. Sie können auch dazu beitragen, daß die Proliferation von Kernwaffen in den südlichen Anrainerstaaten der ehemaligen Sowjetunion gefördert wird (z.B. durch Transfer taktischer Kernwaffen oder spaltbaren Materials aus Kernwaffen oder Kernwaffenfabriken auf dunklen Kanälen in den Iran, Irak, Pakistan etc.). Viel fataler wäre aber langfristig der damit voraussichtlich verbundene Zusammenbruch des NV-Regimes (siehe unten).

- *Indirekte Bedrohung deutscher oder westeuropäischer Sicherheit infolge einer durch die Proliferation von Massenvernichtungswaffen eskalierenden regionalen Konfrontation (z.B. Nahost oder Indien/Pakistan)*: Mit der Proliferation von Massenvernichtungswaffen und anderen wichtigen Waffensystemen ist die Gefahr verbunden, daß lokale oder regionale Konflikte eine Dynamik bekommen, die sie in einen riskanten, auch andere Regionen einbeziehenden bewaffneten Konflikt einmünden läßt.
- *Verschärfung des Terrorismusproblems*: Mit der Ausbreitung nuklearer wie chemischer Kampfmittel sowie der Verbreitung von Raketenträgern bieten sich Möglichkeiten neuer terroristischer Aktionsarten. Hier ist nicht nur auf die oft beschworene, bislang aber noch nie akut gewordene Gefahr des nuklearen Terrorismus hinzuweisen, sondern vielmehr auf Mischformen sowie auf die Verbesserung der Schlagkraft bestehender Formen des Terrorismus.

III. Veränderungen der internationalen Konstellation

Es wäre allerdings zu kurz gegriffen, wollte man nur auf die direkten oder indirekten militärischen Gefährdungen infolge von Rüstungsproliferation hinweisen. Für die deutsche Außen- und Sicherheitspolitik dürfte das Funktionieren oder Nicht-Funktionieren von Regelungen gegen die Rüstungsproliferation in sehr viel allgemeinerer, aber weitaus nachhaltigerer Weise von entscheidener Bedeutung sein. Rüstungsproliferation - insbesondere im nuklearen Bereich - bringt das Risiko mit sich, daß für Deutschland eine internationale Lage entsteht, die die deutsche Außen- und Sicherheitspolitik vor nur schwer zu lösende Probleme und Dilemmata stellen wird. Letztendlich geht es um den Erfolg oder Mißerfolg einer auf Kooperation und friedliche Mittel *angewiesenen* deutschen Außenpolitik. Die Aussichten für diese Politik hängen ganz entscheidend davon ab, ob das politische Umfeld sich in eine Richtung entwickelt - oder sich gestalten läßt -, die dieser kooperativen, weitgehend auf zivile Machtmittel beschränkten Politik nicht entgegensteht.

Rüstungsproliferation kann Tendenzen in Richtung auf eine mit friedlichen Mitteln immer weniger beherrschbare Umwelt in zweierlei Hinsicht fördern. Zum einen kann sie dazu beitragen, daß Akteure, die unter "normalen" Umständen von nachrangiger Bedeutung geblieben wären, zu strategischen Akteuren werden. Zum zweiten hat Rüstungsproliferation (insbesondere im nuklearen Bereich, aber nicht nur dort) die Tendenz, unter gewissen politischen Umständen Proliferationsketten auszulösen, das heißt eine im großen und ganzen verhängnisvolle Eigendynamik zu bekommen. Im einzelnen sind folgende Entwicklungen im Auge zu behalten:
- Eine *Erosion des nuklearen Nichtverbreitungssystems* (etwa als Folge einer Kombination verschiedener "contingencies" und Entwicklungstrends) könnte die Statusdifferenz Deutschlands als Nichtkernwaffenstaat in problematischer

Weise akzentuieren, weil sie Probleme schafft, für die eine dezidiert nichtnukleare Bundesrepublik keine Lösungsmöglichkeiten offeriert. Im Gegensatz zu anderen Vertragsstaaten des NPT, die von ihrem Rücktrittsrecht Gebrauch machen können, steht der Bundesrepublik Deutschland diese Möglichkeit infolge der Bindung durch den "2+4"-Vertrag sowie (mindestens bis 1998) durch die WEU-Protokolle nicht offen. Dieses Problem würde dann virulent werden, wenn es bei gleichzeitiger Erosion der NATO und der EG zu einer Ausbreitung der Verfügungsgewalt über Kernwaffen in ehemaligen Sowjetrepubliken (z.B. Ukraine) oder in Ost- und Südosteuropa (Polen, Serbien/Jugoslawien) kommt oder auch dann, wenn weltweit eine Nuklearisierung als Folge eines für möglich gehaltenen Zusammenbruchs des NPT-Regimes einsetzte. Solange die politische Entwicklung in der ehemaligen Sowjetunion und in Osteuropa (insbesondere auf dem Balkan) relativ friedlich und geordnet verläuft, stellt sich hier kein Problem. Sobald die Friedlichkeit und Kontrollierbarkeit der Ereignisse nicht mehr gegeben ist, werden die Sensibilität Deutschlands als "Zivilmacht" sowie die Abhängigkeiten im Bereich der sicherheitspolitischen Vorsorge deutlich zu spüren sein und können sich in einer drastischen Reduzierung des außenpolitischen Handlungs- und Einwirkungsspielraums auswirken. Zudem ist nicht klar, wie sich die engsten Verbündeten in einer solchen Situation verhalten würden.

- Die mit der Nichtkontrollierbarkeit von Rüstungsproliferation verbundene Vergrößerung der *Gefahr der "Entgleisung" der politischen Entwicklung in Osteuropa, der früheren Sowjetunion und auf dem Balkan* würde darüber hinaus die gesamte auf friedliche Kooperation und Förderung der wirtschaftlichen und sozialen Entwicklung abzielende (und von ihrem Erfolg auch abhängige) Politik Deutschlands gegenüber den Staaten dieser Regionen in Frage stellen und weitergehende nachteilige Konsequenzen für die deutsche Außen- und Wirtschaftspolitik mit sich bringen.
- In einem Handelsstaat wie Deutschland, in dem eine Vielzahl von mehrfach verwendbaren ("dual purpose"-) Gütern, Materialien und Dienstleistungen nachgefragt werden kann, können Proliferationskontrolle und -verhinderung nur begrenzt über *Maßnahmen der Exportkontrolle* vermittelt werden. Tatsächlich besteht bei dem gegenwärtigen Volumen des deutschen Exports und angesichts der begrenzten Möglichkeiten der Zollbehörden ein Dilemma: Eine massive Intensivierung von Exportkontrollen wird auf Kosten der Konkurrenzfähigkeit der deutschen Exportwirtschaft gehen, während ein Verzicht auf eine derartige Intensivierung Gefahren anderer Art mit sich bringt, wie Rufschädigung ("Todeskrämer") mit außen- und allianzpolitisch negativen Konsequenzen bzw. direkte oder indirekte militärische Gefährdungen infolge deutscher Mithilfe beim Bau von Massenvernichtungswaffen in *weapons states*. Unter die-

sem Gesichtspunkt ist jedes Mehr an internationaler kooperativer Kontrolle, die sich nicht primär auf nationale Exportkontrollen stützt, ein Nettogewinn, jeder Verlust solcher Regime ein Nettoverlust für die Bundesrepublik.

In der Zusammenfassung dieser Beispiele wird deutlich: Der Status einer "Zivilmacht" (im Sinne einer vornehmlich auf nichtmilitärische Mittel beschränkten Macht- und Einflußausübung) bringt es mit sich, daß Deutschland auf ein entsprechendes Verhalten seiner Umwelt angewiesen bleibt. Als Folge ungehinderter Rüstungsproliferation - insbesondere im Bereich der Massenvernichtungswaffen, aber nicht nur dort - könnte es durchaus dazu kommen, daß sich das internationale Umfeld deutscher Außen- und Sicherheitspolitik in einer Art und Weise entwickelt, die den kooperativen und nichtmilitärischen Ansatz problematisch werden läßt.

12. Abhängigkeit der europäischen Länder von Rußland und der GUS im Energiesektor

Friedemann Müller/Rudolf Botzian

Die 15 Republiken, die bis 1991 die Sowjetunion bildeten, waren als Staatenverband der größte Energieproduzent der Erde. Der Zerfall der Union verändert relativ wenig an dieser Akkumulation von Energiepotential. Rußland hielt 1991 an der Gesamtproduktion der Union einen Anteil von 90% bei Erdöl, 79% bei Erdgas und 56% bei Kohle. Nur die Ukraine und Kasachstan trugen mit Anteilen von 22% und 21% an der Kohle- und Turkmenien mit 10% an der Erdgasproduktion der gesamten Union in nennenswertem Umfang zum sowjetischen Energieaufkommen bei (vgl. Tabelle 9 im Anhang).

Rußland allein produziert fast ebensoviel Energie wie die USA, dem größten einzelstaatlichen Energieproduzenten der Erde. Die Gemeinschaft Unabhängiger Staaten (GUS) nimmt als Staatenbund unangefochten die erste Stelle ein. Doch bestehen berechtigte Zweifel, ob sich die GUS zu einer gemeinsamen Außen- und Außenwirtschaftspolitik wird aufschwingen können. Der Vertrag über eine Wirtschaftsgemeinschaft vom 18. Oktober 1991 ist, so sinnvoll die darin gezeichneten Leitlinien sein mögen, in dieser verbindlichen Form bereits Makulatur. Doch sind andererseits die Volkswirtschaften der ehemaligen Sowjetrepubliken in einem Maße verflochten, daß eine kurzfristig verordnete Desintegration ohne massive Einkommensverluste nicht vollziehbar ist. Gerade im Bereich Infrastruktur und Energieversorgung kann nur durch langfristig projektierte Investitionen eine effiziente Veränderung eingeleitet werden. Mit einem Auseinanderbrechen der östlichen Weltenergiemacht muß nicht unbedingt gerechnet werden. Unter dem Gesichtspunkt der Energieabhängigkeit Europas ist diese Frage aber nur von marginaler Bedeutung, denn Kohle und Elektrizität werden (außer nach Ungarn) nach Europa praktisch nicht geliefert, während Erdöl und Erdgas fast ausschließlich aus Rußland bezogen werden.

Im Gegensatz zu den USA wird Rußland und die GUS in der vorhersehbaren Zukunft weiterhin als Anbieter auf dem Weltmarkt auftreten. Verlöre die GUS ihre Position als Nettoexporteur, würde dies Rußlands wirtschaftliches und politisches Machtpotential weiter dramatisch schwächen und zugleich das Gleichgewicht des Weltenergiemarktes so nachhaltig stören, daß andere Machtkonstellationen drohten. So geht die Internationale Energieagentur (IEA) davon aus, daß bei fast gleichbleibender Energieproduktion in der bisherigen Sowjetunion die Länder des Mittleren Ostens ihre Ölproduktion bis zum Jahr 2005 auf 32,3 Mio. barrel per day (b/d) beinahe verdoppeln müßten (1989: 16,9 b/d), um den Weltbedarf in Höhe von 85 Mio. b/d zu decken.[1] Die Krisenregion Mittelost wird also an Marktmacht ohnehin gewinnen. Ein Ausfall der bisherigen Sowjetunion würde diese Tendenz in kaum kontrollierbarer Weise verstärken.

Rußland und die GUS decken derzeit 21% der Weltenergieproduktion ab - etwa soviel wie der Verbrauch aller europäischen Länder westlich der bisherigen UdSSR zusammen. Fast alle Energieexporte der GUS gehen nach Europa. Osteuropa, das bis Juni 1991 mit der Sowjetunion im Rat für Gegenseitige Wirtschaftshilfe (RGW) ökonomisch verflochten war und bis Anfang 1991 bei den Energieimporten besonders günstige Zahlungskonditionen genoß, ist bisher noch ungleich mehr als Westeuropa von Lieferungen aus der bisherigen UdSSR abhängig.

Am 22. Januar 1991 hat das Zentralkomitee der KPdSU eine Mitteilung "Über die Entwicklung der Lage in Osteuropa und über unsere Politik in dieser Region" herausgegeben, die eine Passage folgenden Wortlauts enthält:

> "Die Länder Osteuropas sind grundsätzlich an sowjetischen Energielieferungen [70 bis 80% des Erdöl- und 95 bis 100% des Erdgasbedarfs werden durch sowjetische Quellen gedeckt] sowie an einigen Rohstoffen interessiert. Die Schwächung dieser Bindungen bei Unterbrechung der sowjetischen Lieferungen ist nicht in Ihrem Interesse. Der Export von Energieträgern nach Osteuropa muß als ein wichtiges Instrument unserer Gesamtstrategie in dieser Region gesehen werden."[2]

Das Zentralkomitee der KPdSU ist inzwischen ebenso aufgelöst wie die Sowjetunion als Nationalstaat. Doch bleibt die Frage bestehen, ob die Abhängigkeit der früheren RGW-Länder von Energielieferungen aus Rußland ein taugliches Instrument darstellt, um vielleicht unter veränderten Konstellationen die "Ausnutzung der legitimen Mittel der Einflußnahme" - wie es in derselben Denkschrift heißt - zu praktizieren.

In der potentiellen Abhängigkeit unterscheiden sich die osteuropäischen grundsätzlich von den westeuropäischen Ländern, die seit der ersten Energiekrise (1973/74) einen Strukturwandel vollzogen haben, der auch die Abhängigkeitskonstellationen grundsätzlich verändert hat. Die westlichen Industrieländer haben ihre Versorgungssicherungsstrategie im Rahmen der Internationalen Energieagentur multilateralisiert und die Abhängigkeit insbesondere vom Öl durch Diversifizierung und Verbrauchsreduzierungen vermindert. Erdöl wurde mehr und mehr zu einem normalen Marktprodukt, die Marktmacht verschob sich graduell zugunsten der Käufer.[3] So sehr sich der Erdgas- vom Erdölmarkt strukturell unterscheidet,

---

1 Vgl. *International Energy Agency*, Energy Policies of IEA Countries, 1990 Review, Paris, 3.6.1991, Tabelle 5, S. 65.

2 Original in: Izvestija TsK KPSS, (1991) 3, Übersetzung des Bundessprachenamtes - Referat SM II 3, Auftragsnummer A3842, 1991, S. 9.

3 Vgl. Achim *von Heynitz*, Energieversorgungssicherung in Europa nach Auflösung des Ost-West-Konflikts, in: Friedemann *Müller* (Hrsg.), Rußlands Energiepolitik: Herausforderung für Europa, Baden-Baden 1992, S. 81-86.

die Substitutionselastizität zwischen den beiden Energieträgern wurde größer und dadurch der Wettbewerb intensiver, so daß sich auch Erdgas dem Sog eines funktionierenden Marktes nicht entziehen konnte. Dies muß allerdings weder bei Erdöl noch bei Erdgas auf Dauer so bleiben, denn auf Angebotsverknappungen reagiert dieser Markt nach wie vor sehr empfindlich. Zudem spricht vieles dafür, daß die Ölproduktion der Nicht-OPEC-Länder in den kommenden 10 Jahren wegen der sich verschlechternden Ressourcenlage in beträchtlichem Umfang zurückgehen wird. Auch sollten bei sicherheitspolitischen Überlegungen nichtrationales und terroristisches Verhalten auf der Lieferseite ebenso einbezogen werden wie die Retorsionsmöglichkeiten auf der Käuferseite.

Die folgenden Ausführungen befassen sich zunächst mit den abhängigkeitsempfindlicheren osteuropäischen, danach mit den westeuropäischen Ländern. Sie gliedern sich nach vier Fragestellungen: (1) Wie groß war die Energieabhängigkeit der osteuropäischen Länder zum Zeitpunkt des Umbruchs im RGW-Bereich 1989/90? (2) Wohin zielt die derzeitige Energiepolitik der osteuropäischen Länder[4] und welche Veränderungen sind bis 1995 zu erwarten? (3) Welche Auswirkungen hätte eine Lieferverweigerung auf den Wirtschaftsablauf der osteuropäischen Länder und welche Retorsionsmöglichkeiten stehen diesen betroffenen Ländern zur Verfügung? (4) Inwieweit ist Westeuropas Energiesektor mit der Energiewirtschaft der GUS-Länder verflochten und von diesen abhängig? Im Anschluß daran werden die potentiellen Verknüpfungen der östlichen und westlichen Elektrizitätsverbundsysteme beschrieben und dabei die abhängigkeitsrelevanten Empfindlichkeiten herausgearbeitet. Abschließend werden die Ergebnisse der Analyse in fünf Thesen zusammengefaßt.

I. Energieabhängigkeit der osteuropäischen Länder zu Beginn der 90er Jahre

Die osteuropäischen Länder deckten im Jahr 1990 ihren Energiebedarf zu 69% aus eigener Produktion, die verbleibenden 31% des inländischen Verbrauchs (vgl. Tabelle 1 im Anhang) wurden bis in das Jahr 1990 hinein fast ausschließlich durch Importe aus der Sowjetunion beschafft. Lediglich bei den Importen von Kohle spielt Polen als Lieferant eine wichtige Rolle. Bei Erdgas hatte die Sowjetunion zur Deckung des inländischen Bedarfs in den osteuropäischen Ländern praktisch ein Liefermonopol. Ähnlich verhielt es sich bei Erdöl. Nur Rumänien bezog etwa die Hälfte seiner Nettoimporte aus Ländern des Nahen Ostens. Darüber hinaus haben vor allem Rumänien, aber auch andere osteuropäische Länder Verträge mit OPEC-Ländern mit dem Ziel abgeschlossen, Rohöl zu veredeln und zu reexportieren, um auf diese Weise Devisen zu gewinnen.

---

4 Die fünf Länder Bulgarien, Polen, Rumänien, Tschechoslowakei und Ungarn werden in diesem Beitrag unter dem Begriff "osteuropäische Länder" subsumiert.

Die Energieabhängigkeit der osteuropäischen Länder von der UdSSR unterschied sich beträchtlich, sowohl in bezug auf die einzelnen Länder als auch in bezug auf die Energieträger. *Bulgarien* deckte 1990 fast 70% seines Energiebedarfs durch Importe aus der Sowjetunion ab, bei *Polen* waren es nur 20%, wobei Polen als Kohleproduzent wiederum beträchtliche Mengen in die osteuropäischen Länder, aber auch in die Sowjetunion exportierte. Die Raten der Abhängigkeit von sowjetischen Energielieferungen liegen bei den anderen Ländern zwischen denen von Polen und Bulgarien (*Ungarn* 48%, *Rumänien* 41%, *Tschechoslowakei* 36%; vgl. Tabelle 1 im Anhang).

Die Abhängigkeiten sind besonders groß bei *Erdöl* (vgl. Tabellen 2 und 6 im Anhang) und vor allem Erdgas (vgl. Tabellen 3 und 7 im Anhang). In Bulgarien, der CSFR und Polen wird praktisch kein Erdöl gefördert, in Ungarn etwas mehr als ein Viertel, in Rumänien ein Drittel des eigenen Bedarfs, wobei Rumänien in den 70er Jahren noch Nettoexporteur von Erdöl war, 1990 aber nur noch halb soviel Erdöl produzierte wie 1975. Bei *Erdgas* sind Bulgarien (100%), die CSFR (92%) und Polen (88%) zur Deckung ihres Bedarfs fast ganz von sowjetischen Lieferungen abhängig. Ungarn kann 48%, Rumänien 77% des Verbrauchs durch Eigenproduktion abdecken. Alle diese Länder beziehen ihre Importe ausschließlich von der bisherigen Sowjetunion. Dies ist nicht nur durch den Mangel an konvertibler Währung, sondern vor allem durch die Transportinfrastruktur bedingt.

Bei *Kohle* ist die Abhängigkeit der osteuropäischen Länder geringer. Zwar sind nur Polen und die CSFR Selbstversorger, während Ungarn, Rumänien und Bulgarien zwischen 28% und 40% ihres Bedarfs durch Importe abdecken (vgl. Tabelle 4 im Anhang), doch ist Polen für diese Länder als Lieferant wichtiger als die GUS.

In einer besonderen Situation befinden sich die drei *baltischen Staaten*. Sie produzieren, von dem litauischen Kernkraftwerk Ignalina abgesehen, keine eigene Energie und sind wegen ihres Devisenmangels noch immer vollkommen von Lieferungen aus Rußland abhängig. Ihre geographische Lage würde es erlauben, Erdöl, Kohle und bei entsprechenden Infrastrukturmaßnahmen auch Erdgas aus anderen Regionen zu beziehen, ohne die Lieferungen über russisches Territorium leiten zu müssen, doch verfügen sie derzeit nicht über die notwendigen Exporterlöse, um die Importe bezahlen zu können. Die Versorgungssicherung ist vor allem ein Zahlungsproblem. Dies ist inzwischen auch in das Bewußtsein der Bevölkerung eingedrungen, denn der Ruf nach Schließung des für Litauen überdimensionierten Kernkraftwerks Ignalina, der gleichermaßen Ausdruck der Umweltbewegung wie auch ein Akt des Widerstands gegen das "russische Besatzungsregime" war, ist weitgehend verstummt. Inzwischen ist vom Weiterbau des dritten 1 500-MW-Reaktors und von Stromexport die Rede, aus dessen Einnahmen Erdöl und Erdgas bezahlt werden könnten. Es ist jedoch unwahrscheinlich, daß diese Vorhaben verwirklicht werden, wenn die Kosten für die westlichem Standard entsprechenden Sicherheitsmaßnahmen bekannt werden und zu finanzieren sind.

Die westeuropäischen Länder könnten die Energieversorgung der baltischen Staaten sicherstellen, wenn sie entsprechende Kredite oder Hilfen verfügbar machten. Ohne westliche Alimentierung ist die Versorgungssicherheit in diesen Ländern langfristig vollständig von der Modernisierungs- und Exportfähigkeit ihrer eigenen Wirtschaften abhängig. Das trifft auch dann zu, wenn diese Staaten weiterhin ihre Energie hauptsächlich aus Rußland beziehen. Gegenüber Rußland dient ihnen als Exportfaktor und Sanktionsinstrument die Benutzung ihrer Häfen und der Transport von Gütern über ihr Territorium. Ein Drittel der sowjetischen Devisenerlöse wurden bisher durch Exporte erzielt, die über den Hafen Ventspils in Lettland abgewickelt wurden. Rußland kann auf diese Infrastruktur bis auf weiteres nicht verzichten. Aufgrund dieser wechselseitigen Abhängigkeit haben die baltischen Staaten bereits früher Sanktionen der Sowjetunion in Form von Energielieferkürzungen überstanden. Es ist auch für die Zukunft zu erwarten, daß die wirtschaftliche Verflechtung mit Rußland eine Strangulierung der baltischen Volkswirtschaften durch Lieferverweigerungen unwahrscheinlich macht.

II. Der Wandel in der sowjetischen und osteuropäischen Energiepolitik seit Anfang 1990

Zwei nicht unmittelbar miteinander verbundene Entwicklungen, die sich in den späten 80er Jahren abzeichneten, führten zu einem Wandel der Beziehungen zwischen der Sowjetunion und den osteuropäischen Ländern im Energiebereich. Erstens ging die Erdölproduktion der Sowjetunion seit 1987/88 (in beiden Jahren wurde die Höchstproduktion von 624 Mio. t erzielt) innerhalb von drei Jahren um 17% auf 515 Mio. t im Jahr 1991 zurück. Zweitens führte der politische Umbruch in Osteuropa seit 1989 zu einer Umorientierung der Handelsbeziehungen dieser Länder nach Westeuropa. Gleichzeitig kam es zur Ablösung des auf bilateralen Handelsverträgen beruhenden Handelssystems innerhalb des RGW durch ein marktorientiertes, multilaterales System mit Verrechnung in konvertibler Währung und schließlich zur Auflösung des RGW am 27. Juni 1991. All das hat zur Folge, daß sich Moskau aufgrund ökonomischer Verpflichtungen in Rußland nicht mehr zuständig fühlt, die Energieversorgung der osteuropäischen Länder sicherzustellen. Auch entfällt im Prinzip - hiervon abweichende Verträge wurden für 1991 noch einmal ausgehandelt - für die osteuropäischen Länder der Vorteil, die Energiebezüge mit Waren zu bezahlen, die nicht weltmarktfähig sind. Es gibt keine ökonomische Rechtfertigung mehr dafür, sich so sehr in Abhängigkeit von nur einem Anbieter, Rußland oder der GUS, zu begeben. Tatsächlich drängte die Sowjetunion die osteuropäischen Staaten schon lange, sich nach anderen Erdöllieferanten

ranten umzusehen, da die Vorteile der Osteuropäer zugleich Nachteile für die Sowjetunion mit sich brachten. Sie hätte gerne schon seit geraumer Zeit ihr Erdöl in größerem Umfang zur Erwirtschaftung von konvertibler Währung eingesetzt. Immerhin hat die Sowjetunion ihre Erdölexporte in die sozialistischen Länder (alle RGW-Länder, einschließlich Cuba, Mongolei, Vietnam, sowie Jugoslawien, Laos und China) zwischen 1987 und 1990 um 29% auf 70 Mio. t gesenkt, während die Exporte in die OECD-Länder im gleichen Zeitraum nur um 4% auf 81 Mio. t reduziert wurden.[5]

Die osteuropäischen Länder sind bei ihren Bemühungen um Alternativen der Energieversorgung jedoch aus den folgenden vier Gründen mit großen Schwierigkeiten konfrontiert. Zum einen können sie nicht die erforderlichen Beträge in konvertierbarer Währung verfügbar machen, um ihren Bedarf auf dem Weltmarkt zu decken (die Größenordnung der Beträge ist in Tabelle 8 im Anhang ausgewiesen). Sie bemühen sich deshalb um Anbieter, die sich zur Deckung wenigstens eines Teils ihres Bedarfs auf Barter-Geschäfte einlassen. Dazu hat sich die Sowjetunion für 1991 in begrenztem Umfang bereit gezeigt, wenngleich sie ihre Lieferzusagen bei Erdöl in den ersten 8 Monaten dieses Jahres nur zu zwei Drittel (21,5 Mio. t zugesagt, 14,1 Mio. t geliefert), in den letzten Monaten nur etwa zur Hälfte einhielt. Zum zweiten sind, bedingt durch den Golfkrieg, mit dem Irak und Kuwait jene beiden OPEC-Staaten ausgefallen, mit denen die meisten Barter-Geschäfte bereits abgeschlossen waren. Drittens ist im zweiten Halbjahr 1991 die Adria-Pipeline wegen des Bürgerkriegs in Kroatien nicht mehr in Funktion. Sie war bisher für die CSFR die einzige Alternative zur Versorgung über die Druzhba-Pipeline, aber auch für Ungarn der einzige Zugang zur Belieferung aus dem Mittelmeer. Viertens ist der Erdgasmarkt, bei dem die Abhängigkeit von der Sowjetunion am größten ist, insbesondere für Länder ohne eigenen Meereszugang praktisch ausschließlich leitungsgebunden. Hier gibt es praktisch nur eine Anbindung nach Osten. Um auf westliche Anbieter ausweichen zu können, müßten deshalb die Infrastrukturvoraussetzungen erst noch geschaffen werden. Im folgenden sollen die wichtigsten Aktivitäten der einzelnen osteuropäischen Länder zur Umgestaltung ihrer Energiepolitik kurz dargestellt werden.

Ungarn hat 1990 begonnen, in kleinen Mengen Öl auf dem Spotmarkt zu kaufen (0,2 Mio. t vom Irak, 0,2 Mio. t von Algerien, 0,08 Mio. t von Libyen). Zudem wurden die Handelsbeziehungen mit Kuwait ausgeweitet. Auch vor der Golfkrise wurde darüber verhandelt, daß Kuwait Anteile des staatlichen Tankstellennetzes in Ungarn erwirbt. Die Öllieferungen müssen aber über die Adria-Pipeline geleitet werden, die eine Kapazität von 11 Mio. t pro Jahr bewältigen kann. Ungarn bemüht sich weiter um Kapitalimporte im Energiesektor. Ein Joint-venture wurde

5 Vgl. Hella *Engerer*, Sowjetische Energiewirtschaft: Die Krise verschärft sich, in: DIW-Wochenbericht, No. 16/1991 vom 18.4.1991, S. 208-214 (213).

zwischen dem amerikanischen Unternehmen Philbo und Mineralimpex abgeschlossen. Aus der Sowjetunion bezog Ungarn in den ersten acht Monaten 1991 noch 1,4 Mio. t statt der zugesagten 2 Mio. t Öl.

Im Erdgasbereich bemüht sich Ungarn um Zugang zum westeuropäischen Verteilungsnetz. Der hierfür erforderliche Leitungsbau würde jedoch ca. 5 Jahre in Anspruch nehmen. Im übrigen hat Ungarn aufgrund seiner Investitionstätigkeit in Yamburg, Westsibirien, Ansprüche auf sowjetische Lieferungen in Höhe von 2 Mrd. m^3 pro Jahr bis 1998 und eine Option für weitere Lieferungen in derselben Größenordnung bis zum Jahr 2008, die das Land aus wirtschaftlichen Gründen nicht verfallen lassen will.

Die *CSFR* hatte für 1991 mit der Sowjetunion ein Abkommen geschlossen, nach dem die UdSSR 7,5 Mio. t Öl liefert, von denen 5 Mio. t in konvertibler Währung zu bezahlen sind. Außerdem hat die CSFR mit dem westsibirischen Unternehmen Tyumenneftegaz ein Barter-Geschäft über 0,5 Mio. t Öl gegen Fahrzeuge abgeschlossen. Kurz vor Abschluß eines Geschäfts mit dem Irak fand die Kuwait-Invasion statt, so daß die Verhandlungen nicht fortgeführt wurden. Mit Iran wurde ein Barter-Geschäft über 3 bis 6 Mio. t in Aussicht genommen. Auch mit Venezuela wurden Verhandlungen über Öllieferungen aufgenommen. Für 1992 wurde mit den GUS-Ländern ein Abkommen über die Lieferung von 7,5 Mio. t Rohöl abgeschlossen, was den Jahresbedarf zu etwa zwei Dritteln abdecken würde.[6] Zusätzlich zu der Option, die Adria-Pipeline, sollte sie betriebsbereit sein, in einem Umfang von bis zu 5 Mio. t/a mitzunutzen, wird bis 1994 eine Öl-Pipeline von Kralupy bei Prag nach Ingolstadt mit einer Kapazität von 10 bis 15 Mio. t gebaut. Im Erdgasbereich bemüht sich die CSFR um eine größere Unabhängigkeit von der bisherigen Sowjetunion. Die große Pipeline, die das sowjetische Gas nach Westeuropa bringt, führt über tschechoslowakisches Territorium. Die Gesellschaft Transgas, die sie betreibt, soll privatisiert werden. Wenn von russischer Seite überhaupt kein Gas geliefert würde, könnte die Pipeline zur Versorgung der CSFR aus Westeuropa benutzt werden, sofern die Westeuropäer hierzu bereit wären.

Die Sowjetunion hat *Polen* für die ersten acht Monate 1991 6 Mio. t Öl zugesagt und tatsächlich 4,9 Mio. t geliefert. Das ist nur wenig mehr als die Hälfte der entsprechenden sowjetischen Lieferungen von 1990. Für 1992 wurde mit Rußland ein Barter-Geschäft abgeschlossen, das mit 5 Mio. t 40% des polnischen Erdölbedarfs abdeckt. Mit Iran wurde für 1992 ein Kontrakt über 3,6 Mio. t, mit Saudi-Arabien über 0,6 Mio. t abgeschlossen. Bezahlt wird im wesentlichen mit Maschinen und Ausrüstungsgütern. Eine Vereinbarung mit dem Irak über Lieferungen in Höhe von 7 Mio. t in einem Zeitraum von 3 Jahren konnte wegen der Golfkrise nicht umgesetzt werden. Zur Steigerung der inländischen Erdgasproduktion erhielt Po-

6 Entsprechend äußerte sich Wirtschaftsminister *Dlouhy* in Radio Čekoslovensko am 5.2.1992. Vgl. DW Monitor Dienst, 7.2.1992.

len einen Weltbankkredit über 250 Mio. US-Dollar. Bisher gibt es jedoch wegen der gegebenen Leitungsinfrastruktur keine Importalternative zu Rußland.

Im März 1990 schloß *Bulgarien* mit dem Irak einen Vertrag über die Lieferung von 4,8 Mio. t Erdöl. Damit sollten die Schulden des Irak an Bulgarien in Höhe von 1,5 Mrd. US-Dollar abgetragen werden. Um die Verluste aus diesem Geschäft teilweise abzufangen, schloß Bulgarien im September 1990 ein zusätzliches Abkommen mit Iran über die Lieferung von 1,4 Mio. t Öl und 1 Mrd. m^3 Erdgas, wobei letzteres über das Territorium der südlichen, ehemals sowjetischen Republiken geleitet werden soll. Mit Libyen und der Türkei wurden ebenfalls Verhandlungen über Öllieferungen aufgenommen.

Rumänien hat 1991 kein Öl aus der Sowjetunion erhalten, obwohl die Lieferung von 1 Mio. t ausgehandelt war. Es verfügt jedoch über traditionell gute Beziehungen zu einigen ölexportierenden Ländern des Nahen Ostens. Von dort wurde seit vielen Jahren zur Nutzung der überdimensionierten Raffineriekapazitäten Rohöl importiert und zum Reexport verarbeitet. Die guten Beziehungen zum Irak fielen allerdings dem Golfkrieg zum Opfer. Im Februar 1991 hat Rumänien den Import von 5 Mio. t Öl aus Iran ausgehandelt.

Gemessen am westeuropäischen Niveau ist der Energieverbrauch in den osteuropäischen Ländern verschwenderisch hoch. Die CSFR übertrifft mit ihrem Pro-Kopf-Verbrauch alle größeren westeuropäischen Länder, die alte Bundesrepublik zum Beispiel um 12%. Die Energieintensität, das heißt der Energieverbrauch pro Sozialprodukt-Einheit, liegt in den osteuropäischen Ländern etwa doppelt so hoch, nach manchen Berechnungen noch viel höher als in der EG.[7] Im Zuge der Modernisierung der osteuropäischen Volkswirtschaften ist demnach eine Angleichung an westeuropäisches Verbrauchsniveau zu erwarten, wobei allerdings die Steigerung der Verbrauchseffizienz und die Wachstumseffekte gegenläufig wirken werden. Im übrigen ist mit einem Abbau des hohen Anteils der Kohle am Energieverbrauchsmix zu rechnen, so daß die abhängigkeitssensiblen Energieträger Erdöl, Erdgas und auch Elektrizität weniger durch Energiespareffekte reduziert werden. Die Importabhängigkeit sollte wegen der hohen Wachstumseinbußen seit 1990 zunächst geringer werden. Mit Eintritt in eine Wachstumsphase könnte dann der Importbedarf wieder ansteigen, allerdings nur in sehr geringem Maße, wenn die Strukturanpassung nach westlichem Vorbild gelingt. Diese wird allerdings langsamer erfolgen, als wünschenswert wäre, denn die Kosten dieser Strukturanpassung im Energiesektor werden auf 40 bis 130 Mrd. US-Dollar jährlich geschätzt.[8] Beträ-

---

7 Vgl. Peter *Palinkas*, Ost-West-Kooperation im Energie- und Umweltbereich. Probleme und Aussichten, in: Zeitschrift für Energiewirtschaft, (1991) 3, S. 154-166 (160).

8 Vgl. Petroleum Economist, (Ferbuar 1992) 2, S. 38 (40 Mrd. US-Dollar pro Jahr); VDI-Nachrichten, (10.1.1992) 1/2, S. 18 (1 000 Mrd. US-Dollar über 15 Jahre); *Palinkas*, Ost-West-Kooperation im Energie- und Umweltbereich, S. 161 (2 000 Mrd. US-Dollar in 15 Jahren).

ge dieser Größenordnung sind angesichts des Investitions- und Modernisierungsbedarfs in allen Wirtschaftszweigen nicht einmal in Form einer Kombination von eigener Anstrengung und westlicher Hilfe aufzubringen.

Alle osteuropäischen Länder möchten gleichermaßen ihre Energieimporte regional diversifizieren. Das trifft in erster Linie für den wichtigsten Energieträger, das *Erdöl* zu. Diese Tendenz deckte sich mit der Exportpolitik Rußlands und der GUS, die wegen ihrer zurückgehenden Erdölproduktion die osteuropäischen Länder nur noch in reduziertem Umfang belieferten. Bei *Erdgas* ist aufgrund der Leitungsbindung kurzfristig keine Diversifizierung möglich. Es wurden aber sowohl auf ost- wie auf westeuropäischer Seite Überlegungen angestellt, die mittelosteuropäischen Länder an das westeuropäische Leitungsnetz anzubinden. Darüber hinaus wird die Verlegung einer Pipeline von Algerien zur Adria mit Anschluß nach Südosteuropa diskutiert.

Die Abhängigkeit der osteuropäischen Länder von sowjetischer *Elektrizität* ist mit einem Anteil von 12% am Verbrauch nicht bedrohlich hoch, sie ist aber wie beim Erdgas wegen der Leitungsbindung kurzfristig nicht zu reduzieren (vgl. Abschnitt V). Die Sowjetunion bzw. ihre Rechtsnachfolger sind an einem Großverbund der europäischen Netze interessiert, da man die Qualität des RGW-Netzes (Frequenzregelung) ohnehin an den westlichen Standard heranführen will und sich langfristig als Stromexporteur (vor allem aus sibirischen Kohlekraftwerken) für den gesamten europäischen Markt sieht. Wenn die allerdings aufwendigen Investitionen zur Verbindung dieser Netze getätigt sind, kann Strom in jede Richtung geliefert und die osteuropäischen Länder können dann auch von Westen her versorgt werden.[9]

Es ist zu erwarten, daß die osteuropäischen Länder ihre Abhängigkeit von russischen Erdöllieferungen bis zur Mitte des Jahrzehnts stark reduziert und bis dahin die infrastrukturellen und finanziellen Voraussetzungen geschaffen haben, notfalls auf Reserven und andere Anbieter auszuweichen. Der Westen könnte als Beitrag zur Reduzierung ihrer Abhängigkeit eine Integration dieser Länder in das Versorgungssystem der Internationalen Energieagentur anbieten. Bei Erdgas und Elektrizität wird die Abhängigkeit Mitte des Jahrzehnts nur wenig geringer sein als heute, da der Aufwand infrastruktureller Maßnahmen zur Diversifizierung der Bezugsquellen größer ist als bei Erdöl. Hier sollte sorgfältig geprüft werden, ob eine Anbindung an das westliche Versorgungsnetz mit westlichem Kapital stärker forciert werden könnte, als es bereits der Fall ist.

---

9 Vgl. Wilhelm *Kiwit*, Großverbundsysteme in Europa. Fakten und Grenzen, in: Energiewirtschaftliche Tagesfragen, (1990) 11, S. 761-769.

Sollten die bisherigen sowjetischen Republiken die Abhängigkeit der osteuropäischen Länder im Energiesektor durch Androhung oder Verwirklichung eines Lieferboykotts als Instrument politischer Druckausübung verwenden wollen, so hätte das auf die Funktionsfähigkeit der Volkswirtschaften dieser Länder mindestens kurzfristig beträchtliche, je nach Energieträger unterschiedliche Auswirkungen.

Bei *Erdöl* ist die Abhängigkeit der osteuropäischen Länder im Abnehmen begriffen. Die Wirkung eines Lieferboykotts wäre also heute wesentlich größer als in fünf Jahren. Angesichts dieses Tatbestandes wäre zu überlegen, inwieweit die osteuropäischen Länder - ob durch eine förmliche Verbindung mit der IEA oder durch eine Ad-hoc-Maßnahme - aus Reservehaltungen der westlichen Industrieländer mitversorgt werden sollten. Die fünf betroffenen Länder importieren zusammen etwas weniger Mineralöl als die alte Bundesrepublik (51 Mio. t im Jahr 1990, davon 39 Mio. t aus der Sowjetunion, mit abnehmender Tendenz 1991; vgl. Tabelle 6 im Anhang). Engpässe könnten allerdings beim Transport auftreten, doch ein Überleben dieser Volkswirtschaften wäre von westlicher Seite sicherzustellen, insbesondere wenn sich die Boykottmaßnahmen nur gegen eines der osteuropäischen Länder richten würde.

Anders verhält es sich bei *Erdgas*. Hier sind die Voraussetzungen für den Transport aus westeuropäischen Reserven nicht gegeben. Praktisch alles importierte Erdgas kommt aus der GUS (vgl. Tabelle 7 im Anhang). Um so verwundbarer ist die GUS im Bereich der Leitungswege. Erdgas hat seit 1990 das Erdöl als größten Devisenbringer abgelöst. Sämtliches Erdgas, das aus dem bisher sowjetischen Gebiet in die westeuropäischen Länder geliefert wird (1990: 63 Mrd. m^3; vgl. Tabelle 11 im Anhang), fließt über tschechoslowakisches Territorium. Die CSFR wäre demnach in der Lage, entweder diesen Erdgasfluß zu unterbinden oder sich ihren Anteil, der im wesentlichen als Gebühr für die Durchleitung bereitgestellt wird, selbst abzuzweigen. Diese Retorsionsmaßnahme wäre nur dann obsolet, wenn der Lieferboykott ganz Europa gelten würde. In diesem Falle müßte wiederum ein Mechanismus in Gang gesetzt werden, um die in Norwegen, Großbritannien und Kontinentaleuropa (vor allem in den Niederlanden) vorhandenen Reserven und Produktionsmöglichkeiten so zu verteilen, daß das wirtschaftliche Überleben aller erreichbaren europäischen Länder (das gilt derzeit nicht für Polen, Bulgarien und Rumänien) gesichert ist. Die Tschechoslowakei ist im übrigen nicht das einzige Erdgas-Transitland. Die russischen Lieferungen an die Türkei und Griechenland verlaufen über bulgarisches und rumänisches Territorium, so daß auch hier eine Möglichkeit für Retorsionsmaßnahmen gegeben ist.

IV. Westeuropas Verflechtung mit der GUS im Energiesektor

Westeuropa (die europäischen OECD-Länder) deckt 40% seiner Primärenergieversorgung durch Importe (vgl. Tabelle 10 im Anhang); ein Viertel davon, das heißt knapp 10% der Energieversorgung, kommen aus der bisherigen Sowjetunion (1989: 9,3%, 1990 etwas über 10%, 1991 unter 10% geschätzt). Um die Abhängigkeitskonstellationen zu ermessen, bedarf es einer Aufschlüsselung nach Energieträgern. Die Lieferungen beschränken sich im wesentlichen auf Erdöl und Erdgas. Die Kohlelieferungen sind ebensowenig von Belang wie die Elektrizitätslieferungen, abgesehen davon, daß derzeit die neuen Bundesländer noch mit dem RGW-Elektrizitätsverbund verflochten sind (vgl. Abschnitt V).

Die westeuropäischen Erdölbezüge waren 1989 mit einem Anteil von 14% am Verbrauch höher als die der EG (13%) und speziell der Bundesrepublik (10%). 1990 stiegen die Erdölbezüge der Bundesrepublik aus der Sowjetunion rapide und erreichten für das geeinte Deutschland mehr als die doppelte Menge des Vorjahres. Dadurch wurde die Sowjetunion zum größten Erdöllieferanten Deutschlands, gefolgt von Großbritannien. Diese Schwankungen deuten zugleich an, wie flexibel der Erdölmarkt insbesondere seit Mitte der 80er Jahre geworden ist. Langfristige Lieferverträge verlieren mehr und mehr an Bedeutung. Erdöl wird gekauft, wo sich die günstigsten Konditionen bieten. Lieferunterbrechungen von seiten Rußlands würden nur dann Effekte erzielen, wenn sie gegenüber dem Weltmarkt als Ganzem gelten würden. Solange andere Anbieter den Lieferausfall aus Rußland ersetzen würden, wären die westeuropäischen Länder flexibel genug, sich dieser Möglichkeiten zu bedienen. Wenn der Lieferausfall nicht auf dem Weltmarkt kompensiert würde, käme gegebenenfalls der Krisenmechanismus der Internationalen Energieagentur in Gang, der die Verknappung gleichmäßig auf die westlichen Industrieländer verteilt. Ein Lieferboykott Rußlands könnte also nur in einer Koalition mit den OPEC-Ländern und als Angriff gegen sämtliche westlichen Industrieländer wirksam werden. Eine gezielte Lieferreduzierung etwa gegen Deutschland könnte als Instrument nicht wirksam eingesetzt werden. Ein in Absprache mit der OPEC verhängtes Ölembargo gegen alle westlichen Industrieländer wäre jedoch faktisch gleichbedeutend mit dem Abbruch aller Wirtschaftsbeziehungen nach Westen als Retorsionsmaßnahme. Dies würde Rußland unter allen denkbaren Szenarien mehr schaden als den westlichen Industrieländern.

Anders stellt sich die Lage im Erdgasbereich dar. Durch die weitgehende Bindung der Lieferanten und Käufer an die vorhandenen Leitungen besteht zwischen Rußland und Europa praktisch ein bilaterales Monopol. Rußland kann derzeit seinen zum Export bestimmten Erdgasanteil nirgends anders hintransportieren als nach Europa. Dies wird sich auch in absehbarer Zeit nicht ändern, allenfalls könnten neu zu erschließende Erdgasfelder in Fernost mit Transportwegen nach Japan verbunden werden. Europa kann andererseits seine Importe aus Rußland nicht einfach auf dem Weltmarkt decken. Zwar gibt es inzwischen Leitungen aus Algerien, Häfen, die Flüssiggas aufnehmen können, und vor allem die Möglichkeit, die eigenen westeuropäischen Produktionsmengen zu erhöhen sowie die Vorratslager zu mobilisieren, doch ist die Flexibilität zur Substitution der russischen Lieferungen nicht vergleichbar groß wie bei Erdöl. Es liegt in der Natur dieses Energieträgers, daß sich beide Seiten bereits bei den Produktions- und Infrastrukturinvestitionen stärker in Abhängigkeit voneinander begeben. Da Rußland inzwischen mehr Devisen durch Erdgas- als durch Erdölimporte verdient, wird es diese Einnahmequelle wohl kaum leichtfertig verspielen, doch sind die Leitungen wegen dieser wechselseitigen Abhängigkeit gegen Anschläge besonders gefährdet. Dazu kommt, daß alle derzeit vorhandenen Erdgasleitungen nach Europa über das Territorium der Ukraine führen. Es wäre also denkbar, daß die Ukraine dieses Druckmittel gegen beide Seiten nutzt. Doch fällt es wiederum schwer, sich ein Szenario vorzustellen, das der Ukraine einen Vorteil aus einem aggressiven Akt gegenüber ganz Europa und Rußland bringen könnte. So bleibt vor allem die Notwendigkeit, sich gegen einen politisch irrationalen terroristischen Anschlag zu schützen.

Erdgas ist unter den fossilen Energieträgern der umweltverträglichste und weist deshalb einen wachsenden Anteil im westeuropäischen Energiemix auf. Dies wird durch die im Gegensatz zu Erdöl positiven Verbrauchswachstumsraten bestätigt. Rußland als das Land mit den weltweit größten Erdgasreserven und der größten Produktion ist als Anbieter in einer besonderen Position. Dennoch gibt es keine Anzeichen für eine Verstärkung der westeuropäischen Abhängigkeit von russischem Erdgas. Norwegens aufwendige Investitionen in der Nordsee erfordern westeuropäische Abnahmeverpflichtungen. Algerien und Libyen sollen mittels weiterer Leitungen durch das Mittelmeer als Lieferanten an Europa gebunden werden. Zusätzlich zeichnen sich Flüssiggasoptionen ab, so daß eine Erhöhung des russischen Anteils am westeuropäischen Erdgasverbrauch nicht zu erwarten ist.[10] Das sich in Westeuropa verdichtende Leitungsnetz verbessert zunehmend die Möglichkeiten einer raschen Versorgung unterversorgter Regionen. Dennoch könnte ein Anteil Rußlands von 20% an der westeuropäischen Gasversorgung und seit der Vereinigung von fast 40% an der Versorgung Deutschlands im Falle eines langfristig anhaltenden Lieferboykotts zu beträchtlichen Einschränkungen für die Volkswirtschaften und die Versorgung der Haushalte führen.

10 Vgl. Wilfried *Czernie*, Zusammenarbeit mit der Sowjetunion im Energiesektor, in: Friedemann *Müller* (Hrsg.), Rußlands Energiepolitik: Herausforderung für Europa, Baden-Baden 1992, Schaubild 6, S. 97.

Ähnlich wie im kontinentalen Westeuropa und in Skandinavien sind auch die Stromnetze im ehemaligen RGW im Parallelbetrieb mit einem zentralen Lastverteiler in Prag zusammengeschaltet. Trotz sehr ähnlicher Betriebsart (Dreiphasen-Wechselstrom mit 50 Hertz Schwingungsfrequenz) bestehen erhebliche Unterschiede zu den Westnetzen, die von der Union pour la Coordination de la Production et du Transport d'Electricité (UCPTE) bzw. der NORDEL (Mitglieder sind Dänemark, Norwegen, Schweden, Finnland und Island) koordiniert werden.

Im Westen gilt die Verabredung, daß bei einem unvorhergesehenen Ausfall von elektrischer Leistung die benachbarten Elektrizitätserzeuger mit den obligatorischen Leistungsreserven ihrer laufenden Kraftwerke innerhalb von Sekunden einspringen (Primärregelung), daß dann aber der Partner mit der Störung alsbald seine teilausgelasteten bzw. stillstehenden Reservekraftwerke anfahren muß (Sekundärregelung), damit die Primärreserve wieder für andere Eventualitäten verfügbar ist. Vereinbarungsgemäß soll vorrangig jedes Land für sich selbst sorgen und darf erst bei übergroßen Ausfällen auf die Primär- oder sogar Sekundärregelungskapazitäten der Nachbarländer zurückgreifen. Grenzüberschreitende Vertragslieferungen sind nicht die Hauptsache.

Das Ostnetz folgt einem anderen Konzept. Es ist als - bisher sozialistischer - Wirtschaftsverbund zur arbeitsteiligen Stromerzeugung aufgebaut worden. Die Zentrale Dispatcher-Stelle in Prag befaßt sich lediglich mit dem vorher vereinbarten Stromaustausch. Bei ungeplanten Ereignissen werden zur Aufrechterhaltung der Netzstabilität sowohl die Primär- als auch die Sekundärregelung durch Lieferungen aus der bisherigen Sowjetunion bewirkt, zum Teil über weite Entfernungen.[11] Die Störanfälligkeit der Kraftwerke und des Netzes bedingen bei fehlenden Redundanzen, daß öfters weiträumige Abschaltungen vorgenommen werden müssen, um noch größeren Netzzusammenbrüchen oder gar Schäden an den Anlagen zuvorzukommen. Daß die Moskauer Schaltstelle solche Unterbrechungen zum Schutz ihrer eigenen Einrichtungen an den "Sollbruchstellen" des Netzes aus anderen als technischen Gründen bewirkt hätte, ist allerdings bisher nicht bekannt geworden. Freilich war die Zentrale in Prag über die Moskauer technischen Einrichtungen und Betriebsführungsmodalitäten nicht offiziell unterrichtet.

Die osteuropäischen Länder waren in ihrem Stromverbrauch in unterschiedlichem Maße von sowjetischen Lieferungen abhängig. 1988 lauteten die Zahlen (gerundet): DDR 2%, Polen 3%, Tschechoslowakei 5%, Rumänien und Bulgarien je 8%, Ungarn 28%.[12] Der starke Rückgang der Nachfrage nach Strom (fast 30%) in-

11 Vgl. Wilhelm *Kiwit*, Großverbundsysteme in Europa, in: Energiewirtschaftliche Tagesfragen, 40 (1990) 11, S. 761.

12 Vgl. auch Tabelle 5 im Anhang; dort sind allerdings die Importabhängigkeiten insgesamt, also nicht nur die Abhängigkeit von sowjetischen Lieferungen ausgewiesen.

folge des Absinkens und der Umorientierung der Industrieproduktion schwächt neuerdings die Abhängigkeit sowohl von Importen als auch vom Betrieb der mit Sicherheitsmängeln behafteten Kernkraftwerke ab. Reserven wären somit durchaus vorhanden. Damit sind die Zahlenverhältnisse scheinbar günstiger als bei der allgemeinen Energieabhängigkeit Europas.[13] Doch sind über das Jahr gemittelte Strommengen technisch etwas anderes als kurzfristig (sekundenschnell) verfügbare Kapazitäten zum Auffangen von Netzstörungen. Fehlende technische Einrichtungen lassen nämlich die Abhängigkeit Osteuropas von der über Moskau laufenden Primär- und Sekundärregelung vorerst weiterbestehen, die übrigens zum Teil noch sehr unmodern per Telefon und mit Handbetrieb funktioniert.

Die Zusammenschaltung der europäischen Netze in Ost und West wäre durchaus eine längerfristige Zukunftsperspektive. Arbeitsgruppen der Conférence Internationale des Grands Réseaux Electriques (CIGRE), der Union Internationale des Producteurs et Distributeurs d'Energie Electrique (UNIPEDE) sowie der UCPTE befassen sich mit dieser Thematik in einem Zeithorizont bis etwa zum Jahre 2010. Ein einfacher Verbund ist derzeit freilich wegen der Instabilitäten im Ostnetz technisch unmöglich. Polen, Ungarn und die CSFR arbeiten indessen zielstrebig an einer Verbesserung ihrer Anlagen. Diese Länder (wohl zuerst Ungarn) hoffen, bis ca. 1995 die Parallelschaltung mit der UCPTE zu erreichen, deren Netz übrigens schon Jugoslawien und sogar Albanien angehören. Die deutschen Stromerzeuger sind freilich eher skeptisch und befürchten Qualitätsverluste im eigenen Betrieb bei einem europapolitisch motivierten Anschluß technisch noch nicht fertiger osteuropäischer Netze sowie wirtschaftliche Nachteile bei einer von der EG erzwungenen etwaigen Bereitstellung des eigenen Netzes für den Stromtransit zugunsten Dritter. Erst recht gilt ein sich bis Wladiwostok erstreckendes Großnetz (super grid), das die Verschiebung der Lastspitzen in den einzelnen Zeitzonen ausnutzt, höchstens als Langfristperspektive.[14]

Einen risikoärmeren Ausweg bietet die moderne Gleichstromtechnik mit relativ kurzen Bauzeiten, wenngleich nicht unbeträchtlichen Investitionen. Entsprechende Kupplungen (eine zwischen Österreich und der CSFR ist bereits im Betrieb und je eine zwischen Bayern und der CSFR bzw. Österreich und Ungarn steht kurz vor Fertigstellung) mit insgesamt 1 700 MW, also etwa der Leistung von drei konventionellen Großkraftwerken, sind nicht unbedeutend als Möglichkeit einer Aushilfe im Notfall, selbst wenn der Transport großer Strommengen über weite Entfernungen nicht wirtschaftlich ist. Ein forcierter Ausbau der Gleichstromtechnik einschließlich der Stromübertragung auf größere Entfernungen würde freilich eine

13 Vgl. Abschnitt I sowie Tabelle 1 im Anhang.

14 Vgl. Heinz *Lichtenberg*, Perspektiven und Chancen einer integrierten Stromversorgung in Europa. Vortrag auf der Herbsttagung des Deutschen Atomforums in Bonn am 29.10.1991.

politische Entscheidung und ein dementsprechendes Handeln der Europäischen Gemeinschaft voraussetzen.

Eine weitere Möglichkeit besteht im "Richtbetrieb": Einzelne Kraftwerke oder Verbrauchergruppen werden aus dem einen Netz getrennt (das seinerseits für Ergänzungen der ausgefallenen Leistung sorgen muß) und auf das andere Netz aufgeschaltet. Die Einrichtung derartiger "Sonderschaltungen" wurde auf deutsche Anregung 1990 von der EG als "Winterhilfe" für Rumänien organisiert (einige 100 MW für einige Monate unter Beteiligung von Deutschland, Österreich, Jugoslawien und Ungarn).[15]

Das Netz der Ex-DDR soll 1993 der UCPTE angeschlossen werden. Der Bau einer ursprünglich vorgesehenen Gleichstromkupplung wurde wegen der - wider Erwarten raschen - Fortschritte bei der Modernisierung des ostdeutschen Netzes kurzerhand gestoppt, nachdem der inzwischen erreichte Ausbauzustand ausreichende westdeutsche Hilfe bei Störungen erlaubt. Die durchaus belastbaren Verbindungen nach Osteuropa werden dann abgeschaltet, aber nicht demontiert. Somit wäre auch hier ein besonderes Potential für den Richtbetrieb als Nothilfe für Polen und die CSFR gegeben. Damit dürfte insgesamt die Problematik plötzlicher Netztrennungen zwischen Mittelosteuropa und der bisherigen Sowjetunion in zwei bis drei Jahren zu entschärfen sein.

Insgesamt scheint es realistisch, daß Westeuropa im akuten Notfall schon heute bis zu 5 000 MW_{el} als kurzfristige Nothilfe mobilisieren könnte. Parallel zur Organisation von Aushilfen bei Netzstörungen müßten die westeuropäischen Länder weiterhin bemüht bleiben, technische Hilfe zur Nachrüstung und Erweiterung des Kraftwerkparks (insbesondere auch Beseitigung der Sicherheitsmängel bei den Kernkraftwerken) und der Übertragungseinrichtungen mit moderner Leit-, Regelungs- und Sicherheitstechnik sowie bei der Einführung stromsparender Technologien zu geben. Das Beispiel der neuen Bundesländer ist jedenfalls durchaus ermutigend, auch wenn den mittelosteuropäischen Ländern kein gleiches Maß an Hilfe zuteil werden kann.

VI. Zusammenfassende Thesen

(1) Die osteuropäischen Länder sind in beträchtlichem Maße von Energielieferungen aus bisher sowjetischem Gebiet abhängig. Am meisten ist Bulgarien, am wenigsten Polen betroffen. Der Energieträger mit der größten Abhängigkeit ist Erdgas, gefolgt von Erdöl und an dritter Stelle Elektrizität.

(2) Aufgrund der Veränderungen seit 1988 (Verringerung des sowjetischen Angebots, Auflösung des RGW, Diversifizierung der osteuropäischen Länder

15 Vgl. Ludwig *Strauß*, Kooperationsmöglichkeiten zwischen den Elektroverbundsystemen in West- und Osteuropa, in: Energiewirtschaftliche Tagesfragen, 40 (1990) 11, S. 769.

aus politischen Gründen) wird die Abhängigkeit der osteuropäischen Länder in den nächsten Jahren stetig abnehmen, und zwar am stärksten bei Erdöl, während bei Erdgas und Elektrizität langfristig angelegte Infrastrukturmaßnahmen notwendig sind, um die Versorgungssicherheit auf ein breiteres Fundament zu stellen.

(3) Im Falle von Lieferboykottmaßnahmen verfügen einzelne osteuropäische Länder über die Möglichkeit von Retorsionsmaßnahmen, vor allem weil sie Transitländer für Energielieferungen in den Westen sind.

(4) Westeuropa könnte einen wesentlichen Beitrag zur Reduzierung der osteuropäischen Energieabhängigkeit von der GUS leisten, wenn die Infrastruktur zur Anbindung der osteuropäischen Länder an das westeuropäische Erdgas- und Elektrizitätsnetz geschaffen würde. Darüber hinaus könnten die osteuropäischen Länder in vertragliche Verbindung mit der Versorgungssicherungsstruktur der Internationalen Energieagentur gebracht werden. Im übrigen ist die Integration der osteuropäischen Länder in die Weltwirtschaft, die seit 1990 durchaus voranschreitet, wichtig, um die finanzielle Manövrierfähigkeit dieser Länder zu verbessern und ihnen ungehinderten Zugang zum Weltölmarkt zu verschaffen.

(5) Westeuropa ist aufgrund seiner geographischen Lage, seiner finanziellen Flexibilität und seiner Infrastruktur - erwähnt seien vor allem die Leitungsnetze bei Elektrizität und Erdgas - in wesentlich geringerem Maße von Lieferungen aus Rußland und der GUS abhängig. Ein Ausfall des russischen Erdöls würde die westeuropäischen Länder nicht gezielt treffen, doch würde dadurch die Marktposition der OPEC-Länder in einer für die westlichen Industrieländer belastenden Form wachsen. Eine Unterbrechung der Erdgaslieferungen würde Westeuropa insofern schwerer treffen, als der Transport von Gas viel stärker an die vorhandene Infrastruktur gebunden ist, die einen Beitrag von etwa 20% aus dem Bereich der GUS zur Bedarfsdeckung in Westeuropa vorsieht. Die weiter fortschreitende Diversifizierung der Bezüge und die Verdichtung des Leitungsnetzes deuten aber darauf hin, daß diese Abhängigkeit nicht weiter wachsen, sondern eher sogar sinken wird.

Tabelle 1 - Energiebilanz der osteuropäischen Länder 1990, Mio. t Öläquivalente

	Energieproduktion	Nettoimport (NI)	Verbrauch (V)	Anteil NI an V
Bulgarien	9,94	23,09	33,03	69,9%
Polen	108,00	6,00	114,00	5,3%
Rumänien	39,53	27,23	66,80	40,8%
Tschechoslowakei	49,86	27,67	77,53	35,7%
Ungarn	15,91	14,56	30,48	47,8%
Osteuropa	223,4	98,55	321,84	30,6%

Quelle: *UN ECE*, Energy Reforms in Central and Eastern Europe, New York 1991.

Tabelle 2 - Erdölbilanz der osteuropäischen Länder 1990, Mio. t Öläquivalente

	Erdölproduktion	Nettoimport (NI)	Verbrauch (V)	Anteil NI an V
Bulgarien	0,1	13,2	13,2	100%
Polen	0,2	15,0	15,2	99%
Rumänien	7,5	7,6[a]	15,1	68%
Tschechoslowakei	0,2	15,3	15,5	99%
Ungarn	2,3	6,1	8,4	72%
Osteuropa	10,2	57,2	67,4	85%

a Diese Ziffer ist der Quelle *CIA*, International Energy Statistical Review, 25.6.1991, entnommen. Bei der Angabe der ECE-Quelle (15,7 Mio. t) scheint es sich um die Bruttoimportgröße zu handeln. Die Korrektur erstreckt sich auch auf den inländischen Ölverbrauch in Rumänien.

Quelle: *UN ECE*, Energy Reforms in Central and Eastern Europe, New York 1991.

Tabelle 3 - Erdgasbilanz der osteuropäischen Länder 1990, Mio. t Öläquivalente

	Erdgasproduktion	Nettoimport (NI)	Verbrauch (V)	Anteil NI an V
Bulgarien	0,0	5,9	5,9	100%
Polen	1,0	7,0	8,0	88%
Rumänien	20,6	6,0	26,6	23%
Tschechoslowakei	0,9	10,6	11,5	92%
Ungarn	4,9	5,3	10,2	52%
Osteuropa	27,4	34,8	62,2	56%

Quelle: *UN ECE*, Energy Reforms in Central and Eastern Europe, New York 1991.

Tabelle 4 - Kohlebilanz der osteuropäischen Länder 1990, Mio. t Öläquivalente

	Erdgasproduktion	Nettoimport (NI)	Verbrauch (V)	Anteil NI an V
Bulgarien	5,6	3,7	9,2	40%
Polen	106,0	- 17,0	89,0	- 19%
Rumänien	8,4	4,9	13,4	37%
Tschechoslowakei	42,0	0,5	42,5	1%
Ungarn	5,8	2,2	8,0	28%
Osteuropa	167,8	- 5,7	162,1	- 4%

Quelle: *UN ECE*, Energy Reforms in Central and Eastern Europe, New York 1991.

Tabelle 5 - Elektrizitätsbilanz der osteuropäischen Länder 1990, Mio. t Öläquivalente

	Elektrizitätsprod.	Nettoimport (NI)	Verbrauch (V)	Anteil NI an V
Bulgarien	3,9	0,4	4,2	10%
Polen	11,0	1,0	12,0	8%
Rumänien	6,8	0,6	7,4	8%
Tschechoslowakei	8,1	1,3	9,3	14%
Ungarn	2,6	0,9	3,6	25%
Osteuropa	32,4	4,2	36,5	12%

UN ECE, Energy Reforms in Central and Eastern Europe, New York 1991.

Tabelle 6 - Erdölproduktion und Nettoimporte[a] der osteuropäischen Länder 1989-1991, Mio. t

	1989			1990			1991[b]	
	Produktion	Import[a]	Imp.v.SU	Produktion	Import[a]	Imp.v.SU	Produktion	Import[a]
Bulgarien	0,1	13,9	12,6	0,1	9,0	7,8	0,1	5,6
Polen	0,2	17,3	15,2	0,2	13,2	9,7	0,2	9,7
Rumänien	9,2	8,3	3,9	8,0	9,9	3,4	6,8	9,3
Tschechoslowakei	0,2	16,1	16,7	0,2	13,1	13,0	0,2	12,7
Ungarn	2,0	5,4	7,8	2,0	5,6	4,8	2,0	5,3
Osteuropa	11,7	61,0	56,2	10,5	50,8	38,7	9,3	42,6

a Die osteuropäischen Länder haben 20,4 Mio. t (1989), 11,2 Mio. t (1990) und 6,4 Mio. t (1991) verarbeitetes Mineralöl reexportiert. Die hier aufgeführten Zahlen sind Nettoimportziffern.

b CIA-Schätzung.

Quelle: *Directorate of Intelligence*, International Energy Statistical Review, Washington, 31.12.1991; Todor *Balabanov*/Raimund *Dietz*, Impacts of the Sweeping Changes in Eastern Europe on the Energy Sector (Wiener Institut für Internationale Wirtschaftsvergleiche, Mitgliederinformation 1991/4), S. 7.

Tabelle 7 - Erdgasproduktion und -importe der osteuropäischen Länder 1989-1991, Mrd. m^3

	1989		1990		1991	
	Produktion	Import	Produktion	Import	Produktion	Import
Bulgarien	0	6,8	0	6,8	0	?
Polen	5,4	7,9	3,9	8,4	5,2	6,9
Rumänien	32,9	7,4	28,4	7,1	28,0	4,4
Tschechoslowkei	0,8	13,6	0,7	14,9	0,7	15,3
Ungarn	6,2	6,0	5,0	6,3	8,1	6,2
Osteuropa	45,3	41,7	38,0	43,5	42,0	
sowjetische Exporte nach Osteuropa		40,1		42,0		

Quelle: *Directorate of Intelligence*, International Energy Statistical Review, Washington, 31.12.1991.

Tabelle 8 - Zahlungen der osteuropäischen Länder an die Sowjetunion für Ölimporte 1989/1991, in Mrd. US-Dollar

	1989	1991 Schätzung a*	1991 Schätzung b*
Bulgarien	1,5	2,30	3,22
Polen	1,87	2,70	3,67
Rumänien	0,48	0,70	1,63
Tschechoslowakei	2,09	3,07	4,05
Ungarn	0,95	1,40	2,36
Osteuropa	6,89	10,17	14,93

* Schätzung a beruht auf einem durchschnittlichen Ölpreis in Höhe von $ 25/b, Schätzung b legt einen Preis von $ 35/b zugrunde.

Quelle: Adam *Gwiazda*, The Decline of Comecon and Its Impact on the Crude Oil Foreign Trade of Eastern European Countries, in: OPEC Review, (Frühjahr 1991), S. 69-90 (84).

Tabelle 9 - Energiegewinnung, Nettoexporte (+) und Nettoimporte (-) in den Republiken der ehemaligen Sowjetunion 1991

	Primärenergiegewinnung			Nettoenergieexport/-import		
	Erdöl (Mio. t)	Erdgas (Mrd. m^3)	Kohle (Mio. t)	Erdöl (Mio. t)	Erdgas (Mrd. m^3)	Kohle (Mio. t)
GUS	515	810	629	171	118	113
Rußland	461	643	353	267	163	39
Ukraine	5	24	136	- 51	- 87	17
Kasachstan	27	8	130	2	- 4	66
Turkmenien	5	84	0	0	77	- 1
Azerbaidschan	12	9	0	1	- 8	0
Usbekistan	3	42	6	- 8	- 1	1
Kirgisien	0	0	4	- 3	- 2	0
Weißrußland	2	0	0	- 26	- 9	- 3
Tadschikistan	0	0	0	- 2	- 2	0
Moldavien	0	0	0	- 5	- 4	- 5
Armenien	0	0	0	- 4	- 5	- 1
Georgien	0	0	1	- 6	- 6	0
Estland	0	0	0	- 3	- 2	- 1
Lettland	0	0	0	- 6	- 3	- 1
Litauen	0	0	0	- 9	- 6	- 1

Quelle: Ekonomičeskaya Gazeta, (Februar 1992) 6, S. 15; Nettoexport/-importsalden sind berechnet und geschätzt von Hella *Engerer*, Deutsches Institut für Wirtschaftsforschung, DIW-Datenbank.

Tabelle 10 - Energiebilanz der westeuropäischen Länder[a] 1989, Mio. t Öläquivalente

	Energieproduktion	Nettoimport (NI)	Verbrauch (V)	Anteil NI an V
Primärenergie	795	527	1 321	39,9%
Kohle	175	80	257	31,1%
Erdöl	201	384	584	65,8%
Erdgas	154	62	215	28,8%
andere Primärenergie (Kernenergie etc.)	265	1	265	0%

a Als westeuropäische Länder sind die europäischen OECD-Länder bezeichnet.

Quelle: *International Energy Agency*, Energy Policies of IEA Countries, 1990 Review, Paris, 3.6.1991, S. I/107.

Tabelle 11 - Erdöl- und Erdgasimporte Westeuropas aus der Sowjetunion 1989/1990

	Erdölimporte (Mio. t)			Erdgasimporte (Mrd. m^3)		
	1989	1990[a]	Anteil am Gesamtverbrauch 1989	1989	1990[b]	Anteil am Gesamtverbrauch 1989
Westeuropa	79,5	81,0	14%	49,5	63,1	19%
EG	61,7	61,4	13%	40,3	52,0	16%
BR Deutschland	10,6	9,8	10%	20,0	27,0	35%

a ausschließlich neue Bundesländer
b einschließlich neue Bundesländer

Quelle: Petroleum Economist, (Oktober 1991) 10, S. 23; *Directorate of Intelligence*, International Energy Statistical Review, 24.9.1991, S. 17; *International Energy Agency*, Energy Policies of IEA Countries, 1990 Review, Paris, 3.6.1991, S. I/91.

13. Kategorisierung von Umweltproblemen als Konfliktfelder in den internationalen Beziehungen

Friedemann Müller

Die Umweltproblematik ist im aufgeklärten "mainstream thinking" als Unterkategorie der "global challenges" eingeordnet und definiert. Die "global challenges" wiederum werden immer wieder genannt, wenn es darum geht, die wichtigsten internationalen Probleme nach dem Ende des Ost-West-Konflikts auch und gerade in der Sicherheitspolitik zu identifizieren. So ist es nicht abwegig, die Umweltproblematik als einen möglichen, wichtigen Problembereich in einen erweiterten Sicherheitsbegriff einzubeziehen. Hierüber besteht weitgehend Konsens. Doch wird in der weiterführenden Argumentation die Umweltproblematik in der Regel als "black box" behandelt, deren Inneres nicht weiter analysiert wird. Der Grund hierfür könnte darin bestehen, daß die Argumentation über sicherheitspolitische Probleme durch Einbeziehung der Umweltproblematik zwar subjektiv einen moralisch höheren Stellenwert erhält, daß man zugleich jedoch vermeiden möchte, durch die Öffnung der "black box" eine Vermischung von moralisch einseitigen und neoideologischen Argumenten mit den realen, in der Sicherheitspolitik identifizierten Konfliktmustern zu verursachen. Im folgenden wird stichwortartig eine Kategorisierung der Umweltproblematik in der Weise versucht, daß die wichtigsten potentiellen Konfliktfelder für die internationalen Beziehungen unabhängig von ideologischen Positionen benannt werden können.

I. Bereiche von Umweltproblemen

Um Umweltprobleme nach ihrer Konfliktträchtigkeit einordnen zu können, bedarf es einer Unterscheidung nach geographisch/geologischen Kriterien sowie nach dem Schadenstypus. *Geographisch/geologisch* lassen sich Umwelteffekte ganz einfach in Emissionen mit der Folge einer Beeinträchtigung des Bodens, der Gewässer, der Luft und der Atmosphäre einteilen. *Bodenverschmutzungen* haben in der Regel keine grenzüberschreitende Wirkung, doch können sie - wie bei der Zerstörung der Taiga durch sowjetische Ölproduktion - das "gemeinsame Erbe der Menschheit" betreffen und damit internationalen Verhaltensnormen widersprechen. *Gewässerverschmutzungen* können regionalen grenzüberschreitenden (Flußverschmutzungen, Ostsee), aber auch kontinentalen Charakter (Ozeane) haben. *Luftverschmutzung* (Industrie- und Verkehrsemissionen) wird in Abhängigkeit von Wetterkonstellationen über Grenzen hinweg verbreitet und findet entsprechend der Reichweite von Wettereinflüssen ihren regionalen Niederschlag (saurer Regen, Smog etc.). Emissionen, die die *Atmosphäre* erreichen (Fluorchlorkohlenwasserstoffe, Stickoxide, Kohlendioxyd, Methan etc.), lösen einen wahrhaft globalen Effekt aus. Sie verbreiten sich in der Regel gleichmäßig über die Atmosphäre und bewirken dadurch nur ganz langsam Veränderungen, die aber im Gegensatz zu regionalen Emissionen auch nur über Jahrzehnte durch globale Anstrengungen revidiert werden können.

Unter dem Aspekt der Konfliktträchtigkeit lassen sich drei *Schadenstypen* hinreichend trennscharf unterscheiden: erstens *Verschmutzungen/Vergiftungen*, zweitens *Erwärmung* der Atmosphäre und von Gewässern (insbesondere Ozeanen), drittens *Risiken*, die von *nuklearen, biologischen und chemischen Anlagen* als Bedrohung für Organismen ausgehen. Der erste Typus betrifft vor allem Boden, Gewässer und Luft, der zweite Typus Gewässer und Atmosphäre. Der dritte Typus verbreitet sich über Strahlung und Organismen.

II. Folgen und Konfliktfelder bei Umweltschäden

Die *Folgen* von Umweltschäden sind sinnvollerweise zu unterscheiden nach (1) direkten Schäden für Organismen in Form von Krankheit, Tod, genetischen Schäden, Aussterben von Pflanzen- und Tierarten; (2) Erosionsschäden, welche die Erdoberfläche in bezug auf ihre natürliche Bepflanzung und Eignung zur Bebauung verändern; schließlich (3) indirekte oder über einen sehr langen Zeitraum wirksam werdende Schäden an den Organismen und der Erdoberfläche. Dies betrifft in erster Linie die Klimaveränderung durch Erwärmung der Atmosphäre und der Ozeane sowie die dadurch bedingten Veränderungen des Meeresspiegels.

Umweltschäden als *internationale Konfliktfelder* sind kein neues Phänomen. Die bewußte Verschmutzung des Golfs durch Einleitung von Öl bzw. das Entzünden von Ölfeldern findet eine Entsprechung in Flußvergiftungen früherer Jahrtausende. Die "new challenges" liegen weniger in der Umweltzerstörung im Rahmen von Kriegführung als in der Abweichung von Normen, die auf die Erhaltung des Gleichgewichts der Erde ausgerichtet sind, wobei die Festlegung dieser Normen bereits ungewöhnlich konfliktträchtig ist. Kann zum Beispiel China getadelt werden, daß es siebenmal soviel Kohlenoxyde pro produziertem Sozialprodukt in die Atmosphäre emittiert als die USA, wenn zugleich die Pro-Kopf-Emission Chinas nur ein Neuntel derjenigen der USA beträgt?

Nicht alle internationalen Konflikte sind *sicherheitspolitisch relevant*. Setzt man für einen sicherheitspolitisch relevanten Konflikt voraus, daß die Gefahr internationaler Gewaltanwendung besteht (einschließlich Fluchtbewegungen, die durch Umweltkatastrophen ausgelöst werden und gegen den Willen der Zielländer dieser Fluchtbewegung stattfinden), dann reduzieren sich die umweltbezogenen Konflikte im wesentlichen auf drei Kategorien: In die erste Kategorie fallen Konflikte, die dadurch entstehen, daß durch fahrlässige Mißachtung von Sicherheitsnormen ein sehr hohes Risiko für die internationale Umgebung besteht. Dies betrifft in erster Linie die Sicherheitsstandards von Kernreaktoren, aber auch von biologischen und chemischen Anlagen. In die zweite Kategorie gehören Konflikte, die durch gravierende Abweichungen von der vorgesehenen Lastenteilung zur Erhaltung des Gleichgewichts in grenzüberschreitenden Gewässern und vor allem der Atmosphäre ausgelöst werden. Die dritte Kategorie besteht in der Konflikteskalation durch Umweltkriegführung wie das Einleiten von Öl ins Meer oder das Abfackeln von Ölquellen während des Golfkriegs. Abgesehen davon, daß ein Nuklearkrieg in diesem Sinne auch ein Umweltkrieg ist und daß in Vietnam durch den Einsatz von chemischen Kampfstoffen systematische Umweltzerstörung betrieben wurde, zeichnet sich bisher nicht ab, daß mit dem Golfkrieg eine neue Qualität von Kriegführung zu den wahrscheinlichen Kriegsszenarien gerechnet werden muß. Dem Umweltkrieg am Golf lag eine ebenso spezifische oder singuläre Konstellation zugrunde wie der Entlaubung in Vietnam.

III. Die Sonderstellung des Treibhauseffektes

Die Erwärmung der Atmosphäre wie auch die im Zusammenhang damit stehende mögliche Aufheizung der Ozeane unterscheiden sich von den anderen Umweltproblemen durch die Größenordnung in zweierlei Hinsicht: Erstens greifen Maßnahmen zur Reduzierung des entstehenden Schadens, wegen der gleichmäßigen globalen Verbreitung, erst mit einer Zeitverzögerung von Jahrzehnten, und zweitens übersteigen die erforderlichen Investitionen und Verhaltensveränderungen alle bisher getätigten Umweltinvestitionen um ein Vielfaches.

Im Gegensatz zu dem Problem der Auflösung der Ozonschicht, deren Hauptursache, die Emission von FCKW, prinzipiell eingestellt bzw. substituiert werden kann, geht es im Falle der Emission von CO_2 und anderen Treibhausgasen bestenfalls um eine sehr schmerzhafte Reduzierung durch Verminderung des Verbrauchs fossiler Energieträger sowie um den Verzicht auf Abholzung und Brandrodung von Regenwäldern, um die wichtigsten Verursacher des Treibhauseffektes zu benennen. Da die von der Weltklimakonferenz 1988 in Toronto geforderte weltweite CO_2-Emissionsreduzierung um 20% bis zum Jahr 2005 und um 50% bis zum Jahr 2050 nicht gleichmäßig auf alle Länder verteilt werden kann, bedarf es eines Verteilerschlüssels, der von allen verbindlich eingehalten werden muß und dessen Nichteinhaltung wegen der großen Anstrengungen, die von allen gefordert werden, internationale Konflikte auslösen kann. Es zeichnet sich bereits ab, daß sich der latente Nord-Süd-Konflikt sowohl bei der Festlegung des Verteilerschlüssels wie bei den Maßnahmen zur Überprüfung und Durchsetzung der Auflagen neu belebt, wobei der "Zweiten Welt" eine besonders unglückliche Position zwischen Nord und Süd zufällt. Ihr Beitrag zum CO_2-Ausstoß ist mit einem Anteil von ca. 35%

(GUS allein 17%-19%) an der Weltemission recht hoch, während es an Investitionsmitteln fehlt, um diesen Anteil abzubauen. Dagegen ist der Anteil der "Dritten Welt" mit 15% vergleichsweise klein, und die "Erste Welt" verfügt aufgrund ihres Reichtums trotz des hohen Anteils am CO_2-Ausstoß über mehr Optionen, um zur Einhaltung der zu definierenden Auflagen eine Strategie zu entwickeln. Die Weltenergiekonferenz in Montreal sagte eine Steigerung der CO_2-Emission um mindestens 45% voraus, falls gemeinsame Anstrengungen zur Reduktion unterblieben. Dies hätte nach neuesten Berechnungen einen Anstieg der mittleren Temperatur in der Atmosphäre um 2 Grad bis 2025 und um 3,5 Grad zum Ende des 21. Jahrhunderts zur Folge. So schwierig es ist, die Folgen (z.B. Meeresspiegelerhöhung) einer solchen kaum mehr umstrittenen Temperaturerhöhung angesichts der unterschiedlichsten Rückkopplungseffekte abzuschätzen, so sicher ist doch, daß die in der Erdgeschichte beispiellose Geschwindigkeit der Temperaturveränderung für Anpassungen nicht ausreichend Zeit gibt, um Klima- und Folgekatastrophen zu verhindern.

IV. Umwelt und neue internationale Ordnung

Präsident Bush's Vision von der "Neuen Weltordnung", für die nach dem Ende des Golfkrieges die Zeit gekommen sei, ist inzwischen wieder etwas verblaßt. Dafür gibt es vor allem aus der amerikanischen Innenpolitik erklärbare Gründe. Doch sind unzweifelhaft Probleme in den Vordergrund gerückt, die neuer internationaler Ordnungsmuster bedürfen. Die Lastenteilung zur Vermeidung oder Reduzierung von Umweltbelastungen gehört in diesen Bereich. Um es auf eine einfache Formel zu bringen: Ordnungspolitisch geht es um die internationale Etablierung des Verursacherprinzips. Hierfür fehlen bisher wesentliche Voraussetzungen. Neuland müßte nicht betreten werden, wenn es um verbindliche Vereinbarungen über Emissionsverbote oder Reduzierungsverpflichtungen geht. Schwieriger würde es angesichts des erforderlichen Investitionsvolumens, das Verifikationsproblem effizient zu lösen und die Einhaltung der Vereinbarungen zu erzwingen.

Wirklich neue ordnungspolitische Dimensionen müßten erschlossen werden, wenn es insbesondere bei den Emissionen von Treibhausgasen um zulässige Pro-Kopf-Größen (oder auch nationale Kontingente) ginge, deren Überschreitung - dies würde für alle Industrieländer zutreffen, auch die des Ostens - etwa über ein Zertifikatsystem zu finanzieren und die Unterschreitung entsprechend zu belohnen wäre. Noch schwieriger wäre die Entwicklung eines gesamtwirtschaftlich sehr sinnvollen Systems, das erlaubt, die nationale Emissionsbilanz dadurch zu verbessern, daß verfügbare Investitionsmittel dort eingesetzt werden, wo sie den größten Reduzierungseffekt bewirken, also im Falle moderner Industriestaaten im Ausland, vor allem in Rußland (energiesparende Technologien) und in der Dritten

Welt (Alternativen zur Abholzung und Holzverbrennung). Doch die dafür erforderlichen Detailregelungen und Verifikationsprobleme bergen viel Konfliktstoff.

V. Strategien zur Verhütung und Einhegung internationaler ökologischer Konflikte

Seit der Stockholm (UN-)Conference on the Human Environment 1972 wurde eine nicht mehr erfaßbare Zahl multi- und bilateraler Abkommen zum Schutz der Umwelt getroffen, die von Bewußtseinsbildung, Schadensmessung, Festlegung von Normen bis zu Technologietransfer reichen. Dieses Netz an Abkommen bedarf einer weiteren Verdichtung, vor allem aber einer strategischen Systematisierung auf neuer oder ergänzter ordnungspolitischer Grundlage. Dies kann zum einen *durch Festlegung von Normen* geschehen, die für alle gleiche Gültigkeit haben. Die schwierigere und konfliktanfälligere, aber unverzichtbare Aufgabe besteht zum andern aber in der *Konstruktion von Regimen*, die darauf angelegt sind, Interessenkongruenzen herbeizuführen und die Anforderungen an die Regimeteilnehmer so zu stellen, daß keiner der Beteiligten überfordert ist und keine Möglichkeiten für Trittbrettfahrer geboten werden, zugleich aber das Abkommen als stabil, wenn auch kaum als gleichgewichtig wahrgenommen wird. Dies führt notwendigerweise zu einem verstärkten Technologietransfer, aber auch zu ständigen Überwachungen, die derzeit verschiedentlich als unzumutbare Souveränitätsabtretung empfunden würden. Die Kontrollbefugnisse der internationalen Atomenergie-Behörde mögen hierfür eine wichtige Vorreiterrolle spielen.

Bei der Bewältigung des globalen Umweltproblems geht es letztlich um einen *Verteilungskonflikt* um die knappe Ressource "Belastbarkeit der Umwelt". Wenn die Belastungsgrenzen (z.B. CO_2-Absorptionsfähigkeit der Atmosphäre) festgelegt sind, stellt sich der Konflikt als Nullsummenspiel dar: Je mehr ein Land die Aufnahmefähigkeit der Atmosphäre belastet, um so weniger können es die anderen tun. Die Alternative wäre ein Negativsummenspiel, bei dem durch Überschreitung der Belastbarkeit alle verlieren. Die Konstellation ist der von Anfang der 70er Jahre ähnlich, als die Endlichkeit der Energie- und Rohstoffressourcen bei gleichzeitiger enger Korrelation von Ressourcenverbrauchs- und Wirtschaftswachstum zur Diskussion um "die Grenzen des Wachstums"[1] führte. Bedingt durch einen um das Vielfache gestiegenen Energiepreis wurde in den westlichen Industrieländern ein Strukturwandel vollzogen, der eine weitgehende Entkoppelung von Wirtschafts- und Energieverbrauchswachstum ermöglichte. Doch war dies nur die eine Hälfte der Problemlösung, die andere bestand in der Erschließung neuer Energiequellen. Hierin unterscheidet sich die Situation der Ressourcenknappheit, wie sie in den 70er Jahren wahrgenommen wurde, von den Grenzen der Belastbarkeit der Um-

---

1 Vgl. Dennis *Meadows*, Die Grenzen des Wachstums. Bericht des Club of Rome zur Lage der Menschheit, Stuttgart 1972.

welt. Diese ist nicht durch neue Prospektionsmethoden ausdehnbar. Insofern stellt sich das Problem der Erschöpfung dieser Belastbarkeit schärfer.

Um aus dieser konfliktträchtigen Nullsummen- oder Negativsummenkonstellation herauszukommen, bedarf es einer *kooperativen Lösungsstrategie*. Sie setzt eine asymmetrische Lastenteilung und ein Kontrollregime voraus. Beides ist nur auf dem Wege der *Vertrauensbildung* möglich. Dies macht es insbesondere erforderlich, die gegebenen Asymmetrien nicht zur Reduzierung des eigenen Anteils an der Lastenteilung und damit zum Schaden des Ganzen auszunutzen. Um ein bereits oben verwendetes Beispiel aufzugreifen (dabei aber nur die abstrakte Bedeutung, nicht einen konkreten Fall ansprechend): Wenn die USA darauf verweisen, daß China siebenmal soviel Kohlenoxyde pro Sozialprodukteinheit verbraucht und deshalb diese Verschwendung reduzieren müsse, bevor die USA selbst einschneidende Maßnahmen ergreifen würden - wenn umgekehrt China darauf besteht, daß die in den USA neunmal höhere Pro-Kopf-Emission an Kohlenoxyden zuerst auf chinesischen Stand zu bringen sei, bevor China eigene Schritte unternehmen müsse, dann ist eine kooperative Lösung ausgeschlossen.

Die Analogien zur klassischen Sicherheitspolitik sind nicht rein zufällig. Vielmehr könnten die Strategien für eine notwendige globale Umweltpolitik von den in der Rüstungskontrollpolitik entwickelten Lösungsansätzen profitieren.

VI. Institutionalisierung

Die Vereinten Nationen sind in den letzten 20 Jahren in eine Führungs- und Koordinierungsfunktion zur Festlegung einer globalen Umweltpolitik hineingewachsen. Diese Rolle wird durch die im Juni 1992 zu veranstaltende United Nations Conference on Environment and Development (UNCED) *unterstrichen* werden und damit der Entwicklung einer verstärkten globalen Verantwortung der VN zusätzliche Substanz liefern. Die dieser Konferenz zufallenden Aufgaben werden aufgrund des Standes der Vernetzung internationaler Umweltpolitiken in den folgenden sechs Bereichen liegen: 1. Erarbeitung eines internationalen Verhaltenskodex ("Earth Charter"); 2. Erstellung eines Prioritätenkatalogs; 3. Übereinkunft über die Finanzierung der Programme; 4. Regelungen für den Zugang zu Umwelttechnologien; 5. Stärkung von Institutionen zur Unterstützung der globalen Umweltpolitik; 6. Schaffung gesetzlicher Voraussetzungen vor allem mit Blick auf die globalen Probleme Klima und Artenvielfalt.[2]

So wenig den Vereinten Nationen eine Koordinierungsfunktion in diesem Bereich bestritten wird, so viel Konfliktstoff liegt doch in der Implementierung dieser

---

2 Vgl. Peter H. *Sand*, International Law on the Agenda of the United Nations Conference on Environment and Development: Towards Global Environmental Security?, in: Nordic Journal of International Law, 12 (1991) 1.

Aufgabe. Die Lastenteilung bei der Finanzierung, die Preisgabe von "dual use"-Technologien und die Schaffung von internationalen Institutionen mit der Folge einer Einschränkung nationaler Souveränitäten werden schwer durchsetzbar sein. Die Kontrollen der Durchführung bergen zusätzlichen Konfliktstoff. Die Vereinten Nationen werden nur dann die erforderliche Autorität gewinnen, wenn sie bei den wichtigsten Staaten und regionalen Gruppen (EG, KSZE) Unterstützung finden. Dies muß in die Überlegungen zur Neugestaltung des VN-Sicherheitsrates einbezogen werden.

III.

INSTRUMENTALANALYSE

III. Instrumentalanalyse: Leitfaden

In der Zeit des Ost-West-Konflikts war Sicherheitspolitik von der Sache her immer und vor allem auch Ordnungspolitik. Dabei ist eine Sicherheitskultur entstanden, die durch Selbstbeschränkung, Integration und entsprechenden Souveränitätsverzicht charakterisiert war. Unter den neuen Rahmenbedingungen wird Ordnungspolitik vor allem auf anderen Ebenen vollzogen, zumindest so lange, als die derzeitige "neue Unordnung" (Mitterrand) nicht in derart instabilen Verhältnissen resultiert, daß wiederum ein grundlegendes Umdenken erforderlich wird. Zugleich wird mit der entstehenden Vielfalt möglicher auch militärischer Risiken Sicherheitspolitik als Selbstzweck vorrangig: Es geht um die Verhinderung bzw. Bewältigung von Krisen und Konflikten, die unter Konfrontationsbedingungen der Nachkriegszeit durch Abschreckung und die Strukturen des Ost-West-Konflikts arretiert waren. Dabei stellt sich die doppelte Herausforderung, die Elemente europäischer Sicherheitskultur zu bewahren, die sich unter Konfrontationsbedingungen herausgebildet haben - vor allem das der Selbstbeschränkung -, und zugleich das Instrumentarium internationaler Sicherheitspolitik so umzugestalten, zu entwickeln und zu vernetzen, daß es dazu dienen kann, den neuen Risiken europäischer Sicherheit wirksam zu begegnen.

Für letzteres sind fünf Leitlinien wichtig: Das Instrumentarium darf nicht auf Krisenprävention begrenzt bleiben, sondern muß Konfliktmanagement ermöglichen, also auch konfliktorientiert sein. Künftige Konflikte werden ihrer Natur und Dynamik nach, wo internationale Reaktionen erforderlich werden, nicht mehr in der Zuständigkeit einer einzelnen multinationalen Institution zu bewältigen sein. Das Zusammenwirken verschiedener multinationaler Institutionen wird um so wirksamer werden, je mehr durch institutionelle Vernetzung ein System des multiinstitutionellen Konfliktmanagements etabliert wird. Ein solches System erfordert tiefgreifende institutionelle Evolution praktisch aller multinationalen Institutionen: Keine ist derzeit hinreichend auf die Aufgaben eines künftigen Konfliktmanagements und die entsprechende multiinstitutionelle Zusammenarbeit vorbereitet. Schließlich wird ein multiinstitutionelles Konfliktmanagement nur dann effektiv sein, wenn die handlungsfähigen Akteure - Staaten bzw. Aggregate - ihre Strategien mit dem Ziel eines wirksamen multiinstitutionellen Konfliktmanagements orchestrieren.

In Teil III werden in dieser Perspektive eine Reihe von Ansätzen entwickelt. In Kapitel 1 wird das Konzept eines integrierten Gesamtsystems für ein multiinstitutionelles Konfliktmanagement vorgestellt. Die Osloer NATO-Erklärung oder die Petersberg-Erklärung der WEU haben gezeigt, daß erste Schritte in eine solche Richtung bereits unternommen werden. Sie zeigen damit aber auch die großen

Schwierigkeiten einer solchen institutionellen Evolution, und zwar ohne ausreichendes Bewußtsein, daß mit einem Fehlschlag des multiinstitutionellen Konfliktmanagements auch die einzelnen Institutionen gefährdet sind und eine neue primär nationalstaatliche Interessenpolitik und Konkurrenz zu erwarten ist. In den Kapiteln 2 (VN), 3 (KSZE), 4 (Nord-Süd) und 5 (Subregionalismus) werden einzelne Elemente eines solchen Systems untersucht. In den nachfolgenden Kapiteln werden wichtige Rahmenbedingungen betrachtet, und zwar in Kapitel 6 die Frage neuer Balancen zwischen multinationalen Organisationen, in den Kapiteln 7, 8 und 9 die Bedingungen der Stabilität, des Gleichgewichts und der rechtzeitigen Wiederherstellbarkeit von Reaktionsfähigkeit (Rekonstitution). Die Kapitel 10 und 11 betreffen zentrale Elemente der Implementierung (Luftverteidigung bzw. Rüstung). Das abschließende Kapitel 12 schließlich versucht im Blick auf die aufwachsenden neuen Proliferationsrisiken Elemente einer künftigen Nonproliferationspolitik zu beschreiben - ein Problem, das im Rahmen multiinstitutionellen Konfliktmanagements vor allem angesichts der 1995 anstehenden Verlängerungskonferenz der Unterzeichnerstaaten des NV-Vertrages zunehmend zentrale Bedeutung zukommen wird.

1. Instrumente künftiger Sicherheitspolitik

Uwe Nerlich

I. Ordnungspolitische Prioritäten und neue Sicherheitsprobleme

Die bestehenden multinationalen Sicherheitsorganisationen waren in den Jahrzehnten der Konfrontationsordnung Gegenstand ordnungspolitischer Kontroversen. Dabei stand die NATO im Mittelpunkt: aus sowjetischer Sicht wegen der Ordnungsfunktionen der NATO und mit dem Ziel einer gesamteuropäischen Sicherheitsordnung, in französischer mit revisionistischer Absicht, das heißt mit dem Ziel einer primär westeuropäischen Sicherheitsorganisation, und innenpolitisch (vor allem in der Bundesrepublik), weil sie einer Überwindung der europäischen Teilung und dem dafür erforderlichen Ausgleich mit der Sowjetunion im Wege zu stehen schien.

Aber diese kontinuierliche ordnungspolitische Krise war selbst Teil des Transformationsprozesses, für den die NATO den stabilisierenden Rahmen abgab.[1] Im Maße der politischen Kohäsion der NATO wurde - auch zum Vorteil der Revisionisten wie Frankreich - die atlantische Sicherheit als *gegeben* betrachtet. Gerade weil die NATO hinreichend robust erschien, konnte die ordnungspolitische Dauerkrise sich zunehmend an der Frage der *Mittel* (vor allem der nuklearen Mittel) entzünden statt direkt an der Frage der Ordnungsfunktionen der NATO. Begrenzte Konfliktmöglichkeiten waren in dieser Konstellation keine Bedrohung, die spezifische institutionelle Lösungen erfordert hätte.

Im Prozeß der Transformation Europas und der Ost-West-Beziehungen bildete die NATO den dominanten Rahmen, weil die Sowjetunion als wichtigste Gegenmacht ordnungspolitischer Antagonist der USA war. Allein deshalb konnte auch die KSZE einen zusätzlichen Rahmen für die Transformation bilden. Eine nur durch die USA wahrzunehmende Funktion bleibt angesichts der von Baker formulierten Aufgabe das "seit langem bestehende, im Harmel-Bericht von 1967 niedergelegte Ziel der NATO - die Schaffung 'einer gerechten und dauerhaften Friedensordnung in Europa' - [zu] verwirklichen".[2] Aber die Frage ist genau, welche Funktionen in dieser weiteren politischen Evolution *der NATO* zukommen.

---

1 Ende der 60er Jahre wurde diese Rolle des Atlantischen Bündnisses vollends erkennbar: "Eines der herausragenden Merkmale des atlantischen Systems ist von Beginn an sein eingebauter evolutionärer Zweck gewesen. Systemtransformation in der Form struktureller Veränderung ist die wichtigste gemeinsame Aufgabe, wenn nicht die raison d'être des Systems als ganzem gewesen." Karl *Kaiser*, The US and the EEC in the Atlantic System, in: Journal of Common Market Studies, Juni 1967, S. 413.

2 Die Euro-Atlantische Architektur: Von West bis Ost. Rede von Außenminister Baker beim Aspen-Institut in Berlin am 18. Juni 1991, in: Amerika-Dienst vom 19.6.1991, S. 2.

In der Phase der grundlegenden Veränderungen seit 1989 haben sich die Ordnungsfunktionen der NATO in kaum zu erwartender Weise bewährt: Die Londoner Erklärung mit der nachfolgenden Ausbildung der Liaisonkonzeption hat nicht nur einen Rahmen für diese dynamische Entwicklung und vor allem die deutsche Vereinigung geboten, obwohl gerade das Verhältnis eines vereinigten Deutschland zur NATO den ordnungspolitischen Kontroversen vergangener Jahrzehnte zugrunde lag. Sie hat über sowjetische und osteuropäische Zustimmung hinaus ein Interesse an Einbeziehung in die NATO entstehen lassen, das diese ihrer Zweckbestimmung nach nicht befriedigen kann.

Seit dem 21. August 1991 ist die Phase des Übergangs vorbei. Seitdem geht es um die *Neuordnung aller Beziehungen innerhalb der nördlichen Konstellation.* Die Dynamik wird vor allem durch die Europäische Gemeinschaft und erweitert durch den G-7-Rahmen bestimmt. Zugleich treten in Europa Konflikte auf, bei denen das entstandene System europäischer Sicherheit auf dem Spiel steht, ohne daß der NATO eine Rolle zufällt. Zugleich befindet sich die NATO in einem Prozeß der institutionellen Reform, bevor ihre Funktion im Zusammenspiel der Mächte und multinationalen Institutionen auch nur definierbar geworden ist, und sie tendiert dahin, den Aufbau militärischer Strukturen in Westeuropa auf außereuropäische Zwecke zu beschränken, obwohl die wichtigsten Defizite der NATO sich gerade in Europa - gegenwärtig in Jugoslawien - zeigen. Tatsächlich macht der serbo-kroatische Krieg offenkundig, daß die bestehenden multinationalen *Organisationen* in Europa entweder *eine Rolle, aber keine Mittel,* oder umgekehrt *Mittel, aber keine Rolle* haben. Die NATO gehört zunehmend in die zweite Kategorie: Bei fortschreitender politischer Evolution wird sie in ihrem heutigen Selbstverständnis zu einem Bündnis "of last resort", das entsprechend weder für aktuelle Konflikte Lösungen bietet, noch die bisherigen ordnungspolitischen Funktionen innehat.

Noch im Sommer 1991 hat die ihre NATO vier Hauptfunktionen (core functions) definiert.[3] Die Ereignisse in der GUS wie in Jugoslawien haben die Bedingungen seither grundlegend verändert. So hat Robert Blackwill, der noch im Frühjahr die amerikanische Demarche vom 21. Februar 1991 befürwortete, kürzlich dargelegt, daß jede dieser vier Funktionen ihre Bedeutung weitgehend eingebüßt habe.[4] Die NATO habe damit nicht ihren Zweck verloren, die von ihr selbst formulierten Zwecke seien aber unzureichend und durch die Entwicklung überholt.

---

3 Kopenhagener Erklärung vom 6./7.6.1991.

4 Wie Blackwill ausführt, haben die vier "core functions" ihre Bedeutung mit der schwindenden strategischen Gegenmacht der ehemaligen Sowjetunion, mit der marginalen Rolle im serbokroatischen Konflikt und mit der zunehmenden Dominanz wirtschaftspolitischer Konsultationsgremien (vor allem G-7) verloren. Er betont das Problem, daß die NATO an politischem Interesse in den USA, aber auch in Europa verlieren könne, obwohl sie wichtig bleibe; vgl. Robert D. *Blackwill*, The US-German Security Relationship in the 1990s, unveröffentl. Manuskript, 2.10.1991, S. 11ff.

In der weiteren Entwicklung wird die NATO zwar kaum zum politischen Hindernis werden, aber in ihrem *gegenwärtigen* Rollen- und Reformverständnis wird sie in schwindendem Maße ein "agent of change" sein.[5] Wenn die strategischen Funktionen der NATO auf extreme Konfliktfälle beschränkt bleiben und keine anderen institutionellen Optionen *vorgeordnet* sind, die *vor* Eintreten eines NATO-Falls ins Spiel kommen, dann werden auch die *ordnungspolitischen* Funktionen der NATO schwächer werden. Dies wird verstärkt eintreten, wenn das Atlantische Bündnis nicht den Rahmen schafft, in dem sich die Vereinigten Staaten und ein zunehmend integriertes Westeuropa in allen Dimensionen einander zuordnen lassen - eine Perspektive, für die bisher jede Grundlage fehlt.[6]

Die NATO bleibt für *extreme*, aber eben auch *extrem unwahrscheinliche Risiken* auf absehbare Zeit unersetzlich, und sie bildet den Rahmen, innerhalb dessen die USA an Europa gebunden sind. Aber sie bietet gegenwärtig keine Lösungen für die realen militärischen Risiken in Europa. Sie hat auch kein Konzept für institutionelle Komplementarität, das eine Arbeitsteilung mit der NATO als letztem Rückhalt vorsähe.[7] Sie bietet auch keinen institutionellen Rahmen für die Entwicklung der eigentlich lebenswichtigen europäisch-atlantischen Beziehungen, die mit der zunehmenden ökonomischen Interdependenz - und zwar potentiell konfliktreich - gegeben sind.

---

5 Rom-Erklärung vom 7./8.11.1991, § 1. Siehe auch Generalsekretär *Wörner*, Rede vor der Nordatlantischen Versammlung in Madrid am 21.10.1991, NATO-Press Service, 21.10.1991, S. 10. Der Versuch des Generalsekretärs, für die NATO eine Verbindung von britischer kollektiver Verteidigungspolitik und deutscher kooperativer Sicherheitspolitik zu finden, bietet kurzfristig die beste Aussicht auf Konsens im Bündnis. Dadurch werden die eigentlichen Fragen der Struktur und der Aufgaben der NATO allerdings nur aufgeschoben.

6 Bakers Konzeption eines "neuen Atlantizismus" weist hier in die richtige Richtung, aber die NATO-Reformpolitik der USA hat dem bisher kaum Rechnung getragen. Es genügt auch nicht, die NATO als "main transatlantic link" und "community of destiny" zu charakterisieren, wie es der NATO-Generalsekretär bei einer weiteren Standortbestimmung getan hat (Rede vor der Atlantic Treaty Association [ATA] in Washington am 9.10.1991, S. 6), wenn dies nicht von einer entsprechenden Politik der wichtigsten Mitgliedstaaten, vor allem der USA und Deutschlands, gestützt wird.

7 Die Rom-Erklärung vom 7./8.11.1991 geht in der Einordnung der NATO zwar über die bisherigen Definitionen hinaus (siehe § 3): Danach ist die Rolle der NATO nur noch im *Verbund* zu sehen. Aber gegenüber den §§ 2, 10, 18 und 19 des Entwurfs vom 21.10. bleibt die Erklärung gerade in dieser Beziehung in aufschlußreicher Weise zurück. Es gibt im übrigen noch kein arbeitsteiliges Konzept, um im Rahmen ineinandergreifender Institutionen *orchestrierte Reaktionsmöglichkeiten* (wie General Galvin es im Golf-Kontext genannt hat) zu entwickeln.
Institutionelle Fragen der Sicherheit könnten sich einfacher gestalten, wenn es für die NATO wie für die EPU/WEU die Möglichkeit gäbe, *Mandatsträger* zu werden, das heißt für spezifische Krisen ein Mandat im Rahmen eines KSZE-Systems zu erhalten. In diese Richtung zielt auch eine Überlegung, die Manfred *Wörner* in Madrid geäußert hat: Die NATO "könnte die KSZE mit der Fähigkeit ausstatten, Mandate für friedenserhaltende Operationen zu erteilen" (Rede vor der Nordatlantischen Versammlung, S. 8). Etwas vorsichtiger ist in diesem Punkt die Gipfelerklärung von Rom vom 7./8.11.1991 (§ 18). Aber dafür werden auf absehbare Zeit die rechtlichen, institutionellen und politischen Voraussetzungen fehlen.

Zu Zeiten der Konfrontationsordnung war dies paradoxerweise als Folge des Primats militärischer Zusammenarbeit anders. Unter künftigen Bedingungen werden die ökonomischen Beziehungen einen primär eigenständigen Bereich des euro-atlantischen Systems ausmachen und damit auch die stärksten sozialen Interaktionen auslösen. Mit anderen Worten, in der Perspektive gegenwärtiger Reformpolitik der NATO ist diese sowohl in strategischer wie in ordnungspolitischer Hinsicht zu eng konzipiert.

Die NATO ist ein potentes Verteidigungsbündnis auf der Suche nach einer strategischen Aufgabe, und die begrenzten Konflikte, die sie in der Vergangenheit sozusagen pari passu unterbunden hat, treten gegenwärtig auf, ohne daß die NATO darauf reagieren könnte. Die Frage der Zweckbestimmung der NATO wird allein deshalb noch nicht kritisch, weil es die NATO gibt und die Evolution anderer Strukturen noch weniger dem Zeitmaß gegenwärtiger politischer Veränderungen in Europa folgt. Insoweit behält die NATO sogar unmittelbar stabilisierende Funktionen, obwohl diese wenig mit ihrem erklärten Selbstverständnis zu tun haben.

Die *begrenzte* Natur jener europäischen Konflikte, für die die NATO in ihrer derzeitigen Struktur keine Reaktionsmöglichkeiten und Lösungen anbieten kann, resultiert jedoch ihrerseits aus Gründen, die aufs engste mit der Existenz der NATO zusammenhängen.

In den vergangenen Jahrzehnten waren begrenzte Konflikte vermutlich die einzigen, die als absichtsvolle Aggression plausibel waren, aber sie bildeten *nicht das eigentliche Sicherheitsproblem in Europa.* Nach dem Zerfall der Sowjetunion treten sowohl in der britischen Reformpolitik für die NATO, die auf Erhaltung bestehender Strukturen zielt, wie in der französischen Politik einer Europäisierung der Verteidigung Westeuropas als auch in dem sowjetischen Bemühen, die USA in Europa zu halten, *das* Problem wieder in den Vordergrund, *das seit 1945 aller europäischen Sicherheitspolitik zugrunde lag: die Rolle Deutschlands.* Für Großbritannien verbindet sich dieses Problem mit dem Interesse, die westeuropäische Integration zu begrenzen (und insoweit nicht als alleinigen oder dominanten Rahmen für die Einbindung Deutschlands zu nutzen). Für Frankreich hängt es unmittelbar mit den Vorstellungen für ein integriertes Westeuropa unter der sicherheitspolitischen Führung Frankreichs zusammen. Die GUS sucht vor allem eine Sicherheit in ihrem Bemühen, sich bei der Lösung der inneren Probleme vor allem auf Deutschland zu stützen.

Die Sorgen vor einem künftigen Deutschland sind nicht die von 1945. Dennoch sind sie aus dem historischen Kontext nicht herauszulösen - weder in bezug auf reale Befürchtungen noch auf den instrumentalen Nutzen, der oft mit Fixierungen auf die deutsche Vergangenheit verbunden wird. Die Feindstaatenklauseln (Artikel 53 und 107) sind nach wie vor Bestandteil der VN-Satzung. Der NATO ging die Western Union voraus, die im Einklang mit der VN-Satzung "Schritte ... für den Fall der Erneuerung einer deutschen Aggressionspolitik" vorsah.[8] Der deutsche NATO-Beitritt war nur in Verbindung mit der WEU als Instrument der Kontrolle Deutschlands möglich. Die EG folgte auf die Montanunion. Mit der integrierten Streitkräftestruktur der NATO entstand ein singuläres System der Einbindung für die Bundeswehr. Auf dieser Grundlage ging es der Sowjetunion in den 60er Jahren mit dem NV-Vertrag um die Absicherung des nichtnuklearen Status der Bundesrepublik, in der Entspannungspolitik (KSZE und später Moskauer Vertrag) um die Absicherung der deutschen Teilung.

Die Eleganz dieses Systems der Kontrolle lag darin, daß es zunächst als System der "doppelten Eindämmung" entstand, also mit der Eindämmung der Sowjetunion auch die Bundesrepublik einband, und dann mit der Sowjetunion als Sicherheitspartner (NV und KSZE) ein überwölbendes System hinzukam, dessen Promotor vor allem die Bundesrepublik selbst war - auf nuklearer Ebene mit dem Ziel der Rückversicherung, auf europäischer mit dem einer Überwindung der Teilung. Da dieses *Interesse an rückversichernder Selbsteinbindung* auf deutscher Seite im wesentlichen internalisiert war - sogar im Sinne einer für das Ausland kaum nachvollziehbaren Hinnahme der deutschen Teilung -, erschien dieses System zunehmend als stabil. Seine Schwäche lag in der Schwäche der Sowjetunion und ihres osteuropäischen Vorfeldes.

Vor diesem Hintergrund ist es trotz aller vorausgegangenen ordnungspolitischen Konflikte über das Verhältnis Deutschlands zur NATO völlig plausibel, daß im Juli 1990 der Rahmen für die deutsche Vereinigung gerade in der Mitgliedschaft des vereinigten Deutschland in der NATO gesehen wurde. Ohne die Sowjetunion als strategischem Gegner, ohne Hebel in der Deutschland- und Berlinpolitik, mit einem vereinigten Deutschland, das nach der ostdeutschen Aufbauphase mit oder ohne Fortschritt in Richtung Europäische Politische Union (EPU) in Westeuropa noch stärker wird und zugleich im Osten traditionelle Einflußzonen zurückgewinnt, und in einem KSZE-Rahmen, in dem gerade die Bundesrepublik sich mit der Absicht weiterer Institutionalisierung nicht hat durchsetzen können, mußte "die Erhaltung der NATO mit einer starken amerikanischen Präsenz als sicherste Garantie für ein demokratisches Deutschland verankert in einem ungeteilten und freien Europa [gelten] - ein Deutschland, das nicht, wie Dean Rusk es formuliert hat, die 'loose cannon of Europe' wird".[9]

---

8 Präambel zum Brüsseler Fünf-Mächte-Vertrag vom 17.3.1948, abgedruckt in: Europa, Dokumente zur Frage der europäischen Einigung, Bd. 1, Bonn 1962, S. 354.

9 Robert G. *Kaufman*, A Paradigm for a Post-Postwar Order, in: Naval War College Review, 44.1 (Winter 1991), S. 91. Daß diese Sorge gerade auf britischer Seite vor allem bei der Reform der NATO geäußert wurde, ist da nur folgerichtig. Vgl. den Bericht über Gespräche mit hochrangigen britischen NATO-Offizieren, wonach "Deutschland sich in diesem Jahrhundert als eine eu-

Für die Übergangsphase seit 1989 bot die NATO auch für Deutschland einen willkommenen Rahmen: Zwar kam das System der doppelten Eindämmung und damit der impliziten Einbindung Deutschlands zunehmend erkennbar an ein Ende, aber die Stabilität des NATO-Rahmens ersparte es dem vereinigten Deutschland, den inneren Vereinigungsprozeß durch eine außenpolitische Reorientierung mit entsprechend unvorhersehbaren externen Einwirkungen zu komplizieren.

Aber dies ist nur eine kurzfristige Lösung.[10] Im "neuen Europa" können, wie es in der Gipfelerklärung von Rom heißt, "Herausforderungen nicht mehr durch eine Institution allein, sondern nur noch in einem Rahmen ineinandergreifender Institutionen angegangen werden".[11] Mehr noch, es wird jenseits institutioneller Verfestigungen zunehmend Raum und Erfordernisse für flexible Koalitionen geben. Ohne eine ordnungspolitische Funktion in bezug auf Deutschland würde die NATO vermutlich ihre raison d'être verlieren. Aber in einer zunehmend flexiblen institutionellen Umgebung kann die NATO nicht zugleich einen langfristigen Rahmen für die starre Einbindung Deutschlands bieten: Dies ginge nur implizit im Sinne der doppelten Eindämmung. Zudem ist dies zwischen Partnern Deutschlands ordnungspolitisch kontrovers. Im übrigen wird die NATO gerade in dem Maße institutionell funktionsfähig sein, in dem sie sich fortschreitend flexibilisiert, also die Strukturen lockert, durch welche Deutschland derzeit eingebunden ist.

Wenn die Rom-Erklärung die integrierte Streitkräftestruktur "für die davon betroffenen Verbündeten" festschreibt, so liegt genau hier das Problem. Weder ist eine *singuläre* Einbindung der deutschen Streitkräfte in eine Bündnisstruktur, deren strategischer Zweck zunehmend unklar wird, politisch wie strategisch auf Dauer sinnvoll und vertretbar, noch wird die Reaktionsfähigkeit der NATO und mit ihr der Bundeswehr sich im erforderlichen Maße steigern lassen, wenn die Einbindung Deutschlands das vorrangige Ziel ist. *Die ordnungspolitische Funktion der NATO in bezug auf Deutschland* und die *sicherheitsstrategische Funktion in bezug auf künftige Konflikte im neuen Europa treten zunehmend auseinander*, und je mehr die Ordnungsfunktion in einen Zielkonflikt zur angemessenen Reaktionsfähigkeit gerät, um so weniger wird die Ordnungsfunktion politisch akzeptabel bleiben. Dies ist ein Problem für Deutschland ebenso wie für seine Verbündeten. Aber der Ersatz für das System der doppelten Eindämmung wird auf Dauer nicht primär in der NATO liegen können, und umgekehrt ist die Zukunft der NATO unklar, wenn

---

ropäische Macht gezeigt [hat], der man tunlichst keine militärische Verantwortung übertrage". Dreisterneartikel in: Welt am Sonntag vom 27.10.1991, S. 5.

10 Ohne den Golfkrieg und die nachfolgenden europäischen Krisen, vor allem den serbo-kroatischen Krieg, wäre die NATO zwar im übrigen politisch rascher marginalisiert worden. Sie würde aber als *Rahmen für die Einbindung Deutschlands* gegenwärtig relativ problemlos sein. Mit den eingetretenen Konflikten ist das Erfordernis kollektiver Verteidigung erneuert, aber eben auch die strukturelle Grenze der NATO erkennbar geworden.

11 Rom-Erklärung vom 7./8.11.1991, § 3.

ihre ordnungspolitische Funktion in bezug auf Deutschland schwindet. Dies war auch in der Vorbereitung auf den Rom-Gipfel gesehen worden:

> "In einer Periode beschleunigter Veränderungen sind wir uns bewußt, daß unsere Allianz weitere Anpassungen wird durchlaufen müssen ... Die NATO wird jede Gelegenheit wahrnehmen, um mit anderen Organisationen konstruktiv zusammenzuarbeiten."[12]

Insoweit ist die NATO auf längere Sicht per se als System der Einbindung Deutschlands weder wirksam noch akzeptabel, noch mit der europäischen politischen Evolution vereinbar. Tatsächlich wird es darum gehen müssen, erstens die USA auch langfristig in Europa zu engagieren, um die Balance zwischen den drei westeuropäischen Führungsmächten zu erhalten und in ihren Beziehungen zu vermeiden, daß ihre militärische Kooperation zu einem erstrangigen Ordnungsproblem wird, und zweitens die Bundesrepublik so einzubinden, daß dies mit ihrem Eigeninteresse wie der politischen Dynamik in Europa in Einklang steht.

Die eigentlichen Befürchtungen gegenüber Deutschland richten sich nach dem Ende der Konfrontation denn auch nicht mehr auf die Koalitionsfreiheit Deutschlands: In dem Augenblick, wo diese faktisch möglich geworden und mit der Paris-Charta sogar garantiert worden ist, hat sie ihre praktische Bedeutung bis auf weiteres verloren. Die Befürchtungen betreffen eher die Verbindung einer zunehmenden politisch-ökonomischen Dominanz Deutschlands in Europa und möglicher innenpolitischer Fehlentwicklungen, die bei schwacher Einbindung extern erst dann zu steuern sind, wenn extreme Situationen eingetreten sind.

In diesem Kontext bieten sich auf sicherheitspolitischer Ebene einige Möglichkeiten zur Rückversicherung, die vor allem von Deutschland selbst stets gesucht worden sind, insbesondere beim Verzicht auf Massenvernichtungswaffen (MVW). Aber wenn diese Möglichkeiten zur politischen Statusminderung Deutschlands bei fortschreitender Integration genutzt werden, könnte das politisch kontraproduktiv werden, da es die deutsche Bereitschaft zur Selbstbindung verringern müßte und innenpolitisch eher Tendenzen zu jener Art von Renationalisierung stärken würde, die in einer Politik der Auflagen für Deutschland gerade bei den wichtigsten Integrationspartnern zum Ausdruck käme.

Nun sucht sich Deutschland auf dem Wege des wechselseitigen Souveränitätsverzichts vor allem auf jener Ebene einzubinden, auf der die weitaus stärksten sozialen Interaktionen stattfinden: der EG-Ebene, und es geht davon aus, daß militärische Macht in der entstehenden neuen Ordnung in Europa eine schwindende Rolle hat und militärische Integration deshalb ein sekundärer Bereich wird. Darum ist für die deutsche Seite der Gedanke der doppelten militärischen Integration

---

12 Entwurf für die Rom-Erklärung vom 21.10.1991. In der Endfassung ist dieser Passus entfallen. Auf der Ebene der Streitkräftestrukturen impliziert diese Aussage, daß das Verhältnis von Hauptverteidigungskräften und Reaktionskräften (und die Kommandostruktur für letztere) nur *vorläufigen* Charakter hat.

leicht umsetzbar, während er für die französische wie die britische - aus entgegengesetzten Gründen - eine primäre ordnungspolitische Relevanz hat.

Wenn das militärische Element in der europäischen Integration keine wesentliche Funktion hätte, wäre die NATO-Zugehörigkeit auf militärischer Ebene für Deutschland vorerst ein optimaler Rahmen, zumal dies die USA am einfachsten als ausgleichende Kraft in Europa binden würde, und zwar so, daß auch ein relativ optimaler Einfluß auf die Sicherheitspolitik der USA selbst möglich wäre. Dies ist aufgrund der französischen Politik wie der begrenzten Wirksamkeit der NATO in akuten und zu erwartenden Konflikten nicht möglich, was wiederum Tendenzen in den USA zu einem Abbau amerikanischer Präsenz in Europa verstärken dürfte.

Innerhalb Westeuropas wird die Bundesrepublik zwar bei fortschreitender Integration entsprechend stärker eingebunden, aber in dem Maße, in dem militärische und sicherheitspolitische Vergemeinschaftung zu einem erstrangigen ordnungspolitischen Ziel wird, fallen auch Statusdifferenzen ins Gewicht, vor allem in bezug auf den Nuklearwaffenstatus Frankreichs und Großbritanniens, und zwar innerhalb der EPU wie hinsichtlich der Struktur des VN-Sicherheitsrats (SR).[13] Obwohl militärische Integration innerhalb der EG so für die deutsche Sicherheitspolitik eher ein Konzessionsbereich ist, um in primären Bereichen um so mehr Handlungsfreiheit für die Bundesrepublik und die EPU zu erlangen, wird diese Ebene in dem Maße auch für Deutschland essentiell, in dem sie für die Struktur der EG wichtig wird, was nun gerade Ziel vor allem der französischen Politik ist.

Würden die multilateralen Sicherheitsinstitutionen so ausgestaltet werden, daß sie spezifischen gemeinsamen Sicherheitsinteressen dienen, wäre auch dies politisch akzeptabel. Aber es geht um den Versuch, das deutsche Übergewicht in der EPU auf sicherheitspolitischer Ebene zu kompensieren - ein Versuch, der Vorläufer in den 50er und 60er Jahren hat. Dies ist mehr als eine Rückversicherung für Integrationspartner: Es geht um die Natur der Gemeinschaftsbildung und das Selbstverständnis Deutschlands auf dem Wege zu weiterem Souveränitätsverzicht.

Kein europäisches Land ist vor innenpolitischen Fehlentwicklungen mit Auswirkungen auf das europäische Umfeld sicher, aber es ist keine gute Ausgangslage, wenn die Bundesrepublik mit ihrem in vierzig Jahren bewährten Demokratiemodell in dem Bemühen um Demokratisierung der Gemeinschaft gerade dort auf Ablehnung stieß, wo die "Konkurrenz des Überlieferten"[14] besonders ausgeprägt ist, das heißt wo Deutschland auch auf lange Sicht mit nationalistisch geprägten Befürchtungen konfrontiert wird. In dem Maße, in dem eine deutsche Bereitschaft

---

13 Die NV-Überprüfungskonferenz von 1995 wird frühzeitig politische Schatten werfen und das *Verhältnis von Nuklearwaffenstaaten und Nichtnuklearwaffenstaaten* zu einer zentralen Frage werden lassen, und zwar in einem Zeitraum, in dem die Umgestaltung des VN-Sicherheitsrates und der Fortgang der Integration mit zwei Nuklearwaffenstaaten als Partnern ansteht.

14 Klaus *Hildebrand*, Integration und Souveränität. Die Außenpolitik der Bundesrepublik Deutschland 1949-1982, Bonn 1991, S. 95.

zum Souveränitätsverzicht solchen - auch instrumentierbaren - Befürchtungen mit dem Ziel der Rückversicherung entgegenzukommen sucht, wird Deutschland sich so in die Gemeinschaft einbringen, daß die Gefahr der Renationalisierung und Desintegration erhalten bleibt, was bei fortschreitender Integration zunehmend chaotische Situationen auslösen könnte. In diesem Sinne befindet sich *das vereinigte Deutschland im Zentrum gegenwärtiger Sicherheitspolitik,* und zwar trotz seiner Integrationspolitik. Der objektive Machtzuwachs der Bundesrepublik mit der ungewissen Erwartung politischer Rückwirkungen der neuen Bundesländer auf die politische Kultur des gesamten Landes gibt entsprechenden Befürchtungen zusätzliches Gewicht.

Eine Wahl zwischen NATO und EPU (mit WEU als Vorstufe) bietet keinen Ausweg, sofern sich die Politik der wichtigsten Integrationspartner nicht ändert. Die NATO kann in ihren ordnungspolitischen Funktionen nur zeitlich begrenzt weiterwirken, es sei denn, die europäische Integration käme ganz zum Stillstand. Deutsches Interesse muß es also sein, die NATO so lange als Rahmen für politischen Ausgleich mit Partnern zu erhalten, als die westeuropäische Integration unter dem Dach des Washingtoner Vertrages noch keine *duale europäisch-amerikanische Struktur* zuläßt,[15] und sie muß die militärische Integration innerhalb der Gemeinschaft so langsam voranbringen, daß die Gemeinschaftsbildung möglichst wenig und möglichst spät durch militärische Statusfragen kompliziert wird, was eine duale *atlantische Struktur* begünstigen würde.

Mit anderen Worten, je mehr Fragen der militärischen Integration innerhalb der Gemeinschaft in der Konsequenz politischer und ökonomischer Integration gelöst werden und die Integration vor allem durch das wirtschaftliche Gewicht Deutschlands bestimmt wird, um so mehr wird die euro-atlantische Zusammenarbeit ihren Schwerpunkt auf politisch-ökonomischer Ebene haben, wo die Partnerrolle Deutschlands am wenigsten eingeschränkt ist und ordnungspolitische Konflikte in bezug auf die Sicherheitsorganisation entsprechend zurücktreten. Dies würde den Rahmen für euro-atlantische Partnerschaft und damit die Möglichkeiten einer dualen Struktur erweitern - unter Einschluß der Sicherheitsbeziehungen -, aber die NATO wäre dafür (auch in der Perspektive gegenwärtiger Reformziele) nicht mehr der dominante Rahmen. Dies wiederum hätte Auswirkungen auf die ordnungspolitischen Funktionen, die bis zu den politischen Begründungen für militärische Integration in ihrer bisher bekannten Form durchschlagen würden.

Die *Bundesrepublik* ist so *Demandeur in der Frage ihrer eigenen militärischen Einbindung,* und zwar mit dem Ziel möglichst allseitigen Souveränitätsverzichts auf möglichst vielen Ebenen. Die Erfahrung der letzten zwanzig Jahre lehrt, daß Sorge über Deutschland und seinen außenpolitischen Kurs das Integrationsinteresse na-

15 Eine Variante dieser Konzeption ist der Vorschlag eines "neuen Atlantizismus", wie ihn Baker am 12.12.1989 vor dem Presseclub in Berlin unterbreitet hat.

mentlich Frankreichs stärkt, so daß man umgekehrt fürchten muß, daß die Integrationsbereitschaft sich auf die Wirtschafts- und Währungsunion (WWU) beschränkt, sofern reale Befürchtungen über Deutschlands militärische Rolle schwinden: Diese werden dann instrumentiert, um die Vormacht Deutschlands im Rahmen einer WWU zu relativieren. Dies macht das zentrale Dilemma deutscher Integrationspolitik aus: Zwischen nationalistischem sicherheitspolitischem Verdacht und integrativen Interessen Dritter an der Eindämmung deutscher Wirtschaftsmacht zu stehen.

Als Demandeur sieht sich Deutschland Integrationspartnern gegenüber, die ein dezidiertes nationales Interesse allein schon durch Versagung befriedigen können. Die Bundesrepublik kann nur kooptive Macht ausüben, ist also auf die Kooperation Dritter angewiesen. Aber ihr *multiinstitutionelles Engagement* kann in der gegenwärtigen dynamischen Situation nur zu zweckmäßigen Zielen führen, wenn sie mit einer politischen Strategie angestrebt werden. Tendenziell "spiegelt die deutsche Begeisterung für die Einrichtung einer Myriade von multilateralen Institutionen ... [eher] ihre Abneigung gegen Führungsverantwortung und ihre Neigung für Partnerschaft wider, da die Mitgliedschaft in solchen Institutionen es Deutschland bequem erlaubt, das Verfolgen eigener Interessen hinter gemeinsamen Zielsetzungen zu verbergen."[16]

Im übrigen wird das vereinigte Deutschland die vor allem von ihm selbst angestrebte Integrationspolitik nur dann wirksam fördern können, wenn es bei akuten Krisen und Konflikten, die zu erwarten sind, nicht ausgerechnet die *historischen* Bezüge als Grund für singuläres Nichthandeln heranzieht, deren politische Wirkungen es im Kontext seiner Europapolitik gerade neutralisieren muß: In dem Maße, wie Deutschland selbst seine Vergangenheit so für sich in Anspruch nimmt, wird der Schatten dieser Vergangenheit es in der Praxis europäischer Politik auch immer wieder einholen. Hier ist mit Umsicht eine *Schwelle zu neuer Normalität* zu überschreiten, auch wenn einige Partner dem nur zögernd folgen werden.

Aus all dem folgt, daß bloße Kontinuität in der multilateralen Diplomatie der Bundesrepublik zunehmend in Schwierigkeiten führt. Da Deutschland aufgrund nicht so sehr seiner Geschichte, sondern seiner geostrategischen Lage in der Mitte Europas und seiner überragenden Rolle als Wirtschaftsmacht (als der eigentlichen Gestaltungsmacht) in der absehbaren Zukunft im Zentrum europäischer Sicherheitspolitik bleiben wird, muß sie den Rahmen anders als durch bloße Selbsteinbindung zum Zwecke fortwährender Rückversicherung zu strukturieren suchen. In diesem Sinne sollte sich gerade die Bundesrepublik entgegen ihren derzeitigen politischen Instinkten eine Einsicht zu eigen machen, die Pierre Hassner vor nahezu

16 Gebhard *Schweigler*, Conclusion: Problems and Prospects for Partners in Leadership, in: Steven *Muller*/Gebhard *Schweigler* (Hrsg.), From Occupation to Cooperation. The United States and United Germany in a Changing World Order, New York/London 1992, S. 224-249 (232).

einem Vierteljahrhundert formuliert hat: Wenn die Transformation des geteilten Europa zu einem Endpunkt gelangt ist, "könnte sich der Diskurs über ein europäisches Sicherheitssystem, der gegenwärtig auf die politische Zukunft Deutschlands, Europas und ihrer Beziehungen zu den USA und zur Sowjetunion fixiert ist, einem neuen und überraschend unerschlossenen Gebiet zuwenden: dem Problem der Sicherheit".[17]

Hier schließt sich ein Kreis. Unter Konfrontationsbedingungen war Sicherheitspolitik immer auch Ordnungspolitik, sie war insbesondere Deutschlandpolitik. Dies gilt so nicht mehr:

- Das neue Europa und allgemeiner die politische Evolution in der nördlichen Konstellation ist durch eine beispiellose Selbstbeschränkung der Sowjetunion möglich geworden: durch den Verzicht auf militärische Intervention in einer Lage, in der alle europäischen Nachkriegsinteressen der UdSSR auf dem Spiel standen und die militärischen Fähigkeiten zur Intervention überwältigend waren. Die sowjetische Politik hatte den Zusammenhang von Sicherheits- und Ordnungspolitik hergestellt. Nunmehr hat sie ihn mit dem Verzicht auf die bisherige Sicherheitspolitik und der Entscheidung für ein "neues Europa", das heißt für eine politische Neuordnung, aufgelöst.
- Die internationale Gestaltungsmacht wird sich zunehmend auf die Ebene internationaler Wirtschaftsbeziehungen verlagern und damit andere ordnungspolitische Beziehungen mit anderen Hauptakteuren hervorbringen. Der Versuch, ordnungspolitische Ziele mit sicherheitspolitischen Mitteln zu erreichen, dient vor allem dazu, die Macht neuer Akteure, namentlich Deutschlands, zu relativieren, indem ein durch militärische Beziehungen geprägtes Verständnis internationaler Ordnung aufrechterhalten wird.
- Die eigentliche Rückversicherung für Deutschland wie für seine europäischen Nachbarn liegt im fortdauernden Engagement der USA in Europa. Es erhält die Balance zwischen den drei europäischen Führungsmächten, reduziert die ordnungspolitische Rolle militärischer Macht in Europa und bildet, wie die Entwicklungen über das Liaisonkonzept hinaus zeigen, auch eine politische Klammer zwischen West- und Osteuropa, deren Verhältnis ansonsten rasch zum Opfer partikulärer Interessen werden dürfte. Aber für dieses Engagement ist eine *wachsende euro-atlantische Gemeinschaft, nicht die NATO* in ihrer heutigen Gestalt, der Rahmen.
- Die NATO wird künftig also gerade nicht die "hauptsächliche transatlantische Verbindung" sein.[18] Essentiell sind vielfältige und umfassende politische Beziehungen der USA zu Europa und Deutschland, und die sind auf längere Sicht

17 Pierre *Hassner*, Change and Security in Europe, Part I: The Background, London, Februar 1968 (IISS, Adelphi Papers, No. 45), S. 24.

18 Rede von Generalsekretär *Wörner* vor der ATA, S. 6.

nicht gesichert. Sie liegen mehr im europäischen als im amerikanischen Interesse (zumindest im amerikanischen Selbstverständnis). Ihre Institutionalisierung kann unter dem Dach des Washingtoner Vertrages erfolgen, die wiederum Strukturen erfordert, für die die NATO in ihrer heutigen Gestalt keinen Rahmen bietet. Andererseits wird die NATO nur Bestand haben, wenn sie in eine breitere euro-atlantische Gemeinschaft eingeordnet ist.

- Mit dem Ende der Konfrontation ist die NATO in amerikanischer Sicht ein "holding pattern" geworden, um einen stabilen Übergang in eine veränderte Weltlage zu sichern. Dies zeigt sich nicht zuletzt darin, daß die grundlegende Reform der amerikanischen Globalstrategie und Streitkräftestruktur an der Reform der NATO praktisch völlig vorbeigegangen ist. Das Konzept der abgestuften Mobilisierungs- und Abschreckungsreaktion stellt die einschneidendste Veränderung der amerikanischen Verteidigung seit Ende der 40er Jahre dar und ist ganz auf autonome Handlungsfähigkeit mit der Möglichkeit flexibler Kooperation abgestellt. Die NATO hätte in weit größerem Umfang einen Rahmen für derartige Kooperation bieten können, etwa mit der Zielsetzung einer multinationalen Rekonstitutionsfähigkeit nach weitgehendem Abbau der amerikanischen Präsenz, aber im Zuge der NATO-Reform ist dies nicht einmal als Aufgabe erkannt worden.
- Die USA sehen ihre Verbündeten weiter im engsten Kreis der neuen Weltordnung, aber sie ordnen ihn in ein "weiteres Konzept der internationalen Gemeinschaft und internationalen Diplomatie" ein.[19] In diesem Kontext sehen sie als "fundamentale Transformation" neben dem Umbruch in der Sowjetunion den "Aufstieg Japans und Deutschlands als ökonomische und politische Führungsmächte". Dies wird als Erfolg amerikanischer Nachkriegspolitik verstanden; Beziehungen zu Deutschland und Japan werden als *zunehmend* wichtig für die regionale und globale Stabilität gewertet.[20] Aber man geht auch von zunehmender Konkurrenz gerade auf der Ebene aus, auf der diese Führungspartnerschaft vor allem ihren Platz hat. Anders als in der Vergangenheit gibt es hier nicht mehr den Weg über sicherheitspolitisches Management. Zugleich wächst die ordnungspolitische Bedeutung von Problemen auf dieser Ebene,[21] auf der Deutschland seine europäische Rolle am einfachsten wahrnehmen kann und auf der ihr größtes Gewicht liegt. Aber im Falle zunehmender politischer Friktionen im Verhältnis zu den Vereinigten Staaten würde dies abseh-

---

19 National Security Strategy of the United States, Washington, D.C., August 1991, S. 13.

20 Ebd., S. 6.

21 So gewinnen "die laufenden Handelsverhandlungen etwas von der strategischen Bedeutung, die wir traditionell den Rüstungskontrollverhandlungen mit der Sowjetunion zugemessen haben"; ebd.

bar Rückwirkungen haben, die letztlich auch voll auf die Sicherheitspolitik durchschlügen.[22]

Ein "Germany-bashing" in den USA würde insbesondere die Rolle Deutschlands im Zuge europäischer Evolution beeinträchtigen. Deshalb muß sich das ordnungspolitische Interesse Deutschlands vor allem auf den Ausbau einer breit verstandenen euro-atlantischen Gemeinschaft richten. Die NATO wird in diesem Kontext eine untergeordnete Rolle spielen. Deutschland und die USA haben ein gemeinsames Interesse an deren Erhaltung als "holding operation": Sie bietet einstweilen besondere Möglichkeiten, amerikanische politische Einstellungen zu Deutschland und in Grenzen auch die amerikanische Sicherheitspolitik zu beeinflussen, da diese zwar zunehmend unilateraler wird, aber auch zunehmend auf Partnerschaft angewiesen ist. Die NATO ist in dieser Hinsicht jedoch nicht Selbstzweck, sondern Mittel einer Balancediplomatie, die ihre Wirkung verlieren wird, wenn sie nicht zunehmend in eine euro-atlantische Gemeinschaftsbildung eingeordnet wird, die sich gerade nicht primär auf der Ebene militärischer Zusammenarbeit vollzieht.

- Die Sicherheitsstrukturen haben so ihre konstitutive Funktion im Rahmen internationaler Ordnung weitgehend verloren. Andererseits sind mit dem Ende der Konfrontation auch neue Konfliktmöglichkeiten aufgetreten, die sich vervielfachen könnten. Sicherheitsstrukturen bleiben also als Selbstzweck weiter wichtig. Auch wenn die gegenwärtig verfügbaren Instrumente etwa in Jugoslawien bisher unzulänglich gewirkt haben, wären die Möglichkeiten einer Begrenzung, Einhegung und Lösung derartiger Konflikte ohne die Existenz der europäischen Sicherheitsstrukturen ungleich geringer und die horizontalen Ausweitungsgefahren ungleich größer. Mit anderen Worten, die bestehenden Sicherheitsstrukturen machen begrenzte Konflikte zu Ausnahmefällen, an deren Eindämmung zum Zwecke der Erhaltung dieser Strukturen ein allgemeines Interesse besteht.[23] Sollten sie fehlen, würde mit einer Rückkehr zu vornuklearen nationalstaatlichen Bedingungen zu rechnen sein, die allein durch Gleichgewichtsdiplomatie zu regulieren wäre.
- Die bestehenden Sicherheitsstrukturen haben also weiter Sicherheitsfunktionen. Wenn diese verlorengingen, würde das letztlich auch auf die neu entste-

---

22 Es gibt in den USA nach wie vor das Potential für einen Stimmungsumschwung gegen Deutschland, und zwar verstärkt durch die der amerikanischen Politik innewohnende Tendenz zur Polarisierung; vgl. die Beobachtungen des Doyens der amerikanischen Historiker, Daniel J. *Boorstin*, America and the Image of Europe. Reflections on American Thought, Cleveland/New York 1960, S. 36f. Schon heute werden Deutschland und Japan in internen amerikanischen Gremien für Verteidigungsplanung mittelfristig nach der Sowjetunion, aber vor China als mögliche Bedrohungen diskutiert.

23 Allerdings ist die in Rom verabschiedete Jugoslawien-Erklärung in diesem Punkt sehr unzureichend, indem sie den serbo-kroatischen Krieg als eine innere Angelegenheit wertet (§ 2).

hende internationale Ordnung zurückschlagen, wie immer diese konstituiert sein wird. Andererseits haben sie unter postkonfrontativen Bedingungen enge Wirkungsgrenzen gezeigt: In dieser Lage sind zwar viele Konflikte, die in den Ost-West-Konflikt eingebaut waren, zunehmend lösbar geworden bzw. versprechen es zu werden. Aber es sind durch Deblockierung auch neue Konflikte aufgebrochen. Irak und Jugoslawien sind die wichtigsten Beispiele. Im Irak bestand die Lösung in einer Ad-hoc-Koalition, wenngleich diese ohne bestehende Strukturen etwa der NATO nicht ausgereicht hätte.[24] In Jugoslawien wurde die Europäische Gemeinschaft zum sicherheitspolitischen Akteur, und zwar pari passu zu relativ ergebnislosen Verhandlungen über die EPU und trotz diplomatischer Fehlschläge und trotz Fehlern im Jugoslawienkonflikt.[25] Aber präventive Diplomatie sollte nicht von den Resultaten nicht verhinderter Krisen und Konflikte leben. Es sind vielmehr Sicherheitsstrukturen erforderlich, die den neuen Risiken zu begegnen gestatten. Eine solche institutionelle Entwicklung wäre im Sinne rein funktionaler Sicherheitsorganisationen in dem Maße denkbar, in dem sie überflüssig wird, also bei weit fortgeschrittener politischer Evolution, die erstens Risiken zunehmend unwahrscheinlich macht und zweitens Sicherheitsstrukturen nach funktionalen Gesichtspunkten im Rahmen einer politisch-ökonomisch geprägten Ordnungsstruktur zu bilden erlaubt.

- Es tut sich also eine Schere auf: Bei fortschreitender politischer Evolution verlieren Sicherheitsstrukturen ihre ordnungspolitischen Funktionen, aber ohne institutionelle Innovationen wird die politische Evolution von Konflikten be-

24 Es ist bemerkenswert, daß im Entwurf der Rom-Erklärung vom 21.10.1991 die unterstützenden Funktionen der NATO bei Konflikten außerhalb des NATO-Territoriums ausdrücklich hervorgehoben werden: "Im Einklang mit den Prinzipien des Washingtoner Vertrages können die Logistik, das Nachrichtenwesen und die Infrastruktur der Allianz denjenigen Verbündeten zur Verfügung gestellt werden, die Bemühungen der Vereinten Nationen zur Einhaltung des internationalen Rechts und zur Erfüllung humanitärer Aufgaben unterstützen." (§ 18.) Dies entspricht der Praxis des Golfkrieges, ist aber im Herbst 1990 noch im Bündnis kritisiert worden, als der beigeordnete stellvertretende Generalsekretär und später der Generalsekretär der NATO für das Bündnis eine solche Zweckbestimmung versucht haben. In der verabschiedeten Fassung fehlt dieser zentrale Punkt vor allem aufgrund französischer Intervention.
Der Irak hat auch in einem zweiten Punkt die Grenzen bestehender Sicherheitsstrukturen offengelegt: Er war als Signatarstaat des NV-Vertrages im Begriff, in den Besitz von Nuklearwaffen zu gelangen; eine Lösung des Problems war allein in der Zerstörung der irakischen Anlagen und einem Sonderregime im Sinne der VN-Sicherheitsratsresolution 716 zu finden, das die Qualität von Feindstaatenklauseln hat.

25 Es ist bemerkenswert, daß die Rom-Erklärung keine Funktion für die NATO definiert. Der Entwurf vom 21.10.1991 sah noch vor, die Konfliktparteien in erster Linie zur Zusammenarbeit mit der EG aufzufordern, die hiermit auch von der NATO als Sicherheitsakteur anerkannt worden wäre. (Diese Formulierung ist in der Endfassung allerdings stark abgeschwächt worden [Jugoslawien-Erklärung, § 6].) Die Teilnahme der EG an der Nahost-Friedenskonferenz in Madrid unterstreicht dies ebenfalls. In dieser Entwicklung zeigt sich einmal mehr, daß institutionelle Innovation in der Regel aus Krisen resultiert, auch wenn mit Konsultationen ein Rahmen vorgezeichnet war.

gleitet sein, für die die bestehenden Sicherheitsstrukturen keine Reaktionsmöglichkeiten bieten, die aber im Maße unzureichender kollektiver Krisen- und Konfliktbeherrschung auf die neuen, vor allem nichtmilitärisch geprägten Ordnungsstrukturen zurückschlagen werden.
Institutionelle Innovation im multinationalen Rahmen ist jedoch ohne akute Krisen oder übergeordnete ordnungspolitische Interessen nur inkrementell zu erwarten: Sicherheitsstrukturen werden in der künftigen Lage also dahin tendieren, eine unproduktive Eigendynamik zu entwickeln, die sie leicht von der Gesamtdynamik abkoppeln kann. Das ist nicht primär eine Sache politischer Zielsetzungen, sondern organisatorischer Mechanik.[26]
Dieses Problem spitzt sich weiter zu, wenn im Rahmen der Sicherheitsstrukturen eine Orientierung am verbleibenden institutionellen Zweck, eben an militärischer Sicherheit, schwierig wird. Aber gerade hier liegt die zentrale Aufgabe künftiger Sicherheitspolitik: *für neue Risiken ausreichende kollektive Reaktionsmöglichkeiten zu schaffen* und die institutionelle Entwicklung der erforderlichen Sicherheitsstrukturen, abgestimmt auf die Dynamik politischer Evolution, an der Zielsetzung solcher Reaktionsmöglichkeiten zu orientieren,[27] also aus der Situation herauszuführen, in der es Risiken ohne Antwort und Institutionen mit Mitteln, aber ohne Rolle bzw. mit Rollen, aber ohne Mittel gibt.

Diese Analyse künftiger Funktionen internationaler Sicherheitsstrukturen steht unter der Annahme einer relativ gleichförmigen politischen Evolution. Im Rahmen einer Konstellationsanalyse wäre das im Sinne des Konkreszenz- oder Dis-

---

26 Stanley *Hoffmann* hat dies in einer anderen Reformphase der NATO, in den späten 60er Jahren, treffend charakterisiert: "Die kurzfristigen Entscheidungen [sollten] die langfristigen Absichten berücksichtigen und zu ihrer Verwirklichung beitragen. Andernfalls könnten die kurzfristigen Entscheidungen 'pragmatische' Reaktionen auf Zufälle und Zwischenfälle des Augenblicks sein, und an die Stelle einfallsreicher Maßnahmen, die von einer Zielstrebigkeit geleitet sind, treten konservierende Maßnahmen, die entweder möglichst viel vom Status quo retten sollen, wenn er bedroht ist, oder mit denen grollend und in kleinlichem Feilschen neue Forderungen erfüllt werden. Internationale Organisationen entwickeln, insbesondere wenn sie gewichtig und groß sind, eine schwerfällige Schwungkraft oder adaptive Trägheit. Wenn sie einen harten Stoß erhalten, pflegen sie den Schock zu absorbieren; wenn Pressionen eine Reform erzwingen, wird die Reform durch die Verfahrensvorschriften in einem Meer von Ausschüssen ertränkt. Die kurzfristige Politik [besteht dann] aus zusammenhanglosen Entscheidungen und wird durch zwischen ihnen bestehende Widersprüche gelähmt ... Die institutionelle Reform muß als Mittel zum Zweck gesehen werden." Stanley *Hoffmann*, Gulliver's Troubles or the Setting of American Foreign Policy, New York 1969, S. 473f.

27 Eine solche spezifisch sicherheitspolitische Zwecksetzung dürfte im übrigen die Möglichkeiten exzessiver ordnungspolitischer Orientierung institutioneller Reformen einengen. Umgekehrt wird schon hier erkennbar, daß die Frage der deutschen militärischen Handlungsfähigkeit sich nicht einfach als Frage der Bündnis- und damit der Integrationsfähigkeit Deutschlands darstellen läßt. Da kollektives sicherheitspolitisches Handeln zunehmend Resultat koordinierter Entscheidungen auf der Grundlage von Mandaten, nicht von Verpflichtungen sein wird, stellt sich die Frage grundsätzlich, aber so, daß es auch für Deutschlands Rolle in internationalen Sicherheitsstrukturen bestimmend ist.

junktionsmodells zu beschreiben.[28] Die Funktionen und mit ihnen vor allem die deutschen Ordnungs- und Sicherheitsinteressen würden sich im Falle negativer Transformationen der Rahmenbedingungen verändern. In der neuen Lage gilt für politische Evolutionsträger wie Deutschland, was Henry Kissinger vor rund 35 Jahren über die Schwierigkeit von Status-quo-Mächten schrieb: "Das grundlegende Problem ist, sich darüber klar zu sein, welchen strategischen Transformationen wir uns zu widersetzen bereit sind."[29] Hinzu kommt, daß es in einer dynamischen Gesamtsituation schwerer ist, auf Prozesse negativer Transformation einzuwirken.

In der gegenwärtigen Konstellation, die durch relativ gleichförmige Evolution charakterisiert ist, gilt dies sowohl für die innere Entwicklung der dominanten Akteure wie für die resultierenden Grundverhältnisse. So kann der Zerfall der GUS bei gleichzeitig schwindender Kontrolle über die militärischen Kapazitäten der ehemaligen UdSSR so weit fortschreiten, daß eine Zone extremer Instabilität und Gewaltanwendung entsteht. Die USA können sich aufgrund internationaler Frustration und innerer Herausforderungen weitgehend aus ihren Ordnungsfunktionen und damit aus Europa zurückziehen. Die politische Unionsbildung in Westeuropa kann an fortschreitender Renationalisierung der Politik einzelner westeuropäischer Länder oder an den Herausforderungen scheitern, die die Reformpolitik osteuropäischer Länder für die EG darstellt. Mit anderen Worten, die Analyse muß im Sinne einer Variation der politisch-strategischen Rahmenbedingungen erweitert werden. Die Ordnungspolitik hingegen sollte gerade von den Zielsetzungen ausgehen, die auf politische Evolution und positive Transformation der Rahmenbedingungen gerichtet sind. Dies hat Konsequenzen für die Sicherheitspolitik.

In diesem Sinne ergibt sich gegenüber der bisherigen Konstellation ein weiterer grundlegender Unterschied zwischen Ordnungs- und Sicherheitspolitik. Erstere zielt auf positive Transformation der Rahmenbedingungen, während letztere ein Management von Krisen und Konflikten leisten soll, ohne selbst negative Transformationen zu begünstigen. Betrachtet man die fünf Konstellationsmodelle bzw. die Transformationsprozesse zwischen ihnen, so läßt sich sagen, daß ordnungspolitische Zielsetzungen um so vorrangiger werden, je weiter die politische Evolution fortgeschritten ist. Im gleichen Maße verengt sich auch das Spektrum möglicher Krisen. Umgekehrt wird Sicherheitspolitik bei fortschreitender negativer Transformation relevanter und das Spektrum möglicher Krisen und Konflikte weiter.

Für die Formulierung sicherheitspolitischer Zielsetzungen ist es deshalb essentiell, von einer Bestimmung der gegebenen politisch-strategischen Konstellation auszugehen *und* einen Prozeß plausibel zu machen, der zu jener negativen Trans-

---

28 Vgl. den Beitrag des Autors über Möglichkeiten und Grenzen einer Konstellationsanalyse (Teil I, Kap. 1).

29 Henry S. *Kissinger*, Nuclear Weapons and Foreign Policy, New York/London 1957, S. 5.

formation führt, aus der die Bedingungen für jene Art von Konflikten resultieren, auf die sich die Zielsetzungen richten sollen.

Eine Risikoanalyse im vorgeschlagenen Sinne, die zu einer Gewichtung von Konfliktmöglichkeiten in bezug auf politisch-strategische Rahmenbedingungen (Konstellationsmodelle bzw. Teilkonstellationen) ausgeht, bietet einen Ansatz für die Konzeptionierung erforderlicher Reaktionsmöglichkeiten und insoweit auch für die Formulierung sicherheitspolitischer Zielsetzungen. Das entsprechende Instrumentarium läßt sich seinerseits in relativ allgemeiner Weise in bezug auf so bewertete Konfliktmöglichkeiten gewichten, sofern man sich auf hinreichend einfache Kriterien beschränkt.

II. Instrumentalanalyse: Vorschlag eines risikoorientierten Planungsansatzes

Eine Sicherheitspolitik, die ordnungspolitisch auf gleichförmige politische Evolution und sicherheitspolitisch auf Risiken unter künftigen politisch-strategischen Bedingungen gerichtet ist, wird sich *von traditioneller Sicherheitspolitik grundlegend unterscheiden*: Ihre oberste Zielsetzung kann weder auf kollektive Sicherheit im Sinne der VN-Charta (und im Prinzip der Helsinki-Schlußakte), also auf den Schutz der Souveränität von Nationalstaaten, noch auf kollektive Verteidigung im Sinne der bisherigen NATO-Konzeption, also den Schutz des Territoriums innerhalb des gemeinsamen Vertragsgebietes, beschränkt bleiben.

Vor Eintreten der Konfrontationsbedingungen war das Grundschema der Verteidigungsplanung eine Informationsanalyse, die aufgrund militärischer Fähigkeiten politische Indikationen liefert, sowie die Vorbereitung entsprechender Reaktionen, um einer Aggression zu begegnen. Unter Konfrontationsbedingungen ging die Informationsanalyse von der Tatsache ständiger hoher Bereitschaft gegnerischer Angriffspotentiale aus, so daß Indikationen sofortiges kollektives Reagieren im Sinne des NATO-Alarmsystems erforderten: *Krise* war nur die *Phase des Übergangs vom Friedens- zum Kriegszustand* (obwohl dem Konzept der flexiblen Reaktion auch der Gedanke politischer Entscheidungsfähigkeit vor Auslösen von Reaktionen, das heißt der Pause, zugrunde lag). Unter künftigen politisch-strategischen Bedingungen wird die *Krise* die *politisch entscheidende Phase der Sicherheitspolitik* sein, wenn sie Risiken, also Konfliktmöglichkeiten mit Implikationen für das gesamte Sicherheitssystem, beinhaltet.

Drei Elemente der bisherigen Sicherheitspolitik, wie sie unter konfrontativen Bedingungen entstanden ist, werden weiterzuentwickeln sein:

- Angesichts der Vorlaufdynamik werden Konflikte in der Regel auch das Resultat *eigenen Handelns* sein. Dies galt im Sinne der Abschreckungskonzeption (vor allem seit Anfang der 60er Jahre) schon mit dem Ziel einer Stabilitätserhaltung und Eskalationskontrolle. Es gilt künftig grundsätzlicher im Blick auf alle drei hauptsächlichen Konfliktarten und deren Eintreten. Künftige Konflikte erfordern proaktives Handeln, und zwar vor allem zu präventiven Zwecken. Dies betrifft sowohl die Steuerung einer Krise wie den Transfer kritischer Waffen und Technologien.

- Eigenes sicherheitspolitisches Handeln wird *kollektiv* erfolgen müssen, aber nicht mehr im Sinne von Vorgaben multinationaler Institutionen, sondern im Sinne zweckmäßiger Koordinierung. Die Golfkoalition ist das Modell für typische künftige Konfliktfälle, nicht die integrierte NATO-Verteidigung. Koordiniertes politisch-strategisches Handeln wird jedoch um so wirksamer sein, je mehr es kollektiv vorbereitet und geübt ist.
- Sicherheitspolitisches Handeln wird *legitimationsbedürftig* sein. Unter konfrontativen Bedingungen war dies Erfordernis angesichts der zeitlichen Struktur von Konflikten, die aus dem Versagen der Abschreckung resultierten, politisch konsumiert mit der politischen Zustimmung zum Abschreckungssystem innerhalb der Bündnisländer der NATO, was Legitimitätskrisen typisch in der Frage der Mittel, nicht der Zwecke, und ganz im innenpolitischen Kontext entstehen ließ.[30] Künftig wird die Legitimitätsfrage nicht mehr (außer im Sinne innenpolitischer Kontroverse) international vorentschieden sein, sondern sie muß, wie im Falle des Golfkrieges, international herbeigeführt werden, wofür Voraussetzungen zu schaffen sind, die die Abhängigkeit von politischen Zufällen verringern.

Das sicherheitspolitische Grundverständnis wird also künftig nicht mehr über multinationale Institutionen vermittelt werden, sondern es muß *instrumentell* sein, das heißt es muß auf proaktives eigenes Handeln in einem kollektiven Koordinationsrahmen abzielen. Multinationale Institutionen sind für solches Handeln nicht Selbstzweck oder Akteur, sondern Instrumente neben anderen. Eine Ausnahme bilden Aggregate, etwa die EPU im Falle einer vergemeinschafteten Sicherheitspolitik: Dann würde für die EPU gelten, was heute noch für die Bundesrepublik Deutschland gilt.

Die gegenwärtig verfügbaren Instrumente sind in dieser Perspektive sämtlich entwicklungsbedürftig, und ihre Entwicklung kann allein im Sinne positiver politischer Evolution denkbar sein, die das Aufkommen von Risiken und damit den Bedarf an sicherheitspolitischen Instrumenten fortschreitend reduziert. Ein kurzer Überblick muß hier genügen:

- Das *Völkerrecht*, und hier vor allem die Charta der Vereinten Nationen, ist unter postkonfrontativen Bedingungen zu neuer Geltung gekommen: Es wird

30 Dies war in der Bundesrepublik besonders ausgeprägt, wo die Kritik an den Mitteln, vor allem denen der nuklearen Abschreckung, zunahm, aber die Legitimität der Zwecke so akzeptiert war, daß der Schutz des NATO-Vertragsgebiets auch nach dem Ende der Konfrontation quasi als Bestandteil der Verfassungswirklichkeit verstanden wird.

nicht mehr durch die sowjetische Völkerrechtsinterpretation in Frage gestellt und seine Anwendung wird nicht mehr durch politischen Antagonismus blokkiert. Aber es ist an nationalstaatlicher Souveränität und Nichteinmischung in innere Angelegenheiten als obersten Schutzzielen orientiert. Die Resolutionen 688 und 716 des VN-Sicherheitsrates weisen hier in die Richtung neuer Erfordernisse, aber sie bieten per se noch keine Grundlage für die Art von *kollektivem Interventionsrecht*, das künftig erforderlich sein wird.[31]

- Die *Vereinten Nationen* sind unter postkonfrontativen Bedingungen nicht mehr grundsätzlich blockiert, aber der Jugoslawienkonflikt zeigt, daß ihre Wirksamkeit weiter da beschränkt bleibt, wo die Wirkung von Präzedenzfällen befürchtet wird oder eine Vetomacht ein anderes eigenes Interesse hat (siehe die Haltung Chinas in der Jugoslawienfrage). Insbesondere ist die Einschaltung der VN in europäische Konflikte gegenwärtig kaum zu erwarten.
- Die *KSZE* hat die gleiche grundsätzliche Orientierung, zumal sie bei ihrer Ingangsetzung in sowjetischer Sicht gerade vor allem zur Anerkennung staatlicher Souveränität (durch den Westen) beitragen sollte. Sie hat zwar der politischen Penetration und Eigenentwicklung abgeschotteter Gesellschaften gedient, aber die Helsinki-Schlußakte bietet keine Grundlage für ein qualifiziertes Interventionsrecht: Sie ist wie die Charta der Vereinten Nationen an Souveränität und Nichteinmischung orientiert. Gerade wenn die Vereinten Nationen in europäischen Konflikten weiter nicht wirksam werden sollten, ist eine Weiterentwicklung der KSZE hier notwendig. Dies erfordert allerdings, daß die KSZE überhaupt erst institutionalisiert wird, so daß sie zumindest in der Lage ist, Mandate zu erteilen (wie es die NATO-Gipfelerklärung von Rom bereits unterstellt). Bisher ist sie dazu institutionell nicht in der Lage.
- Die *Europäische Gemeinschaft* ist zwar gerade mit dem Jugoslawienkonflikt zu einem sicherheitspolitischen Akteur geworden, wenngleich die diplomatischen Mißerfolge auch den bisherigen Mangel an gemeinsamer Sicherheitspolitik deutlich gemacht haben: Es ist noch ein langer Weg, bis die Zwölf als Sicherheitsgemeinschaft wirksam sein werden, aber die Natur künftiger Konflikte - dies zeigt gerade auch der Jugoslawienkonflikt - ist derart, daß multinationale Institutionen über das ganze Spektrum präventiver Möglichkeiten verfügen müssen. Das heißt umgekehrt, daß der instrumentale Charakter spezialisierter Sicherheitsorganisationen unverkennbar wird.
- Dies gilt für die NATO. Es gilt verstärkt für die *WEU*, die weder eine wirksame Sicherheitsorganisation ist, noch über das Spektrum nichtmilitärischer Mittel verfügt: Sie kann nur als Prozedur dienen, um vor Entstehen einer Sicher-

---

31 Paradoxerweise besteht das weitestgehende Interventionsrecht nach wie vor gegenüber den "Feindstaaten" im Sinne der Artikel 53 und 107 der VN-Charta, also u.a. gegenüber Deutschland. Vgl. dazu im einzelnen den Beitrag von Jost *Delbrück* in diesem Band (Teil III, Kap. 2).

heitsunion Zwecke zu erfüllen, die die EG anders noch nicht realisieren kann. Ein Aufbau der WEU als Verteidigungsorganisation wäre nicht in erster Linie wegen der Duplikation von NATO-Fähigkeiten abwegig, obwohl auch dies zutrifft (und im WEU-Vertrag an sich auch ausgeschlossen ist). Er wäre insbesondere dann abwegig, wenn er im Sinne einer westeuropäischen Identität erfolgen würde, die gerade nur im Sinne umfassender Gemeinschaftsbildung denkbar ist: Diese Identität kann nicht auf den Verteidigungszweck beschränkt sein. Dies gilt nicht zuletzt, weil die WEU bei einer solchen Beschränkung in künftigen Krisen und Konflikten entweder gar nicht oder nur instrumentell im Sinne einer politischen Willensbildung innerhalb der Gemeinschaft wirksam sein kann.

- Die *NATO* hat begonnen, sich durchaus im Sinne des Vertrages von Washington über ihr bisheriges Rollenverständnis hinauszubewegen. Aber erstens steckt diese Entwicklung noch in den Anfängen; zweitens dominiert noch das traditionelle Rollenverständnis; drittens wird das beginnende neue Rollenverständnis noch nicht von einem Konsens getragen, der entsprechende Handlungsfähigkeit begründet; viertens gibt es noch keinen Rahmen, in dem sich die grundsätzlich akzeptierte Arbeitsteiligkeit internationaler Sicherheitsorganisationen realisieren läßt; fünftens ist diese Arbeitsteiligkeit bisher auch noch nicht in der Praxis akzeptiert (siehe Reaktionen auf den Kohl-Mitterrand-Vorschlag für ein europäisches Korps); und sechstens gibt es zwar eine erklärte Bereitschaft, die NATO zum Mandatsträger zu machen,[32] aber es gibt, wie gesagt, noch keine Institution, mit Ausnahme der Vereinten Nationen, die Mandate erteilen könnte.

  Die NATO könnte sich in einer Richtung entwickeln, in der ihr als *Rahmen für eine USA-EPU-Zusammenarbeit* künftige zentrale Rollen zuwachsen und entsprechende Legitimationsmöglichkeiten entstehen. Aber bisher fehlen dazu die grundlegenden Voraussetzungen, und je länger die NATO in der Hauptsache in ihrem bisherigen Rollenverständnis verharrt, um so mehr dürften die Reformchancen und mit ihnen der mögliche instrumentelle Nutzen der NATO schwinden.
- Das *NV-Regime* steht vor der eigentlichen Bewährungsprobe: Es gibt, wie ausgeführt, reale Proliferationsgefahren. Innerhalb des NV-Regimes sind fundamentale Probleme aufgetreten: der mögliche Verlust politischer Kontrolle im Sinne von Artikel 1 des NV-Vertrages auf seiten eines Nuklearwaffenstaates, nämlich der GUS, und das nur knapp verhinderte Erlangen nuklearer Waffen durch einen nichtnuklearen Signatarstaat, nämlich den Irak. Unter Konfronta-

32 Vgl. die Madrid-Rede des Generalsekretärs, S. 8. Die stark abgeschwächte Formulierung im Entwurf der Gipfelerklärung vom 21.10. (§18) hat, wie gesagt, in die Endfassung allerdings keinen Eingang gefunden. In gewisser Weise läßt sich im VKSE-Mandat ein Präzedenzfall sehen.

tionsbedingungen war der NV-Vertrag komplementär zur NATO mit ihrem System der nuklearen Abschreckung. Dies gilt angesichts der verringerten Rolle nuklearer Abschreckung nur noch residual. Dafür wird ein wirksames *NV-Regime* künftig ein direktes *Mittel des Krisen- und Konfliktmanagements.* Es können neue Akteure mit Nuklearwaffen (oder anderen Massenvernichtungswaffen) entstehen, für die es andere Konzeptionen geben kann als die der Abschreckung. Dies kann an Peripherien oder innerhalb der bisherigen Sowjetunion geschehen. MVW- und insbesondere nukleare Risiken können unmittelbar oder im Rekonstitutionsfall auftreten.

Diese Entwicklungen finden im Vorfeld der NV-Überprüfungskonferenz von 1995 statt, auf der über die Zukunft des NV-Regimes zu entscheiden ist. Bis dahin wird das Regime also entweder erodieren oder durch wirksame Erweiterung stabilisiert.[33]

Keines der bestehenden Instrumente künftiger Sicherheitspolitik ist also so weit entwickelt, daß es wirksam in künftigen Risikolagen angewandt werden kann.[34] Vor allem aber gibt es bisher keine Konzeption dafür, wie diese verschiedenen Instrumente künftig im Krisen- und Konfliktmanagement ineinandergreifen.

Die spezifische Wirkung der Abschreckungsstrategie lag darin, daß sie mit der Drohung extremer Eskalation mögliche Konflikte abzukapseln oder zu verhüten gestattete. Dieser Mechanismus ist künftig nicht mehr verfügbar: Entweder man hat es von vornherein mit einer extremen Bedrohung zu tun, allerdings bei völlig veränderter zeitlicher Struktur des Konfliktes, oder der Konflikt hat keine nukleare Dimension.

Für alle außer den extremen Risiken gilt es also, *neue Formen der Verallgemeinerung* und damit auch der *Internationalisierung begrenzter Konflikte* zu finden, die diese zu dämpfen, abzukapseln oder sogar zu verhindern erlauben. Aber auch in extremen Risikolagen, also bei Akteuren mit MVW-Kapazität bzw. in Rekonstitutionsfällen, sind es nicht mehr die alten Mechanismen: Im ersten Fall wird der Abschreckungsmechanismus nur dann funktionieren, wenn ein aggressiver Akteur sich selbst die Abschreckungsdoktrin zu eigen gemacht hat. Ansonsten wird hier eine Regression zu Kriegführungsoptionen für nukleare Waffen erforderlich. Im zweiten Fall wird es entweder (bei gleichzeitigem Verlust politischer Kontrolle über das nukleare Arsenal der ehemaligen UdSSR) zu einer ähnlichen Regression kommen, oder aber die zeitliche Struktur der konkurrierenden Rekonstitution ermöglicht ein Funktionieren der Abschreckungsform, die sich aus der gegenwärti-

33 Dazu sollte im Anschluß an die SR-Resolution 716 gehören, daß ein Bruch des NV-Vertrages Interventionen rechtfertigt.

34 Der Jugoslawienkonflikt hat einmal mehr erwiesen, daß reale Krisen institutionelle Innovation auslösen können. Aber er zeigt auch, daß solche Innovation in der Regel erst bei nachfolgenden Gelegenheiten wirksam werden. In Jugoslawien läuft die EG unvermeidlich hinter der Konfliktentwicklung her.

gen Lage entwickeln dürfte, nämlich *kooperative Abschreckung*.[35] Alle drei Hauptarten künftiger Risiken erfordern also ein neues bzw. weiterentwickeltes Instrumentarium:

- kritische begrenzte Konflikte,
- Konflikte mit neuen Akteuren im Besitz von MVW,
- Konflikte nach konkurrierender Rekonstitution.

Kein Risiko ist durch die Vorkehrungen gegen die übrigen abgedeckt: Es gibt in diesem Sinne keine "lesser cases" mehr. Es sind diversifizierte Reaktionsmöglichkeiten erforderlich. Aber es gibt Synergismen, die systematisch zu nutzen sind. In bestimmten begrenzten Konflikten kann etwa die Fähigkeit zur Abschreckung aggressiver Rekonstitution essentiell sein. In potentiell nuklearen Konflikten (bzw. MVW-Konflikten) können konventionelle Abwehrmöglichkeiten wichtig sein, zum Beispiel erweiterte Luftabwehr. Trotz der Verschiedenheit der drei künftigen Hauptaufgaben der Verteidigungs- und Sicherheitspolitik geht es also darum, ein möglichst *integriertes Gesamtsystem* militärischer Sicherheit zu schaffen, das aus drei Hauptkomponenten besteht:

- den Mitteln für ein effektives *Krisen- und Konfliktmanagement* für begrenzte Fälle,
- einem System zur *Sicherung gegen Massenvernichtungswaffen*, vor allem nukleare Waffen, und
- einem System, das ausreichende *Rekonstitutionsfähigkeit* für extreme Risiken sichert.[36]

---

35 Der wechselseitigen nuklearen Abschreckung hat schon seit langem ein Element der strategischen Kooperation innegewohnt (spätestens seitdem Stabilität eine Zielsetzung strategischer Politik geworden ist). Aber unter künftigen Bedingungen gibt es eine Reihe von Möglichkeiten, die kooperative Natur der Abschreckung weiterzuentwickeln. Das kann im Verzicht auf bestimmte Waffensysteme, in der Verringerung der Verfügungsbereitschaft, in der Zusammenarbeit bei der Sicherung nuklearer Arsenale, in der Erweiterung der Möglichkeiten der Krisenkommunikation, in der wechselseitigen Zulassung von Wachpersonal und allgemein in der Art des Krisenmanagements liegen. Einige dieser Elemente sind in den Vorschlägen von Präsident Bush vom 27.9.1991 enthalten. Manche sind sogar schon Gegenstand amerikanisch-sowjetischer Zusammenarbeit.

36 Die NATO hat in dieser Frage bisher eine unklare Position: Sie sucht die Fähigkeit für extreme Verteidigungsfälle möglichst weitgehend zu erhalten, verwahrt sich zugleich gegen die Vorstellung, daß die NATO im wesentlichen eine Sicherung gegen extreme Risiken ist (Rede des Generalsekretärs in Madrid, S. 7), und geht im übrigen selbst davon aus, daß extreme Konflikte nicht zu erwarten sind (MC 161). Andererseits sind Rekonstitutionsfälle zwar schwerer zu realisieren und politisch nicht in der Logik der Entwicklung, aber sie bleiben möglich. Das heißt, sie sind wahrscheinlicher, als es in offiziellen Risikoanalysen derzeit angenommen wird, und die Vorsorge für solche Fälle wird nicht in der dauerhaften Erhaltung einer Verteidigungsfähigkeit für Fälle liegen, die die NATO selbst eher ausschließt, sondern in einer eigenen Rekonstitutionsfähigkeit nach erfolgter weitgehender Reduzierung. Mit anderen Worten, die derzeit geplanten Hauptverteidigungskräfte bieten eine Option ohne mögliches Szenario, aber das langfristig weiter mögliche Szenario eines aggressiven Wiederaufwuchses auf seiten der GUS oder RSFSR wird vermutlich ein Szenario ohne Optionen für die NATO, wenn nicht systematisch militärische Vorsorge getroffen wird.

Künftige Sicherheitspolitik muß dabei drei Aufgaben wahrnehmen: Sie muß erstens eine Kongruenz von Instrumenten und Konflikttypen herstellen; sie muß damit zweitens unterschiedliche Vorbereitungen für verschiedene Konflikttypen treffen; sie muß drittens zwischen diesen Vorsorgesystemen ausreichende Komplementarität herstellen.

Dieser Planungsansatz setzt offensichtlich einen *neuen Begriff von Sicherheitspolitik* voraus. Eine Definition läßt sich an künftigen Krisen- und Konflikt*bedingungen* oder an den *Risiken* orientieren, bei denen militärische *Mittel* ein Faktor sind. Ersteres würde zu einem erweiterten Sicherheitsbegriff führen, der auch nichtmilitärische Folgen der Instabilität und Gefährdung der Lebensfähigkeit von Gesellschaften einschließt, beispielsweise destabilisierende Wanderungsbewegungen.[37] Ein solches Konzept könnte gerade aus der Sicht des vereinigten Deutschland sinnvoll erscheinen, also für ein Land, das als Exponent westlichen Wohlstandes an der neuen Wohlstandsgrenze in Europa liegt.

Richtig ist daran, daß *nichtmilitärische Bedingungen* zunehmend für das Entstehen militärischer Konflikte bestimmend sind und die *Analyse potentieller Konfliktlagen* weit über den schon in der Vergangenheit unzureichend entwickelten Rahmen der Nettoanalyse hinaus auf entsprechende Indikatoren gerichtet sein muß. Aus nichtmilitärischen Bedingungen der Unsicherheit können sehr unterschiedliche Entwicklungen resultieren, zum Beispiel Massenflucht, politische Regression und ökonomische Fehlentwicklungen. Sie können sämtlich Auswirkungen auf die internationale Konstellation haben. Vorbeugende Politik und Krisenmanagement werden sich je nach der Art der Auswirkungen auf sehr *unterschiedlichen politischen Handlungsebenen* vollziehen, beispielsweise denen der Rechtssicherheit, der Wirtschaftskooperation, des Flüchtlingswesens oder des Umweltschutzes. Diese *Aufgaben* dürften auch zunehmend *vergemeinschaftet* werden. Aber es würde funktional, politisch und institutionell *nicht zweckmäßig* sein, die *einzelnen Handlungsbereiche unter einem verallgemeinerten Sicherheitsbegriff zusammenzufassen.*

Mit anderen Worten, Sicherheitspolitik setzt eine zweckmäßige *Ordnungspolitik* voraus, die auf positive Transformation politischer, ökonomischer, strategischer, sozialer und ökologischer Rahmenbedingungen abzielt. Sie erfordert *präventive Kooperation* mit dem Ziel, die Ursachen für das Entstehen möglicher potentiell militärischer Konflikte zu kontrollieren, was neben sicherheitspolitischer Kooperation ein Spektrum anderer Aktivitäten umfassen kann. Sie erfordert schließlich als Risikoanalyse eine *umfassende Informationsanalyse*, die gerade aufgrund ihrer

---

37 So enthält der Begriff der "umfassenden Sicherheit", wie er 1980 in Japan im sogenannten Inoki-Bericht entwickelt worden ist, neben der militärischen Sicherheit die Ernährungssicherheit, Erdbebensicherheit usw. (*The Comprehensive Security Study Group*, Report on Comprehensive National Security, Tokio, 2.7.1980.) Vgl. dazu Uwe *Nerlich*, Einige nichtmilitärische Bedingungen europäischer Sicherheit, in: Europa-Archiv, (1991) 19, S. 547-557.

breiten Aufgabenstellung die Frühdiagnose militärisch relevanter Risikoentwicklungen ermöglicht. Künftige Informationsanalyse sollte Entwicklungen in diesen verschiedenen Handlungsbereichen auch *im Zusammenhang* betrachten, gerade weil zum Teil die gleichen nichtmilitärischen Bedingungen zugrunde liegen. Eine solche neuorientierte Informationsanalyse ist sogar eine der vordringlichsten Aufgaben, und zwar national wie in zuständigen multinationalen Organisationen. Sie müßte insbesondere in bezug auf mögliche militärisch relevante Gefährdungen an neuen Analyseaufgaben und Indikatoren orientiert werden. Diese drei Erfordernisse machen national wie international mittel- und längerfristig tiefgehende Reorganisation notwendig, insbesondere im Bereich der (vor allem nachrichtendienstlichen) Informationsanalyse.

In diesem Kontext stellt die Sicherheitspolitik jedoch einen abgegrenzten Bereich dar. Sie ist nicht mehr eigenständig, wie sie es aufgrund des dominanten Charakters der Bedrohung und der Identifikation von Ordnungs- und Sicherheitspolitik zu Zeiten der Konfrontationsordnung war. Aber sie stellt einen politischen Handlungsbereich mit spezifischen Aufgaben und Mitteln dar. Dieser Handlungsbereich ist national (abgesehen von politischen Kriterien einseitiger Selbstbeschränkung) einfach abzugrenzen in bezug auf die militärisch relevanten Risiken. In bezug auf die Mittel ist eine Abgrenzung künftig insofern schwieriger als bisher, als der Handlungsbereich nicht mehr institutionell zu definieren ist, beispielsweise durch einfache Zuordnung zur NATO: In Zukunft wird es nur noch ein multiinstitutionelles Krisen- und Konfliktmanagement geben; Sicherheitspolitik muß entsprechend eine Konzeption für die Koordinierung von Aktivitäten in einem multiinstitutionellen Rahmen und die Orchestrierung entsprechender Optionen voraussetzen. Sie ist international nur begrenzt eigenständig, da der kollektive Einsatz von Mitteln im Krisen- und Konfliktmanagement gerade nicht auf militärische Mittel beschränkt ist.

Mit anderen Worten, Sicherheitspolitik sollte nicht die ordnungspolitische und präventive Gestaltung nichtmilitärischer Rahmenbedingungen umfassen, wenngleich sicherheitspolitische Kriterien dort beachtet werden sollten. Sie ist auf den Umgang mit Risiken beschränkt, bei denen militärische Mittel ins Spiel kommen können und sofern diese ins Spiel kommen. Für solche Risiken schließt sie die Gesamtheit der Mittel ein, die für das Management einer Krise bzw. eines Konflikts erforderlich sind. Sie ist zwar nur auf einen Ausschnitt im Bereich vorbeugender Aktivitäten und hier auf die Vorsorge für militärisch relevante Risiken beschränkt, aber für den Fall des akuten Krisen- und Konfliktmanagements weitet sie sich auf den Einsatz nichtmilitärischer Mittel aus, sofern diese unmittelbar dem Zweck dienen, ein Konfliktverhalten mit dem Resultat der Selbstbeschränkung zu verändern.

Daraus folgt, daß
- Risiken sicherheitspolitisch auf solche mit militärischen Dimensionen beschränkt sind,
- Sicherheitspolitik im Vergleich zur Konfrontationsordnung an einem breiteren Spektrum von begrenzteren Risiken orientiert werden muß,
- die Mittel des Krisen- und Konfliktmanagements militärischer wie nichtmilitärischer Natur sind,
- militärische und nichtmilitärische sicherheitspolitische Planung und Entscheidung im Sinne institutioneller Eigenständigkeit nicht zu trennen sind, also übergreifender Planungs- und Entscheidungsstrukturen bedürfen,
- nationale Planungs-, Führungs- und Entscheidungsstrukturen erforderlich sind, um zweckmäßige mutliinstitutionelle Koordinierung zu gewährleisten,
- Krisen- und Konfliktmanagement im Regelfall kollektiv erfolgen sollte, die kollektive Form sich aber nach der Zweckmäßigkeit multiinstitutioneller Koordinierung im gegebenen Fall richtet.

Auf der Grundlage einer Konstellations- sowie einer Risikoanalyse im vorgeschlagenen Sinne erfordert sicherheitspolitische Planung also eine Instrumentalanalyse, die ohne fixierte Zuordnung zu multinationalen Institutionen die Zweckmäßigkeit sicherheitspolitischer Mittel für militärisch relevante Risiken und für Nutzung im kollektiven Krisen- und Konfliktmanagement zum Gegenstand hat.

III. Elemente eines integrierten sicherheitspolitischen Gesamtsystems

Mit der Rom-Erklärung ist es zum sicherheitspolitischen Grundsatz geworden, daß den Herausforderungen der Zukunft nicht mehr durch eine singuläre Institution zu begegnen ist. Das galt zwar für viele Arten sicherheitsrelevanter Risiken auch schon in den vergangenen Jahrzehnten, aber die Dominanz der sowjetischen Bedrohung und die praktisch vollständige Integration der Bundeswehr in die NATO gaben dieser Institution gerade in deutscher Sicht die schon beschriebene monolithische Qualität.

Heute ist eher fraglich, ob die NATO überhaupt noch eine Rolle in künftigen Krisen hat und ob umgekehrt der Rahmen ineinandergreifender Institutionen jede Handlungsfähigkeit erstickt. Dies wird verstärkt durch die Tatsache, daß im künftigen multiinstitutionellen Krisen- und Konfliktmanagement die Vorlaufzeit vergleichsweise lang und für den Verlauf maßgebend ist, während der Vorlaufzeit und gerade in frühen Phasen aber die nationalen Zuständigkeiten am stärksten und die multinationaler Organisationen am schwächsten sind. Umgekehrt tendiert die Dominanz von Führungsmächten im Krisenmanagement dahin, die mögliche Vehemenz späterer Phasen zu antizipieren und die vielfältigeren Möglichkeiten der

Einwirkung durch eine größere Zahl von Akteuren in frühen Phasen zu vernachlässigen.

Bisher hat nur die NATO überhaupt eine Rahmenkonzeption mit der Triade von Frieden/Krise/Krieg. Aber auch die NATO hat nicht einmal ansatzweise eine Konzeption für das Krisenmanagement und schon gar nicht für ein multiinstitutionelles Konfliktmanagement. Sie ist dazu auch nur in der Lage, wenn sie gerade das tut, was bisher im Rahmen der Reform der NATO weitgehend unterbunden worden ist: eine Flexibilisierung der Kommandostrukturen, Streitkräftestrukturen und Einsatzformen, die innerhalb und außerhalb der NATO Reaktionsmöglichkeiten herstellt. Aber wenn die NATO diesen Weg geht, was mittelfristig zur Bestandsfrage für sie werden wird, dann verliert die formale Kohärenz des NATO-Konzepts jeden praktischen Bezug, sofern dieser heute noch gegeben ist.

Mit anderen Worten, die Akteure, zu denen die führenden Staaten der NATO gehören und die EPU gehören kann, müssen eigene Krisen- und Konfliktvorsorge planen und diese mit den Planungen sicherheitspolitischer Partner *koordinieren*. Für bestimmte Kategorien möglicher und sicherheitsrelevanter Konflikte kann es gemeinsame Vorbereitungsstäbe mit selektiver Zusammensetzung geben, die innerhalb oder außerhalb der NATO arbeiten können, aber zweckmäßigerweise nach entsprechenden Reformen der NATO jedenfalls in dieser wirksam werden können. Multinationales Krisen- und Konfliktmanagement ist unter den neuen Bedingungen nicht möglich ohne multinationale Organisationen, die Mandatsträger sein und/oder die unterstützenden Funktionen bereitstellen können, die ein koordiniertes Handeln erfordert.

Der Golfkrieg hat es gezeigt, und die amerikanische Führungsmacht hat den instrumentalen Nutzen, aber auch die politischen Grenzen von multinationalen Organisationen voll realisiert: Wie Präsident Bush in einer grundlegenden Erklärung über die nationale Sicherheitsstrategie der Vereinigten Staaten dargelegt hat, bleiben "Nationen, mit denen wir durch Allianzen verbunden sind, unsere engsten Partner beim Bau einer neuen Weltordnung ... Unsere Führung in einer neuen Ära muß aber, wie unsere Reaktion in der Golfkrise demonstriert hat, auch ein breiteres Konzept der internationalen Gemeinschaft und internationalen Diplomatie umfassen ... Wir können uns zunehmend in Situationen finden, in denen unsere Interessen mit denen von Nationen übereinstimmen, die mit uns nicht durch formale Verträge verbunden sind ... Dies erfordert Flexibilität in unserer Diplomatie und Militärpolitik."[38] In dieser Perspektive ist eine bewahrende amerikanische Haltung gegenüber der NATO mit einer gleichzeitigen Rücknahme der eigenen politischen Fixierung auf sie und der entsprechenden Handlungsfreiheit völlig

38 National Security Strategy, S. 13.

vereinbar: Beides ist für die Politik der USA, wenn sie als Ordnungsmacht agieren will, erforderlich.

Dies gilt auch für alle anderen Akteure, die "am Bau einer neuen Weltordnung" beteiligt sind (es müssen nicht Nationen sein, wenn politische Integration möglich ist, aber es gibt kein Drittes): Sie brauchen beides, unterstützende multinationale Strukturen und eigene Strategien mit der Möglichkeit, sie mit denen anderer Akteure zu orchestrieren: in "hybriden Koalitionen", um es noch einmal in den Worten von Präsident Bush zu sagen.[39]

Der Schlüssel für das komplementäre Funktionieren formaler Bündnisse und hybrider Koalitionen liegt vor allem in der Natur künftiger Risiken. Wiederum bietet der Golfkrieg die wichtigste Lektion. In dieser Perspektive sollen einige der Elemente eines künftigen Sicherheitssystems identifiziert werden, die notwendig sind, um politische Evolution abzusichern gegenüber

- begrenzten Konfliktmöglichkeiten mit internationalen Implikationen,
- Möglichkeiten massiver und potentiell aggressiver Rekonstitution,
- möglichen Bedrohungen mit Massenvernichtungswaffen.

Ein solches System ist nicht mehr als singulär oder hierarchisch möglich außer im Falle extrem negativer Transformation politisch-strategischer Rahmenbedingungen. Es muß folgende Elemente beinhalten:

- handlungsfähige Akteure, also Staaten oder Aggregate, deren ordnungspolitische Zielsetzungen soweit übereinstimmen, daß ihre Strategien auf gegebene Herausforderungen hin orchestriert werden können,
- weitere Akteure als Partner in hybriden Koalitionen,
- multinationale Strukturen (Institutionen, Verträge, Regime u.a.) für die Unterstützung und Legitimation orchestrierten Handelns.

Ein solches System bedarf formaler Strukturen, aber es ist nicht vollständig institutionalisierbar. Aber gerade da, wo Flexibilität statt bindende Institutionalisierung gefordert ist, ist eine ordnungspolitische Gemeinsamkeit zumindest in der Grundfrage politische Evolution versus Renationalisierung erforderlich, was durch den informellen Charakter des Systems begünstigt wird. Das System muß gestatten,

- dem Spektrum der kritischen Risiken zu begegnen, das innerhalb dieses Handlungsrahmens mit wechselnden Koalitionen und flexiblen Reaktionen, das heißt mit aufgabenorientierter Partnerschaft möglich ist,[40]

---

39 Ebd.

40 Wie es in einer Studie der hochrangigen Aspen Strategy Group heißt, sind die neuen Herausforderungen "nicht in erster Linie durch ein Bündnissystem anzugehen. Die Vermeidung von Kriegen in einer Zeit proliferierender nuklearer Waffen [usw. sind] keine Nullsummenspiele, für die Allianzen geeignet sind. Sie erfordern eher positive Kooperation zwischen Nationen, die davon ausgehen, daß alle von erfolgreichen multilateralen Anstrengungen Vorteile haben. Deshalb sind wir überzeugt, daß eine neue Art des Vorgehens und neue Institutionen nötig sind. Die neue nationale Strategie der Vereinigten Staaten sollte es sein, die Führungsrolle in der Her-

- die kritischen Risiken nach vergleichbaren Kriterien und frühzeitig zu identifizieren,
- diese Risiken konsensual vor Ausbruch von aktuen Krisen und Konflikten einzuhegen (durch Verträge, Regime, Sonderregelungen u.a.),
- gemeinsame Planungen seitens engagierter Akteure vorzunehmen als Grundlage für koordiniertes bzw. orchestriertes Vorgehen,
- Unterstützung durch bestehende formale Strukturen in Anspruch zu nehmen,
- Legitimation für Akteure und Mandate für Institutionen zu verschaffen.

Ein solches instrumentelles Verständnis kollektiver Sicherheit ist für die Bundesrepublik Deutschland schwieriger als für andere Staaten, da sie eigene Zielsetzungen ohne nationale Interessendefinition im Medium multinationaler Institutionen verfolgt und diese Institutionen quasi als Akteure betrachtet hat. Es ist zugleich einfacher für Deutschland, weil diesem Vorgehen eine ordnungspolitische Zielsetzung zugrunde liegt, die es eher zum Vorreiter einer künftigen Sicherheitsordnung macht, wie sie hier skizziert wird.

Für ein solches System orchestrierbarer Optionen für den Umgang mit kritischen Risiken lassen sich einige Voraussetzungen nennen, die - wenngleich ohne eine verbindende Gesamtkonzeption - bereits mehr oder weniger im Entstehen begriffen sind. Sie lassen sich in einer funktionalen Stufung aufzählen, die dem Ablauf Frieden-Krise-Krieg entspricht:

- Es ist eine Weiterentwicklung der internationalen Rechtsordnung und Regime erforderlich, die die Grenzen internationalen Gewaltverzichts und kollektiver Sicherheit ausweitet, also staatliche Souveränität und die Definition innerer Angelegenheiten qualifiziert einschränkt. Dies ist für begrenzte Konflikte wie für die Proliferation von MVW kritisch, für Rekonstitutionsgefahren zumindest relevant (in bezug auf die Art von zulässigen Inspektionen).
- Die Potentiale für kritische Risiken müssen rechtlich und durch weitere Vereinbarungen und Regime so eingehegt werden, daß im Falle aggressiver bzw. die internationale Ordnung gefährdender Entscheidungen ein *Ausbruch* aus einem möglichst komplexen System notwendig ist. In diesem Sinne muß es möglichst hohe *Entscheidungs-* bzw. *Risikoschwellen* geben. Dies gilt besonders für Proliferations- und Rekonstitutionsgefahren, hat aber auch mögliche Wirksamkeit im Vorlauf begrenzter Konflikte.
- Über diese beiden Strukturen hinaus sind *vereinbarte Indikatoren für Informationsanalysen* wichtig, die möglichst einheitliche Bewertungen zwischen Akteu-

stellung funktionierender Partnerschaften mit anderen Nationen bei der Entwicklung pragmatischer Lösungen für spezifische Probleme zu übernehmen, die die Sicherheit aller zu unterminieren drohen. Wir nennen diese Strategie 'zielgerichtete Partnerschaften' ['focussed partnerships']". Alixe M. *Rivlin*/David C. *Jones*/Edward C. *Meyer*, Beyond Alliances: Global Security through Focussed Partnerships, in: Facing the Future. American Strategy in the 1990s. An Aspen Strategy Report, Lanham 1991, S. 295f.

ren und im interinstitutionellen Rahmen ermöglichen. Dies ist risikospezifisch zu sehen. In vielen Fällen (z.B. bei den Vereinten Nationen) fehlen bisher überhaupt entsprechende Einrichtungen als Voraussetzung für multiinstitutionelles Krisen- und Konfliktmanagement. Zudem haben Organisationen institutionelle Eigeninteressen entwickelt, die von dominanten Akteuren in Einklang gebracht werden müssen (z.B. Internationale Atomenergiebehörde [IAEA] und SR der VN in bezug auf nukleare Proliferationsgefahren).

- Akteure müssen über die *sicherheitspolitische und militärische Handlungsfähigkeit* verfügen, die eine Teilnahme an orchestrierten bzw. koordinierten Maßnahmen im Rahmen eines multiinstitutionellen Krisen- und Konfliktmanagements ermöglicht. Dies ist eine Frage der Planungs-, Führungs- und Entscheidungsstrukturen wie der Streitkräftestrukturen im Rahmen nationaler Rechtsordnungen.
- Ähnlich müssen multinationale Sicherheitsorganisationen wie die NATO und potentiell eine europäische Sicherheitsunion so eingerichtet sein, daß sie auch ohne Eintreten des Bündnisfalls und bei entsprechender *Mandatierung* unterstützende Funktionen wahrnehmen können, wobei die Voraussetzungen für das Agieren als Mandatsträger bzw. für die Unterstützung von Mandatsträgern (indirekte Mandate) erweitert werden müssen.
- Institutionen und Prozeduren für die *Legitimation* von kollektiven Sicherheitsmaßnahmen kommt hiermit eine zunehmende Bedeutung zu. Neben den VN gilt dies potentiell auch für eine KSZE im Falle weiterer Institutionalisierung.
- Für ein multiinstitutionelles Krisen- und Konfliktmanagement im hier skizzierten Sinne ist gerade bei fortschreitender Integration und funktionaler Vernetzung erforderlich, Möglichkeiten der wechselseitigen *korporativen Mitgliedschaft* einzurichten. Solche Vernetzung ist nicht ausreichend mit der partiellen Koextensivität von Organisationen bzw. der gleichzeitigen Mitgliedschaft von Nationen in mehreren Organisationen gegeben, obwohl beides systematischer zu nutzen wäre. Sie ist aus Integrationsgründen notwendig, wenn mehrere Mitglieder einer weiteren multinationalen Institution wie der NATO eine Sicherheitsunion als Akteur bilden.[41] Sie ist zweckmäßig, wo funktionale Zusammenarbeit anzustreben ist, etwa in der Informationsanalyse (z.B. zwischen NATO und KSZE-Konfliktverhütungszentrum). Zumindest ist eine Form der Repräsentation nötig, wo eine Institution durch Votum einer anderen zum Mandatsträger wird.
- Mit der Mandatsfrage hängt eng zusammen die *Zusammenarbeit mit und zwischen Aggregaten und deren konstitutiven Teilen*, etwa der GUS und einzelnen

41 In diesem Sinne hatte Adenauer 1952 schon einmal eine korporative Mitgliedschaft der EVG in der NATO vorgeschlagen; vgl. Hans-Peter *Schwarz*, Adenauer. Der Aufstieg: 1876-1952, Stuttgart 1986, S. 879.

Republiken oder einer EPU und deren Mitgliedstaaten. In solchen Fällen ist eine korporative Mitgliedschaft mit besonderen Zuständigkeiten verbindbar, zum Beispiel den Rechten und Pflichten von Nuklearwaffenstaaten im Sinne des NV-Vertrages oder ständigen Mitgliedschaften oder Vetorechten, wenngleich jedes dieser Privilegien in der weiteren Entwicklung einer internationalen Sicherheitsordnung im Lichte der veränderten Umstände gegenüber der Ursprungssituation zu sehen ist.

- Komplementäres Wirken verschiedener multinationaler Institutionen kann zeitlich parallel oder nacheinander sinnvoll sein: Verschiedene Organisationen taugen für verschiedene Phasen. In Frühphasen von Konflikten sind vor allem Institutionen mit einem breiten Spektrum vor allem nichtmilitärischer Mittel bzw. subregionale Organisationen mit entsprechender Spezialisierung, in kritischen Phasen in erster Linie militärische Gruppierungen erforderlich. Die NATO ist hier ein Bündnis "of last resort". In der weiteren Entwicklung wird die NATO Mittel für frühere Konfliktphasen, die Gemeinschaft unter Umständen solche für militärische anstreben, aber es wird keine vollständige Institution geben und damit bleibt eine Notwendigkeit der *Rollenspezialisierung.*
- In diesem Zusammenhang sind für das multiinstitutionelle Krisen- und Konfliktmanagement in bestimmten Fällen *sequentielle Regelungen für die Verfügung über Streitkräfte* und den *Transfer von Zuständigkeiten* erforderlich. Unter Konfrontationsbedingungen gab es im Übergang von Frieden zu Krieg den Transfer von nationalem Kommando zur NATO-Unterstellung. Für Berlin existierte sogar mit Live Oak eine Zwischenregelung. Künftig wird man sowohl aus Gründen der veränderten Konfliktnatur (kaum noch plausible Möglichkeiten für das Eintreten des NATO-Falls) wie solchen der veränderten Streitkräftestärken und -strukturen (z.B. stark reduzierte amerikanische Präsenz) abgestuftere Arrangements brauchen. Dabei ist weniger das "double-hatting" für WEU und NATO sinnvoll, als vielmehr die Vorschaltung flexibler Reaktionsmöglichkeiten, unter Umständen mit hybriden Koalitionen. Dies würde viele Funktionen bei der NATO belassen (Ausbildung, unterstützende Funktionen wie Logistik, Kommunikation, in Grenzen Aufklärung, Luftabwehr), aber es würde Streitkräftekomponenten geben müssen, die je nach der Herausforderung kollektiv, aber nicht im Rahmen integrierter Strukturen eingesetzt werden könnten.
- Da mit institutionalisierter Kooperation auch Abhängigkeiten entstehen (z.B. in der strategischen Aufklärung oder Logistik), erfordert ein multiinstitutionelles Krisen- und Konfliktmanagement ein *Management solcher Abhängigkeiten*, das vermutlich nur über direkte Zusammenarbeit dominanter Partner zu erreichen ist.

- Für die Verteidigungsplanung ist es wichtig, im Blick auf die Vielfalt der Aufgaben des Krisen- und Konfliktmanagements hinreichend zu diversifizieren. Es bleibt aber auch die Vorsorge für den unwahrscheinlichen, aber schwer zu handhabenden Ernstfall einer potentiell aggressiven Rekonstitution von Angriffsfähigkeit oder eine nachfolgende tatsächliche umfassende Aggression. Hier ist wichtig, daß begrenzte Konflikte nicht mehr spezielle Fälle der umfassenden Aggression sind. Aber es ist ebensowichtig, daß der Rekonstitutionsfall in bezug auf die Art der Herausforderung wie die Art der erforderlichen Reaktionen grundverschieden ist von der umfassenden Invasion mit kurzer Vorbereitungszeit: Ein *Rekonstitutionsdispositiv* bedarf der Vorsorge gegenüber instantanen Einwirkungen, vor allem in der Luftverteidigung und Aufklärung in der Tiefe, und einer multilateralen Struktur für flexible und angemessene Rekonstitution, im Unterschied zu einer herkömmlichen Mobilisierungsstrategie. Dies muß Vorkehrungen für eine industrielle Rekonstitution einschließen.
- Angesichts der zunehmenden Proliferationsgefahren etwa innerhalb der ehemaligen UdSSR, im Nahen Osten und in Nordostasien ist es schließlich von überragender Bedeutung, das NV-Regime zu erweitern. Im Vorfeld der über die Fortgeltung des NV-Vertrags entscheidenden Konferenz der Signatarstaaten im Jahr 1995 sowie angesichts der Ereignisse im Irak und der ehemaligen UdSSR gewinnt diese Frage erste Priorität. Aber mit diesem zunehmenden Regelungsbedarf können vor allem nukleare Fragen auch viel von der ordnungspolitischen Relevanz zurückgewinnen, die sie seit Anfang der 70er Jahre verloren haben. Dies gilt vor allem im Blick auf die Strukturreform des SR der VN oder einen möglichen Fortgang der europäischen Integration bzw. die Rolle Frankreichs und Großbritanniens. Mit anderen Worten, es geht um das Verhältnis von Nuklear- und Nichtnuklearwaffenstaaten, um die Lücken für Signatarstaaten (wie den Irak) und um die Proliferationsgefahren außerhalb des NV-Regimes.

  Ein Nichtverbreitungsregime ist nur als komplexes Teilsystem wirksam möglich. Es kann um den noch geltenden NV-Vertrag herum geschaffen werden, sofern der Gesamtansatz auch zu Auflagen für die Nuklearwaffenstaaten führt, und zwar nicht nur in bezug auf Potentialgrenzen, sondern auch auf Transparenz der Kontrolle und Standards der Lagerung wie der industriellen Anlagen. Hier ist eine Bündelung von Maßnahmen (Verträgen, Regimen, Inspektionsregelungen, Sanktionsmöglichkeiten) erforderlich, die auch eine Revision der Zuständigkeiten der IAEA nach sich ziehen muß: In diesem Zusammenhang sind Elemente des Baruch-Plans situationsgerecht modifiziert wieder aufzunehmen.

  Insoweit handelt es sich um besonders kritische Ausweitungen des bestehenden NV-Regimes. Es wird aber nur ausreichende Wirksamkeit erlangen, wenn es ergänzt wird durch militärische Vorsorge für den zur Zeit wahrscheinlichen Fall der Proliferation. Diese muß sowohl neue Abwehrmöglichkeiten wie Optionen für die vorzeitige Intervention für Sanktionen und für Abschreckung und Vergeltung in extremen Lagen ermöglichen.

Ein solches System (vgl. das Schaubild auf der Folgeseite) besteht also im Zusammenwirken von handlungsfähigen Akteuren, formalen Strukturen, flexiblen orchestrierten Reaktionsmöglichkeiten und informeller kollektiver Planung und Koordinierung sicherheitspolitischer und militärischer Maßnahmen. Dieses System stimmt in vielem mit dem überein, was in den Vereinigten Staaten gegenwärtig als "Neue Weltordnung" angestrebt wird. Es unterscheidet sich auch da von der abgelösten Sicherheitsordnung, wo Institutionen und Verträge beibehalten werden: Deren Funktions- und Anwendungsweise wird sich in solchem Kontext verändern müssen, wenn sie wirksam bleiben sollen.

Solche Überlegungen - das gilt auch für die "Neue Weltordnung" - setzen einen Fortgang politischer Evolution in Richtung einer K2- und mit dem Ziel einer K1-Konstellation[42] voraus: In diesen Konstellationen bestehen zwar, wie gesagt, Risiken fort, aber die Möglichkeiten der politischen und militärischen kooperativen Sicherheit würden zunehmen. Umgekehrt gilt natürlich, daß negative Transformationen eintreten können. Im gleichen Maße würde die Bedeutung formaler Bündnisse, instantaner kollektiver Verteidigungsfähigkeit und der Reaktionsmöglichkeit im Falle umfassender Aggressionen zunehmen. Aus ordnungs- wie aus sicherheitspolitischen Gründen ist dies jedoch auf absehbare Zeit eine Eventualität, der sich mit der Erhaltung kollektiver Strukturen und ausreichender Rekonstitutionsfähigkeit begegnen läßt. Ohne solche Vorkehrungen könnte allerdings eine K3-Konstellation in eine K5-Konstellation umschlagen, deren Verhinderung letztlich der wichtigste Erfolg der Konfrontationsordnung war.

---

42 Vgl. Teil I, Kap. 1.

Multiinstitutionelles Krisen- und Konfliktmanagement

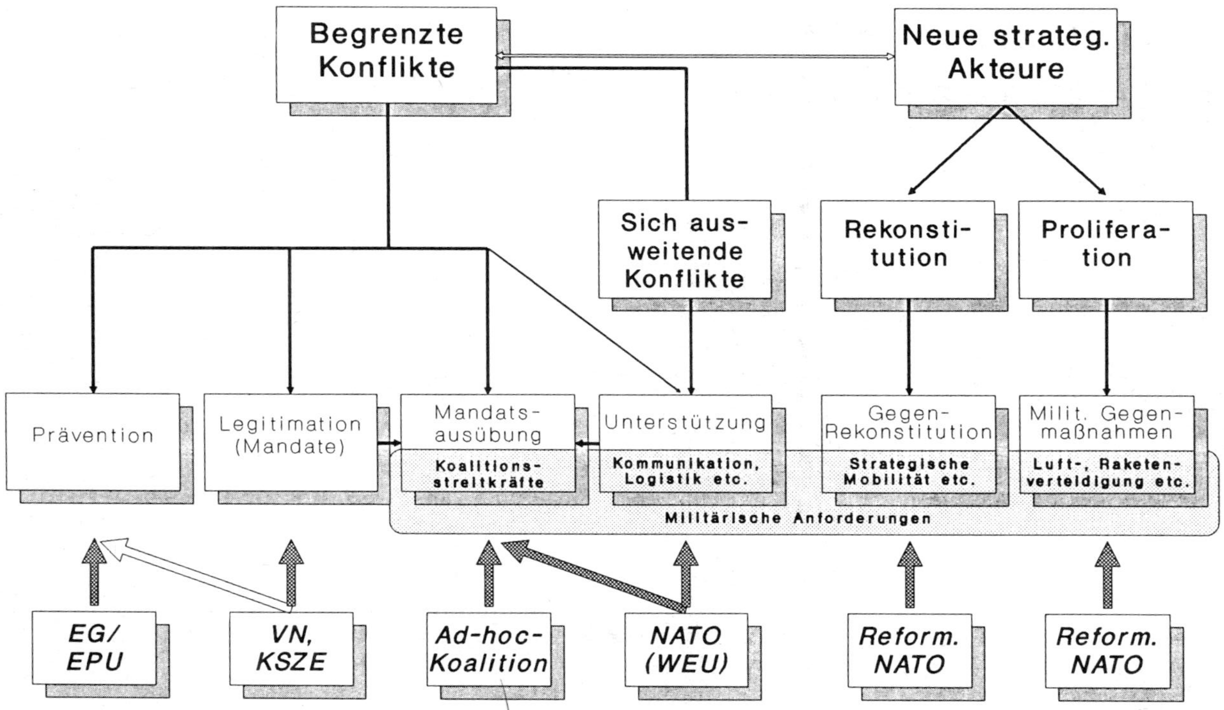

2. Die internationale Gemeinschaft vor neuen Herausforderungen: Zur Neubestimmung der Reichweite des Interventionsverbotes der Charta der Vereinten Nationen

Jost Delbrück

Mit dem entschlossenen Eingreifen des Sicherheitsrates der Vereinten Nationen (VN) durch die Verhängung von wirtschaftlichen und militärischen Sanktionen gegen die irakische Aggression gegen Kuwait sind die VN in einem bisher kaum gekannten Maße in den Blickpunkt der internationalen und auch der deutschen Öffentlichkeit gerückt.[1] Die im Gefolge der militärischen Niederlage des Irak ausgebrochenen internen, gewaltsamen Auseinandersetzungen zwischen der kurdischen Minderheit und der irakischen Regierung und die dabei vom irakischen Militär unternommene massive Unterdrückung und Verfolgung der Kurden haben die VN weiterhin im Rampenlicht der Öffentlichkeit gehalten.[2] Die zentralen Fragen, die in diesem Zusammenhang allenthalben gestellt wurden und werden, betreffen Umfang und Grenzen der Handlungsbefugnisse und der Handlungsfähigkeit der VN. Können (dürfen) oder müssen die VN sogar gegenüber einer gewaltsamen Unterdrückung von Minderheiten, wie sie gegenüber den Kurden erfolgte, ebenso eingreifen, notfalls unter Anwendung auch militärischer Mittel, wie sie dies gegenüber der irakischen Aggression gegen Kuwait getan haben? Oder beschränkt sich die Kompetenz der VN nur auf Fälle militärischer Aggression oder sonstiger militärischer Friedensbedrohung und müssen sie deshalb die Hilfe für in ihren fundamentalen Menschenrechten bedrohte Menschen den einzelnen Staaten oder gar allein den nichtstaatlichen humanitären Hilfsorganisationen wie dem Roten Kreuz überlassen? Mit anderen Worten, gebietet oder erlaubt das Völkerrecht, insbesondere die Charta der VN (ChVN), ein Eingreifen der VN oder der Staatengemeinschaft bzw. einzelner Staaten im Falle schwerwiegender Menschenrechtsverletzun-

1 Vgl. zu diesen Ereignissen und zu ersten politischen und völkerrechtlichen Einschätzungen Arnold *Hottinger*, Der Auftakt zur Golf-Krise, in: Europa-Archiv (EA), (1990) 17, S. 507ff; Lothar *Rühl*, Pattsituation in der Golf-Krise, in: EA, (1990) 22, S. 603ff; Arnold *Hottinger*, Golf-Krise am Rande des Krieges, in: EA, (1991) 1, S. 1ff; Carl-August *Fleischhauer*, Wirtschaftliche Zwangsmaßnahmen in Recht und Praxis der Weltorganisation - Die Anwendung von Sanktionen durch die Vereinten Nationen in der Golfkrise, in: Vereinte Nationen (VN), 39 (1991), S. 41ff; Thomas M. *Franck*/Faiza *Patel*, UN Police Action in Lieu of War: "The Old Order Changeth", in: American Journal of International Law (AJIL), 85 (1991) 1, S. 63ff; Michael *Bothe*, Die Golfkrise und die Vereinten Nationen, in: Demokratie und Recht 1991, S. 2ff; Ursula *Heinz*/Christiane *Philipp*/Rüdiger *Wolfrum*, Zweiter Golfkrieg: Anwendungsfall von Kapitel VII der UN-Charta, in: VN, 39 (1991), S. 121ff; Karl Joseph *Partsch*, Von der Souveränität zur Solidarität: Wandelt sich das Völkerrecht?, in: Europäische Grundrechte Zeitschrift (EUGRZ), 18 (1991), S. 469ff (471); Christian *Tomuschat*, Die Zukunft der Vereinten Nationen, in: EA, (1992) 2, S. 42ff; Joe *Verhoeven*, Etats Alliés ou Nations Unies? L'O.N.U. Face au Conflit entre L'Irak et le Koweït, in: Annuaire Français de Droit International, 36 (1990), S. 145ff.

2 Hierzu *Heinz/Philipp/Wolfrum*, Zweiter Golfkrieg.

gen? Oder setzt in solchen Fällen das im Völkerrecht geltende Verbot der Einmischung in die inneren Angelegenheiten der Staaten (Interventionsverbot) eine unüberwindliche Schranke? Diesen Fragen ist im folgenden nachzugehen.

I. Umfang und Schranken des Interventionsverbot nach allgemeinem Völkerrecht und nach Artikel 2 (7) ChVN

Das Interventionsverbot ist ein von jeher anerkanntes völkerrechtliches Grundprinzip, das seine rechtliche und rechtspolitische Grundlage in den für die Völkerrechtsordnung konstitutiven Prinzipien der Souveränität und Gleichheit der Staaten hat.[3] Die Anerkennung der Souveränität, also der Unabhängigkeit der Staaten von jeglicher Fremdbestimmung in ihrer innen- und außenpolitischen Gestaltungsfreiheit, und die Gleichordnung unter dem Recht schließen im Grundsatz die Einmischung Dritter aus. Allerdings ist die Reichweite des Interventionsverbotes nach wie vor umstritten. Einer weitreichenden, an einem extensiven Souveränitätsverständnis orientierten Auffassung vom Interventionsverbot steht eine eher restriktive Interpretation des Interventionsverbotes gegenüber. Dieser zweiten Auffassung nach entspricht angesichts einer wachsenden Internationalisierung der Verantwortung für Frieden und Sicherheit sowie für den Schutz der Menschenrechte die klassische Vorstellung des sich mit Hilfe des Interventionsverbotes international abschottenden Staates nicht mehr.[4] Jedoch auch im Rahmen dieser Auffassung besteht kein Konsens darüber, wie auf derartige Völkerrechtsverletzungen reagiert werden darf. Ganz überwiegend wird die Ansicht vertreten, daß einseitig von einzelnen Staaten zum Schutze von Leib und Leben *ihrer* Staatsangehörigen in dritten Staaten vorgenommene (gewaltsame) Eingriffe aufgrund des allgemeinen Gewaltverbotes heute verboten sind.[5] Die Reaktionsmittel der Staaten sollen aus gutem Grund auch im Falle schwerwiegender Menschenrechtsverletzungen auf wirtschaftliche und diplomatische Sanktionen unterhalb der Schwelle militärischer Gewaltanwendung beschränkt sein: Die Zulassung von militärischen Sanktionen, aufgrund "einsamer" Entscheidung einzelner Staaten durchgeführt, würde das allgemeine Gewaltverbot und das Verbot der "diktatorischen" Intervention[6] aushöhlen.

Dieser Einwand würde jedoch nicht ohne weiteres durchgreifen müssen, wenn Eingriffe in den inneren Bereich eines Staates, der sich schwerwiegender Men-

---

3 So statt anderer Felix *Ermacora*, Artikel 2 Ziffer 7, in: Bruno *Simma* (Hrsg.), Charta der Vereinten Nationen - Kommentar, München 1991, Randziffern 10 und 12 (Verfassungsprinzip der Weltgemeinschaft).

4 Zur Veränderung der Stellung der Staaten im modernen internationalen System vgl. Georg *Dahm*/Jost *Delbrück*/Rüdiger *Wolfrum*, Völkerrecht, 2. Aufl., Bd. I/1, Berlin 1989, S. 11ff.

5 Vgl. hierzu ausführlich Albrecht *Randelzhofer*, Artikel 2 Ziffer 4, in: *Simma*, Charta der Vereinten Nationen, Randziffern 49ff.

6 Vgl. dazu Bruno *Simma*, Universelles Völkerrecht, 3. Aufl., Berlin 1984, S. 490ff (496).

schenrechtsverletzungen schuldig macht, aufgrund eines geordneten Entscheidungsverfahrens seitens einer internationalen Organisation als Repräsentant der Staatengemeinschaft durchgeführt würden.[7] Es ist deshalb zu fragen, wie es in dieser Hinsicht um die Kompetenzen zum Beispiel der VN steht.

Die VN, stärker als der Völkerbund mit Handlungsvollmachten unter den Kapiteln VI (friedliche Streitbeilegung) und VII (Maßnahmen bei Bedrohung oder Bruch des Friedens und bei Angriffshandlungen) ausgestattet, unterliegen wie die Staaten nach allgemeinem Völkerrecht dem Interventionsverbot. In Artikel 2 (7) ChVN heißt es, daß "[a]us dieser Charta ... eine Befugnis der Vereinten Nationen zum Eingreifen in Angelegenheiten, die ihrem Wesen nach zur inneren Zuständigkeit eines Staates gehören, ... nicht abgeleitet werden" kann. Von diesem sich an die Organe der VN richtenden Grundsatz der Nichtintervention kennt die ChVN jedoch eine wichtige Ausnahme; der genannte Artikel 2 (7) fährt nämlich im zweiten Halbsatz wie folgt fort: "die Anwendung von Zwangsmaßnahmen nach Kapitel VII wird durch diesen Grundsatz nicht berührt." Jedoch ist das Eingreifen dieser Ausnahmeregelung an die Voraussetzung gebunden, daß der Sicherheitsrat das Bestehen einer Bedrohung oder einen Bruch des Friedens oder eine Angriffshandlung nach Artikel 39 ChVN feststellt, was der Sache nach auch bedeutet, daß der Sicherheitsrat feststellen muß, daß die von ihm behandelte Angelegenheit nicht "ihrem Wesen nach zur inneren Zuständigkeit" des betroffenen Staates gehört. Bei Angriffshandlungen oder Friedensbedrohungen leuchtet dies unmittelbar ein. Bei Menschenrechtsverletzungen, auch bei schwerwiegenden, die das Verhältnis zwischen Staat und Bürger betreffen, könnte es jedoch zweifelhaft sein, ob es sich bei ihnen um "ihrem Wesen nach zur inneren Zuständigkeit" eines Staates gehörende oder um internationale Angelegenheiten handelt, weil auch schwerwiegende Menschenrechtsverletzungen, äußerlich gesehen, nicht immer mit einer direkten (grenzüberschreitenden) und sofortigen Bedrohung des Friedens einhergehen. Die Auslegung, derzufolge nur die grenzüberschreitende Bedrohung oder der Bruch des Friedens die politischen Hauptorgane der VN vom Interventionsverbot befreit, entspräche der auf der Konferenz zur Gründung der VN vorherrschenden Meinung,[8] die eine extensive Geltung des Interventionsverbotes als Schranke der Handlungsbefugnisse zum Beispiel des Sicherheitsrates wünschte.[9] Weder ist dies jedoch die einzig mögliche Auslegung des Artikels 2 (7) in Verbindung mit Kapitel VII ChVN, noch haben sich die politischen Hauptorgane der VN bei der Behandlung von Menschenrechtsfragen an einer extensiven Auslegung des Artikels 2 (7) ChVN orientiert.

---

7 Darauf weist eindrucksvoll hin *Erikson*, Defining a New World Order, S. 25.

8 Vgl. dazu *Ermacora*, Artikel 2 Ziffer 7.

9 Vgl. dazu die zusammenfassende Übersicht über die Meinungsbildung auf der Gründungskonferenz der Vereinten Nationen in San Francisco, ebd., Randziffern 5ff.

In den Artikeln 1 Ziffer 3 und 55 der Charta der VN ist den VN die Kompetenz eingeräumt worden, sich mit Fragen der Förderung der Achtung der Menschenrechte zu befassen. Seit der Aufnahme ihrer Tätigkeit sind die politischen Hauptorgane der VN daher kontinuierlich mit zum Teil schwerwiegenden Menschenrechtsverletzungen befaßt worden.[10] Zu den bedeutsamsten gehörte der Kampf gegen die südafrikanische Apartheidpolitik und gegen andere Fälle von Menschenrechtsverletzungen durch rassistische und terroristische Regime. Gegen die Behandlung aller dieser Fragen im Sicherheitsrat oder in der Generalversammlung der VN ist von den betroffenen Staaten regelmäßig der Einwand des Interventionsverbotes erhoben worden. Genauso regelmäßig haben die VN diesen Einwand jedoch mit der Begründung zurückgewiesen, daß die Mitgliedstaaten der VN zur Beachtung und Förderung der Menschenrechte verpflichtet seien, die Verletzung von Menschenrechten also keine ausschließlich innerstaatliche Angelegenheit mehr sei.[11]

Es kann heute in den VN als geltendes Recht angesehen werden, daß die öffentliche Diskussion von Menschenrechtsverletzungen in den Mitgliedstaaten durch Organe der VN nicht gegen das Interventionsverbot verstößt, und zwar weitgehend unabhängig von der Schwere der Verletzungen. Das heißt, daß die auf der Gründungskonferenz der VN noch vertretene weite Auslegung des Interventionsverbotes bzw. die restriktive Sicht der Eingriffsbefugnisse der VN in Fällen schwerwiegender Menschenrechtsverletzungen heute keine prinzipielle rechtliche Barriere gegen ein wirksames Eingreifen der VN mehr bildet. Dagegen sind Sanktionsmaßnahmen gegen Menschenrechtsverletzungen nur selten und nur in Fällen besonders schwerwiegender Verstöße wie der Apartheid oder anderer Formen rassistischer Politik ergriffen worden. Hervorzuheben ist dabei zweierlei: zum einen wurden solche Sanktionen unterhalb der Schwelle der Gewaltanwendung gehalten und zum andern nur zweimal in Form verbindlicher Entscheidungen nach Kapitel VII ChVN beschlossen. Das heißt aber, daß nicht die Menschenrechtsverletzungen als solche zum Anlaß für die Sanktionsbeschlüsse genommen wurden, sondern daß etwa die Apartheidpolitik in der *besonderen* Situation im Südlichen Afrika als eine "Störung des internationalen Friedens" und schließlich als "Friedensbedrohung"

---

10 Vgl. dazu die Auflistung der wichtigsten Fälle, die von Sicherheitsrat und/oder Generalversammlung behandelt wurden, ebd.

11 Vgl. dazu statt anderer *Ermacora*, ebd., der darauf hinweist, daß nur selten eine ins einzelne gehende vökerrechtliche Argumentation den entsprechenden Entscheidungen der VN-Organe vorausging. Die VN verstehen sich als eine primär politische Organisation, so daß politische und humanitäre Begründungen von Entscheidungen vorrangig herausgestellt werden. Vgl. zu diesem Selbstverständnis der Vereinten Nationen, das sich insoweit deutlich von dem des Völkerbundes unterscheidet, Jost *Delbrück*, Peacekeeping by the United Nations and the Rule of Law, in: Robert J. *Akkerman u.a.* (Hrsg.), Declarations on Prinicples - A Quest for Universal Peace (Festschrift Röling), Leyden 1977, S. 73ff.

eingestuft wurde.[12] Zu einer generellen Qualifikation von schwerwiegenden Menschenrechtsverletzungen als Friedensbedrohung im Sinne von Kapitel VII ChVN oder als eigenständiger Eingriffstatbestand, dem das Interventionsverbot *nicht* entgegensteht, konnten sich die VN bisher nicht entschließen.[13]

Allerdings könnte die Verabschiedung der Resolution 688 (1991) vom 5. April 1991,[14] mit der der Sicherheitsrat vom Irak mit Nachdruck verlangte, die Unterdrückung der kurdischen Bevölkerungsteile (und der Schiiten) einzustellen sowie den internationalen humanitären Organisationen mit dem Ziel der Flüchtlingshilfe Zugang zu gewähren, und den Generalsekretär aufforderte, mit allen zur Verfügung stehenden Mitteln den Flüchtlingen und Vertriebenen Unterstützung zu leisten, tendenziell als Beginn einer veränderten Haltung des Sicherheitsrates verstanden werden. Ohne die Resolution ausdrücklich auf Artikel 39 ChVN zu stützen, nimmt der Sicherheitsrat gleichwohl an mehreren Stellen der Resolution auf den friedensgefährdenden Charakter der Kurdenverfolgung durch den Irak Bezug[15] und erteilt dem Generalsekretär ein sehr umfassendes Handlungsmandat, das diesem zwar einen politischen Ermessensspielraum gewährt, jedoch Zweifel an der Verbindlichkeit der in der Resolution genannten Zielvorgaben nicht zuläßt. Aufgrund dieses Mandats schloß der Generalsekretär mit der irakischen Regierung eine Vereinbarung, durch die die Einrichtung "humanitärer Zentren" mit weitgehenden Hilfs- und Überwachungskompetenzen im Norden des Irak möglich wurde. Damit wurde nun im Prozeß der Umsetzung der Resolution 688 (1991) ein konsensuales Element eingeführt, aufgrund dessen der Irak, der die Verbindlichkeit der Resolution 688 (1991) für sich ablehnt, die Auffassung vertritt, die humanitären Maßnahmen zugunsten der Kurden beruhten auf der souveränen Zustimmungsentscheidung des Irak. Davon kann jedoch rechtlich keine Rede sein.

---

12 Vgl. dazu ebd., S. 87ff.

13 Die vom Verfasser geäußerten Bedenken gegen eine generelle Gleichsetzung von menschenrechtswidrigen, "ungerechten" Verhältnissen innerhalb einzelner Staaten mit einer Friedensbedrohung im Sinne des Kapitels VII der ChVN sind nach wie vor aufrechtzuerhalten: Worum es allein gehen kann, ist, daß mit militärischen Mitteln durchgeführte Verletzungen und Bedrohungen von Menschen an Leib und Leben - wie sie etwa vom Irak gegen die kurdische Minderheit angewandt wurden - oder auf andere Weise mit Gewalt bewirkte *genozidartige* schwerwiegende und systematische Menschenrechtsverletzungen - wenn erforderlich - als Friedensbedrohungen qualifiziert werden und damit die VN zu ihrer Verhinderung oder Beendigung einzugreifen ermächtigt werden können. Vgl. zu der früheren - in dem vorstehenden Sinne modifizierten Auffassung Jost *Delbrück*, Rechtsprobleme der Friedenssicherung durch Sicherheitsrat und Generalversammlung der Vereinten Nationen, in: Wilhelm *Kewenig* (Hrsg.), Die Vereinten Nationen im Wandel, Berlin 1975 (Veröffentlichungen des Instituts für Internationales Recht an der Universität Kiel, Bd. 73), S. 131ff.

14 Text der Resolution 688 (1991) vom 5.4.1991 mit dem als Annex beigefügten Memorandum of Understanding zwischen dem Generalsekretär der VN und der irakischen Regierung in International Legal Materials, 30 (1991) 3, S. 858ff.

15 Vgl. Präambel, Absatz 3 und Ziffer 1 des operativen Teils der Resolution.

Wiewohl nicht ausdrücklich auf Artikel 39 ChVN gestützt, läßt die Bezugnahme auf den friedensbedrohenden Charakter der Kurdenverfolgung durch den Irak keinen Zweifel an der Verbindlichkeit der Resolution 688 (1991) unter Kapitel VII ChVN auch für den Irak zu. Daß der Generalsekretär für die konkrete Umsetzung der Zielvorgaben der Resolution 688 (1991) den Weg einer Vereinbarung (memorandum of understanding) gewählt hat, lag in seinem Ermessen und hatte den Vorteil, daß durch das erzielte Einvernehmen die Hilfsmaßnahmen rascher greifen konnten. Dieses Vorgehen entsprach aber auch eher der Auffassung des Generalsekretärs, der in einer bedeutsamen Rede in Bordeaux das Kurdenproblem noch als eine interne Angelegenheit des Irak bezeichnet hatte[16] und in der Vereinbarung die Achtung der territorialen Integrität und der politischen Unabhängigkeit sowie das Verbot der Einmischung in die inneren Angelegenheiten des Irak ausdrücklich erwähnen ließ.[17] Daß aber der Sicherheitsrat die Umsetzung seiner Resolution nicht von der Zustimmung des Irak abhängig sah, zeigt sich in der zumindest stillschweigenden Duldung des zeitweiligen Einsatzes amerikanischer, britischer und französischer Truppen zur Unterstützung und Hilfeleistung für die vom Genozid bedrohten Kurden auf irakischem Gebiet.

Insgesamt ist das Problem des Umfangs der Handlungsermächtigungen der VN gegenüber schwerwiegenden Menschenrechtsverletzungen angesichts der nach wie vor bestehenden Meinungsunterschiede in Praxis und Lehre, die insbesondere auch im Kontext der Kurden-Resolution 688 (1991) wieder zutage getreten sind, unbefriedigend. So stellt sich die Frage, ob sich für das immer dringlicher werdende Problem *effektiven* Schutzes fundamentaler Menschenrechte in Fortentwicklung des vom Sicherheitsrat unter anderem in der Resolution 688 (1991) eingeschlagenen Weges weitergehende Lösungen im Rahmen der ChVN und auch nach allgemeinem Völkerrecht aufzeigen lassen.

II. Effektiverer internationaler Schutz fundamentaler Menschenrechte nach allgemeinem Völkerrecht und dem Recht der Charta der Vereinten Nationen?

Nach allgemeinem Völkerrecht sind Lösungen, die über die derzeitige Rechtslage hinausweisen, kaum denkbar. Zwar hat der Internationale Gerichtshof (IGH) den in der Völkerrechtslehre entwickelten Gedanken einer "erga omnes"-Geltung fundamentaler Menschenrechtsnormen (z.B. Genozidverbot, Verbot von Rassismus/Apartheid, Folterverbot) aufgegriffen und als Prinzip anerkannt.[18] Auch ist dem

16 Rede vom 22.4.1991 in Bordeaux zum Thema "Internationales Recht und Moral", auszugsweise veröffentlicht in: UNO-Woche, 7 (2.5.1991) 18, S. 2ff.

17 Dazu *Heinz/Philipp/Wolfrum*, Zweiter Golfkrieg.

18 Vgl. Barcelona Traction-Fall, ICJ Reports 1970, S. 32, §§ 33 und 34; dazu näher Jochen Abraham *Frowein*, Die Verpflichtungen erga omnes im Völkerrecht und ihre Durchsetzung, in: Rudolf *Bernhardt*/Wilhelm Karl *Geck* (Hrsg.), Völkerrecht als Rechtsordnung - Internationale Ge-

modernen Völkerrecht der Gedanke nicht mehr fremd, daß sogar einzelne Staaten zur Durchsetzung von Grundnormen des zwischenstaatlichen Zusammenlebens im Allgemeininteresse Maßnahmen ergreifen dürfen.[19] Jedoch muß im Hinblick auf die Erhaltung eines umfassenden Geltungsanspruchs des allgemeinen Gewaltverbotes weiterhin davon ausgegangen werden, daß solche Maßnahmen unterhalb der Schwelle militärischer Gewaltanwendung bleiben müssen.

Bei der Beantwortung der Frage nach Lösungen des Problems *effektiven* Menschenrechtsschutzes bei flagranten Verletzungen elementarer Menschenrechte im Rahmen des Rechts der VN ist bei der Interpretation des Kapitels VII einerseits und des Artikels 2 (7) ChVN andererseits anzuknüpfen. Eine wörtliche und systematische Auslegung zeigt hier zunächst einmal grundsätzlich, daß die Reichweite der Handlungsermächtigungen des Kapitels VII über die Zurückweisung und Beseitigung von Friedensbrüchen und -bedrohungen hinausgehen muß, da sonst die in Artikel 2 (7) ChVN als Ausnahmeregelung vorgesehene Befreiung der Maßnahmen nach Kapitel VII vom Interventionsverbot inhaltlich keinen Sinn hätte: Aggressionen und Friedensbedrohung sind ihrem Wesen nach keine innerstaatlichen Vorgänge. Maßnahmen zu ihrer Zurückweisung können deshalb per se niemals den Tatbestand der völkerrechtswidrigen Intervention erfüllen.[20] Also setzt Artikel 2 (7) ChVN die Möglichkeit von Maßnahmen des Sicherheitsrates nach Kapitel VII voraus, die sich, erfolgten sie nicht unter Kapitel VII, als vom Interventionsverbot des Artikels 2 (7) ChVN erfaßt darstellen würden. Diese Charakterisierung träfe nun in der Tat auf Maßnahmen zu, die der Sicherheitsrat etwa zur Verhinderung oder Beendigung von genozidartigen Massakern in einem Staat ergreifen würde. Ein Beispiel hätte ein militärisches Eingreifen des Sicherheitsrates zur Beendigung des Massenmordes in Kampuchea (Kambodscha) durch das Pol-Pot-Regime bilden können. Ein solches Eingreifen ist dort seinerzeit unterblieben. Den Grund wird man in der vorherrschenden Ansicht zu suchen haben, daß von den Vorgängen in Kampuchea keine internationale Friedensbedrohung ausging. Und in der Tat ist mit der Feststellung, daß aus einer Zusammenschau von Artikel 2 (7) und Kapitel VII ChVN geschlossen werden kann, daß auch andere Zwangsmaßnahmen als Gegenmaßnahmen gegen Aggressionen oder Friedensbedrohungen in der Kompetenz des Sicherheitsrates liegen, das Problem nicht gelöst. Denn Artikel

---

richtsbarkeit - Menschenrechte (Festschrift Mosler), Heidelberg/New York 1983 (Beiträge zum ausländischen öffentlichen und Völkerrecht, Bd. 81), S. 241ff; zur Problematik der Durchsetzung von "erga omnes"-Normen vgl. auch Jost *Delbrück*, International Economic Sanctions and Third States, in: Archiv des Völkerrechts, 30 (1992) 1, S. 86-97.

19 Vgl. dazu im Kontext des Umweltschutzes auf Hoher See Doris *König*, Durchsetzung internationaler Bestands- und Umweltschutzvorschriften auf Hoher See, Berlin 1990 (Veröffentlichungen des Instituts für Internationales Recht an der Universität Kiel, Bd. 108).

20 So zu Recht *Heinz/Philipp/Wolfrum*, Zweiter Golfkrieg.

39 ChVN spricht ausdrücklich von Friedensbrüchen oder -bedrohungen, deren Vorliegen erst den Sicherheitsrat zu Gegenmaßnahmen ermächtigt.

Soll dem Sicherheitsrat der Weg zu einer *effektiven* Verhinderung oder Beendigung schwerwiegender Menschenrechtsverletzungen eröffnet werden, so kann dies nur auf dem Wege einer konsequent das oben aufgezeigte Zusammenspiel von Artikel 2 (7) und Kapitel VII ChVN fortführenden Auslegung des Artikels 39 ChVN geschehen.

Anknüpfungspunkt muß hier der Begriff der Friedensbedrohung sein.[21] Versteht man diesen Begriff, wie er in Artikel 39 verwendet wird, allein als den Fall der Androhung militärischer Gewalt in den internationalen, grenzüberschreitenden Beziehungen der Staaten, würden Situationen wie in Kampuchea oder heute im Irak nicht als Friedensbedrohung einzustufen sein. Setzt aber Artikel 2 (7) ChVN, systematisch betrachtet, voraus, daß es Zwangsmaßnahmen des Sicherheitsrates geben kann, die sich nicht gegen eine militärische Friedensbedrohung richten und deshalb ihrer Natur nach eine Intervention darstellen würden, dies aber im Einzelfall nicht sind, weil sie vom Sicherheitsrat unter Kapitel VII beschlossen wurden, so kann dies nur rechtens sein, wenn der Begriff der Friedensbedrohung eine weitere als die rein militärische Bedeutung hat. Er muß auch solche Situationen umfassen, die ihrer Natur nach potentiell zu einer Friedensbedrohung im engeren Sinne werden können.

Diesen Weg hat der Sicherheitsrat in der Tat seit geraumer Zeit in seiner Entscheidungspraxis vorgezeichnet: In den Sanktionsbeschlüssen nach Kapitel VII ChVN gegen das Apartheidregime in Südafrika hat der Sicherheitsrat das Apartheidsystem als Friedensbedrohung qualifiziert, ebenso das Ian-Smith-Regime in Südrhodesien, dem heutigen Zimbabwe.[22] Aber auch im Falle des Irak hat der Sicherheitsrat - wie erwähnt - die Verfolgung der Kurden als eine Bedrohung des Friedens bezeichnet. Dem ist zuzustimmen.[23] Es ist realistisch anzunehmen, daß

---

21 Zu neueren Entwicklungen auf dem Gebiet der Konfliktbeilegung und der Konfliktprävention durch die VN und die damit zusammenhängenden Interpretationsfragen hinsichtlich der Kompetenzen der VN vgl. Klaus *Dicke*, Konflikte, allgemein, in: Rüdiger *Wolfrum* (Hrsg.), Handbuch Vereinte Nationen, München 1991, S. 418ff (Randziffern 16ff).

22 Dazu näher *Delbrück*, Peacekeeping by the United Nations.

23 *Freedman*, The Gulf War, im Ansatz ähnlich wie hier, weist allerdings mit Recht auf das Zögern u.a. der Vereinigten Staaten hin, sich zugunsten der Kurden einzuschalten, das heißt sich in die "inneren Angelegenheiten" des Irak insoweit einzumischen - eine Haltung, von der Freedman meint, daß sie in Zukunft vor allem im Hinblick auf die zunehmenden ethnischen Konflikte in Osteuropa für das Verhalten vieler Staaten symptomatisch sein könnte, da - anders als im Golfkonflikt - bei ethnischen Konflikten die Rechtslage nicht so eindeutig sein werde wie im Falle der irakischen Aggression. Freedman ist deshalb eher skeptisch, daß das Vorgehen der Vereinten Nationen im Irak in der Zukunft verläßlich als Modellfall beherzigt wird; im Sinne der hier vertretenen Auffassung dagegen *Hendrikson*, Defining a New World Order, S. 23ff; dafür, daß die der hier vertretenen Auffassung zugrundeliegende Annahme einer auch in Zukunft aktiveren Rolle der VN nicht ganz unrealistisch ist, spricht auch die Bereitschaft zur Übernahme umfassender Verantwortung für die innere Neuordnung Kampucheas; vgl. dazu Perez de Cuellar

massive Menschenrechtsverletzungen mit einer genozidartigen Dimension über kurz oder lang in einer Welt, die gegenüber solchen Vorgängen hoch sensibilisiert ist, zu einem internationalen, auch militärischen Konflikt eskalieren werden. Jüngstes Beispiel ist das Vorgehen der jugoslawischen Zentralmacht gegen Kroatien, das sein Recht auf nationale Selbstbestimmung einfordert, daran jedoch mit militärischer Gewalt gehindert wird. Was als interner Konflikt begann, hat in relativ kurzer Zeit den Charakter einer internationalen Friedensbedrohung angenommen. Das bedeutet aber auch, daß sich aufgrund der Praxis des Sicherheitsrats die Frage einer erweiterten Interpretation des Begriffs der Friedensbedrohung eigentlich gar nicht mehr stellt.[24] Des weiteren ist es auch richtig, jedenfalls massenhafte schwere Menschenrechtsverletzungen genozidartigen Charakters als mit der Vorstellung von Frieden als einem Rechtszustand unvereinbar und daher als eine Bedrohung des Friedens zu qualifizieren.

Der hier skizzierte Argumentationsweg kann sich nicht nur auf die völkerrechtlichen Regeln über die Vertragsauslegung, die eine die Wirksamkeit der Vertragsvorschriften sichernde Auslegung fordern ("effet utile"-Regel), sondern auch auf entsprechende Ansätze in der Praxis der VN stützen. Er würde - konsequent verfolgt - eine Möglichkeit zu einem *effektiveren* Schutz elementarer Menschenrechte und zugleich zu einer *friedenssichernden Konfliktprävention* eröffnen können. Wer vor diesem Gedanken zurückschreckt, muß bedenken, daß derartige Schritte der VN zum einen nur nach erfolgloser Erschöpfung von Zwangsmitteln unterhalb der Schwelle der Gewaltanwendung vorgenommen werden dürfen und dann auch nur unter Beachtung des Grundsatzes der Verhältnismäßigkeit. Zu bedenken haben Gegner von Handlungsmöglichkeiten, wie sie hier für die VN erörtert wurden und die - die Existenz handlungsfähiger internationaler Institutionen auf regionaler Ebene (z.B. in Europa) vorausgesetzt - auch für solche regionalen Institutionen gelten würden, aber auch, daß die Verweigerung wirklich *effektiver* Maßnahmen gegen Staaten, die sich schwerster Menschenrechtsverletzungen schuldig machen, das mit einer Gewaltanwendung verbundene ethische Dilemma nicht beseitigt. Auch das Abseitsstehen im Angesicht eines Genozids oder vergleichbarer Verbrechen gegen die Menschlichkeit (oder die Umwelt)[25] macht schuldig.

---

am 23. Oktober 1991 vor der Pariser Friedenskonferenz für Kampuchea, auszugsweise Wiedergabe der Rede des VN-Generalsekretärs in: UNO-Woche, 7 (30.10.1991) 44, S. 2f.

24 Der Sicherheitsrat hat denn auch die entsprechende Konsequenz mit der Resolution 713 (1991) vom 25.9.1991 gezogen und die Situation in Jugoslawien als eine Bedrohung des internationalen Friedens qualifiziert sowie unter Bezugnahme auf Kapitel VII der Charta der VN ein Waffenembargo beschlossen.

25 Vgl. dazu *Hendrikson*, Defining a New World Order, S. 35ff.

3. Bewährungsproben für die KSZE: Die Erblast der Sowjetunion und die Attraktivität der NATO

Bernard von Plate

I.

Zehn neue Staaten wurden auf dem zweiten Ratstreffen in Prag (30.1.1992), drei weitere am Eröffnungstag der vierten Folgekonferenz in Helsinki (24.3.1992) Mitglied der KSZE, die damit einen großen Schritt zu ihrer *Erweiterung* getan hat. Ist die KSZE nun zu einem Instrument geworden, das eine Zukunft hat? Durch ihre Mitgliedschaft sollen die GUS-Staaten, Georgien sowie Kroatien und Slowenien an das bestehende Normengerüst herangeführt und in gemeinsame Verpflichtungen eingebunden werden. Doch das ist nur ein Aspekt der Herausforderung, mit der es die KSZE zu tun hat. Ein anderer ist ihre *Vertiefung*. Sie ist notwendig geworden, um die KSZE den veränderten Existenzbedingungen anzupassen und aus den europäischen Institutionen ein ineinandergreifendes Gefüge zu machen. Harmonieren jedoch Erweiterung und Vertiefung so ohne weiteres? Durch die Beitrittsbeschlüsse von Prag und Helsinki ist das Thema noch nicht erledigt. Zwar gehören nun alle Staaten von Vancouver bis Wladiwostok, so eine Formulierung von US-Außenminister Baker,[1] der KSZE an. Vermutlich ist es aber nur eine Frage der Zeit, bis weitere Interessenten den Antrag stellen, aufgenommen zu werden. Keiner kann mit Sicherheit vorhersagen, ob sich, vor allem aus der russischen Republik, noch weitere unabhängige Staaten bilden.

Die Erweiterung der KSZE bis weit nach Asien hinein ist insbesondere in der Presse wiederholt auf Kritik gestoßen. Dem wird von offizieller Seite entgegenhalten, daß die Aufnahme aller GUS-Staaten in der Absicht erfolgte, sie auf Abrüstungsvereinbarungen zu verpflichten, die zuvor die Sowjetunion unterschrieben hatte. Auch werde mit diesem Schritt nicht nur die Teilnahme der neuen Staaten am weiteren Abrüstungsprozeß sichergestellt, es würden auch jene Territorien in den Verhandlungsraum einbezogen, die vom bisher gültigen Verhandlungsmandat nicht erfaßt worden waren. So wichtig dieses Ziel auch ist, die Frage bleibt, ob es nur über eine KSZE-Mitgliedschaft aller Nachfolgestaaten erreichbar war. Wenn es (nur) darum ginge, für die weiteren Abrüstungsverhandlungen und Vereinbarungen einen neuen geographischen Rahmen abzustecken, dann ist der dafür gezahlte Preis in Form einer KSZE-Mitgliedschaft angemessen. Zu hoch erscheint er jedoch, wenn man ihn an der Tatsache bemißt, daß die KSZE nicht nur vor einem

---

1 Die Euro-Atlantische Architektur von West bis Ost. Rede von Außenminister Baker am 18.6.1991 in Berlin, in: Amerika-Dienst, (19.6.1991) 24, S. 1.

Erweiterungsproblem stand und mit einiger Wahrscheinlichkeit wieder vor ein solches gestellt wird, sondern auch eine Vertiefungsaufgabe zu lösen hat. In dieser Hinsicht ist die KSZE in einer ähnlichen Situation wie die EG.

Daß die Sowjetunion aus einer europäischen Sicherheitsordnung nicht ausgeklammert werden durfte und konnte, ist unbestritten. Doch muß das, was für die Union galt, auch für ihre unabhängigen Einzelteile gelten? Bei der Antwort auf diese Frage überwiegen die Bedenken. Es wird die KSZE überfordern, wenn sie den Versuch unternimmt, die auseinanderstrebenden Teile der zerfallenen Sowjetunion in ihrem Rahmen wieder zusammenzufügen. Die Aufnahme aller Nachfolgestaaten der Sowjetunion kann die historischen und politisch-kulturellen Unterschiede der westlichen KSZE-Mitglieder zu einigen dieser Staaten nicht überbrükken. Es ist irrig anzunehmen, daß aus der KSZE-Mitgliedschaft der Sowjetunion ein gewissermaßen automatischer Mitgliedsanspruch ihrer Nachfolgestaaten hergeleitet werden kann. Sie ergeben in ihrer Summe zwar geographisch die untergegangene Weltmacht; politisch gilt das jedoch nicht. Dazu ist der Wandel schon jetzt zu tiefgreifend.

Etwas anderes kommt hinzu. Der Zerfallsprozeß der Sowjetunion ist eine Art von Dekolonialisierung. Es ist also wahrscheinlich, daß sich insbesondere die muslimischen Republiken wieder stärker auf ihr regionales, ethnisches und religiöses Umfeld ausrichten, als das unter den Bedingungen sowjetischer Herrschaft geschehen konnte. Auf mittlere Sicht ist der Westen für sie indessen keine Alternative zu Moskau. Diesem natürlichen Gefälle, das sich im Zuge tiefer sozialökonomischer Krisen und eines zunehmenden Identitätsbedarfs noch verstärken wird, kann die KSZE nichts Gleichwertiges entgegensetzen. Ein Tauziehen zwischen Integration in Europa und einer kulturellen Regionalisierung wird sie nicht gewinnen. Warum eigentlich, so ist zudem zu fragen, sollten sich die nichteuropäischen Teile der ehemaligen Sowjetunion, nachdem sie sich endlich von der slawischen Vormundschaft freimachen konnten, erneut gegenüber einer Ideenwelt öffnen, die wiederum einen entscheidenden Mangel hat: Sie kommt von außen. Gegen eine Entwicklung, in der sich mit dem Ende der Sowjetunion der Gürtel muslimischer Staaten verbreitert, ist eine enge Anbindung an europäische und atlantische Institutionen kein Gegenmittel. Vielmehr wirft der Vorgang ein neues Licht auf die Staaten, denen insbesondere in Zentralasien mehr und mehr eine regionale Führungsrolle zuwächst. Das trifft für die Türkei ebenso zu wie für Iran.

Aus dem bisher Gesagten ist nun nicht notwendigerweise zu schließen, daß man Staaten ungerührt ziehen lassen sollte, die jahrzehntelang via Moskau zu Europa gerechnet wurden. Es bedarf jedoch einer nüchternen Debatte darüber, ob der Zugang zu einigen Regionen der auseinandergefallenen Sowjetunion direkt oder sogar dauerhafter über die sich neu konstituierenden regionalen Einflußmächte gesucht werden sollte.

Der Schritt von Prag läßt sich nicht rückgängig machen. Aber er kann Anlaß sein, sich in Zukunft zurückhaltender zu geben. Die Aufnahme in die KSZE darf von dem Erfordernis, ihre Funktionsfähigkeit zu vertiefen, nicht abgekoppelt werden. Die Mitgliedschaft in dem zumindest aus völkerrechtlicher Sicht unverbindlichen Verhandlungsprozeß der KSZE kann die bestehenden Konfliktpotentiale nicht einhegen. Dazu ist nicht zuletzt auch die Hürde, die vor einem Beitritt zu überwinden ist, zu niedrig. Daran wird sich nichts ändern, solange eine Regierung lediglich in einem Schreiben an den Vorsitzenden des KSZE-Ministerrats ihr Beitrittsinteresse bekunden und erklären muß, die KSZE-Verpflichtungen annehmen und sich ihren Kernprinzipien gemäß verhalten zu wollen. Die Aufnahme neuer Staaten erfolgt, wenn die Zustimmung aller Mitglieder vorliegt. So einfach dieser Ablauf ist, so fragwürdig erscheint, inwieweit er zur Herstellung des institutionellen Geflechts beitragen kann, das über Europa gespannt werden soll.

Solange die KSZE zwar über ein Verfahren verfügt, neue Mitglieder aufzunehmen, aber keine Regelung dafür getroffen hat, Pflichtverletzungen im äußersten Fall mit einer Suspendierung der Mitgliedschaft zu ahnden, muß die Schwelle für den Beitritt zur KSZE höher gelegt werden, als dies unter ihren Existenzbedingungen in der Vergangenheit möglich und ihrem Interesse dienlich war. Deshalb sollte auch die KSZE etwas erwägen, was es für die EG bereits gibt: einen Assoziationsstatus. Mit ihm würde zunächst nur ein "Nahverhältnis" zu einem Beitrittskandidaten geschaffen. Dieser Status ist etwas anderes als der eines Beobachters, der gewissermaßen als Notbehelf für solche Fälle eingerichtet wurde, in denen für eine Vollmitgliedschaft in der KSZE die notwendige Zustimmung ihrer Mitglieder zunächst nicht erreichbar ist. Denkbar ist in diesem Zusammenhang, einen der KSZE assoziierten Staat zwar an allen Verhandlungen zu beteiligen, ohne sich jedoch von seiner Zustimmung zu den anstehenden Entscheidungen abhängig zu machen. Eine solche Regelung würde allerdings bedeuten, daß ein der KSZE assoziierter Staat nicht an die Verpflichtungen aus Entscheidungen gebunden ist, denen er seine Zustimmung nicht gegeben hat. Das Interesse, aus diesem Vorraum der KSZE herauszukommen, muß durch möglichst klar umrissene Ziele geweckt werden. Ein entsprechendes Anreizsystem ergibt sich indes nur aus einer Verflechtung der KSZE mit anderen Institutionen Europas.

II.

Über die Absicht, ein derartiges Netz zu knüpfen, besteht offenbar Einvernehmen. In der "Erklärung von Rom über Frieden und Zusammenarbeit" heißt es dazu:

> "Die Herausforderungen, die sich uns in diesem neuen Europa stellen werden, können nicht von einer Institution allein, sondern nur in einem Geflecht ineinandergreifender Institutionen, das die Staaten Europas und Nordamerikas miteinander verbindet, umfassend aufgegriffen wer-

den. Deshalb arbeiten wir auf eine neue Sicherheitsarchitektur hin, in der die NATO, die KSZE, die Europäische Gemeinschaft, die WEU und der Europarat einander ergänzen."[2]

Die Formulierungen von Rom und zuvor schon die "Erklärung zu Mittel- und Osteuropa"[3] von Kopenhagen sind indessen allzu unverbindlich gehalten. Sie lassen nicht erkennen, wie auf weitere Krisen in Ost- und Mittelosteuropa reagiert werden kann, oder wie sie sich präventiv verhindern lassen. Wenn es die Aufgabe "ineinandergreifender Institutionen" ist, Konfliktpotentiale so einzubinden, daß durch sie Kontrolle ausgeübt werden kann, dann steht eine Lösung noch aus. Sie ist nicht dadurch erreicht, daß die wichtigen europäischen Institutionen nahezu vollständig aufgezählt werden; geleistet werden muß ihre tatsächliche "Verflechtung". Das erfordert mehr, als lediglich dafür Sorge zu tragen, daß sich die einzelnen Institutionen konzeptionell nicht ausschließen. Insofern beschreibt die Forderung nach "Komplementarität" allenfalls eine Zwischenlösung. Mit Vernetzung muß mehr gemeint sein als ein Nebeneinander von Institutionen, bei dem jede gerade das leistet, wofür sie geeignet erscheint. Bei dem, was angestrebt werden sollte, mag es stärkere oder schwächere Stränge geben, doch alle müssen voneinander abhängig sein, wenn nicht da, wo von einem Geflecht die Rede ist, ein großes Loch bleiben soll.

Ebenso wie es einer Verdichtung *zwischen* den bestehenden Institutionen bedarf, ist jede für sich gefordert, den gewandelten Bedingungen und veränderten Aufgaben Rechnung zu tragen. Insbesondere in der KSZE sind die Probleme ihrer Vertiefung und ihrer Vernetzung mit anderen Institutionen Europas unmittelbar verknüpft. Unter den Bedingungen des Ost-West-Gegensatzes waren die - bis jetzt nur vorsichtig angefochtene - Konsensregel und die völkerrechtliche Unverbindlichkeit der KSZE-Dokumente nicht nur unverzichtbare Konstitutionsbedingungen, sondern auch Schlüssel für ihren Erfolg. Beide Elemente werden der veränderten Sicherheitskonstellation in Europa nicht mehr gerecht. In dieser Allgemeinheit findet der Reformbedarf der KSZE bei ihren Mitgliedern durchaus Zustimmung.

Doch das ist nur eine, wenn auch wichtige Seite des Reformbedarfs; hier geht es um eine andere. Die Schlußakte von Helsinki beruhte auf einem Spannungsverhältnis insbesondere zwischen ihrem ersten und ihrem dritten Korb. Der territoriale und politische Status quo in Europa als Geschäftsgrundlage für die Ost-West-Beziehungen war ohne die politische Verpflichtung, einem humanitären Mindeststandard seine Zustimmung zu geben, nicht zu haben. Mit dem Zerfall der sozialistischen Staaten- und Gesellschaftsordnung und dem Beginn einer umfassenden

---

2 Erklärung von Rom über Frieden und Zusammenarbeit der NATO-Gipfelkonferenz am 7. und 8.11.1991, in: Bulletin der Bundesregierung, (13.11.1992) 128, S. 1033.

3 Bulletin der Bundesregierung, (11.6.1991) 66, S. 528.

Demokratisierung und Liberalisierung in Ost- und Mittelosteuropa ist ein Maß an Veränderungen erreicht worden, das über die Vereinbarungen von 1975 weit hinausgeht. Hat also die KSZE ihre Schuldigkeit getan? Hat sich ihre Antriebskraft, die in dem Verhältnis der Körbe zueinander angelegt war, erfolgreich erschöpft? Stimmt es, daß die KSZE "so tot [ist] wie die alte Weltordnung, aus der sie entstanden ist"?[4] Die Antwort lautet vermutlich dann "ja", wenn es nicht gelingt, die innere Motorik durch neue Antriebskräfte von außen zu ergänzen bzw. zu ersetzen. Für die Lebensfähigkeit der KSZE reicht es nicht mehr, das Verhältnis ihrer Mitglieder zu den einzelnen Körben auszubalancieren. Heute und in Zukunft kommt es vielmehr darauf an, die in den KSZE-Dokumenten enthaltenen "Verpflichtungen und Verantwortlichkeiten" mit anderen Institutionen Europas zu verflechten. Die Absicht lautet nicht, die KSZE-Körbe zu ersetzen. Es geht allerdings darum, die produktive Spannung wiederherzustellen, die unter den Bedingungen der bipolaren Ost-West-Ordnung in der KSZE selbst angelegt war.

Den Zielen der einzelnen KSZE-Körbe ist - und das ist nach dem Ende des Ost-West-Konflikts nicht nur möglich, sondern auch notwendig geworden - durch eine institutionell wie prozedural umfassendere Verankerung größerer Nachdruck zu verleihen. Die KSZE geht von einem umfassenden Konzept von Sicherheit und Stabilität aus. Es schließt, wie auf dem Prager Treffen des KSZE-Ministerrats noch einmal betont wurde, sowohl Menschenrechte als auch politische, militärische, wirtschaftliche und umweltpolitische Elemente ein. Diesen weit gesteckten Rahmen kann die KSZE indessen alleine nicht ausfüllen. Sie ist deshalb auf Instrumente angewiesen, über die sie selber nicht verfügt, die aber erforderlich sind, um die einzelnen Faktoren einer stabilen und sicheren Entwicklung in Europa auch institutionell zusammenzubinden. Dazu bieten sich in erster Linie die europäischen Institutionen an, die nicht nur den entsprechenden Zweck, sondern auch Instrumente haben, ihn zur Geltung zu bringen. Beides trifft sowohl für die NATO als auch für die Europäische Gemeinschaft zu.

III.

In der Vergangenheit hatte ein umfassender Sicherheitsbegriff mehr theoretische als praktische Bedeutung; mittlerweile haben sich die Verhältnisse jedoch gründlich gewandelt. Der Ost-West-Konflikt ist nicht mit militärischen Mitteln beendet worden. Soziale, wirtschaftliche, politische und ökologische Ursachen haben die Sicherheitskonstellation der Nachkriegsjahrzehnte zum Einsturz gebracht. Die Bedeutung dieser Faktoren hat sich damit jedoch nicht erschöpft. Sie haben sich vielmehr von der militärisch-strategischen Kontrolle befreit und bergen das Konfliktpotential der kommenden Jahre.

4 Dieter *Schröder* in: Süddeutsche Zeitung vom 21./22.12.1991, S. 1.

Daraus gilt es die Konsequenzen zu ziehen. Gibt es eigentlich unüberwindbare Hindernisse, die die EG davon abhalten, in ihre Vertragspolitik gegenüber den Staaten Mittelosteuropas und demnächst vielleicht auch gegenüber den Nachfolgestaaten der Sowjetunion Dokumente der KSZE einzubeziehen und die Forderung zum Vertragsgegenstand zu machen, daß die in ihnen enthaltenen Verpflichtungen erfüllt werden? Dem Bonner KSZE-Dokument über die wirtschaftliche Zusammenarbeit in Europa würde, um nur ein Beispiel zu nennen, auf diesem Wege mehr Nachdruck verliehen.[5]

Der Ausschuß Hoher Beamter der KSZE-Staaten hatte im Entwurf für die zusammenfassenden Schlußfolgerungen der zweiten Ratssitzung geschrieben, daß die Minister sich darauf *geeinigt* hätten, ein zusammenhängendes, flexibles und "kostenwirksames" System von Wechselbeziehungen zwischen der KSZE und anderen europäischen und transatlantischen Institutionen zu erreichen. Ausdrücklich genannt wurden der Europarat, die Kommission der Vereinten Nationen für Europa, die NATO, die WEU, die Europäische Bank für Wiederaufbau und Entwicklung, die Europäische Investitionsbank, die OECD und die EFTA. Weder die vereinbarten Schlußfolgerungen der zweiten Tagung des Ministerrats der KSZE noch das "Prager Dokument über die weitere Entwicklung der KSZE-Institutionen und -Strukturen"[6] enthalten vergleichbar präzise Aussagen. Noch fehlte offenbar der politische Konsens, um die KSZE mit anderen Institutionen verbindlich zu verknüpfen. Wenn sich jedoch die KSZE vor allem darauf versteht, Normen für eine Friedensordnung in Europa zu vereinbaren, so ist es unabdingbar, daß sie institutionelle Partner erhält, die sich diesen Normen verpflichtet fühlen. Das setzt voraus, daß die aufgezählten Institutionen sowie auch die EG mit am Tisch der KSZE Platz nehmen und ohne Einschränkungen an den Verhandlungen beteiligt werden.

In besonderer Weise hürdenreich ist es offenbar, die NATO an die KSZE heranzuführen oder, um es nicht so einseitig zu formulieren, beide Institutionen enger miteinander zu verbinden. Die Schwierigkeit beruht nicht nur darauf, wovon hier allerdings nicht die Rede sein soll, daß zumindest einige ihrer Mitglieder nicht daran interessiert sind, der NATO eine neue Perspektive zu eröffnen. Schwerer wiegt, daß die NATO und die KSZE jeweils auf Prinzipien beruhen, die sich konzeptionell auszuschließen scheinen. Die Atlantische Allianz wurde gegründet, um gemeinsame Wertvorstellungen zu gewährleisten und um sich gegen einen Angriff auf eines oder mehrere ihrer Mitglieder zu verteidigen. Als ein kollektives Verteidigungsbündnis ist sie auf Konflikte in den eigenen Reihen vertraglich nicht vorbereitet. Auch die KSZE ist 1975 nicht als kollektives Sicherheitssystem konzipiert worden. Dazu hätte ihr - ungeachtet anderslautender Propaganda - damals kein Staat ein Mandat erteilt.

5 Bulletin der Bundesregierung, (19.4.1990) 46, S. 357-362.

6 Bulletin der Bundesregierung, (4.2.1992) 12, S. 83ff.

IV.

Wie kann angesichts dieser Ausgangslage eine Sicherheitsordnung für Europa, die nicht zuletzt auf einem Nahverhältnis zwischen der KSZE und der NATO beruht, aussehen? Die Sicherheitskonstellation nach dem Ende des Ost-West-Konflikts zeichnet zwei Merkmale aus, die besonderer Beachtung bedürfen: Es sind Konflikte sehr viel wahrscheinlicher geworden, die zwar zwischenstaatliche militärische Formen annehmen können, denen aber zunächst einmal innerstaatliche Krisenursachen zugrunde liegen. Hinzu kommt zweitens, daß es sich um Risikofaktoren *in* und um Konflikte *zwischen* den GUS-Staaten handelt.

Zugunsten einer Konfliktprävention hat die NATO auf diese Annahmen keine Antwort. Der Vorschlag, sie könnte für die Nachfolgestaaten der Sowjetunion Sicherheitsgarantien abgeben,[7] ist ein Denkanstoß, jedoch keine Maßnahme, um dem beschriebenen Dilemma zu begegnen. Überlegungen, die NATO auf alle Staaten des aufgelösten Warschauer Pakts auszuweiten, liefen darauf hinaus, sie angesichts der gegebenen Konflikterwartungen in ein kollektives Sicherheitssystem umzuwandeln. Ein solcher Schritt stieße, ungeachtet konzeptioneller Bedenken, gegenwärtig auf einen unüberwindbaren politischen Widerstand. Auch die Aufnahme Polens, der CSFR und Ungarns in die NATO würde das Problem nur verlagern, nicht aber lösen. Manchen Einwänden gegen eine NATO-Mitgliedschaft der drei mittelosteuropäischen Staaten ist mit dem Ende der Sowjetunion zwar der Boden entzogen worden. Doch würde ein Beitritt dieser drei Staaten zur NATO nur die Grenzen des kollektiven Verteidigungsbündnisses weiter nach Osten und nach Südosten verschieben, dabei jedoch weiterhin viele der Konfliktbereiche ausklammern, die die neue Sicherheitskonstellation in Europa prägen. Die Einbeziehung nicht nur der mittelosteuropäischen und baltischen Staaten in den Nordatlantischen Kooperationsrat, sondern auch aller GUS-Staaten ist dagegen aus der Sicht des konzeptionellen Selbstverständnisses der NATO eine neutrale Maßnahme. Am kollektiven Verteidigungscharakter des Bündnisses hat sein Liaison-Konzept nichts geändert.

Das Gesagte darf nicht dazu verleiten, die Idee einer kollektiven Sicherheit ein für allemal vor allem deshalb zu tabuisieren, weil sie - das ist die immer wieder angeführte Referenzperiode - in der Zeit zwischen den beiden großen Weltkriegen unter der Ägide des Völkerbundes letzten Endes an der Unversöhnlichkeit rivalisierender Nationalstaatsinteressen gescheitert ist. Eine solche Schlußfolgerung wäre historisch nur mit Einschränkungen gerechtfertigt und mit Blick auf künftige Möglichkeiten kollektiver Sicherheitsabsprachen voreilig. Ein Verdikt über kollektive Sicherheit würde nicht zur Kenntnis nehmen, daß sich immerhin in einem Teil

---

7 Vgl. dazu den Bericht über einen entsprechenden Vorstoß von Oskar Lafontaine in: Frankfurter Allgemeine Zeitung vom 16.1.1992.

Europas nach 1945 eine Entwicklung vollzogen hat, in der nationalstaatliche Egoismen - wenn auch zunächst nicht zuletzt unter starkem Druck von außen und begünstigt durch die Bedingungen des Ost-West-Konflikts - zurückgedrängt wurden. Die Spuren, die der Zweite Weltkrieg hinterlassen hatte, waren zu tief und zu dauerhaft, um auf das nationalstaatliche Selbstverständnis ohne nachhaltigen Einfluß zu bleiben.

Die Erfahrungen des Zweiten Weltkrieges und der ersten Nachkriegsjahre haben auch die Gründungsphilosophie der NATO mitgeprägt. Obwohl sie als ein kollektives Verteidigungsbündnis in Erscheinung getreten ist und als solches das öffentliche Bewußtsein geprägt hat, war und ist die Atlantische Allianz zumindest eine kollektive Vergewisserung gemeinsamer Wertvorstellungen. Inwieweit sie diesem Anliegen immer gerecht wurde, ist hier nicht zu untersuchen. In der Sicherheitskonstellation, die an die Stelle des Ost-West-Konflikts in Europa getreten ist, sind die Prinzipien kollektiver Sicherheit auf jeden Fall nicht von Grund auf neu zu entdecken. Auch geht es nicht darum, die Frage, ob sie in einem größeren Europa geltend gemacht werden sollten, mit einem einfachen Ja oder Nein zu beantworten. Zu klären ist allerdings, welcher institutionelle Rahmen geeignet ist, sein kollektives Handlungsrepertoire nicht nur gegenüber Dritten, sondern auch in den eigenen Reihen zu erweitern.

Wenn es die NATO nicht sein kann, dann muß die KSZE in diese Richtung gehen. Ihr obliegt es, gegenüber Konflikten in und zwischen einzelnen Mitgliedsstaaten handlungsfähiger zu werden. In Extremfällen wird sie dazu auch der NATO bedürfen. Die weitere Entwicklung wird erweisen, ob die Vertiefung in Form einer Vernetzung durch die Erweiterung der KSZE nicht nur schwieriger geworden ist, sondern sie von vornherein in den Bereich rein theoretischer Erwägungen verwiesen hat.

4. Zur Fortentwicklung globaler Sicherheitsstrukturen im Nord-Süd-Verhältnis nach dem Ende des Ost-West-Konflikts

Winrich Kühne

Vorbemerkung

Diese Untersuchung befaßt sich mit den Strukturen zur globalen Sicherheits- und Konfliktregulierung. Es geht um die Fortentwicklung von Verfahren und Institutionen ebenso wie von Prinzipien der Ordnungspolitik, und zwar rechtlichen wie politischen. Das Ende des Ost-West-Konflikts hat für die Prävention und Beendigung von Konflikten interessante neue Spielräume eröffnet. Ihre Ausfüllung im Detail dürfte jedoch schwieriger sein, als manche aufgrund der Euphorie über das Ende des Ost-West-Konflikts anfänglich meinten. Der jetzt gängige Begriff "Neue Weltordnung" könnte etwas Falsches, zumindest Illusionäres suggerieren.

Dennoch kann man die These vertreten, daß sich der Norden und der Süden im Hinblick auf Fragen der globalen sicherheitspolitischen Struktur nähergerückt sind, trotz aller Unterschiedlichkeit in fast allen anderen Bereichen, vor allem dem sozioökonomischen. Natürlich ist der institutionelle Rahmen dieser Strukturdiskussion recht unterschiedlich. Während in Europa die KSZE sowie das Verhältnis zwischen einer eigenständigen sicherheitspolitischen Komponente des integrierten Europas und der NATO im Vordergrund stehen, wird in bezug auf den Süden vor allem eine Ausweitung von VN-Aktivitäten diskutiert. Durch den Großeinsatz der VN im ehemaligen Jugoslawien, dem möglicherweise ein weiterer im Konflikt um Berg-Karabagh zwischen Armenien und Aserbeidschan folgt, hat sich dieser Unterschied jedoch zunehmend relativiert. Das Verhältnis zwischen globaler Friedenssicherung durch die VN und regionaler Friedenssicherung durch regionale Organisationen wie die Organisation Amerikanischer Staaten (OAS), die Organisation für Afrikanische Einheit (OAE) oder eben die KSZE ist inzwischen zu einem vorrangigen Thema geworden, was auch dem Geist und dem Wortlaut der Charta der VN (siehe Kapitel VIII der Charta) entspricht.

Der Ausbau der internationalen Friedenssicherung durch die VN wirft zahlreiche weitere Fragen auf, die unter das Stichwort "Neue Weltordnung" fallen:

- Effektivere institutionelle Gestaltung der VN: Hier geht es insbesondere um die Unzulänglichkeiten des Sicherheitsrates (SR), gerade was das Management der hier untersuchten Konflikte betrifft. Ist eine Stärkung der Stellung des Generalsekretärs der Ausweg, und wie sind die Aussichten dafür?
- Welches sind die Defizite regionaler Friedenssicherung im Süden? Gibt es dort neue Entwicklungstendenzen, und wie sind regionale und globale Frie-

denssicherung miteinander zu verzahnen? (Fälschlicherweise werden regionale und globale Friedenssicherung bisher überwiegend als Alternativen und nicht ergänzend diskutiert.)

- Inwieweit soll/kann speziell die NATO (aber auch andere Verteidigungsbündnisse) als logistisches und organisatorisches "Unterfutter" für friedenssichernde Aufgaben der Vereinten Nationen benutzt werden; inwieweit sind Einsatzoptionen sowie Kommando- und Streitkräftestrukturen der NATO entsprechend zu modifizieren? Oder ist eine solche Verwendung der NATO im Hinblick auf die Dritte Welt kontraproduktiv?
- Soll Europa eigenständige "Peacekeeping"-Kapazitäten auch für den Einsatz in der Dritten Welt, insbesondere im Nachbarkontinent Afrika, aufbauen? Afrikanische Politiker haben an Europa appelliert, genau das zu tun.
- Schwerwiegende *Menschenrechtsverletzungen*, insbesondere die Unterdrückung von ethnischen und/oder religiösen Minderheiten, sind ein wesentlicher Grund für die Zunahme von bewaffneten Konflikten. Die Resolution 688 des SR zum Schutz der Kurden hat einen interessanten Präzedenzfall für den Minderheitenschutz und dessen Internationalisierung im Rahmen der VN geschaffen. Eine Konkretisierung dieses Schutzes hinsichtlich der Frage, wann Verletzungen zu einer internationalen Angelegenheit werden und deswegen ein Eingriffsrecht der VN begründen, könnte ein wichtiger Beitrag nicht nur zur Konfliktbeendigung, sondern auch zur *Prävention* von Konflikten im Süden ebenso wie in Europa sein.

  Ähnliches gilt für eine Rolle der VN bei dem in vielen Ländern gegenwärtig stattfindenden *Demokratisierungsprozeß* (Wahlbeobachtung etc.). Demokratisierung ist nicht nur unter dem Aspekt der Partizipation, sondern auch dem der Konfliktregulierung und -verhütung zu sehen. Sie ist also auch im Hinblick auf die Fortentwicklung globaler Sicherheitsstrukturen interessant (gegenwärtig sind freie und international überwachte Wahlen fast durchweg ein zentrales Element bei der Lösung von Drittwelt-Konflikten).
- Schließlich werden die VN eine Rolle beim Management der *Sezession* ethnisch-religiöser Minderheiten, die sich in verschiedenen Fällen als einzige Lösungsmöglichkeit abzeichnet, zu spielen haben (siehe Eritrea).

Die genannten Fragen können in der Untersuchung natürlich nicht erschöpfend, sondern nur im Sinne der Diskussion grundlegender ordnungspolitischer und institutioneller Weichenstellungen behandelt werden. Dabei steht der Ausbau der sogenannten "friedenserhaltenden Maßnahmen" (peacekeeping) im Vordergrund, der in der Regel von den Blauhelmen durchgeführt wird. Angesichts des in den Beiträgen zur Risikoanalyse dieses Bandes beschriebenen dramatischen Anstiegs der Zahl und Intensität kriegerischer Konflikte "kleiner und mittlerer" Größe vertritt der Autor die Auffassung, daß friedenserhaltende und verwandte Maßnahmen der VN zu einem tragenden Pfeiler der internationalen Friedenssicherung und Sicherheitspolitik ausgebaut werden sollten. Der Autor ist des weiteren der Meinung, daß die deutsche Politik diese Entwicklung als eine positive Herausforderung betrachten sollte, wie schwierig und kontrovers sie in Detailfragen auch immer sein mag.

I. Die wachsende Nachfrage nach einer Beteiligung der VN an der Beendigung von Kriegen und Konflikten

Der nachhaltigen Zunahme kriegerischer Konflikte stehen *zwei* hoffnungsvolle Entwicklungen gegenüber.

Zum einem ist in verschiedenen Regionen des Südens ein "neuer Realismus" nicht nur in bezug auf eine Demokratisierung und wirtschaftliche Umstrukturierung seiner Länder anzutreffen, sondern auch in bezug auf die Notwendigkeit, mehr Verantwortung *für die regionale Sicherheit* zu übernehmen. Die Erkenntnis, daß regionale wirtschaftliche Kooperation nicht ausreicht, sondern auch über eine effektive und nicht nur in allgemeinen Prinzipien steckenbleibende sicherheitspolitische Zusammenarbeit nachgedacht werden muß, weitet sich aus. In Afrika zum Beispiel gibt es eine Vielzahl von interessanten Versuchen, lokale und regionale Konflikte mit Hilfe benachbarter Staaten verstärkt aus eigener Kraft zu lösen.

Zum anderen ist seit Ende der 80er Jahre die Nachfrage nach einer Beteiligung der VN an der Beendigung von Kriegen und Konflikten sprunghaft angestiegen. Das Ende des Ost-West-Konflikts und seine Transformation in ein kooperatives Verhältnis ist dafür natürlich ein maßgeblicher Grund. Eine knappe Übersicht der kürzlich ausgelaufenen, gegenwärtig stattfindenden und bereits geplanten Einsätze mag diesen Punkt verdeutlichen.

1. Kürzlich abgeschlossene Einsätze

- UN Transitional Assistance Group (UNTAG) in *Namibia*; in der Schlußphase aus über 7 500 Mann, militärischem und zivilem Personal, bestehend. Die Kosten betrugen ca. 400 Mio. US-Dollar. Die Bundesrepublik Deutschland war (ebenso wie die ehemalige DDR) mit zivilem Personal und Polizisten (Bundesgrenzschutz; BGS) beteiligt.
- UN Mission to Verify the Elections in *Nicaragua* (ONUVEN),[1] die aufgrund eines Abkommens zum Abschluß der zentralamerikanischen Gipfeltreffen im Februar 1989 in Esquipulas zur Überwachung der Wahlen in Nicaragua eingesetzt wurde. In der Endphase umfaßte ONUVEN 237 Personen.

---

1 Organisación Naciones Unidas ... Wird u.a. in diesem und einigen folgenden Fällen trotz eigentlich englischer Schreibweise spanisch abgekürzt.

- UN Mission to Verify the Elections in *Haiti* (ONUVEH), eine ca. 100 Mann starke Gruppe der VN, die zusammen mit insgesamt 193 weiteren internationalen Beobachtern (darunter ein größeres Kontingent der OAS) die Wahlen in Haiti im Dezember 1990 überwachte. Eine Besonderheit ist, daß im Falle der ONUVEH die Generalversammlung der VN den Beschluß zur Entsendung faßte, denn der Einsatz erfolgte nicht aufgrund einer "Gefährdung des regionalen oder internationalen Friedens" - eine solche lag eindeutig nicht vor -, sondern auf eine Bitte der Interimsregierung Haitis hin. Bei einer Friedensgefährdung wäre der Sicherheitsrat zuständig gewesen.
- UN Good Offices Mission in *Afghanistan* and *Pakistan* (UNGOMAP), mit einer Personalstärke von ca. 40 Mann. An die Stelle von UNGOMAP trat im März 1990 das Office of the Secretary General for Afghanistan und Pakistan (OSKAP), das die Entwicklungen im politischen Bereich beobachtet.
- UN *Angola* Verification Mission (UNAVEM), die den Abzug der Kubaner aus Angola überwacht hat. UNAVEM hatte eine Stärke von ca. 70 Mann und lief mit dem Abzug der Kubaner aus Angola zum 1. Juli 1991 aus.
- UN *Iran-Iraq* Military Observer Force (UNIIMOG), errichtet am 9. Februar 1988, mit einer Stärke von 399 Mann im Sommer 1990. Ihr Mandat wurde auf Vorschlag von Generalsekretär Pérez de Cuéllar am 27. Februar 1991 durch den SR beendet.

2. Gegenwärtig andauernde Missionen

- UN Truce Supervision Organization (UNTSO), die ständige Beobachtergruppe in der *Nahostregion* seit Juli 1984 mit Hauptquartier in Jerusalem und einer Stärke von 293 Mann im Juli 1991.
- UN Military Observer Group in *India* and *Pakistan* (UNMOGIP), seit dem Februar 1949, mit 38 Mann im Juli 1991.
- UN Force in *Cyprus* (UNFICYP), seit März 1964, mit einer Mannschaftsstärke im Juli 1991 von 2 142 Militärs und 38 Polizisten.
- UN Disengagement Observer Force (UNDOF), seit Mai 1974 auf beiden Seiten der *Golanhöhen* mit gegenwärtig 1 344 Mann plus 7 Militärbeobachtern, abgestellt von UNTSO.
- UN Interim Forces in *Lebanon* (UNIFIL), seit März 1978, mit einer Stärke im Sommer 1991 von 5 848 Mann plus weiteren, aus UNTSO rekrutierten 65 Militärbeobachtern. UNIFIL ist seit 13 Jahren im Einsatz und hat erhebliche Finanzierungsschwierigkeiten. Die VN schulden den neun an diesem Einsatz beteiligten Staaten bereits 300 Mio. US-Dollar.
- UN Observer Group in Central America (ONUCA), seit November 1989 zur Überwachung der in Esquipulas abgeschlossenen *zentralamerikanischen* Frie-

densabkommen und der Demobilisierung der nicaraguanischen Contras. ONUCA umfaßte zeitweilig mehr als 1 000 Mann ziviles und militärisches Personal; im Sommer 1990 betrug ihre Stärke noch etwas über 500 Mann; im Juli 1991 war sie auf 130 Militärbeobachter und 29 Mann Marinepersonal aus Argentinien zurückgegangen. ONUCA war im Rahmen des Esquipulas-Prozesses eine von den Generalsekretären der VN und der OAS errichtete Commission of International Support and Verification (CIAV) vorausgegangen.

3. Kürzlich begonnene Einsätze

- UN *Iraq Kuwait* Observation Mission (UNIKOM), die vom SR nach Ende des Golfkriegs durch die Resolutionen 687 und 689 im April 1991 eingesetzt wurde und im Mai ihre Arbeit aufnahm. Die Stärke von UNIKOM betrug zeitweise über 1000 Personen. Im Mai 1991 wurde mit Zustimmung der Regierung in Bagdad eine 500 Mann starke offizielle VN-Wachtruppe in den *Irak* entsandt, die die Arbeit der humanitären internationalen Organisationen unterstützen und zu einem Klima des Vertrauens unter den irakischen Flüchtlingen, insbesondere den Kurden, beitragen soll. Die Angehörigen dieser Truppe sind formell nicht als Blauhelme einzustufen, sie haben aber de facto eine ähnliche Funktion.
- *Angola*: Ende Mai 1991 beschloß der SR aufgrund des "Friedensabkommens von Estoril" zwischen MPLA-Regierung[2] und UNITA, zur Überwachung des Waffenstillstandes und der für September 1992 in Angola geplanten Wahlen UNAVEM I in UNAVEM II umzuwandeln und von rund 70 Soldaten auf 440 Soldaten und Polizisten aufzustocken. Die Mission soll 17 Monate dauern, bis im Herbst 1992 freie und international überwachte Wahlen durchgeführt worden sind. Die Kosten werden auf voraussichtlich 122 Mio. US-Dollar geschätzt.
- *El Salvador:* Auf Bitte von Generalsekretär de Cuéllar beschloß der SR 1991 eine UN Observer Mission in El Salvador (ONUSAL). Sie soll dort die Menschenrechtssituation überprüfen, Gewalttätigkeiten nachgehen und die Bevölkerung in Menschenrechtsfragen beraten (120 Personen einschließlich 15 militärischen Verbindungsoffizieren in der ersten, 20 zusätzlichen Militärexperten und 38 Polizisten in der zweiten Phase). Die Mission hat die erste Phase ihres Einsatzes am 26. Juli 1991 begonnen. Ende September 1991 unterzeichneten die Bürgerkriegsparteien nach Vermittlungsbemühungen des VN-Beauftragten Alvaro de Soto und Generalsekretär Pérez de Cuéllars endlich ein Friedensabkommen, im dem für Ende des Jahres ein Waffenstillstand vorgesehen war. Ein entsprechendes Waffenstillstands- und Friedensabkommen unterzeichne-

---

2 MPLA = Movimento Popular de Libertaçao de Angola.

ten die salvadorianische Regierung und die FMLN-Guerilla[3] am 14. Januar 1992 in New York bei den VN. Der SR beschloß daraufhin die Entsendung von rund 1 000 Polizei- und Militärbeobachtern nach El Salvador. Sie sollen im ersten Schritt den Waffenstillstand sowie den Aufbau einer neuen Polizei überwachen.

- *Westsahara*: Ende April 1991 stimmte der SR endgültig dem vom Generalsekretär ausgearbeiteten Friedensplan für die Westsahara zu, der unter anderem die Entsendung einer Friedens- und Beobachtergruppe von ca. 3 000 Mann mit der Bezeichnung UN Mission for the Referendum in the Western Sahara (MINURSO) vorsieht. Von deutscher Seite sind Angehörige des Bundesgrenzschutzes zur Erfüllung "polizeilicher" Aufgaben beteiligt, ähnlich wie seinerzeit in Namibia. Die voraussichtlichen Kosten von MINURSO werden auf 200 Mio. US-Dollar geschätzt. Anfang September 1991 reiste eine erste Gruppe von VN-Mitarbeitern in die Westsahara; ihr Einsatz war durch eine Offensive der marokkanischen Armee kurz vor Beginn des Waffenstillstandes am 6. September verzögert worden. Mitte Februar 1992 betrug die Einsatzstärke von MINURSO 375 Mann, davon 200 Militärbeobachter, die auf zehn Beobachtungspunkte verteilt sind. Von MINURSO wurden bis zu diesem Zeitpunkt 77 Waffenstillstandsverletzungen registriert, von denen 75 Marokko und zwei der POLISARIO[4] zugeschrieben werden.[5] Es besteht der Eindruck, daß Marokko alles tut, um ein Referendum zu verhindern, das nicht in seinem Sinne ausgeht. Jedenfalls wird MINURSO die Westsahara nicht, wie ursprünglich geplant, nach Erledigung seiner Aufgaben Mitte März 1992 wieder verlassen haben (das Referendum sollte im Januar 1992 durchgeführt werden). In seinem Bericht sah sich der neue Generalsekretär Boutros Boutros-Ghali deswegen gezwungen, dem SR vorzuschlagen, den ganzen Einsatz - sollten bis Mai 1992 keine wesentlichen Fortschritte erzielt werden - neu zu überdenken.
- *Jugoslawien*: In der Nacht zum 22. Februar 1992 beschloß der SR in Resolution 743 den Einsatz von UNPROFOR (United Nations Protection Forces). Über 14 000 Soldaten, Polizisten und zivile Beamte aus 31 Ländern sind in den drei Konfliktgebieten, Ost- und Westslawonien sowie der Krajina, stationiert worden. Die Kosten werden auf 643 Mio. US-Dollar geschätzt. Aufgrund der ständigen Verletzungen des Waffenstillstandes konnte UNPROFOR jedoch bis Mai nicht in voller Stärke stationiert werden. In weiteren Resolutionen beauftragte der SR den Generalsekretär, über seine Bemühungen, die humanitäre Hilfe an die Bevölkerung zu verbessern, und über die Bedingungen für eine

---

3 FMLN = Frente Farabundo Martí para la Liberación Nacional.

4 POLISARIO = Frente Popular de Liberación Sanguia-el-Hamra y Rio de Oro.

5 *United Nations. Security Council*, Report of the Secretary-General on the United Nations Mission for the Referendum in Western Sahara, S/23662, New York, 28.2.1992, S. 4.

Wiedereröffnung des Flughafens von Sarajevo zu berichten. Denn am 24. Mai blieb dem UNHCR (United Nations High Commissioner for Refugees) wegen der heftigen Kämpfe in Bosnien und der Herzegowina nichts anderes übrig, als die Hilfe einzustellen. Das Komitee des Internationalen Roten Kreuzes faßte wenig später denselben Beschluß, nachdem einer ihrer Delegierten am 18. Mai umgekommen war. Anfang Juli wurde auf Beschluß des SR eine Luftbrücke nach Sarajevo eingerichtet, um die von den serbischen Verbänden eingeschlossene Stadt mit Nahrungsmitteln und Medikamenten zu versorgen. Gleichzeitig wurden zur Absicherung des Flughafens 1 000 Blauhelme in Sarajevo stationiert. Die Angriffe der serbischen Einheiten auf die Stadt ließen deswegen jedoch nicht nach. Sie wurden sogar heftiger, und das Hauptquartier der VN-Truppen kam unter Beschuß. Frankreich und die USA erklärten daraufhin bei der Eröffnung des KSZE-Gipfels in Helsinki am 9. Juli, daß sie - wenn es einen entsprechenden Beschluß des SR gäbe - die Blauhelme durch Kampfhubschrauber und -flugzeuge gegebenenfalls militärisch schützen würden.

- *Kambodscha*: Seit Ende der 70er Jahre bemühen sich der Generalsekretär, der SR und verschiedene Staaten, insbesondere Australien, um die Beendigung des Konfliktes in Kambodscha. Im Herbst 1990 wurde von den vier Konfliktparteien ein Rahmenplan als "Basis für die Lösung des Kambodscha-Konflikts" im Prinzip akzeptiert und anschließend vom SR mit Resolution 668 einstimmig gebilligt. Aufgrund weiterer Schwierigkeiten der Konfliktparteien, sich auf einen abschließenden Plan zu einigen - ein entsprechendes Abkommen wurde am 23. Oktober 1991 in Paris unterzeichnet -, erfolgte die endgültige Beauftragung des Generalsekretärs durch den SR zur Ausarbeitung eines Durchführungsplanes für die United Nations Transitional Authority in Cambodia (UNTAC) erst am 31. Oktober. Zuvor hatte der SR jedoch am 16. Oktober in Resolution 717 bereits die Entsendung einer United Nations Advance Mission in Cambodia (UNAMIC) gebilligt. Sie sollte nicht nur den Einsatz von UNTAC vorbereiten, sondern auch sofort mit der Errichtung eines "mine-awareness programme which is to be implemented by small teams of military personnel with experience in training civilian populations on how to avoid injuries from mines or booby-traps"[6] beginnen. Im Dezember wurden vom Generalsekretär für UNAMIC ca. 1 000 Personen angefordert. Am 28. Februar 1992 war der Friedensprozeß endlich soweit, daß der SR den Beschluß zum Einsatz von UNTAC mit einer Stärke von mehr als 15 000, möglicherweise über 20 000 Militärs und Zivilisten fassen konnte.

Die Entsendung sowohl des zivilen als auch des militärischen Personals verzögerte sich jedoch aus verschiedenen Gründen. Im Juni waren erst zwei der

6 *United Nations. Security Council*, Report of the Secretary-General on Cambodia, S/23331, New York, 30.12.1991, Ziff. 2.

neun Blauhelm-Battaillone stationiert. Die Sorge über ein Scheitern UNTAC's wuchs, vor allem wegen der Weigerung der Roten Khmer, sich der im Friedensabkommen vereinbarten Überwachung durch UNTAC zu unterwerfen, so daß deren Entwaffnung nicht durchgeführt werden konnte. Außerdem wurde den Blauhelmen der Zugang zu Gebieten unter Kontrolle der Khmer Rouge verweigert. Die Khmer Rouge machten geltend, daß entgegen den Bestimmungen des Friedensvertrages nicht alle vietnamesischen Truppen das Land verlassen hätten. Diese Behauptung wurde vom Chef der UNTAC, dem Japaner Yashushi Akashi, als unzutreffend zurückgewiesen. Schließlich gingen die Khmer Rouge in Teilen des Landes sogar zur Offensive über und bedrohten damit die Fortsetzung der VN-Mission. Ob der massive Druck, der auf einer internationalen Konferenz für ein umumfangreiches Hilfsprogramm zum Wiederaufbau Kambodschas in Tokio Ende Juni auf die Khmer Rouge ausgeübt wurde, sie zu einem Einlenken bewegt hat, ist gegenwärtig ungewiß.
Größer als UNTAC war mit ca. 22 000 Mann bisher nur der Einsatz der VN im Kongo Anfang der 60er Jahre. UNTAC wird mit geschätzten Kosten von 1,9 Mrd. US-Dollar wohl die teuerste und - neben dem Einsatz im ehemaligen Jugoslawien - auch schwierigste "Peacekeeping"-Operation in der Geschichte der VN sein. UNTAC hat nicht nur die Aufgabe, den Waffenstillstand zu überwachen, die über weite Teile des Landes verstreuten Minen zu räumen und die Armeen der vier Konfliktparteien zu entwaffnen, sondern soll auch durch die Übernahme von Verwaltung, Außenpolitik, Verteidigung, innerer Sicherheit, Information und Finanzen das für die Wahlen notwendige "neutrale" politische Klima herstellen. Die Wahlen sind für April 1993 geplant.

- *Somalia*: Am 14. Januar 1992 einigten sich die beiden verfeindeten somalischen Gruppen im Hauptquartier der VN auf die sofortige Einstellung der Feindseligkeiten und die Einhaltung eines Waffenstillstandes in der Hauptstadt Mogadischu. Diese Verpflichtung wurde in Anwesenheit von Vertretern der VN, der OAE und der Organisation der Islamischen Konferenzen unterschrieben. Am 3. März wurde in Mogadischu das Waffenstillstandsabkommen unterzeichnet, in dem unter anderem die Entsendung einer VN-Mission zur Überwachung des Waffenstillstandes vereinbart wurde. Des weiteren sollten VN-Soldaten zum Schutz des VN-"Peacekeeping"-Personals in Mogadischu und zur Absicherung der humanitären Hilfe entsandt werden. Der Waffenstillstand hielt jedoch nur wenige Wochen. Dann flackerten die Kämpfe erneut auf und die Sicherheitslage in Mogadischu spitzte sich weiter zu. Ähnlich wie in Bosnien mußten die internationalen Hilfsmaßnahmen daraufhin weitgehend eingestellt werden. Im April schlug der Generalsekretär in Ausführung einer früheren Resolution (746 vom 17. März 1992) des SR deswegen vor, nicht nur 50 Militärs zur Überwachung des Waffenstillstandes zu entsenden, sondern auch ein leicht bewaffnetes Infanteriebataillon von 500 Mann unter VN-Kommando zum Schutze der Militärbeobachter und Hilfstransporte. Der Einsatz der United Nations Operation in Somalia (UNOSOM) scheiterte jedoch am Widerstand von General Aidid, dem Führer einer der beiden großen Konfliktparteien.

Es gibt eine Reihe weiterer Konflikte, bei denen von einzelnen oder mehreren Konfliktparteien eine Beteiligung der VN zu ihrer Beendigung gefordert, vom SR bisher jedoch nicht in die Tat umgesetzt worden ist. An dieser Stelle seien nur einige Beispiele genannt:

In *Mosambik* ist ein "Peacemaking"- und "Peacekeeping"-Einsatz der VN dringend erforderlich, um das massive Leiden der Bevölkerung durch einen von der südafrikanischen Destabilisierungspolitik entfachten Krieg zu beenden (wahrscheinlich mehr als eine Million Tote und ca. vier Millionen Vertriebene und Flüchtlinge). Die Beteiligung der VN an der Überwachung des Waffenstillstandes und der Durchführung freier Wahlen ist bei den Friedensgesprächen in Rom für den Fall ihres erfolgreichen Abschlusses bereits vereinbart. Im *Sudan* wäre ein Einsatz der VN ebenfalls dringlich, um den seit mehr als einem Jahrzehnt wütenden Krieg zu beenden. Ein Friedensschluß zeichnet sich bisher jedoch nicht ab.

In *Äthiopien* forderte die Oromo Liberation Front (OLF) im Sommer 1990 sogar die zeitweilige Übernahme der Regierungsgeschäfte in Addis Abeba durch die VN. Eine Entsendung von Blauhelmen nach Addis Abeba erfolgte jedoch nicht, unter anderem weil die Verhältnisse stabil schienen und die internationale Gemeinschaft mit anderen Konflikten beschäftigt war. Die Stabilität in Äthiopien erwies sich als trügerisch und die Nicht-Entsendung von Blauhelmen zu einem frühen Zeitpunkt als Fehler. Im Frühsommer 1992 steht Äthiopien - nach einer Vielzahl kleinerer Zusammenstöße - kurz vor dem Ausbruch einer offenen, gewaltsamen Konfrontation zwischen den Oromo und Tigre.

Die *Eritreer* haben sich mit der provisorischen Regierung Äthiopiens im Prinzip über ein Referendum zur Eigenständigkeit *Eritreas* geeinigt, bei dessen Durchführung die VN zusammen mit der OAE und der Arabischen Liga eine federführende Rolle spielen sollen. *Äthiopien* bzw. Eritrea in Afrika sowie die Teilrepubliken Jugoslawiens und die ehemalige *Sowjetunion* in Europa sind nur einige Fälle, die den Beginn einer Welle staatlicher Desintegration und Sezession bilden und dazu zwingen, Staatsgrenzen neu zu ziehen. Bezüglich Afrikas sei des weiteren auf die Abspaltung Nord-Somalias und die Lage im Sudan verwiesen. Dort ist eine Teilung des Landes als vielleicht einzige Möglichkeit, den Krieg zu beenden, wieder stärker im Gespräch. In *Zaire*, vordergründig noch unter Kontrolle, tatsächlich jedoch in einem Zustand der Agonie - nicht zuletzt aufgrund der in der Vergangenheit verfehlten Politik des Westens gegenüber Mobutu -, sind erneute Sezessionsbestrebungen der rohstoffreichen Provinz Shaba (Katanga) im Rahmen des Demokratisierungsprozesses nicht auszuschließen. In *Angola* kämpft seit Jahren die Befreiungsbewegung FLEC (Frente para a Libertaçao do Enclave de Cabinda) für die Unabhängigkeit der reichen Öl-Provinz Cabinda. Dieser Kampf hat sich in der letzten Zeit verschärft. Zumindest in den Fällen, in denen der innere Zusammenhalt der Staaten keine realistische, weil nur noch mit viel Blutvergießen und Zerstörung zu bewahrende Perspektive ist, könnte das konstruktive Management der Desintegration dieser Staaten durch international überwachte Referenden eine wichtige Aufgabe der VN werden.

In *Südafrika* schließlich hatten die beiden wichtigsten Kontrahenten, die weiße Regierung und der African National Congress (ANC), zu Beginn ihres Dialogs über das Ende der Apartheid den Ehrgeiz, den Konflikt aus eigener Kraft, ohne direkte Beteiligung der VN zu lösen. Trotz der Vereinbarung eines internen Friedensabkommens im September 1991 erwies sich das als Illusion. Erst verschiedene Massaker in den Townships, vor allem das in Boipatong im Juni 1992, rüttelte die ANC Führung auf und veranlaßte sie, die Entsendung von internationalen Beobachtern zu einer dringenden Forderung zu machen. Die Regierung de Klerk steht dieser Forderung zwar nicht mehr so grundsätzlich ablehnend gegenüber wie früher, verweigert bisher aber dennoch die Zustimmung. Anfang Juli befaßte sich der SR mit der Sicherheitslage in Südafrika und der möglichen Entsendung einer internationalen Beobachtertruppe, entweder direkt durch die VN, den Commonwealth oder die Europäische Gemeinschaft. Als erster Schritt wurde die Entsendung eines Sonderbeauftragten zur Untersuchung der Lage beschlossen. Mit dieser Aufgabe wurde vom Generalsekretär der frühere amerikanische Außenminister Cyrus Vance betraut. Die Einfügung eines internationalen Elements in den schwierigen, von viel Gewalt begleiteten südafrikanischen Transformationsprozeß würde zweifellos beruhigend und objektivierend wirken.

Afghanistan und *Guatemala* sind weitere Fälle, in denen Sonderbeauftragte der VN eine Beendigung der Konflikte zu erreichen suchen und die Entsendung von Blauhelmen bei einem erfolgreichen Abschluß dieser Bemühungen notwendig sein wird. Am 26. April 1991 unterzeichneten in Mexico City die Regierung von Guatemala und die Oppositionsbewegung Unidad Revolucionaria Nacional Guamateca (URNG) eine Vereinbarung über das weitere Procedere der Friedenssuche, an der Francesco Vendrell als Vertreter des Generalsekretärs der VN beobachtend teilnehmen soll.

Zu diesen Beispielen für Kriege und Konflikte in der Dritten Welt, weitere ließen sich anführen, sind - neben den Konflikten im ehemaligen Jugoslawien - im letzten Jahr die Konflikte in den Gebieten der ehemaligen *Sowjetunion*, zum Beispiel der Berg-Karabagh-Konflikt zwischen *Armenien* und *Aserbeidschan*, der blutige Machtkampf in *Georgien* sowie die Auseinandersetzung in *Moldavien* hinzugekommen. Mitte März 1992 reiste der frühere amerikanische Außenminister Cyrus

Vance flankierend zu den Bemühungen der EG und der KSZE als Sonderbotschafter der VN zu Vermittlungsgesprächen nach Berg-Karabagh. Im Juni hielt sich in Moldavien eine "fact-finding mission" der VN auf.

Eine gründliche Analyse der VN-Friedenssicherungspraxis seit Anfang der 60er Jahre würde im übrigen zeigen, daß sie sich von einem relativ *statischen* zu einem dynamischen Modell gewandelt hat. War der Einsatz von Blauhelmen in der Frühphase in erster Linie darauf gerichtet, Waffenstillstände zu überwachen und die Streitparteien auseinanderzuhalten, operieren die zivilen und militärischen Blauhelme der VN heute in einem viel umfassenderen Rahmen, dessen letztes Ziel nicht lediglich die Abkühlung des Konflikts, sondern seine Lösung durch freie, faire und geheime Wahlen ist. Namibia wie Nicaragua sind zwei besonders erfolgreiche Beispiele für dieses Vorgehen. Es zielt darauf ab, die Präsenz der VN zeitlich kurz zu halten und nicht, wie unter anderem im Falle Zyperns (seit 1964), zu Daueraufenthalten werden zu lassen.

Das vermehrte Tätigwerden der VN an der Schnittstelle von *Friedenssicherung* und *Demokratisierung* ist eine Errungenschaft, die für die Fortentwicklung der Weltordnung in diesem Jahrzehnt ganz besondere Aufmerksamkeit verdient. Auf die konfliktregulierende Bedeutung auch von Demokratisierungsprozessen wurde eingangs hingewiesen.

II. Eine neue Dimension: Interventionen im Namen der Menschenrechte, insbesondere des Minderheitenschutzes

Das Vorgehen des SR gegenüber dem Irak nach dem Golfkrieg, aber auch jüngste Entwicklungen bei der Regulierung des Konflikts in El Salvador zeigen interessante Fortentwicklungen des internationalen Menschenrechts- und Minderheitenschutzes. In El Salvador erklärten sich die Konfliktparteien, wie erwähnt, im Vorgriff auf eine politische Lösung des Konflikts bereit, eine Beobachtergruppe (ONUSAL) zur Einhaltung der Menschenrechte zuzulassen. In Guatemala könnte man sich auf eine ähnliche Vorgehensweise einigen.

Im Falle des Iraks wurde, angeführt von Großbritannien, Frankreich und den USA, durch einen breiteren Konsens im SR der VN, der Schutz einer Minderheit erstmalig zu einer "internationalen Angelegenheit" erklärt. Der Weg dazu führte über Artikel 39 der VN-Satzung. In Resolution 688 vom 5. April 1991 stellte der SR fest, daß die Repression "of the Iraqi civilian population ... including most recently in Kurdish populated areas" den Frieden und die Sicherheit der Region gefährde. Damit war der Weg frei für einen internationalen Schutz der Kurden, insbesondere durch eine ca. 500 Mann starke internationale "Wachtruppe", die das Regime in Bagdad nach Verhandlungen mit dem Sonderbeauftragten der VN für Humanitäre Hilfe in der Golfregion akzeptierte.

Das Vorgehen im Irak ist völkerrechtlich außerordentlich umstritten, stellt es doch das bisherige Souveränitätsdenken beträchtlich in Frage. Viele Regierungen in der Dritten Welt, aber auch Peking und Moskau, stimmten der Resolution nur mit großem Zögern zu. Immerhin stellt das Vorgehen im Irak einen Präzedenzfall dar für den künftigen Umgang mit ethno-politischen Konflikten und damit für die sicherheitspolitische Stabilisierung verschiedener Teile der Welt, deren Bedeutung gar nicht genug betont werden kann. Denn eine gewisse Internationalisierung des Schutzes von Minderheiten könnte aus dem tragischen Dilemma herausführen, daß diese Minderheiten häufig nur die Wahl haben, sich entweder durch den Zentralstaat in seiner vom traditionellen Völkerrecht gestützten "absoluten Souveränität" brutal unterdrücken zu lassen *oder* in den gewaltsamen Widerstand zu gehen und um staatliche Eigenständigkeit zu kämpfen mit allen Folgen, die dieser Kampf für die Menschen im Lande und für den regionalen oder gar globalen Frieden hat.

Dieses im Detail äußerst schwierige Thema ist es wert, weiterverfolgt zu werden. Eine Beschränkung auf den extremen Fall des *Genozids* wird nicht ausreichen, wenn ein Abbau von Minderheitenkonflikten mit ihren negativen sicherheitspolitischen Auswirkungen erreicht werden soll. Es wird vielmehr notwendig sein, gewisse Mindeststandards zu definieren, bei deren Verletzung diese Konflikte aufhören, eine rein interne Angelegenheit gemäß Artikel 2 Ziffer 7 der VN-Charta zu sein, weil sie eine "Gefahr für den Frieden" entsprechend Artikel 39 der Charta darstellen.

Die westlichen Vertretungen bei den VN, einschließlich der deutschen, sind bereits im Sinne einer derartigen Ausweitung tätig. Und auch in der Dritten Welt wird zunehmend gesehen, daß eine Verabsolutierung des Souveränitätsprinzips nicht weiterhilft und man sich der Menschenrechtsdebatte sehr viel mehr öffnen sollte, als das in der Vergangenheit der Fall war.[7] Auf dem Africa Leadership Forum in Kampala (Uganda) im Juni 1991 wurde die absolute Handhabung des Souveränitätsprinzips durch die afrikanischen Staaten und die OAE von führenden afrikanischen Politikern in einer noch vor einigen Jahren unvorstellbaren Weise selbstkritisch hinterfragt. "If the European countries can surrender some of their sovereignty, African states can similarly surrender some of their sovereignty for greater security both at the intra- and inter-state levels", sagte Ugandas Präsident Museveni in seiner Eröffnungsrede.[8]

Die Glaubwürdigkeit der Europäer und der Amerikaner in dieser Debatte wird maßgeblich davon abhängen, ob sie in ihrer Argumentation und ihrer politischen Praxis Doppelstandards vermeiden, die gerade bei menschenrechtlichen Fragen

---

7 Vgl. beispielhaft *Africa Leadership Forum (jointly with the Secretariate of the OAU)*, Report on a Brainstorming Meeting for a "Conference on Security, Stability, Development and Co-Operation in Africa", 17-18 November 1990, Addis Ababa, Ethiopia.

8 BBC SWB-ME/1079/B/1, 23.5.1991.

besonders fatal sind. Die Tatsache, daß in der *Charta von Paris für ein neues Europa* vom November 1990 selbst die KSZE-Staaten den Minderheitenschutz stärker internationalisiert und bekräftigt haben, "daß die ethnische, kulturelle, sprachliche und religiöse Identität nationaler Minderheiten Schutz genießen muß" und dem "einzelnen wirksame innerstaatliche wie internationale Rechtsmittel gegen jede Verletzung seiner Rechte zur Verfügung" stehen müssen, läßt jedoch auf eine Vermeidung derartiger Doppelstandards hoffen.[9] Auf der Moskauer "Konferenz über die Menschliche Dimension der KSZE" wurden weitere Fortschritte bei der inhaltlichen Ausgestaltung und den Implementierungsmechanismen der Menschenrechte einschließlich des Minderheitenschutzes gemacht.[10]

Fazit: Ein Ausbau des Völkerrechts in bezug auf "grobe Menschenrechtsverletzungen, insbesondere die physische Bedrohung von Minderheiten" ist nicht nur menschenrechtlich, sondern auch friedens- und sicherheitspolitisch ein vorrangiges Ziel, so schwierig dessen Erreichung im Detail sein wird. Gelingt eine derartige Internationalisierung, die keineswegs ausschließlich, aber wohl doch vorrangig unter dem Dach der VN stattfinden muß, dann wird auch eine zusätzliche Nachfrage nach finanziellen und internationalen Ressourcen die Folge sein. Es wird militärisches und ziviles Personal mit entsprechendem logistischem und bürokratischem Hintergrund benötigt werden, um diese Standards zu implementieren.

III. Zu den Grenzen regionaler Sicherheitssysteme

Die gestiegene Nachfrage nach einer Beteiligung der VN bei der regionalen Friedenssicherung in der Dritten Welt hat schließlich einen weiteren, bisher kaum diskutierten Grund: Zwar hat in den letzten Jahren die Bereitschaft regionaler Akteure in der Dritten Welt beachtlich zugenommen, sich mehr als nur rhetorisch bei der Lösung von Konflikten in ihrer Umgebung einzusetzen, sei es im Alleingang oder im Zusammengehen mit außerregionalen Mächten. Nicaragua und El Salvador in Zentralamerika sowie Angola, Mosambik, Ruanda und Liberia in Schwarzafrika sind hierfür gute Beispiele. Ein Problem erweist sich jedoch in der Praxis als unlösbar: Den regionalen Akteuren und ihren Organisationen fehlt es fast durchweg an Finanzmitteln, Expertise und vor allem an militärischen Kapazitäten, um vereinbarte Waffenstillstände und Lösungspläne effektiv überwachen und implementieren zu können. Nüchtern stellte einer der stellvertretenden Generalsekretäre der VN, James Jonah, ein Afrikaner, kürzlich fest: "It is unlikely that the OAU

9 Symptomatisch für das "neue Denken" ist auch ein von führenden afrikanischen Politikern ausgearbeitetes und in der OAE akzeptiertes Papier, in dem zu lesen ist: "For peace-keeping operations and peace-making activities to be effective, there will be the need for African governments to surrender some degree of sovereignty to the subregional or regional body involved." Zitat aus dem schon zitierten Report des Africa Leadership Forum, S. 6.

10 Vgl. das Bulletin des Presse- und Informationsamts der Bundesregierung, (1991) 115, S. 909.

can develop a continental-wide defensive military security arrangement at the present time."[11]

Kambodscha in Südostasien, Äthiopien am Horn von Afrika, Angola und Mosambik im südlichen Afrika wären besonders geeignet, am Beispiel der bisherigen Bemühungen die Grenzen regionaler Friedenssicherung und Kriegsbegrenzung im einzelnen aufzuzeigen. So sind beispielsweise in Angola und Mosambik die Schwierigkeiten gewaltig, Friedenspläne zu implementieren. Jahrzehntelange Kriege haben Gesellschaft, Staat und Infrastruktur beider Länder mehr oder weniger zerstört. Gewalt ist für viele, vor allem die Jüngeren, zu einem "way of life" und auch zu einer Methode geworden, wirtschaftlich zu überleben. Ein solcher Zustand läßt sich durch einen Waffenstillstand nicht ohne weiteres beenden.

In Angola wurde ein schlimmerer Minenkrieg geführt als in Afghanistan. Erfahrene Minensucheinheiten sind notwendig, um das Land für freie und international überwachte Wahlen erst einmal wieder sicher zu machen. Angola ist eineinhalbmal so groß wie Namibia (bei viel schlechterer Infrastruktur), bei achtfacher Bevölkerung. Ob UNAVEM II mit weniger als 500 Mann - in Namibia setzten die VN fast 8 000 Soldaten, Polizisten und Zivilisten ein - diese Aufgabe in Zusammenarbeit mit der aus Einheiten der MPLA-Regierung und der UNITA zu bildenden gemeinsamen angolanischen Armee bewältigen wird, bleibt abzuwarten. Es könnte gelingen, weil bei dem angolanischen "Peacekeeping"- und Wahlbeobachtungsmodell interessante, interne und externe Mechanismen verbindende Wege eingeschlagen wurden.

Im Falle Mosambiks ist keinesweg klar, ob die Resistência Nacional Moçambicana (RENAMO) unter A. Dlakhama die verschiedenen Gruppierungen, die gegen die Regierung der Frente de Libertaçao de Moçambique (FRELIMO) Krieg führen, kontrolliert und ihnen gegenüber einen Waffenstillstand durchsetzen könnte. Wie sehr sich regionaler und lokaler "warlordism" ausgeweitet haben, wird man erst nach Beendigung der "offiziellen" Kampfhandlungen wissen. Wann das der Fall sein wird, ist offen. Die Friedensgespräche in Rom zwischen der FRELIMO-Regierung und RENAMO befinden sich bereits in der zehnten Runde, ohne daß ein Durchbruch erzielt werden konnte.

Der Friedensprozeß in Angola bestätigt ebenso wie der mosambikanische auch in anderer Hinsicht die These von den Leistungsgrenzen regionaler Friedenssicherung. Der Durchbruch zum Erfolg gelang erst, als der Vermittler Portugal und die angolanischen Bürgerkriegsparteien die USA und die UdSSR sehr nachdrücklich an ihre Pflichten in diesem einst hart umkämpften Land erinnerten und in den Verhandlungsprozeß zurückholten. Washington und Moskau übten dann nicht nur zusätzlichen Druck auf die Konfliktparteien aus, sondern übernahmen auch die

11 James *Jonah*, Problems of Security in Africa, unveröffentlichtes Manuskript, S. 13.

Verantwortung für eine Implementierung des im wesentlichen unter portugiesischer Verhandlungsführung ausgearbeiteten Friedensplans durch die VN. Frühere Überlegungen afrikanischer Vermittler, den Waffenstillstand von den Streitkräften afrikanischer Staaten, insbesondere Nigerias, überwachen zu lassen, hatten sich aus technischen und finanziellen Gründen als undurchführbar erwiesen. Im Falle Mosambiks ist inzwischen ebenfalls eine Stärkung des außerregionalen Elements erfolgt. Italien und die Mitglieder der katholischen Kirche erwiesen sich als Vermittler zu schwach. Die USA, Großbritannien, Frankreich und Portugal sind nun als einflußreiche Beobachter bei den Gesprächen in Rom mit am Tisch.

Regionalen Vormächten, wie Indien in Asien, Nigeria im westlichen und Südafrika im südlichen Afrika, die zwar ansatzweise über militärische Kapazitäten für "Peacekeeping" jenseits ihrer Grenzen verfügen, mißtrauen jedoch in aller Regel ihre Nachbarn so grundlegend, daß sie als friedenssichernde Kräfte in der Region keine oder nur geringe Akzeptanz finden. Die Konfliktparteien und andere Staaten in der Region greifen häufig lieber auf außerregionale Mächte, eher aber auf die VN zurück. Die ECOWAS[12] Monitoring Group (ECOMOG) - eine Interventionsstreitmacht westafrikanischer Staaten unter Führung Nigerias, die in den Bürgerkrieg in Liberia eingegriffen hat - ist nur mit Einschränkungen eine Ausnahme von dieser Regel: *Erstens* wurde sie ins Leben gerufen, nachdem es mißlungen war, die USA und den SR der VN für diesen Krieg zu interessieren. *Zweitens* kann man ECOMOG nur bedingt als eine "Peacekeeping"-Operation im Sinne der VN bezeichnen. Faktisch handelt es sich um eine Mischung aus einer Zwangsmaßnahme im Sinne von Kapitel VII der VN-Satzung und einer Allianz der Regierungen der umliegenden Staaten gegen die in Liberia sichtbar gewordenen, aber nicht auf dieses Land beschränkten destabilisierenden Tendenzen. *Drittens* schließlich ist die militärische und politische Dominanz Nigerias bei dieser Aktion immer wieder ein beträchtlicher Stein des Anstoßes. Dennoch handelt es sich zweifellos um einen Neubeginn, der Beachtung verdient und der in Afrika einen interessanten Lernprozeß über die konkreten Probleme der Friedenssicherung in Gang gesetzt hat.[13]

Fazit: Sowohl in der Literatur als auch in der Politik werden regionale und globale Friedenssicherung häufig als zwei alternative Wege gesehen. Das ist eine praxisferne Betrachtungsweise. In Wirklichkeit geht es um eine bessere *Integration* dieser Ansätze und um eine sinnvolle *Arbeitsteilung* zwischen regionalen und subregionalen Sicherheitssystemen und den VN. Der dazu notwendige Ausbau regionaler und internationaler Sicherheitssysteme - im Hinblick auf letztere sind natürlich vor allem die VN gemeint - dürfte in den nächsten Jahren wohl zu den wichtigsten Themen in der Diskussion um eine Fortentwicklung der globalen Sicherheitsstrukturen gehören!

---

12 ECOWAS - Economic Community of West African States.

13 Vgl. Peter *da Costa*, The Liberia Lessons, in: West Africa, 1.-7.7.1991, S. 1076.

1. "Freiwillige friedenssichernde Maßnahmen" (Blauhelme)

Die vorangegangene Analyse dürfte gezeigt haben, daß die Nachfrage nach einer Beteiligung der VN an der Beendigung von Kriegen und Konflikten in den letzten Jahren sprunghaft angestiegen ist und weiter ansteigen wird. Die bisherige Praxis, nach der die Bereitstellung von Blauhelmen eine Domäne vor allem kleinerer Staaten wie der skandinavischen Länder ist, wird sich nicht aufrechterhalten lassen. Dazu gibt es auch keinen zwingenden Grund. Kriegsbeendigung und Kriegsverhinderung sowie alle damit zusammenhängenden Maßnahmen, insbesondere der Schutz von Minderheiten, sollten dementsprechend ein wichtiges und gegenüber dem allianzpolitischen "out-of-area"-Einsatz vorrangiges Ziel der deutschen wie europäischen Sicherheitspolitik im Verhältnis zur Dritten Welt werden. Die Annahme dieser Herausforderung hat nicht nur Konsequenzen für die Bereitstellung von militärischem und zivilem Personal, sondern auch - bisher weitgehend außer acht gelassen - von beträchtlichen *finanziellen* Mitteln. (Die Bundesrepublik Deutschland hat sich schon in der Vergangenheit an der Finanzierung von friedenssichernden Einsätzen beteiligt.)

Friedenssicherung ist nicht billig. In seinem jährlichen Bericht an die Generalversammlung hat der frühere Generalsekretär Pérez de Cuéllar mit Nachdruck auf die wachsende Divergenz zwischen Beanspruchung und Ressourcenlage der VN hingewiesen: "Indeed, in recent years, the organisation's role in combination of 'peace-keeping' and 'peace-making' has expanded impressively. ... We are being asked to do more with fewer resources and even those are sometimes provided too late. ... The disparity between responsibilities and resources can nowhere be as crippling - and dangerous - as in this matter."[14] Der neue Generalsekretär, Boutros-Ghali, ist in diesem Punkt nicht weniger deutlich.

Die USA sind der größte Einzelschuldner. Speziell für Blauhelm-Einsätze schuldeten sie den VN Ende 1991 140 Mrd. US-Dollar (zuzüglich der noch für die vergangenen Jahre ausstehenden Mitgliedsbeiträge betrug die Summe sogar 407,3 Mio. US-Dollar). Die USA müssen beim "Peacekeeping" allerdings auch mit 30,38% den Löwenanteil der Kosten tragen (Rußland 11,44%, Großbritannien 6,10%, Frankreich 7,29% und China 0,94%). Von den vier weiteren ständigen Mitglieder des SR hatte Ende 1991 nur China seine Schulden beglichen. Rußland, das die Schulden der früheren Sowjetunion mit dem ständigen Sitz im SR übernommen hat, hat Außenstände in Höhe von 126,7 Mio. US-Dollar. Frankreich und Großbritannien schulden noch jeweils 10,4 und 4 Mio. US-Dollar.[15]

---

14 *United Nations*, Report of the Secretary General on the Work of the Organization, GA-45th Session, A/45/1, Supplement No. 1, S. 5f.

15 Vgl. The New York Times, 27.1.1992.

1987 betrugen die Ausgaben für "Peacekeeping" noch 200 Mio. US-Dollar. In Zukunft dürfte jährlich ein Budget von mindestens 1,5 bis 2 Mrd. US-Dollar notwendig sein, wenn man den durchschnittlichen Ausgabenanstieg der letzten Jahre zugrunde legt.[16] "Any discussion of peace keeping's future viability must begin with the thorny issue of financing", ist die lapidare Feststellung von zwei auf diesem Gebiet versierten Autoren.[17] Die Kosten erscheinen jedoch gering, wenn man an die obengenannten Folgen von Kriegen "kleinerer und mittlerer Größe" denkt. Die jährlichen Kosten für Rüstung und Kriegsbereitschaft betragen gegenwärtig das Tausendfache der Kosten von "Peacekeeping".[18] Eine bedenkenswerte Relation!

Die Weichenstellung in Richtung auf eine aktive und umfassende deutsche Beteiligung an der Friedenssicherung im Rahmen der VN wirft für die deutsche Politik darüber hinaus eine Vielzahl weiterer Einzelfragen auf, über die bisher nur unzureichend nachgedacht wurde:

- Welchen Aufgabenbereichen im Rahmen des "Peacekeeping" (Transport, Kommunikation etc.) soll sich die Bundeswehr aufgrund ihres technisch und organisatorisch hohen Standards besonders zuwenden? Inwieweit ist - soweit es um polizeiliche Aufgaben geht - eine Aufgabenteilung mit dem BGS anzustreben, die sich aufgrund seines Einsatzes in Namibia und der Westsahara ja bereits abzeichnet?
- Wie können Bundeswehr und ziviles Personal auf entsprechende Einsätze kurzfristig vorbereitet werden (ziviles Personal und BGS haben an VN-Aktionen vereinzelt bereits teilgenommen)?
- Inwieweit sind Auswärtiges Amt (einschließlich der ständigen Mission in New York), Verteidigungsministerium, Kanzleramt und auch das Bundesministerium für Wirtschaftliche Zusammenarbeit in ihrer internen Organisation wie in ihrer Koordination untereinander auf eine Ausweitung der deutschen Rolle bei Blauhelm-Einsätzen vorbereitet?

Die großen praktischen Schwierigkeiten, mit denen die zur Unterstützung der kurdischen Flüchtlinge in Iran eingesetzten Bundeswehreinheiten anfänglich zu kämpfen hatten, mögen allen als Warnung dienen, die Friedenssicherung durch Blauhelme für einen Spaziergang oder lediglich eine Variante des militärischen Kampfeinsatzes halten.[19] "Peacekeeping" und "Peacemaking" sind grundlegend andere Aufgaben mit außerordentlich hohen professionellen Anforderungen an die Fähigkeit, die Anwendung von Gewalt gerade in einem Kontext von Gewaltsam-

16 Vgl. August Richard *Norton*/Thomas George *Weiss*, UN Peacekeepers - Soldiers with a Difference, New York, Frühjahr 1990 (Foreign Policy Association, Headline Series 292), S. 23.

17 Ebd., S. 22.

18 Vgl. The Christian Science Monitor, 21.-27.2.1992, S. 18.

19 Vgl. Süddeutsche Zeitung, 13.5.1991.

keit zu vermeiden. Genau das Gegenteil ist normalerweise Gegenstand der Ausbildung von Soldaten.

Über die beiden ersten Fragen müßte so bald wie möglich mit dem Generalsekretär und seinem Sekretariat in New York ein intensiver Gedankenaustausch begonnen werden, soweit das die ständige Vertretung der Bundesrepublik in New York nicht bereits getan hat. Die Verbesserung des Trainings von Blauhelmen war ein wichtiger Punkt auf einer der letzten Sitzungen des Special Committee on Peace-keeping Operations. Die Einrichtung einer "special unit for the training of peace-keeping personnel" wurde in Erwägung gezogen.[20] Auch ein intensiver Erfahrungsaustausch mit denjenigen europäischen Ländern bietet sich an, die - wie Finnland, Schweden, Norwegen, Dänemark und Österreich - bereits viel Erfahrung mit Blauhelm-Einsätzen haben und von denen einige darüber hinaus Mitglieder der NATO sind.

Wünschenswert wäre des weiteren die Einrichtung einer "Peacekeeping Academy", in der militärisches und ziviles Personal regelmäßig aus- und weitergebildet würde. Im Sinne einer sachgemäßen Information der Öffentlichkeit und politischen Behandlung dieser Probleme sollte diese Akademie auch Journalisten und Abgeordneten offenstehen.

Großes Kopfzerbrechen wird die Frage bereiten, wie sich die deutsche Politik im Hinblick auf eine Veränderung der Zusammensetzung und der Prozeduren des SR verhalten soll. Wir haben keinen Grund, uns bei dieser Diskussion vorzudrängen, denn sie wird unter anderem die Frage aufwerfen, ob Japan und Deutschland - die einstigen Feindstaaten - ständige Mitglieder des SR werden sollten. Dennoch wird es notwendig sein, über Struktur, Zusammensetzung und Funktionsweise des SR zu diskutieren. Die von Willy Brandt angeregte "Stockholmer Initiative zu Globaler Sicherheit und Weltordnung" hat mit ihrem ersten Bericht über eine neue Weltordnung wichtige Anstöße auch zu dieser Frage gegeben und wird das Thema weiterverfolgen.[21]

Es gibt jedoch Mittel und Wege, die Arbeit der VN auch ohne eine tiefgreifende Veränderung des SR effektiver zu machen. Ein wesentliches Defizit des SR besteht zweifellos darin, daß seine fünf ständigen Mitglieder, die sich alle als Groß- und Supermächte verstehen, in der Regel kein Interesse haben, bei Kriegen und Konflikten "kleinerer und mittlerer" Größe tätig zu werden. Die meisten Konflikte in der Dritten Welt liegen am Rande ihres globalpolitischen Interessenkreises. Das hat zur Folge, daß ein energisches Eingreifen des SR zur Beendigung solcher Konflikte nur ausnahmsweise zu erreichen ist. Es sei nur auf die Inaktivität und margi-

---

20 Vgl. *United Nations*/GA, Report of the Special Committee on Peace-Keeping Operations, Comprehensive Review of the Whole Question of Peace-Keeping Operations in all their Aspects, 46th Session, A/46/254, 18.6.1991.

21 Text des Berichts abgedruckt in: Frankfurter Rundschau, 10.5.1991.

nale Beschäftigung des SR mit den Kriegen im Sudan, in Somalia, Liberia und Ruanda verwiesen, obwohl einige von ihnen in ihren katastrophalen humanitären Auswirkungen sicher nicht weniger gravierend sind, als es der Golfkrieg war.

Der SR greift in seiner gegenwärtigen Struktur also über die Konflikte hinweg, die die sicherheitspolitische Landschaft in der Dritten Welt in diesem und dem nächsten Jahrzehnt bestimmen werden.

Eine *Erweiterung und bessere Organisation der Befugnisse und Aufgaben des Generalsekretärs* der VN und des ihm unterstellten Sekretariats könnten diesen Mangel jedoch zumindest teilweise beheben. So könnte man sich zum Beispiel vorstellen, daß der Generalsekretär vom SR generell bevollmächtigt wird, in Eilfällen den Einsatz von Blauhelmen und mit ihnen zusammenhängende Maßnahmen bis zu einer gewissen Personalstärke und Kostenhöhe anzuordnen. (Im Bereich der Katastropheneinsätze geht man ja bereits in diese Richtung.) Eine solche Anordnung wäre insbesondere dann vertretbar, wenn eine regionale oder subregionale Organisation wie OAE und Southern African Development Coordination Conference (SADCC) in Afrika, die ASEAN-Gruppe in Asien und möglicherweise sogar die KSZE Blauhelme zur Unterstützung regionaler Friedenssicherung anfordern. Natürlich müßte der Generalsekretär den SR unverzüglich über sein Vorgehen informieren. Letzterer könnte es dann gegebenenfalls wieder beenden. Das schon erwähnte Special Committee on Peace-Keeping Operations, in dem jetzt auch die Bundesrepublik Deutschland Mitglied ist,[22] könnte in diesem Zusammenhang eine Kontroll- und Mitwirkungsfunktion bekommen. Eine erweiterte Rolle könnte in einem solchen Verfahren auch der schon seit einiger Zeit bestehende Peace Keeping Board sowie die Senior Planning and Monitoring Group spielen, deren Einrichtung innerhalb des Sekretariats Pérez de Cuéllar in seinem Bericht an die 45. Generalversammlung ankündigte.[23] Überlegenswert ist ebenfalls der Vorschlag einiger Mitglieder des Special Committee on Peace-Keeping Operations, daß der SR wegen der Ausweitung des "Peacekeeping" einen "permanent or ad hoc advisory mechanism" bekommen sollte, der ihn spezifisch in dieser Frage unterstützt.[24] Ein wichtiges Instrument zur präventiven Konfliktbekämpfung in der Hand des Generalsekretärs könnte schließlich das Recht zur Entsendung von "fact-finding missions to troubled areas" werden, das der Generalsekretär Ende 1991 zur Annahme vorgeschlagen hat.[25] Diese Befugnis wäre eine wünschenswerte Konkretisierung des in Artikel 99 der Charta festgelegten Rechts des Generalsekretärs,

22 Früher nahm die DDR diesen Platz ein, während die Bundesrepublik lediglich Beobachterstatus hatte.

23 Vgl. *United Nations,* Report of the Secretary General, S. 6.

24 Vgl. *dies.*, Report of the Special Committee on Peace-Keeping Operations, Comprehensive Review, S. 4.

25 Vgl. *dies.*, UN Chronicle, June 1991, S. 27.

die Aufmerksamkeit des SR auf jede Angelegenheit zu lenken, die die Wahrung des Weltfriedens gefährdet.

Eine gewisse Zuspitzung hat die Diskussion über die Reform der VN durch das Gipfeltreffen der Mitglieder des Sicherheitsrats in New York am 31. Januar 1992 erfahren. Der neue Generalsekretär, Boutros-Ghali, wurde aufgefordert, bis zum 1. Juli Empfehlungen auszuarbeiten, wie die Kapazität der Weltorganisation im Bereich der Präventivdiplomatie und Friedenssicherung gestärkt und effizienter gemacht werden kann. Insbesondere soll er sich auch mit dem angemessenen Bedarf an Material und Geldmitteln sowie mit den Möglichkeiten einer Effizienzsteigerung der eigenen Bürokratie auseinandersetzen. Bezüglich der Präventivdiplomatie erhofft man sich eine aktivere Ausschöpfung der "guten Dienste" und des in der Satzung bereits verankerten Initiativrechts des Generalsekretärs.[26]

2. Zwangsmaßnahmen gemäß Kapitel VII der VN-Satzung

Eine abschließende Beurteilung der Zwangsmaßnahmen gemäß Kapitel VII der VN-Satzung ist besonders schwierig. Einerseits erscheinen sie durch ihre klare und ausführliche Regelung in der VN-Satzung als Königsweg der internationalen Friedenssicherung. Andererseits haben sich in der Praxis der VN die Blauhelme jedoch als der erfolgreichere Weg erwiesen. Direkte militärische Zwangsmaßnahmen, die auf Artikel 39 der VN-Charta gestützt wurden, hat es seit dem Bestehen der VN nur zweimal gegeben: beim Koreakrieg Anfang der 50er Jahre und beim Golfkrieg im Frühjahr 1991. (Beim Koreakrieg konnte die Funktionsunfähigkeit des SR wegen des Fernbleibens der Sowjetunion sogar erst durch die Uniting for Peace Resolution der Generalversammlung überwunden werden.) Auch in Zukunft werden sich wahrscheinlich die ständigen Mitglieder des SR nicht zu militärischen Zangsmaßnahmen entschließen (wie unter anderem ihre Unwilligkeit zeigt, im Falle Jugoslawiens etwas zu unternehmen). Sie werden dazu nur bereit sein, wenn ihre nationalen Interessen grundlegend gefährdet sind. Denn nur dann können ihre Regierungen die mit einem militärischen Einsatz verbundenen Risiken, insbesondere den möglichen Verlust von Menschenleben, innenpolitisch rechtfertigen.

Erfahrene "Peacekeeper" befürchten darüber hinaus, daß ein verstärkter Rückgriff auf die Zwangsmaßnahmen nach Kapitel VII, insbesondere auf militärische, diesen Erfolg der VN unterminieren und künftige Blauhelm-Maßnahmen sogar unmöglich machen könnte. Die Gründe für diese Befürchtung liegen auf der Hand. Militärische Zwangsmaßnahmen sind nicht lediglich eine intensivere Form des "Peacekeeping", sie haben vielmehr - eben weil sie nicht freiwillig hingenommen werden, sondern ein bestimmtes Verhalten erzwingen - einen völlig anderen Charakter. Dementsprechend empfindlich ist die Tatsache, daß sie politisch nicht

26 Vgl. Neue Zürcher Zeitung, 2.2.1992.

so "neutral" sind wie der Einsatz von Blauhelmen, sondern stark von den globalpolitischen Interessen der fünf ständigen SR-Mitglieder abhängen. Das ist in einer von Interessenpolitik geprägten Welt mehr oder weniger zwangsläufig. Der Golfkrieg hat ja mit hinreichender Deutlichkeit gezeigt, wie groß das Mißtrauen in der Dritten Welt, aber auch in Teilen der westlichen Öffentlichkeit in dieser Hinsicht ist. Der Autor teilt zwar im Falle des Golfkrieges nicht die einseitige Kritik einiger Linker und der Friedensbewegung an den USA. Aber Thesen wie die des amerikanischen Publizisten Krauthammer, es sei "largely for domestic reasons ... that American political leaders make sure to dress unilateral action in multilateral clothing", machen dieses Mißtrauen gegen einen Mißbrauch des SR verständlich.[27]

Insgesamt darf man deswegen bezweifeln, ob die Struktur der VN und des internationalen Systems insgesamt schon "reif genug" ist für eine nachhaltige Ausweitung des Systems militärischer Zwangsmaßnahmen. In zweifacher Hinsicht werden sie aber dennoch ein wichtiger Diskussionspunkt bleiben. *Erstens* ist ein verstärkter Einsatz *nichtmilitärischer Zwangsmaßnahmen*, insbesondere ökonomischer Sanktionen, gemäß Kapitel VII zur Sicherung des internationalen Friedens zu diskutieren. Der begrenzte Erfolg solcher Sanktionen im Falle des Iraks ist kein Grund, diese Diskussion einzustellen. Wirtschaftliche Sanktionen oder Waffenembargos aufgrund eines SR-Beschlusses gemäß Artikel 39 wurden bisher im Falle Rhodesiens, Südafrikas, des Iraks und kürzlich Jugoslawiens verhängt.

Zweitens gibt es Anzeichen dafür, daß sich zumindest hinsichtlich bestimmter, klar umschriebener *Fallgruppen* ein internationaler Konsens über eine Anwendung von Kapitel VII herausbildet oder sich im Laufe der nächsten Jahren herausbilden läßt. Das gilt zum Beispiel für den Schutz der oben angedeuteten menschenrechtlichen Mindeststandards, insbesondere den *Schutz von Minderheiten*. Inwieweit dafür im äußersten Falle auch militärische Maßnahmen notwendig werden könnten, falls alle diplomatischen und wirtschaftlichen Möglichkeiten erschöpft sind, bedarf allerdings noch einer gründlichen Analyse. Die Einsätze zum Schutz der Kurden im Norden und der Schiiten im Süden des Iraks werden dafür wichtiges Erfahrungsmaterial liefern.

Ein ähnlicher Konsens könnte sich bezüglich einer zweiten Fallgruppe herausbilden: der Anwendung von Zwangsmaßnahmen zur *Vernichtung oder Kontrolle von Massenvernichtungswaffen*. Der Einsatz der VN im Irak ist auch in dieser Hinsicht Ausdruck einer interessanten Entwicklung, deren völkerrechtsfortbildende Kraft man genauer wird analysieren müssen. Die Industriestaaten werden für eine solche Fortentwicklung allerdings nur glaubwürdig und mit Aussicht auf Erfolg eintreten können, wenn sie ihre Hausaufgaben in Sachen Rüstungs- und Technologietransferkontrolle gemacht haben. Der Londoner G-7-Gipfel im Juli 1991 hat dazu zwar

27 Vgl. Charles *Krauthammer*, The Unipolar Moment, in: Foreign Affairs, 70 (1991) 1, S. 23-33 (26).

wohlklingende Prinzipien verkündet, hinter denen die Wirklichkeit des Rüstungsexports seitens der Industriestaaten jedoch noch weit hinterherhinkt.[28]

Eine dritte, allerdings wohl noch weit in der Zukunft liegende Fallgruppe könnte die Durchführung von vor allem nichtmilitärischen Zwangsmaßnahmen bei *schweren grenzüberschreitenden Umweltgefährdungen* sein, zum Beispiel bei Kernreaktoren, deren Sicherheitsstandards internationalen Mindestanforderungen nicht genügen und die trotz mehrfacher Aufforderung nicht entsprechend nachgerüstet werden; der Einsatz von "Grünhelmen" wird ja bereits diskutiert.

3. Europäische Blauhelme für Afrika im Rahmen einer "Gemeinsamen Europäischen Außen- und Sicherheitspolitik" (GASP)

Den geschilderten Defiziten des SR bei der Beendigung von Kriegen und Konflikten "kleinerer und mittlerer" Größe könnte auch noch auf einem anderen Wege als lediglich dem einer Stärkung der Stellung des Generalsekretärs begegnet werden. *Europa* könnte seinem spezifisch von derartigen Konflikten in der nächsten Zeit betroffenen Nachbarkontinent Afrika ein umfassendes Angebot machen, bei der Beendigung und Verhinderung von Konflikten sehr viel intensiver als in der Vergangenheit zusammenzuarbeiten. Ungeachtet aller denkbaren Fortschritte auf dem Gebiet der regionalen Konfliktlösung wird es den Afrikanern noch lange an notwendigen militärischen Kapazitäten für eine erfolgreiche Implementierung von Friedensplänen fehlen, von den völlig unzureichenden finanziellen Ressourcen einmal abgesehen. Europa sollte Afrika deswegen nicht nur verstärkt finanzielle Unterstützung bei der Implementierung von Friedensplänen anbieten, sondern gegebenenfalls auch den Einsatz europäischer Blauhelme (vorzugsweise zusammen mit afrikanischen) sowie, vielleicht noch wichtiger, logistisches "back up". Die Bundeswehr könnte gerade auf diesem Gebiet durchaus eine größere Rolle spielen. Denn den Afrikanern ist es häufig gar nicht recht, daß sie in dieser Hinsicht lediglich auf die ehemaligen Kolonialmächte Frankreich und Großbritannien oder Belgien und Portugal zurückgreifen können. (So hatte man beispielsweise zur Konfliktbeendigung in Ruanda nicht nur um entsprechende französische und belgische, sondern auch um deutsche militärische Beteiligung gebeten; sie erfolgte deutscherseits aus den bekannten verfassungsrechtlichen Gründen jedoch nicht.)

Ein solches Angebot läge auch im wohlverstandenen eigenen Interesse der Europäer, abgesehen von humanitären Erwägungen. Es geht, wie nur wiederholt werden kann, um die *Eindämmung* und *präventive Verhinderung* von *Flüchtlingsströmen*, die *Begrenzung* von *Umweltschäden* sowie um die *Beendigung* der *Zerstörung* von *Infrastrukturen* und *Entwicklungsprojekten*, die mit europäischer Hilfe aufgebaut worden sind. Zudem stünde es den Europäern einschließlich der Deutschen

28 Text der Londoner Gipfel-Erklärung abgedruckt in: Frankfurter Rundschau, 18.7.1991.

gut zu Gesicht, ihre Mitverantwortung für viele dieser Konflikte aufgrund der willkürlichen Grenzziehungen des Kolonialismus nicht zu vergessen. Es sei an die Berliner Konferenz von 1984 erinnert.

Afrika hat zweifellos ein Interesse an einer größeren europäischen Unterstützung. Um diese jedoch von vornherein von jeglichem Vorwurf des Neokolonialismus freizuhalten, sollte klargestellt werden, daß sie nur auf ausdrückliche Anfrage der Afrikaner, sei es von der OAE oder einer subregionalen Organisation wie ECOWAS oder SADCC, zum Zuge kommt.[29]

Des weiteren wäre eine solche Offerte parallel zu dem durch die Ereignisse in Jugoslawien im Sommer 1991 forcierten Aufbau innereuropäischer "Peacekeeping"-Kapazitäten zweifellos auch als Fokus für eine inhaltliche Konkretisierung der Gemeinsamen Europäischen Außen- und Sicherheitspolitik interessant. Ein weiterer Schritt könnte der Aufbau eines europäischen *"Peacekeeping"-Sekretariats* sein. Seine Aufgabe wäre, bereits vorhandene "Peacekeeping"-Kapazitäten europäischer Streitkräfte zu erfassen, den Aufbau weiterer zu initiieren und Leitlinien für die Ausbildung und den koordinierten Einsatz dieser Einheiten sowie für die Zusammenarbeit mit den Afrikanern zu entwerfen. Natürlich müßte das Sekretariat eng mit dem auf diesem Gebiet erfahrenen Sekretariat der VN in New York und ähnlichen Institutionen zusammenarbeiten.

4. Beteiligung der Bundeswehr bei "out-of-area"-Konflikten im Rahmen der NATO

Gegenwärtig lassen sich keine überzeugenden Gründe für eine Ausweitung der NATO-Bündnis*verpflichtung* auf "out-of-area"-Konflikte finden. Das NATO-Gipfeltreffen in Rom Anfang November 1991 hat wohl auch klargestellt, daß man eine derartige Veränderung des NATO-Vertrags nicht beabsichtigt.

Um so wichtiger wird die Frage, inwieweit die NATO ihre Streitkräfte und Infrastruktur verstärkt auf den Einsatz im Rahmen von VN-Missionen ausrichten soll. Die Legitimation für derartige Einsätze erfolgt dann allerdings nicht mehr aufgrund des Bündnisvertrages und als Bündnisverpflichtung, sondern aufgrund entsprechender Beschlüsse des SR. Im Sinne einer größeren Effizienz und Schlagkräftigkeit von VN-Missionen wäre eine solche Ausrichtung wahrscheinlich wünschenswert, jedenfalls wenn es sich um Missionen mit größerem Materialeinsatz handelt. Gleichzeitig ist eine solche Beteiligung jedoch, zumindest im Hinblick auf

29 In Afrika findet in dieser Richtung gegenwärtig ein bemerkenswertes Umdenken statt, für das die KSZE zwar kein Modell im Sinne einer direkten Übertragbarkeit ist, wohl aber eine gewisse vorbildliche Funktion für die Fortentwicklung des kooperativen afrikanischen Sicherheitsdenkens hat. Im Juni 1991 wurde beim Gipfeltreffen der OAE in Abuja (Nigeria) der von dem Africa Leadership Forum unter Leitung des ehemaligen nigerianischen Staatschefs, Generaloberst Obasanjo, ausgearbeitete Plan einer Conference on Security, Stability, Development and Co-Operation in Africa (CSSDCA) im Prinzip abgesegnet.

die Dritte Welt, nicht unbedenklich. Die VN könnten schnell in den Geruch kommen, lediglich ein legitimatorischer Deckmantel für "power projection" der NATO zu sein. Damit wäre die konstruktive Fortentwicklung regionaler und globaler Sicherheitsstrukturen im Nord-Süd-Verhältnis gestoppt!

Die Unbefangenheit, mit der sich manche Sicherheitspolitiker zumindest in der Vergangenheit zu einer Ausweitung der NATO-Bündnisverpflichtungen auf Konflikte in der Dritten Welt geäußert haben, ist bedenklich und läßt erkennen, daß es an Feinfühligkeit gegenüber dem Süden und Kenntnis der dort herrschenden Verhältnisse noch fehlt. Es wird vergessen, daß sich zwei Drittel der Menschheit, die im wesentlichen im Süden leben - wie eingangs beschrieben -, bereits einer erdrükkenden wirtschaftlichen Überlegenheit der Industriestaaten und wirtschaftlichen Abhängigkeit von ihnen gegenübersehen. Auch ohne den Einsatz militärischer Mittel haben die Industriestaaten das Gesetz des Handelns fast völlig in der Hand. So sehen es jedenfalls die meisten Menschen im Süden. Wird diese Überlegenheit noch durch eine militärische Einsatzoption der NATO abgesichert, die über das Recht zur individuellen und kollektiven Selbstverteidigung von Artikel 51 der VN-Satzung hinausgeht, dann werden die Völker des Südens dies als offene Aggression und den Versuch verstehen, sie unter wirtschaftliche und militärische Kuratel zu nehmen. Psychologisch ist das Klima in dieser Hinsicht bereits jetzt außerordentlich labil. Die Tatsache, daß selbst ein so unbeliebter Diktator wie Saddam Hussein die wirtschaftliche Kluft zwischen dem Norden und dem Süden in diesem Sinne skrupellos ausnutzen konnte, sollte eine Warnung gewesen sein. Destabilisierende Tendenzen und ihre indirekten Auswirkungen wie Drogenhandel oder Terrorismus werden dann noch schwerer in den Griff zu bekommen zu sein, als das ohnehin bereits der Fall ist.

5. Subregionale Sicherheitskooperation in Ost- und Mittelosteuropa und das Beispiel der Triangel-Staaten

Bernard von Plate

I.

Zu den Hinterlassenschaften der politischen und militärischen Ost-West-Teilung gehört, daß Konflikte (wieder) möglich werden und bereits entstanden sind, die unter den Bedingungen der bipolaren Struktur in Europa entweder nicht aufkommen konnten oder im stillschweigenden Status-quo-Interesse beider Seiten gewaltsam beendet wurden. Es ist jedoch nicht nur die Konfliktwahrscheinlichkeit größer geworden. Ebenso zugenommen hat die Reihe ihrer Ursachen. So ist die Sicherheitskonstellation, die über 30 Jahre lang durch zwei festgefügte Blöcke geprägt war, durch politische, ökonomische, soziale und ökologische Faktoren unterhöhlt und schließlich zum Einsturz gebracht worden. Diese Faktoren haben in der Vergangenheit gewissermaßen nur im Verborgenen, aber, wie die Entwicklung bewiesen hat, keineswegs folgenlos gewirkt. Ein Moment der veränderten Sicherheitskonstellation ist es, daß sie nun unter offeneren Bedingungen ungehinderter und *regional spezifischer* zum Tragen kommen, als dies in den Jahren des Ost-West-Konflikts der Fall war. Das gilt auch für mögliche militärische Folgen zunächst nichtmilitärischer Ursachen. Der Konflikt in Jugoslawien hat - auch wenn man ihn für einen in besonderer Weise komplexen Sonderfall hält - die Aufmerksamkeit in drastischer Weise auf diesen Sachverhalt gelenkt. Er ist der Beleg für einen Konflikttypus, der unter den Konstellationsbedingungen machtpolitischer Bipolarität nicht aufgetreten oder zumindest in hohem Maße unwahrscheinlich gewesen wäre.

Angesichts der Prämissen - einer tendenziellen *Regionalisierung von Konflikten* und der Deblockierung ihrer Ursachenvielfalt - ist zu fragen, mit welchen Instrumenten auf diesen Wandel reagiert werden kann. Gibt es alte Ansätze und/oder neuere Entwicklungen, die unter den Bedingungen der veränderten Sicherheitskonstellation bedeutsam werden könnten oder bereits Funktionen übernommen haben, die in einer bipolaren Struktur Europas im doppelten Wortsinn Randerscheinungen bleiben mußten? Diese Fragen werden hier ausschließlich mit Blick auf die Staaten und Regionen Europas gestellt, die nach dem Ende des Warschauer Pakts und dem Zerfall der Sowjetunion in souveräne Einzelstaaten sicherheitspolitisch zu einem Niemandsland wurden.

II.

Der Prozeß, in dem sich die Ost-West-Struktur aufgelöst hat, förderte die Gefahr zutage, stärker in nationalstaatlichen Kategorien zu denken und zu handeln, als dies unter den Bedingungen antagonistischer militärischer Blöcke möglich und beabsichtigt war. Die damit verbundenen Sorgen richten sich indes nicht nur auf Ost- und Mittelosteuropa. Im Westen des Kontinents gibt es ebenfalls Anzeichen dafür, daß die Gemeinschaftsbildung Triebkräfte und Elemente ihrer Legitimation auch (keineswegs nur) aus dem Bedürfnis bezog, sich gegenüber einem gesellschaftspolitischen und militärischen Gegner abzugrenzen und zu behaupten. Insofern wirkte der Ost-West-Konflikt als ein zusätzliches Antriebsmoment für den Zusammenschluß Westeuropas.

Auf diese Annahme bezieht sich die folgende Frage: Hat die veränderte Sicherheitskonstellation in Europa wenn nicht gleiche, so doch in Ost und West zumindest parallele Entwicklungen angestoßen? Inwieweit beruht eine gelegentlich erkennbare Renationalisierung staatlicher Interessenwahrnehmung - die Neutralitätsvorstellungen der Ukraine sind dafür ein Beispiel ganz besonderer Art - letztlich auf denselben Ursachen wie die Zunahme einer regionalen Konfliktwahrscheinlichkeit. Beides scheinen zunächst voneinander unabhängige Schritte in eine insgesamt gemeinsame Richtung zu sein. Wenn die vorhandenen Signale richtig interpretiert wurden, beleuchten sie ein mit der Entwicklung subregionaler Sicherheitskooperationen eng verbundenes Problem: Die auf ein Teilgebiet Europas begrenzte Zusammenarbeit birgt das Risiko in sich, nur zu einem Durchgangsstadium auf dem Wege zu einer schließlich allein nationalstaatlich geprägten Interessenwahrnehmung zu werden. Der instrumentelle Wert subregionaler Kooperationsansätze richtet sich deshalb nicht zuletzt danach, inwieweit sie einer vor allem sicherheitspolitischen Renationalisierung entgegenwirken.

III.

Die Alternative zur Blockteilung Europas ist *nicht* eine Vielzahl "kleiner Bündnisse", die sich jeweils gegen Dritte richten. Subregionale Kooperationsbeziehungen, die sich primär oder sogar ausschließlich gegen Gefährdungen von außen wenden, sind vielmehr eine untaugliche Antwort auf die veränderte Sicherheitskonstellation in Europa. Warum? Der gemeinsame Nenner der vormaligen Mitglieder des Warschauer Pakts war ihre - wenn auch weitgehend unfreiwillige - institutionelle Einbindung in ein Bündnis und ein zumindest propagandistisch unstrittiges Feindbild: das "imperialistische NATO-Bündnis". Beide Faktoren sind ersatzlos hinfällig geworden. Das gilt uneingeschränkt für die Mitgliedschaft in einem sicherheitspolitischen Pakt; für die Wahrnehmung gemeinsamer Gefahren sorgt allenfalls die unsichere Entwicklung in und zwischen den Nachfolgestaaten der Sowjetunion.

Doch auch ihr gegenüber ist die Situation der einzelnen Staaten Mittelost- und Südosteuropas nicht einheitlich. Polen wäre - von den baltischen Staaten einmal abgesehen - von einer konservativ-nationalen, militärisch unterstützten Wende jenseits seiner Ostgrenze weit unmittelbarer betroffen als alle anderen Staaten der Region. Für diese Feststellung sprechen nicht nur die geographische Nähe, sondern auch wechselseitige Minderheitenprobleme.

Man muß nicht jeden Staat Mittelost- und Südosteuropas gesondert betrachten, um zu dem Ergebnis zu kommen, daß sie von den denkbaren Entwicklungsvarianten in der ehemaligen Sowjetunion ganz unterschiedlich, aber alle weniger als Polen betroffen sind. Aus diesen Annahmen folgt, daß es, was auch immer in der Gemeinschaft Unabhängiger Staaten geschieht, ein für alle Staaten gemeinsames Feindbild nicht gibt. Mit dem im August 1991 gescheiterten Putsch in Moskau ist die Gefahr einer Bedrohung von außen, die alle hier betrachteten Staaten gleichermaßen betrifft, in hohem Maße unwahrscheinlich geworden.

Der Beitrag, den subregionale Kooperationsbeziehungen in der veränderten Sicherheitskonstellation leisten könnten, wäre demnach gering, wenn er sich nur auf eine mögliche Drohung durch Dritte bezöge. Ein prägendes Merkmal der sicherheitspolitischen Bedingungen, die die starre Struktur des Ost-West-Gegensatzes abgelöst haben, ist es indessen, daß innerstaatliche Konfliktpotentiale eine zuvor nicht dagewesene Bedeutung gewonnen haben. Die Gefahr möglicher Modernisierungskrisen in den neuen Demokratien Mittelosteuropas ist noch keineswegs gebannt. Noch ist nicht sicher, daß der weitere politische und wirtschaftliche Wandel ohne schwerwiegende Turbulenzen erfolgt. Populistisch-nationalistische Versuchungen sind noch auf Jahre eine drohende Begleiterscheinung der Entwicklung in Ost-, Mittelost- und Südosteuropa. Man wird sich also darauf einstellen müssen, daß die Konfliktursachen in erster Linie *in* den Staaten selbst zu suchen sind und in einem nur sehr viel geringeren Maße in einer Aggressionsgefahr von außen bestehen. Viel wahrscheinlicher ist die Abfolge, daß innerstaatliche Spannungen zwischenstaatliche Auswirkungen haben. Der Wert subregionaler sicherheitspolitischer Kooperationsbeziehungen bemißt sich deshalb vor allem daran, wieweit durch sie eine präventive Handhabung möglicher Konflikte in den eigenen Reihen geleistet werden kann. Es sollten also nach Möglichkeit Staaten zusammenfinden bzw. zusammengebunden werden, die nicht nur eine vermeintliche Bedrohung eint, sondern die selber potentielle Konfliktgegner sind.

IV.

Die Staaten des aufgelösten Warschauer Pakts sind durch ein vielschichtiges Konfliktpotential miteinander verknüpft. Für die Nachfolgestaaten der Sowjetunion gilt dies in besonderem Maße. Daraus folgt, welche Staaten sich auch immer zu engeren Kooperationsvereinbarungen zusammenfinden, sie können sich nicht an Konfliktlinien orientieren, die für alle Kooperationspartner gleichermaßen bedeutsam sind. Jeder sicherheitspolitischen Zusammenarbeit, die nur einige Staaten bzw. Teile der Region umfaßt, haftet insofern etwas Willkürliches an. Solange nicht alle Staaten der Region in einem sicherheitspolitischen Kooperationsnetz zusammengebunden sind, wird es immer Konfliktursachen geben, die durch keine Kooperationsverabredung abgedeckt sind. Das heißt mit anderen Worten, daß bei sicherheitspolitischer Zusammenarbeit nur einiger Staaten der Region die Gefahr besteht, bereits bestehende Trennlinien zu vertiefen, anstatt sie einzuebnen.

So ist schon an dieser Stelle im Vorgriff auf die späteren Ausführungen kritisch danach zu fragen, ob und inwieweit die sicherheitspolitischen Verabredungen zwischen den sogenannten Triangel-Staaten - Polen, der Tschechoslowakei und Ungarn - diesen Schwachpunkt vermeiden können. Die drei Staaten eint zunächst einmal, daß sie in einer Zone äußerer Verunsicherung liegen. Aber auch untereinander sind sie durch eine Reihe ungeklärter Probleme verbunden. Bemerkenswert in dem hier angesprochenen Zusammenhang ist jedoch, daß die Zusammenarbeit der drei genannten Staaten solche Nachbarn ausklammert, die unter dem Gesichtspunkt der Konfliktvermeidung bzw. ihrer steuernden Handhabung Partner intensiverer Kooperationsbeziehungen sein sollten.

In bezug auf den Balkan wird in besonderer Weise deutlich, was gemeint ist. Hier ist nur Ungarn an einer intensiveren Zusammenarbeit mit den beiden ehemaligen Warschauer-Pakt-Staaten Polen und der Tschechoslowakei beteiligt. So ist zumindest danach zu fragen, ob damit nicht die Kluft gegenüber den Staaten vertieft wird, zu denen ohnehin aufgrund ihrer byzantinischen Vergangenheit eine kulturelle und politische Distanz besteht. Hinzu kommt im Fall Ungarns, daß die Minoritätenprobleme mit der CSFR zwar keineswegs abschließend geregelt wurden und vor allem dann brisanter werden können, wenn in der Slowakei nationalistische Kräfte die Oberhand gewönnen. Der tiefsitzendere Konflikt besteht jedoch im Verhältnis zu Rumänien. Zwar wurde mit Bukarest ein Abkommen über einen "offenen Himmel" geschlossen, zu einem weitergehenden Schritt fand sich Budapest gegenüber Bukarest indessen nicht bereit. Die ungarische Regierung läßt keinen Zweifel daran, daß sie eine festere Anbindung Rumäniens an die Triangel-Staaten und ihre Politik der Westorientierung keineswegs nur aus Gründen kurzfristiger politischer Vorbehalte nicht wünscht.

Ähnlich kritische Bedenken sind auch an die Adresse Polens zu richten. Es ist mit seinen Nachbarn im Norden und im Osten nicht nur durch wechselseitige Minderheiten, sondern auch durch eine lange nicht unbelastete Geschichte verbunden. Keiner dieser Staaten ist indessen an den Kooperationsabsprachen der Triangel-Staaten beteiligt.

Eine Politik, die subregionale Kooperationsbeziehungen von außen begünstigen will, darf nicht den Fehler begehen, traditionelle Bruchlinien zu verschärfen. Diese Erwartung ist sowohl an die Verhandlungsführer in Brüssel wie an die der NATO gerichtet. So ist zu fragen, ob die zumindest im zeitlichen Ablauf getrennt geführten Assoziationsverhandlungen mit den Triangel-Staaten einerseits und zu einem späteren Zeitpunkt mit den übrigen Assoziationsinteressenten des ehemaligen Rats für Gegenseitige Wirtschaftshilfe andererseits dem Interesse einer vorbeugenden Konfliktvermeidung dienlich waren.

Ähnliche Überlegungen betreffen auch die NATO. In den Nordatlantischen Kooperationsrat sind - mit der möglicherweise nur vorübergehenden Ausnahme Georgiens - alle Nachfolgestaaten der Sowjetunion einbezogen. Doch soll die Allianz noch weiter gehen und einzelne Staaten als Mitglied aufnehmen, wenn sie die Bedingungen dafür erfüllen? Die bereits genannten Bedenken gelten auch hier. Die NATO würde sich bei einer selektiven Vorgehensweise sicherlich etliche Schritte weit nach Osten ausdehnen, aber wohl kaum zu dem Sicherheitsrahmen werden, der alle GUS-Staaten umschließt. Einige Staaten könnten die Beitrittshürde wohl so bald nicht nehmen. So ist es allenfalls eine vage Vision, daß die NATO sich zu einem kollektiven Sicherheitssystem wandelt, das sich auch auf die asiatischen Gebiete der ehemaligen Sowjetunion erstreckt. Zunächst einmal blieben noch auf lange Sicht Konfliktregionen ausgeklammert. So stellt sich auch hier die Frage, ob Teillösungen, die nicht den ganzen Raum gleichermaßen betreffen, Konfliktpotentiale eher aktivieren als vorbeugend einbinden. Diese Ungewißheit, die offenbar unentrinnbarer Bestandteil regionaler Sicherheitskooperationen ist, muß die NATO bedenken. Das Risiko, durch Teillösungen immer auch Ausgrenzungen vorzunehmen, kann offenbar nur durch ein für alle Staaten gültiges sicherheitspolitisches Dach vermindert werden. Diese Funktion ist der KSZE vorbehalten. Sie formuliert die Verhaltensnormen, die keinen Staat ausschließen und die auch bei subregionalen Verdichtungen Pate stehen.

V.

Die Vernetzung einer ganzen Region durch aktuelle bzw. potentielle Konflikte spricht nicht gegen "kleine Integrationen". Ihr instrumenteller Wert in der veränderten Sicherheitskonstellation Europas hängt jedoch von mehreren Bedingungen ab: Die Gefahr regional begrenzter Konflikte darf nicht, soweit das von außen beeinflußbar ist, durch eine Regionalisierung von Kooperationsbeziehungen zusätzlich verstärkt werden. Gleichgewichtskriterien eignen sich deshalb im Unterschied zur strategischen Ebene nicht dafür, das Verhältnis kleinerer sicherheitspolitischer Integrationsräume zueinander zu bemessen. Dagegen sind Rüstungskontrollvereinbarungen auch dann begrüßenswert, wenn sie nur einige Staaten bzw. Regionen von Staaten betreffen. In diesem Zusammenhang ist als ein Beispiel der Vorschlag des griechischen Ministerpräsidenten Mitsotakis zu nennen, im griechisch-türkisch-bulgarischen Grenzgebiet eine teilweise entmilitarisierte Zone zu schaffen.

Damit subregionale Sicherheitsbeziehungen nicht zu einem Gegeneinander subregionaler Blockbildungen verkümmern, müssen sie prozedural wie institutionell zusammengebracht werden. Das kann und muß in den verschiedensten Bereichen geschehen. Eine wichtige Ebene hierfür sind in einem engeren sicherheitspolitischen Zusammenhang - wie bereits angesprochen - die zukünftigen Abrüstungsverhandlungen. Nachdem sie in der Vergangenheit von Block zu Block geführt wurden, hat nun die KSZE die Teilnehmer um einen Tisch versammelt. Dabei ist verstärkt darauf zu drängen, die KSZE nicht nur als ein Forum souveräner Nationalstaaten zu betrachten. Wenn es möglich ist, daß formelle wie informelle Gruppierungen, also die NATO ebenso wie die Triangel-Staaten als subregionaler nichtvertraglicher Kooperationsverbund, am Tisch der KSZE Platz nehmen, wäre dies ein Schritt zu einer Verbundstruktur. Eine engere Verbindung subregionaler sicherheitspolitischer Kooperationsbeziehungen zur KSZE trüge nicht nur dazu bei, die "kleinen Integrationen" politisch auf das KSZE-Normengerüst zu verpflichten. Sie könnten zudem zu Instrumenten werden, die den KSZE-Verpflichtungen Geltung verschaffen.

VI.

Die regionalen Konfliktrisiken und Sicherheitsbedürfnisse sind zahlreich und vielfältig. Die Zahl der Antworten bzw. Teilantworten auf die veränderte Sicherheitskonstellation in der Region des ehemaligen Warschauer Pakts und der sich auflösenden Sowjetunion ist dagegen gering. Im Mittelpunkt der Aufmerksamkeit stehen bislang die sicherheitspolitischen Absichtserklärungen zwischen Polen, der CSFR und Ungarn von Visegrád im Februar 1991. Der Visegrád-Triangel hat mittlerweile nach einem zunächst mühevollen Start ein deutlicheres Profil gewonnen. Als die Präsidenten, Regierungschefs und Außenminister der drei Staaten im April 1990 in Preßburg zusammenkamen, war der Ausgang des Treffens von Erwartungen geprägt, die sich damals noch nicht auf einen gemeinsamen Nenner bringen ließen. Polen suchte in erster Linie angesichts des Vereinigungsprozesses in Deutschland Rückhalt bei seinen Nachbarn im Süden. Bei Gastgeber Vaclav Havel stand die Absicht im Vordergrund, die "Rückkehr (seines Landes) nach Europa" zu forcieren. Der Aufbau einer Dreierbeziehung, die mehr als eine nur taktisch-instrumentelle Bedeutung haben könnte, war angesichts der unterschiedlichen Intentionen allenfalls zweitrangig.

Es bedurfte weiterer politischer Signale und tiefgreifender Veränderungen der sicherheitspolitischen Rahmenbedingungen, um einer trilateralen Zusammenarbeit von Warschau, Prag und Budapest neue Impulse zu geben. Im Juni 1990 verkündete der ungarische Außenminister G. Horn die Entscheidung seiner Regierung, sich aus dem Warschauer Pakt zurückzuziehen. Damit war auch für Polen und die Tschechoslowakei - zunächst allerdings noch nicht von heut' auf morgen - das Ende der Paktmitgliedschaft eingeläutet. Insbesondere die weitere Entwicklung beschleunigte den Auflösungsprozeß des Warschauer Pakts und die Entscheidung der Triangel-Staaten, das Bündnis sobald wie möglich zu verlassen: Die polnischen Befürchtungen vor einem vereinigten Deutschland konnten, soweit Verträge dazu in der Lage sind, durch die 2+4-Verhandlungen und die bilateralen Vereinbarungen mit Deutschland weitgehend ausgeräumt werden. Als Schutz vor Deutschland verlor der Warschauer Pakt aus der Sicht Polens an Bedeutung. Durch die konservativen Signale aus der Sowjetunion entstand zum Ende des Jahres 1990 sogar der Eindruck, daß das sowjetische Militär den Warschauer Pakt dazu benützen könnte, den eingeschlagenen Weg in den Reformstaaten abzubrechen und rückgängig zu machen. Anstatt ein Rückhalt zu sein, drohte der Warschauer Pakt zur Gefahr zu werden. Höhepunkt in dieser Entwicklung waren schließlich die gewaltsamen Ereignisse in den baltischen Staaten im Januar 1991.

Bevor Polen, die Tschechoslowakei und Ungarn gemeinsam dafür eintreten konnten, die militärische Zusammenarbeit im Warschauer Pakt zu beenden, übernahm Gorbatschow die Initiative und stimmte der Auflösung der militärischen Integration zum 1. April 1991 zu. Eine Neuauflage des bilateralen Vertragssystems sollte an die Stelle des obsoleten Bündnisses treten, ein Schritt, zu dem sich zunächst nur die rumänische Regierung bereitfand.

Wenn es die Absicht des sowjetischen Staatsoberhaupts gewesen war, einer gegen Moskau gerichteten militärischen Koalitionsbildung der nicht-sowjetischen Paktmitglieder den Wind aus den Segeln zu nehmen, so blieb dies nicht ohne Erfolg. Als die Staatsoberhäupter Polens, der Tschechoslowakei und Ungarns am 15. Februar 1991 im ungarischen Visegrád, einem denkwürdigen Ort in der gemeinsamen Geschichte der Länder, zusammenkamen, war ein herausragendes Ziel ihrer Gipfelkonferenz bereits gesichert: die Beendigung der militärischen Zusammenarbeit im Warschauer Pakt. Zehn Tage nach dem Treffen von Visegrád wurde sie in Budapest vollzogen.

VII.

In Visegrád verabredeten die Teilnehmerstaaten eine vertiefte regionale Zusammenarbeit auf den Gebieten der Wirtschaft, der grenzüberschreitenden Infrastruktur und der Behandlung der jeweiligen Minderheiten. So unverbindlich wie diese Punkte war auch die Verabredung, sich in Fragen zu konsultieren, die ihre Sicherheit betreffen. Die Auflösung der militärischen Strukturen des Warschauer Pakts war den Triangel-Staaten mehr oder weniger ohne eigenes Dazutun auf den Konferenztisch gelegt worden. Was zunächst blieb, war das gemeinsame Interesse, sich darüber zu konsultieren, was an ihre Stelle treten sollte. Mit dem gescheiterten Putsch vom August 1991 und der Auflösung der Sowjetunion hat die Zusammenarbeit, insofern sie antisowjetisch motiviert war, ihren Gegenstand verloren.

Die Gipfelerklärung von Visegrád ließ keinen Zweifel daran aufkommen, daß sie vor allem einem Ziel diente, dem politischen und wirtschaftlichen Anschluß an den Westen. Das Schlußdokument ist ausdrücklich als ein Schritt "auf dem Weg zur Europäischen Integration" gedacht. Um dieses Ziel zu erreichen, sind die Triangel-Staaten sehr darum bemüht, alles zu vermeiden, was den Eindruck erwecken könnte, sie wollten sich auf Dauer im Vorraum der europäischen Gemeinschaftsbildung aufhalten. Das bedeutet, daß jede von außen kommende Empfehlung, zunächst einmal untereinander Integrationsbereitschaft und -fähigkeit zu beweisen, auf den Verdacht stößt, ab- oder zumindest hingehalten werden zu sollen. Angesichts dieser Befürchtungen konkurrieren im subregionalen Kooperationsansatz der drei Staaten zwei Konzeptionen miteinander, die sich zwar keineswegs prinzipiell ausschließen, die es aber gleichwohl miteinander zu versöhnen gilt: subregionale Zusammenarbeit als eine mehr taktisch gemeinte und auf zeitliche Begrenzung angelegte Vorbedingung für eine uneingeschränkte Mitgliedschaft in den Institutionen der westeuropäischen und atlantischen Gemeinschaft einerseits und eine dauerhaftere subregionale Strukturentwicklung andererseits.

Diesen konzeptionellen Gegensatz hat auch das dritte Treffen der Triangel-Staaten in Krakau im Oktober 1991 nicht ausräumen können. In der Schlußerklärung tritt er sogar deutlicher als jemals zuvor in Erscheinung. In ihr bekennen die drei Staaten abermals, daß es ihr Hauptanliegen sei, uneingeschränkt sowohl in bestehende politische, wirtschaftliche und rechtliche Organe (West)Europas integriert zu werden als auch in das System der atlantischen Sicherheit. Dieser Erwartung wird dann allerdings im weiteren Verlauf der Erklärung von Krakau der folgende beachtenswerte Vorschlag hinzugefügt:

> "Die Triangel-Staaten schlagen den Aufbau eines Netzes überregionaler Verbindungen vor, wobei sie den Teilen des Kontinents besondere Aufmerksamkeit widmen, die bisher vom europäischen Integrationsprozeß ausgeklammert worden sind. Sie halten es für unerläßlich, Anknüpfungspunkte zu schaffen, die Zentraleuropa mit der baltischen Region sowie mit weiteren Staaten und Republiken im Osten seiner Grenzen verbinden."

VIII.

Unerläßlich sei es, so die Triangel-Staaten in ihrer Erklärung von Krakau, zwischen "Zentraleuropa" und der "baltischen Region" Verbindungen herzustellen.

Wie sehen die Partner aus, denen diese Absichtserklärung gilt? Noch sind sie beherrscht von dem Glück nationalstaatlicher Wiedergeburt. Für Gemeinsamkeiten bleibt da nur wenig Platz. Die Unterschiede zwischen den drei baltischen Staaten wiegen schwerer, als dies einer möglichst weitgesteckten Zusammenarbeit zuträglich ist. Auf dem Programm des Baltischen Rats steht eine Zollunion, die 1992 unterschriftsreif sein soll, an erster Stelle. Verhandlungsthema ist ferner die Frage gemeinsamer diplomatischer Vertretungen; Ökonomen propagieren insbesondere ein einheitliches Kommunikationssystem, abgestimmte Industrienormen, einen baltischen "Dollar" und eine baltische Fluglinie. Noch enger verknüpft mit der gerade erst wiedergewonnenen nationalen Souveränität sind die Fragen staatlicher Sicherheit. Übereinstimmende Antworten gibt es nicht; sie erweisen sich offenbar als besonders schwierig.

Betrachtet man die baltischen Staaten im Zusammenhang mit ihren skandinavischen Nachbarn, dann werden die Aussichten für eine sicherheitspolitische Zusammenarbeit, die die ganze Region einschließt, noch vager. Die Kompetenzen des Nordischen Rats reichen nicht aus, um den baltischen Staaten mehr als ein weitgehend unverbindliches politisches Interesse zu signalisieren. Diesen Spielraum hat der Nordische Rat genutzt, als er die baltischen Nachbarn schon im Vorfeld zu ihrer allseits anerkannten Unabhängigkeit als "Beobachter" einlud. Verpflichtungen ergaben sich daraus nicht. Inwieweit sich die Mitglieder des Nordischen Rats in der Frage einer frühzeitigen Anerkennung der baltischen Staaten vorwagen würden, blieb der Entscheidungsfreiheit jedes einzelnen Staates überlassen. Entsprechend unterschiedlich waren dann auch die Reaktionen auf die Unabhängigkeitsbestrebungen in Litauen, Lettland und Estland.

Es ist auf die Gründungsgeschichte des Nordischen Rats und die Verschiedenartigkeit der außenpolitischen Orientierung seiner Mitglieder zurückzuführen, daß er als sicherheitspolitischer Kooperationsanker für die Staaten der baltischen Region nicht funktionsfähig ist. An dieser sicherheitspolitischen Abstinenz hat sich nach dem Ende des Ost-West-Konflikts und der vollzogenen Unabhängigkeit der baltischen Staaten nichts Grundlegendes geändert. Auch deutet die sicherheitspolitische Diskussion in den neutralen Staaten Finnland und Schweden in eine Richtung, die einen Anschluß an den Westen regionalen Lösungen vorzieht. Ebenso steht Norwegen einer "nordischen Option", die die baltischen Staaten einbezöge, mit großer Skepsis, wenn nicht sogar Ablehnung, gegenüber. Ähnlich wie die Triangel-Staaten hegt Oslo die Befürchtung, im Norden Europas mit Gefahren alleingelassen zu werden, denen im Bedarfsfall nur im engen Verbund mit den USA, der NATO und der Europäischen Gemeinschaft begegnet werden könne.

IX.

Indem die Triangel-Staaten in Krakau erklärten, sich gegenüber einer Vernetzung subregionaler Kooperationszonen offen zu zeigen, machten sie eine wichtige Zusage. Eingelöst werden muß sie von ihnen selbst. Aber gleichzeitig ist sie auch von den Europäischen Gemeinschaften und der NATO anzumahnen. Es genügt nicht, wenn es darum geht, Konfliktrisiken abzubauen, den Staaten Ost- und Mittelosteuropas anzubieten, sie in bereits bestehende Institutionen einzubinden. Ohnehin sind die Aussichten dafür nur begrenzt und allenfalls nur schrittweise und in einem größeren Zeitraum einlösbar. Einer wirtschaftlichen und sicherheitspolitischen Zusammenarbeit mit den Staaten der hier behandelten Region sollten Vorleistungen subregionaler Zusammenarbeit und Vernetzung vorausgehen oder sie sollten zumindest gleichzeitig erfolgen. So wären zum Beispiel Infrastrukturhilfen davon abhängig zu machen, daß sie mehrere Staaten der Region einbeziehen und vor allem solche Staaten an Verhandlungstische drängen, zwischen denen es Konfliktanlässe gibt. Vor allem an die EG ist die Erwartung zu richten, die mittelosteuropäischen und die baltischen, aber auch die übrigen Nachfolgestaaten der Sowjetunion - bei aller Unterschiedlichkeit ihres wirtschaftlichen und politischen Reformstandes - nicht allein als bilaterale Verhandlungspartner zu betrachten. Es muß letztlich ein Verhandlungskonzept entwickelt werden, das auf einer Verknüpfung zwischen regionalen Problembereichen und wirtschaftlichen sowie finanziellen Vereinbarungen mit den EG beruht. Ein solches Vorgehen diente zugleich dem Zweck, allen Staaten der Region zu signalisieren, sich nicht auf einen von den Nachbarn losgelösten Wettlauf nach Westeuropa einzulassen.

Was für die Wirtschaftsbeziehungen gilt, trifft auch für die Frage einer engeren sicherheitspolitischen Kooperation zu. Aus der Perspektive subregionaler Strukturbildung ist entscheidend, daß wiederum Staaten zusammengeführt werden, die als eine regionale Konfliktzone zu betrachten sind. Angesichts dieser Prämisse wäre es nur ein halber Schritt, wenn es nicht gelänge, die "institutionelle Verbindung" zwischen der NATO und den neuen Demokratien in Mittelosteuropa und den Nachfolgestaaten der Sowjetunion zu einem Katalysator subregionaler sicherheitspolitischer Kooperationsbeziehungen zu machen.

Die wirtschaftlichen Vorteile, die sich Staaten im subregionalen Rahmen zugestehen, werden dann gewissermaßen konsumiert, wenn sie in einem weiterreichenden Integrationsregime aufgehen. Beispielsweise wäre eine Freihandelsvereinbarung zwischen der CSFR, Polen und Ungarn ein großer Schritt in die Richtung einer subregionalen Verdichtung. Mit dem Beitritt der Triangel-Staaten zur Europäischen Gemeinschaft verlöre sie allerdings ihren besonderen Wert. Ein ähnlicher Automatismus stellt sich mit Blick auf regionale Sicherheitsverabredungen nicht ein. Sie werden nicht zwangsläufig dadurch zu einer Angelegenheit aller anderen, daß die unmittelbar betroffenen Staaten einem größeren Bündnis beitreten. Nur in einem voll ausgereiften System kollektiver Sicherheit ist jeder für jeden mitverantwortlich. Das ist jedoch allenfalls ein fernes Ziel. Vor ihm liegt noch eine lange Strecke, die durch unterschiedliche, häufig sogar gegensätzliche Interessen der Staaten markiert ist. Sie bestimmen, ob und inwieweit sich jeder einzelne Staat auf einen Konflikt einläßt, an dem er direkt selbst nicht beteiligt ist. Die unterschiedlichen Reaktionen auf die Vorgänge in Jugoslawien haben hierfür ein reichhaltiges Anschauungsmaterial geliefert. Europa ist zwar ein zusammenhängender Sicherheitsraum. Zu ihm stehen sicherheitspolitische Kooperationsbeziehungen besonderer Art zwischen nur einigen Staaten jedoch nicht im Widerspruch. Sie sorgen für die regionalen Verdichtungen, die für den ganzen Raum nicht oder noch nicht erreichbar sind. Subregionale Sicherheitskooperationen sind - im Unterschied zu ihrem wirtschaftlichen Gegenstück - mehr als nur eine notwendige Übergangserscheinung.

6. Kooperative Machtbalance und europäische Föderation als außenpolitische Orientierung

Werner Link

I.

Machtbalance und *Kooperation* sind in politisch-sozialen Systemen eng aufeinander bezogen, sind konstitutive Elemente politischer Stabilität. Sie können deshalb als Orientierung für eine auf Stabilität abzielende Strukturpolitik dienen.

Diese These ist bezogen auf die politische und gesellschaftliche *Binnenstruktur* moderner Verfassungsstaaten allgemein anerkannt. Sogenannte "checks and balances" gelten allgemein als strukturelle Voraussetzungen für Freiheitswahrung und Kooperation *in* einem Staat. Und ein balanciertes Kräfteverhältnis gilt erst recht als Voraussetzung für eine *vertrauensvolle* Kooperation, die als Partnerschaft bezeichnet wird. Eine annähernd symmetrische Machtverteilung begünstigt eine annähernd gleiche Verteilung der Kooperationsgewinne und wirkt sich damit wieder günstig auf die Fortsetzung der Kooperation aus. Eine entgegengesetzte Wirkung geht von Asymmetrien aus. Das soziale Prinzip der Partnerschaft wird dann zu einem Problem der Herrschaft:

> "Wenn die Beteiligten *nicht* in einem ausgewogenen, etwa gleichgewichtigen Einflußverhältnis zueinander stehen ... In solchen Situationen sozialer Ungleichheit wird der Begriff der Partnerschaft häufig als manipulatives Medium zur ideologischen Verschleierung der tatsächlichen Macht- und Abhängigkeitsverhältnisse benutzt, um beim schwächeren Partner ein Wohlverhalten zu erreichen, das den Interessen des stärkeren dient."[1]

Daß dieser Wirkungszusammenhang auch in der internationalen Politik, *zwischen* Staaten und Gesellschaften, besteht, hat - wie hier nicht näher dargelegt werden soll - die Theorie des "strukturellen Realismus" erläutert und erklärt.[2] Das heißt, wenn das Verhältnis zwischen den Staaten und Gesellschaften so organisiert ist, "daß jedem Gewicht in der großen politischen Masse irgendwo ein Gegengewicht zusagte",[3] ist durch "wechselseitige Beschränkung" die Vorherrschaft *eines* Staates (oder einer Staatengruppe) ausgeschlossen; und aufgrund einer derartigen Verminderung des "Sicherheitsdilemmas" (Herz) bestehen günstige Voraussetzungen für Kooperation und für Partnerschaft. Auch und gerade unter den Bedingun-

---

1 Günter *Hartfiel*, Wörterbuch der Soziologie, Stuttgart 1972, S. 502f.

2 Vgl. Kenneth N. *Waltz*, Theory of International Politics, Reading, Mass. u.a. 1979.

3 Friedrich *Gentz*, Über den ewigen Frieden, 1800; wiederabgedruckt in: Kurt *von Raumer*, Ewiger Friede, München 1953, S. 461-497 (479f).

gen intensiver Verflechtungen und Interdependenzen zwischen den staatlich organisierten Gesellschaften ist eine annähernd symmetrische Machtverteilung kooperationsförderlich, weil sie eine ausgewogene Verteilung der Kooperationsgewinne begünstigt. Daraus folgt unter anderem, daß ein Machtverfall ebenso wie ein Machtzuwachs unter dem Aspekt der Stabilität und der Kooperation problematisch sind.

Für eine Differenzierung dieser Zusammenhänge sind die Zahl der Hauptmächte und ihr grundsätzliches Verhältnis zueinander von erheblicher Bedeutung: In einem antagonistischen bipolaren System sind die Gewinne des einen die Verluste des anderen. Hingegen sind in einem nicht-antagonistischen multipolaren System (in einem System mit mehr als zwei Hauptmächten) die Relationen komplexer und flexibler. Machtgleichgewicht heißt hier ja nicht, daß zwischen den Hauptakteuren eine "Gleichheit", eine symmetrische Verteilung der Machtpotentiale besteht, sondern - wie oben bereits in Anlehnung an Friedrich Gentz bemerkt - daß jede Macht durch hinreichende Gegengewichte beschränkt, daß mithin die Dominanz *eines* Staates verhindert wird. Dazu bedarf es in einem pluralistischen multipolaren System flexibler Koalitionsbildung. Ungleichheiten und Asymmetrien, die in einem Bereich zugunsten des einen Staates bestehen, können kompensiert werden durch Asymmetrien, die in einem anderen Bereich zugunsten eines anderen Staates bestehen, so daß es - insgesamt betrachtet - gewissermaßen zu einer Balance der Imbalancen kommt.

Wenn die Verflechtungen zwischen Staaten und die Intensivierung der Kooperation zur Übertragung von Hoheitsrechten auf ein neues Zentrum führt, wenn also die qualitativ neue Organisationsform einer Förderation entsteht, dann erfolgt eine wechselseitige Machtkontrolle durch Integration. Auch dort sind die Probleme der Balance und Symmetrie nicht unrelevant, was sich unter anderem darin zeigt, daß zwischen extrem ungleichen Föderationsmitgliedern Ausgleichszahlungen und Strukturprogramme für schwächere Mitglieder vereinbart werden. Aber eine regionale Föderation löst im Binnenverhältnis zwischen ihren Mitgliedstaaten die Sicherheitsproblematik durch Vergemeinschaftung und nicht durch Machtbalancierung (im Sinne einer "balance of power"). Allerdings ist im Außenverhältnis der Föderation, im Verhältnis zu anderen Mächten, die Sicherheits- und Freiheitswahrung durch die Mitwirkung an einem System von Gewichten und Gegengewichten weiterhin essentiell, um strukturell die Kooperationschancen zu fördern.

II.

Die angedeuteten Zusammenhänge zwischen Machtbalance und Kooperation waren im "alten" internationalen System, das heißt unter den Bedingungen des Ost-

West-Konflikts, der Bipolarität und der antagonistischen Bipolarisierung (anders als heute) leicht einseh- und überschaubar.

Die Supermächte USA und UdSSR (also nur zwei und nicht, wie in früheren Jahrhunderten, mehrere Großmächte) waren strukturbestimmend und standen sich nicht nur als weltpolitische Konkurrenten, sondern als Antagonisten gegenüber. Die USA schufen durch eigene interne Machtsteigerung und durch die Bildung hegemonialer Allianzen Gegenmacht gegen die expansive UdSSR und ihr Imperium in Mittelosteuropa. Eindämmung (containment) war die duchgängige und plausible Strategie, die im Verlauf der Zeit lediglich in ihrer Konkretisierung variierte, als Antwort auf Verschiebungen im zentralen Kräfteverhältnis. So wurden, nachdem auch die UdSSR die Zweitschlagfähigkeit erreicht hatte, Elemente der Kooperation tendenziell und in den Phasen der Entspannung (détente) auch aktuell bedeutsam. Das heißt, unter den Bedingungen des strategischen Gleichgewichts wurde eine begrenzte Kooperation aufgrund des gemeinsamen Überlebensinteresses und aufgrund des Interesses am Systemerhalt ein Element des Konfliktaustrags.

Die Bundesrepublik Deutschland, der unmittelbar bedrohte Grenzstaat in diesem bipolaren Weltsystem, war aufgrund der eigenen Interessenlage und auch aufgrund des Sicherheitsinteresses der westlichen Staaten in das amerikanisch geführte Allianzsystem eingefügt. Die USA waren im westlichen Gegenmachtsystem der Hegemon, der das Bündnis gegenüber der Sowjetunion führte und zugleich im westlichen Europa die Balance zwischen den europäischen Staaten "hielt" und als "externer Föderator" die westeuropäische Integration förderte (um Westeuropa zu stabilisieren und als Verbündeten im globalen Mächtesystem zu erhalten). Die Beschränkungen und die Handlungsoptionen der Bundesrepublik ergaben sich aus der Einordnung in dieses System, in die multilaterale Allianz (mit integrierter Verteidigungsstruktur) und in die westeuropäische Integrationsgemeinschaft.

Nach dem Zusammenbruch des bipolaren Systems und dem Ende des strukturbestimmenden Ost-West-Konflikts ist die Multipolarität (wie in früheren geschichtlichen Epochen) kennzeichnend für die internationale Struktur, und damit entstehen neue Probleme sowohl hinsichtlich der Machtbalance als auch hinsichtlich der Kooperation. Im "Westen" hatten sich bereits vor dem Zusammenbruch des bipolaren Systems relativ eigenständige Machtzentren entwickelt, eine Multipolarität, die primär im wirtschaftlich-politischen Beziehungszusammenhang (ansatzweise auch im militärischen, sicherheitspolitischen Bereich) bestimmend war. Im weltwirtschaftlichen Führungsdreieck USA-Japan-EG waren aufgrund eines balancierten Verhältnisses und einer annähernden Symmetrie und wegen zunehmender Interdependenzen zwischen diesen Kraftzentren die Möglichkeit und die Notwendigkeit zur Kooperation und gemeinsamen Steuerung vorhanden. Die Gruppe der sieben führenden Wirtschaftsmächte (G-7) hat mit den Weltwirtschaftskonferenzen einen quasi-institutionalisierten Rahmen für diese Kooperation und Steuerung geschaffen, der nunmehr - nachdem die Ost-West-Teilung und der Ost-West-Antagonismus fortgefallen sind - eine zentrale Bedeutung erlangt hat. In diesem Kooperationsrahmen balancieren sich die führenden Wirtschaftsmächte gegenseitig, sie beschränken sich und sind miteinander verschränkt, wobei die Kooperation durch das gemeinsame Interesse an weltwirtschaftlicher Stabilität und Sicherheit begründet ist.

Durch den Zerfall des sowjetischen Imperiums und nunmehr auch der UdSSR selbst ist diese multipolare Konfiguration des ehemals westlichen Teilsystems zur global bestimmenden Konfiguration geworden, zumindest im wirtschaftspolitischen Beziehungszusammenhang. Und es ist dieser Machtzerfall und nicht mehr, wie im alten bipolaren System, die bedrohliche Macht und die befürchtete Machtsteigerung der Sowjetunion und ihres Imperiums, durch den die ökonomische und politische Sicherheit gefährdet wird. Grob gesprochen stellt sich die Alternative, daß entweder der bisher von der Sowjetunion organisierte Raum völlig fragmentiert und dann zur Peripherie des multipolar strukturierten Weltzentrums[4] wird, oder daß dieser Raum durch eine neue konföderale Union oder durch ein föderales Rußland stabilisiert und dieses neue Kraftzentrum dann in die multipolare Struktur der Großmächte eingefügt wird.

Falls die erste Alternative Realität werden sollte, hätten die Konflikte im fragmentierten euroasiatischen Raum gravierende negative Auswirkungen auf das gesamte weltwirtschaftliche und das weltpolitische System und insbesondere auf die angrenzenden Staaten in Europa, vor allem Deutschland. Aus dieser Einsicht resultiert das große Engagement Deutschlands zugunsten einer Stabilisierungspolitik im Osten - mittels eigenständiger Hilfe und durch nachhaltiges Werben für koordinierte Hilfsmaßnahmen der westlichen Länder. Diese Stabilisierungspolitik ist im Prinzip derjenigen vergleichbar, die die USA nach 1945 gegenüber den westeuropäischen Staaten betrieben hatten, nämlich in einem destabilisierten Raum die Entstehung eines neuen stabilen Kraftzentrums zu fördern, um es dann als Kooperationspartner in das Gesamtsystem einzufügen, um also eine neue Balance und damit eine balancierte Kooperation zu ermöglichen.

Das "objektiv" vorhandene gemeinsame Interesse an einer Kooperation der westlichen Führungsmächte zur Stabilisierung und Einbeziehung Rußlands wird zusätzlich dadurch begründet, daß die Fähigkeit der Großmächte erhöht würde, auf externe Krisen und Konflikte, die Stabilität und Wohlstand gefährden, gemeinsam zu antworten. Da nach dem Ende des Ost-West-Konflikts der alte ideologisch-ordnungspolitische Gegensatz als strukturbestimmende Trennungslinie zwischen den Staaten im euroasiatisch-atlantischen Großraum weggefallen ist und nunmehr

---

4 Vgl. Barry *Buzan*, New Patterns of Global Security in the 21rst Century, in: International Affairs, 67 (Juli 1991) 3, S. 431-451.

die gemeinsame Orientierung an Demokratie und Marktwirtschaft die Staaten ordnungspolitisch verbindet, sind die Voraussetzungen für Kooperation und für die positiven Auswirkungen der Interdependenzen günstiger als je zuvor - unter der Voraussetzung, daß zwischen den Machtzentren eine Balance besteht, die die Vormacht *eines* Staates verhindert, und eine annähernde Symmetrie entsteht, die die annähernd gleiche Verteilung der Kooperationsgewinne wahrscheinlicher macht. Auch deshalb ist es unter kooperationspolitischem Aspekt wichtig, daß der von der alten Sowjetunion organisierte und kontrollierte Raum nicht zur fragmentierten Peripherie absinkt, sondern dort ein neuer gleichgewichtiger Partner entsteht.[5]

III.

Indes, es ist nicht nur der Macht*zerfall* im ehemaligen Herrschaftsbereich der Sowjetunion, sondern auch eine Macht*steigerung* in der Mitte Europas, die das Problem einer balancierten Kooperation oder einer kooperativen Machtbalance neu aufwirft, nämlich die Machtsteigerung Deutschlands, die nach der Stabilisierung im östlichen Landesteil voll zutage treten dürfte, was bereits heute antizipiert wird. Das heißt, es stellt sich erneut das (historisch wohlbekannte) ordnungspolitische Problem der Balancierung eines tendenziell "halbhegemonialen" Deutschlands. Weil diese Tendenz heute bzw. in absehbarer Zukunft aus dem großen *wirtschaftlichen* Potential Deutschlands resultiert, wird das Ordnungsproblem insofern verschärft, als nach der Entschärfung des Problems militärischer Sicherheit *zwischen den Hauptmächten* (Existenz einer "pluralistischen Sicherheitsgemeinschaft") die ökonomische Kräfterelation, also die ökonomische Teilstruktur, im Vergleich zu früheren Epochen eine größere gesamtpolitische Bedeutung erlangt.

Das im europäischen Vergleich überragende ökonomische Potential und die geopolitische Lage Deutschlands in der Mitte Europas und an der Wohlstandsgrenze zwischen West- und Osteuropa stellen Deutschland vor Anforderungen aus Osteuropa, denen es sich, selbst wenn es wollte, nicht versagen kann. Die "natürliche" Wirkung entsprechenden Handelns wäre die Entstehung einer deutschen Einflußzone in Mittelosteuropa, auf die - nach allen geschichtlichen Erfahrungen und nach den Annahmen des "strukturellen Realismus" - die anderen Mächte durch balancierende Gegenmachtbildung antworten würden.[6]

---

5 Zu einer entsprechenden Argumentation (die allerdings von einer fragwürdigen Verselbständigung der "Gesellschaftswelt" ausgeht) siehe Ernst-Otto *Czempiel*, Gleichgewicht oder Symmetrie?, in: Jahrbuch für Politik, 1 (1991) 1, S. 127-150 (147).

6 Vgl. John J. *Mearsheimer*, Back to the Future. Instability in Europe after the Cold War, in: International Security, 15 (1990) 1, S. 5-54.

Diese Reaktion könnte zeitweilig abgeschwächt werden, wenn und solange externe Krisen und Konflikte, die die Sicherheit und den Wohlstand *aller* Großmächte und das Gesamtsystem gefährden, eine gemeinsame Kraftanstrengung und die Kräftebündelung für Außenaktivitäten (wie im Fall Irak) notwendig machen.[7] Eine Ad-hoc-Kollektivhegemonie der Großmächte bei extremen Bedrohungen von "außen" (von der Peripherie) würde den internen Machtgegensatz im Zentrum überlagern. Käme in derartigen Fällen keine kollektive Aktion der Großmächte zustande, so würden die externen Konflikte auch die interne Kooperation generell gefährden und Konfliktlinien zwischen den Großmächten entstehen lassen.

Die genannte "natürliche" Wirkung einer nationalistischen Einflußsphärenpolitik Deutschlands, die Wiederkehr der alten "balance of power"-Politik, läßt sich generell dann vermeiden oder doch zuverlässig vermindern, wenn in Europa strukturelle Modifikationen geschaffen bzw. ausgebaut werden: (a) durch föderale Strukturen, die eine "Vergemeinschaftung" des deutschen Potentials bewirken, und/ oder (b) durch multilaterale Institutionalisierung.

Wie sehen die Ansätze und die Entwicklungschancen solcher Strukturen aus? Zunächst (bevor auf diese Fragen direkt eingegangen wird) ist darauf zu verweisen, daß in einzelnen Bereichen strukturelle Ansätze vorhanden sind und entwicklungsfähig erscheinen, daß sich aber - im Gegensatz zur Zeit des Ost-West-Konflikts - keine einheitliche Gesamtstruktur abzeichnet oder in absehbarer Zukunft zu erwarten ist. Und in den verschiedenen Handlungs- und Beziehungszusammenhängen ist die jeweilige Machtverteilung, die Teilstruktur, verschieden, sind verschiedene institutionelle Rahmen vorhanden mit verschiedenen Institutionalisierungsgraden und mit Funktionsdifferenzierungen zwischen diesen (zum Teil sich überlappenden) Institutionen. Mithin stellt sich auch das Problem von Machtbalance und Kooperation unterschiedlich. Und da die Balancen und Imbalancen in den Teilordnungen verschieden sind, könnten z.B. Asymmetrien in einem Bereich durch Asymmetrien in anderen Bereichen kompensiert werden.

Betrachtet man eingedenk dieser Vorklärung die Ansätze und Entwicklungschancen von Teilordnungen, werden unter räumlich-geopolitischen Aspekten drei Kooperationsordnungen erkennbar, in denen teils Balancierung, teils Integration erfolgt bzw. in denen, insofern und insoweit Balancierung und/oder Integration erfolgt, Kooperation gefördert wird:

(1) eine europäische Integrationsordnung,
(2) eine transatlantische Kooperationsordnung und
(3) eine eurasisch-atlantische Kooperationsordnung.

---

7 Siehe dazu die Ausführungen von Uwe *Nerlich* in Teil I, Kap. 1.

Innerhalb dieser drei Kooperationsordnungen ist jeweils eine unterschiedliche Differenzierung nach einzelnen Problembereichen und Beziehungszusammenhängen (politisch, ökonomisch, militärisch) feststellbar.

(1) Die *europäische Integrationsordnung* ist von ihrem Ursprung her und nach ihrem derzeitigen Entwicklungsstand eine primär ökonomisch-politische. Für den außenpolitischen Bereich ist bisher nicht die Vergemeinschaftung, sondern die Koordinierung durch die EPZ das charakteristische Muster. Die bevorstehende Vollendung des einheitlichen Binnenmarktes und seine beschlossene Erweiterung zum Europäischen Wirtschaftsraum (EWR) wurden in Maastricht durch Schritte zur Währungsunion und zur Politischen Union (einschließlich der Außen-, Sicherheits- und Verteidigungspolitik) vertraglich weiterentwickelt. Der wesentliche Impuls dafür war nicht zuletzt durch die deutsche Vereinigung entstanden. Wenn die Unionsbildung gelänge, wäre das deutsche Potential in absehbarer Zeit "vergemeinschaftet" und damit ein ordnungspolitisches Hauptproblem Europas gelöst. Eine föderale Europäische Politische Union (EPU) könnte zudem die Stabilisierung, Assoziierung und den späteren Beitritt Ungarns, Polens und der Tschechoslowakei konsequent betreiben und damit - in aktiver Mitwirkung des integrierten Deutschlands - eine Stabilisierung in dieser Region fördern, ohne daß es zu einer halbhegemonialen Position Deutschlands in diesem Raum käme. Die EPU könnte als einheitlicher Akteur nach außen auftreten, als Kooperations- und Balancemacht im weltwirtschaftlichen Dreieck USA-EPU-Japan (mit späterem Hinzutritt Rußlands). Indes, die Interessenunterschiede und Meinungsverschiedenheiten, die im Verlaufe der beiden EG-Regierungskonferenzen offen zutage getreten sind, lassen diesen qualitativen Sprung von einer multilateralen, präföderalen Struktur in eine Föderation als unwahrscheinlich erscheinen. Folglich sind entweder nur geringe Fortschritte zu erwarten oder (nach dem Prinzip der abgestuften Integration) die Herausbildung eines integrierten Kerneuropas - mit allen Problemen, die daraus für das Verhältnis zwischen der Kerngruppe und den anderen EG-Mitgliedern entstünden.

Solange die Politische Union (sei es für die EG-Staaten insgesamt, sei es für eine Kerngruppe) nicht erreicht wird, besteht zwischen Deutschland einerseits sowie Frankreich und Großbritannien andererseits eine prekäre Balance der Imbalancen: Das Übergewicht Deutschlands im ökonomisch-politischen Bereich (insbesondere im Währungsbereich) wird durch die nukleare Dominanz Frankreichs und Großbritanniens (und statusmäßig durch die ständige Vertretung im VN-Sicherheitsrat) gewissermaßen kompensiert. Dieser Kompensationszusammenhang ist die Ratio für die deutsche Forderung nach einem Junktim zwischen Währungsunion und Politischer Union (einschließlich des militärisch-sicherheitspolitischen Bereichs). Das heißt für die Schaffung der EPU, daß durch die Vergemeinschaftung beide Seiten auf die zu ihren Gunsten bestehenden Asymmetrien bzw. auf deren einseitige Nutzung verzichten müssen.

(2) Die *transatlantische Kooperationsordnung* war in der Vergangenheit durch die Differenzierung zwischen westeuropäischer Wirtschaftsintegration und transatlantischer Verteidigungsorganisation (NATO) gekennzeichnet. Dadurch, daß im Zeichen der Gegenmachtbildung gegen die Sowjetunion die sicherheitspolitische Präsenz und Bindung der USA in und an (West-)Europa institutionalisiert war, wurde das deutsche *militärische* Potential durch die NATO integriert (und damit durch Integration kontrolliert). Darüber hinaus wurde dadurch die Relation zwischen den westeuropäischen Hauptmächten moderiert, das heißt, die USA fungierten als "balancer" in Westeuropa und förderten dadurch zugleich die wirtschaftliche Integration mittels der EG. Die Europäische Gemeinschaft konnte sich im Schatten der transatlantischen Sicherheitsgemeinschaft entwickeln. Die Symmetrie bei der Verteilung ökonomischer Potentiale des integrierten Europas (EG) und der USA kontrastierte mit der transatlantischen Asymmetrie im militärisch-sicherheitspolitischen Bereich. Ansätze für eine Institutionalisierung der ökonomisch-politisch-symmetrischen Beziehungen EG-USA sind mit der Gemeinsamen Transatlantischen Erklärung vom November 1990 (durch die eine der EPZ vergleichbare Konsultation vereinbart wurde) geschaffen, aber noch nicht implementiert worden. Für eine neue Funktionsbestimmung der NATO ist diese Organisation der europäisch-amerikanischen Zusammenarbeit von zentraler Bedeutung.

Im sicherheitspolitischen Bereich wird die Transformation der NATO in eine gleichgewichtige amerikanisch-*europäische* Allianz bekanntlich höchst kontrovers diskutiert - wiederum im Zusammenhang mit den EG-Regierungskonferenzen zur Schaffung einer Politischen Union und der Kohl-Mitterrand-Initiative, in der die operativ auszugestaltende WEU als integraler verteidigungspolitischer Bestandteil der EPU fungieren soll. Sowohl wichtige EG-Mitglieder (Großbritannien und die Niederlande) als auch die USA widersetzen sich der Liaison zwischen WEU und EG. Die USA bewegen sich - seit Kennedy - in dem Widerspruch, einerseits eine gleichberechtigte Partnerschaft mit Europa von der Entwicklung eines integrierten Europas abhängig zu machen und andererseits das Entstehen eines eigenständigen und einheitlichen europäischen Akteurs als eine Beeinträchtigung der NATO anzusehen. Wenn sich hingegen eine eigenständige europäische Verteidigungsorganisation (WEU in Verbindung mit EG/Politische Union) herausbildete, würde im Verhältnis zwischen USA und Europa die hegemoniale Struktur, die zugleich die Funktion der USA als "balancer" zwischen den europäischen Großstaaten beinhaltet, durch eine symmetrische Struktur zwischen USA und Europa *in* einer erneuerten transatlantischen Allianz abgelöst. Deutschland wäre dann europäisch balanciert und zuverlässig integriert. Und die NATO hätte eine neue balancierte Grundlage gewonnen.

(3) Die *eurasisch-atlantische Kooperationsordnung* wird gesamtpolitisch durch die KSZE gebildet und zur Zeit teilweise institutionalisiert. In allen Teilbereichen kann sie positive Koordinierungswirkungen und eine Stabilisierung der Erwartungshaltungen fördern. Im politischen Bereich kann die KSZE Aufgaben an die EG delegieren (wie dies etwa bei der Friedensmission in Jugoslawien geschehen ist). Auch im sicherheitspolitischen Bereich könnte die KSZE als Mandatserteiler für die NATO oder für eine (operativ ausgestaltete) WEU bedeutsam werden.

Aus Sicht der westeuropäischen Staaten und insbesondere der USA überwog zunächst die Auffassung, daß die KSZE sicherheitspolitisch die NATO nicht ersetzen, sondern nur komplementär ergänzen sollte. Mit dem NATO-Konzept eines "Kooperationsrats" zwischen den NATO-Mitgliedern und den abgelöst abgelöst mittelosteuropäischen Staaten, einschließlich Rußlands, zeichnet sich eher die umgekehrte Tendenz ab: Abgesehen von der Rüstungskontrolle und Abrüstung wird nicht die KSZE, sondern die NATO die gesamteuropäische Sicherheitsfunktion übernehmen. Sie würde sich freilich dadurch grundlegend verändern. Das heißt, die NATO wird tendenziell zu einer gesamteuropäischen, eurasisch-atlantischen Kooperationsordnung im sicherheitspolitischen Bereich. Ohne die parallele Herausbildung einer eigenständigen europäischen Verteidigungsstruktur würde dadurch das amerikanische Übergewicht im sicherheitspolitischen Bereich in Gesamteuropa verankert.

Anderer Art, aber politisch noch weit prekärer, sind die *ökonomischen* Asymmetrien im KSZE-Raum, weil sie eine annähernd gleiche Verteilung der Kooperationsgewinne verhindern. Erst durch die Stabilisierung der mittelosteuropäischen Staaten und ihre Einbeziehung in einen erweiterten Europäischen Wirtschaftsraum und schließlich in eine EPU und vor allem durch die Stabilisierung Rußlands könnte allmählich eine symmetrische, kooperationsförderliche Struktur entstehen, ein balanciertes Dreiecksverhältnis zwischen EPU/EWR-USA-Rußland. Da sowohl Europa als auch die USA im weltwirtschaftlichen Führungsdreieck mit Japan verbunden sind, könnte damit auch Japan indirekt zur Stabilisierung des eurasisch-atlantischen Raumes herangezogen werden.

Ein Zwischenresümee ergibt, daß für alle drei Kooperationsordnungen die strategische Frage lautet, ob die Europäische Gemeinschaft sich zu einem einheitlichen, eigenständigen Akteur weiterentwickelt, der in der Lage ist, intern das deutsche Machtpotential zu vergemeinschaften und nach außen die europäischen "Vorfelder" (Theodor Schieder) zu stabilisieren, andere Machtzentren zu beschränken und sich mit ihnen zu verschränken in einer kooperativen Machtbalance bzw. einer gleichgewichtigen Kooperation.

IV.

Was bedeutet das für die Außenpolitik Deutschlands? Zunächst gilt es sich zu vergegenwärtigen, daß Deutschland - im Gegensatz zur Situation bei der Entstehung der alten Strukturen der Nachkriegszeit, als Deutschland nur Objekt der Politik war - heute schon aufgrund seines schieren Gewichts durch sein Handeln oder Nicht-Handeln mitbestimmt, welche neuen Strukturen entstehen. Aufgrund seiner internen Wertepräferenz (die in der Präambel und in Artikel 24 GG zum Ausdruck kommen) *und* aus der Erkenntnis seiner Lagerung in der Staatenwelt muß Deutschland seinen Beitrag zur Strukturpolitik europäisch-föderal definieren.[8]

Gewiß, solange keine Gesamtstruktur erreichbar erscheint, ist auch eine außenpolitische Gesamtstrategie schwer zu formulieren. Aber bezogen auf die Teilstrukturen sind Teilstrategien notwendig und möglich, die kompatibel oder doch zumindest komplementär sein müssen, und dazu bedarf es einer Gesamtorientierung. Solange die interne Wertepräferenz in Deutschland fortbesteht (was - wie Umfragen zeigen - für die Gegenwart zutrifft, aber für die Zukunft nicht mit Sicherheit unterstellt werden kann) und weil die Bedeutung der realen Interdependenzen Deutschlands für seinen Wohlstand evident ist, scheidet als rationale Strategie eine unilaterale nationalistische Außenpolitik aus. Daß sie - sollte sie doch gewählt werden - zu der ungünstigsten Situation, nämlich zu einer kompakten Gegenmachtbildung der anderen Staaten, führen würde, wurde oben bereits argumentativ dargelegt.

Die beiden rationalen Strategien lauten also: Multilateralismus und Integration (Vergemeinschaftung). Da im Falle einer Vertiefung der europäischen Integration zur Politischen Union eine Konstellation entstünde, in der Deutschland sein Gewicht ohne die Gefahr, bedrohlich zu erscheinen und Gegenmachtbildung herauszufordern, am besten zur Geltung bringen kann und sich am sichersten entfalten dürfte, liegt die aktive Mitwirkung Deutschlands an der Entwicklung föderaler Strukturen in Europa in seinem ureigensten Interesse, kann der europäische Föderalismus als außenpolitische Staatsräson Deutschlands angesehen werden. Die Handlungsmaxime lautet: Alles zu tun, um die Entwicklung der föderalen Strukturen zu fördern. Die Bilateralismen müssen mit dieser Handlungsmaxime kompatibel gehalten werden. Unter diesem Aspekt ist es fraglich, ob sich die Funktion Deutschlands, als europäischer Integrationsfaktor zu wirken, mit einem deutsch-amerikanischen Führungsbilateralismus vereinbaren läßt. Die Antwort könnte hier wie in anderen bilateralen Beziehungsfeldern lauten: in dubio pro civitate.

Die europäische Föderation ist auch mit der Staatsräson der anderen europäischen Staaten vereinbar, da diese Staaten ein vitales Interesse daran haben, die

---

8 Ausführlicher dazu mein Aufsatz: Handlungsmaximen deutscher Außenpolitik im neuen Internationalen System, in: Jahrbuch für Politik, 1 (1991) 1, S. 77-102.

deutsche Macht durch Vergemeinschaftung zu kontrollieren, was allerdings zugleich *wechselseitige* Kontrolle bedeutet und *wechselseitige* Beschränkung. Sind die anderen europäischen Hauptmächte bereit, ihrerseits diese Beschränkungen für ihre Potentiale und für ihre Politik via Integration zu akzeptieren? Der EG-Gipfel in Maastricht war gewissermaßen die Nagelprobe. Wenn die gleichmäßige Übertragung von Souveränitätsrechten seitens aller europäischen Hauptmächte nicht erfolgt, wird der Multilateralismus oder gar - nach einer generellen Renationalisierung - die traditionelle, pure "balance of power" zwischen den europäischen Staaten die Kooperation erschweren.

Die europäische Politik befindet sich also gegenwärtig an einem "kritischen Wendepunkt", an dem die Strukturen für die folgende Periode geschaffen werden. Im Sinne des von Amitai Etzioni entwickelten "sequential option"-Modells ist davon auszugehen, daß die anstehende Fundamentalentscheidung dann anschließend inkremental implementiert wird.[9] So ist - nach der positiven Grundsatzentscheidung in Maastricht - zu erwarten, daß für längere Zeit in praxi nur partielle Fortschritte zu erreichen sind und eine "géométrie variable" entsteht: abgestufte Integration in Verbindung mit multilateralen Institutionalisierungen und Elementen der Gleichgewichtspolitik. Zwischenschritte werden also unvermeidlich sein, aber sie müssen daran gemessen werden, ob sie in die angestrebte Richtung gehen. Diese Orientierung bietet das hier skizzierte Strukturmuster, das kooperative Machtbalance und europäischen Föderalismus innovativ und organisch verbindet. Bei optimaler Realisierung, die nur in einem langen Prozeß denkbar ist, würden die USA, eine Europäische Politische Union und eine Russische Union ein Mächtedreieck im euroasiatisch-atlantischen Raum bilden. Alle drei Unionen wären intern nach dem föderalen Ordnungsprinzip organisiert. Sie würden sich gegenseitig beschränken und miteinander kooperieren: Sicherheit durch Integration/Föderation und kooperative Machtbalance (im Unterschied zu einer antagonistischen Gleichgewichtspolitik)!

9 Vgl. Amitai *Etzioni*, The Active Society, London/New York 1968, S. 572f.

7. Systemerhaltung und Stabilität: Sicherheitspolitische Kooperation im künftigen Europa

Wolfgang Heydrich

I. Stabilität als Element und Zielsetzung internationaler Politik

Im Bereich der Politik und insbesondere für die Definition von Zuständen innerhalb und zwischen politischen Organisations- und Strukturformen muß der ursprünglich physikalische Begriff Stabilität politisch umgesetzt und inhaltlich angepaßt werden. Geht man davon aus, daß Stabilität allgemein und vereinfacht als Standfestigkeit, also als grundsätzliche Sicherstellung und Verfestigung eines bestehenden oder einzunehmenden Zustandes beschrieben werden könnte, so läßt sich dieses Verständnis durchaus in politische Rahmenbedingungen unter dem Oberbegriff Systemerhaltung übertragen. Stärkerer Abwandlung gegenüber der physikalischen Definition bedarf dagegen die inhaltliche Auslegung des Begriffs Stabilität bei Anwendung im Bereich der Politik. In der Physik wird unter Stabilität weitreichende Starrheit und Unveränderbarkeit eines Zustands verstanden. Eine undifferenzierte Übertragung dieser inhaltlichen Begriffsdefinition in den politischen Rahmen ist jedoch nicht möglich, da in der Realität sowohl nationale politische Zustände und Strukturen wie auch internationale Systeme permanenten Veränderungen unterliegen. Stabilität im politischen Sinne muß also unter genereller Ausrichtung auf System- oder Zustandserhaltung angemessenen Freiraum für im weiteren Ablauf erforderlich werdende Anpassungen und Entwicklungen zulassen. Für die Aufrechterhaltung eines stabilen Zustands ist unter dieser Voraussetzung allerdings von Bedeutung, daß Veränderungsprozesse evolutionär, politisch kontrolliert und in einem noch nicht stabilitätskritischen Bewegungsraum ablaufen. Revolutionäre, sich rasant entwickelnde und politisch nicht mehr rechtzeitig und ausreichend steuerbare Wandlungsprozesse dürften dagegen fast immer gefährliche Konsequenzen für Stabilitätserhaltung haben.

Da auch im politischen Verständnis Stabilitätserhaltung am ehesten gewährleistet erscheint, wenn Entwicklungs- und Veränderungsprozesse so restriktiv wie möglich gehalten werden, muß in der Realität immer wieder mit einem Dilemma bei Entscheidungen zwischen Erfordernissen gewollter oder aufgezwungener politischer Weiterentwicklung und damit eventuell verbundenen Gefahren von Instabilitäten gerechnet werden. Diese auf Dauer praktisch kaum vermeidbare und langfristig immer wieder auftretende Problemstellung unterstreicht die Bedeutung realistischer und vorausschauender Analysen und Beurteilungen möglicher stabilitätskritischer Entwicklungstendenzen und, darauf basierend, die Wichtigkeit der rechtzeitigen Ausarbeitung vorbeugender und wirksamer Regelmechanismen. Je frühzeitiger und sicherer eventuelle Stabilitätsgefährdungen identifiziert werden, um so leichter und effektiver werden sich präventive Maßnahmen zur Gegensteuerung in den normalen Prozeß kontinuierlicher politischer Weiterentwicklung integrieren lassen. Die vorbeugende Anwendung von Stabilisierungsmaßnahmen wird normalerweise wirkungsvoller sein, günstigere Entscheidungsbedingungen ermöglichen und politisch weniger kritische Nebenwirkungen haben als vom Zeitdruck diktierte Reaktionen auf aktuelle und damit meist bereits politisch brisante Krisensituationen.

Stabilität im politischen Sinne bezieht sich auf die innenpolitischen Verhältnisse von Einzelstaaten, auf die Beziehungen zwischen Staaten oder Staatengruppen und auf den Zustand innerhalb multilateraler politischer Systeme. Je umfassender und tragfähiger Stabilität angestrebt und je größer in bezug auf geographische Ausdehnung und internationale Beteiligung der Bezugsrahmen gesteckt wird, um so komplexer und anspruchsvoller werden sich die Aufgabenstellungen zur Herstellung und Aufrechterhaltung stabiler Verhältnisse darstellen. Das trifft um so mehr zu, wenn dabei Staaten mit stark differierenden nationalen Interessen oder auch historisch oder ethnisch erheblich belasteten Beziehungen integriert werden sollen.

Stabilität in einem multilateralen System basiert weitgehend auf dem Zustand der einzelnen Systembausteine und wird damit entscheidend von den innenpolitischen Verhältnissen in den beteiligten Einzelstaaten und ihrer Fähigkeit zu stabilitätsorientiertem politischem Handeln beeinflußt. Stabilität in einem multilateralen System dürfte nur schwer realisierbar sein, wenn eine größere Zahl seiner Mitglieder mit permanenten nationalen Instabilitäten zu kämpfen hat. Unter derartigen Voraussetzungen werden diese Staaten nicht ausreichend fähig sein, die für das System erforderlichen Stabilitätsbeiträge zu leisten, geschweige denn multilaterale vorbeugende oder regelnde Maßnahmen gegen destabilisierende Entwicklungen im internationalen Bereich zu treffen oder wirkungsvoll zu unterstützen. Als Konsequenz für Aufbau und Erhaltung von Stabilität in einem multilateralen System ergibt sich hieraus die fundamentale Bedeutung nationaler stabiler politischer Verhältnisse in den einzelnen Teilnehmerstaaten. Die Sicherstellung eines möglichst hohen Stabilitätsgrades der Einzelstaaten muß damit in den unmittelbaren Interessenbereich aller Systemmitglieder rücken und *Maßnahmen zur Herstellung und Aufrechterhaltung nationaler politischer Stabilität* zur *gemeinsamen und grenzüberschreitenden Aufgabe aller Beteiligten* machen.

Politische Stabilität im umfassenden Sinne kann jedoch nicht auf den inneren Zustand eines Staates oder multilateralen Systems allein begrenzt werden, sondern muß auch die Beziehungen zu seinem Umfeld einbeziehen. Tragfähige stabile Verhältnisse können also erst dann zugrunde gelegt werden, wenn der stabile Zustand auch gegen äußere Störeinflüsse ausreichend abgesichert ist, das heißt destabilisierende Entwicklungen im geographischen Umfeld ausreichend neutralisiert werden können. Wie wirksam eine solche Absicherung gestaltet werden kann, hängt von der politischen Rolle und Bedeutung des Einzelstaats oder Systems für seine Umgebung und von seinen außenpolitischen Einflußmöglichkeiten ab. Ein entscheidendes Kriterium werden dabei wiederum die systeminternen Verhältnisse und insbesondere die erkennbare und glaubwürdige Fähigkeit zum gemeinsamen und effektiven Handeln bilden.

Umfang und Substanz erforderlicher Schritte und Maßnahmen zur Herstellung oder Erhaltung von Stabilität müssen auf die jeweiligen politischen Rahmenbedingungen und auf die spezifischen Regelungserfordernisse ausgerichtet werden. Von grundlegender Bedeutung ist dabei zum Beispiel, ob Stabilität unter vorwiegend kooperativen oder weitgehend konfrontativen Voraussetzungen erreicht werden soll, da im jeweiligen Falle unterschiedliche Schwerpunktbildungen innerhalb konzeptioneller Stabilisierungsansätze erfolgen müssen. Aber auch innerhalb kooperierender multilateraler Systeme haben unterschiedliche politische Grundvoraussetzungen entscheidenden Einfluß auf die Formulierung von Stabilitätskonzepten. Richtungweisend ist unter anderem, ob es sich um ein System handelt, in dem ein oder mehrere Teilnehmer eine so stark dominierende Stellung einnehmen, daß bereits mit Hilfe ihrer nationalen Macht- und Einflußmöglichkeiten stabile Verhältnisse durchgesetzt und garantiert werden können. Unterschiedliche konzeptionelle Voraussetzungen ergeben sich dagegen, wenn multilaterale Systeme in bezug auf ihren Teilnehmerkreis weitgehend ausgewogen zusammengesetzt sind. Gerade in einem solchen System ist entscheidend, Stabilität nicht über Dominanz und Machtausübung einzelner Mitglieder, sondern über ein Netzwerk kooperativer und funktionsfähiger Instrumente und Regelungen auf der Basis gemeinsamer politischer Interessen und Zielsetzungen zu entwickeln und zu erhalten. Allerdings werden auch in einem solchen Szenario normalerweise einzelne Mitglieder Führungsaufgaben und Leitfunktionen innerhalb des Systems übernehmen müssen, sie werden jedoch nicht, wie vorher, mit Machtmitteln das System dominieren können. An ein Stabilitätskonzept für ein so strukturiertes Kooperationssystem werden relativ anspruchsvolle Anforderungen zu stellen sein, damit es die Stabilitätsziele und die notwendigen Voraussetzungen für politische Handlungsfähigkeit erfüllen kann.

Insgesamt läßt sich damit als grundlegende Folgerung ableiten, daß Konzepte und Maßnahmen zur Herstellung und Erhaltung politischer Stabilität in einem multilateralen Sytem auf der Basis der jeweiligen politischen Rahmenbedingungen und unter Berücksichtigung von Zusammensetzung und Charakter des Systems entwickelt werden müssen. Allgemeingültige Richtlinien für eine substantielle Ausgestaltung von Stabilitätskonzepten lassen sich demgemäß nicht aufstellen; unterschiedliche Rahmenbedingungen und Systemvoraussetzungen erfordern auch andersartige konzeptionelle Ansätze. Für die speziellen Aufgabenstellungen bei der Errichtung eines stabilen politischen Systems in Europa läßt sich daraus als fundamentales Erfordernis ableiten, daß der hierfür notwendige konzeptionelle Ansatz auf dem besonderen Charakter des angestrebten europäischen Systems aufbauen und dazu von Anbeginn die politischen Bedingungen an seiner Peripherie in Rechnung stellen muß. Auch sind die aus den unterschiedlichen nationalen Gegebenheiten der Teilnehmer resultierenden Einflußfaktoren sowie erkennbare stabilitätsfördernde oder auch destabilisierend wirkende nationale und internationale Entwicklungstendenzen zu berücksichtigen.

II. Stabilitätskriterien unter veränderten politischen Rahmenbedingungen in Europa

Unter der Prämisse, daß Stabilitätskonzepte auf die jeweiligen politischen Systeme und Strukturen zugeschnitten werden müssen, führen die einschneidenden Veränderungen der politischen Situation in Europa zu der Konsequenz, daß zukünftige Stabilitätsansätze für Europa unter anderen Kriterien als in der Vergangenheit zu entwickeln sind. In den zurückliegenden Jahrzehnten war die sicherheitspolitische Lage in Europa durch zwei sich politisch und militärisch konfrontierende Machtblöcke gekennzeichnet. Da diese strategische Konstellation außerdem noch durch ideologisch begründete Machtansprüche und Konkurrenzen entscheidend verhärtet war, konnten politische und kooperative Stabilisierungselemente keine maßgebliche Rolle spielen. Sicherheitspolitisch waren Ansätze kooperativer Stabilitätspolitik nur in solchen Teilgebieten möglich, denen ausreichend identische Machtinteressen oder gemeinsame Furcht vor eventuell unkontrollierbaren Entwicklungen zugrunde lagen. Als Beispiele können hier der strategisch-nukleare Bereich und auch Fragen der nuklearen Proliferation dienen. Zwangsläufig basierte damit das Stabilitätskonzept in der Vergangenheit in erheblichem Umfang auf gegenseitigem Respekt und Furcht voreinander, verbunden mit der Unterstellung politisch rationalen Handelns aller Beteiligten. Abschreckung gegen systemstörende und destabilisierende Handlungen war dominierendes Stabilisierungsmittel und damit auch bestimmendes Element für den konzeptionellen Rahmen bisheriger europäischer Stabilitätspolitik. Unter diesen Bedingungen basierte sie schwerpunktmäßig auf sicherheitspolitischen und militärischen Komponenten, was folgerichtig auch zu einer überragenden Bedeutung der Rolle diesbezüglicher Regelmechanismen innerhalb des Stabilitätskonzepts führte. Bestimmende Stabilitätskriterien waren ein wirksames nukleares Abschreckungskonzept, sichtbarer Wille zur Verteidigung des eigenen Systembereichs, militärische Reaktionsfähigkeit sowie die Glaubwürdigkeit kollektiven sicherheitspolitischen Handelns innerhalb der Allianzen. Die Begriffe Stabilität und sicherheitspolitisches, letztlich also militärisches Gleichgewicht standen unter diesen Voraussetzungen in einem engen Zusammenhang; ein

Zusammenhang, der allerdings situationsspezifisch gesehen werden muß und unter veränderten politischen Konstellationen kaum vergleichbare Bedeutung erlangen dürfte. In dem Konfrontationsszenario der Vergangenheit hing jedoch Stabilität in erster Linie von der Erhaltung eines sicherheitspolitisch und militärisch insgesamt umfassenden Gleichgewichts zwischen den beiden Blöcken ab.

Der überragende Einfluß der Konstellationen zwischen den Blocksystemen auf europäische Stabilität und die daraus resultierende Dominanz sicherheitspolitischer und militärischer Destabilisierungsgefahren führten dazu, daß Stabilisierungserfordernisse allianzintern in den Hintergrund traten. Das heißt allerdings nicht, daß in der Vergangenheit blockintern kein Stabilisierungsbedarf auftrat, Stabilität ließ sich hier aber im Normalfall durch Hinweis auf die äußeren Bedrohungen und die damit verbundene Notwendigkeit zu kooperativem Handeln relativ einfach absichern. Aus dieser Erfahrung läßt sich die Folgerung ableiten, daß Herstellung und Aufrechterhaltung von Stabilität in kooperierenden Systemen unter sichtbaren äußeren Gefährdungen wesentlich erleichtert werden. Umgekehrt kann das Fehlen derartiger Bedrohungen oder auch eine Vernachlässigung äußerer Gefahren den systeminternen Stabilisierungsprozeß erschweren und nationale Auffassungsunterschiede und Konkurrenzen zwischen den Beteiligten verstärkt in den Vordergrund treten lassen. Im Falle einer solchen Entwicklung wird dann auch die Zielrichtung von Stabilitätskonzepten stärker an systeminternen Erfordernissen orientiert und eventuellen äußeren Stabilitätsgefahren eine nachgeordnete Bedeutung zugemessen werden müssen.

Nach den systemverändernden politischen Umwälzungen in Europa haben sich die stabilitätspolitischen Voraussetzungen und Handlungserfordernisse so grundlegend verändert, daß ein gesamteuropäisches Stabilitätskonzept zukünftig nicht mehr, wie in der Vergangenheit, auf dem Grundprinzip sich konfrontierender Systeme basieren kann, sondern auf ein kooperatives multilaterales Gesamtsystem zugeschnitten werden muß. Frühere Stabilitätsgefährdungen sind heute nicht mehr relevant oder haben entscheidend an Bedeutung verloren. An ihre Stelle werden in der Zukunft in Ursache, Charakter und Wirkung andersartige Bedrohungen des Systems treten. Ein diesen neuen politischen Konstellationen angepaßtes Stabilitätskonzept wird allerdings berücksichtigen müssen, daß nach Ende der Konfrontation europäische Kooperation vorerst nur Zielsetzung ist und ihre Realisierung noch erhebliche Zeit in Anspruch nehmen wird. Für einen heute überschaubaren Zeitraum wird das europäische System deshalb noch von einer Vielzahl verschiedener, eine effektive Zusammenarbeit erheblich belastender Interessen einzelner Mitglieder oder Staatengruppen geprägt sein. Vor diesem Hintergrund stellen sich anspruchsvolle und komplexe Forderungen an ein realistisches und auf Dauer wirkungsvolles Konzept zur europäischen Stabilisierung; umfassende und tragfähige Stabilität wird sich nur langfristig und schrittweise realisieren lassen.

Grundsätzlich ist aber davon auszugehen, daß im Zuge des europäischen Stabilisierungsprozesses den in der Vergangenheit bestimmenden sicherheitspolitischen und militärischen Komponenten zukünftig kein vergleichbares Gewicht zukommen wird. Innerhalb eines Kooperationssystems dürfte sogar in vielen Fällen eine konzeptionelle Betonung oder gar Implementierung militärischer Maßnahmen zur systeminternen Stabilisierung zu politisch kontraproduktiven Wirkungen führen. Im Gegensatz zur Vergangenheit muß also Stabilitätspolitik in der Zukunft in einen konzeptionell umfassenderen Rahmen gestellt und wesentlich stärker politisch ausgerichtet werden. Politische, vor allem auch wirtschafts- und handelspolitische Elemente müssen klassische sicherheitspolitische Komponenten nicht nur ergänzen, sondern eine dominierende Rolle innerhalb des Spektrums zukünftiger Stabilisierungsmaßnahmen einnehmen. Das Rational hierfür ergibt sich aus dem gegenüber der Vergangenheit grundlegend andersartigen Charakter von Stabilitätsgefährdungen, auf die konzeptionell entsprechend reagiert werden muß. In Gesamteuropa dürften zukünftig militärische Bedrohungen eine wesentlich geringere Rolle als allgemein politische und insbesondere sozio-ökonomische Gefahrenquellen spielen. Militärische Konflikte innerhalb des Systems sollten zwar für die Zukunft nicht ausgeschlossen oder unterschätzt werden, sie dürften sich jedoch vorwiegend auf innerstaatliche und subregionale Krisen beschränken und damit für das Gesamtsystem normalerweise weniger kritische Auswirkungen als die Mehrzahl der politischen und wirtschaftlichen Störfaktoren haben.

Besonders folgenschwere Gefährdungen der Stabilität in Europa könnten sich beispielsweise aus den markanten sozialen und wirtschaftlichen Unterschieden zwischen den Systemmitgliedern ergeben. Im Rahmen einer gesamteuropäischen Betrachtung muß nicht nur das Nord-Süd-Gefälle im Lebensstandard, sondern auch der drastische Ost-West-Unterschied in den nationalen Lebensverhältnissen ins Kalkül einbezogen werden. Als weitere Gefahrenquelle kommt hinzu, daß die politischen Entwicklungstendenzen in den Ländern Osteuropas noch nicht überschaubar sind und die Überlebenschancen der neuen demokratischen Staatssysteme noch nicht schlüssig bewertet werden können, wobei auch hier politische und wirtschaftliche Einflußfaktoren eng miteinander verknüpft sind. Ähnlich folgenschwere Gefahren können sich in Europa aus einem zunehmend nationalstaatlichen Denken und Handeln der Mitglieder und daraus resultierenden Konfrontationen innerhalb des Systems ergeben. Derartige Entwicklungstendenzen könnten durch nationale Enttäuschungen über ausbleibende Erfolge beim Aufbau multilateraler Beziehungen und durch Fehlen von Kooperationszwängen zur Abwehr äußerer Bedrohungen noch verstärkt werden. Weitere zukünftige Gefahren für Stabilität in Europa können sich aus innerstaatlichen oder auch zwischenstaatlichen ethnischen Auseinandersetzungen entwickeln. Als Folge solcher Konflikte, wie auch als Folge drastischer wirtschaftlicher Unterschiede zwischen den Mitgliedsstaaten oder Intoleranz gegenüber politischen, nationalen oder religiösen Minderheiten, können innerhalb Europas umfangreiche Migrationsbewegungen auftreten, die eine ernste Gefahr für multilaterale Zusammenarbeit und Stabilität darstellen würden.

Neben diesen breit gefächerten und politisch anspruchsvollen systeminternen Stabilitätserfordernissen muß ein europäisches Stabilisierungskonzept aber auch mögliche Störungseinflüsse von außerhalb des Systems abdecken. Aufgrund derzeit erkennbarer Entwicklungstendenzen kann davon ausgegangen werden, daß für die Beziehungen zwischen Europa und seinen Nachbarn wie auch zu anderen externen Interessenbereichen sowohl kooperative wie auch konfrontative Kriterien anzusetzen sind, wobei allerdings auch hier kooperative Elemente im Vordergrund stehen dürften. Konfrontative Szenarien außerhalb oder an der Peripherie Europas können eine zunehmende Bedeutung erlangen, wenn der europäische Kooperationsprozeß erfolgreich verläuft und Europa sich schrittweise zu einem globalen Machtfaktor entwickelt. Trotzdem erscheint es vorerst gerechtfertigt, den auf äußere Stabilität zielenden konzeptionellen Ansatz auf vorwiegend kooperative Beziehungen auszurichten, zumal Europa gerade während der Aufbauphase auch aus Eigeninteresse eventuell folgenschwere Konfrontationen mit seiner Umwelt soweit wie möglich vermeiden sollte. Insgesamt werden jedoch zur Sicherstellung stabiler äußerer Rahmenbedingungen und zur Neutralisierung eventueller Bedrohungen von außerhalb Europas sicherheitspolitische und militärische Elemente eine größere Rolle spielen als in einem systeminternen Stabilitätsansatz.

III. Grundlegende Kriterien für die Entwicklung eines europäischen Stabilitätskonzepts

Die stark differierenden politischen und wirtschaftlichen Voraussetzungen, die Unterschiede in politischem Gewicht wie auch in geographischer Größe und Lage der einzelnen Teilnehmer beeinflussen entscheidend die Entwicklung eines funktionierenden Stabilitätskonzepts und schaffen relativ komplizierte Rahmenbedingungen für systeminterne Stabilisierung. Die anfangs dargelegte Notwendigkeit kontinuierlichen Stabilisierungsaufbaus von der Systembasis, das heißt Herstellung stabiler Verhältnisse in den einzelnen Staaten als Grundlage der Systemstabilisierung, sollte die Prioritätenfestlegung im künftigen europäischen Stabilisierungsprozeß bestimmen. Aufgabenstellungen äußerer Stabilität dürfen zwar dabei nicht außer acht gelassen werden, die Wirksamkeit hier ansetzender Konzepte und Maßnahmen wird aber von einem Mindestmaß an interner Funktionsfähigkeit des Systems abhängen. *Konzeptionelle Überlegungen* zur Stabilität in Europa sollten sich deshalb *vorrangig* auf die erforderlichen *Maßnahmen und Schritte zur Eindämmung oder Neutralisierung innereuropäischer Stabilitätsgefährdungen* konzentrieren, wobei die politische und wirtschaftliche Stabilisierung in den einzelnen Teilnehmerstaaten eine fundamentale Voraussetzung bildet und von allen Beteiligten als vordringliche und gemeinsam zu lösende Aufgabe gesehen werden muß.

In der Substanz muß ein europäisches Stabilitätskonzept auf die systemspezifischen Erfordernisse und, in möglichst umfassender Weise, auf das Gesamtspektrum potentieller Stabilitätsgefährdungen, vor allem innerhalb der Region zugeschnitten werden. Voraussetzung ist dafür eine kritische und eingehende Analyse möglicher nationaler und zwischenstaatlicher destabilisierender Entwicklungen in Europa. Das als Resultat dieser Untersuchung zu erwartende politisch breite und in seinen Ursachen vielfältige Bedrohungsspektrum wird dazu zwingen, zur Herstellung und Absicherung von Stabilität innerhalb Europas ein Netzwerk sich ergänzender internationaler Beziehungen und Vereinbarungen zu entwickeln. Kern eines solchen Verbundnetzes sollte ein multilaterales, alle europäischen Staaten einschließendes Kooperationssystem sein, das durch ergänzende subregionale Absprachen und bilaterale Abkommen zusätzlich gestützt werden kann. Durch möglichst weitreichende und für alle Beteiligten attraktive Internationalisierungsprozesse innerhalb des Verbundsystems dürfte es wahrscheinlich noch am ehesten möglich sein, nationale Ungleichgewichte auszubalancieren und dem Entstehen oder Eskalieren nationalistischer Entwicklungen in Europa entgegenzuwirken. Konzeptionelle Zielsetzung ist dabei, daß alle Teilnehmer auf Dauer politisch und wirtschaftlich, längerfristig auch sicherheitspolitisch, möglichst eng miteinander verknüpft werden. Bei Einbindung in ein solches System würden dann einzelstaatliche Alleingänge zunehmend zu einschneidenden und für die Betroffenen sichtbar nachteiligen Konsequenzen führen. Die Wirksamkeit eines solchen Gesamtsystems wird entscheidend davon abhängen, daß alle europäischen Staaten erfaßt und über verschiedene Systemkomponenten möglichst mehrfach multilateral und bilateral miteinander verbunden werden. Alle Teilnehmer müssen das Gefühl angemessener Gleichbehandlung und ausgewogener Beachtung ihrer nationalen Interessen haben. Für die Tragfähigkeit des Systems ist außerdem wichtig, daß alle Beteiligten aus der Mitwirkung am multilateralen Prozeß für sich klar erkennbare Vorteile ziehen können, ein Erfordernis, von dem die Attraktivität als wichtiger Bindungsfaktor abhängt, das aber auch als Ausgleich für den unvermeidbaren Verzicht in einzelnen Bereichen nationaler Souveränität erhebliches Gewicht hat.

In einem bedarfsdeckenden und effektiven Verbundsystem zur europäischen Stabilisierung eröffnen sich sowohl Handlungsoptionen und Maßnahmen gegen destabilisierende Entwicklungstrends innerhalb des Systems als auch gegen stabilitätsgefährdende Aktionen einzelner Teilnehmer. Je vielfältiger die Teilnehmer insgesamt und untereinander vernetzt sind, um so größer wird das Spektrum wirksamer Eingriffsmöglichkeiten zur Stabilitätserhaltung. Es ist aber auch davon auszugehen, daß mit zunehmendem Grad der Internationalisierung in Europa und den damit für alle Mitgliedsstaaten errichteten gegenseitigen Abhängigkeiten Versuche nationaler Alleingänge für den Verursacher von vornherein immer risikoreicher und dementsprechend spezielle Gegenmaßnahmen immer weniger erforderlich werden dürften.

Neben dem Aufbau eines multilateralen Verbundsystems wird es aber auch darauf ankommen, so frühzeitig wie möglich destabilisierende Entwicklungen als Folge drastischer Unterschiede in den Lebens- und Wirtschaftsverhältnissen der einzelnen Teilnehmerstaaten zu neutralisieren. Mitglieder mit einem deutlich unterdurchschnittlichen Lebensstandard bilden besonders kritische Gefahrenquellen für Stabilität, zumal unter diesen Voraussetzungen ein großer Teil von politischen oder wirtschaftlichen Gegenmaßnahmen oder Sanktionen gegen sie unwirksam sein dürfte. Hieraus lassen sich Bedeutung und Priorität der politischen und wirtschaftlichen Unterstützung der Staaten Osteuropas ableiten; diese ist daher als ein fundamentales Element eines europäischen Stabilitätskonzepts anzusehen und bedarf des Engagements aller übrigen Mitglieder, insbesondere der wirtschaftlich starken Staaten des Systems.

Aber selbst innerhalb eines engen multilateralen Netzwerks mit substantiell breit ausgebauten Kooperationsfeldern werden sich auf Dauer Systemstörungen nicht völlig ausschließen lassen, so daß die gemeinsame Entwicklung eines möglichst weiten und flexibel anwendbaren Spektrums von Gegenmaßnahmen unverzichtbar sein wird. In der Praxis wird jedoch die Implementierbarkeit - und damit auch die Glaubwürdigkeit und präventive Wirkung - dieser Maßnahmen von der politischen Handlungsfähigkeit des Systems, also der Entscheidungsbereitschaft seiner Mitglieder, abhängen. Kritische Stabilitätsgefährdungen werden nur dann vermieden oder neutralisiert werden können, wenn eine zeitgerechte Reaktion und die Beschlußfassung über wirksame Gegenmaßnahmen keinem Zweifel unterliegen. Welche Art von vorbeugenden oder regulierenden Maßnahmen jeweils angesetzt werden sollten, wird situationsabhängig zu entscheiden sein. Unter Zugrundelegung der für die Zukunft angestrebten europäischen Struktur wird es sich hier im Normalfall vordringlich um politische und wirtschaftliche, weniger dagegen um militärische Stabilisierungsmaßnahmen handeln. In einem auf möglichst enger Kooperation basierenden multilateralen System sollte die Anwendung militärischer Maßnahmen die Ausnahme bilden und nur dann in Betracht kommen, wenn der Störungsverursacher mit dem Einsatz militärischer Macht droht und verfügbare politische und wirtschaftliche Maßnahmen sich als unwirksam erweisen. Militärische Eingriffe oder Sanktionen stehen im Prinzip im Widerspruch zu einem Konzept politischer Zusammenarbeit; sie weniger restriktiv oder vorschnell zu benutzen könnte bei einem auf Dauer größer werdenden Teilnehmerkreis den Eindruck sich ausbreitender gewaltsamer Unterdrückung hervorrufen und damit das Entstehen von Mißtrauen innerhalb des Systems fördern. Falsch wäre jedoch, hieraus zu folgern, daß zur Erhaltung europäischer Stabilität auf Maßnahmen zur Anwendung militärischer Mittel gegen spezifische, destabilisierende Entwicklungen innerhalb des Systems verzichtet werden könnte. Glaubwürdige multilaterale militärische Optionen müssen allein deshalb einen integralen Bestandteil des Stabilisierungskonzepts bilden, um einem eventuellen Gebrauch militärischer Macht zur gewaltsamen Durchsetzung nationaler Interessen von vornherein die Erfolgschancen zu nehmen.

IV. Erfordernisse sicherheitspolitischer Stabilität in Europa

Bei Betrachtung der Rolle sicherheitspolitischer Elemente innerhalb eines zukünftigen europäischen Stabilitätskonzepts ist von Bedeutung, wie weit oder wie eng der Begriff Sicherheitspolitik definiert wird. In der Vergangenheit wurde Sicherheitspolitik normalerweise weitgehend auf den Bereich der strategischen und militärischen Sicherheit begrenzt. Eine derartige begriffliche Einschränkung wird im Zusammenhang mit der europäischen Entwicklung kaum noch möglich sein. Stabilität, im Sinne der vorangehenden Betrachtungen, und Sicherheit sind in Inhalt und Wirkung eng miteinander verknüpfte Begriffe. Innerhalb des zukünftigen europäischen Stabilitätskonzepts stellen aber, wie vorher dargestellt, militärische Sicherheitskomponenten nur einen Teilaspekt dar, während allgemeine politische und auch wirtschaftliche Elemente zunehmend entscheidenden Einfluß auf Stabilität und damit auch auf die Sicherheit in Europa haben werden. Da sich längerfristig deshalb der Begriff Sicherheitspolitik inhaltlich nicht mehr so eng wie in der Vergangenheit eingrenzen lassen wird, wird infolgedessen auch eine klare definitorische Abgrenzung kaum noch möglich sein. Zukünftig werden sich in Europa sicherheitspolitische Elemente und Zielsetzungen mit anderen politischen Teilbereichen und Aktionsfeldern mehr und mehr verzahnen. Da dieser Prozeß zweiseitig wirkt, *werden allerdings auch klassische sicherheitspolitische Regelungsansätze und Maßnahmen zunehmend in andere politische Bereiche hineinwirken.*

Für die Überlegungen in diesem Abschnitt wird jedoch der Begriff sicherheitspolitische Stabilität zum Zweck der thematischen Abgrenzung inhaltlich eng gefaßt und auf unmittelbare Kriterien im Bereich zwischenstaatlicher Sicherheit sowie auf militärpolitische Handlungsfelder begrenzt. In einem umfassenden europäischen Stabilitätskonzept müssen sicherheitspolitische Optionen sowohl den möglichen Regelungsbedarf innerhalb des Systems wie auch Maßnahmen zur wirksamen Reaktion im Falle destabilisierender Entwicklungen außerhalb des geographischen Bereichs des Systems abdecken. Wie generell gilt aber auch für sicherheitspolitische Stabilitätskomponenten der Grundsatz, daß wirkungsvolle Stabilität von innen heraus entwickelt werden muß, da die Aufrechterhaltung stabiler Verhältnisse nach außen wesentlich vom systeminternen Stabilitätszustand beeinflußt wird. Als Beitrag zur Stabilität insgesamt und als Voraussetzung für äußere Sicherheit erhält damit der *Aufbau eines funktionsfähigen sicherheitspolitischen und militärischen Kooperationssystems innerhalb Europas, als Teil des Gesamtverbundes, erhebliche Bedeutung*. Hierfür bildet der schrittweise Ausbau internationaler militärischer Zusammenarbeit zwischen allen Teilnehmerstaaten einen wesentlichen Bestandteil. Je stärker die nationalen Streitkräfte der europäischen Staaten international eingebunden und über gemeinsame Ausbildung und multilaterale Aufgabenstellungen miteinander verknüpft werden, um so geringer dürfte die Gefahr nationaler militärischer Alleingänge oder militärischer Machtergreifungen innerhalb des Systems werden. Der sich hierbei zwangsläufig ergebende Transparenzgewinn im militärischen Bereich bewirkt einen zusätzlichen Stabilisierungseffekt. Weiterhin ermöglicht zunehmend engere militärische Kooperation den Ausbau des Spektrums gemeinsamer sicherheitspolitischer Handlungsoptionen zur Aufrechterhaltung von Stabilität innerhalb, aber auch außerhalb des Systems. Je weiter dabei die Fähigkeiten zu multilateralen militärischen Einsätzen ausgebaut werden, um so weniger werden im Bedarfsfall die nationalen politischen Entscheidungsprozesse der Beteiligten belastet und um so mehr die Glaubwürdigkeit und Effektivität sicherheitspolitischer Stabilisierungsmaßnahmen gestärkt.

Allerdings kann allein durch Ausbau militärischer Kooperation noch nicht das Gesamtfeld möglicher sicherheitspolitischer Stabilitätsgefährdungen abgedeckt werden. Insbesondere trifft das für die Notwendigkeit zu, auch weiterhin politische Kontrolle über die nuklearen Potentiale der beteiligten Staaten sicherzustellen, ein Problem, das durch die Zersplitterung der Sowjetunion noch an Bedeutung gewonnen hat. Vor dem Hintergrund der durch diese Entwicklung größer gewordenen Risiken und der katastrophalen Konsequenzen eines Gebrauchs nuklearer Waffen in systeminternen Konflikten erscheint es notwendig, im Rahmen europäischer Kooperation ein internationales Überwachungssystem in Betracht zu ziehen. Nach Überwindung der Konfrontation und angesichts zunehmender Kooperationsbereitschaft, verbunden mit einem zweifellos heute gemeinsamen Interesse an sicherer politischer Überwachung der Massenvernichtungswaffen, sollte ein solches System in Europa möglicherweise Realisierungschancen haben. Voraussetzung ist allerdings, daß dabei die nationale Verfügungsgewalt der Nuklearstaaten unangetastet bleibt und ihre nationalen Sicherheitserfordernisse beachtet werden. Denkbar wäre auch, ein solches multilaterales Überwachungssystem auf den Bereich der biologischen und chemischen Waffen auszudehnen.

Ein weiterer Beitrag zur sicherheitspolitischen Stabilisierung könnte durch Herstellung von Transparenz und Kalkulierbarkeit bei Waffenentwicklungen und langfristigen Rüstungsplanungen für die Streitkräfte der Teilnehmerstaaten geleistet werden. Dabei könnte, neben Verpflichtungen zu rechtzeitiger Information und Notifizierung, auch ein Ausbau der internationalen Zusammenarbeit im rüstungsindustriellen Bereich und bei der Entwicklung und Produktion von Großprojekten einen gewichtigen Stabilitätsbeitrag liefern. Stabilisierung könnte außerdem durch Überwachung des Exports kritischer Rüstungsgüter der Mitglieder des europäischen Kooperationssystems erreicht werden. Wichtig ist hier sowohl die Kontrolle von Waffenexporten innerhalb des Systems wie auch in systemexterne Regionen. Umfangreiche Waffenbestellungen und -lieferungen innerhalb des Systems können durchaus regional - und damit häufig auch für das Gesamtsystem - destabilisierende Wirkungen haben. Allerdings könnten derartige Entwicklungen innerhalb Europas bereits im Ansatz durch den Ausbau enger militärischer Zusammenarbeit verhindert oder zumindest wesentlich entschärft werden. Umfangreiche Waffenexporte in außereuropäische Regionen können auch für Europa stabilitätsgefährdend sein, wenn daraus mittel- oder langfristig militärische Bedrohungen für Europa entstehen oder weltweit europäische Interessengebiete destabilisiert werden.

Sicherheitspolitische Stabilität in Europa erfordert, daß die nationalen Militärpotentiale und ihre Aktivitäten in verbindlich begrenzten Größenordnungen gehalten werden. Die Stabilisierungswirkung liegt insbesondere darin, daß auf diese Weise kritische und eventuell bedrohliche Veränderungen bei nationalen Streitkräften nicht nur politisch erheblich erschwert werden, sondern auch kaum zu verschleiern sind. Unter verbindlichen Limitierungen der Streitkräfte und ihrer Handlungsmöglichkeiten kann im Normalfall frühzeitig ein klarer Verstoß gegen internationale Vereinbarungen nachgewiesen werden. Für den Wirkungsgrad dieser Maßnahmen ist entscheidend, daß alle stabilitätskritischen Streitkräftekomponenten begrenzt und die jeweiligen nationalen Umfänge, unter Berücksichtigung europäischer und nationaler sicherheitspolitischer und militärischer Erfordernisse, so niedrig wie möglich festgeschrieben werden. Rüstungskontrollpolitische Maßnahmen haben damit auch zukünftig eine bedeutsame Rolle innerhalb des Prozesses europäischer Kooperation und bilden einen unverzichtbaren Bestandteil des Stabilitätskonzepts.

Selbst im Falle einer äußerst positiven Entwicklung der kooperativen Beziehungen in Europa kann jedoch nicht davon ausgegangen werden, daß möglichen Instabilitäten stets erfolgreich präventiv entgegengewirkt werden kann. Es wird deshalb darauf ankommen, daß sich das europäische System wirksame sicherheitspolitische und auch militärische Handlungsoptionen zur Wiederherstellung der Stabilität schafft. Gerade weil systemintern sicherheitspolitische und militärische Sanktionen fast immer eine besonders kritische Wirkung haben dürften, sind die Verfügbarkeit eines variabel nutzbaren Maßnahmenspektrums und die Fähigkeit und Bereitschaft aller Beteiligten entscheidend, dieses erforderlichenfalls auch zu implementieren. Ohne diese Voraussetzungen könnten Überlegungen und Konsultationen zur Anwendung solcher Maßnahmen zu gefährlichen Meinungsverschiedenheiten und Spaltungsprozessen in Europa führen und im Extremfall den Zusammenbruch des gesamten Kooperationssystems mit erneutem Entstehen von Konfrontationen zur Folge haben. Fehlende Fähigkeit und Entschlossenheit zu gemeinsamem Eingreifen könnte außerdem insgesamt zum Verlust der Glaubwürdigkeit sicherheitspolitischer und militärischer Optionen führen und einzelne Mitgliedsstaaten ermuntern, militärische Gewalt zur Durchsetzung ihrer nationalen Interessen anzuwenden. Eine solche Entwicklung wäre insbesondere dann kritisch, wenn im aktuellen Fall auch keine brauchbaren politischen oder wirtschaftlichen Sanktionsmaßnahmen verfügbar sind oder der betreffende Staat aufgrund seiner nationalen oder ideologischen Voraussetzungen gegen derartige Maßnahmen weitgehend unempfindlich ist.

Für die präventive Wirkung sicherheitspolitischer und militärischer Maßnahmen zur Stabilisierung ist entscheidend, daß bereits im voraus ein möglichst weites und flexibel anwendbares *Spektrum sicherheitspolitischer Eingriffsoptionen* entwikkelt wird. Hierfür können Planung und Organisation von vornherein multilateral und unter breiter Beteiligung durchgeführt und die nationalen politischen Führungen rechtzeitig auf ihre potentiellen Entscheidungsnotwendigkeiten vorbereitet werden. Für den Fall stabilitätsbedrohender Entwicklungen außerhalb Europas könnte, wie bereits ausgeführt, der Rückgriff auf sicherheitspolitische Reaktionen weit eher in Betracht kommen als innerhalb des Systems, zumal in den Beziehungen nach außen normalerweise ein geringerer Kooperationsumfang unterstellt werden muß als innerhalb Europas und nicht in gleichem Maße Transparenz, Kontrolle und Limitierungen der Militärpotentiale zu erreichen sein werden. Aber auch für diese Aufgabenstellungen wird es darauf ankommen, erforderliche Eingriffsoptionen rechtzeitig zu entwickeln und gemeinsam organisatorisch vorzubereiten. Auch dabei ist Multilateralisierung unter größtmöglicher Beteiligung der Mitglieder von entscheidender Bedeutung, um politischen Spaltungen innerhalb des Systems und damit auch einer Entwertung dieser Maßnahmen vorzubeugen.

Insgesamt ist für tragfähige Stabilität im sicherheitspolitischen Bereich die politische Entschlußfähigkeit und -bereitschaft des Gesamtsystems, also aller Beteiligten, von entscheidender Bedeutung. Nur unter dieser Voraussetzung können vorbeugende sicherheitspolitische Maßnahmen einen dauerhaften Stabilitätsbeitrag leisten und Sanktionsoptionen das erforderliche Maß an Glaubwürdigkeit und Wirkung erzielen.

V. Sicherheitspolitische Instrumente und Maßnahmen zur Stabilisierung in Europa

Für die praktische Umsetzung der im vorangehenden Abschnitt dargestellten sicherheitspolitischen und militärischen Stabilitätserfordernisse müssen die notwendigen multilateralen Instrumente geschaffen und entsprechende Maßnahmen mit stabilitätsorientierten Verhaltensregeln für alle Beteiligten entwickelt werden. Da sinnvolle Ansätze zur Herstellung europäischer Stabilität sich auf die Gesamtheit der Mitgliedsstaaten beziehen müssen, kommt es darauf an, bereits bei der Strukturierung multilateraler Organisationen und bei der Formulierung von Vereinbarungen diskriminierende Isolierungen einzelner Staaten und die Festschreibung von Gruppenbildungen oder auch von geographischen Teilregionen zu vermeiden. Unter diesen Vorgaben bietet sich der *KSZE-Prozeß* als *struktureller Rahmen* an, da in dieser Organisation alle europäischen Staaten erfaßt sind, die auch den Teilnehmerkreis im zukünftigen Kooperationssystem bilden werden. Allerdings verfügt die KSZE bisher weder über die nötigen Instrumente zum Aufbau funktionsfähiger kooperativer Beziehungen noch über solche zur Entwicklung und Abstimmung gemeinsamer Stabilitätskonzepte. Eine Nutzung der KSZE für diese Aufgabenstellungen setzt damit die Bildung angemessener Organisationsformen und der nötigen Entscheidungs- und Arbeitsstrukturen voraus. Es ist durchaus vorstellbar, daß bereits bestehende und funktionsfähige Institutionen, die bisher nur auf westliche Teilnehmer begrenzt sind, so ausgebaut werden, daß sie bestimmte Teilaufgaben innerhalb des gesamteuropäischen Prozesses, beispielsweise in sicherheitspolitischen oder wirtschaftlichen Bereichen, übernehmen können. Fundamentale Bestandteile eines solchen Anpassungsprozesses wären die Ausdehnung dieser Organisationen auf alle zukünftigen Mitglieder und eine klare Regelung ihrer Zuständigkeiten im Gesamtnetz europäischer Kooperation.

Eine Schlüsselrolle bei den Überlegungen zur Bildung der erforderlichen Instrumente zur langfristigen Sicherstellung von Stabilität in Europa wird dem zukünftigen Europäischen Sicherheitsforum im Rahmen der KSZE zufallen. Um den gestellten Anforderungen gerecht werden zu können, müßte dieses Forum jedoch alle stabilitätsrelevanten sicherheitspolitischen Arbeitsbereiche und Aufgaben strukturell abdecken. Fundamentaler Bestandteil seines Aufgabenbereichs wäre die konzeptionelle Entwicklung und Formulierung eines wirkungsvollen Regelwerks und entsprechender Maßnahmen zur sicherheitspolitischen und militärischen Kooperation in Europa. Hierzu gehören der Ausbau möglichst enger militärischer Zusammenarbeit zwischen allen Beteiligten sowie Planung und organisatorische Vorbereitung multilateraler sicherheitspolitischer und militärischer Handlungsoptionen. Weiterhin muß das Forum die strukturellen Voraussetzungen zum Ausbau eines Gesamteuropa umfassenden Netzwerks rüstungskontrollpolitischer Begrenzungen der nationalen Streitkräftepotentiale und der erforderlichen Regelungen und Beschränkungen militärischer Aktivitäten erfüllen. In den Rahmen dieses speziellen Aufgabenspektrums fällt auch die Entwicklung eines umfassenden Informations- und Notifizierungssystems zur Sicherstellung von Transparenz und Kalkulierbarkeit der Militärpotentiale und ihrer Aktivitäten sowie zur Offenlegung von Waffenentwicklungen, Rüstungsproduktion und -exporten.

Ein weiteres Erfordernis zum Aufbau funktionsfähiger KSZE-Instrumente ergibt sich aus den besonders stabilitätsrelevanten Aufgaben Konfliktverhütung und Konfliktmanagement. Beide Aufgabenbereiche sind zwar substantiell miteinander verknüpft, sie stellen aber im Prinzip unterschiedliche Anforderungen an Maßnahmen und Handlungsoptionen. Um stabilitätserhaltend präventiv wirken zu können, erfordert Konfliktvorbeugung die eingehende analytische Untersuchung möglicher Konfliktursachen in einzelnen Staaten, Teilregionen und im Gesamtbereich. Auf der Basis dieser Untersuchungsergebnisse sind dann vorbeugende Maßnahmen zu entwerfen, um weiterer Krisenentwicklung oder einem Ausbrechen des Konflikts rechtzeitig entgegenwirken zu können. Konfliktmanagement richtet sich dagegen auf die Sicherstellung multilateraler Entscheidungs- und Handlungsfähigkeit zur Regelung bereits ausgebrochener oder unmittelbar vor Ausbruch stehender Konflikte. Im letzteren Falle geht es also vordringlich darum, effektive Voraussetzungen für die Abstimmung zwischen den Mitgliedern über multilaterale Reaktionen sowie für die schnelle und angemessene Implementierung beschlossener Maßnahmen zu schaffen. Zu dieser Aufgabenstellung gehören die Herstellung der organisatorischen Grundlagen zur kurzfristigen, gemeinsamen Entwicklung situationsbezogener Sanktionsmaßnahmen gegen den Konfliktverursacher oder die Konfliktbeteiligten und die Sicherstellung funktionsfähiger politischer Entscheidungsstrukturen für ihre zeitgerechte Anwendung. Die vielfältigen Aufgabenstellungen für Konfliktverhütung und Konfliktmanagement zeigen, daß dieses Tätigkeitsfeld über rein sicherheitspolitische Elemente und Handlungsbereiche hinausgeht. Wie weiter vorn dargestellt, erfordern Konfliktvorbeugung und Eingriffe in aktuellen Konfliktfällen ein umfassendes Spektrum politischer, wirtschaftlicher und sicherheitspolitischer Handlungsoptionen, um in der Vielzahl denkbarer Szenarien die Aufrechterhaltung von Stabilität zu ermöglichen. Da in diesem Spektrum von Optionen militärische Maßnahmen keine dominierende Rolle einnehmen werden, bietet es sich an, Instrumente zur Konfliktregelung nicht in die vorrangig sicherheitspolitischen Strukturen einzubinden oder diesen unterzuordnen. Auch wenn alle diese Komponenten integrale Bestandteile eines Stabilitätskonzepts sind, so sollte bei der Organisation der entsprechenden europäischen Instrumente eine *strukturelle Trennung zwischen sicherheitspolitischer Kooperation und Rüstungskontrolle einerseits sowie Konfliktregelung andererseits* vorgenommen werden.

Speziell im sicherheitspolitischen Bereich kann die Nutzung bereits bestehender und funktionserprobter multilateraler Strukturen wie NATO und WEU beim Ausbau europäischer Stabilität substantielle und zeitliche Vorteile bringen. Gelingt es, diese Organisationen an den neuen gesamteuropäischen Rahmen und die veränderten Aufgabenstellungen anzupassen und sie in das Gesamtsystem der KSZE einzuordnen, könnten die Erfahrungen und bereits eingespielten Mechanismen dieser Instrumente unmittelbar genutzt und zeitraubende sowie vorerst wahrscheinlich weniger effektive Neukonstruktionen vermieden werden. Die Voraussetzungen zur Herstellung von Stabilität in Europa könnten auf diese Weise entscheidend verbessert werden.

Für die Aufrechterhaltung eines stabilen europäischen Systems wird von erheblichem Einfluß sein, daß zwischen allen multilateralen Entscheidungs- und Arbeitsebenen klare und funktionsfähige strukturelle Verbindungen geschaffen werden. Alle Ebenen müssen in eine umfassende politische Gesamtstruktur unter erkennbarer Zuordnung von Zuständigkeits- und Verantwortungsbereichen eingeordnet werden. Illustrativ läßt sich diese Forderung am Beispiel der Aufgaben des Konfliktmanagements darstellen. Hier wird normalerweise zeitgerechte Konfliktregelung oder -beendigung nur möglich sein, wenn lückenlose Aktions- und Entscheidungsstränge zwischen den jeweiligen multilateralen Arbeitsforen, speziellen Gremien der Regierungsvertreter und den politischen Führungen der Mitgliedsstaaten bestehen. Da der zukünftige europäische Prozeß durch strukturelle Vielfalt gekennzeichnet sein dürfte, werden für das Erreichen europäischer Stabilität die Zuordnung und Koordinierung aller dieser Strukturen in einem sich in seinen Komponenten ergänzenden Verbundsystem entscheidend sein.

VI. Schlußbemerkungen

In Anbetracht der schwierigen und komplexen politischen Rahmenbedingungen und Strukturen nach Überwindung der Ost-West Konfrontation entwickelt sich die Sicherstellung von Stabilität in Europa zu einer komplizierten und anspruchsvollen Aufgabe. Generell erfordert Stabilität unter diesen Voraussetzungen den Aufbau eines politisch, wirtschaftlich und militärisch ausgewogenen, multilateralen Systems in Europa, das allen Mitgliedsstaaten weitgehend gleiche Voraussetzungen und Entwicklungsmöglichkeiten bietet. Vergleicht man diese Zielsetzung mit der heutigen europäischen Realität, so zeigen sich nicht nur die Größenordnungen der Aufgabenstellung, sondern auch die Schwerpunkte, an denen vorrangig Maßnahmen zur Stabilisierung ansetzen müssen. Vor dem Hintergrund der umfassenden Probleme und Aufgaben können relativ einfache, vorwiegend sicherheitspolitisch ausgerichtete Stabilitätskonzepte der langfristigen und ambitiösen Zielsetzung nicht mehr gerecht werden. Realistische konzeptionelle Ansätze müssen vielmehr das gesamte Spektrum der Stabilisierungserfordernisse in Europa abdecken. Diesen Bedingungen kann letztlich nur mit einem politisch breit angelegten Stabilisierungskonzept und einem Netzwerk sich ergänzender Strukturen und Maßnahmen in den verschiedenen politischen Teilbereichen entsprochen werden. Dabei dürfen sich die einzelnen Komponenten nicht konzeptionell verselbständigen, sondern müssen miteinander koordiniert und in ihrer Gesamtheit auf optimale Stabilisierungswirkung ausgerichtet werden. Da aus heutiger Sicht auch weiterhin mit einer relativ instabilen politischen Lage in Europa gerechnet werden muß, bedarf die Wirkung stabilisierender Aktionen permanenter und kritischer Überwachung, um stabilisierende Maßnahmen rechtzeitig veränderten Rahmenbedingungen anpassen oder auch Handlungsschwerpunkte verlagern zu können.

Insgesamt kann unter den gegebenen Voraussetzungen davon ausgegangen werden, daß europäische Stabilität nur schrittweise und über lange Zeiträume erreichbar sein wird; selbst die Herstellung einer brauchbaren Ausgangsbasis hierfür wird kurzfristig kaum zu realisieren sein. Diesen politischen und konzeptionellen Rahmenbedingungen und Konsequenzen steht in der europäischen Realität der politisch und zeitlich dringliche Stabilisierungsbedarf gegenüber. Ohne schnelle und wirksame Stabilisierungsmaßnahmen, vor allem auf allgemein-politischem und wirtschaftlichem Gebiet, besteht in Europa die Gefahr erneuter, wenn auch verglichen mit der Vergangenheit in Ausmaß und Art unterschiedlicher Konfrontationen. Die Auflösung dieses Dilemmas stellt zweifellos die im Rahmen des europäischen Stabilisierungsprozesses vordringlich zu lösende Aufgabe dar. Erfolg oder Versagen bei der Lösung dieser Aufgabe dürften gleichzeitig zum Lackmustest für die weiteren Chancen europäischer Kooperation und Stabilisierung werden.

8. Zur Bedeutung militärischer Kräfteverhältnisse im künftigen Europa

Hans-Dieter Lemke

Zur Diskussion stehen die beiden differenzierbaren militärischen Kräftekonstellationen, die in den internationalen Beziehungen auftreten können: *Ungleichgewicht* und *Gleichgewicht*. Während ein Ungleichgewicht das Verhältnis zwischen (wenigstens einer) *überlegenen* und (einer oder mehreren) *unterlegenen* Militärmächten bezeichnet, bestehen militärische Gleichgewichte in der Regel zwischen zwei Akteuren, die entweder über annähernd gleichstarke Potentiale oder sich wechselseitig neutralisierende Handlungsoptionen verfügen. *Formen* militärischer Gleichgewichte sind die numerische Parität als klassisches Modell, das Gleichgewicht der Optionen und das Gleichgewicht durch Überlegenheit der Verteidigung.

Die *Feststellung*, ob ein Gleichgewicht oder ein Ungleichgewicht vorliegt, kann in Grenzfällen schwierig sein, denn immer sind meßbare quantitative und schwer einzuschätzende qualitative Faktoren zu berücksichtigen. Militärische Kräftevergleiche, die sich ausschließlich auf numerisch quantifizierbare Relationen stützen, sind deshalb von eingeschränktem Wert.

Die *Bewertung* der Rolle, die militärische Ungleichgewichte und Gleichgewichte in den internationalen Beziehungen spielen, ist der hauptsächliche Gegenstand dieser Abhandlung. Sie muß sich daran orientieren, inwieweit Kräfteverhältnisse die Sicherheit individueller politischer Akteure und die Stabilität der friedlichen Beziehungen zwischen den politischen Akteuren in einer gegebenen Region fördern oder gefährden.[1] Die politischen Rahmenbedingungen stehen notwendigerweise im Vordergrund der Analyse.

I. Sicherheit, Stabilität und Kräfteverhältnisse: Theoretische Aspekte

1. Militärische Kräfteverhältnisse im politischen Kontext

Die sicherheits- und stabilitätsbildende Bedeutung der Relationen zwischen den militärischen Potentialen individueller Akteure ist abhängig von den politisch-strategischen Rahmenbedingungen, die die internationalen Beziehungen in einer gegebenen Region prägen. Drei Grundkonstellationen lassen sich für analytische Zwecke differenzieren.

---

1 In dieser Abhandlung wird von folgenden Begriffsbestimmungen ausgegangen: *Stabilität* besteht, wenn Staaten oder Koalitionen keinen politischen Anreiz oder keine militärische Möglichkeit sehen, außenpolitische Ziele durch die Anwendung militärischer Gewalt durchzusetzen. *Sicherheit* bezeichnet den Zustand gewährleisteter Existenz und selbstbestimmter Handlungsfreiheit individueller politischer Akteure.

- Wo Interessenidentitäten latente oder offensichtliche Interessenunterschiede verdrängen und ihren Ausdruck beispielsweise in internationalen Zusammenschlüssen souveräner Staaten finden (NATO; EG) und wo das internationale Völkerrecht die Grundlagen nationaler bzw. gemeinschaftlicher Politik bestimmt (so in den Beziehungen zwischen gefestigten Demokratien), ist der Konfliktaustrag mit militärischen Mitteln in der Regel unnötig, untauglich oder unmöglich. Das dauerhaft friedliche, wenn auch durchaus nicht konkurrenzfreie Nebeneinander militärisch unterschiedlich starker, in Koalitionen organisierter wie nicht-organisierter Staaten im mittleren und westlichen Europa zeigt, daß den militärischen Kräfteverhältnissen zwischen nationalen Akteuren im Falle hochgradiger Zusammenarbeit oder gleicher Wertvorstellungen keine sicherheits- und stabilitätsbildende Funktion zukommt.
- Unter offenen Bedingungen, die weder von einbindender Kooperation noch von konfliktträchtigen Interessengegensätzen geprägt werden, kann maßgeblich sein, welcher Akteur über welche Militärmacht verfügt. Die gegenwärtige Anerkennung der NATO als Stabilitätsfaktor für ganz Europa durch die Mehrheit der europäischen Staaten einschließlich der Republiken der ehemaligen UdSSR belegt, daß überlegene militärische Stärke in der Hand ausgewiesener demokratischer Regime nicht als Gefährdung empfunden wird. Militärmacht in der Verfügungsgewalt diktatorisch regierter bzw. politisch instabiler Staaten oder Koalitionen, in deren Einflußbereich es häufig zu zwischenstaatlichen Spannungen kommt, ist dagegen grundsätzlich kritisch zu bewerten.
- Unter manifest konfrontativen Bedingungen, in denen offene, meist ideologisch oder historisch begründete Interessenkonflikte zur Gewaltanwendung eskalieren können, sind militärische Potentiale und also auch die Relationen zwischen ihnen immer relevant. Solange politische Lösungen für Ausgleich und Entspannung nicht greifen, gilt militärische Macht, aus der Sicht jedes Akteurs, als notwendige und zuverlässige Sicherheitsgarantie - eine traditionelle Perzeption, die oft genug das Streben nach überlegener militärischer Stärke begründet und in der Konsequenz zu Rüstungswettläufen und kontinuierlichen Verschärfungen der Situation geführt hat.

Tatsächlich kann allein eine zweifelsfrei bestehende militärische *Überlegenheit* ein Höchstmaß an strategischer Handlungsfähigkeit und damit an Sicherheit gewährleisten. Mehr Sicherheit (durch Überlegenheit) einer Seite bedeutet zwangsläufig weniger Sicherheit des oder der (unterlegenen) Opponenten; hier gelten die Regeln eines Nullsummenspiels. Da sich der militärisch Überlegene zur politischen Pression sowie zur Androhung oder Realisierung militärischer Gewaltanwendung verleiten lassen und in einem bewaffneten Konflikt den Sieg erringen kann, muß die Konfrontation mit einem militärisch übermächtigen Kontrahenten als existentielle Sicherheitsgefährdung empfunden werden, und zwar in der Regel um so mehr, je deutlicher das Kräftegefälle ausgeprägt ist. Auf Dauer wird sich deshalb kein politischer Akteur mit einer eindeutigen militärischen *Unterlegenheit* abfinden können. Verzichtet er, aus freiem Entschluß oder durch die Umstände erzwungen, darauf, den Überlegenen in Ausnutzung einer günstigen Lage in einem Präemptivangriff niederzuwerfen oder nach eigener Überlegenheit zu streben, wird er seine Politik auf die Herstellung eines militärischen Gleichgewichts richten müssen. Von der politisch-strategischen Situation in seiner Region und von den eigenen Ressourcen wird abhängen, welche Gleichgewichts*form* anzustreben wäre.

2. Das numerische Gleichgewicht (Parität)

Parität, ein objektiver Zustand, besteht bei numerisch quantifizierbarer Gleichheit der Militärpotentiale zwischen den zu vergleichenden Staaten bzw. Koalitionen. Die unmittelbar verfügbaren, die im Bedarfsfall mobilisierbaren und gegebenenfalls die rekonstituierbaren Kräfte sind einzubeziehen.

Gleichheit der Potentiale gewährleistet *gleiche Sicherheit* und muß insoweit aus der Sicht eines Unterlegenen jeder Ungleichgewichtssituation vorzuziehen sein. Die Kriegsgeschichte zeigt aber, daß Angriffskriege und -operationen unabhängig davon gewonnen oder verloren worden sind, ob sie aus einer Position der Überlegenheit oder der Unterlegenheit des Angreifenden eröffnet und geführt wurden. Numerische Kräfteverhältnisse allein haben also offensichtlich nicht immer eine entscheidende Bedeutung für den Ausgang militärischer Auseinandersetzungen. Oft sind es vielmehr qualitative Faktoren, die über Erfolg oder Mißerfolg militärischer Operationen entscheiden. Dazu gehören die Leistungsfähigkeit von Waffen und Führungsmitteln, die Motivation und der Ausbildungsstand der Truppe, insbesondere aber die Befähigung der militärischen Führer, Initiative und Überraschung zu nutzen sowie die erforderlichen Kräfte zur richtigen Zeit, am richtigen Ort und zum entscheidenden Zweck zu konzentrieren. Solche *force multipliers* entziehen sich in der Regel jeder zuverlässigen Berechenbarkeit.

Wenn schon eine Überlegenheit des Angegriffenen, von extremen Ungleichgewichtssituationen einmal abgesehen, nicht zuverlässig vor militärischen Niederlagen schützt, kann es Kräfteparität noch weniger. Gleiche Sicherheit durch Gleichheit der Kräfte kann also nicht mit Sicherheit im Sinne einer absoluten Kategorie gleichgesetzt werden. Kurz: Eine Formel *Parität = Sicherheit* kann nicht gelten.

Numerische Kräfterelationen spielen aber auch für *Stabilität* als Maß für die Abwesenheit von Kriegsgefahr in einer Region keine entscheidende Rolle. Ein Akteur, der zur Gewaltanwendung grundsätzlich entschlossen ist, wird nicht auf diese Option verzichten, solange er seine militärischen Mittel nach Quantität und Qualität für die Realisierung einer definierten strategischen oder operativen Zielsetzung als ausreichend erachtet. Es ist nur scheinbar paradox, daß numerische Parität zwischen antagonistischen Kontrahenten eine zumindest ebenso problematische Konstellation ist wie eine Disparität, denn: (a) Parität allein, insbesondere auf hohem Niveau, beseitigt nicht die grundsätzliche Offensivfähigkeit der Parteien; (b) Parität auf niedrigem Niveau kann zu einer Unterschreitung der Kräfteumfänge führen, die für die Unterhaltung einer glaubhaften und deshalb tendenziell abschreckenden Verteidigungsfähigkeit benötigt werden; (c) schließlich kann Potentialparität die Kontrahenten in einer Krise geradezu einladen, einen strategisch entscheidenden Vorteilsgewinn durch militärische Präemptivaktionen zu suchen. Eine Formel *Parität = Stabilität* gilt also ebenfalls nicht.

Gleiche Sicherheit mit vergleichbaren Sicherheitsrisiken für die Beteiligten, aber tendenziell kein Mehr an Stabilität in ihrer Region - so lassen sich die Vor- und Nachteile eines reinen Paritätsregimes im Vergleich mit einem Ungleichgewichtsmodell zusammenfassen. In anderen Worten: Unter konfrontativen Bedingungen ist ein numerisches Gleichgewicht ebenso wenig eine Stabilitäts- wie eine Sicherheits*garantie*. Insoweit wäre Parität gegenüber einem Ungleichgewicht allenfalls als das kleinere Übel anzusehen.

Diese Bewertung lag übrigens auch dem VKSE-Ansatz zugrunde, in dem die Herstellung von Paritäten bei ausgewählten, vorrangig offensiv verwendbaren Waffensystemen nur eine der Zielsetzungen war. Erst die Verbindung des Paritätsansatzes mit einem Regionalkonzept sowie mit der Festlegung von Stationierungs- und Suffizienzregeln führte zu einem komplizierten Regelwerk aufeinander abgestimmter Maßnahmenkategorien, das bei fortdauernder Blockkonfrontation tatsächlich eine graduelle Verbesserung der militär-strategischen Lage hätte bewirken können. Allerdings war der wichtigste und wirklich greifbare Zugewinn aus westlicher Sicht eine Verlängerung der strategisch-operativen Warnzeit, die mehr Spielraum für militärische Vorbereitungen und politische Lösungsversuche einräumt.

Für eine vergleichende Bewertung numerischer Parität versus Disparität ist schließlich von Bedeutung, ob Gleichheit der Kräfte schon immer bestanden hat oder ob sie erst im Rahmen verhandelter Rüstungskontrolle geschaffen worden ist. Im zweiten Fall sind es vorrangig die politischen, in der Regel auf Entspannung und Ausgleich gerichteten Absichten der Verhandlungspartner und ihre Manifestation in einem kooperativen Prozeß, denen eine eminente sicherheits- und stabilitätsbildende Funktion zukommt, denn dieser Prozeß kann das Ende einer traditionellen Konfrontation bedeuten und zu erweiterter Zusammenarbeit in anderen Politikbereichen überleiten. Dem Ergebnis des Prozesses, also dem Paritätsregime selbst, kommt demgegenüber vorrangig eine Beleg- und Absicherungsfunktion zu, in der es freilich nur wirksam sein kann, solange kein Rückfall in konfrontative Verhältnisse erfolgt.

Daraus ergibt sich, daß ein kooperativ entwickeltes militärisches Paritätsregime jeder natürlichen, historisch gewachsenen Kräftekonstellation vorzuziehen ist. Nun müssen aber Verhandlungen über Rüstungsbegrenzungen zwischen militärisch ungleichen Partnern nicht zu paritätischen Lösungen führen; im Falle einer extremen Ungleichgewichtssituation wäre auch deren Festschreibung auf niedrigerem absoluten Niveau bei verringertem Gefälle zwischen den ungleichen Potentialen bereits ein Ergebnis verbesserter politischer Beziehungen, auf die es im Interesse von Sicherheit und Stabilität vor allem ankommt. Es dürfte also gelten, daß grundsätzlich jedes *verhandelte* numerische Kräfteverhältnis wirksamer ist als historisch gegebene Konstellationen.

3. Das Gleichgewicht der Optionen

Angesichts der deutlichen Überlegenheit der konventionellen Streitkräfte des WP über die der westlichen Verteidigungsallianz richtete sich die Politik der NATO im militärischen Bereich auf die Herstellung und Bewahrung eines "Gleichgewicht(s) der militärischen Handlungs- und Reaktionsmöglichkeiten",[2] das sich auf die "Triade" aus konventionellen Streitkräften, nuklearen Kurz- und Mittelstreckenwaffen sowie nuklear-strategischen Waffen stützte. Das wichtigste Kriterium, nämlich die Glaubhaftigkeit der Befähigung, dem potentiellen Angreifer einen in keinem vertretbaren Verhältnis zu den möglichen Resultaten seiner Aggression stehenden Schaden zufügen zu können, setzte freilich die Verfügbarkeit angemessener, also qualitativ geeigneter und quantitativ ausreichender nuklearer Potentiale voraus.

Dieses Gleichgewicht, das übrigens als solches immer nur von der westlichen Allianz bezeichnet und verstanden wurde, hatte in der bipolaren Ordnung des Kalten Krieges und unabhängig von wechselnden numerischen Disparitäten bei einzelnen Teilpotentialen Bestand. Es kann insoweit als eine der wenigen militärischen Kräftekonstellationen angesehen werden, die sich unter konfrontativen Bedingungen historisch bewährt haben. Als Modell für allgemeine Stabilitätssicherung in einem multipolaren Umfeld kann es jedoch nicht gelten: Die Gefahr nuklearer Auseinandersetzungen wächst zwangsläufig mit der Anzahl der Nuklearstaaten, denn der verantwortungsvolle Umgang mit Nuklearwaffen darf nicht bei jedem internationalen Akteur vorausgesetzt werden. Die Verhinderung der Proliferation von Massenvernichtungswaffen ist und bleibt deshalb eine vorrangige sicherheitspolitische Aufgabe der Gegenwart und der Zukunft. Das auf nuklearer Abschreckung beruhende Gleichgewicht der Optionen sollte in Europa eine einmalige Konstellation bleiben.

---

2 So u.a. in: Weißbuch 1985. Zur Lage und Entwicklung der Bundeswehr. Im Auftrage der Bundesregierung hrsg. vom Bundesminister der Verteidigung, Bonn, 19.6.1985, Ziff. 8.

4. Das Gleichgewicht durch Überlegenheit der Verteidigung

Wie das Gleichgewicht der Optionen setzt auch das denkbare, in der militärischen Praxis nicht realisierte und deshalb historisch nicht überprüfbare Gleichgewicht durch Überlegenheit der Verteidigung (oder auch: Gleichgewicht durch gesicherte Gegenoptionen) auf glaubhafte Erfolgsverweigerung. Es ist ein Modell für nichtnukleare Bedingungen. Es erfordert die Sicherstellung einer eindeutigen Überlegenheit der konventionellen Verteidigung gegenüber jedem möglichen konventionellen Angriff. Dabei wird angenommen, daß sie durch eine strikt defensiv orientierte, auf Hinlänglichkeit optimierte Ausstattung und Strukturierung der Streitkräfte unter erkennbarer Beschränkung der strategisch-operativen Invasions- und Aggressionsfähigkeit erreicht werden kann.[3]

Falls Überlegenheit der Verteidigung unter den konkreten Bedingungen der Praxis herstellbar ist, könnte mit einer unilateralen Strukturveränderung die *Sicherheit* potentieller Kontrahenten tatsächlich signifikanter gestärkt werden, als es mit ausschließlich quantitativen Veränderungen gegebener Kräfteverhältnisse möglich wäre. Problematisch bleibt indessen, daß ein Angreifer im für ihn ungünstigsten Fall nur das Scheitern seiner Aggression befürchten müßte, denn der auf die Defensive optimierte Verteidiger verliert mit seiner Aggressionsfähigkeit auch die Vergeltungsfähigkeit. Das Risiko eines Mißerfolgs mag nicht immer ausreichen, Aggressoren abzuschrecken. Deshalb muß es als zweifelhaft angesehen werden, daß der einseitige Übergang zu defensiven Streitkräftestrukturen die *Stabilität* in einer Region mit hinreichender Zuverlässigkeit gewährleisten könnte.

Für den Übergang aller Akteure einer Region auf Defensivstrukturen, der nur als Ergebnis eines kooperativen Rüstungskontrollprozesses denkbar wäre, scheint dagegen noch weniger zu sprechen. Zum einen, weil Vereinbarungen derart tiefgreifenden Charakters ein besonders hohes Maß an Kooperationsbereitschaft und gegenseitigem Vertrauen voraussetzten, das, wenn es denn tatsächlich bestehen sollte, einen so komplizierten Ansatz erübrigen dürfte. Allgemeine und drastische Potentialreduzierungen wären leichter zu vereinbaren, umzusetzen und zu verifizieren,[4] und würden überdies auch ausreichen, solange der Wille zur Kooperation trägt. Zum anderen, weil es bei einem Rückfall in konfrontative Bedingungen unter sicherheits- wie stabilitätstheoretischen Gesichtspunkten letzten Endes gleich-

---

3 Zahlreiche Modelle sind im Rahmen der Diskussionen über "alternative Strategien" in den 70er und 80er Jahren entwickelt worden. Im Prinzip sehen sie den weitgehenden Ersatz der schweren, mechanisierten Kampfverbände, mit denen alle modernen Armeen überwiegend ausgestattet sind, durch leichte, ungepanzerte Infanteriekräfte vor sowie drastische Beschränkungen der Luftangriffsmittel.

4 Diese Überlegung geht zurück auf einen Hinweis von Erich *Weede*, Beyond Pax Atomica: Is Conventional Stability Conceivable? Does Tension-Reduction Matter?, in: Reiner K. *Huber* (Hrsg.), Military Stability. Prerequisites and Analysis Requirements for Conventional Stability in Europe, Nomos Verlagsgesellschaft: Baden-Baden, 1990, S. 51-63 (56).

gültig wäre, ob die Streitkräfte der potentiellen Gegner überwiegend defensiv oder offensiv strukturiert sind. Denn wenn alle Kontrahenten über gleichartige Potentiale verfügen, sind militärische Offensivoperationen grundsätzlich durchführbar.

5. Fazit

Unter manifesten oder potentiell konfrontativen Bedingungen, in denen militärische Kräfteverhältnisse allein von Bedeutung sein können, scheinen eine eindeutige militärische Überlegenheit oder die Verfügbarkeit ausreichender Nuklearpotentiale am ehesten Garanten der Sicherheit individueller Akteure zu sein. Da alle Staaten zugleich weder überlegen sein können, noch über nukleare Waffen verfügen sollen, muß jede Sicherheitspolitik, die auf die Förderung oder Gewährleistung *allgemeiner* Sicherheit und zuverlässiger Stabilität in einer bestimmten Region abzielt, kooperativ angelegt werden und über die militärische Dimension hinausgreifen. Ihr Ziel wird die Überwindung existentieller Konfrontationen selbst sein müssen, also der Interessenausgleich durch Kompromißbildung und die Einbindung aller potentiellen Kontrahenten in ein von vielfältigen Abhängigkeiten geprägtes System möglichst enger Kooperation in allen Politikbereichen.

II. Militärische Kräfteverhältnisse in der europäischen Praxis

Eine zuverlässige Prognose, die Grundlage künftigen sicherheitspolitischen Handelns werden könnte, verbietet sich, solange Ungewißheit über die spätere Sicherheitsordnung Europas die einzige Konstante bleibt. Die Typologie der möglichen europäischen Grundkonstellationen läßt sich jedoch mit hinreichender Plausibilität auf drei Modelle eingrenzen, deren politische Strukturen vorrangig von der Entwicklung abhängen, die die Staaten des vormaligen WP, insbesondere der ehemaligen UdSSR, nehmen werden.

1. Multipolarität: Das Feld der begrenzten Konfliktmöglichkeiten

Paradoxerweise haben die bislang erfolgreichsten europäischen Verhandlungsprozesse, wie sie sich im KSE-Vertrag, im Wiener Dokument 1990 und in der Pariser Charta für ein neues Europa manifestieren, zumindest vorerst nicht ein Mehr an Stabilität auf dem Kontinent bewirkt, sondern im Gegenteil die Ausbildung neuer und gefährlicherer Instabilitäten gefördert. Die Aufgabe, die als unmittelbare Folge der Auflösung von WP und UdSSR in Mittel- und Osteuropa entstehenden neuen militärischen Kräftekonstellationen und wieder erwachenden Nationalismen als Quellen potentieller Regionalkonflikte einzudämmen, stellt Europa vor Herausforderungen, von denen noch nicht abzusehen ist, wie sie zu bestehen sein werden.

Während der Paritätsansatz im Rahmen der KSE-Verhandlungen mit der Zielsetzung, gleiche Sicherheit für NATO und WP zu schaffen, noch sinnvoll war, ist mit dem Ende der bipolaren Ost-West-Konstellation auch die Grundlage für eine Bestimmung sicherheits- und stabilitätsfördernder militärischer Kräfteverhältnisse weggefallen. Das schafft Probleme unter anderem für die Streitkräfteplanung wie für die Konzipierung zukünftiger Rüstungskontrollverhandlungen, wenn sie auf weitergehende Potentialreduzierungen im gesamteuropäischen Rahmen zielen sollen. Neue Maßstäbe müßten gesetzt werden, die zugleich in der multipolaren und dynamischen (Un-)Ordnung des Übergangs gelten und das Ergebnis der gegenwärtig ablaufenden, den ganzen Kontinent erfassenden politischen Gestaltungsprozesse antizipieren können. In einem Umfeld, das mehr von Variablen als von Konstanten sowie von einer Vielzahl unterschiedlicher, oft noch nicht einmal ausformulierter Nationalinteressen beherrscht und damit absolut unzureichend definiert ist, dürften einheitliche Maßstäbe aber schwer zu finden sein.

In dem Maße, in dem es künftig in gemeinsamen Anstrengungen gelingen kann, den Ländern des ehemaligen WP zu einem Erfolg ihrer politischen und ökonomischen Reformprozesse zu verhelfen und sie als friedliche Mitglieder in die europäische Völkerfamilie zu integrieren, dürften die militärischen Aspekte von Sicherheit und Stabilität eine zunehmend nachgeordnete Rolle spielen. Bis auf weiteres wird das Denken in *worst-case*-Kategorien aber nicht als obsolet abzulehnen sein, denn militärische Macht wird trotz abnehmenden Gewichts auch weiterhin eine sicherheits- und stabilitätsbeeinflussende Rolle in den europäischen zwischenstaatlichen Beziehungen spielen. Positive und konstruktive Gestaltung ist notwendig. Deshalb stellt sich unverändert die Frage, ob und mit welchen Zielsetzungen sowie nach welchen Kriterien Rüstungskontrollverhandlungen zum Zweck einer weiteren Absicherung von Stabilität und Sicherheit auf dem Kontinent sinnvoll *und* möglich sind.

Die Entlastung nationaler Budgets von situationsgemäß überhöhten Rüstungsausgaben ist eine Zielsetzung, die vorrangige Bedeutung erlangen kann. Sie setzt allerdings die friedliche Evolution der innerstaatlichen Ordnungen im östlichen Europa sowie der zwischenstaatlichen Beziehungen voraus. Wie ressourcensparende Potentialbegrenzungen zustande kommen, ist an sich gleichgültig. Eine vertragliche Absicherung hätte den Vorteil, justitiabel zu sein und tendenziell tragfähiger im internationalen Beziehungsgeflecht. Falls sich die Festlegung geeigneter Maßstäbe in einem multipolaren Umfeld aber als zu schwierig erweist oder falls sie unter den Bedingungen zunehmender Kooperation und allgemeiner Verflechtungen in allen Politikbereichen ihre Bedeutung verliert, dürften politisch verbindliche und verifizierbare Selbstverpflichtungen ein praktikabler Weg sein und durchaus genügen.

Wenn, wie es nunmehr zu erwarten ist, die unterschiedlich leistungsstarken Nachfolgestaaten der ehemaligen UdSSR die Aufstellung eigener Streitkräfte durchsetzen, werden auf dem Territorium der früheren Sowjetunion militärische Ungleichgewichte entstehen und die Gefahr bewaffneter Konflikte erhöhen, die sich als Folge der Vielfalt und Sprengkraft ungelöster und nur langfristig lösbarer interner und zwischenstaatlicher Probleme ergeben können. Angesichts der geostrategisch bedingten unterschiedlichen Sicherheitsbedürfnisse der einzelnen Republiken werden diese Disparitäten zu einem späteren Zeitpunkt zwar modifiziert, kaum aber beseitigt werden können. Schließlich ist Rußland real, und nicht nur in seinem eigenen historischen Bewußtsein, die natürliche Vormacht in diesem Teil der Welt, der ein militärisches Übergewicht gegenüber ihren Nachbarn billigerweise nicht verwehrt werden kann. Im übrigen hat der Westen mit seinem Eintreten für die Zusammenführung aller ehemals sowjetischen Nuklearpotentiale unter russischer Kontrolle Moskau bereits als militärisch potente Ordnungsmacht in diesem krisengefährdeten Raum akzeptiert. Ob Rußland die Rolle ausfüllen will und kann, bleibt zunächst dahingestellt.

Aus gegenwärtiger Sicht erscheint eine externe militärische Einflußnahme auf konfliktträchtige Entwicklungen im Gebiet der ehemaligen Sowjetunion kaum vorstellbar, wenigstens solange ein Übergreifen auf andere europäische Länder nicht befürchtet werden muß. Während eine Implementierung der Bestimmungen des KSE-Vertrags durch die postsowjetischen Republiken ein Erfolg für Europa wäre, bliebe sie doch ohne maßgebliche Auswirkungen auf die militärischen Kräfteverhältnisse zwischen ihnen. Lösungen für die Entschärfung der unvermeidbaren militärischen Ungleichgewichte sowie für die Verhütung oder Eindämmung militärischer Konflikte werden die betroffenen Staaten also untereinander selbst finden müssen. Bevor zusätzlich zu oder im Zusammenhang mit politischen Maßnahmen des Ausgleichs und der Zusammenarbeit an weiterreichende verhandelte Rüstungskontrolle gedacht werden kann, bleiben jedoch die Ergebnisse der Systembildungsprozesse und der militärischen Umstrukturierungen in den Ländern der ehemaligen Sowjetunion nolens volens abzuwarten.

Regionalen Lösungen wäre dann der Vorrang vor einem gesamteuropäischen Prozeß zu geben. Nachdem das Konzept der GUS als dauerhafte Einrichtung als gescheitert gelten kann, könnte die Option für eine der NATO vergleichbare, östliche Verteidigungsallianz souveräner Staaten noch bestehen. Sie dürfte für die Region wie für den Kontinent die beste derzeit denkbare Lösung sein.

Wahrscheinlich werden militärische Ungleichgewichte beiderseits der Westgrenze der ehemaligen UdSSR zunächst und auch auf weite Sicht unabhängig davon bestehen bleiben, ob in Osteuropa ein Verteidigungsbündnis oder dezentralisierte Streitkräfte in ausschließlicher Verfügungsgewalt der postsowjetischen Republiken realisiert werden. Von den gesamteuropäischen politischen Rahmenbedingungen wird es abhängen, insbesondere von der Entwicklung der Beziehungen zwischen NATO/Westeuropa und den ehemaligen WP-Ländern, wie die konkreten Disparitäten dann zu bewerten sind.

Eine Einbindung aller Staaten mit gemeinsamen Grenzen in diesem Raum in einen sicherheits- und stabilitätsfördernden Rüstungskontrollprozeß dürfte jedenfalls zweckmäßig sein. Regionale Lösungen wären wohl auch hier organisatorisch einfacher und substantiell adäquater als ein gesamteuropäischer Ansatz. Die Vereinbarung regionalspezifischer VSBM dürfte eher unproblematisch sein und deshalb im Vordergrund eines Verhandlungsprozesses stehen. Mit einer allseitigen Bereitschaft zu Potential*reduzierungen* wäre dagegen unmittelbar nach einer Reorganisation der früheren sowjetischen Streitkräftestrukturen möglicherweise nicht zu rechnen.

Nach der Auflösung des WP ist der Balkan (wieder) zu einer potentiell besonders instabilen Region Europas geworden. Nationale Demokratisierungsprozesse sind nicht abgeschlossen, ihr Erfolg ist nicht garantiert; ökonomische und soziale Unzulänglichkeiten verschärfen historisch begründete und nur vorübergehend verdrängte Nationalitätengegensätze, die überdies, mentalitätsbedingt, leicht zu internen oder internationalen bewaffneten Auseinandersetzungen führen können. Vorläufig kann nicht davon ausgegangen werden, daß das Beispiel Jugoslawiens ein Einzelfall bleibt.

Abgesehen von Albanien, einem der kleinsten Länder Europas, und dem ehemaligen Jugoslawien, dessen endgültige politische und militärische Gestaltung noch offen ist, bestehen ungefähre numerische Gleichgewichte zwischen den militärischen Potentialen der übrigen Staaten.[5] Diese Situation könnte durch die Vereinbarung von Potentialbegrenzungen quantitativ verändert, aber qualitativ kaum verbessert werden. Da Paritäten allein nicht geeignet sind, Stabilität zu gewährleisten, dürfte auch auf dem Balkan gezielten, bi- oder multilateral vereinbarten VSBM besondere Bedeutung zukommen, wie beispielsweise Stationierungsbegrenzungen für offensiv verwendbare Truppen in definierten grenznahen Räumen.[6] Allerdings ist die praktische militärische Bedeutung solcher Maßnahmen immer geringer als ihr politischer Wert.

---

5 Nach KSE-Kriterien darf vertraglich begrenztes Gerät in folgenden Stückzahlen erhalten bleiben: Ungarn - 3 663; Rumänien - 5 500; Bulgarien - 5 527; Griechenland - 6 815; Türkei - 10 231 (Quelle: *Institute for Defense and Disarmament Studies*, ViennaFax, 2 [28.5.1991], 5). Die numerischen Disparitäten werden durch geostrategische Bedingungen, insbesondere durch die Einbindung Griechenlands und der Türkei in die NATO sowie die Anbindung Ungarns an die Troika mit der CSFR und Polen, praktisch relativiert.

6 Dazu gab es bereits einen an Bulgarien und die Türkei gerichteten, aber nicht akzeptierten Vorschlag der griechischen Regierung vom Juli 1991.

2. Bipolarität: der Rekonstitutionsfall

Falls, in mittel- bis langfristiger Perspektive, die politischen und ökonomischen Transformationsprozesse auf dem Territorium der ehemaligen UdSSR scheitern und ein autoritär und zentral regierter Einheitsstaat nach dem Muster der alten Sowjetunion wiederauflebt, könnte Europa an Bug und Pruth erneut in einer der bisherigen prinzipiell vergleichbaren Ost-West-Konstellation gespalten werden. Wenn diese ungünstigste Entwicklung auch als unwahrscheinlich gelten kann, ist sie vorläufig nicht mit Gewißheit auszuschließen, und welche Außen- und Sicherheitspolitik ein neues Moskauer Zentralregime verfolgen würde, ist nicht vorhersehbar. Es ist deshalb ein Gebot sicherheitspolitischer Vorsicht, ein adäquates nukleares und konventionelles Gegengewicht zu einer in Osteuropa möglicherweise wiederentstehenden einheitlichen, potentiell bedrohlichen Militärmacht verfügbar zu halten.

Die Rolle des militärischen Gegengewichts wird einstweilen und unverändert die NATO übernehmen und dazu ein *dynamisches* Gleichgewicht der Optionen aufrechterhalten müssen. Ihre Streitkräfte werden so strukturiert sein müssen, daß sie flexibel und nach dem Maßstab der *Hinlänglichkeit* auf die Potentiale der Gegenseite hin und entsprechend der jeweiligen politisch-strategischen Lage optimiert werden können. Dazu sind Reaktions-, Mobilisierungs- und Verstärkungskräfte erforderlich; auch die Möglichkeit einer bedarfsgerechten Wiederaufstellung vorher reduzierter Potentiale muß erhalten bleiben.[7]

Theoretisch kann Hinlänglichkeit in konkreten Situationen Überlegenheit, ungefähre Parität oder auch kalkulierte Unterlegenheit erfordern bzw. ermöglichen. Die Wirksamkeit eines Gleichgewichts der Optionen beruht allerdings, neben der Verfügbarkeit ausreichender nuklearer Systeme, auf einem an der Bedrohung ausgerichteten Umfang der konventionellen Potentiale, mit denen nachhaltige Verteidigungsoperationen ohne einen erzwungenen Rückgriff auf Nuklearwaffen erkennbar möglich wären. Daraus folgt für die Praxis, daß eine deutliche Unterlegenheit unzureichend, Überlegenheit eine bessere Lösung als Parität wäre. Die konventionellen Streitkräfte der NATO sollten also in einem Konfliktfall möglichst stark sein können. Die Bewertung, welche Kräfterelation hinreichend wäre, hinge im konkreten Fall allerdings auch von dem zu erwartenden Verhalten der mittelosteuropäischen Staaten im Fall einer Aggression von Osten her ab.

---

7 Die Entwicklung im Gebiet der ehemaligen UdSSR müßte militärisch schon sehr bedrohlich erscheinen, bevor sich die westlichen Demokratien zu einer Wiederverstärkung ihrer vertraglich reduzierten militärischen Potentiale entschließen könnten. Eine solche Entscheidung dürfte leichter durchzusetzen sein, wenn sich die Verstärkungen in einem Rahmen hielten, der durch internationale Vereinbarungen vorgegeben ist. Es könnte also politisch klug sein, die mit dem KSE-Vertrag gesetzten materiellen Obergrenzen zunächst nicht in weiteren Abrüstungsverhandlungen abzusenken.

In diesem hypothetischen, neuerlich bipolaren Szenario dürfte der Versuch notwendig werden, einen Rüstungswettlauf zwischen einer neuen Sowjetunion und der Koalition, in der das Gegengewicht dann organisiert ist, durch gemeinsam ausgehandelte Streitkräftebegrenzungen zu verhindern. Eine Neuauflage des kooperativen Rüstungskontrollprozesses der 80er Jahre wäre dann ein adäquater Ansatz, in dem auch der im KSE-Prozeß verfolgte Paritätsansatz erneut zum Tragen kommen könnte.

3. Das Modell hochgradig geordneter Kooperation

Wenn die Transformationsprozesse in den Ländern des ehemaligen WP und der früheren UdSSR erfolgreich verlaufen, kann sich die neue europäische Ordnung in langfristiger Perspektive in einer kooperativen, durch vielfältige Interessenidentitäten und umfassende Interdependenzen verfestigten und deshalb sich selbst tragenden, stabilen Grundstruktur manifestieren. Die Zweckbestimmung militärischer Macht wird dann in einer späten Adaptierung der Grundzüge des Sorin-McCloy-Ansatzes von 1961 auf drei Aufgaben reduziert werden können: (a) die Aufrechterhaltung der Ordnung im Innern durch die Wahrnehmung von Polizeiaufgaben, (b) die Gewährleistung der Sicherheit Europas gegenüber Gefährdungen aus angrenzenden außereuropäischen Regionen, und (c) die Unterstützung weltweiter militärischer Missionen der Vereinten Nationen.

In einem derartigen gesamteuropäischen kollektiven Sicherheitsystem dürfte es im militärischen Bereich um Fragen des Kräftebedarfs für die Aufgabenerfüllung und der Lastenteilung für seine Deckung gehen. Sollte es dann noch nationale (statt gemeinsamer europäischer) Streitkräfte geben, wären militärische Kräfteverhältnisse für die interne Stabilität und Sicherheit Europas so wenig von Bedeutung wie schon seit langem in den Beziehungen zwischen den in NATO, EG bzw. EFTA organisierten Staaten.

4. Fazit

Unter den gegenwärtigen und bis auf weiteres fortbestehenden Bedingungen der multipolaren Realität in Europa sind militärische Ungleichgewichte, die als Folge der Umstrukturierung der ehemals sowjetischen Streitkräfte zwischen benachbarten Akteuren entstehen, nicht vermeidbar: eine Tatsache, mit der man leben muß und deren Konsequenzen nicht absehbar sind. Denn der Frieden in Mittelost- und Osteuropa wird allein von der Entwicklung der *politischen* Beziehungen zwischen den einzelnen Staaten bzw. Staatengruppen abhängen - übrigens ebenso im krisenträchtigen südosteuropäischen Raum, in dem überwiegend ausgeglichene militärische Kräfteverhältnisse vorherrschen. Die Überwindung nationaler Interessengegensätze, die zu zwischenstaatlichen Konflikten führen können, ist also die vorrangige Aufgabe.

An maßgebliche quantitative Veränderungen der militärischen Gegebenheiten wird erst danach und dann als unterstützende Maßnahmen zu denken sein. Die frühzeitige Entwicklung und Durchsetzung fallspezifischer militärischer VSBM kann allerdings dazu beitragen, den übergeordneten politischen Ausgleichsprozeß zu erleichtern und zu beschleunigen sowie bestehende Ungleichgewichte fürs erste erträglicher zu gestalten. In einem multipolaren Europa dürften dafür regionale Ansätze mehr Erfolg versprechen als der kontinentale Ansatz, der bisher im Rahmen der KSZE verfolgt worden ist.

9. Rekonstitution als Problem des multiinstitutionellen Krisenmanagements

Reinhard Wolf

I. Einleitung

Erst wenige Monate sind vergangen, seit sich der Warschauer Pakt aufgelöst hat und die Sowjetunion in ihre einzelnen Republiken zerfallen ist. Es mag daher anachronistisch anmuten, bereits heute wieder eine Aufwuchsstrategie der westlichen Staaten zu diskutieren. Dennoch ist gerade jetzt - während überall die präsenten Streitkräfte reduziert werden - zu untersuchen, wie diese Kräfte notfalls wiederhergestellt werden könnten. Für eine solche Analyse sprechen drei Gründe: Erstens muß sich der westliche Kräfteabbau unter anderem an der Fähigkeit orientieren, ausreichende Kräfte falls erforderlich rechtzeitig wiederherzustellen. Je elastischer und flexibler die westliche Aufwuchsstrategie ist, desto stärker können die präsenten Streitkräfte gekürzt werden. So betrachtet sind frühzeitig erstellte Aufwuchspläne kein Anzeichen unzeitgemäßen "Aufrüstungsdenkens", sondern die Voraussetzung verantwortungsbewußter Abrüstungspolitik. Zweitens führt Rekonstitutionsplanung potentiellen Aggressoren und Staaten mit hegemonialen Ambitionen vor Augen, daß sie weder einen Rüstungswettlauf noch einen militärischen Konflikt gewinnen können. Eine Aufwuchsstrategie dehnt somit die Abschreckung auf die Vorstufe militärischer Konkurrenz aus. Sie ist insofern auch eine Voraussetzung für wirksames Krisenmanagement. Schließlich erfüllt eine solche Strategie auch eine wichtige Funktion bei der Aufrechterhaltung der transatlantischen Sicherheitsbeziehungen. Rekonstitutionsplanungen werden auch künftig amerikanische Kräfte einbeziehen, die außerhalb Europas stationiert sind. Dies ermöglicht nicht nur eine massivere Verringerung europäischer Kräfte, es garantiert auch, daß die USA langfristig an der Sicherung des Friedens in Europa beteiligt sind.

Die Analyse der Erfordernisse einer Aufwuchsstrategie sollte sich primär an solchen Szenarien orientieren, die die westlichen Postures[1] besonders stark beanspruchen würden. Daher liegt den folgenden Überlegungen die Annahme zugrunde, daß die USA in den nächsten Jahren ihre in Europa stationierten Streitkräfte drastisch reduzieren und im wesentlichen nur noch kleinere Vorausabteilungen zurücklassen. Parallel dazu werden die europäischen NATO-Staaten ihre Streitkräfte weiter abbauen und ihre Sicherheitspolitik zunehmend im Rahmen der Europäi-

---

1 Für diesen amerikanischen Begriff gibt es keine deutsche Entsprechung. Er bezeichnet die Gesamtheit aller für ein militärisches System wichtigen materiellen und immateriellen Komponenten und schließt Strategie, Organisation, Ausrüstung und Bewaffnung, Taktik, Führungssystem und Operationsplanung ein.

schen Politischen Union (EPU) koordinieren. Als mögliche Herausforderungen für den Westen sind Konflikte sowohl innerhalb als auch außerhalb Europas zu betrachten. Innerhalb Europas muß der Westen fähig bleiben, den hegemonialen Ambitionen einzelner Mächte entgegenzutreten. Am gefährlichsten wäre in diesem Zusammenhang ein revisionistisches Rußland, aber auch weniger mächtige Staaten könnten durch eine aggressive Politik den Kontinent erheblich destabilisieren. Außerhalb Europas muß vor allem verhindert werden, daß eine modern gerüstete Regionalmacht die Kontrolle über den Persischen Golf erlangt oder die westliche Ölzufuhr unterbricht.

Unter "Wiederaufwuchs" (reconstitution) wird hier die Rückführung, Mobilisierung und Neuaufstellung von Verbänden verstanden, die deaktiviert oder aus Westeuropa abgezogen wurden. Es soll im folgenden untersucht werden, welche politischen Voraussetzungen für einen westlichen Kräfteaufwuchs gegeben sein müssen, wie hierfür die multilateralen Entscheidungsprozesse zu organisieren sind, welche materiellen Vorkehrungen für Rückführung und Mobilisierung erforderlich sind und wie Kommandostrukturen und -verfahren abgestimmt werden können. Abschließend wird erörtert, welche Implikationen diese Planungen für ein Konzept der "interlocking institutions" hätten. Industrielle Aufwuchserfordernisse können nur am Rande behandelt werden.[2]

II. Politische Voraussetzungen eines westlichen Kräfteaufwuchses

Staaten verstärken ihre Streitkräfte, wenn sie sich militärischen Bedrohungen gegenübersehen, die weder mit anderen Mitteln noch von anderen Staaten hinreichend eingedämmt werden können. Unmittelbar nach dem Zweiten Weltkrieg haben die Aufrüstung und die Expansionspolitik der Sowjetunion die westlichen Staaten davon überzeugt, daß sie ihre Sicherheit nur dann gewährleisten können, wenn sie gemeinsam ihre Streitkräfte ausbauen. Keine westliche Regierung konnte davon ausgehen, daß Moskaus Expansionsstreben nicht auch ihr Land gefährden würde, und keine konnte annehmen, daß sie die Einhegung sowjetischer Macht ganz auf andere Staaten abwälzen könnte. Diese prekäre Situation hatte allerdings den Vorteil, daß den meisten Wählern in den westlichen Staaten bewußt war, was auf dem Spiel stand. Insofern war die politische Legitimation westlicher Verteidigungsanstrengungen lange Zeit kein großes Problem.

Mit der Auflösung des Warschauer Paktes und dem Auseinanderbrechen der Sowjetunion hat sich diese Situation grundlegend gewandelt. Da keine konkrete Bedrohung mehr erkennbar ist, haben die NATO-Staaten ihre präsenten Kräfte stark abgebaut; weitere Reduzierungen werden unter dem Druck der Öffentlichkeit nicht lange auf sich warten lassen. Künftige Risiken und Gefährdungspotentia-

---

2 Vgl. dazu den Beitrag von Joachim *Rohde* in diesem Band (Teil III, Kap. 11).

le zeichnen sich zwar bereits ab, sie sind aber äußerst diffus, vergleicht man sie mit der ehemaligen sowjetischen Bedrohung. Bei den wenigsten Risiken ist klar, ob sie jemals zu akuten Bedrohungen werden, welchen Staaten sie gelten könnten und ob ihre Abwendung überhaupt den Einsatz militärischer Mittel, geschweige denn umfangreiche Aufwuchsmaßnahmen erfordern würde. Angesichts dieses grundlegenden Wandels kann man nicht davon ausgehen, daß die Rekonstitution westlicher Kräfte primär eine militärische Aufgabe wäre. Zwar würde ein Aufwuchsprozeß den militärischen Stäben große Koordinierungsleistungen abverlangen; die anspruchsvollste Aufgabe würde jedoch darin bestehen, die politische Zustimmung für diesen Schritt zu erhalten. Daher muß jede Aufwuchsstrategie von den politischen Voraussetzungen ausgehen, ohne die ein gemeinsamer Aufwuchs der NATO-Kräfte nicht zu denken ist.

Folgende Voraussetzungen müssen erfüllt sein, soll die Rekonstitution westlicher Postures nicht auf nationale Einzelmaßnahmen beschränkt bleiben, sondern im Bündnisrahmen durchgeführt werden:

- der Kräfteaufwuchs muß im Interesse aller maßgeblichen NATO-Staaten liegen (gemeinsame Sicherheitsinteressen);
- die betroffenen Staaten müssen übereinstimmend zu dem Urteil gelangen, daß diese gemeinsamen Interessen bedroht sind (gemeinsame Lagebeurteilung);
- sie müssen sich über die Aufteilung von militärischen Kosten und institutionellen Rollen einigen (gerechte Lastenteilung) und
- sie müssen diese Kosten gegenüber ihren Wählern und dritten Staaten überzeugend rechtfertigen können (Legitimation).

Die erste Voraussetzung wird für europäische Krisen künftig nur noch in wenigen Fällen gegeben sein. Zwar ist zu vermuten, daß alle westlichen Staaten, einschließlich der USA, weiterhin daran interessiert sein werden, den Frieden in Europa zu erhalten; dieses allgemeine Interesse wird jedoch in den wenigsten Fällen so stark ausgeprägt sein, daß alle NATO-Staaten einen gemeinsamen Kräfteaufwuchs befürworten. Besondere Zurückhaltung ist in dieser Hinsicht von den USA zu erwarten, sollten sie ihre militärische Präsenz in Europa drastisch reduzieren. Im Kalten Krieg waren sie in Europa engagiert, um eine sowjetische Hegemonie über Eurasien zu verhindern. Nachdem diese Gefahr nicht länger besteht, hat Washington bis auf weiteres keine unmittelbaren Sicherheitsinteressen in Europa mehr, die den massiven Einsatz amerikanischer Truppen erfordern oder rechtfertigen könnten. Eine Rückführung starker amerikanischer Kräfte nach Europa ist daher nur in zwei Fällen zu erwarten: wenn ein revisionistisches Rußland erneut nach europäischer Hegemonie streben sollte oder wenn die USA gleichzeitig mit den westeuropäischen Staaten ihre vitalen Sicherheitsinteressen umfassender definieren, indem sie auch schon lokale europäische Kriege aufgrund ihrer Weiterungsmöglichkeiten und institutionellen Implikationen als Bedrohung ihrer nationalen Sicherheit auffassen.

Wie die USA im einzelnen ihre Sicherheitsinteressen definieren, entzieht sich weitgehend europäischem Einfluß. Die Europäer können aber immerhin Schritte vermeiden, die das amerikanische Interesse an Europa noch mehr verringern, als nach dem Ende der sowjetischen Bedrohung unvermeidlich war. Hierzu müßten sie vor allem dafür sorgen, daß die amerikanische Öffentlichkeit ihr Land weiterhin als einen unverzichtbaren Garanten europäischer Sicherheit und als Teil einer atlantischen Gemeinschaft begreifen kann. Mit anderen Worten: Die europäischen Staaten müßten bereit sein, die institutionelle Einbindung Washingtons zu fördern und ihm auf Dauer ein substantielles Mitspracherecht in europäischen Angelegenheiten einzuräumen. Darüber hinaus müssen die westlichen Staaten ihre Sicherheitsinteressen neu definieren und aufeinander abstimmen. Hierzu sollten soweit möglich gemeinsame Kriterien entwickelt werden, um zu beurteilen, welche europäischen Konflikte unter welchen Rahmenbedingungen vitale Sicherheitsinteressen des Westens beeinträchtigen würden.

Außereuropäische Konflikte werden in den seltensten Fällen einen umfassenden Kräfteaufwuchs der westlichen Staaten erfordern. Eine Ausnahme könnten allerdings Auseinandersetzungen um das Öl in der Golfregion bilden. Eine längere Unterbrechung der Ölzufuhr würde alle fortgeschrittenen Industrienationen empfindlich treffen. Daher besteht ein gemeinsames Interesse an einer stabilen Entwicklung im Nahen und Mittleren Osten. Im äußersten Fall müßten somit die westlichen Staaten in der Lage sein, im Golf Streitkräfte zu dislozieren, um zusammen mit regionalen Truppen Aggressionen abzuschrecken oder zurückzuschlagen. Wie der zweite Golfkrieg unlängst gezeigt hat, könnte dies die Entsendung umfangreicher Kontingente westlicher Staaten notwendig machen.

Gemeinsame Interessen müssen jedoch längst noch nicht zu gemeinsamen Reaktionen führen. Dazu ist darüber hinaus auch die übereinstimmende Einschätzung erforderlich, daß diese Interessen in einer Weise bedroht sind, die konkrete Gegenmaßnahmen erforderlich macht. Dieser Konsens wird in Zukunft noch schwerer zu erzielen sein als während des Kalten Krieges. Einerseits werden künftige Krisen - sowohl völkerrechtlich als auch geographisch - zunächst weit vom Beistandsfall des Washingtoner Vertrags (und ebenso des Brüsseler Vertrags) entfernt sein. Daher wird gerade in den Anfangsstadien eines Konflikts die Neigung groß sein, erst einmal abzuwarten, ob westliche Sicherheitsinteressen tatsächlich ernsthaft gefährdet werden. Andererseits könnte der Westen hegemonialen Ambitionen um so wirksamer entgegentreten, je eher er einschreiten würde. Eine rasche Entscheidung wäre auch insofern vorteilhaft, als ein Aufwuchs westlicher Kräfte mehrere Monate dauern würde. Dieser "trade-off" zwischen frühzeitiger Entscheidung und umfassenden Informationen wird nicht nur innerhalb nationaler Regierungen die Beschlußfassung erschweren, sondern mehr noch innerhalb internationaler Organisationen, wenn deren Mitglieder unterschiedliche Sicherheitsinteressen haben. Folglich ist zu befürchten, daß Entscheidungsprozesse innerhalb der NATO oder der EPU durch divergierende Lagebeurteilungen blockiert würden.

Dieses Problem kann nicht wirklich gelöst werden. Es läßt sich jedoch durch institutionelle Vorkehrungen abschwächen. An erster Stelle sind hier natürlich regelmäßige Konsultationen über regionale Krisen zu nennen. Sinnvoll wären ferner eine Intensivierung des Datenaustauschs und die Institutionalisierung multilateraler Lagebeurteilungen im Rahmen von NATO oder EPU. Dazu könnte der NATO "intelligence staff" personell verstärkt werden, um krisenhafte Entwicklungen sowohl innerhalb als auch außerhalb Europas umfassend zu verfolgen. Zwar schlösse ein solches multinational besetztes Assessment Center abweichende Bewertungen zwischen einzelnen Staaten keineswegs aus, da die nationalen Regierungen sich nach wie vor primär auf das Urteil ihrer eigenen Dienste verlassen würden, aber es würde zumindest ein "neutraler" Bezugspunkt für Diskussionen geschaffen. Außerdem würden nationale Divergenzen in dem Maße verringert, in dem ein derartiges Zentrum zur Vereinheitlichung und Systematisierung von Analysemethoden und Bewertungskriterien beitrüge. Besonders nützlich wäre eine breite Übereinstimmung hinsichtlich der Kriterien, die eine Unterscheidung zwischen begrenzten und umfassenden Expansionsabsichten erlauben. In europäischen Konflikten wären dazu neben dem Umfang mobilisierter Kräfte insbesondere die Kapazität des strategischen Transport- und Logistikwesens sowie die Mobilität von Führungs- und Luftabwehreinrichtungen zu beobachten.

Ein wichtiges Kriterium wäre schließlich auch die Einhaltung von Rüstungsbeschränkungen und Vertrauensbildenden Maßnahmen. Ein Kontrahent, der gegen sie verstieße, würde sowohl seine Reputation als verläßlicher Vertragspartner als auch Kooperationsbeziehungen insgesamt aufs Spiel setzen. Daraus müßten die westlichen Staaten schließen, daß es dem potentiellen Kontrahenten nicht nur um eine marginale Verbesserung seiner eigenen Sicherheit geht, sondern daß er ehrgeizigere Ziele hat, die ihm auch ohne Kooperation mit dem Westen erreichbar scheinen. Insofern spricht vieles dafür, auch weiterhin Rüstungsbeschränkungen und Beschränkungen militärischer Aktionen auf einem niedrigen Niveau festzuschreiben, so daß ein expansiver Staat gezwungen ist, frühzeitig diese Schwellen zu überschreiten.

Die vielleicht größten Schwierigkeiten dürfte künftig die gerechte Verteilung der Verteidigungslasten bereiten. Rekonstitutionsmaßnahmen würden mit hohen Kosten für die betroffenen Staaten verbunden sein, insbesondere weil sie den nationalen Volkswirtschaften schlagartig Arbeitskräfte und Transportmittel entziehen würden. Diese Kosten würden sich noch einmal vervielfachen, falls die mobilisierten Einheiten in Kämpfe verwickelt werden. Da der Kräfteaufwuchs weniger spezifisch nationalen, sondern primär gemeinsamen westlichen Sicherheitsinteressen dienen würde, könnten viele Staaten versucht sein, die Kosten ganz auf diejenigen Länder abzuwälzen, die zunächst stärker bedroht wären, das heißt die Eindämmung einer gemeinsamen Bedrohung anderen zu überlassen.[3] Bei einem Wiederaufleben russischer Expansionsbestrebungen wäre vielleicht sogar der Westen insgesamt geneigt, unmittelbar betroffene Staaten wie Polen und Ukraine mit dieser Aufgabe allein zu lassen. Aber auch innerhalb der westlichen Allianz ist ein solches Verhalten nicht auszuschließen. Schon aus geographischen Gründen würde ein expansionistisches Rußland manche Bündnismitglieder weniger gefährden als andere. Offensichtlich hätten die USA weit weniger zu befürchten als andere NATO-Mitglieder, allen voran Deutschland. Weniger bedroht wären auch Staaten wie Spanien und Großbritannien. Darüber hinaus würde Deutschland von einer Destabilisierung oder politischen Verunsicherung seiner östlichen Nachbarn stärker geschädigt als seine westeuropäischen Partner. Diese Faktoren könnten unter Umständen zu einer Situation führen, in der die Verbündeten Deutschland und seinen östlichen Nachbarn die Eindämmung eines expansionistischen Rußlands aufbürden würden.[4]

Dieser Gefahr des Abwälzens von Verantwortung im allgemeinen und einer deutschen Überforderung im besonderen kann auf mehrere Weisen begegnet werden. Grundsätzlich müssen stärker bedrohte oder eher betroffene Staaten auch bereit sein, zunächst größere Kosten auf sich zu nehmen. Dies betrifft insbesondere die Teilung von Lasten und Risiken zwischen den USA und Europa vor dem Hintergrund zunehmender weltwirtschaftlicher Konkurrenz und möglicher regionaler Abschottung. Wenn die Europäer das Bündnis mit den USA erhalten wollen, müssen sie in Zukunft noch mehr darauf achten, daß bei diesem Partner nicht der Eindruck entsteht, er würde zum Schutz Europas zu große Lasten und Risiken auf sich nehmen. Dazu müssen die NATO-Aufwuchspläne so erstellt werden, daß in der Anfangsphase vorwiegend europäische und speziell deutsche Verbände aufgestellt bzw. aktiviert werden. Die Vereinigten Staaten sollten sich zwar möglichst auch dann schon mit konkreten Maßnahmen beteiligen, um Bündnissolidarität zu demonstrieren, sie sollten jedoch keinesfalls in dieser Phase die Hauptlast des NATO-Aufwuchses tragen. Andernfalls wäre die Einhaltung des amerikanischen Commitments bei einer Verschlechterung der Ost-West-Beziehungen innenpolitisch kaum durchzusetzen.

---

3 Vgl. Thomas J. *Christensen*/Jack *Snyder*, Chain Gangs and Passed Bucks: Predicting Alliance Patterns in Multipolarity, in: International Organization, 44 (Frühjahr 1990) 2, S. 137-168.

4 Als schlechtes Vorzeichen für entsprechende Neigungen muß die Tatsache interpretiert werden, daß Deutschland bei der wirtschaftlichen Stabilisierung der ehemaligen sozialistischen Staaten die Hauptlast zu tragen hat.

Zum anderen muß gerade angesichts umfassender amerikanischer Truppenabzüge dafür gesorgt werden, daß die USA institutionell an Europa gebunden bleiben und an allen außenpolitischen Entscheidungen beteiligt werden, die das Risiko einer Konfrontation spürbar erhöhen könnten. Ohne entsprechende Konsultationen und Absprachen könnten die USA die Risiken, die sich aus ihrer Rekonstitutionsverpflichtung ergeben, kaum noch kalkulieren und kontrollieren. Unter diesen Umständen müßten die Europäer befürchten, daß das amerikanische Commitment einer schleichenden Erosion unterliegt. Die amerikanische Beistandsverpflichtung kann daher nur Bestand haben, wenn die USA die Möglichkeit besitzen, die Osteuropa-Politik der Westeuropäer - in gewissen Grenzen - zu beeinflussen, "if the US is going to be involved in crash landings, it will want to be in on take-offs as well."[5]

Ferner muß gerade den Deutschen daran gelegen sein, politische Verpflichtungen für den Fall zu vereinbaren, daß Rußland erneut nach Westen expandiert. Diese Commitments sollten möglichst eindeutig und politisch bindend festgeschrieben werden. Multinationale Aufwuchspläne wären hierfür nicht symbolträchtig und sichtbar genug. Solche Erklärungen würden zum einen in einer Krise das Ausscheren einzelner NATO-Partner erschweren, zum anderen wären sie ein formaler Rahmen, um für die amerikanischen CONUS-Streitkräfte[6] eine Sicherheitsfunktion in Europa zu fixieren. Dabei versteht sich von selbst, daß diese Erklärungen in einer Form abzufassen sind, die unnötige Irritationen zwischen Moskau und der NATO vermeiden sollten.

Größere Probleme als in der Vergangenheit wird vermutlich auch die Legitimation einer westlichen Rekonstitution bereiten, insbesondere dann, wenn vitale Sicherheitsinteressen (noch) nicht betroffen sind. Unter diesen Bedingungen kann nicht davon ausgegangen werden, daß die westliche Öffentlichkeit die Notwendigkeit eines Aufwuchses unmittelbar einsähe. Möglicherweise würde sie solche Maßnahmen sogar als krisenverschärfend kritisieren, statt in ihnen ein Abschreckungsinstrument zu sehen. Dieses Problem kann entschärft werden, wenn westliche Regierungen überzeugend darlegen können, daß sie im Zuge von Krisenprävention und -management alle nichtmilitärischen Mittel bereits ausgeschöpft haben. Auch in diesem Zusammenhang könnten Rüstungsbeschränkungen und Vertrauensbildende Maßnahmen hilfreich sein, da sie den Kontrahenten zwingen würden, seine Unzuverlässigkeit und mangelnde Kooperationsbereitschaft unter Beweis zu stellen. Eine ähnlich legitimierende Wirkung hätten Mandate internationaler Institutionen wie der VN und der KSZE.

---

5 David S. *Yost*, France and West European Defence Identity, in: Survival, 23 (Juli/August 1991) 4, S. 327-351 (342).

6 CONUS - Continental United States.

Wenn sich die westlichen Staaten grundsätzlich für den Aufwuchs ihrer Streitkräfte entschieden hätten, könnte dieser Prozeß nicht einfach den militärischen Stäben überantwortet, sondern müßte über längere Zeit politisch koordiniert werden. Dabei müßten neben den Entscheidungen einzelner Regierungen auch die Präferenzen internationaler Institutionen aufeinander abgestimmt werden. Die erforderlichen Konsultationsverfahren hätten vor allem vier Zielsetzungen zu erfüllen:

- sie müßten gewährleisten, daß während des Aufwuchses der strategische Konsens des Westens erhalten bleibt;
- sie müßten dafür sorgen, daß die Rekonstitutionsmaßnahmen als wirksames Instrument des Krisenmanagements genutzt werden könnten;
- sie müssen eine effektive Arbeitsteilung der internationalen Organisationen ermöglichen und
- sie sollten nach Möglichkeit eine fortdauernde völkerrechtliche Legitimation des westlichen Aufwuchsprozesses gewährleisten.

Den strategischen Konsens des Westens während des Kräfteaufwuchses zu erhalten sollte keine unüberwindlichen Schwierigkeiten bereiten, wenn die gemeinsame Entscheidung für die Rekonstitution zuvor schon gefallen ist. Grundsätzlich sollte dies mit den gleichen Instrumenten erreichbar sein, die den Konsens hergestellt hätten, das heißt durch offene und umfassende Konsultationen zwischen den beteiligten Staaten, die Einigung auf einheitliche Bewertungskriterien, die Institutionalisierung gemeinsamer Bewertungsgremien und die großzügige Weitergabe von Aufklärungsdaten. Besondere Probleme könnten allerdings durch eine geschickte Diplomatie des potentiellen Gegners entstehen. Insbesondere in späteren Phasen des Rekonstitutionsprozesses könnte er Druck auf einzelne Bündnismitglieder ausüben, um sie von der Beteiligung an westlichen Aufwuchsmaßnahmen abzubringen. Umgekehrt könnten einzelnen Staaten besondere Zusagen gemacht werden, um eventuell vorhandene Neigungen zum Ausscheren so weit zu verstärken, daß der grundlegende Zusammenhalt des Westens gefährdet würde. Solche Versuche könnten notfalls vereitelt werden, indem singularisierten Bündnismitgliedern besondere Garantien oder Kompensationen angeboten würden.

Krisenmanagement muß wesentlicher Bestandteil einer Aufwuchsstrategie sein.[7] Die Rekonstitution soll schließlich nicht nur eine wirksame Verteidigung vitaler Interessen ermöglichen, sondern vor allem den potentiellen Gegner von der Irrationalität seiner expansiven Ambitionen überzeugen. Insofern zielt eine Aufwuchsstrategie darauf ab, die Abschreckung auf einer höheren Ebene wiederherzustellen. Ein Kräfteaufwuchs eignet sich hierfür besonders gut, weil er sich in den

7 Siehe die ausführlichere Version dieses Beitrags in: Wolfgang *Heydrich u.a.* (Hrsg.), Stabilität, Gleichgewicht und die Sicherheitsinteressen des vereinigten Deutschland, unveröffentlichtes Manuskript, Stiftung Wissenschaft und Politik, Ebenhausen, Dezember 1991, S. 473-499.

meisten Fällen über mehrere Monate hinzöge und von der Gegenseite gut beobachtet werden könnte. Voraussetzung für erfolgreiches Krisenmanagement ist allerdings, daß beide Seiten ihren Aufwuchs nur in geringem Tempo durchführen können, so daß keine Seite befürchten muß, bei langsamem Vorgehen ins Hintertreffen zu geraten. Ferner sollten die einzelnen Aufwuchsschritte nach dem "Baustein"-Prinzip konzipiert sein, das heißt, umfangreichere Rekonstitutionsschritte sollten möglichst in sich ausgewogene Streitkräftestrukturen herbeiführen, die ohne weitere Verstärkungen voll einsatzfähig wären. Andernfalls würde die beim Krisenmanagement so wichtige Flexibilität beeinträchtigt, weil einzelne Rekonstitutionsschritte unabhängig von den Aktionen des Kontrahenten weitere Aufwuchsmaßnahmen nach sich zögen.

Erfolgreiches Krisenmanagement erfordert, abgesehen von der Koordination westlicher Aufwuchsmaßnahmen, auch Verhandlungen und Konsultationen mit dem potentiellen Gegner. In Europa sollten entsprechende Gespräche auch und gerade in spannungsfreien Zeiten geführt werden. Dabei müssen nicht unbedingt konkrete Maßnahmen zur Vertrauensbildung vereinbart werden; sinnvoll wären auch schon informelle Seminare, auf denen Militärexperten verschiedener Seiten diskutieren könnten, wie offensiv bestimmte Potentiale ausgerichtet sind und welche Rückkoppelungen (feed backs) von bestimmten Aufwuchsoptionen zu erwarten sind. Solche Gespräche hätten zwei Vorteile: Beide Seiten könnten besser einschätzen, wie ihre Rekonstitutionsmaßnahmen in einer Krise wahrgenommen würden, und sie gewännen für die Beurteilung des möglichen Kontrahenten einen Maßstab, der während eines tatsächlichen Aufwuchsprozesses eine bessere Unterscheidung zwischen defensiv und offensiv motivierten Maßnahmen erlauben würde. Auf dieser Grundlage könnte dann im Falle kompetitiver Rekonstitution eher ein konstruktiver Dialog über Deeskalationsmöglichkeiten geführt werden.

Daneben könnte der Westen interne Planspiele und Symposien durchführen, an denen politisch Verantwortliche und mit Rekonstitutionsplanungen befaßte Offiziere teilnehmen würden. Dabei könnten sie ihr Verständnis für die Anforderungen und Wechselwirkungen beim Management von Krisen vertiefen. Beim Üben von konkreten Aufwuchsmaßnahmen gewännen die Streitkräfteplaner nicht nur wertvolle Erfahrungen mit der praktischen Umsetzung ihrer Vorgaben, solche Übungen würden auch einen Standard für "normale" Aufwuchsmaßnahmen setzen und in einer Krise bei den Entscheidungsträgern die Scheu vor Rekonstitutionsmaßnahmen verringern. Dies gilt nicht zuletzt für die Rückführung nuklearer Komponenten nach Europa.

Besondere Probleme könnte schließlich auch die Koordination zwischen NATO und EPU/WEU aufwerfen, wenn die Institutionalisierung der europäischen Sicherheitsidentität weiter vorangeschritten wäre. So sind tiefgreifende Meinungsverschiedenheiten über Rollen und Kompetenzen dieser Organisationen denkbar.

Weitere Schwierigkeiten könnten dadurch entstehen, daß auf Kompromissen beruhende Positionen der EPU ihre Flexibilität bei NATO-Ratssitzungen deutlich einschränken würden - ein Problem, das analog bei den laufenden GATT-Verhandlungen zu beobachten ist. Probleme könnten sich auch bei der Harmonisierung bzw. Integration von EPU/WEU- und NATO-Kommandostrukturen ergeben, falls in Zukunft separate europäische Verbände aufgestellt werden sollten. Zwar ist es grundsätzlich Sache des einzelnen Staates, seine nationalen Einheiten multinationalen Kommandos zu unterstellen bzw. diese Unterstellung rückgängig zu machen. Insofern könnten diese Entscheidungen theoretisch auch im nationalen Alleingang getroffen werden. Da aber die europäischen Verbände vermutlich auf Korpsebene integriert würden, wäre es zweifellos kontraproduktiv, einzelne Divisionen aus diesen Korps herauszulösen und schrittweise der NATO zu unterstellen. Wenn jedoch komplette multinationale Korps von der EPU/WEU zur NATO zu reassignieren sind, wären Entscheidungen im Rahmen der EPU/WEU erforderlich. Infolgedessen könnte es zu Planungs- und Kompetenzproblemen kommen, wenn unter den europäischen Staaten kein Konsens über Notwendigkeit und Zeitpunkt solcher Transfers erzielt werden kann.[8]

Die Reassignierung von EPU/WEU-Verbänden zu NATO-Kommandostrukturen müßte möglichst synchron erfolgen. Um dies zu erleichtern, sollten die Zuständigkeiten der beiden Bündnisorganisationen möglichst klar voneinander abgegrenzt werden. Andernfalls bestünde die Gefahr, daß der Aufwuchsprozeß durch institutionelle Kompetenzstreitigkeiten und unkoordinierte nationale Transferentscheidungen paralysiert wird, die ihrerseits die zentrale politische Kontrolle gefährden könnten, die erforderlich ist, um den Aufwuchsprozeß als Instrument des Krisenmanagements zu nutzen.

Da die USA im Rahmen der Rekonstitutionsplanung bis auf weiteres als Gegengewicht zu Rußland benötigt werden, ist es ratsam, all diejenigen europäischen Krisen und Konflikte an die NATO zu verweisen, in denen eine (unerwünschte) Beteiligung der östlichen Vormacht gegeben oder möglich ist. Eine so weite Fassung der NATO-Zuständigkeit ist unter anderem deshalb notwendig, damit für die USA die Risiken ihrer Bündnisverpflichtung kalkulierbar bleiben. Sobald also eine Konfrontation mit Moskau droht, sollte der Nordatlantikrat (NAC) zum zentralen Konsultations- und Entscheidungsgremium werden. Dort wäre dann zu erörtern, wann der EPU/WEU assignierte Verbände der NATO zu unterstellen sind. Käme es innerhalb der EPU/WEU zu Unstimmigkeiten über das Eskalationspotential

---

8 Sollten später einmal nahezu alle europäischen Streitkräfte einer Verteidigungsunion assigniert sein, wäre dieses Verfahren wahrscheinlich zu umständlich. Dann wäre es womöglich ratsamer, die europäischen Kommandos in NATO-Kommandos umzuwandeln, indem man ihre Stäbe (möglichst frühzeitig) mit nichteuropäischem Personal auffüllt. Anschließend könnten diesen Kommandos dann amerikanische, kanadische oder türkische Verbände unterstellt werden.

der Krise und damit auch über die Zuständigkeit der NATO, könnten als Kompromiß und Übergangslösung die USA, Kanada und die Türkei als nicht stimmberechtigte Mitglieder an den Beratungen des EPU/WEU-Rates teilnehmen.

Bei Rekonstitutionsfällen für Krisen außerhalb Europas müßte eine andere Regelung gefunden werden, solange viele europäische Staaten strikt gegen eine "out-of-area"-Rolle der NATO sind. Deshalb würden bei fortschreitender Integration alle europäischen Befehlshaber unter der politischen Kontrolle der EPU/WEU verbleiben. Entsprechend wären die politischen Fragen des Aufwuchsprozesses, wie Krisenmanagement und politische Strategie, vor allem bilateral zwischen den USA und der EPU/WEU zu erörtern. Die militärische Koordination würde hingegen zum Teil NATO-Angelegenheit bleiben, insbesondere was die Sicherung des NATO-Gebiets sowie Transport und Versorgung von Einheiten anbelangt, die von Europa in die Krisenregion verlegt würden.

Wenn eine Vereinbarung über die Abgrenzung der verschiedenen Rollen getroffen wurde, wäre es hilfreich, insbesondere die Kooperation von EPU/WEU- und NATO-Rat sowie die Koordinierung der Assignierungsprozeduren im Rahmen von Planspielen zu erproben. Für die Durchführung solcher Übungen sprechen vor allem zwei Gründe: Zum einen würden sie die Beteiligten mit den Prozeduren und komplexen Anforderungen dieses Transformationsprozesses vertraut machen, zum anderen böten sie Gelegenheit, eine Art Kasuistik für denkbare Krisenfälle zu erarbeiten, bei denen von vornherein keine eindeutige Zuständigkeit besteht. Auf diese Weise könnte für alle Beteiligten die Erwartungsstabilität für derartige Grenzfälle erhöht werden.

IV. Materielle Erfordernisse einer Rekonstitutionsstrategie

Welche Streitkräfte, C^3I-Systeme, Transportkapazitäten, logistischen Fähigkeiten, industriellen Voraussetzungen und Rezeptionskapazitäten für umfassende Rekonstitutionsfälle benötigt würden, läßt sich nur in groben Umrissen prognostizieren. Der mögliche Bedarf hängt von vielen Variablen ab, die sich einer mittel- und erst recht langfristigen Vorhersage entziehen. So müßte insbesondere bekannt sein, welche militärischen Fähigkeiten der potentielle Kontrahent in welcher Zeit rekonstituieren könnte, welche Streitkräfte der Westen in Friedenszeiten unterhalten (base force) und welche politischen und militärischen Zielsetzungen er mit dem Kräfteaufwuchs im einzelnen verfolgen würde. Eine zusätzliche Variable ist die politische Entwicklung innerhalb des "Westens": Wie stark werden zum Beispiel die Vereinigten Staaten an Fragen der europäischen Sicherheit interessiert bleiben, und inwieweit werden die Staaten Mittelosteuropas an der westeuropäischen Integration teilhaben?

Angesichts dieser vielen Unwägbarkeiten wäre jeder Versuch müßig, den Aufwuchsbedarf im einzelnen zu analysieren. Es erscheint weitaus sinnvoller, genauer zu erörtern, welche neuartigen Anforderungen eine Rekonstitutionsstrategie enthält, an welchen Stellen materielle Engpässe den Kräfteaufwuchs behindern könnten und in welchen Bereichen neue Wege einzuschlagen wären bzw. Abhilfe geschaffen werden müßte. Dies wird zunächst für ein europäisches Rekonstitutionsszenario versucht, eine kurze Erörterung von Aufwuchsproblemen in der Golfregion schließt sich an.

1. Europa

Im europäischen Raum wäre das anspruchsvollste Aufwuchsszenario der Eventualfall, daß Rußland zu einer expansionistischen Politik zurückkehren und damit mittelfristig das europäische Gleichgewicht gefährden würde. Dieses Szenario erscheint angesichts der innenpolitischen und wirtschaftlichen Probleme Rußlands momentan ziemlich abwegig. Selbst wenn die russische Republik sich innerhalb der nächsten 5 bis 10 Jahre stabilisieren sollte, würde dieser Eventualfall dem Westen keine unüberwindlichen Probleme bereiten. Wenn die aktuellen nationalen Streitkräfteplanungen beibehalten werden und der Westen zu gemeinsamen Aktionen entschlossen wäre, dann lassen sich kaum Lücken erkennen, die durch Aufwuchsmaßnahmen nicht rechtzeitig geschlossen werden könnten.

Bei Bewaffnung und Ausrüstung wird der Westen bis auf weiteres Rußland deutlich überlegen sein. So erlaubte der KSE-Vertrag der ehemaligen Sowjetunion größere konventionelle Waffensysteme nur in einem Umfang von etwa einem Drittel des europäischen Gesamtbestands. Dieser Anteil hat sich für Rußland nach dem Auseinanderbrechen der Sowjetunion noch einmal verringert, weil die Waffensysteme der anderen Republiken ebenfalls in diesem Drittel enthalten sein werden. Es ist kaum anzunehmen, daß die Bestände dieser neuen Staaten oder diejenigen der ehemaligen Satellitenstaaten demnächst wieder von Moskau kommandiert werden. Hingegen spricht vieles dafür, daß diese Waffensysteme gegen Rußland eingesetzt würden, falls es versuchen sollte, nach Westen zu expandieren. Somit kann man zumindest mittelfristig davon ausgehen, daß die westlichen Rüstungsbestände insgesamt den russischen überlegen bleiben werden.

Moskaus Möglichkeiten, diese konventionelle Unterlegenheit in eine Überlegenheit umzukehren, werden zunächst beschränkt sein. In Anbetracht der enormen Probleme, die mit der Reform des Wirtschaftssystems verbunden sind, besteht für Rußland bis zum Ende dieses Jahrzehnts keine Aussicht, einen Rüstungswettlauf gegen den Westen zu gewinnen. Eine ernstzunehmende Gefahr könnte aus westlicher Sicht in diesem Zeitraum allenfalls dann heraufbeschworen werden, wenn die NATO-Staaten die industrielle Basis ihres Rüstungssektors vollständig zerfallen ließen. Unter diesen Umständen wäre es denkbar, daß die quantitative Überlegenheit des Westens nicht in überlegene Kampfkraft umgesetzt werden könnte, weil Ersatzteile und Munition nicht rechtzeitig beschafft oder moderne Waffensysteme nicht ausreichend gewartet werden könnten. Bei entsprechenden Vorkehrungen wären jedoch derartige Lücken leicht auszuschließen.

Diese grundsätzlich optimistische Einschätzung würde selbst dann nicht wesentlich getrübt, wenn die USA sämtliche Einheiten aus Europa abziehen und zumindest *de facto* aus der militärischen Integration der NATO ausscheiden sollten. In diesem Fall würde der NATO-Posture, wie sie momentan geplant ist, folgendes Potential entzogen:

- *Bodentruppen*: Die NATO würde insgesamt bis zu 14 Divisionen nebst zugehörigen Kampfunterstützungsverbänden verlieren (zwei in Europa stationierte, aktive Divisionen, vier aktive und sechs Reservedivisionen der Atlantic Force in CONUS, zwei gekaderte Divisionen) sowie zwei Marine Expeditionary Brigades in den USA.[9]
- *Luftverteidigung*: 16 Jagdgeschwader (drei aktive in Europa sowie zwei aktive Geschwader und elf Geschwader der USAF Reserve und der National Guard) sowie 16 Hawk- und 39 Patriot-Batterien, die in der Vergangenheit etwa 30% der bodengestützten Luftverteidigung im Bereich der Alliierten Luftstreitkräfte in Zentraleuropa (AAFCE) ausgemacht haben.[10]
- *Aufklärungskapazität*: Die weitreichende Aufklärung der NATO würde empfindlich geschwächt, wenn nicht gar paralysiert durch den Abzug amerikanischer Flugzeuge der Typen U-2, SR-71, TR-1 und RC-135, deren Aufgaben bis auf weiteres nicht von europäischen Maschinen übernommen werden könnten. Ferner würde die NATO vermutlich den Zugang zu den Daten amerikanischer Aufklärungssatelliten (KH-12, Lacrosse, Jumpseat, DSP) verlieren, deren Qualität von geplanten europäischen Modellen nicht erreicht wird. Schließlich würde die NATO im operativen Bereich die Aufklärungskapazität der JSTARS-Flugzeuge[11] einbüßen, falls sie nicht von den Europäern ebenfalls beschafft würden.[12]

Die Rückführung dieser Verbände wäre indes nicht das Hauptproblem, sollten sich die USA für eine Beteiligung am europäischen Wiederaufwuchs entscheiden. Solange sie die betreffenden Einheiten und Systeme in CONUS beibehalten,

---

9 Vgl. Barbara *Starr*, JCS Gives Glimpse of New US Role, in: Jane's Defence Weekly, 23.3.1991, S. 424.

10 Vgl. ebd.; *IISS*, The Military Balance 1990-91, London 1990, S. 25; Hilmar *Linnenkamp*, Mission Gaps in Central Europe, in: Jane *Sharp* (Hrsg.), Europe after an American Withdrawal, Oxford (SIPRI) 1990, S. 349-368 (357).

11 JSTAR - Joint Surveillance, Target Attack and Reconnaissance.

12 Vgl. Paul *Stares*/John *Pike*, The Contribution of US C^3I to the Defence of NATO, in: *Sharp*, Europe, S. 400-428.

könnten sie bei der momentan geplanten Transportkapazität notfalls in wenigen Monaten nach Europa (zurück-)gebracht werden. Diese amerikanischen Planungen sehen eine Kapazität vor, die vier Heeresdivisionen, zehn Jagdgeschwader und eine Marine Expeditionary Brigade nebst ihren Unterstützungseinheiten innerhalb von zehn Tagen und den Rest der Atlantic Force innerhalb von zwei bis drei Monaten nach Europa verbringen könnte.[13] Zu den rückzuführenden Einheiten kämen nach einem vollständigen Abzug noch jene zwei Divisionen, die gemäß der gegenwärtigen Planung in Deutschland bleiben sollen, und das Material für zwei Divisionen, das weiterhin in POMCUS-Lagern aufbewahrt werden soll.[14] Insofern würde sich der Zeitbedarf für die Rückführung etwas erhöhen. Da die USA nach Aussagen von General Powell bereits vor dem Kollaps der Sowjetunion davon ausgingen, bis zu einem Jahr vor einem massiven Angriff strategische Warnung zu haben,[15] bliebe in jedem Fall genügend Zeit zur Verstärkung Europas - es sei denn die politische Entscheidung würde über viele Monate hinausgezögert. Fliegende Aufklärungs- und Luftverteidigungssysteme könnten selbstverständlich sehr viel schneller zurückgeführt werden und so dazu beitragen, den Aufwuchsprozeß gegen Überraschungsschläge abzusichern.[16] Schließlich könnten die USA die Daten ihrer Aufklärungssatelliten den Europäern jederzeit wieder zugänglich machen. Aus Sicht der NATO liegt das Hauptproblem eines vollständigen amerikanischen Abzugs daher nicht so sehr im Bereich der Transportkapazität, sondern im Bereich der Unterstützung amerikanischer Verstärkungen (Rezeptionsfähigkeit) und der Re-Integration oder Re-Harmonisierung aller Arten von Verfahren (siehe hierzu den nächsten Abschnitt).

Probleme bei der Unterstützung würden vor allem daraus erwachsen, daß die Programme für War Time Host Nation Support (WHNS) und Collocated Operating Bases (COBs) nach einem amerikanischen Ausscheiden aus der NATO-Integration höchstwahrscheinlich eingestellt würden. Die Beschaffung unterschiedlicher Waffensysteme (z.B. EFA und F-22) würde diese Kooperationsformen zusätzlich gefährden. Dies würde bedeuten, daß zugeführte Jagdgeschwader und Heeres-

---

13 Vgl. Dick *Cheney*, Annual Report of the Department of Defense, January 1991, S. 77f.

14 POMCUS - Pre-Positioned Overseas Material Configurated in Unit Sets. Das POMCUS-Programm wird reduziert auf die Einlagerung des Materials für 18 mechanisierte Bataillone nebst zugehöriger Unterstützungseinheiten (Dick *Cheney*, Annual Report to the President and the Congress, February 1992, S. 97).

15 Vgl. R. Jeffrey *Smith*, Powell Says Defense Needs Massive Review, in: Washington Post, 7.5.1990, S. A1 und A8.

16 Vermutlich wären derartige Überraschungsschläge in der Anfangsphase des Aufwuchsprozesses ohnehin wenig sinnvoll. Ein Kontrahent, der an einer friedlichen Konfliktregelung interessiert wäre, würde sie nicht durchführen; ein Kontrahent mit aggressiven Plänen würde dadurch seine Absichten verraten. Ein Überraschungsschlag würde sich für ihn mithin nur dann lohnen, wenn die westliche Posture so verwundbar wäre, daß ein Überraschungsschlag *langfristig* einen entscheidenden Vorteil, das heißt einen Rekonstitutionsvorsprung brächte.

divisionen wichtiger logistischer und medizinischer Unterstützungskomponenten beraubt würden bzw. diese zusätzlich mitführen und in Deutschland aktivieren müßten. Ähnliches dürfte für die logistische Unterstützung der weitreichenden Aufklärungsflugzeuge gelten. Aufgrund dieser zusätzlichen Anforderungen würde sich der Bedarf an Zeit und Transportkapazität erheblich erhöhen.

Dennoch läßt sich insgesamt sagen, daß die *gegenwärtigen* Planungen den Anforderungen eines Kräfteaufwuchses durchaus gerecht werden. Materielle Engpässe sind nur dort zu erwarten, wo diese Planziele künftig aufgegeben oder mißachtet würden. Besonders sensitiv sind in dieser Hinsicht die Bereiche Unterstützung und Versorgung sowie strategische Transportkapazitäten. Zu tiefen Einschnitten bei den amerikanischen Transportkapazitäten wird es indes nur dann kommen, wenn die USA wieder eine grundsätzlich isolationistische Politik verfolgen sollten. Unter diesen Umständen würden zweifellos auch massive Kürzungen der Streitkräftestruktur vorgenommen, das heißt, die Anzahl der zu verlegenden Verbände würde ebenfalls verringert, falls sich Washington im Konfliktfall doch für die militärische Unterstützung Westeuropas entscheiden würde.

2. Szenarien in der Golfregion

Die Sicherung der Ölzufuhr aus der Golfregion könnte vor allem durch Angriffe auf Tanker und durch hegemoniale Ambitionen eines Anrainerstaates gefährdet werden. Das Hauptproblem eines Kräfteaufwuchses würde unter diesen Umständen darin bestehen, westliche Streitkräfte über größere Entfernungen zu verlegen und zu versorgen. Dabei wäre es noch am einfachsten, eine lokale Macht daran zu hindern, die Straße von Hormuz mit Minen oder Kriegsschiffen zu blockieren. Zur Brechung einer Seeblockade würde vermutlich schon eine Trägergruppe der amerikanischen Pazifikflotte genügen. Probleme könnte höchstens aus der geringen Verfügbarkeit amerikanischer Minenräumboote resultieren. Diese Schwachstelle wäre jedoch von den Europäern rasch auszugleichen. Wesentlich schwieriger wäre es, einen Gegner zur Raison zu bringen, der mit mobilen Raketen sowohl Tanker als auch Luftwaffenbasen angreifen würde. In diesem Fall müßte der Westen eine erhebliche Anzahl modernster Waffensysteme an den Golf verlegen, insbesondere ATBM-Systeme[17] und Schiffe mit Systemen zur Nahverteidigung gegen Flugkörper. Die gravierendste Anforderung wäre jedoch ein wirksam integriertes System von Sensoren und Präzisionsflugkörpern, mit dem mobile Raketenstargeräte ausgeschaltet werden könnten. Wie der jüngste Golfkrieg gezeigt hat, sind mobile Raketen selbst dann nicht einfach zu bekämpfen, wenn man über eindeutige Luftüberlegenheit und modernste Überwachungssysteme, etwa JSTARS, verfügt.

---

17 ATBM - Anti-Tactical Ballistic Missile.

Der größte Aufwuchsbedarf würde entstehen, wenn eine Regionalmacht versuchen sollte, Saudi-Arabiens Ölreserven unter ihre Kontrolle zu bringen. Am ehesten könnten Iran oder Irak derartige Ambitionen entwickeln. In diesem Fall müßte der Westen versuchen, das regionale Gleichgewicht zu erhalten oder notfalls wiederherzustellen. Welche Kräfte er hierzu benötigen würde, hinge vor allem von den regionalen Kräfteverhältnissen und Bündnisbeziehungen ab. Die wichtigsten Variablen wären dabei die militärische Stärke Saudi-Arabiens und die politischen Beziehungen zwischen Iran und Irak. Solange zwischen diesen beiden Ländern zwar ein politischer Gegensatz, aber auch ein ungefähres militärisches Gleichgewicht besteht, sind die übrigen Golfstaaten relativ sicher. Sobald jedoch ein Ungleichgewicht entsteht, müssen letztere, und insbesondere Saudi-Arabien, den Kräfteunterschied ausgleichen. Falls sie hierzu nicht in der Lage sind, muß der Westen die Verantwortung für das Gleichgewicht übernehmen.

Die augenblicklichen Trends sind für den Westen günstig. Das zeitweilige Ungleichgewicht zwischen Irak und Iran wurde im zweiten Golfkrieg korrigiert.[18] Zudem plant Saudi-Arabien eine Verdoppelung seiner Streitkräfte innerhalb der nächsten fünf bis sieben Jahre. Gegen Ende des Jahrzehnts möchte das Königreich über eine 200 000 Mann starke Armee verfügen, die mit modernen Waffensystemen ausgestattet wäre. Amerikanischen Angaben zufolge sollten diese Kräfte ausreichen, um Angriffe auf die Arabische Halbinsel abzuwehren.[19] Kuwait und die Vereinigten Arabischen Emirate beabsichtigen ebenfalls, ihre Streitkräfte massiv zu verstärken. Die entsprechenden Rüstungsprogramme werden jedoch frühestens Ende des Jahrzehnts abgeschlossen sein - wenn sie überhaupt vollständig verwirklicht werden sollten. Letzteres ist angesichts der innenpolitischen Probleme der konservativen Golfstaaten durchaus zweifelhaft. Insofern kann sich der Westen nicht darauf verlassen, daß regionale Mächte langfristig ein Gleichgewicht herstellen und aufrechterhalten können. Daher müssen die westlichen Staaten fähig bleiben, im Notfall eigene Streitkräfte in die Region zu verlegen.

Am wirksamsten wäre aus Sicht des Westens die Entsendung von Systemen, bei denen er technologisch am deutlichsten überlegen ist, also insbesondere Kampfflugzeuge und sogenannte *force multipliers*. Letztere könnten in den Bereichen Kommunikation, Überwachung und Zielerfassung die Wirksamkeit der Streitkräfte verbündeter Golfstaaten enorm verbessern. Moderne Kampfflugzeuge wären besonders nützlich, um die Streitkräfte des Angreifers mit präzisen Schlägen zu

---

18 Für einen Kräftevergleich vor dem zweiten Golfkrieg vgl. Anthony H. *Cordesman*, The Changing Military Balance in the Gulf: Iraq's Invasion of Kuwait and Its Aftermath, in: RUSI and Brassey's Defence Yearbook 1991, S. 217-247 (230-237); Angaben über die irakischen Materialverluste im Golfkrieg machen Michael R. *Gordon*/Eric *Schmitt*, Much More Armor than U.S.: Believed Fled back to Iraq, in: New York Times, 25.3.1991, S. A1 und A8.

19 Vgl. Youssef M. *Ibrahim*, Saudis Firm on Pentagon Ties, in: International Herald Tribune, 26.10.1991, S. 5.

"de-orchestrieren". Da Saudi-Arabien bereits über AWACS-Flugzeuge verfügt, müßten die NATO-Staaten neben Kommunikations- und Datenempfangssystemen vor allem JSTARS-Flugzeuge und einige Luftwaffengeschwader an den Golf verlegen. Der größte Engpaß dabei wäre nicht die Anzahl verfügbarer Flugzeuge, sondern der Zugang zu Luftwaffenbasen und die enormen Versorgungsprobleme. Beispielsweise würde ein F-15-Jagdgeschwader neben Munition und Ersatzteilen pro Monat etwa 10 Mio. Gallonen Treibstoff benötigen.[20] Allein um 10 Jagdstaffeln mit ihren Unterstützungskomponenten innerhalb von sieben Tagen an den Golf zu verlegen, müßten die USA mehr als ein Drittel ihrer geplanten Lufttransportkapazität einsetzen.[21] Deshalb erscheint es ratsam, in Saudi-Arabien nach dem Vorbild der NATO *collocated operating bases* aufzubauen, die im Notfall unverzüglich westliche Flugzeuge aufnehmen und versorgen könnten.

Daneben muß der Westen bis auf weiteres in der Lage sein, mechanisierte Einheiten am Golf einzusetzen - zumindest solange die konservativen Golfstaaten nicht über ausreichende Landstreitkräfte verfügen, um eine kompakte Verteidigung zu gewährleisten. Da manche Eventualfälle den raschen Einsatz westlicher Kräfte erfordern könnten und ein Lufttransport schwerer Waffensysteme nicht in ausreichendem Umfang möglich wäre, sollte wenigstens ein Teil der schweren Ausrüstung in den Golfstaaten in Form von POMCUS-Sets eingelagert werden. Inwieweit dies politisch möglich sein wird, bleibt vorerst abzuwarten. Während Kuwait der Einrichtung solcher Sets positiv gegenübersteht, lehnt Saudi-Arabien sie auf seinem Territorium bisher noch ab.[22] Möglicherweise müßten deshalb einige mechanisierte Einheiten vollständig nach Saudi-Arabien verlegt werden. Hierfür kämen vor allem die amerikanischen Marine Expeditionary Brigades in Frage, deren Ausrüstung auf Schiffen in Diego Garcia eingelagert ist.[23]

V. Kommandostrukturen und Verfahrensfragen

Aus militärischer Sicht wird die Organisation eines multinationalen Aufwuchsprozesses vor allem mit zwei Strukturproblemen belastet sein: Zum einen ist damit zu rechnen, daß europäische Verbände künftig sowohl der NATO als auch der EPU/WEU assigniert sein werden; zum anderen muß befürchtet werden, daß

---

20 Vgl. Charles A. *Kupchan*, The Persian Gulf and the West: The Dilemmas of Security, Boston 1987, S. 120.

21 Vgl. Annual Report to the President and the Congress, February 1992, S. 95, Chart 22.

22 Vgl. John *Lancaster*/David *Hoffman*, U.S. Reluctantly Cuts Gulf Arms Stocks, in: International Herald Tribune, 21.10.1991, S. 5.

23 Im Rahmen der Operation "Desert Shield" waren die ersten Einheiten der amerikanischen Marines bereits 18 Tage nach dem Verlegungsbefehl einsatzbereit. Die Verlegung von schweren Divisionen aus den USA würde selbst mit Fast Sealift Ships wesentlich länger dauern. Die ersten Schiffe würden erst nach 20 Tagen in Saudi-Arabien eintreffen (Annual Report to the President and the Congress, February 1992, S. 93 und 98).

auch in Zukunft kein integriertes Kommando alle Aufwuchsmaßnahmen koordinieren wird. Da Logistik und Transport in den nationalen Verantwortungsbereich fallen, gibt es bisher bei SHAPE keinen Stab, der zentral die Zuführung von Streitkräften überwachen und leiten könnte. Daher ist bis heute nicht sichergestellt, daß SACEUR in einer Krise über ein umfassendes Lagebild der Bewegungen verfügen würde.[24] Somit hätten auch die politischen Gremien der NATO nicht alle Informationen, die für ein wirksames Krisenmanagement erforderlich wären. Die hieraus resultierenden Koordinierungsprobleme werden zwar künftig dadurch gemindert, daß für die Zuführung auswärtiger Streitkräfte wesentlich mehr Zeit zur Verfügung stünde.[25] Es ist jedoch keineswegs sicher, daß die längere Vorbereitungszeit in militärischer Hinsicht wirksam genutzt würde. Zudem steigt auch die Bedeutung von Verstärkungen für die NATO-Posture.

Wenn die NATO Rekonstitution als ein Grundelement ihrer neuen Strategie ernst nehmen will, muß sie hieraus die organisatorischen Konsequenzen ziehen. Andernfalls läuft sie Gefahr, daß ihre Kommando- und Stabsstrukturen den Erfordernissen einer Aufwuchsstrategie nicht gerecht werden, weil sie zu sehr auf den Einsatz präsenter Kräfte ausgerichtet sind. Eine radikale Lösung dieses Problems wäre die Schaffung eines Strategic Reinforcement Commands, das Transport- und Logistikmaßnahmen zentral erarbeiten, überwachen und zum Teil auch durchführen würde. Eine etwas realistischere Option bestünde in der Bildung eines integrierten Rekonstitution-Planungsstabes. Dieser würde in normalen Zeiten nationale Aufwuchskonzepte beobachten und, falls erforderlich, auf ihre Harmonisierung dringen. In Spannungszeiten könnte der Stab dann bei Bedarf rechtzeitig in ein eigenes Kommando umgewandelt werden.

Über Kommandostrukturen für die kämpfende Truppe müßte nach Maßgabe des jeweiligen Eventualfalles entschieden werden. Je nach Zielsetzung und Umfang des Kräfteaufwuchses bieten sich unterschiedliche Strukturen an. Bei Eventualfällen in der Golfregion müßte ein gemeinsames Oberkommando für europäische, amerikanische und regionale Streitkräfte gebildet werden. Diese Struktur würde weitgehend derjenigen des letzten Golfkrieges ähneln, wobei möglicherweise die europäischen Kräfte in einem integrierten Korps zusammengefaßt wären. Bei kleineren Rekonstitutionsfällen innerhalb Europas wäre nur eine Verstärkung des *NATO Rapid Reaction Corps* (oder eines eventuellen europäischen Gegenstücks) erforderlich. Daher würde es sich anbieten, bei Bedarf andere Verbände

24 Vgl. Paul B. *Stares*, Command Performance: The Neglected Dimension of European Security, Washington (Brookings) 1991, S. 170ff.

25 Mit einem "bescheidenen Ausbau" seiner strategischen Transportkapazität innerhalb der nächsten fünf Jahre wird das Pentagon in der Lage sein, alle für Europa vorgesehenen Streitkräfte innerhalb von zwei bis drei Monaten zu überführen. Die "force drivers" der strategischen Transportprogramme sind Eventualfälle außerhalb Europas (Annual Report of the Department of Defense, January 1991, S. 77f).

darin einzugliedern. In einem großen Rekonstitutionsfall, der ohne eine starke amerikanische Beteiligung nicht zu bewältigen wäre, würden natürlich das Alliierte Kommando Europa (ACE) und die *Major Subordinate Commands* den militärischen Oberbefehl übernehmen.

Indes wird die Führung eines multinationalen Kommandos künftig schwieriger sein. Es ist davon auszugehen, daß die militärische Integration der NATO dadurch gelockert wird, daß Einheiten aus Europa abgezogen oder der EPU/WEU assigniert werden. Wenn nationale Verbände, die bis dahin einem EPU/WEU-Kommando assigniert waren, im Zuge der Rekonstitution NATO-Kommandos assigniert würden, könnte es zu einer Reihe von Koordinierungsproblemen kommen. Das betrifft insbesondere unterschiedliche Führungsstile, Stabsorganisationen, Fernmelde- und Chiffrierverfahren sowie das Fehlen personeller Beziehungen. Erfahrungsgemäß ist gerade in multinationalen Verbänden das persönliche Vertrauen zwischen Kommandeuren unterschiedlicher Nationalität besonders wichtig. Ähnliche Probleme würden amerikanische Divisionen haben, die im Rekonstitutionsfall nach Europa verlegt würden.

Diese Schwierigkeiten sprechen dafür, soweit wie möglich große EPU/WEU-Verbände geschlossen der NATO zu assignieren. Käme es zu einer militärischen Integration im Rahmen der EPU/WEU, sollten ihre Verbände auf möglichst hoher Ebene auch der NATO assigniert sein. Der Transfer ganzer Korps zu NATO-Kommandos (im Unterschied zu einzelnen Divisionen) würde die Interoperabilitätsprobleme mindern und eingeübte Kooperationsbeziehungen zwischen Kommandeuren unterschiedlicher Nationalität erhalten. Die gleiche Überlegung spricht dagegen, zugeführte amerikanische Divisionen einzelnen europäischen Korps zu unterstellen. Es könnten sich allerdings politische Probleme ergeben, wenn europäische Regierungen aus Prestigegründen verhindern wollten, daß von ihnen dominierte Kommandos durch eine NATO-Assignierung politisch entwertet würden. Generell ist damit zu rechnen, daß sich einige Staaten der Umassignierung von EPU/WEU-Verbänden und -Kommandos widersetzen würden, weil sie eine Minderung von Status und Einfluß befürchten. Dies gilt insbesondere für Frankreich.

Hinsichtlich der militärischen Organisation des Aufwuchsprozesses besteht ein Hauptproblem in der geringen Flexibilität europäischer Mobilisierungssysteme. Die USA haben die Möglichkeit, ganze Divisionen bzw. Geschwader ihrer Reserven bzw. National Guards zu aktivieren und dadurch schrittweise ihr Feldheer und ihre Luftwaffe zu verstärken. Im Unterschied zum amerikanischen Mobilisierungssystem gibt es in europäischen Armeen momentan keine größeren Reserveverbände, die bei Bedarf nach und nach mobilisiert werden könnten. In europäischen Armeen sind Reservisten bislang nur zur Verstärkung der Territorialstreitkräfte und zur Auffüllung der Kampf- und Einsatzunterstützungselemente aktiver Kampfverbände vorgesehen. Europäischen Regierungen fehlt daher weitgehend die Option, die Kampfkraft ihrer Streitkräfte in Teilschritten zu erhöhen.[26] Diese Fähigkeit wird jedoch in Zukunft benötigt, um den Aufwuchsprozeß so zu gestalten, daß er als wirksames Instrument des Krisenmanagements genutzt werden kann. Größere Flexibilität nationaler Mobilisierungskonzepte ist ferner nötig, um zu vermeiden, daß einzelne Staaten in bestimmten Rekonstitutionsphasen singularisiert werden. Falls in den nächsten Jahren weitere Einschnitte bei europäischen Streitkräften vorgenommen werden, sollten die betreffenden Staaten deshalb erwägen, die jeweiligen Großverbände nicht ganz aufzulösen, sondern ähnlich den amerikanischen zu kadern. Überlegenswert erscheint auch die Aufstellung europäischer Kaderverbände, die amerikanische POMCUS-Sets übernehmen könnten, falls die hierfür vorgesehenen US-Divisionen anderweitig engagiert sind oder genügend Zeit bliebe, um ihre in den USA gelagerte Ausrüstung nach Europa zu verschiffen.

Schwierigkeiten könnten verstärkt beim operativen Zusammenwirken von Verbänden unterschiedlicher Nationen auftreten, insbesondere zwischen amerikanischen und europäischen Einheiten. Die Interoperabilität innerhalb der NATO war bereits während des Kalten Krieges unbefriedigend, weil nationale Taktiken, "rules of engagement", logistische Anforderungen, IFF-[27] und Datenverarbeitungssysteme, Fernmeldeeinrichtungen und -verfahren nur unzureichend aufeinander abgestimmt waren.[28] Drei Gründe sprechen dafür, daß diese Probleme im NATO-Rahmen künftig eher noch zunehmen: Erstens schwindet mit dem Nachlassen der sowjetischen Bedrohung auch der Druck zur Harmonisierung. Entsprechend besser können sich nationale oder organisationsbedingte Interessen durchsetzen. Zweitens wird in den USA der Anteil derjenigen Streitkräfte zurückgehen, die primär für den Einsatz in Europa vorgesehen sind. Die US Army wird deshalb ihre Verfahren für andere Eventualfälle optimieren, beispielsweise für die Kooperation mit dem Marine Corps in der Golfregion. Durch die Kürzungen der amerikanischen Truppen in Europa wird zudem die Anzahl derjenigen Offiziere stark verringert, die mit den Verfahren europäischer Streitkräfte vertraut sind. Schließlich ginge, drittens, die zu erwartende Verbesserung der Interoperabilität zwischen den französischen und anderen europäischen Streitkräften höchstwahrscheinlich auf Kosten der transatlantischen Interoperabilität.

Wie bereits erörtert könnten diese Probleme in manchen Eventualfällen dadurch gemindert werden, daß Korps geschlossen höheren Kommandos unterstellt und daß regelmäßige Übungen abgehalten werden. Kleinere Manöver und Stabsübungen würden bei den beteiligten Nationen die Kenntnis fremder Verfahren er-

26 Für die Bundesrepublik wird das Spektrum von Aufwuchsoptionen durch die "Heeresstruktur 5" beträchtlich erweitert.

27 IFF - Identification Friend Foe.

28 Vgl. *Stares*, Command Performance, S. 136ff.

heblich verbessern. Bei dieser Gelegenheit sollte auch die Aktivierung und Rückführung von Verbänden unter Verwendung von Simulationstechniken geprobt werden. Dabei könnten von Zeit zu Zeit auch "reale" US-Verbände einbezogen werden. Sinnvoll wäre in diesem Zusammenhang die gelegentliche Einbeziehung nuklearer Komponenten, um Rückführungs- und Freigabeverfahren zu praktizieren und eine schleichende De-Nuklearisierung der NATO-Posture zu verhindern. Ferner wären Stabsübungen nützlich, bei denen künftige EPU/WEU-Korps die Zusammenarbeit mit denjenigen NATO-Kommandos üben würden, denen sie im Falle eines Aufwuchses assigniert würden. Eventuell könnten auch Stabsübungen mit mittelosteuropäischen Staaten durchgeführt werden. Darüber hinaus erscheint es ratsam, eine Einrichtung zu schaffen, in der Offiziere in den Verfahren anderer Nationen unterrichtet und trainiert würden.[29] Dadurch könnte die Interoperabilität mit jenen verbündeten oder befreundeten Staaten besonders effektiv verbessert werden, deren Streitkräfte nicht integriert sind und selten an multinationalen Übungen teilnehmen. In diese Kategorie könnten in naher Zukunft die Staaten Mittelosteuropas fallen, vielleicht aber auch die USA.

VI. Rekonstitution in einem Konzept von "interlocking institutions"

Falls ein Kräfteaufwuchs künftig erforderlich werden sollte, um expansionistische Bestrebungen eines Staates einzudämmen, bestünde die Notwendigkeit, aber auch die Chance, die hierbei entstehenden Belastungen auf viele (westliche) Staaten zu verteilen. Insbesondere bei Eventualfällen, die quantitativ und qualitativ hohe Anforderungen an das westliche Potential stellen würden, wäre es vorteilhaft, neben europäischen Verbänden auch amerikanische Streitkräfte in großer Zahl einzubeziehen. In solchen Fällen muß der institutionelle Rahmen alle Staaten integrieren, die bereit sind, sich an militärischen Vorkehrungen zu beteiligen. Infolgedessen kann die EPU/WEU nur in Ausnahmefällen die Koordination des Aufwuchsprozesses übernehmen. Sobald amerikanische Einheiten zu integrieren wären, müßte Washington auch in die multilateralen Entscheidungsprozesse einbezogen werden.

Letztlich kann nur die NATO die USA in die europäischen Aufwuchspläne wirksam integrieren. Die andere transatlantische Sicherheitsinstitution, die KSZE, ist hierzu offenkundig nicht in der Lage. Ihr fehlt zum einen der Unterbau der militärischen Integration; zum anderen ist sie politisch nur bedingt aktionsfähig, weil die Vielzahl ihrer Mitglieder und die auf Konsens (oder auf "Konsens minus eins") ausgerichteten Entscheidungsverfahren rasches und effektives Vorgehen leicht behindern könnten. Rekonstitution sollte daher im Kontext der "interlocking institutions" eine spezifische Funktion der NATO bleiben. Dies gilt insbesondere für europäische Eventualfälle, die einen großen Kräfteaufwuchs erfordern. Aber auch

29 Einen entsprechenden Vorschlag hat General a.D. Hans Henning von Sandrart gemacht.

bei Konflikten außerhalb Europas, welche die Europäer nicht als offizielle NATO-Sache behandelt sehen wollen, würden die politischen und militärischen Koordinierungsprozesse der Allianz das transatlantische Zusammenwirken maßgeblich fördern. Die primäre Zuständigkeit der NATO bedeutet keineswegs, daß andere Institutionen in einem Aufwuchsprozeß keine Rolle spielen würden. Gerade die KSZE könnte als legitimierende Instanz eine wichtige Funktion wahrnehmen. In einigen Fällen könnte die NATO sogar als ausführendes Organ der KSZE einen Kräfteaufwuchs durchführen, um regionale Aggressoren abzuschrecken und notfalls in die Schranken zu verweisen. Der Aufwuchsprozeß selbst würde dabei jedoch ein Kompetenzmonopol der NATO bleiben.

Die Aufwuchsplanung weist aber nicht nur der NATO eine dauerhafte Rolle für die europäische Sicherheit zu, sie bewirkt zugleich auch die politische Einbeziehung der USA in Fragen der europäischen Sicherheit. Rekonstitutionsplanung bildet auf der einen Seite für die Planer im Pentagon eine Orientierungsgrundlage für die Rollen und Anforderungen, die amerikanische Streitkräfte in europäischen Eventualfällen zu erfüllen hätten. Sie stellt im amerikanischen Entscheidungsprozeß somit einen Fixpunkt dar, der nicht leicht zu verschieben ist, weil bürokratische Koalitionen sich auf ihn stützen können. Auf der anderen Seite ist die Aufwuchsplanung für die Administration ein gewichtiges Argument, um gegenüber dem Kongreß europäische Rollen für amerikanische Streitkräfte zu rechtfertigen. Eine glaubwürdige Rekonstitutionsstrategie kann daher wesentlich dazu beitragen, auf lange Sicht die transatlantischen Sicherheitsbeziehungen zu festigen, die vier Jahrzehnte lang europäische Stabilität gewährleistet haben.

10. Luftverteidigung unter künftigen strategischen Rahmenbedingungen*

Hubert Feigl

I. Einleitung: Künftige Aufgaben und Erfordernisse

Überlegungen zur künftigen Luftverteidigungsstruktur müssen auch unter neuen strategischen Rahmenbedingungen von einer Bedarfslage ausgehen, bei der es ältere, residuale, und neue, potentiell eskalierende Herausforderungen gleichzeitig zu berücksichtigen gilt. Von herausragender Bedeutung ist, daß es nach den politischen und strategischen Veränderungen seit 1990 keinen potentiellen Gegner mehr gibt, der die Fähigkeit zur Invasion nach kurzer Vorbereitungszeit besitzt. Damit hat sich auch die früher bestehende Gefahr vorausgehender breitgefächerter und massiver Überraschungsschläge aus der Luft entscheidend verringert. Unter diesen Voraussetzungen entfällt zunehmend sowohl die politische wie auch die militärische Begründung für Maßnahmen der Verteidigungsvorsorge, die - wie früher - auf einen militärischen Hauptkonkurrenten ausgerichtet sind. Dies gilt um so mehr, als aus der "Konkursmasse" des Warschauer Pakts - speziell auch aus dem Umbruch in der früheren Sowjetunion - selbständige staatliche Akteure hervorgegangen sind, die Kooperationsbereitschaft zeigen. Manche von ihnen streben sogar nach einer Anbindung an die sicherheitspolitischen Strukturen des Westens.

Dennoch bleibt natürlich aus heutiger Sicht die Gemeinschaft Unabhängiger Staaten (GUS) - möglicherweise auch nur Rußland (sieht man von anderen Teilrepubliken ab) - eine nukleare Großmacht, und es muß auch nach dem Vollzug der vereinbarten oder angekündigten Reduzierungen des Streitkräfte- und Rüstungspotentials, der von einem drastischen Strukturwandel im militärischen Bereich begleitet sein wird, davon ausgegangen werden, daß auf früher sowjetischem Territorium die stärkste Militärmacht Europas bestehenbleibt. Solange die politische Stabilität der GUS bzw. Rußlands nicht gesichert ist, muß überdies mit dem Entstehen krisenhafter Entwicklungen und ihrem Übergreifen auf benachbarte Regionen gerechnet werden. In dieser Situation bleiben westliche Sicherheitsvorkehrungen nach wie vor erforderlich, die zumindest grundsätzlich an den Fähigkeiten und Kapazitäten der jeweils denkbaren Kontrahenten zu orientieren sind. Im Prinzip sind dabei nicht nur die innerhalb und außerhalb des Reduzierungsraums insgesamt *verbleibenden* Militärpotentiale zu berücksichtigen, sondern vor allem auch die durch Reaktivierung bzw. Nachrüstung (Rekonstitution) möglicherweise aufwach-

* In diesen Beitrag haben Recherchen und Anregungen von Generalmajor a.D. Jörg Bahnemann Eingang gefunden.

senden Potentiale. Gerade im Zusammenhang mit Reduzierungen ist die vergleichende Bewertung der Rekonstitutionsfähigkeit möglicher Kontrahenten und der eigenen Aufwuchsfähigkeit wichtig. Dies gilt zumal dann, wenn zum Beispiel bei Wiederentstehen wettlaufähnlicher Szenarien des Kräfteaufwuchses die jeweilige Gegenseite aus ihren relativ höheren Sockelstärken Vorteile ziehen könnte.

Der tiefgreifende politische und sozioökonomische Wandel in der früheren Sowjetunion dürfte allerdings einer schnellen Umkehrung der bisherigen Entwicklung entgegenstehen. Die prekäre wirtschaftliche Situation, die Versorgungsengpässe und die zunehmende Budgetverknappung in den Mitgliedstaaten der GUS haben lange Zeit sogar den völligen Zusammenbruch des militärisch-technischen Komplexes nahegelegt. Inzwischen ist vielleicht eine solche dramatische Entwicklung unwahrscheinlich geworden; aufgrund der weiterbestehenden Rahmenbedingungen ist jedoch mit Sicherheit eine Lage entstanden, die auch in den größeren Teilrepubliken der GUS eine sehr viel bescheidenere Neustrukturierung der Streitkräfte- und Rüstungspotentiale sowie eine Neustrukturierung des militärisch-technischen Komplexes erzwingt. Vorläufig bleibt allerdings ein Restrisiko: Westliche Sicherheitsvorsorge muß zumindest noch davon ausgehen, daß bewaffnete Auseinandersetzungen innerhalb der GUS (z.B. zwischen Rußland und der Ukraine) entstehen können, die möglicherweise nicht nur die unmittelbar benachbarten Staaten betreffen würden, sondern auch weit in das angrenzende Vorfeld in Europa sowie in den Nahen und Mittleren Osten hineinwirken dürften. Relevant wären in diesem Zusammenhang krisenhafte Entwicklungen, die das Baltikum und damit den gesamten Ostseeraum betreffen würden oder einige Krisenregionen der GUS, die den Balkan oder Staaten des Nahen und Mittleren Ostens in Mitleidenschaft ziehen könnten. Gerade die zuletzt genannten Regionen sind bekanntlich ihrerseits schon durch ein hohes Maß an Konfliktbereitschaft gekennzeichnet, das kriegerische Auseinandersetzungen wahrscheinlicher macht.

Eine unmittelbare Gefährdung des Westens durch eine große militärische Auseinandersetzung dürfte jedoch von den genannten Konfliktszenarien nicht ausgehen. Eine Bedrohung größeren Ausmaßes ist heute nur noch als Ergebnis einer längerfristigen Entwicklung vorstellbar. Im Bereich der GUS-Mitgliedstaaten bedürfte es dazu eines komplexen politischen und sozioökonomischen Rückbildungsprozesses, für den es sicherlich viele politische "Frühindikatoren" gäbe, die zur rechtzeitigen Einleitung von Gegenmaßnahmen genutzt werden könnten.

Beachtet werden müssen bei einem Vergleich der Aufwuchsfähigkeiten auf jeden Fall die unverzüglich einsetzbaren Komponenten des militärischen Instrumentariums, über das ein potentieller Gegner verfügt. Eine besondere Rolle könnten dabei die verbleibenden Luft- und Raketenstreitkräfte spielen, da sich deren Einsatzmittel - oft als "Waffen der ersten Stunde" bezeichnet - vor allem auch präemptiv gegen die Rekonstitutionsfähigkeit benachbarter Staaten richten ließen. So gesehen kann insbesondere der Stabilisierungsbeitrag einer Luftverteidigung (LV), abgesehen von dem einer bisher nicht realisierbaren Raketenverteidigung - beispielsweise im Rahmen einer westlichen Risikovorsorge -, vielleicht sogar unverzichtbar werden. In welchem Umfang allerdings derartige Verteidigungsmaßnahmen konkretisiert werden müssen, wird von den Details der weiteren Entwicklung abhängen. Entscheidend ist sicherlich, ob ein erweitertes europäisches System kollektiver Sicherheit errichtet wird, das neue institutionalisierte Möglichkeiten der friedlichen Konfliktbeilegung wirksam zur Anwendung bringen kann.

Eine Eingleisigkeit der im Bündnisrahmen zu fordernden Risikovorsorge, die von alten Konfrontationsmustern ausgeht oder nur den Schutz des eigenen Staatsgebietes im Auge hat, ist allerdings aus heutiger Sicht nicht mehr angebracht. Der Golfkrieg hat deutlich gezeigt, daß selbst die außerhalb des europäischen Verteidigungsbereichs liegenden Konfliktzonen bzw. Kriegsschauplätze in einen neuen Bewertungszusammenhang gebracht werden müssen. Der NATO-Kontext, in dem bisher die Rückgriffsmöglichkeiten auf deutsche Streitkräfte geregelt waren, gilt naturgemäß nicht von vornherein für Konfliktszenarien, die auch in europäischer Zuständigkeit oder unter dem Dach der Vereinten Nationen militärische Operationen erforderlich machen können.

Neue Bewertungszusammenhänge haben unmittelbare Auswirkungen auf die Bedarfsplanung und das militärische Dispositiv. So wird gerade bei außerregionalem Streitkräfteeinsatz der Schutz der eigenen Truppen durch einen "mitgeführten" Luftverteidigungsschirm zwingend erforderlich. Gegebenenfalls müßte ähnlich wie im Golfkrieg sogar zusätzlich eine Abwehrkapazität (z.B. Patriot-Raketen) gegen ballistische Raketen kurzer und mittlerer Reichweite bereitgestellt werden. In diesem Zusammenhang ist auf das erkennbare Interesse einiger Staaten an der südlichen Peripherie des europäischen Kontinents an einer Raketenrüstung zu verweisen, die Einsatzmöglichkeiten für Massenvernichtungswaffen eröffnet (z.B. Irak, Iran, Syrien, Libyen, Saudi-Arabien). Im Zuge einer fortschreitenden politischen Emanzipation, die von arabischem Nationalismus und islamischem Fundamentalismus gespeist wird, könnten auf diese Weise neue strategische Akteure ein beträchtliches Gefährdungspotential entfalten. Mögliche Krisenzonen bleiben in diesem Sinne nicht nur die Spannungsgebiete Nahost- und Golfregion, sondern auch einige Bereiche Nordafrikas. In welchem Umfang den Staaten dieser Regionen Optionen zur Kriegführung - speziell gegen Europa - erwachsen, ist ungewiß, verdient aber sorgfältige Beachtung. Eine rechtzeitige Risikovorsorge auf dem Gebiet der Luftverteidigung gegen eine Bedrohung aus der südlichen Peripherie scheint allerdings schon heute für einige süd- und südosteuropäische Staaten unverzichtbar zu sein.

Das Verhalten einiger "Risiko-Staaten" in der Peripherie des europäischen Kontinents, wobei insbesondere an den Irak zu denken ist, bietet leider keine Gewähr dafür, daß das Interesse am Besitz von Massenvernichtungswaffen nachlassen könnte. Damit gewinnen auch die proliferierten oder in Eigenproduktion entstandenen Raketenarsenale große Bedeutung. Die verfügbaren Kurz- und Mittelstreckenraketen dürften je nach Stationierungsort zunächst Teile Süd- und Südosteuropas sowie große Gebiete im Süden der bisherigen Sowjetunion abdecken, bei entsprechender Steigerung der Reichweite auch entferntere Teile Europas und des ehemals sowjetischen Territoriums. Selbst wenn diese Einsatzmittel nur mit konventionellen Gefechtsköpfen ausgestattet werden könnten, würden sie zweifellos für Terroreinsätze in Betracht kommen. Sehr viel ernster wäre die Herausforderung natürlich, wenn Massenvernichtungswaffen zur Verfügung stünden, die mit Hilfe moderner Raketentechnik einsetzbar wären. Wirksame Gegenmaßnahmen, möglicherweise im Rahmen eines präventiven Konzepts oder auch in Form einer Raketenverteidigung für Europa, wären dann sicherlich unverzichtbar.

Namentlich bei den Einsatzmöglichkeiten weitreichender Raketen ist zu berücksichtigen, daß selbst eine vergleichsweise große Entfernung der Risikoquelle nicht mehr unbedingt als Sicherheitsfaktor gewertet werden kann. Weiter entfernte Krisengebiete mit der Möglichkeit kriegerischer Verwicklungen implizieren allerdings nicht im gleichen Maße wie solche in unmittelbarer Nachbarschaft die Gefahr einer Invasion, bei der von Luft- und Raketenangriffen im Zusammenhang mit grenzüberschreitenden Operationen von Bodentruppen eine massive Bedrohung ausgehen kann. Selbst wenn eine solche Invasionsfähigkeit nicht besteht, muß jedoch das wachsende Risiko von Terrorangriffen beachtet werden, bei denen sich Waffensysteme aller Reichweitekategorien einsetzen lassen.

Bei Ausgangsszenarien für kriegerische Verwicklungen "traditioneller" Art muß sich die Risikoanalyse natürlich auf die Bewertung der tatsächlich bestehenden Gefährdungspotentiale im Nah- und Fernbereich sowie auf deren Aufwuchsmöglichkeiten stützen, um das zur Erfüllung nationaler und multinationaler Verteidigungsaufgaben erforderliche Streitkräftedispositiv festzulegen. Mit Blick auf die Erfordernisse eines deutschen Beitrags zu einer Luftverteidigung in Europa ist festzustellen, daß insbesondere die näher gelegenen Risikozonen durch einen eher residualen Charakter der Luftangriffspotentiale gekennzeichnet sind. Die dort verfügbaren Luftangriffsmittel repräsentieren nicht nur einen vergleichsweise niedrigen Einsatzwert, es fehlen in den betreffenden Ländern zudem auch die Voraussetzungen für umfangreiche autonome Rüstungsanstrengungen.

Diese Voraussetzungen gelten nicht für die weiter entfernten Krisenregionen im GUS-Bereich. Die in den Nachfolgestaaten der Sowjetunion vorhandenen Luftangriffspotentiale dürften auch unter den Bedingungen einer fortschreitenden Reduzierung des Militärpotentials, einer dramatischen Ressourcenverknappung und einer empfindlichen Schwächung des militärisch-industriellen Komplexes auf relativ hohem quantitativem und qualitativem Niveau bleiben. Außerdem dürften zumindest für eine einige Jahre dauernde Übergangsperiode innerhalb der GUS, in Rußland, möglicherweise aber auch in anderen Mitgliedstaaten bedeutende Raketen- und Nuklearpotentiale vorhanden sein. Auch ohne konkreten Bedrohungsbezug - der andererseits mit den noch vorhandenen Instabilitäten jederzeit glaubhaft zu machen wäre - sollte deshalb in dieser Phase eine potentialorientierte Risikobewertung aufrechterhalten werden, die als Orientierungshilfe für die Formierung eines eigenen Verteidigungsdispositivs dienen kann. Diese Bemessungsgrundlage, die wichtige Kriterien wie Umfang, Zusammensetzung, Leistungsstärke oder Aufwuchsvermögen von Streitkräfte- und Waffenpotentialen zusammenfaßt, könnte dem Fortgang des Reduzierungsprozesses laufend angepaßt werden. Sie böte zudem die Gewähr, daß andere, weniger gewichtige Risikokomplexe, die aufgrund ihres residualen oder eskalierenden Bedrohungsprofils in Europa oder an der europäischen Peripherie zu beachten sind, in jedem Fall mit abgedeckt würden.

Eine potentialbezogene Risikovorsorge sollte allerdings auch den veränderten politischen Rahmenbedingungen Rechnung tragen. Eine Überbewertung der Gefährdungspotentiale nach rein militärischen Kriterien dürfte auch für den Sektor der Luftverteidigung bedeuten, daß die Meßlatte zur Bedarfsermittlung viel zu hoch angesetzt wird. Mit weder erfüllbaren noch akzeptablen Forderungen wäre insbesondere im Bereich Raketenverteidigung zu rechnen, wenn ohne Berücksichtigung der grundlegend veränderten Rahmenbedingungen - z.B. allein aus der Tatsache, daß in der GUS (bzw. einigen ihrer Mitgliedstaaten) Raketenpotentiale vorhanden sind - Schlußfolgerungen gezogen würden. Der einer Bedarfsplanung zugrundeliegende Bedrohungshintergrund entsteht erst in einem spezifischen politischen Kontext. Eine Raketenbedrohung wird dabei ohnehin viel stärker von perzeptorischen Faktoren bestimmt als eine Luftbedrohung. Bewertungselemente sind dabei die mögliche Kombination der Trägermittel mit Massenvernichtungswaffen, die Aufwuchsfähigkeit und vor allem Merkmale der Instrumentalisierung dieser Einsatzpotentiale. Von einer realen Gefährdung dürfte insbesondere dann auszugehen sein, wenn solche Einsatzmöglichkeiten in die Hände neuer, im Sinne des "Abschreckungsdenkens" nicht unbedingt rational handelnder strategischer Akteure übergehen.

Im Gegensatz zu einer vielleicht viel ernsteren Luftbedrohung, die wenigstens im Prinzip eine Gegenwehr erlaubt, gilt eine Raketenbedrohung aufgrund weitgehend fehlender Verteidigungsmöglichkeiten auch heute noch als unausweichlich. Dieses kaum behebbare Mißverhältnis zwischen Angriffsfähigkeit und Abwehrvermögen tritt natürlich im Bereich der nuklearen Einsatzoptionen weitreichender Raketen besonders eklatant hervor und wurde in der Vergangenheit hauptsächlich mit dem Aufbau gegenschlagsfähiger nuklearer Raketenpotentiale kompensiert. Neben dem Interesse, auf diese Weise die Abschreckungswirkung als stabilisierenden Faktor zu erhalten, waren es vor allem die schwer zu lösenden technisch-operativen und budgetären Probleme einer Raketenabwehr, die viele hochindustrialisierte Staaten veranlaßt haben, zwar die Neutralisierung der Luftbedrohung mit großem Aufwand zu betreiben, nicht aber die der Raketenbedrohung.

Solange es angebracht ist, zur Neutralisierung der verbleibenden Risiken eher ein Offenhalten der Strukturbildung anzustreben, entfällt auch zusehends der institutionelle Begründungsbedarf für spezifische Handlungen. Die Klassifizierung möglicher krisenbedingter Bedarfslagen nach den NATO-Kriterien "central region", "out-of-region" oder "out-of-area" hat nach der Auflösung des Warschauer Pakts in der Tat zunehmend ihren Realitätsbezug verloren. Die tiefgreifenden politischen Veränderungen im Osten und das Hervortreten partikulärer krisenhafter Entwicklungen subregionaler und regionaler Art haben nicht nur eine "Öffnung" der Sicherheitsstruktur im KSZE-Rahmen ermöglicht, sondern auch eine politische Transformation der NATO in Richtung auf eine stärkere Europazentrierung eingeleitet.

Denkbar und vielleicht wünschenswert wäre sicherlich eine umfassende Wahrnehmung der Risikovorsorge in europäischer Zuständigkeit, beispielsweise unter der Ägide der WEU oder der EG - allerdings nicht konkurrierend, sondern komplementär zu NATO und VN. Geht man davon aus, daß unabhängig von den verbleibenden faktischen Kompetenzen - wobei im militärischen Bereich die NATO weiterhin dominiert - andere Zuordnungskriterien für die verbleibenden Bedrohungspotentiale gefunden werden müssen, so besteht eigentlich nur die Möglichkeit, sich an Kriterien der militärischen Operationalisierung von Konflikten zu orientieren. Der wichtigste Zuordnungsbedarf ergibt sich zweifellos aus den Möglichkeiten und Sachzwängen des sicherheitspolitisch-militärischen Einbezugs der Bundesrepublik und der damit involvierten Wahrung deutscher Interessen.

Bewertet man potentielle Krisenzonen allein nach Maßgabe der dort vorhandenen oder möglicherweise entstehenden Streitkräfte- und Waffenpotentiale mit weiträumiger Angriffsfähigkeit und berücksichtigt außerdem die in diesem Zusammenhang anwendbaren Entfernungsrelationen, so ist unschwer zu erkennen, daß insbesondere die residuale Bedrohung der Bundesrepublik aus dem mittelost- und südosteuropäischen Nahbereich vergleichsweise gering ist - gemessen an den nach Reduzierung der "Treaty Limited Items" (TLI) verbleibenden, bisher sowjetischen (oder nur russischen) Potentialen und ihrer Aufwuchsfähigkeit. Eine solche Bewertung wird dadurch unterstrichen, daß die in diesem Zusammenhang zu beachtenden Staaten (z.B. die mittelost- und südosteuropäischen Staaten) - mit Ausnahme der GUS bzw. einiger ihrer Mitgliedstaaten - keine leistungsfähige Luft- und Raumfahrtindustrie besitzen, die ihnen autonome Aufwuchsoptionen eröffnen könnte. Im Bereich der weitreichenden Raketenwaffen bilden die auf ehemals sowjetischem Territorium verbleibenden Restpotentiale die bislang einzige konkrete, wenn auch formale Orientierungshilfe für die Einschätzung einer "Fernbedrohung", wenn man von einigen anderen, zunächst jedenfalls marginalen Potentialen innerhalb und außerhalb der Region absieht.

Auf der Grundlage einer stets im Bündniskontext zu lösenden Verteidigungsaufgabe, die vielfältige institutionelle Bindungsoptionen zuläßt, ergibt sich deshalb für die Bundesrepublik hinsichtlich der Luft- und Raumverteidigung eine Dreiteilung des Aufgabenspektrums:

- subregionaler Verteidigungsbeitrag zum Schutz des eigenen Staatsgebiets;
- regionaler Verteidigungsbeitrag im Rahmen einer europäischen "Sicherheitsgemeinschaft";
- außerregionaler Verteidigungsbeitrag im internationalen Sicherheitskontext.

In diesem Zusammenhang ist zu erwarten, daß die Bündnisstrukturen mit fortschreitender Veränderung der Bedarfslage den jeweiligen Aufgabenkonstellationen angepaßt werden und somit auch ein der nationalen Interessenlage besser entsprechender wirksamer Handlungsrahmen entsteht.

II. Elemente einer Aufgabenplanung

Eine künftigen Aufgaben gerecht werdende Luftverteidigungsplanung kann nur als integraler Bestandteil einer revidierten Konzeption der Streitkräfteplanung entwickelt werden, die ihrerseits wiederum der übergeordneten sicherheitspolitischen Planungsvorgabe der Bundeswehr entsprechen muß. Ausgangspunkt einer konzeptionellen Anpassung an die veränderten Rahmenbedingungen ist sicherlich die Überzeugung, daß es Aufgabe der Sicherheitspolitik sein muß, unter Bedingungen der politischen Kooperation und strategischen Entflechtung eine Verteidigungsfähigkeit aufrechtzuerhalten, die dem vorhandenen Bedrohungspotential entspricht und gegenüber zunehmenden Bedrohungen Anpassungsreserven besitzt. Die erforderliche Bedarfsplanung sollte einer teilstreitkraftübergreifenden Konzeption entsprechen, in der die jeweiligen Forderungen zusammengeführt sind.

Als Grundforderung gilt in diesem Zusammenhang, daß eine günstige Gestaltung der Luftlage eine entscheidende Voraussetzung für den Erfolg im Land- oder Seekrieg ist. Dabei beruft sich insbesondere die Luftwaffe auf konzeptionelle Vorstellungen, die im Falle einer Aggression das Zusammenwirken einer starken Luftverteidigung mit ausreichend ausgewogenen und auf modernem Stand befindlichen Gegenangriffskräften vorsehen, da ein Verteidiger nur mit ihnen die Initiative - die zunächst ja der Angreifer besitzt - zurückgewinnen und eine dafür geeignete bzw. notwendige Luftlage herstellen kann.

Mit Blick auf die zentralen Verteidigungsinteressen der Bundesrepublik und unter Berücksichtigung der modifizierten Bedrohungsspektren ist von einer dreigeteilten Bedarfsstruktur eines Gesamtdispositivs auszugehen:

- dem *Grundbedarf* im Hinblick auf residuale Bedrohungen;

- dem *Erweiterungsbedarf* im Hinblick auf antizipierte Bedrohungen;
- dem *Kooperationsbedarf* im Hinblick auf übergeordnete Bedrohungen.

Im Rahmen der Abdeckung des *Grundbedarfs* stellt sich vor allem die Aufgabe, ungeachtet aller Reduzierungsmaßnahmen, Streitkräfteabzüge und Ressourcenverminderungen einen Beitrag zum Schutz der gesamten Bundesrepublik zu leisten. Der bereits im Frieden zu erbringende Grundschutz durch Luftverteidigung soll die Möglichkeit bieten, das in Mitteleuropa verbleibende Restrisiko bei kriegerischen Verwicklungen zu verringern. *Ein* Bestandteil dieses Grundschutzes ist die Wahrung der Integrität des Luftraums (air policing), die über dem gesamten Territorium der Bundesrepublik Deutschland sichergestellt werden muß.

Ein *Erweiterungsbedarf* entsteht durch die Notwendigkeit, auf neue Bedrohungslagen - regionaler, subregionaler oder außerregionaler Art - und die damit implizierten konzeptionellen, operationellen und potentialbezogenen Bedarfslagen angemessen und rechtzeitig zu reagieren. Eine erforderlich werdende Modifizierung des Verteidigungsdispositivs der Bundeswehr sollte natürlich hinsichtlich Umfang, Schwerpunktsetzung und Zeitbedarf der eigenen Maßnahmen allen Möglichkeiten des Bedrohungsaufwuchses Rechnung tragen. Mögliche Forderungen im multinationalen Rahmen in bezug auf den Verteidigungsbeitrag der Bundesrepublik innerhalb ihrer Grenzen - bei der Erweiterung des Verteidigungsbereichs innerhalb Europas und der Begegnung außerregionaler Bedrohungen - sind ihren Prioritäten entsprechend zu berücksichtigen.

Die Mittel der Luftkriegführung können und müssen aufgrund ihrer hohen Einsatzflexibilität mit Vorrang den neuen Forderungen angepaßt werden. Im Vordergrund steht natürlich die Verteidigung des eigenen Staatsgebietes. Besondere Anforderungen stellt der Verteidigungsauftrag in einer erweiterten "Europäischen Sicherheitszone", zumal er auch außerregionale "task force"-Einsätze implizieren kann. Beachtung verdient darüber hinaus sicherlich die Absicherung des Luftraums bei einem rekonstitutiven Bedrohungsaufbau. Um den verschiedenen Anforderungen gerecht zu werden, müssen für die Luftwaffe sowohl die Voraussetzungen zur Verteidigung als auch zum Gegenangriff verbleiben bzw. geschaffen werden. Einige denkbare Konfliktszenarien könnten überdies eine Raketenverteidigung erforderlich machen.

Bei der Gefahr bewaffneter Auseinandersetzungen in Europa müßte von der Aufrechterhaltung des Prinzips der Vorneverteidigung ausgegangen werden, das heißt der Verteidigung dort, wo ein militärischer Konflikt auf nationale oder künftig auf gesamteuropäische Grenzen trifft. Eine vorbereitende Anpassung an neue, vorstellbare Forderungen ist hierfür unabdingbar. Zunehmendes Gewicht haben in diesem Zusammenhang eine effiziente Nachrichtengewinnung und Aufklärung sowie die bei Ressourcenknappheit immer wichtiger werdenden Kampfkraftverstärkungselemente Einsatzführung und Kampf unter Eloka-Bedingungen.

Die Elemente eines LV-Verbundes (Sensoren, Gefechtsstände, Waffen) müssen lufttransportfähig sein. Durch geeignete Auslegung und Schnittstellen ist der Verbund modular so zu strukturieren, daß auch bei "task force"-Einsätzen die lage- oder auftragsgerecht bereitgestellten Teile des Verbundes mit hoher Effektivität autonom operieren können. Für eine Verlegung von Luftkriegsmitteln über große Entfernungen müssen natürlich zum Teil erst die logistischen Voraussetzungen geschaffen werden (Lufttransportkapazität, Luftbetankungsfähigkeit usw.).

Die Forderung nach Abdeckung eines vielfältigeren Bedarfsspektrums läßt einen erweiterten *Kooperationsbedarf* entstehen. Wie die Bundeswehr insgesamt ist die Luftwaffe unter den veränderten Rahmenbedingungen besonders darauf angewiesen, im Zusammenwirken mit den verbündeten Streitkräften eine gesicherte Verteidigungsfähigkeit glaubhaft zu machen - ob im Rahmen der Aufrechterhaltung des Grundschutzes oder der Abdeckung eines erweiterten Schutzbedarfs. Spätestens wird immer dann ein unabweisbarer Sachzwang zur Kooperation entstehen, wenn Lücken im eigenen Streitkräftedispositiv, der Bewaffnung oder Ausrüstung nur von anderen Partnerstaaten, etwa den USA, geschlossen werden können. Einschlägige Beispiele liefern vor allem Szenarien, in denen der Konfliktgegner über Kernwaffen oder andere Massenvernichtungswaffen verfügt und eine äquivalente Gegendrohung erforderlich wird, oder auch bewaffnete Auseinandersetzungen, bei denen auf spezielle High-Tech-Komponenten, wie weltraumgestützte Führungs- und Aufklärungsmittel, oder zur Abwehr einer Raketenbedrohung auf fortgeschrittene Abwehrsysteme zurückgegriffen werden muß.

Der angesprochene vergrößerte Forderungskatalog muß freilich im Rahmen eines "Konsolidierungsansatzes" für das Streitkräftedispositiv unter Inkaufnahme einschneidender Restriktionen abgedeckt werden, von denen natürlich auch die Luftwaffe betroffen ist. Geht man von der vorgeschlagenen "contingency"-Struktur aus, die in abgestufter Form unterschiedliche Bedrohungsarten miteinander verknüpft, empfiehlt sich die von Experten angestrebte kleinere, aber hocheffiziente, allen Anforderungen entsprechende Luftwaffe. Unter den schwer zu definierenden sicherheitspolitischen Vorgaben, die ein breites Spektrum von verbliebenen, im Prinzip aufwuchsfähigen Militärpotentialen zu berücksichtigen haben, die nur zum Teil residualer Art sind, dürfte ein breiter konzeptioneller Ansatz sinnvoll sein. So spricht viel dafür, angesichts der großen Variationsbreite denkbarer Herausforderungen zwar Reduzierungen in Kauf zu nehmen, jedoch an der Vollständigkeit der Kategorienvielfalt von Gegenoptionen festzuhalten und entstandene Lücken nach Möglichkeit zu schließen. Im Rahmen einer Langzeitstrategie muß aber darüber hinaus vor allem auch eine angemessene Rekonstitutionsfähigkeit der rüstungsindustriellen Basis sichergestellt werden. Einer Vorteilssicherung für die Zukunft dient insbesondere die Fortschreibung der qualitativ-technischen Überlegenheit der westlichen Industriestaaten durch geeignete Strukturmaßnahmen.

Um diesen Vorgaben im Bereich der Luftwaffe zu entsprechen, wird man dazu übergehen müssen, Budgetierungsengpässen nach Möglichkeit durch alle Aufgabenbereiche betreffende Einschnitte und natürlich durch Einführung ressourcensparender Alternativen zu begegnen. Mit dieser Verfahrensweise lassen sich vielleicht am besten die Voraussetzungen für einen wirksamen operativen Verbund der Einsatzmittel erhalten. Gleiches gilt sicherlich für die Integration der Einsatzkomponenten und Verbände im Rahmen einer Bündnisstruktur; parallel dazu dürften sich damit aber auch Möglichkeiten der autonomen Aufgabenwahrnehmung im erforderlichen Umfang sicherstellen lassen. Selbst wenn die Optionenvielfalt weitgehend erhalten werden kann - was mittelfristig keineswegs garantiert ist -, muß mit Neugewichtungen bzw. Ergänzungen im Forderungskatalog aufgrund von Veränderungen des Aufgabenspektrums gerechnet werden. Bei der Anpassung des Dispositivs an die jeweilige Bedarfslage ist die Dreiteilung des "contingency"-Spektrums zu berücksichtigen, die eine angemessene Reaktion auf subregionale, regionale und periphere Bedrohungen impliziert.

III. Anpassung der Luftverteidigungskapazität

Die Dreiteilung des Aufgabenspektrums, das es auf der Grundlage einer angepaßten Bündnisstruktur zu bewältigen gilt, umfaßt den "internen" LV-Beitrag für den Grundschutz der Bundesrepublik - er besitzt zweifellos Vorrang - sowie einen "externen" LV-Beitrag im regionalen Bereich oder gegebenenfalls außerregional in Form von "task force"-Einsätzen. Beide Kategorien von Beiträgen lassen sich auch ohne konkreten Bedrohungsbezug nach Maßgabe grundsätzlicher Aufgabenkriterien definieren, die jedoch mit neuen strukturellen und substantiellen Akzentsetzungen im Streitkräftedispositiv verbunden sein dürften.

Mit dem Wegfall des operativen Prinzips der klassischen NATO-Vorneverteidigung, dem die Existenz einer Hauptbedrohungsachse zugrunde lag, konnte bekanntlich der Raumschutz in Form des Gürtelkonzepts vollends aufgegeben werden. Allerdings kann in einem anderen Szenarienkontext, der den Einsatz von Großverbänden für eine Vorneverteidigung erfordert, die zumindest partielle Vorne-Luftverteidigung als Forderung wiederaufleben.

Nichts ändert sich jedoch am Grundsatz des gemischten Einsatzes von Jagdflugzeugen (JF) - zweifellos der wichtigsten Form weiträumiger Luftverteidigung - und der in verdichteten Einsatzzonen dislozierten Hawk/Patriot-Flugabwehrraketen (Cluster), die besonders für den Objekt- oder Objektgruppenschutz in Betracht kommen. Das Prinzip des sich ergänzenden verbundenen Einsatzes hochmobiler und stationärer Einsatzkomponenten läßt sich überdies auch auf andere, zum Beispiel "externe" Einsatzszenarien übertragen, wobei allerdings die "Mischungsverhältnisse" angepaßt werden müssen.

Koordinierte Einsatzoptionen für LV-Komponenten sind in jedem Fall für die Absicherung von "task force"-Einsätzen und anderen externen militärischen Missionen vorzusehen. Die Heeresverbände allein dürften wegen ihrer nur begrenzten Luftabwehrkapazität wohl kaum in der Lage sein, ihre Operationsfreiheit gegenüber einem starken Luftgegner sicherzustellen.

Die Wahrnehmung der vorrangigen LV-Aufgabe über dem Territorium der gesamten Bundesrepublik erfordert lediglich Anpassungen in Form einer unterschiedlichen Gewichtung der Verwendung von Kampfmitteln, zusammen mit einigen technischen Verbesserungen und Änderungen. Die Rollenzuweisung an Frühwarn- und Luftraumüberwachungseinrichtungen, Führungszentren und Kommunikationssysteme oder an Jagdflugzeuge und bodengebundene Flugabwehrmittel bleibt dabei erhalten.

Im Rahmen des Grundschutzes werden Hawk/Patriot-Cluster seit langem für den Zonenobjektschutz in verteidigungswichtigen Räumen herangezogen. Dies ist in Anbetracht des veränderten Bedrohungsspektrums und unter Berücksichtigung der Vorlaufzeiten für einen Bedrohungsaufwuchs auch weiterhin gerechtfertigt. Im Hinblick auf mögliche Krisen- und Kriegszustände ist keine wesentliche Veränderung der Friedensdislozierung der LV-Komponente erforderlich, wohl aber eine Neubewertung der Schutzwürdigkeit bestimmter Einrichtungen/Räume bzw. Kräfte. Dabei muß eine Diversifizierung der militärischen Aufgabenstellung sowie die Bewahrung einer bedrohungsabhängigen Rekonstitutionsfähigkeit unbedingt berücksichtigt werden. Im Rahmen einer solchen Überprüfung ist natürlich vor allem die Forderung zu berücksichtigen, daß Teile der Luftverteidigungskräfte zum Schutz der eigenen Landstreitkräfte bereitgehalten oder im Bedarfsfall verfügbar gemacht werden. Wichtig ist in diesem Zusammenhang, daß die operative Entlastung in der "Zentralregion" - unter anderem verursacht durch Reduzierung und Umdislozierung der Militärpotentiale sowie Zuwachs an Warn- und Vorbereitungszeit - für Konfliktszenarien an der Peripherie nicht unbedingt vorausgesetzt werden kann. Die vorhandenen LV-Potentiale dürften künftig vielfältigere Forderungen zu erfüllen haben als bisher, so daß eine geeignete Ausstattung der beteiligten Verbände und Einsatzmittel unverzichtbar wird.

Eine Anpassung und Erweiterung der operativen Prinzipien der Luftabwehr wird nicht ohne Auswirkungen auf die taktische Umsetzung bleiben. In Anbetracht des vielfältigen Aufgabenspektrums, das eigentlich nur die Festlegung grundsätzlicher Forderungen zuläßt, könnten allerdings Kampfmittel, die hohe Mobilität und Einsatzflexibilität gewährleisten, erheblich wichtiger werden. Hervorzuheben sind in diesem Zusammenhang Jagdflugzeuge, da sie imstande sind, auch größere Räume ohne Zeitverzug abzudecken und lageabhängig kurzfristig Schwerpunkte zu bilden. Diese Vorzüge treten vor allem bei einem Vergleich mit den bodengebundenen Luftverteidigungssystemen zutage, die sich durch ständige Abwehr-/Einsatzbereitschaft und hohe Feuerkraft auszeichnen, jedoch nur relativ geringe Beweglichkeit entwickeln. Die Jagdkomponente eignet sich insbesondere für die Wahrnehmung wichtiger Schutzfunktionen über dem nach der Wiedervereinigung vergrößerten Gebiet der Bundesrepublik. Auf sich alleine gestellt, ist sie vor allem für Aufgaben des "air policing" zuständig. Im Zusammenwirken mit der begrenzten Kapazität der verfügbaren bodengebundenen LV-Komponente könnte die fliegende Komponente allerdings auch im Kriegsfall eine dominierende Rolle spielen.

Bei einer Beteiligung von Streitkräften der Luftverteidigung an großräumigen "contingency"-Einsätzen außerhalb Deutschlands kämen die Einsatzvorteile der fliegenden Luftverteidigungskomponente vielleicht sogar noch stärker zum Tragen. Jagdflugzeuge wären aber bei diesen Verwendungen noch wirksamer, wenn ihr Einsatz mit den mobilen, bodengebundenen Flugabwehr-Clustern (Patriot, Hawk, Roland etc.) kombiniert werden kann. Zur Optimierung der Einsatzmöglichkeiten dürfte es erforderlich sein, Jagdeinsätze auch mit der Verwendung der heereseigenen und gegebenenfalls auch der schiffgestützten Flugabwehr besser abzustimmen. Die Jagdkomponente eignet sich aufgrund ihrer Möglichkeiten (Raumschutz, flexible Schwerpunktbildung vor allem bei "task force"-Einsätzen usw.) zur weiträumigen Absicherung von Aufmarsch und Operationen der Bodentruppen, deren Flugabwehr nur dafür ausgelegt ist, einer unmittelbaren Bedrohung durch fliegende Einsatzmittel zu begegnen. Ähnliches gilt für den Schutz von Kriegsschiffen, deren lückenhafte Fähigkeit zur Eigenverteidigung immer wieder beklagt wird. Nur die fliegende Komponente ist im übrigen geeignet, wichtige Schutzfunktionen bei der Sicherung von Transportwegen und Anlandungen von Streitkräften zu übernehmen. Wie der Aufmarsch der alliierten Streitkräfte vor Ausbruch des Golfkriegs gezeigt hat, ist in der Tat die frühzeitige Schaffung eines LV-Schirms als essentieller Vorbereitungsschritt für jede Art von Intervention unverzichtbar. Die rasche Bereitstellung von LV-Kapazität kann außerdem wesentlich dazu beitragen, einen Aggressor vor (weiteren) Übergriffen abzuschrecken.

Für den ergänzenden Schutz beweglicher Heeresverbände bei "task force"-Einsätzen ist auch eine Cluster-Luftverteidigung in Betracht zu ziehen. Dabei könnte die für den Grundschutz der Bundesrepublik vorgesehene Kombination bodengebundener Luftverteidigungsmittel in modifizierter Form Verwendung finden. Voraussetzung wäre allerdings, daß eine Verlegung von Waffen und Führungskomponenten über große Entfernungen hinreichend schnell erfolgen kann.

Mit den ursprünglich für die Bundesrepublik eingeplanten LV-Mitteln (und entsprechenden Ergänzungen) könnte grundsätzlich in den meisten multilateralen "contingency"-Fällen ein substantieller Beitrag geleistet werden. Bei Entstehen einer größeren Luftbedrohung, mit der allerdings mehr in Rekonstitutionsszenarien gerechnet werden müßte, wäre ein Rückgriff auf zusätzliche Potentiale erforderlich, deren Verfügbarkeit im Ernstfall natürlich einer langfristigen Vorbereitung bedarf. Nur im Hinblick auf eine solche vorausschauende, hohen Ansprüchen genügende Bedarfsplanung mag es gerechtfertigt erscheinen, die Beschaffungsprogramme für die Waffensysteme Patriot und Roland fortzuführen, die Voraussetzung für die mittelfristige Einführung eines modernen Jagdflugzeugs zu schaffen und gleichzeitig die Modernisierung der bodengestützten Flugabwehrraketen mittlerer Höhe sowie den weiteren Ausbau des Führungssystems zur besseren Nutzung der vorhandenen LV-Komponenten zu fordern.

Angesichts dramatischer Budgetkürzungen, die die Gesamtplanung der Bundeswehr betrifft, ist allerdings eine neue Prioritätenfestlegung erforderlich, die in Anbetracht einer nicht ausreichend fixierbaren Bedrohungs-/Bedarfslage mehr auf die Abdeckung eines minimalen Grundbedarfs ausgerichtet sein wird. Unter diesen Rahmenbedingungen wird von der Luftwaffe die Beschaffung einer neuen Generation von Jagdflugzeugen gefordert und mit der (im Vergleich zu bodengestützten LV-Mitteln) gestiegenen Bedeutung des Jägers als flexibles Mittel für Raumschutz und weiträumige rasche Schwerpunktbildung in einem erweiterten Luftverteidigungsdispositiv begründet. Dabei ist die Erhaltungswürdigkeit der Jagdkomponente, die im Kriegsfall hoch reaktiv und äußerst flexibel, im Frieden und in der Krise defensiv-demonstrativ verwendbar ist, unstrittig.

Bei einer Entscheidung muß der gesamte Grundbedarf der Bundeswehr mit seinen weitgehenden Ressourcenbindungen zumindest in vorläufiger Form ebenso in Rechnung gestellt werden wie die mögliche industrielle Bindungswirkung im Falle einer Weiterführung der Entwicklung und die politischen Kosten eines Programmabbruchs mit Blick auf den Konsens, der für die künftige Sicherheitspolitik und Rüstungskooperation aufrechterhalten werden muß. Um diesen Erfordernissen bereits heute sinnvoll entsprechen zu können, müßte eine Reihe von Entscheidungskriterien für eine mögliche Modernisierungs- bzw. Beschaffungslösung vorgegeben werden:

- Es muß eine Risikoanalyse vorliegen, aus der sich die künftige Bedarfsstruktur ableiten läßt, und zwar sowohl für nationale wie für multinationale Strukturen, wobei letztere vor allem die NATO betreffen. (Bisher gibt es eine solche Analyse weder in der NATO noch im nationalen Rahmen.)
- Ebenso sind die multinationalen Strukturen festzulegen, in deren Rahmen langfristig LV-Aufgaben wahrzunehmen sind. Dies gilt nicht zuletzt für eine mögliche LV-Kooperation im mittelost- und osteuropäischen Vorfeld.
- Auf diesen Grundlagen muß eine LV-Konzeption erarbeitet werden, die der künftigen Bedarfslage entspricht. Die Entwicklung in den nächsten zwei bis drei Jahre kann die Rahmenbedingungen für die LV noch einschneidend positiv oder negativ verändern.
- Eine LV-Konzeption muß im Rahmen einer neuen Gesamtplanung der Bundeswehr gesehen werden, für die viele Erfordernisse entfallen, wichtige Forde-

rungen aber auch absehbar hinzutreten. Bevor Ressourcen dieses Umfangs für die JF-Komponente gebunden werden, muß es die Möglichkeit einer Prioritätensetzung geben, die auf die Vielfalt künftiger Risiken abgestimmt ist.

- Von der weiteren politischen Entwicklung hängt die Bewertung von Alternativen ab, wobei sich herausstellen wird, ob Abhängigkeiten "kritisch" sind oder nicht. Bei positiver Entwicklung in der GUS, Rußland oder anderen Mitgliedstaaten sowie in den Beziehungen zu Deutschland und zum Westen würden sich die Anforderungen an eine künftige LV ändern.
- Das Vorhaben sollte außerdem im Rahmen einer neu zu ordnenden Rüstungszusammenarbeit zwischen Westeuropa und den USA und neuer Notwendigkeiten einer Arbeitsteilung gesehen werden.

Zusammengefaßt heißt das: Die Folgerungen aus der veränderten politisch-strategischen Lage sind zum gegenwärtigen Zeitpunkt nicht ausreichend gezogen; die Lage verändert sich weiter; Bedarf und Priorität lassen sich somit noch nicht abschätzen. Dasselbe gilt für die Bewertung von Alternativen: Es kann sich ergeben, daß ein weniger leistungsfähiges JF für künftige Bedarfslagen ausreicht. Als weiterer Gesichtspunkt kommt hinzu, daß eine Produktionsentscheidung im Rahmen einer Rekonstitutionsstrategie gesehen werden müßte; das heißt, ein JF wäre für die Abdeckung extremer Risiken wichtig, bei denen mit langen Vorlaufzeiten und entsprechenden Aufwuchsmöglichkeiten zu rechnen ist. Dies muß auch industrielle Rekonstitution einschließen. Eine Produktionsentscheidung könnte so ausfallen, daß sie teilweise im Rahmen einer industriellen Rekonstitutionsentscheidung umzusetzen ist.[1]

Kaum weniger kontrovers ist die Situation bei den bodengestützten LV-Komponenten. Die bisher im NATO-Rahmen verwendeten Flugabwehrraketensysteme der schweren Kategorie beruhen auf amerikanischer Entwicklung und Produktion (Nike, Hawk und Patriot). Die Europäer konnten nur leichte Systeme beisteuern wie Roland, Gepard, Crotale und Rapier. Alle europäischen Versuche, darüber hinaus in den Entwicklungsprozeß einzugreifen, sind bisher an den zäh verteidigten, monopolistischen Positionen der USA und der Uneinigkeit der Europäer selbst gescheitert. Diese Prämissen gelten für alle Rahmenbedingungen, die es erfordern, die bodengestützten Komponenten auf eine grundschutz- und aufwuchsfähige Luftverteidigung auszurichten.

IV. Optimierung der Führungssysteme

Den veränderten Herausforderungen, die es in der Luftverteidigung reaktiv zu bewältigen gilt, müssen vor allem die Informations- und Führungssysteme (C^3I-Komponenten) entsprechen. Sie bringen modernste elektronische und sensortechnische

1 Vgl. den Beitrag von Joachim *Rohde* in diesem Band (Teil III, Kap. 11).

Mittel zum Einsatz, die als Kampfkraftverstärker wirksam werden. Insbesondere auf dem Gebiet der Führungssysteme besteht noch erhebliches Entwicklungspotential: So läßt sich durch Verbesserung der Flexibilität, Mobilität und Störsicherheit der Teilsysteme ein vergleichsweise großer Spielraum für eine Effizienzsteigerung vorhandener oder auch künftiger Waffensysteme nutzen. Es geht vor allem darum, die schematisierten und vorprogrammierten Entscheidungsabläufe, die durch die große zeitliche Dynamik von Luftverteidigungsaktionen bei Führung und Waffeneinsatz notwendig werden, durch ein zweckdienlicheres Management der "Phasengrenze Mensch/Maschine" zu verbessern. Darüber hinaus müssen natürlich Systemdefizite verringert oder beseitigt werden, die bisher aus rein technischen Gründen eine flexiblere taktische Führung erschwert oder verhindert haben (vgl. den Mangel an Interoperabilität).

In einer Aufzählung solcher Problembereiche werden immer wieder genannt: das Fehlen eines zuverlässigen, stör- und täuschsicheren Identifizierungssystems, die Defizite in der ständigen räumlichen Abdeckung, die Stör- und Täuschfestigkeit des LV-Führungssystems, die gravierenden Mängel im Datenverbund von integrierten LV-Führungs- und -Waffensystemen innerhalb der Integrierten Luftverteidigung sowie die unzureichende Ankoppelung von nicht zu diesem Systemverbund gehörenden Waffen für die Luftverteidigung in niedrigen Höhen (Short Range Air Defense; SHORAD) und ihren Führungssystemen. Diese Mängel schlugen sich bisher vor allem in einer starren Segmentierung des Luftraums über dem Kampfgebiet in Waffeneinsatzzonen und in Luftraumregelungsmaßnahmen nieder, die häufig auch mit Feuerbeschränkungen für die in diese Räume hineinwirkenden Waffensysteme verbunden waren.

Unter den neuen strategischen, operativen und taktischen Rahmenbedingungen ist man weit weniger festgelegt auf das auch für die in der Luftverteidigung lange Zeit verbindliche, relativ starre operative Prinzip der Vorneverteidigung, das die Einsatzmöglichkeiten der vergleichbaren Waffensysteme und die Vorteile des verbundenen Waffeneinsatzes erheblich eingeschränkt hat. Da aber auch unter den veränderten Gegebenheiten die Sicherstellung der Handlungsfreiheit der eigenen Landstreitkräfte gegenüber einer Bedrohung aus der Luft Priorität hat - sie schließt den Schutz von Aufmarsch bzw. Anlandung von Truppen ein -, bleibt offen, wie groß dieser Entlastungseffekt wird und in welchem Umfang Einsatzflexibilität und Effizienz in den LV-Operationen zurückgewonnen werden können.

Ein leistungsfähiges Führungssystem wird in Zukunft sowohl für die Aufrechterhaltung des Grundschutzes der Bundesrepublik als auch für den Schutz von "task force"-Einsätzen und ähnlichen militärischen Operationen außerhalb Deutschlands unentbehrlich sein. Mit Hilfe dieses Systems muß eine große Vielfalt eigener fliegerischer Einsätze mit dem Einsatz bodengestützter Waffensysteme so abgestimmt werden, daß eine gegenseitige Behinderung vermieden und eine synergetische Effizienzsteigerung der Einsatzmittel gewährleistet wird. Dabei geht es insbesondere um die Abstimmung der Luftverteidigungsoperationen sowie speziell auch um die Einsatzkoordination mit den Luftverteidigungsmitteln der anderen Teilstreitkräfte. Hier müssen vor allem im Bereich der Luftverteidigung geeignete Lösungen gefunden werden, um mehr Einsatzflexibilität hinsichtlich raumdeckender Waffenwirkung und operativer Schwerpunktbildung zu erreichen.

Wichtige Voraussetzungen für die Effektuierung unterschiedlicher Waffensysteme würde natürlich das noch in der Definitions- bzw. Entwicklungsphase befindliche Führungssystem ACCS (Air Command and Control System) der NATO erfüllen, dessen Implementierung allerdings durch Budgetkürzungen gefährdet ist und frühestens in der zweiten Hälfte der 90er Jahre beginnen könnte. Es soll die Funktionen Frühwarnung und Luftkontrolle wahrnehmen, die eine frühzeitige Erkennung und Bewertung unterschiedlicher Luftbedrohungen (einschließlich der Flugkörperbedrohung) ebenso sicherstellen wie die schnelle Versorgung der Führungs-, Waffen- und Unterstützungssysteme mit den erforderlichen taktischen Informationen.

Die neue Bedarfslage im Hinblick auf eine Luftverteidigung für das erweiterte deutsche Staatsgebiet erfordert eine Verbesserung der Einsatzführung, die durch den vergrößerten Abdeckungsbereich der Luftraumüberwachung auch ermöglicht wird, aber von der Modernisierung der zivilen und militärischen Kapazität abhängt. In einer ersten Phase müssen die Systeme zur Erarbeitung der Luftlage in den neuen Bundesländern vor allem auf den neuesten technischen Stand gebracht werden. Dabei ist Vorsorge zu treffen, daß sie mittelfristig eventuell auch in das ACCS der NATO-Luftstreitkräfte eingebunden werden können.

Darüber hinaus eröffnen sich aber auch Möglichkeiten in einem zusätzlich vergrößerten geographischen Rahmen. Eine solche Bereichserweiterung könnte insbesondere unter Mitwirkung von Staaten Mittelost- und Südosteuropas zustande kommen, und zwar durch ATC-Systeme (Air Traffic Control), die für militärische Luftraumüberwachung wie auch für die zivile Luftverkehrskontrolle gleichermaßen in Betracht kommen. ATC-Radarsysteme können trotz ihres eingeschränkteren Abdeckungsbereichs militärische Radarkapazitäten, die nicht den gesamten Luftraum eines Staates überwachen, durchaus sinnvoll ergänzen. Mit ATC-Einrichtungen ist es im Grunde ebenfalls möglich, alle Flugwege und Flugplätze zu überwachen, gleichgültig ob sie zivil oder militärisch genutzt werden. Umgekehrt können natürlich auch zivile Bedarfsträger - in einigen Regionen - Vorteile aus einer Mitverwendung der häufig besonders leistungsfähigen militärischen Einrichtungen ziehen, wobei vor allem die Kommunikationsnetze hervorzuheben sind. Der Einbezug von ATC-Netzen kann deshalb sowohl im Sinne einer geographischen Erweiterung als auch einer durchaus erwünschten Redundanz der Überwachungskapazität genutzt werden.

Ein operativer Verbund derartiger Kapazitäten schafft damit nicht nur die Voraussetzungen für eine Effizienzsteigerung der Luftverkehrskontrolle oder der Luftverteidigung eines bestimmten Staates, sondern auch neue Kooperationsanstöße, die im zwischenstaatlichen Bereich gegebenenfalls vertrauens- und sicherheitsbildend wirken. Staaten, die ohnehin gezwungen sind, ihre zivilen Kapazitäten auszubauen, und die auf sicherheitspolitischem Gebiet bereits ein deutliches Kooperationsinteresse gezeigt haben, sollten deshalb veranlaßt werden, einen Beitrag in dieser Form zu leisten. Dem kommt entgegen, daß eine verbesserte Nutzung des Luftraums durch Koordinierungs- und Überwachungskapazitäten ohnehin ein Gebot der Stunde ist, das angesichts der enormen Zunahme des Luftverkehrs einen relativ hohen Mittelansatz rechtfertigt. Ein solcher Bedarf besteht insbesondere bei einigen mittel- und osteuropäischen Staaten, die heute gezwungen sind, ihr bisher weitgehend militärisch orientiertes ATC-Konzept - mit Hilfe überlegener Technologie aus dem Westen - auf eine dem internationalen Standard entsprechende zivile Bedarfsstruktur umzustellen. Die damit bestehende Möglichkeit, leistungsfähige Überwachungskapazitäten auf benachbarten Gebieten (z.B. Polen, Tschechoslowakei, Baltische Staaten) zu installieren und einen europaweiten Verbund herzustellen, würde sich jedoch nicht auf den Zivilsektor beschränken lassen. Vielmehr müßte auch mit sicherheitspolitischen Auswirkungen aufgrund des Entstehens eines erweiterten Luftkontrollraums gerechnet werden, die im Rahmen einer "europäischen Sicherheitspartnerschaft" militärisch relevant werden könnten. Bemühungen der NATO, die bereits frühzeitig in diese Richtung zielten, sollten daher unbedingt fortgesetzt werden.

Die Bedarfslage in Mitteleuropa hat die NATO bereits vor Jahren veranlaßt, ihre Planungen für das ACCS-Programm voranzutreiben. Die zunächst in Island und Portugal konkretisierten Teile des Programms sind in diesem Sinne als wichtige autonome Systembausteine anzusehen, die künftig auch zu einem geographisch wesentlich erweiterten, flächendeckenden Führungs- und Informationssystem zusammengefügt werden können.

Im Hinblick auf externe "contingencies" ist es von großer Bedeutung, daß sich auf der Grundlage hochentwickelter Technologien nicht nur die Voraussetzungen für eine große Flächenabdeckung, sondern auch für eine schnelle Verlagerung von Überwachungs-, Führungs- und Kommunikationskapazitäten über weite Entfernungen schaffen lassen. Ein wichtiger Anstoß für diese Entwicklung resultiert offensichtlich aus der modifizierten amerikanischen Doktrin, die anstelle der massiven Vorabstationierung von Streitkräften (wie z.B. in Europa) mehr auf deren Anlandung in einem konkreten Krisenfall setzt. Vor diesem Hintergrund dürfte speziell in den USA, vielleicht aber auch in anderen westlichen Staaten, der Entwicklung volltransportfähiger Systeme Priorität eingeräumt werden, wodurch auch den Bedarfslagen in außereuropäischen "contingency"-Szenarien besser Rechnung getragen werden könnte. Die Komponenten solcher Systeme, die in kompakter Leichtbauweise auszuführen wären, müßten natürlich sehr hohen Ansprüchen genügen, um jederzeit, praktisch weltweit, den schnellen Aufbau wirksamer Luftverteidigungsstrukturen zu ermöglichen.

Die große Bedeutung von transportablen/luftverlastbaren Luftverteidigungskomponenten, die sich auch in weit entfernte Einsatzgebiete sehr schnell verbringen lassen, konnte bereits im Golfkrieg demonstriert werden. Vergleichbare Möglichkeiten sollten aber auch im europäischen Kontext eingeplant werden, zumal gerade im konzeptionellen Rahmen einer erweiterten Luftverteidigung die schnelle Schwerpunktbildung mit Hilfe hochbeweglicher Luftverteidigungskomponenten unverzichtbar wäre. Strategische Mobilität der Überwachungs- und Führungssysteme muß insbesondere dann gefordert werden, wenn Einsätze in weit entfernte Regionen ohne ausreichende, vor Ort befindliche zivile oder militärische Infrastruktur in Betracht gezogen werden müssen. Nachteile werden aber auch immer dann in Kauf zu nehmen sein, wenn aufgrund von Ausrüstungslücken oder einer mangelhaften Infrastruktur (z.B. Fehlen geeigneter Flugplätze) nur auf bodengestützt einsetzbare Systeme zurückgegriffen werden kann. Der Golfkrieg hat die Unentbehrlichkeit fliegender Überwachungssysteme (z.B. AWACS) sowie von Aufklärungs- und Kommunikationssatelliten für erfolgreiche militärische Operationen eindrucksvoll gezeigt. Rückgriffmöglichkeiten auf solche Systeme schaffen heute nicht nur die operativen, sondern auch die taktischen Führungsvoraussetzungen für Truppen und High-Tech-Einsatzmittel in den meist entlegenen Einsatzräumen.

Die Abhängigkeit von leistungsfähigen Systemen schafft einen wichtigen Koordinationsrahmen, der sich keineswegs nur im operativen Bereich auswirkt. Die Verfügbarkeit leistungsfähiger Kapazitäten wirkt im hohen Maße integrativ gegenüber Bündnispartnern, denen vergleichbare Möglichkeiten fehlen und die deshalb gezwungen sind, daraus resultierende Nachteile auszugleichen. Die Einbettung von Bündnispartnern in einen solchen Koordinationsrahmen ist geeignet, Beschränkungen der autonomen Operationsmöglichkeiten bis zu einem gewissen Umfang zu kompensieren.

V. Raketenbedrohung und Gegenmaßnahmen

Europa wird trotz vertraglich geregelter oder einseitig angekündigter Abrüstungsmaßnahmen noch viele Jahre im Abdeckungsbereich ehemals sowjetischer Raketenpotentiale liegen. Dies gilt um so mehr, als bisher nur die Mittelstreckenraketensysteme gemäß den Bestimmungen des INF-Vertrags beseitigt wurden. Auch nach Abschluß von START verbleibt zunächst eine große Zahl durchweg nuklear bestückter strategischer Raketensysteme mit Reichweiten über 5 000 km. Hinzu kommen die verschiedenen Kurzstreckenraketensysteme mit Reichweiten von weniger als 500 km für den konventionellen, chemischen und nuklearen Einsatz. Diese Waffensysteme waren bisher noch nicht Gegenstand vertraglicher Regelungen und dürften nur in der nuklearen Version in den Eliminierungsprozeß einbezogen werden. Zum gegenwärtigen Zeitpunkt ist überdies nicht auszuschließen, daß neben der GUS beziehungsweise der Russischen Föderation auch die Ukraine und Kasachstan an einer zahlenmäßig reduzierten Raketen-"Grundausstattung" festhalten. Diese Potentiale könnten Raketen des "unteren" und des "oberen" Reichweitebereichs umfassen, die weiterhin nuklear bestückt sein dürften. In welcher Form der Zugriff auf strategische Raketenpotentiale geregelt wird, bleibt abzuwarten; fest steht jedoch, daß Waffensysteme mit interkontinentaler Reichweite grundsätzlich auch im europäischen Rahmen einsetzbar sind.

In gewissem Umfang würde dies auch für die eventuell verbleibenden Kurzstreckenraketenpotentiale gelten, die jedoch aus Reichweitegründen allenfalls für den Einsatz gegen unmittelbar benachbarte Staaten (Polen, Tschechoslowakei, Ungarn usw.) in Betracht kämen. Diese Einsatzoptionen sind jedoch eher grundsätzlicher Art. Mit dem Entstehen einer erweiterten europäischen Sicherheitsstruktur dürfte wohl kaum noch von einer konkreten Gefährdung auszugehen sein. Im Fall einer umfassenden politischen Destabilisierung könnte sich dies allerdings ändern. Man müßte dann vor allem auch die europaweit einsetzbaren strategischen Raketenwaffen stärker beachten. Dabei wäre zunächst fraglich, in welcher Form das Rekonstitutionsvermögen des europäischen Verteidigungsdispositivs durch nukleare Bedrohung beeinträchtigt werden könnte.

Die Abwendung einer massiven Raketenbedrohung Europas durch Bereitstellung einer Raketenabwehrkapazität ist sicherlich heute weniger denn je Gegenstand einer aktuellen Bedarfsplanung; ähnliches gilt für Entwicklungsvorhaben, die im Rahmen einer "erweiterten" europäischen Luftverteidigung eine begrenzte Abwehrkapazität gegen Raketen mittlerer und kurzer Reichweite vorsehen (ATBM-Systeme). Nach der INF-Abrüstung könnten diese Programme ohnehin nur eine begrenzte Verteidigungsfähigkeit gegen die noch vorhandenen Kurzstreckenraketen ins Spiel bringen, sofern diese nicht nuklear bestückt sind. Dies träfe auch für alle kriegerischen Auseinandersetzungen in mittelost- und südosteuropäischen Konfliktszenarien zu, bei denen der begrenzte Einsatz von Kurzstreckenraketen bedacht werden muß. Solange eine Vorverlegung solcher Waffen auszuschließen ist, dürfte aber die von diesen Einsatzmitteln ausgehende ballistische Bedrohung anderer europäischer Staaten - dazu zählt auch die Bundesrepublik Deutschland - eher gering sein. Das verbleibende Gefährdungspotential müßte in solchen Szenarien mehr in den ebenfalls beschränkten Einsatzmöglichkeiten von Kampfflugzeugen und Kriegsschiffen gesehen werden, die weitreichende Flugkörper zum Einsatz bringen könnten. Die bei einer eventuellen Modernisierung der Luftverteidigung entstehenden Abwehrkapazitäten gegen ballistische Raketen und andere

Flugkörper des "unteren" Reichweitebereichs (ATBM-Kapazität) hätten unter diesen Voraussetzungen für die Absicherung militärischer Operationen an der östlichen und südöstlichen Peripherie Europas sicherlich größere Bedeutung.

Mittelfristig könnte durch "neue" Raketenmächte an der Süd- und Südostflanke einer "europäischen Sicherheitszone" auch eine sehr viel akutere Bedrohung durch ballistische Raketen entstehen. Die Aufmerksamkeit muß sich in diesem Zusammenhang insbesondere auf bestimmte Staaten des Nahen und Mittleren Ostens sowie des Maghreb richten, die entweder bereits über begrenzte Raketenpotentiale verfügen oder offenkundig an einer Beschaffung solcher Einsatzmittel interessiert sind. Bei konsequenter Wahrnehmung der damit entstehenden Optionen - die durch den Besitz von Massenvernichtungsmitteln erheblich aufgewertet würden - dürften diese Akteure zumindest über regionale Bedrohungsmöglichkeiten (z.B. gegen die Türkei) verfügen. Derartige Rüstungsinitiativen sind besonders problematisch angesichts des hohen Prestigewerts einer Raketenrüstung in den betreffenden Ländern und der objektiv gegebenen Schwierigkeiten, die Proliferation von Raketen, Raketenkomponenten und Unterstützungssystemen zu unterbrechen und den Transfer von "kritischen" Technologien und Know-how (z.B. durch Experten) einzuengen. Der im Vergleich zu Kampfflugzeugen geringere Kosten- und Technologieaufwand für Raketen des unteren Reichweitebereichs (weniger als 1 000 km) und die Schwierigkeiten, eine kostengünstige, effektive Abwehr dieser Einsatzmittel sicherzustellen, sind durchaus geeignet, die Attraktivität ballistischer Raketen noch weiter zu erhöhen. Dabei könnten militärische Effizienzkriterien zurückstehen, nach denen der militärische Nutzen konventionell bestückter Raketen - von einigen Einsatzszenarien abgesehen - relativ gering ist und im allgemeinen nie an den konventionell bewaffneter Flugzeuge heranreicht. Sowohl der V-2-Einsatz im Zweiten Weltkrieg als auch die Raketenüberfälle im iranisch-irakischen "Städtekrieg" oder die Scud-Angriffe im Golfkrieg haben allerdings gezeigt, daß selbst mit technisch veralteten Raketen, die einen konventionellen Gefechtskopf tragen, im Rahmen von Terroreinsätzen eine eklatante politisch-psychologische Wirkung erzielt werden kann.

Die Möglichkeiten, einer regionalen Raketenbedrohung durch ATBM-Einsatz zu begegnen, beschränken sich zur Zeit auf den Technologiestand der Patriot-Rakete, die im Golfkrieg nur begrenzt wirksam war. Auch nach Einführung der inzwischen verfügbaren "Verbesserungspakete" wird dieses Waffensystem nur über eine eingeschränkte, abgestufte Abwehrfähigkeit bei Angriffen von aerodynamischen und ballistischen Flugkörpern verfügen. Die Effizienz der amerikanischen Systeme wird nach Verwirklichung der Verbesserungsprogramme sicherlich höher sein als noch im Golfkrieg gegenüber der Scud-B-Rakete. Eingeschränkt bleiben jedoch die Einsatzmöglichkeiten der im Besitz der Bundeswehr befindlichen Patriot-Systeme, da die volle PAC-II-Kampfwertsteigerung bisher nicht zustande gekommen ist. Ein eigenständiger deutscher ATBM-Beitrag - nach Maßgabe der Einsatzparameter einer Scud-B-Abwehr - könnte unter diesen Bedingungen zur Zeit nicht erbracht werden. Eine Verwendung bei "task force"-Einsätzen würde zumindest die Ausstattung mit dem kompletten PAC-II-Paket voraussetzen, hinge dann aber wohl immer noch von der Verfügbarkeit amerikanischer Unterstützungssysteme zur Frühwarnung und Zielerfassung ab. Erinnert werden muß in diesem Zusammenhang insbesondere an die "Radarschwäche" der Patriot bei der Erfassung von Scud-B-Zielen, die nur durch Einsatzkoordination mit AWACS-Flugzeugen und Frühwarnsatelliten verringert werden konnte. Das im Rahmen von QRP (Quick Response Program) zusätzlich entwickelte PAC-III-"Verbesserungspaket" könnte die Abfanghöhe um 90% erhöhen, wodurch sich die Abdeckungszone zumindest verachtfachen ließe. Eine Beschaffung dieses Systems durch die Bundesrepublik oder andere europäische Staaten ist allerdings bisher nicht vorgesehen.

Bei einer eventuellen Konkretisierung regionaler Abwehrmöglichkeiten dürfte der Rückgriff auf autonome Einsatzoptionen für die Europäer weiterhin eine Rolle spielen. In Anbetracht der schleppenden europäischen Entwicklung auf dem ATBM-Sektor, die sich wegen des Fehlens einer Bedrohung durch Kurzstreckenraketen noch weiter verlangsamen wird, ist jedoch zu bezweifeln, ob angesichts einer konkreten Bedarfslage eigene Lösungen vorliegen. Das gilt insbesondere für den Fall, daß eines Tages auch Abwehrkapazitäten gegen Raketen mit gesteigerter Reichweite benötigt werden. Ohne Mitwirkung fliegender oder orbitaler Frühwarnsysteme dürften sich mit bodengestützten Abwehrwaffen bestenfalls gegenüber einer Bedrohung durch Kurzstreckenraketen ausreichende Abfangraten realisieren lassen. Mit größer werdender Reichweite der angreifenden Rakete würde aber nicht nur der Bonus einer verminderten Abhängigkeit von solchen Unterstützungssystemen schnell wieder verlorengehen, sondern auch die Mitverwendung weltraumgestützter Abwehrwaffen erforderlich werden, von denen jedoch noch weniger anzunehmen ist, daß sie als Ergebnis einer autonomen europäischen Entwicklung zustande kommen.

Ein anspruchsvoller regionaler Verteidigungsbedarf könnte zunächst nur unter Beteiligung der USA mit Hilfe eines global einsetzbaren Raketenabwehrsystems abgedeckt werden. Im amerikanischen Entwicklungsprogramm GPALS (Global Protection Against Limited Strikes) sollen gemäß ursprünglicher Planung boden- oder auch schiffgestützte Abwehrwaffen mit satellitengestützten Waffen zusammenwirken. Aufgrund des absehbaren Leistungsvermögens der in Planung oder Entwicklung befindlichen Komponenten bestünden gute Aussichten, um die Jahrtausendwende Raketen bis zu einer Reichweite von 2 000 km von der Erdoberfläche aus erfolgreich abzuwehren. Damit ließe sich im regionalen Bezug ein Waffenspektrum abdecken, das bei konventioneller Bestückung im Rahmen von Terroreinsätzen begrenzte Bedeutung hat, bei Ausrüstung mit Massenvernichtungswaffen aber bereits eine sehr ernste regionale Bedrohung darstellt. Unter den vielen nuklearen, chemischen und biologischen Einsatzoptionen eines potentiellen Gegners, die es dabei zu berücksichtigen gilt, muß vor allem die biologische Variante hervorgehoben werden, da sie leicht zur Hauptbedrohung werden könnte. Die Entwicklung der für die Abwehr von Raketen mit strategischer Reichweite erforderlichen "Weltraumwaffen" (vgl. das Programm "Brilliant Pepples") ist zunächst zurückgestellt worden, wodurch GPALS in seiner Leistungsfähigkeit zweifellos erheblich eingeschränkt ist. In einem regionalen Bezug hätte man sich aber auch bei einer "vollständigen" Entwicklung des Abwehrsystems mit der Abdeckung eines begrenzten Aufgabenspektrums zufriedengeben müssen. Nach amerikanischen Planungsvorgaben ging es stets nur um die Abwehr einzelner Raketen, die unabsichtlich, pannenbedingt oder nicht-autorisiert ihre Startplätze verlassen. Die Gefahr einer gewissen "Durchlässigkeit" gegenüber massiveren Raketenangriffen, die sich auch bei umfangreichem Ausbau des Abwehrsystems kaum beseitigen ließe, wurde damit von vornherein in Kauf genommen. Daß diese im Grunde marginalen Gefährdungspotentiale eine so kostspielige Entwicklung rechtfertigen könnten, wird teilweise immer noch bestritten, und es ist heute keineswegs sicher, ob das Programm den Planungen entsprechend fortgeführt werden kann.

Aus europäischer Sicht kommt es natürlich darauf an, daß gleichzeitig mit dem Entstehen einer regionalen Bedrohung auch ein echter Verteidigungsbedarf für die USA entsteht. Mit einer solchen Herausforderung dürfte allerdings nur langfristig zu rechnen sein, wenn gewisse Staaten - unter Umständen in Kombination mit Kernwaffenprogrammen - den Besitz eines dazu benötigten Raketenpotentials großer Reichweite anstreben und die Entschlossenheit erkennen lassen, dieses rücksichtslos einzusetzen. Derartige Szenarien würden bei dem bedrohten Staat zweifellos eine Reihe von Gegenmaßnahmen auslösen, zu denen auch der Aufbau einer Abwehrkapazität gehören könnte, obgleich er sicherlich nur partiell wirksam wäre und aufgrund des hohen Aufwands nicht unbedingt die naheliegendste oder am besten zu rechtfertigende Lösung wäre.

Solange eine neue massive Herausforderung für die USA, die amerikanischen Streitkräfte oder ihre Verbündeten nicht konkret erkennbar ist, dürfte deshalb GPALS mehr den Charakter eines Technologieprogramms annehmen. Damit bestünde die Gelegenheit, technische Entwicklungen ausreifen zu lassen, die den Sicherheitsinteressen der USA und ihrer Verbündeten langfristig vielleicht dienlicher wären. Die zunächst begrenzte, im Prinzip aber erweiterbare Funktion von GPALS hat andererseits bereits dazu beigetragen, neue Kooperationsverhältnisse zu begründen. Zu nennen ist in diesem Zusammenhang Rußland, das heute dieses Programm nicht nur duldet, sondern auch amerikanische Beteiligungsangebote positiv beschieden hat, was angesichts seiner im Vergleich zu den USA sehr viel exponierteren Lage gegenüber aufwachsenden Raketenmächten an seiner südlichen und südöstlichen Peripherie auch einem strategischen Kalkül entsprechen dürfte. Ähnliche Überlegungen müßten in bezug auf einen eventuell entstehenden europäischen Verteidigungsbedarf angestellt werden, die aber offensichtlich aufgrund des Fehlens einer konkreten Herausforderung noch zurückgestellt werden.

Der Rückgriff auf Systeme der Vereinigten Staaten würde zwangsläufig die Proliferationsfrage aufwerfen, die für die Aufrechterhaltung des ABM-Vertrags relevant ist, angesichts der veränderten russischen Haltung aber nicht mehr unlösbar erscheint. Ob von solchen Rückgriffsmöglichkeiten eines Tages tatsächlich Gebrauch gemacht werden kann, hängt letztlich vom künftigen Engagement der USA (und unter Umständen ihrer Verbündeten) in diesem Entwicklungsbereich ab, das es erlaubt, bei Entstehen einer signifikanten Bedrohungslage im regionalen Kontext frühzeitig zu reagieren.

VI. Ausblick

Die Aufgaben der Luftverteidigung und mehr noch die der Raketenverteidigung lassen sich nur im Rahmen eines großräumig wirksamen Systemansatzes verwirklichen. Hinzu kommt, daß effektive Lösungen einen aufwendigen Systemverbund erfordern, der in der Tendenz "Arbeitsteilung" bis hin zur zwischenstaatlichen Kooperation impliziert. Wirksame Lösungen für die Abwehrprobleme können daher aus technisch-funktionalen und einsatzbezogenen Gründen auch in hohem Maße politisch strukturbildend sein. Von Interesse ist insbesondere, daß speziell die Einsatzerfordernisse der Luftverteidigung in einem erweiterten Abwehrraum leichter zu bewältigen sind. So bewirken im Fall der flächenmäßig gewachsenen Bundesrepublik allein die nach dem Zusammenbruch des Warschauer Pakts neu entstandenen "natürlichen Vorfelder" eine wesentliche operative Entlastung der verfügbaren Luftverteidigungskapazität, wobei naturgemäß die Jagdkomponente der Luftverteidigung begünstigt ist. Im vermehrten Maß ist dies natürlich zu erwarten, wenn in einem erweiterten Assoziationsrahmen neue Staaten an der östlichen und südöstlichen Peripherie hinzukommen sollten, die auch ihrerseits einen begrenzten Verteidigungsbeitrag leisten können.

Die konkreten Beiträge kooperationswilliger Staaten werden nicht zuletzt vom individuellen Leistungsvermögen und natürlich von den politischen Rahmenbedingungen abhängen. Da die Abwehraufgabe im Prinzip den massiven Einsatz von Hochtechnologien erfordert, dürften allerdings eigenständige Entwicklungsbeiträge dieser Staaten wohl kaum in Betracht kommen.

Erste wichtige Schritte in Richtung auf eine kooperative Verteidigungsstruktur könnten freilich bereits durch die Einleitung einer konzeptionellen Anpassung an den westlichen Standard im Bereich der Luftverteidigung erfolgen. Hierfür bietet sich in erster Linie die Verbesserung und "Harmonisierung" der Luftraumüberwachung an, die auch der aktuellen zivilen Bedarfslage entspricht. Es besteht kein Zweifel, daß bereits durch den Bezug solcher sowohl militärischen als auch nichtmilitärischen Zwecken dienenden "dual purpose"-Systeme ein substantieller sicherheitspolitischer Effekt erzielt werden könnte. Die für Überwachungssysteme typischen technologischen, funktionalen und operativen Merkmale tragen zweifellos aus westlicher Sicht zur "Versachlichung" einer Initiative bei, die geeignet ist, eine Diskriminierung nicht beteiligter Staaten von vornherein auszuschließen. Entsprechende Angebote könnten zum Beispiel im Rahmen des KSZE-Prozesses konkretisiert werden, wobei nicht nur interessierte mittelost- und südosteuropäische Staaten, sondern möglicherweise auch die GUS oder einige ihrer Mitgliedstaaten einbezogen werden könnten. Polen, die Tschechoslowakei und Ungarn sind bereits vor längerer Zeit diesbezüglich initiativ geworden und bemühen sich, ihren finanziellen Handlungsspielraum zu nutzen. Solange für die östlichen Nachbarn dieser Staaten keine antagonistisch interpretierbare Lage entsteht, dürfte diesen Kooperationsbestrebungen auch nichts im Wege stehen. Der überlegene technologische Leistungsstandard westlicher Anbieter wird sich auf diese Weise auch langfristig im Sinne einer europäischen Sicherheitspartnerschaft instrumentieren lassen, wobei europäische Anbieter in einem harten Konkurrenzkampf mit ihren amerikanischen Partnern stehen dürften. Eine solche Multilateralisierung der Sicherheitsstruktur wäre im Zusammenwirken mit einer zusätzlichen Reduzierung der regionalen Luftangriffsmittel sicherlich ein wichtiger Beitrag zur Stabilisierung der weiteren Entwicklung zu einer europäischen Sicherheitspartnerschaft.

Die technologischen, funktionellen und operativen Merkmale hochvernetzter Verteidigungssysteme lassen sich zwar im Bereich der Luftverteidigung unmittelbar instrumentieren, die strukturierende Qualität solcher Systeme kann jedoch auch in anderen Verteidigungssektoren wirksam werden. Hierzu gehören vor allem Raketenabwehrsysteme, bei denen sich der beschriebene Bonus unter Umständen in einer globalen Dimension als Element der kollektiven Kriegsverhinderung umsetzen läßt. Allerdings kann diese Verteidigungsoption auch neue Abhängigkeitsverhältnisse begründen helfen, wobei zunächst eine dominierende Rolle der USA in Betracht zu ziehen ist, da am ehesten von ihnen erwartet werden kann, daß sie bereit und in der Lage wären, hier die Führung zu übernehmen. Die mit weltweit einsetzbaren Raketenabwehrsystemen verbundenen Anforderungen und Kosten haben bekanntlich bereits früher dazu geführt, daß nur die beiden Supermächte auf diesem Gebiet aktiv geworden sind. Heute sind im Hinblick auf diese Entwicklung aus den früheren Gegnern möglicherweise Partner geworden, die mittelfristig eine gewisse Interessenidentität entwickeln könnten.

Nachdem die GUS und deren Mitgliedstaaten gezwungen sind, ihre Aktivitäten auf dem Sektor Raketenbekämpfung erheblich einzuschränken oder sogar aufzugeben, dürfte den USA zwangsläufig eine Führungsrolle zufallen. Dafür sprechen auch die möglicherweise substantiellen Kooperationsangebote der Amerikaner im Zusammenhang mit GPALS an die Adresse der GUS bzw. Rußlands, die inzwischen durch konkrete Übernahmeangebote für relevante Hochtechnologien der früheren Sowjetunion ergänzt wurden. Partielle Lösungen der Abwehraufgabe durch GPALS, die auf amerikanischer Seite entstanden sind, haben in Anbetracht fehlender Alternativen somit zumindest grundsätzliche Bedeutung für Europa, wenn eine signifikante regionale Bedrohung entstehen sollte. Die Möglichkeit einer Beteiligung an dieser Raketenverteidigung mit zunächst begrenzten Aufgabenspektren müßten von den Europäern auch genutzt werden, wenn andere Maßnahmen gegen eine sich an der regionalen Peripherie aufbauende Bedrohung nicht ausreichen. Ob in Vorbereitung auf einen solchen Sachzwang eigenständige europäische Programme eine Rolle spielen, steht allerdings dahin. Mittelfristig wären europäische Staaten auf dem Sektor der Raketenverteidigung wohl nur imstande, einen marginalen Beitrag in Form von ATBM-Kapazitäten beizusteuern, der bei "task force"-Einsätzen wirksam werden könnte. Für den Fall, daß eine großräumige, unter Umständen mit dem Einsatz von Massenvernichtungswaffen verbundene Raketenbedrohung entstehen sollte, dürfte dies zu einem Handlungszwang führen, der ohne Mitwirkung der USA sicherlich weder politisch noch militärisch abzudecken wäre. Das Verbleiben von Lücken oder Schwachstellen in einem umfassenden europäischen Verteidigungsdispositiv, die nur mit großem Aufwand geschlossen werden könnten, verstellt den Europäern vermutlich weiterhin den Weg zu einer autonomen Lösung ihrer Sicherheitsprobleme. Gleichzeitig ist damit aber auch zwischenstaatliche Kooperation impliziert, die langfristig vor allem im transatlantischen Kontext wirksam bleibt und auf diesem Wege die bestehenden Bündnisstrukturen stabilisieren kann.

11. Industrielle Erfordernisse künftiger militärischer Stabilität

Joachim Rohde

Die Überwindung der Ost-West-Konfrontation und das mit dem Ende der bipolaren Ordnung aufkommende Risiko- und Konfliktpotential haben die Rahmenbedingungen deutscher Sicherheits- und Verteidigungspolitik einschneidend verändert. Konzentrierte sich die Verteidigungsplanung bisher in erster Linie auf die Aufgabe der Landesverteidigung und in diesem Zusammenhang primär auf das Szenario einer raumgreifenden Offensive mit relativ kurzer Vorwarnzeit, so treten in Zukunft zum einen neue prioritäre Aufgaben im Rahmen eines internationalen Krisenmanagements hinzu und zum anderen verändern sich die Anforderungen an die Landesverteidigung. Die Auflösung des Warschauer Paktes, der Rückzug sowjetischer Streitkräfte auf ihr eigenes Territorium und die Implementierung des Vertrages über Konventionelle Streitkräfte in Europa (KSE) haben die verfügbare Reaktionszeit des Westens auch in diesem Szenario von wenigen Wochen auf ein oder mehrere Jahre verlängert. Diese Zeitspanne dürfte sich aufgrund der Desintegration der konventionellen Streitkräfte der früheren Sowjetunion in absehbarer Zukunft eher noch vergrößern. Der Westen hat daher bei entsprechender Nutzung dieser Zeitspanne ausreichend Zeit zur Mobilmachung, so daß seine Fähigkeiten zur umfassenden Landesverteidigung nicht mehr auf präsente Kräfte abgestützt werden müssen.

Auf die skizzierten Veränderungen der militärstrategischen Lage, die im wesentlichen den drastischen Abbau einer akuten militärischen Gefährdung zur Folge haben, reagierten die meisten westlichen Demokratien denn auch bereits mit Kürzungen ihrer Verteidigungsbudgets und mit Umstrukturierungen ihrer Streitkräfte. Mittelfristig dürften die amerikanischen Streitkräfte in Europa ebenso wie die westeuropäischen Verbände erheblich reduziert werden. Die Veränderungen der sicherheitspolitischen Rahmenbedingungen werden daher auch tiefgreifende Anpassungsprozesse der rüstungsindustriellen Basis mit sich bringen. Dieser rüstungsindustrielle Problemkreis ist Gegenstand der nachfolgenden Überlegungen. Dabei sollen zunächst die relevanten Rahmenbedingungen und Trends skizziert werden, mit denen der Rüstungssektor derzeit konfrontiert ist. Daran schließt sich die Darstellung der Stabilitätserfordernisse unter den neuen strategischen Bedingungen an, womit gleichzeitig auch die zukünftigen Anforderungen an die rüstungstechnologische und -industrielle Basis beschrieben sind. Sodann wird versucht, die Frage zu beantworten, wie die industriellen Voraussetzungen militärischer Stabilität geschaffen werden können.

I. Rahmenbedingungen und Entwicklungstendenzen der Rüstungspraxis

Als wichtigste Rahmenbedingungen und Entwicklungstendenzen der Rüstungspraxis sind zu nennen:

- Die Reduzierung der Verteidigungshaushalte, vor allem ihres investiven Anteils, das heißt der Ausgaben für Forschung und Entwicklung (F&E) und für die Beschaffung neuer Rüstungsgüter.
- Die parallel dazu erfolgende, zumindest kurzfristige Schrumpfung der Nachfrage nach neuen Rüstungsgütern in den westlichen Staaten. Dies ist im wesentlichen zurückzuführen auf die Reduzierungen des Umfangs der Streitkräfte als Ergebnis von Budgetkürzungen und als Resultat der Rüstungskontrolle. Mit Implementierung des KSE-Vertrages werden die westlichen Streitkräfte überwiegend das veraltete militärische Gerät abbauen, so daß die verbleibenden, im Umfang mitunter erheblich reduzierten Truppen relativ modern ausgerüstet sind und daher kurzfristig kaum Modernisierungsbedarf haben.
- Das Wegfallen der "festen" Rüstungskonkurrenz und damit auch des Zwangs zur ständigen Modernisierung der Potentiale, was wiederum zur Folge hat, daß sich die Beschaffungs- oder Modernisierungszyklen drastisch verlängern.

Die rüstungsindustrielle Basis steht also spätestens seit Beginn der 90er Jahre vor der Situation einer drastischen Schrumpfung der für Rüstungsgüter verfügbaren investiven Verteidigungsausgaben. Diese Entwicklung wird begleitet von einer kurzfristig erheblich abnehmenden Nachfrage nach Rüstungsgütern und einer zeitlichen Streckung jedweder verbleibenden Bedarfsdeckung. Der entsprechende Produktionsrückgang dürfte in der Rüstungsindustrie zu einem erheblichen Personalabbau führen, zumal nicht nur die kontinuierliche Auslastung der Produktionskapazitäten in Frage steht, sondern auch die der Forschungs- und Entwicklungskapazitäten.

Darüber hinaus steigert die Forderung nach größerer technischer Leistungsfähigkeit nicht nur die Komplexität von Waffen- und Unterstützungssystemen, sondern vor allem auch deren Entwicklungs- und Beschaffungskosten. Insbesondere die Entwicklungskosten sind sowohl in absoluten Zahlen als auch relativ zu den Gesamtkosten dramatisch gewachsen. Aufgrund dieser Entwicklung haben die Stückzahlen der beschaffbaren Systeme und damit die Losgrößen der Industrie auch ohne Budgetkürzungen erheblich abgenommen.

Außerdem ist seit Mitte der 80er Jahre eine drastische Kontraktion des internationalen Rüstungsmarktes zu beobachten. Die für Rüstungskäufe zur Verfügung stehenden finanziellen Ressourcen der Länder der Dritten Welt sind in den letzten Jahren stark geschrumpft. Dies gilt - wenn auch in geringerem Maße - selbst für die OPEC-Staaten. Als Folge des enormen Wachstums der Rüstungsexporte bis Mitte der 80er Jahre trat gleichzeitig ein gewisser Sättigungseffekt der Märkte ein. Parallel dazu entstand auf dem als Folge dieser beiden Faktoren schon hart umkämpften Rüstungsmarkt neue Konkurrenz: zum einen durch die exportorientierten Rüstungsindustrien einiger (Schwellen-)Länder der Dritten Welt, zum zweiten durch die Rüstungsindustrien der unter chronischer Devisennot leidenden Länder Osteuropas, vor allem der CSFR und Rußland.

Zusammengefaßt: Die für Rüstung zur Verfügung stehenden Finanzmittel schrumpfen, so daß angesichts der Kostensteigerungen moderner Systeme immer weniger Rüstungsprogramme parallel aufgelegt werden können. Außerdem nehmen die beschaffbaren Stückzahlen und damit - jedenfalls solange das Ausgleichsventil Rüstungsexport ebenfalls verstopft ist - die Losgrößen der Industrie ab. Gleichzeitig kann die Deckung des verbleibenden Bedarfs zeitlich erheblich in die Länge gezogen werden. Dies wird den schon seit Mitte der 80er Jahre wachsenden Druck, im Rüstungssektor Überkapazitäten abzubauen, weiter drastisch erhöhen.

II. Stabilitätserfordernisse unter den neuen strategischen Bedingungen

Stabilität wird hier verstanden als Stabilität der politischen Evolution des internationalen Systems. Diese politische Evolution als das Ergebnis gegenläufiger, ordnungsbildender und dissoziativer Tendenzen ist geprägt von fortschreitendem Souveränitätsverzicht, Selbstbeschränkung und Kooperation. Aufgabe der Sicherheitspolitik ist es, die Rahmenbedingungen dieser politischen Evolution zu stabilisieren und in diesem Zusammenhang verbleibende Risiken einzudämmen.

Im folgenden soll vor allem auf zwei Risikotypen abgestellt werden:

- den geographisch begrenzten Konflikt und
- den Rekonstitutionsfall.

Das heißt nicht, daß andere Risikotypen für die sicherheitspolitische Planung irrelevant wären.[1] Sie werden aber aus rüstungsindustrieller Perspektive durch die im Umgang mit beiden Risikotypen notwendigen Maßnahmen weitgehend abgedeckt.

Ziel sicherheitspolitischer Vorsorgeplanung muß hinsichtlich geographisch begrenzter Konflikte deren Abkapselung sein, hinsichtlich der Vorbereitung einer Rekonstitution von Offensivfähigkeiten die Schaffung möglichst hoher Entscheidungs- und Risikoschwellen.

Regionale Konflikte lassen sich zum einen durch Handlungsverzicht, zum anderen durch internationalen Druck begrenzen. Während im ersten Fall die Glaubwürdigkeit des auf Gewaltverzicht und Unteilbarkeit europäischer Sicherheit basierenden Systems kollektiver Sicherheit riskiert wird, ist im zweiten Fall eine horizontale Eskalation mit ähnlicher Wirkung nicht auszuschließen. Die Ausübung internationalen Drucks über militärische Machtmittel bzw. militärisches Handeln kann nicht auf der Basis kollektiver Beistandsverpflichtungen erfolgen, sondern nur über eine konsensuale Mandatserteilung, die im jeweiligen Einzelfall politisch

---

1 Siehe den Beitrag von Uwe *Nerlich* zur Riskoanalyse in diesem Band (Teil II, Kap. 1).

strittig sein könnte. In jedem Fall ist für die Ausübung solchen internationalen Drucks die Schaffung militärischer Reaktionsfähigkeiten Voraussetzung.

Eine besonders hohe Entscheidungs- und Risikoschwelle, die zur Vorbereitung einer Rekonstitution von Offensivfähigkeiten überschritten werden müßte, wäre ein Vertragssystem, das im potentiellen Rekonstitutionsfall einen frühen Ausbruch aus diesem System, das heißt einen massiven Vertragsbruch, erfordert. Auf westlicher Seite müßte dementsprechend lange vor Ausbruch eines militärischen Konflikts von den Regierungen die politische Entscheidung getroffen werden, ob ein solcher Vertragsbruch vorliegt. Die Einhegung von Rekonstitutionspotentialen kann daher selbst in diesem Fall nur wirksam sein, wenn der Westen über ausreichende Möglichkeiten der Aufklärung, Informationsanalyse, des Krisenmanagements und kollektiver Entscheidungsbereitschaft verfügt. Gelingt es nicht, ein solches Vertragswerk zu schaffen, werden die Anforderungen an die westliche Aufklärung und Informationsanalyse erheblich steigen. Da die hier angesprochenen Entscheidungen zunächst auf *nationaler* Basis vorbereitet werden müßten, gelten diese Aussagen auch für die entsprechenden nationalen Fähigkeiten. Die Einhegung von Rekonstitutionspotentialen erfordert zunächst also ausreichende *Frühwarn*fähigkeiten als Ergebnis weitreichender Aufklärungsfähigkeit und Verifikation. Sie erfordert dann aber auch die Fähigkeit, die eigene Verteidigung parallel zur Rekonstitution gegnerischer Angriffsfähigkeiten aufwachsen zu lassen, um diesem (a) die Sinnlosigkeit seines Tuns vor Augen führen und ihn von weiteren Rekonstitutionsschritten abhalten zu können und um (b) für den Fall einer umfassenden Rekonstitution gegnerischer Offensivfähigkeiten zur umfassenden Landesverteidigung fähig zu sein.

Aus dem Gesagten lassen sich zwei Hauptaufgaben deutscher Streitkräfte ableiten:

- die Landesverteidigung, die in Zukunft mit wenigen präsenten Verbänden und einer entsprechenden (auch industriellen) Aufwuchsfähigkeit bewerkstelligt werden kann, und
- Teilnahme an internationalen Einsätzen im Rahmen kollektiver Sicherheit (z.B. an NATO[als Mandatsträger]- oder VN-Einsätzen).

Als sekundäre und zusätzliche Aufgaben kommen noch die Friedenssicherung im Rahmen der VN hinzu sowie Verifikationsaufgaben, humanitäre und Katastropheneinsätze im Ausland sowie Hilfeleistungen im Inland. Im Hinblick auf den zukünftigen Auftrag deutscher Streitkräfte dürfte die Bedeutung der Landesverteidigung ab-, die der militärischen und anderen internationalen Einsätze zunehmen. Dieses Aufgabenspektrum dürfte zu einem relativen Wachstum in folgenden Rüstungsbereichen führen:

- nationale Führungsfähigkeiten,
- weitreichende, überregional einsetzbare Beobachtungs-/Aufklärungssysteme,

- Langstreckenkommunikationssysteme,
- Systeme zur Datenverarbeitung/-fusion,
- Fernverlegungsfähigkeiten (insbesondere Lufttransport),
- mobile, flexible und durchsetzungsfähige Einsatzverbände,
- Flugkörperabwehr- und Luftverteidigungssysteme,
- Minen- und ABC-Abwehr sowie
- Systeme für Ausbildung und Simulation.

In anderen Bereichen werden vor allem Kampfwertsteigerungen und lebensdauerverlängernde Maßnahmen im Vordergrund stehen.

Für den Fall einer Beteiligung deutscher Streitkräfte an internationalen Militäreinsätzen dürfte mittelfristig auch die konfliktunterstützende Rolle der deutschen Rüstungsindustrie an Bedeutung gewinnen. Daher gilt es, nicht nur die industrielle Aufwuchsfähigkeit im Rahmen der Landesverteidigung zu gewährleisten, sondern auch dafür Sorge zu tragen, daß die Industrie im Rahmen internationaler Einsätze über eine ausreichend breite Basis zur zeitgerechten Wartung und Systemmodifikation sowie zur Bereitstellung von Ersatz- und Verschleißteilen und des Munitionsnachschubs verfügt.

III. Künftige rüstungsindustrielle Voraussetzungen militärischer Stabilität

Voraussetzung militärischer Stabilität unter den neuen sicherheitspolitischen Rahmenbedingungen ist die Fähigkeit zur Aufrechterhaltung von Hauptverteidigungs- und Reaktionskräften (siehe das Schaubild auf der folgenden Seite). Zwar wird der Großteil der Reaktionskräfte einen hohen Präsenzgrad besitzen, die Masse der Hauptverteidigungskräfte wird in der Regel aber erst aufwachsen müssen. Daher muß die rüstungsindustrielle Basis sowohl die Aufrechterhaltung präsenter Kräfte sicherstellen, als auch die Aufwuchsfähigkeit der Streitkräfte ermöglichen. Sie muß daher den Grundbedarf ebenso wie den Aufwuchsbedarf an Rüstungsgütern und Munition decken können. Dazu sollte sie:

- Umfassende Forschungs- und Entwicklungsfähigkeiten behalten, auch um mögliche Bedrohungen (technologische Neuentwicklungen, aber auch Proliferationsgefahren) bewerten zu können.
- In ausreichendem Umfang Teams von Fachleuten in den Bereichen Entwicklung, Systemintegration, Prototypenbau und -test sowie Produktion aufrechterhalten. Dazu wird es in einem Umfeld, das mehr durch Forschung und Entwicklung geprägt sein dürfte als durch Beschaffungen (Produktion), notwendig sein, zwischen den drastisch verlängerten Beschaffungszyklen in größerem Umfang als bisher Prototypen zu bauen und zu testen. Eine weitere Folge verlängerter Beschaffungszyklen wird sein, verstärkt kampfkrafterhaltende Maßnahmen (Verbesserung von Subsystemen) durchzuführen, um auch auf den

Ebenen Zulieferer/Unterauftragnehmer Entwicklungs- und Produktionsfähigkeiten zu erhalten.

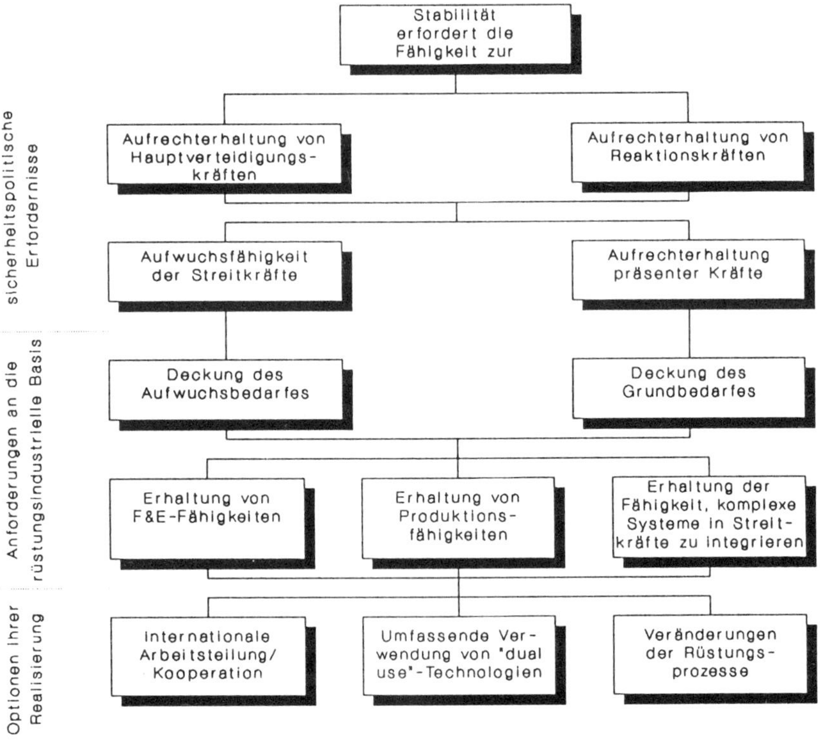

- Im Hinblick auf begrenzte Konflikte/Interventionen in der Lage sein, die Produktion von Munition, Ersatzteilen und Verbrauchsgütern in kurzer Zeit drastisch zu erhöhen. Dies gilt zumindest dann, wenn mit dem Abbau präsenter Kräfte auch die entsprechende Bevorratung solcher Güter zurückgeht.
- Das Ihrige dazu beitragen, daß die Streitkräfte auch langfristig in der Lage bleiben, komplexe technische Systeme in ihre Strukturen zu integrieren (z.B. durch Bereitstellen entsprechender Simulationsinstrumente/-einrichtungen).

Im Hinblick auf die Deckung des Aufwuchsbedarfs der Streitkräfte (im Rekonstitutionsfall) muß man davon ausgehen, daß beispielsweise sowohl der Munitionsverbrauch als auch die notwendigen Produktionsraten von militärischem Gerät um ein Vielfaches über der in Zukunft normalen Friedensproduktion liegen werden, da die industrielle Basis nicht in einem für diesen Eventualfall notwendigen Umfang aufrechterhalten werden kann. Da sich eine entsprechende militärische Bedrohung erst über Jahre aufbauen müßte, kann auch der Aufwuchs der eigenen

Mobilisierungsbasis entsprechend langsam vonstatten gehen. Dabei sind die konkrete Geschwindigkeit, mit der die rüstungsindustriellen Kapazitäten ausgebaut werden müssen, und der am Ende angestrebte maximale Produktionsausstoß pro Zeiteinheit abhängig von den entsprechenden Fähigkeiten eines Gegners. In diesem Prozeß der Wiederherstellung militärischer Fähigkeiten gilt es sicherzustellen, daß man zu keinem Zeitpunkt so ins Hintertreffen gerät, daß Offensivoperationen eines Gegners in dessen Einschätzung mit Aussicht auf Erfolg durchgeführt werden können. Auch der Aufwuchs industrieller Produktionskapazitäten muß in Tempo und Umfang am Aufwuchs eines potentiellen Gegners orientiert sein, also so verlaufen, daß eine erfolgreiche Verteidigung zu jedem Zeitpunkt möglich scheint. Eine derartige auf den Rekonstitutionsfall zugeschnittene Mobilisierungsbasis bestünde aus zwei Elementen:

- dem eigentlichen Rüstungssektor, der vom Umfang her zugeschnitten ist auf die Deckung des Friedensbedarfs, aber ausreichend Flexibilität besitzen muß, um im Ernstfall den Kern einer Mobilisierungsbasis bilden zu können,
- und der mobilisierbaren zivilen Produktionskapazität.

Beim Übergang zu einer solchen Struktur sollte eine kohärente "Schrumpfungsstrategie" verfolgt werden. So sollte der Westen insgesamt

- nicht auf den vollständigen operativen Verbund - auf eine "runde" Ausrüstung inklusive der entsprechenden Konzepte - verzichten;
- vermeiden, daß mit Blick auf das für die Entwicklung komplexer technischer Systeme erforderliche Know-how die Erkenntnisse über wichtige Schlüsseltechnologien verlorengehen;
- seinen qualitativen Vorsprung zumindest im Bereich der Kampfkraftmultiplikatoren halten.

IV. Prinzipielle Optionen zur Schaffung der rüstungsindustriellen Voraussetzungen militärischer Stabilität

Als essentielle industrielle Voraussetzungen zukünftiger militärischer Stabilität sind zu nennen:

- die Erhaltung von F&E-Fähigkeiten in allen militärisch relevanten Technologiefeldern und
- die Erhaltung von Produktionsfähigkeiten in diesen Bereichen.

Um diese rüstungsindustriellen Voraussetzungen schaffen zu können, muß eine langfristige Rüstungs*strategie* entwickelt werden, die es erlaubt, das für die Entwicklung zukünftiger Systeme kritische technologische Know-how einschließlich der entsprechenden Einrichtungen und Teams zu identifizieren und zu erhalten. Dabei muß dieses Potential auch als Kern einer zeitgerechten industriellen Aufwuchsfähigkeit geeignet sein.

Zur Realisierung dieser Voraussetzungen sind wiederum verschiedene, teilweise auch miteinander kombinierbare Lösungswege möglich:

- internationale Arbeitsteilung bzw. Kooperation,
- umfassende Verwendung von "dual use"-Technologien: Angleichung, von militärischer und ziviler Technologie und Produktion sowie
- Veränderungen der Rüstungsprozesse: stärkere Betonung von Forschung, Entwicklung und Prototypenbau bis hin zur Akzentuierung ihrer jeweiligen Eigenständigkeit.

1. Internationale Arbeitsteilung und Kooperation

Die erste wichtige Entscheidung, die im Rahmen einer solchen Rüstungs*strategie* getroffen werden muß, bezieht sich auf den Grad der angestrebten rüstungstechnologischen und -industriellen Autonomie bzw. Abhängigkeit.[2] Damit entscheidet man gleichzeitig auch über die Möglichkeiten internationaler Arbeitsteilung und Kooperation.

Rüstungskooperation über die nationalen Grenzen hinweg hat zum Ziel, die enorm gestiegenen Entwicklungskosten auf mehrere Partner zu verteilen und über höhere Stückzahlen zu einer Einsparung bei den Stückkosten zu gelangen. Derartige Kostengesichtspunkte sind im Rüstungsbereich aber um so weniger ausschlaggebend, je größer die industriepolitische Bedeutung von Rüstungsprozessen ist: In diesem Fall orientiert sich die staatliche Rüstungspraxis an langfristigen wirtschaftlichen Strukturzielen und nicht an kurzfristiger Kostenersparnis. Aus diesem Grund erscheint für die absehbare Zukunft und für den Fall einer zukünftigen breiten Abstützung auf "dual use"-Technologien auch langfristig eine vollständige Liberalisierung der Rüstungsmärkte mit der erst daraus resultierenden Spezialisierung und Arbeitsteilung kaum möglich.

Vor dem Hintergrund einer generell zu beobachtenden Neigung zur wirtschaftlichen Blockbildung zeichnet sich auch im Rüstungssektor derzeit ein Trend zur Regionalisierung im europäischen, nicht-transatlantischen Rahmen ab. Auch die politischen Bemühungen um Schaffung eines europäischen Rüstungsmarktes sind derzeit eher geeignet, die transatlantischen Spannungen im rüstungsindustriellen Bereich zu verstärken, als die vielbeschworene "Zweibahnstraße" (die transatlantische Rüstungskooperation) zu fördern. Dabei muß berücksichtigt werden, daß mit der Entstehung eines europäischen Rüstungsmarkts vermutlich erst mittel- bis langfristig zu rechnen ist, nachdem die europäischen Staaten ihre nationalen Beschaffungspolitiken geändert haben.

---

2 Gerade in dem für Kampfkraftmultiplikatoren relevanten Hochtechnologiebereich dürfte eine nationale, wenn nicht sogar regionale (Westeuropa) Unabhängigkeit angesichts der global operierenden High-Tech-Unternehmen zunehmend illusorischer werden.

Eine transatlantische Arbeitsteilung erscheint auch angesichts amerikanischer (aber auch europäischer) Abhängigkeitsbedenken kaum realisierbar. Halten beide Seiten am Ziel rüstungsindustrieller Unabhängigkeit als Voraussetzung nationaler militärischer Handlungsfähigkeit und -freiheit fest, ist eine wirkliche Kooperation und Arbeitsteilung kaum praktizierbar.

Andererseits wäre gerade eine solche transatlantische Arbeitsteilung bzw. Kooperation wünschenswert. Seit einigen Jahren prägen Fusionsprozesse die nationalen Rüstungsindustrien in Europa. Sie haben zur Folge, daß nationale Wettbewerbsstrukturen in manchen Rüstungsbereichen quasi aufgehoben worden sind. Neben diese nationalen Fusionsprozesse traten in den letzten Jahren auch transnationale Firmenbeteiligungen, -allianzen und -übernahmen, wobei die politischen Veränderungen in Europa diese Prozesse noch beschleunigt haben. Die jüngsten Entwicklungen in der europäischen Rüstungsindustrie laufen daher einer Renationalisierung zuwider. Ausschlaggebend für diese Entwicklung war die Erkenntnis, daß kein europäischer Staat zukünftig in der Lage sein wird, die Entwicklung und Produktion der ganzen Bandbreite von Rüstungsgütern allein zu finanzieren. Wettbewerb bei der militärischen Auftragsvergabe ist daher nur noch auf transnationaler Basis möglich, entweder auf der europäischen oder transatlantischen Ebene. Die zunehmende industrielle Konzentration und transnationale Verflechtung der europäischen Rüstungsindustrie könnte dazu führen, daß die (nunmehr unter Umständen sogar europäischen) Bedarfsträger in vielen Feldern ebenfalls nur noch mit einem Anbieter konfrontiert sind. Da Wettbewerb unter diesen Voraussetzungen ausschließlich im transatlantischen Rahmen stattfinden kann, stellt sich unter dem Blickwinkel einer Steigerung des Wettbewerbs und einer Rationalisierung der Rüstungswirtschaft die Frage, wie vor allem die transatlantische Rüstungskooperation ausgeweitet werden kann, die gegenwärtig noch primär durch Unteraufträge und Lizenzfertigung geprägt wird.

Allerdings erscheinen auch industrielle Entwicklungen zunehmend als Barriere auf dem Weg zu einer breiteren transatlantischen Zusammenarbeit. Zumindest für größere Rüstungsprogramme gilt, daß sich in Europa eine interdependente rüstungsindustrielle Struktur aus multinationalen Konsortien entwickelt, die insbesondere auf der Ebene der Hauptauftragnehmer für amerikanische Firmen auf Wettbewerbsbasis immer schwieriger zu durchdringen ist. Auch der amerikanische Rüstungsmarkt ist nach wie vor in der Lage, eine weitgehend unabhängige rüstungsindustrielle und technologische Basis aufrechtzuerhalten, obwohl aufgrund des sinkenden US-Rüstungsetats der Wettbewerb auf diesem Markt immer schärfer wird. Bei großen Rüstungsprogrammen findet dieser Wettbewerb in erster Linie zwischen amerikanischen Hauptauftragnehmern statt, so daß europäischen Rüstungsfirmen lediglich die Rolle von Zulieferern bleibt.

Angesichts dieser Entwicklungen ist damit zu rechnen, daß der Kauf fertiger Komponenten und Subsysteme auch in Zukunft den transatlantischen Handel bestimmen wird, der Kauf (Import) kompletter Waffensysteme eher noch schwieriger und auch die kooperative Entwicklung und Produktion komplexer Systeme mit großem symbolischen Wert kaum mehr möglich sein wird. Darüber hinaus dürfte die Dynamik der europäischen rüstungsindustriellen und technologischen Integration den europäischen Markt für Lizenzproduktionen amerikanischer Systeme drastisch begrenzen, vergleichbar dem heutigen amerikanischen Markt für eine Lizenzfertigung europäischer Produkte.

Andererseits gibt es einen wachsenden Zwischenbereich, in dem die wirtschaftlichen Kosten eines Alleingangs für die USA oder Europa den politischen und militärischen Wunsch nach rüstungsindustrieller Unabhängigkeit aufwiegen. In diesem Zwischenbereich wird die Industrie der Allianz den militärischen Bedarf durch Rüstungskooperation decken können.

Neben einer Identifizierung der Felder, in denen Rüstungskooperation praktikabel erscheint - das heißt zu kostengünstigen militärischen Produktlösungen führt und gleichzeitig den Kriterien des Marktgleichgewichts und den industriellen Forderungen nach Schaffung von Wettbewerbsvorteilen, vergrößertem Risiko- und Profitsharing und Marktzugang genügt -, müssen vor allem die erforderlichen Rahmenbedingungen für einen transatlantischen Markt geschaffen werden. Hierzu gehört zunächst als langfristige Conditio sine qua non ein einheitliches militärstrategisches Konzept, aus dem militärtaktische Anforderungen an einzelne Waffensysteme abgeleitet werden können.

Kurzfristig sind der übertrieben restriktive Technologietransfer und die Exportkontrollprozeduren die größten Barrieren einer transatlantischen Kooperation auf Firmenebene. Deshalb sollte die Masse der Exportlizenzanforderungen innerhalb der NATO fallengelassen werden. Hier wäre eine größere Koordination unter den Alliierten bei Rüstungsexporten in Drittländer hilfreich, wenn nicht unabdingbar.

Die Bereitschaft der Industrie, Kooperationsmöglichkeiten zu nutzen, hängt von stabilen Rahmenbedingungen für einen transatlantischen Rüstungsmarkt ab, der es der Industrie erlaubt, eine gerechte Gegenleistung für ihre eigenen finanziellen und technologischen Investitionen auszuhandeln.

2. Die umfassende Verwendung von "dual use"-Technologien

Die zweite Grundsatzentscheidung betrifft die interne Struktur der rüstungstechnologischen und -industriellen Basis. Hier gibt es im Prinzip zwei Optionen: zum einen eine Art *Arsenal*struktur, das heißt, es gibt für einzelne Rüstungsgüter jeweils nur noch einen Anbieter. Die zweite Option ist, die militärischen Anforderungen so zu modifizieren, daß eine umfassende Verwendung von Technologien möglich wird, die im zivilen Sektor entwickelt wurden. Ziel ist hier ein möglichst weitgehender Abbau der Barrieren zwischen der Rüstungswirtschaft und dem zivilen Markt. Die optimale Strategie wäre vermutlich, wo immer möglich auf Entwicklungen in der zivilen Wirtschaft zurückzugreifen und sich dort, wo unumgängliche rüstungsspezifische Anforderungen existieren oder nur Monopolanbieter überleben können, auf "Arsenale" abzustützen. Die umfassende Verwendung von "dual use"-Technologien hätte zur Folge, daß

- die im militärischen Bereich verwendeten System- und Produktionstechnologien denen der zivilen Wirtschaft immer stärker entsprechen werden, weil die im Rüstungssektor tätigen Industrien gezwungen wären, auch auf dem zivilen Markt mit ihren Produkten zu bestehen;
- dies wiederum hätte zur Folge, daß Rüstungsbetriebe dieselben Technologien und Ingenieurteams im militärischen wie im zivilen Bereich verwenden und daher sehr flexibel und bedarfsgerecht auf Schwankungen in der Rüstungsnachfrage reagieren können. Diese Flexibilität wäre eine günstige Voraussetzung, die notwendige Versorgung mit militärischen Gütern sowohl für den Fall eines Kräfteaufwuchses (Rekonstitution) als auch für den Fall einer Teilnahme an internationalen Einsätzen im Rahmen kollektiver Sicherheit (z.B. Ersatz- und Verschleißteilnachschub sowie Systemmodifikationen) sicherzustellen (breite Basis mobilisierbarer ziviler Produktionseinrichtungen);
- der Rüstungssektor sehr viel stärker als bisher von der in einigen Feldern weit größeren technologischen Dynamik des zivilen Bereichs profitieren würde (z.B. Datenverarbeitung und Elektronik, das heißt in jenen Technologiefeldern, die für die sogenannten Kampfkraftmultiplikatoren auch von militärisch entscheidender Bedeutung sind);
- die Industrie erheblich größere Stückzahlen produzieren könnte (zumindest auf der Komponentenebene), was die Stückkosten erheblich reduzieren dürfte;
- auf dem Rüstungsmarkt vor allem auf der Ebene der Zulieferbetriebe wieder mehr Anbieter auftreten und somit mehr Wettbewerb möglich ist.

Im Rekonstitutionsfall hätte eine solche Vorgehensweise und die mit ihr einhergehende Verbreiterung der für militärische Zwecke rekurrierbaren industriellen Basis außerdem den Vorteil, daß die industrielle Basis als essentielle Voraussetzung eigener Aufwuchsfähigkeit gegenüber Sabotageakten oder direkten Angriffen weniger verwundbar wäre. Eine derartige Industriestruktur würde deshalb auch die Krisenstabilität erhöhen. Im Hinblick auf Krisenmanagement hätte diese flexible Struktur den Vorteil, sowohl eskalatorische als auch deeskalatorische Maßnahmen zu erlauben, ohne große politische und wirtschaftliche Barrieren überschreiten zu müssen. Von Nachteil könnte in diesem Zusammenhang allerdings sein, daß sie nur wenig Spielraum für die Entwicklung einer Signalsprache läßt, so daß Aufwuchsprozesse kaum als Mittel des Krisenmanagements dienen können.

Mit diesen Aspekten ist allerdings gleichzeitig auch der wichtigste politische Nachteil verknüpft: die Schwierigkeit, Aufwuchsprozesse - zumindest aber deren Vorbereitung - unter diesen Bedingungen frühzeitig zu entdecken. Die mit diesem Ansatz verbundene weitgehende Verwischung ziviler und militärischer Technologien wird außerdem die Kontrolle der Proliferation militärisch nutzbarer Technologien drastisch erschweren.

Das größte Hindernis einer breiten Verwendung von "dual use"-Technologien sind die zum Teil exzessiven militärischen Spezifikationen, deren zeitaufwendige Formulierung, Einhaltung und Überprüfung nicht nur enorme Kosten und großen bürokratischen Aufwand verursacht, sondern auch dazu führt, daß in vielen Sektoren der Rüstungswirtschaft bereits von der technologischen Entwicklung überholte System- und Produktionstechnologien verwendet werden. Die Einhaltung dieser Spezifikationen hat daher zur Folge, daß die Rüstungsgüter produzierenden Industrien mit ihren Produkten/Technologien auf dem zivilen Markt nicht konkurrenzfähig sind und der technologische Fortschritt auch in militärisch relevanten Schlüsselbereichen heute in der zivilen Wirtschaft sehr viel dynamischer ist als im Rüstungssektor.

Neben dem Abbau dieser Spezifikationen/militärtechnischen Vorgaben sollten auch die Ausgaben im Bereich Forschung und Entwicklung eine Schwerpunktverlagerung erfahren. Anstatt noch mehr Mittel in die Entwicklung militärischen Geräts zu stecken, sollte die Grundlagenforschung in kritischen Technologiefeldern finanziell stärker gefördert werden.

Je geringer die Unterschiede zwischen den im militärischen Bereich und den in der zivilen Industrie zur Anwendung gelangenden Technologien werden, desto eher konvergieren eine auf qualitative Überlegenheit abzielende Rüstungspolitik und eine auf Stärkung der internationalen Wettbewerbsfähigkeit abzielende Wirtschafts-, Technologie- und Industriepolitik. Je mehr die Abstützung auf "dual use"-Technologien möglich wird, desto größer wird der potentielle industrie- und technologiepolitische Nutzen der Verteidigungsausgaben. Wenn nun der investive Anteil der Verteidigungsausgaben einen großen Teil der staatlichen F&E-Aufwendungen ausmacht und dementsprechend für die Stärkung der internationalen Wettbewerbsfähigkeit eine große wirtschaftliche Bedeutung besitzt, dürfte die Bereitschaft, die im vorangegangenen Kapitel aufgeführten Voraussetzungen insbesondere für die transatlantische Rüstungskooperation zu akzeptieren, in dem Maße schwinden, in dem die wirtschaftlichen Differenzen zwischen Westeuropa und den USA zunehmen. Dies gilt vor allem für die Zulassung offenen Wettbewerbs und für die Abkehr vom Juste-retour-Prinzip.

3. Veränderung der Rüstungsprozesse

Eine dritte Grundsatzentscheidung betrifft die Rüstungsbeschaffungsprozesse selbst. Hier gilt es zu entscheiden, wie die für investive Ausgaben verbleibenden finanziellen Mittel verwendet werden. Auch hier gibt es zwei prinzipielle Optionen:

- entweder man realisiert die im Augenblick anstehenden Beschaffungsvorhaben (z.B. Jäger 90) oder
- man investiert die bei einer Streichung dieser Beschaffungsvorhaben freiwerdenden Mittel zum Beispiel in die Entwicklung eines Jagdflugzeuges der nächsten Generation.

Angesichts der sich abzeichnenden Budgetrestriktionen dürfte der politische Druck, anstehende Beschaffungsvorhaben zu streichen, zu reduzieren oder in die Länge zu ziehen, erheblich zunehmen. Ob und in welchem Umfang die dadurch eingesparten Mittel dann tatsächlich im investiven Teil des Verteidigungsetats verbleiben, bleibt abzuwarten.

Dem Ansatz, einen größeren Teil der Ressourcen in die Sicherstellung zukünftiger militärischer Fähigkeiten zu investieren, liegt die Überlegung zugrunde, daß einerseits die Verteidigungsausgaben angesichts der politischen Veränderungen in Europa auf ein Niveau sinken werden, das die Beibehaltung der bisherigen Modernisierungszyklen von militärischem Gerät mit ihren regelmäßigen Neubeschaffungen so nicht mehr erlaubt, daß aber andererseits die Unwägbarkeiten der politischen Entwicklungen im Umfeld der Bundesrepublik Risiken mit sich bringen, gegen die es auch militärische Vorkehrungen zu treffen gilt. Mit diesem Ansatz wird das Ziel verfolgt, trotz eines möglicherweise drastischen Rückgangs der Beschaffungsvorhaben über eine Umstrukturierung der Rüstungsprozesse technologisches Know-how zu halten und weiterzuentwickeln. Dieses Know-how ist einerseits eine unverzichtbare Bedingung für eine Bewertung rüstungstechnologischer Entwicklungen im internationalen Umfeld, andererseits aber auch Voraussetzung, um für den Fall einer gegnerischen Rekonstitution umfassender Offensivfähigkeiten eine eigene Rüstungsproduktion wiederaufnehmen und steigern zu können. Kern einer solchen Umstrukturierung ist deshalb die Betonung eigenständiger F&E-sowie Prototypenprogramme.

Vereinfacht gesagt, bedeutet dieser Ansatz, mehr Mittel in die Forschung und Entwicklung zu stecken als in die Beschaffung. Es sind allerdings auch sehr viel radikalere Lösungen vorstellbar, wobei hier drei Ansätze kurz vorgestellt werden:

- Die Produktion einer begrenzten Anzahl von Systemen auf einer für die Serienfertigung ausgelegten Produktionstrasse. Der Nachteil dieses Ansatzes sind die enormen Kosten. Vorteile sind, daß hier Produktionstechnologien und -verfahren ebenso getestet werden können wie die taktischen und operativen Konzepte für den Umgang mit diesen Systemen in der Truppe.

- Ansatz 2 ist nahezu identisch mit dem klassischen Prototypenbau, Vorkehrungen für eine Serienproduktion werden nicht getroffen. Prototypen können dabei unterschiedliche Funktionen zukommen, z.B. Technologiedemonstratoren oder Prototypen, mit denen die Integration verschiedener Technologien (bis hin zu Waffensystemkonzepten) getestet wird.
- Der dritte Ansatz ist der radikalste. Hier werden Technologien bis hin zu Waffensystemen nur noch im Computer entwickelt. Stichworte hier sind die Computer-gestützte Entwicklung und Produktion sowie die Simulation des operativen und taktischen Umfeldes, in dem diese Systeme eingesetzt werden. Abgerundet wird dieser Ansatz durch die Simulator-gestützte Ausbildung des militärischen Personals (an diesen nur im Computer existierenden Systemen in einer vom Computer simulierten taktischen Umwelt).

Je stärker man die Forschungs- und Entwicklungs- sowie die Prototypenphase betont und je weniger Mittel in die sich daran anschließenden Phasen - Entwicklung zur Serienreife und Produktion - fließen, desto größer werden vermutlich die Probleme:

- Der Hauptkritikpunkt ist wohl der, daß derartige Ansätze die für die Fähigkeit, Waffensysteme entwickeln und bauen zu können, eigentlich entscheidenden Problemfelder aussparen: Die Begrenzung militärischer F&E auf Prototypenprogramme als Endprodukt ingenieurwissenschaftlichen Bemühens, um die vergleichsweise teure Vollentwicklung und Produktion einzusparen, liefert zwar Erkenntnisse darüber, ob bestimmte technische Lösungen praktikabel sind, nicht aber Anhaltspunkte über den militärischen Wert bestimmter Technologien bzw. Systeme, ihre Serienproduzierbarkeit oder Truppentauglichkeit etc. Gerade in diesen vom Ansatz ausgesparten Problemfeldern liegen aber oftmals die entscheidenden Herausforderungen für die Entwicklung und Produktion neuer Waffensysteme. So vergehen in der Regel Jahre, bis ein Prototyp zur Serienreife und damit zum volltauglichen Waffensystem inklusive der notwendigen Logistik und Ausbildungssysteme entwickelt ist.
- Wenn, wie angedeutet, auf die Entwicklung zur Serienreife weitestgehend verzichtet wird, wie kann dann im Rekonstitutionsfall die Funktionsfähigkeit/-sicherheit neuer komplexer Waffensysteme angesichts der Tatsache sichergestellt werden, daß sie nicht in ausreichendem Maße getestet werden können? Vor diesem Hintergrund stellt sich das vermutlich noch gravierendere Problem, daß bei komplexen Waffensystemen abgesehen von Simulationen keine Erkenntnisse über Interaktionen von Technologien vorliegen. Daß Simulationen hier von eher beschränktem Wert sein können, zeigen zahlreiche schwerwiegende Funktionsmängel moderner Waffensysteme.
- Waffensysteme müssen auch operativen Tests unterzogen werden, um ihre militärische Leistung unter Beweis stellen zu können. Dieser Test kann zumin-

dest mit klassischen Prototypen nicht erbracht werden. Derartige Prototypen sind nicht und können in der Regel auch nicht dafür ausgelegt werden, unter realistischen Gefechtsbedingungen getestet zu werden.

- Besonderes Augenmerk muß dem Erhalt der Fähigkeit gewidmet werden, erschwingliche, zuverlässige und leistungsfähige Waffensysteme in großer Stückzahl produzieren zu können. Mit Prototypenprogrammen und einer sporadischen Produktion in Kleinserie, sprich ohne eine kontinuierliche Produktion, sind weder die Produktionsverfahren und -technologien zu verbessern, noch die erforderlichen hochqualifizierten Arbeitskräfte zu halten. Insbesondere letztere sind für die Aufrechterhaltung rüstungsindustrieller Fähigkeiten und für eine industrielle Aufwuchsfähigkeit aber unerläßlich.
- Darüber hinaus darf nicht vergessen werden, daß Technologien und ihre Fortentwicklung dem Zweck dienen, die militärischen Fähigkeiten zu verbessern. Aus diesem Grund muß auch die spätere Nutzung der Technologien bzw. der Umgang mit ihnen in die Betrachtung der Optionen zur Sicherstellung der industriellen Aufwuchsfähigkeit einbezogen werden. Dabei ist festzustellen, daß die Truppe auch dann noch mit neuen Technologien umgehen können muß - das heißt sie taktisch-operativ effektiv einsetzen, die entsprechenden Strukturen schaffen und die Technologien logistisch beherrschen können muß -, wenn der Produktionsverzicht langfristig, das heißt über mehrere normale Modernisierungszyklen hinweg erfolgt. Je länger diese "Produktionspause" dauert, desto schwieriger wird es, das notwendige Feedback zwischen potentiellem Nutzer (Truppe) und Systementwickler (Industrie) herzustellen. Auch die operative Planung im Hinblick auf rekonstituierte Streitkräfte wird nicht dadurch erleichtert, daß weder die Leistungsparameter der dann bereitgestellten Waffensysteme noch die taktische Fähigkeit der Truppe im Umgang mit diesen Systemen hinreichend bekannt ist.

V. Schlußfolgerungen

Angesichts der aufgezeigten Probleme mit allen drei prinzipiellen Lösungsansätzen wird hier eine auf den jeweiligen Einzelfall zugeschnittene oder zumindest branchenspezifische Mischung von transatlantischer Rüstungskooperation quasi als Kernbereich der transatlantischen Allianz, einem sehr viel stärkeren Rückgriff auf zivile Technologien und gesonderten F&E- und Prototypenprogrammen vorgeschlagen.

Angesichts der im Verteidigungsbereich derzeit herrschenden budgetären und technologischen Zwänge und der divergierenden Ansätze dies- und jenseits des Atlantiks, mit diesen Zwängen fertigzuwerden, könnten die USA und Europa getrennte, abgeschottete Märkte entwickeln. Die daraus resultierende Unfähigkeit der Industrie, die transatlantische Zusammenarbeit über die Komponenten- und Subsystemebene hinaus zu erweitern, könnte letztlich die Fähigkeit der Allianzregierungen unterminieren, den qualitativen Vorteil ihrer Rüstungsprodukte (ihre rüstungstechnologischen Vorteile) auch im nächsten Jahrhundert zu behaupten.

Es bedarf des politischen Willens, um die Barrieren für den transatlantischen Handel mit Rüstungsgütern und für die technologische Integration zu überwinden. Wenn es den Regierungen nicht gelingt, ihre handelspolitischen Divergenzen zu bereinigen und von der gemeinsamen Sicherheitspolitik zu gemeinsamen Anforderungen und zu Abkommen zu gelangen, die die Restriktionen für die Masse des Technologietransfers innerhalb der Allianz eliminieren, wird die industrielle Kooperation zwangsläufig begrenzt bleiben müssen.

Die Durchführung von gesonderten, das heißt nicht auf eine Serienproduktion abzielenden F&E- und Prototypenprogrammen zur Erhaltung einer F&E-Basis in den als relevant erachteten Technologiefeldern muß ergänzt werden durch Programme, die die Produktionsfähigkeit erhalten, und solchen, die es den Streitkräften ermöglichen, komplexe technische Systeme auch mittel- bis langfristig noch in ihre Struktur zu integrieren.

12. Aufgaben und Instrumente künftiger Nonproliferationspolitik

Joachim Krause

Die folgenden Ausführungen setzen die Überlegungen des Beitrags "Risiken der Rüstungsproliferation" fort. Dabei geht es in erster Linie um die Frage, welche politischen Konsequenzen in den 90er Jahren aus diesen Überlegungen zu ziehen sind. Sie betreffen nicht nur Art und Orientierung der deutschen Politik auf diesem Gebiet, sondern auch die Frage nach dem internationalen Rahmen sowie nach den institutionellen Folgen.

Die Bemühungen um eine weltweite Kontrolle der Proliferation von Massenvernichtungswaffen basierten in den vergangenen Jahrzehnten auf einem Ansatz, der im wesentlichen darauf hinauslief, daß der Stand der Verfügungsgewalt über Kernwaffen eingefroren wurde und im Gegenzug die Nichtkernwaffenstaaten Zugang zu zivil nutzbaren Technologien, Einrichtungen und spaltbaren Materialien - unter Wahrung bestimmter Sicherungsmaßnahmen - erhielten. Die damit verbundene Errichtung einer Statusdifferenz zwischen Kernwaffenstaaten und Nichtkernwaffenstaaten wurde durch die zeitlich nicht festgelegte Inaussichtstellung von Kernwaffenabrüstung sowie durch Sicherheitsgarantien (positiver wie negativer Art) gemildert.

Dieser Ansatz spiegelt sich im *Atomwaffensperrvertrag (NPT)* von 1968 wider. Dem darin enthaltenen Kompromiß zwischen nuklearen "haves" und "have-nots" wurde zwar immer wieder attestiert, daß er unehrlich und brüchig sei, er bildete aber für ein Vierteljahrhundert die stabile Basis einer globalen, von zwei Dritteln der Staatengemeinschaft getragenen Verständigung über die zentrale Frage der Verfügungsgewalt über Kernwaffen und den Zugang zu Nukleartechnologie.

Der NPT wird im Rahmen der 1995 anstehenden Überprüfungs- und Revisionskonferenz aller Voraussicht nach einer grundlegenden und weitreichenden Begutachtung und Infragestellung ausgesetzt sein. Das im NPT festgelegte Mandat der Konferenz bestimmt zwar nur, daß darüber entschieden werden soll, ob der Vertrag befristet oder unbefristet weitergilt. Angesichts der gravierenden weltpolitischen Veränderungen wird dieser Auftrag aber unvermeidlich zu einer Neubesinnung über die Grundlagen und Maximen nuklearer Proliferationspolitik führen. Unter nicht auszuschließenden Bedingungen wäre es sogar denkbar, daß der NPT nicht bzw. nur sehr kurzfristig verlängert wird: Dies könnte dann der Fall sein, wenn der Kernwaffenstaat Sowjetunion in mehrere Kernwaffenstaaten zerfällt oder wenn es - infolge der Auflösung der Sowjetunion - zu "Durchbrüchen" bei mehreren Staaten des Mittleren Ostens im Bereich der Kernwaffenrüstung kommt. Aber auch die Frage, ob die Kernwaffenstaaten ihre Verpflichtung zur nuklearen Abrüstung eingelöst haben, kann zum Sprengsatz werden, wenn es den

USA, Frankreich, Großbritannien, China und Rußland nicht gelingt, überzeugende Konzepte vorzulegen.

Neben dem NPT haben seit Ende der 70er Jahre *Exportkontrollmaßnahmen* im Bereich sensitiver Technologien und Materialien zunehmend an Bedeutung in der Nonproliferationspolitik gewonnen. Diese Entwicklung begann im Bereich nukleartechnischer Materialien, die nicht unter die Safeguards der IAEA fielen (Zangger-Komitee, Nuclear Suppliers Group), und wurde fortgesetzt bei Vorprodukten für chemische Waffen (Australien-Gruppe, Leipzig-Gruppe) und für Raketen und Raketenkomponenten (MTCR). So unvollkommen Exportkontrollmaßnahmen in vielen Fällen blieben, sie ließen erkennen, daß sich die Industriestaaten von der Fixierung auf den NPT gelöst haben und andere Bereiche der Proliferationskontrolle erschlossen wurden.

Die Bundesrepublik Deutschland befand sich bei diesen Bemühungen keinesfalls immer in vorderster Reihe. Bonn stand dem NPT lange kritisch gegenüber, und der Vertrag wurde erst relativ spät ratifiziert. Bei den Bemühungen um Exportkontrollen war die Bundesregierung zwar von Anbeginn an involviert, sie spielte jedoch zumeist die Rolle des Bremsers. Erst die Skandale um die Beteiligung deutscher Firmen an der Chemie- und Nuklearwaffenproduktion im Irak und in Libyen bewirkten, daß sich die Bundesrepublik an die Spitze der internationalen Bemühungen um eine Verschärfung bestehender Exportkontrollen setzte.

In den 90er Jahren wird es darauf ankommen, den veränderten Rahmenbedingungen entsprechend Nonproliferationspolitik weiterzuentwickeln und zu implementieren. Dabei sollte folgenden Aspekten Rechnung getragen werden:

- Das Hauptanliegen von Nonproliferationspolitik muß es sein, Proliferationsentwicklungen zu verhindern, die geeignet sind, die internationale Konstellation nachhaltig zu verändern. Dabei gilt es zu vermeiden, daß die gegenwärtige positive internationale ordnungspolitische Tendenz - die in Richtung auf eine verminderte Rolle militärischer Machtmittel und einer gesteigerten Bedeutung internationaler Kooperation und Integration weist - durch Proliferationsentwicklungen gefährdet wird. Nonproliferationspolitik muß in den 90er Jahren in ganz entscheidendem Maße als internationale Ordnungspolitik verstanden werden. In diesem Zusammenhang ist es notwendig, Nonproliferationspolitik nicht nur in einem europäisch definierten ordnungspolitischen Rahmen zu betreiben, sondern besonders auch die globalen Aspekte (Nord-Süd-Problem) zu berücksichtigen.
- Nonproliferationspolitik sollte zwar global orientiert und regional sowie sachspezifisch gesehen breit angelegt sein, sie muß dabei jedoch klare Prioritäten setzen. Diese Fokussierung sollte nicht entlang der möglichen Waffenkategorien (d.h. nicht, wie bisher selbstverständlich, Priorität der Kernwaffenproliferation vor anderen Formen der Proliferation) erfolgen, sondern anhand mögli-

cher Risikoregionen und -szenarien von strategischer Relevanz. Dies bedeutet, daß in erster Linie die Entwicklungen in der ehemaligen Sowjetunion, in Mittelosteuropa sowie im Nahen und Mittleren Osten in den Mittelpunkt des Interesses rücken.

- Bestand früher Nonproliferationspolitik in der Implementierung des NPT und der koordinierten Kontrolle strategisch relevanter Exporte, so wird in der Zukunft ein breiteres Instrumentarium erforderlich sein. Nonproliferationspolitik dürfte in den 90er Jahren neben dem klassischen Instrumentarium primär auf Mittel zurückgreifen, mit deren Hilfe Fehlentwicklungen der internationalen Konstellation so rechtzeitig zu verhindern sind, daß keine Anreize für den Erwerb von Kernwaffen und dafür geeigneten Trägersystemen entstehen. Es dürfte auch wichtig sein, Formen internationaler Kooperation fortzuentwickeln bzw. zu gestalten, die es ermöglichen, auf komplexe Problemlagen dieser Art koordiniert zu reagieren. Dabei wären auch gemeinsame militärische Aktionen unter der Verantwortung der Vereinten Nationen oder einer institutionell und rechtlich aufzuwertenden KSZE in Situationen denkbar, in denen ein Ausweg mit friedlichen Mitteln nicht mehr möglich ist.

Im folgenden sollen einige zentrale Elemente einer künftigen Nonproliferationspolitik angesprochen werden. Dabei wird nach Politikbereichen und Regionen gesondert vorgegangen. Im ersten Abschnitt wird auf die Zukunft des NPT eingegangen, wo sich in drei Jahren neben technischen und organisatorischen Problemen die Frage einer globalen ordnungspolitischen Dimension in sehr krasser Form stellen wird. Abschnitt II behandelt die Situation in der ehemaligen Sowjetunion und Osteuropa sowie die damit verbundenen Proliferationsprobleme. Abschnitt III thematisiert die für Proliferationsfragen besonders sensitive Region Naher und Mittlerer Osten. Die Abschnitte IV bis VII behandeln andere Regionen unter Proliferationsgesichtspunkten. In Abschnitt VIII werden regionenübergreifende Proliferationsprobleme nicht-nuklearer Art behandelt, wie die Eindämmung von Chemiewaffen und Trägerraketen und die Kontrolle des Transfers konventioneller Waffen und Technologien.

I. Der Atomwaffensperrvertrag (NPT)

Die für 1995 vorgesehene Überprüfungs- und Verlängerungskonferenz zum NPT wird Sinn und Zweck des gesamten Vertragswerkes in einer Weise in Frage stellen, wie es auf keiner der bisherigen Review-Konferenzen der Fall war. Der NPT fixiert einen prinzipiellen Kompromiß zwischen Kernwaffen- und Nichtkernwaffenstaaten, der sich als erstaunlich tragfähig erwiesen hat und von einer zunehmenden Zahl von Staaten akzeptiert wird. Die jüngsten Beitritte Chinas, Frankreichs und Südafrikas zum NPT unterstreichen dies. Der Vertrag wird vermutlich aber nur dann verlängerbar sein, wenn es gelingt, die Unausgewogenheit der militärischen Verpflichtungen und Beschränkungen zu beseitigen. Die Möglichkeit hierzu könnte sich ergeben, wenn die nuklearen Rüstungsreduzierungen der beiden Supermächte in den bislang diskutierten Dimensionen nicht nur implementiert worden sind, sondern auch in Richtung auf neue ordnungspolitische Strukturen fortentwickelt werden. Mit Blick auf die Konferenz von 1995 wird also eine gründliche Beschäftigung mit prinzipiellen politischen Fragen nötig werden. Daneben wird es aber auch darauf ankommen, die bestehenden Instrumentarien fortzuentwickeln und den neuen Gegebenheiten anzupassen.

1. Auf dem Weg zu einer neuen Weltnuklearordnung?

Die Frage der *Ausgewogenheit der Verpflichtungen von Kernwaffenstaaten und Nichtkernwaffenstaaten* wird wegen der möglich gewordenen drastischen Reduzierungen der strategischen und taktischen Nukleararsenale der beiden Supermächte vermutlich radikal aufgeworfen werden. Bis 1995 wird ein Teil der derzeit in Aussicht gestellten einseitigen und vereinbarten Kernwaffenreduzierungen und -vernichtungen erfolgt sein. Die Reduzierung der Kernwaffenarsenale beider Supermächte wird jedoch wahrscheinlich nicht ausreichen, um den politischen Konsens zwischen Kernwaffen- und Nichtkernwaffenstaaten auf Dauer herzustellen. Auf der Konferenz werden die Kernwaffenstaaten gefordert sein, über diese Reduzierungen hinausweisende Konzepte für die weitere Gestaltung des nuklearen Nichtweiterverbreitungsregimes vorzulegen. Das Problem der sogenannten "versteckten Kernwaffenmächte" (Israel, Indien, Pakistan) wird diesen Druck verstärken.

Es wird 1995 somit entscheidend darauf ankommen, ob die bisherigen Kernwaffenmächte in der Lage sein werden, eine Vorstellung von einer neuen Weltnuklearordnung vorzulegen. Sie kann weder in der Beibehaltung des gegenwärtigen nuklearen Status quo bestehen (d.h. einer nuklearen Zweiklassengesellschaft, bei der die Nichtkernwaffenstaaten im wesentlichen keine Möglichkeit haben, auf die Kernwaffenstaaten einzuwirken), noch in vollständige Kernwaffenabrüstung einmünden. Ersteres dürfte nach dem Ende des Ost-West-Konflikts politisch nicht mehr durchzusetzen sein, letzteres wäre sicherheitspolitisch wegen der weiterhin gegebenen Umgehungsmöglichkeiten nicht verantwortbar.

Eine neue Nuklearordnung könnte sich in Anlehnung an den Baruch-Plan in Richtung auf eine Kombination aus *Kernwaffenabrüstung* (bis auf minimale Bestände) und *kollektiver Sicherheit* entwickeln. Nach einem solchen Konzept würden die bestehenden Kernwaffenmächte ihre Arsenale auf das zur Minimalverteidigung notwendige Maß abrüsten. Sie würden sich weiterhin verpflichten, ihre Kernwaffen außer zur Selbstverteidigung gegen extreme Bedrohungen ihrer Sicherheit auch zur Erfüllung ihrer Verpflichtungen im Rahmen bestehender Systeme kollektiver Sicherheit einzusetzen (d.h. im Rahmen von Zwangsmaßnahmen der VN oder unter Umständen auch unter Berufung auf Artikel 51 der VN-Charta). Damit wäre die *Statusdifferenz* zwar nicht aufgehoben, sie würde aber in eine *Verantwortungsdifferenz* transformiert. Die Kernwaffenstaaten wären in die Pflicht genommen, für ihren Sonderstatus Gegenleistungen zur internationalen Friedenswahrung zu erbringen. Die Voraussetzungen für das Inkrafttreten und Funktionieren einer solchen Ordnung sind nur in einem langwierigen Prozeß zu schaffen. Hierzu dürfte auch eine Einschränkung des Vetorechtes der Atomwaffenmächte (als Ständige VN-Sicherheitsratsmitglieder) gehören.

Eine derartige Nuklearordnung mutet derzeit utopisch an. Dennoch scheint es mit Blick auf 1995 angebracht zu sein, konzeptionell weitreichende und radikal neue Vorstellungen zu entwickeln.

2. Die Verbesserung des Überwachungsregimes der IAEA

Ein weiteres Problem, das die Diskussion der nächsten Jahre über die Zukunft des NPT begleiten wird, ist die Unzulänglichkeit des gegenwärtigen Safeguard-Systems der IAEA für Mitgliedstaaten des NPT (INFCIRC 153) im Sinne der vollständigen Verifikation der Vertragseinhaltung. Die Erkenntnisse der VN-Sonderkommission im Irak haben deutlich vor Augen geführt, daß das auf der Bilanzierung spaltbaren Materials basierende Kontrollsystem nicht zureichend ist und für entsprechend entschlossene Staaten Raum für heimliche Kernwaffenprogramme läßt.

Es sind prinzipiell zwei Möglichkeiten denkbar, dieses Problem anzugehen. Zum einen kann man versuchen, wie derzeit von der IAEA verfolgt, das bestehende Safeguard-System auf der Basis des gültigen Vertragsdokumentes zu reformieren. Ein anderer Weg bestünde darin, ergänzende Vereinbarungen zu entwickeln, die in Richtung "Verdachtsinspektionen" gehen und die nicht notwendigerweise global anwendbar sein müssen.

Im Februar 1992 beschloß der Gouverneursrat der IAEA, das im Rahmenabkommen für die Vornahme von Sicherungsmaßnahmen der IAEA zur Überwachung der Brennstoffkreisläufe (INFCIRC 153 von 1971) vorgesehene, bislang aber ungenutzt gebliebene Instrument der "Sonderinspektionen" zu aktivieren. Hierbei handelt es sich um Inspektionen, die von seiten der IAEA initiiert werden können, wenn das Safeguard-Department Anhaltspunkte für mögliche Vertragsverletzungen hat. Die Ausführung einer Sonderinspektionen setzt aber das Einverständnis des zu inspizierenden Staates voraus. Sofern ein Staat die Vornahme einer Sonderinspektion ablehnt, ist ein komplizierter Schlichtungsmechanismus zwischen IAEA und der betreffenden Regierung vorgesehen. Als letztes Mittel kann die IAEA den Sicherheitsrat der Vereinten Nationen anrufen.

Ob diese Entscheidung, die im übrigen politisch äußerst umstritten war, in die richtige Richtung weist, bleibt offen. Zweifelsohne hat die Aktivierung der Sonderinspektionen den Vorteil, daß auf der Basis eines bereits rechtlich abgesicherten Verfahrens neue Kontrollmöglichkeiten eröffnet werden. Andererseits stellt sich die Frage, ob damit der IAEA nicht eine im großen und ganzen problematische Rolle zuwächst. Die konsequente Implementierung des Konzeptes der Sonderinspektionen wird nicht nur bedeuten, daß die IAEA den Charakter einer Art übernationalen Kontrollbehörde bekommt (was im Gegensatz zu ihrer Satzung und ihrer bisherigen Praxis steht), sie wird in der Ausführung dieser Kontrolltätigkeiten auch in starkem Maße von Informationen seitens jener wenigen Staaten abhängen, die die globalen Proliferationsentwicklungen mit den entsprechenden nachrichtendienstlichen Möglichkeiten verfolgen können. Damit ist jedoch vorprogrammiert, daß die politische Neutralität und Unabhängigkeit der IAEA in Frage gestellt werden wird. Insbesondere die Eröffnung eines Initiativrechtes für Kontrollen an nicht deklarierten Orten wird das Safeguard-Department der IAEA unter möglicherweise verhängnisvollen politischen Druck setzen. Eine der Stärken der IAEA war bislang ihre politische Neutralität und die damit verbundene weltweite Akzeptanz ihrer Tätigkeit. Diese könnte durch eine derartige Praxis unterhöhlt werden. Am Ende könnte dann sogar eine in zweifacher Weise problematische Situation entstehen, bei der die IAEA insgesamt Schaden nehmen würde. Zum einen könnte die IAEA bei den Blockfreien und Neutralen wegen der Aufgabe ihrer politischen Neutralität und Ausgewogenheit scharf kritisiert werden, zum anderen könnte sie auch in den USA und anderen westlichen Staaten wegen der relativen Unwirksamkeit der Kontrollen ins Schußfeuer der Kritik geraten.

In diesem Zusammenhang wäre es vermutlich sinnvoller, auf Regelungen hinzuwirken, die Vertragsstaaten des Atomwaffensperrvertrags die Möglichkeit geben, Kontrollinspektionen (im Sinne von Verdachtsinspektionen) in anderen Ländern zu verlangen und durch die IAEA durchführen zu lassen. Dies könnte entweder durch eine Änderung des Safeguard-Rahmenabkommens oder aber im Rahmen regionaler oder bilateraler Selbstverpflichtungen geschehen. Dieses Vorgehen hätte den Vorteil, der IAEA das politisch belastende Initiativrecht für Inspektionen abzunehmen und sie als neutrales Ausführungsorgan wirken zu lassen.

3. Verbesserung von Exportkontrollregimen

Verschiedene Entwicklungen der vergangenen Jahre (Aufdeckung des irakischen Atomwaffenprogramms, Aktivitäten Irans, Nordkoreas, Pakistans und Indiens zum Erwerb von sensitiver Kerntechnik) legen es nahe, verbesserte Kontrollen von Nukleartransfers ins Auge zu fassen. Diesbezügliche Initiativen liegen bereits vor bzw. sind in der Phase der Implementierung. Hierzu zählt der Vorschlag, Nukleartransfers umfassender der IAEA zu melden, als es bislang der Fall war (universal reporting). Am wichtigsten sind aber die Bemühungen der Gruppe der Nuklearlieferländer, die sich 1992 auf neue Richtlinien für den Transfer nuklearbezogener Ausrüstungen, Materialien und einschlägiger Technologie einigen konnten. Diese Richtlinien enthalten unter anderem einen Kriterienkatalog, der auf NV-politische Ziele bezogen ist, einen gemeinsamen Satz von Maßnahmen, die bei anstehenden Nukleartransfers anzuwenden sind, sowie eine Kontrolliste mit 65 Positionen, die die wesentlichen "dual-purpose"-Waren anführt.

Mit Inkrafttreten dieser Richtlinien dürfte die Effektivität der Exportbeschränkungen aller 27 Mitgliedstaaten der Nuclear Suppliers Group deutlich verbessert werden. Länder, die versuchen sollten, die Diversifiziertheit der verschiedenen nationalen Märkte zum Zweck der stückweisen Beschaffung von Nukleartechnologie und Nuklearmaterialien zu nutzen, werden es erheblich schwieriger haben als in der Vergangenheit. Ein hundertprozentiger Schutz gegen heimliche Importe von Kernwaffenkomponenten ist damit natürlich nicht gegeben und wird auch niemals möglich sein.

In den folgenden Jahren wird es vermutlich weitere Initiativen geben, die Richtlinien noch weiter zu entwickeln. Eine zusätzliche Aufgabe wird darin bestehen, neue Lieferländer in diesen Prozeß einzubeziehen. Insbesondere wird dafür zu sorgen sein, daß die GUS-Staaten integriert werden. Einige dieser Staaten können in erheblichem Maße als Anbieter von sensitiven Technologien und Materialien auftreten und sehen darin auch willkommene Chancen, die eigene Handelsbilanz aufzubessern. Selbst wenn es gelingt, diese Länder zu bewegen, sich an die bestehenden Richtlinien der Nuclear Suppliers Group zu halten, kann nicht immer davon ausgegangen werden, daß entsprechende Verpflichtungen auch tatsächlich eingehalten werden. Rußland hat schon diesbezügliche Schwierigkeiten eingeräumt. In den anderen ehemaligen Sowjetrepubliken dürfte die Lage ähnlich und zum Teil sogar problematischer sein. Bei ihnen kann keinesfalls unterstellt werden, daß sie alle diesbezüglichen Einrichtungen auf ihrem Territorium kontrollieren, ja überhaupt kennen.

4. Weitere Probleme

Ein anderes, primär technisches Problem stellt die sich weltweit ständig vergrößernde Menge von Plutonium aus abgebrannten Kernbrennstäben dar. Deren Sicherheit gegenüber unautorisiertem und NPT-widrigem Zugriff steht mit wachsendem Plutonium-Anfall bei unsicheren Aussichten für geeignete Endlagerstätten zunehmend in Frage. Dieses Problem wird noch dadurch verschärft, daß infolge der in Aussicht gestellten Atomwaffenabrüstung bei den USA und der GUS eine große Menge hochangereicherten Kernwaffenmaterials (u.a. auch viel Plutonium) anfallen wird.[1] Hier sollten Möglichkeiten eruiert werden, das Lagerproblem zu internationalisieren, etwa im Rahmen von zentralen Zwischenlagern und gemeinsamen Unternehmungen zur Rückführung des waffengrädigen Plutoniums in den Brennstoffkreislauf. Die technisch derzeit interessanteste Perspektive scheint das in Deutschland entwickelte Mischoxid-Verfahren (MOX) zu bieten. Entsprechend groß angelegte Einrichtungen vorausgesetzt, könnte es mit ihr möglich werden, größere Mengen waffengrädigen Plutoniums innerhalb eines überschaubaren Zeitraums in den Brennstoffkreislauf zurückzuführen.

II. Die Situation in der GUS sowie in Mittel- und Südosteuropa

Die wohl größte Herausforderung für die Nonproliferationspolitik ist derzeit die mit dem Zerfall der Sowjetunion verbundene Gefahr, daß auf dem Boden der ehemaligen Union neue Kernwaffenmächte entstehen (neben Rußland die Ukraine, Kasachstan und vielleicht auch noch andere) oder von dort Kernwaffen oder Kernwaffenmaterialien in andere Länder gelangen. Diese Gefahren erfordern vor allem Kooperation zwischen den USA und der GUS bei möglichst breiter Beteiligung anderer Staaten. Das Interesse zunächst der sowjetischen und später der russischen Führung an dieser Zusammenarbeit ist sehr groß.

Das Hauptproblem sind derzeit jedoch die Differenzen innerhalb der GUS. Im Abkommen von Minsk vom 30. Dezember 1991 haben die GUS-Staaten den Versuch unternommen, eine für alle Seiten annehmbare Lösung zu finden, die auf dem Prinzip der gemeinsamen Kontrolle der Kernwaffen beruht. Das Abkommen sieht vor, daß ein gemeinsames strategisches Oberkommando geschaffen wird und daß nur der russische Präsident nach Absprache mit den Präsidenten Kasachstans, Weißrußlands und der Ukraine über den Einsatz von Kernwaffen entscheiden kann (Art. 3). Es bestimmt ferner, daß die in der Ukraine befindlichen taktischen und strategischen Atomwaffen bis Ende Juli 1992 bzw. Ende 1994 nach Rußland verbracht und dort weitgehend vernichtet werden sollen (Art. 4). Über die in Kasachstan befindlichen Atomwaffen und die dazugehörigen Einrichtungen sagt das Dokument explizit nichts aus.

Von der Schaffung eines gemeinsamen Kommandos und von der Herstellung einer gemeinsamen Kontrolle über die Kernwaffen ist man jedoch noch weit entfernt. Vor dem Hintergrund ukrainischen und kasachischen Mißtrauens gegenüber der künftigen Entwicklung in Rußland haben die Regierungen in Alma Ata und Kiew wiederholt die auch im Westen immer wieder geforderte Verbringung aller Nuklearwaffen nach Rußland in Frage gestellt. Zwar sind im Mai 1992 offenbar alle taktischen Kernwaffen aus der Ukraine nach Rußland gebracht worden, aber

---

1 Die Menge des sowjetischen waffengrädigen Plutoniums dürfte bei etwa 125 Tonnen liegen, die des waffengrädigen Urans dürfte das Fünf- bis Sechsfache dieser Menge ausmachen.

das bedeutet noch keinesfalls, daß die strategischen Waffen fristgerecht folgen. Zu groß ist die Furcht vor einem innenpolitischen Wechsel in Moskau zu einer nationalistischen oder neokommunistischen politischen Führung, die beabsichtigen könnte, das alte Sowjetreich mit militärischer Macht und Erpressung wiederherzustellen. Kasachstan macht zudem geltend, daß es an den Nuklearwaffenstaat China grenzt, das traditionell Gebietsansprüche gegen Kasachstan erhebt.

Wollte man den aufgrund ihrer Situation nicht unberechtigten Wünschen und Bedenken Kasachstans und der Ukraine nachgeben, würde das Fundament des NV-Vertrages empfindlich erschüttert. Im Wege der "Zellteilung" würde es plötzlich zwei Kernwaffenstaaten mehr geben, die Verpflichtungen des Artikels 1 NPT wären damit verletzt und die Gefahr wäre heraufbeschworen, daß andere Staaten austreten und das ganze Vertragswerk wertlos wird. Von daher ist es Absicht aller westlichen Regierungen, im Zuge der Aufrechterhaltung einer juristischen Konstruktion, derzufolge Rußland als Nachfolgestaat der Sowjetunion gilt, eine Verletzung des Vertrages zu vermeiden. Für die USA kommt dabei hinzu, daß sie ohnehin an der Fortsetzung bilateraler Beziehungen zur mit Abstand größten und potentiell mächtigsten der Nachfolgerepubliken der ehemaligen Sowjetunion aus verschiedenen praktischen und politischen Überlegungen interessiert sind.

Einen Ausweg aus diesem Dilemma könnte die Internationalisierung des Problems bieten. Dabei muß *Internationalisierung* sowohl im *politischen* wie im *technischen* Sinn verstanden werden. Politisch gesehen gilt es zu versuchen, daß die bestehenden Differenzen zwischen Rußland und den anderen ehemaligen Sowjetrepubliken entschärft werden bzw. nicht an Schärfe zunehmen. Gerade das Problem der 25 Millionen in nichtrussischen Republiken wohnenden Russen stellt angesichts des wachsenden Nationalismus in allen GUS-Staaten ein enormes Potential für Streit und innenpolitische Rückwärtsentwicklung dar. Wirtschaftshilfe, die Ermahnung zur Einhaltung von Rechten für Minderheiten und zum Grundsatz der Unverletzlichkeit bestehender Grenzen sind wesentliche Instrumente, um eine Eskalation zur Gewalt zu verhindern. Aber es muß auch dafür gesorgt werden, daß die GUS-Staaten ausnahmslos international anerkannt und in existierende internationale Kooperationsnetze eingeflochten werden. Damit dürfte sich die Hemmschwelle für Gewaltaktionen sowohl der russischen Seite wie der Seite der anderen GUS-Staaten heben lassen.

Diese Maßnahmen reichen aber offensichtlich zumindest der kasachischen und der ukrainischen Führung nicht aus. Sie verlangen nach Sicherheitsgarantien der USA für den Fall russischer Aggressionen oder Drohungen. Es ist zweifelhaft, daß derartige Sicherheitsgarantien von den USA oder gar der NATO eingeräumt werden bzw. eingeräumt werden sollen. Es bestünden nur geringe Möglichkeiten, diese Garantien auch tatsächlich zu erfüllen, und diese wären vermutlich äußerst riskant. Zudem würde man durch westliche Sicherheitsgarantien für diese Staaten vermutlich gerade jenen Kräften in Rußland Auftrieb geben, die man von den Steuerhebeln der Macht fernhalten will. Solange in Moskau der demokratisch gewählte Präsident Boris Jelzin regiert, dürfte dieses Problem beherrschbar bleiben. Sollte es aber zu einer Verschiebung der politischen Gewichte in Rußland kommen, bei der nationalistische oder kommunistische Kräfte wieder stärker an Einfluß gewinnen, dürfte der Westen mit einem extremen Dilemma konfrontiert sein.

Die technische Seite der Internationalisierung betrifft die Hilfe des Westens bei der Inventarisierung, dem Transport, der Sicherung, der Unbrauchbarmachung, der Lagerung und der Vernichtung der ehemals sowjetischen Kernwaffen. Mit dieser Hilfe kann zur Reduzierung von Sicherheitsrisiken beigetragen werden (Abzweigung von Kernwaffen oder -materialien). Sie bietet auch Möglichkeiten, dafür zu sorgen, daß die versprochene Vernichtung in Rußland auch tatsächlich innerhalb überschaubarer Fristen stattfindet. Nicht nur aus Gründen der politischen Kosmetik muß dabei soweit wie möglich auf *Reziprozität* geachtet werden. Es darf nicht zu einer einseitigen Abrüstung der ehemals sowjetischen Atomwaffen unter westlicher Aufsicht kommen, sondern es müssen gemeinsame Anstrengungen zur Vernichtung aller taktischen Sprengköpfe oder zumindest ihrer Außerdienststellung unter sicheren Bedingungen unternommen werden und es muß gesichert sein, daß die START-Vereinbarungen ebenso implementiert werden wie die einseitigen Initiativen der Präsidenten Bush und Gorbatschow bzw. Jelzin. Ab Mitte der 90er Jahre - früher ist die Implementierung der START-Vereinbarungen, der unilateralen Abrüstungsschritte und der im Minsk-Abkommen vorgesehenen Maßnahmen kaum möglich - wäre dann zu eruieren, welche kooperativen Formen der weitergehenden Rüstungsreduzierung im Bereich strategischer Waffen anzustreben sind.

Ein weiteres Problem stellt sich im Zusammenhang mit der Auflösung des militärisch-industriellen Komplexes in der ehemaligen Sowjetunion. Es werden nicht nur große Mengen an Waffen und Rüstungsgütern freigesetzt, die entweder als legale Handelsware oder auf dem Schwarzmarkt auftauchen, schwerer dürfte wiegen, daß viele neue Waffentechnologien derzeit zu Schleuderpreisen verkauft werden. Zudem werden Hunderttausende von hochqualifizierten Rüstungsingenieuren und -technikern arbeitslos, die sich jenen zahlungskräftigen Drittweltherrschern zur Verfügung stellen könnten, die am Erwerb bzw. der Herstellung moderner Waffentechnik interessiert sind.

Vermutlich sind diese Probleme von einer Größenordnung, die niemals vollständig in den Griff zu bekommen sein wird. Andererseits ist es denkbar, daß durch entschlossene Maßnahmen zumindest den größten Gefahren entgegengewirkt werden kann. Zumindest auf zwei Gebieten könnte auch die Bundesrepublik Deutschland im Verbund mit anderen westlichen Staaten hilfreich sein:

- In erster Linie ist hier die von deutscher Seite eingebrachte Initiative zu erwähnen, wonach abwerbungsgefährdeten sowjetischen Nukleartechnikern und

-experten neue Arbeitsperspektiven im Rahmen eines internationalen Wissenschaftszentrums zu bieten sind. Entsprechende politische Entscheidungen sind bereits gefallen, derzeit stellt sich die Frage nach Art und Umfang dieses Zentrums und nach dem Arbeitsprogramm für die Experten.

- Durch massive und zielgerichtete Konversionshilfe für die Rüstungsbetriebe und Forschungszentren in der bisherigen Sowjetunion müßte versucht werden, den Übergang zu zivilen Produktionsformen so effektiv wie möglich zu gestalten. Dies wäre allerdings sinnlos ohne eine gleichzeitige Öffnung der westlichen Märkte für die konvertierten Produkte der sowjetischen Rüstungsindustrie. Die Hilfe könnte aber auch darin bestehen, Betrieben in der bisherigen Sowjetunion bei der anstehenden Vernichtung von Waffensystemen im Rahmen von KSE, START, der Bush- und Gorbatschow-Initiativen sowie der Abrüstungsleistungen des Irak die Möglichkeit zu verschaffen, das eigene Fachwissen einzubringen.

Sollte es nicht gelingen, die nukleare "Pandorabüchse" in der GUS geschlossen zu halten (etwa wenn die Ukraine und/oder Kasachstan tatsächlich Kernwaffenmächte werden), stellen sich völlig neue Probleme für die internationale Gemeinschaft. In erster Linie muß auch dann nach Lösungen gesucht werden, die konform zum NPT sind (z.B. internationaler Druck auf diese Staaten; eventuell deren Isolierung; eventuell aber auch eine stärkere Involvierung der internationalen Staatengemeinschaft in die Sicherheitsfragen der GUS). Sollten irgendwann *NPT-konforme Lösungen* nicht mehr möglich sein, wird sich auch die Frage nach Maßnahmen stellen, die für *Stabilität unter Hintanstellung des NPT* sorgen können. Dies dürfte frühestens dann der Fall sein, wenn die Entwicklungen in der GUS und anderswo bereits zu einer gravierenden Erosion des NPT geführt haben und die Ereignisse in der GUS anderweitig nicht mehr beeinflußbar wären. Zum gegenwärtigen Zeitpunkt ist es verfrüht, Gedanken in dieser Richtung anzustellen. Nur sollte man auch diese Möglichkeit nicht ganz ausschließen.

Neben den Entwicklungen in der GUS sollten die übrigen Staaten Osteuropas nicht außer acht gelassen werden. Unter den gegenwärtigen politischen Führungen der osteuropäischen Länder besteht derzeit wenig Gefahr für nukleare Proliferation. Es wäre aber nicht auszuschließen, daß in einer Kombination aus sich verschlechternder Wirtschaftslage und politischer Radikalisierung und Nationalisierung Situationen entstehen können, in denen manche politischen Kräfte über nukleare Optionen nachdenken (wie derzeit in Serbien/Jugoslawien). Allerdings stehen derartigen Ambitionen oftmals keine entsprechenden Fähigkeiten gegenüber: Weder Jugoslawien noch Polen (wo dieses Thema im letzten Präsidentenwahlkampf auftauchte) besitzen nennenswerte nukleare Einrichtungen und verfügen nur über geringes nukleares Know-how. Die anderen Staaten sind etwas besser dran, aber ebenfalls weit davon entfernt, selbst Kernwaffen herzustellen.

Es wäre höchstens denkbar, daß infolge von Entwicklungen in der GUS (heimliche Abzweigung von Kernwaffen seitens panslawistisch gesonnener Militärs und deren Transfer nach Jugoslawien) Fälle von "instant proliferation" auftreten. Nur hätte der Transfer von einzelnen Kernwaffen an ein Land wie Jugoslawien oder Polen noch nicht zur Folge, daß dieses zu einem Kernwaffenstaat würde. Vermutlich wären die damit verbundenen militärischen und politischen Risiken zu groß, als daß die Führung eines der osteuropäischen Länder diese Option wirklich ernsthaft ins Auge fassen würde.

Fragt man nach dem besonderen Beitrag, den die Bundesrepublik Deutschland zur Verhinderung oder Eindämmung von Kernwaffenproliferation auf dem Gebiet der ehemaligen Sowjetunion sowie in Mittel- und Südosteuropa leisten kann, so ist man auf Maßnahmen ökonomischer und politischer Stabilisierung im Sinne von Proliferationsprophylaxe verwiesen. Deutschland kann durch politische Vertrauensbildung (z.B. deutsch-polnischer Grenzvertrag), der Mitwirkung bei Friedenssicherungsaktivitäten und -operationen der VN, der KSZE, der NATO der EG oder der WEU sowie durch wirtschaftliche, technische und sonstige Hilfe bei der Transformation der Sowjetunion und der osteuropäischen Staaten erheblich dazu beitragen, daß potentielle Proliferationsmotive nicht zum Tragen kommen.

III. Naher und Mittlerer Osten

Der Nahe und Mittlere Osten ist die Region, die unter Proliferationsgesichtspunkten die größte Aufmerksamkeit beanspruchen dürfte. Hier gibt es zwei Bereiche, auf die am meisten geachtet werden muß: zum einen die arabisch-israelische Konfrontation und zum anderen Versuche einzelner Staaten der Region, über den Erwerb von Kernwaffen, Chemiewaffen und entsprechender Trägertechnologie militärisch-strategische Macht in dieser Region auszuüben, die unter Gesichtspunkten der Rohölversorgung von erheblichem strategischem Wert ist. Am dramatischsten dürften sich die Dinge dann entwickeln, wenn arabische Staaten in den Besitz von Kernwaffen gelangen. Sollte internationaler Druck nicht ausreichen, daß diese Waffen auf friedlichem Wege abgeschafft werden, dürfte Israel vermutlich alles versuchen, diese Waffen und ihre Herstellungseinrichtungen zu beseitigen, solange sie noch verwundbar sind. Dabei wären auch Szenarien nuklearer Entwaffnungsschläge nicht auszuschließen.

Beide obengenannten Problembereiche führen in ihrer Logik zu Konzepten regionaler Rüstungskontrolle, wie beispielsweise der Initiative Präsident Bushs vom 29. Mai 1991. Bei allen derartigen Konzepten muß natürlich die nukleare Rüstungskontrolle im Vordergrund stehen (Kernwaffenfreie Zonen; KWFZ). Wegen des hohen Stellenwertes von Kernwaffen für die Sicherheit Israels ist allerdings mit Fortschritten in diesem Bereich nur dann zu rechnen, wenn es bei den israelisch-arabischen Friedensgesprächen Bewegung gibt. Neben der nuklearen Rüstungskontrolle haben aber auch andere Bereiche wie die Chemiewaffenproliferation und die Ausbreitung moderner Raketen und konventioneller Waffen einen zentralen Stellenwert.

1. Kernwaffenfreie Zone Nah- und Mittelost

Eine Kernwaffenfreie Zone könnte man sich als eine gemeinsame Verabredung unter den arabischen Staaten, Israel und Iran vorstellen, dem Atomwaffensperrvertrag - sofern noch nicht geschehen - beizutreten und ein gemeinsames Safeguard-Abkommen mit der IAEA zu schließen, das Verdachtsinspektionen seitens der IAEA nach Anfrage von Unterzeichnerstaaten dieser regionalen Vereinbarung zuläßt. Des weiteren müßte eine solche Vereinbarung durch Sicherheitsgarantien äußerer Mächte abgedeckt sein. Dies wiederum ist nur denkbar im Zuge eines erfolgreichen Verlaufs der israelisch-arabischen Friedensgespräche, ohne eine derartige Rüstungskontrollergänzung wäre allerdings auch der Friedensprozeß zwischen Arabern und Israelis unfertig. Es wären auch Zwischenschritte denkbar, etwa ein Abkommen, in dem sich alle Staaten der Region verpflichten, kein waffengrädiges Uran oder Plutonium herzustellen.

Die Zone müßte den gesamten arabischen Raum (von Marokko bis Irak, die arabische Halbinsel sowie Sudan), Israel sowie Iran umfassen. Die Staaten der Region hätten auf Besitz, Erwerb sowie Anwendung von Kernwaffen verbindlich zu verzichten. Externe Nuklearmächte müßten sich verpflichten, keine Kernwaffen gegen die Staaten dieser Region einzusetzen (negative Sicherheitsgarantien) und dort auch keine Kernwaffen zu lagern bzw. in den nationalen Gewässern der Anrainerstaaten auf Schiffen zu transportieren. Auch müßte die Möglichkeit gegeben sein, daß einzelne Kernwaffenstaaten positive Sicherheitsgarantien für regionale Staaten abgeben, das heißt sie würden für den Fall der Verletzung des Vertrages über die Einrichtung einer KWFZ zum Beistand für jene Staaten bereit sein, mit denen sie ein entsprechendes Abkommen geschlossen haben.

Der Beitritt aller Staaten der Region zum Atomwaffensperrvertrag würde die Kontrolle der deklarierten zivilen nukleartechnischen Einrichtungen erheblich erleichtern, da auf die bewährten Verfahren der IAEA zurückgegriffen werden könnte. Darüber hinaus müßte eine KWFZ Nah- und Mittelost ein Regime enthalten, mit dessen Hilfe nicht-deklarierte Aktivitäten daraufhin überprüft werden können, ob sie einen Vertragsverstoß darstellen. Hier böte sich in erster Linie an, Vor-Ort-Inspektionen im Rahmen von "Fact-Finding Missions" vorzusehen. Diese Inspektionen würden auf Anfrage eines oder mehrerer Staaten erfolgen. Der davon betroffene Staat müßte die Inspektion auf seinem Territorium erlauben und dürfte allenfalls in der Lage sein, den Zugang zu bestimmten, hochsensiblen militärischen oder zivilen Anlagen zu beschränken. Die Durchführung der Inspektionen sollte durch unabhängige technische Inspektoren erfolgen, die aus Staaten kommen, die nicht zur Region gehören. Diese Aufgabe könnte der IAEA übertragen werden, möglicherweise wäre es aber besser, wenn der VN-Sicherheitsrat eine ständige Inspektorengruppe bestellt und unterhält, die aus Angehörigen verschiedener Nationen zusammengesetzt ist und deren Mitarbeiter ein hohes Maß an fachlicher Kompetenz mit persönlicher und politischer Integrität verbinden. Im Grunde wäre ein solches Inspektorenteam vergleichbar einer "Blauhelm"-Truppe, allerdings mit einem sehr viel spezifischer und technischer definierten Auftrag. Eine Beteiligung deutscher Experten scheint angezeigt zu sein.

2. Andere Rüstungskontrollregime

Andere Rüstungskontrollregime sollten Chemiewaffen, biologische Waffen, konventionelle Waffen sowie insbesondere ballistische Trägermittel umfassen. Eine *Chemiewaffenfreie Zone (CWFZ)* wäre nur dann anzustreben, wenn es zu keiner globalen Chemiewaffenkonvention kommt. Sie müßte nach dem Muster der KWFZ angelegt werden. Eine *Biowaffenfreie Zone (BWFZ)* wäre in erster Linie als regionales Ergänzungsprotokoll zur Bio-/Toxinwaffen-Konvention von 1972 zu verstehen. Grundbestandteil einer derartigen regionalen Übereinkunft müßte sein, daß alle Staaten der Region der Konvention von 1972 beitreten und sich auf ein Verifikationssystem einigen, das "Fact-Finding"-Missionen mit Möglichkeiten der Inspektion vor Ort vorsieht.

Der im Sommer 1991 auf amerikanische Initiative begonnene Dialog unter den hauptsächlichen Lieferanten von *konventionellen Waffen und ballistischen Trägermitteln* in den Nahen und Mittleren Osten hat zumindest auf der Ebene der Prinzipien zu einer gewissen Annäherung zwischen den USA, Frankreich, Großbritannien, China und der Sowjetunion bzw. Rußland geführt. Ob daraus ein regionales Waffentransferregime erwachsen wird, bleibt offen. Während für absehbare Zeit das Waffenembargo der VN gegen Irak dafür sorgen wird, daß der wesentlichste Unruhefaktor in der Region ausgeschaltet bleibt, ist es zweifelhaft, ob Bemühungen um ein regionales Rüstungstransferregime erfolgreich sein können. Hier stellen sich prinzipielle Fragen, die sehr schwer in den Verhandlungen zwischen den fünf Staaten zu lösen sein werden. Wer will mit welcher Legitimität festlegen, welches Land in der Region welche Waffenqualitäten und -quantitäten erhalten soll? Wie soll über derart heikle Fragen ein internationaler Konsens hergestellt werden? Weiterhin ist zu befürchten, daß Rüstungstransferregime eher stimulierend auf die eigenständige Waffenproduktion in der Region wirken.

Es wäre möglicherweise sinnvoller, die Rüstungsproliferation in dieser Region im Rahmen regional gültiger Abmachungen über konventionelle Rüstungskontrolle zu regeln. Der KSE-Vertrag vom November 1990 eignet sich allerdings nicht als Vorbild für den Nahen und Mittleren Osten. Die Konfliktlagen in dieser Region sind zu vielschichtig, als daß (wie zwischen NATO und Warschauer Pakt) anhand einer klaren geographischen und militärischen Scheidelinie Parität bei bestimmten Waffensystemen herstellbar wäre. Es würde auch wenig bewirken, wollte man versuchen, Höchststärken der einzelnen Streitkräfte bei bestimmten Waffenparametern (Zahl der Panzer, Schützenpanzer, Kampfflugzeuge etc.) gemäß Verhältniszahlen festzulegen (nach dem Beispiel des Washingtoner Flottenabkommens). Die Unterschiede im qualitativen Niveau der Streitkräfte sind in dieser Region zu groß, als daß man mit quantitativen Parametern allein Stabilität schaffen könnte.

Im Interesse an Reduzierungen der konventionellen Waffen und regulären Streitkräfte im Nahen und Mittleren Osten wären folgende Ansätze zu überlegen:

- prozentuale Verringerungen bei bestimmten Waffenkategorien;
- Suche nach bilateralen Vereinbarungen entlang bestimmter Konfliktzonen (Israel/Syrien, Syrien/Irak, Ägypten/Libyen etc.), die Entflechtungsregelungen, Truppenrückzüge, Höchststärken für bestimmte Waffenkategorien sowie Vertrauens- und Sicherheitsbildende Maßnahmen umfassen können;
- regionenweite Abschaffung bestimmter Waffensysteme oder Waffenkategorien, beispielsweise aller ballistischer Raketen nach dem Modell des INF-Vertrags; denkbar wären etwa die Öffnung des INF-Vertrags für dritte Parteien und der geschlossene Beitritt aller Staaten der Region zu diesem Vertrag; in Frage kämen aber auch regionale INF/SNF-Abkommen nach dem Vorbild des INF-Vertrags.

Angesichts der Tatsache, daß die Staaten der Region in den vergangenen Jahren in zunehmendem Maße bemüht waren, die Herstellung von Waffen und Rüstungsgütern in eigener Regie zu übernehmen, und angesichts der dabei gewählten Wege zur Umgehung nationaler Exportrestriktionen westlicher Länder, läge es nahe, auch darüber nachzudenken, ein Exportregime nach dem Vorbild des COCOM zu errichten, in dessen Rahmen alle strategisch relevanten Handelstransaktionen in bestimmte Länder, Ländergruppen oder gar die ganze Region beschränkt werden. Allerdings müßten die Bedingungen und Instrumente dieses Regimes sehr genau geprüft werden. Die Wahrscheinlichkeit, daß auch gegenteilige Effekte und politische Rückschläge infolge der Errichtung eines den Nahen Osten betreffenden "Süd-COCOMs" auftreten können, sollte nicht zu gering veranschlagt werden.

3. Sonderregime für entstehende regionale strategische Akteure

Sollten Bemühungen um regionale Rüstungskontrolle keine Erfolge zeitigen, muß zumindest über Möglichkeiten nachgedacht werden, wie der Proliferationsgefahr bei solchen Staaten begegnet werden kann, die durch den Erwerb nuklearer Kampfmittel eine regionale Vormachtposition zu erreichen hoffen. Aufgrund der kritischen Bedeutung der Gesamtregion für die Rohölversorgung der industrialisierten Welt ließe sich diese Position dann sehr schnell zu einer globalen Vormachtrolle ausbauen.

Ein typischer Fall ist der Irak. Die Erkenntnisse der VN-Sonderkommission und der IAEA im Irak haben das ganze Ausmaß der strategischen Bedrohung seitens des Iraks erst in den vergangenen Monaten erkennen lassen. Hätte der Irak mit der Invasion Kuwaits noch einige Jahre abgewartet - zumindest bis nach Abschluß des Atomwaffenprogramms und der Raketenprogramme -, so hätte sich eine gravierende Verschiebung der weltpolitischen Gewichte ergeben können: Die Befreiung Kuwaits (Operation "Desert Storm") hätte nicht stattgefunden, eine Operation "Desert Shield" hätte es vermutlich nicht oder nur unter großen Einschränkungen gegeben und die Regime am Golf wären mehr oder weniger rasch unter irakischen Einfluß, wenn nicht sogar unter irakische Kontrolle geraten. Die Kontrolle eines mit Kernwaffen ausgerüsteten Irak unter Saddam Hussein über den Großteil der Erdölvorräte der Welt hätte unübersehbare negative Konsequenzen für die wirtschaftliche, politische und militärische Stabilität in der ganzen Welt, insbesondere aber in Europa gehabt.

Die Militäraktion gegen Irak zur Befreiung Kuwaits sowie die anschließenden Überwachungsregime (Sonderkommission, IAEA, Handelsembargo, Handelsboykott etc.) lassen die Grundelemente einer internationalen Strategie zur Einhegung solcher Staaten erkennen. Die Herausforderungen durch einzelne hochbewaffnete und radikalisierte "Ausreißer"-Staaten, wie Irak, können letztlich nur durch energische Anstrengungen der Staatengemeinschaft (hauptsächlich Vereinte Nationen, unter Umständen auch andere regionale Organisationen oder Ad-hoc-Koalitionen von Staaten) gemeistert werden. Je nach Schwere der Herausforderungen wären Exportrestriktionen sowie individuelle Rüstungskontrollregime (etwa im Sinne der Verordnung von bestimmten Abrüstungsmaßnahmen durch den VN-Sicherheitsrat) geeignete Mittel, um solche Staaten am Erwerb von Kernwaffen, Chemiewaffen, Raketentechnologie und anderen modernen Waffen und Rüstungsgütern zu hindern. Im Extremfall kann und muß dies auch die Anwendung militärischer Gewalt beinhalten. Für einen Staat wie Deutschland, der wie kein anderer letztendlich vom Erfolg der Bemühungen um die Schaffung einer kooperativen Umwelt abhängig ist, stellt sich dabei die Frage der Mitwirkung in besonderer Schärfe. Aus historischen und innenpolitischen Gründen spricht vieles für die Zurückhaltung Deutschlands bei derartigen militärischen Aktionen, andererseits sollte nicht vergessen werden, daß die Ablehnung einer Beteiligung deutscher Soldaten deutschen Zielen und Interessen entgegenstehen kann.

Die Zahl der möglichen Kandidaten für ähnliche Ambitionen, wie sie der Irak hatte und möglicherweise immer noch hat, dürfte sehr klein sein. Iran wäre von seiner Größe und seinem Potential am ehesten ins Auge zu fassen. Unter der Voraussetzung größerer innenpolitischer Veränderung könnte aber auch Saudi-Arabien einmal ein solches Problem darstellen. Es ist atemberaubend zu beobachten, in welchem Maße und mit welcher Leichtigkeit dieser Staat derzeit die modernsten Waffensysteme - einschließlich weitreichender Raketen - weltweit einkauft und zudem eigene Möglichkeiten aufbaut, diese Waffensysteme selber herzustellen oder entscheidend zu modernisieren. Theoretisch wären, ebenfalls in Szenarien radikaler innenpolitischer Veränderungen, Ägypten und möglicherweise einmal die Türkei Kandidaten.

4. Nukleare Koexistenzregime

Für den Fall, daß es sich als unmöglich erweist, den Erwerb von Kernwaffen seitens Irans, Iraks oder anderer arabischer Staaten zu verhindern, wird sich die Frage nach Maßnahmen stellen, mit deren Hilfe Sicherheit vor nuklearen Erstangriffen gewährleistet werden kann. Ob dies möglich sein wird, bleibt dahingestellt, denn es kann nicht davon ausgegangen werden, daß das Beispiel der Stabilisierung des Ost-West-Konflikts durch gegenseitige nukleare Abschreckung Nachahmung findet. Vielmehr ist zu befürchten, daß Israel auch nukleare Optionen verfolgen wird, um den Aufbau nuklearer Kräfte auf arabischer oder iranischer Seite zu stören. Sollten arabische Staaten oder der Iran in den Besitz von Kernwaffen gelangen, ist zu befürchten, daß sie unter massiven innen- und außenpolitischen Druck geraten, diese Waffen auch einzusetzen, um Israel ein für allemal aus dem Weg zu räumen - auch um den Preis millionenfacher arabischer Opfer. Israel ist aufgrund seiner geringen Größe strategisch besonders verwundbar für nukleare Angriffe.

Wenn es Möglichkeiten für politische Lösungen gibt, werden sie vermutlich in massiven Sicherheitsgarantien äußerer Mächte für Israel (USA) liegen. Diese müßten dann wohl durch Truppenpräsenz sowie energische Anstrengungen zum Schutz des israelischen Luftraums gegen Raketenangriffe unterstützt werden. Zudem müßten Möglichkeiten der "silent diplomacy" eruiert werden, die auch in der Vergangenheit zwischen Israel und seinen arabischen Nachbarstaaten (auch Syrien) konflikthemmend gewirkt haben.

IV. Ostasien

Ostasien ist eine weitere Region, in der sich Veränderungen im Proliferationsbereich direkt auf die internationale Konstellation und damit die Aussichten für eine kooperative Weltordnung auswirken können. Das Hauptproblem sind die atomaren Ambitionen Nordkoreas. Sollte Nordkorea ein ambitioniertes Kernwaffenprogramm verfolgen, kann dies unübersehbare Folgen für die gesamte Region haben. Einschneidende Änderungen der japanischen und südkoreanischen Außenpolitik und damit verbundene "tektonische" weltpolitische Entwicklungen wären dann nicht mehr auszuschließen.

So ist das japanische Sicherheitskonzept bislang darauf ausgerichtet gewesen, durch die USA sowohl gegen die Möglichkeit chinesischer wie sowjetischer Nuklearbedrohung geschützt zu werden. Nordkorea wurde immer als eine konventionelle Bedrohung betrachtet, gegen die Kombination aus südkoreanisch-amerikanischer "Direktverteidigung" und amerikanischer Nuklearabschreckung als ausreichend angesehen wurde. Mit dem weitgehenden Abzug der amerikanischen Kernwaffen aus Südkorea im Rahmen der Bush-Initiative und mit der erwartbaren Existenz nordkoreanischer Kernwaffen könnte sich Japan vor eine völlig neue Problemlage gestellt sehen, die mit seiner herkömmlichen Sicherheitsphilosophie nicht mehr zu bewältigen wäre.

Unweigerlich würde sich die Frage nach verstärkten und qualitativ neuen Formen japanischer Verteidigung stellen. Dabei könnte selbst der japanische Kernwaffenverzicht in Frage gestellt werden. Technisch und materiell wäre Japan in der Lage, sehr rasch eine Kernwaffenfähigkeit zu erwerben. Die politischen Folgen eines derartigen Schrittes wären hingegen unübersehbar. Trotz eines zu erwartenden Verständnisses für die japanischen Besorgnisse würden alte Ängste vor japanischen Vormachtträumen in der Region wiedererwachen. Es könnte zu einer Isolierung Japans in der Region und zu einer unerträglichen Belastung des Verhältnisses zu den USA kommen. In der Folge könnten dann auch nationalistische Tendenzen in Japan die Oberhand gegenüber moderaten und internationalistischen Kräften gewinnen. Die beiden größten Industrienationen des Westens würden möglicherweise in eine zunehmend auch militärische Bereiche einschließenden Rivalität geraten, deren wirtschaftliche und politische Störfolgen sowohl in Japan wie in der restlichen westlichen Welt unabsehbar wären.

Es war die Furcht vor diesem hier nur skizzenhaft geschilderten Szenario, welche die USA im Sommer 1991 zunehmend aktiv werden ließ, um die nordkoreanischen Anstrengungen im Bereich der Kernwaffenherstellung zu unterbinden. Erst nach massivem Druck der USA und anderer Staaten fand sich Nordkorea bereit, ein Safeguard-Abkommen mit der IAEA abzuschließen und im Frühjahr 1992 eine Liste der betreffenden nukleartechnischen Anlagen vorzulegen. Ob diese Liste erschöpfend ist, bleibt abzuwarten. Ähnlich wie im Falle des Iraks dürfte man auch hier vor Überraschungen nicht sicher sein. Ein vollständiger Überblick über die nordkoreanischen Nuklearaktivitäten dürfte vermutlich erst nach einiger Zeit möglich sein, vielleicht sogar erst im Fall einer vollzogenen koreanischen Wiedervereinigung. Die oben beschriebenen Unsicherheiten bestehen somit vorerst noch weiter und sollten auch für die deutsche Politik in dieser Region ein Zentrum der Aufmerksamkeit bleiben.

Sollte sich Nordkorea dennoch zur Nuklearmacht entwickeln, hätten die Vereinten Nationen vermutlich verschiedene politische und wirtschaftliche Sanktionen zu verhängen. Es wäre aber auch denkbar, daß ähnliche Maßnahmen zum Zuge kommen, wie sie derzeit gegenüber dem Irak angewandt werden. Der Sicherheitsrat der VN hat auf den Bruch des NPT durch den Irak nicht nur mit einem Verbot nahezu aller nuklearen Aktivitäten reagiert, er hat das Land auch unter ein internationales Regime gestellt, das durch die Androhung militärischer Maßnahmen seitens einiger Mitglieder des Sicherheitsrates erzwungen wird. Sollte ein solches Vorgehen auch gegenüber Nordkorea veranschlagt werden, stellt sich allerdings die Frage nach der Rolle Chinas als Ständigem Sicherheitsratsmitglied. Einerseits dürfte China kein Interesse an von den USA geleiteten militärischen Aktionen der VN gegenüber Nordkorea haben, andererseits dürfte auch die Führung in Peking einer Kernwaffenmacht Nordkorea an der chinesischen Grenze nicht ohne Skepsis gegenüberstehen.

V. Südasien

Der indisch-pakistanische Konflikt wird auch in Zukunft eine Dynamik beibehalten, die erhebliche Impulse zur weiteren Rüstungsproliferation im nuklearen und konventionellen Bereich in dieser Region und darüber hinaus freisetzt. Dieser Konflikt wird vermutlich auch weiterhin einer Rüstungskontrollregelung von außen wie von innen nicht ohne weiteres zugänglich sein. Erst eine Erschöpfung der indischen Wirtschaft durch die ambitiösen Rüstungsprogramme dürfte die Perspektive eines Wandels eröffnen. Jüngste Entwicklungen in Indien geben Anlaß zu der Hoffnung, daß die bisher betriebene Rüstungspolitik nicht mehr unkritisch hingenommen wird. Die hohe Auslandsverschuldung des Landes, der Wegfall der umfangreichen sowjetischen Militärhilfe sowie die Fehlschläge der staatlichen Rüstungsindustrie haben hierzu beigetragen.

Ob aus diesem Wandel ein Ende der versteckten nuklearen Konkurrenz zwischen Indien und Pakistan resultiert, ist allerdings noch offen. Seit dem Sommer 1991 verstärken die USA ihren Druck auf beide Staaten, den NV-Vertrag zu unterzeichnen und Sicherungsmaßnahmen der IAEA zu akzeptieren. Bislang waren diese Versuche erfolglos. Im November 1991 nahm der amerikanische Staatssekretär Bartholomew eine pakistanische Initiative vom Frühsommer des Jahres auf und forderte eine Konferenz über die Errichtung einer kernwaffenfreien Zone in Südasien unter Beteiligung der Kernwaffenstaaten USA, China und (damals noch) Sowjetunion. Auch dieser Vorschlag wurde von Indien zurückgewiesen.

Haupthindernis ist letztendlich der indische Anspruch auf Gleichbehandlung mit dem Kernwaffenstaat China. Während es technisch denkbar ist, ein regionales System kontrollierter Kernwaffenfreiheit der Region zu entwickeln und zu implementieren, ist die gewünschte Einbeziehung Chinas in die regionale Gleichung seitens der indischen Regierung gleichbedeutend mit einer Absage an alle Versuche, die nukleare Proliferation in dieser Region zu bremsen. Die Konsequenzen dieser Haltung sind absehbar: Die bislang verdeckt gehaltene nukleare Konkurrenz zwischen China und Indien droht dann zu einer offenen und damit weitaus gefährlicheren Konfrontation zu werden. Die Pakistaner können der Versuchung unterliegen, ihr kostspieliges Atomwaffenprogramm mit arabischen Geldern finanzieren zu lassen - zum Preis der Weitergabe ihres Know-hows oder aber von fertigen Kernwaffen an arabische Staaten. Die indisch-pakistanische Nuklearkonkurrenz dient zudem jetzt schon Kasachstan als Rechtfertigungsgrund zur Beibehaltung sowjetischer Kernwaffen.

Es ist zwar sinnvoll, internationalen Druck auf Indien *und* Pakistan aufrechtzuerhalten, entweder den NV-Vertrag zu unterschreiben oder aber in ein regionales Regime einzuwilligen. Die hauptsächlichen Anstrengungen müssen jedoch auf Indien gerichtet werden, dessen Großmachtanspruch jegliche Verhandlungslösung blockiert. Dabei wird es weniger darauf ankommen, einzelne Maßnahmen der Nonproliferationspolitik einzufordern, als vielmehr Antworten auf indische Sicherheitserfordernisse mit einem Aufruf zu mehr Bescheidenheit und Vernunft an die indische Seite zu verknüpfen. Auch Deutschland sollte sich an derartigen Aktionen beteiligen. Die deutsche Politik war in dieser Hinsicht bislang eher von Zurückhaltung gekennzeichnet. Dabei wurde darauf hingewiesen, daß Indien die größte Demokratie der Welt sei und daß es deutschen Politikern nicht anstehe, die indischen Sicherheitsbedürfnisse zu bestimmen. Derartige Argumentationen lassen unberücksichtigt, welche Gefahren drohen, wenn es nicht gelingt, der hauptsächlich von den indischen Großmacht- und regionalen Vormachtambitionen getragenen Rüstungskonkurrenz in Südasien Einhalt zu gebieten, bevor sie in einen offenen nuklearen Wettlauf ausartet.

Für Deutschland sollte es in dieser Lage darauf ankommen, vor dem Hintergrund der wirtschaftlichen Krise Indiens und der veränderten weltpolitischen Lage in Abstimmung mit anderen Staaten Anreize für einen sicherheitspolitischen Wandel zu geben. Denkbar wäre zum Beispiel, daß mit politischen Maßnahmen, die einer Statuserhöhung Indiens gleichkommen, ohne auf dessen nuklearen Ambitionen zu beruhen, entsprechende Schritte für Indien erleichtert werden. So könnte Indien die Mitgliedschaft bei den G-7 oder aber ein permanenter Sitz im Sicherheitsrat der VN unter der Voraussetzung angeboten werden, daß es einer regionalen Kernwaffenfreiheit zustimmt oder dem NPT beitritt.

Mit dem Beitritt der Republik Südafrika zum NPT dürfte ein wesentlicher Schritt in Richtung auf eine Bewältigung der Proliferationsprobleme in dieser Region erfolgt sein. Allerdings sind damit noch keinesfalls alle Probleme ausgeräumt. In dem Maße, in dem Unsicherheiten über den Ausgang des Transformationsprozesses in der Republik Südafrika fortbestehen, dürften sich manche Probleme stellen, die gegenwärtig nur wenigen bewußt sind.

An erster Stelle steht hier das Problem der südafrikanischen Kernwaffenoption, die trotz Beitritt zum NPT möglicherweise noch immer existiert. Seit einer Reihe von Jahren wird vermutet, daß die Regierung in Pretoria über Atomwaffen verfügt. Sicher dürfte sein - und dies wurde auch von offizieller Stelle bestätigt -, daß Südafrika über die Fähigkeit verfügt, binnen kurzer Frist Atomwaffen herzustellen. Nach Schätzungen von Experten kann das südafrikanische Kernwaffenpotential höchstens aus 20 bis 25 Atomsprengköpfen herkömmlicher Art (d.h. keine Fusionsbomben, sondern mit angereichertem Uran betriebene Atombomben des Hiroshima-Typs) bestehen.

Die Fähigkeit Südafrikas zur raschen Herstellung nuklearer Waffen beruht bislang auf drei Elementen: (1) dem geradezu unbegrenzten Zugang zu natürlichen Uran-Reserven; (2) der Fähigkeit der in Valindaba befindlichen Anreicherungsanlagen, waffengrädiges Uran 235 herzustellen, und (3) dem Know-how der südafrikanischen Nuklearexperten, die zu einem Großteil von ausländischer Hilfe (insbesondere im Rahmen der geheimen Kooperation mit Israel) profitieren konnten.

Der Beitritt Südafrikas zum Atomwaffensperrvertrag im Sommer 1991 löst die bestehenden Probleme nur teilweise. Zwar wurde der Weg frei für eine internationale Kontrolle aller in Südafrika befindlichen deklarierten zivilen Nuklearanlagen. Unklar ist aber, ob es südafrikanische Atomwaffen oder entsprechende Materialien gibt (waffengrädiges Uran), die nicht dem friedlichen Brennstoffkreislauf zugehören, aber dennoch vernichtet werden müßten. Es fragt sich allerdings wie und durch wen? Der NPT sieht nicht den Fall vor, daß ein Nichtkernwaffenstaat (im Sinne der Definition des NPT) im Besitz von Kernwaffen dem Vertrag beitritt. Aus der generellen Zielsetzung des Vertrags ist zu folgern, daß derartige Waffen zerstört werden müßten. Die IAEA hat aber offensichtlich weder die entsprechende Expertise noch die Kompetenz und wird sich aufgrund politischer Rücksichtnahmen auch nicht danach drängen, diesen Punkt aufzuklären. Die Regierung von Südafrika hat ihrerseits keine Initiativen ergriffen, und andere Staaten haben es bislang sorgsam vermieden, diese sehr heikle Materie öffentlich anzusprechen.

Diese Frage ist aber aus mehreren Gründen von großer Relevanz. Zum einen wäre zu klären, ob die Regierung de Klerk die Atomwaffenoption in der Hinterhand behalten will, um sich bei einem Scheitern der Aussöhnungspolitik mit dem ANC Handlungsspielräume (insbesondere gegenüber externem Druck) offenzuhalten. Denkbar wäre zum Beispiel, daß die Führung in Pretoria glaubt, ihre Nuklearwaffenoption als Druckmittel nutzen zu können, um vor allem die Regierungen in Washington und London zu veranlassen, sich stärker für die Belange der weißen Bevölkerung in einem Post-Apartheid-Staat einzusetzen.

Zum zweiten müßte sichergestellt sein, daß ein von der schwarzafrikanischen Mehrheit regiertes Südafrika nicht einer Kernwaffenversuchung verfällt. Der ANC hat bislang nicht erkennen lassen, daß er an der Übernahme südafrikanischer Atombomben oder einer Fortführung der militärisch relevanten Nuklearprogramme interessiert ist. Allerdings kann man nie sicher sein, ob die künftige Führung eines Staates Azania nicht doch ihre Meinung ändert. Immerhin dürfte ein von der schwarzen Mehrheit regiertes Südafrika aufgrund seiner Bevölkerung und insbesondere seiner Wirtschaftskraft zu einem der führenden Staaten Afrikas werden. Die Versuchung, mittels Kernwaffenbesitz zum Hegemon Afrikas (zumindest Schwarzafrikas) zu werden, könnte dann sehr groß werden.

Drittens sollte nicht vergessen werden, daß sich mit dem Vorhandensein südafrikanischer Kernwaffenprogramme auch die Frage nach dem Verbleib der entsprechenden Experten und Techniker stellt. Diese Problematik ähnelt derjenigen in der GUS, allerdings ist sie in Südafrika natürlich weitaus geringer und überschaubarer dimensioniert. Die westliche Politik gegenüber Südafrika und seiner politischen Transformation sollte daher sehr viel stärker als bislang den Aspekten der Nichtverbreitung von Kernwaffen einen großen Stellenwert zumessen.

VII. Lateinamerika

In Lateinamerika gibt es mit Blick auf die Rüstungsproliferation derzeit eher positive Entwicklungen, etwa die Aufgabe des brasilianischen Atombombenprogramms und die Annäherung zwischen Brasilien und Argentinien. Betroffen ist dabei nicht nur der nukleare, sondern auch der konventionelle Bereich. Von daher ist diese Region gegenwärtig unter Gesichtspunkten einer Nonproliferationspolitik von nachgeordneter Bedeutung

VIII. Regionenübergreifende Probleme

1. Raketenproliferation

Die Proliferation von ballistischen Raketen dürfte auch in den folgenden Jahren eine ganz zentrale Rolle spielen. Insbesondere der Zustrom moderner Raketen mittlerer Reichweite in den Nahen und Mittleren Osten sowie die vielfältigen Anstrengungen einzelner Staaten, Reichweite und Zielgenauigkeit dieser Raketen zu steigern, weisen auf ein entstehendes strategisches Problem auch westeuropäischer

Sicherheit hin. Das terroristische Potential dieser Waffen macht es notwendig, selbst irrationale Bedrohungsszenarien in Betracht zu ziehen.

Bemühungen um eine Eindämmung der Proliferation von Raketen müssen auf der Fortdauer des internationalen Exportkontrollregimes MTCR basieren. Allerdings sind darüber hinausweisende Maßnahmen dringlich geboten. So wäre zu überlegen, ob und inwieweit der INF-Vertrag globalisiert werden kann oder ob es sinnvoller wäre, ein breiteres Spektrum von Raketenwaffen weltweit zu verbieten. Unter bestimmten Bedingungen wäre es auch sinnvoll, auf die Einfügung von Raketenklauseln in regionalen Friedensabkommen hinzuwirken. Gegebenenfalls könnte man auch regionale Absprachen zwischen Lieferanten und Empfängern von Raketenwaffen und entsprechenden Technologien in Erwägung ziehen.

Sollten Maßnahmen der Export- oder der Rüstungskontrolle keine Perspektiven bieten, wären auch militärische und technische Lösungen ins Auge zu fassen. Das derzeit diskutierte Konzept eines weltraumgestützten Abwehrsystems gegen Mittelstreckenraketen aus dem Nahen und Mittleren Osten (Global Protection Against Limited Strikes; GPALS) wird allerdings noch einer kritischen Bewertung seiner möglichen Leistungen und Kosten zu unterziehen sein.

2. Chemiewaffenproliferation

Die Notwendigkeit der Eindämmung einer Proliferation chemischer Waffen bedarf keiner gesonderten Begründung mehr. Zum gegenwärtigen Zeitpunkt geht es um die Frage, wie lange eine Politik der koordinierten Exportrestriktionen bei chemischen Substanzen, aber auch bei Technologien (Australien-Gruppe) noch aufrechterhalten werden kann. Exportrestriktionen bei Vorläuferchemikalien haben bestenfalls noch einen retardierenden Effekt. So hat das Beispiel des Irak erkennen lassen, daß ein zu allem entschlossener Staat mit einem nur mittleren Niveau der Expertise auf diesem Gebiet in der Lage ist, im Laufe einer überschaubaren Anzahl von Jahren Chemiewaffen weitgehend autonom herzustellen. Die irakischen Chemiewaffen waren zwar primitiv und extrem gefährlich in der Handhabung, sie konnten aber in relativ großen Mengen produziert und während des irakisch-iranischen Krieges eingesetzt werden.

In Zukunft werden sich daher die Bemühungen um eine Eindämmung der Chemiewaffenproliferation zunehmend auf die geplante Chemiewaffenkonvention konzentrieren. Ihr Hauptzweck wird sich ändern: Ursprünglich vom Westen als Instrument zur Eindämmung der sowjetischen Chemiewaffenbedrohung gedacht, dürfte ihr primärer Wert nunmehr darin liegen, daß der Besitz und die Herstellung chemischer Waffen völkerrechtlich geächtet werden. Erst eine solche Konvention wird die Basis abgeben für weitere unilaterale und multilaterale Schritte zur Kontrolle der Chemiewaffenproliferation. Das hauptsächliche Anliegen westlicher Politik sollte in diesem Bereich sein, die weiteren Verhandlungen in Genf nicht nur zu beschleunigen, sondern auch unter der Überlegung zu führen, welche Maßnahmen am ehesten zur Eindämmung oder Kontrolle von Chemiewaffenproliferation geeignet sind.

3. Eindämmung konventioneller Waffensysteme

Hier sind derzeit eine Reihe von miteinander verbundenen Problemkomplexen betroffen: Zum einen stellt sich die Frage, was mit den aus dem Zerfall der sowjetischen sowie der anderen Armeen der ehemaligen Warschauer-Pakt-Staaten stammenden Waffen (auch und gerade den Handfeuerwaffen) geschieht und wie verhindert werden kann, daß sie auf den verschiedensten Wegen in Krisengebiete innerhalb wie außerhalb Europas geraten. Vorschläge zu diesem Komplex sind bereits oben gemacht worden. Zum zweiten geht es darum, die Waffenströme in Drittweltregionen, insbesondere, aber nicht ausschließlich in den Mittleren Osten, zu kontrollieren. Hierbei sind nicht nur neue Kooperationsformen zu erproben (wie das fünfseitige Treffen in Paris), es wäre auch auf seiten der Westeuropäer zu fragen, wie man den eigenen Exportdruck reduziert. Dieser wiederum ist letztlich eine Folge bestehender Überkapazitäten im Bereich der Rüstungsherstellung und hängt eng mit nationalen Industrie- und Technologiepolitiken in den einzelnen Staaten Europas zusammen.

4. Technologiekontrollen

Technologiekontrollen (im Sinne der Verhinderung des Transfers militärisch sensitiver Technologie in Krisengebiete) werden auch weiterhin zentraler Bestandteil einer auf Proliferationsverhinderung und -kontrolle ausgerichteten Politik der Bundesrepublik Deutschland und ihrer westlichen Verbündeten sein. Noch stärker als in der Vergangenheit wird es darum gehen, in fein abgestimmter Weise jene Bereiche zu identifizieren, in denen eine Politik der Technologieverweigerung oder -kontrolle angebracht und durchführbar ist. Es gibt Technologiebereiche, für die derartige Kontrollen zunehmend obsolet werden, weil der Kontrollaufwand in keinem Verhältnis mehr zum Ertrag steht. In anderen Bereichen hingegen ist mit einer entsprechenden Kontrollstrategie auf überschaubare Zeit der Transfer militärisch sensitiver Technologie eindämmbar.

Daneben stellt sich auch die Frage, im Rahmen welcher Gremien und internationalen Strukturen Technologiekontrolle ausgeübt werden soll. Ist es sinnvoll, die relativ informellen Gremien (MTCR, Nuclear Suppliers Group) beizubehalten, oder sollte man umfassendere Formen der Transferkontrolle (z.B. ein Drittwelt-COCOM) anstreben?

IX. Abschließende Bemerkungen

Ein wesentliches Element von Nonproliferationspolitik in den 90er Jahren ist, wie oben bereits erwähnt, das Faktum, daß sie aufs engste mit Fragen der internationalen ordnungspolitischen Gestaltung zusammenhängt. Es reicht also nicht mehr, sich auf die klassischen Bereiche der Nonproliferationspolitik (NPT, Exportkontrollen) zu beschränken, vielmehr muß in weiteren Zusammenhängen gedacht und operiert werden. Aktivitäten in politischen Bereichen, die primär gar nichts mit der Eindämmung von Rüstungsproliferation zu tun haben, die aber geeignet sind, die derzeitigen kooperativen internationalen Strukturen zu stärken, können zum Beispiel weitaus relevanter für die Frage der Eindämmung nuklearer Proliferation sein als noch so kunstvoll ersonnene neue Safeguard-Mechanismen.

Damit geht auch eine Vergrößerung der Zahl und des Spektrums der direkt oder indirekt mit Proliferationsfragen beschäftigten internationalen Einrichtungen oder Gremien einher. Die IAEA wird zweifellos auch weiterhin eine zentrale Rolle in diesem Bereich spielen, nur dürfte das Gewicht anderer Einrichtungen (wie VN-Sicherheitsrat, KSZE, NATO/NACC, Exporteurkartelle) und Konferenzen (z.B. Nahost-Friedensgespräche) für die Fortentwicklung der Nonproliferationspolitik steigen.

Die Sensibilität für diese Verbreiterung der Nonproliferationspolitik innerhalb der westlichen Welt zu wecken sollte eine wesentliche Aufgabe gerade deutscher Politik in den nächsten Jahren sein. Dies gilt insbesondere mit Blick auf die westeuropäischen Verbündeten, die nukleare Fragen oftmals nur unter sehr engen Bezügen (Wahrung der französischen und britischen Autarkie und Autonomie) sehen. Gerade die Forderung nach der Entwicklung einer neuen Weltnuklearordnung verlangt von unseren nuklearen Verbündeten in Europa weitaus mehr an Leistungen und in der Folge auch innerer Überwindung, als es für einen Nichtkernwaffenstaat wie Deutschland der Fall ist. Etwas anders ist die Situation mit Blick auf die USA gelagert. Hier braucht die Sensibilität für Nonproliferationsfragen nicht geweckt zu werden. Vielmehr wäre danach zu fragen, wo es Überschneidungen und wo es Widersprüche zwischen den deutschen und den amerikanischen Vorstellungen, Problemanalysen und Handlungsempfehlungen gibt.

IV.

INTERESSENANALYSE

IV. Interessenanalyse: Leitfaden

Das geteilte Deutschland stand im Zentrum des Ost-West-Konflikts. Die politischen, militärischen und ökonomischen Konfrontationslinien verliefen entlang der Grenzen der alten Bundesrepublik und der ehemaligen DDR. In Kapitel 4 weist Uwe Nerlich darauf hin, wie das politische Selbstverständnis der Bundesrepublik Deutschland durch diese Lage geprägt wurde. Das Ende des Ost-West-Konflikts und die Auflösung der Blockstrukturen haben das geeinte Deutschland jedoch in eine Umwelt versetzt, in der es seine Sicherheitspolitik überdenken und den neuen Gegebenheiten anpassen muß. Folglich befassen sich die Autoren der Beiträge zu Teil IV mit den Chancen, aber auch den Gefahren der neuen Lage für Deutschland sowie den sich daraus ergebenden ordnungspolitischen Konsequenzen.

Nach dem Wegfall der Ost-West-Konfrontation hätte Europa die Möglichkeit, auf der Grundlage geordneter zwischenstaatlicher Beziehungen, freiheitlich-demokratischer Rechtsstaaten und entwicklungsfähiger sozialökonomischer Strukturen eine Friedensgemeinschaft mit eingespielten Konfliktregelungsmechanismen zu bilden. Deutschland, in der Mitte Europas gelegen, würde über ein stabiles Umfeld partnerschaftlicher Beziehungen verfügen. Sein überragendes Interesse ist deshalb die Bildung einer "Zone der Sicherheit von San Francisco bis Wladiwostok", die Europa, Rußland, die USA und Japan als Hauptpartner umfaßt. Für Deutschland wäre also das "best case"-Szenario die fortgeführte Integration in Richtung der Politischen Union in Westeuropa, demokratisch-marktwirtschaftlich verfaßte Staaten in Osteuropa und der früheren Sowjetunion, die graduell in gesamteuropäische Strukturen einbezogen werden, sowie ein stabiles euro-atlantisches Verhältnis.

Noch erweist sich das Zustandekommen einer derartigen Stabilitätsgemeinschaft als schwieriger, wie man das in der ordnungspolitischen Euphorie des Jahres 1991 noch angenommen hatte, nach deren Abflauen auch die meisten Beiträge des vorliegenden Bandes geschrieben wurden. Mittelost- und Südosteuropa sowie die frühere Sowjetunion bilden eine große Zone mit Spannungen und Ungewißheiten teils verschiedenartiger, teil gemeinsamer Ursachen, die schwerer abzuschätzen und zu kontrollieren sind als zur Zeit des Ost-West-Konflikts. Deutschland, an der Trennlinie eines höchst ungleichgewichtigen Europa mit gewaltigem Wohlstandsgefälle auf beiden Seiten gelegen, würde in krisenhafte Entwicklungen hineingezogen und selbst destabilisiert werden. Reinhardt Rummel und Jürgen Nötzold weisen in Kapitel 5 auf diese neue Gefährdungslage und die sich daraus ergebende Sicherheitsaufgabe hin. Das Europa der 90er Jahre wird sehr differenziert sein. Es wird nicht mit dem geteilten Europa des Ost-West-Konflikts übereinstimmen, aber auch keinen Zusammenhalt wie das vereinigte Deutschland oder das geeinte

Westeuropa bilden. Deutschland wird aus zwei Richtungen gefordert: Es muß maßgeblich zur Stärkung der Europäischen Gemeinschaft als Grundlage der europäischen Einigung und gleichzeitig zur Ausdehnung der westeuropäischen Stabilitätszone nach Osten beitragen. "Es ist das grundlegende deutsche Interesse, bei der Gestaltung der europäischen Ordnung auf die anderen Akteure mit der Zielsetzung einer gesamteuropäischen Stabilitätszone einzuwirken, wobei vorbeugende Konfliktverhütung wichtiger ist als nachsorgende Konfliktbereinigung", wie Rummel/Nötzold in ihrem Beitrag formulieren.

Das wiedervereinigte Deutschland gewinnt zusehends an Bedeutung und an Handlungsfähigkeit im europäischen Kräftespiel, wie Uwe Nerlich in Kapitel 4 aufzeigt. Wenn sich in der Sicherheitspolitik die Umorientierung von Konfliktverhütung zu Konfliktvorbeugung vollziehen soll, die mit einer Schwerpunktverlagerung auf nichtmilitärische Einwirkungsmöglichkeiten verbunden ist, liegt hier die besondere Gestaltungsmacht Deutschlands als "Zivilmacht". Hanns W. Maull (Kap. 3) und Jürgen Nötzold (Kap. 2) verweisen auf diesen Sachverhalt.

Deutschland könnte seine Gestaltungsmacht auch unilateral oder bilateral einsetzen. Lothar Rühl verbindet in Kapitel 1 die Darstellung prinzipieller Multilateralität der Außenpolitik der alten Bundesrepublik deshalb mit der Frage, ob dieser systematische Verzicht auf autonome nationale Interessendurchsetzung fortgeführt werden soll. Alle Autoren gehen davon aus, daß die Risiken für unilaterale und bilaterale Problemlösungen zu groß sind. Die zentrale Lage Deutschlands in Europa, seine im Vergleich zu anderen europäischen Staaten größere Bevölkerung und Wirtschaftskraft bilden Anlaß zu Mißtrauen in vielen europäischen Ländern und zum Teil auch in den USA, das zur Grundlage für Gegenmachtbildung werden könnte. Die Autoren ziehen die Schlußfolgerung, daß die Stabilisierung des politischen Umfeldes der Bundesrepublik Deutschland vorzugsweise durch die fortgesetzte Entwicklung von Sicherheits- und Integrationsgemeinschaften erreicht werden sollte. In den bestehenden multilateralen Handlungsrahmen wie EG, WEU, NATO, KSZE und VN muß Deutschland um Koalitionspartner für die Wahrnehmung seiner Interessen werben. Die Auflösung oder Schwächung der multilateralen Handlungsrahmen würde nach Lothar Rühl dem wohlverstandenen Eigeninteresse Deutschlands widersprechen.

Es liegt auf der Hand, daß längerfristige Entwicklungstendenzen europäischer Sicherheit und die entsprechenden Erfordernisse für die multiinstitutionelle Krisenvorbeugung und Konfliktverhütung erst ansatzweise behandelt werden konnten. Ein stabilisiertes und befriedetes europäisches Umfeld entspricht dem deutschen Interesse. Doch kann nicht ohne weiteres davon ausgegangen werden, daß Strukturbildung und politische Prozesse direkt auf dieses Ziel hin verlaufen. Verschiedene Konstellationen sind denkbar. Unter dem Druck der Ost-West-Konfrontation und der europäischen Spaltung war nicht nur der außenpolitische Spielraum der alten Bundesrepublik, sondern auch jener der anderen europäischen Staaten gering. Das hat sich geändert. Verschiedene außenpolitische Aktionsmuster sind wieder möglich geworden. So kann die Entwicklung in Westeuropa zur Politischen Union führen, aber auch zum Durchwursteln ohne sichtbare Perspektive oder gar in die Renationalisierung. Je nachdem werden auch die Entscheidungen der anderen europäischen Staaten, Rußlands und der USA beeinflußt.

Bis auf weiteres bleibt die Europäische Gemeinschaft politisch unvollendet. Die Voraussetzungen für eine gemeinsame Währung, erst recht für die Politische Union sind noch lange nicht erfüllt. Darüber hinaus ist nicht sicher, ob die Europäische Gemeinschaft den neuen gesamteuropäischen Herausforderungen wirklich gerecht werden wird. Lothar Rühl stellt deshalb auch die Frage, ob Multilateralität nicht anders und in einem größeren Kreis von Beteiligten konstruiert werden könnte als auf der Basis der EG in Westeuropa im engeren geopolitischen Sinn der Konfrontationsära von 1945 bis 1990. Im größeren Europa, an dessen Gestaltung Staaten der jetzigen EFTA-Gruppierung sowie Ostmittel- und Südosteuropas mitwirken, relativiert sich Frankreichs und Großbritanniens politisches Gewicht zugunsten Deutschlands. Aus deutscher Sicht bleibt das Einvernehmen mit Frankreich von vitaler Bedeutung für die Entwicklung der europäischen Integration, steht aber vor neuartigen Prüfungen und Schwierigkeiten.

Deutschland hat ein Interesse, den gesamteuropäischen Raum über vielfältige Zusammenschlüsse und Foren zu vernetzen. Rummel/Nötzold weisen in Kapitel 5 die verschiedenen Möglichkeiten nach und ordnen ihnen entsprechende Aufgaben zu. Inzwischen sind die Prinzipien, mit denen die europäischen Nationen ihre Beziehungen regeln wollen, sowie die Institutionen und Instrumente zu ihrer Durchsetzung im wesentlichen vorhanden. Mit einem Netzwerk verschiedener Institutionen für die Wahrnehmung von Aufgaben außen- und sicherheitspolitischer Stabilisierung in Europa ergeben sich aber auch Gelegenheiten, unterschiedliche nationale Akzente in Szene zu setzen. Ausschlaggebend wird die Abstimmung und Verbindung zwischen diesen Institutionen sein.

Die Beschäftigung mit den Sicherheitsinteressen Deutschlands kann mit den vorliegenden Beiträgen zur Interessenanalyse nicht abgeschlossen sein. Die Aussichten für eine anerkannte Sicherheitskultur als gemeinsames Entwicklungsziel in und um Europa hängen nicht nur von den Staaten der Europäischen Gemeinschaft, sondern auch vom Verhalten anderer Akteure ab. Vor allem sind die amerikanischen, russischen, japanischen und türkischen Entscheidungen in bezug auf dieses Ziel wichtig.

Die NATO ist die hauptsächliche Verbindungsstelle zwischen den USA und Westeuropa. Wenn wesentliche Elemente einer Strategie der Krisenvorbeugung und Konfliktbereinigung von anderen Institutionen - der EG bzw. WEU sowie der KSZE - belegt werden, würden die politischen Aktionsmöglichkeiten der NATO eingeschränkt. Lothar Rühl gibt in Kapitel 1 dementsprechend zu bedenken, daß die positiven Wirkungen europäischer Multilateralität von möglichen negativen im Verhältnis zu den USA unterschieden werden müssen. Nach seiner Meinung behält die NATO ihre Bedeutung, wenn sie zu einer Institution gesamteuropäischen Krisenmanagements wird. Geschähe dies nicht, würde die NATO als Bündnisklammer zwischen den USA und Europa politisch weiter tabuisiert. Damit wäre auch die Mitwirkung der USA an der Balance in Gesamteuropa gefährdet. Für Deutschland ist das Bündnis mit den USA der wichtigste Aktivposten aus der Zeit des Ost-West-Konflikts. Als Land außerhalb des Nuklearwaffenclubs braucht es weiterhin den Rückhalt der USA.[1]

Nicht nur die USA, auch Rußland, Japan und die Türkei werden in einem besonderen Verhältnis zu Europa stehen. Ähnlich wie Deutschland übernimmt die Türkei wieder ihre historische regionale Schlüsselrolle.[2] Damit wächst die Bedeutung der Türkei für die Bildung einer Stabilitätszone in der nördlichen Hemisphäre, wobei ihre jahrzehntelange Westbindung gültige Voraussetzungen bildet. Japan ist in der G-7 fest verankert, die ihre Aufgaben um sicherheitspolitische Fragen und um die Unterstützung des Systemwechsels in die Nachfolgestaaten der Sowjetunion erweitert. Dadurch, und durch eine Beteiligung an der KSZE, wird Japan in Stabilisierungsaufgaben einbezogen. Deshalb müssen auch die Handlungsalternativen dieser Staaten in bezug auf eine Sicherheits- und Stabilitätsgemeinschaft in Europa und in seinem weiteren Umfeld untersucht werden, was im vorliegenden Band noch nicht erfolgen konnte.

Aus einer Lage, in der die Folgen der grundlegenden Veränderungen noch nicht abzusehen sind, auf die deutsche Sicherheitsinteressen reagieren sollen, ergeben sich einige politische Schlußfolgerungen. Die deutsche Politik steht vor einer Vielfalt von Aufgaben der Konfliktverhütung und -lösung bei gleichzeitiger Unsicherheit politischer Rahmenbedingungen. Sie muß vom Handeln auf dem vertrauten Gelände der letzten vier Jahrzehnte Abschied nehmen. Entsprechend gut sollte die Vorbereitung auf die neuen sicherheitspolitischen Herausforderungen sein. Deutschlands Sicherheit ist mit der Stabilität seines näheren und weiteren Umfeldes verbunden. Nicht nur aus den Beiträgen zu diesem Teil, sondern auch aus den Beiträgen des gesamten Bandes dürfte ersichtlich werden, daß es zur Erreichung dieses Zustandes ausdauernder großer politischer Leistungen bedarf.

---

1 Vgl. die Beiträge von Klaus-Dieter *Schwarz* (Teil I, Kap. 3) und Josef *Joffe* (Teil I, Kap. 4) in diesem Band.

2 Vgl. den Beitrag von Heinz *Kramer* (Teil II, Kap. 8) in diesem Band.

1. Einige Kriterien nationaler Interessenbestimmung

Lothar Rühl

I. Die Prämissen und die Erfahrung

Ein Staat, der seine nationalen Interessen nicht allein bestimmen kann oder will, muß zusammen mit anderen Kriterien gemeinsamer und - gegenseitig - ergänzender Interessenbestimmung einen Handlungsrahmen finden. Die Bundesrepublik hat dies seit ihrer Gründung mit ihren westlichen Nachbarn und mit den drei westlichen Besatzungsmächten, später den "Stationierungsmächten" oder "Schutzmächten" (formell für Westberlin bis 1990) zu tun versucht. Die westeuropäischen Gemeinschaften, später NATO und WEU kamen hinzu, schließlich die vereinigte EG. Die Ausweitung des Horizonts und der Mitwirkungsmöglichkeiten auf die VN, dann auf die KSZE, ergaben neue Richtungen und formale Ansatzpunkte für eine Mitwirkung der BRD, der allerdings stets solche der DDR weltweit und in allen VN-zugeordneten internationalen Organisationen entgegenstanden. Damit waren die westdeutschen Möglichkeiten zwar nicht neutralisiert, jedoch relativiert, insbesondere in ehemaligen Kolonialgebieten westlicher Mächte in Übersee. In der Organization for European Economic Cooperation (OEEC), später Organization for Economic Cooperation and Development (OECD), fand sich die BRD dagegen ähnlich wie im Internationalen Währungsfonds (IWF) und der Weltbank dank ihrer Finanz- und Wirtschaftskraft in einer privilegierten Situation.

Das Resultat dieser diversen internationalen Verflechtungen war eine *prinzipielle Multilateralisierung* der westdeutschen Außenpolitik, ganz unabhängig vom jeweiligen konkreten deutschen Interesse. Dies bedeutet, daß westdeutsche Mitwirkung apriorisch und *unabhängig vom Resultat unbedingt* war, nicht aber von einer eigenen nationalen Interessenbestimmung abhängig gemacht wurde. Ob dies tatsächlich anders möglich gewesen wäre oder nicht, soll hier nicht erörtert werden. Die westdeutsche Außenpolitik und Mitgliedschaft in internationalen Organisationen oder Verbindungen waren jedenfalls erfolgsorientiert nur im Rahmen der Mitwirkung und eines als übergeordnet angesehenen "internationalen", das heißt zumindest partiell fremden Zwecks, der auch von anderen mächtigen oder einflußreichen Mitwirkenden gegen deutsche Interessen bestimmt und auferlegt werden konnte. Insofern hat die BRD nie eine souveräne, nie eine wirklich nationale, nie auch nur eine weitgehend autonome internationale Politik betrieben. Dies war nicht einfach ein Nachteil, obwohl es auch nicht immer von Vorteil war. Wesentlich ist aber, daß Nachteile und Vorteile nicht autonom bestimmt und gegeneinander abgewogen werden konnten.

Die westdeutsche Außenpolitik war an nationalen Interessen orientiert und arbeitete zeitweise systematisch in diesem Sinne, doch sie war *funktional unselbständig im multilateralen Handlungsrahmen*. In diesem speziellen Sinne war Bonn auch nie eine nationale Hauptstadt und konnte dies nicht sein, unabhängig vom Tatbestand der Teilung. Viele deutsche Politiker und Beamte, insbesondere des auswärtigen Dienstes, aber auch viele deutsche Offiziere in internationalen Kommandobehörden, Hauptquartieren, Stäben usw., vor allem in Bündnisagenturen, wo nationale Interessen handfester Natur zu vertreten und zu vermitteln, auszugleichen und zu rechtfertigen waren und sind, haben sich vom *Credo der Multilateralität*, von einer *supranationalen Bündnis- oder Gemeinschaftsraison* leiten lassen - im Unterschied zu den Repräsentanten anderer Staaten.

Die Frage ist, ob dieser systematische Verzicht auf autonome nationale Interessenbestimmung ohne schwere Nachteile für Deutschland und ohne Vorteile für internationale Gemeinschaften, denen Deutschland angehört, fortgesetzt werden kann, soll und darf.

Die Antwort auf solche Fragen hängt in erster Linie von den realen Handlungsmöglichkeiten im multilateralen Rahmen und in internationalen Organisationen ab, in zweiter Linie von deren Zweck, in dritter Linie von den Erfolgsaussichten, das heißt von den zu erwartenden Resultaten der Mitwirkung.

In der NATO hat die Bundesrepublik bei vielen substantiellen Zugeständnissen an die Interessen der Verbündeten im großen und ganzen in den wesentlichen Bündnis- und Sicherheitsfragen sowie in den wesentlichen Entscheidungen über militärische Optionen und über die Streitkräfte- und Kommandostrukturen der Militärorganisation überwiegend Vorteile erzielt, ohne die Allianz als Ganze zu benachteiligen oder erhebliche und legitime Interessen einzelner Bündnispartner zu beeinträchtigen. Die deutsche Mitwirkung in der NATO könnte deshalb unter diesem Aspekt ohne wesentliche Veränderungen fortgesetzt werden, allerdings mit bestimmten Korrekturen.

Doch obwohl die Allianz auf Konsultation und Abstimmung, auf gemeinsame Positionen in internationalen Verhandlungen ausgerichtet ist, ist sie im Kern doch am Extremfall des Krieges orientiert, der mit Kriegsverhütung, Konfliktregelung, Krisenbeherrschung und in extremis mit Konfliktbeendigung und Schadensbegrenzung differenziert umschrieben wurde. In Sachen Krise, Konflikt, Krieg war und ist (für den unwahrscheinlichen Fall) die Bundesrepublik zugleich in hohem Maße engagiert und aktionsfähig, gemeinsam mit ihren Alliierten im multilateralen NATO-Verband. Dies vor allem deshalb, weil auf ihrem Territorium die Verteidigung in der Zentralregion hätte stattfinden müssen und weil sie dabei in vorderster Front gestanden hätte, nicht nur mit Expeditionskorps und vorwärts dislozierten Armeen und Luftkampfverbänden, sondern mit ihren *gesamten Streitkräften, allen Reserven und Ressourcen und mit Land und Leuten*. Aber diese Einbindung, die einen *singulären* Charakter hatte, jedenfalls was Mittel- und Nordwesteuropa angeht, war zu ihrem Vorteil. Sie war auch ein Resultat der Nachkriegsgeschichte und insoweit politische Notwendigkeit. Schließlich war sie das Gegenstück zur Gefährdung der Bundesrepublik durch die permanente militärische Bedrohung ihrer staatlichen Existenz, ihrer Gesellschaftsordnung und Volkswirtschaft durch das kommunistisch-sozialistische Gesellschaftssystem. Alles entsprach sich ungefähr in einer im Prinzip und im Kern schlüssigen Anordnung. Der Erfolg der Sicherheitspolitik des Bündnisses ist ohne Zweifel auch darauf zurückzuführen, obwohl er damit allein nicht erklärt ist. Die Frage stellt sich, welchen Sinn es machen würde, diese Anordnung im Prinzip beizubehalten, also die NATO-Organisation, die Streitkräfte- und Kommandostrukturen usw. zwar zu reduzieren, aber als *miniaturisiertes Modell* zu konservieren.

In der WEU stellen sich bisher solche Fragen nicht, weil sie als Pakt ein nur politisch materialisiertes Prinzip ohne Autonomie - in funktionaler Abhängigkeit von der NATO - und ohne instrumentale Nutzung geblieben ist. Fraglich ist allerdings, ob dies in Zukunft mit Blick auf 1998 so bleiben kann und soll. Diese Frage bezieht sich auch auf die deutschen Interessen an einem wirksamen multilateralen Handlungsrahmen, aber sie ist subsidiär zu denen, die an die NATO und an die EG zu richten sind bzw. diesen von der Entwicklung gestellt werden.

Die EG hat sich bisher im wesentlichen nur ökonomisch und finanziell, auch monetär und strukturpolitisch ausgewirkt, jedoch *nicht wirklich außen- und sicherheitspolitisch*. Das bedeutet, daß die deutschen Interessen und die Resultate der deutschen EG-Politik bisher überwiegend in diesem Rahmen, das heißt ökonomisch, wirtschafts- und handelspolitisch, auch industriepolitisch zu bestimmen und zu bewerten sind. Es handelt sich um wichtige Fragen der Außen- und der Staatspolitik mit erheblichen inneren Folgen, aber nicht um den Kernbereich der Außenpolitik oder der Regierungstätigkeit. Dies wird sich ändern, wenn die europäischen Pläne für die Europäische Gemeinschaft und die Optionen der europäischen Politik verwirklicht werden.

Insgesamt ist festzustellen, daß dort, wo die BRD den stärksten materiellen Anteil in multilateralen Handlungsrahmen hat, nämlich in der EG, die Möglichkeiten, deutsche Interessen zur Geltung zu bringen, bisher eng begrenzt waren und außerdem nicht konsequent genutzt wurden - möglicherweise aus guten Gründen. In der NATO, wo dies geschah und geschehen konnte, ist die praktische Tragweite des deutschen Einflusses wegen der Zweckbestimmung - Ausrichtung auf den Kriegsfall, Grundstruktur und Machtverteilung zwischen Europa und Nordamerika *- relativ gering für alle erheblichen politischen Vorgänge außerhalb der Allianzorganisation*. Die Rüstungskontrollverhandlungen bestätigten dies sowohl bei MBFR und VKSE als auch in der KVAE und KSZE (soweit Rüstungskontrolle dort mitspielt), bei INF, SALT und START wie beim NPT.

Die bestehenden multilateralen Handlungsrahmen lassen für andere Staaten, die nicht wie die Großmächte durchsetzungsfähig sind und auf ihrem Willen bestehen, keine besonderen eigenen Spielräume. Weder die VN noch die KSZE oder der IWF bieten Deutschland größere multilaterale Einflußoptionen.

Die gesamte multilaterale Anlage der deutschen Außen- und Sicherheitspolitik hat weder "partnership in leadership" mit den USA erleichtert, noch hat sie "europäische" Vorteile gebracht. Sie hat nur das bestätigt, was sich von selbst versteht: Deutschland ist wie die meisten anderen Staaten abhängig von internationalen Bindungen und kann im wesentlichen nur eine funktionale Außenpolitik begrenzter und jedenfalls untergeordneter nationaler Autonomie bei der Bestimmung, Vertretung und Wahrung "nationaler" Interessen betreiben, wenn sich an den multilateralen Rahmenbedingungen nichts ändert.

Von der NATO abgesehen - die aber bisher nur zur Selbstverteidigung militärisch handeln kann und deren Mitglieder in allen europäischen Sicherheitsfragen von dem abhängen, was mit der UdSSR und dem Warschauer Pakt (WP) ausgehandelt werden konnte, seit 1990 nur noch vom KSZE-Konsens (der aber ohne Blockbindung im Osten nicht leichter zu erreichen und zudem von relativer Bedeutung im Verhältnis zu entschlossener Eigeninteressenvertretung wie z.B. Serbiens oder Sloweniens und Kroatiens ist und von völkerrechtlichen Fassaden wie Jugoslawien abhängt) -, besteht *keine Koinzidenz zwischen Multilateralität und Aktionsfähigkeit in internationalen Krisen*. Die Bundesrepublik gehört in allen anderen als den militärischen Verteidigungs- und Sicherheitsangelegenheiten multilateralen Institutionen an, in denen es mangels Substanz und Konsens bzw. Mehrheitsabstimmung nicht zum gemeinsamen Handeln kommen kann. Damit ist die Multilateralität kein geeigneter Handlungsrahmen - außer in der NATO für Bündnisfälle und in den VN wie in der EG für wirtschaftliche Sanktionen, wobei deren Verhängung noch nichts über Einhaltung, Durchsetzung (notfalls durch Blockade) und Wirkung aussagt.

II. Bedeutung multilateraler Handlungsstrukturen der deutschen Außen- und Sicherheitspolitik

Die eine große Herausforderung jeder Außen- und Sicherheitspolitik in Europa, aber auch global ist die Herstellung geordneter zwischenstaatlicher Beziehungen auf einer krisenfesten und zugleich anpassungsfähigen Grundlage. Die andere große Herausforderung ist die *Sanierung* der Länder und Volkswirtschaften der bisher sozialistischen Staaten Europas im Zuge einer freiheitlich-rechtsstaatlichen *Demokratisierung ihrer postkommunistischen Gesellschaften* und der Begründung lebensfähiger *Verfassungsstaaten bei nationaler Selbständigkeit*. Zwar wird diese Aufgabe in erster Linie in und von den frei gewordenen Völkern in deren Staaten erfüllt werden müssen, doch wird es unumgänglich sein, dafür einen *multilateralen europäischen Handlungsrahmen* zu schaffen, etwa in der *KSZE* und im Zusammenwirken mit der *OECD* und dem *Europarat*. Geschähe dies nicht, so würden die einzelnen nunmehr vom Sowjetimperium emanzipierten Staaten in einer *ungeregelten Konkurrenz* um Hilfsleistungen, Investitionen und Kooperation mit den westlichen Staaten *Rivalitätsverhältnisse ohne allgemein anerkannte Moderation und ohne Korrektiv* durch eine gemeinsame Instanz internationaler Autorität verursachen. Eine solche Entwicklung hätte in jedem Fall drei nachteilige Folgen.

Erstens würden solche Rivalitäten zu zwischenstaatlichen Konflikten führen, zum Beispiel zwischen Ungarn und Rumänien, der CSFR und Polen oder Ungarn, künftig den Teil- oder Nachfolgestaaten Jugoslawiens, diesen und Albanien, eines Tages zwischen Polen und Litauen, Litauen, Polen und Weißrußland, Polen und der Ukraine, Weißrußland und der Ukraine sowie zwischen mehreren dieser Staaten und Rußland oder zwischen den kaukasischen Staaten. Derartige Rivalitäten in Konkurrenzsituationen könnten und würden aller Voraussicht nach auf den *historischen Bruchlinien* der alten *nationalen* und *ethnisch-kulturellen Konflikte* entstehen, diese zugleich vertiefen und politisch im Verhältnis zur Außenwelt neu *polarisieren*.

Zweitens könnten solche Konkurrenzsituationen und Rivalitäten entsprechende Konstellationen *im Westen* verursachen und eine *Tendenz zur Auswahl kongenialer* oder *präferierter* östlicher *Partner* fördern. Im Ansatz ist diese Tendenz auf beiden Seiten der künstlichen europäischen Scheidelinie als Resultat der Nachkriegssituation schon gegeben: Rumänien sah 1990/91 zwar im allgemeinen nach Westen, aber doch besonders nach Paris, wo eine besondere Beziehung zu Rumänien in Aussicht genommen wurde, die sich aus alten Affinitäten der Vorkriegszeit, aus Sprachnähe und kulturellen Verbindungen nähren könnte und auch begründen ließe. Ungarn wiederum hat sich mehr Österreich und Deutschland zugeneigt; von Slowenien, Kroatien, auch von der Tschechoslowakei läßt sich gleiches sagen, während in Polen die Neigung zumindest unentschieden und fast alles noch in der Schwebe zu sein scheint. Die drei baltischen Staaten werden vor allem nach Deutschland als auch nach Schweden und Finnland tendieren. Für die Ukraine wird sich die Frage, ob Deutschland ein bevorzugter Kooperationspartner und im Westen und in der Mitte Europas ein Rückhalt für politische Anlehnung sein könnte, früher oder später stellen - auch dann, wenn die Ukraine in einem losen Wirtschaftsverband innerhalb einer GUS bleiben sollte, was für die fernere Zukunft ungewiß wäre, selbst wenn zunächst eine positive Entscheidung in Kiew fiele. In Moskau wird von russischen Außenpolitikern eine solche *Neigung der Ukraine zu Deutschland* auch schon als eine ernst zu nehmende Möglichkeit angesehen.

Die ökonomischen Kräfteverhältnisse in Europa bestärken die Länder Mittelost-, Ost- und Südeuropas in der Vermutung, daß Deutschland der am besten geeignete, der kraftvollste und wohl auch der willigste Vorrangpartner sein könnte. Diese ökonomisch-politische *Kompetenzvermutung "zugunsten" Deutschlands* würde, wenn sie die Politik bestimmte oder doch erkennbar orientierte - wie dies tatsächlich zu erwarten ist -, *unausgewogene Beziehungen zu Westeuropa* schaffen, das Verhältnis dieser Länder zur Europäischen Gemeinschaft belasten und auch eine *politische Sprengwirkung* in die EG-internen Partnerbeziehungen tragen.

Drittens würde eine derartige Entwicklung zugleich auch im Westen Rivalitäten hervorrufen oder bestehende bestärken und dabei die Regulierung der EG-Handelspolitik wie der Beziehungen Westeuropas zum europäischen Osten erschweren. Ohne Regulierung aber wäre eine ökonomische Verteilung der knappen Investitions- und Hilfsmittel nicht möglich, viel wertvolle Energie und Substanz würden durch *Reibungsverluste* dem Aufbau und dem langfristigen Interessenausgleich entzogen. Die Entwicklung der EG könnte davon geschwächt und blockiert, die Assoziierung dieser Staaten kompliziert werden. Schließlich könnten historische Erinnerungen an eine zentraleuropäische deutsche Großmacht, die kraft wirtschaftlicher Stärke, organisatorischer Fähigkeiten und kultureller Ausstrahlung über eine wieder als Lingua franca aufgewertete deutsche Sprache diesen Teil Europas wenn nicht direkt dominieren, so doch maßgebend beeinflussen könnte, in politische Zwangsvorstellungen und antideutsche Phobien ausmünden. Erste Anzeichen für eine solche psychologische Fixierung auf ein als zu einflußreich oder zu stark erscheinendes Deutschland wurden bereits 1989 in Verbindung mit der Wiedervereinigung sichtbar. In *Jugoslawien* traten sie 1991 deutlich in Erscheinung. Reaktionen in Polen sind ebenso zu bemerken wie in der *Tschecho*-Slowakei, obwohl deren Haltung noch überwiegend freundlich gegenüber den Deutschen ist und die Regierungen in Warschau und Prag sich um Verständigung und Zusammenarbeit bemühen, an denen sie in erster Linie interessiert sind. In Westeuropa sind entsprechende Reaktionen des Mißtrauens und der Furcht vor, allerdings auch der Konkurrenzhaltung gegenüber Deutschland zum Ausdruck gekommen.

Alle diese Tendenzen und Phänomene ergeben ein hohes und in seinen Wirkungen schwer kalkulierbares, noch schwerer abdeckbares *politisches Risiko für unilaterale und bilaterale* Problemlösungsversuche in größerem Ausmaß. Dieses Risiko besteht für alle Beteiligten: für die EG insgesamt als europäische Integrationskraft und westeuropäische Identitätsgröße, für alle einzelnen westeuropäischen Staaten, für alle übrigen Staaten Europas, insbesondere für "die neuen Demokratien" im Osten.

Die politische Schlußfolgerung aus dieser Erkenntnis kann nur in *multilateralen* Handlungsrahmen für und in Europa liegen. Dies gilt im sicherheitspolitischen Bereich entsprechend für NATO, WEU, EG und KSZE. Es gilt ohnehin für alle Vereinbarungen über militärische Sicherheit und Rüstungskontrolle in Europa. Der KSE-Vertrag von Paris zum Beispiel bedarf in Zukunft des KSZE-Rahmens, und für die westlichen Vertragspartner ist der Fortbestand der NATO als multilateraler Gruppenhandlungsrahmen zur Bewertung und Strukturierung ihrer Streitkräfte von hohem Wert, ja unerläßlich. Dies wird um so mehr für Verhandlungen und Abkommen über weitere Streitkräftereduzierungen und über nukleare Waffen in Europa gelten.

Deutschland kann schon aus wohlverstandenem Eigeninteresse nicht an einer Auflösung oder Schwächung der bestehenden multilateralen Handlungsrahmen liegen. Wirtschaftlich würde es ohne eine dringend notwendige, aber eben noch nicht existente gemeinsame westliche Gemeinschaftshilfepolitik zur Sanierung und Modernisierung der Volkswirtschaften und Länder des europäischen Ostens von den Aufgaben in diesen Ländern *überfordert*, würden die deutsche Wirtschaftskraft, aber auch das deutsche Steueraufkommen und das Investitionskapital *überstrapaziert* werden. Deutschland braucht die Abstützung und die Mitwirkung der Partner in einem multilateralen Handlungsrahmen. Dies bedeutet (1) EG-Solidarität und eine *ökonomische Entwicklungsstrategie der EG* für den europäischen Osten; (2) eine multilaterale Verständigung zwischen den EG-Partnern, den Vereinigten Staaten und Kanada sowie Japan (G-7-Übereinkünfte) und den übrigen westeuropäischen Ländern sowie Schweden, Schweiz, Österreich im OECD-Rahmen (dem alle einschließlich Japan, USA, Kanada angehören); (3) eine multilaterale KSZE/OECD-Verständigung über gemeinsame Vorhaben und Mittel, Kriterien und Daten der Kooperation.

Nur auf diese Weise kann Deutschland *Schutz und Rückhalt* gegenüber unangemessenen Forderungen nach deutscher Hilfe, überzogenen Vorstellungen über die Möglichkeiten und Wirkungen deutscher Unterstützung und bilateraler Vorteilssuche auf Gegenseitigkeit finden. Deutschland wird dafür aber seine eigenen Interessen auch zunächst selbst bestimmen und danach zum Objekt des Interessenausgleichs mit anderen machen müssen.

Die Multilateralität bleibt selbstverständlich nützlich und notwendig auch im Bereich der Sicherheit. Dies gilt sowohl für Rüstungskontrolle allgemein (VKSE, INF-Verbot, NPT und Chemiewaffen[CW]-Verbot) als auch für alle Maßnahmen der VKSE-Vereinbarungen und der KSZE unverändert. Der KSZE-Vertrag basierte im Osten auf der Existenz der UdSSR oder eines geschlossenen Verbandes von Nachfolgestaaten, also etwa der GUS, mit gemeinsamen Streitkräften unter zentraler Kontrolle. Durch die Entscheidung Ukraines für eigene Streitkräfte fällt diese Grundlage fort. Der Vorgang zeigt, wie dringend es ist, die Geltung multilateraler Vertragsverpflichtungen in der internationalen Rüstungskontrolle zu wahren und gegebenenfalls auch gemeinsam durchzusetzen. Dem wurde durch die Festlegung von Truppenobergrenzen für einzelne Nachfolgestaaten der Sowjetunion entsprochen. Die strikte und zweckorientierte Anwendung des Pariser

KSZE-Vertrages hat absolute Priorität für eine erfolgreiche Rüstungskontrollpolitik, die gemeinsame Sicherheit geben kann.

Dies gilt entsprechend auch für die Kombination EG/WEU unter dem NATO-Dach. Jede Renationalisierung der europäischen Außenpolitik wirft Risiken auf, die mögliche Vorteile weit hinter sich lassen würden. Eine Renationalisierung der Landesverteidigung wäre militärstrategisch wie rüstungswirtschaftlich langfristig ebenso unzweckmäßig wie die der allgemeinen Sicherheitspolitik und im übrigen unvereinbar mit dem Zusammenhalt der westlichen Staatengruppe in multilateralen Rüstungskontrollrahmen wie dem KSE-Vertrag. Sie wäre von *riskantem Nachteil* im Verhältnis zu den Rechten und Pflichten der nicht-nuklear gerüsteten Partner des Genfer Kernwaffensperrvertrages von 1969 (NPT) und dessen Weiterentwicklung sowie für jedes internationale CW-Abkommen.

Darüber hinaus könnten die bisherigen NATO- und WEU-Staaten Europas national und unilateral ohne organisierte gemeinsame Verteidigung und gegenseitige Stützung im Zusammenhang mit Nordamerika keine reale Verteidigungsfähigkeit gegen größere Bedrohungen erhalten. Die *kollektive Verteidigung* muß nicht nur als Prinzip der internationalen Sicherheitsordnung, sondern auch aus praktischen Gründen der Verteidigung, der Militärstrategie und der Militärökonomie in organisierten Defensivbündnissen erhalten werden. Die Kombination NATO/WEU/EG dürfte in Zukunft eine effektive gestaffelte Trägerschaft für gemeinsame Sicherheit und auch für erweiterte Sicherheit (extended security) bieten, die auf den europäischen Osten ausstrahlen würde.

Damit ist die weitere Thematik bezeichnet, die von der fundamentalen Veränderung allen europäischen Staaten, allerdings in unterschiedlichen geographischen Situationen und mit unterschiedlichen historischen Gleichungen, gestellt wird. Die deutsche Politik wird gemeinsam mit der Bündnispolitik der NATO und der westeuropäischen Sicherheitspolitik im Rahmen EG/WEU, der den künftigen Unionsrahmen Westeuropas nach dem Maastrichter Vertrag vorzeichnet, auch die Kriterien der militärischen Sicherheit und der Rüstungskontrolle gegenüber dem Osten Europas neu bestimmen müssen: Welche Beziehungen stellt sie sich zu Polen im Verhältnis zur Ukraine, zu Weißrußland, zu Rußland, zu Litauen und Rumänien vor? Wie bestimmt Deutschland seinen Anteil an der Sicherheit im Zentrum und im Osten Europas im politischen Verhältnis zu dessen Staaten, Rußland eingeschlossen?

Bisher handelte es sich um die Bestimmung von Gruppeninteressen, etwa gegenüber den mittelosteuropäischen Staaten in deren Zwischenlage zwischen der NATO mit Deutschland als dem östlichen Eckpfeiler im Zentrum Europas und der Sowjetunion. Die Frage wurde gestellt, wie die Sicherheit der drei Länder Polen, Ungarn und Tschechoslowakei gegenüber der Sowjetunion gestärkt, wie eine Annäherung der drei Staaten an NATO und EG für "erweiterte Sicherheit" (extendend security) gefördert werden könnte. Ein Zerfall der UdSSR, jedenfalls Abspaltungen von ihr wurden dabei als Möglichkeiten ebenso einkalkuliert wie eine imperiale Renaissance großrussischer Inspiration mit einer neuen Bedrohung der Unabhängigkeit der ehemaligen sowjetischen Vasallenstaaten in Mittelost- und Südosteuropa. Dies war die Themenstellung 1990/91 bis zur Auflösung der UdSSR, die etwa in den Diskussionen auf der gemeinsamen Tagung der Tschechoslowakei und der NATO in Prag zum Audruck kam. Seither handelt es sich um ein für den Osten Europas seit dem Ende des 18. Jahrhunderts mit der Teilung Polens neues Problem der Aufsplitterung und damit um die Aufgabe der Unterscheidung nationaler Spezifika unter den Bedingungen nationaler Souveränität und Unabhängigkeit und deren Integration in die europäische Politik nach den vorrangigen Interessen nicht nur Westeuropas insgesamt, sondern auch Deutschlands als jenes EG-Partners, der regional direkt betroffen ist. Es ist unstreitig, daß die Interessenbestimmung nicht national isoliert erfolgen kann noch sollte.

Für die Währungspolitik stellt die internationale Multilateralität besondere Probleme, die vor allem mit der notwendigen Geldwertstabilität und mit der dafür unerläßlichen realen Autonomie der Währungsbank, deutlicher gesagt, mit deren garantierter, konstitutioneller Unabhängigkeit von den nationalen Regierungen oder von einer europäischen politischen Unionsautorität, zum Beispiel der EG-Kommission und dem Europäischen Rat, bezeichnet sind. Deutsche Politik im EG-Rahmen für eine Politische Union muß im legitimen deutschen Nationalinteresse wie im Interesse der inneren - sozialen und politischen - Stabilität des deutschen Staates auf einer soliden volkswirtschaftlichen Basis, die den Staatsbürgern, den Investoren und den Kreditinstituten *Vertrauen* einflößt und damit ökonomische Leistungskraft und Stabilität bei Expansionsvermögen sichern hilft, die *Geldwertstabilität der D-Mark und eine entsprechende multilaterale Konstruktion* mit Schutzvorrichtungen und nationalem Vorbehalt anstreben. In diesem Punkte ist keine Konzession an jedwede Partner ohne gravierende innenpolitische Folgen (Wahlen) für die konzessionsbereite Regierung oder Partei möglich. Die Grenzen der Multilateralität sind in diesem kritischen Kernbereich der nationalen Souveränität in der Realität enger gezogen, als es in der Politik oft erscheint und wahrgenommen wird.

Damit erhebt sich die *Sinnfrage der EG und der EPU* als Ziel nationaler Politik wie europäischer Multilateralität: Zu welchem Zweck soll die EG von einer Zollunion mit einem integrierten Binnenmarkt und gemeinsamer Außenhandelspolitik bei nationalem Handel in eine Währungs- und Wirtschaftsunion umgewandelt, zu welchem Zweck soll eine Politische Union als Aktionseinheit mit einer gemeinsamen Außen-, Sicherheits- und Verteidigungspolitik der beteiligten Staaten geschaffen werden, nachdem die Ost-West-Konfrontation beendet, der WP aufgelöst, das sowjetrussische Imperium und die UdSSR selbst zerfallen sind? Diese Frage wird von den europäischen Politikern als eine apriorische Evidenz behandelt, die sich selbst erklärt und weder einer Rechtfertigung oder Begründung noch auch nur einer Antwort bedarf: Also Europa als Selbstzweck?

Diese Frage sollte aber nicht mit der nach dem Sinn und Zweck von Multilateralität gleichgesetzt werden, denn Multilateralität könnte anders und in einem größeren Kreise von Beteiligten konstruiert werden als die EPU auf der Basis der EG in Westeuropa im engeren geopolitischen Sinn der Konfrontationsära 1945-1990. Die Beitrittsanträge bisheriger EFTA-Mitgliedstaaten und das Streben bisheriger RGW-Staaten zur EG weisen auf das reale ökonomische Interesse am großen Gemeinsamen Markt und möglicherweise auch am EWS, wie es heute besteht. Die Haltung Großbritanniens 1991 gegenüber einer EWU weist auf ein entsprechendes Interesse, von einem EG-Mitglied nur abwehrend und begrenzend, also tendenziell negativ definiert: "nicht mehr als, nicht weiter als".

Wesentlich aber ist es, eine Antwort auf die Frage zu geben, wo in Zukunft die Grenzen Westeuropas liegen sollen oder ob ganz Europa auf der EG-Grundlage in einer Europäischen Union vereint werden soll. Die Gegenüberstellung von Union im Westen und gesamteuropäischer Konföderation wird dem Druck der östlichen Länder auf Mitgliedschaft in der EG nur für einige Zeit standhalten. Entweder gibt die EG-Union dann wesentliche Funktionen an eine gesamteuropäische Konföderation ab, zum Beispiel im Sicherheitsbereich und für übergreifende Zusammenarbeit in einem europäischen Wirtschaftsraum, oder aber alle Staaten streben zur EG/WEU und damit in die "Europäische Union". Welche Prioritäten wird Deutschland setzen und nach welchen Maßstäben? Bleibt es im Prinzip bei der Aufgabe, die Bundeskanzler Kohl Ende 1989 in seinem Zehn-Punkte-Programm mit der Forderung nach Öffnung Westeuropas zur Aufnahme aller beitrittswilligen Demokratien der EG-Politik stellte? Also ein Europa ohne Grenzen? Die eingeleitete KSZE- und NATO-Politik weisen in diese Richtung.

Die KSZE könnte einem lose gegliederten und politisch nicht integrierten Europa einen multilateralen Rahmen als Ersatz für eine Union bieten. Doch streben die ehemals von der Sowjetunion kontrollierten Länder des östlichen Mitteleuropa und Südosteuropas schutzsuchend vor den Gefahren des Vakuums, des Chaos, neuer Dominanz fremder Mächte einschließlich Deutschlands zur EG und zur NATO, in der die USA als "european power" Ordnungsmacht und Autorität der Mediation, Sicherheitsgarant und Regulator sein könnten, wenn sie dies wollten.

Unter dieser Voraussetzung wäre eine Europäische Union als Föderation - nicht als Konföderation - der optimale multilaterale Handlungsrahmen, weil sie:

- die Zahl und den Kreis der Außenbeziehungen in Europa erheblich zugunsten der an den Innenbeziehungen unter einem gemeinsamen Dach beteiligten Partner reduzieren und später eine Verdichtung zu einem immer mehr zum

Bundesstaat hin tendierenden Staatenbund mit einem Regelwerk der gemeinsamen Ordnung und Interessenbestimmung ermöglichen würde;

- der nordatlantischen Allianz schließlich einen europäischen Sicherheitspfeiler geben und den gemeinsamen Ankerplatz für die Verankerung der USA als europäische Macht auf dem Festland erlauben könnte, auch ohne Konfrontationsdruck von außen;
- Europa als Aktionseinheit in der Welt schaffen und damit europäische Gemeinschaftsinteressen wirksamer als durch die 12 oder künftig 15 bis 20 EG-Staaten der Zollunion und des Gemeinsamen Marktes mit gemeinsamen Regeln wahren und schützen könnte.

Ob die Grundlagen im Maastrichter Vertrag ausreichen, um von der erreichten Zwischenstufe aus in absehbarer Zeit auf eine höhere Stufe der politischen Integration voranzuschreiten, wird der Beginn der Umsetzung des Maastrichter Programms erweisen. Das retardierende Moment der britischen Politik mag weichen, doch ist dies nicht sicher. Die britische Interessenbestimmung kann gegenüber der europäischen Integration bis hin zu einer supranationalen Autorität offener werden, aber mit der Erweiterung Westeuropas stellt sich doch die Frage nach der Vertiefung nicht so einfach, wie der Maastrichter Kompromiß dies erscheinen läßt. Gerade die Ausweitung der europäischen Sicherheitspolitik auf den eurasischen Kontinent, wie sie von der Aufnahme aller ehemaligen Sowjetrepubliken in die KSZE und von ihrer Beteiligung am Nordatlantischen Kooperationsrat formalisiert worden ist, macht eine kritische Überprüfung der Modelle für die Fortentwicklung der politischen Einigung Westeuropas notwendig. Was soll dieses Westeuropa in der Gestalt der in Maastricht vertraglich in groben Konturen beschlossenen "Europäischen Union" sein? Der Kern einer weiteren Union oder der Rückhalt für die "gesamteuropäische Sicherheitsarchitektur" im Westen, zugleich auch deren westlicher Pfeiler in der atlantischen Allianz? Oder soll es sich progressiv auf den Rest Europas erstrecken, Rußland bis zum Pazifik eingeschlossen?

Vermutlich ist letzteres weder gemeint noch in den kommenden Jahrzehnten erreichbar. Wäre es aber wünschenswert im Sinne Europas? Oder sollte auch ein demokratisches und in sich föderalistisches Rußland, eben eine wirkliche "Russische Föderation", außerhalb der "Europäischen Union" bleiben? Die Antworten auf solche Fragen können und müssen heute und morgen noch nicht gegeben werden, doch die Notwendigkeit, sie zu stellen, weist auf den provisorischen Charakter aller westeuropäischen politischen Strukturen, es sei denn, die Staaten Westeuropas ließen ihre Union von vornherein im Osten an der Westgrenze Rußlands oder sogar an der Westgrenze Polens und des Baltikums enden. Jede Politik eines "Europa ohne Grenzen" wird die Tendenz zur Weiterentwicklung der Politischen Union hemmen.

Gerade wenn es in einer im Aufbau befindlichen "Europäischen Union" zwischen den EG-Partnern zu einer realen gemeinsamen Außen- und Sicherheitspolitik kommen soll, die auf konkrete Situationen angewandt werden und Erfolg haben können müßte, wird eine längere Übergangsphase vor neuen Erweiterungen nötig werden. Aber auch die intermediäre Multilateralität auf der erreichten Zwischenstufe der EG-Integration bedarf einer Phase der Konsolidierung, um über längere Zeit zum gemeinsamen Vorteil wirken zu können und eine Staatenpraxis auszubilden, die mehr gemeinsame Handlungsfähigkeit ergeben könnte als der bis 1992 erreichte Zustand. Es erscheint nach Maastricht nicht sicher, daß die Politische Union zugleich mit der Währungs- und Wirtschaftsunion Wirklichkeit wird. Aber eine WWU der EG-Staaten würde die Politische Union für die wesentlichen Bereiche nach sich ziehen oder aber sich wieder auflösen müssen. Insofern dürfte das funktionale Moment der Integration weiter wirken, selbst wenn der europäische Föderalismus nicht an Kraft gewinnen sollte.

Unter diesen Voraussetzungen kann das Modell der intermediären Multilateralität auf der heute erreichten Zwischenstufe, versehen mit der Perspektive von Maastricht, nützlich für eine Politik des Aufbaus und der allmählichen Herausbildung der gemeinsamen Außen- und Sicherheitspolitik sein, die um so notwendiger wird, als der erweiterte KSZE-Rahmen den EG-Staaten wie der NATO friedenssichernde Aufgaben zuweisen dürfte. Nur ein integrationspolitischer Pragmatismus wird es erlauben, diese Aufgaben gemeinsam - ohne Verengung auf Westeuropa oder im Gegenteil westeuropäischen Identitätsverlust - zu erfüllen, zumal das Zusammenwirken mit den USA und auch mit Rußland notwendig und nützlich dafür ist. "Interlocking institutions" ist ein Begriff, der Organisationsstrukturen, Verfahren und Methoden umschreibt, nicht aber politische Substanz oder gemeinsame Interessen. Er kann deshalb auch nicht als Antwort auf Fragen nach Sinn und Zweck, nach Möglichkeiten und Zielen der Politik dienen.

Gegen eine "Europäische Union" mit supranationaler Autorität steht auch das erkennbare amerikanische Interesse, *bilaterale* Beziehungen zu den europäischen Staaten zu erhalten und nicht das gesamte Verhältnis zu Europa in einen sich über den europäischen Osten als gesamteuropäische Integrationsklammer erstreckenden multilateralen EG-Handlungsrahmen einfügen zu lassen, das heißt nicht einem wirklich politisch und wirtschaftlich geeinten Europa in einer Partnerschaft und Handelsbeziehung gegenüberzustehen. Es ist im übrigen sehr wohl möglich, daß eine solche Entwicklung den Anstoß zum "disengagement of US power from Europe" geben und zu einer globalen US-Strategie der "balance of power" zwischen Europa, China, Japan, Australien, Lateinamerika, Afrika und Rußland beitragen könnte. Die "atlantische Partnerschaft" würde dann an Relevanz und schließlich an Konsistenz verlieren, denn ihr ginge darüber der Daseinszweck verloren. Auch im Verhältnis zu Nordamerika liegt also eine *Grenze*, die das *Opti-*

mum europäischer Integration im EG-Multilateralitätsrahmen vom *Maximum* trennt und die die positiven Wirkungen der europäischen Multilateralität im Verhältnis zu den USA von möglichen negativen scheidet.

Im weiteren wird von der Prämisse ausgegangen, daß die maximalistische EG-Integrationspolitik von der Bundesregierung fortgesetzt wird und daß sie mit oder ohne Großbritannien zu weiteren Erfolgen im Sinne der rhetorischen Zielsetzung bei unsicheren Resultaten in der Realität führen wird. Die europäische Multilateralität wird also hier gleichgesetzt mit der EG als Basis für den Aufbau einer Union, mit der EG-Ausweitung und mit dem Entstehen einer europäischen Aktionseinheit als vom Westen her initiierten und mit westlichem Vorzeichen versehenen Kern einer institutionalisierten KSZE mit Beteiligung der USA, Rußlands und den anderen Nachfolgestaaten der Sowjetunion. Die NATO würde darum als Schutzmantel bis zur Westgrenze der GUS bzw. Rußlands mit organischen Beziehungen zu Rußland, der Ukraine usw. liegen. Damit wäre auch "das gemeinsame Europäische Haus" umschrieben als ein Bereich der Sicherheit von San Francisco/ Vancouver bis Wladiwostok über den Nordatlantik, also als Sicherheitsdimension der nördlichen Hemisphäre - eine Vision, nicht eine Realität der Jahrtausendwende, deren Materialisierung ungewiß und in hohem Maße zweifelhaft erscheint.

Die Strukturveränderung der KSZE durch die Aufnahme der ehemaligen Sowjetrepubliken und durch die Vorschläge zu ihrer Ausstattung mit Institutionen bzw. Exekutivorganen und konkreten Verpflichtungen der Mitglieder zu gemeinsamem Handeln macht eine Neubestimmung der Interessen gegenüber der KSZE nützlich. Wenn die KSZE, wie im Fall Nagorny-Karabagh zwischen Armenien und Aserbaidschan, buchstäblich an der südöstlichen Peripherie Europas mit der Grenzregion zum Mittleren Osten und zu Zentralasien, politisch vermitteln soll, muß die deutsche Politik die Frage beantworten, welchen "preferred outcome" sie bei der Konfliktregelung sucht und mit welchen Mitteln sie dazu beitragen will. Daraus ergibt sich die weitere Frage nach den Konsequenzen und nach den Risiken, denn eine Vermittlung wie eine Konfliktregelung werden vermutlich nicht "das Ende der Geschichte" in den archaischen Konflikten der Region bedeuten.

In den meisten Fällen werden Grenzkonflikte in Zusammenhang mit Minderheiten und nationalen oder ethnisch-kulturellen Gegensätzen stehen. Die Befassung der KSZE mit solchen Konflikten in Asien bringt Risiken der Einbeziehung in außereuropäische Krisen und möglicherweise sogar den Zwang zum Handeln außerhalb Europas mit sich. Der Unterschied zwischen einem russisch-zentral beherrschten Sowjetzentralasien und einem von der russischen Dominanz und zentraler Kontrolle freien Staatenbündel in Zentralasien als Fortsetzung oder Annex Europas für internationale Sicherheit ist evident, aber folgenschwer. Die KSZE-Politik muß von nun an in diesem Raum nach Nationen und Staaten differenzieren und kann sich nicht auf die Kriterien der Minderheiten- und der Menschenrechte beschränken. Sie hat statt einer zentralen Adresse Moskau, bei der man Forderungen nach mehr Demokratie, mehr Freiheit, mehr Gerechtigkeit und Einhaltung der seit 1975 vereinbarten Prinzipien einschließlich derer der Pariser Charta von 1990 anbringen konnte, nun zwischen nationalen Interessen abzuwägen. Sie muß versuchen, das übergeordnete gemeinsame Interesse, soweit es sich konkret und situationsgerecht bestimmen läßt, zur Geltung zu bringen. Doch wie und womit? Ist Deutschland bereit, beispielsweise Soldaten zum Einsatz in Zentralasien zur Verfügung zu stellen und deren Gefährdung für die Friedenserhaltung oder für eine bewaffnete Vermittlung zur Konfliktregelung in Kauf zu nehmen?

Die Antwort kann nicht nur mit der Beantwortung der Verfassungsfrage und unter Berufung auf einen Beschluß der VN (als deren regionale Organisation die KSZE etabliert werden könnte), gegeben werden, denn hier handelt es sich nicht um Formalitäten des internationalen und nationalen Rechts, sondern um die Bestimmung der eigenen Interessen an der internationalen Sicherheit und einer eurasischen Ordnung in konkreten Konfliktlagen. Die rechtliche Ermächtigung und die internationale politische Deckung sind notwendig, reichen aber weder innen- noch außenpolitisch aus. Wenn die KSZE eine regionale eurasische Sicherheitsorganisation (z.B. nach der VN-Charta Kapitel VIII) werden soll, wenn WEU und NATO hierfür "friedenserhaltende Missionen", aber auch für militärische Aktionen zur Konfliktbeendigung oder zur Wiederherstellung des Völkerrechts Truppen zur Verfügung stellen sollen, wird es notwendig, die Risiken national wie europäisch nach Interessenkriterien abzuwägen. Es wird dann notwendig sein, in einem multilateralen Beziehungsgeflecht und auf der Basis internationaler Verpflichtungen von Fall zu Fall über die eigene Teilnahme und die eigenen Mittel zu entscheiden, ohne Berufung auf eine übergeordnete supranationale Autorität.

Sicherlich sind die VN für die deutsche Politik der wesentliche multilaterale Rahmen für alle globalen Aufgaben, jedenfalls solange in diesem Rahmen Handlungsraum gegeben ist und genutzt werden kann. Dieser positiven Nutzungsmöglichkeit für Aktionsbeteiligung steht eine negative durch Passivität gegenüber, verschanzt hinter der Charta und den formalen Prozeduren der VN: Die deutsche Politik kann im multilateralen Handlungsrahmen der Vereinten Nationen von Fall zu Fall als Partner anderer im VN-Auftrag handeln oder sich enthalten wie alle anderen Staaten auch. Diese Balance sollte erhalten und genutzt werden. Voraussetzung dafür ist allerdings, daß Deutschland nicht ständiges Mitglied des Weltsicherheitsrats wird. Würde später eine Europäische Union statt Großbritannien und Frankreich mit zwei Stimmen oder nur mit einer Stimme Mitglied, würde der deutsche Anteil wie jeder andere europäische darin aufgehen, es sei denn, Großbritannien und Frankreich blieben als privilegierte Mächte der Union deren Repräsentanten, wie auch immer auftragsgebunden oder autonom. Auch in diesem Bereich werden Grenzen des Multilateralitätsnutzens sichtbar.

III. Die Veränderungsmöglichkeiten

Folgende Veränderungsmöglichkeiten zeichnen sich ab:

1. Die NATO-Vereinbarungen werden so ausgelegt, daß auf Bedrohungen der europäischen, mittelmeerischen, nordatlantischen Sicherheit mit gemeinsamen militärischen Operationen wie im Bündnisfall reagiert werden kann, die (etwa durch Feuerwirkung) auf Ziele und Gebiete außerhalb des NATO-Territoriums ausgeweitet werden. Eine solche einvernehmliche Auslegung durch die Vertragspartner ist möglich, würde aber in den Bündnisländern Rechtsfragen über die völkerrechtliche Tragweite und die verfassungsrechtlichen Folgen einer solchen Interpretation und Vertragspraxis aufwerfen und muß deshalb, aber auch aus politischen Gründen, als unwahrscheinlich angesehen werden.

Die Aussagen des Nordatlantikrates zu den "vier Kernfunktionen" des Bündnisses in der veränderten Lage nach dem Ende der Ost-West-Konfrontation (Punkt 21 des neuen "strategischen Konzepts") lassen nicht erkennen, daß und wie Aktionsfähigkeiten über den bisher vertraglich vereinbarten Bündnisfall hinaus erweiterte Sicherheit in internationalen Krisen wenigstens in Europa selbst bieten könnten. Die Aussagen kreisen um die einfache Feststellung (Punkt 15), daß "das neue Umfeld weder den Zweck noch die sicherheitspolitischen Aufgaben des Bündnisses verändert" und daß "das veränderte Umfeld dem Bündnis neue Möglichkeiten bietet, seine Strategie in einem breit angelegten sicherheitspolitischen Ansatz zu konzipieren". Über einen solchen Ansatz ist konzeptionell nichts weiter ausgesagt. Dieses Dokument ist nahezu ohne Substanz. Es handelt sich um ein NATO-typisches Konsensresultat ohne konkreten Inhalt und ohne Bezug zur historischen Realität (Jugoslawien z.B. für Europa).

Es war nicht dieses Konsensverfahren, das die Ost-West-Konfrontation zum Vorteil des Westens beendete und zur Selbstauflösung des WP führte, noch waren es solche Denkansätze oder die substanzlose Kommuniquésprache. Der eingeschlagene Weg wird also nicht zur Aktionsfähigkeit in der Krise, über den Bündnisfall und die kollektive Verteidigung des NATO-Gebietes hinausführen; auf ihm wird kein Zustand erreicht werden, in dem die NATO "extended security" wird anders gewährleisten können als dort, wo das nicht nötig ist oder wo sie etwa von einzelnen NATO-Partnern einseitig bzw. in einer Gruppe geboten werden könnte. Im letzteren Falle könnte das NATO-Gebiet mit seiner Infrastruktur, Logistik und den ihm innewohnenden geostrategischen Möglichkeiten *indirekt* und als rückwärtiger Raum *positiv wirken*, wie in der Golfkrise und im Golfkrieg. Dies wäre also eine *Allianzwirkung*, aber *keine Allianzaktion*, die jedoch wie im Golfkonflikt 1990/91 ausreichen könnte. Es handelt sich nur nicht um eine Lösung des Problems der Handlungsfähigkeit der NATO-Partner in einer Krise ohne direkte militärische Aggression gegen das NATO-Gebiet.

2. Die KSZE wird auf der Basis eines *Sicherheitsvertrages* institutionalisiert, in dem ein Regime von Sanktionen und Regeln für militärische Intervention vereinbart werden könnte und durch den Organe mit Verfahren zu diesem Zweck geschaffen würden. Dies erscheint nicht ausgeschlossen, aber wiederum auch nicht sehr wahrscheinlich. Es setzte allgemeinen Konsens der KSZE-Partner und Ratifizierung eines völkerrechtlichen Vertrages voraus, was zumindest für die USA und Kanada als äußerst schwierig erscheinen muß. Eine realistische Chance könnte einem solchen Versuch auf absehbare Zukunft nicht zugemessen werden. Es wäre wahrscheinlich einfacher, den Vertrag von Washington auszuweiten, als einen solchen Sicherheitsvertrag im KSZE-Rahmen zu verwirklichen und zweckmäßig anzuwenden.

3. Eine Gruppe von NATO-Partnern schließt mit anderen KSZE-Teilnehmerstaaten einen *Nichtangriffs- und Beistandspakt.* Diese Idee wurde schon 1989/90 ventiliert, aber nicht weiterverfolgt. Auf diese Weise könnten etwa Polen, Ungarn, die CSFR und die drei baltischen Staaten, wenn sie es wünschten, mit Deutschland, Frankreich, Großbritannien und Italien sicherheitspolitisch für krisenwirksame Sicherheitsleistungen verbunden werden. Die westliche Kerngruppe könnte auch insgesamt von der WEU gestellt werden. Die heute der NATO nicht angehörenden KSZE-Teilnehmer könnten dabei jene Sicherheit finden, nach der sie streben, ohne Mitglieder der NATO bzw. der WEU zu werden. Andererseits würde ihnen die Beitrittsoption offenstehen, wenn die Staaten der NATO bzw. der WEU eines Tages zur Aufnahme bereit wären. Diese *Hilfskonstruktion* könnte für eine Übergangszeit nützlich sein, wenn sie politisch honoriert würde. Die USA könnten dieses System *bedingt garantieren*, wenn sie sich selbst - wie zu erwarten stünde - nicht fest verpflichten und binden wollten. *Rußland* bzw. eine um Rußland organisierte Konföderation souveräner Staaten könnte entweder beitreten oder sich assoziieren wie andere europäische Staaten auch, zum Beispiel Spanien, Norwegen oder die Türkei. Die bisher "neutralen" europäischen KSZE-Teilnehmer, wie Schweden und Österreich, aber auch Finnland in seiner veränderten Vertragslage gegenüber der vormaligen UdSSR, könnten entweder beitreten oder sich assoziieren. Die Pseudo-Staaten der KSZE bräuchten sich nicht an der Verabschiedung von KSZE-Texten zu beteiligen, die sie nicht mittragen noch honorieren könnten. Dies könnte auch für die Schweiz nach ihrem Neutralitätsverständnis gelten und natürlich für Irland. Die Neutralitätsfrage könnte sich in einer solchen Gruppierung oder ihr gegenüber im Konfliktfall stellen. Deshalb ist es zweifelhaft, ob bisher "neutrale" Länder sich beteiligen wollen und sollen.

Nur auf diesem Wege erscheint es möglich, eine Staatengruppe zu bilden, die in einer europäischen Krise - wie derzeit der jugoslawischen - handlungsfähig und handlungswillig wäre, um Sicherheit und Frieden zu erhalten oder durch militärische Intervention, Gebietsokkupationen, Blockade (eine Kriegshandlung nach dem Völkerrecht) und Durchsetzung von Sanktionen auf andere Weise wiederherzustellen. Ein "harter Kern" wie in der NATO und in der EG ist zwar auch in der KSZE vorstellbar, müßte jedoch die Einstimmigkeitsregel der KSZE-Teilnahme suspendieren, also die Beachtung der Schlußakte von 1975. Dies ist nicht wahrscheinlich. Die Nachfolgedokumente und insbesondere die "Pariser Charta" geben als Handlungsrahmen wenig her, um nicht zu sagen *nichts*.

4. Die EG organisiert sich als eine *politische Aktionseinheit* entweder nach dem allgemeinen Konsensprinzip oder in der WEU oder durch eine neue Kerngruppe der größeren Partner mit militärischer und wirtschaftlicher Handlungsfähigkeit. Dazu könnte auch der EPZ-Rahmen außerhalb der EG-Institutionen und der Römischen Verträge dienen. Ein solches pragmatisches Vorgehen erscheint möglich und auch durchaus erfolgversprechend *per se*, jedoch mangelt es derzeit offenkundig am Konsens dafür zwischen den EG-Partnern und selbst in der WEU.

Der EG-Integrationsprozeß sollte auch vor der Realisierung einer Politischen Union zwischen den 12 Staaten nicht mit solchen Vorgriffen auf spätere institutionelle Entscheidungen und Vereinbarungen belastet werden; denn der *acquis* erscheint in der näheren Zukunft als *prekär* und als *kostbar*. Im übrigen müßte auch ein EG-Bundesrat mit gewichteten Länderstimmen eine *Kerngruppe für Krisenbeherrschung* durch Aktion in eigener Verantwortung und mit eigenen - gemeinsamen - Kräften und Mitteln enthalten. Davon ist bisher in den diversen Vorschlägen noch nicht die Rede. Dies kann aber später geschehen. Die WEU als *Sicherheits- und Verteidigungsagentur der EG* würde eine solche Möglichkeit bieten. Doch die Versuche seit 1984/85, die schließlich die "Politische Plattform" von 1987 zum Resultat hatten, zeigen, daß die Hindernisse - nicht nur bei den kleineren Partnern wie Irland, Dänemark und Griechenland, sondern auch zum Beispiel in den Niederlanden und in Großbritannien - schwer zu überwinden sind.

Erstmals erhielt die WEU eine reale Perspektive durch die Bemühungen um eine multiinstitutionelle Verbundstruktur für das Krisen- und Konfliktmanagement und durch den Umgang mit den Konflikten im früheren Jugoslawien, bei denen der NATO - anders als im Irak-Krieg - keine Funktionen zuwuchsen und die USA in besonderem Maße zurückhaltend blieben. Sie kündigte sich mit den Erklärungen der NATO von Kopenhagen und Rom an, in denen der WEU mögliche Rollen zugebilligt wurden. Das Konzept der "interlocking institutions" hatte dafür von Anfang an Raum gelassen. In der Maastrichter Erklärung der WEU-Mitglieder vom 10. Dezember 1991 wurde die Absicht deutlich, die WEU zu einer Verteidigungskomponente der Europäischen Union zu entwickeln. Die Petersberg-Erklärung vom 19. Juni 1992 leitete praktische Schritte für eine operative Rolle der WEU ein. Mit der anschließenden ersten Zusammenkunft des Kooperationsrates der WEU, an der die Mitgliedstaaten sowie die drei baltischen Staaten, Polen, die CSFR, Ungarn, Rumänien und Bulgarien teilnahmen, wurde eine an die Europa-verträge der EG angelehnte besondere Form der Einbeziehung mittelost- und südosteuropäischer Staaten gefunden, die in den größeren Rahmen der KSZE und des Nordatlantischen Kooperationsrats so nicht zu verwirklichen war und die für europäisches Krisen- und Konfliktmanagement relevant werden kann.

5. Es erfolgt eine entschiedene Veränderung der NATO auf der Basis des Nordatlantikpakts durch Revision im oben dargelegten Sinne mit einer gegenseitigen Verpflichtung zu gemeinsamem Handeln im Krisenfall wenigstens in Europa und im Mittelmeerraum sowie im Schwarzen Meer (das wie die Ostsee ein geschlossenes europäisches Seegebiet ist). Nur eine solche radikale Lösung könnte die Interessenkonflikte auflösen, die heute zwischen den NATO-Partnern in bezug auf WEU und/oder WEU-EG und auf eine organisierte Instrumentalisierung der KSZE als "europäische Krisensteuerungsinstanz" bestehen. Geschieht dies nicht, wird die NATO als atlantische Bündnisklammer zwischen den USA und Europa

- politisch weiter tabuisiert;
- damit für Krisen, die den Bündnisfall nicht aufwerfen, neutralisiert;
- zur Abschirmung nationaler Passivität, Solidaritätsverweigerung, Inanspruchnahme formaler Hinderungsgründe der aktiven Mitwirkung usw. mißbraucht bzw. zweckentfremdet werden.

Der Vorteil der derzeitigen Rechtslage ist es allerdings, daß sie dem politischen Interesse aller Beteiligten entspricht, das Bündnis nicht zu überfordern, es nicht nach außen als ein internationales Dominanz-Instrument des Westens zu exponieren und zu diskreditieren. Dieser Vorteil ist ein *kostbares Gut*. Auch das zeigte sich im Golfkonflikt, in dem der NATO-Partner Türkei berührt und als operative Plattform auch militärisch beteiligt war. Es zeigt sich heute abermals in der Kurdistanfrage, der türkisch-irakischen Grenzlage und in Jugoslawien. Es würde sich überall auf dem Balkan, im Donauraum und in Osteuropa zeigen, wenn dort in Zukunft eine Krise mit Kriegsgefahr entstehen sollte. Die *Ausstrahlung erweiterter Sicherheit* durch Dasein und Geschlossenheit einer *auf Europa beschränkten Allianz* ist vermutlich die bessere Lösung, wenngleich eine stets indirekt wirkende und unvollkommene, dazu auch ungesicherte.

Gerade dann, wenn man zu dieser Schlußfolgerung der Vorsicht kommt, erscheint aber eine intermediäre Konstruktion wie unter 3 für eine Übergangszeit bis zur Erreichung von 4 als vorteilhaft, zumal dann, wenn beide später in einem partiellen europäischen Sicherheitsvertrag ohne allgemeine KSZE-Beteiligung und möglicherweise ohne Mitgliedschaft der Vereinigten Staaten und Kanadas verbunden werden könnten.

6. Zusammenfassend kann festgestellt werden, daß eine Kombination der Optionen 3 und 4 am aussichtsreichsten sein könnte, denn sie würde keine Frage der Vertragsrevision des Nordatlantikpakts und keine Auslegungsproblematik des

Washingtoner Vertrages aufwerfen, noch den Senat der USA in der Bindung an Europa überbeanspruchen.

Eine Institutionalisierung der KSZE mit einem Sicherheits*vertrag* würde ähnliche Schwierigkeiten aufwerfen, allerdings nicht nur in den USA und in Kanada, sondern möglicherweise auch in mehreren europäischen Staaten. Solange noch keine Klarheit über die Entwicklung auf dem Gebiet der früheren UdSSR besteht, ist es ohnehin von Vorteil, das Spektrum der Optionen nicht durch rechtsförmliche Verpflichtungen auf bestimmte Lösungen und Festlegung auf bestimmte Konstruktionen einzuengen. In einer Entwicklungsphase, die von großer Beschleunigung und hochgradiger Veränderlichkeit der jeweils erreichten Stadien gekennzeichnet wird, sollte ein Höchstmaß an *Flexibilität für elastische Stabilität*, das heißt Anpassungsfähigkeit an neue Situationen und Spielraum für Handeln angestrebt werden. Stabilität muß das Merkmal der politischen *Erdbebensicherheit* aufweisen. Dies haben die Ereignisse seit 1988 im Osten Europas gelehrt. Die statische Stabilitätspolitik der Konfrontations- und Détente-Epoche setzte territoriale und innenpolitische Systemstabilität gleich. Damit entsprach sie dem Abschreckungssystem und der Blockpolitik. Eine dynamische Stabilitätspolitik weist Risiken des Handelns auf, die in der statischen Periode nicht gegeben waren. Strukturen müssen deshalb sein, aber sie müssen Flexibilität des Handelns im multilateralen Rahmen erlauben. Die gewählte Kombination 3/4 erlaubt dies auf pragmatische Weise.

2. USA, Japan, Deutschland: Wirtschaftliches Leistungsvermögen als Grundlage internationaler Stabilisierungsbeiträge

Jürgen Nötzold

Das Ende der Ost-West-Konfrontation und der Zusammenbruch der Sowjetunion waren nicht nur etwas voreilig für das "Ende der Geschichte", sondern auch für den Beginn einer "neuen Weltordnung" gehalten worden. Das alte System hegemonialer Bipolarität der rivalisierenden Supermächte mit seinem militärischen "Gleichgewicht des Schreckens" sollte durch eine bessere und gleichwohl stabile Ordnung abgelöst werden. Durch die Bündelung nationaler Interessen, anerkannte innere und äußere Rechtsordnungen, gemeinsame Willensbildungs- und Entscheidungsprozesse sollten Stabilitätszonen zivilisierter zwischenstaatlicher Beziehungen entstehen. Inzwischen ist jedoch deutlich geworden, daß die Wahrnehmung der "historischen Chance" für eine Kooperations- und Stabilitätszone demokratisch und marktwirtschaftlich verfaßter Staaten in der nördlichen Hemisphäre mit den Hauptpartnern USA, Japan, Westeuropa und Deutschland sowie Rußland auf beträchtliche Schwierigkeiten stößt.

Notwendig sind Staaten mit kooptiver Macht, die zusammen mit anderen Staaten zur Bildung von Stabilitätszonen in der Lage sind. Die Bundesrepublik Deutschland ist auf die Rolle einer solchen Ordnungsmacht neuen Typs vorbereitet, weil sie sich in der Folge des Zweiten Weltkrieges nicht zu einer eindeutigen Sicherheits- und Militärmacht entwickelte. Sie ist der Prototyp einer zivilen Macht geworden. Die Wirkungsmöglichkeiten der Bundesrepublik Deutschland und ihr internationaler Rang beruhten weitgehend auf ihrer wirtschaftlichen Leistungskraft und Innovationsfähigkeit sowie auf ihrer Bereitschaft zur internationalen Einbindung. Die Bedeutung des Wirtschaftsbereichs für die internationale Verflechtung wird durch die Bildung der westeuropäischen Stabilitätszone bestätigt, die bislang von der wirtschaftlichen Zusammenarbeit als wichtigstem und erfolgreichem Antriebsmoment getragen wurde.

Die Europäische Gemeinschaft ist die Grundlage einer größeren europäischen Stabilitätszone, doch wandeln sich die Voraussetzungen des europäischen Integrationsprozesses. Im östlichen Teil Europas vollzieht sich auf längere Zeit eine dramatische Anpassungkrise an eine neue innere und äußere Ordnung. Die Überschneidungen ethnischer und politischer Grenzen, sozialökonomische Instabilitäten, Schwierigkeiten bei der Ausbildung funktionsfähiger pluralistischer Demokratien und sozialer Marktwirtschaften führen zu Sicherheitsrisiken, die schwerer abzuschätzen und zu kontrollieren sind als zur Zeit des Ost-West-Konflikts. In erster Linie sind hier Mittel vorbeugender Konfliktverhütung gefragt. Ihr mangelhafter Einsatz beim Zerfallsprozeß Jugoslawiens hat zur Folge, daß für den Wiederaufbau der verwüsteten Gebiete des früheren Jugoslawien erhebliche Leistungen erbracht werden müssen. Noch ist die weitere Entwicklung im östlichen Teil Europas nicht zu übersehen, doch beginnen sich die Prioritäten in Europa zu verschieben. Sie liegen nicht mehr bei den Aufwendungen, die für die Vorbereitung der Europäischen Gemeinschaft auf die Wirtschafts- und Währungsunion, sondern für die Stabilisierung des östlichen Teils Europas erforderlich sind. Gefahr durch wirtschaftlichen Verfall und politische Unordnung im Osten würde in erster Linie Deutschland drohen. Durch seine Lage an einer neuen west-östlichen Trennlinie könnte es in den Strudel destabilisierender Ereignisse gezogen und selbst destabilisiert werden.

Keine Gruppierung wäre besser als die G-7 in der Lage, zur Stabilität in Osteuropa und der früheren Sowjetunion beizutragen. Es ist unmittelbar einsichtig, daß der Erhalt der westeuropäischen Stabilitätszone und ihre Ausweitung auf das östliche Europa im vorrangigen Interesse Deutschlands liegt. Aber wird unter Umständen von ihm mehr gefordert, als es geben kann, wenn man es mit den USA und Japan sowie den westeuropäischen Mitgliedern der G-7 vergleicht? Deutschland nahm mit seiner materiellen Leistungsfähigkeit eine Mittelposition zwischen den USA und Japan einerseits und seinen EG-Partnern andererseits ein. Es verfügt in Europa zwar über das größte Sozialprodukt, liegt aber deutlich näher an den westeuropäischen Größenordnungen als an denjenigen der USA und Japans. Das Sozialprodukt verschiedener Staaten stellte sich als Ergebnis der wirtschaftlichen Leistungsfähigkeit und Bevölkerungsgröße, gemessen in % des Sozialprodukts der westlichen Industrieländer, im Jahre 1990 wie folgt dar: USA 34,1; EG 38,5; Japan 18,5; Deutschland 10,3; Frankreich 7,4; Italien 6,7; Großbritannien 6,2.[1]

Bis auf wenige Ausnahmen, insbesondere bei lohnintensiven Industriezweigen, ist die deutsche Industrie ihren Konkurrenten in Europa (Frankreich, Großbritannien, Italien, Spanien) überlegen. Als Herausforderung für die deutsche Wirtschaft gelten Japan und die USA. Gegenüber diesen Anbietern verstärkt sich die Konkurrenz bei Spitzentechnologien. Im Unterschied zum hohen Standard der deutschen technik-orientierten Industriezweige sind die Leistungen im Bereich der Informationstechnologie im Verhältnis zu Japan, aber auch zu den USA ausgesprochen schwach. Das hat negative Folgen für den Fortschritt und die internationale Wettbewerbsfähigkeit in der Telekommunikation, im Maschinenbau und in der Konsumgüterelektronik. Bei Erzeugnissen der Hochtechnologie[2] betrug im Jahre 1970 der Weltmarktanteil der USA 36,7%, 1989 24,1; der Bundesrepublik Deutschland 11,9% und 8,8%; Japans 7,9% und 20,8%. Die Weltmarktanteile bei

---

1 Bruttosozialprodukt auf Dollar-Basis zu Wechselkursen von 1990; Quelle: *OECD*.

2 Z.B. Luft- und Raumfahrt, Telekommunikation, Büromaschinen und Datenverarbeitung, optische Erzeugnisse.

fortgeschrittener Technologie[3] betrugen in denselben Jahren: USA 23,0% und 16,7%; Bundesrepublik Deutschland 22,7% und 19,4%; Japan 6,6% und 17,5%. Und bei Gütern mittlerer Technologie[4] hatten sich die Weltmarktanteile zwischen 1970 und 1989 folgendermaßen entwickelt: Japan 12,5% und 27,3%; Bundesrepublik Deutschland 21,2% und 21,1%; USA 16,7% und 9,0%.[5]

Im Sozialprodukt pro Kopf kommt die Leistungsfähigkeit der Bevölkerung, aber auch ihre Möglichkeit zu internationaler Hilfe zum Ausdruck. Während sich Westdeutschland im Sozialprodukt pro Kopf zusammen mit Japan, den USA und einigen weniger bevölkerungsreichen Staaten noch in einer Spitzenposition befand, liegt das durchschnittliche Sozialprodukt pro Kopf im vereinten Deutschland hinter demjenigen Frankreichs und Kanadas und knapp vor demjenigen Österreichs. Nur die ausgezeichnete wirtschaftliche Verfassung der alten Bundesrepublik ließ es zu, die deutsche Einheit politisch und wirtschaftlich zu wagen, deren Schwierigkeiten und Kosten aber erst jetzt deutlicher werden. Der Rückgang des durchschnittlichen Sozialprodukts pro Kopf in Deutschland zeigt, was zu leisten ist, wenn die Spitzenpositionen der USA und Japans wieder erreicht werden sollen. So stellen sich als Aufgaben der wirtschaftlichen Umstrukturierung im östlichen Teil Deutschlands eine vergleichbare Produktionsstruktur, Exportstruktur und Außenhandelsintensität wie in Westdeutschland.

Die innere Stabilisierung Gesamtdeutschlands wird zur wichtigsten, materiell wie emotional schwierig zu lösenden Aufgabe. Auch im günstigsten Fall wird Ostdeutschland im großen und ganzen noch lange hinter der Entwicklung in Westdeutschland zurückbleiben. Einen sich selbst tragenden Aufschwung werden am ehesten einzelne Gebiete um Berlin und auf der thüringisch-sächsischen Achse erreichen. Nicht nur in Ostdeutschland, auch in Westdeutschland müssen Gewohnheiten geändert werden, die sich in Jahrzehnten gebildet haben. Es wird eine Motivierung zur Leistung erforderlich, ohne dafür wie bislang reale Einkommenssteigerungen in Aussicht stellen zu können. Im Gegenteil, es müßten auch Abstriche an real verfügbaren Einkommen hingenommen werden. Die Bereitstellung der Mittel für den wirtschaftlichen Wiederaufbau Ostdeutschlands wird zu einer außerordentlichen politischen Leistung. In Westdeutschland wächst der Widerstand gegen Einschränkungen. Die Unternehmen erwarten Entlastungen, die Arbeitnehmer vergaßen bei ihren Lohnforderungen die Auswirkungen auf den östlichen Teil Deutschlands, Kommunen und Länder wollen den Rahmen ihrer bisherigen Finanzausstattung behalten, der Abbau von Subventionen wird immer wieder gebremst.

---

3 Z.B. Spezial- und Werkzeugmaschinenbau, elektrische Maschinen und Apparate, Meß- und Prüfgeräte.

4 Z.B. Fahrzeugbau.

5 Berechnet nach *OECD*.

Die innere Stabilisierung Gesamtdeutschlands muß zu einer Zeit erfolgen, in der große Stabilisierungsaufgaben außerhalb Deutschlands auftreten und andere Staaten Deutschland nicht aus internationalen Verpflichtungen entlassen werden. In dieser schwierigen Übergangsphase wäre die internationale Gestaltungsfähigkeit Deutschlands größer, wenn seine öffentlichen Haushalte und seine Bürger mehr sparen und weniger verbrauchen würden. Es muß die Konstellation vermieden werden, die bereits zur Relativierung der weltwirtschaftlichen Position der USA geführt hat: Die erforderlichen nationalen und internationalen Aufwendungen können nicht allein durch eigene Leistungen aufgebracht werden, sondern machen eine anhaltende Verschuldung gegenüber dem Ausland erforderlich. In einem solchen Fall würde Deutschland seine hervorragende Rolle im europäischen Integrationsprozeß verlieren.

Die Beurteilung der längerfristigen Verbesserung des deutschen wirtschaftlichen Potentials durch die Rekonstruktion im östlichen Teil Deutschlands ist zweifelsohne mit einem hohen Maß an Unsicherheit behaftet. Wenn man davon ausgeht, daß das Sozialprodukt vermehrt für Investitionen und weniger konsumtiv verwendet wird, die öffentliche Verschuldung nicht weiter zunimmt und Deutschland deshalb nicht auf Kapitalimporte angewiesen bleibt, die nur durch ein überdurchschnittlich hohes Zinsniveau erreicht werden können, wird Gesamtdeutschland längerfristig eine erweiterte und produktive Kapazität aufweisen. Weil im östlichen Teil Deutschlands ein umfassender Neubeginn notwendig geworden ist, würde es zu einem starken Modernisierungseffekt, einer Verbesserung der Wettbewerbsfähigkeit und einer Zunahme des weltwirtschaftlichen Gewichts Deutschlands kommen. Kein anderes Land würde Deutschland vom dritten Rang weltwirtschaftlicher Leistungsfähigkeit hinter den USA und Japan verdrängen können. Das hätte natürlich auch zur Folge, daß die deutsche Position in Europa wegen ihres Übergewichts gegenüber den anderen europäischen Staaten nicht weniger problematisch wird. Spannungen und Gegenreaktionen sind möglich, solange nationale Vorrangstellungen nicht durch die Supranationalisierung in Europa auf der Grundlage der Europäischen Gemeinschaft ersetzt werden. Aber noch ist unklar, ob es wirklich gelingt, die Europäische Union zustande zu bringen.

Sparen und die dadurch möglich werdenden Ausgaben für Forschung und Entwicklung (FuE) sowie Investitionen sind Bedingungen für die Modernisierung der Produktionsanlagen und damit neben der technischen Kultur eines Landes, der Qualifikation seiner Arbeitskräfte, dem Arbeitszeitaufwand, dem Ausbildungs- und Schulungssystem, der öffentlichen Infrastruktur, den interindustriellen Beziehungen, der Belastung mit Abgaben, der wirtschaftspolitischen und politischen Stabilität Voraussetzungen der internationalen Wettbewerbsfähigkeit. Auch hier wird der dritte Rang Deutschlands in der weltwirtschaftlichen Leistungsskala sichtbar, deutlich hinter den USA und Japan, aber vor den anderen Industrieländern, die bis auf Spanien der Gruppierung der G-7 angehören.

Von den Wissenschaftlern, Technikern und Ingenieuren der OECD-Region arbeiten ungefähr 41% in den USA, 25% in Japan, 9% in Westdeutschland sowie in Großbritannien und Frankreich je ungefähr 7%. Das Potential des einheitlichen Deutschlands dürfte sich mittelfristig auf einen Anteil von ungefähr 11% erhöhen. Bei den finanziellen Aufwendungen konnte Westdeutschland in der Steigerung mit den USA mithalten, nicht jedoch mit Japan. Gegenüber Japan entwickelte sich die Relation so, daß 1970 die Aufwendungen Westdeutschlands noch deutlich höher waren als diejenigen Japans, 1990 betrugen sie nur mehr 56%. Wegen der Größenunterschiede zwischen den Volkswirtschaften erreicht Deutschland auch nur etwa 20% der FuE-Aufwendungen in den USA.[6] Die USA werden weiterhin die Weltwissenschaftsmacht Nummer 1 bleiben, Japan schließt aber immer weiter auf. Wegen des im Vergleich zu den USA und Japan begrenzten Entwicklungspotentials der deutschen Wirtschaft sind Kooperationspartner notwendig. Trotz der großen Kooperationsvorteile, die der EG-Binnenmarkt bietet, ist eine Abstützung auf europäische Kooperationspartner nicht ausreichend, weil hier gewisse technologische Leistungsfähigkeiten nicht oder nicht in erforderlichem Maße vorhanden sind.

Voraussetzung für das Hervorbringen neuer Produkte und neuer Produktionsverfahren aufgrund von Ergebnissen der Forschung und Entwicklung sind Investitionen. Vergleicht man die nationale Ersparnis als Grundlage der Investitionen, werden die ungünstige Position der USA, die hervorragende Japans und die mittlere der Bundesrepublik Deutschland deutlich. 1980 betrug die gesamtwirtschaftliche Sparquote in % des Bruttoinlandsprodukts bei den USA 18,8; Japan 31,1; Westdeutschland 21,6; Frankreich 23,5; Italien 24,7; Großbritannien 17,7. Die Werte für 1990 waren: USA 14,3; Japan 34,4; Westdeutschland 25,0; Frankreich 21,1; Italien 19,5; Großbritannien 15,6. Dementsprechend entwickelten sich die Investitionen. Der Anteil der Bruttoanlageinvestitionen am Bruttoinlandsprodukt betrug 1980 in % bei den USA 19,1; Japan 31,6; Westdeutschland 22,7; Frankreich 23,0; Italien 24,4; Großbritannien 18,0. 1990 stellte er sich folgendermaßen dar: USA 16,1; Japan 32,2; Westdeutschland 21,2; Frankreich 21,2; Italien 20,2; Großbritannien 19,2.[7] Mit Kapitalexporten ohne Vernachlässigung der Investitionen im eigenen Lande kann in absehbarer Zeit nur Japan zu den Investitionen anderer Länder beitragen. Denn von den großen Volkswirtschaften wird auch in den nächsten Jahren nur Japan Leistungsbilanzüberschüsse aufweisen. Westdeutschlands Leistungsbilanzüberschüsse, die in den 80er Jahren zum Teil erheblich waren, wurden durch die Wiedervereinigung aufgezehrt. Die USA, Großbritannien und Italien werden weiterhin Leistungsbilanzdefizite aufweisen.

6 Quelle: Bundesbericht Forschung des Bundesministeriums für Forschung und Technologie.

7 Quelle: *OECD*.

Zwischen den USA, Japan und Deutschland wird es zu weiteren Verschiebungen ihrer weltwirtschaftlichen Bedeutung kommen. Noch 1965 hatte das Pro-Kopf-Einkommen in Japan nur ca. 25% des amerikanischen betragen, 1990 lag es bereits höher als in den USA. Aufgrund dieser Entwicklungsgeschwindigkeit ist Japan beim finanziellen und intellektuellen Potential auf den ersten bzw. zweiten Platz in der Welt gerückt. Japan hat damit die Ausgangsposition, um den wirtschaftlichen Abstand zu Deutschland zu vergrößern und zu den USA zu verringern. Sein Sozialprodukt beträgt bald 55% des amerikanischen. Es könnte zum Ende des Jahrzehnts einen Anteil von 65 bis 70% erreicht haben, wenn sich die wirtschaftlichen Verhaltensweisen in den USA nicht grundlegend ändern. Nach wie vor ist die gesamtwirtschaftliche Sparquote in den USA um mehr als die Hälfte niedriger als in Japan. Nur durch deutlich höheres Sparen der Bevölkerung und des Staates, das heißt deutlich geringeren privaten und staatlichen Verbrauch, wäre eine Neuindustrialisierung zu erreichen, die den teilweise hochgradigen Verlust eigener Produktionen (bei Verbrauchsgütern sowie bei mittlerer und fortgeschrittener Technologie, z.B. im Fahrzeug- und Werkzeugmaschinenbau) rückgängig macht. Aufgrund der hohen japanischen Sparquote ist der Wert des japanischen Produktionsvermögens bereits mit dem amerikanischen vergleichbar.

Auch die wirtschaftliche Leistungsfähigkeit Deutschlands geht im Vergleich zu Japan zurück, wenn auch nicht so deutlich wie die amerikanische. Schon die alte Bundesrepublik hatte Weltmarktanteile an Japan verloren. Im Laufe der 90er Jahre wird Deutschland weiter hinter Japan zurückfallen. Es spricht vieles dafür, daß auch Japan in den 90er Jahren eine Phase der Anpassung mit reduzierten Wachstumsraten durchläuft. Aber Japans industrielle Stärke ist bis ins nächste Jahrzehnt hinein gut fundiert. Betrachtet man die wirtschaftlichen Probleme der anderen Mitglieder der G-7, dann steht Japan mit seinen höheren Spar- und Investitionsquoten sowie seinen Leistungsbilanzüberschüssen am besten von allen da und könnte sich entsprechende Verpflichtungen leisten.

In der trilateralen Konstellation USA, Japan, Europäische Gemeinschaft geht die singuläre amerikanische Souveränität nicht nur aus wirtschaftlichen, sondern auch aus politischen Gründen zurück. Gleichwohl bleibt der Handlungsspielraum Japans und noch mehr der Deutschlands enger dimensioniert als jener der USA. An der Entwicklung der westeuropäischen Nachkriegsordnung waren die USA maßgeblich beteiligt. Ihre ausgleichende Funktion zwischen den westeuropäischen Hauptmächten ist durch deren wechselseitige Verflechtung nicht mehr so wichtig. Beim Zustandekommen der Europäischen Union würde sie hinfällig werden. Der bisher vorrangige Faktor amerikanischen Einflusses, das militärische Potential, verliert an Bedeutung. Im Rahmen einer gesamteuropäischen Ordnung geht der Einfluß der USA gegenüber der Europäischen Gemeinschaft - vor allem nach ihrer anstehenden Erweiterung - zurück. Bei der vorrangigen Aufgabe europäischer

Friedenssicherung, der präventiven Konfliktverhütung mit nichtmilitärischen Mitteln, werden die USA keine besondere Rolle spielen.

Ähnlich verläuft die Entwicklung im Pazifik gegenüber Japan. Aufgrund ihres wirtschaftlichen Gewichts, aber auch wegen ihrer Rolle als sicherheitspolitische Ordnungsmacht hatten die USA bislang eine zentrale Stellung in der regionalen Kooperation inne. Innerhalb der pazifischen Region vollzieht sich nicht nur wirtschaftlich eine Schwerpunktverlagerung zuungunsten der USA. Auch ihre sicherheitspolitische Rolle relativiert sich. Japan verliert seine frühere Bedeutung als Basis im nördlichen Pazifik gegenüber der Sowjetunion, und es ist deshalb mit einer graduellen Abnahme der amerikanischen Präsenz in Asien zu rechnen. Japan wird sicherheitspolitisch zunehmend selbst gefordert und muß sein Verhältnis zur Volksrepublik China, zu Korea und Rußland bilateral bzw. im Rahmen regionaler Sicherheitsabkommen regeln.

Die USA können die wirtschaftliche, finanzielle und militärische internationale Verantwortung und die sich daraus ergebenden Pflichten nicht mehr allein tragen. Japan und Deutschland werden "globale Partnerschaft" bzw. "Partnerschaft in der Führung" angetragen. Beide Staaten sind dennoch in besonderer Weise auf die USA angewiesen. In Europa bleibt die Balancefunktion der USA angesichts des ansteigenden Gewichts Deutschlands bis auf weiteres erforderlich, weil die Entwicklung der Europäischen Gemeinschaft zur Europäischen Union mit zu vielen Unsicherheiten behaftet ist. Aus demselben Grund ist für eine tragfähige Politik Deutschlands gegenüber seinen östlichen Nachbarn, insbesondere für das Verhältnis zu Rußland, die Unterstützung der USA notwendig. Wenn die Bedeutung der NATO zurückgeht, muß Deutschland an der Gestaltung einer europäischen Sicherheitsarchitektur interessiert sein, in der den Vereinigten Staaten ein maßgeblicher Platz belassen wird. Auch für Japan bleibt die Balancemacht der USA in Asien notwendig. In Anbetracht des überragenden wirtschaftlichen Potentials Japans und seiner sich entwickelnden Bereitschaft zur Übernahme einer prominenten Rolle bei der wirtschaftlichen und politischen Stabilisierung vor allem des asiatisch-pazifischen Raumes kann so den historisch begründeten Sorgen seiner Nachbarn entgegengewirkt werden.

Japan ist Kernstück eines großen prosperierenden Wirtschaftsraumes in der asiatisch-pazifischen Region geworden, dessen wirtschaftlicher Verflechtungsgrad zunimmt. Bis auf weiteres bietet diese Region Japan mehr Entwicklungsimpulse, als sie die USA aus der Verbindung mit Kanada, Mexiko und darüber hinausgreifend Mittelamerika oder die Europäische Gemeinschaft aus der Verbindung mit den EFTA-Staaten und darüber hinaus mit Osteuropa und Gebieten der früheren Sowjetunion erhalten können. Die ostasiatischen NIC's sind durch ihre hohen Wachstumsraten und die Aufnahmefähigkeit ihrer Märkte zu einem Faktor regionaler Wirtschaftsdynamik geworden, der in seiner Gesamtwirkung bereits in den

90er Jahren an Japan heranreichen wird. Der komplexe japanische Einfluß auf die Modernisierung und Industrialisierung in Ost- und Südostasien erleichtert den Prozeß regionaler Wirtschaftskooperation und wirtschaftspolitischer Harmonisierung. Die im Kontrast zu Deutschland getroffene Feststellung regionaler Isolierung Japans ist unzutreffend. Dennoch ist die multilaterale wirtschaftliche und politische Zusammenarbeit weit weniger als zwischen den Mitgliedern der Europäischen Gemeinschaft entwickelt. Eine Asian Pacific Economic Community ist nicht in Sicht. Zudem könnten bei einem Systemwechsel in der Volksrepublik China auf Japan ähnliche Stabilisierungs- und Entwicklungsaufgaben zukommen, wie es für Westeuropa, und insbesondere für Deutschland, gegenüber Osteuropa und den Nachfolgern der Sowjetunion der Fall ist.

In der Europäischen Gemeinschaft verlagert sich der Schwerpunkt vom Westen in die Mitte Europas. Zum EG-Binnenmarkt kommt die Verdichtung des Verhältnisses zwischen EG- und EFTA-Staaten durch die Bildung des Europäischen Wirtschaftsraumes (EWR) bzw. durch die voraussichtlichen EG-Beitritte von EFTA-Staaten ab Mitte der 90er Jahre hinzu. Über verschiedene Phasen der Assoziation, und möglicherweise durch spätere Vollmitgliedschaften, werden auch die Länder Mittelost- und Südosteuropas längerfristig einem gemeinsamen europäischen Wirtschaftsraum angehören. Kooperationsverhältnisse zu Nachfolgestaaten der Sowjetunion können zusätzlich entstehen, wobei Rußland schon wegen seiner Roh- und Brennstoffvorkommen Teil eines größeren europäischen Wirtschaftsraumes sein wird.

Deutschland wird durch diese Entwicklung besonders begünstigt. Mehr als 50% seines Außenhandels entfallen auf die EG, ungefähr 15% auf die EFTA. Schon der EG-Beitritt der EFTA-Länder bringt wirtschaftliche Impulse. Neue Mitglieder, ob aus dem EFTA-Bereich oder aus Osteuropa, finden ihre Interessen näher bei den deutschen. Bei wieder verbesserter wirtschaftlicher Leistungsfähigkeit nach erfolgreichem Systemwechsel könnten Regionen Osteuropas und der ehemaligen Sowjetunion eine ähnliche Bedeutung für die deutschen Außenwirtschaftsbeziehungen erhalten, wie sie die EFTA-Staaten bereits haben. Doch hängt die Rolle Deutschlands in einer größeren europäischen Wirtschaftsregion davon ab, wie sich seine Wettbewerbsfähigkeit im Vergleich zu den westeuropäischen Staaten, Japan und den USA gestaltet. Ein weiteres Problem kann sich aus der Entwicklung der Europäischen Gemeinschaft ergeben. Zwar stellt keine maßgebliche Gruppe den Bestand an Verflechtung in der Gemeinschaft in Frage, aber die Fortführung der Integration in Richtung einer Union mit bundesstaatlichen Strukturen ist mit vielen Fragezeichen versehen. Damit würde auch das französisch-deutsche Verhältnis schwieriger, denn Frankreich profitiert von den Veränderungen in Europa weniger als Deutschland.

Die Zone "europäischer" Sicherheitskultur umfaßt, dem Mitgliederkreis der KSZE entsprechend, die USA und Kanada, die europäische Staatenwelt und die europäischen und asiatischen Nachfolgestaaten der Sowjetunion. Japan wird in der KSZE mitwirken. Die führenden Wirtschaftsmächte der KSZE bilden gleichzeitig die G-7, in der Japan bereits fest verankert ist und die möglicherweise um Rußland zur G-8 erweitert wird. Nach Lage der Dinge wäre eine Stabilitätszone im Zuständigkeitsbereich von KSZE und G-7 bzw. G-8 vor allem eine japanisch-deutsche Gestaltungsaufgabe. Japan wäre zu entsprechenden Leistungen unmittelbar in der Lage, Deutschland nach der Bewältigung des wirtschaftlichen Aufbaus in seinem östlichen Teil. Die Chance einer gleichläufigen japanisch-deutschen Initialzündung für die Entwicklung des eurasischen Kontinents könnte sich deshalb zum Ende der 90er Jahre ergeben.

3. Zivilmacht: Die Konzeption und ihre sicherheitspolitische Relevanz

Hanns W. Maull

Die Grundlagen der internationalen Politik der Nachkriegswelt sind in den vergangenen beiden Jahren so nachhaltig erschüttert worden, daß den Akteuren wie den Beobachtern die Orientierung im neuen, fremden Gelände zwangsläufig schwerfallen muß: Die Welt sieht heute, nach dem gewaltigen Beben infolge des Zerfalls des real existierenden Sozialismus in Europa, grundlegend anders aus als vor fünf oder zehn Jahren. Diese Beobachtung klingt geradezu banal; vielleicht gerade deshalb wird freilich die volle Reichweite der Implikationen dieser Aussage noch immer kaum erfaßt. Ähnlich wie geologische Beben erscheint der Umbruch der internationalen Politik als das Ergebnis langsamer, tiefgreifender Strukturverwerfungen, deren kumulative Auswirkungen sich schließlich kataklysmisch zuspitzten und in einer dramatischen Beschleunigung der Geschichte die gegenwärtige Lage herbeiführten. Die Nachbeben sind noch keineswegs abgeklungen; sie dürften die Welt noch für lange Zeit in Atem halten. Dennoch treten die Konturen der neuen internationalen Landschaft bereits klar hervor: Wesentliche Elemente der herkömmlichen Stabilität liegen in Trümmern; die gegenwärtige Situation ermöglicht und erfordert zugleich eine Neukonstruktion internationaler Ordnungsstrukturen.

Diese gewaltige Aufbauleistung, die von der internationalen Politik gefordert wird, kann nur gelingen, wenn wir die systemischen Ursachen der jüngsten Umwälzungen angemessen erfassen. Diese Ursachen liegen, auf einen knappen Nenner gebracht, in wirtschaftlichen, sozialen und kulturellen Wandlungsprozessen, die aus der Dynamik technologischer Innovation gespeist werden und herkömmliche politische Strukturen auf allen Ebenen unter hohen Anpassungsdruck brachten und bringen. Die Richtung dieser Veränderungsprozesse deutet insgesamt auf eine qualitative Transformation der internationalen Politik und der Rolle ihres bislang zentralen Akteurs, des Nationalstaates. Anders ausgedrückt: Wir stehen derzeit nicht nur am Ende der Nachkriegszeit, sondern objektiv auch am Ende der nationalstaatlichen Welt, wie sie sich seit Beginn des 17. Jahrhunderts herausgebildet hat. Außenpolitik kann letztlich nur dann erfolgreich sein, wenn sie diesen veränderten Rahmenbedingungen der internationalen Politik insgesamt angemessen Rechnung trägt, wenn sie neue tragfähige Lösungen zur politischen Einhegung und Steuerung gesellschaftlicher Umwälzungen findet. Die Rolle des Nationalstaates als zentrale politische Entscheidungsinstanz wird sicherlich auf absehbare Zeit erhalten bleiben, er muß jedoch durch binnen- und transnationale regionalpolitische Strukturen nach unten abgestützt und durch internationale Organisationen und Regime effektiv überwölbt werden.

Aus diesen Überlegungen ergibt sich die *erste These*: Das gesamte Vokabular der außenpolitischen Diskussion, unsere Sichtweise der internationalen Politik, bedarf der kritischen Überprüfung. Unser Verständnis der internationalen Beziehungen ist weithin geprägt von dem sogenannten "realistischen" Paradigma. Wesentliche Begriffe und Grundannahmen dieses Paradigmas - die zentrale Stellung des Nationalstaates, seine Souveränität und Autonomie, seine Orientierung an "Macht" und "nationalem Interesse", die Eigengesetzlichkeit der Sphäre der zwischenstaatlichen Beziehungen im Sinne "anarchischer" Grundstrukturen, die Dominanz der Sicherheitsproblematik und damit militärischer Macht und schließlich die Autonomie der Außenpolitik gegenüber gesellschaftlichen Kräften - all diese Begriffe und Grundannahmen erscheinen jedoch inzwischen im Lichte veränderter Rahmenbedingungen der internationalen Politik ebenso fragwürdig und revisionsbedürftig wie die daraus abgeleiteten politischen Strategien nationaler Sicherheitspolitik durch Gleichgewichtspolitik, Eindämmungspolitik und Abschreckung. Kurz: Wir brauchen "Neues Denken" in der Außenpolitik.

Entgegen der traditionellen Betrachtungsweise der "Realisten", so die *zweite These*, sollte grundsätzlich nicht von einer qualitativen Eigengesetzlichkeit der internationalen Politik, sondern im Gegenteil von der Einheitlichkeit der politischen Sphäre ausgegangen werden. Dies bedeutet: Innenpolitik und internationale Politik kreisen grundsätzlich um ähnliche, nicht um unterschiedliche Herausforderungen. Als gemeinsamer historischer Nenner läßt sich mit Norbert Elias ein Prozeß der Zivilisierung von Gesellschaft und Politik begreifen. Dieser Prozeß kreist um die Anpassung politischer Strukturen an die Dynamik sozialen Wandels durch

- Entwicklung arbeitsteiliger Verfahrensweisen und funktionaler Spezialisierung;
- Zähmung der Tendenzen zu organisierter sozialer Gewalt und Entwicklung eines Gewaltmonopols anstelle des Prinzips der Selbsthilfe;
- Formulierung und Durchsetzung allgemeiner Normen und Prinzipien, also eine Verrechtlichung der sozialen und politischen Prozesse;
- Ausbildung partizipatorischer Formen der Entscheidungsbildung, also die Entwicklung demokratischer Strukturen;
- Kanalisierung der Konfliktaustragung und -regulierung in nicht-gewalttätige Bahnen wie rechtliche Verfahrensweisen, Institutionalisierung von Mechanismen der Konfliktregelung, Verhandlungen, und schließlich
- Bemühungen um Ausgleich wirtschaftlicher und sozialer Gefälle auf der Grundlage der Solidarität innerhalb des sozialen Aktionsraumes.

Die Prozesse der Zivilisierung nationaler und internationaler Politik sind gekennzeichnet durch die Gleichzeitigkeit des Ungleichzeitigen. Tempo und Ausmaß der Veränderungsprozesse unterscheiden sich von Land zu Land und Region zu Region; und natürlich sind diese Prozesse in den zwischenstaatlichen Beziehungen generell weniger ausgeprägt als in den binnenstaatlichen. Dennoch ist der Prozeß der Zivilisierung der internationalen Politik vor allem in Westeuropa, aber auch in Skandinavien und Nordamerika sowie in den transatlantischen Beziehungen durch die Entwicklung von Sicherheits- und Integrationsgemeinschaften bereits beachtlich vorangekommen; im "Neuen Denken" der sowjetischen Außenpolitik wurde zumindest theoretisch die Einsicht formuliert, daß auch der Ost-West-Gegensatz nur so konstruktiv zu überwinden sei. Weite Teile der sogenannten Dritten Welt befinden sich jedoch noch in der Phase der Zivilisierung der Innenpolitik (nation building).

Der Satz von der Gleichzeitigkeit des Ungleichzeitigen gilt jedoch nicht nur im geographischen, sondern auch im funktionalen Sinne: Die globale Reichweite vieler Prozesse sozialen Wandels erfassen Gesellschaften weltweit, jedoch in unterschiedlichem Maße und mit unterschiedlichen Konsequenzen. Dies führt zu scherenartigem Auseinanderdriften der Entwicklungen in gesellschaftlichen Teilbereichen und zur Herausbildung von Dualismen, von einem Nebeneinander vergleichsweise traditioneller und moderner Verhaltensweisen und Institutionen. Ein wichtiger Dualismus dieser Art ist das Auseinanderklaffen wirtschaftlicher und sozialer Dynamik auf der einen und relativ rigider politischer Strukturen auf der anderen Seite. Der Zusammenbruch des Sozialismus in der Sowjetunion und Osteuropa, aber auch Krisenerscheinungen und politischer Wandel in vielen Ländern des Südens demonstrierten die Folgen der Überlastung rigider politischer Strukturen mit sich auftürmenden Problemen sozialen Wandels. Überlastete politische Strukturen wiederum verschärfen soziale und wirtschaftliche Krisen und führen zu Revolte, Chaos, sozialer Gewalttätigkeit und ideologischer Aufladung der Politik.

Das Problem der Überlastung politischer Strukturen durch die Herausforderungen rapiden sozialen Wandels gilt grundsätzlich jedoch keineswegs nur für den Osten und den Süden. Es gilt potentiell ebenso für internationale politische Strukturen. Mit dem Ende des Ost-West-Gegensatzes besteht hier nun jedoch eine historische Chance, den Prozeß der Strukturbildung im Sinne einer Zivilisierung der internationalen Politik voranzutreiben - zugleich aber auch die Gefahr eines Rückfalls in die Verhaltensweisen und Gesetzmäßigkeiten der alten, "realistischen" Weltpolitik, wenn es nicht gelingt, die weltweiten innen-, regional- und weltpolitischen Strukturdefizite im Sinne einer Zivilisierung der Politik zu kompensieren und zu überwinden.

Die Zivilisierung der internationalen Politik, so die *dritte These*, ist für die kommenden Jahre und Jahrzehnte einerseits eine realistische Zukunftsaufgabe, andererseits eine existentielle Notwendigkeit. Die vielleicht wichtigste Tatsache, die diesen beiden Einschätzungen zugrunde liegt, ist die Durchlässigkeit nationaler Grenzen zu Land, zu Wasser und in der Luft. Gesellschaften sind heute über ein dichtes Geflecht mannigfaltiger Kanäle miteinander verwoben: Diese Verflechtungen haben die Autonomie des Nationalstaates und seiner herkömmlichen Sicherheitspolitik mehr oder minder weitgehend ausgehöhlt. Das bedeutet jedoch grundsätzlich auch, daß in Zukunft

- entweder die Transformation internationaler Politik entlang der oben skizzierten Elemente "zivilisierter" Politik in einem schrittweisen Prozeß der geographischen Ausweitung, funktionalen Vertiefung und Verbreiterung sowie die Bewältigung der neuen Problemlagen gelingen
- oder traditionelle Muster internationaler Politik (Gewaltanfälligkeit, hohe Anomie, Selbsthilfe-Prinzip) sowie die zerstörerischen Konsequenzen unbewältigter ökonomischer, ökologischer, sozialer und politischer Problemlagen zersetzend auf die Innenpolitik auch der zivilisatorisch entwickelten Länder durchschlagen werden.

Eine verlockende und immer wieder stillschweigend präferierte Alternative - die Abkoppelung der zivilisatorisch entwickelten Regionen von den Problemzonen - dürfte in der Realität kaum Chancen haben: Zwischenstaatliche Interdependenz-Geflechte werden die Auswirkungen katastrophaler Fehlentwicklungen und Zerstörungen letztlich selbst gegen alle Abwehrversuche auch in unsere Gesellschaften hineintragen; und alle Bemühungen, diese Interdependenzen aufzulösen bzw. zu reduzieren, dürften mit erheblichen Kosten verbunden sein. Einige Beispiele mögen genügen, um diesen Zusammenhang anzudeuten: Die Auswirkungen sozialer Krisen und regionaler Konflikte etwa im Osten Europas (von massiven Fluchtbewegungen bis hin zur Freisetzung atomarer Spaltprodukte aus Kernkraftwerken und Atomwaffeneinsätzen) könnten auch in den westlichen Industrieländern horrende Zerstörungen und Anpassungsprobleme auslösen, die die Belastbarkeit der demokratischen Strukturen übersteigen würden. Mit anderen Worten: Eine Isolierung der sozialen Krisenregionen, eine neue Teilung der Welt in Arm und Reich, ist kostspielig und mit hoher Wahrscheinlichkeit zum Scheitern verurteilt. Die einzige tragfähige - sicherlich jedoch ebenfalls kostspielige - Alternative bleibt daher die Bemühung um eine Zivilisierung der internationalen Politik analog der historischen innen- wie außenpolitischen Erfahrungen der westlichen Industriestaaten. Sie sollte deshalb - als Grundlage einer neuen "grand strategy" - im Mittelpunkt der außenpolitischen Strategien dieser Staaten stehen. Das alternative Paradigma der Zivilisierung der internationalen Politik ist also ebenso empirisch wie normativ orientiert; es erklärt wichtige Veränderungsprozesse im internationalen System, liefert zugleich jedoch auch eine offene Zukunftsvision, eine wertbezogene Orientierung für außenpolitisches Handeln. In der internationalen Politik sind Prozesse der Zivilisierung nachweisbar; zugleich soll und muß internationale Politik erst noch zivilisiert werden. Daß die heutige Welt noch weit entfernt ist von einer effektiven Ächtung von Krieg und Bürgerkrieg, ist nicht zu bestreiten, allerdings auch unmaßgeblich: Ein Prozeß der Zivilisierung internationaler Politik erscheint als die einzige Chance, die drängenden Menschheitsprobleme zu bewältigen und die Zukunft zu sichern. Unbestreitbar ist auch, daß dieser Prozeß auf absehbare Zeit als Übergangsprozeß ablaufen wird, daß er durchsetzt sein wird von Rückschlägen und Krisen. Die alten Probleme internationaler Anomie werden nicht von heute auf morgen verschwinden - doch die alten Formen ihrer Bewältigung durch Abschottung, Abschreckung, Macht- und Gleichgewichtspolitik erscheinen zur Bewältigung dieser alten und zahlreicher neuer Probleme zunehmend ungeeignet. Es geht heute nicht mehr um nationale Sicherheitspolitik, sondern um internationale Ordnung; nicht mehr Machtpolitik, sondern nur noch "Verantwortungspolitik" (W. Kühne) taugt, um die anstehenden Probleme zu meistern.

Die Prozesse der Zivilisierung internationaler Politik erfolgen, so die *vierte These*, durch die Mobilisierung von "Zivilmacht", also einer bestimmten Form der Einflußnahme auf den Gang der internationalen Beziehungen mit folgenden Zielsetzungen: Zähmung organisierter sozialer Gewaltanwendung, Verrechtlichung der sozialen Beziehungen, Entwicklung partizipatorischer Formen der Entscheidungsbildung, Kanalisierung der Konfliktaustragung und schließlich soziale Gerechtigkeit. Für die notwendige Transformation der internationalen Politik heißt das:

(1) Die traditionellen Grundlagen der internationalen Politik, nämlich die Souveränität des Staates nach innen und außen und damit die Unzulässigkeit der Einmischung in innere Angelegenheiten anderer Staaten, müssen im Sinne einer allmählichen Einhegung von Krieg und sozialer Gewalt durch das Prinzip ersetzt werden, daß die Androhung und Anwendung militärischer Gewalt bei der Austragung politischer Konflikte grundsätzlich, also ohne Unterscheidung von Innen- und Außenpolitik unzulässig sind, mit Ausnahme der individuellen oder kollektiven Selbstverteidigung. Dieses Prinzip gilt im Völkerrecht längst für die Beziehungen zwischen, nicht jedoch für diejenigen innerhalb von Staaten. Allerdings rückte das Problem in den letzten Jahren verstärkt ins Blickfeld internationaler Diplomatie (erinnert sei hier nur an die VN-Sanktionen gegen das Apartheidsystem in Südafrika, an die Intervention in den Bürgerkrieg im Norden des Irak oder an den jüngsten Staatsstreich in Haiti und die Reaktionen der OAS).

    Die Umsetzung dieses Prinzips setzt eine Reihe von Einschränkungen klassischer Souveränität voraus: Vorstellbare Instrumente der Realisierung wären gegenseitige Überwachung, Verifikationsmaßnahmen, Verpflichtung auf rechtliche Schlichtungsverfahren bzw. verbindliche Vermittlungsbemühungen in Konfliktsituationen und Einsatz von Friedenstruppen in Spannungsgebieten. Verstöße gegen dieses Prinzip zögen verbindlich Maßnahmen (Sanktionen) zur Durchsetzung des Prinzips nach sich. Diese Maßnahmen können im Einzelfall ein ganzes Spektrum wirtschaftlicher, sozialer und politischer Schritte umfassen, sie werden letztlich jedoch auch die Möglichkeit militärischer (Polizei-)Aktionen zur Wiederherstellung des Friedens einbeziehen müssen. Derartige Operationen setzen auch die Bereitschaft voraus, nationale Streitkräfte kollektiven Entscheidungen über ihren Einsatz zu unterwerfen und sie darauf konkret vorzubereiten, wie dies ja in der Charta der Vereinten Nationen vorgesehen, in der Praxis jedoch bislang noch nicht implementiert ist. Derartige Vorkehrungen würden den Abschreckungswert kollektiver Sicherheitsarrangements ganz allgemein erhöhen und könnten in spezifischen Krisensituationen auch gezielt zur Erhöhung des Abschreckungseffektes eingesetzt werden.

Zwei besonders heikle Probleme in diesem Zusammenhang einer Entlegitimierung militärischer Gewaltanwendung betreffen die oft umstrittene und nicht selten objektiv schwierige Identifikation des Aggressors sowie die Rolle von Kernwaffen. Die erste Schwierigkeit ließe sich möglicherweise dadurch erleichtern, daß Staaten sich nach innen wie nach außen verbindlich und im vorhinein auf bestimmte, nichtmilitärische Formen der Konfliktlösung verpflichten; der "Aggressor" wäre dann derjenige Akteur, der sich diesen Verpflichtungen verweigert, also beispielsweise Verhandlungen abbricht, sich einer Vermittlungsaktion entzieht oder die Stationierung von Friedenstruppen blockiert.

Kernwaffen dürften bei den Bemühungen um die Entlegitimierung unilateraler Gewaltanwendung besondere Schwierigkeiten aufwerfen, weil sie noch immer als Symbole nationaler Souveränität und nationalen Großmacht-Prestiges empfunden werden. Auf der anderen Seite gehen derzeit von den Gefahren einer Weiterverbreitung von Kernwaffen starke Impulse für eine Vertiefung des internationalen NV-Regimes aus; einiges spricht dafür, daß eine derartige Reform nur dann erfolgversprechend in Angriff genommen werden kann, wenn die Asymmetrien der Verpflichtungen und Souveränitätseinschränkungen abgebaut werden können. Dies könnte etwa in Form eines "trade-off" zwischen effizienteren Formen der Überwachung und Verifikation in den Nichtnuklearstaaten einerseits und der Entwicklung kollektiver Formen der Verfügungsgewalt über bestehende Waffenpotentiale (in Analogie zum Baruch-Plan von 1945) andererseits geschehen. Die Lösung des Problems der Kontrolle über die sowjetischen Atomwaffen-Potentiale könnte von solchen Bemühungen ebenfalls profitieren, ihnen möglicherweise jedoch auch im Sinne neuer Modelle kollektiver Verfügungsgewalt vorauseilen.

(2) Die Bemühungen um eine Verrechtlichung der internationalen Beziehungen können auf den Katalog der Menschenrechte zurückgreifen, der im Rahmen der VN-Menschenrechtscharta bereits formuliert vorliegt. Darüber hinaus besteht jedoch in vielen Bereichen der zwischen- und binnenstaatlichen Beziehungen ein Bedarf an Präzisierung, Ausweitung und Neuschaffung ver-

bindlicher Normen und Prinzipien. Es geht damit beim Einsatz von Zivilmacht sowohl um die Formulierung verbindlicher Prinzipien in so unterschiedlichen Bereichen wie dem Schutz ethnischer, sprachlich-kultureller oder religiöser Minderheiten oder der globalen Umwelt, als auch einmal mehr um ihre Durchsetzung durch Anreize und Sanktionen. Der Katalog praktischer politischer Instrumente dürfte in diesem Zusammenhang ähnlich aussehen wie der oben skizzierte.

(3) Ziel der Zivilisierung internationaler Politik ist eine internationale Ordnung, die auf breiter Zustimmung beruht. Eine neue Weltordnung wird und kann nur dann Bestand haben, wenn sie nicht nur von einigen wenigen Nutznießern, sondern allgemein als legitim empfunden wird. Diese Legitimität versucht Zivilmacht einerseits dadurch zu schaffen, daß sie partizipatorische Entscheidungsprozesse favorisiert. Die Mitwirkung an Entscheidungen ermöglicht es, ihre Durchführung auf eine breite Basis zu stellen und so ihre Realisierungschancen zu erhöhen; zugleich begünstigt eine derartige kollektive Entscheidungsfindung soziale Lernprozesse, die der Qualität der Entscheidung zugute kommen. Auf der anderen Seite stellt sich in diesem Kontext natürlich das Problem der Entscheidungsfähigkeit und der Initiative. In der Praxis dürften gangbare Kompromisse auf konzentrischen Konsultations- und Abstimmungsprozessen beruhen, die auch regional differenziert sein werden. Den Vereinigten Staaten, der G-7 und der Europäischen Gemeinschaft, aber auch Japan dürften je nach Problemlage eine besondere Verantwortung für politische Initiative zukommen. Entscheidend ist jedoch die Berücksichtigung des Legitimitätsaspektes: Nur eine auf breitem Konsens beruhende internationale Ordnung wird in der Lage sein, die zukünftigen Herausforderungen zu bewältigen. Die Vorstellung unipolarer Hegemonie der USA oder auch trilateraler Vorherrschaft der G-7 ist unrealistisch.

(4) Beteiligung an und Mitgestaltung von Entscheidungen ist die eine Form der Legitimitätsgewinnung, auf die Zivilmacht setzen sollte; die andere Form der Legitimierung der neuen Weltordnung betrifft ihre Ergebnisse. Die neue Ordnung kann nur dann die notwendigen Voraussetzungen für die Bewältigung der gegenwärtigen und zukünftigen Herausforderungen aufbringen, wenn sie als hinreichend fair und gerecht empfunden wird. Zusammenarbeit mit dem Ziel, Unterentwicklung wirksam abzubauen, Lebenschancen global zu verbessern und Ungleichheiten in den materiellen Lebensbedingungen zu verringern, muß daher im Rahmen von Zivilmacht einen hohen Stellenwert einnehmen.

(5) Diese beiden Formen der Legitimierung implizieren die Weiterentwicklung bestehender und den Aufbau neuer internationaler Institutionen und Regime. Sie implizieren darüber hinaus auch die Bereitschaft der privilegierten

westlichen Industriestaaten, Normen zu entwickeln, die allgemeinen Interessen, nicht ihren Sonderinteressen verpflichtet sind, ihr eigenes Verhalten an diesen allgemeinen Prinzipien messen zu lassen und schließlich Anpassungslasten überproportional selbst zu übernehmen, anstatt sie auf Schwächere abzuwälzen.

(6) Zivilmacht setzt primär auf nichtmilitärische Instrumente zur Durchsetzung ihrer Ziele: Verrechtlichung, Vermittlung und Schlichtung, Institutionalisierung, Verhandlungen und Kompromisse, die mit Hilfe nichtmilitärischer Anreize und Sanktionsmöglichkeiten zustande gebracht werden. Sie muß jedoch auch in der Lage sein, sich gegen militärische Gewaltanwendung wirksam zu schützen und Prinzipien notfalls mit militärischer Gewalt durchzusetzen.

Die Handhabung militärischer Machtmittel im Rahmen von Zivilmacht unterliegt, so die *fünfte These*, besonderen Anforderungen. Diese Anforderungen beruhen wiederum sowohl auf der empirischen Einschätzung der Gestaltungschancen militärischer Gewalt wie auch auf normativen Anforderungen an Zivilmacht. Die Rahmenbedingungen militärischer Gewaltanwendung erscheinen heute durch ein Paradox gekennzeichnet: Die inhärenten Zerstörungsmöglichkeiten militärischer Gewalt nehmen zu, doch ihre konstruktiven Gestaltungsmöglichkeiten schwinden. Dies gilt tendenziell für die Innen- wie für die internationale Politik und erklärt sich einerseits aus der Dynamik und breiten Diffusion moderner Technologien mit hohem Zerstörungspotential, andererseits aus den Folgen globaler sozialer Mobilisierungsprozesse. Der konstruktive Einsatz militärischer Gewalt zur Realisierung politischer Zielsetzungen oder gar im Sinne der Ordnung der internationalen Politik erscheint heute in der Regel nur noch dann aussichtsreich, wenn sie durch kollektive Entscheidungen legitimiert und breit unterstützt wird.[1] Auch eine derartig kollektiv legitimierte Gewaltanwendung ist jedoch mit großer Zurückhaltung vorzunehmen: Ihre Prioritäten sollten - in dieser Reihenfolge - auf der Friedenssicherung, der Abschreckung, der Verteidigung gegen Aggression und der Durchsetzung von Normen bzw. der Wiederherstellung des Friedens durch Krieg liegen. Der Sinn militärischer Maßnahmen durch Zivilmacht ist in einem Kontext zu sehen, der die Verfolgung politischer Ziele mit militärischer Gewalt durch möglichst hohe Kosten für den Aggressor abzuschrecken sucht und diese Kosten im Vorgriff angemessen klarstellt.

1 Als Ausnahmen von dieser Regel können die amerikanischen Militäraktionen gegen Libyen und Panama und der Falkland-Krieg gelten. Diese Form des Interventionismus erscheint jedoch eher als Nachwehen der alten Ordnung denn als Vorbote der Zukunft; im übrigen demonstrierte auch die Panama-Invasion den engen Zusammenhang zwischen internationalen Verflechtungen und nationaler Sicherheit (durch die Drogenkartell-Verbindungen General Noriegas) einerseits sowie die vertikale Interdependenz von Innen- und Außenpolitik (sowohl in den USA wie in Panama) andererseits.

In diesem Zusammenhang können Friedenstruppen auch Funktionen der Abschreckung übernehmen. Zur Illustration: Es ginge darum, die Rolle der VN-Blauhelme in der Nahostkrise 1967 spiegelbildlich umzukehren: Während sie dort auf Wunsch Ägyptens abgezogen wurden, sollten sie in Zukunft in ähnlichen Situationen entsandt werden können - wobei beide Konfliktparteien sich idealiter bereits im voraus und generell verpflichtet hätten, diese Stationierung als Teil ihrer internationalen Pflichten zu akzeptieren. Eine solche Diversifizierung der Aufgaben internationaler Friedenstruppen impliziert die Formierung, Ausbildung und angemessene Ausrüstung von zweierlei Arten von Friedenstruppen: Einheiten zur Friedenssicherung in Sinne klassischer "Blauhelm"-Aufgaben sowie Einheiten, die notfalls auch in Kampfeinsätzen eingesetzt werden könnten. Beide Arten von Friedenstruppen sollten jedoch nur nach einer kollektiven Entscheidung eingesetzt werden und über integrierte militärische Strukturen verfügen. Im Sinne der zweiten Funktion der Wiederherstellung des Friedens in Spannungs- oder Kriegssituationen würden die integrierten Einheiten jedoch nur den Kern bzw. die Vorhut größerer internationaler Kräfte bilden, die in extremen Situationen (wie etwa 1991 im Golf) benötigt würden.

Militärische Durchsetzung internationaler Normen und Entscheidungen, so die *sechste These*, ist jedoch keinesfalls die einzige, sondern nur die dramatischste Form der Anwendung kollektiver Zwangsmaßnahmen. Das wichtigste alternative Instrument der Zivilmacht sind Wirtschaftssanktionen, deren Möglichkeiten für die Schaffung einer neuen Ordnung nach wie vor unterschätzt werden. Die Kritik an der Wirksamkeit und den Gestaltungsmöglichkeiten von Sanktionen ist oft undifferenziert. Zwar ist richtig, daß die Effektivität von Wirtschaftssanktionen begrenzt ist, doch ist es unsinnig, von Sanktionen Ergebnisse zu erwarten, die selbst die massive Anwendung militärischer Gewalt kaum erbringen könnte (so entbehrt es nicht einer gewissen Ironie, daß die Staatengemeinschaft nach dem Golfkrieg heute wiederum auf die Wirksamkeit von Sanktionen setzt, um innenpolitische Veränderungen im Irak zu erzwingen; auch der Fall Jugoslawien beweist keineswegs die Wirkungslosigkeit von Sanktionen, sondern nur die engen Gestaltungsspielräume außenstehender Akteure in dieser Krise ganz allgemein). Wirtschaftssanktionen und die Verknüpfung wirtschaftlicher Vergünstigungen mit politischen Auflagen (Konditionalität) können durchaus wichtige Anreize gegen aggressive Gewaltpolitik und sogar gewichtige Instrumente zur Durchsetzung bestimmter Normen und Entscheidungen liefern. Dies setzt allerdings voraus, daß Sanktionen sorgfältig geplant und realistisch eingesetzt werden, daß sie breite Unterstützung finden und in eine Gesamtstrategie eingebettet sind, die Sanktionen mit anderen Instrumenten verknüpft. So bedurften die Sanktionen gegen den Irak, die in hohem Maße Wirkung zeigten und mit vergleichsweise geringen Kosten für die Staatengemeinschaft verbunden waren, militärischer Macht zu ihrer Absicherung gegen irakische Übergriffe auf Saudi-Arabien, das Schlüsselland für wirksame Sanktionen. Die Sanktionen gegen Irak hätten - allerdings nur nach einem erheblichen Vorlauf - nicht nur eine entscheidende Schwächung des Irak bewirkt, sondern möglicherweise auch einen Rückzug aus Kuwait herbeiführen können. Dies ist kein Argument gegen die Richtigkeit der militärischen Offensive zur Befreiung Kuwaits, aber ein Argument für die Bedeutung von Wirtschaftssanktionen.

Das gilt ebenso für die Konditionalität wirtschaftlicher Vergünstigungen - gewissermaßen die "alltägliche" Seite von Sanktionen. Die Wirksamkeit von Konditionalität und Sanktionen hängt jedoch entscheidend davon ab, ob und wieviel der Adressat der Maßnahmen zu gewinnen bzw. zu verlieren hat. *These 7* besagt deshalb: Die Gestaltungsspielräume von Zivilmacht werden wesentlich davon abhängen, inwieweit sie in der Lage ist, effektive Hilfestellung in den Prozessen der Überwindung von Unterentwicklung zu leisten. Zivilisatorische Errungenschaften in der nationalen wie in der internationalen Politik beruhen wesentlich auf wirtschaftlichem Wachstum und der Chance zu materiellem Wohlstand. Es gibt eine ganze Reihe von Gründen dafür, warum sich die westlichen Industriestaaten effektive Hilfe für den Osten und den Süden im eigenen Interesse einiges kosten lassen sollten; ein Grund wären die verbesserten Gestaltungsmöglichkeiten im Sinne einer Zivilisierung der internationalen Politik.

Eine gewichtige Rolle im Prozeß der Zivilisierung internationaler Politik für den Einsatz von "Zivilmacht", so die *These 8*, spielen "Zivilmächte", also Akteure mit spezifischen außenpolitischen Verhaltensweisen, die besonders geeignet sind, die Prozesse der Zivilisierung internationaler Politik voranzutreiben. Die Rolle der "Zivilmacht" ist eine idealtypische; sie wird in der gegenwärtigen Situation von keiner großen "Macht" ganz ausgefüllt. Die Rolle impliziert einerseits Gestaltungsfähigkeit und Gestaltungswillen, andererseits die Bestimmung der Zielsetzungen dieses Gestaltungswillens aus der Perspektive der Zivilisierung der internationalen Politik und die Beschränkung der Mittel zur Durchsetzung dieser Ziele auf "Zivilmacht" im oben diskutierten Sinne. Die "Mächte" der gegenwärtigen internationalen Politik erfüllen diese Kriterien nur teilweise: Die USA entsprechen dieser Rolle in vieler Hinsicht im Sinne des Gestaltungswillens, der Gestaltungsfähigkeit und der Zielsetzungen, jedoch nur begrenzt in den Instrumenten ihrer Außenpolitik. So könnte man etwa die amerikanische Politik in der Golfkrise 1990/91 bis zum Oktober 1990 als beispielhaft im Sinne des Agierens einer "Zivilmacht" ansehen; die Entwicklung und Implementierung einer Angriffsoption gegen den Irak erscheint aus dieser Perspektive problematischer. Andere Beispiele (Panama, Libyen, Vietnam) unterstreichen die Neigung der USA zu unilateralen Aktionen.[2]

2 Diese Anmerkungen sollten nicht als grundsätzliche Bewertung der amerikanischen Außenpolitik in diesen Krisensituationen verstanden werden; es geht hier um die Frage, inwieweit amerikanische Außenpolitik dem Modell der "Zivilmacht" entspricht. Das entscheidende Defizit liegt

Die ehemalige Sowjetunion verfügt im "Neuen Denken" zwar über die theoretischen Grundlagen für eine Rolle als Zivilmacht, doch fehlt die entsprechende Praxis weitgehend. Vor allem jedoch mangelt es ihr an Gestaltungsfähigkeiten. Japan und die Bundesrepublik erfüllen die Kriterien der Zielsetzungen und der Instrumente in hohem Maße, doch fehlen der Gestaltungswille und - im Bereich kollektiver militärischer Instrumente - die Mittel. Frankreich und Großbritannien werden als Zivilmächte durch eine gewisse Ambivalenz ihres Rollenverständnisses (Zivilmacht oder traditionelle Großmacht?) behindert, die auch ihre Gestaltungsmöglichkeiten über die aktive Formung des europäischen Integrationsprozesses einengt. China schließlich erscheint unter allen Kriterien - Orientierung, Gestaltungsfähigkeit, Instrumente der Außenpolitik - eher als Antithese einer Zivilmacht, also als ein Akteur, der sich in der Rolle einer traditionellen Großmacht sieht. Die Europäische Gemeinschaft schließlich erfüllt die Anforderungen der Zielsetzungen aufgrund ihrer Besonderheiten als Akteur in besonders hohem Maße; Defizite bestehen jedoch im Gestaltungswillen und bei den Instrumenten kollektiver Sicherheitspolitik. Eine Reihe kleinerer Staaten in Europa entspricht dem Idealtypus ebenfalls in hohem Maße; ihre Defizite liegen in der Regel vor allem im Bereich der Gestaltungsfähigkeiten, die naturgemäß begrenzt sind. Der Prozeß der Befriedung und Entwicklung Europas bildet jedoch insgesamt ein bemerkenswertes Modell für die Realisierbarkeit einer Zivilisierung zwischenstaatlicher Beziehungen und verdient deshalb besondere Beachtung.

Die historischen innergesellschaftlichen und innenpolitischen Voraussetzungen für die Übernahme der Rolle einer Zivilmacht lassen sich, so *These neun*, in folgenden Punkten umreißen:

- eine gelungene Zivilisierung der Innenpolitik, also stabile demokratische Systeme auf der Basis von Rechtsstaatlichkeit, garantierten Grundrechten, partizipatorischen Gestaltungsmöglichkeiten des politischen Prozesses und sozialer Fairneß;
- materieller Wohlstand als wesentliche Voraussetzung für die Stabilität der demokratischen Ordnung;
- historische Lernprozesse, die die Kosten militärischer Macht und die Notwendigkeit einer Überwindung des traditionellen Sicherheitsdilemmas durch supranationale Kooperation und Souveränitätsverzicht als gesellschaftlichen Konsens in Elite und Bevölkerung etabliert haben;
- schließlich Lernprozesse, die umgekehrt die Nutzeffekte "postmoderner" Formen internationaler Politik durch partiellen Souveränitätstransfer, Ausrichtung auf internationale Arbeitsteilung im Sinne des Modells "Handelsstaat" (R.

in der Bereitschaft, kollektive Entscheidungsprozesse zu suchen und sich ihrem Ergebnis zu beugen - ein Defizit, das aus der Sicht des amerikanischen Rollenverständnisses als "Supermacht" verständlich wird.

Rosecrance) und Einbettung in Interdependenzzusammenhänge mit ihren Abhängigkeiten internalisiert haben.

Diese Merkmale können, müssen jedoch nicht zwangsläufig einen weiteren Aspekt der Rolle nach sich ziehen: Eine gewisse Aversion gegen militärische Macht in all ihren Ausprägungen. Dies ist insbesondere bei Deutschland und Japan festzustellen und in beiden Staaten historisch sehr verständlich. Das Rollenverständnis von Zivilmacht, das hier entwickelt wurde, geht jedoch nicht vom Gegensatz Zivilmacht/Militärmacht aus, sondern von der Art und Weise, wie militärische Gewalt eingesetzt wird. Die Aversion gegen militärische Macht ist im Rahmen dieses Rollenverständnisses nützlich im Sinne erheblicher Zurückhaltung im Umgang mit diesem Instrument der Außenpolitik, kontraproduktiv jedoch dann, wenn sie sich gegen die Herausbildung sicherheitspolitischer Strukturen stellt, die die internationale Politik vor den Risiken einer erfolgreichen Instrumentalisierung militärischer Macht und den Gefahren eines Rückfalls in die traditionelle nationalstaatliche Welt bewahren könnten.

Die Bundesrepublik, so *These 10*, hat die Rolle einer Zivilmacht bislang nur teilweise ausgefüllt, wenngleich die Gestaltungskraft der bundesdeutschen Außenpolitik in der Vergangenheit oft unterschätzt worden ist. Bei der Zivilisierung der internationalen Politik in den kommenden Jahren und Jahrzehnten wird der deutschen Außenpolitik so oder so eine Schlüsselrolle zukommen: Deutschland kann durch eine konsequente Entwicklung und Entfaltung seiner bisherigen Außenpolitik einen gewichtigen Beitrag leisten - oder es kann allein dadurch, daß es versäumt, Impulse zu geben und Zivilisierungsprozesse zu stärken, einen großen Teil Verantwortung für ein Scheitern der Bemühungen haben. Die besondere deutsche Verantwortung ergibt sich aus drei Gegebenheiten: Aus der Mittellage in Europa, aus dem wirtschaftlichen Gewicht der Bundesrepublik als *économie dominante* West- und Mitteleuropas und schließlich aus der zentralen Rolle Deutschlands im Prozeß der europäischen Integration. Deutschland ist daher gefordert, in Zukunft der Rolle einer Zivilmacht in vollem Umfang gerecht zu werden.

These 11: Grundlage der zukünftigen deutschen Außen- und Sicherheitspolitik sollte die Einsicht sein, daß unsere lebenswichtigen Interessen nur noch durch eine im oben skizzierten Sinne "zivilisierte" internationale Ordnung gewährleistet werden können. "Nationale Sicherheit" ist unter den heutigen Gegebenheiten internationaler Verflechtung illusionär geworden, weil

- traditionelle Sicherheitspolitik mit ihrem klassischen Instrumentarium wie Machtgleichgewicht, Bündnissen und Abschreckung angesichts der gegenwärtigen und zukünftigen Vernichtungspotentiale moderner Technik mit unakzeptablen Risiken wie Proliferation von Massenvernichtungswaffen oder nuklearem Terrorismus behaftet ist - von den Folgen eines Versagens dieser Politik ganz zu schweigen;

- militärische Auseinandersetzungen auch in anderen Weltregionen gravierende Auswirkungen auf unsere eigene Sicherheit haben können; die Auswirkungen von Krieg und Bürgerkrieg zerstören Entwicklungschancen, vernichten globale Umweltressourcen, setzen Migrationsbewegungen in Gang und begünstigen politische Radikalisierung und Gewaltbereitschaft in allen Formen - vom Raubmord über Drogenhandel bis zum internationalen Terrorismus;
- sie die Entwicklung globaler und regionaler Kooperationsstrukturen behindert oder gar blockiert, die zur Bewältigung wichtiger Zukunftsaufgaben unerläßlich sind: Kooperation setzt Vertrauen und Kompromißbereitschaft voraus, nationale Sicherheitspolitik untergräbt beides;
- unsere Wertvorstellungen und eine öffentliche Meinung uns die Beschränkung auf unsere eigene Sicherheitspolitik nicht erlauben werden: Die Grundlage nationaler Sicherheitspolitik, die Souveränität des Staates nach innen und außen, wird immer mehr in Frage gestellt.[3]

Diese Zusammenhänge gelten natürlich in unterschiedlicher Intensität und Reichweite. Die internationale Politik konnte es sich immerhin leisten, einen so langen und blutigen Krieg wie den iranisch-irakischen länger zu ignorieren, als der Zweite Weltkrieg dauerte. Die Invasion Kuwaits und ihre Folgen haben dann freilich deutlich gemacht, wie rasch und dramatisch regionale Konflikte weltweite Auswirkungen zeitigen können. Und gerade für die bundesdeutsche Sicherheit gilt, daß der traditionelle Sicherheitsbegriff weitgehend überholt ist: Die Risiken einer indirekten Gefährdung durch soziale Gewalt und krisenhaften Zerfall der Strukturen im Osten Europas erscheinen weitaus plausibler als traditionelle Formen militärischer Aggression. Eine nukleare Bedrohung beispielsweise kann in Zukunft mindestens ebenso leicht aus einem Verfall der inneren Strukturen der Union, aber auch der Republiken entstehen wie durch eine Atommacht Ukraine - von Risiken wirtschaftlicher, sozialer und ökologischer Art ganz zu schweigen. Eine erfolgreiche Zivilisierung der internationalen Politik zunächst in Europa, danach jedoch auch weltweit ist daher eine essentielle Voraussetzung für die Sicherheit der Bundesrepublik wie auch für die Durchsetzung ihrer spezifischen Interessen.

These 12: Die Bundesrepublik hat bereits in der Vergangenheit wichtige Voraussetzungen für die Prozesse der Zivilisierung internationaler Politik geschaffen, indem sie sich für eine neue, kooperativ und integrativ ausgerichtete Form der Außen- und Sicherheitspolitik entschied.[4] Die Bereitschaft der Bundesrepublik, ihre

---

3 Dabei ist ohne weiteres einzuräumen, daß der Druck der öffentlichen Meinung auf eine Einmischung in die inneren Anglegenheiten anderer Staaten noch immer geographisch-politisch selektiv ist und ihm eine recht niedrige Aufmerksamkeitsspanne zugrunde liegt. Die Konsistenz unserer Außenpolitik mit den Wertvorstellungen unserer Innenpolitik wird dennoch immer wieder, und wohl auch immer häufiger, eingeklagt werden.

4 Daß diese Entscheidung angesichts der historischen Ausgangsgegebenheiten der Nachkriegszeit eine Entscheidung ohne realistische Alternative war, ist nicht zu leugnen. Die Grundelemente

Interessen und Ziele in neuen Formen zu verfolgen, war ein wesentlicher Pfeiler weltwirtschaftlicher Prosperität und sicherheitspolitischer Stabilität in Europa. Unter den neuen Gegebenheiten ist die Bundesrepublik gefordert, diese Entscheidung zu bekräftigen; eine Rückkehr zu einer "normalen", sprich: nationalstaatlichen Außenpolitik wäre auch im Ansatz fatal. Dagegen schafft die Bekräftigung der Kontinuität durch den Modellcharakter der deutschen Außenpolitik auch Gestaltungsspielräume gegenüber unseren Partnern im Sinne einer Vertiefung der Kooperations- und Integrationsprozesse in der Europäischen Gemeinschaft sowie in den Beziehungen mit den USA (Verdichtung der transatlantischen Kooperation EG-USA) und Japan (Verdichtung der Kooperationsprozesse im Kontext der G-7 und bilateral mit Japan [BRD-Japan und EG-Japan]). Die Vertiefung der Kooperation und Integration ist Voraussetzung für eine erfolgreiche "Erweiterung", eine Ausweitung dieser Kooperations- und Integrationsprozesse nach Osteuropa und in die Dritte Welt. Auf allen genannten Kooperationsfeldern verfügt die Bundesrepublik wohl allein schon durch Abstinenz über destruktive Veto-Möglichkeiten; sie ist also in all diesen Feldern gefordert.

These 13: Eine solche Ausweitung internationaler Kooperation und Integration wird allerdings insgesamt nur dann machbar sein, wenn internationale Politik als Kontinuum dreier wichtiger Interaktionsebenen verstanden wird. Außenpolitik bewegt sich aus dieser Sicht nicht nur im Spannungsfeld zwischen innenpolitischen Rechtfertigungszwängen und den Anforderungen der Verhandlungs- und Kompromißfähigkeit gegenüber anderen Staaten; außenpolitische Gestaltung erfolgt daneben auch in sub- und supranationalen Kooperationsstrukturen. Hieraus ergeben sich eine Vielfalt von Ansatzpunkten für politische Gestaltung von der Entwicklung und Vertiefung multilateraler Zusammenarbeit in internationalen Regimen (etwa: Nonproliferationsregime) über regionale und funktionale Kooperation (etwa: "Hexagonale", regionale Freihandelszonen) bis hin zu Aktivitäten von Kommunen und Regionen (etwa: Bodensee-Abkommen, ARGE Alp). Für die Identifizierung der angemessenen Politik-Ebene gilt das Subsidiaritätsprinzip in beiden Richtungen: Die Ebene muß so hoch wie notwendig gewählt werden und so niedrig wie möglich.

These 14: Die Chance einer Zivilisierung der internationalen Politik steht und fällt mit den Entwicklungsperspektiven des Ostens und des Südens. Die Erschließung solcher Perspektiven wird den westlichen Industriestaaten im allgemeinen und der Bundesrepublik im besonderen gewaltige Anstrengungen abverlangen. Im einzelnen heißt dies

---

der deutschen Außenpolitik verdankt die BRD in diesem Sinne der Weitsicht der amerikanischen Nachkriegspolitik und der Europäer vom Schlage Jean Monnets. Dies mindert zwar die Verdienste, jedoch keineswegs die Bedeutung der Entscheidung, die im übrigen von Adenauer so gewollt und von der Entwicklung der deutschen Außenpolitik seit 1955 durch einen soliden Konsens bestätigt wurde.

- Unterstützung, Anreize, Hilfe zur Selbsthilfe für die unterentwickelten Regionen und Länder im Osten und Süden;
- Bemühungen um eine verstärkte Sozialisierung von Eliten, Gegeneliten und Völkern im Osten und Süden im Sinne einer Zivilisierung der Politik;
- Einbeziehung des Ostens und des Südens in die Prozesse des *rule-making* und der Umsetzung von Entwicklungsprogrammen sowie die Entwicklung allgemeiner Kriterien und Konditionalitäten einer globalen Entwicklungsperspektive, die nicht nur den Süden und den Osten, sondern auch den Norden Anpassungsauflagen unterwirft.

Tragfähige Entwicklungsprozesse erfordern jedoch auch politische Stabilität: Kriege und Bürgerkriege mindern oder zerstören gar die Chancen einer erfolgreichen Entwicklung - und damit auch einer erfolgreichen Zivilisierung der internationalen Politik. Friede ist also nicht nur ein angestrebtes Ergebnis von Entwicklungsprozessen, sondern zugleich eine wichtige Voraussetzung. Parallel zur Abwicklung von Hilfsmaßnahmen und Einleitung von Entwicklungsprozessen sind deshalb Bemühungen um die Eindämmung gewaltsamer Auseinandersetzungen erforderlich. Dies bedeutet im einzelnen

- Maßnahmen zur vorbeugenden Entschärfung von Konflikten;
- Konfliktmanagement durch Verhandlungen, Schlichtung und Vermittlung;
- Entwicklung von Konditionalitäten und Sanktionsmöglichkeiten zur Durchsetzung des Prinzips der Gewaltfreiheit. So können beispielsweise bestimmte Formen der Unterstützung wie Kredite, technische Hilfe oder privilegierter Marktzugang verknüpft werden etwa mit der Verpflichtung auf Wahrung von Minderheitenrechten und verbindliche internationale Schlichtung. Die KSZE-Dokumente liefern hierfür eine Reihe von Ansatzpunkten, die zu realisieren, fortzuentwickeln und geographisch auszuweiten wären.

These 15: Wirtschaftliche Anreize und Sanktionen allein werden freilich die Durchsetzung einer zivilisierten internationalen Ordnung nicht leisten können. Zudem bestehen traditionelle sicherheitspolitische Risiken und Bedrohungen in vielen Regionen der Erde weiter; es ist nicht völlig auszuschließen, daß derartige Bedrohungen in Zukunft auch Westeuropa betreffen könnten. Deshalb kann Zivilmacht, deshalb können auch Zivilmächte wie die Bundesrepublik auf militärische Instrumente ihrer Politik nicht völlig verzichten. Allerdings erfüllt das militärische Instrumentarium gegenüber klassischer Macht- und Sicherheitspolitik veränderte Funktionen und unterscheidet sich von ihr in Organisation und Handhabung. Die Funktion militärischer Macht unter den Voraussetzungen von Zivilmacht besteht darin, Konfliktaustragung in nichtmilitärische Formen der Auseinandersetzung zu kanalisieren; ihre wesentlichen Ziele sind Minimalabschreckung, hinlängliche Verteidigungsfähigkeit und die Durchsetzung kollektiver Sicherheit bzw. kollektiver Normen und Entscheidungen. Wichtige Organisationsprinzipien sind der Einsatz außerhalb des eigenen Territoriums ausschließlich auf der Basis kollektiver Entscheidungen und klarer internationaler Legitimierung sowie der Aufbau integrierter internationaler Militärstrukturen zur Friedenssicherung (Blauhelme) und zur Wiederherstellung des Friedens (kollektive Sicherheitsoperationen).

Die Entwicklung der europäischen Sicherheitspolitik in diesem Jahrhundert läßt sich verstehen als ein Übergang von der nationalen Sicherheitspolitik zur kollektiven Verteidigung und - als Chance - von der kollektiven Verteidigung zur kollektiven Sicherheit als Grundlage der europäischen Politik im 21. Jahrhundert. Die Argumente gegen kollektive Sicherheitssysteme sind bekannt, aber nicht mehr überzeugend: Sie verkennen erstens, wie sehr sich die Rahmenbedingungen internationaler Politik verschieben, und sie ignorieren zweitens, daß keine taugliche Alternative in Sicht ist. Es gilt also, den Übergang zu bewerkstelligen. Rückschläge sind dabei kaum zu verhindern, systemimmanente, defensive und konflikteindämmende Strategien zur Ergänzung und Untermauerung systemüberwindender Kooperations- und Integrationspolitik auf absehbare Zeit nicht verzichtbar, ja wohl sogar eine wichtige Voraussetzung für den Erfolg der Transformation. Bemühungen um tragfähige Entwicklungsstrategien, um die Beilegung regionaler und lokaler Spannungs- und Konfliktherde und um die Öffnung der Eliten im Osten und Süden für gemeinsame Werte und Normen durch "therapeutische Interventionen" in ethnische und nationale Spannungen im Sinne von Senghaas mögen helfen, Gefahren abzubauen und Sicherheitsrisiken zu mindern. Das dürfte freilich kaum etwas daran ändern, daß die Entwicklung effektiver Strukturen kollektiver Sicherheit das Herzstück, die eigentliche Herausforderung bei dem Bemühen um eine Zivilisierung der internationalen Politik darstellt.

4. Sicherheitsinteressen des vereinigten Deutschland

Uwe Nerlich

I. Was steht auf dem Spiel?

Die Definition deutscher Sicherheitsinteressen wirft in der gegenwärtigen Situation Fragen auf, die nicht nur akademischer Natur sind, sondern unauflöslich mit dem politischen Selbstverständnis zusammenhängen, wie es in der Bundesrepublik in den letzten vier Jahrzehnten gewachsen ist. Dieses Selbstverständnis ist bis heute durch die historisch-politische Ausgangslage geprägt, die nach dem Zweiten Weltkrieg gegeben war. Es hat sich mit dem Wandel der internationalen Lage und über politische Generationswechsel im Innern entwickelt.

Daraus ist etwas entstanden, das ähnlich wie im Fall Japans gerade deshalb ein Novum darstellt, weil es sich mit dem Aufwuchs neuer Macht verbindet. Die internationale Position der Bundesrepublik ist so zutiefst ambivalent. Im deutschen Selbstverständnis kombiniert sich ein kontinuierliches Interesse an der Rückversicherung Dritter mit einer zunehmenden Gestaltungsmacht als Resultat ökonomischer Stärke, die für die künftige internationale Politik als Modell gesehen wird. Hierin liegt ein fundamentaler Zwiespalt, wenngleich in der bisherigen Entwicklung das eine nicht ohne das andere zu denken war: Das neue Machtverständnis konnte gerade nur im Kontext der historisch abgeleiteten Selbstbeschränkungen international wirksam werden, so wie umgekehrt das Bewußtsein notwendiger Zurückhaltung über politische Generationswechsel hinweg ohne innere Fehlentwicklungen nur über Akzeptanz und neue Macht im Kontext einordnender multinationaler Institutionen möglich war. Wie Klaus Hildebrand dargelegt hat, lag der deutsche Ausweg darin, daß die deutsche Katastrophe eben auch eine europäische und der Weg Deutschlands zurück in die Staatengemeinschaft in der Umgestaltung eben dieser Staatengemeinschaft zu finden war, die "Zeit [also] endlich als reif für das Zukunftweisende" erkannt wurde.[1]

Definitionen deutscher Sicherheitsinteressen hatten in dieser bisherigen Entwicklung nach innen wie nach außen instrumentale Funktionen: Es ging um internationale Akzeptanz mit dem Ziel zunehmender Gestaltungsmacht in dem für die innere Entwicklung so bestimmenden internationalen Umfeld und um das Kanali-

---

1 Klaus *Hildebrand*, Integration und Souveränität. Die Außenpolitik Deutschlands 1949-1982, Bonn 1991, S. 29. Die Frage, wieso Deutschland nach der leidenschaftlichen Ablehnung des Versailler Vertrages das weit restriktivere System der Einbindung, wie es nach 1945 entstanden ist, geradezu als "raison d'être" hingenommen hat, sieht Hildebrand in der Verbindung der völligen Katastrophe von 1945 und der gemeinsamen europäischen Zukunftsverantwortung (ebd., S. 25f).

sieren innerer Entwicklungen in einem geteilten Land mit sozialen Umbrüchen und ohne historische Verankerung mit dem Ziel der Vermeidung innenpolitischer Polarisierung. Dies erforderte entsprechende Rückversicherung für das internationale Umfeld, um den Spielraum gerade durch die Entwicklung der Strukturen der Einbindung Deutschlands zu erweitern.

Deshalb waren Interessen so zu definieren, daß eine langfristige Grundorientierung innen wie außen verstanden und akzeptiert werden konnte, scharfe internationale Interessenkonflikte vermeidbar blieben und grundsätzliche Zielentscheidungen einem offenen politischen Prozeß überantwortet und in diesem Sinne - ein Schlüsselwort deutscher Nachkriegspolitik - "offengehalten" würden. Insofern hatte die deutsche Politik vier Jahrzehnte lang in beispielloser Weise vergangenheits- wie zukunftsgerichtet *historische* Dimensionen. Daraus folgten einige praktische Imperative:

- Zielsetzungen mußten so *allgemein* formuliert werden, daß sie ein akzeptiertes Richtungsspektrum beschrieben, ohne operative Zugzwänge auszulösen.
- Es waren national wie international politische *Strömungsverhältnisse* zu schaffen, die bei ausreichendem Konsens im Innern in die Richtung zunehmender Gestaltungsmacht der Bundesrepublik trieben, ohne innen oder außen Prioritätskonflikte entstehen zu lassen.
- Es mußten Ziele verfolgt werden, die nicht gleichzeitig und mit allen Partnern zu realisieren waren, etwa Einheit und Sicherheit oder, weniger grundsätzlich, atlantische und deutsch-französische Partnerschaft, was nur über *Prozeßdefinitionen* wie das Harmel-Konzept oder das Projekt der Europäischen Union im atlantischen Rahmen zu erreichen war.
- In diesem Kontext traten auch Zielkonflikte auf, sofern diese Ziele einer ausdrücklichen Formulierung bedurften, etwa zwischen Sicherheit und Détente, zwischen Verteidigung und Rüstungskontrolle oder in bezug auf die Ambivalenz nuklearer Abschreckung: Kriegsverhütung durch die Androhung der Selbstvernichtung. Mit anderen Worten, die Bundesrepublik wie ihre Partner waren auf *konstruktive Ambiguität* angewiesen.
- In diese Entwicklung gehörte, Deutschland zugleich als möglichst *gleichrangigen* Partner einzubringen *und* die deutsche Frage offenzuhalten, also die Bundesrepublik als *Provisorium* gelten zu lassen.
- In dieser Konstellation ging es also, wie es Karl Carstens formuliert hat, darum, das "Kriterium der Staatskunst" unter besonders anspruchsvollen Bedingungen zu erfüllen, also "die verschiedenen außenpolitischen Interessen ... so wahrzunehmen, daß sie nicht oder möglichst wenig miteinander in Konflikt ge-

raten" bzw. umgekehrt nicht "eine verfehlte Politik zu einer Lage führen kann, in der ein oder mehrere Interessen preisgegeben werden müssen".[2]

Zwischen der Bundesrepublik und den westlichen Partnern gab es nach der deutschen Grundentscheidung für die Einbindung in den Westen - im Sinne einer Zustimmung aus eigenem Interesse zu einer Notwendigkeit ohne offensichtliche Alternativen - in der Frage der weiteren internationalen Strukturbildung keine primären Interessenkonflikte mehr: Konkurrierende ordnungspolitische Zielsetzungen im Westen blieben dem gemeinsamen politischen Interesse gegenüber dem Antagonisten UdSSR hinreichend untergeordnet, um das entstehende System der doppelten Eindämmung und der entsprechenden internationalen Strukturbildung nicht in Frage zu stellen. Es gab Friktionen, die in manchen Perspektiven als Dauerkrise gesehen wurden. Im Maße der fortschreitenden Strukturentwicklung und der entsprechend zunehmenden Handlungsfreiheit der Bundesrepublik traten Interessen stärker auseinander:

- auf amerikanischer Seite zwischen Bündniskohäsion und Management der Beziehungen zur zunehmend nuklearfähigen Sowjetunion;
- auf deutscher Seite zwischen Absicherung der westlichen Strukturen und zunächst vorbeugenden (Adenauer) und dann überbrückenden (seit Brandt) Verbindungen zur Sowjetunion und Osteuropa;
- auf französischer Seite zwischen eigener Unabhängigkeit und Einbindung der Bundesrepublik bei Tendenzen zu amerikanischem *dégagement* und deutsch-sowjetischer Annäherung.

Aber die Konfliktordnung war eben auch eine Ordnung der Verhältnisse zwischen der Bundesrepublik und dem Westen - nur mit Einschränkung hinsichtlich der politischen Kausalität, aus der diese innerwestliche Ordnung hervorgegangen ist, aber sicher als eine Rahmenbedingung für deren Funktionieren. Diese Ordnung schloß jedoch auch direkte politische Lösungen aus. Noch 1980 konstatierte der Bericht von Bundeskanzler Schmidt zur Lage der Nation: "Die Lage unserer geteilten Nation und die weltpolitische Entwicklung sind unauflöslich miteinander verbunden ... Was die Zukunft der deutschen Nation betrifft, so müssen wir nüchtern feststellen, daß die politischen Konstellationen in der Gegenwart keine Möglichkeiten bieten, die Teilung Deutschlands in zwei Staaten zu überwinden."[3] Noch im Frühjahr 1990 schien auch in Westeuropa eine Konstellation fortzudauern, die eine solche Möglichkeit ausschloß.

---

2 Karl *Carstens*, in: Außenpolitische Perspektiven des westdeutschen Staates, Bd. 3: Der Zwang zur Partnerschaft, München/Wien 1972 (Schriften des Forschungsinstituts der Deutschen Gesellschaft für Auswärtige Politik, Bd. 30/3), S. 295. In dieser Perspektive bestand "zwischen Interessen und dem politischen Entscheidungsprozeß ein unauflöslicher Zusammenhang" (ebd.).

3 Erklärung der Bundesregierung zur Lage der Nation vor dem Bundestag, in: Bulletin des Presse- und Informationsamts der Bundesregierung, No. 32, 21.3.1980, S. 265.

Nach vollzogener Vereinigung mag man an Reflexionen über die Staatsraison erinnern - gerade im Falle eines Staates, der als Provisorium gegründet wurde, um mit der Realität der deutschen Vergangenheit wie der Teilung umzugehen. Wie Friedrich Meinecke formuliert hat: "Es gibt für jeden Staat in jedem Augenblick eine ideale Linie des Handelns, eine ideale Staatsraison."[4] Eine solche Linie durchzieht die Entwicklung der vergangenen rund vierzig Jahre.

Im Rückblick kann man sagen, daß die weltpolitische Entwicklung in weitem Maße aus der politischen Struktur der deutschen Katastrophe von 1945 erwachsen ist, so wie umgekehrt diese weltpolitische Entwicklung den Gang der deutschen Geschichte seit 1945 über die Gründung der Bundesrepublik, die Aufnahme in die NATO, die Mitbegründung der EG, die Trägerschaft in der europäischen Entspannung bis hin zur staatlichen Vereinigung bestimmt hat. Die Formation der Nachkriegsordnung und die der Bundesrepublik hingen ebenso unauflöslich zusammen wie beider Transformation seit Ende der 60er Jahre. Es war durchgängig die gleiche Logik der Verhältnisse, was durch politisch konzipierte Periodisierungen leicht verdeckt wird. Immer war die Entwicklung wie bei keinem anderen vergleichbaren Staat mit dem Gang der internationalen Evolution verknüpft. Entsprechend war eine typische deutsche Sorge in der Phase der angestrebten Gleichrangigkeit die Diskriminierung, in der Phase der Transformation die Singularisierung.

Die "raison d'être" der Bundesrepublik lag in einer wachsenden Gestaltungsmacht, die in der Struktur der eigenen Einbindung die Struktur der neuen europäischen Staatenwelt suchte.[5] In *diesem* Sinne trifft Egon Bahrs Formulierung aus dem Jahr 1965 zu, daß "die geschichtliche Wiedergutmachung der deutschen Vergangenheit nur erfolgen [kann], wenn Deutschland sich selbst verwirklicht. Dieser Aufgabe kann man nicht ungestraft ausweichen. Auf sie sind alle lebenden Generationen verpflichtet".[6] Solange die Bundesrepublik ihre Gestaltungsmacht ohne nationales Profil in einem nichtsaturierten europäischen System ausüben konnte, in dem das Interesse aller anderen an der Einbindung Deutschlands mit dem deutschen Interesse an fortschreitendem Souveränitätsverzicht aller zusammenfiel und sich politisch-militärische Selbstbeschränkung der Bundesrepublik und wirtschaft-

4 Friedrich *Meinecke*, Die Idee der Staatsraison in der neueren Geschichte, München 1960, S. 2. Henry Kissingers Reflexion kommt der deutschen Nachkriegsrealität sogar noch näher: "No nation could face or even define its choices without a moral compass that set a course through the ambiguities of reality and thus made sacrifices meaningful ... The political leader ... can rarely reach his goal except in stages; any partial step is inherently morally imperfect and yet morality cannot be approximated without it." Henry S. *Kissinger*, White House Years, Boston/Toronto 1979, S. 55.

5 Diese Logik findet sich politisch vereinfacht, aber in der Tendenz zutreffend in Walther *Leisler Kieps* vielzitierter Feststellung, daß das atlantische Bündnis das "zweite Grundgesetz" der Bundesrepublik sei.

6 Egon *Bahr*, Ein europäisches Sicherheitssystem, abgedruckt in: *ders*., Sicherheit für und vor Deutschland, München 1991, S. 32.

liche Schubkraft zum Vorteil aller - der Bundesrepublik wie ihrer Nachbarn und Partner - verbanden, war die "ideale Linie" vorgegeben. Eine deutsche Eigenentwicklung, deren Resultat von allen anderen mitzuvollziehen war, erforderte von diesen keine wirkliche Beschränkung nationaler Souveränität: Die offene deutsche Frage bot letztlich allen den Hebel, um auf das Wechselspiel zwischen der Entwicklung der Bundesrepublik und Bildung der sie umgebenden Struktur ausreichend Einfluß ausüben zu können.

Aus dem gleichen Grunde nahm die Bundesrepublik Rücksicht. Aber seit Ende der 70er Jahre war zunehmend eine politische Entwicklung in der Bundesrepublik erkennbar, die vor allem in größerer Distanz zu den Vereinigten Staaten Emanzipation mit dem Ziel politischer Identitätsfindung und Eigenentwicklung suchte.[7] So diente insbesondere die nukleare Frage als Vehikel, um erstmals seit den frühen 50er Jahren "deutsche Interessen" zu reklamieren in der Ablehnung von Maßnahmen, in denen sich gerade die Bündnissolidarität manifestieren sollte. Diese Entwicklung kulminierte in der eindeutigen Verweigerung der Zustimmung zur möglichen Stationierung des Lance-Nachfolgesystems (FOTL). Während in Japan von nationalistischer Seite die Option eines Landes suggeriert wurde, das auch "nein" sagen könne,[8] wurde für die Bundesrepublik die Frage der Lance-Nachfolge zum Anlaß, mit breiter politischer Zustimmung, aber ohne Preisgabe der internationalistischen Grundorientierung und im Namen internationaler Entwicklungstrends tatsächlich "nein" zu sagen.

Im Rückblick ging es um eine Frage von sekundärer Bedeutung, aber sie wurde in der Bundesrepublik wie bei Partnern und Gegenspielern als politischer Test gewertet. Das unverzügliche amerikanische Angebot zur "Führungspartnerschaft" entsprach dem latenten Interesse der Bundesrepublik: Emanzipation von den USA, ohne der Balancefunktionen, die die USA in Europa gerade zum Vorteil der Bundesrepublik ausüben, verlustig zu gehen. Diese Balancefunktionen der USA sollten sich nur sechs Monate später in dem Augenblick bewähren, als die Bundesrepublik in der zentralen Frage der Nachkriegspolitik, eben der deutschen Frage, mit der Zehnpunkte-Erklärung von Bundeskanzler Kohl das Gesetz des Handelns an sich zog.[9] 322 Tage später war die deutsche Vereinigung abgeschlossen.

7 In dem umfassenden Versuch, nach dem Umbruch Ende der 60er/Anfang der 70er Jahre die außenpolitischen Interessen der Bundesrepublik neu zu definieren, wurde die "Freiheit der Eigenentwicklung" von Richard Löwenthal mit Zustimmung vieler Mitglieder der DGAP-Arbeitsgruppe als erste Priorität dargestellt: In diesem Interesse sollte der latente Gegensatz zwischen der Erhaltung des Friedens und der Herstellung nationaler Einheit als obersten Interessen versöhnt werden. Siehe Richard *Löwenthal*, Freiheit der Eigenentwicklung, in: Außenpolitische Perspektiven, Bd. 1: Das Ende des Provisoriums, S. 11-15.

8 Vgl. Shintaro *Ishihara*, No to ieru Nippon (Japan, das nein sagen kann), Tokio 1989.

9 Schon am selben Tag, am 29.11.1989, konnte Horst Teltschik registrieren: "Wir haben unser Ziel erreicht: Der Bundeskanzler hat die Meinungsführerschaft in der deutschen Frage übernommen." Horst *Teltschik*, 329 Tage. Innenansichten der Einigung, Berlin 1991, S. 58.

Die Transformation der Konfrontationsordnung, an der die Bundesrepublik so nachdrücklich mitgewirkt hatte, löste pari passu die sowjetischen Reformprozesse und die sowjetisch-amerikanische politische Kooperation als stabilisierende Bedingung für den einsetzenden Wandel aus. Die ungeheure Beschleunigung der Veränderungsprozesse, die damit entstand, machte den Wandel des sowjetischen Herrschaftsbereichs von innen zunehmend unsteuerbar, aber die politische Zurückhaltung der USA und des Westens ermöglichten eine Stabilisierung dieses Wandels, die sich in militärischer Zurückhaltung, das heißt im Interventionsverzicht der Sowjetunion und in der Hinnahme der Mitgliedschaft des vereinigten Deutschland in der NATO als eines stabilisierenden Rahmens für diese zweite fundamentale Veränderung der Nachkriegsordnung ausdrückte. Die Bundesrepublik hat diese beschleunigte internationale Strömung so gesteuert, daß am Ende alle erklärten Zielsetzungen erreicht waren - mit einer entscheidenden Ausnahme: Europa.[10]

Die deutsche Vereinigung im Jahre 1990 kam nicht nur zeitlich überraschend, sie erfolgte auch unter Umständen und innerhalb einer europäischen Struktur, auf die die Bundesrepublik wie ihre Partner nicht vorbereitet waren:

- Jede konzeptionelle Konstruktion der Vereinigung, soweit sie für die praktische Politik überhaupt relevant war, ist davon ausgegangen, daß die europäische Teilung überwunden, die Sowjetunion aber mit einer veränderten Politik fortbestehen wird. Dies hätte eine balancierte Struktur der Beziehungen zwischen wichtigen Akteuren erhalten, wozu vor allem eine auch in Europa manifestierte Rolle des amerikanisch-sowjetischen Verhältnisses gehört.
  Das vereinigte Deutschland hätte seine nationale Saturierung mit einem Minus an formalem Status bezahlt und wäre in einer veränderten Sicherheitsstruktur zwischen Ost und West eingebunden geblieben. Statt dessen findet sich die Bundesrepublik in einer Situation, in der sie nur im Maße ihrer eigenen politischen Vernunft eingebunden ist (z.B. im Blick auf das Verhältnis zu den Vereinigten Staaten) und insoweit auch nicht mehr im Rahmen einer wie immer gearteten Multilateralität agieren kann, sondern eine Handlungsfähigkeit besitzt, die in der ehemaligen Sowjetunion als größte Hoffnung für die Lösung eigener Probleme, von westeuropäischen Partnern, vor allem Frankreich, als Zeichen einer unausweichlichen deutschen Dominanz gesehen wird, die nur noch die Wahl zwischen Kooperation und Eindämmung läßt.

---

10 Blickt man auf den einzigen systematischen Versuch einer deutschen Interessenanalyse vor rund zwanzig Jahren zurück, so läßt sich konstatieren, daß von den zehn definierten Interessen außer den beiden europäischen Strukturfragen - der Einigung Westeuropas und der Schaffung einer gesamteuropäischen Ordnung - heute alle saturiert sind: die Freiheit der Eigenentwicklung, die Wahrung des Friedens, die Erhaltung der Sicherheit, die Grenzregelung mit Polen, die Regelung der innerdeutschen Beziehungen, die Lösung der Berlin-Frage, die Herstellung der deutschen Souveränität und die Weiterentwicklung der deutschen Frage (vgl. Außenpolitische Perspektiven der westeuropäischen Staaten).

- Es war genau der Zerfall der Sowjetunion, der bewirkt hat, daß die deutsche Vereinigung entgegen allen Erwartungen und Zielsetzungen *vor* der politischen Unionsbildung in Westeuropa zustande kam und zugleich die weitere Integration Westeuropas mit der völlig neuen Aufgabe einer gesamteuropäischen Stabilisierung unter Einschluß der ehemaligen Sowjetunion verknüpfte. Das heißt, die Bundesrepublik kann ihre neue europäische und internationale Rolle nicht primär als konstitutiver Teil eines vereinigten Westeuropa wahrnehmen und damit jede Dominanz in einer Art allgemeiner Teilhabe ausüben: Es gibt den Integrationsrahmen noch nicht, und die Bildung dieses Rahmens ist nur noch in einer gesamteuropäischen Konstruktion möglich, wie immer mit dem Problem Vertiefung versus Erweiterung künftig umgegangen wird.

  Die beiden deutschen Interessen, die nach 1990 übrigblieben, sind also nicht einfach Restprobleme: Sie stellen sich aufgrund der Umstände der Vereinigung neu und erscheinen miteinander weit enger verknüpft, als dies vorherzusehen war.

Eine deutsche Vereinigung als Resultat einer europäischen Vereinigung hätte die Rolle Deutschlands reduziert, aber in gesetzten Grenzen auch einfacher gemacht: Innerhalb der Beschränkungen des europäischen Systems wäre für Deutschland sogar das "Schweizer Modell" eine Möglichkeit gewesen, dem im Jahr der deutschen Vereinigung eine Mehrheit der westdeutschen Bevölkerung den Vorzug geben wollte.[11] In der tatsächlichen Situation war es folgerichtig, daß Bundeskanzler Kohl mit der Vereinigung Deutschlands zielstrebig die Einigung Westeuropas sowie die Stabilisierung Osteuropas und der ehemaligen Sowjetunion verband. Aber die Bundesrepublik muß damit maßgebend erst die Strukturen schaffen, innerhalb derer das vereinigte Deutschland zum Vorteil aller agieren kann, und sie muß maßgebend das instabile Umfeld vor allem im Osten gestalten helfen, das, sich selbst überlassen, sonst auch Westeuropa und mit ihr die Bundesrepublik in einen Strudel chaotischer Verhältnisse unter Bedingungen eines aufs Überleben gerichteten Nationalismus ziehen könnte.

In dieser neuen Lage besitzt die Bundesrepublik also nicht nur eine außerordentliche Handlungsfreiheit, gestützt auf eine ökonomische Basis, deren Belastbarkeit gegenwärtig mit relativ erstaunlichen Resultaten getestet wird. Sie steht auch unter Handlungszwang: Sie muß im Interesse aller anderen ihre eigene Rolle definieren und als Demandeur in der Frage eben der Strukturbildung agieren, die von Dritten auch als stabilisierende Einbindung des vereinigten Deutschland verstanden werden kann.[12]

---

11 Vgl. Peter *Meroth*, Deutschland 2000. Der Staat, den wir uns wünschen, in: Süddeutsche Zeitung. Magazin, No. 1, 4.1.1991, S. 8ff.

12 In einem bemerkenswerten Versuch eines Moskauer Experten wurden fünf Szenarien vor allem in bezug auf die unterschiedlichen Rollen entworfen, die Deutschland in der weiteren Entwick-

Unter diesen Umständen ist es - von der besonderen Natur der Stimmungen im vereinigten Deutschland abgesehen - plausibel, daß nationale Tendenzen in Deutschland bis jetzt auch nach der Vereinigung schwächer sind als in allen anderen Ländern, die in Europa agieren. Man ist an die Worte erinnert, die John Adams 1776 im Jahr der amerikanischen Unabhängigkeitserklärung, aber eben auch am Beginn der konstitutionellen Vorgänge formuliert hat, die der Unabhängigkeit erst ihre politische Bedeutung geben konnten: "Alle großen Veränderungen sind beschwerlich für den menschlichen Geist, vor allem solche, die von großen Gefahren und ungewissen Wirkungen begleitet sind."

II. Neue Rollen und Aufgaben der Bundesrepublik

Die Bundesrepublik ist nicht nur, völlig plausibel, auf die neue Lage unvorbereitet, insbesondere angesichts so paralleler Umstände wie dem Golfkrieg oder dem Jugoslawienkonflikt, die in einer Phase der Neuorientierung quasi verzugslos Dimensionen der neuen Konstellation ins Bewußtsein gehoben haben. Sie kann auch vieles nicht einfach als gegeben nehmen, was in ihrer bisherigen Politik axiomatisch war, zum Beispiel

- die Stabilität des Wohlstands,
- den Fortgang der Integration,
- den Konsens für eine Integration,
- die Möglichkeit, nationale Interessen ohne nationale Interdefinition, das heißt mediatisiert durch multinationale Institutionen zu verfolgen,
- das Präferenzverhältnis zu Frankreich,
- das balancierende Engagement der Vereinigten Staaten,
- die Beschränkung auf Kriegsverhütung, das heißt den faktischen politischen Verzicht auf militärische Handlungsbereitschaft.

---

lung Europas spielen könnte. (Der zweite Hauptfaktor war mit dem Spektrum möglicher Rollen der USA gegeben.) Die Optionen waren: 1. ein dominanter KSZE-Prozeß, 2. eine Neugruppierung um ein zentrales Deutschland herum, 3. eine euro-atlantische Gruppierung (in Europa auf deutsches Betreiben hin), 4. eine Gruppierung europäischer Mächte um Deutschland herum mit dem Ziel, einer Hegemonie Deutschlands entgegenzuwirken, und 5. eine deutsch-sowjetische Koalition. Die Schlußfolgerung war: "Soviet foreign policy is aimed at a rapprochment along all three sides of the USSR-Europe-USA triangle ... A failure to create a 'Greater Europe', embracing not only the European continent but the American-European civilization at large, would cause the Soviet Union to look for different scenarios, perhaps a return to the Cold War, or a relaps into pre-war European policies." Anatoly *Utkin*, Europe and the Superpowers: Five Scenarios, in: Europe and the World. A Magazine of World Affairs, Moskau [Mai-Juni] 1991, S. 112.

Hier zeigt sich also eine Affinität deutscher und "sowjetischer" Interessen, die gerade *nicht* den stereotypen Befürchtungen in Westeuropa entspricht, wie sie sich mit dem Topos "Rapallo" verbinden. Das Problem liegt darin, daß beide - das vereinigte Deutschland und die ehemalige Sowjetunion - auf völlig verschiedene Weise vor ungeheuren Strukturfragen stehen und in der europäischen Lösung gerade auch die beste Lösung ihrer eigenen Probleme sehen.

In der neuen Lage wird die Bundesrepublik nicht nur zwischen Optionen wählen können, sie wird entscheiden und mit den Folgen leben müssen. Dazu gehört, daß die Bundesrepublik gerade um ihrer Handlungsfähigkeit in künftigen multilateralen Strukturen willen eine eigene politische und gerade auch sicherheitspolitische Strategie findet. Sie kann sich nicht mehr darauf beschränken, Interessen in institutionelle Formeln zu kleiden oder taktische Kompromisse zu finden, die zwischen atlantischem Bündnis und europäischer Einigung oder zwischen Großbritannien und Frankreich oder zwischen Erweiterung und Vertiefung der EG eigene Festlegungen vermeiden. Zwar gibt es unübersehbar und gerade für die Bundesrepublik Konsenserfordernisse, aber neben den USA stellt die Bundesrepublik gegenwärtig die einzige Gestaltungsmacht dar. Diese Gestaltungsmacht Deutschlands vergrößert sich im Maße der Konzertierung ihrer Politik mit den USA. Aber dies erfordert strategisches politisches Handeln und damit eine Strategie. Darauf ist die Bundesrepublik weder politisch noch konzeptionell, noch apparativ vorbereitet. Ein Beobachter hat dies treffend charakterisiert: "Die deutsche Einheit war einer europäischen Entwicklung im Osten zu verdanken gewesen, die noch nicht zum Abschluß gekommen ist, deren schwierigste Herausforderungen wahrscheinlich noch vor uns stehen. Das Europa unserer bisherigen Vorstellungen vermag sich nicht in seine Rolle zu finden. Seine Grenzen stimmen nicht mehr. Doch sein Wahrnehmungsapparat, seine Handlungsorientierung haben sich bisher kaum verändert."[13]

Es sind vor allem vier Arten von (auch in hohem Maße sicherheitsrelevanten) Aufgaben, auf die sich die Bundesrepublik Deutschland einrichten muß:

- Sie muß die weitere Integration und die künftigen Funktionen multinationaler Institutionen im Sinne eigener Interessendefinitionen unter Zielsetzungen stellen, sie sind kein Selbstzweck mehr.
- Sie muß ihre Verhältnisse zu anderen Mächten neu und langfristig ordnen, und zwar nicht nur durch Institutionen mediatisiert, sondern gerade um der Wirksamkeit solcher Institutionen willen auch in direkten Verhältnissen: Hier gibt es politische Rangordnungen, die in der politischen Strategie der Bundesrepublik, wenngleich nicht immer in ihrer erklärten Politik, leitend sein müssen.
- Sie muß sich auf ein mögliches Scheitern ihrer auf kooptive Macht gestützten und auf Integration gerichteten Politik einrichten: Zwar sind die Chancen politischer Evolution gegeben, aber das vereinigte Deutschland kann sich auch bei ungewissen Entwicklungen inmitten einer renationalisierten Umgebung in der eigenen Bevölkerung wiederfinden, was auch ihre Gestaltungsmacht dramatisch und zum Schaden aller vermindern würde. Nur im Bewußtsein der Möglichkeit solcher Lagen wird die deutsche Integrationspolitik neue Überzeu-

---

13 Jürgen *Busche*, in: Süddeutsche Zeitung, 27.11.1991, S. 4.

gungskraft haben und das Interesse der anderen an fortschreitender Integration reaktivieren.

- Die Bundesrepublik muß davon ausgehen, daß der Golfkrieg und der serbokroatische Konflikt nicht nur Verkehrsunfälle waren, daß Konfliktmöglichkeiten vielmehr in zunehmender Vielfalt zu erwarten sind und die Bundesrepublik als politischen und strategischen Akteur immer seltener aussparen werden: Die Bundesrepublik wird eine grundlegende sicherheitspolitische Strategie für den Umgang mit militärisch relevanten Risiken brauchen.

5. Europäische Interaktionen und deutsche Interessen

Jürgen Nötzold/Reinhardt Rummel

I. Die Ausweitung der deutschen Interessen nach dem Ende des Ost-West-Konflikts

Die Staatsraison der alten Bundesrepublik bestand aus zwei Grundelementen: Westintegration (in EG und NATO) und Ostverbindungen (zur ehemaligen DDR, den Ländern Osteuropas und der Sowjetunion). Die Bundesrepublik Deutschland versuchte schon zu Beginn der durch das nukleare Gleichgewicht erzwungenen Entspannungspolitik, Verbindungen zu Osteuropa wieder aufzunehmen, die in der Phase des Kalten Krieges der 50er Jahre abgerissen waren. Während der Entspannungspolitik wurden die gesamteuropäischen Beziehungen des westlichen Bündnisses und seiner Mitglieder durch die Konzeption des Harmel-Berichtes gesteuert, der im wesentlichen zwei Zielsetzungen hatte:

(a) militärisches Gleichgewicht mit den Staaten des Warschauer Pakts (WP);

(b) Verminderung der Spannungen durch Rüstungskontrolle und Abrüstung sowie die Beeinflussung des Status quo durch wirtschaftliche, politische und kulturelle Zusammenarbeit mit den WP-Staaten.

Der Systemgegensatz, von dessen Fortbestand bis auf weiteres ausgegangen wurde, setzte der Entwicklung von Verbindungen zum Osten Grenzen; vielfältige Kontakte sollten die Systemschranken jedoch modifizieren - vor allem im Verhältnis zwischen den beiden deutschen Staaten - und sie über eine langfristige Evolution, die soweit wie möglich gefördert werden sollte, letztlich überwinden. Die KSZE beruhte auf vergleichbaren Grundvorstellungen: Anerkennung des Status quo und dennoch Relativierung der Systemgrenze mit Hilfe der Instrumentarien der sogenannten Körbe II und III der KSZE.

Die Westbindung der alten Bundesrepublik war Grundlage von Sicherheit und Stabilität, sie bot das Potential und die Normen für die Körbe II und III der KSZE, und sie war eine vertrauensbildende Maßnahme gegenüber den westlichen Partnern, die auf diesem Wege das deutsche Ziel der Ostverbindungen teilen und unterstützen sollten. Die Politik der Ostverbindungen der alten Bundesrepublik war instrumental gedacht. Die Überwindung der europäischen Spaltung sollte schließlich auch zur Wiederherstellung der deutschen Einheit führen. Im Jahre 1990 kehrte sich die erwartete Reihenfolge um: Deutschland erlangte seine Einheit, nicht jedoch der europäische Kontinent. Die osteuropäischen Staaten und die Sowjetunion gaben ihre Unterstützung oder Zustimmung zur deutschen Einheit in der Erwartung, daß auch sie Bewohner eines "gemeinsamen europäischen Hauses" würden. Im Sinne des strategischen Gleichgewichtes in Europa muß dieser Erwartung nach der Wiederherstellung der deutschen Einheit entsprochen werden. Mit dem Ende des Systemgegensatzes und der Herstellung der deutschen Einheit hat sich damit auch das zweite Grundelement der deutschen Staatsraison geändert. Es geht nicht mehr nur um den Ausbau von Verbindungen zum östlichen Teil Europas, sondern um dessen Einbeziehung in die gesamteuropäische Integration.

Für die alte Bundesrepublik gab es beständig das Problem, den Integrationsprozeß in der Europäischen Gemeinschaft mit dem Offenhalten der deutschen Frage zu verbinden. Wegen der Einbettung der deutschen Spaltung in die europäische Spaltung bedeutete dies gleichzeitig, daß das Interesse der EG-Partner an der gesamteuropäischen Zusammenarbeit wachgehalten werden mußte. Nach der Verwirklichung der deutschen Einheit ändert sich die gesamteuropäische Zielsetzung der Bundesrepublik Deutschland und damit auch ihr Verhältnis zur EG-Integration. Es handelt sich jetzt nicht mehr nur um die Förderung von Beziehungen zu Osteuropa mit Hilfe der EG und ihrer Partner, sondern um Übereinstimmung von EG-Integration und gesamteuropäischer Integration.

Zum großen Teil ist die gesamteuropäische Integration eine Aufgabe der Europäer selbst, die im Beziehungsgeflecht zwischen dem westlichen und östlichen Teil Europas sowie einer Nachfolgeorganisation der Sowjetunion beziehungsweise ihrer europaorientierten Nachfolgestaaten gelöst werden muß. Doch kommen auch auf die NATO Gestaltungsaufgaben für Gesamteuropa zu, die nicht mehr vorrangig militärisch sind. Während des Ost-West-Konflikts bestand das sicherheitspolitische Interesse der Bundesrepublik vorrangig in der engen Verbindung und Verständigung mit den USA. Nach dem Ende dieses Konflikts haben gesamteuropäische Aufgaben für die Bundesrepublik Deutschland sicherheitspolitisch an Bedeutung gewonnen. Sicherheit muß nunmehr auch durch die Verständigung und Verbindung mit den osteuropäischen Partnern und mit Rußland gestaltet werden. Darüber hinaus fällt Deutschland die Aufgabe zu, vergleichbar mit der Vertretung gesamteuropäischer Interessen im Prozeß der EG-Integration, die Interessen Osteuropas und Rußlands in der NATO-Politik zur Geltung zu bringen.

II. Die neue Gefährdung

Nach dem Zweiten Weltkrieg bestanden zwei Bedrohungen für die Sicherheit Deutschlands:

(a) Seine Neutralisierung und damit Isolierung (von Stalins Deutschland-Note aus dem Jahre 1952 bis hin zum sowjetischen Vorgehen zu Beginn der 2+4-Gespräche).

(b) Die militärische Bedrohung durch die Sowjetunion und den WP, die innerhalb der NATO am stärksten in Deutschland empfunden wurde, weil in seinen beiden Teilen die weltweit stärkste Konzentration von Waffen und Truppen bestand. Die "Gorbimanie" in Deutschland war die Reaktion auf die historische Leistung Gorbatschows, der diese Bedrohung auflöste.

Beide Bedrohungen sind zwar beseitigt, jedoch entsteht eine neue Gefährdungslage. Deutschland sieht sich nicht mehr der militärischen Bedrohung durch den Ostblock gegenüber, sondern einer Vielzahl von Gefährdungen, die sich ergeben würden, wenn nicht in Gesamteuropa ähnlich stabile Strukturen geschaffen werden können, wie sie in Westeuropa durch die EG und die NATO gebildet wurden. Gefährdet wären die Grundlagen der demokratischen, offenen Wohlstandsgesellschaft der Bundesrepublik Deutschland, die ihr Stabilität brachten und gleichzeitig der Nachweis für die Eingliederungsfähigkeit Deutschlands in die westliche Welt der Demokratien und Marktwirtschaften waren. Die Fortführung dieser Entwicklung setzt nunmehr ein entsprechend verfaßtes Umfeld auch bei den östlichen Nachbarn Deutschlands voraus. Wenn das nicht zu erreichen ist, werden auch die Grundlagen der Nachkriegsordnung Deutschlands in Mitleidenschaft gezogen.

Die neue Sicherheitsaufgabe ist mindestens so kostspielig wie die militärische Sicherheit in der Ära des Ost-West-Konflikts. Sie besteht aus einer Vielfalt vorwiegend nichtmilitärischer Aufgaben und läßt sich deshalb nicht so einfach zusammenfassen wie die frühere militärische Sicherungsaufgabe. Darüber hinaus ist sie in ihren Ausführungsmodalitäten anders strukturiert, so daß auch die innenpolitische Vermittlung schwieriger geworden ist. Der Ost-West-Konflikt manifestierte sich unmittelbar an der Trennungslinie des geteilten Deutschlands und Europas. Heute kann es längere Kausalketten geben, bis Gefährdungen wirksam werden.

III. Aufgaben gesamteuropäischer Stabilisierung

Die Aufgabe gesamteuropäischer Stabilisierung erfordert eine konzeptionelle Strategie, wie sie etwa dem Harmel-Bericht oder dem Zehnpunkte-Plan für die Herstellung der deutschen Einheit zugrunde lag. Eine endgültige gesamteuropäische Stabilitäts- und Friedensordnung läßt sich nicht auf dem Reißbrett entwerfen. Sie ist ein prozessualer Vorgang, der dann eine Perspektive hat, wenn die Akteure (West-, Ost-, Südeuropäer und die auf Europa orientierten Nachfolgestaaten der bisherigen Sowjetunion, insbesondere Rußland) gemeinsame Grundvorstellungen haben. Die Aufgaben für die Bundesrepublik Deutschland ergeben sich daraus, daß sie für ihre Entwicklung ein stabiles Umfeld braucht. Stabilität ist ein wechselseitiger Prozeß: Ein destabilisiertes Deutschland kann zur Destabilisierung Europas beitragen, ein stabiles Europa kann Deutschland stabil halten.

Während des Ost-West-Konflikts hing die Qualität der europäischen Sicherheitsordnung von der Wirksamkeit der beiden Komponenten des Harmel-Berichtes ab. Heute wird sie von gesamteuropäischer Konfliktverhütung und -lösung bestimmt. Die Grundlage würde ein *code of conduct* bilden, der Normen für die innere Verfassung von Staaten und Verhaltensnormen für die zwischenstaatlichen Beziehungen enthält. Es muß in Europa bei aller wertvollen Vielfalt ein gewisses Maß an Gleichförmigkeit der inneren und äußeren Rechtsordnungen geben. Die Durchsetzung europäischer Verhaltensnormen muß eines der gesamteuropäischen Ziele der Bundesrepublik Deutschland sein und von ihr auf die Agenden der geeigneten internationalen Akteure gebracht werden.

Für Prinzipien der KSZE, wie Souveränität, Nichteinmischung, Unverletzlichkeit von Grenzen, Vetorechte, muß eine Hierarchie von Normen gebildet werden. Oberster Grundsatz ist der Schutz individueller Menschenrechte. Bei den Grundlagen, die das Zusammenleben von Staaten und ethnischen Gruppen betreffen, müssen wechselseitige Einschränkungen möglich sein. Die Qualität der neuen Sicherheitsordnung hängt davon ab, inwieweit solche wechselseitigen Einschränkungen akzeptiert werden.

Die westlichen Gesellschaften dürfen sich nicht von überzogenen zeitlichen Vorstellungen leiten lassen. Es braucht Zeit, bis eine innere und äußere Rechtsordnung im östlichen Teil Europas eingerichtet sein wird. Zwischenschritte können notwendig sein, die mit Einschränkungen von Rechtsnormen verbunden sind. Solche Zwischenschritte wären hinzunehmen, wenn sie konditioniert und zeitlich begrenzt sind. Es kommt dann darauf an, daß auch die Akteure auf der nichtstaatlichen Ebene (Verbände, Parteien, Interessengruppen etc.) das Endziel eines gemeinsamen Wertesystems und seine Verwirklichung in verschiedenen Etappen akzeptieren.

Osteuropa muß die Perspektive eröffnet werden, daß eine Verbesserung seiner Lebensverhältnisse erreichbar ist und daß es mit der Lösung dieser Aufgabe nicht allein gelassen, sondern vom Westen tatkräftig unterstützt wird. Mit dieser Perspektive kann ein Prozeß gleichläufiger Entwicklung von sozialökonomischer Stabilisierung, Ausbildung demokratischer Normen und Entwicklung des liberalen Rechtsstaates in Gang gesetzt werden. Ohne eine solche Perspektive wird der Prozeß gefährdet sein.

Die Bundesrepublik Deutschland, in unmittelbarer Nachbarschaft zu Osteuropa, ist ähnlich wie in der Periode des Kalten Krieges wiederum stärker betroffen als die westeuropäischen Partnerstaaten. Von den osteuropäischen Partnern gehen nur positive Impulse aus, wenn sie selbst stabil sind, und auch die grenzüberschreitende Zusammenarbeit mit Osteuropa funktioniert nur, wenn sich die entsprechenden Partnerorganisationen einer marktwirtschaftlich und demokratisch verfaßten Gesellschaft, wie Gewerkschaften und Unternehmerverbände ausgebildet haben. Internationale Zusammenarbeit läuft heute nicht mehr nur über staatliche Bürokratien, sondern auch über die verschiedenen Träger der pluralistischen Demokratie. Während des Ost-West-Konflikts wurde die Zusammenarbeit ja auch dadurch behindert, daß die Ordnungen des autoritären Sozialismus nicht über entsprechende gesellschaftliche Gruppierungen verfügten.

Die militärische Landesverteidigung bleibt als Rückversicherung für den Fall notwendig, daß es nicht gelingt, Nachbarn im beschriebenen Sinne in eine Stabilitätszone einzubinden. Die Größenordnung der Landesverteidigung wird geringer sein als bisher, weil die Aufgaben gesamteuropäischer Stabilisierung nicht mehr in die Zuständigkeit einzelner Staaten allein fallen, sondern von übergeordneten, mehrere Staaten oder Staatengruppen umfassenden Institutionen mit Interventionsmöglichkeiten wahrgenommen werden. Die Erhaltung einer nationalen Verteidigungskapazität bringt nicht nur in der Innenpolitik Akzeptanzprobleme mit sich, sondern auch im Verhältnis zu den Nachbarregionen. Gerade deshalb darf sie nicht vom multilateralen Konfliktmanagement losgelöst sein.

Streitkräfte sind zwar per se gouvernementale Institutionen, aber als Partner anderer Streitkräfte können sie sich wie subgouvernementale Organisationen in internationale Beziehungen einschalten. Nur wenn es ein Potential für die Vernetzung der auf Sicherheit bezogenen Verhaltensweisen, den Austausch von Stäben, gemeinsame Truppenteile etc. gibt, können gesamteuropäische und stabilisierende vertrauensbildende Maßnahmen ergriffen werden. Auch die militärtechnologische gesamteuropäische Verflechtung kann als strukturelle vertrauensbildende Maßnahme angesehen werden. Auf diese Weise könnten Aufgaben wahrgenommen werden, die über die bisherige Verifikationspolitik hinausgehen.

Die multilaterale Konfliktverhinderung und Konfliktlösung mit militärischen Mitteln macht es notwendig, daß Deutschland ein bestimmtes Niveau der Rüstungstechnologie aufrechterhält. Im Rahmen des "burden sharing" muß auch die Bundesrepublik Deutschland militärtechnologisch anspruchsvolle Aufgaben übernehmen können.

IV. Die deutschen Interessen gegenüber den anderen Akteuren bei der Gestaltung der Europäischen Ordnung

Es ist das grundlegende deutsche Interesse, bei der Gestaltung der europäischen Ordnung auf die anderen Akteure mit der Zielsetzung einer gesamteuropäischen Stabilitätszone einzuwirken, wobei vorbeugende Konfliktverhütung wichtiger ist als nachsorgende Konfliktbereinigung.

Während der Ära des Ost-West-Konfliktes hatte die Konfliktverhütung mit militärischen Mitteln Vorrang, nachdem die Konfliktvorbeugung an die Grenzen des Systemgegensatzes gestoßen war. Nunmehr kann in der Sicherheitspolitik eine grundlegende Umorientierung von der Konfliktverhütung zur Konfliktvorbeugung vorgenommen werden, die mit einer Schwerpunktverlagerung auf nichtmilitärische Einwirkungsmöglichkeiten verbunden ist. Die Bundesrepublik Deutschland muß

Partner suchen - das heißt zusammen mit anderen Akteuren Koalitionen bilden -, die bereit sind, ein gemeinsames Konzept für diese neuartige europäische Sicherheitsaufgabe zu entwickeln, das von ähnlicher Gestaltungskraft ist, wie es das frühere Harmel-Konzept für eine völlig andere Konstellation war.

Die Sicherheitspolitik wird zu einer thematisch und instrumentell weitaus umfassenderen Aufgabe als zur Zeit des Ost-West-Konflikts. Konfliktvorbeugung umfaßt ein ganzes Spektrum von notwendigen Maßnahmen, wobei das *Verteidigungs*ministerium nur eine begrenzte Zuständigkeit hat. Sicherheitspolitik wird in diesem Sinne zu einer gesamtgesellschaftlichen Aufgabe, die darin besteht, Regeln für eine europäische Friedensordnung aufzustellen und nichtmilitärische Instrumente für ihre Umsetzung bereitzuhalten. Zum Beispiel würde eine Erhöhung des Verteidigungshaushaltes nicht zu mehr Sicherheit beitragen, wohl aber der Einsatz entsprechender Mittel für gesamteuropäische (z.B. ökonomische) Stabilisierungsaufgaben. Die Aufbringung und Verwendung von Mitteln für vorbeugende Konfliktverhütung erfordert einen neuen innenpolitischen Konsens.

1. Multilaterale Akteure

a. Die NATO als Akteur

Zu den bisherigen Aufgaben der NATO gehörte neben der Verteidigung gegen äußere Feinde auch die Friedenserhaltung unter ihren Mitgliedern. Durch die zusätzliche Einbindung der Mehrzahl ihrer Mitglieder in die Europäische Gemeinschaft wurde diese Aufgabe erleichtert. Die NATO könnte künftig auch konfliktvorbeugende und konfliktverhütende Aufgaben in einer gesamteuropäischen Stabilitätszone übernehmen, zumal sich die diesbezüglichen Erwartungen der ehemaligen WP-Staaten auf die NATO richten.

Das deutsche Interesse an der NATO wäre besonders groß, wenn es dieser gelänge, neue Obliegenheiten im gesamteuropäischen Zusammenhang zu übernehmen. So, wie sie gegenwärtig verfaßt ist, nimmt sie lediglich gewisse Stabilisierungsaufgaben wahr. Der NATO kämen folgende drei Funktionen zu:

- Die USA und die Mitgliedstaaten der Europäischen Gemeinschaft müssen diejenigen NATO-Mitglieder in der Mitverantwortung halten, die nicht gleichzeitig der EG und der NATO angehören. Beispielsweise ließen sich Konflikte zwischen Griechenland und der Türkei eher einhegen, wenn beide Staaten auch Mitglieder der EG wären. Weil die Türkei nicht der EG angehören wird, richtet sich der Integrationsbedarf an die NATO. Mit der Schlichtung eines Konfliktes zwischen Griechenland und der Türkei wäre die EG überfordert.
- Die NATO muß diejenigen europäischen Staaten in Stabilisierungsaufgaben einbeziehen (bis zur Vollmitgliedschaft), die dazu bereit sind und die bislang

weder der NATO noch der EG angehören. Eine Vollmitgliedschaft muß allerdings konditioniert werden.

- Die USA haben früher zum Machtausgleich unter den wichtigsten europäischen Mächten beigetragen. Da Westeuropa nicht mehr befriedet werden muß, entfällt diese Aufgabe. Aber mit Rußland kommt eine neue große europäische Macht hinzu. So wird es zur wichtigsten Funktion der NATO, die USA verbindlich in der Mitverantwortung für die Balance in Gesamteuropa zu halten. Damit würde die NATO auch eine starke Klammer zwischen Westeuropa und den Vereinigten Staaten bilden.

b. Der Akteur Europäische Gemeinschaft

Für Entwicklung und Bestand der EG war der Ost-West-Konflikt hilfreich. Es bleibt offen, ob die Europäische Gemeinschaft auch ohne den Druck der Bipolarität zu weiterer Integration fähig ist. Offenbar ist hier zwischen zwei Bereichen zu unterscheiden. Die Tendenzen zur Bildung großer regionaler Wirtschaftsräume in Ostasien und Nordamerika und die Aufgabe der Erhaltung der Wettbewerbsfähigkeit, vor allem im Verhältnis zu Japan und Ostasien, aber auch zu den Vereinigten Staaten, sind ausreichende Beweggründe für die Fortführung der wirtschaftlichen Integrationsprozesse. Ein vergleichbarer Druck besteht für die Bildung der Politischen Union nicht.

Die Stabilitätsaufgabe ist in der EG (fast) gelöst, sie ist zu einer Sicherheitsgemeinschaft nach innen geworden. Der erreichte Stand der Verflechtung und Zusammenarbeit bildet ein stabiles Fundament. Dagegen ist die aus Sicht der Bundesrepublik jetzt wichtigste Aufgabe, die gesamteuropäische, noch nicht gelöst, sondern erst in Ansätzen in Angriff genommen worden. Die Ausweitung der westeuropäischen Stabilitätszone auf ganz Europa ist viel dringender und von grundsätzlicherer Bedeutung, als es gegenwärtig zusätzliche Integrationsschübe in Westeuropa wären. Die westeuropäische Integration ist ein Mittel zur Lösung der gesamteuropäischen Aufgabe, aber kein Ziel mehr als solches.

Obwohl Westeuropa keine dauerhafte Stabilitätszone bleiben wird, wenn nicht gesamteuropäische Stabilität zu erreichen ist, hat sich die EG noch nicht auf die Lösung der gesamteuropäischen Aufgabe eingestellt. Deshalb liegt das deutsche Interesse in der Gewinnung von EG-Partnern - und darüber hinaus von EFTA-Staaten, die Mitglieder des Europäischen Wirtschaftsraums (EWR) sind bzw. EG-Mitglieder werden wollen - für den gesamteuropäischen Stabilisierungsansatz.

Die meisten EG-Mitglieder gehen von einer Fehlannahme aus. Sie erwarten, daß das deutsche Engagement in der EG allein zu ihrem Nutzen ist. Die Bundesrepublik Deutschland kann ihr Engagement aber nur fortsetzen, wenn ihr Einsatz auch der Lösung der gesamteuropäischen Aufgabe dient. Sie kann sich nur dann auf die Wirtschafts- und Währungsunion (WWU) und auf die Politische Union einlassen, wenn dadurch die Aktionsfähigkeit der EG in bezug auf Gesamteuropa gestärkt wird und die EG die gesamteuropäische Stabilisierungsaufgabe als Hauptziel anvisiert.

Den EG-Partnern muß die neue europäische Sicherheitsaufgabe und die Größenordnung ihrer Bewältigung noch mehr verdeutlicht werden. Das bedeutet, daß Abstriche an der künftigen Wohlstandssteigerung in Westeuropa zugunsten des östlichen Teils Europas notwendig sind. Die EFTA-Staaten haben sich bereits im Rahmen der EWR-Verhandlungen zu Finanztransfers in die weniger entwickelten Regionen der EG bereit erklärt. Nun müßten die Leistungen aller westeuropäischen Staaten, das heißt der EG- und der EFTA-Mitglieder, für ein eigenständiges europäisches Programm (das weder die Europäische Bank für Wiederaufbau und Entwicklung noch das Phare-Programm sind) gebündelt werden. Nicht nur in der politischen Zielsetzung, sondern auch in der Größenordnung liegt der Vergleich eines "Fonds Europäische Einheit" mit dem "Fond Deutsche Einheit" nahe.

Westeuropa wird nur noch kurzfristig Vorteile haben, wenn es sich gegenüber dieser Aufgabe verschließt. Allein wird sie die Bundesrepublik Deutschland nicht bewältigen können, es sei denn, sie gibt ihre tragende Rolle in der EG auf. Die Stabilisierung Gesamteuropas würde die deutsche Position verbessern und sich zugleich positiv für die EG insgesamt auswirken. Hier sind die Erfahrungen mit dem Weg zur EG-Währungsunion nützlich: Nicht das Absenken der Ansprüche auf das politisch bequemste Niveau, sondern erhöhte Leistungen aller Mitglieder stärken die Gemeinschaft.

Der Aufholprozeß der südlichen Staaten in Europa wurde bislang maßgeblich von der EG begünstigt. Jetzt kommt der östliche Teil Europas hinzu. Die Vergemeinschaftung der Außenwirtschaftsinstrumente in der EG ist aber schon zu weit fortgeschritten, um Osteuropa auch dann noch wirkungsvoll helfen zu können, wenn nicht alle EG-Mitglieder dazu bereit bzw. nur teilweise bereit sind. Die Bundesrepublik müßte dann prüfen, ob die EG oder nicht besser eine Kombination von Maßnahmen der EG und bi- bzw. multilateralem Vorgehen bei der Eingliederung Osteuropas in die westeuropäische Stabilitätszone angebracht ist.

Die Bundesrepublik Deutschland muß ein Interesse am gemeinsamen Überdenken der westeuropäischen Strukturentwicklung mit ihren EG-Partnern haben. Auf dem Weg zur Politischen Union ist nicht der wechselseitige Souveränitätsverzicht entscheidend, sondern die auf diese Weise erzielte Aktionsfähigkeit der EG. Zum Vertragswerk der Politischen Union müßte deshalb eine Präambel gehören, in der die Verpflichtung zur gesamteuropäischen Einheit festgehalten wird. Außerdem wird eine Klausel notwendig, daß im Interesse dieser Verpflichtung Bestandteile des "acquis" (zum Beispiel in der gemeinsamen Agrarpolitik) geändert werden können. Die Selbsteinbindung Deutschlands in die EG ist kein Selbstzweck.

Sie ist nur dann sinnvoll, wenn sie die Mitwirkung der Gemeinschaft am gesamteuropäischen Auftrag zur Folge hat.

Mit der Bildung des EWR, der EG-Mitgliedschaft integrationswilliger und integrationsfähiger EFTA-Staaten und der Assoziation Osteuropas mit der EG (bzw. den EFTA-Staaten) würde ein wichtiger Schritt für die Vergrößerung der europäischen Stabilitätszone getan. Die Assoziation mit der EG kann zur maßgeblichen Kraft für die Festigung der marktwirtschaftlichen und demokratischen Ordnung in Osteuropa und für Osteuropas wirtschaftliche Heranführung an Westeuropa gemacht werden, wenn die EG entsprechende wirtschaftliche und politische Bedingungen stellt und für deren Durchsetzung sorgt. Neben der NATO und der KSZE kann auch die EG als Akteur bei der Gestaltung und Verwirklichung von Normen verstanden werden, die in Gesamteuropa verbindlich sind.

Europa kann nicht an den östlichen Grenzen Mittelosteuropas enden. Die Frage nach den Grenzen Europas entstand zu einer Zeit, als sich die frühere Sowjetunion noch nicht auf dem Weg zu Demokratie und Marktwirtschaft (und damit zu ihrer "Europäisierung") befand. Sie ist in dieser Form deshalb heute falsch gestellt. Unter den Nachfolgestaaten der Sowjetunion wird Rußland eine Schlüsselstellung einnehmen. Daher werden Deutschland und die EG ihr Verhältnis zu Rußland definieren müssen. Die konzeptionelle Aufgabe für Deutschland besteht darin, die mit diesem Verhältnis verbundenen Einzelaufgaben zu klären und Koalitionspartner anzuwerben. Dabei handelt es sich in erster Linie um Partner in Europa, und zwar sowohl in West- als auch in Osteuropa. In zweiter Linie geht es um die USA und Japan, die im Rahmen der G-7 gewonnen werden müssen, in der auch, bis auf Spanien, die Hauptpartner EG-Mitglieder sind (wäre es zweckmäßig, Spanien an die G-7 heranzuholen?).

Der bisherige EG-Grundsatz, daß Mitgliedschaft in der EG und Mitwirkung an der Europäischen Politischen Zusammenarbeit (EPZ) zusammengehören, ist zu relativieren. Wenn sich die politische Zusammenarbeit auf Fragen der gesamteuropäischen Stabilisierung bezieht, dann ist der Zusammenhang von EG und EPZ nicht mehr zwingend. Die außen- und sicherheitspolitische Kooperation muß diejenigen Staaten der EFTA-Gruppierung und Osteuropas einbeziehen, welche die entsprechenden Voraussetzungen bieten, sonst würden Handlungsoptionen vergeben werden. So sollten beispielsweise Österreich und Ungarn, die vom Konflikt im früheren Jugoslawien am meisten betroffenen Drittstaaten, an der EG-Jugoslawienkonferenz teilnehmen können.

Es liegt im Interesse der Bundesrepublik Deutschland, daß der Dialog mit Osteuropa nicht nur bilateral, sondern auch multilateral geführt wird, wobei er nicht beständig die gesamte EG- bzw. EWR-Gruppierung einbeziehen muß. Multilaterale gesamteuropäische Kooperation bedeutet nicht unbedingt geringere Handlungsfähigkeit im Vergleich zur EPZ, dem Sanktuar der EG-Integration. Allerdings wird es darum gehen, daß sich die Bundesrepublik Deutschland nicht isoliert. Diese Gefahr ist - im Unterschied zu früheren historischen Phasen - aufgrund der großen tatsächlichen und interessenmäßigen Verflechtungen in Europa (und darüber hinaus) ohnehin gering.

Zwei unterschiedliche Positionen bestimmen die Vertiefungsdebatte in der EG: Die eine Position hält den Transfer nationaler Souveränitätsrechte a priori für gut, während die andere Position Souveränitätsverzichte weitgehend ablehnt. Beide Positionen sind der Situation eigentlich nicht angemessen, da ganz andere Probleme der Interessenrepräsentanz auftreten. In der EG werden Kompetenzen gebündelt, während sich in anderen Teilen Europas neue, kleine Nationalstaaten ausbilden. Das führt dazu, daß die EG in gesamteuropäischen Institutionen in der gleichen Weise vertreten ist wie Nationalstaaten, deren Bedeutung weitaus geringer ist als die der meisten EG-Regionen. Besonders die ausgesprochen föderal organisierte Bundesrepublik Deutschland wird davon betroffen. Man vergleiche nur die tatsächlichen Einflußmöglichkeiten Bayerns oder Nordrhein-Westfalens mit denjenigen von Estland, Griechenland oder Zypern. Selbst wenn im Innenverhältnis der EG bei weiterer Abtretung nationaler Souveränitätsrechte eine institutionalisierte Interessenvertretung der Regionen möglich würde (worauf etwa die deutschen Bundesländer bestehen), bleibt die Frage ihrer Vertretung nach außen offen.

c. Die KSZE

Weil der KSZE-Prozeß umfassender ist als NATO und EG, bietet sich die KSZE als das wichtigste Führungsorgan für die Bestimmung gesamteuropäischer Normen an. Demzufolge liegt es im deutschen Interesse, daß die KSZE die Verbindungsstelle für die verschiedenen Institutionen und Foren gesamteuropäischer Kooperation bildet und so die Perspektive eines einheitlichen Europa aufrechterhält. Dazu gehören auch die Nachfolgestaaten der früheren Sowjetunion, die bereits Mitglieder der KSZE geworden sind. Die USA müssen in der Mitverantwortung gehalten werden. Der atlantisch-europäische Kooperationsrat der Genscher-Baker-Initiative könnte dafür eine weitere Grundlage bilden.

Die KSZE sollte nicht durch Institutionalisierung überfrachtet werden. Ihre vorrangige Aufgabe ist die Bildung von Foren, die gemeinsame Richtlinien für die politischen, sicherheitspolitischen, wirtschaftlichen, kulturellen, sozialen und gesellschaftlichen Angelegenheiten gesamteuropäischer Kooperation erarbeiten. Durch ihre Anerkennung verpflichten sich die Akteure, in der entsprechenden Weise tätig zu werden. Die Richtlinien sind keine Anweisungen von KSZE-Institutionen, sondern Vollmachten, die durch die einzelnen Staaten oder zusammen mit Partnern in Koalitionen zu realisieren sind.

d. Weitere unilaterale Akteure

(1) Der Europarat

Der Europarat bietet die Möglichkeit einer ziemlich umfangreichen Wahrnehmung gesamteuropäischer Aufgaben. Deshalb ist es deutsches Interesse, den Europarat, der ursprünglich die westeuropäischen Demokratien umfaßte, nicht nur um osteuropäische Demokratien, sondern auch um demokratische Nachfolgestaaten der bisherigen Sowjetunion zu erweitern. Der Europarat könnte eine zusätzliche europäische Klammer zur KSZE sein. Die europäische Anerkennung einer Durchsetzung gesamteuropäischer Normen, die durch die KSZE aufgestellt worden sind, erreichen Staaten durch Aufnahme in den Europarat. Gegen ein Mitglied, das gegen diese Normen verstößt, werden Maßnahmen ergriffen: Suspendierung der Mitgliedschaft oder Ausschluß. Ein Land, das aus dem Europarat ausgeschlossen worden ist, wäre dann für die europäischen Akteure (Institutionen und Nationalstaaten) nicht mehr "hoffähig". So würde der Europarat zu einer Einrichtung, welche die Durchsetzung demokratischer Standards in Europa nachhaltig fördern könnte. Im deutschen Interesse läge es, Anerkennung und Wirkungsweise des Europarates zu verbessern.

(2) Objektbezogene Einrichtungen

Die Bundesrepublik ist daran interessiert, über vielfältige Zusammenschlüsse und Foren den gesamteuropäischen Raum zu vernetzen. Ähnlich wie im Falle des Europarates sollte auch bei den anderen bereits bestehenden Einrichtungen, etwa EUREKA, ESA und den europäischen Normierungs- und Standardisierungskommissionen, die politische Aufgabe der Förderung gesamteuropäischer Zusammenarbeit stärker hervorgehoben werden. Weitere Bereiche müssen hinzukommen, für die derzeit entweder Agenturen eingerichtet oder Regelungen getroffen werden (z.B. gesamteuropäische Umweltagentur, Europäische Energie-Charta). Schließlich gibt es ein weites Feld innergesellschaftlicher Akteure (siehe oben), die gesamteuropäische Dachorganisationen schaffen können (Gewerkschaften, Unternehmer-, Jugendverbände usw.).

(3) Die OECD

Die OECD hat sich zu einer Institution entwickelt, in der gemeinsame wirtschaftliche Grundinteressen der Länder Westeuropas, der USA und Japans zu einem Regelwerk für ihre internationalen Wirtschaftsbeziehungen und ihre Wirtschaftspolitik geführt haben. Die meisten Mitglieder der OECD gehören zum "Club der Reichen", der den größten Anteil am Welthandel und an den Währungsreserven besitzt und damit auch die Politik der internationalen Organisationen GATT und

IWF nach seinen Zielen und Interessen beeinflussen kann. In der OECD hat die G-7, die Gruppe der größten "westlichen" Industrie- und Handelsnationen, die Führungsrolle für das Management der internationalen Wirtschaftsverflechtung übernommen. Neben die Koordination der Wirtschaftspolitik ist aber auch zunehmend die außenpolitische Zusammenarbeit getreten.

Stabilisierungsaufgaben in Osteuropa und im Raum der früheren Sowjetunion sind zu einem vorrangigen Gegenstand der Außenbeziehungen der OECD geworden. Unter Federführung der EG-Kommission unterstützen die westeuropäischen Staaten (EG und EFTA) zusammen mit den USA, Japan, Kanada, der Türkei, Australien und Neuseeland als Gruppe der 24 (G-24) die Durchsetzung marktwirtschaftlicher und rechtsstaatlicher Strukturen in den Ländern Mittelost- und Südosteuropas. Zentrale Bedeutung für die Gestaltung der wirtschaftlichen und politischen Beziehungen in der nördlichen Hemisphäre nach dem Ende des Ost-West-Konflikts erhält die G-7. Sie ist das wichtigste multilaterale Forum für die Beteiligung der Wirtschaftsgroßmacht Japan an internationalen Entscheidungen in Politik und Wirtschaft. Japan und Deutschland, die beiden Mächte an den Grenzen Eurasiens, werden langfristig die wichtigsten Partner bei der wirtschaftlichen Entwicklung des Gebietes der früheren Sowjetunion sein. Rußland als der bedeutendste Nachfolgestaat der Sowjetunion steht in einem besonderen Verhältnis zur G-7 mit der Aussicht auf spätere Mitgliedschaft. Seine Beteiligung an der Kooperationszone der nördlichen Hemisphäre wird ergänzt durch die Zugehörigkeit zum Nordatlantischen Kooperationsrat.

Es muß im Interesse der Bundesrepublik Deutschland liegen, daß die OECD durch die Aufnahme osteuropäischer Länder und eine angemessene Übernahme von Verantwortung für die Stabilität auf dem Gebiet der früheren Sowjetunion einen Beitrag zu einer größeren europäischen Partnerschaft demokratisch und marktwirtschaftlich orientierter Staaten leistet. Eine neue Entwicklungsetappe der OECD, die nicht nur durch Vergrößerung ihrer Mitgliederzahl, sondern auch durch die Ausweitung ihrer Aufgaben gekennzeichnet ist, birgt natürlich auch die Gefahr, daß sich Effizienz und Integrationsfähigkeit der OECD verringern. Insbesondere der Koordinierungsbedarf in der G-7 ist größer geworden, denn in vielerlei Hinsicht ist diese Gruppierung führender Industrieländer noch zu wenig entscheidungsfähig.

2. Koalitionspartner Deutschlands

a. Rußland

Deutschland steht nach wie vor unter dem Druck gewisser historischer Belastungen, die es geraten erscheinen lassen, gesamteuropäische Aufgaben nicht im Alleingang anzugehen, sondern sich dafür die Mitwirkung verschiedener europäischer bzw. außereuropäischer Partner zu sichern. Die westeuropäischen Mittelmächte sind auch nach dem Ende des Ost-West-Konflikts in die Nachkriegsorganisationen des Westens eingebunden. Dagegen ist Rußland, als Nachfolgestaat der Sowjetunion, bisher noch nicht wieder Teil des europäischen Mächtegefüges geworden. Es ist heute in seiner Größenordnung mit den westeuropäischen Staaten, insbesondere in ihrer Zusammenfassung in der Europäischen Gemeinschaft, vergleichbar. Grundsätzlich gibt es zwei Wege, Moskau vor einer Isolierung bzw. der Versuchung einer östlich hegemonialen Machtposition zu bewahren: den multilateralen und den bilateralen Weg. Im Rahmen der KSZE und des Nordatlantischen Kooperationsrats ist der multilaterale Weg bereits beschritten. Hinzu kämen der Europarat sowie eine Sonderbeziehung zur Europäischen Gemeinschaft. In bilateraler Hinsicht bietet sich auf dem europäischen Kontinent am ehesten eine Verbindung mit der Bundesrepublik Deutschland an. Weder bilateral noch multilateral wird sich Rußland allerdings in einer Weise einbinden lassen, wie dies bei den mittelost- und südosteuropäischen Staaten denkbar ist. Deshalb wird es notwendig sein, die USA und auch Japan als Kompensation für die begrenzte Integration Rußlands in das europäische Geflecht an der gesamteuropäischen Machtbalance in Europa zu beteiligen. Die Einbindung Rußlands wird aus deutscher Sicht auf zwei Ebenen anzugehen sein: auf der innereuropäischen, insbesondere mit Unterstützung der Europäischen Gemeinschaft, und auf der Ebene der G-7, insbesondere mit Unterstützung der USA und Japans.

b. Frankreich

Seit den Zeiten de Gaulles ist es das Ziel französischer Politik gewesen, Deutschland dadurch einzubinden, daß sowohl mit den USA wie mit der Sowjetunion eine entsprechende Beziehung aufgebaut wurde. Heute stellt sich für Paris die Frage, inwieweit angesichts der Fortschritte in der westeuropäischen Integration eine solche Ausgleichspolitik mit diesen beiden Flügelmächten noch erforderlich ist. Langfristig gilt es, die nationalstaatliche Denkweise in Frankreich zu überwinden. Kurzfristig wird allerdings Deutschland auf das hier liegende Problem Frankreichs Rücksicht nehmen müssen. Geduld mit dem westlichen Partner zahlt sich dabei höchstwahrscheinlich aus, da Frankreich seinerseits weiß, daß es ohne Deutschland zu seiner eigenen Isolierung beitragen würde. Andererseits kann sich Deutschland nicht nur im Schrittempo der Franzosen bewegen, sondern muß weitere Koalitionspartner innerhalb Europas (Großbritannien, Spanien, Italien, Rußland) sowie außerhalb Europas (Japan, USA) gewinnen. Dies kann auch als indirekter Druck auf die Modernisierungsbereitschaft Frankreichs verstanden werden.

Im Rahmen des erweiterten Kooperationsraums in der nördlichen Hemisphäre ist es heute kaum mehr denkbar, daß sich entweder hegemoniale Strukturen entwickeln oder aber ausgedehnte Spiele mit Koalitionsbildungen betrieben werden. Die Hauptmächte dieses Kooperationsraumes haben im zivilen Bereich ein in etwa vergleichbares Potential, nicht dagegen im militärischen (nuklearen) Bereich. Ein unterschiedlicher militärischer Status wird aber in einer zukünftigen atlantisch-europäischen Sicherheitsordnung kaum mehr materialisiert werden können. So geht es auch in dem Verhältnis zwischen Deutschland und Frankreich nicht um die Rivalität hinsichtlich bestimmter Einflußzonen, etwa der deutschen Einflußzone in Osteuropa bzw. der französischen Einflußzone im Mittelmeer; vielmehr werden beide (In-)Stabilitätsfelder als gemeinsames Entwicklungsprojekt zu begreifen sein, wobei es eine unterschiedliche Gewichtung der Interessen und Potentiale gibt. Die gemeinsame übergeordnete Aufgabe lautet: Stabilität der Randzonen in Europa.

c. Spanien

Die Bedingungen für eine Stabilisierung am Südrand Europas haben sich auch dadurch verbessert, daß Spanien einen wirtschaftlichen Aufschwung und eine Stabilisierung seit Mitte der 70er Jahre, und insbesondere seit seiner Mitgliedschaft in EG und NATO, erfahren hat. Die Investition in die "Europäisierung" eines Landes am Rand des Kontinents hat sich in diesem Fall gelohnt. Spanien hat heute eine Wirtschaftskraft, die an die Kanadas heranreicht. Das Land muß deshalb zu den Kandidaten für die Mitgliedschaft innerhalb der G-7 gerechnet werden. Insofern darf man Madrid heutzutage nicht mehr allein in der Bittstellerposition für westeuropäischen Lastenausgleich belassen, sondern muß auch an die spanische Mitverantwortung appellieren. Aus deutscher Sicht ist Spanien zu einem potentiellen Geberland für die gesamteuropäische Stabilitätszone geworden.

d. Italien

Italien orientiert sich, mehr noch als Frankreich, sowohl nach Osten als auch nach Süden. Schon während der Zeit der Entspannungspolitik hatte sich Rom für eine wirtschaftliche und politische Kooperation mit Osteuropa und der Sowjetunion stark engagiert. Diese politische Tradition sowie die Wirtschaftskraft Italiens und seine geographische Ausstrahlung nach Südosteuropa machen es zu einem wichtigen Koalitionspartner für die gesamteuropäische Verflechtungsaufgabe. Deutschland sollte insofern auch die italienische Initiative der Pentagonale/Hexagonale unterstützen. Dabei ist zu berücksichtigen, daß Italien nach Deutschland die zweitstärksten Wirtschaftsverflechtungen mit Osteuropa hat und daß unter dem Gesichtspunkt einer stärkeren regionalen Orientierung in Osteuropa in Zukunft mit einer wirtschaftlich führenden Region in Europa zu rechnen ist, die sich um das Dreieck Norditalien/Schweiz/Österreich herausbildet.

e. Großbritannien

Großbritannien wird auch weiterhin ein zögerndes Mitglied der westeuropäischen Integration bleiben, kann sich aber andererseits auch nicht davon abkoppeln. Die Bedeutung der für London alternativen Beziehung zu den USA wird sich eher weiter verringern. Solange sie aber noch stark ist, bleibt auch für Deutschland die Beziehung zu Großbritannien von zentralem Interesse. Sollte also London an den Vertiefungen der EG nicht immer unmittelbar teilnehmen können, müßte ein entsprechender Ausgleich geschaffen werden. Hinsichtlich der gesamteuropäischen Aufgabe wird man damit rechnen müssen, daß Großbritannien nur teilweise im westeuropäischen Geleitzug mitfährt und sich parallel dazu an der US-amerikanischen Position orientieren wird. Wichtig ist, darauf zu achten, daß London nicht auf beiden Schienen in eine Blockierungsrolle gerät, auch wenn es keine eigene Gestaltungsmacht einbringen kann. Die USA sind gegenwärtig dabei, ihre Beziehungen über Westeuropa hinaus auf Gesamteuropa umzuorientieren. Die Bundesrepublik hat ein besonderes Interesse daran, diese Orientierung Washingtons (und in ihrem Gefolge diejenige Londons) zu fördern.

f. "Atlantische" und "kontinentale" Partner

Die Mitwirkung Londons an der gesamteuropäischen Aufgabe ist auch deshalb von Bedeutung, weil es noch immer einen der Meinungsführer der "atlantischen Koalition" darstellt, zu der auch Irland, Portugal, die Niederlande und Dänemark gehören. Die "kontinentale Staatengruppe" wird verstärkt durch die EFTA-Staaten. Es handelt sich dabei um Staaten, die entweder im Europäischen Wirtschaftsraum integriert sind oder sogar die EG-Mitgliedschaft beantragt haben bzw. in eine außenpolitische Zusammenarbeit mit der Gemeinschaft eintreten könnten. Diese Gruppe wird zusätzlich verstärkt durch jene mittelosteuropäischen Staaten, die sowohl an der NATO wie an einer vertieften EG-Integration interessiert sind. Anders als bei der Gruppe der Atlantiker ist hier keine besondere Überzeugungsarbeit für ein Engagement an der gesamteuropäischen Aufgabe zu leisten, zumal von einem hinreichend großen Eigeninteresse ausgegangen werden kann.

g. Japan

Japan ist durch seine Wirtschafts- und Finanzverbindungen bereits ein Akteur auf dem europäischen Kontinent, allerdings bisher vor allem im westeuropäischen Wirtschaftsraum, dagegen noch nicht in Osteuropa und der früheren Sowjetunion. Die japanischen Unternehmen verfolgen eine eng an wirtschaftlichen Kriterien orientierte Politik. Aus deutscher Sicht darf allerdings nicht versäumt werden, Japan an der Stabilitätsaufgabe in breiterem Umfang, das heißt auch unter politischen Gesichtspunkten zu beteiligen. Multilaterale Ansatzpunkte dafür ergeben sich weniger in der KSZE als vielmehr in der Gruppe der G-7. Dabei müßte für Japan ein Zusammenhang zu den eigenen Problemen im asiatischen Raum hergestellt werden (Nordkorea, China), die es ebenfalls nicht allein bewältigen kann. Natürlich bleibt die gesamteuropäische Aufgabe eine originäre Aufgabe der Europäer. Durch die eurasische Ausdehnung Rußlands geht dieser Raum aber über Europa hinaus und grenzt nunmehr an die Felder japanischer Regionalinteressen. Tokio müßte insofern auch an einer Stabilisierung Rußlands interessiert sein. Beide Länder, Japan und Deutschland, werden in der Gruppe der G-7 darauf hinwirken müssen, daß die Funktionsfähigkeit der Weltwirtschaft auch an diesem Punkt (nämlich der wirtschaftlichen Stabilisierung und internationalen Eingliederung Rußlands) erhalten bleibt.

V. Fazit

Die Macht, die Deutschland einbringen kann, um die gesamteuropäische Aufgabe voranzubringen, besteht neben den eigenen (momentan wegen der innerdeutschen Aufgabe begrenzten) Potentialen vor allem in der Fähigkeit, Koalitionspartner zu werben. Ein deutscher Alleingang würde in den meisten Fällen lediglich zu einer Gegenmachtbildung herausfordern. Deutschland darf seine langfristig zweifellos gegebene kooptive Macht nicht unilateral einsetzen. Viemehr muß es kompromißbereit und koalitionsfähig sein, um die gesamteuropäische Herausforderung auf verschiedenen Ebenen und mit verschiedenen Partnern (möglichst im Tandem mit Frankreich) anzugehen. Letztlich geht es darum, durch eigene Mitwirkung sowohl Deutschland als auch Rußland in einem System kooperativer Ordnung im europäisch-atlantischen Raum neu zu verorten.

V. Ausblick

Uwe Nerlich

Die Konzeption des hier vorgestellten Projekts erfolgte im Spätsommer 1991, also in einer Phase, als internationale Trends noch eine großräumige politische Evolution in Richtung fortschreitender institutionalisierter Zusammenarbeit, nationaler Souveränitätsverzichte und Selbstbeschränkung und einer Stabilisierung kritischer, im Übergang befindlicher Regionen durch Demokratisierung und marktwirtschaftliche Reformen in politischer Reichweite erscheinen ließen. Die Gipfel von Rom und Maastricht, die Aussicht auf eine Renaissance der Vereinten Nationen, das Minsker GUS-Abkommen und viele andere Teilentwicklungen ließen positive Erwartungen zu. Für die Annahme eines politischen "best case" gab es gleichwohl keine sichere Grundlage. Deshalb wurde der Erwartung fortdauernder Variabilität der internationalen Rahmenbedingungen durch die hier vorgeschlagene Konstellationsanalyse entsprochen.

Inzwischen ist eine Kombination von zunehmender Renationalisierung (Opposition gegen Maastricht, innenpolitische Fokussierung der USA etc.) und regressiver Internationalismen bzw. Integrationspolitik zu registrieren (erneut nachlassende Erwartungen an die VN, geringer KSZE-Elan in Helsinki, schwindende Reformbereitschaft in der NATO, erste Folgen der Überdehnung des Nordatlantischen Kooperationsrats [NACC] usw.). Diese Trendwende ist vor allem in folgenden Entwicklungen erkennbar:

- Der *ordnungspolitische Impuls*, der sich vor allem in der amerikanischen Weltordnungspolitik seit 1990, im Vollzug der deutschen Vereinigung im Rahmen internationaler Strukturen und in der Integrationspolitik Westeuropas manifestiert hat, ist im Jahre 1992 deutlich *schwächer* geworden.
- Die Zerfallsprobleme Jugoslawiens wurden bis vor kurzem mit weitgehender *Zurückhaltung* beobachtet; entsprechend blieben innovative Maßnahmen aus, obwohl hier die Zukunft europäischer Sicherheitskultur auf dem Spiel steht.
- Die politischen und ökonomischen *Reformbewegungen* in Mittelosteuropa und der ehemaligen Sowjetunion haben die Erwartungen an internationale Gemeinschaftsbildung unter Einbeziehung dieser Länder abgeschwächt; entsprechende Aussichten werden durch zunehmenden Nationalismus mit desintegrativen und oft zerstörerischen Folgen verstärkt. Insbesondere erscheint eine demokratische Transformation zentralistischer Strukturen im Sinne westlicher Integrationsziele inzwischen unwahrscheinlich (siehe Schicksal des Minsker Abkommens).

- Die *Integrationskraft Deutschlands* ist mit den Belastungen der deutschen Vereinigung zumindest zeitweilig, aber eben auch in einer entscheidenden Phase reduziert.
- Dem *Internationalismus*, der die Umbrüche der letzten Jahre mitgeprägt hat, steht inzwischen ein zunehmender Nationalismus entgegen, der sich gerade in der restaurativen *Renationalisierung der Sicherheitspolitik* ausdrückt.
- Die Beschlüsse von Maastricht werden nur dann zur politischen Entfaltung kommen, wenn sie von neuen politischen Impulsen und erweiterten politischen Zielsetzungen für die Europäische Politische Union (EPU) begleitet werden, was angesichts der veränderten Stimmung in den meisten EG-Staaten kaum erwartbarer Anstrengungen bedürfte.
- Die bestehenden internationalen Sicherheitsorganisationen zeigen eine *nachlassende Reformbereitschaft*, die durch eine Ausweitung der Mitgliedschaften begleitet (wie in der KSZE und im NACC) wird, was vorgegebene Zwecke tendenziell in Frage stellt und das Setzen und Erreichen künftiger Aufgaben erschwert. Zu ihrer eigenen Rechtfertigung unterwerfen sie sich Zielsetzungen, die letztlich ihre Wirksamkeit und damit ihren Bestand gefährden können.
- Die Erhaltung bestehender internationaler Institutionen, vor allem der NATO, gegenüber negativen innenpolitischen Tendenzen und den daraus entstehenden politischen Blockaden innerhalb dieser Bündnisse wird mehr und mehr zur vorrangigen Aufgabe der Sicherheitspolitik der meisten Partnerstaaten, was auf eine *Status-quo-orientierte Bündnis- und Sicherheitspolitik* hinausläuft.
- Eine solche Status-quo-Politik verhindert nicht nur, daß die wichtigen internationalen Institutionen auf künftige Aufgaben hin im Verbund weiterentwickelt werden, sondern begünstigt gerade jene *Renationalisierung* der Sicherheitspolitik, die künftige Probleme verschärfen wird, statt sie lösbarer zu machen (ein Beispiel ist die Haltung etwa Frankreichs und Großbritanniens in der Frage der Struktur des VN-Sicherheitsrats).

Diese Entwicklungen werden zum Teil maßgeblich dadurch beeinflußt, daß
- die politische Umwelt Deutschlands sich angesichts der deutschen Überanstrengung bei der Wiedervereinigung derzeit weniger herausgefordert und damit weniger zur strukturellen Einbindung Deutschlands veranlaßt sieht,
- die internationalistisch/integrativen Tendenzen aber stark vom deutschen Engagement ausgehen und
- in der Bundesrepublik eine immer breitere Tendenz einsetzt, die in restaurativem Sinne vom Ende der Nachkriegszeit ausgeht: Maastricht wird da etwa zunehmend als Spätgeburt der Nachkriegszeit gesehen, die, von der Geschichte eingeholt, einer nationalstaatlich orientierten Korrektur weichen werde.

Die Sicherheitspolitik der Bundesrepublik kann nicht Status-quo-orientiert sein: Sie wird entweder das Entstehen eines zunehmend locker und instabil strukturier-

Grauzonen im Maastrichter Vertragswerk

Die Ängste in der Bevölkerung gegenüber einer Preisgabe der D-Mark durch den Maastrichter Vertrag abzubauen ist das Ziel einer Aufklärungskampagne, die die Bundesregierung derzeit mit Millionenaufwand betreibt. So wird der „Grundsatz einer offenen Marktwirtschaft mit freiem Wettbewerb" (Artikel 3a) herausgestellt, doch verschwiegen, daß dieser Grundsatz an anderen Stellen des Vertrages gravierend verletzt wird durch die Möglichkeit, den Handels- und Kapitalverkehr zu beschränken (Artikel 115 und 73 folgender), Industrie- und Forschungspolitik zu betreiben und dazu sogar EG-eigene Unternehmen zu gründen (Artikel 130 folgende). Weiter wird behauptet, die Teilnahme an der Währungsunion sei abhängig von der Erfüllung objektiv meßbarer Stabilitätskriterien; diese ließen den teilnahmewilligen Regierungen kein Schlupfloch für unsolide Politik. Diese immer wieder aufgestellte Behauptung deckt sich nicht mit dem Maastrichter Vertrag, der die Auswahl der teilnehmenden Länder (in Artikel 109 j) den Staats- und Regierungschefs vorbehält. Die häufig zitierten Konvergenzkriterien sind bei dieser Entscheidung keineswegs bindend, sondern lediglich „gebührend zu berücksichtigen". Sie können außerdem – einstimmig – geändert werden, ganz abgesehen davon, daß sie keineswegs „streng", sondern in hohem Maße relativiert sind. Das gilt besonders für das Stabilitätsziel.

Denoch wird in einer vom Auswärtigen Amt herausgegebenen Broschüre behauptet: „Die zukünftige europäische Währung wird mindestens genauso stabil sein wie die D-Mark." Sehr viel vorsichtiger – und wohl auch realistischer – beurteilt der Sachverständigenrat die Stabilitätschancen in seinem neuen Jahresgutachten: „Eine Gewähr für Geldwertstabilität gibt es nicht... Mit Deklarationen im Maastrichter Vertragswerk allein ist es nicht getan." Obwohl der Vertrag – zum Leidwesen vieler Ökonomen – die Kompetenz für das Wechselkursregime den Politikern zuweist, liest man in der Broschüre, der Vertrag stelle sicher, „daß sich politische Stellen auch nicht in die äußere Wechselkurspolitik einmischen können".

Auch in ihren mündlichen Äußerungen nehmen es die Vertreter der Bundesregierung mit dem Vertragstext nicht so genau. So behauptete der Bundesfinanzminister vor dem Bundestag während der 1. Lesung des Zustimmungsgesetzes am 8. Oktober: Brüssel während der Regierungskonferenz veröffentlichte Papiere wurden in Bonn unter Verschluß gehalten.

Aber auch dem Bundestag gereicht die Behandlung des Maastrichter Vertrages nicht zur Ehre. Ungeachtet der verbreiteten (und ja nicht unberechtigten) Sorgen in der Bevölkerung gibt es zu Maastricht praktisch keine parlamentarische Opposition. Während der ersten Lesung kamen aus den Reihen der „etablierten" Parteien nur zwei Abgeordnete zu Wort, die dem Vertragswerk kritisch gegenüberstehen. Einer von ihnen, Peter Conradi (SPD), sah sich veranlaßt, dafür zu danken, „daß nach 23 Befürwortern ... auch ein Abgeordneter reden darf, der dem Vertrag skeptisch gegenübersteht". Seine Fraktion mußte sich vom folgenden Redner (Peter Kittelmann, CDU/CSU) ermahnen lassen: „... aufpassen, daß dieser Abweichler nicht Eier legt und sich vermehrt." Derselbe Abgeordnete meinte, wer sich dem Maastrichter Vertrag verweigere, müsse damit rechnen, daß die Zukunft Europas mehr in die Richtung des Dreißigjährigen Krieges gehe als in die Richtung eines friedlichen Miteinanders.

Eine Anhörung durch den eigens gebildeten Sonderausschuß, wie sie bei Gesetzen von weitaus geringerer Bedeutung üblich ist, findet nicht statt. Der Antrag, die Ausschußberatungen öffentlich zu führen, wurde zurückgewiesen. Ebenso erging es vor Monaten dem Antrag eines Abgeordneten, die zahlreichen Grauzonen des Vertrages zum Gegenstand einer Großen Anfrage der Koalitionsfraktionen zu machen. Vorrang erhielt und erhält das Interesse der Bundesregierung, den Vertrag ungeachtet aller Bedenken rasch und geräuschlos zu ratifizieren.

Als der französische Staatspräsident Anfang September mit seiner Äußerung, die Europäische Zentralbank werde keineswegs unabhängig, sondern „lediglich ausführendes Werkzeug" der Regierungen sein, eine essentielle Bedingung der Währungsunion in Frage stellte, wartete man vergebens auf einen öffentlichen Protest der Bundesregierung. Eine parlamentarische Anfrage des Abgeordneten Dr. Graf Lambsdorff wurde vom Bundesfinanzministerium mit der Antwort beschieden, die Bundesregierung habe sich „darum bemüht, Klarheit über mögliche Auffassungsunterschiede in dieser Frage zu gewinnen". Der ob dieser lapidaren Antwort

Stolpe nicht unentbehrlich

Der Artikel von Peter Jochen Winters in der „Frankfurter Allgemeinen Zeitung" vom 23. November verdient hinsichtlich seiner Schlußfolgerungen, wonach der brandenburgische Ministerpräsident Stolpe als „Moderator unentbehrlich" zu sein scheint, einige Anmerkungen. So erscheint es doch mehr als zweifelhaft, daß der Ministerpräsident in seiner Handlungsfähigkeit gestärkt wird, wenn sich seine eigene Parteibasis an die Seite der stärksten Oppositionspartei stellt und damit gegen die Koalitions-Verhandlungsergebnisse seiner eigenen Parteispitze opponiert. Interessanterweise stimmen die von der CDU gestellten Forderungen zur Kreisgebietsreform und zum Wahlmodus mit den Forderungen der SPD-Basis überein. Auch die Aussage, mit der CDU wolle „derzeit keine Partei politisch zusammenarbeiten", entbehrt jeglicher Grundlage. Tatsache ist allerdings, daß sowohl der Vorsitzende des CDU-Landesverbandes Brandenburg, Ulf Fink, als auch der Fraktionsvorsitzende der CDU im Landtag, Dieter Helm, eine „große Koalition unter Beteiligung von Manfred Stolpe" ausgeschlossen haben. Im übrigen muß angemerkt werden, daß der CDU-Landesverband Brandenburg im Bundesvorstand vertreten ist.

Volkmar Ernst, Pressesprecher des Landesverbandes Brandenburg der Christlich-Demokratischen Union Deutschlands, Potsdam

Radfahrer dürfen alles

Zu Ihrer Glosse „Falsch herum" (F.A.Z. Technik und Motor vom 17. November): Nun dürfen also in Frankfurt Radfahrer legal Einbahnstraßen in falscher Richtung befahren, weil sie das (und anderes) ja sowieso tun, wie es begründend zur Entscheidung der Stadtverwaltung mit Einwilligung der hessischen Landesregierung heißt. Warum nicht gleich die Radfahrer als Gruppe aus dem Geltungsbereich der Straßenverkehrsordnung ganz herausnehmen. Schließlich sind sie doch bisher schon eine Ausnahme. Niemand verlangt von ihnen als gefährdetste Verkehrsteilnehmer den Nachweis, daß sie überhaupt je etwas von einer Straßenverkehrsordnung gehört haben, etwas wissen (müssen). Und schließlich kontrolliert auch niemand ihr Vehikel auf Verkehrssicherheit. In fast allen Städten fahren Radfahrer, wann sie wollen, wie sie wollen, wo sie wollen. Wenn man nun einer Gruppe von Verkehrsteilnehmern nicht glaubt zu-

Nach der Abschreckung

Sicherheitspolitik grundlegend durchdacht

Wolfgang Heydrich, Joachim Krause, Uwe Nerlich, Jürgen Nötzold, Reinhardt Rummel (Herausgeber): Sicherheitspolitik Deutschlands: Neue Konstellationen, Risiken, Instrumente. Nomos Verlagsgesellschaft, Baden-Baden 1992. 817 Seiten, 39,– DM.

Auch in der Sicherheitspolitik kann nicht mehr so gedacht werden wie vor 1989/90: Mit dem Ende des Ost-West-Konfliktes ging die Abschreckungskonstellation zu Ende. In ihr gab es einen Primat der Sicherheitspolitik, weil politisches Handeln innerhalb der damaligen weltpolitischen Konstellation auf Eindämmung und militärische Gefahrenabwehr ausgerichtet war. Das Ergebnis war zweischneidig: Die Bemühungen um Abschreckung führten zur Rüstungskonkurrenz mit immer wieder neu auftretenden Gefahren der militärischen Destabilisierung; andererseits ergaben sich aus dem unentrinnbaren Zwang zur Koexistenz Impulse für politische Umsicht und Selbstbeschränkung.

Diese Großkonstellation gibt es nicht mehr. An die Stelle des alles beherrschenden Konfliktes mit seinen klaren und im großen und ganzen stabilen Fronten sind viele kleine Konflikte getreten, die zu sicherheitspolitischer Unübersichtlichkeit führen. Noch haben die Theoretiker des Postmodernismus diesen Vorgang nicht entdeckt. Mit ihm fand eine veritable „Dekomposition einer Großstruktur" statt: Die alte „große Geschichte" wurde, so wie Postmodernisten die Welt gerne sehen möchten, durch eine Fülle von „kleinen Geschichten" abgelöst. Folglich haben Großtheorien, wie sie vor allem in den diversen Abschreckungsdoktrinen zum Ausdruck kamen, keinen Bezug mehr zur Wirklichkeit.

Wenn man die Zäsur 1989/90 ernst nimmt, was folgt daraus für die Sicherheitspolitik? In dem vorliegenden Buch, das die Ergebnisse eines von Uwe Nerlich in der Stiftung Wissenschaft und Politik geleiteten Projektes dokumentiert, wird auf diese Frage eine klare Antwort gegeben: Einen Primat der militärischen Sicherheitspolitik wird es in der neuen Konstellation nicht mehr geben. Eine Welt und insbesondere ein Europa ohne ideologische und ohne militärische Blockkonfrontation fordern ein Dreifaches: den Aufbau von neuen übergeordneten politischen Strukturen, die Bewältigung der inzwischen offensichtlich gewordenen wirtschaftlichen, sozialen und ökologischen Probleme und die Herausbildung einer kooperationsfördernden Konfliktkultur. Die wesentlichen Aufgaben sind also nicht militärischer, sondern ordnungspolitischer Natur.

Die Sicherheitspolitik hat hierbei eine wichtige, aber eben nur noch flankierende Bedeutung. Nur für den Fall, daß die Bemühungen um eine politische Evolution Europas zu kooperativ-kollektiven Ordnungsstrukturen mißlingen sollten, würde aller Wahrscheinlichkeit nach Sicherheitspolitik im Sinne militärischer Vorsorgemaßnahmen wieder einen hervorgehobenen Rang bekommen. Das wäre insbesondere dann der Fall, wenn nicht nur auf gesamteuropäischer Ebene die angestrebte Sicherheits- und Friedensordnung nicht zustande käme, sondern die in der westlichen Hälfte Europas in den vergangenen Jahrzehnten beobachtete Gemeinschaftsbildung zerbrechen sollte, also Renationalisierung auch in der EG einträte. Dann müßte, wie in dem Buch formuliert, von „Regression", also von der Rückbildung des heute einigermaßen zivilisierten wechselseitigen Umgangs der betroffenen Staaten, gesprochen werden. Die Folge wäre eine höhere Bedeutung des militärischen Faktors gerade auch in Westeuropa.

Die Argumentation im vorliegenden Buch ist auf politische Evolution ausgerichtet, aber sie erkennt die Regression als die eigentliche Gefahrenquelle der weiteren politischen Entwicklung innerhalb und außerhalb Europas: Der Verbund der westlichen Industrieländer kann sich desintegrieren; möglicherweise enthüllt sich im Laufe der neunziger Jahre die Europäische Gemeinschaft nur als ein vorübergehendes zerbrechliches Produkt des Kalten Krieges; ob sich die Nato auf neue politische Aufgaben erfolgreich wird umorientieren können, ist eine offene Frage; und wohin die östliche Hälfte Europas politisch, sozial und ökonomisch driften wird, weiß heute niemand im Detail. Welcher der drei Entwicklungstrends, die in vielen Beiträgen in diesem Buch hypothetisch durchgespielt werden, wird also die Wirklichkeit bestimmen: Stagnation, Desintegration oder doch die von den Autoren bevorzugte politische Evolution?

In dem Buch werden die für eine neue sicherheitspolitische Lagebeurteilung erforderlichen analytischen Instrumentarien aufbereitet. Diese Lagebeurteilung wird in vier Teile gegliedert: Konstellationsanalyse, Risikoanalyse, Instrumentalanalyse und Interessenanalyse. Über den Anlaß dieser Veröffentlichung hinaus werden die von Uwe Nerlich in den Einleitungen zu den vier Hauptteilen des Buches formulierten Fragen die sicherheitspolitische Debatte bestimmen müssen: Welche neue weltpolitische Konstellation bildet sich heraus? Welche militärisch relevanten Gefahren kann es in künftigen Konstellationen geben? Welche Instrumente stehen der Sicherheitspolitik zur Verfügung? Und wie lassen sich, wenn man über die Sicherheitspolitik Deutschlands nachdenkt, die Interessen dieses Landes bestimmen? Uwe Nerlich hat so viele Fragen in diesen Einleitungen formuliert, daß sie selbst in einem Band von 817 Seiten nicht alle beantwortet werden konnten, und es kann nicht überraschen, daß die von mehr als dreißig Autoren formulierten Antworten nicht alle übereinstimmen. Die Wirklichkeit ist, wie gerade die heuristischen Überlegungen Nerlichs dokumentieren, im Fluß. Nichts ist mehr so, wie es war, auch nicht in der Sicherheitspolitik; Antworten können deshalb nur versuchsweise formuliert werden. Und es kann durchaus sein, daß durch den Lauf der Ereignisse die im Buch formulierten Fragen und aufgerollten Problemstellungen längere Zeit Bestand haben werden als einzelne konkrete Beurteilungen, die natürlich abhängig sind von empirischen Beobachtungen *hic et nunc*.

Die in dem Buch entfaltete Heuristik ist von aufregender analytischer Frische, weil die weltpolitische Zäsur von 1989/90 wirklich ernst genommen wird und die neue Lage vermittels neuer Fragen und perspektivischer Analysen grundlegend durchdacht wird. Das Buch gefällt angesichts seiner klaren Option für die weitere politische Evolution Europas in Richtung auf eine dauerhafte politische Ordnung mit verläßlicher, institutionell abgesicherter Konfliktkultur. DIETER SENGHAAS ten Umfelds hinnehmen und darin ihre künftigen Rollen und Optionen antizipieren müssen, oder sie muß aktiv auf die evolutionäre Gestaltung internationaler Strukturen hinwirken. Dazu muß sie im eigenen Interesse innerhalb solcher Strukturen Dritte unter anderem in Richtung auf begrenzten Souveränitätsverzicht (statt Renationalisierung), politische Gemeinschaftsbildung (statt zwischenstaatliche Beziehungsstrukturen) und Gestaltungsmacht (statt Rückkehr zu traditioneller Realpolitik) bewegen.

Innerhalb dieser beiden grundsätzlich verschiedenen Perspektiven werden sich sicherheitspolitische Herausforderungen gerade für die Bundesrepublik ergeben, deren Handhabbarkeit vom Verlauf unter anderem der folgenden Trends abhängen wird:
- das weitere Degagement der USA in Europa,
- der fortschreitende Zerfall der GUS,
- das Aufkommen weiterer politisch-militärischer Konflikte,
- das potentiell zunehmend konkurrierende Nebeneinander multinationaler Organisationen (KSZE, NACC u.a.),
- die Notwendigkeit eines neuen Nichtverbreitungsregimes.

Die derzeit anstehende *Neuformulierung der Sicherheitspolitik der Bundesrepublik* wie anderer wichtiger Akteure erfolgt also in einer Situation, in der von Anfang an eine *Grundentscheidung zwischen einer bloß pragmatischen Anpassung an veränderte Umstände oder einer längerfristigen sicherheitspolitischen Gestaltungsaufgabe* getroffen werden muß, bei der gerade der Bundesrepublik jenseits aller Eigeninteressen eine zentrale Rolle zufällt.

Man wird zweckmäßig von unterschiedlichen politischen Szenarien ausgehen: Im Spektrum der fünf Modelle, die in Teil I (Kap. 1) dieses Bandes vorgelegt worden sind, kommen vor allem drei Entwicklungsalternativen in Betracht:
- weitgehende Stagnation internationaler Strukturentwicklungen mit einer Praxis des "muddling through",
- Zunahme desintegrativer und negativer Tendenzen, unter Umständen begleitet und verstärkt durch absichtliche Renationalisierung der Sicherheitspolitik in den wichtigen Ländern und einer Restauration nationalstaatlich orientierter Politik,
- ein Fortgang politischer Evolution auf einigen oder allen Ebenen: Reform der VN und des Völkerrechts, Ausbau des funktionalen Zusammenwirkens internationaler Sicherheitsorganisationen in Europa, entsprechender Ausbau der KSZE, weitergehende Umstrukturierung der NATO usw.

Das heißt, wichtige Fragen, etwa die sicherheitspolitische Interessenlage Dritter in bezug auf Deutschland, werden in allen drei Szenarien zu beachten sein.

Viele Überlegungen unterstellen zwei Wege sicherheitspolitischer Konzeptionsbildung für die Bundesrepublik:

Der *erste* setzt angesichts der variablen Rahmenbedingungen und entsprechender Planungsunsicherheiten oder aufgrund konzeptioneller Grundannahmen (z.B. "Mittellage") bei der Bundesrepublik selbst an und entwickelt die Sicherheitskonzeption auf zwei Achsen: (1) Sie geht von innen nach außen, das heißt von der Landesverteidigung über das Bündnisterritorium und die gesamteuropäische Stabilisierung zu peripheren Sicherheitsproblemen, und sie nimmt (2) den gegebenen Zustand von EG, EPU, WEU, NATO, KSZE und VN als Ausgangslage sowie die pragmatische Weiterentwicklung bzw. Erhaltung dieser Strukturen als Zielsetzung. Dieser Ansatz hat methodische und politische Vorzüge: Er erlaubt relativ einfachen Konsens und spart die strittigen Zielsetzungen bei der Strukturbildung aus. Er weist aber auch grundlegende Mängel auf: Die sicherheitspolitische Aufgabe besteht gerade in der politisch-strategischen und gesamtstrategischen Stabilisierung des europäischen, euroasiatischen und euroatlantischen Umfelds. Vom relativen Gelingen oder Mißlingen solcher Sicherheitspolitik hängen die Natur künftiger Risiken und Sicherheitsprobleme und somit die geostrategische Situation Deutschlands ab: Die Bundesrepublik kann in einem stabilisierten Umfeld eine Umgebung ohne potentielle Feinde haben, muß aber gerade zu diesem Zweck das Ausbilden einer europäischen Sicherheitskultur zur überragenden Zielsetzung machen; Landesverteidigung wird dann zur residualen Aufgabe. Sie kann aber auch letzterer auf eine Weise den Vorrang geben - zusammen mit einer fortschreitenden Lockerung bestehender Bündnisstrukturen -, die Tendenzen zur Renationalisierung der Sicherheitspolitik allgemein fördert, das Umfeld destabilisiert, die Vorsorge für den Umgang mit resultierenden Konflikten vernachlässigt und Landesverteidigung damit zu einer potentiell originären Aufgabe werden läßt.

Damit ist die Möglichkeit des *zweiten* Weges angelegt, der von einer weitgefaßten Definition des sicherheitspolitischen Interessenraums ausgeht, der vor allem im Sinne einer europäischen Sicherheitskultur als Normen- und Risikogemeinschaft zu verstehen und über bestehende Institutionen (bzw. Mitgliedschaften darin) oder geographische Begrenzungen nicht ausreichend zu bestimmen ist. Es geht also um die Bestimmung potentiell gemeinsamer sicherheitspolitischer Zielsetzungen für die weitere Normen- und Strukturbildung in und um Europa, namentlich der wichtigen multinationalen Sicherheitsorganisationen. Zu den leitenden Kriterien würden begrenzte Legitimität und internationale Obligationen gehören, die gegenüber dem für kollektive Verteidigung bestimmenden Bündnisfall einerseits und dem für kollektive Sicherheit grundlegenden Zweck des Schutzes der Souveränität andererseits ein Tertium darstellen. Die Nachteile dieses Weges liegen darin, daß politisches Handeln an international strittigen Strukturentwicklungszielen orientiert wäre. Die Vorteile liegen in der gerade für die Bundesrepublik zentral wichtigen Stabilisierung des Umfeldes und der politischen Evolution innerhalb dieses Umfelds.

Aus diesen beiden Vorgehensweisen ist eine praktisch sinnvolle Synthese zu schaffen, die darauf hinausläuft, Sicherheitspolitik im genannten Sinne "von außen nach innen", Verteidigungsplanung "von innen nach außen" zu konzipieren und zwischen beiden Ebenen einen organischen Zusammenhang herzustellen.

VI.

ANHANG

1. Abkürzungsverzeichnis

ABC	Atomar, Biologisch, Chemisch
ABM	Anti-Ballistic Missile
ACCS	Air Command and Control System
ANC	African National Congress
APEC	Asian Pacific Economic Cooperation
ASEAN	Association of South-East Asian Nations
ASSR	Autonome Sozialistische Sowjetrepublik
ASVP	Analysen Sicherheits-/Verteidigungspolitik
ATA	Atlantic Treaty Association
ATBM	Anti-Tactical Ballistic Missile
ATC	Air Traffic Control
ATTU	Atlantic to the Urals
AWACS	Airborne Warning and Control System
BdKJ	Bund der Kommunisten Jugoslawiens
BGS	Bundesgrenzschutz
BIP	Bruttoinlandsprodukt
BSP	Bruttosozialprodukt
BWFZ	Biowaffenfreie Zone
C^3I	Command, Control, Communication, and Intelligence
ChVN	Charta der Vereinten Nationen
COCOM	Coordinating Committee on Multilateral Export Controls
CONUS	Continental United States
CWFZ	Chemiewaffenfreie Zone
DGAP	Deutsche Gesellschaft für Auswärtige Politik
EA	Europa-Archiv
EBRD	European Bank for Reconstruction and Development
ECE	Economic Commission for Europe
ECU	European Currency Unit

EEA	Einheitliche Europäische Akte
EFTA	European Free Trade Association
EG	Europäische Gemeinschaft
Eloka	Elektronische Kampfführung
EPU	Europäische Politische Union
EPZ	Europäische Politische Zusammenarbeit
ESG	European Strategy Group
EVG	Europäische Verteidigungsgemeinschaft
EWR	Europäischer Wirtschaftsraum
EWS	Europäisches Währungssystem
EWU	Europäische Wirtschaftsunion
FCKW	Fluorchlorkohlenwasserstoff
FSU	Frühere Sowjetunion
F&E/FuE	Forschung und Entwicklung
G-7	Gruppe der Sieben (die sieben führenden westlichen Industrieländer)
G-24	Gruppe der 24 Staaten (Mitgliedstaaten der OECD)
GASP	Gemeinsame Außen- und Sicherheitspolitik
GATT	General Agreement on Tariffs and Trade
GCC	Gulf Cooperation Council
GG	Grundgesetz
GPALS	Global Protection Against Limited Strikes
GUS	Gemeinschaft Unabhängiger Staaten
IAEA	International Atomic Energy Agency
IEA	International Energy Agency
IGH	Internationaler Gerichtshof
IISS	The International Institute for Strategic Studies
IMF	International Monetary Fund
IMRO	International Macedonian Revolutionary Organization
INF	Intermediate-Range Nuclear Forces

IWF	Internationaler Währungsfonds
JF	Jagdflugzeug
JNA	Jugoslavenska Narodna Armija/Jugoslawische Volksarmee
JSTAR	Joint Surveillance, Target Attack and Reconnaissance
KGB	Komitet Gosudarstvennoj Bezopasnosti (Komitee für Staatssicherheit)
KSE	Konventionelle Streitkräfte in Europa
KSE	Konferenz über Sicherheit in Europa
KSZE	Konferenz über Sicherheit und Zusammenarbeit in Europa
KVAE	Konferenz über Sicherheits- und Vertrauensbildende Maßnahmen und Abrüstung in Europa
KVZ	Konfliktverhütungszentrum
KWFZ	Kernwaffenfreie Zone
LV	Luftverteidigung
MBFR	Mutual and Balanced Force Reduction
MC	Military Committee
MOE	Mittelosteuropa
MTCR	Missile Technology Control Regime
MVW	Massenvernichtungswaffen
NAC	North Atlantic Council
NACC	North Atlantic Cooperation Council
NIC	Newly Industrializing Country
NPT	Nonproliferation Treaty
NV-Vertrag	Nichtweiterverbreitungsvertrag
NZZ	Neue Zürcher Zeitung
OAE	Organisation für Afrikanische Einheit
OAS	Organisation der Amerikanischen Staaten
OECD	Organization for Economic Cooperation and Development
OEEC	Organization for European Economic Cooperation
ÖMZ	Österreichische Militärische Zeitschrift

PKK	Partîya Karkerên Kurdistan (Arbeiterpartei Kurdistans)
PLO	Palestine Liberation Organization
POMCUS	Prepositioned Organizational Material Configured to Unit Sets
PU	Politische Union
RFE	Radio Free Europe
RGW	Rat für Gegenseitige Wirtschaftshilfe
RSFSR	Russische Sozialistische Föderative Sowjetrepublik
SACEUR	Supreme Allied Commander Europe
SALT	Strategic Arms Limitation Talks
SDI	Strategic Defense Initiative
SHAPE	Supreme Headquarters Allied Powers Europe
SIPRI	Stockholm International Peace Research Institute
SNF	Short-Range Nuclear Forces
SOE	Südosteuropa
START	Strategic Arms Reduction Talks
UCPTE	Union pour la Coordination de la Production et du Transport d'Electricité
UNCED	United Nations Conference on Environment and Development
UNO	United Nations Organization
VKSE	Verhandlungen über Konventionelle Streitkräfte in Europa
VN	Vereinte Nationen
VSBM	Vertrauens- und Sicherheitsbildende Maßnahmen
WEU	Westeuropäische Union
WP	Warschauer Pakt
WWU	Wirtschafts- und Währungsunion

2. Die Autoren

Falk Bomsdorf, Stiftung Wissenschaft und Politik, Ebenhausen

Rudolf Botzian, Stiftung Wissenschaft und Politik, Ebenhausen

James F. Brown, Radio Free Europe, München

Jost Delbrück, Professor für Staats- und Völkerrecht an der Universität Kiel

Hubert Feigl, Stiftung Wissenschaft und Politik, Ebenhausen

Harry Gelman, Rand Corporation, Santa Monica, Calif.

Wolfgang Heydrich, Stiftung Wissenschaft und Politik, Ebenhausen

Josef Joffe, Ressortleiter Außenpolitik der Süddeutschen Zeitung und Research Associate, Olin Institute for Strategic Studies, Harvard University

Gudrun Krämer, Stiftung Wissenschaft und Politik, Ebenhausen

Heinz Kramer, Stiftung Wissenschaft und Politik, Ebenhausen

Joachim Krause, Stiftung Wissenschaft und Politik, Ebenhausen

Winrich Kühne, Stiftung Wissenschaft und Politik, Ebenhausen

Peer H. Lange, Stiftung Wissenschaft und Politik, Ebenhausen

Hans-Dieter Lemke, Stiftung Wissenschaft und Politik, Ebenhausen

Werner Link, Professor für Politikwissenschaft an der Universität Köln

Hanns W. Maull, Professor für Politikwissenschaft an der Universität Trier und Co-Direktor des Forschungsinstituts der DGAP

Friedemann Müller, Stiftung Wissenschaft und Politik, Ebenhausen

Uwe Nerlich, Stiftung Wissenschaft und Politik, Ebenhausen

Jürgen Nötzold, Stiftung Wissenschaft und Politik, Ebenhausen

Bernard von Plate, Stiftung Wissenschaft und Politik, Ebenhausen

Joachim Rohde, Stiftung Wissenschaft und Politik, Ebenhausen

Stefan Rossbach, Stipendiat am European University Institute, Florenz

Christoph Royen, Stiftung Wissenschaft und Politik, Ebenhausen

Lothar RÜHL, Staatssekretär a.D., Stellvertretender Chefredakteur der "Welt"

Reinhardt RUMMEL, Stiftung Wissenschaft und Politik, Ebenhausen

Masamori SASE, Professor für Internationale Politik an der Nationalen Verteidigungsakademie in Yokosuka/Tokio

Klaus-Dieter SCHWARZ, Oberstleutnant, abgestellt zur Stiftung Wissenschaft und Politik, Ebenhausen

Andrea SMUTEK-RIEMER, Assistentin an der Wirtschaftsuniversität Wien

Elke THIEL, Stiftung Wissenschaft und Politik, Ebenhausen

Heinz VETSCHERA, Lektor für Politikwissenschaft an der Universität Wien

Reinhard WOLF, Projektmitarbeiter der Europäischen Strategiegruppe (ESG)

Friedemann Müller (Hrsg.)

Rußlands Energiepolitik: Herausforderung für Europa

Kein Land der Erde produzierte 1991 mehr Energie als die Sowjetunion/GUS. Rußland allein jedoch muß diesen Spitzenplatz an die USA abtreten. Immerhin bleibt es der größte Erdöl- und Erdgasproduzent der Welt und als Energieproduzent insgesamt nimmt es den zweiten Platz ein. Die vorhandenen Ressourcen, die Empfindlichkeit des Weltenergiemarktes gegenüber dem russischen Produktionsrückgang und die apokalyptischen Umweltschäden lenken die westliche Aufmerksamkeit weit mehr auf diesen als auf jeden anderen Wirtschaftssektor in Rußland und der GUS. Zugleich bietet dieser Sektor den besten Anknüpfungspunkt für Zusammenarbeit, denn seine Produkte stoßen auf eine große internationale Nachfrage. Probleme und Interessenlagen erfordern – wie diese Darstellung zeigt – jedoch einen langen Atem, um zu kooperativen Lösungen zu gelangen.

1992, 181 S., brosch., 28,– DM, ISBN 3-7890-2583-6
(Aktuelle Materialien zur Internationalen Politik, Bd. 31)

Möglichkeit – Unberechenbarkeit

Machtbeziehungen